OEUVRES
DE MADAME DE
STAËL-HOLSTEIN.

TOME II.

IMPRIMERIE D'AD. ÉVERAT. ET COMP.,
rue du Cadran, 14 et 16.

OEUVRES

DE MADAME LA BARONNE

DE

STAËL-HOLSTEIN.

TOME SECOND.

A PARIS,

CHEZ LEFÈVRE, LIBRAIRE,

RUE DE L'ÉPERON, Nº 6.

1838.

DE
L'INFLUENCE DES PASSIONS
SUR
LE BONHEUR DES INDIVIDUS ET DES NATIONS.

Quœsivit cœlo lucem, ingemuitque reperta.

AVANT-PROPOS.

On pensera peut-être qu'il y a de l'empressement d'auteur à faire paraître la première partie d'un livre, quand la seconde n'est pas encore faite ; d'abord, malgré la connexion de ces deux parties entre elles, chacune peut être considérée comme un ouvrage séparé ; mais il est possible aussi que, condamnée à la célébrité sans pouvoir être connue, j'éprouve le besoin de me faire juger par mes écrits. Calomniée sans cesse, et me trouvant trop peu d'importance pour me résoudre à parler de moi, j'ai dû céder à l'espoir qu'en publiant ce fruit de mes méditations, je donnerais quelque idée vraie des habitudes de ma vie et de la nature de mon caractère.

Lausanne, ce 1er juillet 1796.

INTRODUCTION.

Quelle époque ai-je choisie pour faire un traité sur le bonheur des individus et des nations! Est-ce au milieu d'une crise dévorante qui atteint toutes les destinées, lorsque la foudre se précipite dans le fond des vallées comme sur les lieux élevés? Est-ce dans un temps où il suffit de vivre pour être entraîné par le mouvement universel, où jusqu'au sein même de la tombe le repos peut être troublé, les morts jugés de nouveau, et leurs urnes populaires tour à tour admises ou rejetées dans le temple où les factions croyaient donner l'immortalité? Oui, c'est dans ce siècle, c'est lorsque l'espoir ou le besoin du bonheur a soulevé la race humaine; c'est dans ce siècle surtout qu'on est conduit à réfléchir profondément sur la nature du bonheur individuel et politique, sur sa route, sur ses bornes, sur les écueils qui séparent d'un tel but. Honte à moi cependant si, durant le cours de deux épouvantables années, si pendant le règne de la terreur en France, j'avais été capable d'un tel travail ; si j'avais pu concevoir un plan, prévoir un résultat à l'effroyable mélange de toutes les atrocités humaines! La génération qui nous suivra examinera peut-être la cause et l'influence de ces deux années; mais nous, les contemporains, les compatriotes des victimes immolées dans ces jours de sang, avons-nous pu conserver alors le don de généraliser les idées, de méditer des abstractions, de nous séparer un moment de nos impressions, pour les analyser? Non; aujourd'hui même encore, le raisonnement ne saurait approcher de ce temps incommensurable. Juger ces événements, de quelques noms qu'on les désigne, c'est les faire rentrer dans l'ordre des idées existantes, des idées pour lesquelles il y avait déjà des expressions. A cette affreuse image, tous les mouvements de l'ame se renouvellent; on frissonne, on s'enflamme, on veut combattre, on souhaite de mourir; mais la pensée ne peut se saisir encore d'aucun de ces souvenirs; les sensations qu'ils font naître absorbent toute autre faculté. C'est donc en écartant cette époque monstrueuse, c'est à l'aide des autres événements principaux de la révolution de France et de l'histoire de tous les peuples, que j'essaierai de réunir des observations impartiales sur les gouvernements; et si ces réflexions me conduisent à l'admission des premiers principes sur lesquels se fonde la constitution républicaine de la France, je demande que, même au milieu des fureurs de l'esprit de parti qui déchirent la France, et par elle le reste du monde, il soit possible de concevoir que l'enthousiasme de quelques idées n'exclut pas le mépris profond pour certains hommes [1], et que l'espoir de l'avenir se concilie avec l'exécration du passé. Alors même que le cœur est à jamais déchiré par les blessures qu'il a reçues, l'esprit peut encore, après un certain temps, s'élever à des méditations générales.

On doit considérer à présent ces grandes questions qui vont décider de la destinée politique de l'homme, dans leur nature même, et non sous le rapport seul des malheurs qui les ont accompagnées; il faut examiner du moins si ces malheurs sont de l'essence des institutions qu'on veut établir en France, ou si les effets de la révolution ne sont pas absolument distincts de ceux de la constitution; enfin, on doit se confier assez à l'élévation de son ame pour ne pas craindre, en examinant des pensées, d'être soupçonné d'indifférence pour les crimes. C'est avec la même indépendance d'esprit que j'ai tâché, dans la première partie de cet ouvrage, de peindre les effets des passions de l'homme sur son bonheur personnel. Je ne sais pourquoi il serait plus difficile d'être impartial dans les questions de politique que dans les questions de morale: certes, les passions influent autant que les gouvernements sur le sort de la vie, et cependant dans le silence de la retraite on discute avec sa raison les sentiments qu'on a soi-même éprouvés: il me paraît qu'il ne doit pas en coûter plus pour parler philoso-

---

[1] Il me semble que les véritables partisans de la liberté républicaine sont ceux qui détestent le plus profondément les forfaits qui se sont commis en son nom. Leurs adversaires peuvent sans doute éprouver la juste horreur du crime; mais comme ces crimes mêmes servent d'argument à leur système, ils ne leur font pas ressentir, comme aux amis de la liberté, tous les genres de douleur à la fois.

phiquement des avantages ou des inconvénients des républiques et des monarchies, que pour analyser avec exactitude l'ambition, l'amour, ou telle autre passion qui a décidé de votre existence. Dans les deux parties de cet ouvrage, j'ai également cherché à ne me servir que de ma pensée, à la dégager de toutes les impressions du moment : on verra si j'ai réussi.

Les passions, cette force impulsive qui entraîne l'homme indépendamment de sa volonté, voilà le véritable obstacle au bonheur individuel et politique. Sans les passions, les gouvernements seraient une machine aussi simple que tous les leviers dont la force est proportionnée au poids qu'ils doivent soulever, et la destinée de l'homme ne serait composée que d'un juste équilibre entre les desirs et la possibilité de les satisfaire. Je ne considérerai donc la morale et la politique que sous le point de vue des difficultés que les passions leur présentent : les caractères qui ne sont point passionnés se placent d'eux-mêmes dans la situation qui leur convient le mieux ; c'est presque toujours celle que le hasard leur a désignée ; ou s'ils y apportent quelque changement, c'est seulement dans ce qui s'offre le plus facilement à leur portée. Laissons-les donc dans leur calme heureux, ils n'ont pas besoin de nous ; leur bonheur est aussi varié en apparence que les différents lots qu'ils ont reçus de la destinée ; mais la base de ce bonheur est toujours la même, c'est la certitude de n'être jamais ni agité ni dominé par aucun mouvement plus fort que soi. L'existence de ces êtres impassibles est soumise sans doute, comme celle de tous les hommes, aux accidents matériels qui renversent la fortune, détruisent la santé, etc.; mais c'est par des calculs positifs, et non par des pensées sensibles ou morales, qu'on éloigne ou prévient de semblables peines. Le bonheur des caractères passionnés, au contraire, étant tout-à-fait dépendant de ce qui se passe au-dedans d'eux, ils sont les seuls qui trouvent quelque soulagement dans les réflexions qu'on peut faire naître dans leur ame. Leur entraînement naturel les exposant aux plus cruels malheurs, ils ont plus besoin du système qui a pour but unique d'éviter la douleur. Enfin les caractères passionnés sont les seuls qui, par de certains points de ressemblance, puissent être tous l'objet des mêmes considérations générales. Les autres vivent un à un, sans analogie comme sans variété ; leur existence est monotone, quoique chacun d'eux ait un but différent ; et il y a autant de nuances que d'individus, sans qu'on puisse découvrir une véritable couleur. Si, dans un traité sur le bonheur individuel, je ne parle que des caractères passionnés, il est encore plus naturel d'analyser les gouvernements sous le rapport de la part qu'ils laissent à l'influence des passions. On peut considérer un individu comme exempt de passions ; mais une collection d'hommes est composée d'un nombre certain de caractères de tous les genres qui donnent un résultat à peu près pareil ; il faut observer que les circonstances les plus dépendantes du hasard sont soumises à un calcul positif quand les chances se multiplient. Dans le canton de Berne, par exemple, on a remarqué que tous les dix ans il y avait à peu près la même quantité de divorces : il y a des villes d'Italie où l'on calcule avec exactitude combien d'assassinats se commettent régulièrement tous les ans : ainsi les événements qui tiennent à une multitude de combinaisons diverses ont un retour périodique, une proportion fixe, quand les observations sont le résultat d'un grand nombre de chances. C'est ce qui doit conduire à penser que la science politique peut acquérir un jour une évidence géométrique. La morale, chaque fois qu'elle s'applique à tel homme en particulier, peut se tromper entièrement dans ses suppositions par rapport à lui : l'organisation d'une constitution se fonde toujours sur des données fixes, puisque le grand nombre en tout genre amène des résultats toujours semblables et toujours prévus. Les passions sont la plus grande difficulté des gouvernements : cette vérité n'a pas besoin d'être développée ; on voit aisément que toutes les combinaisons sociales les plus despotiques conviendraient également à des hommes inertes, qui seraient contents de rester à la place que le sort leur aurait fixée, et que la théorie démocratique la plus abstraite serait praticable au milieu d'hommes sages uniquement conduits par leur raison. Le seul problème des constitutions est donc de connaître jusqu'à quel degré on peut exciter ou comprimer les passions, sans compromettre le bonheur public.

Avant d'aller plus loin, l'on demanderait peut-être une définition du bonheur. Le bonheur, tel qu'on le souhaite, est la réunion de tous les contraires : c'est pour les individus l'espoir sans la crainte, l'activité sans l'inquiétude, la gloire sans la calomnie, l'amour sans l'inconstance, l'imagination qui embellirait à nos yeux ce qu'on possède, et flétrirait le souvenir de ce qu'on aurait perdu ; enfin l'ivresse de la nature morale, le bien de tous les états, de tous les talents, de tous les plaisirs, séparé du mal qui les accompagne. Le bonheur des nations serait aussi de concilier ensemble la liberté des républiques et le calme des monarchies, l'émulation des talents et le silence des factions, l'esprit militaire au-dehors et le respect des lois au-dedans. Le bonheur, tel que l'homme le conçoit, c'est ce qui est impossible en tout genre ; et le bonheur, tel qu'on peut l'obtenir, le bonheur sur lequel la réflexion et la volonté de l'homme peuvent agir, ne s'acquiert que par l'étude de tous les moyens les plus sûrs pour éviter les grandes peines. C'est à la recherche de ce but que ce livre est destiné.

Deux ouvrages doivent se trouver dans un seul : l'un étudie l'homme dans ses rapports avec lui-même ; l'autre, dans les relations sociales de tous les individus entre eux : quelque analogie se trouve dans les idées principales de ces deux traités, parcequ'une nation présente le caractère d'un homme, et que la force du gouvernement doit agir sur elle, comme la puissance de la raison d'un individu sur lui-même. Le philosophe veut rendre durable la volonté passagère de la réflexion ; l'art social tend à perpétuer l'action de la sagesse ; enfin ce qui est grand se retrouve dans ce qui est petit, avec la même exactitude de proportions : l'univers tout entier se peint dans chacune de ses parties, et plus il paraît l'œuvre d'une seule idée, plus il inspire d'admiration.

Une grande différence, cependant, existe entre le système du bonheur de l'individu et celui du bonheur des nations : c'est que dans le premier on peut avoir pour but l'indépendance morale la plus parfaite, c'est-à-dire l'asservissement de toutes les passions, chaque homme pouvant tout tenter sur lui-même ; mais que, dans le second, la liberté politique doit toujours être calculée d'après l'existence positive et indestructive d'une certaine quantité d'êtres passionnés faisant partie du peuple qui doit être gouverné. La première partie est uniquement consacrée aux réflexions sur la destinée particulière. La seconde partie doit traiter du sort constitutionnel des nations.

Le premier volume est divisé en trois sections : la première traite successivement de l'influence de chaque passion sur le bonheur de l'homme ; la seconde analyse le rapport de quelques affections de l'ame avec la passion ou avec la raison ; la troisième offre le tableau des ressources qu'on trouve en soi, de celles qui sont indépendantes du sort et surtout de la volonté des autres hommes.

Dans la seconde partie, je compte examiner les gouvernements anciens et modernes sous le rapport de l'influence qu'ils ont laissée aux passions naturelles aux hommes réunis en corps politique, et trouver la cause de la naissance, de la durée et de la destruction des gouvernements, dans la part plus ou moins grande qu'ils ont faite au besoin d'action qui existe dans toute société. Dans la première section de la seconde partie, je traiterai des raisons qui se sont opposées à la durée et surtout au bonheur des gouvernements où toutes les passions ont été comprimées. Dans la seconde section, je traiterai des raisons qui se sont opposées au bonheur et surtout à la durée des gouvernements où toutes les passions ont été excitées. Dans la troisième section, je traiterai des raisons qui détournent la plupart des hommes de se borner à l'enceinte des petits états où la liberté démocratique peut exister, parceque là les passions ne sont excitées par aucun but, par aucun théâtre propre à les enflammer. Enfin, je terminerai cet ouvrage par des réflexions sur la nature des constitutions représentatives, qui peuvent concilier une partie des avantages regrettés dans les divers gouvernements.

Ces deux ouvrages conduisent nécessairement l'un à l'autre ; car si l'homme parvenait individuellement à dompter ses passions, le système des gouvernements se simplifierait tellement, qu'on pourrait alors adopter, comme praticable, l'indépendance complète, dont l'organisation des petits états est susceptible. Mais quand cette théorie métaphysique serait impossible, au moins est-il vrai que plus l'on travaille à calmer les sentiments impétueux qui agitent l'homme au-dedans de lui, moins la liberté publique a besoin d'être modifiée; ce sont toujours les passions qui forcent à sacrifier de l'indépendance pour assurer l'ordre, et tous les moyens qui tendent à rendre l'empire à la raison diminuent le nombre nécessaire des sacrifices de liberté.—J'ai à peine commencé la seconde partie politique, dont je ne puis donner une idée par ce peu de mots. En m'en occupant, je vois qu'il faut long-temps pour réunir toutes les connaissances, pour faire toutes les recherches qui doivent servir de base à ce travail ; mais si les accidents de la vie ou les peines du cœur bornaient le cours de ma destinée, je voudrais qu'un autre accomplît le plan que je me suis proposé. En voici quelques aperçus incomplets qui ne permettent pas de juger de l'ensemble :

Il faudrait d'abord, en analysant les gouvernements anciens et modernes, chercher dans l'histoire des nations ce qui appartient seulement à la nature de la constitution qui les dirigeait. Montesquieu, dans son sublime ouvrage *Sur les Causes de la grandeur et de la décadence des Romains*, a traité, tout ensemble, les causes diverses qui ont influé sur le sort de cet empire ; il faudrait apprendre dans son livre, et démêler dans l'histoire de tous les autres peuples, les événements qui sont la suite immédiate des constitutions, et peut-être trouverait-on que tous les événements dérivent de cette cause : les nations sont élevées par leurs gouvernements, comme les enfants par l'autorité paternelle. Et l'effet du gouvernement n'est pas incertain comme celui de l'éducation particulière, puisque, comme je l'ai déja dit, les chances du hasard subsistent par rapport au caractère d'un homme, tandis que dans la réunion d'un certain nombre les résultats sont toujours pareils. L'organisation de la puissance publique, qui excite ou comprime l'ambition, rend telle ou telle religion plus ou moins nécessaire, tel ou tel code pénal trop indulgent ou trop sévère, telle étendue du pays dangereuse ou convenable ; enfin, c'est de la manière dont les peuples conçoivent l'ordre social que dépend le destin de la race humaine sous tous les rapports. La plus grande perfectibilité dont elle puisse être susceptible, c'est d'acquérir des idées certaines sur la science politique. Si les nations étaient en paix au-dehors et au-dedans, les arts, les connaissances, les découvertes en divers genres feraient chaque jour de nouveaux progrès, et la philosophie ne perdrait pas en deux ans de guerre civile ce qu'elle avait acquis pendant des siècles tranquilles. Après avoir bien établi l'importance première de la nature des constitutions, il faudrait prouver leur influence par l'examen des faits caractéristiques de l'histoire des mœurs, de l'administration, de la littérature, de l'art militaire de tous les peuples. J'étudierais d'abord les pays qui, dans tous les temps, ont été gouvernés despotiquement, et, motivant leurs différences apparentes, je montrerais que leur histoire, sous le rapport des causes et des effets, a toujours été parfaitement semblable ; et j'expliquerais quel effet doit constamment produire sur les hommes la compression de leurs mouvements naturels par une force au-dehors d'eux, et à laquelle leur raison n'a pu donner aucun genre de consentement. Dans l'examen des anarchies démagogiques ou militaires, il faut montrer aussi que ces deux causes, qui paraissent opposées, donnent des résultats pareils, parceque dans les deux états les passions politiques sont également excitées parmi les hommes par l'éloignement de toutes les craintes positives et l'activité de toutes les espérances vagues. Dans l'étude de certains états qui, par leurs circonstances encore plus que par leur petitesse, sont dans l'impossibilité de jouer un grand rôle au-dehors, et n'offrent point au-dedans de place qui puisse contenter l'ambition et le génie, il faudrait observer comment l'homme tend à l'exercice de ses facultés, comment il veut agrandir l'espace en proportion de ses forces. Dans les états obscurs, les arts ne font aucun progrès, la littérature ne se perfectionne, ni par l'émulation qui excite l'éloquence, ni par la multitude des objets de comparaison, qui seule donne une idée fixe du bon goût. Les hommes privés d'occupations fortes se resserrent tous les jours plus dans le cercle des idées domestiques, et la pensée, le talent, le génie, tout ce qui semble un don de la nature, ne se développe cependant que par la combinaison des sociétés. Le même nombre d'hommes divisé, séparé, sans mobile et sans but, n'offre pas un génie supérieur, une ame ardente, un caractère énergique, tandis que dans d'autres pays, parmi les mêmes êtres, plusieurs se seraient élevés au-dessus de la classe commune, si le but avait fait naître l'intérêt, et l'intérêt l'étude et la recherche des grands moyens et des grandes pensées.

Sans s'arrêter long-temps sur les motifs de la préférence que la sagesse conseillerait peut-être de donner aux petits états comme aux destinées obscures, il est aisé de prouver que par la nature même des hommes ils tendent à sortir de cette situation, qu'ils se réunissent pour multiplier les chocs, qu'ils conquièrent pour étendre leur puissance ; enfin, que voulant exciter leurs facultés, reculer en tout genre les bornes de l'esprit humain, ils appellent autour d'eux, d'un commun accord, les circonstances qui secondent ce desir et cette impulsion. Ces diverses réflexions ne pourraient avoir de prix qu'en les appuyant sur des faits, sur une connaissance détaillée de l'histoire, qui présente toujours des considérations nouvelles quand on l'étudie avec un but déterminé, et que, guidé par l'éternelle ressemblance de l'homme avec l'homme, on recherche une même vérité à travers la diversité des lieux et des siècles. Ces différentes réflexions conduiraient enfin au principal but des débats actuels, à la manière de constituer une grande nation avec de l'ordre et de la liberté, et de réunir ainsi la splendeur des beaux-arts, des sciences et des lettres, tant vantée dans les monarchies, avec l'indépendance des républiques. Il faudrait créer un gouvernement qui donnât de l'émulation au génie, et mît un frein aux passions factieuses; un gouvernement qui pût offrir à un grand homme un but digne de lui, et décourager l'ambition de l'usurpateur; un gouvernement qui présentât, comme je l'ai dit, la seule idée parfaite de bonheur en tout genre, la réunion des contrastes. Autant le moraliste doit rejeter cet espoir, autant le législateur doit tâcher de s'en rapprocher : l'individu qui prétend pour lui-même à ce résultat est un insensé; car le sort, qui n'est pas dans sa main, déjoue de toutes les manières de telles espérances : mais les gouvernements tiennent, pour ainsi dire, la place du sort par rapport aux nations; comme ils agissent sur la masse, leurs effets et leurs moyens sont assurés. Il ne s'ensuit pas qu'il faille croire à la perfection dans l'ordre social, mais il est utile pour les législateurs de se proposer ce but, de quelque manière qu'ils conçoivent sa route. Dans cet ouvrage donc, que je ferai, ou que je voudrais qu'on fît, il faudrait mettre absolument de côté tout ce qui tient à l'esprit de parti ou aux circonstances actuelles : la superstition de la royauté, la juste horreur qu'inspirent les crimes dont nous avons été les témoins, l'enthousiasme même de la république, ce sentiment qui, dans sa pureté, est le plus élevé que l'homme puisse concevoir. Il faudrait examiner les institutions dans leur essence même, et convenir qu'il n'existe plus qu'une grande question qui divise encore les penseurs : savoir, si dans la combinaison des gouvernements mixtes, il faut, ou non, admettre l'hérédité. On est d'accord, je pense, sur l'impossibilité du despotisme, ou de l'établissement de tout pouvoir qui n'a pas pour but le bonheur de tous; on l'est aussi, sans doute, sur l'absurdité d'une constitution démagogique [1], qui bouleverserait la société au nom du peuple qui la compose. Mais les uns croient que la garantie de la liberté, le maintien de l'ordre, ne peut subsister qu'à l'aide d'une puissance héréditaire et conservatrice; les autres reconnaissent de même la vérité du principe, que l'ordre seul, c'est-à-dire l'obéissance à la justice, assure la liberté : mais ils pensent que ce résultat peut s'obtenir sans un genre d'institutions que la nécessité seule peut faire admettre, et qui doivent être rejetées par la raison, si la raison prouve qu'elles ne servent pas mieux que les idées naturelles au bonheur de la société. C'est sur ces deux questions, il me semble, que tous les esprits devraient s'exercer : il faut les séparer absolument de ce que nous avons vu et même de ce que nous voyons,

[1] J'entends par constitution démagogique, celle qui met le peuple en fermentation, confond tous les pouvoirs, enfin la constitution de 1793. Le mot de démocratie étant pris, de nos jours, dans diverses acceptions, il ne rendrait pas avec exactitude ce que je veux exprimer.

enfin de tout ce qui appartient à la révolution ; car, comme on l'a fort bien dit, il faut que cette révolution finisse *par le raisonnement*, et il n'y a de vaincus que les hommes persuadés. Loin donc de ceux qui ont quelque valeur personnelle toutes les dénominations d'esclaves et de factieux, de conspirateurs et d'anarchistes, prodiguées aux simples opinions! les actions doivent être soumises aux lois, mais l'univers moral appartient à la pensée; quiconque se sert de cette arme méprise toutes les autres, et l'homme qui l'emploie est par cela seul incapable de s'abaisser à d'autres moyens.

Plusieurs ouvrages de très bons auteurs renferment des raisons en faveur de l'hérédité modifiée, soit comme en Angleterre, c'est-à-dire composant deux branches du gouvernement, dont le troisième pouvoir est purement représentatif; soit comme à Rome, lorsque la puissance politique était divisée entre la démocratie et l'aristocratie, le peuple et le sénat. Il faudrait donc déduire tous les motifs qui ont fait croire que la balance de ces intérêts opposés pouvait seule donner de la stabilité aux gouvernements; que l'homme qui se croit des talents, ou se voit de l'autorité tendant naturellement, d'abord aux distinctions personnelles, et ensuite aux distinctions héréditaires, il vaut mieux créer légalement ce qu'il conquerra de force. Il faudrait développer et ces raisons et beaucoup d'autres encore, en acceptant de part et d'autre celles qu'on croit tirer du droit pour ou contre ; car le droit en politique, c'est ce qui conduit le plus sûrement au bonheur général ; mais l'on doit exposer sincèrement tous les moyens de ses adversaires, quand on les combat de bonne foi.

On pourrait opposer à leurs raisonnements que la principale cause de la destruction de plusieurs gouvernements a été d'avoir constitué dans l'état deux intérêts opposés : on a considéré comme le chef-d'œuvre de la science des gouvernements de mesurer assez les deux actions contraires, pour que la puissance aristocratique et celle de la démocratie se balançassent, comme deux lutteurs qu'une égale force rend immobiles. En effet, le moment le plus prospère dans tous ces gouvernements est celui où cette balance, subsistant d'une manière parfaite, donne le repos qui naît de deux efforts contenus l'un par l'autre; mais cet état ne peut être durable. A l'instant où, pour suivre la comparaison, l'un des deux lutteurs prend un moment l'avantage, il terrasse l'autre, qui se venge en le renversant à son tour. Ainsi l'on a vu la république romaine déchirée, dès qu'une guerre, un homme, ou le temps seul a rompu l'équilibre. — On dira qu'en Angleterre il y a trois intérêts, et que cette combinaison plus savante répond de la tranquillité publique. Il n'y a jamais trois intérêts dans un tel gouvernement; les privilégiés héréditaires et ceux qui ne le sont pas peuvent être revêtus de noms différents ; mais la division se fait toujours sur ces deux bases : l'on se sépare et l'on se rallie d'après ces deux grands motifs d'opposition. Ne serait-il pas possible que le genre humain, témoin et victime de ce principe de haine, de ce genre de mort qui a détruit tant d'états, parvînt à trouver la fin du combat de l'aristocratie et de la démocratie, et qu'au lieu de s'attacher à la combinaison d'une balance qui, par son avantage même, par la part qu'elle accorde à la liberté, finit toujours par être renversée, on examinât si l'idée moderne du système représentatif n'établit pas dans le gouvernement un seul intérêt, un seul principe de vie, en rejetant néanmoins tout ce qui peut conduire à la démocratie pure?

Supposez d'abord un très petit nombre d'hommes extraits d'une nation immense, une élection combinée, et par deux degrés, et par l'obligation d'avoir passé successivement dans les places qui font connaître les hommes, et exigent de l'indépendance de fortune et des droits à l'estime publique pour s'y maintenir. Cette élection, ainsi modifiée, n'établirait-elle pas l'aristocratie des meilleurs, la prééminence des talents, des vertus et des propriétés? ce genre de distinction, qui, sans faire deux classes de droit, c'est-à-dire deux ennemis de fait, donne aux plus éclairés la conduite du reste des hommes, et faisant choisir les êtres distingués par la foule de leurs inférieurs, assure au talent sa place, et à la médiocrité sa consolation; donne une part à l'amour-propre du vulgaire dans les succès des gouvernants qu'ils ont choisis; ouvre la carrière à tous, mais n'y amène que le petit nombre? L'avantage de l'aristocratie de naissance, c'est la réunion des circonstances qui rendent plus probables dans une telle classe les sentiments généreux : l'aristocratie de l'élection doit, alors que sa marche est sagement graduée, appeler avec certitude les hommes distingués par la nature aux places éminentes de la société. — Ne serait-il pas possible que la division des pouvoirs donnât tous les avantages et aucun des inconvénients de l'opposition des intérêts; que deux chambres, un directoire exécutif, quoique temporaire, fussent parfaitement distincts dans leurs fonctions; que chacun prît un parti différent par sa place, mais non par esprit de corps; ce qui est d'une tout autre nature? Ces hommes, séparés pendant le cours de leurs magistratures, par les exercices divers du pouvoir public, se réuniraient ensuite dans la nation, parcequ'aucun intérêt contraire ne les séparerait d'une manière invincible. Ne serait-il pas possible qu'un grand pays, loin d'être un obstacle à un tel état de choses, fût particulièrement propre à sa stabilité? parcequ'une conspiration, un homme, peuvent s'emparer tout-à-coup de la citadelle d'un petit état, et par cela seul changer la forme de son gouvernement, tandis qu'il n'y a qu'une opinion qui remue à la fois trente millions d'hommes; que tout ce qui n'est produit que par des individus, ou par une faction qui n'est point ralliée au mouvement public, est étouffé par la masse qui se porte sur chaque point. Il ne peut pas y avoir d'usurpation dans un pays où il faudrait que le même homme ralliât l'opinion à lui, depuis le Rhin jusqu'aux Pyrénées; l'idée d'une constitution, d'un ordre légal consenti par tous, peut seule réunir et frapper à distance. Le gouvernement, dans un grand pays, a pour appui la masse énorme des hommes paisibles ; cette masse est beaucoup plus considérable à proportion même dans une grande nation, que dans un petit pays. Les gouvernants, dans un petit pays, sont beaucoup plus multipliés par rapport aux gouvernés, et la part de chacun à une action quelconque est plus grande et plus facile. Enfin, si l'on répétait d'une manière vague qu'on n'a jamais vu une constitution fondée sur de telles bases, qu'il vaut mieux adopter celles qui ont existé pendant des siècles, on pourrait demander de s'arrêter à une réflexion qui mérite, je crois, une attention particulière.

Dans toutes les sciences humaines, on débute par les idées complexes; en se perfectionnant, l'on arrive aux idées simples; l'ignorance absolue dans ces combinaisons naturelles est moins éloignée du dernier terme des connaissances que les demi-lumières. Une comparaison fera mieux sentir ma pensée. A la renaissance des lettres, les premiers écrits qu'on a composés ont été pleins de recherche et d'affectation. Les grands écrivains, deux siècles après, ont admis et fait admettre le genre simple; et le discours du sauvage qui s'écriait : *Dirons-nous aux ossements de nos pères : Levez-vous, et marchez à notre suite?* ce discours avait plus de rapport avec la langue de Voltaire que les vers ampoulés de Brébeuf ou de Chapelain. En mécanique, on avait d'abord trouvé la machine de Marly, qui, avec des frais énormes, élevait l'eau sur le sommet d'une montagne ; après cette machine, on a découvert des pompes qui produisent le même effet avec infiniment moins de moyens. Sans vouloir faire d'une comparaison une preuve, peut-être que lorsqu'il y a cent ans, en Angleterre, l'idée de la liberté reparut sur la terre, l'organisation combinée du gouvernement anglais était le plus haut point de perfection où l'on pût atteindre alors; mais aujourd'hui des bases plus simples peuvent donner en France, après la révolution, des résultats pareils à quelques égards, et supérieurs à d'autres. Indépendamment de tous les crimes particuliers qui ont été commis, l'ordre social a été menacé de sa destruction pendant cette révolution, par le système politique même qu'on avait adopté : les mœurs barbares sont plus près des institutions simples mal entendues, que des institutions compliquées; mais il n'en est pas moins vrai que l'ordre social, comme toutes les sciences, se perfectionne à mesure qu'on diminue les moyens, sans affaiblir le résultat. Ces considérations, et beaucoup d'autres, conduiraient à un développement complet de la nature et de l'utilité des pouvoirs héréditaires faisant partie de la constitution, et de la nature et de l'utilité des constitutions composées uniquement de magistratures temporaires ; car, il faut bien se le répéter, l'on est maintenant opposé sur ce point seul; le reste des opinions despotiques et démagogiques sont des songes exaltés ou criminels, dont tout ce qui pense s'est réveillé.

On ferait quelque bien, je crois, en traitant d'une manière purement abstraite des questions dont les passions contraires se sont tour à tour emparées. En examinant la vérité, à part des hommes et des temps, on arrive à une démonstration qui se reporte ensuite avec moins de peine sur les circonstances présentes. A la fin d'un semblable ouvrage cependant, sous quelque point de vue général que ces grandes questions fussent présentées, il serait impossible de ne pas finir par les particulariser dans leur rapport avec la France et le reste de l'Europe. Tout invite la France à rester république; tout commande à l'Europe de ne pas suivre son exemple : l'un des plus spirituels écrits de notre temps, celui de Benjamin Constant, a parfaitement traité la question qui concerne la position actuelle de la France. Deux motifs de sentiment me frappent surtout : voudrait-on souffrir une nouvelle révolution pour renverser celle qui établit la république? et le courage de tant d'armées, et le sang de tant de héros serait-il versé au nom d'une chimère dont il ne resterait que le souvenir des crimes qu'elle a coûtés?

La France doit persister dans cette grande expérience dont le désastre est passé, dont l'espoir est à venir. Mais peut-on assez inspirer à l'Europe l'horreur des révolutions? Ceux qui détestent les principes de la constitution de France, qui se montrent les ennemis de toute idée libérale, et font un crime d'aimer jusqu'à la pensée d'une république, comme si les scélérats qui ont souillé la France pouvaient déshonorer le culte des Caton, des Brutus et des Sidney ; ces hommes intolérants et fanatiques ne persuadent point, par leurs véhémentes déclamations, les étrangers philosophes : mais que l'Europe écoute les amis de la liberté, les amis de la république française, qui se sont hâtés de l'adopter dès qu'on l'a pu sans crime, dès qu'il n'en coûtait pas du sang pour la desirer. Aucun gouvernement monarchique ne renferme assez d'abus maintenant, pour qu'un jour de révolution n'arrache plus de larmes que tous les maux qu'on voudrait réparer par elle. Desirer une révolution, c'est dévouer à la mort l'innocent et le coupable ; c'est peut-être condamner l'objet qui nous est le plus cher ! et jamais on n'obtient soi-même le but qu'à ce prix affreux on s'était proposé. Nul homme, dans ce mouvement terrible, n'achève ce qu'il a commencé; nul homme ne peut se flatter de diriger une impulsion dont la nature des choses s'empare ; et cet Anglais qui voulut descendre dans sa barque la chute du Rhin à Schaffouse, était moins insensé que l'ambitieux qui croirait pouvoir se conduire avec succès à travers une révolution tout entière. Laissez-nous en France combattre, vaincre, souffrir, mourir dans nos affections, dans nos penchants les plus chers; renaître ensuite, peut-être, pour l'étonnement et l'admiration du monde. Mais laissez un siècle passer sur nos destinées; vous saurez alors si nous avons acquis la véritable science du bonheur des hommes; si le vieillard avait raison, ou si le jeune homme a mieux disposé de son domaine, l'avenir. Hélas! n'êtes-vous pas heureux qu'une nation tout entière se soit placée à l'avant-garde de l'espèce humaine pour affronter tous les préjugés, pour essayer tous les principes? Attendez, vous, génération contemporaine; éloignez encore de vous les haines, les proscriptions et la mort; nul devoir ne pourrait exiger de tels sacrifices, et tous les devoirs, au contraire, font une loi de les éviter.

Qu'on me pardonne de m'être laissé entraîner au-delà de mon sujet; mais qui peut vivre, qui peut écrire dans ce temps, et ne pas sentir et penser sur la révolution de France?

J'ai tracé l'esquisse imparfaite de l'ouvrage que je projette. La première partie que j'imprime à présent est fondée sur l'étude de son propre cœur, et les observations faites sur le caractère des hommes de tous les temps. Dans l'étude des constitutions, il faut se proposer pour but le bonheur, et pour moyen la liberté : dans la science morale de l'homme, c'est l'indépendance de l'ame qui doit être l'objet principal ; ce qu'on peut avoir de bonheur en est la suite. L'homme qui se vouerait à la poursuite de la félicité parfaite serait le plus infortuné des êtres; la nation qui n'aurait en vue que d'obtenir le dernier terme abstrait de la liberté métaphysique serait la nation la plus misérable. Les législateurs doivent donc compter et diriger les circonstances, et les individus chercher à s'en rendre indépendants ; les gouvernements doivent tendre au bonheur réel de tous, et les moralistes doivent apprendre aux individus à se passer de bonheur. Il y a du bien pour la masse dans l'ordre même des choses, et cependant il n'est pas de félicité pour les individus; tout concourt à la conservation de l'espèce, tout s'oppose aux desirs de chacun, et les gouvernements, à quelques égards, représentant l'ensemble de la nature, peuvent atteindre à la perfection dont l'ordre général offre l'exemple; mais les moralistes, parlant aux hommes individuellement, à tous ces êtres emportés dans le mouvement de l'univers, ne peuvent leur promettre avec certitude aucune jouissance personnelle, que dans ce qui dépend toujours d'eux-mêmes. Il y a de l'avantage à se proposer, pour but de son travail sur soi, la plus parfaite indépendance philosophique; les essais, même inutiles, laissent encore après eux des traces salutaires ; agissant à la fois sur son être tout entier, on ne craint pas, comme dans les expériences sur les nations, de disjoindre, de séparer, d'opposer l'une à l'autre toutes les parties diverses du corps politique. L'on n'a point, au-dedans de soi, de transactions à faire avec des obstacles étrangers; l'on mesure sa force, on triomphe ou l'on se soumet : tout est simple, tout est possible même; car s'il est absurde de considérer une nation comme un peuple de philosophes, il est vrai que chaque homme en particulier peut se flatter de le devenir.

Je m'attends aux diverses objections de sentiment et de raisonnement qu'on pourra faire contre le système développé dans cette première partie. Rien n'est plus contraire, il est vrai, aux premiers mouvements de la jeunesse, que l'idée de se rendre indépendant des affections des autres; on veut d'abord consacrer sa vie à être aimé de ses amis, à captiver la faveur publique. Il semble qu'on ne s'est jamais assez mis à la disposition de ceux qu'on aime; qu'on ne leur ait jamais assez prouvé qu'on ne pouvait exister sans eux; que l'occupation, les services de tous les jours, ne satisfassent pas assez, au gré de la chaleur de l'ame, le besoin qu'on a de se dévouer, de se livrer en entier aux autres. On se fait un avenir tout composé des liens qu'on a formés; on se confie d'autant plus à leur durée que l'on est soi-même plus incapable d'ingratitude; on se sait des droits à la reconnaissance; on croit à l'amitié, ainsi fondée, plus qu'à aucun autre lien de la terre : tout est moyen, elle seule est le but. L'on veut aussi de l'estime publique, mais il semble que vos amis vous en sont les garants; on n'a rien fait que pour eux, ils le savent, ils le diront : comment la vérité, et la vérité du sentiment, ne persuaderait-elle pas ? comment ne finirait-elle pas par être reconnue ? Les preuves sans nombre qui s'échappent d'elle de toutes parts doivent enfin l'emporter sur la fabrication de la calomnie. Vos paroles, votre voix, vos accents, l'air qui vous environne, tout vous semble empreint de ce que vous êtes réellement, et l'on ne croit pas à la possibilité d'être long-temps mal jugé : c'est avec ce sentiment de confiance qu'on vogue à pleines voiles dans la vie. Tout ce qu'on a su, tout ce qu'on vous a dit de la mauvaise nature d'un grand nombre d'hommes, s'est classé dans votre tête comme l'histoire, comme tout ce qu'on apprend en morale sans l'avoir éprouvé. On ne s'avise d'appliquer aucune de ces idées générales à sa situation particulière; tout ce qui vous arrivera, tout ce qui vous entoure doit être une exception. Ce qu'on a d'esprit n'a point d'influence sur la conduite : là où il y a un cœur, il est seul écouté. Ce qu'on n'a pas senti soi-même est connu de la pensée, sans jamais diriger les actions. Mais à vingt-cinq ans, à cette époque précise où la vie cesse de croître, il se fait un cruel changement dans votre existence : on commence à juger votre situation; tout n'est plus avenir dans votre destinée; à beaucoup d'égards votre sort est fixé, et les hommes réfléchissent alors s'il leur convient d'y lier le leur. S'ils y voient moins d'avantages qu'ils n'avaient cru, si de quelque manière leur attente est trompée, au moment où ils sont résolus à s'éloigner de vous, ils veulent se motiver à eux-mêmes leur tort envers vous; ils vous cherchent mille défauts pour s'absoudre du plus grand de tous : les amis qui se rendent coupables d'ingratitude vous accablent pour se justifier; ils nient le dévouement, ils supposent l'exigence, ils essaient enfin de moyens séparés, de moyens contradictoires pour envelopper votre conduite et la leur d'une sorte d'incertitude que chacun explique à son gré. Quelle multitude de peines assiège alors le cœur qui voulait vivre dans les autres, et se voit trompé dans cette illusion! La perte des affections les plus chères n'empêche pas de sentir jusqu'au plus faible tort de l'ami qu'on aimait le moins. Votre système de vie est attaqué, chaque coup ébranle l'ensemble : *Celui-là aussi s'éloigne de moi*, est une pensée douloureuse, qui donne au dernier lien qui se brise un prix qu'il n'avait pas auparavant. Le public aussi, dont on avait éprouvé la faveur, perd toute son indulgence ; il aime les succès qu'il prévoit, il devient l'adversaire de ceux dont il est lui-même la cause ; ce qu'il a dit, il l'attaque ; ce qu'il encourageait, il veut le détruire : cette injustice de l'opinion fait souffrir aussi de mille manières en un jour. Tel individu qui vous déchire n'est pas digne que vous regrettiez son suffrage ; mais vous souffrez de tous les détails d'une grande peine dont l'histoire se déroule à vos yeux ; et déjà certain de ne point éviter son pénible terme, vous éprouvez cependant la douleur de chaque pas. Enfin le cœur se flétrit, la vie se décolore ; on a des torts à son tour qui dégoûtent de soi comme des autres, qui découragent du système de perfection dont on s'était d'abord enorgueilli ; on ne sait plus à quelle idée se reprendre, quelle route suivre désormais ; à force de s'être confié sans réserve, on serait prêt à soupçonner injustement. Est-ce la sensibilité, est-ce la vertu qui n'est qu'un fantôme? et cette plainte sublime échappée à Brutus dans les champs de Philippes doit-elle égarer la vie, ou commander de se donner la mort? C'est à cette époque funeste où la terre semble manquer sous nos pas, où, plus incertains sur l'avenir que dans les nuages de l'enfance, nous doutons de tout ce que nous croyions savoir, et recommençons l'existence avec l'espoir de moins. C'est à cette époque où le cercle des jouissances est parcouru, et le tiers de la vie à peine atteint, que ce livre peut être utile ; il ne faut pas le lire avant, car je ne l'ai moi-même ni commencé, ni conçu qu'à cet âge. On m'objectera, peut-être aussi, qu'en voulant dompter les passions, je cherche à étouffer le principe des plus belles actions des hommes, des découvertes sublimes, des sentiments généreux : quoique je ne sois pas entièrement de cet avis, je conviens qu'il y a quelque chose de grand dans la passion ; qu'elle ajoute, pendant qu'elle dure, à l'ascendant de l'homme ; qu'il accomplit alors presque tout ce qu'il projette, tant la volonté ferme et suivie est une force active dans l'ordre moral. L'homme alors, emporté par quelque chose de plus puissant que lui, use sa vie, mais s'en sert avec plus d'énergie. Si l'ame doit être considérée seulement comme une impulsion, cette impulsion est plus vive quand la passion l'excite. S'il faut aux hommes sans passions l'intérêt d'un grand spectacle, s'ils veulent que les gladiateurs s'entre-détruisent à leurs yeux, tandis qu'ils ne seront que les témoins de ces affreux combats, sans doute il faut enflammer de toutes les manières ces êtres infortunés, dont les sentiments impétueux animent ou renversent le théâtre du monde : mais quel bien en résultera-t-il pour eux? quel bonheur général peut-on obtenir par ces encouragements donnés aux passions de l'ame? Tout ce qu'il faut de mouvement à la vie sociale, tout l'élan nécessaire à la vertu existerait sans ce mobile destructeur. Mais, dira-t-on, c'est à diriger les passions et non à les vaincre qu'il faut consacrer ses efforts. Je n'entends pas comment on dirige ce qui n'existe qu'en dominant ; il n'y a que deux états pour l'homme : ou il est certain d'être le maître au-dedans de lui, et alors il n'a point de passions ; ou il sent qu'il règne en lui-même une puissance plus forte que lui, et alors il dépend entièrement d'elle. Tous ces traités avec la passion sont purement imaginaires ; elle est, comme les vrais tyrans, sur le trône ou dans les fers. Je n'ai point imaginé cependant de consacrer cet ouvrage à la destruction de toutes les passions ; mais j'ai tâché d'offrir un système de vie qui ne fût pas sans quelques douceurs, à l'époque où s'évanouissent les espérances de bonheur positif dans cette vie : ce système ne convient qu'aux caractères naturellement passionnés, et qui ont combattu pour reprendre l'empire ; plusieurs de ces jouissances n'appartiennent qu'aux ames jadis ardentes, et la nécessité de ces sacrifices ne peut être sentie que par ceux qui ont été malheureux. En effet, si l'on n'était pas né passionné, qu'aurait-on à craindre, de quel effort aurait-on besoin, que se passerait-il en soi qui pût occuper le moraliste, et l'inquiéter sur la destinée de l'homme? Pourrait-on aussi me reprocher de n'avoir pas traité séparément les jouissances attachées à l'accomplissement de ses devoirs, et les peines que font éprouver le remords qui suit le tort, ou le crime de les avoir bravées? Ces deux idées premières dans l'existence s'appliquent également à toutes les situations, à tous les caractères ; et ce que j'ai voulu montrer seulement, c'est le rapport des passions de l'homme avec les impressions agréables ou douloureuses qu'il ressent au fond de son cœur. En suivant ce plan, je crois de même avoir prouvé qu'il n'est point de bonheur sans la vertu ; revenir à ce résultat par toutes les routes est une nouvelle preuve de sa vérité. Dans l'analyse des diverses affections morales de l'homme, il se rencontrera quelquefois des allusions à la révolution de France ; nos souvenirs sont tous empreints de ce terrible événement : d'ailleurs j'ai voulu que cette première partie fût utile à la seconde ; que l'examen des hommes un à un pût préparer au calcul des effets de leur réunion en masse. J'ai espéré, je le répète, qu'en travaillant à l'indépendance morale de l'homme, on rendrait sa liberté politique plus facile, puisque chaque restriction qu'il faut imposer à cette liberté est toujours commandée par l'effervescence de telle ou telle passion.

Enfin, de quelque manière que l'on juge mon plan, ce qui est certain, c'est que mon unique but a été de combattre le malheur sous toutes ses formes, d'étudier les pensées, les sentiments, les institutions qui causent de la douleur aux hommes, pour chercher quelle est la réflexion, le mouvement, la combinaison, qui pourraient diminuer quelque chose de l'intensité des peines de l'ame : l'image de l'infortune, sous quelque aspect qu'elle se présente, et me poursuit, et m'accable. Hélas! j'ai tant éprouvé ce que c'était que souffrir, qu'un attendrissement inexprimable, une inquiétude douloureuse s'emparent de moi, à la pensée des malheurs de tous et de chacun; des chagrins inévitables et des tourments de l'imagination; des revers de l'homme juste, et même aussi des remords du coupable; des blessures du cœur, les plus touchantes de toutes, et des regrets dont on rougit sans les éprouver moins; enfin, de tout ce qui fait verser des larmes, ces larmes que les anciens recueillaient dans une urne consacrée, tant la douleur de l'homme était auguste à leurs yeux. Ah! ce n'est pas assez d'avoir juré que, dans les limites de son existence, de quelque injustice, de quelque tort qu'on fût l'objet, on ne causerait jamais volontairement une peine, on ne renoncerait jamais volontairement à la possibilité d'en soulager une; il faut essayer encore si quelque ombre de talent, si quelque faculté de méditation ne pourrait pas faire trouver la langue dont la mélancolie ébranle doucement le cœur, ne pourrait pas aider à découvrir à quelle hauteur philosophique les armes qui blessent n'atteindraient plus. Enfin, si le temps et l'étude apprenaient comment on peut donner aux principes politiques assez d'évidence pour qu'ils ne fussent plus l'objet de deux religions, et par conséquent des plus sanglantes fureurs, il semble que l'on aurait du moins offert un examen complet de tout ce qui livre la destinée de l'homme à la puissance du malheur.

SECTION PREMIÈRE.

DES PASSIONS.

CHAPITRE PREMIER.

De l'amour de la gloire.

De toutes les passions dont le cœur humain est susceptible, il n'en est point qui ait un caractère aussi imposant que l'amour de la gloire : on peut trouver la trace de ses mouvements dans la nature primitive de l'homme, mais ce n'est qu'au milieu de la société que ce sentiment acquiert sa véritable force. Pour mériter le nom de passion, il faut qu'il absorbe toutes les autres affections de l'ame, et ses plaisirs comme ses peines n'appartiennent qu'au développement entier de sa puissance.

Après cette sublimité de vertu, qui fait trouver dans sa propre conscience le motif et le but de sa conduite, le plus beau des principes qui puisse mouvoir notre ame est l'amour de la gloire. Je laisse au sens de ce mot sa propre grandeur, en ne le séparant pas de la valeur réelle des actions qu'il doit désigner. En effet, une gloire véritable ne peut être acquise par une célébrité relative ; on en appelle toujours à l'univers et à la postérité pour confirmer le don d'une si auguste couronne ! elle ne doit donc rester qu'au génie ou à la vertu. C'est en méditant sur l'ambition que je parlerai de tous les succès éphémères qui peuvent imiter ou rappeler la gloire ; mais c'est d'elle-même, c'est-à-dire de ce qui est vraiment grand et juste, que je veux d'abord m'occuper ; et pour juger son influence sur le bonheur, je ne craindrai point de la faire paraître dans toute la séduction de son éclat.

Le digne et sincère amant de la gloire propose un beau traité au genre humain; il lui dit : « Je consacrerai mes talents à vous
« servir : ma passion dominante m'excitera sans cesse à faire jouir
« un plus grand nombre d'hommes des résultats heureux de mes
« efforts; le pays, le peuple qui m'est inconnu, aura des droits
« aux fruits de mes veilles ; tout ce qui pense est en relation avec
« moi ; et, dégagé de la puissance environnante des sentiments
« individuels, c'est à l'étendue seule de mes bienfaits que je mesu-
« rerai mon bonheur : pour prix de ce dévouement, je ne vous de-
« mande que de le célébrer ; chargez la renommée d'acquitter
« votre reconnaissance. La vertu, j'en conviens, sait jouir d'elle-
« même : moi, j'ai besoin de vous pour obtenir le prix qui m'est
« nécessaire pour que la gloire de mon nom soit unie au mérite de
« mes actions. » Quelle franchise, quelle simplicité dans ce contrat ! comment se peut-il que les nations n'y soient jamais restées fidèles, et que le génie seul en ait accompli les conditions ?

C'est, sans doute, une jouissance enivrante que de remplir l'univers de son nom, d'exister tellement au-delà de soi, qu'il soit possible de se faire illusion et sur l'espace et sur la durée de la vie, et de se croire quelques uns des attributs métaphysiques de l'infini. L'ame se remplit d'un orgueilleux plaisir par le sentiment habituel que toutes les pensées d'un grand nombre d'hommes sont dirigées sur vous ; que vous existez en présence de leur espoir; que chaque méditation de votre esprit peut influer sur beaucoup de destinées; que de grands événements se développent au-dedans de vous, et commandent, au nom du peuple, qui compte sur vos lumières, la plus vive attention à vos propres pensées. Les acclamations de la foule remuent l'âme, et par les réflexions qu'elles font naître, et par les commotions qu'elles excitent : toutes ces formes animées, enfin, sous lesquelles la gloire se présente, doivent transporter la jeunesse d'espérance et l'enflammer d'émulation. Les routes qui conduisent à un si grand but sont remplies de charmes; les occupations que commande l'ardeur d'y parvenir sont elles-mêmes une jouissance; et, dans la carrière des succès, ce qu'il y a souvent de plus heureux, c'est la suite d'intérêts qui les précèdent et s'emparent activement de la vie. La gloire des écrits et celle des actions sont soumises à des combinaisons différentes; la première, empruntant quelque chose des plaisirs solitaires, peut participer à leurs bienfaits : mais ce n'est pas elle qui rend sensibles tous les signes de cette grande passion; ce n'est pas ce génie dominateur qui dans un instant sème, recueille et se couronne; dont l'éloquence entraînante ou le courage vainqueur décident instantanément du sort des siècles et des empires; ce n'est pas cette émotion toute puissante dans ses effets qui commande en inspirant une volonté pareille, et saisit dans le présent toutes les jouissances de l'avenir. Le génie des actions est dispensé d'attendre la tardive justice que le temps traîne à sa suite; il fait marcher sa gloire en avant, comme la colonne enflammée qui jadis éclairait la marche des Israélites. La célébrité qu'on peut acquérir par les écrits est rarement contemporaine; mais alors même qu'on obtient cet heureux avantage, comme il n'y a rien d'istantané dans ses effets, d'ardent dans son éclat, une telle carrière ne peut, comme la gloire active, donner le sentiment complet de sa force physique et morale, assurer l'exercice de toutes ses facultés, enivrer enfin par la certitude de la puissance de son être. C'est donc au plus haut point de bonheur que l'amour de la gloire puisse donner, qu'il faut s'attacher pour en mieux juger les obstacles et les malheurs.

La première des difficultés, dans tous les gouvernements où les distinctions héréditaires sont établies, c'est la réunion des circonstances qui donnent de l'éclat à la vie; les efforts que l'on fait pour sortir d'une situation obscure, pour jouer un rôle sans y être appelé, déplaisent à la plupart des hommes. Ceux que leur destinée approche des premières places croient voir une preuve de mépris pour eux dans l'espérance que l'on conçoit de franchir l'espace qui en sépare, et de se mettre, par ses talents, au niveau de leur destinée. Les individus de la même classe que soi, qui se sont résignés à n'en pas sortir, attribuant bien plutôt cette résolution à leur sagesse qu'à leur médiocrité, appellent folie une conduite différente, et, sans juger la diversité des talents, se croient faits pour les mêmes circonstances. Dans les monarchies aristocratiquement constituées, la multitude se plaît quelquefois, par un esprit dominateur, à relever celui que le hasard a délaissé; mais ce même esprit ne lui permet pas d'abandonner ses droits sur l'existence qu'elle a créée; le peuple regarde cette existence comme l'œuvre de ses mains; et si le sort, la superstition, la magie, une puissance enfin indépendante des hommes, n'entre pas dans la destinée de celui qui, dans un état monarchique, doit son élévation à l'opinion du peuple, il ne conservera pas long-temps une gloire que les suffrages seuls créent et récompensent, qui puise à la même source son existence et son éclat; le peuple ne soutiendra pas son ouvrage, et ne se prosternera pas devant une force dont il se sent le principal appui. Ceux qui, sous un tel ordre de choses, sont nés dans la classe privilégiée, ont à quelques égards beaucoup de données utiles; mais d'abord la chance des talents se resserre, et à proportion du nombre, et plus encore par l'espèce de négligence qu'inspirent de certains avantages: mais quand le génie élève celui que les rangs de la monarchie avaient déjà séparé du reste de ses concitoyens, indépendamment des obstacles communs à tous, il en est qui sont personnels à cette situation. Des rivaux en plus petit nombre, des rivaux qui se croient vos égaux à plusieurs égards, se pressent davantage autour de vous; et lorsqu'on veut les écarter, rien n'est plus difficile que de savoir jusqu'à quel point il faut se livrer à la popularité, en jouissant de distinctions impopulaires. Il est presque impossible de connaître toujours avec certitude le degré d'empressement qu'il faut montrer à l'opinion générale : certaine de sa toute-puissance, elle en a la pudeur, et veut du respect sans flatterie; la reconnaissance lui plaît, mais elle se dégoûte de la servitude, et, rassasiée de souveraineté, elle aime le caractère indépendant et fier qui la fait douter un moment de son autorité, pour lui en renouveler la jouissance. Ces difficultés générales redoublent pour le noble, qui dans une monarchie veut obtenir une gloire véritable ; s'il dédaigne la popularité, il est haï : un plébéien, dans un état démocratique, peut obtenir l'admiration en bravant la popularité ; mais si un noble adopte une telle conduite dans un état monarchique, au lieu de se donner l'éclat du courage, il ne fera croire qu'à son orgueil ; et si cependant, pour éviter ce blâme, il recherche la popularité, il est sans cesse près du soupçon ou du ridicule. Les hommes ne veulent pas qu'on renonce totalement à ses intérêts personnels, et ce qui est, à un certain point, contre leur nature, est déjoué par eux : il n'y a que la vie qu'on puisse sacrifier avec éclat ; l'abandon des autres avantages, quoique bien plus rare et plus estimable, est représenté comme une sorte de duperie ; et quoique ce soit le plus haut degré du dévouement, dès qu'il est nommé *duperie*, il n'excite plus l'enthousiasme de ceux mêmes qui sont l'objet du sacrifice. Les nobles donc, placés entre la nation et le monarque, entre leur existence politique et l'intérêt général, obtiennent difficilement de la gloire ailleurs que dans les armées. La plupart de ces considérations ne peuvent s'appliquer aux succès militaires ; la guerre ne laisse à l'homme, de sa nature, que ses facultés physiques ; pendant que cet état dure, il se soumet à la valeur, à l'audace, au talent qui fait vaincre, comme les corps les plus faibles suivent l'impulsion des plus forts. L'être moral n'est de rien dans la bataille, et voilà pourquoi les soldats ont plus de constance dans leur attachement pour leurs généraux, que les citoyens dans leur reconnaissance pour leurs administrateurs.

Dans les républiques, si elles sont constituées sur la seule base de l'aristocratie, tous les membres d'une même classe sont un obstacle à la gloire de chacun d'eux : cet esprit de modération qu'avec tant de raison Montesquieu a désigné comme le principe des républiques aristocratiques, cet esprit de modération ne s'accorde pas avec les élans du génie : un grand homme, s'il voulait se montrer tel, précipiterait la marche égale et soutenue de ces gouvernements ; et comme l'utilité est le principe de l'admiration, dans un état où les grands talents ne peuvent s'exercer d'une manière avantageuse à tous, ils ne se développent pas, ou sont étouffés, ou sont contenus dans une certaine limite qui ne leur permet pas d'atteindre à la célébrité. On ne sait pas au-dehors un nom propre du gouvernement de Venise, du gouvernement sage et paternel de la république de Berne ; un même esprit dirige, depuis plusieurs siècles, des individus différents ; et si un homme lui donnait son impulsion particulière, il naîtrait des chocs dans une organisation dont l'unité fait tout à la fois le repos et la force.

Pour les républiques populaires, il faut distinguer deux époques tout-à-fait différentes : celle qui a précédé l'imprimerie, et celle qui est contemporaine du plus grand développement possible de la liberté de la presse. Celle qui a précédé l'imprimerie devait être favorable à l'ascendant d'un homme sur les autres hommes. Les lumières n'étant point disséminées, celui qui avait reçu des talents supérieurs, une raison forte, avait de grands moyens d'agir sur la multitude; le secret des causes n'était pas connu, l'analyse n'avait pas changé en science positive la magie de tous les effets; enfin, l'on pouvait être étonné, par conséquent entraîné; et des hommes croyaient qu'un d'entre eux était nécessaire à tous. De là les grands dangers que courait la liberté ; de là les factions toujours renaissantes; car les guerres d'opinions finissent avec les événements qui les décident, avec les discussions qui les éclairent; mais la puissance des hommes supérieurs se renouvelle avec chaque génération, et déchire ou asservit la nation qui se livre sans mesure à cet enthousiasme. Mais lorsque la liberté de la presse, et, ce qui est plus encore, la multiplicité des journaux, rend publiques chaque jour les pensées de la veille, il est presque impossible qu'il existe dans un tel pays ce qu'on appelle de la gloire : il y a de l'estime, parceque l'estime ne détruit pas l'égalité, et que celui qui l'accorde juge au lieu de s'abandonner; mais l'enthousiasme pour les hommes en est banni. Il y a dans tous les caractères des défauts qui jadis n'étaient découverts que par le flambeau de l'histoire, ou par un très petit nombre de philosophes contemporains que le mouvement général n'avait point enivrés; aujourd'hui celui qui veut se distinguer est en guerre avec l'amour-propre de tous; on le menace du niveau à chaque pas qui l'élève, et la masse des hommes éclairés prend une sorte d'orgueil actif, destructeur des succès individuels. Si l'on veut examiner la cause du grand ascendant que dans Athènes, qu'à Rome, des génies supérieurs ont obtenu, de l'empire presque aveugle que dans les temps anciens ils ont exercé sur la multitude, on verra que l'opinion n'a jamais été fixée par l'opinion même, que c'est à quelques pouvoirs différents d'elle, à l'appui de quelque superstition que sa constance a été due. Tantôt ce sont des rois, qui jusqu'à la fin de leur vie ont conservé la gloire qu'ils avaient obtenue ; mais les peuples croyaient alors que la royauté avait une origine céleste : tantôt on voit Numa inventer une fable pour faire accepter des lois que la sagesse lui dictait, se fiant plus à la crédulité qu'à l'évidence. Les meilleurs généraux romains, quand ils voulaient donner une bataille, déclaraient que l'examen du vol des oiseaux les forçait à la livrer. C'est ainsi que les hommes habiles de l'antiquité ont caché le conseil de leur génie sous l'apparence d'une superstition, évitant ce qui peut avoir des juges, quoique certains d'avoir raison. Enfin, chaque découverte des sciences, en enrichissant la masse, diminue l'empire individuel de l'homme. Le genre humain hérite du génie, et les véritables grands hommes sont ceux qui ont rendu leurs pareils moins nécessaires aux générations suivantes. Plus on laisse aller sa pensée dans la carrière future de la perfectibilité possible, plus on y voit les avantages de l'esprit dépassés par les connaissances positives, et le mobile de la vertu plus efficace que la passion de la gloire. On trouvera peut-être que ce siècle ne donne encore l'idée d'aucun progrès en ce genre ; mais il faut, dans l'effet actuel, voir la cause future, pour juger un événement tout entier. Celui qui n'aperçoit dans les mines, où les métaux se préparent, que le feu dévorant qui semble tout consumer, ne connaît point la marche de la nature, et ne sait se peindre l'avenir qu'en multipliant le présent. Mais de quelque manière qu'on juge ces réflexions, je reviens aux considérations générales qui s'appliquent à tous les pays et à tous les temps sur les obstacles et les malheurs attachés à la passion de la gloire.

Quand les difficultés des premiers pas sont vaincues, il se forme à l'instant deux partis sur une même réputation ; non parcequ'il y a deux manières de la considérer, mais parceque l'ambition parie pour ou contre. Celui qui veut être l'adversaire des grands succès reste passif tant que dure leur éclat ; et c'est pendant ce temps, au contraire, que les amis ne cessent d'agir en votre faveur ; ils arrivent déja fatigués à l'époque du malheur, lorsqu'il suffit au public du mobile seul de la curiosité pour se lasser des mêmes éloges ; les ennemis paraissent avec des armes toutes nouvelles, tandis que les amis ont émoussé les leurs, en les faisant inutilement briller autour du char de triomphe. On se demande pourquoi l'amitié a moins de persistance que la haine : c'est qu'il y a plusieurs manières de renoncer à l'une, et que pour l'autre le danger et la honte sont partout ailleurs que dans le succès. Les amis peuvent si aisément attribuer à la bonté de leur ame l'exagération de leur enthousiasme, à l'oubli qu'on a fait de leurs conseils, les derniers revers qu'on a éprouvés ; il y a tant de manières de se louer en abandonnant son ami, que les plus légères difficultés décident à prendre ce parti : mais la haine, dès ses premiers pas engagée sans retour, se livre à toutes les ressources des situations désespérées ; de ces situations dont les nations, comme les individus, échappent presque toujours, parceque l'homme faible même ne voit alors de secours possible que dans l'exercice du courage.

En étudiant le petit nombre d'exceptions à l'inconstance de la faveur publique, on est étonné de voir que c'est à des circonstances, et jamais au talent seul, qu'on doit les rapporter. Un danger présent a pu contraindre le peuple à retarder son injustice ; une mort prématurée en a quelquefois précédé le moment ; mais la réunion des observations, qui font le code de l'expérience, prouve que la vie si courte des hommes est encore d'une plus longue durée que les jugements et les affections de leurs contemporains. Le grand homme qui arrive à la vieillesse doit parcourir plusieurs époques d'opinions diverses ou contraires. Ces oscillations cessent avec les passions qui les produisent ; mais on vit au milieu d'elles, et leur choc, qui ne peut rien sur le jugement de la postérité, détruit le bonheur présent, qui est exposé à tous les coups. Les événements du hasard, ceux qu'aucune des puissances de la pensée ne peut soumettre, sont cependant placés, par la voix publique, sur la responsabilité du génie. L'admiration est une sorte de fanatisme qui veut des miracles ; elle ne consent à accorder à un homme une place au-dessus de tous les autres, à renoncer à l'usage de ses propres lumières pour le croire et lui obéir, qu'en lui supposant quelque chose de surnaturel qui ne peut se comparer aux facultés humaines. Il faudrait, pour se défendre d'une telle erreur, être modeste et juste, reconnaître à la fois les bornes du génie, et sa supériorité sur nous ; mais dès qu'il devient nécessaire de raisonner sur les défaites, de les expliquer par des obstacles, de les excuser par des malheurs, c'en est fait de l'enthousiasme : il a, comme l'imagination, besoin d'être frappé par les objets extérieurs ; et la pompe du génie, c'est le succès. Le public se plaît à donner à celui qui possède ; et, comme ce sultan des Arabes qui s'éloignait d'un ami poursuivi par l'infortune, parcequ'il craignait la contagion de la fatalité, les revers éloignent les ambitieux, les faibles, les indifférents, tous ceux enfin qui trouvent, avec quelque raison, que l'éclat de la gloire doit frapper involontairement; que c'est à elle à commander le tribut qu'elle demande; que la gloire se compose des dons de la nature et du hasard; et que personne n'ayant le besoin d'admirer, celui qui veut ce sentiment ne l'obtient point de la volonté, mais de la surprise, et le doit aux résultats du talent, bien plus qu'à la propre valeur de ce talent même.

Si les revers de la fortune désenchantent l'enthousiasme, que sera-ce s'il s'y mêle des torts qui, cependant, se trouvent souvent réunis aux qualités les plus éminentes? Quel vaste champ pour les découvertes des esprits médiocres! comme ils sont sûrs d'avoir prévu ce qu'ils comprennent encore à peine! comme le parti qu'ils auraient pris eût été meilleur! que de lumières ils puisent dans l'événement! que de retours satisfaisants dans la critique d'un autre! Comme personne ne s'occupe d'eux, personne ne songe à les attaquer : eh bien! ils prennent ce silence pour le garant de leur supériorité : parcequ'il y a une bataille perdue, ils pensent qu'ils l'ont gagnée, et les revers d'un grand homme se changent en palmes pour les sots. Quoi donc! l'opinion se composerait-elle de leurs suffrages?... Oui, la gloire contemporaine leur est soumise, car c'est l'enthousiasme de la multitude qui la caractérise; le mérite réel est indépendant de tout, mais la réputation acquise par ce mérite n'obtient le nom de gloire qu'au bruit des acclamations de la foule. Si les Romains sont insensibles à l'éloquence de Cicéron, son génie nous reste; mais où, pendant sa vie, trouvera-t-il sa gloire? Les géomètres, ne pouvant être jugés que par leurs pairs, obtiennent d'un petit nombre de savants des titres incontestables à l'admiration de leurs contemporains; mais la gloire des actions doit être populaire. Les soldats jugent leur général; la nation, ses administrateurs : quiconque a besoin du suffrage des autres a mis tout à la fois sa vie sous la puissance du calcul et du hasard, de manière que le travail du calcul ne peut lui répondre des chances du hasard, et que les chances du hasard ne peuvent le dispenser du travail du calcul. Non, pourrait-on dire, le jugement de la multitude est impartial, puisque aucune passion envieuse et personnelle ne l'inspire: son impulsion toujours vraie doit être juste. Mais, par cela même que ses mouvements sont naturels et spontanés, ils appartiennent à l'imagination; un ridicule détruit à ses yeux l'éclat d'une vertu ; un soupçon peut la dominer par la terreur ; des promesses exagérées l'emportent sur des services prudents ; les plaintes d'un seul l'émeuvent plus fortement que la silencieuse reconnaissance du grand nombre ; enfin, mobile parcequ'elle est passionnée ; passionnée, parceque les hommes réunis ne se communiquent qu'à l'aide de cette électricité, et ne mettent en commun que leurs sentiments : ce ne sont pas les lumières de chacun, mais l'impulsion générale qui produit un résultat ; et cette impulsion, c'est l'individu le plus exalté qui la donne. Une idée peut se composer des réflexions de plusieurs ; un sentiment sort tout entier de l'ame qui l'éprouve ; la multitude qui l'adopte a pour opinion l'injustice d'un homme exercée par l'audace de tous ; par cette audace qui se fonde et sur la force, et plus encore sur l'impossibilité d'être atteint par aucun genre de responsabilité individuelle. Le spectacle de la France a rendu ces observations plus sensibles ; mais, dans tous les temps, l'amant de la gloire a été soumis au joug démocratique ; c'est de la nation seule qu'il recevait ses pouvoirs, c'est par son élection qu'il obtenait sa couronne ; et quels que fussent ses droits à la porter, quand le peuple retirait ses suffrages au génie, il pouvait protester, mais il ne régnait plus. N'importe, s'écrieront quelques ames ardentes, n'existât-il qu'une chance de succès contre mille probabilités de revers, il faudrait tenter une carrière dont le but se perd dans les cieux, et donne à l'homme après lui ce que la mémoire des hommes peut conquérir sur le passé : un jour de gloire est si multiplié par notre pensée, qu'il peut suffire à toute la vie. Les plus nobles devoirs s'accomplissent en parcourant la route qui conduit à la gloire ; et le genre humain serait resté sans bienfaiteurs, si cette émulation sublime n'eût pas encouragé leurs efforts.

D'abord, je crois que l'amour de l'éclat a rendu moins de services aux hommes que la simple impulsion des vertus obscures ou des recherches persévérantes. Les plus grandes découvertes ont été faites dans la retraite de l'homme savant, et les plus belles actions, inspirées par les mouvements spontanés de l'ame, se rencontrent souvent dans l'histoire d'une vie inconnue ; c'est donc seulement dans son rapport avec celui qui l'éprouve qu'il faut considérer la passion de la gloire. Par une sorte d'abstraction métaphysique, on dit souvent que la gloire vaut mieux que le bonheur ; mais cette assertion ne peut s'entendre que par les idées accessoires qu'on y attache : on met alors en opposition les jouissances de la vie privée avec l'éclat d'une grande existence ; mais donner à quelque chose la préférence sur le bonheur, serait un contre-sens moral absolu. L'homme vertueux ne fait de grands sacrifices que pour fuir la peine du remords, et s'assurer des récompenses au-dedans de lui : enfin, la félicité de l'homme lui est plus nécessaire que sa vie, puisqu'il se tue pour échapper à la douleur. S'il est donc vrai que choisir le malheur est un mot qui implique contradiction en lui-même, la passion de la gloire, comme tous les sentiments, doit être jugée par son influence sur le bonheur.

Les amants, les ambitieux même peuvent se croire, dans quelques moments, au comble de la félicité ; comme le terme de leurs espérances leur est connu, ils doivent être heureux du moins à l'instant où ils l'atteignent : mais cette rapide jouissance même ne peut jamais appartenir à l'homme qui prétend à la gloire ; ses limites ne sont fixées par aucun sentiment, ni par aucune circonstance. Alexandre, après la conquête du monde, s'affligeait de ne pouvoir faire parvenir jusqu'aux étoiles l'éclat de son nom. Cette passion ne connaît que l'avenir, ne possède que l'espérance ; et si on l'a souvent présentée comme l'une des plus fortes preuves de l'immortalité de l'ame, c'est parcequ'elle semble vouloir régner sur l'infini de l'espace et l'éternité des temps. Si la gloire est un moment stationnaire, elle recule dans l'esprit des hommes, et aux yeux mêmes de celui qui s'en voyait l'objet : sa possession émeut l'ame si fortement, exalte à un tel degré toutes les facultés, qu'un moment de calme, dans les objets extérieurs, ne sert qu'à diriger sur soi toute l'agitation de sa pensée : le repos est si loin, le vide est si près, que la cessation de l'action est toujours le plus grand malheur à craindre. Comme il n'y a jamais rien de suffisant dans les plaisirs de la gloire, l'ame ne peut être remplie que par leur attente ; ceux qu'elle obtient ne servent qu'à la rapprocher de ceux qu'elle desire ; et si l'on était parvenu au faîte de la grandeur, une circonstance inaperçue, un obscur hommage refusé, deviendraient l'objet de la douleur et de l'envie. Aman, vainqueur des Juifs, était malheureux de n'avoir pu courber l'orgueil de Mardochée. Cette passion conquérante n'estime que ce qui lui résiste ; elle a besoin de l'admiration qu'on lui refuse, comme de la seule qui soit au-dessus de celle qu'on lui accorde ; toute la puissance de l'imagination se développe en elle, parcequ'aucun sentiment du cœur ne la ramène par intervalles à la vérité; quand elle atteint à un but, ses tourments s'accroissent; son plus grand charme étant l'activité qu'elle assure à chaque moment du jour, l'un de ses prestiges est détruit quand cette activité n'a plus d'aliment. Toutes les passions, sans doute, ont des caractères communs, mais aucune ne laisse après elle autant de douleurs que les revers de la gloire. Il n'y a rien d'absolu pour l'homme dans la nature, il ne juge que parcequ'il compare; la douleur physique même est soumise à cette loi : ce qu'il y a de plus violent dans le plaisir ou dans la douleur est donc causé par le contraste; et quelle opposition plus terrible que la possession ou la perte de la gloire! Celui dont la renommée parcourait le monde entier ne voit autour de lui qu'un vaste oubli : un amant n'a de larmes à verser que sur les traces de ce qu'il aime; tous les pas d'hommes retracent, à celui qui jadis occupait l'univers, l'ingratitude et l'abandon.

La passion de la gloire excite le sentiment et la pensée au-delà de leurs propres forces; mais loin que le retour à l'état naturel soit une jouissance, c'est une sensation d'abattement et de mort : les plaisirs de la vie commune ont été usés sans avoir été sentis; on ne peut même les retrouver dans ses souvenirs; ce n'est point par la raison ou la mélancolie qu'on est ramené vers eux, mais par la nécessité, funeste puissance qui brise tout ce qu'elle courbe. L'un des caractères de ce long malheur est de finir par s'accuser soi-même : tant qu'on en est encore aux reproches que méritent les autres, l'ame peut sortir d'elle-même; mais le repentir concentre toutes les pensées, et, dans ce genre de douleur, le volcan se renferme pour consumer en dedans. Tant d'actions composent la vie d'un homme célèbre, qu'il est impossible qu'il ait assez de force dans la philosophie ou dans l'orgueil, pour ne reprocher aucune faute à son esprit : le passé prenant dans sa pensée la place qu'occupait l'avenir, son imagination vient se briser contre ce temps immuable, et lui fait parcourir, en arrière, des abîmes aussi vastes que l'étaient, en avant, les heureux champs de l'espérance.

L'homme jadis comblé de gloire qui veut abdiquer ses souvenirs, et se vouer aux relations particulières, ne saurait y accoutumer ni lui, ni les autres; on ne jouit point par effort des idées simples; il faut, pour être heureux par elles, un concours de circonstances qui éloignent naturellement tout autre desir. L'homme accoutumé à compter avec l'histoire ne peut plus être intéressé pour les événements d'une existence commune; on ne retrouve en lui aucun des mouvements qui le caractérisaient; il ne sent plus la vie, il s'y résigne. On confie long-temps les peines du cœur, parceque leur durée même est honorable, parcequ'elles répondent à trop de souvenirs dans l'ame des autres, pour que ce soit parler de soi que d'en entretenir; mais comme la philosophie et la fierté doivent vaincre ou cacher les regrets causés même par la plus noble ambition, l'homme qui les éprouve ne s'abandonne point à les avouer entièrement. L'attention constante sur soi est un détail de jouissance pendant la prospérité, c'est une peine habituelle quand on est retombé dans une situation privée. Enfin, aimer! ce bien dont la nature céleste est seule en disparate avec toute la destinée humaine, aimer! n'est plus un bonheur accordé à celui que la passion de la gloire a dominé long-temps : ce n'est pas que son ame soit endurcie, mais elle est trop vaste pour être remplie par un seul objet; d'ailleurs, les réflexions que l'on est conduit à faire sur les hommes en général, lorsqu'on entretient avec eux des rapports publics, rendent impossible la sorte d'illusion qu'il faut pour voir un individu à une distance infinie de tous les autres. Loin aussi que de grandes pertes attachent au genre de bien qui reste, elles affranchissent de tout à la fois; on ne se supporte que dans une indépendance absolue, sans aucun point de comparaison entre le présent et le passé. Le génie, qui sut adorer et posséder la gloire, repousse tout ce qui voudrait occuper la place de ses regrets mêmes; il aime mieux mourir que déroger. Enfin, quoique cette passion soit pure dans son origine et noble dans ses efforts, le crime seul dérange plus qu'elle l'équilibre de l'ame; elle la fait sortir violemment de l'ordre naturel, et rien ne peut jamais l'y ramener.

En m'attachant avec une sorte d'austérité à l'examen de tout ce qui doit détourner de l'amour de la gloire, j'ai eu besoin d'un grand effort de réflexion; j'étais distraite par l'enthousiasme : tant de noms célèbres s'offraient à ma pensée, tant d'ombres glorieuses, qui semblaient s'offenser de voir braver leur éclat, pour pénétrer jusqu'à la source de leur bonheur! C'est de mon père enfin, c'est de l'homme de ce temps qui a recueilli le plus de gloire, et qui en retrouvera le plus dans la justice impartiale des siècles, que je craignais surtout d'approcher, en décrivant toutes les périodes du cours éclatant de la gloire. Mais ce n'est pas à l'homme qui a montré, pour le premier objet de ses affections, une sensibilité aussi rare que son génie ; ce n'est pas à lui que peut convenir un seul des traits dont j'ai composé ce tableau ; et si je m'aidais des souvenirs que je lui dois, ce serait pour montrer combien l'amour de la vertu peut apporter de changement dans la nature et les malheurs de la passion de la gloire.

Poursuivant le projet que j'ai embrassé, je ne cherche point à détourner l'homme de génie de répandre ses bienfaits sur le genre humain ; mais je voudrais retrancher des motifs qui l'animent le besoin des récompenses de l'opinion ; je voudrais retrancher ce qui est l'essence des passions, l'asservissement à la puissance des autres.

CHAPITRE II.

De l'ambition.

En parlant de l'amour de la gloire, je ne l'ai considéré que dans sa plus parfaite sublimité, alors qu'il naît du véritable talent, et n'aspire qu'à l'éclat de la renommée. Par l'ambition, je désigne la passion qui n'a pour objet que la puissance, c'est-à-dire la possession des places, des richesses, ou des honneurs qui la donnent ; passion que la médiocrité doit aussi concevoir, parcequ'elle peut en obtenir les succès.

Les peines attachées à cette passion sont d'une autre nature que celles de l'amour de la gloire ; son horizon étant plus resserré, et son but positif, toutes les douleurs qui naissent d'un agrandissement de l'ame en disproportion avec le sort de l'humanité, ne sont pas éprouvées par les ambitieux. L'intime pensée des hommes n'est point l'objet de leur inquiétude ; le suffrage des étrangers n'enflamme point leurs desirs : le pouvoir, c'est-à-dire le droit d'influer sur les pensées extérieures et d'être loué partout où l'on commande, voilà ce qu'obtient l'ambition. Elle est, sous beaucoup de rapports, en contraste avec l'amour de la gloire. En les comparant donc, je donnerai naturellement un nouveau développement au chapitre que je viens de finir.

Tout est fixé d'avance dans l'ambition : ses chagrins et ses paisirs sont soumis à des événements déterminés ; l'imagination a peu d'empire sur la pensée des ambitieux, car rien n'est plus réel que les avantages du pouvoir. Les peines donc qui naissent de l'exaltation de l'ame ne sont point connues par les ambitieux ; mais si le vague de l'imagination offre un champ à la douleur, elle présente aussi beaucoup d'espace pour s'élever au-dessus de tout ce qui nous entoure, éviter la vie, et se perdre dans l'avenir. Dans l'ambition, au contraire, tout est présent, tout est positif; rien n'apparaît au-delà du terme, rien ne reste après le malheur, et c'est par l'inflexibilité du calcul et le néant du passé qu'on doit estimer ses avantages et ses pertes.

Obtenir et conserver le pouvoir, voilà tout le plan d'un ambitieux. Il ne peut jamais s'abandonner à aucun de ses mouvements, car il est rare que la nature soit un bon guide dans la route de la politique ; et, par un contraste cruel, cette passion, assez violente pour vaincre tous les obstacles, condamne à la réserve continuelle qu'exige la contrainte de soi-même ; il faut qu'elle agisse avec une égale force pour exciter et pour retenir. L'amour de la gloire peut s'abandonner ; la colère, l'enthousiasme d'un héros ont quelquefois aidé son génie ; et quand ses sentiments étaient honorables, ils le servaient assez : mais l'ambition n'a qu'un seul but. Celui qui prise ainsi le pouvoir est insensible à tout autre genre d'éclat; cette disposition suppose une sorte de mépris pour le genre humain, une personnalité concentrée qui ferme l'ame aux autres jouissances. Le feu de cette passion dessèche; il est âpre et sombre, comme tous les sentiments qui, voués au secret par notre propre jugement sur leur nature, sont d'autant plus puissants que jamais on ne les exprime. L'homme ambitieux sans doute, alors qu'il a atteint ce qu'il recherche, ne ressent point ce desir inquiet qui reste après les triomphes de la gloire, son objet est en proportion avec lui ; et comme en le perdant il ne lui restera point de ressources personnelles, en le possédant il ne sent point de vide. Le but de l'ambition est certainement aussi plus facile à obtenir que celui de la gloire ; et comme le sort de l'ambitieux dépend d'un moins grand nombre d'individus que celui de l'homme célèbre, sous ce rapport il est moins malheureux. Il importe cependant bien plus de détourner de l'ambition que de l'amour de la gloire. Ce dernier sentiment est presque aussi rare que le génie, et presque jamais il n'est séparé des grands talents qui font son excuse ; comme si la Providence, dans sa bonté, n'avait pas voulu qu'une telle passion pût être unie à l'impossibilité de la satisfaire, de peur que l'ame n'en fût dévorée : mais l'ambition au contraire est à la portée de la majorité des esprits, et ce serait plutôt la supériorité que la médiocrité qui en éloignerait ; il y a d'ailleurs une sorte de réflexion philosophique qui pourrait faire illusion aux penseurs mêmes sur les avantages de l'ambition, c'est que le pouvoir est la moins malheureuse de toutes les relations qu'on peut entretenir avec un grand nombre d'hommes.

La connaissance parfaite des hommes doit mener, ou à s'affranchir de leur joug, ou à les dominer par la puissance. Ce qu'ils attendent de vous, ce qu'ils en espèrent, efface leurs défauts, et fait ressortir toutes leurs qualités. Ceux qui ont besoin de vous sont si ingénieusement aimables, leur dévouement est si varié, leurs louanges prennent si facilement un caractère d'indépendance, leur émotion est si vive, qu'en assurant qu'ils aiment, c'est eux-mêmes qu'ils trompent autant que vous. L'action de l'espérance embellit tellement tous les caractères, qu'il faut avoir bien de la finesse dans l'esprit et de la fierté dans le cœur, pour démêler et repousser les sentiments que votre propre pouvoir inspire : si vous voulez donc aimer les hommes, jugez-les pendant qu'ils ont besoin de vous ; mais cette illusion d'un instant est payée de toute la vie.

Les peines de la carrière de l'ambition commencent dès ses premiers pas, et son terme vaut encore mieux que la route qui doit y conduire. Si c'est avec un esprit borné qu'on veut atteindre à une place élevée, est-il un état plus pénible que ces avertissements continuels donnés par l'intérêt à l'amour-propre ? Dans les situations communes de la vie, on se fait illusion sur son propre mérite ; mais un sentiment actif fait découvrir à l'ambitieux la mesure de ses moyens, et sa passion l'éclaire sur lui-même, non comme la raison qui détache, mais comme le desir qui s'inquiète ; alors il n'est plus occupé qu'à tromper les autres, et pour y parvenir il ne se perd pas de vue : l'oubli d'un instant lui serait fatal ; il faut qu'il arrange avec art ce qu'il sait et ce qu'il pense, que tout ce qu'il dit ne soit destiné qu'à indiquer ce qu'il est censé cacher ; il faut qu'il cherche des instruments habiles qui le secondent, sans trahir ce qui lui manque, et des supérieurs pleins d'ignorance et de vanité, qu'on puisse détourner du jugement par la louange ; il doit faire illusion à ceux qui dépendent de lui par de la réserve, et tromper ceux dont il espère par de l'exagération ; enfin, il faut qu'il évite sans cesse tous les genres de démonstrations du vrai : aussi agité qu'un coupable qui craint la révélation de son secret, il sait qu'un homme d'un esprit fin peut découvrir dans le silence de la gravité l'ignorance qui se compose, et dans l'enthousiasme de la flatterie, la froideur qui s'exalte. La pensée d'un ambitieux est constamment tendue à la recherche des symptômes d'un talent supérieur ; il éprouve tout à la fois et les peines de ce travail et son humiliation ; et, pour arriver au terme de ses espérances, il doit constamment réfléchir sur les bornes de ses facultés.

Si vous supposez, au contraire, à l'homme ambitieux un génie supérieur, une ame énergique, sa passion lui commande de réussir ; il faut qu'il courbe, qu'il enchaîne tous les sentiments qui lui feraient obstacle ; il n'a pas seulement à craindre la peine des remords qui suivent l'accomplissement des actions qu'on peut se reprocher, mais la contrainte même du moment présent est une véritable douleur. On ne brave pas impunément ses propres qualités ; et celui que son ambition entraîne à soutenir à la tribune une opinion que sa fierté repousse, que son humanité condamne, que la justesse de son esprit rejette, celui-là éprouve alors un sentiment pénible, indépendant encore de la réflexion qui peut l'absoudre ou le blâmer. Il se soutient, peut-être, par l'espoir de se montrer lui-même alors qu'il aura atteint son but ; mais s'il faisait naufrage avant d'arriver au port, s'il était banni, pendant qu'à l'imitation de Brutus il contrefait l'insensé, vainement voudrait-il expliquer quelle fut son intention, son espérance : les actions sont toujours plus en relief que les commentaires, et ce qu'on a dit sur le théâtre n'est jamais effacé par ce qu'on écrit dans la retraite. C'est dans la lutte de leurs intérêts, et non dans le silence de leurs passions, qu'on croit découvrir les véritables opinions des hommes : et quel plus grand malheur que d'avoir mérité une réputation opposée à son propre caractère !

L'homme qui s'est jugé comme la voix publique, qui conserve au-dedans de lui tous les sentiments élevés qui l'accusent, et peut à peine s'oublier dans l'enivrement du succès, que deviendra-t-il à l'époque du malheur ? C'est par la connaissance intime des traces que l'ambition laisse dans le cœur après ses revers, et de l'impossibilité de fixer sa prospérité, qu'on peut juger surtout de l'effroi qu'elle doit inspirer.

Il ne faut qu'ouvrir l'histoire pour connaître la difficulté de maintenir les succès de l'ambition ; ils ont pour ennemis la majorité des intérêts particuliers, qui tous demandent un nouveau tirage, n'ayant point eu de lots dans le résultat actuel du sort. Ils ont pour ennemi le hasard, qui a une marche très régulière quand on le calcule dans un certain espace de temps et avec une vaste application ; le hasard, qui ramène à peu près les mêmes chances de succès et de revers, et semble s'être chargé de répartir également le bonheur entre les hommes. Ils ont pour ennemi le besoin qu'a le public de juger et de créer de nouveau, d'écarter un nom trop répété, d'éprouver l'émotion d'un nouvel événement. Enfin, la multitude, composée d'hommes obscurs, veut que d'éclatantes chutes relèvent de temps en temps le prix des conditions privées, et prêtent une force agissante aux raisonnements abstraits qui vantent les paisibles avantages des destinées communes.

Les places éminentes se perdent aussi par le changement qu'elles produisent sur ceux qui les possèdent. L'orgueil ou la paresse, la défiance ou l'aveuglement, naissent de la possession continue de la puissance : cette situation, où la modération est aussi nécessaire que l'esprit de conquête, exige une réunion presque impossible ; et l'ame qui se fatigue ou s'inquiète, s'enivre ou s'épouvante, perd la force nécessaire pour se maintenir. Je ne parle ici que des succès réels de l'ambition ; il y en a beaucoup d'apparents, et c'est par eux qu'on devrait commencer l'histoire de ses revers. Quelques hommes ont conservé, jusqu'à la fin de la vie, le pouvoir qu'ils avaient acquis ; mais pour le retenir, il leur en a coûté tous les efforts qu'il faut pour arriver, toutes les peines que cause la perte : l'un est condamné à suivre le même système de dissimulation qui l'a conduit au poste qu'il occupe ; et, plus tremblant que ceux qui le prient, le secret de lui-même pèse sur toute sa personne ; l'autre se courbe sans cesse devant le maître quelconque, peuple ou roi, dont il tient sa puissance. Dans une monarchie, il est condamné à l'adoption de toutes les idées reçues, à l'importance de toutes les formes établies : s'il étonne, il fait ombrage ; s'il reste le même, on croit qu'il s'affaiblit. Dans une démocratie, il faut qu'il devance le vœu populaire, qu'il lui obéisse en répondant de l'événement ; qu'il joue chaque jour toute sa destinée, et n'espère rien de la veille pour le lendemain. Enfin, il n'est point d'homme qui ait été possesseur paisible d'une place éminente ; le plus grand nombre en a marqué la perte par une chute éclatante ; d'autres ont acheté sa possession par tous les tourments de l'incertitude et de la crainte ; et cependant tel était l'effroi que causait le retour à l'existence privée, qu'un seul homme ambitieux, Sylla, ayant volontairement abdiqué le pouvoir, et survécu paisiblement à cette grande résolution, le parti qu'il a pris est encore l'étonnement des siècles, et le problème dont les moralistes se proposent tous la solution. Charles-Quint se plongea dans la contemplation de la mort, alors que, cessant de régner, il crut cesser de vivre. Victor-Amédée voulut remonter sur le trône qu'une imagination égarée lui avait fait abandonner. Enfin, nul n'est descendu sans douleur d'un rang qui le plaçait au-dessus des autres hommes; nul ambitieux du moins, car que sont les destinées sans l'ame qui les caractérise? Les événements sont l'extérieur de la vie; sa véritable source est tout entière dans nos sentiments. Dioclétien peut quittter le trône, Charles II peut le conserver en paix : l'un est un philosophe, l'autre est un épicurien : ils possèdent tous deux cette couronne objet des vœux des ambitieux ; mais ils font du trône une condition privée; et leurs qualités, comme leurs défauts, les rendent absolument étrangers à l'ambition dont leur existence serait le but. Enfin, quand il existerait une chance de prolonger la possession des biens offerts par l'ambition, est-il une entreprise dont l'avance soit si énorme? L'ame qui s'y livre se rend à jamais incapable de toute autre manière d'exister : il faut brûler tous les vaisseaux qui pourraient ramener dans un séjour tranquille, et se placer entre la conquête et la mort. L'ambition est la passion qui, dans ses malheurs, éprouve le plus le besoin de la vengeance; preuve assurée que c'est elle qui laisse après elle le moins de consolation. L'ambition dénature le cœur : quand on a tout jugé par rapport à soi, comment se transporter dans un autre? quand on n'a examiné ceux qui nous entouraient que comme des instruments ou des obstacles, comment voir en eux des amis ? L'égoïsme, dans le cours naturel de l'histoire de l'ame, est le défaut de la vieillesse, parceque c'est celui dont on ne peut jamais se corriger. Passer de l'occupation de soi à celle de tout autre objet, est une sorte de régénération morale dont il existe bien peu d'exemples.

L'amour de la gloire a tant de grandeur dans ses succès, que ses revers en prennent aussi l'empreinte; la mélancolie peut se plaire dans leur contemplation, et la pitié qu'ils inspirent a des caractères de respect qui servent à soutenir le grand homme qui s'en voit l'objet. On sait que son espoir était de s'immortaliser par des services publics, que les couronnes de la renommée furent le seul prix dont il poursuivit l'honneur ; il semble que les hommes, en l'abandonnant, courent des risques personnels. Quelques uns d'eux craignent de se tromper en renonçant au bien qu'il voulait leur faire; aucun ne peut mépriser ni ses efforts, ni son but; il lui reste sa valeur personnelle et l'appel à la postérité; et si l'injustice le renverse, l'injustice aussi sert de recours à ses regrets. Mais l'ambitieux, privé du pouvoir, ne vit plus qu'à ses propres yeux : il a joué, il a perdu; telle est l'histoire de sa vie. Le public a gagné contre lui, car les avantages qu'il possédait sont rendus à l'espoir de tous, et le triomphe de ses rivaux est la seule sensation vive que produise sa retraite. Bientôt celle-là même s'efface, et la meilleure chance de bonheur pour cette situation, c'est la facilité qu'on trouve à se faire oublier; mais, par une réunion cruelle, le monde qu'on voudrait occuper ne se rappelle plus votre existence passée, et ceux qui vous approchent ne peuvent en perdre le souvenir.

La gloire d'un grand homme jette au loin un noble éclat sur ceux qui lui appartiennent; mais les places, les honneurs dont disposait l'ambitieux atteignent à tous les intérêts de tous les instants. Les palmes du génie tiennent à une respectueuse distance de leur vainqueur; les dons de la fortune rapprochent, pressent autour de vous; et comme ils ne laissent après eux aucun droit à l'estime, lorsqu'ils vous sont ravis, tous vos liens sont rompus; ou si quelque pudeur retient encore quelques amis, tant de regrets personnels reviennent à leur pensée, qu'ils reprochent sans cesse à celui qui perd tout la part qu'ils avaient dans ses jouissances : lui-même ne peut échapper à ses souvenirs; les privations les plus douloureuses sont celles qui touchent à la fois à l'ensemble et aux détails de toute la vie. Les jouissances de la gloire, éparses dans le cours de la destinée, époques dans un grand nombre d'année, accoutument, dans tous les temps, à de longs intervalles de bonheur; mais la possession des places et des honneurs étant un avantage habituel, leur perte doit se ressentir à tous les moments de la vie. L'amant de la gloire a une conscience, c'est la fierté; et quoique ce sentiment rende beaucoup moins indépendant que le dévouement à la vertu, il affranchit des autres, s'il ne donne pas de l'empire sur soi-même. L'ambitieux n'a jamais mis la dignité du caractère au-dessus des avantages du pouvoir; et comme aucun prix ne lui a paru trop cher pour l'acquérir, aucune consolation ne doit lui rester après l'avoir perdu. Pour aimer et posséder la gloire, il faut des qualités tellement éminentes, que si leur plus grande action est au-dehors de nous, cependant elles peuvent encore servir d'aliment à la pensée dans le silence de la retraite; mais la passion de l'ambition, les moyens qu'il faut pour réussir dans ses desirs, sont nuls pour tout autre usage : c'est de l'impulsion plutôt que de la véritable force; c'est une sorte d'ardeur qui ne peut se nourrir de ses propres ressources ; c'est le sentiment le plus ennemi du passé, de la réflexion, de tout ce qui retombe sur soi-même. L'opinion, blâmant les peines de l'ambition trompée, y met le comble en se refusant à les plaindre : et ce refus est injuste, car la pitié doit avoir une autre destination que l'estime ; c'est à l'étendue du malheur qu'il faut la proportionner. Enfin, les malheurs de l'ambition sont d'une telle nature, que les caractères les plus forts n'ont jamais trouvé en eux-mêmes la puissance de s'y soumettre.

Le cardinal Alberoni voulait encore dominer la république de Lucques, qu'il avait choisie pour retraite. On voit des vieillards traîner à la cour l'inquiétude qui les agite, bravant le ridicule et le mépris pour s'attacher à la dernière ombre du passé.

La passion de la gloire ne peut être trompée sur son objet ; elle veut, ou le posséder en entier, ou rejeter tout ce qui serait un diminutif de lui-même ; mais l'ambition a besoin de la première, de la seconde, de la dernière place dans l'ordre du crédit et du pouvoir, et se rattache à chaque degré, cédant à l'horreur que lui inspire la privation absolue de tout ce qui peut combler ou satisfaire, ou même faire illusion à ses desirs.

Ne peut-on pas, dira-t-on, vivre après avoir possédé de grandes places, comme avant de les avoir obtenues ? Non ; jamais un effort impuissant ne laisse revenir au point dont il voulait vous sortir ; la réaction fait redescendre plus bas ; et le grand et cruel caractère des passions, c'est d'imprimer leur mouvement à toute la vie, et leur bonheur à peu d'instants.

Si ces considérations générales suffisent pour montrer l'influence certaine de l'ambition sur le bonheur, les auteurs, les témoins, les contemporains de la révolution de France, doivent trouver au fond de leur cœur de nouveaux motifs d'éloignement pour toutes les passions politiques.

Dans les temps de révolution, c'est l'ambition seule qui peut obtenir des succès. Il reste encore des moyens d'acquérir du pouvoir, mais l'opinion qui distribue la gloire n'existe plus ; le peuple commande, au lieu de juger ; jouant un rôle actif dans tous les événements, il prend parti pour ou contre tel ou tel homme. Il n'y a plus dans une nation que des combattants ; l'impartial pouvoir, qu'on appelle le public, ne se montre nulle part. Ce qui est grand et juste, d'une manière absolue, n'est donc plus reconnu ; tout est évalué suivant son rapport avec les passions du moment ; les étrangers n'ont aucun moyen de connaître l'estime qu'ils doivent à une conduite que tous les témoins ont blâmée ; aucune voix même, peut-être, ne la rapportera fidèlement à la postérité. Au milieu d'une révolution, il faut en croire ou l'ambition ou la conscience ; nul autre guide ne peut conduire à son but. Et quelle ambition ! quel horrible sacrifice elle impose ! quelle triste couronne elle promet ! Une révolution suspend toute autre puissance que celle de la force ; l'ordre social établit l'ascendant de l'estime, de la vertu ; les révolutions mettent tous les hommes aux prises avec leurs moyens physiques ; la sorte d'influence morale qu'elles admettent, c'est le fanatisme de certaines idées qui, n'étant susceptibles d'aucune modification, ni d'aucune borne, sont des armes de guerre, et non des calculs de l'esprit. Pour être donc ambitieux dans une révolution, il faut marcher toujours en avant de l'impulsion donnée ; c'est une descente rapide où l'on ne peut s'arrêter ; vainement on voit l'abîme ; si l'on se jette à bas du char, on est brisé par cette chute : éviter le péril est plus dangereux que de l'affronter ; il faut conduire soi-même dans le sentier qui doit vous perdre, et le moindre pas rétrograde renverse l'homme sans détourner l'événement. Il n'est rien de plus insensé que de se mêler dans des circonstances tout-à-fait indépendantes de la volonté individuelle ; c'est attacher bien plus que sa vie, c'est livrer toute la moralité de sa conduite à l'entraînement d'un pouvoir matériel. On croit influer dans les révolutions, on croit agir, être cause, et l'on n'est jamais qu'une pierre de plus lancée par le mouvement de la grande roue ; un autre aurait pris votre place, un moyen différent eût amené le même résultat ; le nom de chef signifie le premier précipité par la troupe qui marche derrière, et pousse en avant.

Les revers et les succès de tout ce qu'on voit dominer dans une révolution ne sont que la rencontre heureuse ou malheureuse de tel homme avec telle période de la nature des choses. Il n'est point de factieux de bonne foi qui puisse prédire ce qu'il fera le lendemain ; car c'est la puissance qu'il importe à une faction d'obtenir, plutôt que le but d'abord poursuivi : on peut triompher en faisant le contraire de ce qu'on a projeté, si c'est le même parti qui gouverne ; et les fanatiques seuls retiennent les factieux dans la même route : ces derniers ne cherchent que le pouvoir, et jamais ambition ne coûta tant au caractère. Dans ces temps, pour dominer à un certain degré les autres hommes, il faut qu'ils n'aient pas de données sûres pour calculer à l'avance votre conduite ; dès qu'ils vous savent inviolablement attaché à tels principes de moralité, ils se postent en attaque sur la route que vous devez suivre. Pour obtenir, pour conserver quelques moments le pouvoir dans une révolution, il ne faut écouter ni son ame, ni son esprit même. Quel que soit le parti qu'on ait embrassé, la faction est démagogue dans son essence ; elle est composée d'hommes qui ne veulent pas obéir, qui se sentent nécessaires, et ne se croient point liés à ceux qui les commandent; elle est composée d'hommes prêts à choisir de nouveaux chefs chaque jour, parcequ'il n'est question que de leur intérêt, et non d'une subordination antérieure, naturelle ou politique : il importe plus aux chefs de n'être pas suspects à leurs soldats, que d'être redoutables à leurs ennemis. Des crimes de tout genre, des crimes inutiles aux succès de la cause, sont commandés par le féroce enthousiasme de la populace ; elle craint la pitié, quel que soit le degré de sa force ; c'est par de la fureur, et non de la clémence, qu'elle sent son pouvoir. Un peuple qui gouverne ne cesse jamais d'avoir peur; il se croit toujours au moment de perdre son autorité ; et disposé, par sa situation, au mouvement de l'envie, il n'a jamais pour les vaincus l'intérêt qu'inspire la faiblesse opprimée, il ne cesse pas de les redouter. L'homme donc qui veut acquérir une grande influence dans ces temps de crise doit rassurer la multitude par son inflexible cruauté. Il ne partage point les terreurs que l'ignorance fait éprouver, mais il faut qu'il accomplisse les affreux sacrifices qu'elle demande ; il faut qu'il immole des victimes qu'aucun intérêt ne lui fait craindre, que son caractère souvent lui inspirait le desir de sauver; il faut qu'il commette des crimes sans égarement, sans fureur, sans atrocité même, suivant l'ordre d'un souverain dont il ne peut prévoir les commandements, et dont son ame éclairée ne saurait adopter aucune des passions. Et quel prix pour de tels efforts ! quelle sorte de suffrage on obtient ! combien est tyrannique la reconnaissance qui couronne ! On voit si bien les bornes de son pouvoir; on sent si souvent qu'on obéit, alors même qu'on a l'air de commander ; les passions des hommes sont tellement mises en dehors dans un temps de révolution, qu'aucune illusion n'est possible ; et la plus magique des émotions, celle que font éprouver les acclamations de tout un peuple, ne peut plus se renouveler pour celui qui a vu ce peuple dans les mouvements d'une révolution. Comme Cromwell, il dit, en traversant la foule dont les suffrages le couronnent : « Ils applaudiraient de même si l'on me conduisait à l'échafaud. » Cet avenir n'est séparé de vous par aucun intervalle, demain peut en être le jour ; vos juges, vos assassins sont dans la multitude qui vous entoure, et le transport qui vous exalte est l'impulsion même qui peut vous renverser. Quel danger vous menace, quelle rapidité dans la chute, quelle profondeur dans l'abîme ! Sans que le succès soit élevé plus haut, le revers vous fait tomber plus bas, vous enfonce plus avant dans le néant de votre destinée.

La diversité des opinions empêche aucune gloire de s'établir, mais ces mêmes opinions se réunissent toutes pour le mépris : il prend un caractère d'acclamation, et le peuple, quand il abandonne l'ambitieux, s'éclairant sur les crimes qu'il lui a fait commettre, l'accable pour s'en absoudre : celui qui prend pour guide sa conscience est sûr de son but ; mais malheur à l'homme avide de pouvoir, qui s'est élancé dans une révolution ! Cromwell est resté usurpateur, parceque le principe des troubles qu'il avait fait naître était la religion, qui soulève sans déchaîner ; était un sentiment superstitieux, qui portait à changer de maître, mais non à détester tous les jougs. Mais quand la cause des révolutions est l'exaltation de toutes les idées de liberté, il ne se peut pas que les premiers chefs de l'insurrection conservent de la puissance ; il faut qu'ils excitent le mouvement qui les renversera les premiers ; il faut qu'ils développent les principes qui servent à les juger ; enfin, ils peuvent servir leur opinion, mais jamais leur intérêt ; et dans une révolution le fanatisme est plus sensé que l'ambition.

CHAPITRE III.

De la vanité.

On se demande si la vanité est une passion. En considérant l'insuffisance de son objet, on serait tenté d'en douter ; mais en observant la violence des mouvements qu'elle inspire, on y reconnaît tous les caractères des passions, et l'on retrouve tous les malheurs qu'elles entraînent dans la dépendance servile où ce sentiment vous met du cercle qui vous entoure. L'amour de la gloire se fonde sur ce qu'il y a de plus élevé dans la nature de l'homme; l'ambition tient à ce qu'il y a de plus positif dans les relations des hommes entre eux; la vanité s'attache à ce qui n'a de valeur réelle ni dans soi, ni dans les autres, à des avantages apparents, à des effets passagers; elle vit du rebut des deux autres passions : quelquefois cependant elle se réunit à leur empire; l'homme atteint aux extrêmes par sa force et par sa faiblesse, mais plus habituellement la vanité l'emporte surtout dans les caractères qui l'éprouvent. Les peines de cette passion sont assez peu connues, parceque ceux qui les ressentent en gardent le secret, et que tout le monde étant convenu de mépriser ce sentiment, jamais on n'avoue les souvenirs ou les craintes dont il est l'objet.

L'un des premiers chagrins de la vanité est de trouver en elle-même et les causes de ses malheurs et le besoin de les cacher. La vanité se nourrit de succès trop peu relevés pour qu'il existe aucune dignité dans ses revers.

La gloire, l'ambition se nomment. La vanité règne quelquefois à l'insu même du caractère qu'elle gouverne; jamais du moins sa puissance n'est publiquement reconnue par celui qui s'y soumet : il voudrait qu'on le crût supérieur aux succès qu'il obtient, comme à ceux qui lui sont refusés ; mais le public, dédaignant son but et remarquant ses efforts, déprise la possession en rendant amère la perte. L'importance de l'objet auquel on aspire ne donne point la mesure de la douleur que fait éprouver la privation; c'est à la violence du desir qu'il inspirait, c'est surtout à l'opinion que les autres se sont formée de l'activité de nos souhaits, que cette douleur se proportionne.

Ce qui caractérise les peines de la vanité, c'est qu'on apprend par les autres, bien plus que par son sentiment intime, le degré de chagrin qu'on doit en ressentir : plus on vous croit affligé, plus on se trouve de raisons de l'être. Il n'est aucune passion qui ramène autant à soi, mais il n'en est aucune qui vienne moins de notre propre mouvement; toutes ses impulsions arrivent du dehors. C'est non seulement à la réunion des hommes en société que ce sentiment est dû, mais c'est à un degré de civilisation qui n'est pas connu dans tous les pays, et dont les effets seraient presque impossibles à concevoir pour un peuple dont les institutions et les mœurs seraient simples; car la nature éloigne des mouvements de la vanité, et l'on ne peut comprendre comment des malheurs si réels naissent de mouvements si peu nécessaires.

Avez-vous jamais rencontré Damon? Il est d'une naissance obscure, il le sait; il est certain que personne ne l'ignore : mais au lieu de dédaigner cet avantage par intérêt et par raison, il n'a qu'un but dans l'existence, c'est de vous parler des grands seigneurs avec lesquels il a passé sa vie; il les protège, de peur d'en être protégé; il les appelle par leur nom, tandis que leurs égaux y joignent leurs titres, et se fait reconnaître subalterne par l'inquiétude même de le paraître. Sa conversation est composée de parenthèses, principal objet de toutes ses phrases; il voudrait laisser échapper ce qu'il a le plus grand besoin de dire; il essaie de se montrer fatigué de tout ce qu'il envie; pour se faire croire à son aise, il tombe dans les manières familières; il s'y confirme, parceque personne ne compte assez avec lui pour le repousser; et tout ce dont il est flatté dans le monde est un composé du peu d'importance qu'on met à lui, et du soin qu'on a de ménager ses ridicules, pour ne pas perdre le plaisir de s'en moquer. Sur qui produit-il l'effet qu'il souhaite? Sur personne : peut-être même il s'en doute; mais la vanité s'exerce pour elle-même; en voulant détromper l'homme vain, on l'agite, mais on ne le corrige pas; l'espérance renaît à l'instant même du dégoût, ou plutôt, comme il arrive souvent dans la plupart des passions, sans concevoir précisément de l'espérance, on ne peut se résigner au sacrifice.

Connaissez-vous Lycidas? Il a vieilli dans les affaires sans y prendre une idée, sans atteindre à un résultat; cependant il se croit l'esprit des places qu'il a occupées; il vous confie ce qu'ont imprimé les gazettes; il parle avec circonspection même des ministres du siècle dernier; il achève ses phrases par une mine concentrée, qui ne signifie pas plus que ses paroles; il a dans sa poche des lettres de ministres, d'hommes puissants, qui lui parlent du temps qu'il fait, et lui semblent une preuve de confiance; il frémit à l'aspect de ce qu'il appelle une mauvaise tête, et donne assez volontiers ce nom à tout homme supérieur; il a une diatribe contre l'esprit, à laquelle la majorité d'un salon applaudit presque toujours : *C'est*, vous dit-il, *un obstacle à bien voir que l'esprit; les gens d'esprit n'entendent point les affaires.* Lycidas, il est vrai que vous n'avez pas d'esprit, mais il n'est pas prouvé pour cela que vous soyez capable de gouverner un empire.

On tire très souvent vanité des qualités qu'on n'a pas ; on voit des hommes se glorifier des facultés spirituelles ou sensibles qui leur manquent. L'homme vain s'enorgueillit de tout lui-même indistinctement : *C'est moi, c'est encore moi,* s'écrie-t-il ; cet enthousiasme d'égoïsme fait un charme à ses yeux de chacun de ses défauts.

Cléon est encore à cet égard un bien plus brillant spectacle ; toutes les prétentions à la fois sont entrées dans son ame : il est laid, il se croit aimé ; son livre tombe, c'est par une cabale qui l'honore ; on l'oublie, il pense qu'on le persécute ; il n'attend pas que vous l'ayez loué, il vous dit ce que vous devez penser ; il vous parle de lui sans que vous l'interrogiez ; il ne vous écoute pas si vous lui répondez ; il aime mieux s'entendre, car vous ne pouvez jamais égaler ce qu'il va dire de lui-même. Un homme d'un esprit infini disait, en parlant de ce qu'on pouvait appeler précisément un homme orgueilleux et vain : *En le voyant, j'éprouve un peu du plaisir que cause le spectacle d'un bon ménage : son amour-propre et lui vivent si bien ensemble !* En effet, quand l'amour-propre est arrivé à un certain excès, il se suffit assez à lui-même pour ne pas s'inquiéter, pour ne pas douter de l'opinion des autres ; c'est presque une ressource qu'on trouve en soi, et cette foi en son propre mérite a bien quelques uns des avantages de tous les cultes fondés sur une ferme croyance.

Mais puisque la vanité est une passion, celui qui l'éprouve ne peut être tranquille ; séparé de toutes les jouissances impersonnelles, de toutes les affections sensibles, cet égoïsme détruit la possibilité d'aimer : il n'y a point de but plus stérile que soi-même ; l'homme n'accroît ses facultés qu'en les dévouant au-dehors de lui, à une opinion, à un attachement, à une vertu quelconque. La vanité, l'orgueil donnent à la pensée quelque chose de stationnaire qui ne permet pas de sortir du cercle le plus étroit ; et cependant, dans ce cercle, il y a une puissance de malheur plus grande que dans toute autre existence dont les intérêts seraient plus multipliés. En concentrant sa vie on concentre aussi sa douleur ; et qui n'existe que pour soi diminue ses moyens de jouir, en se rendant d'autant plus accessible à l'impression de la souffrance. On voit cependant, à l'extérieur de certains hommes, de tels symptômes de contentement et de sécurité, qu'on serait tenté d'ambitionner leur vanité comme la jouissance véritable, puisque c'est la plus parfaite des illusions : mais une réflexion détruit toute l'autorité de ces signes apparents : c'est que de tels hommes, n'ayant pour objet dans la vie que l'effet qu'ils produisent sur les autres, sont capables, pour dérober à tous les regards les tourments secrets que des revers ou des dégoûts leur causent, d'un genre d'effort dont aucun autre motif ne donnerait le pouvoir. Dans la plupart des situations, le bonheur même fait partie du faste des hommes vains ; ou s'ils avouaient une peine, ce ne serait jamais que celle qu'il est honorable de ressentir.

La vanité des hommes supérieurs les fait prétendre aux succès auxquels ils ont le moins de droit ; cette petitesse des grands génies se retrouve sans cesse dans l'histoire : on voit des écrivains célèbres ne mettre de prix qu'à leurs faibles succès dans les affaires publiques ; des guerriers, des ministres courageux et fermes, être avant tout flattés de la louange accordée à leurs médiocres écrits ; des hommes qui ont de grandes qualités, ambitionner de petits avantages ; enfin, comme il faut que l'imagination allume toutes les passions, la vanité est bien plus active sur les succès dont on doute, sur les facultés dont on ne se croit pas sûr. L'émulation excite nos qualités ; la vanité se place en avant de tout ce qui nous manque. La vanité souvent ne détruit pas la fierté ; et comme rien n'est si esclave que la vanité, et si indépendant, au contraire, que la véritable fierté, il n'est pas de supplice plus cruel que la réunion de ces deux sentiments dans le même caractère. On a besoin de ce qu'on méprise, on ne peut s'y soumettre, on ne peut s'en affranchir ; c'est à ses propres yeux que l'on rougit, c'est à ses propres yeux que l'on produit l'effet que le spectacle de la vanité fait éprouver à un esprit éclairé et à une ame élevée.

Cette passion, qui n'est grande que par la peine qu'elle cause, et ne peut qu'à ce seul titre marcher de pair avec les autres, se développe parfaitement dans les mouvements des femmes : tout en elles est amour ou vanité. Dès qu'elles veulent avoir avec les autres des rapports plus étendus ou plus éclatants que ceux qui naissent des sentiments doux qu'elles peuvent inspirer à ce qui les entoure, c'est à des succès de vanité qu'elles prétendent. Les efforts qui peuvent valoir aux hommes de la gloire et du pouvoir n'obtiennent presque jamais aux femmes qu'un applaudissement éphémère, un crédit d'intrigue, enfin, un genre de triomphe du ressort de la vanité, de ce sentiment en proportion avec leurs forces et leur destinée : c'est donc en elles qu'il faut l'examiner.

Il est des femmes qui placent leur vanité dans des avantages qui ne leur sont point personnels, tels que la naissance, le rang et la fortune : il est difficile de moins sentir la dignité de son sexe. L'origine de toutes les femmes est céleste, car c'est aux dons de la nature qu'elles doivent leur empire : en s'occupant de l'orgueil et de l'ambition, elles font disparaître tout ce qu'il y a de magique dans leurs charmes; le crédit qu'elles obtiennent, ne paraissant jamais qu'une existence passagère et bornée, ne leur vaut point la considération attachée à un grand pouvoir, et les succès qu'elles conquièrent ont le caractère distinctif des triomphes de la vanité : ils ne supposent ni estime, ni respect pour l'objet à qui on les accorde. Les femmes animent ainsi contre elles les passions de ceux qui ne voulaient penser qu'à les aimer. Le seul vrai ridicule, celui qui naît du contraste avec l'essence des choses, s'attache à leurs efforts : lorsqu'elles s'opposent aux projets, à l'ambition des hommes, elles excitent le vif ressentiment qu'inspire un obstacle inattendu ; si elles se mêlent des intrigues politiques dans leur jeunesse, la modestie doit en souffrir ; si elles sont vieilles, le dégoût qu'elles causent comme femmes nuit à leur prétention comme hommes. La figure d'une femme, quelle que soit la force ou l'étendue de son esprit, quelle que soit l'importance des objets dont elle s'occupe, est toujours un obstacle ou une raison dans l'histoire de sa vie : les hommes l'ont voulu ainsi. Mais plus ils sont décidés à juger une femme selon les avantages ou les défauts de son sexe, plus ils détestent de lui voir embrasser une destinée contraire à sa nature.

Ces réflexions ne sont point destinées, on le croira facilement, à détourner les femmes de toute occupation sérieuse, mais du malheur de se prendre jamais elles-mêmes pour but de leurs efforts. Quand la part qu'elles ont dans les affaires naît de leur attachement pour celui qui les dirige, quand le sentiment seul dicte leurs opinions, inspire leurs démarches, elles ne s'écartent point de la route que la nature leur a tracée : elles aiment, elles sont femmes : mais quand elles se livrent à une active personnalité, quand elles veulent ramener à elles tous les événements, et les considèrent sous le rapport de leur propre influence, de leur intérêt individuel, alors à peine sont-elles dignes des applaudissements éphémères dont les triomphes de la vanité se composent. Les femmes ne sont presque jamais honorées par aucun genre de prétentions; les distinctions de l'esprit même, qui sembleraient offrir une carrière plus étendue, ne leur valent souvent qu'une existence à la hauteur de la vanité. La raison de ce jugement inique ou juste, c'est que les hommes ne voient aucun genre d'utilité générale à encourager les succès des femmes dans cette carrière, et que tout éloge qui n'est pas fondé sur la base de l'utilité n'est ni profond, ni durable, ni universel. Le hasard amène quelques exceptions; s'il est quelques ames entraînées, ou par leur talent, ou par leur caractère, elles s'écarteront peut-être de la règle commune, et quelques palmes de gloire peuvent un jour les couronner; mais elles n'échapperont pas à l'inévitable malheur qui s'attachera toujours à leur destinée.

Le bonheur des femmes perd à toute espèce d'ambition personnelle. Quand elles ne veulent plaire que pour être aimées, quand ce doux espoir est le seul motif de leurs actions, elles s'occupent plus de se perfectionner que de se montrer, de former leur esprit pour le bonheur d'un autre que pour l'admiration de tous; mais quand elles aspirent à la célébrité, leurs efforts comme leurs succès éloignent le sentiment qui, sous des noms différents, doit toujours faire le destin de leur vie. Une femme ne peut exister par elle seule, la gloire même ne lui serait pas un appui suffisant; et l'insurmontable faiblesse de sa nature et de sa situation dans l'ordre social l'a placée dans une dépendance de tous les jours dont un génie immortel ne pourrait encore la sauver. D'ailleurs, rien n'efface dans les femmes ce qui distingue particulièrement leur caractère. Celle qui se vouerait à la solution des problèmes d'Euclide, voudrait encore le bonheur attaché aux sentiments qu'on inspire et qu'on éprouve; et quand elles suivent une carrière qui les en éloigne, leurs regrets douloureux, ou leurs prétentions ridicules, prouvent que rien ne peut les dédommager de la destinée pour laquelle leur ame était créée. Il semble que des succès éclatants offrent des jouissances d'amour-propre à l'ami de la femme célèbre qui les obtient; mais l'enthousiame que ces succès font naître a peut-être moins de durée que l'attrait fondé sur les avantages les plus frivoles. Les critiques, qui suivent nécessairement les éloges, détruisent l'illusion à travers laquelle toutes les femmes ont besoin d'être vues. L'imagination peut créer, embellir par ses chimères un objet inconnu; mais celui que tout le monde a jugé ne reçoit plus rien d'elle. La véritable valeur reste, mais l'amour est plus épris de ce qu'il donne que de ce qu'il trouve. L'homme se complaît dans la supériorité de sa nature, et, comme Pygmalion, il ne se prosterne que devant son ouvrage. Enfin, si l'éclat de la célébrité d'une femme attire des hommages sur ses pas, c'est par un sentiment peut-être étranger à l'amour ; il en prend les formes, mais c'est comme un moyen d'avoir accès auprès de la nouvelle puissance qu'on veut flatter. On approche d'une femme distinguée comme d'un homme en place ; la langue dont on se sert n'est pas semblable, mais le motif est pareil. Quelquefois enivrés par le concours des hommages qui environnent la femme dont ils s'occupent, les adorateurs s'exaltent mutuellement ; mais dans leur sentiment ils dépendent les uns des autres. Les premiers qui s'éloigneraient pourraient détacher ceux qui restent ; et celle qui semble l'objet de toutes leurs pensées s'aperçoit bientôt qu'elle retient chacun d'eux par l'exemple de tous.

De quels sentiments de jalousie et de haine les grands succès d'une femme ne sont-ils pas l'objet! que de peines causées par les moyens sans nombre que l'envie prend pour la persécuter ! La plupart des femmes sont contre elle par rivalité, par sottise, ou par principe. Les talents d'une femme, quels qu'ils soient, les inquiètent toujours dans leurs sentiments. Celles à qui les distinctions de l'esprit sont à jamais interdites trouvent mille manières de les attaquer quand c'est une femme qui les possède ; une jolie personne, en déjouant ces distinctions, se flatte de signaler ses propres avantages. Une femme qui se croit remarquable par la prudence et la mesure de son esprit, et qui, n'ayant jamais eu deux idées dans la tête, veut passer pour avoir rejeté tout ce qu'elle n'a jamais compris, une telle femme sort un peu de sa stérilité accoutumée, pour trouver mille ridicules à celle dont l'esprit anime et varie la conversation : et les mères de famille pensant, avec quelque raison, que les succès mêmes du véritable esprit ne sont pas conformes à la destination des femmes, voient attaquer avec plaisir celles qui en ont obtenu.

D'ailleurs, la femme qui, en atteignant à une véritable supériorité, pourrait se croire au-dessus de la haine, et s'élèverait par sa pensée au sort des hommes les plus célèbres, cette femme n'aurait jamais le calme et la force de tête qui les caractérisent ; l'imagination serait toujours la première de ses facultés : son talent pourrait s'en accroître, mais son ame serait trop fortement agitée ; ses sentiments seraient troublés par ses chimères, ses actions entraînées par ses illusions : son esprit pourrait mériter quelque gloire, en donnant à ses écrits la justesse de la raison ; mais les grands talents, unis à une imagination passionnée, éclairent sur les résultats généraux et trompent sur les relations personnelles. Les femmes sensibles et mobiles donneront toujours l'exemple de cette bizarre union de l'erreur et de la vérité, de cette sorte d'inspiration de la pensée qui rend des oracles à l'univers, et manque du plus simple conseil pour soi-même. En étudiant le petit nombre de femmes qui ont de vrais titres à la gloire, on verra que cet effort de leur nature fut toujours aux dépens de leur bonheur. Après avoir chanté les plus douces leçons de la morale et de la philosophie, Sapho se précipita du haut du rocher de Leucade ; Élisabeth, après avoir dompté les ennemis de l'Angleterre, périt victime de sa passion pour le comte d'Essex. Enfin, avant d'entrer dans cette carrière de gloire, soit que le trône des Césars ou les couronnes du génie littéraire en soient le but, les femmes doivent penser que, pour la gloire même, il faut renoncer au bonheur et au repos de la destinée de leur sexe, et qu'il est dans cette carrière bien peu de sorts qui puissent valoir la plus obscure vie d'une femme aimée et d'une mère heureuse.

En quittant un moment l'examen de la vanité, j'ai jugé jusqu'à l'éclat d'une grande renommée ; mais que dirai-je de toutes ces prétentions à de misérables succès littéraires, pour lesquels on voit tant de femmes négliger leurs sentiments et leurs devoirs ? Absorbées par cet intérêt, elles abjurent, plus que les guerrières du temps de la chevalerie, le caractère distinctif de leur sexe ; car il vaut mieux partager dans les combats les dangers de ce qu'on aime que de se traîner dans les luttes de l'amour-propre, exiger du sentiment des hommages pour la vanité, et puiser ainsi à la source éternelle pour satisfaire le mouvement le plus éphémère, et le desir dont le but est le plus restreint. L'agitation que fait éprouver aux femmes une prétention plus naturelle, puisqu'elle tient de plus près à l'espoir d'être aimées ; l'agitation que fait éprouver aux femmes le besoin de plaire par les agréments de leur figure, offre aussi le tableau le plus frappant des tourments de la vanité.

Regardez une femme au milieu d'un bal, desirant d'être trouvée la plus jolie, et craignant de n'y pas réussir. Le plaisir, au nom duquel on se rassemble, est nul pour elle : elle ne peut en jouir dans aucun moment ; car il n'en est point qui ne soit absorbé et par sa pensée dominante, et par les efforts qu'elle fait pour la cacher. Elle observe les regards, les plus légers signes de l'opinion des autres, avec l'attention d'un moraliste et l'inquiétude d'un ambitieux ; et voulant dérober à tous les yeux le tourment de son esprit, c'est à l'affectation de sa gaieté, pendant le triomphe de sa rivale, à la turbulence de la conversation qu'elle veut entretenir pendant que cette rivale est applaudie, à l'empressement trop vif qu'elle lui témoigne, c'est au superflu de ses efforts enfin qu'on aperçoit son travail. La grace, ce charme suprême de la beauté, ne se développe que dans le repos du naturel et de la confiance; les inquiétudes et la contrainte ôtent les avantages mêmes qu'on possède; le visage s'altère par la contraction de l'amour-propre. On ne tarde pas à s'en apercevoir, et le chagrin que cause une telle découverte augmente encore le mal qu'on voudrait réparer. La peine se multiplie par la peine, et le but s'éloigne par l'action même du desir; et dans ce tableau, qui semblerait ne devoir rappeler que l'histoire d'un enfant, se trouvent les douleurs d'un homme, les mouvements qui conduisent au désespoir et font haïr la vie ; tant les intérêts s'accroissent par l'intensité de l'attention qu'on y attache ! tant la sensation qu'on éprouve naît du caractère qui la reçoit, bien plus que de l'objet qui la donne !

Eh bien, à côté du tableau de ce bal, où les prétentions les plus frivoles ont mis la vanité dans tout son jour, c'est dans le plus grand événement qui ait agité l'espèce humaine, c'est dans la révolution de France qu'il faut en observer le développement complet : ce sentiment, si borné dans son but, si petit dans son mobile, qu'on pouvait hésiter à lui donner une place parmi les passions ; ce sentiment a été l'une des causes du plus grand choc qui ait ébranlé l'univers. Je n'appellerai point vanité le mouvement qui a porté vingt-quatre millions d'hommes à ne pas vouloir des priviléges de deux cent mille : c'est la raison qui s'est soulevée, c'est la nature qui a repris son niveau. Je ne dirai pas même que la résistance de la noblesse à la révolution ait été produite par la vanité : le règne de la terreur a fait porter sur cette classe des persécutions et des malheurs qui ne permettent plus de rappeler le passé. Mais c'est dans la marche intérieure de la révolution qu'on peut observer l'empire de la vanité, du desir des applaudissements éphémères, *du besoin de faire effet*, de cette passion native de France, et dont les étrangers, comparativement à nous, n'ont qu'une idée très imparfaite. — Un grand nombre d'opinions ont été dictées par l'envie de surpasser l'orateur précédent, et de se faire applaudir après lui ; l'introduction des spectateurs dans la salle des délibérations a suffi seule pour changer la direction des affaires en France. D'abord on n'accordait aux applaudissements que des phrases ; bientôt, pour obtenir ces applaudissements, on a cédé des principes, proposé des décrets, approuvé jusqu'à des crimes ; et, par une double et funeste réaction, ce qu'on faisait pour plaire à la foule égarait son jugement, et ce jugement égaré exigeait de nouveaux sacrifices. Ce n'est pas d'abord à satisfaire des sentiments de haine et de fureur que des décrets barbares ont été consacrés, c'est aux battements de mains des tribunes ; ce bruit enivrait les orateurs, et les jetait dans l'état où les liqueurs fortes plongent les sauvages ; et les spectateurs eux-mêmes qui applaudissaient voulaient, par ces signes d'approbation, faire effet sur leurs voisins, et jouissaient d'exercer de l'influence sur leurs représentants. Sans doute, l'ascendant de la peur a succédé à l'émulation de la vanité ; mais la vanité avait créé cette puissance qui a anéanti, pendant un temps, tous les mouvements spontanés des hommes. Bientôt après le règne de la terreur, on voyait la vanité renaître ; les individus les plus obscurs se vantaient d'avoir été portés sur des listes de proscription. La plupart des Français qu'on rencontre, tantôt prétendent avoir joué le rôle le plus important, tantôt assurent que rien de ce qui s'est passé en France ne serait arrivé, si l'on avait cru le conseil que chacun d'eux a donné dans tel lieu, à telle heure, pour telle circonstance. Enfin, en France, on est entouré d'hommes qui tous se disent le centre de cet immense tourbillon ; on est entouré d'hommes qui tous auraient préservé la France de ses malheurs, si on les avait nommés aux premières places du gouvernement ; mais qui tous, par le même sentiment, se refusent à se confier à la supériorité, à reconnaître l'ascendant du génie ou de la vertu. C'est une importante question qu'il faut soumettre aux philosophes et aux publicistes, de savoir si la vanité sert ou nuit au maintien de la liberté dans une grande nation : elle met d'abord certainement un véritable obstacle à l'établissement d'un gouvernement nouveau ; il suffit qu'une constitution ait été faite par tels hommes, pour que tels autres ne veuillent pas l'adopter : il faut, comme après la session de l'assemblée constituante, éloigner les fondateurs pour faire adopter les institutions ; et cependant les institutions périssent, si elles ne sont pas défendues par leurs auteurs. L'envie, qui cherche à s'honorer du nom de défiance, détruit l'émulation, éloigne les lumières, ne peut supporter la réunion du pouvoir et de la vertu, cherche à les diviser pour les opposer l'un à l'autre, et crée la puissance du crime, comme la seule qui dégrade celui qui la possède. Mais quand de longs malheurs ont abattu les passions, quand on a tellement besoin de lois, qu'on ne considère plus les hommes que sous le rapport du pouvoir légal qui leur est confié, il est possible que la vanité, alors qu'elle est l'esprit général d'une nation, serve au maintien des institutions libres. Comme elle fait haïr l'ascendant d'un homme, elle soutient les lois constitutionnelles, qui, au bout d'un temps très court, ramènent les hommes les plus puissants à une condition privée; elle appuie en général ce que veulent les lois, parceque c'est une autorité abstraite, dont tout le monde a sa part, et dont personne ne peut tirer de gloire. La vanité est l'ennemie de l'ambition; elle aime à renverser ce qu'elle ne peut obtenir. La vanité fait naître une sorte de prétentions disséminées dans toutes les classes, dans tous les individus, qui arrête la puissance de la gloire, comme les brins de paille repoussent la mer des côtes de la Hollande. Enfin, la vanité de tous sème de tels obstacles, de telles peines dans la carrière publique de chacun, qu'au bout d'un certain temps le grand inconvénient des républiques, le besoin qu'elles donnent de jouer un rôle, n'existera peut-être plus en France : la haine, l'envie, les soupçons, tout ce qu'enfante la vanité, dégoûtera pour jamais l'ambition des places et des affaires; on ne s'en approchera plus que par amour pour la patrie, par dévouement à l'humanité; et ces sentiments généreux et philosophiques rendent les hommes impassibles comme les lois qu'ils sont chargés d'exécuter. Cette espérance est peut-être une chimère, mais je crois vrai que la vanité se soumet aux lois, comme un moyen d'éviter l'éclat personnel des noms propres, et préserve une nation nombreuse et libre, lorsque sa constitution est établie, du danger d'avoir un homme pour usurpateur.

NOTE

QU'IL FAUT LIRE AVANT LE CHAPITRE DE L'AMOUR.

De tous les chapitres de cet ouvrage, il n'en est point sur lequel je m'attende à autant de critiques que sur celui-ci. Les autres passions ayant un but déterminé, affectent à peu près de la même manière tous les caractères qui les éprouvent; le mot d'amour réveille dans l'esprit de ceux qui l'entendent autant d'idées diverses que les impressions dont ils sont susceptibles. Un très grand nombre d'hommes n'ont connu ni l'amour de la gloire, ni l'ambition, ni l'esprit de parti, etc.; tout le monde croit avoir eu de l'amour, et presque tout le monde se trompe en le croyant : les autres passions sont beaucoup plus naturelles, et par conséquent moins rares que celle-là; car elle est celle où il entre le moins d'égoïsme. Ce chapitre, me dira-t-on, est d'une couleur trop sombre; la pensée de la mort y est presque inséparable du tableau de l'amour : et l'amour embellit la vie, et l'amour est le charme de la nature. Non, il n'y a point d'amour dans les ouvrages gais, il n'y a point d'amour dans les pastorales gracieuses. — Sans doute, et les femmes doivent en convenir, il est assez doux de plaire, et d'exercer ainsi sur tout ce qui vous entoure une puissance due à soi seule, une puissance qui n'obtient que des hommages volontaires, une puissance qui ne se fait obéir que parcequ'on l'aime, et, disposant des autres contre leur intérêt même n'obtient rien que de l'abandon, et ne peut se défier du calcul. Mais qu'a de commun le jeu piquant de la coquetterie avec le sentiment de l'amour? Il se peut aussi que les hommes soient très intéressés, très amusés surtout par l'attrait que leur inspire la beauté, par l'espoir ou la certitude de la captiver; mais qu'a de commun ce genre d'impression avec le sentiment de l'amour? — Je n'ai voulu traiter dans cet ouvrage que des passions; les affections communes dont il ne peut naître aucun malheur profond n'entraient point dans mon sujet, et l'amour, quand il est une passion, porte toujours à la mélancolie; il y a quelque chose de vague dans ses impressions, qui ne s'accorde point avec la gaieté; il y a une conviction intime au dedans de soi, que tout ce qui succède à l'amour est du néant, que rien ne peut remplacer ce qu'on éprouve; et cette conviction fait penser à la mort dans les plus heureux moments de l'amour. Je n'ai considéré que le sentiment dans l'amour, parceque lui seul fait de ce penchant une passion. Ce n'est pas le premier volume de la Nouvelle Héloïse, c'est le départ de Saint-Preux, la lettre de la Meillerie, la mort de Julie, qui caractérisent la passion dans ce roman. — Il est si rare de rencontrer le véritable amour du cœur, que je hasarderai de dire que les anciens n'ont pas eu l'idée complète de cette affection. Phèdre est sous le joug de la fatalité, les sensations inspirent Anacréon, Tibulle mêle une sorte d'esprit madrigalique à ses peintures voluptueuses; quelques vers de Didon, Ceyx et Alcyone dans Ovide, malgré la mythologie qui distrait l'intérêt en l'éloignant des situations naturelles, sont presque les seuls morceaux où le sentiment ait toute sa force, parcequ'il est séparé de toute autre influence. Les Italiens mettent tant de poésie dans l'amour, que tous leurs sentiments s'offrent à vous comme des images; vos yeux s'en souviennent plus que votre cœur. Racine, ce peintre de l'amour, dans ses tragédies, sublimes à tant d'autres égards, mêle souvent au mouvement de la passion des expressions recherchées qu'on ne peut reprocher qu'à son siècle : ce défaut ne se trouve point dans la tragédie de Phèdre; mais les beautés empruntées des anciens, les beautés de verve poétique, en excitant le plus vif enthousiasme, ne produisent pas cet attendrissement profond qui naît de la ressemblance la plus parfaite avec les sentiments qu'on peut éprouver. On admire la conception du rôle de Phèdre, on se croit dans la situation d'Aménaïde. La tragédie de Tancrède doit donc faire verser plus de larmes. — Voltaire, dans ses tragédies ; Rousseau, dans la Nouvelle Héloïse ; Werther, des scènes de tragédies allemandes ; quelques poëtes anglais, des morceaux d'Ossian, etc., ont transporté la profonde sensibilité dans l'amour. On avait peint la tendresse maternelle, la tendresse filiale, l'amitié avec sensibilité, Oreste et Pylade. Niobé, la piété romaine, toutes les autres affections du cœur nous sont transmises avec les véritables sentiments qui les caractérisent : l'amour seul nous est représenté, tantôt sous les traits les plus grossiers, tantôt comme tellement inséparable ou de la volupté, ou de la frénésie, que c'est un tableau plutôt qu'un sentiment, une maladie plutôt qu'une passion de l'ame. C'est uniquement de cette passion que j'ai voulu parler ; j'ai rejeté toute autre manière de considérer l'amour. J'ai recueilli, pour composer les chapitres précédents, ce que j'ai remarqué dans l'histoire ou dans le monde : en écrivant celui-ci, je me suis laissé aller à mes seules impressions; j'ai rêvé plutôt qu'observé : que ceux qui se ressemblent se comprennent.

CHAPITRE IV.

De l'amour.

Si l'Être tout puissant qui a jeté l'homme sur cette terre a voulu qu'il conçût l'idée d'une existence céleste, il a permis que dans quelques instants de sa jeunesse il pût aimer avec passion, il pût vivre dans un autre, il pût compléter son être en l'unissant à l'objet qui lui était cher. Pour quelque temps, du moins, les bornes de la destinée de l'homme, l'analyse de la pensée, la méditation de la philosophie, se sont perdues dans le vague d'un sentiment délicieux ; la vie qui pèse était entraînante, et le but, qui toujours paraît au-dessous des efforts, semblait les surpasser tous. L'on ne cesse point de mesurer ce qui se rapporte à soi; mais les qualités, les charmes, les jouissances, les intérêts de ce qu'on aime n'ont de terme que dans notre imagination. Ah! qu'il est heureux le jour où l'on expose sa vie pour l'unique ami dont notre ame a fait choix ! le jour où quelque acte d'un dévouement absolu lui donne au moins une idée du sentiment qui oppressait le cœur par l'impossibilité de l'exprimer ! Une femme, dans ces temps affreux dont nous avons vécu contemporains; une femme condamnée à mort avec celui qu'elle aimait, laissant bien loin d'elle le secours du courage, marchait au supplice avec joie, jouissait d'avoir échappé au tourment de survivre, était fière de partager le sort de son amant, et, présageant peut-être le terme où elle pouvait perdre l'amour qu'il avait pour elle, éprouvait un sentiment féroce et tendre qui lui faisait chérir la mort comme une réunion éternelle. Gloire, ambition, fanatisme, votre enthousiasme a des intervalles; le sentiment seul enivre chaque instant ; rien ne lasse de s'aimer, rien ne fatigue dans cette inépuisable source d'idées, d'émotions heureuses; et tant qu'on ne voit, qu'on n'éprouve rien que par un autre, l'univers entier est lui sous des formes différentes ; le printemps, la nature, le ciel, ce sont les lieux qu'il a parcourus ; les plaisirs du monde, c'est ce qu'il a dit ; ce qui lui a plu, les amusements qu'il a partagés ; ses propres succès à soi-même, c'est la louange qu'il a entendue, et l'impression que le suffrage de tous a pu produire sur le jugement d'un seul ; enfin, une idée unique est ce qui cause à l'homme le plus grand bonheur; ou la folie du désespoir. Rien ne fatigue l'existence autant que ces intérêts divers dont la réunion a été considérée comme un bon système de félicité ; en fait de malheur, on n'affaiblit pas ce qu'on divise : après la raison qui dégage de toutes les passions, ce qu'il y a de moins malheureux encore, c'est de s'abandonner entièrement à une seule. Sans doute ainsi l'on s'expose à recevoir la mort de ses propres affections ; mais le premier but qu'on doit se proposer, en s'occupant du sort des hommes, n'est pas la conservation de leur vie ; le sceau de leur nature immortelle est de n'estimer l'existence physique qu'avec la possession du bonheur moral.

C'est par le secours de la réflexion, c'est en écartant de moi l'enthousiasme de la jeunesse, que je considérerai l'amour, ou, pour mieux m'exprimer, le dévouement absolu de son être aux sentiments, au bonheur, à la destinée d'un autre, comme la plus haute idée de félicité qui puisse exalter l'espérance de l'homme. Cette dépendance d'un seul objet affranchit si bien du reste de la terre, que l'être sensible qui a besoin d'échapper à toutes les prétentions de l'amour-propre, à tous les soupçons de la calomnie, à tout ce qui flétrit enfin dans les relations qu'on entretient avec les hommes, l'être sensible trouve dans cette passion quelque chose de solitaire et de concentré qui inspire à l'ame l'élévation de la philosophie et l'abandon du sentiment. On échappe au monde par des intérêts plus vifs que tous ceux qu'il peut donner ; on jouit du calme de la pensée et du mouvement du cœur; et, dans la plus profonde solitude, la vie de l'ame est plus active que sur le trône des Césars. Enfin, à quelque époque de l'âge qu'on transportât un sentiment qui vous aurait dominé depuis votre jeunesse, il n'est pas un moment où d'avoir vécu pour un autre ne fût plus doux que d'avoir existé pour soi, où cette pensée ne dégageât tout à la fois des remords et des incertitudes. Quand on n'a pour but que son propre avantage, comment peut-on parvenir à se décider sur rien ? le desir échappe, pour ainsi dire, à l'examen qu'on en fait ; l'événement amène souvent un résultat si contraire à notre attente, que l'on se repent de tout ce qu'on a essayé, que l'on se lasse de son propre intérêt comme de toute autre entreprise. Mais quand c'est au premier objet de ses affections que la vie est consacrée, tout est positif, tout est déterminé, tout est entraînant : *il le veut, il en a besoin, il en sera plus heureux ; un instant de sa journée pourra s'embellir au prix de tels efforts.* C'est assez pour diriger le cours entier de la destinée; plus de vague, plus de découragement ; c'est la seule jouissance de l'ame qui la remplisse en entier, s'agrandisse avec elle, et, se proportionnant à nos facultés, nous assure l'exercice et la jouissance de toutes. Quel est l'esprit supérieur qui ne trouve pas dans un véritable sentiment le développement d'un plus grand nombre de pensées que dans aucun écrit, dans aucun ouvrage qu'il puisse ou composer ou lire ? Le plus grand triomphe du génie, c'est de deviner la passion : qu'est-ce donc qu'elle-même ? Les succès de l'amour-propre, le dernier degré des jouissances de la personnalité, la gloire, que vaut-elle auprès d'être aimé ? Qu'on se demande ce que l'on préférerait d'être, Aménaïde ou Voltaire. Ah ! tous ces écrivains, ces grands hommes, ces conquérants s'efforcent d'obtenir une seule des émotions que l'amour jette comme par torrent dans la vie ; des années de peines et d'efforts leur valent un jour, une heure de cet enivrement qui dérobe l'existence ; et le sentiment fait éprouver, pendant toute sa durée, une suite d'impressions aussi vives et plus pures que le couronnement de Voltaire ou le triomphe d'Alexandre.

C'est hors de soi que sont les seules jouissances indéfinies. Si l'on veut sentir le prix de la gloire, il faut voir celui qu'on aime honoré par son éclat ; si l'on veut apprendre ce que vaut la fortune, il faut lui avoir donné la sienne; enfin, si l'on veut bénir le don inconnu de la vie, il faut qu'il ait besoin de votre existence, et que vous puissiez considérer en vous le soutien de son bonheur.

Dans quelque situation qu'une profonde passion nous place, jamais je ne croirai qu'elle éloigne de la véritable route de la vertu ; tout est sacrifice, tout est oubli de soi dans le dévouement exalté de l'amour, et la personnalité seule avilit; tout est bonté, tout est pitié dans l'être qui sait aimer, et l'inhumanité seule bannit toute moralité du cœur de l'homme. Mais s'il est dans l'univers deux êtres qu'un sentiment parfait réunisse, et que le mariage ait liés l'un à l'autre; que tous les jours, à genoux, ils bénissent l'Être suprême; qu'ils voient à leurs pieds l'univers et ses grandeurs; qu'ils s'étonnent, qu'ils s'inquiètent même d'un bonheur qu'il a fallu tant de chances diverses pour assurer, d'un bonheur qui les place à une si grande distance du reste des hommes; oui, qu'ils s'effraient d'un tel sort. Peut-être, pour qu'il ne fût pas trop supérieur au nôtre, ont-ils déjà reçu tout le bonheur que nous espérons dans l'autre vie; peut-être que pour eux il n'est pas d'immortalité.

J'ai vu, pendant mon séjour en Angleterre, un homme du plus rare mérite, uni depuis vingt-cinq ans à une femme digne de lui: un jour, en nous promenant ensemble, nous rencontrâmes ce qu'on appelle en anglais des *Gipsies*, des Bohémiens, errant souvent au milieu des bois, dans la situation la plus déplorable : je les plaignais de réunir ainsi tous les maux physiques de la nature. *Eh bien!* me dit alors M. L., *si, pour passer ma vie avec elle, il avait fallu me résigner à cet état, j'aurais mendié depuis trente ans, et nous aurions encore été bien heureux!* — *Ah! oui*, s'écria sa femme, *même ainsi nous aurions été les plus heureux des êtres!* Ces mots ne sont jamais sortis de mon cœur. Ah! qu'il est beau ce sentiment qui, dans l'âge avancé, fait éprouver une passion peut-être plus profonde encore que dans la jeunesse; une passion qui rassemble dans l'ame tout ce que le temps enlève aux sensations; une passion qui fait de la vie un seul souvenir, et, dérobant à sa fin tout ce qu'a d'horrible l'isolement et l'abandon, vous assure de recevoir la mort dans les mêmes bras qui soutinrent votre jeunesse et vous entraînèrent aux liens brûlants de l'amour! Quoi! c'est dans la réalité des choses humaines qu'il existe un tel bonheur, et toute la terre en est privée, et presque jamais l'on ne peut rassembler les circonstances qui le donnent! Cette réunion est possible, et l'obtenir pour soi ne l'est pas! Il est des cœurs qui s'entendent, et le hasard, et les distances, et la nature, et la société, séparent sans retour ceux qui se seraient aimés pendant tout le cours de leur vie; et les mêmes puissances attachent l'existence à qui n'est pas digne de vous, ou ne vous entend pas, ou cesse de vous entendre!

Malgré le tableau que j'ai tracé, il est certain que l'amour est de toutes les passions la plus fatale au bonheur de l'homme. Si l'on savait mourir, on pourrait encore se risquer à l'espérance d'une si heureuse destinée; mais l'on abandonne son ame à des sentiments qui décolorent le reste de l'existence; on éprouve, pendant quelques instants, un bonheur sans aucun rapport avec l'état habituel de la vie, et l'on veut survivre à sa perte : l'instinct de la conservation l'emporte sur le mouvement du désespoir, et l'on existe, sans qu'il puisse s'offrir dans l'avenir une chance de retrouver le passé, une raison même de ne pas cesser de souffrir, dans la carrière des passions, dans celle surtout d'un sentiment qui, prenant sa source dans tout ce qui est vrai, ne peut être consolé par la réflexion même. Il n'y a que les hommes capables de la résolution de se tuer [1] qui puissent, avec quelque ombre de sagesse, tenter cette grande route de bonheur : mais qui veut vivre, et s'expose à rétrograder; mais qui veut vivre, et renonce, d'une manière quelconque, à l'empire de soi-même, se voue comme un insensé au plus cruel des malheurs.

La plupart des hommes, et même un grand nombre de femmes, n'ont aucune idée du sentiment tel que je viens de le peindre, et Newton a plus de juges que la véritable passion de l'amour. Une sorte de ridicule s'est attaché à ce qu'on appelle des sentiments romanesques; et ces pauvres esprits, qui mettent tant d'importance à tous les détails de leur amour-propre ou de leurs intérêts, se sont établis comme d'une raison supérieure à ceux dont le caractère a transporté dans un autre l'égoïsme, que la société considère assez dans l'homme qui s'occupe exclusivement de lui-même. Des têtes fortes regardent les travaux de la pensée, les services rendus au genre humain, comme seuls dignes de l'estime des hommes. Il est quelques génies qui ont le droit de se croire utiles à leurs semblables; mais combien peu d'êtres peuvent se flatter de quelque chose de plus glorieux que d'assurer à soi seul la félicité d'un autre ! Des moralistes sévères craignent les égarements d'une telle passion. Hélas ! de nos jours, heureuse la na-

---

[1] Je crains qu'on ne m'accuse d'avoir parlé trop souvent, dans le cours de cet ouvrage, du suicide comme d'un acte digne de louanges : je ne l'ai point examiné sous le rapport toujours respectable des principes religieux ; mais politiquement, je crois que les républiques ne peuvent se passer du sentiment qui portait les anciens à se donner la mort ; et dans les situations particulières, les ames passionnées qui s'abandonnent à leur nature ont besoin d'envisager, cette ressource pour ne pas se dépraver dans le malheur, et plus encore peut-être au milieu des efforts qu'elles tentent pour l'éviter. (Voyez, tome III, les *Réflexions sur le Suicide*, publiées par madame de Staël en 1813.)

tion, heureux les individus qui dépendraient des hommes susceptibles d'être entraînés par la sensibilité! Mais, en effet, tant de mouvements passagers ressemblent à l'amour, tant d'attraits d'un tout autre genre prennent, ou chez les femmes par vanité, ou chez les hommes dans leur jeunesse, l'apparence de ce sentiment, que ces ressemblances avilies ont presque effacé le souvenir de la vérité même. Enfin, il est des caractères aimants, qui, profondément convaincus de tout ce qui s'oppose au bonheur de l'amour, des obstacles que rencontre et sa perfection, et surtout sa durée; effrayés des chagrins de leur propre cœur, des inconséquences de celui d'un autre, repoussent, par une raison courageuse et par une sensibilité craintive, tout ce qui peut entraîner à cette passion : c'est de toutes ces causes que naissent et les erreurs adoptées, même par les philosophes, sur la véritable importance des attachements du cœur, et les douleurs sans bornes qu'on éprouve en s'y livrant.

Il n'est pas vrai, malheureusement, qu'on ne soit jamais entraîné que par les qualités qui promettent une ressemblance certaine entre les caractères et les sentiments : l'attrait d'une figure séduisante; cette espèce d'avantage qui permet à l'imagination de supposer, à tous les traits qui la captivent, l'expression qu'elle souhaite, agit fortement sur un attachement qui ne peut se passer d'enthousiasme; la grace des manières, de l'esprit, de la parole, la grace enfin, comme plus indéfinissable que tout autre charme, inspire ce sentiment, qui d'abord, ne se rendant pas compte de lui-même, naît souvent de ce qu'il ne peut s'expliquer. Une telle origine ne garantit ni le bonheur, ni la durée d'une liaison; cependant, dès que l'amour existe, l'illusion est complète; et rien n'égale le désespoir que fait éprouver la certitude d'avoir aimé un objet indigne de soi. Ce funeste trait de lumière frappe la raison avant d'avoir détaché le cœur; poursuivi par l'ancienne opinion à laquelle il faut renoncer, on aime encore en mésestimant; on se conduit comme si l'on espérait, en souffrant, comme s'il n'existait plus d'espérance; on s'élance vers l'image qu'on s'était créée; on s'adresse à ces mêmes traits qu'on avait regardés jadis comme l'emblème de la vertu, et l'on est repoussé par ce qui est bien plus cruel que la haine, par le défaut de toutes les émotions sensibles et profondes : on se demande si l'on est d'une autre nature, si l'on est insensé dans ses mouvements; on voudrait croire à sa propre folie, pour éviter de juger le cœur de ce qu'on aimait. Le passé même ne reste plus pour faire vivre de souvenirs ; l'opinion qu'on est forcé de concevoir se rejette sur les temps où l'on était déçu, on se rappelle ce qui devait éclairer : alors le malheur s'étend sur toutes les époques de la vie ; les regrets tiennent du remords ; et la mélancolie, dernier espoir des malheureux, ne peut plus adoucir ces repentirs qui vous agitent, qui vous dévorent, et vous font craindre la solitude sans vous rendre capable de distraction.

Si, au contraire, il a existé dans la vie un heureux moment où l'on était aimé ; si l'être qu'on avait choisi était sensible, était généreux, était semblable à ce qu'on croit être, et que le temps, l'inconstance de l'imagination, qui détache même le cœur, qu'un autre objet, moins digne de sa tendresse, vous ait ravi cet amour dont dépendait toute votre existence, qu'il est dévorant le malheur qu'une telle destruction de la vie fait éprouver ! Le premier instant où ces caractères, qui tant de fois avaient tracé les serments les plus sacrés de l'amour, gravent en traits d'airain que vous avez cessé d'être aimée ; alors que, comparant ensemble les lettres de la même main, vos yeux peuvent à peine croire que l'époque, elle seule, en explique la différence ; lorsque cette voix, dont les accents vous suivaient dans la solitude, retentissaient à votre ame ébranlée, et semblaient rendre présents encore les plus doux souvenirs ; lorsque cette voix vous parle sans émotion, sans être brisée, sans trahir un mouvement du cœur, ah ! pendant long-temps encore la passion que l'on ressent rend impossible de croire qu'on ait cessé d'intéresser l'objet de sa tendresse. Il semble que l'on éprouve un sentiment qui doit se communiquer ; il semble qu'on ne soit séparé que par une barrière qui ne vient point de sa volonté ; qu'en lui parlant, en le voyant, il ressentira le passé, il retrouvera ce qu'il a éprouvé ; que des cœurs qui se sont tout confié ne sauraient cesser de s'entendre ;... et rien ne peut faire renaître l'entraînement dont une autre a le secret, et vous savez qu'il est heureux loin de vous, qu'il est heureux souvent par l'objet qui vous rappelle le moins : les traits de sympathie sont restés en vous seule, leur rapport est anéanti. Il faut pour jamais renoncer à voir celui dont la présence renouvellerait vos souvenirs, et dont les discours les rendraient plus amers ; il faut errer dans les lieux où il vous a aimée, dans ces lieux dont l'immobilité est là pour attester le changement de tout le reste. Le désespoir est au fond du cœur, tandis que mille devoirs, que la fierté même, commandent de le cacher; on n'attire la pitié par aucun malheur apparent; seule, en secret, tout votre être a passé de la vie à la mort. Quelle ressource dans le monde peut-il exister contre une telle douleur? Le courage de se tuer? Mais dans cette situation le secours même de cet acte terrible est privé de la sorte de douceur qu'on peut y attacher; l'espoir d'intéresser après soi, cette immortalité si nécessaire aux ames sensibles est ravie pour jamais à celle qui n'espère plus de regrets. C'est là mourir en effet que n'affliger, ni punir, ni rattacher dans son souvenir l'objet qui vous a trahi; et le laisser à celle qu'il préfère est une image de douleur qui se place au-delà du tombeau, comme si cette idée devait vous y suivre.

La jalousie, cette passion terrible dans sa nature, alors même qu'elle n'est pas excitée par l'amour, rend l'ame frénétique, quand toutes les affections du cœur sont réunies aux ressentiments les plus vifs de l'amour-propre. Tout n'est pas amour dans la jalousie comme dans le regret de n'être plus aimé : la jalousie inspire le besoin de la vengeance; le regret ne fait naître que le desir de mourir. La jalousie est une situation plus pénible, parcequ'elle se compose de sensations opposées, parcequ'elle est mécontente d'elle-même; elle se repent, elle se dévore, et la douleur n'est supportable que lorsqu'elle jette dans l'abattement. Les affections qui forcent à s'agiter dans le malheur accroissent la peine par chaque mouvement qu'on fait pour l'éviter. Les affections qui mêlent ensemble l'orgueil et la tendresse sont les plus cruelles de toutes ; ce que vous éprouvez de sensible affaiblit le ressort que vous trouveriez dans l'orgueil, et l'amertume qu'il inspire empoisonne la douceur que portent avec elles les peines du cœur, alors même qu'elles tuent.

A côté des malheurs causés par le sentiment, c'est peu que les circonstances extérieures qui peuvent troubler l'union des cœurs; quand on n'est séparé que par des obstacles étrangers au sentiment réciproque, on souffre, mais l'on peut et rêver et se plaindre: la douleur n'est point attachée à ce qu'il y a de plus intime dans la pensée, elle peut se prendre au-dehors de soi. Cependant des ames d'une vertu sublime ont trouvé en elles-mêmes des combats insurmontables : Clémentine peut se rencontrer dans la réalité, et mourir au lieu de triompher. C'est ainsi que, dans des degrés différents, l'amour bouleverse le sort des cœurs sensibles qui l'éprouvent.

Il est un dernier malheur dont la pensée n'ose approcher : c'est la perte sanglante de ce qu'on aime, c'est cette séparation terrible qui menace chaque jour tout ce qui respire, tout ce qui vit sous l'empire de la mort. Ah! cette douleur sans bornes est la moins redoutable de toutes : comment survivre à l'objet dont on était aimé, à l'objet qu'on avait choisi pour l'appui de sa vie, à celui qui faisait éprouver l'amour tel qu'il anime un caractère tout entier créé pour le ressentir? Quoi ! l'on croirait possible d'exister dans un monde qu'il n'habitera plus, de supporter des jours qui ne le ramèneront jamais, de vivre de souvenirs dévorés par l'éternité, de croire entendre cette voix, dont les derniers accents vous furent adressés, rappeler vers elle, en vain, l'être qui fut la moitié de sa vie, et lui reprocher les battements d'un cœur qu'une main chérie n'échauffera plus !

Ce que j'ai dit s'applique presque également aux deux sexes ; il me reste à considérer ce qui nous regarde particulièrement. O femmes! vous, les victimes du temple où l'on vous dit adorées, écoutez-moi.

La nature et la société ont déshérité la moitié de l'espèce humaine; force, courage, génie, indépendance, tout appartient aux hommes; et s'ils environnent d'hommages les années de notre jeunesse, c'est pour se donner l'amusement de renverser un trône ; c'est comme on permet aux enfants de commander, certains qu'ils ne peuvent forcer d'obéir. Il est vrai, l'amour qu'elles inspirent donne aux femmes un moment de pouvoir absolu ; mais c'est dans l'ensemble de la vie, dans le cours même d'un sentiment, que leur destinée déplorable reprend son inévitable empire.

L'amour est la seule passion des femmes ; l'ambition, l'amour de la gloire même leur vont si mal, qu'avec raison un très petit nombre s'en occupent. Je l'ai dit en parlant de la vanité : pour une qui s'élève, mille s'abaissent au-dessous de leur sexe, en en quittant la carrière. A peine la moitié de la vie peut-elle être intéressée par l'amour, il reste encore trente ans à parcourir quand l'existence est déja finie. L'amour est l'histoire de la vie des femmes; c'est un épisode dans celle des hommes : réputation, honneur, estime, tout dépend de la conduite qu'à cet égard les femmes ont tenue ; tandis que les lois de la moralité même, selon l'opinion d'un monde injuste, semblent suspendues dans les rapports des hommes avec les femmes; ils peuvent passer pour bons, et leur avoir causé la plus affreuse douleur qu'il soit donné à l'être mortel de produire dans l'ame d'un autre; ils peuvent passer pour vrais, et les avoir trompées; enfin, ils peuvent avoir reçu d'une femme les services, les marques de dévouement qui lieraient ensemble deux amis, deux compagnons d'armes, qui déshonoreraient l'un des deux, s'il se montrait capable de les oublier; ils peuvent les avoir reçus d'une femme, et se dégager de tout en attribuant tout à l'amour, comme si un sentiment, un don de plus diminuait le prix des autres. Sans doute, il est des hommes dont le caractère est une honorable exception; mais telle est l'opinion générale sous ce rapport, qu'il en est bien peu qui osassent, sans craindre le ridicule, annoncer dans les liaisons du cœur la délicatesse de principes qu'une femme se croirait obligée d'affecter, si elle ne l'éprouvait pas.

On dira que peu importe au sentiment l'idée du devoir, qu'il n'en a pas besoin tant qu'il existe, et qu'il n'existe plus dès qu'il en a besoin. Il n'est pas vrai du tout que dans la moralité du cœur humain, un lien ne confirme pas un penchant; il n'est pas vrai qu'il n'existe pas plusieurs époques, dans le cours d'un attachement, où la moralité resserre les nœuds qu'un écart de l'imagination pouvait relâcher. Les liens indissolubles s'opposent au libre attrait du cœur; mais un complet degré d'indépendance rend presque impossible une tendresse durable; il faut des souvenirs pour ébranler le cœur, et il n'y a point de souvenirs profonds, si l'on ne croit pas aux droits du passé sur l'avenir, si quelque idée de reconnaissance n'est pas la base immuable du goût qui se renouvelle : il y a des intervalles dans tout ce qui appartient à l'imagination, et si la moralité ne les remplit pas, dans l'un de ces intervalles passagers on se séparera pour toujours. Enfin, les femmes sont liées par les relations du cœur, et les hommes ne le sont pas : cette idée même est encore un obstacle à la durée de l'attachement des hommes; car là où le cœur ne s'est point fait de devoir, il faut que l'imagination soit excitée par l'inquiétude; et les hommes sont sûrs des femmes, par des raisons même étrangères à l'opinion qu'ils ont de leur plus grande sensibilité; ils en sont sûrs, parcequ'ils les estiment; ils en sont sûrs, parceque le besoin qu'elles ont de l'appui de l'homme qu'elles aiment se compose de motifs indépendants de l'attrait même. Cette certitude, cette confiance, si douce à la faiblesse, est souvent importune à la force; la faiblesse se repose, la force s'enchaîne; et, dans la réunion des contrastes dont l'homme veut former son bonheur, plus la nature l'a fait pour régner, plus il aime à trouver d'obstacles : les femmes, au contraire, se défiant d'un empire sans fondement réel, cherchent un maître, et se plaisent à s'abandonner à sa protection ; c'est donc presque une conséquence de cet ordre fatal, que les femmes détachent en se livrant, et perdent par l'excès même de leur dévouement.

Si la beauté leur assure des succès, la beauté n'ayant jamais une supériorité certaine, le charme de nouveaux traits peut briser les liens les plus doux du cœur ; les avantages d'un caractère élevé, d'un esprit remarquable, attirent par leur éclat, mais détachent à la longue tout ce qui leur serait inférieur. Et comme les femmes ont besoin d'admirer ce qu'elles aiment, les hommes se plaisent à exercer sur leur maîtresse l'ascendant des lumières, et souvent ils hésitent entre l'ennui de la médiocrité et l'importunité de la distinction.

L'amour-propre, que la société, que l'opinion publique a réuni fortement à l'amour, se fait à peine sentir dans la situation des hommes vis-à-vis des femmes : celle qui leur serait infidèle s'avilit en les offensant, et leur cœur est guéri par le mépris. La fierté vient encore aggraver dans une femme les malheurs de l'amour ; c'est le sentiment qui fait la blessure, mais l'amour-propre y jette des poisons. Le don de soi, ce sacrifice si grand aux yeux d'une femme, doit se changer en remords, en souvenir de honte, quand elle n'est plus aimée; et lorsque la douleur, qui d'abord n'a qu'une idée, appelle enfin à son secours tous les genres de réflexions, les hommes, condamnés à souffrir l'inconstance, sont consolés par chaque pensée qui les attire vers un nouvel avenir ; les femmes sont replongées dans le désespoir par toutes les combinaisons qui multiplient l'étendue d'un tel malheur.

Il peut exister des femmes dont le cœur ait perdu sa délicatesse ; elles sont aussi étrangères à l'amour qu'à la vertu ; mais il est encore pour celles qui méritent seules d'être comptées parmi leur sexe, il est encore une inégalité profonde dans leurs rapports avec les hommes : les affections de leur cœur se renouvellent rarement ; égarées dans la vie, quand leur guide les a trahies, elles ne savent ni renoncer à un sentiment qui ne laisse après lui que l'abîme du néant, ni renaître à l'amour, dont leur ame est épouvantée. Une sorte de trouble sans fin, sans but, sans repos, s'empare de leur existence; les unes se dégradent, les autres sont plus près d'une dévotion exaltée que d'une vertu calme ; toutes au moins sont marquées du sceau fatal de la douleur ; et pendant ce temps les hommes commandent les armées, dirigent les empires, et se rappellent à peine le nom de celles dont ils ont fait la destinée : un seul mouvement d'amitié laisse plus de traces dans leur cœur que la passion la plus ardente ; toute leur vie est étrangère à cette époque, chaque instant y rattache le souvenir des femmes ; l'imagination des hommes a tout conquis en étant aimés, le cœur des femmes est inépuisable en regrets ; les hommes ont un but dans l'amour, la durée de ce sentiment est le seul bonheur des femmes. Les hommes enfin sont aimés, parce qu'ils aiment ; les femmes doivent craindre, à chaque mouvement qu'elles éprouvent, et l'amour qui les entraîne, et l'amour qui va détruire le prestige qui enchaînait sur leurs pas.

Êtres malheureux ! êtres sensibles ! vous vous exposez, avec des cœurs sans défense, à ces combats où les hommes se présentent entourés d'un triple airain : restez dans la carrière de la vertu, restez sous sa noble garde ; là il est des lois pour vous, là votre destinée a des appuis indestructibles : mais si vous vous abandonnez au besoin d'être aimées, les hommes sont maîtres de l'opinion, les hommes ont de l'empire sur eux-mêmes ; les hommes renverseront votre existence pour quelques instants de la leur.

Ce n'est pas en renonçant au sort que la société leur a fixé, que les femmes peuvent échapper au malheur ; c'est la nature qui a marqué leur destinée, plus encore que les lois des hommes ; et pour cesser d'être leurs maîtresses, faudrait-il devenir leurs rivaux, et mériter leur haine, parcequ'il faut sacrifier leur amour ? Il reste des devoirs, il reste des enfants, il reste aux mères ce sentiment sublime dont la jouissance est dans ce qu'il donne, et l'espoir dans ses bienfaits.

Sans doute, celle qui a rencontré un homme dont l'énergie n'a point effacé la sensibilité ; un homme qui ne peut supporter la pensée du malheur d'un autre, et met l'honneur aussi dans la bonté ; un homme fidèle aux serments que l'opinion publique ne garantit pas, et qui a besoin de la constance pour jouir du vrai bonheur d'aimer : celle qui serait l'unique amie d'un tel homme pourrait triompher, au sein de la félicité, de tous les systèmes de la raison. Mais s'il est un exemple qui puisse donner à la vertu même des instants de mélancolie, quelle femme toutefois, quand l'époque des passions est passée, ne s'applaudit pas de s'être détournée de leur route? Qui pourrait comparer le calme qui suit le sacrifice, et le regret des espérances trompées? A quel prix ne voudrait-on pas n'avoir jamais aimé, n'avoir jamais connu ce sentiment dévastateur, qui, semblable au vent brûlant d'Afrique, sèche dans la fleur, abat dans la force, courbe enfin vers la terre la tige qui devait et croître et dominer!

CHAPITRE V.

Du jeu, de l'avarice, de l'ivresse, etc.

Après ce sentiment malheureux et sublime qui fait dépendre d'un seul objet le destin de notre vie, je vais parler des passions qui soumettent l'homme au joug des sensations égoïstes. Ces passions ne doivent point être rangées dans la classe des ressources qu'on trouve en soi; car rien n'est plus opposé aux plaisirs qui naissent de l'empire sur soi-même, que l'asservissement à ses desirs personnels. Dans cette situation, toutefois, si l'on dépend de la fortune, on n'attend rien de l'opinion, de la volonté, des sentiments des hommes; et sous ce rapport, comme on a plus de liberté, on devrait obtenir plus de bonheur : néanmoins ces penchants avilissants ne valent aucune véritable jouissance; ils livrent à un instinct grossier, et cependant exposent aux mêmes chances que des desirs plus relevés.

L'on peut trouver dans ces passions honteuses la trace des affections morales dégénérées en impulsions physiques. Il y a dans les libertins, dans ceux qui s'enivrent, dans les joueurs, dans les avares, les deux espèces de mouvement qui font les ambitieux en tout genre, le besoin d'émotion et la personnalité; mais, dans les passions morales, on ne peut être ému que par les sentiments de l'ame, et ce qu'on a d'égoïsme n'est satisfait que par le rapport des autres avec soi; tandis que le seul avantage de ces passions physiques, c'est l'agitation qui suspend le sentiment et la pensée; elles donnent une sorte de personnalité matérielle qui part de soi pour revenir à soi, et fait triompher ce qu'il y a d'animal dans l'homme sur le reste de sa nature.

Examinons cependant, malgré le dégoût qu'un tel sujet inspire, les deux principes de ces passions, le besoin d'émotion et l'égoïsme. Le premier produit l'amour du jeu, et le second l'avarice. Quoiqu'on puisse supposer qu'il faut aimer l'argent pour aimer le jeu, ce n'est point là la source de ce penchant effréné; la cause élémentaire, la jouissance unique peut-être de toutes les passions, c'est le besoin et le plaisir de l'émotion. On ne trouve de bon dans la vie que ce qui la fait oublier ; et si l'émotion pouvait être un état durable, bien peu de philosophes se refuseraient à convenir qu'elle serait le souverain bien. Il est, et je tâcherai de le prouver dans la troisième partie de cet ouvrage, il est des distractions utiles et constantes pour l'homme qui sait se dominer ; mais la foule des êtres passionnés qui veulent échapper à leur ennemi commun, la sensation douloureuse de la vie, se précipite dans une ivresse qui, confondant les objets, fait disparaître la réalité de tout. Dans un moment d'émotion, il n'y a plus de jugement, il n'y a que de l'espérance et de la crainte : on éprouve quelque chose du plaisir des rêves, les limites s'effacent, l'extraordinaire paraît possible, et les bornes ou les chaînes de ce qui est et de ce qui sera s'éloignent ou se soulèvent à vos yeux. Dans le tumulte et la succession rapide des sensations qui s'emparent d'une ame violemment émue, le danger, même sans but, est un plaisir pendant la durée de l'action. Sans doute c'est un sentiment très pénible que de craindre à l'avance le péril qui menace, c'est de la souffrance dans le calme ; mais l'instant de la décision, mais le jeu, quelque cher qu'il soit dans le moment où il se hasarde, est une espèce de jouissance, c'est-à-dire d'étourdissement. Cet état devient quelquefois tellement nécessaire à ceux qui l'ont éprouvé, qu'on voit des marins traverser de nouveau les mers, seulement pour ressentir l'émotion des dangers auxquels ils ont échappé.

Le grand jeu de la gloire est difficile à préparer ; un tapis vert, des dés y suppléent. L'agitation de l'ame est un besoin trompeur auquel la plupart des hommes se livrent, sans penser à ce qui succède à cette agitation. Ils hasardent la fortune qui les fait vivre ; ils se précipitent dans les batailles où la mort, ou plus encore les souffrances les menacent, pour retrouver ce mouvement qui les sépare des souvenirs et de la prévoyance, donne à l'existence quelque chose d'instantané, fait vivre et cesser de réfléchir.

Quel triste cachet de la destinée humaine ! quelle irrécusable preuve de malheur, que ce besoin d'éviter le cours naturel de la vie, d'enivrer les facultés qui servent à la juger ! Le monde est agité par l'inquiétude de chaque homme, et ces armées innombrables qui couvrent la surface de la terre sont l'invention cruelle des soldats, des officiers, des rois, pour chercher dans la destinée quelque chose que la nature n'y a point mis, ou tout au moins pour obtenir cette interruption momentanée de la durée successive des idées habituelles, cette émotion qui soulage du poids de la vie.

Mais, indépendamment de tout ce qu'il faut hasarder et perdre pour se mettre dans une situation qui vous procure de telles sortes de jouissances, il n'existe rien de plus pénible que l'instant qui succède à l'émotion ; le vide qu'elle laisse après elle est un plus grand malheur que la privation même de l'objet dont l'attente vous agitait. Ce qu'il y a de plus difficile à supporter pour un joueur, ce n'est pas d'avoir perdu, mais de cesser de jouer. Les mots qui servent aux autres passions sont très souvent empruntés de celle-là, parcequ'elle est une image matérielle de tous les sentiments qui s'appliquent à de plus grandes circonstances; ainsi l'amour du jeu aide à comprendre l'amour de la gloire, et l'amour de la gloire à son tour explique l'amour du jeu.

Tout ce qui établit des analogies, des ressemblances, est un garant de plus de la vérité du système. Si l'on parvenait à rallier la nature morale à la nature physique, l'univers entier à une seule pensée, on aurait presque dérobé le secret de la Divinité.

La plupart des hommes cherchent donc à trouver le bonheur dans l'émotion, c'est-à-dire dans une sensation rapide qui gâte un long avenir : d'autres se livrent par calcul, et surtout par caractère, à la personnalité ; mécontents de leurs relations avec les autres, ils croient avoir trouvé un secret sûr pour être heureux, en se consacrant à eux-mêmes ; et ils ne savent pas que ce n'est pas seulement de la nature du joug, mais de la dépendance en elle-même, que naît le malheur de l'homme. L'avarice est de tous les penchants celui qui fait le mieux ressortir la personnalité. Aimer l'argent pour arriver à tel ou tel but, c'est le regarder comme un moyen, et non comme l'objet ; mais il est une espèce d'hommes qui, considérant en général la fortune comme une manière d'acquérir des jouissances, ne veulent cependant en goûter aucune : les plaisirs, quels qu'ils soient, vous associent aux autres, tandis que la possibilité de les obtenir est en soi seul ; et l'on dissipe quelque chose de son égoïsme en le satisfaisant au-dehors. L'avenir inquiète tellement les avares, qu'ils aiment à sacrifier le présent comme pourrait le faire la vertu la plus relevée : la personnalité de l'avare va si loin, qu'il finit par immoler lui à lui-même ; il s'aime tant demain, qu'il se prive de tout chaque jour pour embellir le jour suivant ; et comme tous les sentiments qui ont le caractère de la passion, qui dévorent jusqu'à l'objet même qu'ils chérissent, l'égoïsme devient destructeur du bien-être qu'il veut conserver, et l'avarice interdit tous les avantages que l'argent pourrait valoir.

Je ne m'arrêterai point à parler des malheurs causés par l'avarice ; on ne voit point de gradation ni de nuance dans cette singulière passion ; tout y paraît également douloureux et vil. Comment avoir l'idée de cette fureur de personnalité ? Quel but que soi pour sa propre vie ! Quel homme peut se choisir pour l'objet de sa pensée, sans admettre d'intermédiaire entre sa passion et lui-même ?

Il y a tant d'incertitude dans ce qu'on desire, de dégoût dans ce qu'on éprouve, qu'on ne peut concevoir comment on aurait le courage d'agir, si, ses actions retournant à ses sensations et ses sensations à ses actions, on savait si positivement le prix de ce qu'on fait, la récompense de ses efforts. Comment exister sans être utile, et se donner la peine de vivre quand personne ne s'affligerait de nous voir mourir ?

Si l'avare, si l'égoïste sont incapables de ces retours sensibles, il est un malheur particulier à de tels caractères auquel ils ne peuvent jamais échapper ; ils craignent la mort, comme s'ils avaient su jouir de la vie : après avoir sacrifié leurs jours présents à leurs jours à venir, ils éprouvent une sorte de rage en voyant s'approcher le terme de l'existence. Les affections du cœur augmentent le prix de la vie, en diminuant l'amertume de la mort ; tout ce qui est aride fait mal vivre et mal mourir. Enfin les passions personnelles sont de l'esclavage, autant que celles qui mettent dans la dépendance des autres ; elles rendent également impossible l'empire sur soi-même, et c'est dans le libre et constant exercice de cette puissance qu'est le repos et ce qu'il y a de bonheur.

Les passions qui dégradent l'homme, en resserrant son égoïsme dans ses sensations, ne produisent pas sans doute ces bouleversements de l'ame où l'homme éprouve toutes les douleurs que ses facultés lui permettent de ressentir ; mais il ne reste aux peines causées par des penchants méprisables aucun genre de consolation ; le dégoût qu'elles inspirent aux autres passe jusqu'à celui qui les éprouve. Il n'y a rien de plus amer dans l'adversité que de ne pas pouvoir s'intéresser à soi ; l'on est malheureux sans trouver même de l'attendrissement dans son ame; il y a quelque chose de desséché dans tout votre être, un sentiment d'isolement si profond, qu'aucune idée ne peut se joindre à l'impression de la douleur : il n'y a rien dans le passé, il n'y a rien dans l'avenir, il n'y a rien autour de soi; on souffre à sa place, mais sans pouvoir s'aider de sa pensée, sans oser méditer sur les différentes causes de son infortune, sans se relever par de grands souvenirs où la douleur puisse s'attacher.

CHAPITRE VI.

De l'envie et de la vengeance.

Il est des passions qui n'ont pas précisément de but, et cependant remplissent une grande partie de la vie; elles agissent sur l'existence sans la diriger, et l'on sacrifie le bonheur à leur puissance négative : car, par leur nature, elles n'offrent pas même l'illusion d'un espoir et d'un avenir, mais seulement elles donnent le besoin de satisfaire l'âpre sentiment qu'elles inspirent : il semble que de telles passions ne soient composées que du mauvais succès de toutes; de ce nombre, mais avec des nuances différentes, sont l'envie et la vengeance.

L'envie ne promet aucun genre de jouissances, même de celles qui amènent du malheur à leur suite. L'homme qui a cette disposition voit dans le monde beaucoup plus de sujets de jalousie qu'il n'en existe réellement; et, pour se croire à la fois heureux et supérieur, il faudrait juger de son sort par l'envie que l'on inspire : c'est un mobile dont l'objet est une souffrance, et qui n'exerce l'imagination, cette faculté inséparable de la passion, que sur une idée pénible. La passion de l'envie n'a point de terme, parcequ'elle n'a point de but; elle ne se refroidit point, parceque ce n'est d'aucun genre d'enthousiasme, mais de l'amertume seule qu'elle s'alimente, et que chaque jour accroît ses motifs par ses effets : celui qui commence par haïr inspire une irritation propre à faire mériter sa haine, qui d'abord était injuste. Les poëtes se sont exercés sur tous les emblèmes de malheur qu'il fallait attacher à l'envie. Quel triste sort, en effet, que celui d'une passion qui se dévore elle-même, et, poursuivie sans cesse par l'image de ce qui la blesse, ne peut se représenter une circonstance quelconque où elle trouverait du repos! Il y a tant de maux sur la terre cependant, qu'il semblerait que tout ce qui arrive dans le monde dût être une jouissance pour l'envie ; mais elle est si difficile en malheurs, que s'il reste de la considération à côté des revers, un sentiment à travers mille infortunes, une qualité parmi des torts, si le souvenir de la prospérité relève dans la misère, l'envieux souffre et déteste encore : il démêle, pour haïr, des avantages inconnus à celui qui les possède; il faudrait, pour qu'il cessât de s'agiter, qu'il crût tout ce qui existe inférieur à sa fortune, à ses talents, à son bonheur même ; et il a la conscience, au contraire, que nul tourment ne peut égaler l'impression aride et desséchante que sa passion dominatrice produit sur lui. Enfin l'envie prend sa source dans ce terrible sentiment de l'homme qui lui rend odieux le spectacle du bonheur qu'il ne possède pas, et lui ferait préférer l'égalité de l'enfer aux gradations dans le paradis. La gloire, la vertu, le génie viennent se briser contre cette force destructive ; elle met une borne aux efforts, aux élans de la nature humaine : son influence est souveraine ; car qui blâme, qui déjoue, qui s'oppose, qui renverse, qui se saisit enfin de la force destructive, finit toujours par triompher.

Mais le mal que l'envieux sait causer ne lui compose pas même un bonheur selon ses vœux ; chaque jour la fortune ou la nature lui donnent de nouveaux ennemis ; vainement il en fait ses victimes, aucun de ses succès ne le rassure, il se sent inférieur à ce qu'il détruit, il est jaloux de ce qu'il immole ; enfin, à ses yeux mêmes, il est toujours humilié, et ce supplice s'augmente par tout ce qu'il fait pour l'éviter.

Il est une passion dont l'ardeur est terrible, une passion plus redoutable dans ce temps que dans tous les autres : c'est la vengeance. Il ne peut être question de bonheur positif obtenu par elle, puisqu'elle ne doit sa naissance qu'à une grande douleur, qu'on croit adoucir en la faisant partager à celui qui l'a causée ; mais il n'est personne qui, dans diverses circonstances de sa vie, n'ait ressenti l'impulsion de la vengeance : elle dérive immédiatement de la justice, quoique ses effets y soient souvent si contraires. Faire aux autres le mal qu'ils vous ont fait, se présente d'abord comme une maxime équitable ; mais ce qu'il y a de naturel dans cette passion ne rend ses conséquences ni plus heureuses, ni moins coupables : c'est à combattre les mouvements involontaires qui entraînent vers un but condamnable que la raison est particulièrement destinée ; car la réflexion est autant dans la nature que l'impulsion.

Il est certain d'abord qu'on soutient difficilement l'idée de savoir heureux l'objet qui vous a plongé dans le désespoir. Ce tableau vous poursuit, comme, par un mouvement contraire, l'imagination de la pitié offre la peinture des douleurs qu'elle excite à soulager. L'opposition de votre peine et de la félicité de votre ennemi produit dans le sang un véritable soulèvement.

Ce qu'on a le plus de peine aussi à supporter dans l'infortune, c'est l'absorbation, la fixation sur une seule idée ; et tout ce qui porte la pensée au-dehors de soi, tout ce qui excite à l'action trompe le malheur. Il semble qu'en agissant on va changer la situation de son ame ; et le ressentiment, ou l'indignation contre le crime, étant d'abord ce qui est le plus apparent dans sa propre douleur, on croit, en satisfaisant ce mouvement, échapper à tout ce qui doit le suivre ; mais en observant un cœur généreux et sensible, on découvre qu'on serait plus malheureux encore après s'être vengé qu'auparavant. L'occupation où l'on est de son ressentiment, l'effort qu'on fait sur soi pour le combattre, remplit la pensée de diverses manières ; après s'être vengé, l'on reste seul avec sa douleur, sans autre idée que la souffrance. Vous rendez à votre ennemi, par votre vengeance, une espèce d'égalité avec vous ; vous le sortez de dessous le poids de votre mépris, vous vous sentez rapproché par l'action même de punir ; si l'effort que vous tenteriez pour vous venger était inutile, votre ennemi aurait sur vous l'avantage qu'on prend toujours sur les volontés impuissantes, quels qu'en soient la nature et l'objet. Tous les genres d'égarement sont excusables dans les véritables douleurs ; mais ce qui démontre cependant combien la vengeance tient à des mouvements condamnables, c'est qu'il est beaucoup plus rare de se venger par sensibilité que par esprit de parti, ou par amour-propre.

Les ames généreuses qui se sont abandonnées à des mouvements coupables, ont fait un tort immense à l'ascendant de la moralité ; elles ont réuni à des torts graves des motifs élevés, et le sens même des mots s'est trouvé changé par les pensées accessoires que leur exemple y a réunies. Le même terme exprime l'assassinat de César et celui de Henri IV ; et les grands hommes qui se sont cru le droit de faire plier une loi de la moralité devant leurs intentions sublimes, ont fait plus de mal par la latitude qu'ils ont donnée à l'idée de la vertu, que les scélérats méprisés dont les actions ont exalté l'horreur qu'inspire le crime. Enfin, par quelque motif qu'on se croie excité à la vengeance, il faut répéter à ceux qui voudraient s'y abandonner, non pas qu'ils n'y trouveraient pas de bonheur, ils ne le savent que trop ; mais il faut leur répéter qu'il n'est point de fléau politique plus redoutable.

Cette passion pourrait perpétuer le malheur depuis la première offense jusqu'à la fin de la race humaine : et dans les temps où les fureurs des partis ont emporté tous les hommes dans tous les sens au-delà des bornes de la vertu, de la raison et d'eux-mêmes, les révolutions ne cessent que quand chacun n'est plus agité par le besoin de prévenir ou d'éviter les effets de la vengeance.

On se persuade que la crainte d'être puni peut empêcher les hommes violents de se porter à de certains excès; ce n'est pas du tout connaître la nature de l'emportement. Quand on est criminel de sang-froid, comme on calcule toujours, tels périls, tels obstacles de plus peuvent arrêter ; mais les hommes passionnés qui se précipitent dans les révolutions sont irrités par la crainte même, si l'on parvient à la leur faire éprouver ; la peur excite les caractères impétueux, au lieu de les contenir.

Il est une réflexion qui devrait servir de guide à ceux qui se mêlent des grands débats des hommes entre eux ; c'est qu'ils doivent considérer leurs ennemis comme étant de leur nature : il y a malheureusement de l'homme jusque dans le scélérat, et l'on ne se sert jamais cependant de la connaissance de soi pour s'aider à devenir un autre. On dit qu'il faut contraindre, humilier, punir, et l'on sait néanmoins que de pareils moyens ne produiraient dans notre ame qu'une exaspération irréparable ; on voit ses ennemis comme une chose physique qu'on peut abattre, et soi-même comme un être moral que sa propre volonté seule doit diriger.

S'il est une passion destructive du bonheur et de l'existence des pays libres, c'est la vengeance ; l'enthousiasme qu'inspire la liberté, l'ambition qu'elle excite, met les hommes dans un plus grand mouvement, fait naître plus d'occasions d'être opposés les uns aux autres. L'amour de la patrie l'emportait tellement chez les Romains sur toute autre passion, que les ennemis servaient ensemble, et d'un commun accord, les intérêts de la république. Si la vengeance n'est pas proscrite par l'esprit public dans une nation où chaque individu existe de toute sa force personnelle, où, le despotisme ne comprimant point la masse, chaque homme a une valeur et une puissance particulières, les individus finiront par haïr tous les individus; et le lien de parti se rompant à mesure qu'un nouveau mouvement crée de nouvelles divisions, il n'y aura point d'homme qui n'ait, après un certain temps, des motifs pour détester successivement tout ce qu'il a connu dans sa vie.

Certes, le plus bel exemple qui pût exister de renonciation à la vengeance, ce serait en France, si la haine cessait de renouveler les révolutions; si le nom français, par orgueil et par patriotisme, ralliait tous ceux qui ne sont pas assez criminels pour que le pardon même ne fût pas cru de leur propre cœur. Sans doute, ce serait un héroïque oubli; mais il est tellement nécessaire, que, même en jugeant son étonnante difficulté, on a besoin de l'espérer encore. La France ne peut être sauvée que par ce moyen, et les partisans de la liberté, les amateurs des arts, les admirateurs du génie, les amis d'un beau ciel, d'une nature féconde, tout ce qui sait penser, tout ce qui a beson de sentir, tout ce qui veut vivre enfin de la vie des idées ou des sensations fortes, implore à grands cris le salut de cette France.

CHAPITRE VII.

De l'esprit de parti.

Il faut avoir vécu contemporain d'une révolution religieuse ou politique, pour savoir quelle est la force de cette passion. Elle est la seule dont la puissance ne se démontre pas également dans tous les temps et dans tous les pays. Il faut qu'une fermentation, causée par des événements extraordinaires, développe ce sentiment, dont le germe existe toujours chez un grand nombre d'hommes, mais peut mourir avec eux sans qu'ils aient jamais eu l'occasion de le reconnaître.

Des querelles frivoles, telles que des disputes sur la musique, sur la littérature, peuvent donner quelques idées légères de la nature de l'esprit de parti; mais il n'existe tout entier, mais il n'est l'action dévorante qui consume les générations et les empires, que dans ces grands débats où l'imagination peut puiser sans mesure tous les motifs d'enthousiasme ou de haine.

On doit d'abord distinguer l'esprit de parti, de l'amour-propre qui fait tenir à l'opinion qu'on a soutenue; il en diffère tellement, qu'on peut même quelquefois mettre ces deux penchants en opposition. Un homme diversement célèbre, M. de Condorcet, avait précisément le caractère de l'esprit de parti. Ses amis assurent qu'il aurait écrit contre son opinion, qu'il l'aurait et désavouée et combattue ouvertement, sans confier à personne le secret de ses efforts, s'il avait cru que ce moyen pût servir à faire triompher la cause de cette opinion même. L'orgueil, l'émulation, la vengeance, la crainte, prennent le masque de l'esprit de parti; mais cette passion à elle seule est plus ardente : elle est du fanatisme et de la foi, à quelque objet qu'elle s'applique.

Eh! qu'y a-t-il au monde de plus violent et de plus aveugle que ces deux sentiments? Pendant les siècles déchirés par les querelles religieuses, on a vu des hommes obscurs, sans aucune idée de gloire, sans aucun espoir d'être connus, employer tous les moyens, braver tous les dangers pour servir la cause qu'ils avaient adoptée. Un beaucoup plus grand nombre d'hommes se mêle aux querelles politiques, parceque, dans les intérêts de ce genre, toutes les passions se joignent à l'esprit de parti, et décident à suivre l'un ou l'autre étendard; mais le pur fanatisme, dans tous les temps, et pour quelque but que ce soit, n'existe que dans un certain nombre d'hommes qui auraient été catholiques ou protestants dans le quinzième siècle, et se font aujourd'hui aristocrates ou jacobins. Ce sont des esprits crédules, soit qu'ils se passionnent pour ou contre les vieilles erreurs; et leur violence, sans arrêt, leur donne le besoin de se placer à l'extrême de toutes les idées, pour y mettre à l'aise leur jugement et leur caractère.

L'exaltation de ce qu'on appelle la philosophie est une superstition comme le culte des préjugés; les mêmes défauts conduisent aux deux excès contraires, et c'est la différence des situations ou le hasard d'un premier mot qui, dans la classe commune, fait de deux hommes de parti deux ennemis ou deux complices.

L'homme éclairé qui d'abord adopta la cause des principes, parceque sa pensée n'avait pu s'astreindre à respecter des préjugés absurdes, alors qu'il embrasse une vérité avec l'esprit de parti, perd la faculté de raisonner, ainsi que le partisan de l'erreur, et bientôt emploie des moyens semblables. De même qu'on a vu prêcher l'athéisme avec l'intolérance de la superstition, l'esprit de parti commande la liberté avec la fureur du despotisme.

On a dit souvent, dans le cours de la révolution de France, que les aristocrates et les jacobins tenaient le même langage, étaient aussi absolus dans leurs opinions, et, selon la diversité des situations, adoptaient un système de conduite également intolérant. Cette remarque doit être considérée comme une simple conséquence du même principe. Les passions rendent les hommes semblables entre eux, comme la fièvre jette dans le même état des tempéraments divers ; et de toutes les passions, la plus uniforme dans ses effets c'est l'esprit de parti.

Elle s'empare de vous comme une espèce de dictature, qui fait taire toutes les autorités de l'esprit, de la raison et du sentiment : sous cet asservissement, pendant qu'il dure, les hommes sont moins malheureux que par le libre arbitre qui reste encore aux autres passions ; dans celle-là, la route qu'il faut suivre est commandée comme le but qu'on doit atteindre : les hommes dominés par cette passion sont inébranlables jusque dans le choix de leurs moyens ; ils ne voudraient pas les modifier, même pour arriver plus sûrement à leur objet : les chefs, comme dans toutes les religions, sont plus adroits, parcequ'ils sont moins enthousiastes ; mais les disciples se font un article de foi de la route autant que du but. Il faut que les moyens soient de la nature de la cause, parceque cette cause, paraissant la vérité même, doit triompher seulement par l'évidence et la force. Je vais rendre cette idée sensible par des exemples.

Dans l'assemblée constituante, les membres du côté droit auraient pu faire passer quelques uns des décrets qui les intéressaient, s'ils eussent laissé la parole à des hommes plus modérés qu'eux, et par conséquent plus agréables au parti populaire ; mais ils aimaient mieux perdre leur cause en la faisant soutenir par l'abbé Maury, que de la gagner en la laissant défendre par un orateur qui ne fût pas précisément de leur opinion sous tous les autres rapports. Un triomphe acquis par une condescendance est une défaite pour l'esprit de parti.

Lorsque les constitutionnels luttaient contre les jacobins, si les aristocrates avaient adopté le système des premiers, s'ils avaient conseillé au roi de se livrer à eux, ils auraient alors renversé l'ennemi commun, sans perdre l'espoir de se défaire un jour de leurs alliés. Mais, dans l'esprit de parti, l'on aime mieux tomber en entraînant ses ennemis, que triompher avec quelqu'un d'entre eux.

Lorsqu'en étant assidu aux élections, on pouvait influer sur le choix des hommes dont allait dépendre le sort de la France, les aristocrates aimaient mieux l'exposer au joug des scélérats, que de reconnaître quelques uns des principes de la révolution en votant dans les assemblées primaires.

L'intégrité du dogme importe davantage encore que le succès de la cause. Plus l'esprit de parti est de bonne foi, moins il admet de conciliation ou de traité d'aucun genre; et comme ce ne serait pas croire véritablement à l'existence efficace de sa religion que de recourir à l'art pour l'établir, dans un parti l'on se rend suspect en raisonnant, en reconnaissant même la force de ses ennemis, en faisant le moindre sacrifice pour assurer la plus grande victoire.

Quel exemple de cet esprit impliable, dans chaque détail comme dans l'ensemble, le parti populaire aussi n'a-t-il pas donné? Combien de fois n'a-t-il pas refusé tout ce qui pouvait ressembler à une modification? L'ambition sait se plier à chacune des circonstances, pour profiter de toutes; la vengeance même peut retarder ou détourner sa marche; mais l'esprit de parti est comme les forces aveugles de la nature, qui vont toujours dans la même direction : cette impulsion une fois donnée à la pensée, elle prend un caractère de roideur qui lui ôte, pour ainsi dire, ses attributs intellectuels : on croit se heurter contre quelque chose de physique, lorsqu'on parle à des hommes qui se précipitent dans la ligne de leur opinion; ils n'entendent, ni ne voient, ni ne comprennent : avec deux ou trois raisonnements ils font face à toutes les objections; et lorsque ces traits lancés n'ont pas convaincu, ils ne savent plus avoir recours qu'à la persécution.

L'esprit de parti unit les hommes entre eux par l'intérêt d'une haine commune, mais non par l'estime ou l'attrait du cœur; il anéantit les affections qui existent dans l'ame, pour y substituer des liens formés seulement par les rapports d'opinion. L'on sait moins de gré à un homme de ce qu'il fait pour vous que pour votre cause. Vous avoir sauvé la vie est un mérite beaucoup moins grand à vos yeux que de penser comme vous; et, par un code singulier, l'on n'établit les relations d'attachement et de reconnaissance qu'entre les personnes du même avis. La limite de son opinion est aussi celle de ses devoirs; et si l'on reçoit, dans quelque circonstance, des secours d'un homme qui suit un parti contraire au sien, il semble que la confraternité humaine n'existe plus avec lui, et que le service qu'il vous a rendu soit un hasard qu'on doit totalement séparer de celui qui l'a fait naître. Les grandes qualités d'un homme qui n'a pas la même religion politique que vous ne peuvent être comptées par ses adversaires : les torts, les crimes même de ceux qui partagent votre opinion, ne vous détachent pas d'eux. Le grand caractère de la véritable passion est d'anéantir tout ce qui n'est pas elle, et une idée dominante absorbe toutes les autres.

Il n'est point de passion qui doive plus entraîner à tous les crimes, par cela même que celui qui l'éprouve est enivré de meilleure foi, et que le but de cette passion n'étant pas personnel à l'individu qui s'y livre, il croit se dévouer en faisant le mal, conserve le sentiment de la vertu en commettant les plus grands crimes, et n'éprouve ni les craintes, ni les remords inséparables des passions égoïstes, des passions qui sont coupables aux yeux de celui même qui s'y abandonne.

L'esprit de parti n'a point de remords. Son premier caractère est de voir son objet tellement au-dessus de tout ce qui existe, qu'il ne peut se repentir d'aucun sacrifice quand il s'agit d'un tel but. La dépopulation de la France était conçue par la féroce ambition de Robespierre, exécutée par la bassesse de ses agents ; mais cette affreuse idée était admise par l'esprit de parti lui seul, et l'on a dit, sans être un assassin : *Il y a deux millions d'hommes de trop en France.*

L'esprit de parti est exempt de crainte, non pas seulement par l'exaltation de courage qu'il peut inspirer, mais par la sécurité qu'il fait naître : les jacobins et les aristocrates, depuis le commencement de la révolution, n'ont pas un instant désespéré du triomphe de leur opinion ; et, au milieu des revers qui ont frappé si constamment les aristocrates, il y avait quelque chose de béat dans la certitude avec laquelle ils débitaient des nouvelles que la foi la plus superstitieuse aurait à peine adoptées.

Il y a cependant quelques nuances générales qui, sans application particulière à la révolution de France, distinguent l'esprit de parti de ceux qui défendent les anciens préjugés, d'avec l'esprit de parti de ceux qui veulent établir de nouveaux principes. L'esprit de parti des premiers est de meilleure foi, celui des novateurs est plus habile ; la haine des premiers est plus profonde, celle des autres est plus agissante : les premiers s'attachent plus aux hommes, les novateurs davantage aux choses ; les premiers sont plus inplacables, les seconds plus meurtriers ; les premiers regardent leurs adversaires comme des impies, les seconds les considèrent comme des obstacles ; en sorte que les premiers détestent par sentiment, tandis que les autres détruisent par calcul, et qu'il y a moins de paix à espérer des partisans des anciens préjugés, et plus à redouter de la guerre faite par leurs ennemis.

Malgré ces différences cependant, les caractères généraux sont toujours pareils. L'esprit de parti est une sorte de frénésie de l'ame qui ne tient point à la nature de son objet. C'est ne plus voir qu'une idée, lui rapporter tout, et n'apercevoir que ce qui peut s'y réunir : il y a une sorte de fatigue à l'action de comparer, de balancer, de modifier, d'excepter, dont l'esprit de parti délivre entièrement. Les violents exercices du corps, l'attaque impétueuse qui n'exige aucune retenue, donnent une sensation physique très vive et très enivrante : il en est de même au moral de cet emportement de la pensée, qui, délivrée de tous ses liens, voulant seulement aller en avant, s'élance sans réflexion aux opinions les plus extrêmes.

Jamais il ne peut en coûter à l'esprit de parti d'abandonner des avantages individuels dont on sait la mesure, pour un but tel que cette passion le fait concevoir, pour un but qui n'a jamais rien de réel, de jugé, ni de connu, et que l'imagination revêt de toutes les illusions dont la pensée est susceptible. La démocratie ou la royauté sont le paradis de leurs vrais enthousiastes; ce qu'elles ont été, ce qu'elles peuvent devenir n'a aucun rapport avec les sensations que leurs partisans éprouvent à leur nom; à lui seul il remue toutes les affections ardentes et crédules dont l'homme est susceptible.

Par cette analyse, on voit que la source de l'esprit de parti est tout-à-fait étrangère au sentiment du crime; mais si cet examen philosophique inspire un moment d'indulgence, combien les effets affreux de cette passion ne ramènent-ils pas à l'effroi qu'elle doit inspirer !

Il n'en est point qui puisse à cet excès borner la pensée et dépraver la moralité. L'esprit humain ne peut avoir son développement, ne peut faire de véritables progrès qu'en arrivant à l'impartialité la plus absolue, en effaçant au-dedans de soi la trace de toutes les habitudes, de tous les préjugés, en se faisant, comme Descartes, une méthode indépendante de toutes les routes déjà tracées. Or, quand la pensée est une fois saisie de l'esprit de parti, ce n'est pas des objets à soi, mais de soi vers les objets, que partent les impressions; on ne les attend pas, on les devance, et l'œil donne la forme au lieu de recevoir l'image. Les hommes d'esprit qui, dans toute autre circonstance, cherchent à se distinguer, ne se servent jamais alors que du petit nombre d'idées qui leur sont communes avec les plus bornés d'entre ceux de la même opinion. Il y a une sorte de cercle magique tracé autour du sujet de ralliement, que tout le parti parcourt, et que personne ne peut franchir : soit qu'on redoute, en multipliant ses raisonnements, d'offrir un plus grand nombre de points d'attaque à ses ennemis ; soit que la passion ait également dans tous les hommes plus d'identité que d'étendue, plus de force que de variété. Placés à l'extrême d'une idée, comme des soldats à leur poste, jamais vous ne pourrez les décider à venir à la découverte d'un autre point de vue de la question ; et tenant à quelques principes comme à des chefs, à des opinions comme à des serments, on dirait que vous leur proposez une trahison, quand vous voulez les engager à examiner, à s'occuper d'une idée nouvelle, à combiner de nouveaux rapports.

Cette manière de ne considérer qu'un seul côté dans tous les objets, et de les présenter toujours dans le même sens, est ce que l'on peut imaginer de plus fatigant dès qu'on n'est pas susceptible de l'esprit de parti ; et l'homme le plus impartial, témoin d'une révolution, finit par ne plus savoir comment retrouver le vrai, au milieu des tableaux imaginaires où chaque parti croit montrer la vérité avec évidence. Les géomètres appellent à eux la certitude par des moyens assurés ; mais dans cette sphère d'idées où les sensations, les réflexions, les paroles même, s'aident mutuellement à former le corps des vraisemblances, quand les mots les plus nobles ont été déshonorés, les raisonnements les plus justes faussement enchaînés, les sentiments les plus vrais opposés les uns aux autres, on se croit dans ce chaos que Milton aurait rendu mille fois plus horrible s'il l'avait pu représenter, dans le monde intellectuel, confondant aux yeux de l'homme le juste et l'injuste, le crime et la vertu.

Un siècle, une nation, un homme, sous le seul rapport des lumières, sont très long-temps à se relever du fléau de l'esprit de parti. Les réputations n'ayant plus de rapport avec le mérite réel, l'émulation se ralentit en perdant son objet. L'injustice décourage de la recherche de la vérité ; la gloire est rarement contemporaine, et la renommée elle-même est tellement investie par l'esprit de parti, que l'homme vertueux et grand peut ne pas obtenir son recours sur les siècles.

Cette passion étouffe dans les hommes supérieurs les facultés qu'ils tenaient de la nature; et cette carrière de vérité, indéfinie comme l'espace et le temps, dans laquelle l'homme qui pense jouit d'un avenir sans bornes, atteint un but toujours renaissant; cette carrière se referme à la voix de l'esprit de parti, et tous les desirs comme toutes les craintes vouent à la servitude de la foi les têtes formées pour concevoir, découvrir et juger. Enfin, l'esprit de parti doit être de toutes les passions celle qui s'oppose le plus au développement de la pensée, puisque, comme nous l'avons déja dit, ce fanatisme ne laisse pas même le choix des moyens pour assurer sa victoire, et que son propre intérêt ne l'éclaire point, quand il est entièrement de bonne foi.

L'esprit de parti arrive souvent à son but par sa constance et son intrépidité, mais jamais par ses lumières : l'esprit de parti qui calcule n'est déja plus; c'est alors une opinion, un plan, un intérêt; ce n'est plus la folie, l'aveuglement qui ne pourrait cesser sur un point sans laisser entrevoir tout le reste. Mais si cette passion borne la pensée, quelle influence n'a-t-elle pas sur le cœur!

Je commence par dire qu'il y a une époque de la révolution de France (la tyrannie de Robespierre) dont il me paraît impossible d'expliquer tous les effets par des idées générales, ni sur l'esprit de parti, ni sur les autres passions humaines; ce temps est hors de la nature, au-delà du crime; et, pour le repos du monde, il faut se persuader que nulle combinaison ne pouvant conduire à prévoir, à expliquer de semblables atrocités, ce concours fortuit de toutes les monstruosités morales est un hasard inouï dont des milliers de siècles ne peuvent ramener la chance.

Mais en deçà de cet horrible terme, combien en France, combien dans tous les temps l'esprit de parti n'a-t-il pas entraîné d'actions coupables! C'est une passion sans aucune espèce de contrepoids; tout ce qui se rencontre dans sa route doit être sacrifié au but qu'elle se propose. Toutes les autres passions étant égoïstes, il s'établit dans plusieurs occasions une sorte de balance entre les divers intérêts personnels. Un ambitieux peut quelquefois préférer les plaisirs de l'amitié, les avantages de l'estime, à telle ou telle partie du pouvoir; mais dans l'esprit de parti il n'y a rien que d'absolu, parcequ'il n'y a rien de réel, et que la comparaison se faisant toujours du connu à l'inconnu, de ce qui a une borne à ce qui est indéfini, ne permet jamais d'hésiter en cette incommensurable espérance, et quelque bien temporel que ce puisse être. Je me sers de l'expression *temporel*, parceque l'esprit de parti déifie la cause qu'il adopte, en espérant de son triomphe des effets au-dessus de la nature des choses.

L'esprit de parti est la seule passion qui se fasse une vertu de la destruction de toutes les vertus, une gloire de toutes les actions qu'on chercherait à cacher si l'intérêt personnel les faisait commettre; et jamais l'homme n'a pu être jeté dans un état aussi redoutable, que lorsqu'un sentiment qu'il croit honnête lui commande des crimes; s'il est capable d'amitié, il est plus fier de la sacrifier; s'il est sensible, il s'enorgueillit de dompter sa peine : enfin la pitié, ce sentiment céleste qui fait de la douleur un lien entre les hommes, la pitié, cette vertu d'instinct, qui conserve l'espèce humaine en préservant les individus de leurs propres fureur, l'esprit de parti a trouvé le seul moyen de l'anéantir dans l'ame, en portant l'intérêt sur les nations entières, sur les races futures, pour le détacher des individus. L'esprit de parti efface les traits de sympathie, pour y substituer des rapports d'opinion; il présente les malheurs actuels comme le moyen, comme la garantie d'un avenir immortel, d'un bonheur politique au-dessus de tous les sacrifices qu'on peut exiger pour l'obtenir.

Si l'on s'était convaincu d'un principe simple, c'est que les hommes n'ont pas le droit de faire le mal pour arriver au bien, nous n'aurions pas vu tant de victimes humaines immolées sur l'autel même des vertus. Mais depuis que ces transactions ont existé entre le présent et l'avenir, entre le sacrifice de la génération actuelle et les dons à faire à la génération future, il n'y a point eu de bornes qu'un nouveau degré de passion ne se crût en droit de franchir; et souvent des hommes enclins au crime, croyant s'enivrer des exemples de Brutus, de Manlius, de Pison, ont proscrit la vertu, parceque de grands hommes avaient immolé le crime; ont assassiné ceux qu'ils haïssaient, parceque les Romains savaient sacrifier ce qu'ils avaient de plus cher; ont massacré de faibles ennemis, parceque des ames généreuses avaient attaqué leurs adversaires dans la puissance; et, ne prenant du patriotisme que les sentiments féroces qu'il a pu produire à quelques époques, n'ont eu de grandeur que dans le mal, et ne se sont fiés qu'à l'énergie du crime.

Il sera vrai, cependant, que l'homme vertueux peut surpasser, en force active et dominante, le coupable le plus audacieux.

Il manque encore un beau spectacle au monde, c'est un Sylla dans la route de la vertu, un homme dont le caractère démontre que le crime est une ressource de la faiblesse, et que c'est aux défauts des hommes de bien, mais non à leur moralité, qu'il faut attribuer leurs revers.

Après avoir esquissé le tableau de l'esprit de parti, il entre dans mon sujet de parler du bonheur que cette passion peut promettre. Il y a un moment de jouissance dans toutes les passions tumultueuses : c'est le délire qui agite l'existence, et donne au moral l'espèce de plaisir que les enfants éprouvent dans les jeux qui les enivrent de mouvement et de fatigue. L'esprit de parti peut très bien suppléer à l'usage des liqueurs fortes ; et si le petit nombre se dérobe à la vie par l'élévation de la pensée, la foule lui échappe par tous les genres d'ivresse : mais quand l'égarement a cessé, l'homme qui se réveille de l'esprit de parti est le plus infortuné des êtres.

D'abord l'esprit de parti ne peut jamais obtenir ce qu'il desire ; les extrêmes sont dans la tête des hommes, mais point dans la nature des choses. Jamais il n'existe un esprit de parti sans qu'il en fasse naître un autre qui lui soit opposé, et le combat ne finit que par le triomphe de l'opinion intermédiaire.

Il faut de l'esprit de parti pour lutter efficacement avec un autre esprit de parti contraire, et tout ce que la raison trouve absurde est précisément ce qui doit réussir contre un ennemi qui prendra aussi des mesures absurdes : ce qui est au dernier terme de l'exagération transporte sur le terrain où il faut combattre, et donne des armes égales à celles de ses adversaires ; mais ce n'est point par calcul que l'esprit de parti prend ainsi des moyens extrêmes, et leur succès n'est point une preuve des lumières de ceux qui les emploient ; il faut que les chefs, comme les soldats, marchent en aveugles pour arriver ; et celui qui raisonnerait l'extravagance n'aurait jamais, à cet égard, l'avantage d'un véritable fou.

La puissance guerrière est une puissance toute d'impulsion, et il n'y a que la guerre dans l'esprit de parti ; car tous ces principes constitués pour l'attaque, ces lois servant d'arme offensive finissent avec la paix, et la victoire la plus complète d'un parti détruit nécessairement toute l'influence de son fanatisme ; rien n'est, rien ne peut rester comme il le veut.

C'est sans doute à l'instinct secret de l'empire que doit avoir le vrai sur les événements définitifs, du pouvoir que doit prendre la raison dans les temps calmes ; c'est à cet instinct qu'est due l'horreur des combattants pour les partisans des opinions modérées. Les deux factions opposées les considèrent comme leurs plus grands ennemis, comme ceux qui doivent recueillir les avantages de la lutte sans s'être mêlés du combat ; comme ceux enfin qui ne peuvent acquérir que des succès durables, alors qu'ils commencent à en obtenir. Les jacobins, les aristocrates, craignent moins leurs succès réciproques, parcequ'ils les croient passagers, et se connaissent des défauts semblables qui donnent toujours autant d'avantage au vaincu qu'au vainqueur. Mais quand la fluctuation des idées ramène les affaires au point juste et possible, la puissance, la considération de l'esprit de parti est finie, le monde se rasseoit sur ses bases, l'opinion publique honore la raison et la vertu, et cette époque inévitable peut se calculer comme les lois de la nature. Il n'y a point de guerre éternelle, et point de paix cependant sous la dictée des passions ; point de repos sans accord, point de calme sans tolérance, point de parti donc qui, lorsqu'il a détruit ses ennemis, puisse satisfaire ses enthousiastes.

Il est d'ailleurs une autre observation : c'est que, dans ces sortes de guerres, le parti vaincu se venge toujours sur les hommes du triomphe qu'il cède aux choses. Les principes ressortent avec éclat des attaques de leurs antagonistes ; les individus succombent sous les attaques de leurs adversaires. Tout homme extrême dans son parti n'est jamais propre à gouverner les affaires de ce parti, lorsqu'il cesse d'être en guerre ; et la haine que les opposants portaient à la cause prend la forme du mépris pour ses plus criminels défenseurs. Ce qu'ils ont fait pour le triomphe de leur parti a perdu leur réputation individuelle ; ceux mêmes qui les applaudissaient, lorsqu'ils croyaient être préservés par eux de quelques dangers, veulent l'honneur de les juger, lorsque le péril est passé. La vertu est tellement l'idée primitive de tous les hommes, que les complices sont aussi sévères que les juges, lorsque la solidarité n'existe plus ; et les vaincus et les vainqueurs sont réconciliés ensemble, quand les uns renoncent à leur absurde cause, et les autres à leurs coupables chefs.

Les triomphes d'un parti ne servent donc jamais à ceux qui s'y sont montrés les plus violents et les plus injustes.

Mais quand l'esprit de parti, dans toute sa bonne foi, rendrait indifférent aux succès de l'ambition personnelle, jamais cette passion, considérée d'une manière générale, n'est complètement satisfaite par aucun résultat durable; et si elle pouvait l'être, si elle atteignait ce qu'elle appelle son but, il n'est point d'espoir qui fût plus détrompé, qui cessât plus sûrement au moment de la jouissance; car il n'en est point dont les illusions aient moins de rapport avec la réalité : il y a quelque chose de vrai dans les satisfactions que donnent la puissance, la gloire; mais lorsque l'esprit de parti triomphe, par cela même il est détruit.

Et quel réveil que cet instant! Le malheur qu'il cause serait encore possible à supporter, s'il venait uniquement de la perte d'une grande espérance; mais par quels moyens racheter les sacrifices qu'elle a coûtés, et que devient un homme honnête, alors qu'il se reconnaît coupable d'actions qu'il condamne en recouvrant sa raison?

Il en coûte de le dire, de peur de modifier l'horreur que doit inspirer le crime : il y a, dans la révolution, des hommes dont la conduite publique est détestable, et qui, dans les relations privées, s'étaient montrés pleins de vertus. Je le répète, en examinant tous les effets du fanatisme, on acquiert la démonstration, que c'est le seul sentiment qui puisse réunir ensemble des actions coupables et une ame honnête ; de ce contraste doit naître le plus effroyable supplice dont l'imagination puisse se faire l'idée. Les malheurs qui sont causés par le caractère ont leur remède en lui-même; il y a, jusque dans l'homme profondément criminel, une sorte d'accord qui seul peut faire qu'il existe, et reste lui-même; les sentiments qui l'ont conduit au crime lui en dérobent l'horreur : il supporte le mépris par le même mouvement qui l'a porté à le mériter. Mais quel supplice que la situation qui permet à un homme estimable de se juger, de se voir, ayant commis de grands crimes !... C'est d'une telle supposition que les anciens ont tiré les plus terribles effets de leurs tragédies : ils attribuent à la fatalité les actions coupables d'une ame vertueuse. Cette invention poétique, qui fait du rôle d'Oreste le plus déchirant de tous les spectacles, l'esprit de parti peut la réaliser. La main de fer du destin n'est pas plus puissante que cet asservissement à l'empire d'une seule idée, ce délire que toute pensée unique fait naître dans la tête de celui qui s'y abandonne : c'est la fatalité, pour ces temps-ci, que l'esprit de parti, et peu d'hommes sont assez forts pour lui échapper.

Aussi se réveilleront-ils un jour ceux qui seuls sont sincères, ceux qui seuls méritent les regrets; accablés de mépris, tandis qu'ils auraient besoin de considération; accusés du sang et des pleurs tandis qu'ils seront encore capables de pitié; isolés dans l'univers sensible, tandis qu'ils pensaient s'unir à toute la race humaine. Ils éprouveront ces douleurs alors que les motifs qui les ont entraînés auront perdu toute réalité, même à leurs yeux; et ils ne conserveront de la funeste identité qui ne leur permet pas de se séparer de leur vie passée, que les remords pour garants : les remords, seuls liens des deux êtres les plus contraires, celui qu'ils se sont montré sous le joug de l'esprit de parti, celui qu'ils devaient être par les dons de la nature.

CHAPITRE VIII.

Du crime.

Il faut le dire, quoiqu'on en frémisse, l'amour du crime en lui-même est une passion. Sans doute, ce sont toutes les autres qui conduisent à cet excès; mais quand elles ont entraîné l'homme à un certain terme de scélératesse, l'effet devient la cause, et le crime, qui n'était d'abord que le moyen, devient le but.

Cet horrible état demande une explication particulière, et peut-être faut-il avoir été témoin d'une révolution pour comprendre ce que je vais dire sur ce sujet.

Deux liens retiennent les hommes sous l'empire de la moralité, l'opinion publique et l'estime d'eux-mêmes. Il y a beaucoup d'exemples de braver la première en respectant la seconde; alors le caractère prend une sorte d'amertume et de misanthropie qui exclut beaucoup des bonnes actions que l'on fait pour être regardé, sans anéantir toutefois les sentiments honnêtes qui décident de l'accomplissement des principaux devoirs. Mais dès qu'on a rompu tout ce qui mettait de la conséquence dans sa conduite, dès qu'on ne peut plus rattacher sa vie à aucun principe, quelque facile qu'il soit, la réflexion, le raisonnement étant alors impossibles à supporter, il passe dans le sang une sorte de fièvre qui donne le besoin du crime.

C'est une sensation physique transportée dans l'ordre moral, et même cette frénésie se manifeste assez ordinairement par des symptômes extérieurs. Robespierre et la plupart de ses complices avaient habituellement des mouvements convulsifs dans les mains, dans la tête; on voyait en eux l'agitation d'un constant effort. On commence à se livrer à un excès par entraînement; mais, à son comble, il amène toujours une sorte de tension involontaire et terrible; hors des lignes de la nature, dans quelque sens que ce soit, ce n'est plus la passion qui commande, mais la contraction qui soutient.

Certainement l'homme criminel croit toujours, d'une manière générale, marcher vers un objet quelconque; mais il y a un tel égarement dans son ame, qu'il est impossible d'expliquer toutes ses actions par l'intérêt du but qu'il veut atteindre : le crime appelle le crime, le crime ne voit de salut que dans de nouveaux crimes; il fait éprouver une rage intérieure qui force à agir sans autre motif que le besoin d'action. On ne peut guère comparer cet état qu'à l'effet du goût du sang sur les bêtes féroces, alors même qu'elles n'éprouvent ni la faim, ni la soif. Si, dans le système du monde, les diverses natures des êtres, des espèces, des choses, des sensations, se tiennent par des intermédiaires, il est certain que la passion du crime est le chaînon entre l'homme et les animaux; elle est à quelques égards aussi involontaire que leur instinct, mais elle est plus dépravée; car c'est la nature qui a créé le tigre, et c'est l'homme qui s'est fait criminel; l'animal sanguinaire a sa place marquée dans le monde, et il faut que le criminel le bouleverse pour y dominer.

La trace de raisonnement qu'on peut apercevoir à travers le chaos des sensations d'un homme coupable, c'est la crainte des dangers auxquels ses crimes l'exposent. Quelle que soit l'horreur qu'inspire un scélérat, il surpasse toujours ses ennemis dans l'idée qu'il se fait de la haine qu'il mérite; par-delà les actions atroces qu'il commet à nos yeux, il sait encore quelque chose de plus que nous qui l'épouvante; il hait dans les autres l'opinion que, sans se l'avouer, il a de son propre caractère; et le dernier terme de sa fureur serait de détester en lui-même ce qu'il lui reste de conscience, et de se déchirer s'il vivait seul.

On s'étonne de l'inconséquence des scélérats; et c'est précisément ce qui prouve que le crime n'est plus pour eux l'instrument d'un désir, mais une frénésie sans motifs, sans direction fixe, une passion qui se meut sur elle-même. L'ambition, la soif du pouvoir, ou tout autre sentiment excessif, peut faire commettre des forfaits; mais lorsqu'ils sont arrivés à un certain excès, il n'est aucun but qu'ils ne dépassent; l'action du lendemain est commandée par l'atrocité même de celle de la veille : une force aveugle pousse les hommes dans cette pente une fois qu'ils s'y sont placés ; le terme, quel qu'il soit, recule à leurs yeux à mesure qu'ils avancent. L'objet de toutes les autres passions est connu, et le moment de la possession promet du moins le calme de la satiété ; mais, dans cette horrible ivresse, l'homme se sent condamné à un mouvement perpétuel ; il ne peut s'arrêter à aucun point limité, puisque la fin de tout est du repos, et que le repos est impossible pour lui ; il faut qu'il aille en avant, non qu'au-devant de lui l'espérance apparaisse, mais parceque l'abîme est derrière, et que, comme pour s'élever au sommet de la montagne Noire décrite dans les *Contes persans*, les degrés sont tombés à mesure qu'il les a montés.

Le sentiment dominant de la plupart de ces hommes est sans doute la crainte d'être punis de leurs forfaits ; cependant il y a en eux une certaine fureur qui ne leur permettrait pas d'adopter les moyens les plus sûrs, s'ils étaient en même temps les plus doux : ce n'est que dans les crimes présents qu'ils cherchent la garantie des crimes passés ; car toute résolution qui tendrait à la paix, à la réconciliation, fût-elle réellement utile à leurs intérêts, ne serait jamais adoptée par eux ; il y aurait dans de telles mesures une sorte de relâchement, de calme incompatible avec l'agitation intérieure, avec l'âpreté convulsive des hommes de cette nature.

Plus ils étaient nés avec des facultés sensibles, plus l'irritation qu'ils éprouvent est horrible. Il vaut mieux, en fait de crimes, avoir affaire à ces êtres corrompus pour qui la moralité n'a jamais été rien, qu'à ceux qui ont eu besoin de se dépraver, de vaincre quelques qualités naturelles. Ils sont plus offensés du mépris, ils sont plus inquiets d'eux-mêmes, ils s'élancent plus loin, pour mieux se séparer des combinaisons ordinaires, qui leur rappelleraient les anciennes traces de ce qu'ils ont senti et pensé.

Quand une fois les hommes sont arrivés à cet horrible période, il faut les rejeter hors des nations, car ils ne peuvent que les déchirer. L'ordre social qui placerait un tel criminel sur le trône du monde, ne l'apaiserait pas envers les hommes ses esclaves. Rien de restreint dans des bornes fixes, fût-ce le plus haut point de prospérité, ne peut convenir à ces êtres furieux, qui détestent les hommes comme des témoins de leur vie.

Le plus énergique d'entre ces monstres finit par devenir avide de la haine, comme on l'est de l'estime. La nature morale dans les esprits ardents tend toujours à quelque chose de complet ; et l'on veut étonner par le crime, quand il n'y a plus de grandeur possible que dans son excès. L'agrandissement de soi, ce desir qui, d'une manière quelconque, est toujours le principe de toute action au-dehors, l'agrandissement de soi se retrouve dans l'effroi qu'on fait naître. Les hommes sont là pour craindre, s'ils ne sont pas là pour aimer ; la terreur qu'on inspire flatte et rassure, isole et enivre, et, avilissant les victimes, semble absoudre leur tyran.

Mais je m'aperçois qu'en parlant du crime je n'ai pensé qu'à la cruauté ; la révolution de France concentre toutes les idées dans cette horrible dépravation : et, après tout, quel crime y a-t-il au monde, si ce n'est ce qui est cruel, c'est-à-dire ce qui fait souffrir les autres ? Eh ! de quelle nature est celui qui, pour son ambition, a pu donner la mort ? de quelle nature est celui qui sait braver tout ce que cette idée a de solennel et de terrible, cette idée dont le retour immédiat sur soi-même devrait effrayer tout ce qui veut vivre ? Cet acte irréparable, cet acte qui seul donne à l'homme un pouvoir sur l'éternité, et lui fait exercer une faculté qui n'est sans bornes que dans l'empire du malheur ; cet acte, quand on a pu, dans la réflexion, le concevoir et l'ordonner, jette l'homme dans un monde nouveau : le sang est traversé ; de ce jour, il sent que le repentir est impossible, comme le mal est ineffaçable ; il ne se croit plus de la même espèce que tout ce qui traite du passé avec l'avenir. Si l'on pouvait encore avoir quelque prise sur un tel caractère, ce serait en lui persuadant tout-à-coup qu'il est absolument pardonné.

Il n'est peut-être point de tyran, même le plus prospère, qui ne voulût recommencer avec la vertu, s'il pouvait anéantir le souvenir de ses crimes : mais d'abord il est presque impossible, quand on le voudrait, de persuader à un coupable qu'on l'absout de ses forfaits. L'opinion qu'un criminel a de lui-même est d'une morale plus sévère que la pitié qu'il pourrait inspirer à un honnête homme ; et, d'ailleurs, il est contre la nature des choses qu'une nation pardonne, quand même son intérêt le plus évident devrait l'y engager.

Il faudrait accueillir la première lueur du repentir comme un engagement éternel, et lier par leurs premiers pas ceux qui, peut-être, les commençaient au hasard ; mais à peine un individu a-t-il assez de force sur lui-même pour suivre une telle conduite sans se démentir. Par quels moyens peut-on confier à la foule un plan qui ne peut réussir que s'il n'a jamais l'air d'en être un ? Comment faire adopter au grand nombre une marche combinée, qui doit avoir l'apparence d'un mouvement involontaire, et mouvoir la multitude à l'aide du secret de chacun ?

Un homme véritablement criminel ne peut donc point être ramené; il possède encore moins de moyens en lui-même pour recourir aux leçons de la philosophie et de la vertu. L'ascendant de l'ordre et du beau moral perd tout son effet sur une imagination dépravée. Au milieu des égarements qui n'ont pas atteint cet excès, il reste toujours une portion de soi qui peut servir à rappeler la raison; on a senti dans tous les moments une arrière-pensée qu'on est sûr de retrouver quand on le voudra : mais le criminel s'est élancé tout entier; s'il a du remords, ce n'est pas de celui qui retient, mais de celui qui excite de plus en plus à des actions violentes; c'est une sorte de crainte qui précipite les pas : et, d'ailleurs, tous les sentiments, toutes les sources d'émotion, tout ce qui peut enfin produire une révolution dans le fond du cœur de l'homme, n'existant plus, il doit suivre éternellement la même route.

Je n'ai pas besoin de parler de l'influence d'une telle frénésie sur le bonheur; le danger de tomber d'un tel état est le malheur même qui menace l'homme abandonné à ses passions; et ce danger seul suffit pour épouvanter de tout ce qui pourrait y conduire. Il n'y a que des nuances à côté de cette couleur; et les poëtes anciens ont si bien senti ce que cette situation avait d'épouvantable, que s'aidant, pour la peindre, de tous les contes allégoriques de la mythologie, ce n'est pas la souffrance seule du remords, mais la douleur même de la passion, qu'ils ont exprimée dans leurs tableaux des enfers.

La plus grande partie des idées métaphysiques que je viens d'essayer de développer sont indiquées par les fables reçues sur le destin des grands criminels : le tonneau des Danaïdes, Sisyphe roulant sans cesse une pierre, et la remontant au haut de la même montagne pour la voir rouler en bas de nouveau, sont l'image de ce besoin d'agir, même sans objet, qui force un criminel à l'action la plus pénible, dès qu'elle le soustrait à ce qu'il ne peut supporter, le repos. Tantale, approchant sans cesse d'un but qu s'éloigne toujours devant lui, peint le supplice habituel des hommes qui se sont livrés au crime; ils ne peuvent atteindre à aucun bien, ni cesser de le desirer. Enfin, les anciens poëtes philosophes ont senti que ce n'était pas assez de peindre les peines du repentir ; qu'il fallait plus pour l'enfer, qu'il fallait montrer ce qu'on éprouvait au plus fort de l'enivrement, ce que faisait souffrir la passion du crime avant que, par le remords même, elle eût cessé d'exister.

On se demande pourquoi, dans un état si pénible, les suicides ne sont pas plus fréquents ; car la mort est le remède à l'irréparable. Mais de ce que les criminels ne se tuent presque jamais, on ne doit point en conclure qu'ils sont moins malheureux que les hommes qui se résolvent au suicide. Sans parler même du vague effroi que doit inspirer aux coupables ce qui peut suivre cette vie, il y a quelque chose de sensible ou de philosophique dans l'action de se tuer, qui est tout-à-fait étranger à l'être dépravé.

Si l'on quitte la vie pour échapper aux peines du cœur, on desire laisser quelques regrets après soi ; si l'on est conduit au suicide par un profond dégoût de l'existence, qui sert à juger la destinée humaine, il faut que des réflexions profondes, de longs retours sur soi, aient précédé cette résolution ; et la haine qu'éprouve l'homme criminel contre ses ennemis, le besoin qu'il a de leur nuire, lui feraient craindre de les laisser en repos par sa mort : la fureur dont il est agité, loin de le dégoûter de la vie, fait qu'il s'acharne davantage à tout ce qui lui a coûté si cher. Un certain degré de peine décourage et fatigue ; l'irritation du crime attache à l'existence par un mélange de crainte et de fureur : elle devient une sorte de proie qu'on conserve pour la déchirer.

D'ailleurs, un caractère particulier aux grands coupables, c'est de ne point s'avouer à eux-mêmes le malheur qu'ils éprouvent, l'orgueil le leur défend ; mais cette illusion, ou plutôt cette gêne intérieure, ne diminue rien de leurs souffrances, car la pire des douleurs est celle qui ne peut se reposer sur elle-même. Le scélérat est inquiet et défiant au fond de sa propre pensée ; il traite avec lui-même comme avec une sorte d'ennemi ; il garde avec sa réflexion quelques uns des ménagements qu'il observe pour se montrer au public ; et, dans un tel état, il n'existe jamais l'espèce de calme méditatif, d'abandon à la réflexion, qu'il faut pour contempler toute la vérité, et prendre d'après elle une résolution irrévocable.

Le courage qui fait braver la mort n'a point de rapport avec la disposition qui décide à se la donner : les grands criminels peuvent être intrépides dans le danger ; c'est une suite de l'enivrement, c'est une émotion, c'est un moyen, c'est un espoir, c'est une action ; mais ces mêmes hommes, quoique les plus malheureux des êtres, ne se tuent presque jamais, soit que la Providence n'ait pas voulu leur laisser cette sublime ressource, soit qu'il y ait dans le crime une ardente personnalité qui, sans donner aucune jouissance, exclut les sentiments élevés avec lesquels on renonce à la vie.

Hélas ! il serait si difficile de ne pas s'intéresser à l'homme plus grand que la nature, alors qu'il rejette ce qu'il tient d'elle, alors qu'il se sert de la vie pour détruire la vie, alors qu'il sait dompter par la puissance de l'ame le plus fort mouvement de l'homme, l'instinct de sa conservation ; il serait si difficile de ne pas croire à quelques mouvements de générosité dans l'homme qui, par repentir, se donnerait la mort, qu'il est bon que les véritables scélérats soient incapables d'une telle action : ce serait une souffrance pour une ame honnête, que de ne pas pouvoir mépriser complètement l'être qui lui inspire de l'horreur.

SECTION II.

DES SENTIMENTS QUI SONT L'INTERMÉDIAIRE ENTRE LES PASSIONS ET LES RESSOURCES QU'ON TROUVE EN SOI.

CHAPITRE PREMIER.

Explication du titre de la seconde section.

L'amitié, la tendresse paternelle, filiale et conjugale, la religion dans quelques caractères, ont beaucoup des inconvénients des passions ; et dans d'autres, ces mêmes affections donnent la plupart des avantages des ressources qu'on trouve en soi. L'exigence, c'est-à-dire le besoin d'un retour quelconque de la part des autres, est le point de ressemblance par lequel l'amitié et les sentiments de la nature se rapprochent des peines de l'amour ; et quand la religion est du fanatisme, tout ce que j'ai dit de l'esprit de parti s'applique entièrement à elle.

Mais quand l'amitié et les sentiments de la nature seraient sans exigence, quand la religion serait sans fanatisme, on ne pourrait pas encore ranger de telles affections dans la classe des ressources qu'on trouve en soi ; car ces sentiments modifiés rendent néanmoins encore dépendant du hasard. Si vous êtes séparé de l'ami qui vous est cher ; si les parents, les enfants, l'époux que le sort vous a donnés, ne sont pas dignes de votre amour, le bonheur que ces liens peuvent promettre n'est plus en votre puissance. Et quant à la religion, ce qui fait la base de ses jouissances, l'intensité de la foi, est un don absolument indépendant de nous : sans cette ferme croyance, on doit encore reconnaître l'utilité des idées religieuses ; mais il n'est au pouvoir de qui que ce soit de s'en donner le bonheur.

C'est donc sous ces différents rapports que j'ai classé le sujet des trois chapitres que l'on va lire, entre les passions asservissantes, et les ressources qui dépendent de soi seul.

CHAPITRE II.

De l'amitié.

Je ne puis m'empêcher de m'arrêter au milieu de cet ouvrage, m'étonnant moi-même de la constance avec laquelle j'analyse les affections du cœur, et repousse loin d'elles toute espérance de bonheur durable. Est-ce ma vie que je démens? père, enfants, amis, amies, est-ce ma tendresse pour vous que je vais désavouer? Ah! non; depuis que j'existe je n'ai cherché, je n'ai voulu de bonheur que dans le sentiment, et c'est par mes blessures que j'ai trop appris à compter ses douleurs. Un jour heureux, un être distingué rattachent à ces illusions, et vingt fois on revient à cette espérance après l'avoir vingt fois perdue. Peut-être à l'instant où je parle, je crois, je veux encore être aimée ; je laisse encore ma destinée dépendre tout entière des affections de mon cœur; mais celui qui n'a pu vaincre sa sensibilité n'est pas celui qu'il faut le moins croire sur les raisons d'y résister. Une sorte de philosophie dans l'esprit, indépendante de la nature même du caractère, permet de se juger comme un étranger, sans que les lumières influent sur les résolutions ; de se regarder souffrir, sans que sa douleur soit allégée par le don de l'observer en soi-même ; et la justesse des méditations n'est point altérée par la faiblesse de cœur, qui ne permet pas de se dérober à la peine. D'ailleurs les idées générales cesseraient d'avoir une application universelle, si l'on y mêlait l'impression détaillée des situations particulières. Pour remonter à la source des affections de l'homme, il faut agrandir ses réflexions en les séparant de ses circonstances personnelles : elles ont fait naître la pensée, mais la pensée est plus forte qu'elles ; et le vrai moraliste est celui qui, ne parlant ni par invention, ni par réminiscence, peint toujours l'homme et jamais lui.

L'amitié n'est point une passion, car elle ne vous ôte pas l'empire de vous-même : elle n'est pas une ressource qu'on trouve en soi, puisqu'elle vous soumet au hasard de la destinée et du caractère des objets de votre choix ; enfin elle inspire le besoin du retour, et, sous ce rapport d'exigence, elle fait ressentir plusieurs des peines de l'amour, sans promettre des plaisirs aussi vifs. L'homme est placé, par toutes ses affections, dans cette triste alternative : s'il a besoin d'être aimé pour être heureux, tout système de bonheur certain et durable est fini pour lui ; et s'il sait y renoncer, c'est une grande partie de ses jouissances sacrifiée pour assurer celles qui lui resteront, c'est une réduction courageuse qui n'enrichit que dans l'avenir.

Je considérerai d'abord dans l'amitié, non ces liaisons fondées sur divers genres de convenances qu'il faut attribuer à l'ambition et à la vanité, mais ces attachements purs et vrais, nés du simple choix du cœur, dont l'unique cause est le besoin de communiquer ses sentiments et ses pensées, l'espoir d'intéresser, la douce assurance que ses plaisirs et ses peines répondent à un autre cœur. Si deux amis peuvent réussir à confondre leurs existences, à transporter l'un dans l'autre ce qu'il y a d'ardent dans la personnalité ; si chacun d'eux n'éprouve le bonheur ou la peine que par la destinée de son ami ; si, se confiant mutuellement dans leurs sentiments réciproques, ils goûtent le repos que donne la certitude et le charme des affections abandonnées, ils sont heureux : mais que de douleurs peuvent naître de la poursuite de tels biens !

Deux hommes, distingués par leurs talents et appelés à une carrière illustre, veulent se communiquer leurs desseins ; ils souhaitent de s'éclairer ensemble : s'ils trouvent du charme dans ces conversations où l'esprit goûte aussi les plaisirs de l'intimité, où la pensée se montre à l'instant même de sa naissance, quel abandon d'amour-propre il faut supposer pour croire qu'en se confiant on ne se mesure jamais ! qu'on exclue du tête-à-tête tout jugement comparable sur le mérite de son ami et sur le sien, et qu'on se soit connu sans se classer ! Je ne parle pas des rivalités perfides qui pourraient naître d'une concurrence quelconque; je me suis attachée dans cet ouvrage à considérer les hommes selon leur caractère sous le point de vue le plus favorable. Les passions causent tant de malheur par elles-mêmes, qu'il n'est pas nécessaire, pour en détourner, de peindre leurs effets dans les ames naturellement vicieuses. Nul homme, à l'avance, ne se croyant capable de commettre une mauvaise action, ce genre de danger n'effraie personne; et lorsqu'on le suppose, on se donne seulement pour adversaire l'orgueil de son lecteur. Imaginons donc qu'une ambition pareille, ou contraire, ne brouillera point deux amis. Comme il est impossible de séparer l'amitié des actions qu'elle inspire, les services réciproques sont un des liens qui doivent nécessairement en résulter; et qui peut se répondre que le succès des efforts de son ami n'influera pas sur vos sentiments pour lui ? Si l'on n'est pas content de l'activité de son ami, si l'on croit avoir à s'en plaindre, à la perte de l'objet de ses desirs viendra bientôt se joindre le chagrin plus amer de douter du degré d'intérêt que votre ami mettait à vous seconder. Enfin, en mêlant ensemble le sentiment et les affaires, les intérêts du monde et ceux du cœur, on éprouve une sorte de peine qu'on ne veut pas approfondir, parcequ'il est plus honorable de l'attribuer au sentiment seul, mais qui se compose aussi d'une autre sorte de regrets, rendus plus douloureux par leur mélange avec les affections de l'ame. Il semble alors qu'il vaudrait mieux séparer entièrement l'amitié de tout ce qui n'est pas elle : mais son plus grand charme serait perdu si elle ne s'unissait pas à votre existence entière : ne sachant pas, comme l'amour, vivre d'elle-même, il faut qu'elle partage tout ce qui compose vos intérêts et vos sentiments; et c'est à la découverte, à la conservation de cet autre soi, que tant d'obstacles s'opposent.

Les anciens avaient une idée exaltée de l'amitié, qu'ils peignaient sous les traits de Thésée et de Pirithoüs, d'Oreste et de Pylade, de Castor et de Pollux ; mais, sans s'arrêter à ce qu'il y a de mythologique dans ces histoires, c'est à des compagnons d'armes que l'on supposait de tels sentiments; et les dangers que l'on affronte ensemble, en apprenant à braver la mort, rendent plus facile le dévouement de soi-même à un autre. L'enthousiasme de la guerre excite toutes les passions de l'ame, remplit les vides de la vie, et par la présence continuelle de la mort fait taire la plupart des rivalités, pour leur substituer le besoin de s'appuyer l'un sur l'autre, de lutter, de triompher, ou de périr ensemble. Mais tous ces mouvements généreux que produit le plus beau des sentiments des hommes, la valeur, sont plutôt les qualités propres au courage qu'à l'amitié : lorsque la guerre est finie, rien n'est moins probable que la réalité, la durée des rapports qu'on se croyait avec celui qui partageait nos périls.

Pour juger de l'amitié même, il faut l'observer dans les hommes qui ne parcourent ni la carrière militaire, ni celle de l'ambition ; et peut-être verra-t-on alors que ce sentiment est le plus exigeant de tous dans les ames ardentes. On veut qu'il suffise à la vie, on s'agite du vide qu'il laisse, on en accuse le peu de sensibilité de son ami ; et quand on éprouverait l'un pour l'autre un sentiment semblable, on serait fatigué mutuellement de l'exigence réciproque. Je sais bien qu'au tableau de toutes ces inquiétudes on peut opposer les êtres froids qui, aimant comme ils font toutes les autres actions de leur vie, consacrent à l'amitié tel jour de la semaine, règlent par avance quel pouvoir sur leur bonheur ils donneront à ce sentiment, et s'acquittent d'un penchant comme d'un devoir ; mais j'ai déja dit, dans l'introduction de cet ouvrage, que je ne voulais m'occuper que du destin des ames passionnées : le bonheur des autres est assuré par toutes les qualités qui leur manquent.

Les femmes font habituellement de la confidence le premier besoin de l'amitié, et ce n'est plus alors qu'une conséquence de l'amour ; il faut que réciproquement une passion semblable les occupe, et leur conversation n'est souvent alors que le sacrifice alternatif fait, par celle qui écoute, à l'espérance de parler à son tour. La confidence même que l'on s'adresse l'une à l'autre de sentiments moins exclusifs, porte avec elle le même caractère ; et l'occupation qu'on a de soi est un tiers importun successivement à toutes deux. Que devient cependant le plaisir de se confier, si l'on aperçoit de l'indifférence, si l'on surprend un effort ? Tout est dit pour les ames sensibles, et la personnalité seule peut continuer des entretiens dont l'œil pénétrant de la délicatesse a vu l'amitié fatiguée.

Les femmes, ayant toutes la même destinée, tendent toutes au même but ; et cette espèce de jalousie qui se compose du sentiment et de l'amour-propre est la plus difficile à dompter. Il y a, dans la plupart d'entre elles, un art qui n'est pas de la fausseté, mais un certain arrangement de la vérité dont elles ont toutes le secret, et dont cependant elles détestent la découverte. Jamais le commun des femmes ne pourra supporter de chercher à plaire à un homme devant une autre femme; il y a aussi une espèce de fortune commune à tout ce sexe en agréments, en esprit, en beauté, et chaque femme se persuade qu'elle hérite de la ruine de l'autre. Il faudrait donc ou une absence totale de sentiments vifs qui, en détruisant la rivalité, amortirait aussi toute espèce d'intérêt, ou une vraie supériorité, pour effacer la trace des obstacles généraux qui séparent les femmes entre elles. Il faut trouver autant d'agréments qu'on peut s'en croire, et plus de qualités positives, pour qu'il y ait du repos dans elle, et du dévouement en soi;. alors le premier bien, sans doute, est l'amitié d'une femme. Quel homme éprouva jamais tout ce que le cœur d'une femme peut souffrir? L'être qui fut ou serait aussi malheureux que vous peut seul porter du secours au plus intime, au plus amer de la douleur. Mais quand cet objet unique serait rencontré, la destinée, l'absence ne pourraient-elles pas troubler le bonheur d'un tel lien? Et d'ailleurs celle qui croirait posséder l'ami le plus parfait et le plus sensible, l'amie la plus distinguée, sachant mieux que personne tout ce qu'il faut pour obtenir du bonheur dans de telles relations, serait d'autant plus éloignée de conseiller, comme la destinée de tous, la plus rare des chances morales.

Enfin deux amis d'un sexe différent, qui n'ont aucun intérêt commun, aucun sentiment absolument pareil, semblent devoir se rapprocher par cette opposition même; mais si l'amour les captive, je ne sais quel sentiment, mêlé d'amour-propre et d'égoïsme, fait trouver à un homme ou à une femme, liés par l'amitié, peu de plaisir à s'entendre parler de la passion qui les occupe. Ces sortes de liens, ou ne se maintiennent pas, ou cessent alors qu'on n'aime plus l'objet dont on s'entretenait ; on s'aperçoit tout-à-coup que lui seul vous réunissait. Si ces deux amis, au contraire, n'ont point de premier objet, ils voudront obtenir l'un de l'autre cette préférence suprême. Dès qu'un homme et une femme ne sont point attachés ailleurs par l'amour, ils cherchent dans leur amitié tout le dévouement de ce sentiment, et il y a une sorte d'exigence naturelle, entre deux personnes d'un sexe différent, qui fait demander par degrés, et sans s'en apercevoir, ce que la passion seule peut donner, quelque éloigné que l'un ou l'autre soit de la ressentir. On se soumet d'avance et sans peine à la préférence que son ami accorde à sa maîtresse; mais on ne s'accorde pas à voir les bornes que la nature même de son sentiment met aux preuves de son amitié; on croit donner plus qu'on ne reçoit, par cela même qu'on est plus frappé de l'un que de l'autre, et l'égalité est aussi difficile à établir sous ce rapport que sous tous les autres; cependant elle est le but où tendent ceux qui se livrent à ce lien. L'amour se passerait bien plutôt de réciprocité que l'amitié; là où il existe de l'ivresse, on peut suppléer à tout par de l'erreur; mais l'amitié ne peut se tromper, et lorsqu'elle compare, elle n'obtient presque jamais le résultat qu'elle desire; ce qu'on mesure paraît si rarement égal; il y a quelquefois plus de parité dans les extrêmes, et les sentiments sans bornes se croient plus aisément semblables.

Quelles tristes pensées ces analyses ne font-elles pas naître sur la destinée de l'homme! Quoi! plus le caractère est susceptible d'attachements passionnés, plus il faut craindre de faire dépendre son bonheur du besoin d'être aimé! Est-ce une réflexion qui doive livrer à la froide personnalité? Ce serait, au contraire, cette réflexion même qui devrait conduire à penser qu'il faut éloigner de toutes les affections de l'ame jusqu'à l'égoïsme du sentiment. Contentez-vous d'aimer, vous qui êtes nés sensibles; c'est là l'espoir qui ne trompe jamais. Sans doute, l'homme qui s'est vu l'objet de la passion la plus profonde, qui recevait à chaque instant une nouvelle preuve de la tendresse qu'il inspirait, éprouvait des émotions plus enivrantes. Ces plaisirs, non créés par soi, ressemblent aux dons du ciel, ils exaltent la destinée : mais ce bonheur d'un jour gâte toute la vie; le seul trésor intarissable, c'est son propre cœur. Celui qui consacre sa vie au bonheur de ses amis et de sa famille; celui qui, prévenant tous les sacrifices, ignore à jamais où se serait arrêtée l'amitié qu'il inspire; celui qui, n'existant que dans les autres, ne peut plus mesurer ce qu'ils feraient pour lui; celui qui trouve dans les jouissances qu'il donne le prix des sentiments qu'il éprouve; celui dont l'ame est si agissante pour la félicité des objets de sa tendresse, qu'il ne lui reste aucun de ces moments de vague où la rêverie enfante l'inquiétude et le reproche, celui-là peut sans crainte s'exposer à l'amitié.

Mais un tel dévouement n'a presque point d'exemple entre des égaux; il peut exister, causé par l'enthousiasme ou par un dévoir quelconque ; mais il n'est presque jamais possible dans l'amitié, dont la nature est d'inspirer le funeste besoin d'un parfait retour ; et c'est parceque le cœur est fait ainsi, que je me suis réservé de peindre la bonté comme une ressource plus assurée que l'amitié, et meilleure pour le repos des ames passionnément sensibles.

CHAPITRE III.

De la tendresse filiale, paternelle et conjugale.

Ce qu'il y a de plus sacré dans la morale, ce sont les liens des parents et des enfants : la nature et la société reposent également sur ce devoir, et le dernier degré de la dépravation est de braver l'instinct involontaire qui, dans ces relations, nous inspire tout ce que la vertu peut commander. Il y a donc toujours un bonheur certain attaché à de tels liens, l'accomplissement de ses devoirs. Mais j'ai dit, dans l'Introduction de cet ouvrage, qu'en considérant toujours la vertu comme la base de l'existence de l'homme, je n'examinerais les devoirs et les affections que dans leur rapport avec le bonheur : il s'agit donc de savoir maintenant quelles jouissances de sentiment les pères et les enfants peuvent attendre les uns des autres.

Le même principe, fécond en conséquences, s'applique à ces affections comme à tous les attachements du cœur ; si l'on y livre son ame assez vivement pour éprouver le besoin impérieux de la réciprocité, le repos cesse et le malheur commence. Il y a dans ces liens une inégalité naturelle qui ne permet jamais une affection de même genre, ni au même degré ; l'une des deux est plus forte, et par cela même trouve des torts à l'autre, soit que les enfants chérissent leurs parents plus qu'ils n'en sont aimés, soit que les parents éprouvent pour leurs enfants plus de sentiments qu'ils ne leur en inspirent.

Commençons par la première supposition. Les parents ont, pour se faire aimer de leurs enfants dans leur jeunesse, beaucoup des avantages et des inconvénients des rois ; on attend d'eux beaucoup moins qu'on ne leur donne ; on est flatté du moindre effort ; on juge tout ce qu'ils font pour vous d'une manière relative, et cette sorte de mesure comparative est bien plus aisément satisfaite : ce n'est jamais d'après ce qu'on desire, mais d'après ce qu'on a coutume d'attendre, qu'on apprécie leur conduite avec vous; il est bien plus facile de causer une agréable surprise à l'habitude qu'à l'imagination. Les parents adoptent donc presque toujours, par calcul autant que par inclination, cette sorte de dignité qui se voile; ils veulent être jugés par ce qu'ils cachent, ils veulent qu'on se rappelle leurs droits à l'instant même où ils consentent à les oublier : mais ce prestige, comme tous, ne peut faire effet que pendant un temps. Le sentiment usurpateur veut chaque jour de nouvelles conquêtes : alors même qu'il a tout obtenu, il s'afflige souvent de ce qui manque à la nature de l'homme pour aimer ; comment supporterait-il d'être tenu volontairement à une certaine distance ? Le cœur tend à l'égalité, et quand la reconnaissance se change en véritable tendresse, elle perd son caractère de soumission et de déférence. Celui qui aime ne croit plus rien devoir; il place au-dessus des bienfaits leur inépuisable source, le sentiment; et si l'on veut toujours maintenir les différences, les supériorités, le cœur se blesse et se retire. Les parents cependant ne savent ou ne veulent presque jamais adopter ce nouveau système ; et la différence d'âge est peut-être cause qu'ils ne se rapprochent jamais de vous que par des sacrifices : or il n'y a que l'égoïsme qui sache s'arranger du bonheur avec ce mot-là.

Quel que soit le dévouement des enfants sensibles et respectueux, les nouveaux penchants, les nouveaux devoirs qui les attirent, donnent à leurs parents une humeur secrète qu'ils éprouveront toujours, parcequ'ils ne se l'avoueront jamais. Quand les parents aiment assez profondément leurs enfants pour vivre en eux, pour faire de leur avenir leur unique espérance, pour regarder leur propre vie comme finie, et prendre pour les intérêts de leurs enfants des affections personnelles, ce que je vais dire n'existe point; mais lorsque les parents restent dans eux-mêmes, les enfants sont à leurs yeux des successeurs, presque des rivaux, des sujets devenus indépendants, des amis dont on ne compte que ce qu'ils ne font pas, des obligés à qui on néglige de plaire, en se fiant sur leur reconnaissance, des associés d'eux à soi, plutôt que de soi à eux : c'est une sorte d'union dans laquelle les parents, donnant une latitude infinie à l'idée de leurs droits, veulent que vous leur teniez compte de ce vague de puissance dont ils n'usent pas après se l'être supposé. Enfin la plupart ont le tort habituel de se fonder toujours sur le seul obstacle qui puisse exister à l'excès de tendresse qu'on aurait pour eux, leur autorité, et de ne pas sentir, au contraire, que dans cette relation, comme dans toutes celles où il existe d'un côté une supériorité quelconque, c'est pour celui à qui l'avantage appartient que la dépendance du sentiment est la plus nécessaire et la plus aimable. Une très grande simplicité dans le caractère de vos parents, ou une supériorité si marquée que leurs enfants soient heureux d'entretenir avec eux plutôt un culte qu'une liaison, peuvent détruire ces observations; mais c'est aux situations les plus communes qu'elles s'appliquent.

Dans la seconde supposition, peut-être la plus naturelle, le sentiment maternel, accoutumé, par les soins qu'il donne à la première enfance, à se passer de toute espèce de retour, fait éprouver des jouissances très vives et très pures, qui portent souvent tous les caractères de la passion, sans exposer à d'autres orages que ceux du sort, et non des mouvements intérieurs de l'âme; mais il est si tristement prouvé que, dès que le besoin de la réciprocité commence, le bonheur des sentiments s'altère, que l'enfance est l'époque de la vie qui inspire à la plupart des parents l'attachement le plus vif, soit que l'empire absolu qu'on exerce alors sur les enfants les identifie avec vous-mêmes, soit que leur dépendance inspire une sorte d'intérêt qui attache plus que les succès mêmes qu'ils ne doivent qu'à eux; soit que tout ce qu'on attend des enfants alors étant en espérance, on possède à la fois ce qu'il y a de plus doux dans la vérité et dans l'illusion, le sentiment qu'on éprouve, et celui qu'on se flatte d'obtenir. Bientôt les événements dans leur réalité nous présentent nos enfants élevés par nous, pour d'autres que pour nous-mêmes, s'élançant vers la vie, tandis que le temps nous place en arrière d'elle, pensant à nous par le souvenir, aux autres par l'espérance. Quels parents sont alors assez sages pour considérer les passions de la jeunesse comme les jeux de l'enfance, et pour ne pas vouloir occuper plus de place parmi les unes que parmi les autres?

L'éducation, sans doute, influe beaucoup sur l'esprit et le caractère, mais il est plus aisé d'inspirer à son élève ses opinions que ses volontés : le *moi* de votre enfant se compose de vos leçons, des livres que vous lui avez donnés, des personnes dont vous l'avez entouré : mais quoique vous puissiez reconnaître partout vos traces, vos ordres n'ont plus le même empire; vous avez formé un homme, ce qu'il a pris de vous est devenu lui, et sert autant que ses propres réflexions à composer son indépendance.

Enfin, les générations successives étant souvent appelées, par la durée de la vie de l'homme, à exister simultanément, les pères et les enfants, dans la réciprocité de sentiment qu'ils veulent les uns des autres, oublient presque toujours de quel différent point de vue ils considèrent le monde; la glace qui renverse les objets qu'elle présente les dénature moins que l'âge qui les place dans l'avenir ou dans le passé.

Il n'est rien qui exige plus de délicatesse de la part des parents que la méthode qu'il faut suivre pour diriger la vie de leurs enfants sans aliéner leur cœur; car il n'est pas même possible de sacrifier leur affection à l'espoir de leur être utile : toute influence durable sur la conduite finissant avec le pouvoir du sentiment, le point juste n'est presque jamais atteint dans cette relation. La tendresse des enfants pour leurs parents se compose, pour ainsi dire, de tous les événements de leur vie : il n'est point d'attachement dans lequel entrent plus de causes étrangères à l'attrait du cœur; il n'en est donc point dont la jouissance soit plus incertaine. La base principale d'un tel lien, l'ascendant du devoir et de la nature, ne peut être anéantie; mais dès qu'on aime ses enfants avec passion, on a besoin de toute autre chose que de ce qu'ils vous doivent; et l'on court, dans son sentiment pour eux, les mêmes chances qu'amènent toutes les affections de l'âme : enfin, ce besoin de réciprocité, cette exigence, germe destructeur du seul don céleste fait à l'homme, la faculté d'aimer, cette exigence est plus fatale dans la relation des parents avec les enfants, parcequ'une idée d'autorité s'y mêle; elle est donc, par la même raison, plus funeste et plus naturelle. Toute l'égalité qui existe dans le sentiment de l'amour suffit à peine pour éloigner de son exigence l'idée d'un droit quelconque; il semble que celui qui aime le plus, par ce titre seul, porte atteinte à l'indépendance de l'autre : et combien plus cet inconvénient n'existe-t-il pas dans les rapports des parents avec les enfants! Plus ils ont de droits, plus ils doivent éviter de s'en appuyer pour être aimés; et cependant dès qu'une affection devient passionnée, elle ne se repose plus en elle-même, il faut nécessairement qu'elle agisse sur les autres.

La tendresse conjugale, lorsqu'elle existe, donne ou les jouissances de l'amour ou celles de l'amitié, et je crois avoir déjà analysé les unes et les autres; il y a dans ce lien cependant quelque chose de particulier, en bien et en mal, qu'il faut examiner. Il est heureux, dans la route de la vie, d'avoir inventé des circonstances qui, sans le secours même du sentiment, confondent deux égoïsmes au lieu de les opposer; il est heureux d'avoir commencé l'association d'assez bonne heure pour que les souvenirs de la jeunesse aident à supporter, l'un avec l'autre, la mort qui commence à la moitié de la vie ; mais indépendamment de ce qu'il est si aisé de concevoir sur la difficulté de se convenir, la multiplicité des rapports de tout genre, qui dérivent des intérêts communs, offre mille occasions de se blesser, qui ne naissent pas du sentiment, mais finissent par l'altérer. Personne ne sait à l'avance combien peut être longue l'histoire de chaque journée; si l'on observe la vérité des impressions qu'elle produit, et dans ce qu'on appelle, avec raison, le *ménage*, il se rencontre à chaque instant de certaines difficultés qui peuvent détruire pour jamais ce qu'il y avait d'exalté dans le sentiment : c'est donc de tous les liens celui où il est le moins probable d'obtenir le bonheur romanesque du cœur; il faut, pour maintenir la paix dans cette relation, une sorte d'empire sur soi-même, de force, de sacrifice, qui rapproche beaucoup plus cette existence des plaisirs de la vertu que des jouissances de la passion.

Sans cesse la main de fer de la destinée repousse l'homme dans l'incomplet; il semble que le bonheur est possible par la nature même des choses, qu'avec telle réunion de ce qui est épars dans le monde, on aurait la perfection desirée ; mais dans le travail de cet édifice, une pierre renverse l'autre, un avantage exclut celui qui doublait son prix ; le sentiment dans sa plus grande force est exigeant par sa nature, et l'exigence détruit l'affection qu'elle veut obtenir. Souvent l'homme, inconséquent dans ses vœux, s'éloigne seulement parce qu'il est trop aimé, et, se voyant l'objet de tous les dévouements et de toutes les qualités, confesse que l'excès même de l'attachement suffit pour effacer la trace de ses bienfaits. Quel conseil, quel résultat tirer de ces réflexions? La conclusion que j'ai annoncée : c'est que les ames ardentes éprouvent par l'amitié, par les liens de la nature, plusieurs des peines attachées à la passion, et que, par-delà la ligne du devoir et des jouissances qu'on peut puiser dans ses propres affections, le sentiment, de quelque nature qu'il puisse être, n'est jamais une ressource qu'on trouve en soi; il met toujours le bonheur dans la dépendance de la destinée, du caractère et de l'attachement des autres.

CHAPITRE IV.

De la religion.

Je ne peindrai point la religion dans les excès du fanatisme ; les siècles et la philosophie ont épuisé ce sujet, et ce que j'ai dit sur l'esprit de parti est applicable à cette frénésie comme à toutes celles causées par l'empire d'une opinion. Ce n'est pas non plus de ces idées religieuses, seul espoir de la fin de l'existence, que je veux parler. Le théisme des hommes éclairés, des ames sensibles, est de la véritable philosophie ; et c'est en considérant toutes les ressources que l'homme peut tirer de sa raison, qu'il faut compter cette idée, trop grande en elle-même pour n'être pas d'un poids immense encore, malgré ses incertitudes.

Mais la religion, dans l'acception générale, suppose une inébranlable foi ; et lorsqu'on a reçu du ciel cette profonde conviction, elle suffit à la vie et la remplit tout entière : c'est sous ce rapport que l'influence de la religion est véritablement puissante, et c'est sous ce même rapport qu'on doit la considérer comme un don aussi indépendant de soi, que la beauté, le génie, ou tout autre avantage qu'on tient de la nature, et qu'aucun effort ne peut obtenir.

Comment serait-il au pouvoir de la volonté de diriger nos dispositions à cet égard ? Aucune action sur soi-même n'est possible en matière de foi ; la pensée est indivisible, l'on ne peut en détacher une partie pour travailler sur l'autre : on espère ou l'on craint, on doute ou l'on croit, selon la nature de l'esprit et des combinaisons qu'il fait naître.

Après avoir bien établi que la foi est une faculté qu'il ne dépend point de nous d'acquérir, examinons avec impartialité ce qu'elle peut pour le bonheur, et présentons d'abord ses principaux avantages.

L'imagination est la plus indomptable des puissances morales de l'homme ; ses desirs et ses incertitudes le tourmentent tour à tour. La religion ouvre une longue carrière à l'espérance, et trace une route précise à la volonté : sous ces deux rapports elle soulage la pensée. Son avenir est le prix du présent ; tout, se rapportant au même but, a le même degré d'intérêt. La vie se passe au-dedans de soi, les circonstances extérieures ne sont qu'une manière d'exercer un sentiment habituel ; l'événement n'est rien, le parti qu'on a pris est tout ; et ce parti, toujours commandé par une loi divine, n'a jamais pu coûter un instant d'incertitude. Dès qu'on est à l'abri du remords, on ignore ces repentirs du cœur ou de l'esprit qui s'accusent du hasard même, et jugent de la résolution par ses effets. Les succès ou les revers ne donnent à la conscience des dévots ni contentement ni regret; la morale religieuse ne laissant aucun vague sur aucune des actions de la vie, leur décision est toujours simple. Quand le vrai chrétien s'est acquitté de ses devoirs, son bonheur ne le regarde plus; il ne s'informe pas quel sort lui est échu, il ne sait pas ce qu'il faut desirer ou craindre; il n'est certain que de ses devoirs. Les meilleures qualités de l'ame, la générosité, la sensibilité, loin de faire cesser tous les combats intérieurs, peuvent, dans la lutte des passions, opposer l'une à l'autre des affections d'une égale force; mais la religion donne pour guide un code où, dans toutes les circonstances, ce qu'on doit faire est résolu par une loi. Tout est fixe dans le présent, tout est indéfini dans l'avenir; enfin, l'ame éprouve une sorte de bien-être jamais plus vif, mais toujours calme; elle est environnée d'une auréole qui l'éclaire au moins dans les ténèbres, si elle, n'est pas aussi éclatante que le jour, et cet état la dérobant au malheur, sauve après tout plus des deux tiers de la vie.

S'il en est ainsi pour les destinées communes, si la religion compense les jouissances qu'elle ôte, elle est d'une utilité souveraine dans les situations désespérées. Lorsqu'un homme, après avoir commis de grands crimes, en éprouve un vrai remords, cette situation de l'ame est si violente, qu'on ne peut la supporter qu'à l'aide d'idées surnaturelles. Sans doute le plus efficace des repentirs serait des actions vertueuses; mais à la fin de la vie, même dans la jeunesse, quel coupable peut espérer de faire autant de bien qu'il a causé de mal? quelle somme de bonheur équivaut à l'intensité de la peine? qui est assez puissant pour expier du sang ou des pleurs? Une dévotion ardente suffit à l'imagination exaltée des criminels repentants; et, dans ces solitudes profondes où les chartreux et les trappistes adoptaient une vie si contraire à la raison, les coupables convertis trouvaient la seule existence qui convînt à l'agitation de leur ame; peut-être même des hommes dont la nature véhémente les eût appelés dans le monde à commettre de grands crimes, livrés, dès leur enfance, au fanatisme religieux, ont enseveli dans les cloîtres l'imagination qui bouleverse les empires. Ces réflexions ne suffisent pas pour encourager de semblables institutions; mais on voit que, sous toutes les formes, l'ennemi de l'homme c'est la passion, et qu'elle seule fait la grande difficulté de la destinée humaine.

Dans la classe de la société qui est livrée aux travaux matériels, l'imagination est encore la faculté dont il faut le plus craindre les effets. Je ne sais si l'on a détruit la foi religieuse du peuple en France; mais on aura bien de la peine à remplacer pour lui toutes les jouissances réelles dont cette idée lui tenait lieu : la révolution y a suppléé pendant quelque temps ; un de ses grands attraits pour le peuple a été d'abord l'intérêt, l'agitation même qu'elle répandait sur sa vie. La rapide succession des événements, les émotions qu'elle faisait naître, causaient une sorte d'ivresse qui hâtait le temps, et ne laissait plus sentir le vide, ni l'inquiétude de l'existence. On s'est trop accoutumé à penser que les hommes du peuple bornaient leur ambition à la possession des biens physiques : on les a vus ardemment attachés à la révolution, parce qu'elle leur donnait le plaisir de connaître les affaires, d'influer sur elles, de s'occuper de leurs succès. Toutes ces passions des hommes oisifs ont été découvertes par ceux qui n'avaient connu que le besoin du travail et le prix de son salaire ; mais lorsque l'établissement d'un gouvernement quelconque fait rentrer nécessairement les trois quarts de la société dans les occupations qui chaque jour assurent la subsistance du lendemain, lorsque le bouleversement d'une révolution n'offrira plus à chaque homme la chance d'obtenir tous les biens que l'opinion et l'industrie ont entassés depuis des siècles dans un empire de vingt-cinq millions d'hommes, quel trésor pourra-t-on ouvrir à l'espérance, qui se proportionne, comme la foi religieuse, aux desirs de tous ceux qui veulent y puiser? Quelle idée magique qui, tout à la fois, contienne, resserre les actions dans le cercle le plus circonscrit, et satisfasse la passion dans son besoin indéfini d'espoir, d'avenir et de but?

Si ce siècle est l'époque où les raisonnements ont le plus ébranlé la possibilité d'une croyance implicite, c'est dans ce temps aussi que les plus grands exemples de la puissance de la religion ont existé. On a sans cesse présentes à sa pensée ces victimes innocentes qui, sous un régime de sang, périssaient, entraînant après elles ce qu'elles avaient de plus cher, jeunesse, beauté, vertus, talents ; une puissance plus arbitraire que le destin, et non moins irrévocable, précipitait tout dans le tombeau. Les anciens ont bravé la mort par le dégoût de l'existence; mais nous avons vu des femmes nées timides, des jeunes gens à peine sortis de l'enfance, des époux qui, s'aimant, avaient dans cette vie ce qui peut seul la faire regretter, s'avancer vers l'éternité, sans croire être séparés par elle, ne pas reculer devant cet abîme où l'imagination frémit de tout ce qu'elle invente, et, moins lassés que nous des tourments de la vie, supporter mieux l'approche de la mort.

Enfin un homme avait vu toutes les prospérités de la terre se réunir sur sa tête ; la destinée humaine semblait s'être agrandie pour lui, et avoir emprunté quelque chose des rêves de l'imagination ; roi de vingt-cinq millions d'hommes, tous leurs moyens de bonheur étaient réunis dans ses mains pour valoir à lui seul la jouissance de les dispenser de nouveau ; né dans cette éclatante situation, son ame s'était formée pour la félicité ; et le hasard, qui, depuis tant de siècles, avait pris en faveur de sa race un caractère d'immutabilité, n'offrait à sa pensée aucune chance de revers, n'avait pas même exercé sa réflexion sur la possibilité de la douleur ; étranger au sentiment du remords, puisque dans sa conscience il se croyait vertueux, il n'avait éprouvé que des impressions paisibles ; sa destinée et son caractère ne le préparant point à s'exposer aux coups du sort, il semblait que son ame devait succomber au premier trait du malheur. Cet homme cependant, qui manqua de la force nécessaire pour préserver son pouvoir, et fit douter de son courage tant qu'il en eut besoin pour repousser ses ennemis ; cet homme, dont l'esprit, naturellement incertain et timide, ne sut ni croire à ses propres idées, ni même adopter en entier celles d'un autre ; cet homme s'est montré tout-à-coup capable de la plus étonnante des résolutions, celle de souffrir et de mourir. Louis XVI s'est trouvé roi pendant le premier orage d'une révolution sans exemple dans l'histoire. Les passions se disputaient son existence ; il représentait à lui seul toutes les idées contre lesquelles on était armé. A travers tant de dangers, il persista à ne prendre pour guide que les maximes d'une piété superstitieuse ; mais c'est à l'époque où la religion seule triomphe encore, c'est à l'instant où le malheur est sans espoir, que la puissance de la foi se développa tout entière dans la conduite de Louis. La force inébranlable de cette conviction ne permit plus d'apercevoir dans son ame l'ombre d'une faiblesse ; l'héroïsme de la philosophie fut contraint à se prosterner devant sa simple résignation. Il reçut passivement tous les arrêts du malheur, et se montra cependant sensible pour ce qu'il aimait, comme si les facultés de sa vie avaient doublé à l'instant de sa mort. Il compta, sans frémir, tous les pas qui le menèrent du trône à l'échafaud ; et, dans l'instant terrible où il lui fut encore prononcé cette sublime expression, *Fils de saint Louis, montez au ciel!* telle était son exaltation religieuse, qu'il est permis de croire que ce dernier moment même n'appartint point dans son ame à l'épouvante de la mort.

On ne m'accusera point, je crois, d'avoir affaibli le tableau de l'influence de la religion ; cependant je ne pense pas qu'indépendamment de l'inutilité des efforts qu'on pourrait faire à cet égard sur soi-même, on doive compter l'absorbation de la foi au rang des meilleurs moyens de bonheur pour les hommes. Il n'est pas de mon sujet, dans cette première partie, de considérer la religion dans ses relations politiques, c'est-à-dire dans l'utilité dont elle doit être à la stabilité et au bonheur de l'état social ; mais je l'examine sous le rapport de ses effets individuels.

D'abord la disposition qu'il faut donner à son esprit pour admettre les dogmes de certaines religions est souvent, en secret, pénible à celui qui, né avec une raison éclairée, s'est fait un devoir de ne s'en servir qu'à de telles conditions ; ramené, par intervalles, à douter de tout ce qui est contraire à la raison, il éprouve des scrupules de ses incertitudes, ou des regrets d'avoir tellement livré sa vie à ces incertitudes mêmes, qu'il faut ou reconnaître l'inutilité de son existence passée, ou dévouer encore ce qu'il en reste. Le cœur est aussi borné que l'esprit par la dévotion proprement dite : ce genre d'exaltation a divers caractères.

Alors qu'il naît du malheur, alors que l'excès des peines a jeté l'ame dans une sorte d'affaiblissement qui ne lui permet plus de se relever par elle-même, la sensibilité fait admettre ce qui conduit à la destruction de la sensibilité, ou du moins ce qui interdit d'aimer de tout l'abandon de son ame. On se fait défendre ce dont on ne pouvait se garantir. La raison combat, avec désavantage, contre les affections passionnées. Quelque chose d'enthousiaste comme elle, des pensées qui, comme elle aussi, dominent l'imagination, servent de recours aux esprits qui n'ont pas eu la force de soutenir ce qu'ils avaient de passionné dans le caractère. Cette dévotion se sent toujours de son origine ; on voit, comme dit Fontenelle, *que l'amour a passé par-là* ; c'est encore aimer sous des formes différentes, et toutes les inventions de la faiblesse pour moins souffrir ne peuvent ni mériter le blâme, ni servir de règle générale. Mais la dévotion exaltée qui fait partie du caractère au lieu d'en être seulement la ressource, cette dévotion, considérée comme le but auquel tous doivent tendre, et comme la base de la vie, a un tout autre effet sur les hommes.

Elle est presque toujours destructive des qualités naturelles; ce qu'elles ont de spontané, d'involontaire, est incompatible avec des règles fixes sur tous les objets. Dans la dévotion, l'on peut être vertueux sans le secours de l'inspiration de la bonté, et même il est plusieurs circonstances où la sévérité de certains principes vous défend de vous y livrer. Des caractères privés de qualités naturelles, à l'abri de ce qu'on appelle la dévotion, se sentent plus à l'aise pour exercer des défauts qui ne blessent aucune des lois dont ils ont adopté le code. Par-delà ce qui est commandé, tout ce qu'on refuse est légitime; la justice dégage de la bienfaisance, la bienfaisance de la générosité ; et contents de solder ce qu'ils croient leurs devoirs, s'il arrive une fois dans la vie où telle vertu clairement ordonnée exige un véritable sacrifice, il est des biens, des services, des condescendances de tous les instants qu'on n'obtient jamais de ceux qui, ayant tout réduit en devoir, n'ont pu dessiner que les masses, ne savent obéir qu'à ce qui s'exprime. Les qualités naturelles, développées par les principes, par les sentiments de la moralité, sont de beaucoup supérieures aux vertus de la dévotion. Celui qui n'a jamais besoin de consulter ses devoirs, parcequ'il peut se fier à tous ses mouvements ; celui qu'on pourrait trouver, pour ainsi dire, une créature moins rationnelle, tant il paraît agir involontairement et comme forcé par sa nature; celui qui exerce toutes les vertus véritables, sans se les être nommées d'avance, et se prise d'autant moins que, ne faisant jamais d'effort, il n'a pas l'idée du triomphe, celui-là est l'homme vraiment vertueux. Suivant une expression de Dryden, différemment appliquée, la dévotion élève un mortel jusqu'aux cieux, la moralité naturelle fait descendre un ange sur la terre :

> He raised a mortal to the skies
> She drew an angel down.

On peut encore penser, en reconnaissant l'avantage des caractères inspirés par leurs propres penchants, que la dévotion, étant d'un effet général et positif, donne des résultats plus semblables et plus certains dans l'association universelle des hommes ; mais d'abord la dévotion a de grands inconvénients pour les caractères passionnés, et n'en eût-elle point, ce serait, comme je l'ai dit, au nombre des événements heureux, et non des conseils efficaces, qu'il serait possible de la classer.

J'ai besoin de répéter que je ne comprends pas, dans cette discussion, ces idées religieuses d'un ordre plus relevé, qui, sans influer sur chaque détail de la vie, ennoblissent son but, donnent au sentiment et à la pensée quelques points de repos dans l'abîme de l'infini. Il s'agit uniquement de ces dogmes dominateurs qui assurent à la religion beaucoup plus d'action sur l'existence, en réalisant ce qui restait dans le vague, en asservissant l'imagination par l'incompréhensible.

Les esprits ardents n'ont que trop de penchant à croire que le jugement est inutile ; et rien ne leur convient mieux que cette espèce de suicide de la raison abdiquant son pouvoir par son dernier acte, et se déclarant inhabile à penser, comme s'il existait en elle quelque chose de supérieur à elle, qui pût décider qu'une autre faculté de l'homme le servira mieux. Les esprits ardents sont nécessairement lassés de ce qui est ; et lorsqu'une fois ils admettent quelque chose de surnaturel, il n'y a plus d'autres bornes à cette création que les besoins de l'imagination, et, s'exaltant elle-même, elle n'a de repos que dans l'extrême, et ne supporte plus de modifications.

Enfin, les affections du cœur, qui sont inséparables du vrai, sont nécessairement dénaturées par les erreurs, de quelque genre qu'elles soient ; l'esprit ne fausse pas seul, et quoiqu'il reste de bons mouvements qu'il ne peut pas détruire, ce qui, dans le sentiment, appartient à la réflexion est absolument égaré par toutes les exagérations, et plus particulièrement encore par celle de la dévotion ; elle isole en soi-même, et soumet jusqu'à la bonté à de certains principes qui en restreignent beaucoup l'application.

Que serait-ce, si, quittant les idées nuancées, je parlais des exemples qu'il reste encore d'intolérance superstitieuse, de quiétisme, d'illuminisme, etc. ; de tous ces malheureux effets du vide de l'existence, de la lutte de l'homme contre le temps, de l'insuffisance de la vie ? Les moralistes doivent seulement signaler la route qui conduit au dernier terme de l'erreur : tout le monde est frappé des inconvénients de l'excès, et personne ne pouvant se persuader qu'on en deviendra capable, l'on se regarde toujours comme étranger aux tableaux qu'on pourrait lire.

J'ai donc dû, de toutes les manières, ne pas admettre la religion parmi les ressources qu'on trouve en soi, puisqu'elle est absolument indépendante de notre volonté, puisqu'elle nous soumet et à notre propre imagination, et à celle de tous ceux dont la sainte autorité est reconnue. En étant conséquente au système sur lequel cet ouvrage est fondé, au système qui considère la liberté absolue de l'être moral comme son premier bien, j'ai dû préférer et indiquer, comme le meilleur et le plus sûr des préservatifs contre le malheur, les divers moyens dont on va voir le développement.

SECTION III.

DES RESSOURCES QU'ON TROUVE EN SOI.

CHAPITRE PREMIER.

Que personne à l'avance ne redoute assez le malheur.

L'égoïsme est ce qui ressemble le moins aux ressources qu'on trouve en soi, telles que je les conçois : l'égoïsme est un caractère qu'on ne peut ni conseiller, ni détruire ; c'est une affection dont l'objet n'étant jamais ni absent, ni infidèle, peut, sous ce rapport, valoir quelques jouissances, mais cause de vives inquiétudes, absorbe, comme la passion pour un autre, sans faire éprouver l'espèce de jouissance toujours attachée au dévouement de soi : d'ailleurs, la personnalité, soit qu'on la considère comme un bien ou comme un mal, est une disposition de l'ame absolument indépendante de sa volonté ; on n'y arrive point par effort ; on y est, au contraire, entraîné. La sagesse s'acquiert, parcequ'elle est toute composée de sacrifices ; mais se donner un goût, mais inspirer un penchant, sont des mots contradictoires. Enfin les caractères passionnés ne sont jamais susceptibles de ce qu'on appelle l'égoïsme : c'est bien à leur propre bonheur qu'ils tendent avec impétuosité ; mais ils le cherchent au-dehors d'eux, mais ils s'exposent pour l'obtenir, mais ils n'ont jamais cette personnalité prudente et sensuelle qui tranquillise l'ame, au lieu de l'agiter. Et comme cet ouvrage n'est consacré qu'à l'étude des caractères passionnés, tout ce qui n'entre pas dans ce sujet en doit être écarté.

Il s'agit des ressources qu'on peut trouver en soi après les orages des grandes passions; des ressources qu'on doit se hâter d'adopter, si l'on s'est convaincu de bonne heure de tout ce que j'ai tâché de développer dans l'analyse des affections de l'ame. Sans doute, si le désespoir décidait toujours à se donner la mort, le cours de l'existence, ainsi fixé, pourrait se combiner avec plus de hardiesse ; l'homme pourrait se risquer, sans crainte, à la poursuite de ce qu'il croit le bonheur parfait : mais qui peut braver le malheur, ne l'a jamais éprouvé.

Ce mot terrible, le malheur, s'entend dans les premiers jours de la jeunesse, sans que la pensée le comprenne. Les tragédies, les ouvrages d'imagination, vous représentent l'adversité comme un tableau où le courage et la beauté se déploient ; la mort, ou un dénouement heureux, terminent, en peu d'instants, l'anxiété qu'on éprouve. Au sortir de l'enfance, l'image de la douleur est inséparable d'une sorte d'attendrissement qui mêle du charme à toutes les impressions qu'on reçoit ; mais il suffit souvent d'avoir atteint vingt-cinq années pour être arrivé à l'époque d'infortune marquée dans la carrière de toutes les passions.

Alors le malheur est long comme la vie; il se compose de vos fautes et du sort; il vous humilie et vous déchire. Les indifférents, les connaissances intimes même, vous représentent, par leurs manières avec vous, le tableau raccourci de vos infortunes. A chaque instant, les mots, les expressions les plus simples, vous apprennent de nouveau ce que vous savez déjà, mais ce qui frappe à chaque fois comme inattendu. Si vous faites des projets, ils retombent toujours sur la peine dominante; elle est partout, il semble qu'elle rende impraticables les résolutions mêmes qui doivent y avoir le moins de rapport : c'est contre cette peine alors qu'on dirige ses efforts, on adopte des plans insensés pour la surmonter, et l'impossibilité de chacun d'eux, démontrée par la réflexion, est un nouveau revers au-dedans de soi. On se sent saisi par une seule idée, comme sous la griffe d'un monstre tout puissant ; on contraint sa pensée, sans pouvoir la distraire ; il y a un travail dans l'action de vivre qui ne laisse pas un moment de repos; le soir est la seule attente de tout le jour, le réveil est un coup douloureux qui vous représente chaque matin votre malheur avec l'effet de la surprise. Les consolations de l'amitié agissent à la surface, mais la personne qui vous aime le plus, n'a pas sur ce qui vous intéresse, la millième partie des pensées qui vous agitent ; de ces pensées qui n'ont point assez de réalité pour être exprimées, et dont l'action est assez vive cependant pour vous dévorer. Excepté dans l'amour, où, en parlant de vous, celui qui vous aime s'occupe de lui, je ne sais comment on peut se résoudre à entretenir un autre de sa peine autant qu'on y pense ; et quel bien, d'ailleurs, en pourrait-on retirer ? La douleur est fixe, et rien ne peut la déplacer, qu'un événement ou le courage. Alors que le malheur se prolonge, il a quelque chose d'aride, de décourageant, qui lasse de soi-même, autant qu'il importune les autres. On se sent poursuivi par le sentiment de l'existence, comme par un dard empoisonné ; on voudrait respirer un jour, une heure, pour reprendre des forces, pour recommencer la lutte au-dedans de soi, et c'est sous le poids qu'il faut se relever, c'est accablé qu'il faut combattre ; on ne découvre pas un point sur lequel on puisse s'appuyer pour vaincre le reste. L'imagination a tout envahi, la douleur est au terme de toutes les réflexions, et il en arrive subitement de nouvelles qui découvrent de nouvelles douleurs. L'horizon recule devant soi à mesure que l'on avance : on essaie de penser pour vaincre les sensations, et les pensées les multiplient ; enfin, l'on se persuade bientôt que ses facultés sont baissées ; la dégradation de soi flétrit l'ame, sans rien ôter à l'énergie de la douleur ; il n'est point de situation dans laquelle on puisse se reposer, on veut fuir ce qu'on éprouve, et cet effort agite encore plus. Celui qui peut être mélancolique, qui peut se résigner à la peine, qui peut s'intéresser encore à lui-même, n'est pas malheureux. Il faut être dégoûté de soi, et se sentir lié à son être, comme si l'on était deux, fatigués l'un de l'autre ; il faut être devenu incapable de toutes les jouissances, de toutes les distractions, pour ne sentir qu'une douleur ; il faut enfin que quelque chose de sombre, desséchant l'émotion, ne laisse dans l'ame qu'une seule impression inquiète et brûlante. La souffrance est alors le centre de toutes les pensées, elle devient le principe unique de la vie ; on ne se reconnaît que par sa douleur.

Si les paroles pouvaient transmettre ces sensations tellement inhérentes à l'ame qu'en les exprimant on leur ôte toujours quelque chose de leur intensité ; si l'on pouvait concevoir d'avance ce que c'est que le malheur, je ne crois pas que personne pût rejeter avec dédain le système qui a pour but seulement d'éviter de souffrir. Des hommes froids, qui veulent se donner l'apparence de la passion, parlent du charme de la douleur, des plaisirs qu'on peut trouver dans la peine; et le seul joli mot de cette langue, aussi fausse que recherchée, c'est celui de cette femme qui, regrettant sa jeunesse, disait : *C'était le bon temps, j'étais bien heureuse.* Mais jamais cette expression même n'eût été prononcée par un cœur passionné. Ce sont les caractères sans véritable chaleur qui parlent sans cesse des avantages des passions, du besoin de les éprouver; les ames ardentes les craignent; les ames ardentes accueilleront tous les moyens de se préserver de la douleur : c'est à ceux qui savent la craindre que ces dernières réflexions sont dédiées; c'est surtout à ceux qui souffrent qu'elles peuvent apporter quelque consolation.

CHAPITRE II.

De la philosophie.

La philosophie, dont je crois utile et possible aux ames passionnées d'adopter les secours, est de la nature la plus relevée. Il faut se placer au-dessus de soi pour se dominer, au-dessus des autres pour n'en rien attendre. Il faut que, lassé de vains efforts pour obtenir le bonheur, on se résolve à l'abandon de cette dernière illusion, qui, en s'évanouissant, entraîne toutes les autres après elle. Il faut qu'on ait appris à concevoir la vie passivement, à supporter que son cours soit uniforme, à suppléer à tout par la pensée, à voir en elle les seuls événements qui ne dépendent ni du sort, ni des hommes. Lorsqu'on s'est dit qu'il est impossible d'obtenir le bonheur, on est plus près d'atteindre à quelque chose qui lui ressemble, comme les hommes dérangés dans leur fortune ne se retrouvent à l'aise que lorsqu'ils se sont avoué qu'ils étaient ruinés. Quand on a fait le sacrifice de ses espérances, tout ce qui revient à compte d'elles est un bien imprévu, dont aucun genre de crainte n'a précédé la possession. Il est une multitude de jouissances partielles qui ne dérivent point d'une même source, mais offrent des plaisirs épars à l'homme dont l'ame paisible est disposée à les goûter; une grande passion, au contraire, les absorbe tous; elle ne permet pas seulement de savoir qu'ils existent.

Il n'y a plus de fleurs dans ce parterre qu'*elle* a parcouru; son amant n'y peut voir que la trace de ses pas. L'ambitieux, en apercevant ces hameaux entourés de tous les dons de la nature, demande si le gouverneur de ce canton a beaucoup de crédit, ou si les paysans qui l'habitent peuvent élire un député. Aux yeux de l'homme passionné, les objets extérieurs ne représentent qu'une idée, parcequ'ils ne sont jugés que par un seul sentiment. Le philosophe, par un grand acte de courage, ayant délivré ses pensées du joug de la passion, ne les dirige plus toutes vers un objet unique, et jouit des douces impressions que chacune de ses idées peut lui valoir tour à tour et séparément.

Ce qui conduirait surtout à penser que la vie est un voyage c'est que rien n'y semble ordonné comme un séjour. Voulez-vous attacher votre existence à l'empire absolu d'une idée ou d'un sentiment : tout est obstacle, tout est malheur à chaque pas. Voulez-vous laisser aller la vie au gré du vent qui lui fait doucement parcourir des situations diverses ; voulez-vous du plaisir pour chaque jour, sans le faire concourir à l'ensemble du bonheur de toute la destinée : vous le pouvez facilement ; et lorsque aucun des événements de la vie n'est précédé par de brûlants desirs, ni suivi d'amers regrets, l'on trouve une part suffisante de félicité dans ces jouissances isolées que le hasard dispense sans but.

S'il n'était dans l'existence de l'homme qu'une seule époque, la jeunesse, peut-être pourrait-on la vouer aux grandes chances des passions ; mais à l'instant où la vieillesse commande une nouvelle manière d'exister, le philosophe seul sait supporter cette transition sans douleur. Si nos facultés, si nos desirs, qui naissent de nos facultés, étaient toujours d'accord avec notre destinée, à tous les âges on pourrait goûter quelque bonheur ; mais un coup simultané ne porte pas également atteinte à nos facultés et à nos desirs. Le temps dégrade souvent notre destinée avant d'avoir affaibli nos facultés, affaiblit nos facultés avant d'avoir amorti nos desirs. L'activité de l'ame survit aux moyens de l'exercer ; les desirs, à la perte des biens dont ils inspirent le besoin. La douleur de la destruction se fait sentir avec toute la force de l'existence ; c'est assister soi-même à ses funérailles, et, violemment attaché à ce triste et long spectacle, renouveler le supplice de Mézence, lier ensemble la mort et la vie.

Quand la philosophie s'empare de l'ame, elle commence, sans doute, par lui faire mettre beaucoup moins de prix à ce qu'elle possède et à ce qu'elle espère. Les passions rehaussent beaucoup plus toutes les valeurs ; mais quand ce tarif de modération est fixé, il subsiste pour tous les âges : chaque moment se suffit à lui-même, une époque n'anticipe point sur l'autre, jamais les orages des passions ne les confondent ni ne les précipitent. Les années, et tout ce qu'elles amènent avec elles, se succèdent tranquillement suivant l'intention de la nature, et l'homme participe au calme de l'ordre universel.

Je l'ai dit, celui qui veut mettre le suicide au nombre de ses résolutions peut entrer dans la carrière des passions ; il peut y abandonner sa vie, s'il se sent capable de la terminer alors que la foudre aura renversé l'objet de tous ses efforts et de tous ses vœux : mais comme je ne sais quel instinct, qui appartient plus, je crois, à la nature physique qu'au sentiment moral, force souvent à conserver des jours dont tous les instants sont une nouvelle douleur, peut-on courir les hasards presque certains d'un malheur qui fera détester l'existence, et d'une disposition de l'ame qui inspirera la crainte de l'anéantir ? Non que dans cette situation la vie ait encore quelques charmes, mais parcequ'il faut rassembler dans un même moment tous les motifs de sa douleur, pour lutter contre l'indivisible pensée de la mort ; parceque le malheur se répand sur l'étendue des jours, tandis que la terreur qu'inspire le suicide se concentre en entier dans un instant, et que, pour se tuer, il faudrait embrasser le tableau de ses infortunes comme le spectacle de sa fin, à l'aide de l'intensité d'un seul sentiment et d'une seule idée.

Rien cependant n'inspire autant d'horreur que la possibilité d'exister, uniquement parcequ'on ne sait pas mourir ; et comme c'est le sort qui peut attendre toutes les grandes passions ; un tel objet d'effroi suffit pour faire aimer cette puissance de philosophie qui soutient toujours l'homme au niveau de la vie, sans l'y trop attacher, mais sans la lui faire haïr.

La philosophie n'est pas de l'insensibilité; quoiqu'elle diminue l'atteinte des vives douleurs, il faut une grande force d'ame et d'esprit pour arriver à cette philosophie dont je vante ici les secours ; et l'insensibilité est l'habitude du caractère, non le résultat d'un triomphe. La philosophie se sent de son origine. Comme elle naît toujours de la profondeur de la réflexion, et qu'elle est souvent inspirée par le besoin de résister à ses passions, elle suppose des qualités supérieures, et donne une jouissance de ses propres facultés tout-à-fait inconnue à l'homme insensible; le monde lui convient mieux qu'au philosophe ; il ne craint pas que l'agitation de la société trouble la paix dont il goûte la douceur.

Le philosophe, qui doit cette paix au travail de sa pensée, aime à jouir de lui-même dans la retraite.

La satisfaction que donne la possession de soi, acquise par la méditation, ne ressemble point aux plaisirs de l'homme personnel; il a besoin des autres, il est exigeant, il souffre impatiemment tout ce qui le blesse, il est dominé par son égoïsme; et si ce sentiment pouvait avoir de l'énergie, il aurait tous les caractères d'une grande passion : mais le bonheur que trouve un philosophe dans la possession de soi est de tous les sentiments, au contraire, celui qui rend le plus indépendant.

Par une sorte d'abstraction dont la jouissance est cependant réelle, on s'élève à quelque distance de soi-même pour se regarder penser et vivre; et comme on ne veut dominer aucun événement, on les considère tous comme des modifications de notre être qui exercent ses facultés, et hâtent de diverses manières l'action de sa perfectibilité. Ce n'est plus vis-à-vis du sort, mais de sa conscience, qu'on se place, et, renonçant à toute influence sur le destin et sur les hommes, on se complaît d'autant plus dans l'action du pouvoir qu'on s'est réservé, dans l'empire de soi-même, et l'on fait chaque jour avec bonheur quelque changement ou quelque découverte dans la seule propriété sur laquelle on se croie des droits et de l'influence.

Il faut de la solitude à ce genre d'occupation, et s'il est vrai que la solitude soit un moyen de jouissance pour le philosophe, c'est lui qui est l'homme heureux. Non seulement vivre seul est le meilleur de tous les états, parceque c'est le plus indépendant, mais encore la satisfaction qu'on y trouve est la pierre de touche du bonheur; sa source est si intime, qu'alors qu'on le possède réellement, la réflexion rapproche toujours plus de la certitude de l'éprouver.

La solitude est, pour les ames agitées par de grandes passions, une situation très dangereuse. Ce repos auquel la nature nous appelle, qui semble la destination immédiate de l'homme; ce repos dont la jouissance paraît devoir précéder le besoin même de la société, et devenir plus nécessaire encore après qu'on a long-temps vécu au milieu d'elle; ce repos est un tourment pour l'homme dominé par une grande passion. En effet, le calme n'existant qu'autour de lui contraste avec son agitation intérieure, et en accroît la douleur. C'est par la distraction qu'il faut d'abord essayer d'affaiblir une grande passion; il ne faut pas commencer la lutte par un combat corps à corps ; et avant de se hasarder à vivre seul, il faut avoir déja agi sur soi-même. Les caractères passionnés, loin de redouter la solitude, la desirent ; mais cela même est une preuve qu'elle nourrit leur passion, loin de la détruire. L'ame, troublée par les sentiments qui l'oppressent, se persuade qu'elle soulagera sa peine en s'en occupant davantage ; les premiers instants où le cœur s'abandonne à la rêverie sont pleins de charmes, mais bientôt cette jouissance le consume. L'imagination, qui est restée la même, quoiqu'on ait éloigné d'elle ce qui semblait l'enflammer, pousse à l'extrême toutes les chances de l'inquiétude ; dans son isolement, elle s'entoure de chimères ; l'imagination, dans le silence et la retraite, n'étant frappée par rien de réel, donne une même importance à tout ce qu'elle invente. Elle veut se sauver du présent, et elle se livre à l'avenir, bien plus propre à l'agiter, bien plus conforme à sa nature. L'idée qui la domine, laissée stationnaire par les événements, se diversifie de mille manières par le travail de la pensée ; la tête s'enflamme, et la raison devient moins puissante que jamais. La solitude finit par effrayer l'homme malheureux ; il croit à l'éternité de la douleur qu'il éprouve. La paix qui l'environne semble insulter au tumulte de son ame ; l'uniformité des jours ne lui présente aucun changement, même dans la peine. La violence d'un tel malheur au sein de la retraite est une nouvelle preuve de la funeste influence des passions ; elles éloignent de tout ce qui est simple et facile ; et quoiqu'elles prennent leur source dans la nature de l'homme, elles s'opposent sans cesse à sa véritable destination.

La solitude, au contraire, est le premier des biens pour le philosophe. C'est au milieu du monde que souvent ses réflexions, ses résolutions l'abandonnent, que les idées générales les plus arrêtées cèdent aux impressions particulières ; c'est là que le gouvernement de soi exige une main plus assurée : mais dans la retraite, le philosophe n'a de rapports qu'avec le séjour champêtre qui l'environne, et son ame est parfaitement d'accord avec les douces sensations que ce séjour inspire ; elle s'en aide pour penser et vivre. Comme il est rare d'arriver à la philosophie sans avoir fait quelques efforts pour obtenir des biens plus semblables aux chimères de la jeunesse, l'ame, qui pour jamais y renonce, compose son bonheur d'une sorte de mélancolie qui a plus de charme qu'on ne pense, et vers laquelle tout semble nous ramener. Les aspects, les incidents de la campagne, sont tellement analogues à cette disposition morale, qu'on serait tenté de croire que la Providence a voulu qu'elle devînt celle de tous les hommes, et que tout concourût à la leur inspirer, lorsqu'ils atteignent l'époque où l'ame se lasse de travailler à son propre sort, se fatigue même de l'espérance, et n'ambitionne plus que l'absence de la peine. Toute la nature semble se prêter aux sentiments qu'ils éprouvent alors. Le bruit du vent, l'éclat des orages, le soir de l'été, les frimas de l'hiver ; ces mouvements, ces tableaux opposés, produisent des impressions pareilles, et font naître dans l'ame cette douce mélancolie, vrai sentiment de l'homme, résultat de sa destinée, seule situation du cœur qui laisse à la méditation toute son action et toute sa force.

CHAPITRE III.

De l'étude.

Lorsque l'ame est dégagée de l'empire des passions, elle permet à l'homme une grande jouissance ; c'est l'étude, c'est l'exercice de la pensée, de cette faculté inexplicable dont l'examen suffirait à sa propre occupation, si, au lieu de se développer successivement, elle nous était accordée tout-à-coup dans sa plénitude.

Lorsque l'espoir de faire une découverte qui peut illustrer, ou de publier un ouvrage qui doit mériter l'approbation générale, est l'objet de nos efforts, c'est dans le traité des passions qu'il faut placer l'histoire de l'influence d'un tel penchant sur le bonheur ; mais il y a dans le simple plaisir de penser, d'enrichir ses méditations par la connaissance des idées des autres, une sorte de satisfaction intime qui tient à la fois au besoin d'agir et de se perfectionner ; sentiments naturels à l'homme, et qui ne l'astreignent à aucune dépendance.

Les travaux physiques apportent à une certaine classe de la société, par des moyens absolument contraires, des avantages à peu près pareils dans leurs rapports avec le bonheur. Ces travaux suspendent l'action de l'ame, dérobent le temps ; ils font vivre sans souffrir : l'existence est un bien dont on ne cesse pas de jouir ; mais l'instant qui succède au travail rend plus doux le sentiment de la vie, et, dans la succession de la fatigue et du repos, la peine morale trouve peu de place. L'homme qui occupe les facultés de son esprit obtient de même, par leur exercice, le moyen d'échapper aux tourments du cœur. Les occupations mécaniques calment la pensée en l'étouffant ; l'étude, en dirigeant l'esprit vers des objets intellectuels, distrait de même des idées qui dévorent. Le travail, de quelque nature qu'il soit, affranchit l'ame des passions dont les chimères se placent au milieu des loisirs de la vie.

La philosophie ne fait du bien que par ce qu'elle nous ôte ; l'étude rend une partie des plaisirs que l'on cherche dans les passions. C'est une action continuelle, et l'homme ne saurait renoncer à l'action ; sa nature lui commande l'exercice des facultés qu'il tient d'elle. On peut proposer au génie de se plaire dans ses propres progrès ; au cœur, de se contenter du bien qu'il peut faire aux autres ; mais aucun genre de réflexion ne peut donner du bonheur dans le néant d'une éternelle oisiveté.

L'amour de l'étude, loin de priver la vie de l'intérêt dont elle a besoin, a tous les caractères de la passion, excepté celui qui cause tous ses malheurs, la dépendance du sort et des hommes. L'étude offre un but qui cède toujours en proportion des efforts, vers lequel les progrès sont certains, dont la route présente de la variété sans crainte de vicissitude, dont les succès ne peuvent être suivis de revers. Elle vous fait parcourir une suite d'objets nouveaux, elle vous fait éprouver une sorte d'événements qui suffisent à la pensée, l'occupent et l'animent sans aucun secours étranger. Ces jours si semblables pour le malheur, si uniformes pour l'ennui, offrent à l'homme dont l'étude remplit le temps beaucoup d'époques variées. Une fois il a saisi la solution d'un problème qui l'occupait depuis long-temps ; une autre fois une beauté nouvelle l'a frappé dans un ouvrage inconnu ; enfin, ses jours sont marqués entre eux par les différents plaisirs qu'il a conquis par sa pensée : et ce qui distingue surtout cette espèce de jouissance, c'est que l'avoir éprouvée la veille vaut la certitude de la retrouver le lendemain. Ce qui importe, c'est de donner à son esprit cette impulsion, de se commander les premiers pas : ils entraînent à tous les autres. L'instruction fait naître la curiosité. L'esprit répugne de lui-même à ce qui est incomplet ; il aime l'ensemble, il tend au but ; et de même qu'il s'élance vers l'avenir, il aspire à connaître un nouvel enchaînement de pensées qui s'offre en avant de ses efforts et de son espérance.

Soit qu'on lise, soit qu'on écrive, l'esprit fait un travail qui lui donne à chaque instant le sentiment de sa justesse ou de son étendue ; et sans qu'aucune réflexion d'amour-propre se mêle à cette jouissance, elle est réelle, comme le plaisir que trouve l'homme robuste dans l'exercice du corps proportionné à ses forces. Quand Rousseau a peint les premières impressions de la statue de Pygmalion, avant de lui faire goûter le bonheur d'aimer, il lui a fait trouver une vraie jouissance dans la sensation du *moi*. C'est surtout en combinant, en développant des idées abstraites, en portant son esprit chaque jour au-delà du terme de la veille, que la conscience de son existence morale devient un sentiment heureux et vif; et quand une sorte de lassitude succéderait à cette exertion de soi-même, ce serait aux plaisirs simples, au sommeil de la pensée, au repos enfin, mais non aux peines du cœur, que la fatigue du travail nous livrerait.

L'ame trouve de vastes consolations dans l'étude et la méditation des sciences et des idées. Il semble que notre propre destinée se perde au milieu du monde qui se découvre à nos yeux; que des réflexions qui tendent à tout généraliser nous portent à nous considérer nous-mêmes comme l'une des mille combinaisons de l'univers, et qu'estimant plus en nous la faculté de penser que celle de souffrir, nous donnions à l'une le droit de classer l'autre. Sans doute, l'impression de la douleur est absolue pour celui qui l'éprouve, et chacun la ressent d'après soi seul. Cependant il est certain que l'étude de l'histoire, la connaissance de tous les malheurs qui ont été éprouvés avant nous, livrent l'ame à des contemplations philosophiques dont la mélancolie est plus facile à supporter que le tourment de ses propres peines. Le joug d'une loi commune à tous ne fait pas naître ces mouvements de rage qu'un sort sans exemple exciterait; en réfléchissant sur les générations qui se sont succédé au milieu des douleurs, en observant ces mondes innombrables où des milliers d'êtres partagent simultanément avec nous le bienfait ou le malheur de l'existence, l'intensité même du sentiment individuel s'affaiblit, et l'abstraction enlève l'homme à lui même.

Quelles que soient les opinions que l'on professe, personne ne peut nier qu'il ne soit doux de croire à l'immortalité de l'ame; et lorsqu'on s'abandonne à la pensée, qu'on parcourt avec elle les conceptions les plus métaphysiques, elle embrasse l'univers, et transporte la vie bien loin au-delà de l'espace matériel que nous occupons. Les merveilles de l'infini paraissent plus vraisemblables. Tout, hors la pensée, parle de destruction : l'existence, le bonheur, les passions sont soumises aux trois grandes époques de la nature, *naître, croître, et mourir*; mais la pensée, au contraire, avance par une sorte de progression dont on ne voit pas le terme; et, pour elle, l'éternité semble avoir déjà commencé. Plusieurs écrivains se sont servis des raisonnements les plus intellectuels pour prouver le matérialisme; mais l'instinct moral est contre cet effort, et celui qui attaque avec toutes les ressources de la pensée la spiritualité de l'ame rencontre toujours quelques instants où ses succès mêmes le font douter de ce qu'il affirme. L'homme donc qui se livre sans projet à ses impressions reçoit, par l'exercice des facultés intellectuelles, un plus vif espoir de l'immortalité de l'ame.

L'attention qu'exige l'étude, en détournant de songer aux intérêts personnels, dispose à les mieux juger. En effet, une vérité abstraite s'éclaircit toujours davantage en y réfléchissant; mais une affaire, un événement qui nous affecte, s'exagère, se dénature lorsqu'on s'en occupe perpétuellement. Comme le jugement qu'on doit porter sur de telles circonstances dépend d'un petit nombre d'idées simples et promptement aperçues, le temps qu'on y donne par-delà est tout entier rempli par les illusions de l'imagination et du cœur. Ces illusions, devenant bientôt inséparables de l'objet même, absorbent l'ame par l'immense carrière qu'elles offrent aux craintes et aux regrets. La sage modération des philosophes studieux dépend, peut-être, du peu de temps qu'ils consacrent à rêver aux événements de leur vie, autant que du courage qu'ils mettent à les supporter. Cet effet naturel de la distraction que donne l'étude est le secours le plus efficace qu'elle puisse apporter à la douleur; car aucun homme ne saurait vivre à l'aide d'une continuelle suite d'efforts. Il faut une grande puissance de caractère pour se déterminer aux premiers essais, mais les succès qu'ils assurent deviennent une sorte d'habitude qui amortit lentement les peines de l'ame.

Si les passions renaissaient sans cesse de leurs cendres, il faudrait y succomber; car on ne peut pas livrer beaucoup de ces combats qui coûtent tant au vainqueur : mais bientôt on s'accoutume à trouver de vraies jouissances ailleurs que dans les passions qu'on a surmontées, et l'on est heureux, et par les occupations de l'esprit, et par l'indépendance parfaite qu'on leur doit. Trouver dans soi seul une noble destinée, être heureux, non par la personnalité, mais par l'exercice de ses facultés, est un état qui flatte l'ame en la calmant.

Plusieurs traits de la vie des anciens philosophes, d'Archimède, de Socrate, de Platon, ont dû même faire croire que l'étude était une passion ; mais si l'on peut s'y tromper par la vivacité de ses plaisirs, la nature de ses peines ne permet pas de s'y méprendre. Le plus grand chagrin qu'on puisse éprouver, c'est l'obstacle de quelques difficultés qui ajoutent au plaisir du succès. Le pur amour de l'étude ne met jamais en relation avec la volonté des hommes : quel genre de douleur pourrait-il donc faire éprouver?

Dans cette sorte de goût, il n'y a de naturel que ses plaisirs. L'espérance et la curiosité, seuls mobiles nécessaires à l'homme, sont suffisamment excitées par l'étude dans le silence des passions. L'esprit est plus agité que l'ame; c'est lui qu'il faut nourrir, c'est lui qu'on peut animer sans danger ; le mouvement dont il a besoin se trouve tout entier dans les occupations de l'étude, et, à quelque degré qu'on porte l'action de cet intérêt, ce sont des jouissances qu'on augmente, mais jamais des regrets qu'on se prépare. Quelques anciens, exaltés sur les jouissances de l'étude, se sont persuadé que le paradis consistait seulement dans le plaisir de connaître les merveilles du monde; celui qui s'instruit chaque jour, qui s'empare du moins de ce que la Providence a abandonné à l'esprit humain, semble anticiper sur ces éternelles délices, et déja spiritualiser son être.

Toutes les époques de la vie sont également propres à ce genre de bonheur : d'abord, parcequ'il est assez démontré par l'expérience que quand on exerce constamment son esprit, on peut espérer d'en prolonger la force; et parceque, dût-on ne pas y parvenir, les facultés intellectuelles baissent en même temps que le goût qui sert à les mesurer, et ne laissent à l'homme aucun juge intérieur de son propre affaiblissement. Dans la carrière de l'étude tout préserve donc de souffrir; mais il faut avoir agi long-temps sur son ame avant qu'elle cesse de troubler le libre exercice de la pensée.

L'homme passionné qui, sans efforts préalables, imaginerait de se livrer à l'étude, n'y trouverait aucune des ressources que je viens de présenter. Combien l'instruction lui paraîtrait froide et lente, auprès de ces rêveries du cœur qui, plongeant dans l'absorption d'une pensée dominante, font de longues heures un même instant! La folie des passions, ce n'est pas l'égarement de toutes les idées, mais la fixation sur une seule. Il n'est rien qui puisse distraire l'homme soumis à l'empire d'une idée unique. Ou il ne voit rien, ou ce qu'il voit la lui rappelle. Il parle, il écrit sur des sujets divers; mais pendant ce temps son ame continue d'être la proie d'une même douleur. Il accomplit les actions ordinaires de la vie comme dans un état de somnambulisme; tout ce qui pense, tout ce qui souffre en lui, appartient à un sentiment intérieur, dont la peine n'est pas un moment suspendue. Bientôt il est saisi d'un insurmontable dégoût pour les pensées étrangères à celle qui l'occupe; elles ne s'enchaînent point dans sa tête, elles ne laissent point de trace dans sa mémoire. L'homme passionné et l'homme stupide éprouvent par l'étude le même degré d'ennui; l'intérêt leur manque à tous les deux; car, par des causes différentes, les idées des autres ne trouvent en eux aucune idée correspondante : l'ame fatiguée s'abandonne enfin à l'impulsion qui l'entraîne, et consacre sa solitude à la pensée qui la poursuit; mais elle ne tarde pas à se repentir de sa faiblesse; la méditation de l'homme passionné enfante des monstres, comme celle du savant crée des prodiges. Le malheureux alors revient à l'étude pour échapper à la douleur; il arrache un quart d'heure d'attention à travers de longs efforts; il se commande telle occupation pendant un temps limité, et consacre ce temps à l'impatience de le voir finir; il se captive non pour vivre, mais pour ne pas mourir, et ne trouve dans l'existence que l'effort qu'il fait pour la supporter.

Ce tableau ne prouve point l'inutilité des ressources de l'étude, mais il est impossible à l'homme passionné d'en jouir, s'il ne se prépare point, par de longues réflexions, à retrouver son indépendance; il ne peut, alors qu'il est encore esclave, goûter des plaisirs dont la liberté de l'ame donne seule la puissance d'approcher.

Je relis sans cesse quelques pages d'un livre intitulé *la Chaumière indienne*; je ne sais rien de plus profond en moralité sensible que le tableau de la situation du paria, de cet homme d'une race maudite, abandonné de l'univers entier, errant la nuit dans les tombeaux, faisant horreur à ses semblables sans l'avoir mérité par aucune faute; enfin, le rebut de ce monde où l'a jeté le don de la vie. C'est là que l'on voit l'homme véritablement aux prises avec ses propres forces. Nul être vivant ne le secourt, nul être vivant ne s'intéresse à son existence; il ne lui reste que la contemplation de la nature, et elle lui suffit. C'est ainsi qu'existe l'homme sensible sur cette terre; il est aussi d'une caste proscrite, sa langue n'est point entendue, ses sentiments l'isolent, ses desirs ne sont jamais accomplis, et ce qui l'environne ou s'éloigne de lui, ou ne s'en rapproche que pour le blesser. O Dieu! faites qu'il s'élève au-dessus de ces douleurs dont les hommes ne cesseront de l'accabler! faites qu'il s'aide du plus beau de vos présents, de la faculté de penser, pour juger la vie au lieu de l'éprouver! et lorsque le hasard a pu combiner ensemble la réunion la plus fatale au bonheur, l'esprit et la sensibilité, n'abandonnez pas ces malheureux êtres destinés à tout apercevoir, pour souffrir de tout; soutenez leur raison à la hauteur de leurs affections et de leurs idées, éclairez-les du même feu qui servait à les consumer!

CHAPITRE IV.

De la bienfaisance.

La philosophie exige de la force dans le caractère; l'étude, de la suite dans l'esprit : mais malheur à ceux qui ne pourraient pas adopter la dernière consolation, ou plutôt la sublime jouissance qui reste encore à tous les caractères dans toutes les situations!

Il m'en a coûté de prononcer qu'aimer avec passion n'était pas le vrai bonheur; je cherche donc dans les plaisirs indépendants, dans les ressources qu'on trouve en soi, la situation la plus analogue aux jouissances du sentiment; et la vertu, telle que je la conçois, appartient beaucoup au cœur; je l'ai nommée *bienfaisance*, non dans l'acception très bornée qu'on donne à ce mot, mais en désignant ainsi toutes les actions de la bonté.

La bonté est la vertu primitive, elle existe par un mouvement spontané; et comme elle seule est véritablement nécessaire au bonheur général, elle seule est gravée dans le cœur; tandis que les devoirs qu'elle n'inspire pas sont consignés dans des codes que la diversité des pays et des circonstances peut modifier, ou présenter trop tard à la connaissance des peuples. L'homme bon est de tous les temps et de toutes les nations; il n'est pas même dépendant du degré de civilisation du pays qui l'a vu naître; c'est la nature morale dans sa pureté, dans son essence; c'est comme la beauté dans la jeunesse, où tout est bien sans effort. La bonté existe en nous comme le principe de la vie, sans être l'effet de notre propre volonté; elle semble un don du ciel comme toutes les facultés, elle agit sans se connaître, et ce n'est que par la comparaison qu'elle apprend sa propre valeur. Jusqu'à ce qu'il eût rencontré le méchant, l'homme bon n'a pas dû croire à la possibilité d'une manière d'être différente de la sienne propre. La triste connaissance du cœur humain fait, dans le monde, de l'exercice de la bonté un plaisir plus vif ; on se sent plus nécessaire en se voyant si peu de rivaux, et cette pensée anime à l'accomplissement d'une vertu à laquelle le malheur et le crime offrent tant de maux à réparer.

La bonté recueille aussi toutes les véritables jouissances du sentiment ; mais elle diffère de lui par cet éminent caractère où se retrouve toujours le secret du bonheur ou du malheur de l'homme : elle ne veut, elle n'attend rien des autres, et place sa félicité tout entière dans ce qu'elle éprouve. Elle ne se livre pas à un seul mouvement personnel, pas même au besoin d'inspirer un sentiment réciproque, et ne jouit que de ce qu'elle donne. Lorsqu'on est fidèle à cette résolution, ces hommes mêmes qui troubleraient le repos de la vie, si l'on se rendait dépendants de leur reconnaissance, vous donnent cependant des jouissances momentanées par l'expression de ce sentiment. Les premiers mouvements de la reconnaissance ne laissent rien à desirer, et, dans l'émotion qui les accompagne, tous les caractères s'embellissent ; on dirait que le présent est un gage certain de l'avenir ; et lorsque le bienfaiteur reçoit la promesse sans avoir besoin de son accomplissement, l'illusion même qu'elle lui cause est sans danger, et l'imagination peut en jouir, comme l'avare des biens que lui procurerait son trésor, si jamais il le dépensait.

Il y a des vertus toutes composées de craintes et de sacrifices, dont l'accomplissement peut donner une satisfaction d'un ordre très relevé à l'ame forte qui les pratique ; mais peut-être, avec le temps, découvrira-t-on que tout ce qui n'est pas naturel n'est pas nécessaire, et que la morale, dans divers pays, est aussi chargée de superstition que la religion. Du moins, en parlant de bonheur, il est impossible de supposer une situation qui exige des efforts perpétuels ; et la bonté donne des jouissances si faciles et si simples, que leur impression est indépendante du pouvoir même de la réflexion. Si cependant l'on se livre à des retours sur soi, ils sont tous remplis d'espérance ; le bien qu'on a fait est une égide qu'on croit voir entre le malheur et soi ; et lors même que l'infortune nous poursuit, on sait où se réfugier, on se transporte par la pensée dans la situation heureuse que nos bienfaits ont procurée.

S'il était vrai que dans la nature des choses il se fût rencontré des obstacles à la félicité parfaite que l'Être suprême aurait voulu donner à ses créatures, la bonté continuerait l'intention de la Providence, elle ajouterait pour ainsi dire à son pouvoir.

Qu'il est heureux celui qui a sauvé la vie d'un homme ! il ne peut plus croire à l'inutilité de son existence, il ne peut plus être fatigué de lui-même. Qu'il est plus heureux encore celui qui a assuré la félicité d'un être sensible ! on ne sait pas ce qu'on donne en sauvant la vie ; mais en vous arrachant à la douleur, en renouvelant la source de vos jouissances, on est certain d'être votre bienfaiteur.

Il n'est au pouvoir d'aucun événement de rien retrancher au plaisir que nous a valu la bonté. L'amour pleure souvent ses propres sacrifices, l'ambition voit en eux la cause de ses malheurs ; la bonté, n'ayant voulu que le plaisir même de son action, ne peut jamais s'être trompée dans ses calculs. Elle n'a rien à faire avec le passé ni l'avenir ; une suite d'instants présents composent sa vie ; et son ame, constamment en équilibre, ne se porte jamais avec violence sur une époque ni sur une idée ; ses vœux et ses efforts se répandent également sur chacun de ses jours, parcequ'ils appartiennent à un sentiment toujours le même, et toujours facile à exercer.

Toutes les passions, certainement, n'éloignent pas de la bonté ; il en est une surtout qui dispose le cœur à la pitié pour l'infortune ; mais ce n'est pas au milieu des orages qu'elle excite que l'ame peut développer et sentir l'influence des vertus bienfaisantes. Le bonheur qui naît des passions est une distraction trop forte, le malheur qu'elles produisent cause un désespoir trop sombre pour qu'il reste à l'homme qu'elles agitent aucune faculté libre ; les peines des autres peuvent aisément émouvoir un cœur déja ébranlé par sa situation personnelle, mais la passion n'a de suite que dans son idée ; les jouissances que quelques actes de bienfaisance pourraient procurer sont à peine senties par le cœur passionné qui les accomplit. Prométhée, sur son rocher, s'apercevait-il du retour du printemps, des beaux jours de l'été ? Quand le vautour est au cœur, quand il dévore le principe de la vie, c'est là qu'il faut porter ou le calme ou la mort. Aucune consolation partielle, aucun plaisir détaché ne peut donner du secours ; cependant, comme l'ame est toujours plus capable de vertus et de jouissances relevées alors qu'elle a été trempée dans le feu des passions, alors que son triomphe a été précédé d'un combat, la bonté même n'est une source vive de bonheur que pour l'homme qui a porté dans son cœur le principe des passions.

Celui qui s'est vu déchiré par des affections tendres, par des illusions ardentes, par des desirs même insensés, connaît tous les genres d'infortunes, et trouve à les soulager un plaisir inconnu à la classe des hommes qui semblent à moitié créés, et doivent leur repos seulement à ce qui leur manque : celui qui, par sa faute ou par le hasard, a beaucoup souffert, cherche à diminuer la chance de ces cruels fléaux qui ne cessent d'errer sur nos têtes, et son ame, encore ouverte à la douleur, a besoin de s'appuyer par le genre de prière qui lui semble le plus efficace.

La bienfaisance remplit le cœur comme l'étude occupe l'esprit ; le plaisir de sa propre perfectibilité s'y trouve également, l'indépendance des autres, le constant usage de ses facultés : mais ce qu'il y a de sensible dans tout ce qui tient à l'ame fait de l'exercice de la bonté une jouissance qui peut seule suppléer au vide que les passions laissent après elles ; elles ne peuvent se rabattre sur des objets d'un ordre inférieur, et l'abîme que ces volcans ont creusé ne saurait être comblé que par des sentiments actifs et doux qui transportent hors de vous-même l'objet de vos pensées, et vous apprennent à considérer votre vie sous le rapport de ce qu'elle vaut aux autres et non à soi : c'est la ressource, la consolation la plus analogue aux caractères passionnés, qui conservent toujours quelques traces des mouvements qu'ils ont domptés. La bonté ne demande pas, comme l'ambition, un retour à ce qu'elle donne ; mais elle offre cependant aussi une manière d'étendre son existence et d'influer sur le sort de plusieurs ; la bonté ne fait pas, comme l'amour, du besoin d'être aimé son mobile et son espoir ; mais elle permet aussi de se livrer aux douces émotions du cœur, et de vivre ailleurs que dans sa propre destinée : enfin, tout ce qu'il y a de généreux dans les passions se trouve dans l'exercice de la bonté, et cet exercice, celui de la plus parfaite raison, est encore quelquefois l'ombre des illusions de l'esprit et du cœur.

Dans quelque situation obscure ou destituée que le hasard nous ait jetés, la bonté peut étendre l'existence, et donner à chaque individu un des attributs du pouvoir, l'influence sur le sort des autres. La multitude de peines que savent causer les hommes les plus médiocres en tous genres conduit à penser qu'un être généreux, quelle que fût sa position, se créerait, en se consacrant uniquement à la bonté, un intérêt, un but, un gouvernement, pour ainsi dire, malgré les bornes de sa destinée.

Voyez Almont, sa fortune est restreinte, mais jamais un être malheureux ne s'est adressé à lui sans que, dans cet instant, il ne se soit trouvé les moyens de venir à son aide, sans que du moins un secours momentané n'ait épargné à celui qui prie le regret d'avoir imploré en vain ; il n'a point de crédit, mais on l'estime, mais son courage est connu : il ne parle jamais que pour l'intérêt d'un autre ; il a toujours une ressource à présenter à l'infortune, et il fait plus pour elle que le ministre le plus puissant, parcequ'il y consacre sa pensée tout entière. Jamais il ne voit un homme dans le malheur qu'il ne lui dise ce qu'il a besoin d'entendre, que son esprit, son ame, ne découvrent la consolation directe ou détournée que cette situation rend nécessaire, la pensée qu'il faut faire naître en lui, celle qu'il faut écarter, sans avoir l'air d'y tâcher. Toute cette connaissance du cœur humain, dont est née la flatterie des courtisans envers leurs souverains, Almont l'emploie pour soulager les peines de l'infortuné ; plus on est fier, plus on respecte l'homme malheureux, plus on se plie devant lui. Si l'amour-propre est content, Almont l'abandonne ; mais s'il est humilié, s'il cause de la douleur, il le replace, il le relève, il en fait l'appui de l'homme que cet amour-propre même avait abattu. Si vous rencontrez Almont quand votre ame est découragée, sa vive attention à vos discours vous persuade que vous êtes dans une situation qui captive l'intérêt, tandis que, fatigué de votre peine, vous étiez convaincu, avant de le voir, de l'ennui qu'elle devait causer aux autres ; vous ne l'écouterez jamais sans que son attendrissement pour vos chagrins ne vous rende l'émotion dont votre ame desséchée était devenue incapable ; enfin, vous ne causerez point avec lui sans qu'il ne vous offre un motif de courage, et qu'ôtant à votre douleur ce qu'elle a de fixe, il n'occupe votre imagination par un différent point de vue, par une nouvelle manière de considérer votre destinée : on peut agir sur soi par la raison, mais c'est d'un autre que vient l'espérance. Almont ne pense point à faire valoir sa prudence en vous conseillant ; sans vous égarer, il cherche à vous distraire ; il vous observe pour vous soulager ; il ne veut connaître les hommes que pour étudier comment on les console. Almont ne s'écarte jamais, en faisant beaucoup de bien, du principe inflexible qui lui défend de se permettre ce qui pourrait nuire à un autre. En réfléchissant sur la vie, on voit la plupart des êtres se renverser, se déchirer, s'abattre, ou pour leurs intérêts, ou seulement par indifférence pour l'image, pour la pensée de la douleur qu'ils n'éprouvent pas. Que Dieu récompense Almont, et puisse tout ce qui vit le prendre pour modèle ! C'est là l'homme, tel que l'homme doit desirer qu'il soit.

Sans vouloir méconnaître le lien sacré de la religion, on peut affirmer que la base de la morale considérée comme principe, c'est le bien ou le mal que l'on peut faire aux autres hommes par telle ou telle action. C'est sur ce fondement que tous ont intérêt au sacrifice de chacun, et qu'on retrouve, comme dans le tribut de l'impôt, le prix de son dévouement particulier dans la part de protection qu'assure l'ordre général. Toutes les véritables vertus dérivent de la bonté ; et si l'on voulait faire un jour l'arbre de la morale, comme il en existe un des sciences, c'est à ce devoir, à ce sentiment, dans son acception la plus étendue, que remonterait tout ce qui inspire de l'admiration et de l'estime.

CONCLUSION.

Je termine ici cette première partie ; mais, avant de commencer celle qui va suivre, je veux résumer ce que je viens de développer.

Quoi ! va-t-on me dire, vous condamnez toutes les affections passionnées ? quel triste sort nous offrez-vous donc sans *mobile*, sans *intérêt* et sans *but* ? D'abord ce n'est pas du bonheur que j'ai cru offrir le tableau : les alchimistes seuls, s'ils s'occupaient de la morale, pourraient en conserver l'espoir : j'ai voulu m'occuper des moyens d'éviter les grandes douleurs. Chaque instant de la durée des peines morales me fait peur, comme les souffrances physiques épouvantent la plupart des hommes ; et s'ils avaient d'avance, je le répète, une idée également précise des chagrins de l'ame, ils éprouveraient le même effroi des passions qui les y exposent. D'ailleurs, on peut trouver dans la vie un *intérêt*, un *mobile*, un *but*, sans être la proie des mouvements passionnés ; chaque circonstance mérite une préférence sur telle autre, et toute préférence motive un souhait, une action : mais l'objet des desirs de la passion, ce n'est pas ce qui est, mais ce qu'elle suppose ; c'est une sorte de fièvre qui présente toujours un but imaginaire qu'il faut atteindre avec des moyens réels, et mettant sans cesse l'homme aux prises avec la nature des choses, lui rend indispensablement nécessaire ce qui est tout-à-fait impossible.

Quand on vante le charme que les passions répandent sur la vie, c'est qu'on prend ses goûts pour des passions. Les goûts font mettre un nouveau prix à ce qu'on possède ou à ce qu'on peut obtenir ; mais les passions ne s'attachent dans toute leur force qu'à l'objet qu'on a perdu, qu'aux avantages qu'on s'efforce en vain d'acquérir. Les passions sont l'élan de l'homme vers une autre destinée ; elles font éprouver l'inquiétude des facultés, le vide de la vie ; elles présagent peut-être une existence future, mais en attendant elles déchirent celle ci.

En peignant les jouissances de l'étude et de la philosophie, je n'ai pas prétendu prouver que la vie solitaire soit celle qu'on doit toujours préférer : elle n'est nécessaire qu'à ceux qui ne peuvent pas se répondre d'échapper à l'ascendant des passions au milieu du monde ; car on n'est pas malheureux en remplissant les emplois publics, si l'on n'y veut obtenir que le témoignage de sa conscience ; on n'est pas malheureux dans la carrière des lettres, si l'on ne pense qu'au plaisir d'exprimer ses pensées, et qu'à l'espoir de les rendre utiles ; on n'est pas malheureux dans les relations particulières, si l'on se contente de la jouissance intime du bien qu'on a pu faire, sans desirer la reconnaissance qu'il mérite ; et dans le sentiment même, si, n'attendant pas des hommes la céleste faculté d'un attachement sans bornes, on aime à se dévouer sans avoir aucun but que le plaisir du dévouement même. Enfin si, dans ces différentes situations, on se sent assez fort pour ne vouloir que ce qui dépend de soi seul, pour ne compter que sur ce qu'on éprouve, on n'a pas besoin de se consacrer à des ressources purement solitaires. La philosophie est en nous, et ce qui caractérise éminemment les passions, c'est le besoin des autres ; tant qu'un retour quelconque est nécessaire, un malheur est assuré : mais l'on peut trouver, dans les carrières diverses où les passions se précipitent, quelque chose de l'intérêt qu'elles inspirent, et rien de leur malheur, si l'on domine la vie au lieu de se laisser emporter par elle, si rien de ce qui est vous enfin ne dépend jamais ni d'un tyran au-dedans de vous-même, ni de sujets au-dehors de vous.

Les enfants et les sages ont de grandes ressemblances, et le chef-d'œuvre de la raison est de ramener à ce que fait la nature. Les enfants reçoivent la vie goutte à goutte ; ils ne lient point ensemble les trois temps de l'existence : le désir unit bien pour eux le jour avec le lendemain, mais le présent n'est point dévoré par l'attente ; chaque heure prend sa part de jouissance dans leur petite vie ; chaque heure a un sort tout entier, indépendamment de celle qui la précède ou de celle qui la suit : leur intérêt ne s'affaiblit point cependant par cette subdivision ; il renaît à chaque instant, parceque la passion n'a point détruit tous les germes des pensées légères, toutes les nuances des sentiments passionnés, tout ce qui n'est pas elle enfin, et qu'elle anéantit. La philosophie ne peut rendre sans doute les impressions fraîches et brillantes de l'enfance, son heureuse ignorance de la carrière qui se termine par la mort ; mais c'est cependant sur ce modèle qu'on doit former la science du bonheur moral ; il faut descendre la vie en regardant le rivage plutôt que but. Les enfants laissés à eux-mêmes sont les êtres les plus libres ; le bonheur les affranchit de tout : les philosophes doivent tendre au même résultat par la crainte du malheur.

Les passions ont l'air de l'indépendance, et dans le fait il n'est point de joug plus asservissant ; elles luttent contre tout ce qui existe, elles renversent la barrière de la moralité, cette barrière qui assure l'espace, au lieu de le resserrer ; mais c'est pour se briser ensuite contre des obstacles toujours renaissants, et priver l'homme enfin de sa puissance sur lui-même. Depuis la gloire, qui a besoin du suffrage de l'univers, jusqu'à l'amour, qui rend nécessaire le dévouement d'un seul objet, c'est en raison de l'influence des hommes sur nous que le malheur doit se calculer ; et le seul système vrai pour éviter la douleur, c'est de ne diriger sa vie que d'après ce qu'on peut faire pour les autres, mais non d'après ce qu'on attend d'eux. Il faut que l'existence parte de soi, au lieu d'y revenir, et que, sans jamais être le centre, on soit toujours la force impulsive de sa propre destinée.

La science du bonheur moral, c'est-à-dire d'un malheur moindre, pourrait être aussi positive que toutes les autres ; on pourrait trouver ce qui vaut le mieux pour le plus grand nombre des hommes dans le plus grand nombre des situations ; mais ce qui restera toujours incertain, c'est l'application de cette science à tel ou tel caractère : par quelle chaîne, dans ce genre de code, peut-on lier la minorité, ni même un seul individu, à la règle générale ? et celui qui ne peut s'y soumettre mérite également l'attention du philosophe. Le législateur prend les hommes en masse, le moraliste un à un ; le législateur doit s'occuper de la nature des choses, le moraliste de la diversité des sensations ; enfin, le législateur doit toujours examiner les hommes sous le point de vue de leurs relations entre eux; et le moraliste, considérant chaque individu comme un ensemble moral tout entier, un composé de plaisirs et de peines, de passions et de raison, voit l'homme sous différentes formes, mais toujours dans son rapport avec lui-même.

Une dernière réflexion, la plus importante de toutes, reste donc à faire : c'est de savoir jusqu'à quel point il est possible aux ames passionnées d'adopter le système que j'ai développé. Il faut dans cet examen reconnaître d'abord combien des événements, semblables en apparence, diffèrent selon le caractère de ceux qui les éprouvent. Il ne serait pas juste de vanter autant la puissance intérieure de l'homme, si ce n'était pas par la nature et le degré même de cette force qu'on doit juger de l'intensité des peines de la vie. Tel homme est conduit par ses goûts naturels dans le port, où tel autre ne peut être porté que par les flots de la tempête ; et tandis que tout est calculé d'avance dans le monde physique, les sensations de l'ame varient selon la nature de l'objet et de l'organisation morale de celui qui en reçoit l'impression. Il n'y a de justice dans les jugements qui sont relatifs au bonheur, que si on les fonde sur autant de notions particulières qu'il y a d'individus qu'on veut connaître. On peut trouver, dans les situations les plus obscures de la vie, des combats et des victoires dont l'effort est au-dessus de tout ce que les annales de l'histoire ont consacré. Il faut compter dans chaque caractère les douleurs qui naissent des contrastes de bonheur ou d'infortune, de gloire ou de revers, dont une même destinée offre l'exemple ; il faut compter les défauts au rang des malheurs, les passions parmi les coups du sort ; et plus même les caractères peuvent être accusés de singularité, plus ils commandent l'attention du philosophe : les moralistes doivent être comme ces religieux placés sur le sommet du mont Saint-Bernard, il faut qu'ils se consacrent à reconduire les voyageurs égarés.

Excluant jusqu'au mot de pardon, qui semble détruire la douce égalité qui doit exister entre le consolateur et l'infortuné, ce n'est pas des torts, mais de la douleur, qu'il importe de s'occuper. c'est donc au nom du bonheur seul que j'ai combattu les passions. Considérant, comme je l'ai dit ailleurs, le crime et ses effets comme un fléau de la nature qui dépravait tellement l'homme, que ce n'était plus par la philosophie, mais par la force réprimante des lois, qu'il devait être arrêté, je n'ai examiné dans les passions que leur influence sur celui même qu'elles dominent. Sous le rapport de la morale, sous le rapport de la politique, il existera beaucoup de distinctions à faire entre les passions viles et généreuses, entre les passions sociales et antisociales; mais, en ne calculant que les peines qu'elles causent, elles sont presque toutes également funestes au bonheur.

Je dis à l'homme qui ne veut se plaindre que du sort, qui croit voir dans sa destinée un malheur sans exemple avant lui, et ne s'attache qu'à lutter contre les événements; je lui dis : Parcourez avec moi toutes les chances des passions humaines; voyez si ce n'est pas de leur essence même, et non d'un coup du sort inattendu, que naissent vos tourments. S'il existe une situation dans l'ordre des choses possibles qui puisse vous en préserver, je la chercherai avec vous, je tâcherai de contribuer à vous l'assurer; mais le plus grand argument à présenter contre les passions, c'est que leur prospérité est peut-être plus fatale au bonheur de celui qui s'y livre, que l'adversité même. Si vous êtes traversé dans vos projets pour acquérir et conserver la gloire, votre esprit peut s'attacher à l'événement qui tout-à-coup a interrompu votre carrière, et se repaître d'illusions, plus faciles encore dans le passé que dans l'avenir. Si l'objet qui vous est cher vous est enlevé par la volonté de ceux dont il dépend, vous pouvez ignorer à jamais ce que votre propre cœur aurait ressenti, si votre amour, en s'éteignant dans votre ame, vous eût fait éprouver ce qu'il y a de plus amer au monde, l'aridité de ses propres impressions; il vous reste encore un souvenir sensible, seul bien des trois quarts de la vie; je dirai plus, si c'est par des fautes réelles, dont le regret occupe à jamais votre pensée, que vous croyez avoir manqué le but où tendait votre passion, votre vie est plus remplie, votre imagination a quelque chose où se prendre, et votre ame est moins flétrie que si, sans événements malheureux, sans obstacles insurmontables, sans démarches à se reprocher, la passion, par cela seulement qu'elle est elle, eût, au bout d'un certain temps, décoloré la vie, après être retombée sur le cœur qui n'aurait pu la soutenir. Qu'est-ce donc qu'une destinée qui entraîne avec elle, ou l'impossibilité d'arriver à son but, ou l'impuissance d'en jouir?

Loin de moi cependant ces axiomes impitoyables des ames froides et des esprits médiocres: *On peut toujours se vaincre, on est toujours le maître de soi !* Et qui donc a l'idée non seulement de la passion, mais même d'un degré de plus de passion qu'il n'aurait pas éprouvé, qui peut dire : Là finit la nature morale ? Newton n'eût pas osé tracer les bornes de la pensée, et le pédant que je rencontre veut circonscrire l'empire des mouvements de l'ame ! il voit qu'on en meurt, et croit encore qu'on se serait sauvé en l'écoutant ! Ce n'est point en assurant aux hommes que tous peuvent triompher de leurs passions, qu'on rend cette victoire plus facile. Fixer leur pensée sur la cause de leur malheur, analyser les ressources que la raison et la sensibilité peuvent leur présenter, est un moyen plus sûr, parcequ'il est bien plus vrai. Quand le tableau des douleurs est vivement retracé, quelles leçons peuvent ajouter à la force du besoin qu'on a de cesser de souffrir ? Tout ce que vous pouvez pour l'homme infortuné, c'est d'essayer de le convaincre qu'il respirerait un air plus doux dans l'asile où vous l'invitez ; mais si ses pieds sont attachés à la terre de feu qu'il habite, vous paraîtra-t-il moins digne d'être plaint ?

J'aurai rempli mon but, si j'ai donné quelque espoir de repos à l'ame agitée ; si, en ne méconnaissant aucune de ses peines, en avouant la terrible puissance des sentiments qui la gouvernent, en lui parlant sa langue enfin, j'ai pu m'en faire écouter. La passion repousse tous les conseils qui ne supposent pas la douloureuse connaissance d'elle-même, et vous dédaigne aisément comme appartenant à une autre nature. Je le crois cependant, mon accent n'a pas dû lui paraître étranger ; c'est mon seul motif pour espérer qu'à travers tant de livres sur la morale, celui-ci peut encore être utile.

Que je me repentirais néanmoins de cet écrit, si, venant se briser, comme tant d'autres, contre la puissance terrible des passions, il ajoutait seulement à la certitude que croient avoir les ames froides de la facilité qu'on doit trouver à vaincre les sentiments qui troublent la vie ! Non, ne condamnez pas ces infortunés qui ne savent pas cesser de l'être ; vous, de qui leurs destinées dépendent, secourez-les comme ils veulent être secourus : celui qui peut soulager le malheur ne doit plus penser à le juger, et les idées générales sont cruelles à l'homme qui souffre, si c'est un autre et non pas lui qui les applique à sa situation personnelle.

En composant cet ouvrage, où je poursuis les passions comme destructives du bonheur, où j'ai cru présenter des ressources pour vivre sans le secours de leur impulsion, c'est moi-même aussi que j'ai voulu persuader; j'ai écrit pour me retrouver, à travers tant de peines ; pour dégager mes facultés de l'esclavage des sentiments, pour m'élever jusqu'à une sorte d'abstraction qui me permît d'observer la douleur en mon ame, d'examiner dans mes propres impressions les mouvements de la nature morale, et de généraliser ce que la pensée me donnait d'expérience. Une distraction absolue étant impossible, j'ai essayé si la méditation même des objets qui nous occupent ne conduisait pas au même résultat, et si, en approchant du fantôme, il ne s'évanouissait pas plutôt qu'en s'en éloignant. J'ai essayé si ce qu'il y a de poignant dans la douleur personnelle ne s'émoussait pas un peu, quand nous nous placions nous-mêmes comme une part du vaste tableau des destinées, où chaque homme est perdu dans son siècle, le siècle dans le temps, et le temps dans l'incompréhensible. Je l'ai essayé, et je ne suis pas sûre d'avoir réussi dans la première épreuve de ma doctrine sur moi-même : serait-ce donc à moi qu'il conviendrait d'affirmer son absolu pouvoir? Hélas! en s'approchant, par la réflexion, de tout ce qui compose le caractère de l'homme, on se perd dans le vague de la mélancolie. Les institutions politiques, les relations civiles vous présentent des moyens presque certains de bonheur ou de malheur public; mais les profondeurs de l'ame sont si difficiles à sonder ! Tantôt la superstition défend de penser, de sentir, déplace toutes les idées, dirige tous les mouvements en sens inverse de leur impulsion naturelle, et sait vous attacher à votre malheur même, dès qu'il est causé par un sacrifice ou peut en devenir l'objet; tantôt la passion ardente, effrénée, ne sait pas supporter un obstacle, consentir à la moindre privation, dédaigne tout ce qui est avenir, et, poursuivant chaque instant comme le seul, ne se réveille qu'au but ou dans l'abîme. Inexplicable phénomène que cette existence spirituelle de l'homme, qui, en la comparant à la matière, dont tous les attributs sont complets et d'accord, semble n'être encore qu'à la veille de sa création, au chaos qui la précède !

Un seul sentiment peut servir de guide dans toutes les situations, peut s'appliquer à toutes les circonstances, c'est la pitié : avec quelle disposition plus efficace pourrait-on supporter et les autres et soi-même? L'esprit observateur et assez fort pour se juger découvre dans lui-même la source de toutes les erreurs L'homme est tout entier dans chaque homme. Dans quels égarements ne s'est pas souvent perdue la pensée qui précède les ac-

tions, la pensée, ou quelque chose encore de plus fugitif qu'elle !
Il faut que ce secret intime, qu'on ne pourrait revêtir de paroles
sans lui donner une existence qu'il n'a pas, il faut que ce secret
intime serve à rendre inépuisable le sentiment de la pitié [1].

On dit qu'en s'abandonnant à la pitié, les individus et les gouvernements peuvent être injustes. D'abord les individus d'une condition privée ne sont presque jamais dans une situation qui commande de résister à la bonté ; les rapports avec les autres sont si peu étendus, les événements qui offrent quelque bien à faire sont dépendants d'un si petit nombre de chances, qu'en se rendant difficile sur les occasions qu'on peut saisir, on condamne sa vie à l'inutile insensibilité. Je ne sais pas une délibération plus importante que celle qui conduirait à se faire un devoir de causer une peine, ou de refuser un service en sa puissance ; il faut avoir si présents à la pensée la chaîne des idées morales, l'ensemble de la nature humaine ! il faut être si sûr de voir un bien dans un mal, un mal dans un bien ! Non : loin de réprimer, à cet égard, les imprudences des hommes, on devrait plutôt les détourner de calculer autant les inconvénients des sentiments généreux, et de s'arroger ainsi un jugement que Dieu seul a droit de prononcer ; car c'est à la Providence que semble appartenir cette sublime balance où sont pesés les effets relatifs du bonheur et du malheur. Les hommes, pour lesquels il n'existe que des unités, des moments, des occasions, doivent rarement se refuser aux biens partiels qu'ils peuvent répandre.

Les législateurs eux-mêmes gouvernent souvent à l'aide d'idées trop générales ; ce grand principe, que l'intérêt de la minorité doit toujours céder à celui de la majorité, dépend absolument du

---

[1] Smith, dans son excellent ouvrage de la *Théorie des sentiments moraux*, attribue la pitié à cette sympathie qui nous fait nous transporter dans la situation d'un autre, et supposer ce que nous éprouverions à sa place. C'est bien là certainement l'une des causes de la pitié ; mais l'inconvénient de cette définition, comme de toutes, est de resserrer la pensée que faisait naître le mot qu'on a défini : il était revêtu des idées accessoires et des impressions particulières à chaque homme qui l'entendait, et vous restreignez sa signification par une analyse toujours incomplète quand un sentiment en est l'objet ; car un sentiment est un composé de sensations et de pensées que vous ne faites jamais comprendre qu'à l'aide de l'émotion et du jugement réunis. La pitié est souvent séparée de tout retour sur soi-même ; si, par abstraction, vous vous figuriez un genre de douleur qui exigeât, pour la souffrir, une organisation tout-à-fait différente de la vôtre, vous auriez encore pitié de cette douleur : il faut que les caractères les plus opposés puissent éprouver de la pitié pour des impressions qu'ils n'auraient jamais ressenties ; il faut enfin que le spectacle du malheur remue les hommes par commotion, par talisman, sans examen ni combinaison.

genre de sacrifices qu'on impose à la minorité; car en le poussant à l'extrême, on arriverait au système de Robespierre. Ce n'est pas le nombre des individus, mais les douleurs, qu'il faut compter; et si l'on pouvait supposer la possibilité de faire souffrir un innocent pendant plusieurs siècles, il serait atroce de l'exiger pour le salut même d'une nation entière; mais ces alternatives effrayantes n'existent point dans la réalité. Les vérités d'un certain ordre sont à la fois conseillées par la raison et inspirées par le cœur; il est presque toujours de la politique d'écouter la pitié; il n'y a pas de milieu entre elle et le dernier terme de la cruauté; et Machiavel, dans le code même de la tyrannie, a dit qu'*il fallait savoir s'attacher ceux qu'on ne pouvait faire périr.*

On n'obéit pas long-temps aux lois trop sévères; mais l'état qui les maintient, sans pouvoir les faire exécuter, a tous les inconvénients de la rigueur et de la faiblesse. Rien n'use la force d'un gouvernement comme la disproportion entre les délits et les peines : il se présente alors comme un ennemi, tandis qu'il doit paraître comme le chef, comme le principe régulateur de l'empire. Au lieu de se confondre, pour ainsi dire, dans votre esprit avec la nature des choses, il semble un obstacle qu'il faut renverser; et l'agitation de quelques uns, l'espoir qu'ils conservent, tout insensé qu'il est, de détruire ce qui les opprime, ébranle la confiance de ceux mêmes qui sont contents du gouvernement. Enfin, de quelque manière qu'on réfléchisse sur le sentiment de la pitié, on le trouve fécond en résultats prospères pour les individus et pour les nations, et l'on se persuade que c'est la seule idée primitive qui soit attachée à la nature de l'homme, parceque c'est la seule dont il ait besoin pour toutes les vertus comme pour toutes les jouissances.

Une belle cause finale dans l'ordre moral, c'est la prodigieuse influence de la pitié sur les cœurs; il semble que l'organisation physique elle-même soit destinée à en recevoir l'impression. Une voix qui se brise, un visage altéré, agissent sur l'ame directement comme les sensations; la pensée ne se met point entre deux, c'est un choc, c'est une blessure. Cela n'est point intellectuel; et ce qu'il y a de plus sublime encore dans cette disposition de l'homme, c'est qu'elle est consacrée particulièrement à la faiblesse; et lorsque tout concourt aux avantages de la force, ce sentiment lui seul rétablit la balance, en faisant naître la générosité : ce sentiment ne s'émeut que pour un objet sans défense, qu'à l'aspect de l'abandon, qu'au cri de la douleur ; lui seul défend les vaincus après la victoire, lui seul arrête les effets de ce vil penchant des hommes à livrer leur attachement, leurs facultés, leur raison même à la décision du succès ; mais cette sympathie pour le malheur est une affection si puissante, réunit tellement ce qu'il y a de plus fort dans les impressions physiques et morales, qu'y résister suppose un degré de dépravation dont on ne peut éprouver trop d'horreur.

Ces êtres seuls n'ont plus de droits à l'association mutuelle de misères et d'indulgence, qui, en se montrant sans pitié, ont effacé en eux le sceau de la nature humaine : le remords d'avoir manqué à quelque principe de morale que ce soit est l'ouvrage du raisonnement, ainsi que la morale elle-même ; mais le remords d'avoir bravé la pitié doit poursuivre comme un sentiment personnel, comme un danger pour soi, comme une terreur dont on est l'objet. On a une telle identité avec l'être qui souffre, que ceux qui parviennent à la détruire acquièrent souvent une sorte de dureté pour eux-mêmes, qui sert encore, sous quelques rapports, à les priver de tout ce qu'ils pourraient attendre de la pitié des autres : cependant, s'il en est temps encore, qu'ils sauvent un infortuné, qu'ils épargnent un ennemi vaincu, et, rentrés dans les liens de l'humanité, ils seront de nouveau sous sa sauvegarde.

C'est dans la crise d'une révolution qu'on entend répéter sans cesse que la pitié est un sentiment puéril qui s'oppose à toute action nécessaire à l'intérêt général, et qu'il faut la reléguer avec les affections efféminées, indignes des hommes d'état ou des chefs de parti : c'est, au contraire, au milieu d'une révolution que la pitié, ce mouvement involontaire dans toute autre circonstance, devrait être une règle de conduite. Tous les liens qui retenaient sont déliés, l'intérêt de parti devient pour tous les hommes le but par excellence : ce but, étant censé renfermer et la véritable vertu et le seul bonheur général, prend momentanément la place de toute autre espèce de loi. Or, dans un temps où la passion s'est mise dans le raisonnement, il n'y a qu'une sensation, c'est-à-dire quelque chose qui est un peu de la nature de la passion même, qu'il soit possible de lui opposer avec succès. Lorsque la justice est reconnue, on peut se passer de pitié ; mais une révolution, quel que soit son but, suspend l'état social, et il faut remonter à la source de toutes les lois, dans un moment où ce qu'on appelle un pouvoir légal est un nom qui n'a plus de sens. Les chefs de parti peuvent se croire assez sûrs d'eux-mêmes pour se guider toujours d'après la plus haute sagesse; mais il n'y a rien de si funeste pour eux que des sectaires privés de l'instinct de la pitié; d'abord ils sont, par cela même, incapables d'enthousiasme pour les individus : ces sentiments tiennent l'un et l'autre, quoique par des rapports différents, à la faculté de l'imagination. La fureur, la vengeance s'allient sans doute avec l'enthousiasme; mais ces mouvements, qui rendent cruels momentanément, n'ont pas d'analogie avec ce qu'on a vu de nos jours, un système continuel, et par conséquent à froid, de méconnaître toute pitié. Or quand cet affreux système existe dans les soldats, ils jugent leurs chefs tout comme leurs ennemis, ils conduisent à l'échafaud ce qu'ils avaient estimé la veille, ils appartiennent uniquement à la puissance d'un raisonnement, et dépendent, par conséquent, de tel enchaînement de mots, qui se placera dans leur tête comme un principe et des conséquences. On ne peut gouverner la foule que par des sensations. Malheur donc aux chefs qui, en étouffant dans leurs partisans tout ce qui est humain, tout ce qui est remuable enfin par l'imagination ou le sentiment, en font des assassins raisonneurs, qui marchent au crime par la métaphysique; et immolent tout au premier arrangement de syllabes qui sera pour eux de la conviction !

Cromwell retenait le peuple par la superstition; on liait les Romains par le serment; les Grecs se laissaient mener par l'enthousiasme qu'ils éprouvaient pour les grands hommes. Si l'espèce de sentiment national qui faisait en France un point d'honneur de la générosité, de cette pitié des vainqueurs, si cette espèce de sentiment ne reprend pas quelque puissance; jamais le gouvernement n'obtiendra un empire constant et volontaire sur une nation qui n'aura pas un instinct moral quelconque, par lequel on puisse l'entraîner et la réunir; car qu'y a-t-il de plus divisant au monde que le raisonnement?

Enfin, la pitié est encore nécessaire pour trouver un terme à la guerre intérieure; il n'y a point de fin aux ressources du désespoir, et les discussions les plus habiles, et les victoires les plus sanglantes, ne font qu'augmenter la haine. Une sorte d'élan de l'ame, tout composé d'enthousiasme et de pitié, arrête seul les guerres intestines, et rappelle également le mot de patrie à tous les partis qui la déchirent. Cette commotion produit plus en un jour que tous les écrits et les combinaisons politiques; l'homme lutte contre sa nature, en voulant donner à l'esprit seul la grande influence sur la destinée humaine.

Et vous, Français, vous, guerriers invincibles, vous, leurs chefs, vous qui les avez dirigés et soutenus par vos intrépides ressources, c'est à vous tous que l'on doit les triomphes de la victoire, c'est à vous qu'il appartient de proclamer la générosité! Sans l'exercice de cette vertu, quelle palme nouvelle vous resterait-il encore à cueillir? Vos ennemis sont vaincus, ils n'offrent plus aucune résistance, ils ne serviront plus à votre gloire, même par leurs défaites. Voulez-vous encore étonner? pardonnez. Vous êtes vainqueurs, la terreur ou l'enthousiasme prosternent à vos pieds plus de la moitié de l'univers; mais qu'avez-vous fait encore pour le malheur, et qu'est-ce que l'homme s'il n'a pas consolé l'homme, s'il n'a pas combattu la puissance du mal sur la terre? La plupart des gouvernements sont vindicatifs parcequ'ils craignent, parcequ'ils n'osent être cléments. Vous qui n'avez rien à redouter, vous qui devez avoir pour vous la philosophie et la victoire, soulagez toutes les infortunes véritables, toutes celles qui sont vraiment dignes de pitié : la douleur qui accuse est toujours écoutée; la douleur a raison contre les vainqueurs du monde. Que veut-on en effet du génie, des succès, de la liberté, des républiques? qu'en veut-on? quelques peines de moins, quelques espérances de plus. Vous qui rentrerez dans vos foyers, ou dans une condition privée, que serez-vous, si vous ne vous montrez pas généreux? des guerriers pendant la paix, des génies dans l'art de la guerre, alors que toutes les pensées se tourneront vers la prospérité de l'intérieur, et que les dangers passés laisseront à peine des traces. Attachez-vous à l'avenir par la vertu, fixez la reconnaissance par des bienfaits qui durent. Il n'est point de Capitole, il n'est point de triomphes qui puissent ajouter à votre éclat; vous êtes au pinacle de la gloire militaire; la générosité seule plane encore au-dessus de vos têtes. Heureuse situation que celle de la toute-puissance, quand les obstacles n'existent plus au-dehors, quand la force est en soi-même, quand on peut faire le bien sans qu'un motif étranger à la vertu vous anime, sans que le soupçon d'un tel motif puisse jamais vous approcher [1] !

[1] Dans un écrit publié il y a deux ans, dans un écrit honoré du suffrage qui pouvait le plus enorgueillir, cité par M. Fox plaidant pour la paix devant le parlement d'Angleterre, j'ai dit : *Si l'on ne fait pas la paix avec les Français cette année, qui*

J'aurais pu traiter la générosité, la pitié, la plupart des questions agitées dans cet ouvrage, sous le simple rapport de la morale qui en fait une loi ; mais je crois la vraie morale tellement d'accord avec l'intérêt général, qu'il me semble toujours que l'idée du devoir a été trouvée pour abréger l'exposé des principes de conduite qu'on aurait pu développer à l'homme d'après ses avantages personnels ; et comme dans les premières années de la vie on défend ce qui fait mal, dans l'enfance de la vie humaine on lui commande encore ce qu'il serait toujours possible de lui prouver. Heureuse, si j'ai pu convaincre l'intérêt personnel ! heureuse aussi, si j'avais diminué son activité, en présentant aux hommes une analyse exacte de ce que vaut la vie, une analyse qui démontrât que les destinées diffèrent entre elles bien plus par les caractères que par les situations ; que les plaisirs que l'on peut éprouver, dans quelques circonstances que ce soit, sont soumis à des chances certaines, qui à la longue réduisent tout au même terme ; et que ce bonheur qu'on croit toujours trouver dans les objets extérieurs n'est qu'un fantôme créé par l'imagination, qu'elle poursuit après l'avoir fait naître, et qu'elle veut atteindre au-dehors, tandis qu'il n'a d'existence qu'en elle !

sait au centre de quel empire ils la refuseront l'année prochaine ? (Réflexions sur la paix, tome I de cette édition.) Jamais prédiction, je crois, ne s'est mieux accomplie. On pourrait, avec le même degré de certitude, présager quels seraient les résultats des étonnantes victoires des Français, s'ils en abusaient, s'ils adoptaient à cet égard un système révolutionnaire. Mais il y a un si grand foyer de lumières dans ce pays; le gouvernement républicain, par sa nature même, est à la longue tellement soumis à la véritable opinion publique, que les premières conséquences doivent éclairer sur le principe, et qu'on ne persiste pas, dans ce qui ruine, avec l'aveuglement dont plusieurs cabinets monarchiques ont donné l'exemple pendant cette guerre.

DE

LA LITTÉRATURE

CONSIDÉRÉE

DANS SES RAPPORTS AVEC LES INSTITUTIONS SOCIALES.

PRÉFACE

DE LA SECONDE ÉDITION.

J'ai cru devoir répondre, dans les notes de la seconde édition de mon ouvrage, à quelques faits littéraires allégués contre les opinions qu'il renferme. J'ai tâché de rendre ce livre plus digne de l'approbation que des hommes éclairés ont bien voulu lui accorder.

J'ai cité, dans les notes ajoutées à cet ouvrage, les autorités sur lesquelles j'ai fondé les opinions littéraires qu'on a attaquées [1] : je me bornerai donc, dans cette préface, à quelques réflexions générales sur les deux manières de voir en littérature, qui forment aujourd'hui comme deux partis différents, et sur l'éloignement qu'inspire à quelques personnes le système de la perfectibilité de l'espèce humaine.

L'on m'a reproché d'avoir donné la préférence à la littérature du Nord sur celle du Midi, et l'on a appelé cette opinion une poétique nouvelle. C'est mal connaître mon ouvrage, que de supposer que j'aie eu pour but de faire une poétique. J'ai dit, dès la première page, que Voltaire, Marmontel et La Harpe ne laissaient rien à désirer à cet égard; mais je voulais montrer le rapport qui existe entre la littérature et les institutions sociales de chaque siècle et de chaque pays; et ce travail n'avait encore été fait dans aucun livre connu. Je voulais prouver aussi que la raison et la philosophie ont toujours acquis de nouvelles forces à travers les malheurs sans nombre de l'espèce humaine. Mon goût en poésie est peu de chose à côté de ces grands résultats. Les vers

---

[1] Ces notes contiennent les preuves qui constatent : 1° que les Romains ont étudié la philosophie, ont possédé des historiens connus, des orateurs célèbres et de grands jurisconsultes, avant d'avoir eu des poètes; 2° que leurs auteurs tragiques n'ont fait qu'imiter les Grecs et les sujets grecs; 3° je développe un fait que je croyais trop authentique pour avoir besoin d'être expliqué: c'est que les chants de l'Ossian étaient connus en Écosse et en Angleterre par ceux des hommes de lettres qui savaient la langue gallique, long-temps avant que Macpherson eût fait de ces chants un poëme, et que les fables islandaises et les poésies scandinaves, qui ont été le type de la littérature du Nord en général, ont le plus grand rapport avec le caractère de la poésie d'Ossian. On trouve tous les détails qui peuvent faire connaître les poésies scandinaves dans l'excellente introduction de Mallet à l'*Histoire du Danemark*. Enfin, dans une note de la seconde partie de mon ouvrage, j'essaie d'indiquer quelles sont les règles sévères que l'on doit suivre, relativement à l'adoption des mots nouveaux dans une langue.

de Thompson me touchent plus que les sonnets de Pétrarque. J'aime mieux les poésies de Gray que les chansons d'Anacréon. Mais cette manière d'être affectée n'a que des rapports très indirects avec le plan général de mon ouvrage; et celui qui aurait des opinions tout-à-fait contraires aux miennes sur les plaisirs de l'imagination, pourrait encore être entièrement de mon avis sur les rapprochements que j'ai faits entre l'état politique des peuples et leur littérature; il pourrait être entièrement de mon avis sur les observations philosophiques et l'enchaînement des idées qui m'ont servi à tracer l'histoire des progrès de la pensée depuis Homère jusqu'à nos jours.

L'on peut remarquer aujourd'hui, parmi les littérateurs français, deux opinions opposées, qui pourraient conduire toutes deux, par leur exagération, à la perte du goût ou du génie littéraire. Les uns croient ajouter à l'énergie du style en le remplissant d'images incohérentes, de mots nouveaux, d'expressions gigantesques. Ces écrivains nuisent à l'art, sans rien ajouter à l'éloquence ni à la pensée. De tels efforts étouffent les dons de la nature, au lieu de les perfectionner. D'autres littérateurs veulent nous persuader que le bon goût consiste dans un style exact, mais commun, servant à revêtir des idées plus communes encore.

Ce second système expose beaucoup moins à la critique. Ces phrases connues depuis si long-temps sont comme les habitués de la maison; on les laisse passer sans leur rien demander. Mais il n'existe pas un écrivain éloquent ou penseur, dont le style ne contienne des expressions qui ont étonné ceux qui les ont lues pour la première fois, ceux du moins que la hauteur des idées ou la chaleur de l'ame n'avaient point entraînés.

Lorsque Bossuet dit cette superbe phrase : « Averti par mes cheveux blancs de consacrer au troupeau que je dois nourrir de la parole de vie les restes d'une voix qui tombe et d'une ardeur qui s'éteint, » il s'est trouvé sûrement quelques malheureux critiques qui ont demandé ce que c'était que « les restes d'une voix et d'une ardeur, » ce que c'était que « des cheveux qui avertissent. » Lorsque le même orateur s'écrie, en parlant de madame Henriette : « La voilà telle que la mort nous l'a faite, » nul doute qu'un littérateur d'alors n'eût pu blâmer cette superbe expression, et la défigurer en y changeant le moindre mot. Lorsque Pascal a écrit : « L'homme est un roseau, le plus faible de la nature; mais c'est un roseau pensant, » un critique, séparant la première phrase de la seconde, aurait pu dire : Savez-vous que Pascal appelle l'homme « un roseau pensant? » Le plus parfait de nos poètes, Racine, est celui dont les expressions hardies ont excité le plus de censures; et le plus éloquent de nos écrivains, l'auteur d'*Émile* et d'*Héloïse*, est celui de tous sur lequel un esprit insensible au charme de l'éloquence pourrait exercer le plus facilement sa critique. Qui reconnaîtrait, en effet, le style de Rousseau, si l'on partageait en deux ses phrases, si l'on les séparait de leur progression, de leur intérêt, de leur mouvement, et si l'on détachait de ses écrits quelques mots, bizarres lorsqu'ils sont isolés, tout puissants lorsqu'on les met à leur place [1] ?

---

[1] Il est peut-être à propos de remarquer que les hommes qui, depuis quelque temps, forment un tribunal littéraire, évitent, en citant nos meilleurs auteurs français, de nommer J.-J. Rousseau. Il n'est pas probable toutefois qu'ils oublient l'écrivain qui a donné le plus de chaleur, de force et de vie à la parole; l'écrivain qui cause

Je le répète, un style commun n'a rien à craindre de ces attaques. Subdivisez les phrases de ce style autant que vous le voudrez, les mots qui les composent se rejoindront d'eux-mêmes, « accoutumés qu'ils sont à se trouver ensemble; mais jamais un écrivain n'exprima le sentiment qu'il éprouvait, jamais il ne développa les pensées qui lui appartenaient réellement, sans porter dans son style ce caractère d'originalité qui seul attache et captive l'intérêt et l'imagination des lecteurs.

Les paradoxes sans doute sont aussi des idées communes. Il suffit presque toujours de retourner une vérité banale pour en faire un paradoxe. Il en est de même d'une manière d'écrire exagérée; ce sont des expressions froides dont on fait des expressions fausses. Mais il ne faut pas tracer autour de la pensée de l'homme un cercle dont il lui soit défendu de sortir; car il n'y a pas de talent là où il n'existe pas de création, soit dans les pensées, soit dans le style.

Voltaire, qui succédait au siècle de Louis XIV, chercha dans la littérature anglaise quelques beautés nouvelles qu'il pût adapter au goût françois [1]. Presque tous nos poëtes de ce siècle ont imité les Anglais. Saint-Lambert s'est enrichi des images de Thompson; Delille a emprunté du genre anglais quelques unes de ses beautés descriptives; le *Cimetière* de Gray ne lui fut point inconnu : il a servi de modèle, sous quelques rapports, à Fontanes dans une de ses meilleures pièces, *le Jour des Morts dans une campagne*. Pourquoi donc désavouerions-nous le mérite des ouvrages que nos bons auteurs ont souvent imités ?

Sans doute, je n'ai cessé de le répéter dans ce livre, aucune beauté littéraire n'est durable, si elle n'est soumise au goût le plus parfait. J'ai employé la première un mot nouveau, LA VULGARITÉ, trouvant qu'il n'existait pas encore assez de termes pour proscrire à jamais toutes les formes qui supposent peu d'élégance dans les images et peu de délicatesse dans l'expression. Mais le talent consiste à savoir respecter les vrais préceptes du goût, en introduisant dans notre littérature tout ce qu'il y a de beau, de sublime, de touchant, dans la nature sombre, que les écrivains du Nord ont su peindre; et si c'est ignorer l'art que de vouloir faire adopter en France toutes les incohérences des tragiques anglais et allemands, il faut être insensible au génie de l'éloquence, il faut être à jamais privé du talent d'émouvoir fortement les ames, pour ne pas admirer ce qu'il y a de passionné dans les affections, ce qu'il y a de profond dans les pensées que ces habitants du Nord savent éprouver et transmettre.

à ses lecteurs une émotion si profonde, qu'il est impossible de le juger en simple littérateur. L'on se sent entraîné par lui comme par un ami, un séducteur ou un maître. Serait-il possible que l'éclat du talent ne pût, devant certains juges, obtenir grace pour l'amour ardent de la liberté? Serait-il vrai qu'une ame fière et indépendante, de quelque supériorité qu'elle soit douée, ne doit attendre des adversaires des idées philosophiques qu'injustice ou silence: injustice, lorsqu'ils peuvent l'attaquer encore; silence, lorsqu'une gloire consacrée la place au-dessus de leurs efforts?

[1] Voltaire aurait désavoué, je crois, cette phrase du *Mercure*, qui paraîtra dénuée de vérité à tous les Anglais, comme à tous ceux qui ont étudié la littérature anglaise : « On « serait étonné de voir que la renommée de Shakspeare ne s'est si fort accrue, EN « ANGLETERRE MÊME, QUE DEPUIS LES ÉLOGES DE VOLTAIRE. » Addison, Dryden, les auteurs les plus célèbres de la littérature anglaise, ont vanté Shakspeare avec enthousiasme, long-temps avant que Voltaire en eût parlé.

PRÉFACE.

Il est impossible d'être un bon littérateur sans avoir étudié les auteurs anciens, sans connaître parfaitement les ouvrages classiques du siècle de Louis XIV. Mais l'on renoncerait à posséder désormais en France de grands hommes dans la carrière de la littérature, si l'on blâmait d'avance tout ce qui peut conduire à un nouveau genre, ouvrir une route nouvelle à l'esprit humain, offrir enfin un avenir à la pensée; elle perdrait bientôt toute émulation, si on lui présentait toujours le siècle de Louis XIV comme un modèle de perfection, au-delà duquel aucun écrivain éloquent ni penseur ne pourra jamais s'élever.

J'ai distingué avec soin, dans mon ouvrage, ce qui appartient aux arts d'imagination, de ce qui a rapport à la philosophie; j'ai dit que ces arts n'étaient point susceptibles d'une perfection indéfinie, tandis qu'on ne pouvait prévoir le terme où s'arrêterait la pensée. L'on m'a reproché de n'avoir pas rendu un juste hommage aux anciens. J'ai répété néanmoins de diverses manières que la plupart des inventions poétiques nous venaient des Grecs; que la poésie des Grecs n'avait « été ni surpassée ni même égalée par les modernes [1] : » mais je n'ai pas dit, il est vrai, que depuis près de trois mille ans les hommes n'avaient pas acquis une pensée de plus; et c'est un grand tort dans l'esprit de ceux qui condamnent l'espèce humaine au supplice de Sisyphe, à retomber toujours après s'être élevée.

D'où vient donc que ce système de la perfectibilité de l'espèce humaine déchaîne maintenant toutes les passions politiques? quel rapport peut-il avoir avec elles [2]?

[1] J'ai soutenu que, dans les bons ouvrages modernes, l'expression de l'amour avait acquis plus de délicatesse et de profondeur que chez les anciens, parcequ'il est un certain genre de sensibilité qui s'augmente en proportion des idées. Les objections mêmes qui m'ont été faites me fournissent quelques nouveaux arguments en faveur de mon opinion. J'en citerai deux pour exemple; le reste se trouvera dans les notes de l'ouvrage. On a demandé si l'expression de l'amour avait fait des progrès depuis l'Héloïse du douzième siècle. Les lettres latines qui nous restent d'Héloïse ne peuvent pas soutenir un instant la comparaison avec le ravissant langage que Pope lui a prêté dans son épître. On a demandé s'il existait rien de plus touchant que la rencontre d'Énée et d'Andromaque dans l'*Énéide*, lorsque Andromaque s'écrie, en le voyant : « Hector, *ubi est?* Hector, où est-il? » Je pourrais récuser une objection tirée de Virgile, puisque je l'ai cité comme *le poète le plus sensible*; mais en acceptant même cette objection, je dirai que, lorsque Racine a voulu mettre Andromaque sur la scène, il a cru que la délicatesse des sentiments exigeait qu'il lui attribuât la résolution de se tuer, si elle se voyait contrainte à épouser Pyrrhus; et Virgile donne à son Andromaque deux maris depuis la mort d'Hector, Pyrrhus et Hélénus, sans penser que cette circonstance puisse nuire en rien à l'intérêt qu'elle doit inspirer. Si l'on joint à ces deux exemples ceux que l'on trouvera cités dans ce livre, si l'on examine avec soin tous les ouvrages de l'antiquité, l'on verra qu'il n'en est pas un qui ne confirme la supériorité des Romains sur les Grecs, de Tibulle sur Anacréon, de Virgile sur Homère, dans tout ce qui tient à la sensibilité; et l'on verra de même que Racine, Voltaire, Pope, Rousseau, Goëthe, etc., ont peint l'amour avec une sorte de délicatesse, de culte, de mélancolie et de dévouement, qui devrait être tout-à-fait étrangère aux mœurs, aux lois et au caractère des anciens.

[2] Ce système a donné lieu à tant d'interprétations absurdes, que je me crois obligée d'indiquer le sens précis que je lui donne dans mon ouvrage. Premièrement, en parlant de la perfectibilité de l'esprit humain, je ne prétends pas dire que les modernes aient une puissance d'esprit plus grande que celle des anciens, mais seulement que la masse des idées en tout genre s'augmente avec les siècles. Secondement, en parlant

Ceux qui pensent que leurs opinions, en fait de gouvernement, les obligent à combattre la perfectibilité de l'esprit humain, font, ce me semble, un grand acte de modestie. Les partisans de la monarchie, comme ceux de la république, doivent penser que la constitution qu'ils préfèrent est favorable à l'amélioration de la société et aux progrès de la raison : s'ils n'en étaient pas convaincus, comment pourraient-ils soutenir leur opinion en conscience? Le système de la perfectibilité de l'espèce humaine a été celui de tous les philosophes éclairés depuis cinquante ans ; ils l'ont soutenu sous toutes les formes de gouvernement possibles [1]. Les professeurs écossais, Ferguson en particulier, ont développé ce système sous la monarchie libre de la Grande-Bretagne. Kant le soutient ouvertement sous le régime encore féodal de l'Allemagne. Turgot l'a professé sous le gouvernement arbitraire mais modéré du dernier règne ; et Condorcet, dans la proscription où l'avait jeté la sanguinaire tyrannie qui devait le faire désespérer de la république, Condorcet, au comble de l'infortune, écrivait encore en faveur de la perfectibilité de l'espèce humaine ; tant les esprits penseurs ont attaché d'importance à ce système, qui promet aux hommes sur cette terre quelques uns des bienfaits d'une vie immortelle, un avenir sans bornes, une continuité sans interruption.[2]

Ce système ne peut être contraire aux idées religieuses. Les prédicateurs éclairés ont toujours représenté la morale religieuse comme un moyen d'améliorer l'espèce humaine ; j'ai tâché de prouver que les préceptes du christianisme y avaient contribué efficacement. Il n'est donc aucune opinion, excepté celle qui défendrait de penser, de lire et d'écrire ; il n'est aucun gouvernement, excepté le gouvernement despotique, qui puisse s'avouer contraire à la perfectibilité de l'espèce humaine. Quels sont donc les dangers qu'un esprit raisonnable et indépendant peut redouter d'un tel système ?

de la perfectibilité de l'espèce humaine, je ne fais nullement allusion aux rêveries de quelques penseurs sur un avenir sans vraisemblance, mais aux progrès successifs de la civilisation dans toutes les classes et dans tous les pays.

[1] Un des caractères les plus frappants dans l'homme, dit le citoyen Talleyrand dans son Rapport sur l'instruction publique du 10 septembre 1791, page 7, c'est la perfectibilité ; et ce caractère, sensible dans l'individu, l'est bien plus encore dans l'espèce : car peut-être n'est-il pas impossible de dire de tel homme en particulier qu'il est parvenu au point où il pouvait atteindre, et il le sera éternellement de l'affirmer de l'espèce entière, dont la richesse intellectuelle et morale s'accroît sans interruption de tous les produits des peuples antérieurs.

[2] Godwin aussi, dans son ouvrage sur la justice politique, soutient le même système ; mais, quoique ce soit un homme de beaucoup d'esprit, sa raison ne m'a pas paru assez sûre pour le citer jamais comme une autorité. L'on a prétendu que j'avais pris quelques idées de mon ouvrage, où il n'est question que de littérature, dans la justice politique de Godwin ; je réponds par une dénégation simple. Je défie qu'on cite une seule idée de cet ouvrage que j'aie mise dans le mien, excepté le système de la perfectibilité de l'espèce humaine, qui heureusement n'appartient pas plus à moi qu'à Godwin. Je crois avoir essayé la première d'appliquer ce système à la littérature ; mais j'attache un grand prix à montrer combien de philosophes respectables ont, avant moi, soutenu victorieusement cette opinion, considérée d'une manière générale ; et je ne pense pas, comme un littérateur de nos jours, que ce soit la charmante pièce de vers de Voltaire, intitulée *le Mondain*, qui ait donné l'idée de la perfectibilité de l'espèce humaine, et qui *contienne l'extrait de tout ce qu'il y a de meilleur dans les longues théories sur cette perfectibilité*.

Dira-t-on que des monstres barbares ont fait de cette opinion le prétexte de leurs forfaits ? Mais la Saint-Barthélemy commande-t-elle l'athéisme ? mais les crimes de Charles IX et de Tibère ont-ils à jamais proscrit le pouvoir d'un seul dans tous les pays ? De quoi les hommes n'ont ils pas abusé ? L'air et le feu leur servent à se tuer, et la nature entière est entre leurs mains un moyen de destruction. En résulte-t-il qu'il ne faille pas accorder à ce qui est bien le rang que ce qui est bien mérite ? et faut-il dégrader toujours plus l'espèce humaine, à mesure qu'elle abuse d'une idée généreuse ? On dirait que les préjugés, les bassesses et les mensonges n'ont pas fait de mal à l'espèce humaine, tant on se montre sévère pour la philosophie, la liberté et la raison.

Ce que je crois plutôt, c'est que les détracteurs du système de la perfectibilité de l'espèce humaine n'ont pas médité sur les véritables bases de cette opinion En effet, ils conviennent que les sciences font des progrès continuels, et ils veulent que la raison n'en fasse pas. Mais les sciences ont une connexion intime avec toutes les idées dont se compose l'état moral et politique des nations. En découvrant la boussole, on a découvert le nouveau monde; et l'Europe morale et politique a depuis ce temps éprouvé des changements considérables. L'imprimerie est une découverte des sciences. Si l'on dirigeait un jour la navigation aérienne, combien les rapports de la société ne seraient-ils pas différents ?

La superstition est à la longue inconciliable avec les progrès des sciences positives. Les erreurs en tout genre se rectifient successivement par l'esprit de calcul. Enfin, comment peut-on imaginer que l'on mettra les sciences tellement en dehors de la pensée, que la raison humaine ne se ressentira point des immenses progrès que l'on fait chaque jour dans l'art d'observer et de diriger la nature physique ? Les lumières de l'expérience et de l'observation n'existent-elles pas aussi dans l'ordre moral, et ne donnent-elles pas aussi d'utiles secours aux développements successifs de tous les genres de réflexions ? Je dirai plus, les progrès des sciences rendent nécessaires les progrès de la morale ; car, en augmentant la puissance de l'homme, il faut fortifier le frein qui l'empêche d'en abuser. Les progrès des sciences rendent nécessaires aussi les progrès de la politique. L'on a besoin d'un gouvernement plus éclairé, qui respecte davantage l'opinion publique au milieu des nations où les lumières s'étendent chaque jour ; et quoiqu'on puisse toujours opposer les désastres de quelques années à des raisonnements qui ont pour base les siècles, il n'en est pas moins vrai que jamais aucune contrée de l'Europe ne supporterait maintenant la longue succession de tyrannies basses et féroces qui ont accablé les Romains. Il importe d'ailleurs de distinguer entre la perfectibilité de l'espèce humaine et celle de l'esprit humain. L'une se manifeste encore plus clairement que l'autre. Chaque fois qu'une nation nouvelle, telle que l'Amérique, la Russie, etc., a fait des progrès vers la civilisation, l'espèce humaine s'est perfectionnée ; chaque fois qu'une classe inférieure est sortie de l'esclavage ou de l'avilissement, l'espèce humaine s'est encore perfectionnée. Les lumières gagnent évidemment en étendue, quand même on essaierait de leur disputer encore qu'elles croissent en élévation et en profondeur. Enfin il faudrait composer un livre pour réfuter tout ce qu'on se permet de dire dans un temps où les intérêts personnels sont encore si fortement agités. Mais ce livre, c'est le temps qui le fera ; et la postérité ne partagera pas plus la petite fureur qu'excitent aujourd'hui les idées philosophiques, que les atroces sentiments que la terreur avait développés :

> Les fils sont plus grands que leurs pères,
> Et leurs cœurs n'en sont pas jaloux.

Ces vers, justement appliqués aux exploits militaires dont nous sommes des glorieux contemporains, ces vers seront vrais aussi pour les progrès de la raison; et malheur à qui n'en aurait pas dans son cœur le noble pressentiment !

Pourquoi les esprits distingués, quelle que soit la carrière qu'ils suivent, ne réunissent-ils pas leurs efforts pour soutenir toutes les idées qui ont en elles de la grandeur et de l'élévation ? Ne voient-ils pas de tous côtés les sentiments les plus vils, l'avidité la plus basse s'emparer chaque jour d'un caractère de plus, dégrader chaque jour quelques hommes sur lesquels on avait reposé son estime? Que restera-t-il donc à ceux qui mettent encore de l'intérêt aux progrès de la pensée, ou qui, se bornant même aux arts d'imagination, veulent exclure tout le reste? Ils attaquent la philosophie, bientôt ils la regretteront ; bientôt ils reconnaitront qu'en dégradant l'esprit, ils affaiblissent ce ressort de l'ame qui fait aimer la poésie, qui fait partager son généreux enthousiasme.

Tous les vices se coalisent, tous les talents devraient se rapprocher : s'ils se réunissent, ils feront triompher le mérite personnel; s'ils s'attaquent mutuellement, les calculateurs heureux se placeront aux premiers rangs, et tourneront en dérision toutes les affections désintéressées, l'amour de la vérité, l'ambition de la gloire, et l'émulation qu'inspire l'espoir d'être utile aux hommes et de perfectionner leur raison [1].

DISCOURS PRÉLIMINAIRE.

Je me suis proposé d'examiner quelle est l'influence de la religion, des mœurs et des lois sur la littérature, et quelle est l'influence de la littérature sur la religion, les mœurs et les lois. Il existe dans la langue française, sur l'art d'écrire et sur les principes du goût, des traités qui ne laissent rien à desirer [2] ; mais il me semble que l'on n'a pas

---

[1] Après avoir réfuté les diverses objections qui ont été faites contre mon ouvrage, je sais fort bien qu'il est un genre d'attaque qui peut éternellement se répéter; ce sont toutes les insinuations qui ont pour objet de me blâmer, comme femme, d'écrire et de penser. J'offre d'avance la traduction de toutes ces sortes de critiques dans les vers de Molière que je rappelle ici :

> Non, non, je ne veux point d'un esprit qui soit haut;
> Et femme qui compose en sait plus qu'il ne faut.
> Je prétends que la mienne, en clartés peu sublime,
> Même ne sache pas ce que c'est qu'une rime ;
> Et c'est assez pour elle, à vous en bien parler,
> De savoir prier Dieu, m'aimer, coudre, et filer.
>
> ARNOLPHE, dans l'*École des femmes*.

Je conçois qu'on puisse se plaire dans ces plaisanteries, quoiqu'elles soient un peu usées; mais je ne comprends pas comment il serait possible que mon caractère ou mes écrits inspirassent des sentiments amers. Un motif quelconque peut en suggérer le langage; mais, en vérité, je ne crois pas que personne les éprouve réellement.

[2] Les ouvrages de Voltaire, ceux de Marmontel et de la Harpe.

suffisamment analysé les causes morales et politiques qui modifient l'esprit de la littérature. Il me semble que l'on n'a pas encore considéré comment les facultés humaines se sont graduellement développées par les ouvrages illustres en tout genre qui ont été composés depuis Homère jusqu'à nos jours.

J'ai essayé de rendre compte de la marche lente, mais continuelle, de l'esprit humain dans la philosophie, et de ses succès rapides, mais interrompus, dans les arts. Les ouvrages anciens et modernes qui traitent des sujets de morale, de politique ou de science, prouvent évidemment les progrès successifs de la pensée, depuis que son histoire nous est connue. Il n'en est pas de même des beautés poétiques qui appartiennent uniquement à l'imagination. En observant les différences caractéristiques qui se trouvent entre les écrits des Italiens, des Anglais, des Allemands et des Français, j'ai cru pouvoir démontrer que les institutions politiques et religieuses avaient la plus grande part à ces diversités constantes. Enfin, en contemplant et les ruines et les espérances que la révolution française a, pour ainsi dire, confondues ensemble, j'ai pensé qu'il importait de connaître quelle était la puissance que cette révolution a exercée sur les lumières, et quels efforts il pourrait en résulter un jour, si l'ordre et la liberté, la morale et l'indépendance républicaine étaient sagement et politiquement combinés.

Avant d'offrir un aperçu plus détaillé du plan de cet ouvrage, il est nécessaire de retracer l'importance de la littérature considérée dans son acception la plus étendue, c'est-à-dire renfermant en elle les écrits philosophiques et les ouvrages d'imagination, tout ce qui concerne enfin l'exercice de la pensée dans les écrits, les sciences physiques exceptées.

Je vais examiner d'abord la littérature d'une manière générale dans ses rapports avec la vertu, la gloire, la liberté et le bonheur; et s'il est impossible de ne pas reconnaître quel pouvoir elle exerce sur ces grands sentiments, premiers mobiles de l'homme, c'est avec un intérêt plus vif qu'on s'unira peut-être à moi pour suivre les progrès et pour observer le caractère dominant des écrivains de chaque pays et de chaque siècle.

Que ne puis-je rappeler tous les esprits éclairés à la jouissance des méditations philosophiques! Les contemporains d'une révolution perdent souvent tout intérêt à la recherche de la vérité. Tant d'événements décidés par la force, tant de crimes absous par le succès, tant de vertus flétries par le blâme, tant d'infortunes insultées par le pouvoir, tant de sentiments généreux devenus l'objet de la moquerie, tant de vils calculs hypocritement commentés; tout lasse de l'espérance les hommes les plus fidèles au culte de la raison. Néanmoins ils doivent se ranimer en observant, dans l'histoire de l'esprit humain, qu'il n'a existé ni une pensée utile, ni une vérité profonde, qui n'ait trouvé son siècle et ses admirateurs. C'est sans doute un triste effort que de transporter son intérêt, de reposer son attente à travers l'avenir, sur nos successeurs, sur les étrangers bien loin de nous, sur les inconnus, sur tous les hommes enfin dont le souvenir et l'image ne peuvent se retracer à notre esprit. Mais, hélas! si l'on en excepte quelques amis inaltérables, la plupart de ceux qu'on se rappelle après dix années de révolution contristent votre cœur, étouffent vos mouvements, en imposent à votre talent même, non par leur supériorité, mais par cette malveillance qui ne cause de la douleur qu'aux ames douces, et ne fait souffrir que ceux qui ne la méritent pas.

Enfin relevons-nous sous le poids de l'existence; ne donnons pas à nos injustes ennemis, et à nos amis ingrats, le triomphe d'avoir abattu nos facultés intellectuelles. Ils réduisent à chercher la gloire, ceux qui se seraient contentés des affections : eh bien! il faut l'atteindre. Ces essais ambitieux ne porteront point remède aux peines de l'ame, mais ils honoreront la vie. La consacrer à l'espoir toujours trompé du bonheur, c'est la rendre encore plus infortunée. Il vaut mieux réunir tous ses efforts pour descendre avec quelque noblesse, avec réputation, la route qui conduit de la jeunesse à la mort.

De l'importance de la littérature dans ses rapports avec la vertu.

La parfaite vertu est le beau idéal du monde intellectuel. Il y a quelques rapports entre l'impression qu'elle produit sur nous et le sentiment que fait éprouver tout ce qui est sublime, soit dans les beaux arts, soit dans la nature physique. Les proportions régulières des statues antiques, l'expression calme et pure de certains tableaux, l'harmonie de la musique, l'aspect d'un beau site dans une campagne féconde, nous transportent d'un enthousiasme qui n'est pas sans analogie avec l'admiration qu'inspire le spectacle des actions honnêtes. Les bizarreries, inventées ou naturelles, étonnent un moment l'imagination; mais la pensée ne se repose que dans l'ordre. Quand on a voulu donner une idée de la vie à venir, on a dit que l'esprit de l'homme retournerait dans le sein de son créateur : c'était peindre quelque chose de l'émotion qu'on éprouve lorsque, après les longs égarements des passions, on entend tout-à-coup cette magnifique langue de la vertu, de la fierté, de la pitié, et qu'on trouve encore que son ame entière y est sensible.

La littérature ne puise ses beautés durables que dans la morale la plus délicate. Les hommes peuvent abandonner leurs actions au vice, mais jamais leur jugement. Il n'est donné à aucun poëte, quel que soit son talent, de faire sortir un effet tragique d'une situation qui admettrait en principe une immoralité. L'opinion, si vacillante sur les événements réels de la vie, prend un caractère de fixité quand on lui présente à juger des tableaux d'imagination. La critique littéraire est bien souvent un traité de morale. Les écrivains distingués, en se livrant seulement à l'impulsion de leur talent, découvriraient ce qu'il y a de plus héroïque dans le dévouement, de plus touchant dans les sacrifices. Étudier l'art d'émouvoir les hommes, c'est approfondir les secrets de la vertu.

Les chefs-d'œuvre de la littérature, indépendamment des exemples qu'ils présentent, produisent une sorte d'ébranlement moral et physique, un tressaillement d'admiration qui nous dispose aux actions généreuses. Les législateurs grecs attachaient une haute importance à l'effet que pouvait produire une musique guerrière ou voluptueuse. L'éloquence, la poésie, les situations dramatiques, les pensées mélancoliques agissent aussi sur les organes, quoiqu'elles s'adressent à la réflexion. La vertu devient alors une impulsion involontaire, un mouvement qui passe dans le sang, et vous entraîne irrésistiblement comme les passions les plus impérieuses. Il est à regretter que les écrits qui paraissent de nos jours n'excitent pas plus souvent ce noble enthousiasme. Le goût se forme sans doute par la lecture de tous les chefs-d'œuvre déjà connus dans notre littérature; mais nous nous y accoutumons dès l'enfance, chacun de nous est frappé de leurs beautés à des époques différentes, et reçoit isolément l'impression qu'elles doivent produire. Si nous assistions en foule aux premières représentations d'une tragédie digne de Racine, si nous lisions Rousseau, si nous écoutions Cicéron se faisant entendre pour la première fois au milieu de nous, l'intérêt de la surprise et de la curiosité fixerait l'attention sur des vérités délaissées; et le talent, commandant en maître à tous les esprits, rendrait à la morale un peu de ce qu'il a reçu d'elle; il rétablirait le culte auquel il doit son inspiration.

Il existe une telle connexion entre toutes les facultés de l'homme, qu'en perfectionnant même son goût en littérature, on agit sur l'élévation de son caractère : on éprouve soi-même quelque impression du langage dont on se sert; les images qu'il nous retrace modifient nos dispositions. Chaque fois qu'appelé à choisir entre différentes expressions, l'écrivain ou l'orateur se détermine pour celle qui rappelle l'idée la plus délicate, son esprit choisit entre ces expressions, comme son ame devrait se décider dans les actions de la vie; et cette première habitude peut conduire à l'autre.

Le sentiment du beau intellectuel, alors même qu'il s'applique aux objets de littérature, doit inspirer de la répugnance pour tout ce qui est vil et féroce; et cette aversion involontaire est une garantie presque aussi sûre que les principes réfléchis.

On est honteux de justifier l'esprit, tant il paraît évident, au premier aperçu, que ce doit être un grand avantage. Néanmoins on s'est plu quelquefois, par une sorte d'abus de l'esprit même, à nous tracer ses inconvénients. Une équivoque de mots a seule donné quelque apparence de raison à ce paradoxe. Le véritable esprit n'est autre chose que la faculté de bien voir; le sens commun est beaucoup plutôt de l'esprit que les idées fausses. Plus de bon sens, c'est plus d'esprit; le génie, c'est le bon sens appliqué aux idées nouvelles. Le génie grossit le trésor du bon sens; il conquiert pour la raison. Ce qu'il découvre aujourd'hui sera dans peu généralement connu, parceque les vérités importantes une fois découvertes frappent tout le monde presque également. Les sophismes, les aperçus appelés ingénieux, quoiqu'ils manquent de justesse, tout ce qui diverge enfin, doit être uniquement considéré comme un défaut. L'esprit donc ainsi assimilé, sous tous les rapports, à la raison supérieure, ne peut pas plus nuire qu'elle. Encourager l'esprit dans une nation, appeler aux emplois publics les hommes qui ont de l'esprit, c'est faire prospérer la morale.

On attribue souvent à l'esprit toutes les fautes qui viennent de n'avoir pas assez d'esprit. Les demi-réflexions, les demi-aperçus troublent l'homme sans l'éclairer. La vertu est à la fois une affection de l'ame et une vérité démontrée; il faut la sentir ou la comprendre. Mais si vous prenez du raisonnement ce qui trouble l'instinct, sans atteindre à ce qui peut en tenir lieu, ce ne sont pas les qualités que vous possédez qui vous perdent, ce sont celles qui vous manquent. A tous les malheurs humains, cherchez le remède plus haut. Si vous tournez vos regards vers le ciel, vos pensées s'ennoblissent : c'est en s'élevant que l'on trouve l'air plus pur, la lumière plus éclatante. Excitez l'homme enfin à tous les genres de supériorité, ils serviront tous au perfectionnement de sa morale. Les grands talents obtiennent des applaudissements, et une bienveillance qui porte à la douceur l'ame de ceux qui les possèdent. Voyez les hommes cruels : ils sont, pour la plupart, dépourvus de facultés distinguées. Le hasard même a frappé leur figure de quelques désavantages repoussants; ils se vengent sur l'ordre social de ce que la nature leur a refusé. Je me confie sans crainte à ceux qui doivent être contents du sort, à ceux qui peuvent, de quelque manière, mériter les suffrages des hommes. Mais celui qui ne saurait obtenir de ses semblables aucun témoignage d'approbation volontaire, quel intérêt a-t-il à la conservation de la race humaine? Celui que l'univers admire a besoin de l'univers.

On a souvent répété que les historiens, les auteurs comiques, tous ceux enfin qui ont étudié les hommes pour les peindre, devenaient indifférents au bien et au mal. Une certaine connaissance des hommes peut produire un tel effet; une connaissance plus approfondie conduit au résultat contraire. Celui qui peint les hommes comme Saint-Simon ou Duclos ne fait qu'ajouter à la légèreté de leurs opinions et de leurs mœurs; mais celui qui les jugerait comme Tacite serait nécessairement utile à son siècle. L'art d'observer les caractères, d'en expliquer les motifs, d'en faire ressortir les couleurs, est d'une telle puissance sur l'opinion, que, dans tout pays où la liberté de la presse est établie, aucun homme public, aucun homme connu ne résisterait au mépris, si le talent l'infligeait. Quelles belles formes d'indignation la haine du crime n'a-t-elle pas fait découvrir à l'éloquence? quelle puissance vengeresse de tous les sentiments généreux! Rien ne peut égaler l'impression que font éprouver certains mouvements de l'ame ou des portraits hardiment tracés. Les tableaux du vice laissent un souvenir ineffaçable, alors qu'ils sont l'ouvrage d'un écrivain profondément observateur. Il analyse des sentiments intimes, des détails inaperçus; et souvent une expression énergique s'attache à la vie d'un homme coupable, et fait un avec lui dans le jugement du public. C'est encore une utilité morale du talent littéraire, que cet opprobre imprimé sur les actions par l'art de les peindre [1].

Il me reste à parler de l'objection qu'on peut tirer des ouvrages où l'on a peint avec talent les mœurs condamnables. Sans doute de tels écrits pourraient nuire à la morale, s'ils produisaient une profonde impression; mais ils ne laissent jamais qu'une trace légère, et les sentiments véritables l'effacent bien aisément. Les ouvrages gais sont en général un simple délassement de l'esprit, dont il conserve très peu de souvenir. La nature humaine est sérieuse, et dans le silence de la méditation l'on ne recherche que les écrits raisonnables ou sensibles. C'est dans ce genre seul que la gloire littéraire a été acquise, et qu'on peut reconnaître sa véritable influence.

Dirait-on que la carrière des lettres détourne l'homme, et de ses devoirs domestiques, et des services politiques qu'il pourrait rendre à son pays? Nous n'avons plus d'exemples de ces républiques qui donnaient à chaque citoyen sa part d'influence sur le sort de la patrie; nous sommes encore plus loin de cette vie patriarcale qui concentrait tous les sentiments dans l'intérieur de sa famille. Dans l'état actuel de l'Europe, les progrès de la littérature doivent servir au développement de toutes les idées généreuses. Ce qu'on mettrait à la place de ces progrès, ce ne seraient ni des vertus publiques ni des affections privées, mais les plus avides calculs de l'égoïsme ou de la vanité.

La plupart des hommes, épouvantés des vicissitudes effroyables dont les événements politiques nous ont offert l'exemple, ont perdu maintenant tout intérêt au perfectionnement d'eux-mêmes, et sont trop frappés de la puissance du hasard pour croire à l'ascendant des

---

[1] Sans doute on pourrait opposer à l'utilité qu'on peut espérer de la publicité du vrai, les dégoûtants libelles dont la France a été souillée; mais je n'ai voulu parler que des services qu'on doit attendre du talent; et le talent craint de s'avilir par le mensonge : il craint de tout confondre, car il perdrait alors son rang parmi les hommes. En toutes choses ce qui est rassurant, c'est la supériorité; et ce qu'il faut craindre, ce sont tous les défauts qu'entraîne la pauvreté de l'esprit ou de l'ame.

facultés intellectuelles. Si les Français cherchaient à obtenir de nouveau des succès dans la carrière littéraire et philosophique, ce serait un premier pas vers la morale; le plaisir même causé par les succès de l'amour-propre formerait quelques liens entre les hommes. Nous sortirions par degrés du plus affreux période de l'esprit public, l'égoïsme de l'état de nature combiné avec l'active multiplicité des intérêts de la société, la corruption sans politesse, la grossièreté sans franchise, la civilisation sans lumières, l'ignorance sans enthousiasme ; enfin cette sorte de *désabusé*, maladie de quelques hommes supérieurs, dont les esprits bornés se croient atteints alors que, tout occupés d'eux-mêmes, ils se sentent indifférents aux malheurs des autres.

De la littérature dans ses rapports avec la gloire.

Si la littérature peut servir utilement à la morale, elle influe par cela seul puissamment aussi sur la gloire ; car il n'y a point de gloire durable dans un pays où il n'existerait point de morale publique. Si la nation n'adoptait pas des principes invariables pour base de son opinion, si chaque individu n'était pas fortifié dans son jugement par la certitude que ce jugement est d'accord avec l'assentiment universel, les réputations brillantes ne seraient que des accidents se succédant par hasard les uns aux autres. L'éclat de quelques actions pourrait frapper; mais il faut une progression dans les sentiments pour arriver au plus sublime de tous, à l'admiration. Vous ne pouvez juger qu'en comparant. L'estime, l'approbation, le respect, sont des degrés nécessaires à la puissance de l'enthousiasme. La morale pose les fondements sur lesquels la gloire peut s'élever; et la littérature, indépendamment de son alliance avec la morale, contribue encore, d'une manière plus directe, à l'existence de cette gloire, noble encouragement de toutes les vertus publiques.

L'amour de la patrie est une affection purement sociale. L'homme, créé par la nature pour les relations domestiques, ne porte son ambition au-delà que par l'irrésistible attrait de l'estime générale ; et c'est sur cette estime, formée par l'opinion, que le talent d'écrire a la plus grande influence. A Athènes, à Rome, dans les villes dominatrices du monde civilisé, en parlant sur la place publique, on disposait des volontés d'un peuple et du sort de tous; de nos jours, c'est par la lecture que les événements se préparent et que les jugements s'éclairent. Que serait une nation nombreuse, si les individus qui la composent ne communiquaient point entre eux par le secours de l'imprimerie ? L'association silencieuse d'une multitude d'hommes n'établirait aucun point de contact dont la lumière pût jaillir, et la foule ne s'enrichirait jamais des pensées des hommes supérieurs.

L'espèce humaine se renouvelant toujours, un individu ne peut faire de vide que dans l'opinion ; et pour que cette opinion existe, il faut avoir un moyen de s'entendre à distance, de se réunir par des idées et des sentiments généralement approuvés. Les poëtes, les moralistes caractérisent d'avance la nature des belles actions ; l'étude des lettres met une nation en état de récompenser ses grands hommes, en l'instruisant à les juger selon leur valeur relative. La gloire militaire a existé chez les peuples barbares. Mais il ne faut jamais comparer l'ignorance à la dégradation : un peuple qui a été civilisé par les lumières, s'il retombe dans l'indifférence pour le talent et la philosophie, devient incapable de toute espèce de sentiment vif ; il lui reste une sorte d'esprit de dénigrement qui le porte, à tout hasard, à se refuser à l'admiration : il craint de se tromper dans les louanges, et croit, comme les jeunes gens qui prétendent au bon air, qu'on se fait plus d'honneur en critiquant, même avec injustice, qu'en approuvant trop facilement. Un tel peuple est alors dans une disposition presque toujours insouciante ; le froid de l'âge semble atteindre la nation tout entière ; on en sait assez pour n'être pas étonné, on n'a pas acquis assez de connaissances pour démêler avec certitude ce qui mérite l'estime ; beaucoup d'illusions sont détruites sans qu'aucune vérité soit établie ; on est retombé dans l'enfance par la vieillesse, dans l'incertitude par le raisonnement ; l'intérêt mutuel n'existe plus : on est dans cet état que le Dante appelait *l'enfer des tièdes*. Celui qui cherche à se distinguer inspire d'abord une prévention défavorable ; le public malade est fatigué d'avance par qui veut obtenir encore un signe de lui.

Quand une nation acquiert chaque jour de nouvelles lumières, elle aime les grands hommes, comme ses précurseurs dans la route qu'elle doit parcourir ; mais lorsqu'elle se sent rétrograder, le petit nombre d'esprits supérieurs qui échappent à sa décadence lui semble, pour ainsi dire, enrichi de ses dépouilles. Elle n'a plus d'intérêt commun avec leurs succès ; ils ne lui font éprouver que le sentiment de l'envie.

La dissémination d'idées et de connaissances qu'ont produite chez les Européens la destruction de l'esclavage et la découverte de l'imprimerie, cette dissémination doit amener ou des progrès sans terme, ou l'avilissement complet des sociétés. Si l'analyse remonte jusqu'au vrai principe des institutions, elle donnera un nouveau degré de force aux vérités qu'elle aura conservées ; mais cette analyse superficielle, qui décompose les premières idées qui se présentent, sans examiner l'objet tout entier, cette analyse affaiblit nécessairement le mobile des opinions fortes. Au milieu d'une nation indécise et blasée, l'admiration profonde serait impossible, et les succès militaires mêmes ne pourraient obtenir une réputation immortelle, si les idées littéraires et philosophiques ne rendaient pas les hommes capables de sentir et de consacrer la gloire des héros.

Il n'est pas vrai qu'un grand homme ait plus d'éclat, en étant seul célèbre, qu'environné de noms fameux qui le cèdent au premier de tous, au sien. On a dit en politique qu'un roi ne pouvait pas subsister sans noblesse ou sans pairie; à la cour de l'opinion, il faut aussi que des gradations de rangs garantissent la suprématie. Qu'est-ce qu'un conquérant opposant des barbares à des barbares dans la nuit de l'ignorance ? César n'est si fameux dans l'histoire que parcequ'il a décidé du destin de Rome, et que dans Rome étaient Cicéron, Salluste, Caton, tant de talents et tant de vertus que subjuguait l'épée d'un seul homme. Derrière Alexandre s'élevait encore l'ombre de la Grèce. Il faut, pour l'éclat même des guerriers illustres, que le pays qu'ils asservissent soit enrichi de tous les dons de l'esprit humain. Je ne sais si la puissance de la pensée doit détruire un jour le fléau de la guerre; mais avant ce jour, c'est encore elle, c'est l'éloquence et l'imagination, c'est la philosophie même, qui relèvent l'importance des actions guerrières. Si vous laissez tout s'effacer, tout s'avilir, la force pourra dominer; mais aucun éclat véritable ne l'environnera, les hommes seront mille fois plus dégradés par la perte de l'émulation que par les fureurs jalouses dont la gloire du moins était encore l'objet.

De la littérature dans ses rapports avec la liberté.

La liberté, la vertu, la gloire, les lumières, ce cortége imposant de l'homme dans sa dignité naturelle, ces idées alliées entre elles, et dont l'origine est la même, ne sauraient exister isolément. Le complément de chacune est dans la réunion de toutes. Les ames qui se complaisent à rattacher la destinée de l'homme à une pensée divine voient dans cet ensemble, dans cette relation intime entre tout ce qui est bien, une preuve de plus de l'unité morale, de l'unité de conception qui dirige cet univers.

Les progrès de la littérature, c'est-à-dire le perfectionnement de l'art de penser et de s'exprimer, sont nécessaires à l'établissement et à la conservation de la liberté. Il est évident que les lumières sont d'autant plus indispensables dans un pays, que tous les citoyens qui l'habitent ont une part plus immédiate à l'action du gouvernement. Mais ce qui est également vrai, c'est que l'égalité politique, principe inhérent à toute constitution philosophique, ne peut subsister que si vous classez les différences d'éducation avec encore plus de soin que la féodalité n'en mettait dans ses distinctions arbitraires. La pureté du langage, la noblesse des expressions, image de la fierté de l'ame, sont nécessaires surtout dans un état fondé sur des bases démocratiques. Ailleurs de certaines barrières factices empêchent la confusion totale des diverses éducations ; mais lorsque le pouvoir ne repose que sur la supposition du mérite personnel, quel intérêt ne doit-on pas mettre à conserver à ce mérite tous ses caractères extérieurs !

Dans un état démocratique, il faut craindre sans cesse que le desir de la popularité n'entraîne à l'imitation des mœurs vulgaires ; bientôt on se persuaderait qu'il est inutile et presque nuisible d'avoir une supériorité trop marquée sur la multitude qu'on veut captiver. Le peuple s'accoutumerait à choisir des magistrats ignorants et grossiers ; ces magistrats étoufferaient les lumières ; et, par un cercle inévitable, la perte des lumières ramènerait l'asservissement du peuple.

Il est impossible que, dans un état libre, l'autorité publique se passe du consentement véritable des citoyens qu'elle gouverne. Le raisonnement et l'éloquence sont les liens naturels d'une association républicaine. Que pouvez-vous sur la volonté libre des hommes, si vous n'avez pas cette force, cette vérité de langage qui pénètre les ames, et leur inspire ce qu'elle exprime? Si les hommes appelés à diriger l'état n'ont point le secret de persuader les esprits, la nation ne s'éclaire point, et les individus conservent, sur toutes les affaires publiques, l'opinion que le hasard a fait naître dans leur tête. Un des principaux motifs pour regretter l'éloquence, c'est qu'une telle perte isolerait les hommes entre eux, en les livrant uniquement à leurs impressions personnelles. Il faut opprimer lorsqu'on ne sait pas convaincre ; dans toutes les relations politiques des gouvernants et des gouvernés, une qualité de moins exige une usurpation de plus.

Des institutions nouvelles doivent former un esprit nouveau dans les pays qu'on veut rendre libres. Mais comment pouvez-vous rien fonder dans l'opinion, sans le secours des écrivains distingués? Il faut faire naître le desir, au lieu de commander l'obéissance ; et lors même qu'avec raison le gouvernement souhaite que telles institutions soient établies, il doit ménager assez l'opinion publique pour avoir l'air d'accorder ce qu'il desire. Il n'y a que des écrits bien faits qui puissent à la longue diriger et modifier de certaines habitudes nationales. L'homme a, dans le secret de sa pensée, un asile de liberté impénétrable à l'action de la force; les conquérants ont souvent pris les mœurs des vaincus; la conviction a seule changé les anciennes coutumes. C'est par les progrès de la littérature qu'on peut combattre efficacement les vieux préjugés. Les gouvernements, dans les pays devenus libres, ont besoin, pour détruire les antiques erreurs, du ridicule qui en éloigne les jeunes gens, de la conviction qui en détache l'âge mûr ; ils ont besoin, pour fonder de nouveaux établissements, d'exciter la curiosité, l'espérance, l'enthousiasme, les sentiments créateurs enfin, qui ont donné naissance à tout ce qui existe, à tout ce qui dure ; et c'est dans l'art de parler et d'écrire que se trouvent les seuls moyens d'inspirer ces sentiments.

L'activité nécessaire à toutes les nations libres s'exerce par l'esprit de faction, si l'accroissement des lumières n'est pas l'objet de l'intérêt universel, si cette occupation ne présente pas une carrière ouverte à tous, qui puisse exciter l'ambition générale. Il faut d'ailleurs une étude constante de l'histoire et de la philosophie, pour approfondir et pour répandre la connaissance des droits et des devoirs des peuples et de leurs magistrats. La raison ne sert, dans les empires despotiques, qu'à la résignation individuelle; mais, dans les états libres, elle protège le repos et la liberté de tous.

Parmi les divers développements de l'esprit humain, c'est la littérature philosophique, c'est l'éloquence et le raisonnement que je considère comme la véritable garantie de la liberté. Les sciences et les arts sont une partie très importante des travaux intellectuels; mais leurs découvertes, mais leurs succès n'exercent point une influence immédiate sur cette opinion publique qui décide de la destinée des nations. Les géomètres, les physiciens, les peintres et les poëtes recevraient des encouragements sous le règne de rois tout puissants, tandis que la philosophie politique et religieuse paraîtrait à de tels maîtres la plus redoutable des insurrections.

Ceux qui se livrent à l'étude des sciences positives, ne rencontrant point dans leur route les passions des hommes, s'accoutument à ne compter que ce qui est susceptible d'une démonstration mathématique. Les savants classent presque toujours parmi les illusions ce qui ne peut être soumis à la logique du calcul. Ils évaluent d'abord la force du gouvernement, quel qu'il soit; et comme ils ne forment d'autre désir que de se livrer en paix à l'activité de leurs travaux, ils sont portés à l'obéissance envers l'autorité qui domine. La méditation profonde qu'exigent les combinaisons des sciences exactes détourne les savants de s'intéresser aux événements de la vie; et rien ne convient mieux aux monarques absolus que des hommes si profondément occupés des lois physiques du monde, qu'ils en abandonnent l'ordre moral à qui voudra s'en saisir. Sans doute les découvertes des sciences doivent à la longue donner une nouvelle force à cette haute philosophie [1]

---

[1] L'on m'a demandé quelle définition je donnais du mot *philosophie*, dont je me suis plusieurs fois servie dans le cours de c t ouvrage. Avant de répondre à cette question, qu'il me soit permis de transcrire ici une note de Rousseau, dans le second livre de son *Émile*.

« J'ai fait cent fois réflexion, en écrivant, qu'il est impossible, dans un long ou-
« vrage, de donner toujours le même sens aux mêmes mots. Il n'y a poin: de langue
« assez riche pour fournir autant de termes, de tours et de phrases que nos idées
« peuvent avoir de modifications. La méthode de définir tous les termes, et de sub-
« stituer sans cesse la définition à la place du défini, est belle, mais impraticable; car
« comment éviter le cercle? Les définitions pourraient être bonnes, si l'on n'em-
« ployait pas des mots pour les faire. Malgré cela, je suis persuadé qu'on peut être
« clair, même dans la pauvreté de notre langue, non pas en donnant toujours les
« mêmes acceptions aux mêmes mots, mais en faisant en sorte, autant de fois qu'on
« emploie chaque mot, que l'acception qu'on lui donne soit suffisamment déterminée
« par les idées qui s'y rapportent, et que chaque période où ce mot se trouve lui
« serve, pour ainsi dire, de définition. »

Après avoir cité cette opinion d'un grand maître contre les définitions, je dirai que qui juge les peuples et les rois; mais cet avenir éloigné n'effraie point les tyrans : l'on en a vu plusieurs protéger les sciences et les arts; tous ont redouté les ennemis naturels de la protection même, les penseurs et les philosophes.

La poésie est de tous les arts celui qui appartient de plus près à la raison. Cependant la poésie n'admet ni l'analyse, ni l'examen qui sert à découvrir et à propager les idées philosophiques. Celui qui voudrait énoncer une vérité nouvelle et hardie écrirait de préférence dans la langue qui rend exactement et précisément la pensée; il chercherait plutôt à convaincre par le raisonnement qu'à entraîner par l'imagination. La poésie a été plus souvent consacrée à louer qu'à censurer le pouvoir despotique. Les beaux-arts, en général, peuvent quelquefois contribuer, par leurs jouissances mêmes, à former des sujets tels que les tyrans les désirent. Les arts peuvent distraire l'esprit, par les plaisirs de chaque jour, de toute pensée dominante; ils ramènent les hommes vers les sensations, et ils inspirent à l'âme une philosophie voluptueuse, une insouciance raisonnée, un amour du présent, un oubli de l'avenir très favorable à la tyrannie. Par un singulier contraste, les arts, qui font goûter la vie, rendent assez indifférent à la mort. Les passions seules attachent fortement à l'existence, par l'ardente volonté d'atteindre leur but; mais cette vie consacrée aux plaisirs amuse sans captiver; elle prépare à l'ivresse, au sommeil, à la mort. Dans les temps devenus fameux par des proscriptions sanguinaires, les Romains et les Français se livraient aux amusements publics avec le plus vif empressement; tandis que dans les républiques heureuses, les affections domestiques, les occupations sérieuses, l'amour de la gloire détournent souvent l'esprit des jouissances mêmes des beaux-arts. La seule puissance littéraire qui fasse trembler toutes les autorités injustes, c'est l'éloquence généreuse, c'est la philosophie indépendante, qui juge au tribunal de la pensée toutes les institutions et toutes les opinions humaines.

L'influence trop grande de l'esprit militaire est aussi un imminent danger pour les états libres; et l'on ne peut prévenir un tel péril que par les progrès des lumières et de l'esprit philosophique. Ce qui permet aux guerriers de jeter quelque dédain sur les hommes de lettres, c'est que leurs talents ne sont pas toujours réunis à la force et à la vé-

---

je ne donne jamais au mot *philosophie*, dans le cours de cet ouvrage, le sens que ses détracteurs ont voulu lui donner de nos jours, soit en opposant la philosophie aux idées religieuses, soit en appelant philosophiques des systèmes purement sophistiques. J'entends par philosophie la connaissance générale des causes et des effets dans l'ordre moral ou dans la nature physique, l'indépendance de la raison, l'exercice de la pensée; enfin, dans la littérature, les ouvrages qui tiennent à la réflexion ou à l'analyse, et qui ne sont pas uniquement le produit de l'imagination, du cœur, ou de l'esprit.

rité du caractère. Mais l'art d'écrire serait aussi une arme, la parole serait aussi une action, si l'énergie de l'ame s'y peignait tout entière, si les sentiments s'élevaient à la hauteur des idées, et si la tyrannie se voyait ainsi attaquée par tout ce qui la condamne, l'indignation généreuse et la raison inflexible; la considération alors ne serait pas exclusivement attachée aux exploits militaires, ce qui nécessairement expose la liberté.

La discipline bannit toute espèce d'opinion parmi les troupes. A cet égard, leur esprit de corps a quelques rapports avec celui des prêtres ; il exclut de même le raisonnement, en admettant pour unique règle la volonté des supérieurs. L'exercice continuel de la toute-puissance des armes finit par inspirer du mépris pour les progrès lents de la persuasion. L'enthousiasme qu'inspirent des généraux vainqueurs est tout-à-fait indépendant de la justice de la cause qu'ils soutiennent. Ce qui frappe l'imagination, c'est la décision de la fortune, c'est le succès de la valeur. En gagnant des batailles, on peut soumettre les ennemis de la liberté ; mais pour faire adopter dans l'intérieur les principes de cette liberté même, il faut que l'esprit militaire s'efface ; il faut que la pensée, réunie à des qualités guerrières, au courage, à l'ardeur, à la décision, fasse naître dans l'ame des hommes quelque chose de spontané, de volontaire, qui s'éteint en eux lorsqu'ils ont vu pendant longtemps le triomphe de la force. L'esprit militaire est le même dans tous les siècles et dans tous les pays ; il ne caractérise point la nation, il ne lie point le peuple à telle ou telle institution : il est également propre à les défendre toutes. L'éloquence, l'amour des lettres et des beaux-arts, la philosophie, peuvent seuls faire d'un territoire une patrie, en donnant à la nation qui l'habite les mêmes goûts, les mêmes habitudes et les mêmes sentiments. La force se passe du temps, et brise la volonté ; mais par cela même elle ne peut rien fonder parmi les hommes. L'on a souvent répété, dans la révolution de France, qu'il fallait du despotisme pour établir la liberté. On a lié par des mots un contre-sens dont on a fait une phrase ; mais cette phrase ne change rien à la vérité des choses. Les institutions établies par la force imiteraient tout de la liberté, excepté son mouvement naturel ; les formes y seraient comme dans ces modèles qui vous effraient par leur ressemblance : vous y retrouvez tout, hors la vie.

De la littérature dans ses rapports avec le bonheur.

On a presque perdu de vue l'idée du bonheur au milieu des efforts qui semblaient d'abord l'avoir pour objet ; et l'égoïsme, en ôtant à chacun le secours des autres, a de beaucoup diminué la part de félicité que l'ordre social promettait à tous. Vainement les ames sensibles voudraient-elles exercer autour d'elles leur expansive bienveillance ; d'insurmontables difficultés mettraient obstacle à ce généreux dessein : l'opinion même le condamnerait; elle blâme ceux qui cherchent à sortir de cette sphère de personnalité que chacun veut conserver comme son asile inviolable. Il faut donc exister seul, puisqu'il est interdit de secourir le malheur, et qu'on ne peut plus rencontrer l'affection. Il faut exister seul, pour conserver dans sa pensée le modèle de tout ce qui est grand et beau, pour garder dans son sein le feu sacré d'un enthousiasme véritable, et l'image de la vertu, telle que la méditation libre nous la représentera toujours, et telle que nous l'ont peinte les hommes distingués de tous les temps. Que deviendrait-on dans un monde où l'on n'entendrait jamais parler la langue des sentiments bons et généreux? L'on porterait l'émotion au milieu d'êtres égoïstes, la raison impartiale lutterait en vain contre les sophismes du vice, et la piété sérieuse serait livrée sans cesse à tous les dédains de la frivolité cruelle. Peut-être finirait-on par perdre jusqu'à l'estime de soi. L'homme a besoin de s'appuyer sur l'opinion de l'homme; il n'ose se fier entièrement au sentiment de sa conscience; il s'accuse de folie, s'il ne voit rien de semblable à lui; et telle est la faiblesse de la nature humaine, telle est sa dépendance de la société, que l'homme pourrait presque se repentir de ses qualités comme de défauts involontaires, si l'opinion générale s'accordait à l'en blâmer : mais il a recours, dans son inquiétude, à ces livres monuments des meilleurs et des plus nobles sentiments de tous les âges. S'il aime la liberté, si ce nom de république, si puissant sur les ames fières, se réunit dans sa pensée à l'image de toutes les vertus, quelques Vies de Plutarque, une Lettre de Brutus à Cicéron, des paroles de Caton d'Utique dans la langue d'Addison, des réflexions que la haine de la tyrannie inspirait à Tacite, les sentiments recueillis ou supposés par les historiens et par les poëtes, relèvent l'ame que flétrissaient les événements contemporains. Un caractère élevé redevient content de lui-même, s'il se trouve d'accord avec ces nobles sentiments, avec les vertus que l'imagination même a choisies lorsqu'elle a voulu tracer un modèle à tous les siècles. Que de consolations nous sont données par les écrivains d'un talent supérieur et d'une ame élevée! Les grands hommes de la première antiquité, s'ils étaient calomniés pendant leur vie, n'avaient de ressource qu'en eux-mêmes; mais, pour nous, c'est le Phédon de Socrate, ce sont les plus beaux chefs-d'œuvre de l'éloquence qui soutiennent notre ame dans les revers. Les philosophes de tous les pays nous exhortent et nous encouragent; et le langage pénétrant de la morale et de la connaissance intime du cœur humain semble s'adresser personnellement à tous ceux qu'il console.

Qu'il est humain, qu'il est utile d'attacher à la littérature, à l'art de penser, une haute importance! Le type de ce qui est bon et juste ne s'anéantira plus; l'homme que la nature destine à la vertu ne manquera plus de guide; enfin (et ce bien est infini) la douleur pourra toujours éprouver un attendrissement salutaire. Cette tristesse aride qui naît de l'isolement, cette main de glace qu'appesantit sur nous le malheur, lorsque nous croyons n'exciter aucune pitié, nous en sommes du moins préservés par les écrits conservateurs des idées, des affections vertueuses. Ces écrits font couler des larmes dans toutes les situations de la vie; ils élèvent l'ame à des méditations générales qui détournent la pensée des peines individuelles; ils créent pour nous une société, une communication avec les écrivains qui ne sont plus, avec ceux qui existent encore, avec les hommes qui admirent comme nous ce que nous lisons. Dans les déserts de l'exil, au fond des prisons, à la veille de périr, telle page d'un auteur sensible a relevé peut-être une ame abattue : moi qui la lis, moi qu'elle touche, je crois y retrouver encore la trace de quelques larmes; et, par des émotions semblables, j'ai quelques rapports avec ceux dont je plains si profondément la destinée. Dans le calme, dans le bonheur, la vie est un travail facile; mais on ne sait pas combien, dans l'infortune, de certaines pensées, de certains sentiments qui ont ébranlé votre cœur, font époque dans l'histoire de vos impressions solitaires. Ce qui peut seul soulager la douleur, c'est la possibilité de pleurer sur sa destinée, de prendre à soi cette sorte d'intérêt qui fait de nous deux êtres pour ainsi dire séparés, dont l'un a pitié de l'autre. Cette ressource du malheur n'appartient qu'à l'homme vertueux. Alors que le criminel éprouve l'adversité, il ne peut se faire aucun bien à lui-même par ses propres réflexions; tant qu'un vrai repentir ne le remet pas dans une disposition morale, tant qu'il conserve l'âpreté du crime, il souffre cruellement; mais aucune parole douce ne peut se faire entendre dans les abîmes de son cœur. L'infortuné qui, par le concours de quelques calomnies propagées, est tout-à-coup généralement accusé, serait presque aussi lui-même dans la situation d'un vrai coupable, s'il ne trouvait quelques secours dans ces écrits qui l'aident à se reconnaître, qui lui font croire à ses pareils, et lui donnent l'assurance que, dans quelques lieux de la terre, il a existé des êtres qui s'attendriraient sur lui et le plaindraient avec affection, s'il pouvait s'adresser à eux.

Qu'elles sont précieuses ces lignes toujours vivantes, qui servent encore d'ami, d'opinion publique et de patrie! Dans ce siècle où tant de malheurs ont pesé sur l'espèce humaine, puissions-nous posséder un écrivain qui recueille avec talent toutes les réflexions mélancoliques, tous les efforts raisonnés qui ont été de quelque secours aux infortunés dans leur carrière! alors du moins nos larmes seraient fécondes.

Le voyageur que la tempête a fait échouer sur des plages inhabitées grave sur le roc le nom des aliments qu'il a découverts, indique où sont les ressources qu'il a employées contre la mort, afin d'être utile un jour à ceux qui subiraient la même destinée. Nous, que le hasard de la vie a jetés dans l'époque d'une révolution, nous devons aux générations futures la connaissance intime de ces secrets de l'ame, de ces consolations inattendues, dont la nature conservatrice s'est servie pour nous aider à traverser l'existence.

Plan de l'ouvrage.

Après avoir rassemblé quelques unes des idées générales qui montrent la puissance que peut exercer la littérature sur la destinée de l'homme, je vais les développer par l'examen successif des principales époques célèbres dans l'histoire des lettres. La première partie de cet ouvrage contiendra une analyse morale et philosophique de la littérature grecque et latine; quelques réflexions sur les conséquences qui sont résultées, pour l'esprit humain, des invasions des peuples du Nord, de l'établissement de la religion chrétienne, et de la renaissance des lettres; un aperçu rapide des traits distinctifs de la littérature moderne, et des observations plus détaillées sur les chefs-d'œuvre de la littérature italienne, anglaise, allemande et française, considérés selon le but général de cet ouvrage, c'est-à-dire d'après les rapports qui existent entre l'état politique d'un pays et l'esprit dominant de la littérature. J'essaierai de montrer le caractère que telle ou telle forme de gouvernement donne à l'éloquence, les idées de morale que telle ou telle croyance religieuse développe dans l'esprit humain, les effets d'imagination qui sont produits par la crédulité des peuples, les beautés poétiques qui appartiennent au climat, le degré de civilisation le plus favorable à la force ou à la perfection de la littérature, les différents changements qui se sont introduits dans les écrits comme dans les mœurs, par le mode d'existence des femmes avant et depuis l'établissement de la religion chrétienne; enfin le progrès universel des lumières par le simple effet de la succession des temps : tel est le sujet de la première partie.

Dans la seconde, j'examinerai l'état des lumières et de la littérature en France, depuis la révolution; et je me permettrai des conjectures sur ce qu'elles devraient être et sur ce qu'elles seront, si nous possédons un jour la morale et la liberté républicaine; et fondant mes conjectures sur mes observations, je rappellerai ce que j'aurai remarqué dans la première partie sur l'influence qu'ont exercée telle religion, tel gouvernement ou telles mœurs, et j'en tirerai quelques conséquences pour l'avenir que je suppose. Cette seconde partie montrera à la fois, et notre dégradation actuelle, et notre amélioration possible. Ce sujet ramène nécessairement quelquefois à la situation politique de la France depuis dix ans; mais je ne la considère que dans ses rapports avec la littérature et la philosophie, sans me livrer à aucun développement étranger à mon but.

En parcourant les révolutions du monde et la succession des siècles, il est une idée première dont je ne détourne jamais mon attention : c'est la perfectibilité de l'espèce humaine [1]. Je ne pense pas que ce grand œuvre de la nature morale ait jamais été abandonné; dans les périodes lumineuses, comme dans les siècles de ténèbres, la marche graduelle de l'esprit humain n'a point été interrompue.

Ce système est devenu odieux à quelques personnes, par les conséquences atroces qu'on en a tirées à quelques époques désastreuses de la révolution; mais rien cependant n'a moins de rapport avec de telles conséquences que ce noble système. Comme la nature fait quelquefois servir les maux partiels au bien général, de stupides barbares se croyaient des législateurs suprêmes, en versant sur l'espèce humaine des infortunes sans nombre, dont ils se promettaient de diriger les effets, et qui n'ont amené que le malheur et la destruction. La philosophie peut quelquefois considérer les souffrances passées comme des leçons utiles, comme des moyens réparateurs dans la main du temps; mais cette idée n'autorise point à s'écarter soi-même, en aucune circonstance, des lois positives de la justice. L'esprit humain ne pouvant jamais connaître l'avenir avec certitude, la vertu doit être sa divination. Les suites quelconques des actions des hommes ne sauraient ni les rendre innocentes, ni les rendre coupables; l'homme a pour guide des devoirs fixes, et non des combinaisons arbitraires; et l'expérience même a prouvé qu'on n'atteint point au but moral qu'on se propose, lorsqu'on se permet des moyens coupables pour y parvenir. Mais parceque des hommes cruels ont prostitué dans leur langage des expressions généreuses, s'ensuivrait-il qu'il n'est plus permis de se rallier à de sublimes pensées? Le scélérat pourrait ainsi ravir à l'homme de bien tous les objets de son culte; car c'est toujours au nom d'une vertu que se commettent les attentats politiques.

Non, rien ne peut détacher la raison des idées fécondes en résultats heureux. Dans quel découragement l'esprit ne tomberait-il pas, s'il cessait d'espérer que chaque jour ajoute à la masse des lumières, que chaque jour des vérités philosophiques acquièrent un développement nouveau? Persécution, calomnie, douleurs, voilà le partage des penseurs courageux et des moralistes éclairés. Les ambitieux et les avides, tantôt cherchent à tourner en dérision la duperie de la conscience, tantôt s'efforcent de supposer d'indignes motifs à des actions généreuses : ils ne peuvent supporter que la morale subsiste encore; ils la poursuivent dans le cœur où elle se réfugie. L'envie des méchants s'attache à ce rayon lumineux qui brille encore sur la tête de l'homme

---

[1] Les idées philosophiques donnent lieu souvent à tant d'interprétations absurdes, que j'ai cru nécessaire d'expliquer positivement, dans la préface de la seconde édition de cet ouvrage, ce que j'entends par la perfectibilité de l'espèce humaine et de l'esprit humain.

moral. Cet éclat, que leurs calomnies obscurcissent souvent aux yeux du monde, ne cesse jamais d'offusquer leurs propres regards. Que deviendrait l'être estimable que tant d'ennemis persécutent, si l'on voulait encore lui ôter l'espérance la plus religieuse qui soit sur la terre, les progrès futurs de l'espèce humaine?

J'adopte de toutes mes facultés cette croyance philosophique : un de ses principaux avantages, c'est d'inspirer un grand sentiment d'élévation ; et je le demande à tous les esprits d'un certain ordre, y a-t-il au monde une plus pure jouissance que l'élévation de l'ame? C'est par elle qu'il existe encore des instants où tous ces hommes si bas, tous ces calculs si vils disparaissent à nos regards. L'espoir d'atteindre à des idées utiles, l'amour de la morale, l'ambition de la gloire, inspirent une force nouvelle ; des impressions vagues, des sentiments qu'on ne peut entièrement se définir, charment un moment la vie, et tout notre être moral s'enivre du bonheur et de l'orgueil de la vertu. Si tous les efforts devaient être inutiles, si les travaux intellectuels étaient perdus, si les siècles les engloutissaient sans retour, quel but l'homme de bien pourrait-il se proposer dans ses méditations solitaires? Je suis donc revenue sans cesse, dans cet ouvrage, à tout ce qui peut prouver la perfectibilité de l'espèce humaine. Ce n'est point une vaine théorie, c'est l'observation des faits qui conduit à ce résultat. Il faut se garder de la métaphysique qui n'a pas l'appui de l'expérience ; mais il ne faut pas oublier que, dans les siècles corrompus, l'on appelle métaphysique tout ce qui n'est pas aussi étroit que les calculs de l'égoïsme, aussi positif que les combinaisons de l'intérêt personnel.

PREMIÈRE PARTIE.

DE LA LITTÉRATURE CHEZ LES ANCIENS ET CHEZ LES MODERNES.

CHAPITRE PREMIER.

De la première époque de la littérature des Grecs.

Je comprends dans cet ouvrage, sous la dénomination de littérature, la poésie, l'éloquence, l'histoire et la philosophie, ou l'étude de l'homme moral. Dans ces diverses branches de la littérature, il faut distinguer ce qui appartient à l'imagination de ce qui appartient à la pensée : il est donc nécessaire d'examiner jusqu'à quel point l'une et l'autre de ces facultés sont perfectibles ;

nous saurons alors quelle est la principale cause de la supériorité des Grecs dans les beaux-arts, et nous verrons ensuite si leurs connaissances en philosophie ont été au-delà de leur siècle, de leur gouvernement et de leur civilisation.

Leurs succès étonnants dans la littérature, et surtout dans la poésie, pourraient être présentés comme une objection contre la perfectibilité de l'esprit humain. Les premiers écrivains qui nous sont connus, dirait-on, et en particulier le premier poëte, n'ont point été surpassés depuis près de trois mille ans, et souvent même les successeurs des Grecs sont restés bien au-dessous d'eux; mais cette objection tombe si l'on n'applique le système de perfectibilité qu'aux progrès des idées, et non aux merveilles de l'imagination.

On peut marquer un terme aux progrès des arts; il n'en est point aux découvertes de la pensée. Or, dans la nature morale, dès qu'il existe un terme, la route qui y conduit est promptement parcourue; mais les pas sont toujours lents dans une carrière sans bornes. Cette observation me paraît s'appliquer encore à beaucoup d'autres objets qu'à ceux qui sont uniquement du ressort de la littérature. Les beaux-arts ne sont pas perfectibles à l'infini; aussi l'imagination, qui leur donna naissance, est-elle beaucoup plus brillante dans ses premières impressions que dans ses souvenirs même les plus heureux.

La poésie moderne se compose d'images et de sentiments. Sous le premier rapport, elle appartient à l'imitation de la nature; sous le second, à l'éloquence des passions. C'est dans le premier genre, c'est par la description animée des objets extérieurs que les Grecs ont excellé dans la plus ancienne époque de leur littérature. En exprimant ce qu'on éprouve, on peut avoir un style poétique, recourir à des images pour fortifier des impressions; mais la poésie proprement dite, c'est l'art de peindre par la parole tout ce qui frappe nos regards. L'alliance des sentiments avec les sensations est déjà un premier pas vers la philosophie. Il ne s'agit ici que de la poésie considérée seulement comme l'imitation de la nature physique. Celle-là n'est point susceptible d'une perfection indéfinie.

Vous produisez de nouveaux effets par les mêmes moyens, en les adaptant à des langues différentes. Mais le portrait ne peut aller plus loin que la ressemblance, et les sensations sont bornées par les sens. La description du printemps, de l'orage, de la nuit, de la beauté, des combats, peut se varier dans ses détails; mais la plus forte impression a dû être produite par le premier poëte qui a su les peindre. Les éléments se combinent, mais ne se multiplient pas. Vous perfectionnez par les nuances; mais celui qui a pu s'emparer avant tous les autres des couleurs primitives conserve un mérite d'invention, donne à ses tableaux un éclat que ses successeurs ne peuvent atteindre.

Les contrastes de la nature, les effets remarquables qui frappent tous les yeux, transportés pour la première fois dans la poésie, présentent à l'imagination les peintures les plus énergiques et les oppositions les plus simples. Les pensées qu'on ajoute à la poésie sont un heureux développement de ses beautés, mais ce n'est pas la poésie même : Aristote l'a nommé le premier un art d'imitation. La puissance de la raison se développe et s'étend chaque jour à des objets nouveaux. Les siècles en ce genre sont héritiers des siècles; les générations partent du point où se sont arrêtées les générations précédentes, et les penseurs philosophes forment à travers les temps une chaîne d'idées que n'interrompt point la mort. Il n'en est pas de même de la poésie : elle peut atteindre du premier jet à un certain genre de beautés qui ne seront point surpassées; et tandis que dans les sciences progressives le dernier pas est le plus étonnant de tous, la puissance de l'imagination est d'autant plus vive que l'exercice de cette puissance est plus nouveau.

Les anciens étaient animés par une imagination enthousiaste, dont la méditation n'avait point analysé les impressions. Ils prenaient possession de la terre non encore parcourue, non encore décrite : étonnés de chaque jouissance, de chaque production de la nature, ils y plaçaient un dieu pour l'honorer, pour en assurer la durée. Ils écrivaient sans autre modèle que les objets mêmes qu'ils retraçaient; aucune littérature antécédente ne leur servait de guide. L'exaltation poétique s'ignorant elle-même, a par cela seul un degré de force et de candeur que l'étude ne peut atteindre; c'est le charme du premier amour : dès qu'il existe une autre littérature, les écrivains ne peuvent méconnaître en eux-mêmes les sentiments que d'autres ont exprimés; ils ne sont plus étonnés par rien de ce qu'ils éprouvent; ils se savent en délire; ils se jugent enthousiastes; ils ne peuvent plus croire à une inspiration surnaturelle.

On peut considérer les Grecs, relativement à la littérature, comme le premier peuple qui ait existé : les Égyptiens, qui les ont précédés, ont eu certainement des connaissances et des idées ; mais l'uniformité de leurs règles les rendait, pour ainsi dire, immobiles sous les rapports de l'imagination : les Égyptiens n'avaient point servi de modèles à la poésie des Grecs; elle était en effet la première de toutes [1] ; et, loin qu'il faille s'étonner que la première poésie ait été peut-être la plus digne de notre admiration, c'est à cette circonstance même qu'est due sa supériorité [2]. Donnons encore à cette opinion quelques nouveaux développements.

En examinant les trois différentes époques de la littérature des Grecs, on y aperçoit très distinctement la marche naturelle de l'esprit humain. Les Grecs ont été d'abord, dans les temps reculés de leur histoire connue, illustrés par leurs poëtes. C'est Homère qui caractérise la première époque de la littérature grecque: pendant le siècle de Périclès, on remarque les rapides progrès de l'art dramatique, de l'éloquence, de la morale, et les commencements de la philosophie : du temps d'Alexandre, une étude plus approfondie des sciences philosophiques devient l'occupation principale des hommes supérieurs dans les lettres. Il faut, sans doute, un certain degré de développement dans l'esprit humain pour atteindre à la hauteur de la poésie ; mais cette partie de la littérature doit perdre néanmoins quelques uns de ses effets, lorsque les progrès de la civilisation et de la philosophie rectifient toutes les erreurs de l'imagination.

On a beaucoup dit que les beaux-arts, que la poésie prospéraient surtout dans les siècles corrompus : cela signifie seulement que la plupart des peuples libres ne sont occupés que de conserver leur morale et leur liberté, tandis que les rois et les chefs despotiques ont encouragé volontiers les distractions et les amusements. Mais l'origine de la poésie, mais le poëme le plus remarquable par l'imagination, celui d'Homère, est d'un temps renommé pour la simplicité des mœurs : ce n'est ni la vertu, ni la dépravation, qui servent ou nuisent à la poésie ; mais elle doit beaucoup à la nouveauté de la nature, à l'enfance de la civilisation : la jeunesse du poëte ne peut suppléer en tout à celle du genre humain ; il faut que ceux qui écoutent les chants poétiques soient avides de la nature

---

[1] On croit que la poésie des Hébreux a précédé celle d'Homère ; mais il ne paraît pas que les Grecs en aient eu aucune connaissance.

[2] S'exprimer ainsi, est-ce méconnaître l'admiration que les bons littérateurs doivent aux Grecs ?

entière, étonnés par ses merveilles, et flexibles à ses impressions; les difficultés que présenterait une disposition plus philosophique dans les auditeurs ne feraient pas que l'art des vers atteignît à de nouvelles beautés; c'est au milieu des hommes qui s'émeuvent aisément, que l'inspiration sert mieux le véritable poëte.

L'origine des sociétés, la formation des langues, ces premiers pas de l'esprit humain nous sont entièrement inconnus, et rien n'est plus fatigant, en général, que cette métaphysique qui suppose des faits à l'appui de ses systèmes, et ne peut jamais avoir pour base aucune observation positive. Mais une réflexion que je ferai cependant sur ce sujet, parcequ'elle est nécessaire à celui que je traite, c'est que la nature morale acquiert promptement ce qu'il faut à son développement, comme la nature physique découvre d'abord ce qui est nécessaire à sa conservation. La force créatrice a été prodigue du nécessaire. Les productions nutritives, les idées élémentaires, ont été, pour ainsi dire, offertes à l'homme spontanément. Ce dont il avait un impérieux besoin, il l'a promptement connu; mais les progrès qui ont suivi les découvertes indispensables sont à proportion infiniment plus lents que les premiers pas. Il semble qu'une main divine conduise l'homme dans les recherches nécessaires à son existence, et le livre à lui-même dans les études d'une utilité moins immédiate. Par exemple, la théorie d'une langue, celle du grec, suppose une foule de combinaisons abstraites fort au-dessus des connaissances métaphysiques que possédaient les écrivains qui parlaient cependant cette langue avec tant de charme et de pureté; mais le langage est l'instrument nécessaire pour acquérir tous les autres développements; et, par une sorte de prodige, cet instrument existe, sans qu'à la même époque aucun homme puisse atteindre, dans quelque autre sujet que ce soit, à la puissance d'abstraction qu'exige la composition d'une grammaire; les auteurs grecs ne doivent point être considérés comme des penseurs aussi profonds que le ferait supposer la métaphysique de leur langue : ce qu'ils sont, c'est poëtes, et tout les favorisait à cet égard.

Les faits, les caractères, les superstitions, les coutumes des temps héroïques étaient singulièrement propres aux images poétiques. Homère, quelque grand qu'il soit, n'est point un homme au-dessus de tous les autres hommes, ni seul au milieu de son siècle, et de plusieurs siècles supérieurs au sien. Le plus rare génie est toujours en rapport avec les lumières de ses contemporains, et l'on doit calculer, à peu près, de combien la pensée d'un homme peut dépasser les connaissances de son temps. Homère a recueilli les traditions qui existaient lorsqu'il a vécu, et l'histoire de tous les événements principaux était alors très poétique en elle-même. Moins il y avait de communications faciles entre les divers pays, plus le récit des faits se grossissait par l'imagination; les brigands et les animaux féroces qui infestaient la terre rendaient les exploits des guerriers nécessaires à la sécurité individuelle de leurs citoyens; les événements publics ayant une influence directe sur la destinée de chacun, la reconnaissance et la crainte animaient l'enthousiasme. On confondait ensemble les héros et les dieux, parcequ'on en attendait les mêmes secours; et les hauts faits de la guerre s'offraient avec des traits gigantesques à l'esprit épouvanté. Le merveilleux se mêlait ainsi à la nature morale comme à la nature physique. La philosophie, c'est-à-dire la connaissance des causes et de leurs effets, porte l'admiration des penseurs sur l'ensemble du grand ouvrage de la création; mais chaque fait particulier reçoit une explication simple. L'homme, en acquérant la faculté de prévoir, perd beaucoup de celle de s'étonner, et l'enthousiasme, comme l'effroi, se compose souvent de la surprise.

On accordait, dans l'héroïsme antique, une grande estime à la force du corps; la valeur se composait beaucoup moins de vertu morale que de puissance physique; la délicatesse du point d'honneur, le respect pour la faiblesse, sont les idées plus nobles des siècles suivants. Les héros grecs s'accusent publiquement de lâcheté, le fils d'Achille immole une jeune fille aux yeux de tous les Grecs, qui applaudissent à ce forfait. Les poëtes savaient peindre de la manière la plus frappante les objets extérieurs; mais ils ne dessinaient jamais des caractères où la beauté morale fût conservée sans tache jusqu'à la fin du poëme ou de la tragédie, parceque ces caractères n'ont point leur modèle dans la nature. Quelque sublime que soit Homère par l'ordonnance des événements et la grandeur des personnages, il arrive souvent à ses commentateurs de se transporter d'admiration pour les termes les plus ordinaires du langage, comme si le poëte avait découvert les idées que ces paroles exprimaient avant lui.

Homère et les poëtes grecs ont été remarquables par la splendeur et par la variété des images, mais non par les réflexions approfondies de l'esprit. Le poëte a vu, il vous fait voir; il a été frappé, il vous transmet son impression, et tous ses auditeurs, à quelques égards, sont poëtes aussi comme lui; ils croient, ils admirent, ils ignorent, ils s'étonnent, et la curiosité de l'enfance s'unit en eux aux passions des hommes. Lisez Homère, il décrit tout, il vous dit que *l'île est entourée d'eau*; que *la farine fait la force de l'homme*; que *le soleil est à midi au-dessus de vos têtes*. Il décrit tout, parceque tout intéressait encore ses contemporains. Il se répète quelquefois, mais il n'est pas monotone, parcequ'il est sans cesse animé par des sensations nouvelles. Il n'est pas fatigant, parcequ'il ne vous présente jamais d'idées abstraites, et que vous voyagez avec lui à travers une suite d'images plus ou moins agréables, mais qui parlent toujours aux yeux. La métaphysique, l'art de généraliser les idées, a de beaucoup hâté la marche de l'esprit humain; mais en abrégeant la route, elle a pu quelquefois les dépouiller de ses brillants aspects. Tous les objets se présentent un à un aux regards d'Homère; il ne choisit pas toujours avec sévérité, mais il peint toujours avec intérêt.

Les poëtes grecs en général mettaient peu de combinaison dans leurs écrits; la chaleur du climat, la vivacité de leur imagination, les louanges continuelles qu'ils recevaient, tout conspirait à leur donner une sorte de délire poétique qui leur inspirait la parole, comme les compositeurs italiens trouvent les airs en modifiant eux-mêmes leur organisation par des accords enivrants. La musique était chez les Grecs inséparable de la poésie, et l'harmonie de leur langue achevait d'assimiler les vers aux accents de la lyre.

Quand on aime véritablement la musique, il est rare qu'on écoute les paroles des beaux airs. On préfère se livrer au vague indéfini de la rêverie qu'excitent les sons. Il en est de même de la poésie d'images et de celle qui contient des idées philosophiques. La réflexion qu'exigent ces idées distrait, à quelques égards, de la sensation causée par la poésie. Il ne s'ensuit pas que, pour faire de beaux vers, il fallût de nos jours renoncer aux pensées philosophiques que nous avons acquises. L'esprit qui les conçoit est sans cesse ramené vers elles; et il serait impossible aux modernes de faire abstraction de tout ce qu'ils savent, pour peindre les objets comme les anciens les ont considérés. Nos grands écrivains ont mis dans leurs vers les richesses de notre siècle; mais toutes les formes de la poésie, tout ce qui constitue l'essence de cet art, nous l'empruntons de la littérature antique, parcequ'il est impossible, je le répète, de dépasser une certaine borne dans les arts, même dans le premier de tous, la poésie.

On remarque avec raison que le goût de la première littérature (à quelques exceptions près, que je motiverai en parlant des pièces de théâtre) était d'une grande pureté; mais comment le bon goût n'existerait-il pas dans l'abondance et dans la nouveauté de tous les objets agréables? C'est la satiété qui fait recourir à la bizarrerie ; c'est le besoin de variété qui rend souvent l'esprit recherché : mais les Grecs, au milieu de tant d'images et de sensations vives, s'abandonnaient à peindre celles qui leur causaient le plus de plaisir. Ils devaient leur bon goût aux jouissances mêmes de la nature; nos théories ne sont que l'analyse de leurs impressions.

Le paganisme des Grecs était l'une des principales causes de la perfection de leur goût dans les arts ; ces dieux, toujours près des hommes, et néanmoins toujours au-dessus d'eux, consacraient l'élégance et la beauté des formes dans tous les genres de tableaux. Cette même religion était aussi d'un puissant secours pour les divers chefs-d'œuvre de la littérature. Les prêtres et les législateurs avaient tourné la crédulité des hommes vers des idées purement poétiques; les mystères, les oracles, l'enfer, tout dans la mythologie des Grecs semblait la création d'une imagination libre dans son choix. On eût dit que les peintres et les poëtes avaient disposé de la croyance populaire pour placer dans les cieux les ressorts et les secrets de leur art. Les usages communs de la vie étaient ennoblis par des pratiques religieuses. Notre luxe commode, nos machines combinées par les sciences, nos relations sociales simplifiées par le commerce, ne peuvent se peindre en vers d'un genre élevé. Rien n'est moins poétique que la plupart des coutumes modernes; et chez les Grecs ces coutumes ajoutaient toutes à l'effet des événements et à la dignité des hommes. On faisait précéder les repas de libations aux dieux propices; sur le seuil de la porte, on se prosternait devant Jupiter hospitalier ; la vie agricole, la chasse, les occupations champêtres des plus fameux héros de l'antiquité servaient encore à la poésie, en rapprochant les images naturelles des faits politiques les plus importants.

L'esclavage, cet abominable fléau de l'espèce humaine, en

augmentant la force des distinctions sociales, faisait remarquer davantage encore la hauteur des grands caractères. Aucun peuple donc n'a réuni pour la poésie autant d'avantages que les Grecs; mais il leur manquait ce qu'une philosophie plus morale, une sensibilité plus profonde, peuvent ajouter à la poésie même, en y mêlant des idées et des impressions nouvelles.

Les progrès des Grecs, sous les rapports philosophiques, sont extrêmement faciles à suivre. Eschyle, Sophocle, Euripide, introduisirent successivement et progressivement la morale dans la poésie dramatique. Socrate et Platon s'occupèrent uniquement des préceptes de la vertu. Aristote a fait faire des pas immenses à la science de l'analyse. Mais, à l'époque d'Homère et d'Hésiode, et quelque temps encore après, lorsque, dans l'âge le plus remarquable par les chefs-d'œuvre de la poésie, Pindare a composé ses odes, les idées de morale étaient très incertaines. Elles autorisaient la vengeance, la colère, tous les mouvements impétueux de l'ame. Hérodote, qui vivait presque à la même époque, raconte le juste et l'injuste, comme les présages et les oracles; le crime lui paraît de mauvais augure, mais ce n'est jamais par sa conscience qu'il en décide. Anacréon, dans sa poésie voluptueuse, est fort inférieur au talent et à la philosophie qu'Horace a montrés en traitant des sujets à peu près semblables. Le mot de vertu n'a point un sens positif dans les auteurs grecs d'alors. Pindare donne ce nom à l'art de triompher dans les courses de char aux jeux olympiques : ainsi les succès, les plaisirs, la volonté des dieux, les devoirs de l'homme, tout se confondait dans ces têtes ardentes, et l'existence sensitive laissait seule des traces profondes. L'incertitude de la morale, dans ces temps reculés, n'est point une preuve de corruption; elle indique seulement combien les hommes avaient alors peu d'idées philosophiques : tout les détournait de la méditation, rien ne les y ramenait. L'esprit de réflexion se montre rarement dans la poésie des Grecs. On y trouve encore moins de véritable sensibilité.

Tous les hommes, sans doute, ont connu les douleurs de l'ame, et l'on en voit l'énergique peinture dans Homère; mais la puissance d'aimer semble s'être accrue avec les autres progrès de l'esprit humain, et surtout par les mœurs nouvelles, qui ont appelé les femmes au partage de la destinée de l'homme. Quelques courtisanes sans pudeur, des esclaves que leur sort avilissait, et des femmes inconnues au reste du monde, renfermées dans leurs maisons, étrangères aux intérêts de leurs époux, élevées de manière à ne comprendre aucune idée, aucun sentiment, voilà tout ce que les Grecs connaissaient des liens de l'amour. Les fils mêmes respectaient à peine leur mère. Télémaque ordonne à Pénélope de garder le silence; et Pénélope sort, pénétrée d'admiration pour sa sagesse. Les Grecs n'ont jamais exprimé, n'ont jamais connu le premier sentiment de la nature humaine, l'amitié dans l'amour. L'amour, tel qu'ils le peignaient, est une maladie, un sort jeté par les dieux, un genre de délire, qui ne suppose aucune qualité morale dans l'objet aimé. Ce que les Grecs entendaient par l'amitié existait entre les hommes; mais ils ne savaient pas, mais leurs mœurs leur interdisaient d'imaginer qu'on pût rencontrer dans les femmes un être égal par l'esprit et soumis par l'amour, une compagne de la vie, heureuse de consacrer ses facultés, ses jours, ses sentiments, à compléter une autre existence. La privation absolue d'une telle affection se fait apercevoir, non seulement dans la peinture de l'amour, mais dans tout ce qui tient à la délicatesse du cœur. Télémaque, en partant pour chercher Ulysse, dit que *s'il apprend la mort de son père, son premier soin, en revenant, sera de lui élever un tombeau, et de faire prendre à sa mère un second mari.* Les Grecs honoraient les morts; les dogmes de leur religion ordonnaient expressément de veiller sur la pompe des funérailles; mais la mélancolie, les regrets sensibles et durables ne sont point dans leur nature; c'est dans le cœur des femmes qu'habitent les longs souvenirs. J'aurai souvent l'occasion de faire remarquer les changements qui se sont opérés dans la littérature, à l'époque où les femmes ont commencé à faire partie de la vie morale de l'homme.

Après avoir essayé de montrer quelles sont les causes premières des beautés originales de la poésie grecque, et des défauts qu'elle devait avoir à l'époque la plus reculée de la civilisation, il me reste à examiner comment le gouvernement et l'esprit national d'Athènes ont influé sur le rapide développement de tous les genres de littérature. On ne saurait nier que la législation d'un peuple ne soit toute puissante sur ses goûts, sur ses talents et sur ses habitudes, puisque Lacédémone a existé à côté d'Athènes, dans le même siècle, sous le même climat, avec des dogmes religieux à peu près semblables, et cependant avec des mœurs si différentes.

Toutes les institutions d'Athènes excitaient l'émulation. Les

Athéniens n'ont pas toujours été libres ; mais l'esprit d'encouragement n'a jamais cessé d'exercer parmi eux la plus grande force. Aucune nation ne s'est jamais montrée plus sensible à tous les talents distingués. Ce penchant à l'admiration créait les chefs-d'œuvre qui la méritent. La Grèce, et dans la Grèce l'Attique, était un petit pays civilisé au milieu du monde encore barbare. Les Grecs étaient peu nombreux, mais l'univers les regardait. Ils réunissaient le double avantage des petits états et des grands théâtres : l'émulation qui naît de la certitude de se faire connaître au milieu des siens, et celle que doit produire la possibilité d'une gloire sans bornes. Ce qu'ils disaient entre eux retentissait dans le monde. Leur population était très circonscrite, et l'esclavage de près de la moitié des habitants restreignait encore la classe des citoyens. Tout contribuait à réunir les lumières, à rassembler les talents dans le cercle de concurrents en petit nombre, qui s'excitaient l'un l'autre, et se mesuraient sans cesse. La démocratie, qui appelle tous les hommes distingués à toutes les places éminentes, portait les esprits à s'occuper des événements publics. Néanmoins les Athéniens aimaient et cultivaient les beaux-arts, et ne se renfermaient point dans les intérêts politiques de leur pays ; ils voulaient conserver leur premier rang de nation éclairée ; la haine, le mépris pour les barbares, fortifiaient en eux le goût des arts et des belles-lettres. Il vaut mieux pour le genre humain que les lumières soient généralement répandues ; mais l'émulation de ceux qui les possèdent est plus grande lorsqu'elles sont concentrées. La vie des hommes célèbres était plus glorieuse chez les anciens ; celle des hommes obscurs est plus heureuse chez les modernes.

La passion dominante du peuple d'Athène, c'était l'amusement. On l'a vu décréter la peine de mort contre quiconque proposerait de distraire, pour le service militaire même, l'argent consacré aux fêtes publiques. Il n'avait point, comme les Romains, l'ardeur de conquérir. Il repoussait les barbares, pour conserver sans mélange ses goûts et ses habitudes. Il aimait la liberté, comme assurant à tous les genres de plaisirs la plus grande indépendance ; mais il n'avait pas cette haine profonde de la tyrannie, qu'une certaine dignité de caractère gravait dans l'ame des Romains. Les Athéniens ne cherchaient point à établir une forte garantie dans leur législation ; ils voulaient seulement alléger tous les jougs, et donner aux chefs de l'état le besoin continuel de captiver les citoyens et de leur plaire.

Ils applaudissaient aux talents avec transport; ils louaient avec passion les grands hommes : leur loi d'exil, leur ostracisme n'est qu'une preuve de la défiance que leur inspirait à eux-mêmes leur penchant à l'enthousiasme. Tout ce qui peut ajouter à l'éclat des noms fameux, tout ce qui peut exciter l'ambition de la gloire, cette nation le prodiguait. Les auteurs tragiques allaient faire des sacrifices sur le tombeau d'Eschyle, avant d'entrer dans la carrière qu'il avait ouverte le premier. Pindare, Sophocle, la lyre à la main, paraissaient dans les jeux publics, couronnés de lauriers et désignés par les oracles. L'imprimerie, si favorable aux progrès, à la diffusion des lumières, nuit à l'effet de la poésie; on l'étudie, on l'analyse, tandis que les Grecs la chantaient, et n'en recevaient l'impression qu'au milieu des fêtes, de la musique, et de cette ivresse que les hommes réunis éprouvent les uns par les autres.

On peut attribuer quelques uns des caractères de la poésie des Grecs au genre de succès que se proposaient leurs poëtes. Leurs vers devaient être lus dans les solennités publiques. La réflexion, la mélancolie, ces jouissances solitaires, ne conviennent point à la foule; le sang s'anime, la vie s'exalte parmi les hommes rassemblés. Il fallait que les poëtes secondassent ce mouvement. La monotonie des hymnes pindariques, cette monotonie si fatigante pour nous, ne l'était point dans les fêtes grecques; de certains airs, qui ont produit de grands effets sur les habitants des pays de montagne, sont composés d'un très petit nombre de notes. Il en était peut-être ainsi des idées que contenait la poésie lyrique des Grecs. Les mêmes images, les mêmes sentiments, et surtout la même harmonie, excitaient toujours les applaudissements de la multitude.

L'approbation du peuple grec s'exprimait bien plus vivement que les suffrages réfléchis des modernes. Une nation qui encourageait de tant de manières les talents distingués devait faire naître entre eux de grandes rivalités; mais ces rivalités servaient à l'avancement des arts. La palme la plus glorieuse excitait moins de haine que n'en font naître les témoignages comptés de l'estime rigoureuse qu'on peut obtenir de nos jours. Il était permis au génie de se nommer, à la vertu de s'offrir; et tous les hommes qui se croyaient dignes de quelque renommée pouvaient s'annoncer sans crainte comme les candidats de la gloire. La nation leur savait gré d'être ambitieux de son estime.

Maintenant la médiocrité toute puissante force les esprits supérieurs à se revêtir de ses couleurs effacées. Il faut se glisser dans la gloire, il faut dérober aux hommes leur admiration à leur insu. Il importe non seulement de rassurer par sa modestie, mais il faut même affecter de l'indifférence pour les suffrages, si l'on veut les obtenir. Cette contrainte aigrit quelques esprits, étouffe dans les autres les talents auxquels l'essor et l'abandon sont nécessaires. L'amour-propre persiste, le véritable génie est souvent découragé. L'envie chez les Grecs existait quelquefois entre les rivaux ; elle a passé maintenant chez les spectateurs, et, par une singularité bizarre, la masse des hommes est jalouse des efforts que l'on tente pour ajouter à ses plaisirs ou mériter son approbation.

CHAPITRE II.

Des tragédies grecques.

C'est surtout dans les pièces de théâtre qu'on aperçoit visiblement quelles sont les mœurs, la religion et les lois du pays où elles ont été composées et représentées avec succès. Il faut, pour être applaudi au théâtre, que l'auteur possède, indépendamment des qualités littéraires, un peu de ce qui constitue le mérite des actions politiques, la connaissance des hommes, de leurs habitudes et de leurs préjugés.

La douleur et la mort sont les premiers moyens des situations tragiques, et la religion modifie toujours puissamment l'action de la douleur et la terreur de la mort. Voyons donc quels effets les opinions religieuses des Grecs pouvaient ajouter à leurs tragédies, et quels effets elles leur interdisaient.

La religion des Grecs était singulièrement théâtrale : on raconte qu'une tragédie d'Eschyle, *les Euménides*, produisit une fois une impression si prodigieuse, que les femmes enceintes ne purent en supporter le spectacle ; les terreurs de l'enfer, la puissance de la superstition, bien plus que la beauté de la pièce, agissaient ainsi sur les ames. Le poëte disposait en même temps de la foi religieuse et des passions humaines. Si l'on transportait le même sujet, la même tragédie, dans les pays où les croyances sont différentes, rien ne serait plus différent aussi que l'impression que l'on en recevrait. Nous verrons, en examinant la littérature du Nord, quelle source d'émotions on peut trouver dans une religion d'un autre caractère ; et je montrerai, en parlant de la littérature moderne, comment les idées religieuses du christianisme étant trop abstraites et trop mystiques pour être représentées sur le théâtre, les auteurs dramatiques ont dû s'occuper uniquement d'exciter l'intérêt par l'énergique peinture des passions. Je me borne maintenant à ce qui concerne les Grecs. Quelle impression recevaient-ils par le tableau de la mort et de la douleur? et de quelle manière devaient-ils peindre les égarements des passions, d'après leur système religieux et politique?

Leur religion attribuait aux dieux une grande puissance sur les remords des coupables. Elle représentait sous les couleurs les plus effrayantes les tourments des criminels. Cette situation, mise en scène sous diverses formes, causait toujours au théâtre un insurmontable effroi. C'est aussi par ce moyen de terreur que les législateurs exerçaient une grande puissance, et que des principes de moralité se maintenaient entre les hommes. L'image de la mort produisait un effet moins sombre sur les Grecs que sur les modernes. Les croyances du paganisme adoucissaient extrêmement la crainte de la mort. Les anciens revêtaient la vie à venir des images les plus brillantes ; ils avaient matérialisé l'autre monde par des descriptions, par des tableaux, par des récits de tous les genres, et l'abîme que la nature a mis entre l'existence et la mort était, pour ainsi dire, comblé par leur mythologie. Ces opinions pouvaient avoir leur utilité politique ; mais comme l'idée de la mort fait éprouver à l'imagination des modernes une impression plus forte et plus sensible, elle est parmi nous d'un plus grand effet tragique.

Les Grecs étaient beaucoup moins susceptibles de malheur qu'aucun autre peuple de l'antiquité ; on trouve parmi eux moins d'exemples de suicide que chez les Romains ; leurs institutions politiques, leur esprit national les disposaient davantage au plaisir comme au bonheur. En général, il faut attribuer, chez les anciens, l'allégement d'une certaine intensité de douleur aux superstitions du paganisme. Les songes, les pressentiments, les oracles, tout ce qui jette dans la vie de l'extraordinaire, de l'inattendu, ne permet pas de croire au malheur irrévocable. Les situations les plus funestes ne paraissent jamais sans ressources ; on se flatte toujours d'un prodige. Le calcul des probabilités morales peut souvent présenter un résultat inflexible, tandis que, lorsqu'on croit au surnaturel, l'impossible n'existe pas : ainsi l'espoir n'est jamais totalement détruit. Ce découragement profond dans lequel tombe l'infortuné, cet abattement si douloureusement exprimé par Shakspeare, les Grecs ne pouvaient le peindre ; ils ne l'éprouvaient pas. Les hommes célèbres étaient exposés à la persécution, mais jamais à l'isolement ni à l'oubli. Les grandes infortunes étonnaient encore l'espèce humaine; on leur supposait une cause miraculeuse, on les entourait de rêves mythologiques : la vie était soutenue de toutes parts.

La religion des Grecs n'étant pour nous que de la poésie, jamais leurs tragédies ne nous feront éprouver une émotion égale à celle qu'ils ressentaient en les écoutant. Les auteurs grecs comptaient sur un certain nombre d'effets tragiques qui tenaient à la crédulité de leurs spectateurs ; et ils pouvaient suppléer, par les terreurs religieuses, à quelques émotions naturelles.

Tout, chez les Grecs, a le charme et l'avantage de la jeunesse : la douleur elle-même, si l'on peut le dire, y est encore dans sa nouveauté, conservant l'espérance, et rencontrant toujours la pitié. Les spectateurs étaient si facilement émus, prenaient un si vif intérêt à la souffrance, que cette certitude mettait le poëte en confiance avec ses auditeurs ; il ne redoutait pas (ce qu'on doit craindre de nos jours jusque dans les fictions) d'importuner par la plainte, comme si l'infortune, dans les tableaux d'imagination, pouvait encore fatiguer l'égoïsme.

Le malheur, chez les Grecs, se montrait auguste ; il offrait aux peintres de nobles attitudes, aux poëtes des images imposantes : il donnait aux idées religieuses une solennité nouvelle ; mais l'attendrissement que causent les tragédies modernes est mille fois plus profond. Ce qu'on représente de nos jours, ce n'est plus seulement la douleur offrant aux regards un majestueux spectacle, c'est la douleur dans ses impressions solitaires, sans appui comme sans espoir; c'est la douleur telle que la nature et la société l'*ont faite*.

Les Grecs n'exigeaient point comme nous le jeu des situations, le contraste des caractères ; leurs tragiques ne faisaient point ressortir les beautés par l'opposition des ombres. Leur art dramatique ressemblait à leur peinture, où toutes les couleurs sont vives, où tous les objets sont placés sur le même plan, sans que les lois de la perspective y soient observées.

Les tragiques grecs, fondant la plupart de leurs pièces sur l'action continuelle de la volonté des dieux, étaient dispensés d'un certain genre de vraisemblance, qui est la gradation des effets naturels; ils produisaient de grands effets, sans les avoir amenés par des nuances progressives. L'esprit étant toujours préparé à la crainte par la religion, à l'extraordinaire par la foi, les Grecs n'étaient point astreints aux plus grandes difficultés de l'art dramatique; ils ne dessinaient point les caractères avec cette vérité philosophique exigée dans les temps modernes. Le contraste des vices et des vertus, les combats intérieurs, le mélange et l'opposition des sentiments qu'il faut peindre pour intéresser le cœur humain, étaient à peine indiqués. Il suffisait aux Grecs d'un oracle des dieux pour tout expliquer.

Oreste tue sa mère ; Électre l'y encourage sans un moment d'incertitude ni de regrets : les remords d'Oreste après la mort de Clytemnestre ne sont point préparés par les combats qu'il devait éprouver avant de la tuer : l'oracle d'Apollon avait commandé le meurtre; alors qu'il est commis, les Euménides se saisissent du coupable. A peine aperçoit-on les sentiments de l'homme à travers ses actions ; c'est dans les chœurs que sont reléguées les réflexions, les incertitudes, les délibérations et les craintes; les héros agissent toujours par l'ordre des dieux.

Racine, en imitant les Grecs dans quelques unes de ses pièces, explique, par des raisons tirées des passions humaines, les forfaits commandés par les dieux ; il place un développement moral à côté de la puissance du fatalisme : dans un pays où l'on ne croit point à la religion des païens, un tel développement est nécessaire; mais chez les Grecs l'effet tragique était d'autant plus terrible qu'il avait pour fondement une cause surnaturelle. La foi que les Grecs avaient à de telles causes donnait nécessairement moins d'indépendance et de variété aux affections de l'ame.

Il existait un dogme religieux pour décider de chaque sentiment, comme une divinité pour personnifier chaque arbre, chaque fontaine. On ne pouvait refuser la pitié à qui se présentait avec une branche d'olivier ornée de bandelettes, ou tenait embrassé l'autel des dieux : tel est le sujet unique de la tragédie des Suppliantes. De semblables croyances donnent une élégance poétique à toutes les actions de la vie; mais elles bannissent habituellement ce qu'il y a d'irrégulier, d'imprévu, d'irrésistible dans les mouvements du cœur [1].

[1] Il arrive quelquefois que les dogmes mythologiques ajoutent, dans les ouvrages des anciens, à l'effet des situations touchantes; mais plus souvent la puissance de ces

L'amour est chez les Grecs, comme toutes les autres passions violentes, un simple effet de la fatalité. Dans les tragédies, comme dans les poëmes, on est sans cesse frappé de ce qui manquait aux affections du cœur, lorsque les femmes n'étaient point appelées à sentir ni à juger. Alceste donne sa vie pour Admète; mais avant de s'y résoudre, que ne lui fait pas dire Euripide pour engager le père d'Admète à se dévouer à sa place ! Les Grecs peignaient une action généreuse; mais ils ne savaient pas quelles jouissances on peut trouver à braver la mort pour ce qu'on aime, quelle jalousie on peut attacher à n'avoir point de rivaux dans ce sacrifice passionné. On dit, avec raison, qu'on ne pourrait pas mettre sur le théâtre français la plupart des pièces grecques, exactement traduites : ce ne sont point quelques négligences de l'art qui empêcheraient d'applaudir à tant de beautés originales; mais on aurait de la peine à supporter maintenant un certain manque de délicatesse dans les expressions sensibles. En étudiant les deux Phèdre, il est surtout facile de se convaincre de cette vérité.

Racine a risqué sur le théâtre français un amour dans le genre grec, un amour qu'il faut attribuer à la vengeance des dieux. Mais combien on voit néanmoins dans le même sujet la différence des siècles et des mœurs ! Euripide aurait pu faire dire à Phèdre :

> Ce n'est plus une ardeur dans mes veines cachée;
> C'est Vénus tout entière à sa proie attachée;

mais jamais un Grec n'aurait trouvé ce vers :

> Ils ne se verront plus.
> — Ils s'aimeront toujours.

Les tragédies grecques sont donc, je le crois, très inférieures à nos tragédies modernes, parceque le talent dramatique ne se compose pas seulement de l'art de la poésie, mais consiste aussi dans la profonde connaissance des passions; et sous ce rapport la tragédie a dû suivre les progrès de l'esprit humain.

Les Grecs n'en sont pas moins admirables dans cette carrière, comme dans toutes les autres, quand on compare leurs succès à l'époque du monde dans laquelle ils ont vécu. Ils ont transporté sur leur théâtre tout ce qu'il y avait de beau dans l'imagination des poëtes, dans les caractères antiques, dans le culte du paga-

dogmes dispense du besoin de convaincre, de remonter à la source des émotions de l'ame; et les passions humaines ne sont plus alors ni développées, ni approfondies.

nisme ; et le siècle de Périclès étant beaucoup plus avancé en philosophie que le siècle d'Homère, les pièces de théâtre ont aussi dans ce genre acquis plus de profondeur.

On peut remarquer un perfectionnement sensible dans les trois tragiques, Eschyle, Sophocle et Euripide ; il y a même trop de distance entre Eschyle et les deux autres, pour expliquer seulement cette supériorité par la marche naturelle de l'esprit dans un si court espace de temps : mais Eschyle n'avait vu que la prospérité d'Athènes ; Sophocle et Euripide ont été témoins de ses revers ; leur génie dramatique s'en est accru : le malheur a aussi sa fécondité.

Eschyle ne présente aucun résultat moral ; il n'unit presque jamais par des réflexions la douleur physique [1] à la douleur de l'ame. Un cri de souffrance, une plainte sans développement, sans souvenirs, sans prévoyance, exprime les impressions du moment, montre quel était l'état de l'ame avant que la réflexion eût placé au-dedans de nous-mêmes un témoin de nos mouvements intérieurs.

Sophocle met souvent des maximes philosophiques dans les paroles des chœurs. Euripide prodigue ces maximes dans les discours de ses personnages, sans qu'elles soient toujours parfaitement liées à la situation et au caractère. On voit dans ces trois auteurs et leur talent personnel, et le développement de leur siècle ; mais aucun d'eux n'atteint à la peinture déchirante et mélancolique que les tragiques anglais, que les écrivains modernes nous ont donnée de la douleur ; aucun d'eux ne présente une philosophie sensible, aussi profondément analogue aux souffrances de l'ame. Le genre humain, en vieillissant, devient moins accessible à la pitié ; il a donc fallu creuser plus avant pour retrouver la source de l'émotion ; et le malheur isolé a eu besoin de recourir à une force intérieure plus agissante.

Les récompenses sans nombre qu'on accordait au génie dramatique parmi les Grecs encourageaient, sous beaucoup de rapports, les progrès de l'art ; mais les délices mêmes de la louange nuisaient, à quelques égards, au talent tragique. Le poëte était trop satisfait, trop exalté, pour donner au malheur une expression profondément mélancolique. Dans les tragédies modernes, on aperçoit presque toujours, par le caractère du style, que l'auteur lui-même a éprouvé quelques unes des douleurs qu'il représente.

[1] *Voyez* Prométhée.

Le goût des Grecs, dans les tragédies, est souvent remarquable par sa pureté. Comme ils étaient les premiers, comme ils ne pouvaient être imitateurs, ils ont dû commencer par les défauts de la simplicité plutôt que par ceux de la recherche. Toutes les littératures modernes ont essayé d'abord de faire mieux, ou du moins autrement que les anciens. Les Grecs ayant la nature seule pour modèle, ont eu quelquefois de la grossièreté, mais jamais d'affectation. Aucun de leurs efforts n'était perdu ; ils étaient dans la véritable route.

On peut quelquefois reprocher aux tragiques grecs la longueur des récits et des discours qu'ils mettaient sur la scène ; mais les spectateurs n'avaient pas encore appris à s'ennuyer, et les auteurs ne resserrent leurs moyens d'effet que lorsqu'ils redoutent la prompte lassitude des spectateurs. L'esprit philosophique rend plus sévère sur l'emploi du temps ; et loin que les peuples à imagination exigent de la rapidité dans les tableaux qu'on leur présente, ils se plaisent dans les détails, et se fatigueraient bien plutôt des abrégés.

Les Grecs font aussi, relativement à nous, beaucoup de fautes dans leur manière de parler des femmes. Ils faisaient représenter leurs rôles dans les tragédies par des hommes, et ne concevaient pas le charme que les modernes attachent à l'idée d'une femme. Ce petit nombre de critiques excepté, l'on doit reconnaître que les Grecs ont dans leurs tragédies un goût parfait, une régularité remarquable. Ce peuple, si orageux dans ses discussions politiques, avait dans tous les arts (excepté dans la comédie) un esprit sage et modéré. C'est à leur religion qu'il faut surtout attribuer leur fixité dans les principes du genre noble et simple.

Le peuple d'Athènes n'exigeait point qu'on mêlât, comme en Angleterre, les scènes grotesques de la vie commune aux situations héroïques. On représentait les tragédies grecques dans les fêtes consacrées aux dieux ; elles étaient presque toutes fondées sur des dogmes religieux. Un respect pieux écartait de ces chefs-d'œuvre, comme d'un temple, tout rôle ignoble ou toute image grossière. Les héros que peignaient les auteurs dramatiques n'avaient point cette grandeur soutenue que leur a donnée Racine ; mais ce n'est point à une condescendance populaire qu'il faut attribuer cette différence ; tous les poëtes ont peint ainsi les caractères, avant que de certaines habitudes monarchiques et chevaleresques nous eussent donné l'idée d'une nature de convention.

La plupart des personnages mis en action dans les pièces grecques sont tirés de l'Iliade, ou de l'histoire héroïque de la même époque. L'idée forte qu'Homère avait donnée de ses héros a beaucoup servi les auteurs tragiques. Les seuls noms d'Ajax, d'Achille, d'Agamemnon, produisaient d'abord une émotion de souvenir. Leur destinée était pour les Grecs un sujet national; le poëte dramatique, en les représentant, n'avait qu'à développer les idées reçues : il n'était point obligé de créer à la fois le caractère et la situation; le respect et l'intérêt existaient d'avance en faveur des hommes qu'il voulait peindre. Les modernes eux-mêmes ont profité de l'auguste célébrité des personnages tragiques de l'antiquité. Nos situations tragiques les plus belles et les plus simples sont tirées du grec. Ce n'est pas que les Grecs soient supérieurs aux modernes, c'est qu'ils ont peint les premiers ces affections dominantes dont les principaux traits doivent toujours rester les mêmes.

Les caractères tragiques de l'amour maternel ont tous une analogie quelconque avec la douleur de Clytemnestre, et le dévouement filial doit toujours rappeler Antigone[1]. Enfin, il existe dans la nature morale, comme dans la lumière du soleil, un certain nombre de rayons qui produisent des couleurs tranchantes ou distinctes : vous variez ces couleurs par leur mélange, mais vous n'en pouvez créer une entièrement nouvelle.

Les trois tragiques grecs ont tous traité les mêmes sujets; ils n'en ont point inventé de nouveaux; les spectateurs n'en avaient nullement le desir; les auteurs n'y songeaient pas, et ils n'y auraient peut-être pas réussi. Les conceptions heureuses d'événements extraordinaires sont beaucoup plus l'ouvrage des traditions que des poëtes. La chaîne des raisonnements conduit à des découvertes en philosophie, mais la première idée de l'invention des faits poétiques est presque toujours l'effet du hasard. L'histoire, les mœurs, les contes populaires même, aident l'imagination des écrivains. Sophocle n'eût point trouvé dans sa tête le sujet de Tancrède, ni Voltaire celui d'OEdipe. On ne découvre point de nouvelles fables merveilleuses, lorsque la crédulité du vulgaire ne s'y prête plus. On le voudrait en vain; l'esprit s'y refuserait toujours.

---

[1] De ce que les événements les plus forts et les plus malheureux de la vie ont été peints par les Grecs, il ne s'ensuit pas qu'ils aient égalé les modernes dans la délicatesse et la profondeur des sentiments et des idées que ces situations peuvent inspirer.

L'importance donnée aux chœurs, qui sont censés représenter le peuple, est presque la seule trace de l'esprit républicain qu'on puisse remarquer dans les tragédies grecques. Les comédies rappellent souvent l'état politique de la nation ; mais, dans les tragédies, on peignait sans cesse les malheurs des rois[1], on intéressait à leur sort. L'illusion de la royauté subsistait chez les Athéniens, quoiqu'ils aimassent leur gouvernement républicain. Cet enthousiasme de liberté qui caractérise les Romains, il ne paraît pas que les Grecs l'éprouvassent avec la même énergie : ils avaient eu beaucoup moins d'efforts à faire pour conquérir leur liberté ; ils n'avaient point expulsé du trône, comme les Romains, une race de rois cruels, propre à leur inspirer l'horreur de tout ce qui pouvait en rappeler le souvenir. L'amour de la liberté était pour les Grecs une habitude, une manière d'être, et non une passion dominante dont ils eussent besoin de retrouver partout l'expression.

Les Athéniens aimaient leurs institutions et leur pays, mais ce n'était pas, comme les Romains, par un sentiment exclusif. On ne trouve dans leurs tragédies qu'un trait caractéristique de la démocratie : ce sont les réflexions que les principaux personnages, que les chœurs répètent sans cesse, sur la rapidité des revers de la destinée et sur l'inconstance de la fortune. Les révolutions subites et fréquentes du gouvernement populaire ramènent souvent à ce genre d'observations philosophiques. Racine n'a point imité les Grecs à cet égard. Sous l'empire d'un monarque tel que Louis XIV, sa volonté devait remplacer le sort, et l'on n'osait lui supposer des caprices ; mais dans un pays où le peuple domine, ce qui frappe le plus les esprits, ce sont les bouleversements qui s'opèrent dans les destinées ; c'est la chute rapide et terrible du faîte de la grandeur dans l'abîme de l'adversité.

Les auteurs tragiques cherchent toujours à ranimer les impressions que la nation qui les écoute a souvent éprouvées. En effet, les souvenirs sont toujours de quelque chose dans l'attendrissement ; et loin qu'il soit nécessaire, dans les sentiments comme dans les pensées, de captiver l'attention par des rapports nou-

---

[1] Barthélemy, dans son célèbre *Voyage du jeune Anacharsis*, dit que c'était pour fortifier l'esprit républicain que les Athéniens faisaient représenter les revers des rois sur leur théâtre. Je ne crois point que rappeler sans cesse les infortunes des rois fût un moyen d'anéantir l'amour de la royauté. Les grands désastres sont dramatiques ; ils ébranlent fortement l'imagination : or ce n'est pas ainsi qu'on détruit un préjugé, quel qu'il soit.

veaux, quand on veut faire couler les larmes, c'est le passé qu'il faut rappeler.

CHAPITRE III.
De la comédie grecque.

Les tragédies (si l'on en excepte quelques chefs-d'œuvre) exigent moins de connaissance du cœur humain que les comédies ; l'imagination suffit pour peindre ce qui s'offre naturellement aux regards, l'expression de la douleur. Les caractères tragiques doivent avoir entre eux une certaine ressemblance qui exclut la finesse des observations, et les modèles de l'histoire héroïque tracent d'avance la route qu'il faut suivre. Mais cette délicatesse de goût, cette philosophie supérieure que Molière a montrée dans ses comédies, il faut des siècles pour y amener l'esprit humain ; et quand un génie égal à celui de Molière eût vécu dans Athènes, il n'aurait pu deviner la bonne comédie.

On se demande cependant avec étonnement, en lisant les comédies d'Aristophane, comment il se peut qu'on ait applaudi de semblables pièces dans le siècle de Périclès, comment il se peut que les Grecs aient montré tant de goût dans les beaux-arts, et une grossièreté si rebutante dans les plaisanteries. C'est qu'ils avaient le bon goût qui appartient à l'imagination, et non celui qui naît de la moralité des sentiments. Les belles formes en tout genre plaisaient à leurs yeux ; mais leur ame n'était point avertie par une scrupuleuse délicatesse des égards qu'on doit observer. Ils éprouvaient beaucoup plus d'enthousiasme que de respect pour les grands caractères. Le malheur, la puissance, la religion, le génie, tout ce qui frappait l'imagination des Athéniens excitait en eux une sorte de fanatisme ; mais cette impression se détruisait avec la même facilité, dès qu'on en substituait une autre également vive. Les effets graduels et nuancés ne conviennent guère aux mœurs démocratiques ; et comme c'était toujours du peuple qu'il fallait se faire entendre et se faire applaudir, on se livrait, pour l'amuser, aux contrastes saillants qui frappent aisément tous les hommes.

La tragédie se ressentait moins de ce desir de plaire à la multitude ; elle faisait partie, comme je l'ai déjà dit, d'une fête religieuse. D'ailleurs ce ne sont ni les goûts ni les lumières du peuple qu'il faut consulter pour l'attendrir ; l'émotion de la pitié parvient à tous les cœurs par la même route. C'est à l'homme que vous vous adressez dans la tragédie; mais c'est une telle époque, c'est un tel peuple, ce sont de telles mœurs, qu'il faut connaître pour obtenir dans la comédie un succès populaire : les pleurs sont pris dans la nature, et la plaisanterie dans les habitudes.

Les principes de la moralité servent communément de règles de goût aux dernières classes de la société, et ces principes suffisent souvent pour les éclairer, même en littérature. Le peuple athénien n'avait point cette moralité délicate qui peut suppléer au tact le plus fin de l'esprit : il se livrait aux superstitions religieuses, mais il n'avait point d'idées fixes sur la vertu, et ne reconnaissait aucun principe, aucune borne, aucune pudeur dans les objets de ses amusements.

L'exclusion des femmes empêchait aussi que les Grecs ne se perfectionnassent dans la comédie. Les auteurs n'ayant aucun motif pour rien ménager, rien voiler, rien sous-entendre, la grace et la finesse devaient nécessairement manquer à leur gaieté. Ces masques, ces porte-voix, toutes ces bizarres coutumes du théâtre des anciens disposaient l'esprit, comme les caricatures dans le dessin, à l'invention grotesque, et non à l'étude de la nature.

Aristophane saisissait quelques plaisanteries populaires; il présentait quelques contrastes d'une invention commune et d'une expression grossière; mais ce n'est jamais par la peinture des caractères, ni par la vérité des situations, que les ridicules des hommes et les travers de la société ressortent dans ses pièces.

La plupart des comédies d'Aristophane étaient relatives aux événements de son temps. On n'avait point encore imaginé de soutenir la curiosité par une intrigue romanesque; l'intérêt des aventures particulières dépend absolument du rôle que jouent les femmes dans un pays. L'art comique, tel qu'il était du temps des Grecs, ne pouvait se passer d'allusions : on n'avait pas assez approfondi le cœur humain dans ses passions secrètes, pour intéresser seulement en les peignant; mais il était très aisé de plaire au peuple en tournant ses chefs en dérision.

La comédie de circonstance réussit si facilement, qu'elle ne peut obtenir aucune réputation durable. Ces portraits des hommes vivants, ces épigrammes sur les faits contemporains, sont des plaisanteries de famille et des succès d'un jour, qui doivent ennuyer les nations et les siècles; le mérite de tels ouvrages peut disparaître même d'une année à l'autre. Si votre mémoire ne se retrace pas le sujet des allusions, votre esprit ne vous suffit pas pour comprendre la gaieté de ces écrits; et s'il faut réfléchir à une plaisanterie pour en découvrir le sens, tout son effet est manqué.

Le spectateur entre tout-à-fait dans l'illusion de la tragédie; il s'intéresse assez au héros de la pièce pour comprendre des mœurs étrangères, pour se transporter dans des pays entièrement nouveaux. L'émotion fait tout adopter, tout concevoir; mais à la comédie l'imagination du spectateur est tranquille; elle ne prête point son secours à l'auteur; l'impression de la gaieté est tellement légère et spontanée, que la plus faible distraction pourrait en détourner.

Aristophane n'a composé que des pièces de circonstance, parceque les Grecs étaient extrêmement loin de la profondeur philosophique qui permet de concevoir une comédie de caractère, une comédie qui intéresse l'homme de tous les pays et de tous les temps. Les comédies de Ménandre et les caractères de Théophraste ont fait faire des progrès, l'un dans la décence théâtrale, l'autre dans l'observation du cœur humain, parceque ces deux écrivains avaient sur Aristophane l'avantage d'un siècle de plus; mais, en général, les auteurs se laissent aisément séduire dans les démocraties par l'irrésistible attrait des applaudissements populaires. C'est un écueil pour les pièces de théâtre des peuples libres, que les succès qu'on obtient en mettant en scène des allusions aux affaires publiques. Je ne sais si de telles comédies sont un signe de liberté, mais elles sont nécessairement la perte de l'art dramatique.

Le peuple d'Athènes, comme je l'ai déjà dit, était extrêmement susceptible d'enthousiasme; mais il n'en aimait pas moins la satire qui insultait aux hommes supérieurs. Les comédies d'Athènes servaient, comme les journaux de France, au nivellement démocratique, avec cette différence que la représentation d'une comédie remplie de personnalités contre un homme vivant est un genre d'attaque auquel, de nos jours, aucun nom considéré ne pourrait résister. Nous nous livrons trop peu à l'admiration pour n'avoir pas tout à craindre de la calomnie; les amis, en France, abandonnent trop facilement, pour qu'il ne soit pas nécessaire de mettre une borne à la violence des ennemis. A Athènes on pouvait se faire connaître, et se justifier sur la place publique au milieu de la nation entière; mais, dans nos associations nombreuses, on ne pourrait opposer que la lumière lente des écrits au ridicule animé du théâtre. Aucune réputation, aucune autorité politique ne saurait soutenir cette lutte inégale.

La république d'Athènes elle-même a dû son asservissement à cet abus du genre comique, à ce goût désordonné pour les plaisanteries, qu'excitait chaque jour le besoin de s'amuser. La comédie des Nuées prépara les esprits à l'accusation de Socrate. Démosthène, dans le siècle suivant, ne put arracher les Athéniens à leurs spectacles, à leurs occupations frivoles, pour les occuper de Philippe. Ce qu'on avait toujours craint pour la république, c'était l'ascendant que pourrait prendre sur elle un de ses grands hommes; ce qui la fit périr, ce fut son indifférence pour tous.

Après avoir sacrifié leur gloire pour conserver leurs amusements, les Athéniens se virent enlever jusqu'à leur indépendance, et avec elle les plaisirs mêmes qu'ils avaient préférés à la défense de leur liberté.

CHAPITRE IV.

De la philosophie et de l'éloquence des Grecs.

La philosophie et l'éloquence étaient souvent réunies chez les Athéniens. Les systèmes métaphysiques et politiques de Platon ont bien moins contribué à sa gloire que la beauté de son langage et la noblesse de son style. Les philosophes grecs sont, pour la plupart, des orateurs éloquents sur des idées abstraites. Je dois cependant considérer d'abord la philosophie des Grecs séparément de leur éloquence : mon but est d'observer les progrès de l'esprit humain, et la philosophie peut seule les indiquer avec certitude.

L'éloquence, soit par ses rapports avec la poésie, soit par l'intérêt des discussions politiques dans un pays libre, avait atteint chez les Grecs un degré de perfection qui sert encore de modèle : mais la philosophie des Grecs me paraît fort au-dessous de celle de leurs imitateurs, les Romains; et la philosophie moderne a cependant sur celle des Romains la supériorité que doivent assurer à la pensée de l'homme deux mille ans de méditation de plus.

Les Grecs se sont perfectionnés eux-mêmes, d'une manière très remarquable, pendant le cours de trois siècles. Dans le dernier, celui d'Alexandre, Ménandre, Théophraste, Euclide, Aristote, marquent sensiblement les pas faits dans divers genres. L'une des principales causes finales des grands événements qui nous sont connus, c'est la civilisation du monde. Je développerai ailleurs cette assertion; ce qu'il m'importe d'observer maintenant, c'est combien les Grecs étaient propres à répandre les lumières, combien ils excitaient aux travaux nécessaires pour les acquérir. Les philosophes instituaient des sectes, moyen aussi utile alors qu'il serait nuisible maintenant. Ils environnaient la recherche de la vérité de tout ce qui pouvait frapper l'imagination : ces promenades où de jeunes disciples se réunissaient autour de leur maître pour écouter de nobles pensées en présence d'un beau ciel, cette langue harmonieuse qui exaltait l'ame par les sens, avant même que les idées eussent agi sur elle, le mystère qu'on apportait à Éleusis dans la découverte, dans la communication de certains principes de morale, toutes ces choses ajoutaient à l'effet des leçons des philosophes. A l'aide du merveilleux mythologique, on faisait adopter des vérités à l'univers dans son enfance. L'on enflammait de mille manières le goût de l'étude; et les éloges flatteurs qu'obtenaient les disciples de la philosophie en augmentaient encore le nombre.

Ce qui contribue à nous donner une idée prodigieuse des anciens, ce sont les grands effets produits par leurs ouvrages : ce n'est pas néanmoins d'après cette règle qu'il faut les juger. Le petit nombre d'hommes éclairés qu'offrait la Grèce à l'admiration du reste du monde, la difficulté des voyages, l'ignorance où l'on était de la plupart des faits recueillis par les écrivains, la rareté de leurs manuscrits, tout contribuait à inspirer la plus vive curiosité pour les ouvrages célèbres. Les témoignages multipliés de cet intérêt général excitaient les philosophes à franchir les grandes difficultés que présentait l'étude, avant que la méthode et la généralisation en eussent abrégé la route. La gloire moderne n'eût pas suffi pour récompenser de tels efforts; il ne fallait pas moins que la gloire antique pour donner la force de soulever de si grands obstacles. Les anciens philosophes ont obtenu dans leur temps une réputation beaucoup plus éclatante que celle des modernes; mais il n'est pas moins vrai que les modernes, dans la métaphysique, la morale et les sciences, sont infiniment supérieurs aux anciens.

Les philosophes de l'antiquité ont combattu quelques erreurs, mais ils en ont adopté un grand nombre. Lorsque les croyances les plus absurdes sont établies généralement, les écrivains qui en appellent aux lumières de la raison ne peuvent jamais se dégager entièrement des préjugés qui les environnent. Quelquefois ils mettent une erreur à la place de celle qu'ils combattent; d'autres fois ils conservent une superstition qui leur est propre, en attaquant les dogmes reçus. Les paroles fortuites paraissaient redoutables à Pythagore; Socrate et Platon croyaient aux démons familiers; Cicéron a craint les présages tirés des songes. Dès qu'un revers, une peine quelconque s'appesantit sur l'ame, il est impossible qu'elle repousse absolument toutes les superstitions de son siècle: l'appui qu'on trouve en soi ne suffit pas; on ne se croit protégé que par ce qui est au-dehors de nous. En s'étudiant soi-même, l'on verra que, dans toutes les douleurs de la vie, on est porté à croire les autres plus que ses propres réflexions, à chercher les motifs de ses craintes et de ses espérances ailleurs que dans sa raison. Un génie supérieur, quel qu'il soit, ne peut s'affranchir à lui seul de ce besoin du surnaturel, inhérent à l'homme; il faut que la nation fasse corps avec le philosophe contre de certaines terreurs, pour qu'il soit possible à ce philosophe de les attaquer toutes.

Les Grecs se sont livrés avec folie à la recherche des différents systèmes du monde. Moins ils étaient avancés dans la carrière des sciences, moins ils reconnaissaient les bornes de l'esprit humain. Les philosophes se plaisaient surtout dans l'inconnu et l'inexplicable. Pythagore disait qu'*il n'y avait de réel que ce qui était spirituel; que le matériel n'existait pas.* Platon, cet écrivain si brillant d'imagination, revient sans cesse à une métaphysique bizarre du monde, de l'homme et de l'amour, où les lois physiques de l'univers et la vérité des sentiments ne sont jamais observées. La métaphysique, qui n'a ni les faits pour base, ni la méthode pour guide, est ce qu'on peut étudier de plus fatigant; et je crois impossible de ne pas le sentir, en lisant les écrits philosophiques des Grecs, quel que soit le charme de leur langage.

Les anciens sont plus forts en morale qu'en métaphysique; l'étude des sciences exactes est nécessaire pour rectifier la métaphysique, tandis que la nature a placé dans le cœur de l'homme tout ce qui peut le conduire à la vertu. Cependant rien n'est moins arrêté, rien n'a moins d'ensemble que le code de morale des anciens. Pythagore paraît attacher la même importance à des proverbes, à des conseils de prudence et d'habileté, qu'aux préceptes de la vertu. Plusieurs des philosophes grecs confondent de même les rangs dans la morale, ils placent l'amour de l'étude sur la même ligne que l'accomplissement des premiers devoirs. L'enthousiasme pour les facultés de l'esprit l'emporte en eux sur tout autre genre d'estime : ils excitent l'homme à se faire admirer, mais ils ne portent point un regard inquiet ou pénétrant dans les peines intérieures de l'ame.

Je ne crois pas que le mot de bonheur soit une fois prononcé dans les écrits des Grecs, selon l'acception moderne. Ils ne mettaient pas une grande importance aux vertus particulières. La politique était chez eux une branche de la morale ; ils méditaient sur l'homme en société, ils ne le jugeaient presque jamais que dans ses rapports avec ses concitoyens ; et comme les états libres étaient composés en général d'une population fort peu nombreuse, que les femmes n'étaient de rien dans la vie [1], toute l'existence de l'homme consistait dans les relations sociales : c'était au perfectionnement de cette existence politique que les études des philosophes s'attachaient exclusivement. Platon, dans sa République, propose comme un moyen d'accroître le bonheur de la race humaine, la destruction de l'amour conjugal et paternel par la communauté des femmes et des enfants. Le gouvernement monarchique et l'étendue des empires modernes ont détaché la plupart des hommes de l'intérêt des affaires publiques : ils se sont concentrés dans leurs familles, et le bonheur n'y a pas perdu ; mais tout excitait les anciens à suivre la carrière politique, et leur morale avait pour premier objet de les y encourager. Ce qu'il y a de vraiment beau dans leur doctrine n'est point contraire à cette assertion. S'il est utile, dans toutes les situations, d'exercer un grand empire sur soi-même, c'est surtout aux hommes d'état que cette puissance est nécessaire.

Combien cette morale, qui consiste tout entière dans le calme, la force d'ame et l'enthousiasme de la sagesse, est admirablement peinte dans l'Apologie de Socrate et dans le Phédon ! Si l'on pouvait faire entrer dans son ame cet ordre d'idées, il semble que l'on serait invinciblement armé contre les hommes. Les anciens prenaient souvent leur point d'appui dans les erreurs, souvent dans

[1] On ne trouve pas un seul portrait de femme dans les caractères de Théophraste; leur nom n'y est jamais prononcé comme celui d'un être faisant partie des intérêts de la société. On m'a objecté l'éclat du nom d'Aspasie. Est-ce la destinée d'une courtisane qui peut prouver le rang que les lois et les mœurs accordent aux femmes dans un pays ?

des idées factices ; mais enfin ils se sacrifiaient eux-mêmes à ce qu'ils reconnaissaient pour la vertu ; et ce qui nous manque aujourd'hui, c'est un levier pour soulever l'égoïsme : toutes les forces morales de chaque homme se trouvent concentrées dans l'intérêt personnel.

Les philosophes grecs étaient en très petit nombre, et des travaux antérieurs à leur siècle ne leur offraient point de secours ; il fallait qu'ils fussent universels dans leurs études. Ils ne pouvaient donc aller loin dans aucun genre ; il leur manquait ce qu'on ne doit qu'aux sciences exactes, la méthode, c'est-à-dire l'art de résumer. Platon n'aurait pu rassembler dans sa mémoire ce qu'à l'aide de cette méthode les jeunes gens retiennent sans peine aujourd'hui ; et les erreurs s'introduisaient beaucoup plus facilement avant qu'on eût adopté dans le raisonnement l'enchaînement mathématique.

Socrate lui-même, dans les Dialogues de Platon, emprunte, pour combattre les sophistes, quelques uns de leurs défauts ; ce sont des longueurs, des développements qui ne seraient pas maintenant tolérés. On doit recourir aux anciens pour le goût simple et pur des beaux-arts ; on doit admirer leur énergie, leur enthousiasme pour tout ce qui est grand, sentiments jeunes et forts des premiers peuples civilisés ; mais il faut considérer tous leurs raisonnements en philosophie comme l'échafaudage de l'édifice que l'esprit humain doit élever.

Aristote cependant, qui vécut dans le troisième siècle grec, par conséquent dans le siècle supérieur pour la pensée aux deux précédents, Aristote a mis l'esprit d'observation à la place de l'esprit de système ; et cette différence suffit pour assurer sa gloire. Ce qu'il écrit en littérature, en physique, en métaphysique, est l'analyse des idées de son temps. Historien du progrès des connaissances à cette époque, il les rédige, il les place dans l'ordre dans lequel il les conçoit. C'est un homme admirable pour son siècle ; mais c'est vouloir forcer les hommes à marcher en arrière, que de chercher dans l'antiquité toutes les vérités philosophiques ; c'est porter l'esprit de découverte sur le passé, tandis que le présent le réclame. Les anciens, et surtout Aristote, ont été presque aussi forts que les modernes sur de certaines parties de la politique ; mais cette exception à l'invariable loi de la progression tient uniquement à la liberté républicaine dont les Grecs ont joui, et que les modernes n'ont pas connue.

Aristote est dans l'ignorance la plus complète sur toutes les questions générales que l'histoire de son temps n'a point éclaircies; il ne suppose pas l'existence du droit naturel pour les esclaves. Antagoniste de Platon sur plusieurs autres sujets, il n'imagine pas que l'esclavage puisse être un objet de discussion; et, dans le même ouvrage, il traite les causes des révolutions et les principes du gouvernement avec une supériorité rare, parceque l'exemple des républiques grecques lui avait fourni la plupart de ses idées. Si le régime républicain n'avait pas cessé d'exister depuis Aristote, les modernes lui seraient aussi supérieurs dans la connaissance de l'art social que dans toute autre étude intellectuelle. Il faut que la pensée soit avertie par les événements; c'est ainsi qu'en examinant les travaux de l'esprit humain, on voit constamment les circonstances ou le temps donner le fil qui sert de guide au génie. Le penseur sait tirer des conséquences d'une idée principale; mais le premier mot de toutes choses, c'est le hasard, et non la réflexion, qui le fait découvrir à l'homme.

Le style des historiens grecs est remarquable par l'art de narrer avec intérêt et simplicité, et par la vivacité de quelques uns de leurs tableaux; mais ils n'approfondissent point les caractères, ils ne jugent point les institutions. Les faits inspiraient alors une telle avidité, qu'on ne reportait point encore sa pensée vers les causes. Les historiens grecs marchent avec les événements; ils en suivent l'impulsion, mais ne s'arrêtent point pour les considérer. On dirait que, nouveaux dans la vie, ils ne savent pas si ce qui est pourrait exister autrement. Ils ne blâment ni n'approuvent; ils transmettent les vérités morales comme les faits physiques, les beaux discours comme les mauvaises actions, les bonnes lois comme les volontés tyranniques, sans analyser ni les caractères, ni les principes. Ils vous peignent, pour ainsi dire, la conduite des hommes comme la végétation des plantes, sans porter sur elle un jugement de réflexion[1]. C'est aux historiens des premiers âges de la Grèce que ces observations s'appliquent. Plutarque,

---

[1] Thucydide est certainement le plus distingué des historiens grecs. Tous ses tableaux sont pleins d'imagination, et ses harangues sont, comme celles de Tite-Live, de la plus belle éloquence : lorsqu'il raconte les malheurs attachés aux troubles civils, il jette de grandes lumières sur les passions politiques, et doit paraître supérieur aux écrivains modernes, qui n'ont que l'histoire des guerres et des rois à raconter. Mais qui pourrait comparer la philosophie de Thucydide à celle de Hume, et la profondeur de son esprit à celle de Machiavel, dans ses *Réflexions sur les Décades* de Tite-Live?

contemporain de Tacite, appartient à une époque différente de l'esprit humain.

L'éloquence des philosophes égalait presque, chez les Grecs, l'éloquence des orateurs. Socrate, Platon, aimaient mieux parler qu'écrire, parcequ'ils sentaient, sans se rendre précisément compte de leur talent, que leurs idées appartenaient plus à l'inspiration qu'à l'analyse. Ils avaient besoin de recourir au mouvement et à l'exaltation produite par le langage animé de la conversation; ils cherchaient ce qui pouvait agir sur l'imagination, avec autant de soin que les métaphysiciens exacts et les moralistes sévères en mettent de nos jours à se garantir de toute parure poétique. L'éloquence philosophique des Grecs fait encore effet sur nous par la noblesse et la pureté du langage. La doctrine calme et forte qu'ils enseignaient donne à leurs écrits un caractère que le temps n'a point usé. L'antiquité sied bien aux beautés simples; néanmoins nous trouverions les discours des philosophes grecs sur les affections de l'ame trop monotones, s'ils étaient écrits de nos jours : il leur manque une grande puissance pour faire naître l'émotion ; c'est la mélancolie et la sensibilité.

Les opinions stoïciennes n'unissaient point la sensibilité à la morale ; la littérature des peuples du Nord n'avait point encore fait aimer les images sombres; le genre humain n'avait pas encore atteint, s'il est permis de s'exprimer ainsi, l'âge de la mélancolie; l'homme, luttant contre les souffrances de l'ame, ne leur opposait que la force, et non cette résignation sensible, qui n'étouffe point la peine et ne rougit point des regrets. Cette résignation peut seule faire servir la douleur même aux plus sublimes effets du talent.

L'éloquence de la tribune était, dans la république d'Athènes, aussi parfaite qu'il le fallait pour entraîner l'opinion des auditeurs. Dans les pays où l'on peut produire, par la parole, un grand résultat politique, ce talent se développe nécessairement. Quand on connaît la valeur du prix, on sait d'avance quels efforts seront tentés pour l'obtenir. L'éloquence était chez les Athéniens, tant qu'ils ont été libres, une espèce de gymnastique dans laquelle on voit l'orateur presser le peuple par ses arguments, comme s'il voulait le terrasser. Le mouvement que Démosthène exprime le plus souvent, c'est l'indignation que lui inspirent les Athéniens : cette colère contre le peuple, assez naturelle peut-être dans une démocratie, revient sans cesse dans les discours de Démosthène.

Il parle de lui-même d'une manière digne, c'est-à-dire rapide et indifférente.

J'examinerai, dans le chapitre suivant, quelques unes des raisons politiques de la différence qui existe entre Cicéron et Démosthène. Ce qu'on peut remarquer en général dans les orateurs grecs, c'est qu'ils ne se servent que d'un petit nombre d'idées principales, soit qu'on ne puisse frapper le peuple qu'avec peu d'arguments exprimés fortement et long-temps développés, soit que les harangues des Grecs eussent le même défaut que leur littérature, l'uniformité. Les anciens, pour la plupart, n'ont pas une grande variété de pensées. Leurs écrits sont comme la musique des Écossais, qui composent des airs avec cinq notes, dont la parfaite harmonie éloigne toute critique, sans captiver profondément l'intérêt.

Enfin les Grecs, tout étonnants qu'ils sont, laissent peu de regrets. C'est ainsi que devait être un peuple qui commençait la civilisation du monde. Ils ont toutes les qualités nécessaires pour exciter le développement de l'esprit humain; mais on n'éprouve point, en les voyant disparaître de l'histoire, la même douleur qu'inspire la perte du nom et du caractère des Romains. Les mœurs, les habitudes, les connaissances philosophiques, les succès militaires, tout semble, chez les Grecs, ne devoir être que passager : c'est la semence que le vent emportera dans tous les lieux de la terre, et qui ne restera point où elle est née.

L'amour de la réputation était le principe de toutes les actions des Grecs; ils étudiaient pour être admirés; ils supportaient la douleur pour exciter l'intérêt; ils adoptaient des opinions pour avoir des disciples; ils défendaient leur patrie pour la gouverner [1]. Mais ils n'avaient point ce sentiment intime, cette volonté réfléchie, cet esprit national, ce dévouement patriotique qui ont distingué les Romains. Les Grecs devaient donner l'impulsion à la littérature et aux beaux-arts; les Romains ont fait porter au monde l'empreinte de leur génie.

---

[1] Alcibiade et Thémistocle ont voulu se venger de leur patrie en lui suscitant des ennemis étrangers : jamais un Romain ne se fût rendu coupable d'un tel crime. Coriolan en est le seul exemple, et il ne put se résoudre à l'achever.

CHAPITRE V.

De la littérature latine, pendant que la république romaine durait encore.

Il faut distinguer dans toute la littérature ce qui est national de ce qui appartient à l'imitation. L'empire romain ayant succédé à la domination d'Athènes, la littérature latine suivit la route que la littérature grecque avait tracée, d'abord parceque c'était la meilleure à beaucoup d'égards, et que vouloir s'en écarter en tout eût été renoncer au bon goût et à la vérité; peut-être aussi parceque la nécessité seule produit l'invention, et qu'on adopte au lieu de créer, quand on trouve un modèle d'accord avec ses idées habituelles. Le genre humain s'applique de préférence à perfectionner, quand il est dispensé de découvrir.

Le paganisme romain avait beaucoup de rapport avec le paganisme grec. Les préceptes des beaux-arts et de la littérature, un grand nombre de lois, la plupart des opinions philosophiques, ont été transportés successivement de Grèce en Italie. Je ne m'attacherai donc pas ici à l'analyse des effets semblables qui devaient naître des mêmes causes. Tout ce qui tient dans la littérature grecque à la religion païenne, à l'esclavage, aux coutumes des nations du Midi, à l'esprit général de l'antiquité avant l'invasion du peuple du Nord et l'établissement de la religion chrétienne, doit se retrouver avec quelques modifications chez les Latins.

Ce qu'il importe de remarquer, ce sont les différences caractéristiques de la littérature grecque et de la littérature latine; et les progrès de l'esprit humain, dans les trois époques successives de l'histoire littéraire des Romains, celle qui a précédé le règne d'Auguste, celle qui porte le nom de cet empereur, et celle qui peut se compter depuis sa mort jusqu'au règne des Antonins. Les deux premières se confondent, à quelques égards, par les dates, mais leur esprit est extrêmement différent. Quoique Cicéron soit mort sous le triumvirat d'Octave, son génie appartient en entier à la république; et quoique Ovide, Virgile, Horace, soient nés pendant que la république subsistait encore, leurs écrits portent le caractère de l'influence monarchique. Sous le règne d'Auguste même, quelques écrivains, Tite-Live surtout, montrent souvent, dans leur manière d'écrire l'histoire, un esprit républicain. Mais, pour analyser avec justesse le genre distinctif de ces trois époques, il faut examiner leurs couleurs générales, et non les exceptions particulières.

Le caractère romain ne s'est montré tout entier que pendant le temps qu'a duré la république. Une nation n'a de caractère que lorsqu'elle est libre. L'aristocratie de Rome avait quelques uns des avantages de l'aristocratie des lumières. Quoiqu'on puisse, avec raison, lui reprocher tout ce qui, dans la nomination des sénateurs, tenait purement à l'hérédité, néanmoins le gouvernement de Rome, dans l'enceinte de ses murs, était un gouvernement libre et paternel. Mais les conquêtes donnaient un pouvoir immense aux chefs de l'état; et les principaux Romains, élite de la ville reine de l'univers, se considéraient comme possesseurs du patriciat du monde. C'est de ce sentiment d'aristocratie chez les nobles, de supériorité exclusive chez les habitants de la cité, que dérive l'éminent caractère des écrits des Romains, de leur langue, de leurs mœurs, de leurs habitudes, la dignité.

Les Romains ne montraient jamais, dans quelque circonstance que ce fût, une agitation violente : lors même qu'ils desiraient d'émouvoir par l'éloquence, il leur importait encore plus de conserver la dignité calme d'une ame forte, de ne point compromettre le sentiment de respect qui était la base de toutes leurs institutions politiques, comme de toutes leurs relations sociales. Il y a dans leur langue une autorité d'expression, une gravité de son, une régularité de périodes, qui se prêtent à peine aux accents brisés d'une ame troublée, aux saillies rapides de la gaieté. Ils triomphaient dans les combats par leur courage, mais leur force morale consistait dans l'impression solennelle et profonde que produisait le nom romain. Ils ne se permettaient pour aucun motif, pas même pour un succès présent, ce qui pouvait porter atteinte aux rapports durables de subordination, d'égards et de sagesse.

C'était un peuple dont la puissance consistait dans une volonté suivie, plutôt que dans l'impétuosité de ses passions. Il fallait le persuader par le développement de la raison, et le contenir par l'estime. Plus religieux que les Grecs, quoique moins fanatique, plus obéissant aux autorités politiques, moins enthousiaste, et par conséquent moins jaloux des réputations individuelles, il n'était jamais privé de l'exercice de sa raison par aucun événement de la vie humaine.

Les Romains avaient commencé par mépriser les beaux-arts, et en particulier la littérature, jusqu'au moment où les philosophes, les orateurs, les historiens, rendirent le talent d'écrire utile aux affaires et à la morale publiques. Lorsque les premiers de l'état s'occupèrent de littérature, leurs livres eurent sur ceux des Grecs l'avantage que donne toujours la connaissance pratique des hommes et de l'administration ; mais ils furent composés nécessairement avec plus de circonspection. Cicéron n'osait attaquer qu'avec timidité les idées reçues à Rome. Les opinions nationales ne pouvaient être bravées par qui voulait obtenir de la nation son suffrage pour les premières places de la république ; l'écrivain aspirait toujours à se conserver la réputation d'homme d'état.

Dans les démocraties, telle qu'était celle d'Athènes, l'étude de la philosophie et l'occupation des affaires politiques se trouvent presque aussi rarement réunies que dans une monarchie le métier de courtisan et le mérite de penseur. Les moyens par lesquels on acquiert la popularité occupent entièrement le temps, et n'ont presque point de rapport avec les travaux nécessaires à l'accroissement des lumières. Les chefs du peuple n'ont, pour ainsi dire, aucune idée de la postérité ; les orages du présent sont si terribles, les revers et la prospérité portent si loin la destinée, que toutes les passions sont absorbées par les événements contemporains. Le gouvernement aristocratique, offrant une carrière plus lente et plus mesurée, fixe davantage l'intérêt sur tous les genres d'avenir : les lumières philosophiques sont nécessaires à la considération dans un corps d'hommes choisis, tandis qu'il suffit des ressources de l'imagination pour émouvoir la multitude rassemblée.

Excepté Xénophon, qui avait été lui-même acteur dans l'histoire militaire qu'il raconte, mais qui néanmoins n'a jamais eu de pouvoir dans l'intérieur de la république, aucun des hommes d'état d'Athènes ne fut en même temps célèbre par ses talents littéraires ; aucun, comme Cicéron et César, ne crut ajouter par ses écrits à son existence politique. Scipion et Salluste furent soupçonnés, l'un d'être l'auteur secret des comédies de Térence, l'autre d'avoir été l'acteur caché de la conspiration dont il était l'historien ; mais on ne voit point d'exemples dans Athènes que le même homme ait suivi la double carrière des lettres et des affaires publiques. Il résultait, de cette séparation presque absolue entre les études philosophiques et les occupations de l'homme d'état, que les écrivains grecs cédaient davantage à leur imagination, et que les écrivains latins prenaient pour règle de leurs pensées la réalité des choses humaines.

La littérature latine est la seule qui ait débuté par la philosophie ; dans toutes les autres, et surtout dans la littérature grecque, les premiers essais de l'esprit humain ont appartenu à l'imagination. Les comédies de Plaute et de Térence ne sont que des imitations du grec. Les autres poëtes antérieurs à Cicéron, ou méritent à peine d'être nommés, ou, comme Lucrèce, ont mis en vers des idées philosophiques [1]. L'utilité est le principe

[1] Cette opinion m'ayant été contestée, je crois devoir indiquer quelques faits qui la prouvent. J'ai dit que les poëtes qui avaient précédé Cicéron et Lucrèce méritaient à peine d'être nommés. On m'a objecté Ennius, Accius et Pacuvius. Ennius, le meilleur des trois, est un poëte incorrect, obscur, et d'une imagination peu poétique. Cette opinion, fondée sur les fragments qui nous restent de lui, est confirmée par Virgile. Son jugement sur Ennius est passé en proverbe. Horace se moque, dans l'une de ses Épîtres, de ceux qui admirent les anciens poëtes romains, Ennius et ses contemporains. Ovide, dans ses *Tristes*, défend aux femmes de lire les *Annales* en vers d'Ennius, parceque, dit-il (*nihil est hirsutius illis*), rien n'est plus grossier que ces *Annales* ; et le plus grand nombre des commentateurs latins considèrent Ennius comme un mauvais écrivain.

J'ai dit que les Romains s'étaient occupés de philosophie avant d'avoir eu des poëtes. C'est dans l'an 514 que les premières comédies en vers, composées par Titus Andronicus, ont été représentées ; et c'est l'année suivante qu'Ennius a été connu. Cinq siècles avant cette époque, Numa avait écrit sur la philosophie, et cent cinquante ans après Numa, Pythagore avait été reçu bourgeois de Rome. Les sectes philosophiques de la grande Grèce avaient eu des rapports continuels avec Rome ; la langue latine avait emprunté beaucoup de mots et de règles grammaticales du grec éolique, que les colonies avaient transporté dans la grande Grèce. Ennius, avant d'écrire en vers, avait embrassé la secte pythagoricienne ; et ce qui nous reste de ses poëmes contient des idées philosophiques beaucoup plus que des fables merveilleuses.

La législation, qu'on doit regarder comme une branche de la philosophie, fut portée au plus haut point de perfection à Rome avant qu'il y eût des poëtes. Des écoles publiques furent instituées pour étudier l'esprit des lois ; des commentateurs les analysèrent. Sextus Papyrius, Sextus Cœlius, Granius Flaccus, etc., ont écrit sur ce sujet dans les troisième, quatrième et cinquième siècles de la république. Pour rédiger la loi des douze tables, on envoya des Romains consulter les hommes les plus éclairés de la Grèce ; et cette loi des douze tables, qui traite de la religion, du droit public et particulier, est citée par Cicéron comme supérieure à tout ce que les philosophes ont jamais écrit sur ce sujet.

Paul Émile confia au philosophe Métrodore, qu'il avait ramené d'Athènes, l'éducation de son fils. Caton l'Ancien, qui désapprouvait le goût des Romains pour la littérature grecque, et qui témoigna particulièrement du mépris à Ennius, parcequ'il écrivait en vers, avait été instruit lui-même par Néarque le pythagoricien, et se distingua comme écrivain et comme orateur : il ne se montra l'adversaire que de Carnéade, philosophe grec de la secte académique ; et Diogène le stoïcien, qui fut envoyé à Rome en même temps que Carnéade, y fut si bien accueilli, que Scipion, Lælius, et plusieurs autres sénateurs, embrassèrent sa doctrine : il paraît même qu'elle était connue et pratiquée à Rome long-temps avant cette ambassade.

Si l'on veut toujours appeler la philosophie l'art des sophismes, l'on pourra dire créateur de la littérature latine; le besoin de s'amuser, le principe créateur de la littérature grecque. Les patriciens instituaient, par condescendance pour le peuple, des spectacles, des chants et des fêtes; mais la puissance durable étant concentrée dans le sénat, ce corps devait nécessairement donner l'impulsion à l'esprit public.

Le peuple romain était une nation déjà célèbre, sagement gouvernée, fortement constituée, avant qu'aucun écrivain eût existé dans la langue latine. La littérature a commencé lorsque l'esprit des Romains était déjà formé par plusieurs siècles, dans lesquels

avec raison que, pendant toute la durée de la république, les Romains repoussèrent ce faux esprit des Grecs; mais si l'on veut rendre à la philosophie l'honorable acception qu'elle a toujours eue dans l'antiquité, l'on verra que les Romains n'ont pu être de grands hommes d'état, de profonds législateurs et d'habiles orateurs politiques, sans être philosophes.

Avant Ennius, il y avait eu beaucoup d'écrivains en prose chez les Romains. Posthumus Albinus, Romain, écrivit une histoire de Rome en grec; Fabius Pictor, une autre en latin, etc. Avant Ennius, les Romains possédaient des orateurs célèbres, dont Cicéron parle avec admiration, les Gracques, les Appius, etc. Plusieurs de leurs discours existaient encore par écrit du temps de Cicéron. Enfin la république avait eu presque tous ses grands hommes avant qu'on y cultivât la poésie.

Peut-on comparer cette marche de l'esprit humain dans Rome à celle qu'il a suivie dans la Grèce? Le plus sublime des poëtes, Homère, a existé quatre siècles avant le premier écrivain en prose qui nous soit connu, Phérécide de Scyros, trois cents ans avant Solon, un siècle avant Lycurgue; et le premier art de l'imagination, la poésie, avait presque atteint en Grèce le plus haut degré de perfection, avant que l'on eût sur d'autres objets les idées suffisantes pour faire un code de lois et former une société politique.

Enfin, quand on veut connaître le caractère d'une littérature, c'est son esprit général que l'on saisit. On dit que la littérature italienne a commencé par la poésie, quoique du temps de Pétrarque il y eût de mauvais prosateurs dont on pourrait objecter les noms, comme on prétend opposer Ennius, Accius et Pacuvius aux grands orateurs, aux philosophes politiques qui consacrent la gloire des premiers siècles de la république romaine. Si l'on disait le poëte Cicéron, parce qu'il a essayé dans sa jeunesse un poëme sur Marius, l'on ne comprendrait rien à cette épithète. Il en est de même de cette poésie informe, froide et inconnue, à laquelle on veut attribuer l'origine de la littérature latine. L'instruction vaut quelquefois beaucoup mieux que l'érudition; car, dans la nuit de l'antiquité, l'on peut se perdre dans les faits de détails qui empêcheront de saisir la vérité de l'ensemble.

Les écrivains vraiment célèbres avant le siècle d'Auguste, ce sont Salluste, Cicéron et Lucrèce, auxquels on peut joindre Plaute et Térence, traducteurs des comédies grecques. Mais quel est le poëte original, dans la langue latine, qui ait mérité quelque réputation avant Cicéron? quel est le poëte qui ait eu sur la littérature latine, avant le siècle d'Auguste, une influence que l'on puisse comparer le moins du monde à celle d'Homère sur la littérature grecque? Cicéron est le premier de la littérature latine, comme Homère le premier de la littérature grecque; avec cette différence que, pour qu'il existât un philosophe comme Cicéron, il fallait que beaucoup de siècles éclairés l'eussent précédé, tandis que c'est à l'imagination seule du poëte et au merveilleux des temps héroïques qu'il faut attribuer Homère.

Si l'on trouve ces observations trop multipliées, je demande qu'on se souvienne qu'elles sont écrites en réponse à une attaque qui exigeait une réfutation.

les principes philosophiques avaient été mis en pratique. L'art d'écrire ne s'était développé que long-temps après le talent d'agir ; la littérature eut donc, chez les Romains, un tout autre caractère, un tout autre objet, que dans les pays où l'imagination se réveille la première.

Un goût plus sévère que celui des Grecs devait résulter, à Rome, de la distinction des classes. Les premières, cherchant toujours à s'élever, ne tardent pas à remarquer que la noblesse des manières, la délicatesse de l'éducation, font mieux sentir la distance des rangs que toutes les gradations légales. Les Romains n'auraient jamais supporté sur leur théâtre les plaisanteries grossières d'Aristophane ; ils n'auraient jamais souffert que les événements contemporains, les personnages publics fussent ainsi livrés en spectacle. Ils permettaient qu'on jouât devant eux de certaines mœurs théâtrales sans aucun rapport avec leurs vertus domestiques, des pantomimes, ou des farces grossières, des esclaves grecques faisant le principal rôle dans des sujets grecs, mais rien qui pût avoir la moindre analogie avec les mœurs des Romains. Les idées, les sentiments qu'on exprimait dans ces comédies étaient, pour les spectateurs de Rome, comme une fiction de plus dans un ouvrage d'imagination ; et néanmoins Térence conservait dans ces sujets étrangers le genre de décence et de mesure qu'exige la dignité de l'homme, alors même qu'il n'y a point de femmes pour auditeurs.

Les femmes avaient plus d'existence chez les Romains que chez les Grecs ; mais c'était dans leurs familles qu'elles obtenaient de l'ascendant : elles n'en avaient point acquis encore dans les rapports de la société. Le goût, l'urbanité romaine avaient quelque chose de mâle qui n'empruntait rien de la délicatesse des femmes, et se maintenaient seulement par l'austérité des mœurs.

L'éloquence orageuse de la Grèce, ni l'ingénieuse flatterie de la France, ne sont faites pour les gouvernements aristocratiques : ce n'est ni le peuple, ni l'individu roi, qu'il faut captiver ; c'est un corps, c'est un petit nombre, mettant en commun ses intérêts séparés. Dans un tel ordre de choses, il fallait que les patriciens se respectassent mutuellement, pour en imposer au reste de la nation ; il fallait obtenir une estime de durée ; il fallait que chacun eût des qualités sérieuses et graves, qui pussent honorer ses pareils et servir à leur existence autant qu'à la sienne propre. Ce qui singularise, ce qui excite trop d'applaudissements ou trop d'envie, ne convient point à la dignité d'un corps. Les Romains ne cherchaient donc point à se distinguer, comme les Grecs, par des systèmes extraordinaires, par d'inutiles sophismes, par un genre de vie bizarrement philosophique [1]. Ce qui pouvait obtenir l'estime des patriciens était l'objet de l'émulation générale : on pouvait les haïr; mais on voulait leur ressembler.

Quoique les Romains se soient moins livrés que les Grecs à la littérature, ils leur sont supérieurs par la sagacité et l'étendue dans les observations morales et philosophiques. Les Romains avaient sur les Grecs une avance de quelques siècles dans la carrière de l'esprit humain. D'ailleurs, plus il existe de convenances à ménager, plus la pénétration de l'esprit est nécessaire. La démocratie inspire une émulation vive et presque universelle; mais l'aristocratie excite davantage à perfectionner ce qu'on entreprend. L'écrivain qui compose a toujours ses juges présents à la pensée; et tous les ouvrages sont un résultat combiné du génie de l'auteur, et des lumières du public qu'il s'est choisi pour tribunal.

Les Grecs étaient beaucoup plus exercés que les Romains à ces reparties promptes et piquantes qui assurent la popularité au milieu d'une nation spirituelle et gaie; mais les Romains avaient plus d'esprit véritable, c'est-à-dire qu'ils voyaient un plus grand nombre de rapports entre les idées, et qu'ils approfondissaient davantage tous les genres de réflexion. Leurs progrès dans les idées philosophiques sont extrêmement sensibles, depuis Cicéron jusqu'à Tacite. La littérature a suivi une marche inégale; mais la connaissance du cœur humain, et de la morale qui lui est propre, s'est toujours perfectionnée progressivement. Les principales bases des opinions philosophiques des Romains sont empruntées des Grecs; mais comme les Romains adoptèrent, dans la conduite de leur vie, les principes que les Grecs avaient développés dans leurs livres, l'exercice de la vertu les a rendus très supérieurs aux Grecs, pour l'analyse de tout ce qui tient à la morale. Le code des devoirs est présenté par Cicéron avec plus d'ensemble, plus de clarté, plus de force, que dans aucun autre ouvrage précédent. Il était impossible d'aller plus loin avant l'établissement d'une religion bienfaisante, et l'abolition de l'esclavage politique et civil.

---

[1] Qu'aurait-on dit à Rome des singularités de Diogène? Rien; car il ne s'y serait point livré dans un pays où elles ne lui auraient point valu de succès.

Les anciens n'ont point approfondi les passions humaines, comme l'ont fait quelques moralistes modernes; leurs idées mêmes sur la vertu s'y opposaient nécessairement. La vertu consistait, chez les anciens, dans la force sur soi-même et l'amour de la réputation. Ces ressorts, plus extérieurs qu'intimes, n'ont point permis à l'homme de connaître les secrets du cœur de l'homme; et la philosophie morale y a perdu sous plusieurs rapports.

Les opinions stoïciennes étaient le point d'honneur des Romains : une vertu dominante soutient toutes les associations politiques, indépendamment du principe de leur gouvernement; c'est-à-dire qu'entre toutes les qualités, on en préfère une, sans laquelle toutes les autres ne sont rien, et qui suffit seule à faire pardonner l'absence de toutes. Cette qualité est le lien de patrie, le caractère distinctif des citoyens d'un même pays. Chez les Lacédémoniens, c'était le mépris de la douleur physique; chez les Athéniens, la distinction des talents; chez les Romains, la puissance de l'ame sur elle-même; chez les Français, l'éclat de la valeur : et telle était l'importance qu'un Romain mettait à l'exercice d'un empire absolu sur tout son être, que, seul avec lui-même, le stoïcien s'avouait à peine les affections qu'il lui était ordonné de surmonter.

Si un homme d'honneur était susceptible de quelque crainte, il la repousserait avec tant d'énergie, qu'il n'aurait jamais l'occasion ni la volonté de l'observer dans son propre cœur. Il en était de même, parmi les philosophes romains, des sentiments tumultueux de peine ou de colère, d'envie ou de regret : ils trouvaient efféminés tous les mouvements involontaires ; et rougissant de les éprouver, ils ne s'attachaient point à les connaître dans eux-mêmes, ni dans les autres. L'étude du cœur humain n'était pour eux que celle de la force ou de la faiblesse. Toujours ambitieux de réputation, ils ne s'abandonnaient point à leur propre caractère; ils ne montraient jamais qu'une nature commandée.

Cicéron est le seul dont l'individualité perce à travers ses écrits : encore combat-il par son système ce que son amour-propre laisse échapper. Sa philosophie est composée de préceptes, et non d'observations. Les Romains n'étaient point hypocrites, mais ils se formaient au-dedans d'eux-mêmes pour l'ostentation. Le caractère romain était un modèle auquel tous les grands hommes adaptaient leur nature particulière ; et les écrivains moralistes présentaient toujours le même exemple.

Cicéron, dans ses Offices, parle du *decorum,* c'est-à-dire des formes extérieures de la vertu, comme faisant partie de la vertu même ; il enseigne, comme un devoir de morale, les divers moyens d'imposer le respect, par la pureté du langage, par l'élégance de la prononciation. Tout ce qui peut ajouter à la dignité de l'homme était la vertu des Romains. Ce sont les jouissances philosophiques, et non les idées douces d'une religion élevée, qu'ils proposent pour récompense des sacrifices. Ce n'est point aux consolations du cœur qu'ils en appellent pour soutenir les hommes, c'est à la fierté ; tant leur nature est majestueuse, tant ils s'efforcent d'éloigner d'eux tout ce qui pourrait appartenir à des mouvements sensibles, ces mouvements fussent-ils même à l'appui de la plus sévère morale.

On ne voit donc, dans la première époque de leur littérature, aucun ouvrage qui montre une profonde connaissance du cœur humain, qui peigne ni le secret des caractères, ni les diversités sans nombre de la nature morale. C'eût été peut-être encourager les faiblesses, que d'en démêler les causes, tandis que les Romains voulaient en ignorer jusqu'à la possibilité. Leur éloquence elle-même n'est point animée par des passions irrésistibles ; c'est la chaleur de la raison qui n'exclut point le calme de l'ame.

Les Romains avaient cependant plus de vraie sensibilité que les Grecs ; les mœurs sévères conservent mieux les affections sensibles, que la vie licencieuse à laquelle les Grecs s'abandonnaient.

Plutarque, qui laisse de ce qu'il peint des souvenirs si animés, raconte que Brutus, prêt à s'embarquer pour quitter l'Italie, se promenant sur le bord de la mer avec Porcie, qu'il allait quitter, entra avec elle dans un temple ; ils y adressèrent ensemble leur prière aux dieux protecteurs. Un tableau qui représentait les adieux d'Hector à Andromaque frappa d'abord leurs regards. La fille de Caton, qui jusqu'alors avait réprimé les expressions de sa douleur, en voyant ce tableau ne put contenir l'excès de son émotion. Brutus, alors attendri lui-même, dit, en s'approchant de quelques amis qui l'avaient accompagné : « Je vous confie cette « femme, qui unit à toutes les vertus de son sexe le courage du « nôtre ; » et il s'éloigna.

Je ne sais si nos troubles civils, où tant d'adieux ont été les derniers, ajoutent à mon impression en lisant ce récit ; mais il me semble qu'il en est peu de plus touchants. L'austérité romaine donne un grand caractère aux affections qu'elle permet. Le stoïcien Brutus, dont la farouche vertu n'avait rien épargné, laissant voir un sentiment si tendre dans ces moments qui précèdent et ses derniers efforts et ses derniers jours, surprend le cœur par une émotion inattendue; l'action terrible et la funeste destinée de ce dernier des Romains entourent son image d'idées sombres qui jettent sur Porcie l'intérêt le plus douloureux [1].

Comparez à cette situation Périclès défendant, devant l'aréopage, Aspasie accusée : l'éclat de la puissance, le charme de la beauté, l'amour même tel que la séduction peut l'exciter, vous trouverez tous ces moyens d'effet réunis dans le récit de ce plaidoyer; mais ils ne pénétreront point jusqu'au fond de votre ame. Dans le secret de la conscience se trouve aussi la source de l'attendrissement. Ce ne sont ni les préjugés de la société, ni les opinions philosophiques, qui disposent de notre cœur; c'est la vertu, telle que le ciel l'a créée, vertu d'amour ou vertu de sacrifice, mais toujours délicatesse et vérité.

Quoique les Romains, par la pureté de leurs mœurs et les progrès de leur esprit, fussent plus capables que les Grecs d'affections profondes, on ne trouve point dans leurs écrits, jusqu'au règne d'Auguste, la trace des idées et des expressions sensibles que ces affections devaient leur inspirer. L'habitude de ne laisser voir aucune de leurs impressions personnelles, de porter toujours l'intérêt vers les principes philosophiques, donne de l'énergie, mais souvent aussi de la sécheresse et de l'uniformité, à leur littérature. « Quant à ce sentiment, dit Cicéron, vulgairement appelé l'amour, « il est presque superflu de démontrer combien il est indigne de « l'homme. » Ailleurs il dit, en parlant des regrets et des pleurs versés sur les tombeaux, que « ces témoignages de douleur ne « conviennent qu'aux femmes. » Il ajoute « qu'ils sont de mau« vais augure. » Ainsi l'homme qui voulait dompter la nature cédait à la superstition.

Sans vouloir discuter ici quel avantage résulte, pour une nation, de cette force morale exaltée par tous les efforts réunis des institutions et des mœurs, il est certain que la littérature doit avoir moins de variété, lorsque l'esprit de chaque homme a sa route tracée par l'esprit national, et que les efforts individuels

---

[1] Elle vint sur ce seuil accompagner ses pas,
Et les infortunés ne se revirent pas.
Les Gracques, par M. DE GUIBERT.

tendent tous à perfectionner un seul genre, au lieu de se diriger vers celui pour lequel chacun a le plus de talent.

Les combats de gladiateurs avaient pour objet d'intéresser fortement le peuple romain par l'image de la guerre et le spectacle de la mort ; mais, dans ces jeux sanglants, les Romains exigeaient encore que les esclaves sacrifiés à leurs barbares plaisirs sussent triompher de la douleur, et n'en laissassent échapper aucun témoignage. Cet empire continuel sur les affections est peu favorable aux grands effets de la tragédie : aussi la littérature latine ne contient-elle rien de vraiment célèbre en ce genre [1]. Le caractère romain avait certainement la grandeur tragique, mais il était trop contenu pour être théâtral. Dans les classes mêmes du peuple, une certaine gravité distinguait toutes les actions. La folie causée par le malheur, ce cruel tableau de la nature physique troublée par les souffrances de l'ame, ce puissant moyen d'émotion dont Shakspeare a tiré le premier des scènes si déchirantes, les Romains n'y auraient vu que la dégradation de l'homme. On ne cite même dans leur histoire aucune femme, aucun homme connu, dont la raison ait été dérangée par le malheur. Le suicide était très fréquent parmi les Romains, mais les signes extérieurs de la douleur extrêmement rares. Le mépris qu'excitait la démonstration de la peine faisait une loi de mourir, ou d'en triompher. Il n'y a rien, dans une telle disposition, qui puisse fournir aux développements de la tragédie.

On n'aurait jamais pu, d'ailleurs, transporter à Rome l'intérêt que trouvaient les Grecs dans les tragédies dont le sujet était national [2]. Les Romains n'auraient point voulu qu'on représentât sur le théâtre ce qui pouvait tenir à leur histoire, à leurs affections, à leur patrie [3]. Un sentiment religieux consacrait tout ce

---

[1] Horace se plaint de ce que les Romains, au milieu de la représentation des pièces de théâtre, les interrompaient pour demander à grands cris des gladiateurs.

[2] Il existe une tragédie sur un sujet romain, la mort d'Octavie ; mais elle a été composée, comme la nature du sujet le prouve, long-temps après la destruction de la république ; et quoiqu'elle soit dans les œuvres de Sénèque, on ignore l'auteur, et l'on ne sait pas si elle a jamais été représentée.

[3] On oppose à cette opinion ces quatre vers d'Horace :

Nil intentatum nostri liquere poetæ :
Nec minimum meruere decus, vestigia Græca
Ausi deserere et celebrare domestica facta,
Vel qui prætextas, vel qui docuere togatas.

Nos poëtes n'ont laissé aucun genre sans l'avoir essayé ; et ils ont mérité beaucoup de louanges, en osant abandonner les traces des Grecs, et célébrer des événements domestiques, soit dans le genre tragique, soit dans la comédie.

Je ne sais à quel genre d'ouvrage ni à quelle époque de la littérature latine se rapportent ces quatre vers d'Horace. Au moment où il a écrit l'Art poétique, les plus qui leur était cher. Les Athéniens croyaient aux mêmes dogmes, défendaient aussi leur patrie, aimaient aussi la liberté ; mais ce respect qui agit sur la pensée, qui écarte de l'imagination jusqu'à la possibilité des actions interdites, ce respect qui tient, à quelques égards, de la superstition de l'amour, les Romains seuls l'éprouvaient pour les objets de leur culte.

A Athènes, la philosophie était, pour ainsi dire, l'un des beaux-arts que cultivait ce peuple enthousiaste de tous les genres de célébrité. A Rome, la philosophie avait été adoptée comme un

fameux poëtes du siècle d'Auguste existaient ; et il paraît que l'Énéide même était déjà connue. Ces vers sont les seuls, dans les écrits des auteurs classiques latins, et dans Horace lui-même, que l'on puisse expliquer comme faisant allusion à des tragédies sur des sujets romains : encore peuvent-ils être diversement interprétés. Ce qui est certain, c'est qu'Horace et Cicéron disent que les tragiques romains ont été les copistes des Grecs, et que toutes les tragédies citées dans les écrits des anciens (et il y en a près de deux cents) sont tirées des sujets grecs.

Accius, dit un commentateur, avait composé une tragédie sur Brutus, qui fut représentée aux jeux apollinaires. Mais une lettre de Cicéron à Atticus dit que ce fut la tragédie de Térée qui fut représentée à ces jeux ; et un autre commentateur assure que ce n'était point une tragédie de Brutus qu'avait faite Accius, mais des vers adressés à un Brutus, descendant du premier, avec lequel il était très lié. Les édiles, à Rome, étaient chargés de décider, d'après la lecture des pièces de théâtre, si elles seraient ou non représentées : comment donc savoir s'ils ont autorisé la représentation d'une pièce sur un sujet romain, en supposant même qu'il en existe que nous ne connaissions pas, tandis que les titres de près de deux cents tragédies tirées des sujets grecs nous ont été transmis ?

Il serait hasardé de vouloir garantir qu'il ne se trouverait pas dans des recherches pareilles une exception à la règle générale ; mais une observation de ce genre se fonde sur un très grand nombre d'exemples ; et il est certainement très probable que les Romains du temps de la république n'ont point encouragé les tragédies qui avaient pour sujet les propres événements de leur histoire. Il ne nous est resté ni un titre ni un éloge de semblables tragédies dans Horace ni dans Cicéron, qui mettaient l'un et l'autre cependant beaucoup de prix à faire valoir la littérature latine.

Aux vers d'Horace qui me sont opposés, j'en objecterai d'autres tirés d'une de ses Épîtres :

Serus enim Græcis admovit acumina chartis ;
Et post Punica bella quietus, quærere cœpit
Quid Sophocles, et Thespis, et Æschylus utile
ferrent.
Tentavit quoque rem si digne vertere posset ;
Et placuit sibi, natura sublimis et acer.
Nam spirat tragicum satis et feliciter audet :
Sed turpem putat in scriptis metuitque lituram.

C'est fort tard que les Romains se sont occupés de la littérature des Grecs, et lorsque la fin des guerres puniques eut rendu le repos à la république. On commença à chercher alors les beautés que pouvaient offrir Sophocle, Eschyle et Thespis ; on essaya même de les imiter, et l'on y réussit. Les Romains sont d'une nature ardente et sublime ; ils respirent le sentiment de la tragédie, et peuvent oser avec succès. Mais ils répugnent à corriger ce qu'ils composent, et trouvent même quelque chose de honteux à raturer de leurs écrits.

Y a-t-il rien dans ces vers qui suppose que les Romains aient eu des pièces de théâtre originales ? et n'est-ce pas un trait à ajouter au caractère des Romains, que cette espèce d'orgueil qu'ils attachaient à ne pas corriger les pièces qu'ils composaient ? Quel rapport peut-il y avoir entre le caractère, les talents et les goûts d'un tel peuple pendant qu'il était républicain, et tout ce que nous lisons de l'enthousiame du peuple grec pour le perfectionnement de l'art dramatique et poétique ?

appui de la vertu ; les hommes d'état l'étudiaient comme un moyen de mieux gouverner leur patrie. La grandeur de la république romaine était l'unique objet de leurs travaux ; elle réfléchissait sur ses guerriers, sur ses écrivains, sur ses magistrats, plus d'éclat qu'aucune gloire isolée n'aurait pu leur en assurer.

Un même but doit donner à la littérature créée par la république romaine un même esprit, une même couleur. C'est par la perfection et non par la variété, par la dignité et non par la chaleur, par la sagesse et non par l'invention, que les écrits de ce temps sont remarquables. Une autorité de raison, une majesté de caractère singulièrement imposante, garantit à chaque phrase, à chaque mot, son acception tout entière. Loin d'avoir rien à retrancher à la valeur des termes, il semble, au contraire, qu'ils supposent au-delà de ce qu'ils expriment. Les Romains donnent beaucoup trop de développements à leurs idées ; mais ce qui appartient aux sentiments est toujours exprimé avec concision.

La première époque de la littérature latine étant très rapprochée de la dernière de la littérature des Grecs, on y remarque aussi les mêmes défauts, qui tiennent, comme ceux des Grecs, à ce que le monde connu n'existait pas depuis long-temps. On trouve beaucoup de longueurs dans certains sujets, de l'ignorance et de l'erreur sur plusieurs autres. Les Romains sont supérieurs aux Grecs dans la carrière de la pensée ; mais combien toutefois dans cette même carrière ne sont-ils pas au-dessous des modernes !

La principale cause de l'admiration qui nous saisit en lisant le petit nombre d'écrits qu'il nous reste de la première époque de la littérature romaine, c'est l'idée que ces écrits nous donnent du caractère et du gouvernement des Romains. L'histoire de Salluste, les lettres de Brutus[1], les ouvrages de Cicéron, rappellent des souvenirs tout puissants sur la pensée ; vous sentez la force de l'ame à travers la beauté du style ; vous voyez l'homme dans l'écrivain, la nation dans cet homme, et l'univers aux pieds de cette nation.

Sans doute Salluste et Cicéron même n'étaient pas les plus grands caractères de l'époque où ils ont vécu : mais des écrivains d'un tel talent se pénétraient de l'esprit d'un si beau siècle ; et Rome vit tout entière dans leurs écrits.

[1] Brutus, dans ses lettres, ne s'occupait point de l'art d'écrire : il n'avait pour but que de servir les intérêts politiques de son pays ; et cependant la lettre qu'il adresse à Cicéron, pour lui reprocher les flatteries qu'il prodiguait au jeune Octave, est peut être ce qui a été écrit de plus beau dans la prose latine.

Lorsque Cicéron plaide devant le peuple, devant le sénat, devant les prêtres ou devant César, son éloquence change de forme. On peut observer dans ses harangues, non seulement le caractère qui convenait à la nation romaine en général, mais toutes les modifications qui doivent plaire aux différents esprits, aux différentes habitudes des hommes en autorité dans l'état. Le parallèle de Cicéron et de Démosthène se trouve donc presque entièrement dans la comparaison qu'on peut faire de l'esprit et des mœurs des Grecs, avec l'esprit et les mœurs des Romains. La verve injurieuse de Démosthène, l'éloquence imposante de Cicéron, les moyens que Démosthène emploie pour agiter les passions dont il a besoin, les raisonnements dont Cicéron se sert pour repousser celles qu'il veut combattre, ses longs dévoppements, les rapides mouvements de l'orateur grec, la multitude d'arguments que Cicéron croit nécessaires, les coups répétés que Démosthène veut porter, tout a rapport au gouvernement et au caractère des deux peuples.

L'écrivain solitaire peut n'appartenir qu'à son talent; mais l'orateur qui veut influer sur les délibérations politiques se conforme avec soin à l'esprit national, comme un habile général étudie d'avance le terrain sur lequel il doit livrer le combat.

CHAPITRE VI.

De la littérature latine sous le règne d'Auguste.

L'on regarde ordinairement Cicéron et Virgile comme appartenant tous les deux au même siècle, appelé le siècle d'or de la littérature latine. Cependant les écrivains dont le génie s'était formé au milieu des luttes sanglantes de la liberté, devaient avoir un autre caractère que les écrivains dont les talents s'étaient perfectionnés sous les dernières années du paisible despotisme d'Auguste. Ces temps sont si rapprochés, qu'on pourrait en confondre les dates; mais l'esprit général de la littérature latine, avant et depuis la perte de la liberté, offre à l'observation des différences remarquables.

Les habitudes républicaines se prolongèrent encore, pendant quelques années du règne d'Auguste; plusieurs historiens en conservent les traces. Mais tout, dans les poëtes, rappelle l'influence des cours : la plupart d'entre eux, desirant de plaire à Auguste, vivant auprès de lui, donnèrent à la littérature le caractère qu'elle doit prendre sous l'empire d'un monarque qui veut captiver l'opinion, sans rien céder de la puissance qu'il possède. Ce seul point d'analogie établit quelques rapports entre la littérature latine et la littérature française dans le siècle de Louis XIV, quoique d'ailleurs ces deux époques ne se ressemblent nullement.

La philosophie, à Rome, précéda la poésie; c'est l'ordre habituel renversé, et c'est peut-être la principale cause de la perfection des poëtes latins.

Avant le règne d'Auguste, l'émulation n'avait point été portée vers la poésie. Les jouissances du pouvoir et des intérêts politiques l'emportent presque toujours sur les succès purement littéraires; et quand la forme du gouvernement appelle les talents supérieurs à l'exercice des emplois publics, c'est vers l'éloquence, l'histoire et la philosophie, c'est vers la partie de la littérature qui tient le plus immédiatement à la connaissance des hommes et des événements, que se dirigent les travaux. Sous l'empire d'un seul, au contraire, les beaux-arts sont l'unique moyen de gloire qui reste aux esprits distingués; et quand la tyrannie est douce, les poëtes ont souvent le tort d'illustrer son règne par leurs chefs-d'œuvre.

Cependant Virgile, Horace, Ovide, malgré les flatteries qu'ils ont prodiguées à Auguste, se sont montrés beaucoup plus philosophes, beaucoup plus penseurs dans leurs écrits, qu'aucun des poëtes grecs. Ils doivent en partie cet avantage à la raison profonde des écrivains qui les ont précédés. Toutes les littératures ont leur époque de poésie. De certaines beautés d'images et d'harmonie sont transportées successivement dans la plupart des langues nouvelles et perfectionnées; mais quand le talent poétique d'une nation se développe, comme à Rome, au milieu d'un siècle éclairé, il s'enrichit des lumières de ce siècle. L'imagination, sous quelques rapports, n'a qu'un temps dans chaque pays; elle précède ordinairement les idées philosophiques: mais lorsqu'elle les trouve déjà connues et développées, elle fournit sa course avec bien plus d'éclat.

Les poëtes, sous le règne d'Auguste, adoptaient presque tous dans leurs écrits le système épicurien: il est d'abord très favorable à la poésie, et de plus il semble qu'il donne quelque noblesse à l'insouciance, quelque philosophie à la volupté, quelque dignité même à l'esclavage. Ce système est immoral, mais il n'est pas servile; il abandonne la liberté, comme tous les biens qui peuvent exiger un effort ; mais il ne fait pas du despotisme un principe, et de l'obéissance un fanatisme, comme le voulaient les adulateurs de Louis XIV. Cette brièveté de la vie, dont Horace mêle sans cesse le souvenir à ses peintures les plus riantes ; cette pensée de la mort, qu'il ramène continuellement à travers toutes les prospérités, rétablissent une sorte d'égalité philosophique à côté même de la flatterie. Ce n'est pas avec une vertueuse sensibilité que ces poëtes nous peignent la passagère destinée de l'homme ; si leur ame se montrait capable d'émotions profondes, on leur demanderait de combattre la tyrannie, au lieu de chanter l'usurpateur. Mais on se les représente voyant passer la vie, comme ils regardent couler le ruisseau qui rafraîchit leur climat brûlant, et l'on finit presque par leur pardonner d'oublier la morale et la liberté, comme ils laissent échapper le temps et l'existence.

Malgré cette mollesse de caractère qui se fait remarquer sous le règne d'Auguste dans la plupart des poëtes, on trouve en eux un grand nombre de beautés réfléchies. Ils ont emprunté des Grecs beaucoup d'inventions poétiques, que les modernes ont imitées à leur tour, et qui semblent devoir être à jamais les éléments de l'art. Mais ce qu'il y a de tendre et de philosophique dans les poëtes latins, eux seuls en ont la gloire.

L'amour de la campagne, qui a inspiré tant de beaux vers, prend chez les Romains un autre caractère que chez les Grecs. Ces deux peuples se plaisent également dans les images qui conviennent aux mêmes climats. Ils invoquent, ils rappellent avec délices la fraîcheur de la nature, pour échapper à leur soleil dévorant ; mais les Romains demandent de plus à la campagne un abri contre la tyrannie : c'était pour se reposer des sentiments pénibles, c'était pour oublier un joug avilissant qu'ils se retiraient loin des cités habitées. Des réflexions morales se mêlent à leur poésie descriptive ; on croit apercevoir des regrets et des souvenirs dans tout ce que les poëtes écrivaient alors ; et c'est sans doute par cette raison qu'ils réveillent plus que les Grecs une impression sensible dans notre ame. Les Grecs vivaient dans l'avenir, et les Romains aimaient déja, comme nous, à porter leurs regards sur le passé.

Aussi long-temps que dura la république, il y eut de la délicatesse dans les affections des Romains pour les femmes. Elles n'avaient point encore l'existence indépendante que leur assurent les lois modernes; mais reléguées avec les dieux pénates, elles inspiraient, comme ces divinités domestiques, quelques sentiments religieux. Les écrivains qui ont existé pendant la république ne s'étant jamais permis d'exprimer les affections qu'ils éprouvaient, c'est dans le court passage des mœurs les plus sévères à la plus effroyable corruption, que les poëtes latins ont montré une sensibilité plus touchante que celle qu'on peut trouver dans aucun ouvrage grec. On se rappelait encore, sous le règne d'Auguste, l'austérité républicaine, et la peinture de l'amour empruntait quelques charmes des souvenirs de la vertu [1].

Des vers de Tibulle à Délie, le quatrième chant de l'Énéide, Ceyx et Alcione, Philémon et Baucis, peignent les sentiments de l'ame avec cette langue des Latins dont le caractère est si imposant. Quelle impression ne produit elle pas, cette langue créée pour la force et la raison, alors qu'on la consacre à l'expression de la tendresse! C'est une puissance majestueuse qui vous émeut d'autant plus en s'abandonnant aux mouvements de la nature, que vous êtes plus accoutumés à la respecter. Cependant le langage vrai d'une sensibilité profonde et passionnée est extrêmement rare, même chez les Romains du siècle d'Auguste. Le

---

[1] Je cite au hasard deux traits qui peuvent confirmer ce que je dis de la sensibilité des poëtes latins. Lorsque les dieux voyageurs demandent à Philémon, dans les Métamorphoses d'Ovide, ce que Baucis et lui souhaitent de la faveur du ciel, Philémon leur répond:

| Poscimus, et quoniam concordes egimus annos, Auferat hora duos eadem; nec conjugis unquam Busta meæ videam; neu sim tumulandus ab illa. | Comme nous avons passé ensemble des années toujours d'accord, nous demandons que la même heure termine notre carrière, que je ne voie jamais le tombeau de mon épouse, et que je ne sois point enseveli par elle. |

Je choisis dans Virgile, le poëte du monde où l'on peut trouver le plus de vers sensibles, ceux qui peignent la tendresse paternelle; car il faut pour attendrir, sans employer la langue de l'amour, une sensibilité beaucoup plus profonde. Évandre, en disant adieu à son fils Pallas, prêt à partir pour la guerre, s'adresse au ciel en ces termes:

| At vos, o superi, et divûm tu maxime rector Jupiter, Arcadii, quæso, miserescite regis, Et patrias audite preces: Si numina vestra Incolumen Pallanta mihi, si fata reservant; Si visurus eum vivo, et venturus in unum; Vitam oro: patiar quemvis durare laborem. Sin aliquem infandum casum, Fortuna, minaris, Nunc, o, nunc liceat crudelem abrumpere vitam, Dum curæ ambiguæ, dum spes incerta futuri, Dum te, care puer, mea sera et sola voluptas, Complexu teneo: gravior ne nuntius aures Vulneret. | Mais vous, ô divinités suprêmes, et toi, maître des dieux, Jupiter, ayez pitié du roi d'Arcadie, écoutez les prières paternelles. Si votre volonté, si celle des destins me réservent Pallas, si je dois le revoir et l'embrasser encore, je vous demande de vivre. Je supporterai la peine, quelle que soit sa durée. Mais si le sort le menace de quelque accident funeste, ô dieux! qu'il me soit permis maintenant de briser ma vie malheureuse, tandis que des inquiétudes douteuses, tandis que l'espérance incertaine de l'avenir m'agitent, tandis que je t'embrasse encore, toi mon enfant, toi la seule volupté du soir de ma vie; qu'il me soit permis de mourir, de peur qu'un messager cruel ne déchire mon cœur. |

système d'Épicure, le dogme du fatalisme, les mœurs de l'antiquité avant l'établissement de la religion chrétienne, dénaturent presque entièrement ce qui tient aux affections du cœur.

Ovide introduisit, par plusieurs de ses écrits, une sorte de recherche, d'affectation et d'antithèse dans la langue de l'amour, qui en éloignait tout-à-fait la vérité. Il rappelle, à cet égard, le mauvais goût du siècle de Louis XIV. La manie d'exercer son esprit à froid sur les sentiments du cœur doit produire partout des résultats à peu près semblables, malgré la différence des temps. Mais cette affectation est le défaut de l'esprit d'Ovide; il ne rappelle en rien le caractère général de l'antiquité.

Ce qui manque aux anciens dans la peinture de l'amour est précisément ce qui leur manque en idées morales et philosophiques. Lorsque je parlerai de la littérature des modernes, et en particulier de celle du dix-huitième siècle, où l'amour a été peint dans Tancrède, la Nouvelle Héloïse, Werther et les poëtes anglais, etc., je montrerai comment le talent exprime avec d'autant plus de force et de chaleur les affections sensibles, que la réflexion et la philosophie ont élevé plus haut la pensée.

On a fait trop souvent la comparaison du siècle de Louis XIV avec celui d'Auguste, pour qu'il soit possible de la recommencer ici ; mais je développerai seulement une observation importante pour le système de perfectibilité que je soutiens. Descartes, Bayle, Pascal, Molière, La Bruyère, Bossuet, les philosophes anglais qui appartiennent aussi à la même époque de l'histoire des lettres, ne permettent d'établir aucune parité entre le siècle de Louis XIV et celui d'Auguste, pour les progrès de l'esprit humain. Néanmoins on se demande pourquoi les anciens, et surtout les Romains, ont possédé des historiens tellement parfaits, qu'ils n'ont été jamais égalés par les modernes ; et en particulier, pourquoi les Français n'ont aucun ouvrage complet à présenter en ce genre.

J'analyserai, dans le chapitre sur le siècle de Louis XIV, les causes de la médiocrité des Français comme historiens. Mais je dois présenter ici quelques réflexions sur les causes de la supériorité des anciens dans le genre de l'histoire, et je crois que ces réflexions prouveront que cette supériorité n'est point en contradiction avec les progrès successifs de la pensée.

Il existe des histoires appelées avec raison histoires philosophiques ; il en existe d'autres dont le mérite consiste dans la vérité des tableaux, la chaleur des récits et la beauté du langage : c'est dans ce dernier genre que les historiens grecs et latins se sont illustrés.

On a besoin d'une plus profonde connaissance de l'homme pour être un grand moraliste que pour devenir un bon historien. Tacite est le seul écrivain de l'antiquité qui ait réuni ces deux qualités à un degré presque égal. Les souffrances et les craintes attachées à la servitude avaient hâté sa réflexion, et son expérience était plus âgée que le monde. Tite-Live, Salluste, des historiens d'un ordre inférieur, Florus, Cornelius Nepos, etc., nous charment par la grandeur et la simplicité des récits, par l'éloquence des harangues qu'ils prêtent à leurs grands hommes, par l'intérêt dramatique qu'ils savent donner à leurs tableaux. Mais ces historiens ne peignent, pour ainsi dire, que l'extérieur de la vie. C'est l'homme tel qu'on le voit, tel qu'il se montre; ce sont les fortes couleurs, les beaux contrastes du vice et de la vertu; mais on ne trouve dans l'histoire ancienne, ni l'analyse philosophique des impressions morales, ni l'observation approfondie des caractères, ni les symptômes inaperçus des affections de l'ame. La vue intellectuelle de Montaigne va bien plus loin que celle d'aucun écrivain de l'antiquité. On ne desire point, il est vrai, ce genre de supériorité dans l'histoire; il faut que la nature humaine y soit représentée seulement dans son ensemble; il faut que les héros y restent grands, qu'ils paraissent tels à travers les siècles. Les moralistes découvrent des faiblesses, qui sont les ressemblances cachées de tous les hommes entre eux: l'historien doit prononcer fortement leurs différences. Les anciens, qui se complaisaient dans l'admiration, qui ne cherchaient point à diminuer l'odieux du vice, ni le mérite de la vertu, avaient une qualité presque aussi nécessaire à l'intérêt de la vérité qu'à celui de la fiction; ils étaient fidèles à l'enthousiasme comme au mépris, et souvent même les caractères étaient plus soutenus dans leurs tableaux historiques que dans leurs ouvrages d'imagination.

Peut-on oublier d'ailleurs quel avantage prodigieux les historiens anciens ont sur les historiens modernes par la nature même des faits qu'ils racontent? Le gouvernement républicain donne aux hommes, comme aux événements, un grand caractère; et des siècles de monarchie despotique ou de guerres féodales n'inspirent pas autant d'intérêt que l'histoire d'une ville libre. Suétone, qui a fait l'histoire du règne des empereurs; Ammien Marcellin; Velleius Paterculus, dans la dernière partie de son histoire, ne peuvent être comparés en rien à aucun de ceux qui ont écrit les siècles de la république ; et si Tacite a su les surpasser tous, c'est parceque l'indignation républicaine vivait dans son ame, et que, ne regardant pas le gouvernement des empereurs comme légal, n'ayant besoin de l'autorisation d'aucun pouvoir pour publier ses livres, son esprit n'était point soumis aux préjugés naturels ou commandés qui ont asservi tous les historiens modernes jusqu'à ce siècle.

C'est à ces diverses considérations qu'il faut attribuer la supériorité des anciens dans le genre de l'histoire : cette supériorité tient principalement à cet art de peindre et de raconter, qui suppose le mouvement, l'intérêt, l'imagination, mais non la connaissance intime des secrets du cœur humain, ou des causes philosophiques des événements [1]. Comment les anciens auraient-ils pu la posséder, en effet, à l'égal de ceux que des siècles et des générations multipliés ont instruits par de nouveaux exemples, et qui peuvent contempler, dans la longue histoire du passé, tant de crimes, tant de revers, tant de souffrances de plus !

CHAPITRE VII.

De la littérature latine, depuis la mort d'Auguste jusqu'au règne des Antonins.

Après le siècle de Louis XIV, et pendant le siècle de Louis XV, la philosophie a fait de grands progrès, sans que la poésie ni le goût littéraire se soient perfectionnés. On peut observer une marche à peu près pareille depuis Auguste jusqu'aux Antonins, avec cette différence cependant que les empereurs qui ont régné pendant ce temps ayant été des monstres abominables, l'empire n'a pu se soutenir, l'esprit général a dû se dégrader, et un très petit nombre d'hommes ont conservé la force d'esprit nécessaire pour se livrer aux études philosophiques et littéraires.

Le règne d'Auguste avait avili les ames ; un repos sans dignité avait presque effacé jusqu'aux souvenirs des vertus courageuses

---

[1] Il est remarquable, par exemple, qu'aucun historien, que Tacite lui-même ne nous dise pas par quels moyens, par quelle opinion, par quel ressort social, les plus atroces et les plus stupides empereurs gouvernaient Rome sans rencontrer aucun obstacle, même pendant leur absence : Tibère, de l'île de Caprée ; Caligula, du fond de la Bretagne, etc. Que de questions philosophiques l'on pourrait faire aux meilleurs historiens de l'antiquité, dont ils n'ont pas résolu une seule !

auxquelles Rome devait sa grandeur. Horace ne rougissait point de publier lui-même dans ses vers qu'il avait fui le jour d'une bataille. Cicéron et Ovide supportèrent tous les deux difficilement le malheur de l'exil. Mais quelle différence dans la démonstration de leurs regrets! Les Tristes d'Ovide sont remplies des témoignages les plus faibles d'une douleur abattue, des flatteries les plus basses pour son persécuteur ; et Cicéron, dans l'intimité même de sa correspondance avec Atticus, contient et ennoblit de mille manières la peine que lui cause son injuste bannissement. Ce n'est pas seulement à la diversité des caractères, c'est à celle des temps qu'il faut attribuer de telles dissemblances. L'opinion qui domine est un centre avec lequel les individus conservent toujours de certains rapports ; et l'esprit général du siècle, s'il ne change pas le caractère, modifie les formes que l'on choisit pour le montrer.

Après le règne florissant d'Auguste, on vit naître les plus féroces et les plus grossières tyrannies dont l'antiquité nous ait offert l'exemple. L'excès du malheur retrempa les ames ; le joug tranquille énervait les esprits supérieurs, ainsi que la multitude ; les fureurs de la cruauté, long-temps souffertes, avilirent encore davantage la masse de la nation ; mais quelques hommes éclairés se relevèrent de cet abattement général, et ressentirent plus que jamais le besoin de la philosophie stoïcienne.

Sénèque (que je ne juge ici que par ses ouvrages), Tacite, Épictète, Marc-Aurèle, quoique dans des situations différentes et avec des caractères que l'on ne peut comparer, furent tous inspirés par l'indignation contre le crime. Leurs écrits en latin et en grec ont un caractère tout-à-fait distinct de celui des littérateurs du temps d'Auguste ; ils ont plus de force et plus de concision que les philosophes républicains eux-mêmes. La morale de Cicéron a pour but principal l'effet que l'on doit produire sur les autres ; celle de Sénèque, le travail qu'on peut opérer sur soi : l'un cherche une honorable puissance, l'autre un asile contre la douleur ; l'un veut aimer la vertu, l'autre combattre le crime ; l'un ne considère l'homme que dans ses rapports avec les intérêts de son pays ; l'autre qui n'avait plus de patrie, s'occupe des relations privées. Il y a plus de mélancolie dans Sénèque, et plus d'émulation dans Cicéron.

Quand ce sont les tyrans qui menacent de la mort, les philosophes, contraints à supporter ce que la nature a de plus terrible et ce que le crime a de plus atroce, ne pouvant agir au-dehors d'eux-mêmes, étudient plus intimement les mouvements de l'ame. Les écrivains de la troisième époque de la littérature latine n'avaient pas encore atteint à la connaissance parfaite, à l'observation philosophique des caractères, telle qu'on la voit dans Montaigne et La Bruyère; mais ils en avaient déja plus eux-mêmes: l'oppression avait renfermé leur génie dans leur propre sein.

La tyrannie, comme tous les grands malheurs publics, peut servir au développement de la philosophie; mais elle porte une atteinte funeste à la littérature, en étouffant l'émulation et en dépravant le goût.

On a prétendu que la décadence des arts, des lettres et des empires, devait arriver nécessairement après un certain degré de splendeur. Cette idée manque de justesse : les arts ont un terme, je le crois, au-delà duquel ils ne s'élèvent pas; mais ils peuvent se maintenir à la hauteur à laquelle ils sont parvenus; et, dans toutes les connaissances susceptibles de progression, la nature morale tend à se perfectionner. L'amélioration précédente est une cause de l'amélioration future; cette chaîne peut être interrompue par des événements accidentels qui contrarient les progrès à venir, mais qui ne sont point la conséquence des progrès antérieurs.

Les écrivains du temps des empereurs, malgré les affreuses circonstances contre lesquelles ils avaient à lutter, sont supérieurs, comme philosophes, aux écrivains du siècle d'Auguste. Le style des auteurs latins, dans la troisième époque de leur littérature, a moins d'élégance et de pureté : la délicatesse du goût ne pouvait se conserver sous des maîtres si grossiers et si féroces. La multitude s'avilissait par la flatterie imitatrice des mœurs du tyran; et le petit nombre des hommes distingués, communiquant difficilement entre eux, ne pouvaient établir cette opinion critique, cette législation littéraire, qui trace une ligne positive entre l'esprit et la recherche, entre l'énergie et l'exagération.

Sous la tyrannie des empereurs, il n'était ni permis, ni possible de remuer le peuple par l'éloquence; les ouvrages philosophiques et littéraires n'avaient point d'influence sur les événements publics. On ne trouve donc point, dans les écrits de ce temps, le caractère qu'imprime toujours l'espoir d'être utile, cette juste mesure qui a pour but de déterminer une action, d'amener par la parole un résultat actuel et positif. Il faut donner de l'amusement à l'esprit pour être lu par des hommes isolés entre eux; et dont l'ambition ne peut rien faire ni rien attendre de la pensée. Il est possible que, dans une telle situation, les écrivains tombent dans l'affectation, parcequ'il leur importe trop de rendre piquantes les formes de leur style. Sénèque et Pline le jeune en particulier ne sont pas à l'abri de ce défaut.

On peut aussi manquer de goût, comme Juvénal, lorsqu'on essaie, par tous les moyens possibles, de réveiller l'horreur du crime dans une nation engourdie. La pensée de l'auteur, souillée par l'histoire de son temps, ne peut s'astreindre à cette pureté d'expressions qui doit toujours servir à peindre les images même les plus révoltantes. Mais ces défauts, qu'on ne peut nier, ne doivent pas empêcher de reconnaître que la troisième époque de la littérature romaine est illustrée par des penseurs plus profonds que tous ceux qui les avaient précédés.

Il y a plus d'idées fines et neuves dans le traité de Quintilien sur l'art oratoire, que dans les écrits de Cicéron sur le même sujet. Quintilien a réuni ses propres pensées à celles de Cicéron ; il part du point où Cicéron s'est arrêté. La philosophie de Sénèque pénètre plus avant dans le cœur de l'homme. Pline l'ancien est l'écrivain de l'antiquité qui a le plus approché de la vérité dans les sciences. Tacite, sous tous les rapports, l'emporte de beaucoup sur les meilleurs historiens latins.

Les premiers qui écrivent et parlent une belle langue se laissent charmer par l'harmonie des phrases ; et Cicéron ni ses auditeurs ne sentaient pas encore le besoin d'un style plus fort d'idées. Mais en avançant dans la littérature, on se blase sur les jouissances de l'imagination, l'esprit devient plus avide d'idées abstraites, la pensée se généralise, les rapports des hommes entre eux se multiplient avec les siècles, la variété des circonstances fait naître et découvrir des combinaisons nouvelles, des aperçus plus profonds ; la réflexion hérite du temps. C'est ce genre de progression qui se fait sentir dans les écrivains de la dernière époque de la littérature latine, malgré les causes locales qui luttaient alors contre la marche naturelle de l'esprit humain.

A l'honneur du peuple romain, les arts d'imagination tombèrent presque entièrement pendant la tyrannie des empereurs. Lucain n'écrivit que pour ranimer par de grands souvenirs les cendres de la république ; et sa mort attesta le péril d'un si beau dessein. Vainement la plupart des féroces empereurs de Rome montrèrent-ils un goût excessif pour les jeux et pour les spectacles, aucune pièce de théâtre digne d'un succès durable ne parut sous leur règne, aucun chant poétique ne nous est resté des honteux loisirs de la servitude. Les hommes de lettres d'alors n'ont point décoré la tyrannie, et la seule occupation à laquelle on se soit livré sous ces maîtres détestables, c'est l'étude de la philosophie et de l'éloquence ; on s'exerçait aux armes qui pouvaient servir à renverser l'oppression même.

Les flatteries ont souillé les écrits de quelques philosophes de ce temps, et leurs réticences mêmes étaient honteuses. Néanmoins, l'ignorance où l'on était alors de la découverte de l'imprimerie était favorable, à quelques égards, à la liberté d'écrire ; les livres étaient moins surveillés par le despotisme, lorsque les moyens de publicité étaient infiniment restreints. Les écrits polémiques, ceux qui doivent agir sur l'opinion du moment et sur l'événement du jour, n'auraient jamais pu être d'aucune utilité, d'aucune influence, avant l'usage de la presse ; ils n'auraient jamais été assez répandus pour produire un effet populaire : la tribune seule pouvait atteindre à ce but ; mais on ne composait jamais un ouvrage que sur des idées générales ou des faits antérieurs propres à l'enseignement des générations. Les tyrans étaient donc beaucoup plus indifférents que de nos jours à la liberté d'écrire ; la postérité n'étant pas de leur domaine, ils laissaient assez volontiers les philosophes s'y réfugier.

On se demande comment, à cette époque, les sciences exactes n'ont pas fait plus de progrès, comment il est arrivé que presque aucun Romain ne s'y soit consacré. C'est sous la tyrannie que ces recherches indépendantes ont souvent captivé les esprits qui ne voulaient ni se révolter ni s'avilir. Peut-être que les dangers qui menaçaient alors tous les hommes distingués étaient trop imminents pour leur laisser le loisir nécessaire à de tels travaux ; peut-être aussi les Romains avaient-ils conservé trop d'indignation républicaine pour pouvoir distraire entièrement leur attention de la destinée de leur pays. Les pensées philosophiques se rallient à tous les sentiments de l'ame ; les sciences vous transportent dans un tout autre ordre d'idées. Enfin à cette époque, comme on n'avait pas découvert la véritable méthode qu'il faut suivre dans l'étude de la nature physique, l'émulation n'était point excitée dans une carrière où de grands succès n'avaient point encore été obtenus.

Une des causes de la destruction des empires dans l'antiquité, c'est l'ignorance de plusieurs découvertes importantes dans les sciences ; ces découvertes ont mis plus d'égalité entre les nations comme entre les hommes. La décadence des empires n'est pas plus dans l'ordre naturel que celle des lettres et des lumières. Mais avant que toute l'Europe fût civilisée, avant que le système politique et militaire et l'emploi de l'artillerie eussent balancé les forces, enfin avant l'imprimerie, l'esprit national, les lumières nationales devaient être aisément la proie des barbares, toujours plus aguerris que les autres hommes. Si l'imprimerie avait existé, les lumières et l'opinion publique acquérant chaque jour plus de force, le caractère des Romains se serait conservé, et avec lui la nation et la république ; on n'aurait pas vu disparaître de la terre ce peuple qui aimait la liberté sans insubordination, et la gloire sans jalousie ; ce peuple qui, loin d'exiger qu'on se dégradât pour lui plaire, s'était élevé lui-même jusqu'à la juste appréciation des vertus et des talents, pour les honorer par son estime ; ce peuple dont l'admiration était dirigée par les lumières, et que les lumières cependant n'ont jamais blasé sur l'admiration.

L'esprit humain, et surtout l'émulation patriotique, seraient entièrement découragés, s'il était prouvé qu'il est de nécessité morale que les nations fameuses s'éclipsent du monde après l'avoir éclairé quelque temps. Cette succession de peuples détrônés n'est point une véritable fatalité. En étudiant les sublimes réflexions de Montesquieu sur les causes de la décadence des Romains, on voit évidemment que la plupart de ces causes n'existent plus de nos jours.

La moitié de l'Europe, non encore civilisée, devait enfin envahir l'autre. Il fallait que les avantages de la société devinssent universels ; car tout dans la nature tend au niveau : mais les douceurs de la vie privée, la diffusion des lumières, les relations commerciales, établissant plus de parité dans les jouissances, apaiseront par degrés les sentiments de rivalité entre les nations.

Les crimes inouïs dont l'empire romain a été le théâtre sont l'une des principales causes de sa décadence. La désorganisation de l'opinion publique pouvait seule permettre de tels excès[1]. Si

---

[1] Lorsque Caligula était allé faire la guerre en Bretagne, il envoya Protogènes, l'un de ses affidés, au sénat. Scribonius, sénateur, s'approcha de Protogènes pour lui dire quelques phrases de salutation sur son arrivée. Protogènes, élevant la voix, lui répondit : « Comment un ennemi de l'empereur se permet-il de m'adresser un compli-« ment ? » Les sénateurs, entendant ces paroles, se jetèrent sur Scribonius ; et comme ils n'avaient point d'armes, ils le tuèrent à coups de canif. Ce trait surpasse certai-

l'on en excepte les années de la terreur en France, l'atrocité n'est pas dans la nature des mœurs européennes de ce siècle. L'esclavage qui mettait une classe d'hommes hors des devoirs de la morale, le petit nombre des moyens qui pouvaient servir à l'instruction générale, la diversité des sectes philosophiques qui jetait dans les esprits de l'incertitude sur le juste et l'injuste, l'indifférence pour la mort, indifférence qui commence par le courage et finit par tarir les sources naturelles de la sympathie ; tels étaient les divers principes de la cruauté sauvage qui a existé parmi les Romains.

Une corruption dégoûtante, et qui fait autant frémir la nature que la morale, acheva de dégrader ce peuple jadis si grand. Les nations du Midi tombèrent dans l'avilissement, et cet avilissement prépara le triomphe des peuples du Nord. La civilisation de l'Europe, l'établissement de la religion chrétienne, les découvertes des sciences, la publicité des lumières, ont posé de nouvelles barrières à la dépravation, et détruit d'anciennes causes de barbarie. Ainsi donc la décadence des nations, et par conséquent celle des lettres, est maintenant beaucoup moins à craindre. C'est ce que le chapitre suivant achèvera, je crois, de démontrer.

CHAPITRE VIII.

De l'invasion des peuples du Nord, de l'établissement de la religion chrétienne, et de la renaissance des lettres.

On compte dans l'histoire plus de dix siècles pendant lesquels l'on croit assez généralement que l'esprit humain a rétrogradé. Ce serait une forte objection contre le système de progression dans les lumières, qu'un si long cours d'années, qu'une portion si considérable des temps qui nous sont connus, pendant lesquels le grand œuvre de la perfectibilité semblerait avoir reculé ; mais cette objection, que je regarderais comme toute puissante si elle était fondée, peut se réfuter d'une manière simple. Je ne pense pas que l'espèce humaine ait rétrogradé pendant cette époque ; je crois, au contraire, que des pas immenses ont été faits dans le cours de ces dix siècles, et pour la propagation des lumières, et pour le développement des facultés intellectuelles.

En étudiant l'histoire, il me semble qu'on acquiert la conviction tout ce que l'histoire moderne a jamais raconté d'intrépide en fait de bassesse.

tion que tous les événements principaux tendent au même but, la civilisation universelle. L'on voit que, dans chaque siècle, de nouveaux peuples ont été admis au bienfait de l'ordre social, et que la guerre, malgré tous ses désastres, a souvent étendu l'empire des lumières. Les Romains ont civilisé le monde qu'ils avaient soumis. Il fallait que d'abord la lumière partît d'un point brillant, d'un pays de peu d'étendue, comme la Grèce; il fallait que, peu de siècles après, un peuple de guerriers réunît sous les mêmes lois une partie du monde, pour la civiliser en la conquérant. Les nations du Nord, en faisant disparaître pendant quelque temps les lettres et les arts qui régnaient dans le Midi, acquirent néanmoins quelques unes des connaissances que possédaient les vaincus; et les habitants de plus de la moitié de l'Europe, étrangers jusqu'alors à la société civilisée, participèrent à ces avantages. Ainsi le temps nous découvre un dessein dans la suite d'événements qui semblaient n'être que le pur effet du hasard; et l'on voit surgir une pensée, toujours la même, de l'abîme des faits et des siècles.

L'invasion des barbares fut sans doute un grand malheur pour les nations contemporaines de cette révolution; mais les lumières se propagèrent par cet événement même. Les habitants énervés du Midi, se mêlant avec les hommes du Nord, empruntèrent d'eux une sorte d'énergie, et leur donnèrent une sorte de souplesse qui devait servir à compléter les facultés intellectuelles. La guerre pour de simples intérêts politiques, entre des peuples également éclairés, est le plus funeste fléau que les passions humaines aient produit; mais la guerre, mais la leçon éclatante des événements peut quelquefois faire adopter de certaines idées par la rapide autorité de la puissance.

Plusieurs écrivains ont avancé que la religion chrétienne était la cause de la dégradation des lettres et de la philosophie : je suis convaincue que la religion chrétienne, à l'époque de son établissement, était indispensablement nécessaire à la civilisation, et au mélange de l'esprit du Nord avec les mœurs du Midi. Je crois de plus que les méditations religieuses du christianisme, à quelque objet qu'elles aient été appliquées, ont développé les facultés de l'esprit pour les sciences, la métaphysique et la morale.

Il est de certaines époques de l'histoire dans lesquelles l'amour de la gloire, la puissance du dévouement, tous les sentiments énergiques enfin, semblent ne plus exister. Quand l'infortune est générale dans un pays, l'égoïsme est universel; une portion quelconque de bonheur est un élément nécessaire de la force nationale, et l'adversité n'inspire du courage aux individus atteints par elle qu'au milieu d'un peuple assez heureux pour avoir conservé la faculté d'admirer ou de plaindre. Mais quand tous sont également frappés par le malheur, l'opinion publique ne soutient plus personne : il reste des jours, mais il n'y a plus de but pour la vie. On perd en soi-même toute émulation, et les plaisirs de la volupté deviennent le seul intérêt d'une existence sans gloire, sans honneur et sans morale : tel on nous peint l'état des hommes du Midi sous les chefs du Bas-Empire.

Une autre nation, non moins éloignée des vrais principes de la vertu, vint conquérir cette nation avilie. La férocité guerrière, l'ignorance dominatrice, offraient à l'homme épouvanté des crimes opposés aux bassesses du Midi, mais plus redoutables dans leurs effets, quoique moins corrompus dans leur source. Pour dompter de tels conquérants, pour relever de tels vaincus, il fallait l'enthousiasme, noble puissance de l'ame, l'égarant quelquefois, mais pouvant seule combattre avec succès l'instinct habituel de l'amour de soi, et la personnalité toujours croissante. Il fallait ce sentiment qui fait trouver le bonheur dans le sacrifice de soi-même.

Certes, je ne veux pas affaiblir l'indignation qu'inspirent aujourd'hui les crimes et les folies de la superstition, mais je considère chaque grande époque de l'histoire philosophique de la pensée, relativement à l'état de l'esprit humain dans cette époque même ; et la religion chrétienne, lorsqu'elle a été fondée, était, ce me semble, nécessaire aux progrès de la raison.

Les peuples du Nord n'attachaient point de prix à la vie. Cette disposition les rendait courageux pour eux-mêmes, mais cruels pour les autres. Ils avaient de l'imagination, de la mélancolie, du penchant à la mysticité, mais un profond mépris pour les lumières, comme affaiblissant l'esprit guerrier : les femmes étaient plus instruites que les hommes, parcequ'elles avaient plus de loisir qu'eux. Ils les aimaient, ils leur étaient fidèles, ils leur rendaient un culte ; ils pouvaient éprouver quelque sensibilité par l'amour. La force, la loyauté guerrière, la vérité, comme attributs de la force, étaient les seules idées qu'ils eussent jamais conçues de la vertu. Ils plaçaient dans le ciel les délices de la vengeance. En montrant leurs fronts cicatrisés, en comptant le nombre des ennemis dont ils avaient versé le sang, ils croyaient captiver le cœur des femmes. Ils offraient des victimes humaines à leurs maîtresses comme à leurs dieux. Leur climat sombre n'offrait à leur imagination que des orages et des ténèbres ; ils désignaient la révolution des jours par le calcul des nuits, celle des années par les hivers. Les géants de la gelée présidaient à leurs exploits. Le déluge, dans leurs traditions, c'était la terre inondée de sang. Ils croyaient que, du haut du ciel, Odin les animait au carnage. Le dogme des peines et des récompenses n'avait pour but que d'encourager ou de punir les actions de la guerre. L'homme naissait pour immoler l'homme. La vieillesse était méprisée, l'étude avilie, l'humanité ignorée. Les facultés de l'ame n'avaient qu'un seul usage parmi ces hommes, c'était d'accroître la puissance physique. La guerre était leur unique but.

Voilà de quels éléments il fallait faire sortir cependant la moralité des actions, la douceur des sentiments, et le goût des lettres.

Le travail à opérer sur les peuples du Midi n'était pas d'une difficulté moins grande. Le caractère romain, ce miracle de l'orgueil national et des institutions politiques, n'existait plus : les habitants de l'Italie étaient dégoûtés de toute idée de gloire ; ils ne croyaient plus qu'à la volupté ; ils admettaient tous les dieux en l'honneur desquels on célébrait des fêtes ; ils recevaient tous les maîtres que quelques soldats élevaient ou renversaient à leur gré ; sans cesse menacés d'une proscription arbitraire, ils bravaient la mort, non par le secours du courage, mais par l'étourdissement du vice. La mort n'interrompait point des projets illustres, ni la progression d'utiles pensées ; elle ne brisait point des liens chéris, elle n'arrachait point à des affections profondes ; elle empêchait seulement de goûter le lendemain l'amusement qui peut-être avait déjà fatigué la veille. La corruption universelle avait effacé jusqu'au souvenir de la vertu : qui aurait voulu la rappeler n'aurait obtenu qu'un étonnement mêlé de blâme. La nature morale de l'homme du Midi se perdait tout entière dans les jouissances de la volupté, celle de l'homme du Nord dans l'exercice de la force. Si quelque goût inné pour les lettres, les arts et la philosophie, se trouvait encore dans le Midi, il était dirigé principalement vers les subtilités métaphysiques ; l'esprit sophistique mettait en doute les vérités du raisonnement, et l'insouciance, les affections du cœur.

C'est au milieu de cet affaissement déplorable dans lequel les nations du Midi étaient tombées, que la religion chrétienne leur fit adopter l'empire du devoir, la volonté du dévouement et la certitude de la foi. Mais n'aurait-il pas mieux valu, dira-t-on, ramener à la vertu par la philosophie? Il était impossible à cette époque d'influer sur l'esprit humain sans le secours des passions. La raison les combat, les religions s'en servent.

Toutes les nations de la terre avaient soif de l'enthousiasme. Mahomet, en satisfaisant ce besoin, fit naître un fanatisme avec la plus étonnante facilité. Quoique Mahomet fût un grand homme, ses prodigieux succès tinrent aux dispositions morales de son temps; toutefois sa religion n'étant destinée qu'aux peuples du Midi, elle eut pour unique but de relever l'esprit militaire, en offrant les plaisirs pour récompense des exploits. Elle créa des conquérants; mais elle ne portait en elle aucun germe de développement intellectuel. Le général-prophète ne s'était occupé que de l'obéissance, il n'avait formé que des soldats. Le dogme de la fatalité, qui rend invincible à la guerre, abrutissait pendant la paix. L'islamisme fut stationnaire dans ses effets; il arrêta l'esprit humain, après l'avoir avancé de quelques pas. La religion chrétienne ayant un législateur dont le premier but était de perfectionner la morale, devant réunir sous la même bannière des nations de mœurs opposées, la religion chrétienne était bien plus favorable à l'accroissement des vertus et des facultés de l'ame.

Pour s'emparer de caractères si différents, ceux du Nord et ceux du Midi, il fallait combiner ensemble plusieurs mobiles divers.

La religion chrétienne dominait les peuples du Nord, en se saisissant de leur disposition à la mélancolie, de leur penchant pour les images sombres, de leur occupation continuelle et profonde du souvenir et de la destinée des morts. Le paganisme n'avait rien dans ses bases et dans ses principes qui pût le rendre maître de tels hommes. Les dogmes de la religion chrétienne, l'esprit exalté de ses premiers sectaires, favorisaient et dirigeaient la tristesse passionnée des habitants d'un climat nébuleux : quelques unes de leurs vertus, la vérité, la chasteté, la fidélité dans les promesses, étaient consacrées par des lois divines. La religion, sans altérer la nature de leur courage, parvint à lui donner un autre objet. Il était dans leurs mœurs de tout supporter pour s'illustrer à la guerre. La religion leur demandait de braver les souffrances et la mort pour la défense de sa foi et l'accomplissement de ses devoirs. L'intrépidité destructive fut changée en résolution inébranlable ; la force, qui n'avait d'autre but que l'empire de la force, fut dirigée par des principes de morale. Les erreurs du fanatisme pervertirent souvent ces principes ; mais des hommes jadis indomptables reconnurent cependant une puissance au-dessus d'eux, des devoirs pour lois, des terreurs religieuses pour frein. L'homme faible put menacer l'homme fort, et l'on entrevit l'aurore de l'égalité dès cette époque.

Les peuples du Midi, susceptibles d'enthousiasme, se vouèrent facilement à la vie contemplative, qui était d'accord avec leur climat et leurs goûts ; ils accueillirent les premiers avec ardeur les institutions monacales. Les macérations, les austérités furent promptement adoptées par une nation que la satiété même des voluptés jetait dans l'exagération des observances religieuses. Dans ces têtes ardentes, aisément crédules, aisément fanatiques, germèrent toutes les superstitions et tous les crimes dont la raison a gémi. La religion leur fut moins utile qu'aux peuples du Nord, parcequ'ils étaient beaucoup plus corrompus, et qu'il est plus facile de civiliser un peuple ignorant que de relever de sa dégradation un peuple dépravé. Mais la religion chrétienne ranima cependant des principes de vie morale dans quelques hommes sans but et sans liens ; elle ne put leur rendre une patrie, mais elle donna de l'énergie à plusieurs caractères. Elle porta vers le ciel des regards souillés par les vices de la terre. A travers toutes les folies du martyre, il resta dans quelques ames la force des sacrifices, l'abnégation de l'intérêt personnel, et une puissance d'abstraction et de pensée dont on vit sortir des résultats utiles pour l'esprit humain.

La religion chrétienne a été le lien des peuples du Nord et du Midi ; elle a fondu, pour ainsi dire, dans une opinion commune des mœurs opposées ; et, rapprochant des ennemis, elle en a fait des nations dans lesquelles les hommes énergiques fortifiaient le caractère des hommes éclairés, et les hommes éclairés développaient l'esprit des hommes énergiques.

Ce mélange s'est fait lentement, sans doute. La Providence éternelle prodigue les siècles à l'accomplissement de ses desseins, et notre existence passagère s'en irrite et s'en étonne : mais enfin les vainqueurs et les vaincus ont fini par n'être plus qu'un même peuple dans les divers pays de l'Europe, et la religion chrétienne y a puissamment contribué.

Avant d'analyser encore quelques autres avantages de la religion chrétienne, qu'il me soit permis de m'arrêter ici pour faire sentir un rapport qui m'a frappée entre cette époque et la révolution française.

Les nobles, ou ceux qui tenaient à cette première classe, réunissaient en général tous les avantages d'une éducation distinguée; mais la prospérité les avait amollis, et ils perdaient par degré les vertus qui pouvaient excuser leur prééminence sociale. Les hommes de la classe du peuple, au contraire, n'avaient encore qu'une civilisation grossière, et des mœurs que les lois contenaient, mais que la licence devait rendre à leur férocité naturelle. Ils ont fait, pour ainsi dire, une invasion dans les classes supérieures de la société, et tout ce que nous avons souffert, et tout ce que nous condamnons dans la révolution, tient à la nécessité fatale qui a fait souvent confier la direction des affaires à ces conquérants de l'ordre civil : ils ont pour but et pour bannière une idée philosophique; mais leur éducation est à plusieurs siècles en arrière de celle des hommes qu'ils ont vaincus. Les vainqueurs, à la guerre et dans l'intérieur, ont plusieurs caractères de ressemblance avec les hommes du Nord, les vaincus beaucoup d'analogie avec les lumières et les préjugés, les vices et la sociabilité des habitants du Midi. Il faut que l'éducation des vainqueurs se fasse, il faut que les lumières qui étaient renfermées dans un très petit nombre d'hommes s'étendent fort au-delà, avant que les gouvernants de la France soient tous entièrement exempts de vulgarité et de barbarie. L'on doit espérer que la civilisation de nos hommes du Nord, que leur mélange avec nos hommes du Midi, n'exigera pas dix à douze siècles. Nous marcherons plus vite que nos ancêtres, parcequ'à la tête des hommes sans éducation il se trouve quelquefois des esprits remarquablement éclairés, parceque le siècle où nous vivons, la découverte de l'imprimerie, les lumières du reste de l'Europe, doivent hâter les progrès de la classe nouvellement admise à la direction des affaires politiques; mais l'on ne saurait prévoir encore par quel moyen la guerre des anciens possesseurs et des nouveaux conquérants sera terminée.

Heureux si nous trouvions, comme à l'époque de l'invasion des peuples du Nord, un système philosophique, un enthousiasme vertueux, une législation forte et juste, qui fût, comme la religion chrétienne l'a été, l'opinion dans laquelle les vainqueurs et les vaincus pourraient se réunir !

Ce mélange, cette réconciliation du Nord et du Midi, qui fut un si grand soulagement pour le monde, n'est pas le seul résultat utile de la religion chrétienne. La destruction de l'esclavage lui est généralement attribuée. Il faut encore ajouter à cet acte de justice deux bienfaits dont on doit reconnaître en elle ou la source ou l'accroissement, le bonheur domestique et la sympathie de la société.

Tout se ressentait chez les anciens, même dans les relations de famille, de l'odieuse institution de l'esclavage. Le droit de vie et de mort souvent accordé à l'autorité paternelle, les communs exemples du crime de l'exposition des enfants, le pouvoir des époux assimilé, sous beaucoup de rapports, à celui des pères, toutes les lois civiles enfin avaient quelque analogie avec le code abominable qui livrait l'homme à l'homme, et créait entre les humains deux classes, dont l'une ne se croyait aucun devoir envers l'autre. Cette base une fois adoptée, on n'arrivait à la liberté que par gradation. Les femmes pendant toute leur vie, les enfants pendant leur jeunesse, étaient soumis à quelques unes des conditions de l'esclavage.

Dans les siècles corrompus de l'empire romain, la licence la plus effrénée avait arraché les femmes à la servitude par la dégradation ; mais c'est le christianisme qui, du moins dans les rapports moraux et religieux, leur a accordé l'égalité. Le christianisme, en faisant du mariage une institution sacrée, a fortifié l'amour conjugal, et toutes les affections qui en dérivent. Le dogme de l'enfer et du paradis annonce les mêmes peines, promet les mêmes récompenses aux deux sexes. L'Évangile, qui commande des vertus privées, une destinée obscure, une humilité pieuse, offrait aux femmes autant qu'aux hommes les moyens d'obtenir la palme de la religion. La sensibilité, l'imagination, la faiblesse, disposent à la dévotion. Les femmes devaient donc souvent surpasser les hommes dans cette émulation de christianisme qui s'empara de l'Europe durant les premiers siècles de l'histoire moderne.

La religion et le bonheur domestique fixèrent la vie errante des peuples du Nord ; ils s'établirent dans une contrée, ils demeurèrent en société. La législation de la vie civile se réforma selon les principes de la religion. C'est donc alors que les femmes commencèrent à être de moitié dans l'association humaine ; c'est alors aussi que l'on connut véritablement le bonheur domestique. Trop de puissance déprave la bonté, altère toutes les jouissances de la délicatesse; les vertus et les sentiments ne peuvent résister d'une part à l'exercice du pouvoir, de l'autre à l'habitude de la crainte. La félicité de l'homme s'accrut de toute l'indépendance qu'obtint l'objet de sa tendresse : il put se croire aimé; un être libre le choisit, un être libre obéit à ses desirs. Les aperçus de l'esprit, les nuances senties par le cœur, se multiplièrent avec les idées et les impressions de ces ames nouvelles, qui s'essayaient à l'existence morale, après avoir long-temps langui dans la vie.

Les femmes n'ont point composé d'ouvrages véritablement supérieurs, mais elles n'en ont pas moins éminemment servi les progrès de la littérature, par la foule de pensées qu'ont inspirées aux hommes les relations entretenues avec ces êtres mobiles et délicats. Tous les rapports se sont doublés, pour ainsi dire, depuis que les objets ont été considérés sous un point de vue tout-à-fait nouveau. La confiance d'un lien intime en a plus appris sur la nature morale que tous les traités et tous les systèmes qui peignaient l'homme tel qu'il se montre à l'homme, et non tel qu'il est réellement.

La pitié pour la souffrance devait exister de tous les temps au fond du cœur : cependant une grande différence caractérise la morale des anciens, et la distingue de celle du christianisme; l'une est fondée sur la force, et l'autre sur la sympathie. L'esprit militaire, qui doit avoir présidé à l'origine des sociétés, se fait sentir encore jusque dans la philosophie stoïcienne; la puissance sur soi-même y est exercée, pour ainsi dire, avec une énergie guerrière. Le bonheur des autres n'est point l'objet de la morale des anciens; ce n'est pas les servir, c'est se rendre indépendant d'eux, qui est le but principal de tous les conseils des philosophes.

La religion chrétienne exige aussi l'abnégation de soi-même, et l'exagération monacale pousse même cette vertu fort au-delà de l'austérité philosophique des anciens; mais le principe de ce sacrifice dans la religion chrétienne, c'est le dévouement à son Dieu ou à ses semblables, et non, comme chez les stoïciens, l'orgueil et la dignité de son propre caractère. En étudiant le sens de l'Évangile, sans y joindre les fausses interprétations qui en ont été faites, on voit aisément que l'esprit général de ce livre, c'est la bienfaisance envers les malheureux. L'homme y est considéré comme devant recevoir une impression profonde par la douleur de l'homme.

Une morale toute sympathique était singulièrement propre à faire connaître le cœur humain ; et quoique la religion chrétienne commandât, comme toutes les religions, de dompter ses passions, elle était beaucoup plus près que le stoïcisme de reconnaître leur puissance. Plus de modestie, plus d'indulgence dans les principes, plus d'abandon dans les aveux, permettaient davantage au caractère de l'homme de se montrer ; et la philosophie, qui a pour but l'étude des mouvements de l'ame, a beaucoup acquis par la religion chrétienne.

La littérature lui doit beaucoup aussi dans tous les effets qui tiennent à la puissance de la mélancolie. La religion des peuples du Nord leur inspirait de tout temps, il est vrai, une disposition à quelques égards semblable ; mais c'est au christianisme que les orateurs français sont redevables des idées fortes et sombres qui ont agrandi leur éloquence.

On a reproché à la religion chrétienne d'avoir affaibli les caractères : l'Évangile a eu pour but de combattre la férocité ; or il est impossible d'inspirer tout à la fois beaucoup d'humanité pour ses semblables, et la plus incomplète insensibilité pour soi. Il fallait rendre au meurtre ses épouvantables couleurs ; il fallait faire horreur du sang et de la mort : et la nature ne permet pas que la sympathie s'exerce tout entière au-dehors de nous. Le fanatisme, à diverses époques, étouffa les sentiments de douceur qu'inspirait la religion chrétienne ; mais c'est l'esprit général de cette religion que je devais examiner ; et de nos jours, dans les pays où la réformation est établie, on peut encore remarquer combien est salutaire l'influence de l'Évangile sur la morale.

Le paganisme, tolérant par son essence, est regretté par les philosophes, quand ils le comparent au fanatisme que la religion chrétienne a inspiré. Quoique les passions fortes entraînent à des crimes que l'indifférence n'eût jamais causés, il est des circonstances dans l'histoire où ces passions sont nécessaires pour remonter les ressorts de la société. La raison, avec l'aide des siècles, s'empare de quelques effets de ces grands mouvements ; mais il est de certaines idées que les passions font découvrir, et qu'on aurait ignorées sans elles. Il faut des secousses violentes pour porter l'esprit humain sur des objets entièrement nouveaux ; ce sont les tremblements de terre, les feux souterains, qui montrent aux regards de l'homme des richesses dont le temps seul n'eût pas suffi pour creuser la route.

Je crois voir une preuve de plus de cette opinion dans l'influence qu'a exercée sur les progrès de la métaphysique l'étude de la théologie. On a souvent considéré cette étude comme l'emploi le plus oisif de la pensée, comme l'une des principales causes de la barbarie des premiers siècles de notre ère. Néanmoins c'est un genre d'effort intellectuel qui a singulièrement développé les facultés de l'esprit. Si l'on ne juge le résultat d'un tel travail que dans ses rapports avec les arts d'imagination, rien ne peut en donner une idée plus défavorable. La noblesse, l'élégance, la grace des formes antiques, semblaient devoir disparaître à jamais sous les pédantesques erreurs des écrivains théologiques. Mais le genre d'esprit qui rend propre à l'étude des sciences se formait par les disputes sur les dogmes, quoique leur objet fût aussi puéril qu'absurde.

L'attention et l'abstraction sont les véritables puissances de l'homme penseur; ces facultés seules peuvent servir aux progrès de l'esprit humain. L'imagination, les talents qui en dérivent, ne raniment que les souvenirs; mais c'est uniquement par la méthode métaphysique qu'on peut atteindre aux idées vraiment nouvelles. Les dogmes spirituels exerçaient les hommes à la conception des pensées abstraites; et la longue contention d'esprit qu'exigeait l'enchaînement des subtiles conséquences de la théologie rendait la tête propre à l'étude des sciences exactes. Comment se fait-il, dira-t-on, qu'approfondir l'erreur puisse jamais servir à la connaissance de la vérité? C'est que l'art du raisonnement, la force de méditation qui permet de saisir les rapports les plus métaphysiques, et de leur créer un lien, un ordre, une méthode, est un exercice utile aux facultés pensantes, quel que soit le point d'où l'on part et le but où l'on veut arriver.

Sans doute, si les facultés développées dans ce genre de travail n'avaient point été depuis dirigées sur d'autres objets, il n'en fût résulté que du malheur pour le genre humain; mais quand on voit, à la renaissance des lettres, la pensée prendre tout-à-coup un si grand essor, les sciences avancer en peu de temps d'une manière si étonnante, on est conduit à croire que, même en faisant fausse route, l'esprit acquérait des forces qui ont hâté ses pas dans la véritable carrière de la raison et de la philosophie.

Quelques hommes peuvent se livrer par goût à l'étude des

idées abstraites, mais le grand nombre n'y est jamais jeté que par un intérêt de parti. Les connaissances politiques avaient fait de grands progrès dans les premières années de la révolution française, parcequ'elles servaient l'ambition de plusieurs et agitaient la vie de tous. Les questions théologiques, dans leur temps, avaient été l'objet d'un intérêt aussi vif, d'une analyse aussi profonde, parceque les querelles qu'elles faisaient naître étaient animées par l'avidité du pouvoir et la crainte de la persécution. Si l'esprit de faction ne s'était pas introduit dans la métaphysique, si les passions ambitieuses n'avaient pas été intéressées dans les discussions abstraites, les esprits ne s'y seraient jamais assez vivement attachés pour acquérir, dans ce genre difficile, tous les moyens nécessaires aux découvertes des siècles suivants.

Ainsi marche l'instruction pour la masse des hommes. Quand les opinions que l'on professe sur un ordre d'idées quelconque deviennent la cause et les armes des partis, la haine, la fureur, la jalousie parcourent tous les rapports, saisissent tous les côtés des objets en discussion, agitent toutes les questions qui en dépendent; et lorsque les passions se retirent, la raison va recueillir, au milieu du champ de bataille, quelques débris utiles à la recherche de la vérité.

Toute institution bonne relativement à tel danger du moment, et non à la raison éternelle, devient un abus insupportable, après avoir corrigé des abus plus grands. La chevalerie était nécessaire pour adoucir la férocité militaire par le culte des femmes et l'esprit religieux; mais la chevalerie, comme un ordre, comme une secte, comme tout ce qui sépare les hommes au lieu de les réunir, dut être considérée comme un mal funeste, dès qu'elle cessa d'être un remède indispensable.

La jurisprudence romaine, qu'il était trop heureux de faire recevoir à des peuples qui ne connaissaient que le droit des armes, devint une étude astucieuse et pédantesque, et absorba la plupart des savants échappés à la théologie.

La connaissance des langues anciennes, qui a ramené le véritable goût de la littérature, inspira pendant quelque temps une ridicule fureur d'érudition. Le présent et l'avenir furent comme anéantis par le puéril examen des moindres circonstances du passé. Des commentaires sur les ouvrages des anciens avaient pris la place des observations philosophiques : il semblait qu'entre la nature et l'homme il dût toujours exister des livres. Le prix qu'on attachait à l'érudition était tel, qu'il absorbait en entier l'esprit créateur. Tout ce qui concernait les anciens obtenait alors un égal degré d'intérêt ; on eût dit qu'il importait bien plus de savoir que de choisir.

Néanmoins tous ces défauts avaient eu leur utilité; et l'on s'aperçoit, à la renaissance des lettres, que les siècles appelés barbares ont servi, comme les autres, d'abord à la civilisation d'un plus grand nombre de peuples, puis au perfectionnement même de l'esprit humain.

Si l'on ne considère cette époque de la renaissance des lettres que sous le seul rapport des ouvrages de goût et d'imagination, l'on trouvera sans doute que près de seize cents ans ont été perdus, et que depuis Virgile jusqu'aux mystères catholiques représentés sur le théâtre de Paris, l'esprit humain, dans la carrière des arts, n'a fait que reculer vers la plus absurbe des barbaries; mais il n'en est pas de même des ouvrages de philosophie. Bacon, Machiavel, Montaigne, Galilée, tous les quatre presque contemporains dans des pays différents, ressortent tout à coup de ces temps obscurs, et se montrent cependant de plusieurs siècles en avant des derniers écrivains de la littérature ancienne, et surtout des derniers philosophes de l'antiquité.

Si l'esprit humain n'avait pas marché pendant les siècles mêmes durant lesquels on a peine à suivre son histoire, aurait-on vu dans la morale, dans la politique, dans les sciences, des hommes qui, à l'époque même de la renaissance des lettres, ont de beaucoup dépassé les génies les plus forts parmi les anciens? S'il existe une distance infinie entre les derniers hommes célèbres de l'antiquité et les premiers qui, parmi les modernes, se sont illustrés dans la carrière des sciences et des lettres ; si Bacon, Machiavel et Montaigne ont des idées et des connaissances infiniment supérieures à celles de Pline, de Marc-Aurèle, etc., n'est-il pas évident que la raison humaine a fait des progrès pendant l'intervalle qui sépare la vie de ces grands hommes? Car il ne faut pas oublier le principe que j'ai posé dès le commencement de cet ouvrage : c'est que le génie le plus remarquable ne s'élève jamais au-dessus des lumières de son siècle que d'un petit nombre de degrés.

L'histoire de l'esprit humain, pendant les temps qui se sont écoulés entre Pline et Bacon, entre Épictète et Montaigne, entre Plutarque et Machiavel, nous est peu connue, parceque la plupart des hommes et des nations se confondent dans un seul événement, la guerre. Mais les exploits militaires ne conservent qu'un faible intérêt par-delà l'époque de leur puissance. Il n'y a qu'un fait pour l'homme éclairé depuis le commencement du monde : ce sont les progrès des lumières et de la raison. Néanmoins, de même que le savant observe le travail secret par lequel la nature combine ses développements, le moraliste aperçoit la réunion des causes qui ont préparé, pendant quatorze cents ans, l'état actuel des sciences et de la philosophie.

Quelle force l'esprit humain n'a-t-il pas montrée tout-à-coup au milieu du quinzième siècle! que de découvertes importantes! quelle marche nouvelle a été adoptée dans peu d'années! Des progrès si rapides, des succès si étonnants peuvent-ils ne se rapporter à rien d'antérieur? et dans les arts mêmes, le mauvais goût n'a-t-il pas été promptement écarté? Les progrès de la pensée ont fait trouver en peu de temps les principes du vrai beau dans tous les genres, et la littérature ne s'est perfectionnée si vite que parceque l'esprit était tellement exercé, qu'une fois rentré dans la route de la raison, il devait y marcher à grands pas.

Une cause principale de l'émulation ardente qu'ont excitée les lettres au moment de leur renaissance, c'est le prodigieux éclat que donnait alors la réputation de bon écrivain. On est confondu des hommages sans nombre qu'obtint Pétrarque, de l'importance inouïe qu'on attachait à la publication de ses sonnets. On était lassé de cet absurde préjugé militaire qui voulait dégrader la littérature : on se jeta dans l'extrême opposé. Peut-être aussi que tout le faste de ces récompenses d'opinion était nécessaire pour exciter aux difficiles travaux qu'exigeaient, il y a trois siècles, le perfectionnement des langues modernes, la régénération de l'esprit philosophique, et la création d'une méthode nouvelle pour la métaphysique et les sciences exactes.

Arrêtons-nous cependant à l'époque qui commence la nouvelle ère, à dater de laquelle peuvent se compter, sans interruption, les plus étonnantes conquêtes du génie de l'homme; et, comparant nos richesses avec celles de l'antiquité, loin de nous laisser décourager par l'admiration stérile du passé, ranimons-nous par l'enthousiasme fécond de l'espérance ; unissons nos efforts, livrons nos voiles au vent rapide qui nous entraîne vers l'avenir.

CHAPITRE IX.

De l'esprit général de la littérature chez les modernes.

Ce ne fut pas l'imagination, ce fut la pensée qui dut acquérir de nouveaux trésors pendant le moyen âge. Le principe des beaux-arts, l'imitation, ne permet pas, comme je l'ai dit, la perfectibilité indéfinie; et les modernes, à cet égard, ne font et ne feront jamais que recommencer les anciens. Toutefois si la poésie d'images et de description reste toujours à peu près la même, le développement nouveau de la sensibilité et la connaissance plus approfondie des caractères ajoutent à l'éloquence des passions, et donnent à nos chefs-d'œuvre en littérature un charme qu'on ne peut attribuer seulement à l'imagination poétique, et qui en augmente singulièrement l'effet.

Les anciens avaient des hommes pour amis, et ne voyaient dans leurs femmes que des esclaves élevées pour ce triste sort. La plupart en devenaient presque dignes : leur esprit n'acquérait aucune idée, et leur ame ne se développait point par de généreux sentiments. De là vient que les poëtes de l'antiquité n'ont le plus souvent peint dans l'amour que les sensations. Les anciens n'avaient de motif de préférence pour les femmes que leur beauté, et cet avantage est commun à un assez grand nombre d'entre elles. Les modernes, connaissant d'autres rapports et d'autres liens, ont pu seuls exprimer ce sentiment de prédilection qui intéresse la destinée de toute la vie aux sentiments de l'amour.

Les romans, ces productions variées de l'esprit des modernes, sont un genre presque entièrement inconnu aux anciens. Ils ont composé quelques pastorales, sous la forme de romans, qui datent du temps où les Grecs cherchaient à occuper les loisirs de la servitude; mais, avant que les femmes eussent créé des intérêts dans la vie privée, les aventures particulières captivaient peu la curiosité des hommes; ils étaient absorbés par les occupations politiques.

Les femmes ont découvert dans les caractères une foule de nuances que le besoin de dominer ou la crainte d'être asservies leur a fait apercevoir : elles ont fourni au talent dramatique de nouveaux secrets pour émouvoir. Tous les sentiments auxquels il leur est permis de se livrer, la crainte de la mort, le regret de la vie, le dévouement sans bornes, l'indignation sans mesure, enrichissent la littérature d'expressions nouvelles. Les femmes n'étant point, pour ainsi dire, responsables d'elles-mêmes, vont aussi loin dans leurs paroles que les sentiments de l'ame les conduisent. La raison forte, l'éloquence mâle, peuvent choisir, peuvent s'éclairer dans ces développements où le cœur humain se montre avec abandon. De là vient que les moralistes modernes ont en général beaucoup plus de finesse et de sagacité dans la connaissance des hommes, que les moralistes de l'antiquité.

Quiconque, chez les anciens, ne pouvait atteindre à la renómmée, n'avait aucun motif de développement. Depuis qu'on est deux dans la vie domestique, les communications de l'esprit et l'exercice de la morale existent toujours, au moins dans un petit cercle; les enfants sont devenus plus chers à leurs parents par la tendresse réciproque qui forme le lien conjugal; et toutes les affections ont pris l'empreinte de cette divine alliance de l'amour et de l'amitié, de l'estime et de l'attrait, de la confiance méritée, et de la séduction involontaire.

Un âge aride, que la gloire et la vertu pouvaient honorer, mais qui ne devait plus être ranimé par les émotions du cœur, la vieillesse s'est enrichie de toutes les pensées de la mélancolie; il lui a été donné de se ressouvenir, de regretter, d'aimer encore ce qu'elle avait aimé. Les affections morales, unies dès la jeunesse aux passions brûlantes, peuvent se prolonger par de nobles traces jusqu'à la fin de l'existence, et laisser voir encore le même tableau sous le crêpe funèbre du temps.

Une sensibilité rêveuse et profonde est un des plus grands charmes de quelques ouvrages modernes; et ce sont les femmes qui, ne connaissant de la vie que la faculté d'aimer, ont fait passer la douceur de leurs impressions dans le style de quelques écrivains. En lisant les livres composés depuis la renaissance des lettres, l'on pourrait marquer à chaque page quelles sont les idées qu'on n'avait pas avant qu'on eût accordé aux femmes une sorte d'égalité civile.

La générosité, la valeur, l'humanité, ont pris à quelques égards une acception différente. Toutes les vertus des anciens étaient fondées sur l'amour de la patrie : les femmes exercent leurs qualités d'une manière indépendante. La pitié pour la faiblesse, la sympathie pour le malheur, une élévation d'ame, sans autre but que la jouissance même de cette élévation, sont beaucoup plus dans leur nature que les vertus politiques. Les modernes, influencés par les femmes, ont facilement cédé aux liens de la philanthropie, et l'esprit est devenu plus philosophiquement libre, en se livrant moins à l'empire des associations exclusives.

Le seul avantage des écrivains des derniers siècles sur les anciens, dans les ouvrages d'imagination, c'est le talent d'exprimer une sensibilité plus délicate, et de varier les situations et les caractères par la connaissance du cœur humain. Mais quelle supériorité les philosophes de nos jours n'ont-ils pas dans les sciences, dans la méthode et l'analyse, la généralisation des idées et l'enchaînement des résultats! Ils tiennent le fil qu'ils peuvent dérouler chaque jour davantage, sans jamais s'égarer.

Le raisonnement mathématique est, comme les deux plus grandes idées de la haute métaphysique, l'espace et l'éternité. Vous ajoutez des milliers de lieues, vous multipliez des siècles; chaque calcul est juste, et le terme est indéfini. Le plus grand pas qu'ait fait l'esprit humain, c'est de renoncer au hasard des systèmes, pour adopter une méthode susceptible de démonstration; car il n'y a de conquis pour le bonheur général que les vérités qui ont atteint l'évidence.

L'éloquence enfin, quoiqu'elle manquât sans doute, chez la plupart des modernes, de l'émulation des pays libres, a néanmoins acquis, par la philosophie et par l'imagination mélancolique, un caractère nouveau dont l'effet est tout puissant.

Je ne pense pas que, chez les anciens, aucun livre, aucun orateur ait égalé, dans l'art sublime de remuer les ames, ni Bossuet, ni Rousseau, ni les Anglais dans quelques poésies, ni les Allemands dans quelques phrases. C'est à la spiritualité des idées chrétiennes, à la sombre vérité des idées philosophiques, qu'il faut attribuer cet art de faire entrer, même dans la discussion d'un sujet particulier, des réflexions touchantes et générales, qui saisissent toutes les ames, réveillent tous les souvenirs, et ramènent l'homme tout entier dans chaque intérêt de l'homme.

Les anciens savaient animer les arguments nécessaires à chaque circonstance; mais de nos jours les esprits sont tellement blasés, par la succession des siècles, sur les intérêts individuels des hommes, et peut-être même sur les intérêts instantanés des nations, que l'écrivain éloquent a besoin de remonter toujours plus haut, pour atteindre à la source des affections communes à tous les mortels.

Sans doute il faut frapper l'attention par le tableau présent et détaillé de l'objet pour lequel on veut émouvoir ; mais l'appel à la pitié n'est irrésistible que quand la mélancolie sait aussi bien généraliser que l'imagination a su peindre.

Les modernes ont dû réunir à cette éloquence, qui n'a pour but que d'entraîner, l'éloquence de la pensée, dont l'antiquité ne nous offre que Tacite pour modèle. Montesquieu, Pascal, Machiavel, sont éloquents par une seule expression, par une épithète frappante, par une image rapidement tracée, dont le but est d'éclaircir l'idée, mais qui agrandit encore ce qu'elle explique. L'impression de ce genre de style pourrait se comparer à l'effet que produit la révélation d'un grand secret ; il vous semble aussi que beaucoup de pensées ont précédé la pensée qu'on vous exprime, que chaque idée se rapporte à des méditations profondes, et qu'un mot vous permet tout-à-coup de porter vos regards dans les régions immenses que le génie a parcourues.

Les philosophes anciens, exerçant pour ainsi dire une magistrature d'instruction parmi les hommes, avaient toujours pour but l'enseignement universel ; ils découvraient les éléments, ils posaient les bases, ils ne laissaient rien en arrière ; ils n'avaient point encore à se préserver de cette foule d'idées communes qu'il faut indiquer dans sa route, sans néanmoins fatiguer en les retraçant. Il était impossible qu'aucun écrivain de l'antiquité pût avoir le moindre rapport avec Montesquieu ; et rien ne doit lui être comparé, si les siècles n'ont pas été perdus, si les générations ne se sont pas succédé en vain, si l'espèce humaine a recueilli quelque fruit de la longue durée du monde.

La connaissance de la morale a dû se perfectionner avec les progrès de la raison humaine. C'est à la morale surtout que, dans l'ordre intellectuel, la démonstration philosophique est applicable. Il ne faut point comparer les vertus des modernes avec celles des anciens, comme hommes publics ; ce n'est que dans les pays libres qu'il existe de généreux rapports et de constants devoirs entre les citoyens et la patrie. Les habitudes ou les préjugés, dans les pays gouvernés despotiquement, peuvent encore souvent inspirer des actes brillants de courage militaire ; mais le pénible et continuel dévouement des emplois civils et des vertus législatives, le sacrifice désintéressé de toute sa vie à la chose publique, n'appartiennent qu'à la passion profonde de la liberté. C'est donc dans les qualités privées, dans les sentiments philanthropiques et dans quelques écrits supérieurs, qu'il faut examiner les progrès de la morale.

Les principes reconnus par les philosophes modernes contribuent beaucoup plus au bonheur particulier que ceux des anciens. Les devoirs imposés par nos moralistes se composent de bonté, de sympathie, de pitié, d'affection. L'obéissance filiale était sans bornes chez les anciens. L'amour paternel est plus vif chez les modernes; et il vaut mieux sans doute qu'entre le père et le fils, celui des deux qui doit être le bienfaiteur soit en même temps celui dont la tendresse est la plus forte.

Les anciens ne peuvent être surpassés dans leur amour de la justice, mais ils n'avaient point fait entrer la bienfaisance dans les devoirs. Les lois peuvent forcer à la justice, mais l'opinion générale fait seule un précepte de la bonté, et peut seule exclure de l'estime des hommes l'être insensible au malheur.

Les anciens ne demandaient aux autres que de s'abstenir de leur nuire; ils desiraient uniquement qu'on s'écartât de *leur soleil*, pour les laisser à eux-mêmes et à la nature. Un sentiment plus doux donne aux modernes le besoin du secours, de l'appui, de l'intérêt qu'ils peuvent inspirer; ils ont fait une vertu de tout ce qui peut servir au bonheur mutuel, aux rapports consolateurs des individus entre eux. Les liens domestiques sont cimentés par une liberté raisonnable; l'homme n'a plus légalement aucun droit arbitraire sur son semblable.

Chez les anciens peuples du Nord, des leçons de prudence et d'habileté, des maximes qui commandaient un empire surnaturel sur sa propre douleur, étaient placées parmi les préceptes de la vertu. L'importance des devoirs est bien mieux classée chez les modernes; les relations avec ses semblables y tiennent le premier rang; ce qui nous concerne nous-mêmes mérite surtout d'être considéré relativement à l'influence que nous pouvons avoir sur la destinée des autres. Ce que chacun doit faire pour son propre bonheur est un conseil et non un ordre; la morale ne fait point un crime à l'homme de la douleur qu'il ne peut s'empêcher de ressentir et de témoigner, mais de celle qu'il a causée.

Enfin ce que la morale de l'Évangile et la philosophie prêchent également, c'est l'humanité. On a appris à respecter profondément le don de la vie; l'existence de l'homme, sacrée pour l'homme, n'inspire plus cette sorte d'indifférence politique que quelques anciens croyaient pouvoir réunir à de véritables vertus.

Le sang tressaille à la vue du sang ; et le guerrier qui brave ses propres périls avec la plus parfaite impassibilité s'honore de frémir en donnant la mort. Si quelques circonstances peuvent faire craindre qu'une condamnation soit injuste, qu'un innocent ait péri par le glaive des lois, les nations entières écoutent avec effroi les plaintes élevées contre un malheur irréparable. La terreur causée par un supplice non mérité se prolonge d'une génération à l'autre : on entretient l'enfance du récit d'un tel malheur ; et quand l'éloquent Lally, vingt ans après la mort de son père, demandait en France la réhabilitation de ses mânes, tous les jeunes gens qui n'avaient jamais pu voir, jamais pu connaître la victime pour laquelle il réclamait, versaient des pleurs, se sentaient émus, comme si le jour horrible où le sang avait été versé injustement ne pouvait jamais cesser d'être présent à tous les cœurs.

Ainsi marchait le siècle vers la conquête de la liberté ; car ce sont les vertus qui la présagent. Hélas ! comment éloigner le douloureux contraste qui frappe si vivement l'imagination ? Un crime retentissait pendant une longue suite d'années ; et nous avons vu des cruautés sans nombre presque dans le même temps commises et oubliées ! Et c'est la plus grande, la plus noble, la plus fière des pensées humaines, la république, qui a prêté son ombre à ces forfaits exécrables ! Ah ! qu'on a de peine à repousser ces tristes rapprochements ! Toutes les fois que le cours des idées ramène à réfléchir sur la destinée de l'homme, la révolution nous apparaît ; vainement on transporte son esprit sur les rives lointaines des temps qui sont écoulés, vainement on veut saisir les événements passés et les ouvrages durables sous l'éternel rapport des combinaisons abstraites ; si dans ces régions métaphysiques un mot répond à quelques souvenirs, les émotions de l'ame reprennent tout leur empire. La pensée n'a plus alors la force de nous soutenir ; il faut retomber sur la vie.

Ne succombons pas néanmoins à cet abattement. Revenons aux observations générales, aux idées littéraires, à tout ce qui peut distraire des sentiments personnels ; ils sont trop forts, ils sont trop douloureux pour être développés. Un certain degré d'émotion peut animer le talent ; mais la peine longue et pesante étouffe le génie de l'expression ; et quand la souffrance est devenue l'état habituel de l'ame, l'imagination perd jusqu'au besoin de peindre ce qu'elle éprouve.

CHAPITRE X.

De la littérature italienne et espagnole.

La plupart des manuscrits anciens, les monuments des arts, toutes les traces enfin de la splendeur et des lumières du peuple romain, existaient en Italie. Il fallait de grandes dépenses et l'autorisation de la puissance publique pour faire à cet égard les recherches nécessaires. De là vient que la littérature a reparu d'abord dans ce pays, où l'on pouvait trouver les sources premières de toutes les études ; et de là vient aussi que la littérature italienne a commencé sous les auspices des princes ; car les moyens de tous genres, indispensables pour les premiers progrès, dépendaient immédiatement des secours et de la volonté du gouvernement.

La protection des princes d'Italie a donc beaucoup contribué à la renaissance des lettres; mais elle a dû mettre obstacle aux lumières de la philosophie ; et ces obstacles auraient subsisté, lors même que la superstition religieuse n'aurait pas altéré de plusieurs manières la recherche de la vérité.

Il faut rappeler ici de nouveau le sens que j'ai constamment attaché au mot philosophie dans le cours de cet ouvrage. J'appelle philosophie l'investigation du principe de toutes les institutions politiques et religieuses, l'analyse des caractères et des événements historiques, enfin l'étude du cœur humain et des droits naturels de l'homme. Une telle philosophie suppose la liberté, ou doit y conduire.

Les hommes de lettres d'Italie, pour retrouver les manuscrits antiques qui devaient leur servir de guides, ayant besoin de la fortune et de l'approbation des princes, étaient plus éloignés que dans tout autre pays du genre d'indépendance nécessaire à cette philosophie. Une foule d'académies, d'universités, existaient dans les grandes villes d'Italie. Ces associations étaient singulièrement propres aux travaux érudits qui devaient faire sortir de l'oubli tant de chefs-d'œuvre; mais les établissements publics sont, par leur nature même, entièrement soumis aux gouvernements ; et les corporations sont, comme les ordres, les classes, les sectes, etc., extrêmement utiles à tel but désigné, mais beaucoup moins favorables que les efforts et le génie individuels à l'avancement indéfini des lumières philosophiques.

Ajoutez à ces réflexions générales, que les longues et patientes recherches qu'exigeaient le dépouillement et l'examen des anciens manuscrits convenaient particulièrement à la vie monastique ; et ce sont les moines, en effet, qui se sont le plus activement occupés des études littéraires. Ainsi donc les mêmes causes qui faisaient renaître les lettres en Italie s'opposaient au développement de la raison naturelle. Les Italiens ont frayé les premiers pas dans la carrière où l'esprit humain a fait depuis de si immenses progrès, mais ils ont été condamnés à ne point avancer dans la route qu'ils avaient ouverte.

La poésie et les beaux-arts enivrent l'imagination en Italie par leurs charmes inimitables ; mais les écrivains en prose ne sont, en général, ni moralistes, ni philosophes ; et leurs efforts pour être éloquents ne produisent que de l'exagération [1]. Néanmoins, comme il est de la nature de l'esprit humain de marcher toujours en avant, les Italiens, à qui la philosophie était interdite, et qui ne pouvaient dépasser dans la poésie le terme de perfection, borne de tous les arts ; les Italiens se sont illustrés par les progrès remarquables qu'ils n'ont cessé de faire dans les sciences. Après le siècle de Léon X, après l'Arioste et le Tasse, leur poésie a rétrogradé ; mais ils ont eu Galilée, Cassini, etc. ; et nouvellement encore, une foule de découvertes utiles en physique les ont associés au perfectionnement intellectuel de l'espèce humaine.

La superstition a bien essayé de persécuter Galilée, mais plusieurs princes de l'Italie même sont venus à son secours. Le fanatisme religieux est ennemi des sciences et des arts, aussi bien que de la philosophie ; mais la royauté absolue ou l'aristocratie féodale protègent souvent les sciences et les arts, et ne haïssent que l'indépendance philosophique.

Dans les pays où les prêtres dominent, tous les maux et tous les préjugés se sont trouvés quelquefois réunis ; mais la diversité des gouvernements, en Italie, allégeait le joug des prêtres, en donnant lieu à des rivalités d'états ou de princes, qui assuraient l'indépendance très bornée dont les sciences et les arts ont besoin. Après avoir affirmé que c'est dans les sciences seulement que

[1] Il me semble que l'on est généralement d'avis que je n'ai pas assez vanté la littérature italienne (le Tasse, l'Arioste et Machiavel exceptés, dont je crois avoir parlé avec l'enthousiasme qu'ils méritent). Si la liberté s'établissait en Italie, il est hors de doute que tous les hommes qui indiquent actuellement des talents distingués, les porteraient beaucoup plus loin encore. Mais une nation chez laquelle la pensée a si peu d'indépendance, et l'émulation si peu d'objet, peut-elle avoir toute sa valeur ?

l'Italie a marché progressivement, et fourni son tribut aux lumières du genre humain, examinons dans chaque branche de l'entendement humain, dans la philosophie, dans l'éloquence et dans la poésie, les causes des succès et des défauts de la littérature italienne.

La subdivision des états, dans un même pays, est ordinairement favorable à la philosophie : c'est ce que j'aurai lieu de développer en parlant de la littérature allemande. Mais, en Italie, cette subdivision n'a point produit son effet naturel; le despotisme des prêtres, pesant sur toutes les parties du pays, a détruit la plupart des heureux résultats que doit avoir le gouvernement fédéral, ou la séparation et l'existence des petits états. Il eût peut-être mieux valu que la nation entière fût réunie sous un seul gouvernement; ses anciens souvenirs se seraient ainsi plus tôt réveillés, et le sentiment de sa force eût ranimé celui de sa vertu.

Cette multitude de principautés féodalement ou théocratiquement gouvernées ont été livrées à des guerres civiles, à des partis, à des factions; le tout sans profit pour la liberté. Les caractères se sont dépravés par les haines particulières, sans s'agrandir par l'amour de la patrie; l'on s'est familiarisé avec l'assassinat, tout en se soumettant à la tyrannie. A côté du fanatisme existait quelquefois l'incrédulité, jamais la saine raison.

Les Italiens, accoutumés souvent à ne rien croire et à tout professer, se sont bien plus exercés dans la plaisanterie que dans le raisonnement. Ils se moquent de leur propre manière d'être. Quand ils veulent renoncer à leur talent naturel, à l'esprit comique, pour essayer de l'éloquence oratoire, ils ont presque toujours de l'affectation. Les souvenirs d'une grandeur passée, sans aucun sentiment de grandeur présente, produisent le gigantesque. Les Italiens auraient de la dignité, si la plus sombre tristesse formait leur caractère; mais quand les successeurs des Romains, privés de tout éclat national, de toute liberté politique, sont encore un des peuples les plus gais de la terre, ils ne peuvent avoir aucune élévation naturelle.

C'est peut-être par antipathie pour l'exagération italienne que Machiavel a montré une si effrayante simplicité dans sa manière d'analyser la tyrannie; il a voulu que l'horreur pour le crime naquît du développement même de ses principes; et poussant trop loin le mépris pour l'apparence même de la déclamation, il a laissé tout faire au sentiment du lecteur. Les réflexions de Machiavel sur Tite-Live sont bien supérieures à son *Prince*. Ces réflexions sont un des ouvrages où l'esprit humain a montré le plus de profondeur. Un tel livre est dû tout entier au génie de l'auteur; il n'a point de rapports avec le caractère général de la littérature italienne.

Les troubles de Florence avaient contribué sans doute à donner plus d'énergie à la pensée de Machiavel; mais il me semble néanmoins qu'en étudiant ses ouvrages, on sent qu'ils appartiennent à un homme unique de sa nature au milieu des autres hommes. Il écrit comme pour lui seul; l'effet qu'il doit produire ne l'a jamais occupé. On dirait qu'il ne songeait point à ses lecteurs, et que, partant de points convenus avec sa propre pensée, il croyait inutile de se déclarer à lui-même ses opinions.

L'on peut accuser Machiavel de n'avoir pas prévu les mauvais effets de ses livres; mais ce que je ne crois point, c'est qu'un homme d'un tel génie ait adopté la théorie du crime. Cette théorie est trop courte et trop imprévoyante dans ses plus profondes combinaisons.

Une foule d'historiens en Italie, et même les deux meilleurs, Guichardin et Fra-Paolo, ne peuvent, en aucune manière, être comparés, ni à ceux de l'antiquité, ni, parmi les modernes, aux historiens anglais. Ils sont érudits, mais ils n'approfondissent ni les idées ni les hommes; soit qu'il y eût véritablement du danger, sous les gouvernements italiens, à juger philosophiquement les institutions et les caractères, soit que ce peuple, jadis si grand et maintenant avili, fût, comme Renaud chez Armide, importuné par toutes les pensées qui pouvaient troubler son repos et ses plaisirs.

Il semble que l'éloquence de la chaire aurait dû exister en Italie plus qu'ailleurs, puisque c'est le pays le plus livré à l'empire d'une religion positive. Cependant ce pays n'offre rien de bon en ce genre, tandis que la France peut se glorifier des plus grands et des plus beaux talents dans cette carrière. Les Italiens, si l'on en excepte une certaine classe d'hommes éclairés, sont pour la religion comme pour l'amour et la liberté; ils aiment l'exagération de tout, et n'éprouvent le sentiment vrai de rien. Ils sont vindicatifs, et néanmoins serviles. Ils sont esclaves des femmes, et néanmoins étrangers aux sentiments profonds et durables du cœur. Ils sont misérablement superstitieux dans les pratiques du catholicisme, mais ils ne croient point à l'indissoluble alliance de la morale et de la religion.

Tel est l'effet que doivent produire sur un peuple des préjugés fanatiques, des gouvernements divers que ne réunissent point la défense et l'amour d'une même patrie, un soleil brûlant qui ranime toutes les sensations, et doit entraîner à la volupté lorsque cet effet n'est pas combattu, comme chez les Romains, par l'énergie des passions politiques.

Enfin, dans tout pays où l'autorité publique met des bornes superstitieuses à la recherche des vérités philosophiques, lorsque l'émulation s'est épuisée sur les beaux-arts, les hommes éclairés n'ayant plus de route à suivre, plus de but, plus d'avenir, se laissent aller au découragement; et à peine reste-t-il alors assez de force à l'esprit humain pour inventer les amusements de ses loisirs.

Après avoir exprimé, peut-être avec rigueur, tout ce qui manquait à la littérature des Italiens, il faut revenir au charme enchanteur de leur brillante imagination.

C'est une époque digne de remarque dans la littérature que celle où l'on a découvert le secret d'exciter la curiosité par l'invention et le récit des aventures particulières. Le genre romanesque s'est introduit par deux causes distinctes dans le Nord et dans le Midi. Dans le Nord, l'esprit de chevalerie donnait souvent lieu aux événements extraordinaires; et pour intéresser les guerriers, il fallait leur raconter des exploits pareils aux leurs. Consacrer la littérature au récit ou à l'invention des beaux faits de chevalerie était l'unique moyen de vaincre la répugnance qu'avaient pour elle des hommes encore barbares.

Dans l'Orient, le despotisme tourna les esprits vers les jeux de l'imagination; on était contraint à ne risquer aucune vérité morale que sous la forme de l'apologue. Le talent s'exerça bientôt à supposer et à peindre des événements fabuleux. Les esclaves doivent aimer à se réfugier dans un monde chimérique; et comme le soleil du Midi anime l'imagination, les contes arabes sont infiniment plus variés et plus féconds que les romans de chevalerie.

On a réuni les deux genres en Italie; l'invasion des peuples du Nord a transporté dans le Midi la tradition des faits chevaleresques, et les rapports que les Italiens entretenaient avec l'Espagne ont enrichi la poésie d'une foule d'images et d'événements tirés des contes arabes. C'est à ce mélange heureux que nous devons l'Arioste et le Tasse.

L'art d'exciter la terreur et la pitié par le seul développement des passions du cœur, est un talent dont la philosophie réclame une grande part ; mais l'effet du merveilleux sur la crédulité est d'autant plus puissant, que rien de combiné ni de prévu ne prépare le dénouement, que la curiosité ne peut se satisfaire à l'avance par aucun genre de probabilité, et que tout est surprise dans les récits que l'on entend.

On voit dans les romans de chevalerie un singulier mélange de la religion chrétienne, à laquelle les écrivains ont foi, et de la magie qui leur fait peur ; et dans les écrivains de l'Orient, un combat continuel entre leur religion nouvelle et l'ancienne idolâtrie dont Mahomet a triomphé. La mythologie des Grecs et des Romains est une composition beaucoup plus simple. Elle tient de plus près aux idées morales ; elle en est presque toujours l'emblème ou l'allégorie. Mais le merveilleux arabe attache davantage la curiosité ; l'un semble le rêve de l'effroi, l'autre la comparaison heureuse de l'ordre moral avec l'ordre physique.

Les Espagnols devaient avoir une littérature plus remarquable que celle des Italiens ; ils devaient réunir l'imagination du Nord et celle du Midi, la grandeur chevaleresque et la grandeur orientale, l'esprit militaire que des guerres continuelles avaient exalté, et la poésie qu'inspire la beauté du sol et du climat. Mais le pouvoir royal, appuyant la superstition, étouffa ces germes heureux de tous les genres de gloire. Ce qui a empêché l'Italie d'être une nation, la subdivision des états, lui a donné du moins la liberté suffisante pour les sciences et les arts ; mais l'unité du despotisme d'Espagne, secondant l'active puissance de l'inquisition, n'a laissé à la pensée aucune ressource dans aucune carrière, aucun moyen d'échapper au joug. On doit juger cependant de ce qu'aurait été la littérature espagnole, par quelques essais épars qu'on en peut encore recueillir.

Les Maures établis en Espagne empruntaient de la chevalerie, dans leurs romans, son culte pour les femmes ; ce culte n'était point dans les mœurs nationales de l'Orient. Les Arabes restés en Afrique ne ressemblaient point, à cet égard, aux Arabes établis en Espagne. Les Maures donnaient aux Espagnols leur esprit de magnificence ; les Espagnols inspiraient aux Maures leur amour et leur honneur chevaleresques. Aucun mélange n'eût été plus favorable aux ouvrages d'imagination, si la littérature eût pu se développer en Espagne.

Parmi leurs romans, le Cid nous donne quelque idée de la grandeur qui aurait caractérisé toutes leurs conceptions. Il y a dans le poëme du Camoëns, dont l'esprit est le même que celui des ouvrages écrits en espagnol, une fiction d'une rare beauté, l'apparition du fantôme qui défend l'entrée de la mer des Indes. Dans les comédies de Calderon, de Lopès de Vega, à travers des défauts sans nombre, on trouve toujours de l'élévation dans les sentiments. L'amour espagnol, la jalousie espagnole ont un tout autre caractère que les sentiments représentés dans les pièces italiennes; il n'y a ni subtilité, ni fadeur dans leurs expressions; ils ne représentent jamais ni la perfidie de la conduite, ni la dépravation des mœurs; ils ont trop d'enflure dans le style; mais, tout en condamnant l'exagération de leurs paroles, l'on est convaincu de la vérité de leurs sentiments. Il n'en est pas de même en Italie. Si vous ôtiez l'affectation de certains ouvrages, il n'y resterait rien; tandis qu'en corrigeant les défauts du genre espagnol, l'on arriverait à la perfection de la dignité courageuse et de la sensibilité profonde.

Aucun élément de philosophie ne pouvait se développer en Espagne; les invasions du Nord n'y avaient porté que l'esprit militaire, et les Arabes étaient ennemis de la philosophie. Le gouvernement absolu des Orientaux, et leur religion fataliste, les portaient à détester les lumières philosophiques. Cette haine leur fit brûler la bibliothèque d'Alexandrie. Ils s'occupaient cependant des sciences et de la poésie; mais ils cultivaient les sciences en astrologues, et la poésie en guerriers. C'était pour chanter les exploits militaires que les Arabes faisaient des vers; et ils n'étudiaient les secrets de la nature que dans l'espoir de parvenir à la magie. Ils ne songeaient point à fortifier leur raison. A quoi pouvait leur servir, en effet, une faculté qui aurait renversé ce qu'ils respectaient, le despotisme et la superstition?

L'Espagne, aussi étrangère que l'Italie aux travaux philosophiques, fut détournée de toute émulation littéraire par la tyrannie oppressive et sombre de l'inquisition; elle ne profita point des inépuisables sources d'invention poétique que les Arabes apportaient avec eux. L'Italie possédait les monuments anciens, et avait des rapports immédiats avec les Grecs de Constantinople; elle tira de l'Espagne le genre oriental que les Maures y avaient porté, et que négligeaient les Espagnols.

On peut distinguer très facilement dans la littérature italienne ce qui appartient à l'influence des Grecs ou à celle de la poésie et des traditions arabes. L'affectation et la recherche dérivent de la subtilité des Grecs, de leurs sophismes et de leur théologie; les tableaux et l'invention poétique dérivent de l'imagination orientale. Ces deux différents caractères s'aperçoivent à travers la couleur générale que la même langue, le même climat, les mêmes mœurs donnent aux ouvrages d'un même peuple.

Le Boiard, qui est le premier auteur du genre que l'Arioste a rendu si célèbre, a beaucoup d'analogie, dans son poëme, avec les contes orientaux. C'est le même caractère d'invention et de merveilleux; l'esprit de chevalerie et la liberté accordée aux femmes dans le Nord font la seule différence du Boiard et des Mille et une Nuits. Quoique les Arabes fussent un peuple extrêmement belliqueux, ils combattaient pour leur religion bien plus que pour l'amour et pour l'honneur; tandis que les peuples du Nord, quel que fût leur respect pour la croyance qu'ils professaient, ont toujours eu leur gloire personnelle pour premier but. L'Arioste, de même que le Boiard, est imitateur des Orientaux. L'Arioste est le premier peintre, et par conséquent peut-être le plus grand poëte moderne : mais l'un des caractères d'originalité de son ouvrage, c'est l'art de faire sortir la plaisanterie du sérieux même de l'exagération. Rien ne devait plaire davantage aux Italiens que ce ridicule piquant jeté sur toutes les idées sérieuses et exaltées de la chevalerie. Il est dans leur caractère d'aimer à réunir, dans les objets même d'une plus haute importance, la gravité des formes à la légèreté des sentiments; et l'Arioste est le plus charmant modèle de ce genre national.

Le Tasse emprunte aussi de l'imagination orientale ses tableaux les plus brillants; mais il y réunit souvent un charme de sensibilité qui n'appartient qu'à lui seul. Ce qu'on trouve le plus rarement, en général, dans les ouvrages italiens, quoique tout y parle d'amour, c'est de la sensibilité. La recherche d'esprit qui s'est introduite sur ce sujet dès l'origine de leur littérature est l'obstacle le plus insurmontable à la puissance d'émouvoir.

Pétrarque, le premier poëte qu'ait eu l'Italie, et l'un de ceux qu'on y admire le plus, a commencé ce malheureux genre d'antithèses et de *concetti* dont la littérature italienne n'a pu se corriger entièrement. Toutes les poésies de l'école de Pétrarque (et il faut mettre de ce nombre l'*Aminta* du Tasse et le *Pastor fido* de Guarini) ont puisé leurs défauts dans la subtilité des Grecs du moyen âge. L'esprit que ces derniers avaient porté dans la théologie, les Italiens l'introduisirent dans l'amour. Il y a quelque rapport entre l'amour et la dévotion ; mais il n'en existe point assurément entre la langue théologique et celle des sentiments du cœur ; et néanmoins c'était souvent avec le même genre d'esprit qu'on disputait à Constantinople sur la nature de la Trinité, et qu'on analysait, en Italie, les préférences et les rigueurs de sa maîtresse [1].

L'Europe, et en particulier la France, ont failli perdre tous les avantages du génie naturel par l'imitation des écrivains de l'Italie. Les beautés qui immortalisent les poëtes italiens appartiennent à la langue, au climat, à l'imagination, à des circonstances de tout genre qui ne peuvent se transporter ailleurs, tandis que leurs défauts sont très contagieux. Si quelques passions profondes ne s'étaient pas conservées dans le Nord, sous cette atmosphère nébuleuse où la force de l'ame entretient seule la vie, les femmes n'auraient apporté dans l'existence des hommes qu'une galanterie flatteuse et recherchée, qui aurait fini par étouffer pour toujours la simplicité des sentiments naturels.

L'affectation est de tous les défauts des caractères et des écrits celui qui tarit de la manière la plus irréparable la source de tout bien, car elle blase sur la vérité même, dont elle imite l'accent.

Dans quelque genre que ce soit, tous les mots qui ont servi à des idées fausses, à de froides exagérations, sont pendant longtemps frappés d'aridité ; et telle langue même peut perdre entièrement la puissance d'émouvoir sur tel sujet, si elle a été trop souvent prodiguée à ce sujet même. Ainsi peut-être l'italien est-il de toutes les langues de l'Europe la moins propre à l'éloquence passionnée de l'amour, comme la nôtre est maintenant usée pour l'éloquence de la liberté.

Dans le temps même où Pétrarque mettait dans ses poésies une exagération trop romanesque, Boccace se jeta dans un genre tout-à-fait contraire. Il composa les contes les plus indécents ; et la plupart des comédies italiennes sont infiniment plus libres qu'aucune pièce française. C'est encore une des funestes conséquences

---

[1] Entre mille exemples de l'affectation italienne, j'en citerai un assez remarquable. Pétrarque perdit sa mère lorsqu'elle n'avait encore que trente-huit ans ; il fit un sonnet sur sa mort, composé de trente-huit vers, pour rappeler, par l'exactitude de ce nombre, d'une manière assurément bien touchante et bien naturelle, le regret qu'il avait d'avoir perdu sa mère à cet âge.

de la recherche maniérée des sentiments, que d'inspirer le goût de l'extrême opposé, pour réveiller de la langueur et de l'ennui que ce ton sentimental fait éprouver. L'affectation de l'amour porte les esprits au ton licencieux, comme l'hypocrisie de la religion à l'athéisme.

Pétrarque cependant, et quelques poëtes célèbres qui ont écrit dans le même genre, méritent d'être lus, par le charme de leur langue harmonieuse : elle rappelle quelques uns des effets de la musique céleste dont elle est si souvent accompagnée. Ce n'est pas néanmoins que des mots aussi sonores soient un avantage pour tous les genres de style, ni même pour tous les genres de poésie. Le bruit retentissant de l'italien ne dispose ni l'écrivain, ni le lecteur, à penser; la sensibilité même est distraite de l'émotion par des consonnances trop éclatantes. L'italien n'a pas assez de concision pour les idées; il n'a rien d'assez sombre pour la mélancolie des sentiments. C'est une langue d'une mélodie si extraordinaire, qu'elle peut vous ébranler, comme des accords, sans que vous donniez votre attention au sens même des paroles. Elle agit sur vous comme un instrument musical.

Quand on lit dans le Tasse ces vers :

> Ch'ama gli abitator dell' ombre eterne
> Il rauco suon dell Tartarea tromba :
> Treman le spaziose atre caverne,
> E l'aer cieco a quel remor rimbomba [1],

il n'est personne qui ne soit transporté d'admiration. Cependant, en examinant le sens de ces paroles, on n'y trouve rien de sublime : c'est comme grand musicien que le Tasse vous fait trembler dans cette strophe; et les beaux airs de Iomelli produiraient sur vous un effet à peu près semblable. Voilà l'avantage de la langue; en voici l'inconvénient :

La mort de Clorinde, tuée par Tancrède, est peut-être la situation la plus touchante que nous connaissions en poésie; et le charme inexprimable de cet épisode, dans le Tasse, ajoute encore à son effet. Cependant le dernier vers qui termine le récit :

> Passa la bella donna, et par che dorma [2],

---

[1] Le son rauque de la trompette du Tartare appelle les habitants des ombres éternelles; les vastes et noires cavernes en frémissent, et l'air obscur répète au loin ce bruit terrible.

[2] La belle femme expire, et l'on dirait qu'elle dort.

est trop harmonieux, trop doux, glisse trop mollement sur l'ame, pour être d'accord avec l'impression profonde que doit produire un tel événement.

La foule d'improvisateurs assez distingués qui font des vers aussi promptement que l'on parle, est citée comme une preuve des avantages de l'italien pour la poésie. Je crois, au contraire, que cette extrême facilité de la langue est un de ses défauts, et l'un des obstacles qu'elle offre aux bons poëtes pour élever très haut la perfection de leur style. Les gradations de la pensée, les nuances du sentiment, ont besoin d'être approfondies par la méditation; et ces paroles agréables qui s'offrent en foule aux poëtes italiens pour faire des vers sont comme une cour de flatteurs qui dispensent de chercher, et souvent empêchent de découvrir un véritable ami.

L'esprit national influe sur la nature de la langue d'un pays; mais cette langue réagit, à son tour, sur l'esprit national. L'italien cause souvent une sorte de lassitude de la pensée; il faut plus d'efforts pour la saisir à travers ces sons voluptueux que dans les idiomes distincts, qui ne détournent point l'esprit d'une attention abstraite. En Italie, tout semble se réunir pour livrer la vie de l'homme aux sensations agréables que peuvent donner les beaux-arts et le soleil.

Depuis que ce pays a perdu l'empire du monde, on dirait que son peuple dédaigne toute existence politique, et que, suivant l'esprit de la maxime de César, il aspire au premier rang dans les plaisirs, plutôt qu'à de secondes places dans la gloire.

Le Dante, ayant joué, comme Machiavel, un rôle au milieu des troubles civils de son pays, a montré, dans quelques morceaux de son poëme, une énergie qui n'a rien d'analogue avec la littérature de son temps; mais les défauts sans nombre qu'on peut lui reprocher sont, sans doute, le tort de son siècle. Ce n'est que sous Léon X qu'on a pu remarquer un goût très pur dans la littérature italienne. L'ascendant de ce prince tenait lieu d'unité aux gouvernements italiens.

Les lumières se réunissaient dans un seul foyer : le goût pouvait s'y former aussi; et c'était d'un même tribunal que partaient tous les jugements littéraires.

Après le siècle des Médicis, la littérature italienne n'a plus fait aucun progrès, soit qu'un centre fût nécessaire pour rallier les esprits, soit surtout parceque la philosophie n'était point cultivée en Italie. Lorsque la littérature d'imagination a atteint dans une langue le plus haut degré de perfection dont elle est susceptible, il faut que le siècle suivant appartienne à la philosophie, pour que l'esprit humain ne cesse pas de faire des progrès. Après Racine nous avons vu Voltaire, parceque dans le dix-huitième siècle on était plus penseur que dans le dix-septième. Mais qu'aurait-on pu ajouter à la perfection de la poésie après Racine? Les Italiens, arrêtés par leurs gouvernements et par leurs prêtres dans tout ce qui pouvait avoir rapport aux idées philosophiques, n'ont pu que repasser sur les mêmes traces, et par conséquent s'affaiblir.

Ils n'ont point de romans, comme les Anglais et les Français, parceque l'amour qu'ils conçoivent n'étant point une passion de l'ame, ne peut être susceptible de longs développements. Leurs mœurs sont trop licencieuses pour pouvoir graduer aucun intérêt de ce genre.

Leurs comédies ont beaucoup de cette gaieté bouffonne qui tient à l'exagération des vices et des ridicules; mais on n'y trouve point, si l'on en excepte quelques pièces de Goldoni, la peinture frappante et vraie des vices du cœur humain, comme dans les comédies françaises. L'observation, poussée en ce genre jusqu'à la plus parfaite sagacité, est un travail qui pourrait conduire à toutes les idées philosophiques. Les Italiens n'ont pensé qu'à faire rire en composant leurs pièces; tout but sérieux, même déguisé sous les formes les plus légères, ne peut y être aperçu; et leurs comédies sont la caricature de la vie, et non son portrait.

Les Italiens se moquent dans leurs contes, et souvent même sur le théâtre, des prêtres, auxquels ils sont d'ailleurs entièrement asservis. Mais ce n'est point sous un point de vue philosophique qu'ils attaquent les abus de la religion; ils n'ont pas, comme quelques uns de nos écrivains, le but de réformer les défauts dont ils plaisantent : ce qu'ils veulent seulement, c'est s'amuser d'autant plus que le sujet est plus sérieux. Leurs opinions sont, dans le fond, assez opposées à tous les genres d'autorité auxquels ils sont soumis; mais cet esprit d'opposition n'a de force que ce qu'il faut pour pouvoir mépriser ceux qui les commandent. C'est la ruse des enfants envers leurs pédagogues; ils leur obéissent, à condition qu'il leur soit permis de s'en moquer.

Il s'ensuit que tous les ouvrages des Italiens, excepté ceux qui traitent des sciences physiques, n'ont jamais pour but l'utilité;

et, dans quelque genre que ce soit, ce but est nécessaire pour donner aux pensées une force réelle. Les ouvrages de Beccaria, de Filangieri, et un petit nombre d'autres encore, font exception à ce que je viens de dire. L'émulation philosophique peut se communiquer des pays étrangers en Italie, et produire quelques écrits supérieurs ; mais la nature des gouvernements et des préjugés qui les dirigent s'oppose à ce que cette émulation soit nationale ; elle ne peut avoir son mobile dans les institutions du pays.

Une question me reste encore à examiner. Les Italiens ont-ils poussé très loin l'art dramatique dans leurs tragédies ? Malgré le charme de Métastase et l'énergie d'Alfieri, je ne le pense pas. Les Italiens ont de l'invention dans les sujets et de l'éclat dans les expressions ; mais les personnages qu'ils peignent ne sont point caractérisés de manière à laisser de profondes traces, et les douleurs qu'ils représentent arrachent peu de larmes. C'est que, dans leur situation politique et morale, l'ame ne peut avoir son entier développement : leur sensibilité n'est pas sérieuse, leur grandeur n'est pas imposante, leur tristesse n'est pas sombre. Il faut que l'auteur italien prenne tout en lui-même pour faire une tragédie, qu'il s'éloigne entièrement de ce qu'il voit, de ses idées et de ses impressions habituelles ; et il est bien difficile de trouver le vrai de ce monde tragique, alors qu'il est si distant des mœurs générales.

La vengeance est la passion la mieux peinte dans les tragédies des Italiens[1]. Il est dans leur caractère de se réveiller tout-à-coup par ce sentiment au milieu de la mollesse habituelle de leur vie ; ils expriment le ressentiment avec ses couleurs naturelles, parcequ'ils l'éprouvent réellement.

Les opéra seuls sont suivis, parceque les opéra font entendre cette délicieuse musique, la gloire et le plaisir de l'Italie. Les acteurs ne s'exercent point à bien jouer les pièces tragiques, parcequ'elles ne sont point écoutées ; et cela doit être ainsi, lorsque le talent d'émouvoir n'est pas porté assez loin pour l'emporter sur tout autre plaisir. Les Italiens n'ont pas besoin d'être attendris ; et les auteurs, faute de spectateurs, et les spectateurs, faute d'auteurs, ne se livrent point aux impressions profondes de l'art dramatique.

Métastase cependant a su faire de ses opéra presque des tragédies ; et quoiqu'il fût astreint à toutes les difficultés qu'impose

---

[1] *Rosmunda*, d'Alfieri, etc.

l'obligation de se soumettre à la musique, il a su conserver de grandes beautés de style et des situations vraiment dramatiques. Il se peut qu'il existe encore d'autres exceptions peu connues des étrangers; mais pour dessiner les traits principaux qui caractérisent une littérature, il est absolument nécessaire de mettre de côté quelques détails. Il n'existe point d'idées générales qui ne soient contredites par quelques exceptions; mais l'esprit deviendrait incapable d'aucun résultat, s'il s'arrêtait à chaque fait particulier, au lieu de saisir les conséquences que l'on doit tirer de la réunion de tous.

La mélancolie, ce sentiment fécond en ouvrages de génie, semble appartenir presque exclusivement aux climats du Nord.

Les Orientaux, que les Italiens ont souvent imités, avaient bien néanmoins une sorte de mélancolie. On en trouve dans quelques poésies arabes, et surtout dans les psaumes des Hébreux; mais elle a un caractère distinct de celle dont nous allons parler en analysant la littérature du Nord.

Des idées religieuses positives, soit chez les mahométans, soit chez les juifs, soutiennent et dirigent dans l'Orient les affections de l'ame. Ce n'est pas ce vague terrible qui porte à l'ame une impression plus philosophique et plus sombre. La mélancolie des Orientaux est celle des hommes heureux par toutes les jouissances de la naure : ils réfléchissent seulement avec regret sur le rapide passage de la prospérité, sur la brièveté de la vie [1]. La mélancolie des peuples du Nord est celle qu'inspirent les souffrances de l'ame, le vide que la sensibilité fait trouver dans l'existence, et la rêverie qui promène sans cesse la pensée de la fatigue de la vie à l'inconnu de la mort.

CHAPITRE XI.

De la littérature du Nord.

Il existe, ce me semble, deux littératures tout-à-fait distinctes : celle qui vient du Midi, et celle qui descend du Nord; celle dont

[1] Les poésies hébraïques, les complaintes de Job en particulier, ont un caractère de mélancolie qui ne ressemble en rien à celui qu'on peut remarquer dans les poésies du Nord. D'abord les images qui conviennent au climat du Midi diffèrent entièrement de celles qu'inspire le climat du Nord, et, en second lieu, l'imagination religieuse des juifs n'a pas le moindre rapport avec celle qui anime encore les descendants des poëtes scandinaves et des bardes écossais. C'est ce que je développerai dans le chapitre suivant.

Homère est la première source, celle dont Ossian est l'origine [1]. Les Grecs, les Latins, les Italiens, les Espagnols et les Français du siècle de Louis XIV, appartiennent au genre de littérature que j'appellerai la littérature du Midi. Les ouvrages anglais, les ouvrages allemands, et quelques écrits des Danois et des Suédois, doivent être classés dans la littérature du Nord, dans celle qui a commencé par les bardes écossais, les fables islandaises et les poésies scandinaves. Avant de caractériser les écrivains anglais et les écrivains allemands, il me paraît nécessaire de considérer d'une manière générale les principales différences des deux hémisphères de la littérature.

Les Anglais et les Allemands ont, sans doute, souvent imité les anciens. Ils ont retiré d'utiles leçons de cette étude féconde; mais leurs beautés originales, portant l'empreinte de la mythologie du Nord, ont une sorte de ressemblance, une certaine grandeur poétique dont Ossian est le premier type. Les poëtes anglais, pourra-t-on dire, sont remarquables par leur esprit philosophique; il se peint dans tous leurs ouvrages : mais Ossian n'a presque jamais d'idées réfléchies ; il raconte une suite d'événements et d'impressions. Je réponds à cette objection que les images et les pensées les plus habituelles, dans Ossian, sont celles qui rappellent la brièveté de la vie, le respect pour les morts, l'illustration de leur mémoire, le culte de ceux qui restent envers ceux qui ne sont plus. Si le poëte n'a réuni à ces sentiments ni des maximes de morale ni des réflexions philosophiques, c'est qu'à cette époque l'esprit humain n'était point encore susceptible de l'abstraction nécessaire pour concevoir beaucoup de résultats. Mais l'ébranlement que les chants ossianiques causent à l'imagination dispose la pensée aux méditations les plus profondes.

---

[1] Je répète ce que j'ai dit dans la Préface de cette seconde édition. Les chants d'Ossian (barde qui vivait dans le quatrième siècle) étaient connus des Écossais et des hommes de lettres en Angleterre, avant que Macpherson les eût recueillis. En appelant Ossian l'origine de la littérature du Nord, j'ai voulu seulement, comme on le verra par la suite de ce chapitre, l'indiquer comme le plus ancien poëte auquel on puisse rapporter le caractère particulier à la poésie du Nord. Les fables islandaises, les poésies scandinaves du neuvième siècle, origine commune de la littérature anglaise et de la littérature allemande, ont la plus grande ressemblance avec les traits distinctifs des poésies erses et du poëme de Fingal. Un très grand nombre de savants ont écrit sur la littérature runique, sur les poésies et les antiquités du Nord. Mais on trouve le résumé de toutes ces recherches dans M. Mallet ; et il suffira de lire la traduction de quelques odes du neuvième siècle qui y sont transcrites, celle du roi Régner-Lodbrog, de Harald le Vaillant, etc., pour se convaincre que ces poëtes scandinaves chantaient les mêmes idées religieuses, se servaient des mêmes images

La poésie mélancolique est la poésie la plus d'accord avec la philosophie. La tristesse fait pénétrer bien plus avant dans le caractère et la destinée de l'homme, que toute autre disposition de l'ame. Les poëtes anglais qui ont succédé aux bardes écossais ont ajouté à leurs tableaux les réflexions et les idées que ces tableaux mêmes devaient faire naître; mais ils ont conservé l'imagination du Nord, celle qui plaît sur le bord de la mer, au bruit des vents, dans les bruyères sauvages; celle enfin qui porte vers l'avenir, vers un autre monde, l'ame fatiguée de sa destinée. L'imagination des hommes du Nord s'élance au-delà de cette terre dont ils habitent les confins; elle s'élance à travers les nuages qui bordent leur horizon, et semblent représenter l'obscur passage de la vie à l'éternité.

L'on ne peut décider d'une manière générale entre les deux genres de poésie dont Homère et Ossian sont comme les premiers modèles. Toutes mes impressions, toutes mes idées me portent de préférence vers la littérature du Nord; mais ce dont il s'agit maintenant, c'est d'examiner ses caractères distinctifs.

Le climat est certainement l'une des raisons principales des différences qui existent entre les images qui plaisent dans le Nord et celles qu'on aime à se rappeler dans le Midi. Les rêveries des poëtes peuvent enfanter des objets extraordinaires; mais les impressions d'habitude se retrouvent nécessairement dans tout ce que l'on compose. Éviter le souvenir de ces impressions, ce serait perdre le plus grand des avantages, celui de peindre ce qu'on a soi-même éprouvé. Les poëtes du Midi mêlent sans cesse l'image de la fraîcheur, des bois touffus, des ruisseaux limpides, à tous les sentiments de la vie. Ils ne se retracent pas même les jouissances du cœur sans y mêler l'idée de l'ombre bienfaisante qui doit les préserver des brûlantes ardeurs du soleil. Cette nature si vive qui les environne excite en eux plus de mouvements que de pensées. C'est à tort, ce me semble, qu'on a dit que les passions étaient plus violentes dans le Midi que dans le Nord. On y voit plus d'intérêts divers, mais moins d'intensité dans une même pensée; or c'est la fixité qui produit les miracles de la passion et de la volonté.

Les peuples du Nord sont moins occupés des plaisirs que de la douleur, et leur imagination n'en est que plus féconde. Le spec-

guerrières, avaient le même culte pour les femmes que le barde d'Ossian, qui vivait près de cinq siècles avant eux.

11.

tacle de la nature agit fortement sur eux ; elle agit comme elle se montre dans leurs climats, toujours sombre et nébuleuse. Sans doute les diverses circonstances de la vie peuvent varier cette disposition à la mélancolie ; mais elle porte seule l'empreinte de l'esprit national. Il ne faut chercher dans un peuple, comme dans un homme, que son trait caractéristique : tous les autres sont l'effet de mille hasards différents ; celui-là seul constitue son être.

La poésie du Nord convient beaucoup plus que celle du Midi à l'esprit d'un peuple libre. Les premiers inventeurs connus de la littérature du Midi, les Athéniens, ont été la nation du monde la plus jalouse de son indépendance. Néanmoins il était plus facile de façonner à la servitude les Grecs que les hommes du Nord. L'amour des arts, la beauté du climat, toutes ces jouissances prodiguées aux Athéniens, pouvaient leur servir de dédommagement. L'indépendance était le premier et l'unique bonheur des peuples septentrionaux. Une certaine fierté d'ame, un détachement de la vie, que font naître et l'âpreté du sol et la tristesse du ciel, devaient rendre la servitude insupportable ; et long-temps avant que l'on connût en Angleterre et la théorie des constitutions et l'avantage des gouvernements représentatifs, l'esprit guerrier que les poésies erses et scandinaves chantent avec tant d'enthousiasme donnait à l'homme une idée prodigieuse de sa force individuelle et de la puissance de sa volonté. L'indépendance existait pour chacun, avant que la liberté fût constituée pour tous.

La philosophie, à la renaissance des lettres, a commencé par les nations septentrionales, dans les habitudes religieuses desquelles la raison trouvait à combattre infiniment moins de préjugés que dans celles des peuples méridionaux. La poésie antique du Nord suppose beaucoup moins de superstition que la mythologie grecque. Il y a quelques dogmes et quelques fables absurdes dans l'Edda ; mais les idées religieuses du Nord conviennent presque toutes à la raison exaltée. Les ombres penchées sur les nuages ne sont que des souvenirs animés par des images sensibles [1].

---

[1] On a prétendu qu'il n'y avait point d'idées religieuses dans Ossian. Il n'y a point de mythologie ; mais on y retrouve sans cesse une élévation d'ame, un respect pour les morts, une confiance dans une existence à venir; sentiments beaucoup plus analogues au caractère du christianisme que le paganisme du Midi. La monotonie du poëme de Fingal ne tient point à l'absence de la mythologie ; j'en ai dit les diverses causes. Les modernes seraient condamnés aussi à la monotonie, si les fables des Grecs étaient le seul

Les émotions causées par les poésies ossianiques peuvent se reproduire dans toutes les nations, parceque leurs moyens d'émouvoir sont tous pris dans la nature; mais il faut un talent prodigieux pour introduire, sans affectation, la mythologie grecque dans la poésie française. Rien ne doit être, en général, si froid et si recherché que des dogmes religieux transportés dans un pays où ils ne sont reçus que comme des métaphores ingénieuses. La poésie du Nord est rarement allégorique; aucun de ses effets n'a besoin de superstitions locales pour frapper l'imagination. Un enthousiasme réfléchi, une exaltation pure, peuvent également convenir à tous les peuples; c'est la véritable inspiration poétique dont le sentiment est dans tous les cœurs, mais dont l'expression est le don du génie. Elle entretient une rêverie céleste qui fait aimer la campagne et la solitude; elle porte souvent le cœur vers les idées religieuses, et doit exciter dans les êtres privilégiés le dévouement des vertus et l'inspiration des pensées élevées.

Ce que l'homme a fait de plus grand, il le doit au sentiment douloureux de l'incomplet de sa destinée. Les esprits médiocres sont, en général, assez satisfaits de la vie commune; ils arrondissent, pour ainsi dire, leur existence, et suppléent à ce qui peut leur manquer encore, par les illusions de la vanité; mais le sublime de l'esprit, des sentiments et des actions, doit son essor au besoin d'échapper aux bornes qui circonscrivent l'imagination. L'héroïsme de la morale, l'enthousiasme de l'éloquence, l'ambition de la gloire, donnent des jouissances surnaturelles qui ne sont nécessaires qu'aux ames à la fois exaltées et mélancoliques, fatiguées de tout ce qui se mesure, de tout ce qui est passager, d'un terme enfin, à quelque distance qu'on le place. C'est cette disposition de l'ame, source de toutes les passions généreuses, comme de toutes les idées philosophiques, qu'inspire particulièrement la poésie du Nord.

Je suis loin de comparer le génie d'Homère à celui d'Ossian. Ce que nous connaissons d'Ossian ne peut être considéré comme un ouvrage; c'est un recueil des chansons populaires qui se répétaient dans les montagnes d'Écosse. Avant qu'Homère eût composé son poëme, d'anciennes traditions existaient sans doute en Grèce.

moyen de varier les ouvrages d'imagination; car plus ces fables sont dignes d'admiration dans les poëtes anciens qui les ont employées, plus il est difficile à nos poëtes de s'en servir. L'on est bien vite fatigué d'une imagination qui s'exerce sur un sujet dans lequel il ne lui est pas permis de rien inventer.

Les poésies d'Ossian ne sont pas plus avancées dans l'art poétique que ne devaient l'être les chants des Grecs avant Homère [1]. Aucune parité ne peut donc être établie avec justice entre l'Iliade et le poëme de Fingal. Mais on peut toujours juger si les images de la nature, telles qu'elles sont représentées dans le Midi, excitent des émotions aussi nobles et aussi pures que celles du Nord ; si les images du Midi, plus brillantes à quelques égards, font naître autant de pensées, ont un rapport aussi immédiat avec les sentiments de l'ame. Les idées philosophiques s'unissent comme d'elles-mêmes aux images sombres. La poésie du Midi, loin de s'accorder, comme celle du Nord, avec la méditation, et d'inspirer, pour ainsi dire, ce que la réflexion doit prouver, la poésie voluptueuse exclut presque entièrement les idées d'un certain ordre.

On reproche à Ossian sa monotonie. Ce défaut existe moins dans les diverses poésies qui dérivent de la sienne, celle des Anglais et des Allemands. La culture, l'industrie, le commerce ont varié de plusieurs manières les tableaux de la campagne ; néanmoins l'imagination septentrionale conservant toujours à peu près le même caractère, on doit trouver encore, même dans Young, Thompson, Klopstock, etc., une sorte d'uniformité. La poésie mélancolique ne peut pas se varier sans cesse. Le frémissement que produisent dans tout notre être de certaines beautés de la nature est une sensation toujours la même ; l'émotion que nous causent les vers qui nous retracent cette sensation a beaucoup d'analogie avec l'effet de l'harmonica. L'ame, doucement ébranlée, se plaît dans la prolongation de cet état, aussi long-temps qu'il lui est possible de le supporter. Et ce n'est pas le défaut de la poésie, c'est la faiblesse de nos organes qui nous fait sentir la fatigue au bout de quelque temps ; ce qu'on éprouve alors, ce n'est pas l'ennui de la monotomie, c'est la lassitude que causerait le plaisir trop continu d'une musique aérienne.

Les grands effets dramatiques des Anglais, et après eux des Allemands, ne sont point tirés des sujets grecs, ni de leurs dogmes mythologiques. Les Anglais et les Allemands excitent la terreur par d'autres superstitions plus analogues aux crédulités des derniers

---

[1] L'on a écrit que j'avais comparé Homère à Ossian; et je n'ai pas changé dans cette seconde édition un mot à ce morceau. L'on se permet aujourd'hui de dire précisément le contraire de la vérité, et cela sert auprès de ceux qui ne lisent pas. Ils ne peuvent pas se persuader que l'on avance dans une pratique, quelque partiale qu'elle soit, précisément l'opposé de ce qui est.

siècles. Ils ont su l'exciter surtout par la peinture du malheur que ces ames énergiques et profondes ressentaient si douloureusement. C'est, comme je l'ai déja dit, des opinions religieuses que dépend, en grande partie, l'effet que produit sur l'homme l'idée de la mort. Les bardes écossais ont eu, dans tous les temps, un culte plus sombre et plus spiritualisé que celui du Midi. La religion chrétienne, qui, séparée des inventions sacerdotales, est assez rapprochée du pur déisme, a fait disparaître ce cortége d'imagination qui environnait l'homme aux portes du tombeau. La nature, que les anciens avaient peuplée d'êtres protecteurs qui habitaient les forêts et les fleuves, et présidaient à la nuit comme au jour; la nature est rentrée dans sa solitude, et l'effroi de l'homme s'en est accru. La religion chrétienne, la plus philosophique de toutes, est celle qui livre le plus l'homme à lui-même. Les tragiques du Nord ne se sont pas toujours contentés des effets naturels qui naissent du tableau des affections de l'ame; ils se sont aidés des apparitions, des spectres, d'une sorte de superstition analogue à leur sombre imagination : mais, quelque profonde que soit la terreur qu'on peut produire une fois avec de tels moyens, c'est plutôt un défaut qu'une beauté.

Le talent du poëte dramatique s'augmente lorsqu'il vit au milieu d'une nation qui ne se prête pas trop facilement à la crédulité. Il faut alors qu'il cherche dans le cœur humain les sources de l'émotion, qu'il fasse sortir d'une expression éloquente, d'un sentiment de l'ame, d'un remords solitaire, les fantômes effrayants qui doivent frapper l'imagination. Le merveilleux étonne; mais, de quelque manière qu'on le combine, il n'égalera jamais l'impression d'un événement naturel, lorsque cet événement rassemble tout ce qui peut remuer les affections de l'ame; et les Euménides poursuivant Oreste sont moins terribles que le sommeil de lady Macbeth.

Les peuples septentrionaux, à en juger par les traditions qui nous restent et par les mœurs des Germains, ont eu de tout temps un respect pour les femmes inconnu aux peuples du Midi; elles jouissaient dans le Nord de l'indépendance, tandis qu'on les condamnait ailleurs à la servitude. C'est encore une des principales causes de la sensibilité qui caractérise la littérature du Nord.

L'histoire de l'amour, dans tous les pays, peut être considérée sous un point de vue philosophique. Il semble que la peinture de ce sentiment devrait dépendre uniquement de ce qu'éprouve l'écrivain qui l'exprime. Et tel est cependant l'ascendant qu'exercent sur les écrivains les mœurs qui les environnent, qu'ils y soumettent jusqu'à la langue de leurs affections les plus intimes. Il se peut que Pétrarque ait été plus amoureux dans sa vie que l'auteur de Werther, que plusieurs poëtes anglais, tels que Pope, Thompson, Otway. Néanmoins ne croirait-on pas, en lisant les écrivains du Nord, que c'est une autre nature, d'autres relations, un autre monde? La perfection de quelques unes de ces poésies prouve, sans doute, le génie de leurs auteurs; mais il n'en est pas moins certain qu'en Italie les mêmes hommes n'auraient pas composé les mêmes écrits, quand ils auraient ressenti la même passion, tant il vrai que les ouvrages littéraires ayant le succès pour but, l'on y retrouve communément moins de traces du caractère personnel de l'écrivain, que de l'esprit général de sa nation et de son siècle.

Enfin, ce qui donne en général aux peuples modernes du Nord un esprit plus philosophique qu'aux habitants du Midi, c'est la religion protestante que ces peuples ont presque tous adoptée. La réformation est l'époque de l'histoire qui a le plus efficacement servi la perfectibilité de l'espèce humaine. La religion protestante ne renferme dans son sein aucun germe actif de superstition, et donne cependant à la vertu tout l'appui qu'elle peut tirer des opinions sensibles. Dans les pays où la religion protestante est professée, elle n'arrête en rien les recherches philosophiques, et maintient efficacement la pureté des mœurs. Ce serait sortir de mon sujet que de développer davantage une pareille question; mais, je le demande aux penseurs éclairés: s'il existe un moyen de lier la morale à l'idée d'un Dieu, sans que jamais ce moyen puisse devenir un instrument de pouvoir dans la main des hommes, une religion ainsi conçue ne serait-elle pas le plus grand bonheur que l'on pût assurer à la nature humaine; à la nature humaine tous les jours plus aride, tous les jours plus à plaindre, et qui brise chaque jour quelques uns des liens formés par la délicatesse, l'affection ou la bonté?

CHAPITRE XII.

Du principal défaut qu'on reproche, en France, à la littérature du Nord.

On reproche, en France, à la littérature du Nord de manquer de goût. Les écrivains du Nord répondent que ce goût est une législation purement arbitraire, qui prive souvent le sentiment et la pensée de leurs beautés les plus originales. Il existe, je crois, un point juste entre ces deux opinions. Les règles du goût ne sont point arbitraires; il ne faut pas confondre les bases principales sur lesquelles les vérités universelles sont fondées, avec les modifications causées par les circonstances locales.

Les devoirs de la vertu, ce code de principes qui a pour appui le consentement unanime de tous les peuples, reçoit quelques légers changements par les mœurs et les coutumes des nations diverses; et quoique les premiers rapports restent les mêmes, le rang de telle ou telle vertu peut varier selon les habitudes et les gouvernements des peuples. Le goût, s'il est permis de le comparer à ce qu'il y a de plus grand parmi les hommes, le goût est fixe aussi dans ses principes généraux. Le goût national doit être jugé d'après ces principes, et, selon qu'il en diffère ou qu'il s'en rapproche, le goût national est plus près de la vérité.

On dit souvent : Faut-il sacrifier le génie au goût? Non, sans doute; mais jamais le goût n'exige le sacrifice du génie. Vous trouvez souvent dans la littérature du Nord des scènes ridicules à côté de grandes beautés. Ce qui est de bon goût dans de tels écrits, ce sont les grandes beautés; et ce qu'il fallait en retrancher, c'est ce que le goût condamne. Il n'existe de connexion nécessaire entre les défauts et les beautés que par la faiblesse humaine, qui ne permet pas de se soutenir toujours à la même hauteur. Les défauts ne sont point une conséquence des beautés, elles peuvent les faire oublier. Mais loin que ces défauts prêtent au talent aucun éclat, souvent ils affaiblissent l'impression qu'il doit produire.

Si l'on demande ce qui vaut mieux d'un ouvrage avec de grands défauts et de grandes beautés, ou d'un ouvrage médiocre et correct, je répondrai, sans hésiter, qu'il faut préférer l'ouvrage où il existe ne fût-ce qu'un seul trait de génie. Il y a faiblesse dans la nation qui ne s'attache qu'au ridicule, si facile à saisir et à éviter, au lieu de chercher avant tout, dans les pensées de l'homme, ce qui agrandit l'ame et l'esprit. Le mérite négatif ne peut donner aucune jouissance; mais beaucoup de gens ne demandent à la vie que l'absence de peines, aux écrits que l'absence de fautes, à tout que des absences. Les ames fortes veulent exister; et, pour exister en lisant, il faut rencontrer dans les écrits des idées nouvelles ou des sentiments passionnés.

Il y a en français des ouvrages où l'on trouve des beautés du premier ordre, sans le mélange du mauvais goût. Ceux-là sont les seuls modèles qui réunissent à la fois toutes les qualités littéraires.

Parmi les hommes de lettres du Nord, il existe une bizarrerie qui dépend plus, pour ainsi dire, de l'esprit de parti que du jugement; ils tiennent aux défauts de leurs écrivains presque autant qu'à leurs beautés; tandis qu'ils devraient se dire comme une femme d'esprit, en parlant des faiblesses d'un héros : *C'est malgré cela, et non à cause de cela, qu'il est grand.*

Ce que l'homme cherche dans les chefs-d'œuvre de l'imagination, ce sont des impressions agréables. Or, le goût n'est que l'art de connaître et de prévoir ce qui peut causer ces impressions. Quand vous rappelez des objets dégoûtants, vous excitez une impression fâcheuse, qu'on fuirait avec soin dans la réalité; quand vous changez la terreur morale en effroi physique, par la représentation de scènes horribles en elles-mêmes, vous perdez tout le charme de l'imitation, vous ne donnez qu'une commotion nerveuse, et vous pouvez manquer jusqu'à ce pénible effet, si vous avez voulu le pousser trop loin : car au théâtre, comme dans la vie, quand l'exagération est aperçue, on ne tient plus compte même du vrai. Si vous prolongez les développements, si vous mettez de l'obscurité dans les discours ou de l'invraisemblance dans les événements, vous suspendez ou vous détruisez l'intérêt par la fatigue de l'attention. Si vous rapprochez des tableaux ignobles de personnages héroïques, il est à craindre qu'il ne vous soit difficile de faire renaître l'illusion théâtrale : elle est d'une nature extrêmement délicate; et la plus légère circonstance peut tirer les spectateurs de leur enchantement. Ce qui est simple repose la pensée, et lui donne de nouvelles forces; mais ce qui est bas pourrait ôter jusqu'à la possibilité de reprendre à l'intérêt des pensées nobles et relevées.

Les beautés de Shakspeare peuvent, en Angleterre, triompher de ses défauts; mais ils diminuent beaucoup de sa gloire parmi les autres nations. La surprise est certainement un grand moyen d'ajouter à l'effet; mais il serait ridicule d'en conclure que l'on doive faire précéder une scène tragique d'une scène comique, pour augmenter l'étonnement par le contraste. Un beau trait, au milieu de négligences grossières, peut frapper davantage l'esprit; mais l'ensemble y perd plus que ne peut y gagner l'exception. La surprise doit naître de la grandeur en elle-même, et non de son opposition avec les petitesses, de quelque genre qu'elles soient. La peinture veut des ombres, mais non pas des taches, pour relever l'éclat des couleurs. La littérature doit suivre les mêmes principes. La nature en offre le modèle, et le bon goût ne doit être que l'observation raisonnée de la nature.

On pourrait pousser beaucoup plus loin ces développements; mais il suffit de prouver que le goût, en littérature, n'exige jamais le sacrifice d'aucune jouissance : il indique, au contraire, les moyens de les augmenter ; et loin que les principes du goût soient incompatibles avec le génie, c'est en étudiant le génie qu'on a découvert ces principes.

Je ne reprocherai point à Shakspeare de s'être affranchi des règles de l'art; elles ont infiniment moins d'importance que celles du goût, parceque les unes prescrivent ce qu'il faut faire, et que les autres se bornent à défendre ce qu'on doit éviter. L'on ne peut se tromper sur ce qui est mauvais, tandis qu'il est impossible de tracer des limites aux diverses combinaisons d'un homme de génie ; il peut suivre des routes entièrement nouvelles, sans manquer cependant son but. Les règles de l'art sont un calcul de probabilités sur les moyens de réussir ; et si le succès est obtenu, il importe peu de s'y être soumis. Mais il n'en est pas de même du goût; car se mettre au-dessus de lui, c'est s'écarter de la beauté même de la nature; et il n'y a rien au-dessus d'elle.

Ne disons donc pas que Shakspeare a su se passer de goût, et se montrer supérieur à ses lois : reconnaissons, au contraire, qu'il a du goût quand il est sublime, et qu'il manque de goût quand son talent faiblit.

CHAPITRE XIII.

Des tragédies de Shakspeare [1].

Les Anglais ont pour Shakspeare l'enthousiasme le plus profond qu'aucun peuple ait jamais ressenti pour un écrivain. Les peuples libres ont un esprit de propriété pour tous les genres de

---

[1] Je n'ai pas cité les ouvrages anglais qui traitent de la littérature anglaise, et en particulier la Rhétorique du docteur Blair, parceque le but et les idées de ces écrivains n'avaient aucun rapport avec le plan général que je m'étais proposé dans cet ouvrage, ni avec l'indépendance que je voulais porter dans mes jugements sur les écrivains étrangers. Blair donnait des leçons à ses écoliers sur l'art de l'éloquence, et indiquait tous les exemples anciens et modernes qui pouvaient appuyer ses pré-

gloire qui illustrent leur patrie ; et ce sentiment doit inspirer une admiration qui exclut toute espèce de critique.

Il y a dans Shakspeare des beautés du premier genre, et de tous les pays comme de tous les temps ; des défauts qui appartiennent à son siècle, et des singularités tellement populaires parmi les Anglais, qu'elles ont encore le plus grand succès sur leur théâtre. Ce sont ces beautés et ces bizarreries que je veux examiner dans leur rapport avec l'esprit national de l'Angleterre et le génie de la littérature du Nord.

Shakspeare n'a point imité les anciens ; il ne s'est point nourri, comme Racine, des tragédies grecques. Il a fait une pièce sur un sujet grec, *Troïle et Cresside*, et les mœurs d'Homère n'y sont point observées. Il est bien plus admirable dans ses tragédies sur des sujets romains. Mais l'histoire, mais les Vies de Plutarque, que Shakspeare paraît avoir lues avec le plus grand soin, ne sont point une étude purement littéraire ; on peut y observer l'homme presque comme vivant. Lorsqu'on se pénètre uniquement des modèles de l'art dramatique dans l'antiquité, lorsqu'on imite l'imitation, on a moins d'originalité ; on n'a pas ce génie qui peint d'après nature, ce génie immédiat, si je puis m'exprimer ainsi, qui caractérise particulièrement Shakspeare. Depuis les Grecs jusqu'à lui, nous voyons toutes les littératures dériver les unes des autres, en partant de la même source. Shakspeare commence une littérature nouvelle : il est empreint, sans doute, de l'esprit et de la couleur générale des poésies du Nord ; mais c'est lui qui a donné à la littérature des Anglais son impulsion, et à leur art dramatique son caractère.

Une nation devenue libre, dont les passions ont été fortement agitées par les horreurs des guerres civiles, est beaucoup plus susceptible de l'émotion excitée par Shakspeare que de celle causée par Racine. Le malheur, alors qu'il pèse long-temps sur les peuples, leur donne un caractère que la prospérité même qui succède ne peut point effacer. Shakspeare, égalé quelquefois depuis par des auteurs anglais et allemands, est l'écrivain qui a

ceptes. Son livre est un des meilleurs que possède l'Angleterre ; mais il a été composé pour les jeunes gens, et ne devait contenir que des idées analogues à ce dessein. D'ailleurs le docteur Blair n'aurait pu juger en Angleterre Shakspeare avec l'impartialité d'un étranger ; il n'aurait pu comparer la plaisanterie anglaise avec la plaisanterie française : ses études ne le conduisaient pas à ce genre d'observations : il aurait pu encore moins, par des raisons de convenances relatives à son état, parler des romans avec éloge, et des philosophes anglais avec indépendance. Il n'y avait donc rien dans son livre, quelque excellent qu'il soit, que je pusse citer dans le mien.

peint le premier la douleur morale au plus haut degré ; l'amertume de souffrance dont il donne l'idée pourrait presque passer pour une invention, si la nature ne s'y reconnaissait pas.

Les anciens croyaient au fatalisme, qui frappe comme la foudre et renverse comme elle. Les modernes, et surtout Shakspeare, trouvent de plus profondes sources d'émotions dans la nécessité philosophique. Elle se compose du souvenir de tant de malheurs irréparables, de tant d'efforts inutiles, de tant d'espérances trompées ! Les anciens habitaient un monde trop nouveau, possédaient encore trop peu d'histoires, étaient trop avides d'avenir, pour que le malheur qu'ils peignaient fût jamais aussi déchirant que dans les pièces anglaises.

La terreur de la mort, sentiment dont les anciens, par religion et par stoïcisme, ont rarement développé les effets, Shakspeare l'a représentée sous tous les aspects. Il fait sentir cette impression redoutable, ce frisson glacé qu'éprouve l'homme, alors que, plein de vie, il apprend qu'il va périr. Dans les tragédies de Shakspeare, l'enfance et la vieillesse, le crime et la vertu, reçoivent la mort, et expriment tous les mouvements naturels à cette situation. Quel attendrissement n'éprouve-t-on pas lorsqu'on entend les plaintes d'Arthur, jeune enfant dévoué à la mort par l'ordre du roi Jean, ou lorsque l'assassin Tirrel vient de raconter à Richard III le paisible sommeil des enfants d'Édouard ! Quand on peint un héros prêt à perdre l'existence, le souvenir de ce qu'il a fait, la grandeur de son caractère, captivent tout l'intérêt ; mais lorsqu'on représente des hommes d'une ame faible et d'une destinée sans gloire, tels que Henri VI, Richard II, le roi Lear, condamnés à périr, le grand débat de la nature entre l'existence et le néant absorbe seul l'attention des spectateurs. Shakspeare a su peindre avec génie ce mélange de mouvements physiques et de réflexions morales qu'inspire l'approche de la mort, alors que des passions enivrantes n'enlèvent pas l'homme à lui-même.

Un sentiment aussi que Shakspeare seul a su rendre théâtral c'est la pitié, sans aucun mélange d'admiration pour celui qui souffre [1], la pitié pour un être insignifiant [2] et quelquefois même méprisable [3]. Il faut un talent infini pour transporter ce sentiment de la vie au théâtre, en lui conservant toute sa force ; mais quand

[1] La mort de Catherine d'Aragon, dans Henri VIII.
[2] Le duc de Clarence, dans Richard III.
[3] Le cardinal Wolsey, dans Henri VIII.

on y est parvenu, l'effet qu'il produit est d'une plus grande vérité que tout autre : ce n'est pas au grand homme, c'est à l'homme que l'on s'intéresse ; l'on n'est point alors ému par des sentiments qui sont quelquefois de convention tragique, mais par une impression tellement rapprochée des impressions de la vie, que l'illusion en est plus grande.

Lors même que Shakspeare représente des personnages dont la destinée a été illustre, il intéresse ses spectateurs à eux par des sentiments purement naturels. Les circonstances sont grandes ; mais l'homme diffère moins des autres hommes que dans nos tragédies. Shakspeare vous fait pénétrer intimement dans la gloire qu'il vous peint ; vous passez, en l'écoutant, par toutes les nuances, par toutes les gradations qui mènent à l'héroïsme ; et votre ame arrive à cette hauteur sans être sortie d'elle-même.

La fierté nationale des Anglais, ce sentiment développé par un amour jaloux de la liberté, se prête moins que l'esprit chevaleresque de la monarchie française au fanatisme pour quelques chefs. On veut récompenser, en Angleterre, les services d'un bon citoyen, mais on n'y a point de penchant pour cet enthousiasme sans mesure qui était dans les institutions, les habitudes et le caractère des Français. Cette répugnance orgueilleuse pour l'enthousiasme de l'obéissance, qui a été de tout temps le caractère des Anglais, a dû inspirer à leur poëte national l'idée d'obtenir l'attendrissement plutôt par la pitié que par l'admiration. Les larmes que nous donnons aux sublimes caractères de nos tragédies, l'auteur anglais les fait couler pour la souffrance obscure, abandonnée, pour cette suite d'infortunes qu'on ne peut connaître dans Shakspeare sans acquérir quelque chose de l'expérience même de la vie.

S'il excelle à peindre la pitié, quelle énergie dans la terreur ! C'est du crime qu'il fait sortir l'effroi. On pourrait dire du crime peint par Shakspeare, comme la Bible de la mort, qu'il est *le roi des épouvantements*. Combien sont habilement combinés, dans Macbeth, les remords et la superstition croissant avec les remords !

La sorcellerie est en elle-même beaucoup plus effrayante que les dogmes religieux les plus absurdes. Ce qui est inconnu, ce qui n'est guidé par aucune volonté intelligente, porte la crainte au dernier degré. Dans un système de religion quelconque, la terreur sait toujours à quel point elle doit s'arrêter ; elle se fonde toujours du moins sur quelques motifs raisonnés : mais le chaos de la magie jette dans la tête le désordre le plus complet.

Shakspeare, dans Macbeth, admet du fatalisme ce qu'il en faut pour faire pardonner au criminel, mais il ne se dispense pas, par ce fatalisme, de la gradation philosophique des sentiments de l'ame. Cette pièce serait encore plus admirable, si ses grands effets étaient produits sans le secours du merveilleux ; mais ce merveilleux n'est, pour ainsi dire, que les fantômes de l'imagination, qu'on fait apparaître aux regards du spectateur. Ce ne sont point des personnages mythologiques apportant leurs volontés supposées ou leur froide nature au milieu des intérêts des hommes ; c'est le merveilleux des rêves, lorsque les passions sont fortement agitées. Il y a toujours quelque chose de philosophique dans le surnaturel employé par Shakspeare. Lorsque les sorcières annoncent à Macbeth qu'il sera roi, lorsqu'elles reviennent lui répéter cette prédiction au moment où il hésite à suivre les sanglants conseils de sa femme, qui ne voit que c'est la lutte intérieure de l'ambition et de la vertu que l'auteur a voulu représenter sous ces formes effrayantes ?

Il n'a point eu recours à ce moyen dans Richard III. Il nous l'a peint cependant plus criminel encore que Macbeth ; mais il voulait montrer ce caractère sans remords, sans combats, sans mouvements involontaires, cruel comme un animal féroce, non comme un homme coupable dont les premiers sentiments avaient été vertueux. Les profondeurs du crime s'ouvrent aux regards de Shakspeare ; et c'est dans ce Ténare qu'il sait descendre pour en observer les tourments.

Dans les monarchies absolues, les grands crimes politiques ne peuvent être commis que par la volonté des rois ; et ces crimes, il n'est pas permis de les représenter devant leurs successeurs [1]. En Angleterre, les troubles civils qui ont précédé la liberté, et qui étaient toujours causés par l'esprit d'indépendance, ont fait naître beaucoup plus souvent qu'en France de grands crimes et de grandes vertus. Les Anglais ont, dans leur histoire, beaucoup plus de situations tragiques que les Français, et rien ne s'oppose à ce qu'ils exercent leur talent sur ces sujets, dont l'intérêt est national.

Presque toutes les littératures d'Europe ont débuté par l'affec-

---

[1] Charles IX est la première tragédie dans laquelle un roi de France coupable ait été représenté sur le théâtre, la monarchie existant encore.

tation. Les lettres ayant recommencé dans l'Italie, les pays où elles arrivèrent ensuite imitèrent d'abord le genre italien. Le Nord a été plus vite affranchi que la France de ce genre recherché dont on aperçoit des traces dans les anciens poëtes anglais, Waller, Cowley, etc. Les guerres civiles et l'esprit philosophique ont corrigé de ce faux goût; car le malheur, dont les impressions ne sont que trop vraies, exclut les sentiments affectés, et la raison fait disparaître les expressions qui manquent de justesse. Néanmoins on trouve encore dans Shakspeare quelques tournures recherchées, à côté de la plus énergique peinture des passions. Il y a quelques imitations des défauts de la littérature italienne dans le sujet italien de Roméo et Juliette; mais comme le poëte anglais se relève de ce misérable genre! comme il sait imprimer son ame du Nord à la peinture de l'amour!

Dans Othello, l'amour est caractérisé sous des traits bien différents que dans Roméo et Juliette; mais qu'il y est grand! qu'il y est énergique! comme Shakspeare a bien saisi ce qui forme le lien des deux sexes, le courage et la faiblesse! Lorsque Othello proteste devant le sénat de Venise que le seul art qu'il ait employé pour séduire Desdemona, c'est le récit des périls auxquels il avait été exposé[1], comme ce qu'il dit est trouvé vrai par toutes les femmes! comme elles savent que ce n'est pas dans la flatterie que consiste l'art tout puissant des hommes pour se faire aimer d'elles! La protection tutélaire qu'ils peuvent accorder au timide objet de leur choix, la gloire qu'ils peuvent réfléchir sur une faible vie, est leur charme le plus irrésistible.

Les mœurs d'Angleterre, par rapport à l'existence des femmes, n'étaient point encore formées du temps de Shakspeare; les troubles politiques avaient empêché toutes les habitudes sociales. Le rang des femmes, dans les tragédies, était donc absolument livré à la volonté de l'auteur : aussi Shakspeare, en parlant d'elles, se sert, tantôt de la plus noble langue que puisse inspirer l'amour, tantôt du mauvais goût le plus populaire. Ce génie, que la passion avait doué, était inspiré par elle, comme les prêtres par leur dieu; il rendait des oracles lorsqu'il était agité, il n'était plus qu'un homme lorsque le calme rentrait dans son ame.

---

[1] Quels vers charmants que ceux qui terminent la justification d'Othello, et que La Harpe a si bien traduits!

She loved me for the dangers I had past
And I loved her that she did pity them.

Elle aima mes malheurs, et j'aimai sa pitié.

Ses pièces tirées de l'histoire anglaise, telles que les deux sur Henri IV, celle sur Henri V, les trois sur Henri VI, ont beaucoup de succès en Angleterre ; mais je les crois cependant très inférieures, en général, à ses tragédies d'invention, le Roi Lear, Macbeth, Hamlet, Roméo et Juliette. Les irrégularités de temps et de lieux y sont beaucoup plus remarquables. Enfin Shakspeare y cède plus que dans toutes les autres à la popularité. La découverte de l'imprimerie a nécessairement diminué la condescendance des auteurs pour le goût national : ils pensent davantage à l'opinion de l'Europe ; et quoiqu'il importe que les pièces qui doivent être jouées aient avant tout du succès à la représentation, depuis que leur gloire peut s'étendre aux autres nations, les écrivains évitent davantage les allusions, les plaisanteries, les personnages qui ne peuvent plaire qu'au peuple de leur pays. Les Anglais cependant se soumettront le plus tard possible au bon goût général ; leur liberté étant fondée sur l'orgueil national plus encore que sur les idées philosophiques, ils repoussent tout ce qui leur vient des étrangers, en littérature comme en politique.

Pour juger quels sont les effets de la tragédie anglaise qu'il nous conviendrait d'adapter à notre théâtre, un examen resterait à faire : ce serait de bien distinguer, dans les pièces de Shakspeare, ce qu'il a accordé au désir de plaire au peuple, les fautes réelles qu'il a commises, et les beautés hardies que n'admettent pas les sévères règles de la tragédie en France.

La foule des spectateurs, en Angleterre, exige qu'on fasse succéder les scènes comiques aux effets tragiques. Le contraste de ce qui est noble avec ce qui ne l'est pas produit néanmoins toujours, comme je l'ai déjà dit, une désagréable impression sur les hommes de goût. Le genre noble veut des nuances ; mais des oppositions trop fortes ne sont que de la bizarrerie. Les jeux de mots, les équivoques licencieuses, les contes populaires, les proverbes qui s'entassent successivement dans les vieilles nations, et sont, pour ainsi dire, les idées patrimoniales des hommes du peuple ; tous ces moyens, qui sont applaudis de la multitude, sont critiqués par la raison. Ils n'ont aucun rapport avec les sublimes effets que Shakspeare sait tirer des mots simples, des circonstances vulgaires placées avec art, et qu'à tort nous n'oserions pas admettre sur notre théâtre.

Shakspeare a fait, dans ses tragédies, la part des esprits grossiers. Il s'est mis à l'abri du jugement du goût, en se rendant l'objet du fanatisme populaire. Il s'est alors conduit comme un habile chef de parti, mais non comme un bon écrivain.

Les peuples du Nord ont existé, pendant plusieurs siècles, dans un état tout à la fois social et barbare, qui a dû long-temps laisser parmi les hommes beaucoup de souvenirs grossiers et féroces. Shakspeare conserve encore des traces de ces souvenirs. Plusieurs de ses caractères sont peints avec les seuls traits admirés dans ces siècles où l'on ne vivait que pour les combats, la force physique et le courage militaire.

Shakspeare se ressent aussi de l'ignorance où l'on était de son temps sur les principes de la littérature. Ses pièces sont supérieures aux tragédies grecques pour la philosophie des passions et la connaissance des hommes [1] ; mais elles sont beaucoup plus reculées sous le rapport de la perfection de l'art. Des longueurs, des répétitions inutiles, des images incohérentes, peuvent être souvent reprochées à Shakspeare. Le spectateur était alors trop facile à intéresser, pour que l'auteur fût aussi sévère envers lui-même qu'il aurait dû l'être. Il faut, pour qu'un poëte dramatique se perfectionne autant que son talent peut le permettre, qu'il ne s'attende à être jugé, ni par des vieillards blasés, ni par des jeunes gens qui trouvent leur émotion en eux-mêmes.

Les Français ont souvent condamné les scènes d'horreur que Shakspeare représente. Ce n'est point comme excitant une trop forte émotion, mais comme détruisant quelquefois jusqu'à l'illusion théâtrale, qu'elles me paraissent susceptibles de critique. D'abord il est démontré que de certaines situations, seulement effrayantes, que les mauvais imitateurs de Shakspeare ont voulu représenter, ne produisent qu'une sensation physique désagréa-

---

[1] Parmi la foule de traits philosophiques que l'on remarque dans les pièces de Shakspare, même les moins célèbres, il en est un qui m'a singulièrement frappée. Lorsque, dans la pièce intitulée *Measure for Measure*, Lucien, l'ami de Claudio, frère d'Isabelle, la presse d'aller demander sa grace au gouverneur Angelo, qui a condamné ce frère à mort, Isabelle, jeune et timide, lui répond qu'elle craint que sa démarche ne soit inutile, qu'Angelo ne soit irrité, inflexible, etc. Lucien insiste, et lui dit :

> . . . . Our doubts are traitors;
> And make us lose the good, we oft might win,
> By fearing to attempt. . . . .

« Nos doutes sont des traîtres qui nous font perdre le bien que nous pourrions « faire, en nous détournant de l'essayer. »

Qui peut avoir vécu dans une révolution, et n'être pas convaincu de la vérité de ces paroles ? Que de détours on emploie pour se persuader à soi-même qu'on ne peut pas rendre un service, lorsqu'on craint de se compromettre en l'essayant ! *Je vous nuirais si je vous défendais*, disent un certain nombre d'amis prudents qui conserveraient cette même discrétion jusques et compris votre arrêt de mort.

ble, et aucun des plaisirs que la tragédie doit donner ; mais, de plus, il y a beaucoup de situations touchantes en elles-mêmes, et qui néanmoins exigent un jeu de théâtre fait pour distraire l'attention et par conséquent l'intérêt.

Lorsque le gouverneur de la tour où est enfermé le jeune Arthur fait apporter un fer chaud pour lui brûler les yeux, sans parler de l'atrocité d'une telle scène, il doit se passer là sur le théâtre une action dont l'imitation est impossible, et dont le spectateur observera tellement l'exécution, qu'il en oubliera l'effet moral.

Le caractère de Caliban, dans la Tempête, est singulièrement original ; mais la forme presque animale que son costume doit lui donner détourne l'attention de ce qu'il y a de philosophique dans la conception de ce rôle.

Une des beautés de la tragédie de Richard III, à la lecture, c'est ce qu'il dit lui-même de sa difformité naturelle. On sent que l'horreur qu'il cause doit réagir sur son ame, et la rendre plus atroce encore. Cependant qu'y a-t-il de plus difficile dans le genre noble, de plus voisin du ridicule, que l'imitation d'un homme contrefait sur la scène? Tout ce qui est dans la nature peut intéresser l'esprit ; mais il faut, au spectacle, ménager les caprices des yeux avec le plus grand scrupule ; ils peuvent détruire sans appel tout effet sérieux.

Shakspeare représente aussi beaucoup trop souvent dans ses pièces la souffrance physique. Philoctète est le seul exemple d'un effet théâtral produit par elle ; et ce sont les causes héroïques de sa blessure qui permettent de fixer l'intérêt des spectateurs sur ses maux. La souffrance physique peut se raconter, mais non se voir ; ce n'est pas l'auteur, c'est l'acteur qui ne peut pas l'exprimer noblement ; ce n'est pas la pensée, ce sont les sens qui se refusent à l'effet de ce genre d'imitation.

Enfin, l'un des plus grands défauts de Shakspeare, c'est de n'être pas simple dans l'intervalle des morceaux sublimes. Souvent il a de l'affectation lorsqu'il n'est point exalté par son génie. L'art lui manque pour se soutenir, c'est-à-dire pour être aussi naturel dans les scènes de transition que dans les beaux mouvements de l'ame.

Otway, Rowe, et quelques autres poëtes anglais, Addison excepté, ont fait des tragédies toutes dans le genre de Shakspeare; et son génie a presque trouvé son égal dans Venise sauvée. Mais les deux situations les plus profondément tragiques que l'homme puisse concevoir, Shakspeare les a peintes le premier : c'est la folie causée par le malheur, et l'isolement dans l'infortune.

Ajax est un furieux, Oreste est poursuivi par la colère des dieux, Phèdre est dévorée par la fièvre de l'amour ; mais Hamlet[1], Ophélie, le roi Lear, avec des situations et des caractères différents, ont un même caractère d'égarement[2]. La douleur parle seule en eux ; l'idée dominante a fait disparaître toutes les idées communes de la vie ; tous les organes sont dérangés, hors ceux de la souffrance ; et ce touchant délire de l'être malheureux semble l'affranchir de la réserve timide qui défend de s'offrir sans contrainte à la pitié. Les spectateurs refuseraient peut-être leur attendrissement à la plainte volontaire; ils s'abandonnent à l'émotion que fait naître une douleur qui ne répond plus d'elle. La folie, telle qu'elle est peinte dans Shakspeare, est le plus beau tableau du naufrage de la nature morale quand la tempête de la vie surpasse ses forces.

Il existe sur le théâtre français de sévères règles de convenances, même pour la douleur. Elle est en scène avec elle-même ; les amis lui servent de cortége, et les ennemis de témoins. Mais ce que Shakspeare a peint avec une vérité, avec une force d'ame admirable, c'est l'isolement. Il place à côté des tourments de la douleur l'oubli des hommes et le calme de la nature, ou bien un vieux serviteur, seul être qui se souvienne encore que son maître a été roi. C'est là bien connaître ce qu'il y a de plus déchirant pour l'homme, ce qui rend la douleur poignante. Celui qui souffre, celui qui meurt en produisant un grand effet quelconque de terreur ou de pitié, échappe à ce qu'il éprouve pour observer ce qu'il in-

---

[1] Quoique, parmi les belles tragédies de Shakspeare, Hamlet soit celle où il y ait les fautes de goût les plus révoltantes, c'est une des plus belles situations qu'on puisse trouver au théâtre. L'égarement d'Hamlet est causé par la découverte d'un grand crime : la pureté de son ame ne lui avait pas permis de le soupçonner ; mais ses organes s'altèrent en apprenant qu'une atroce perfidie a été commise, que son père en a été la victime, et que sa mère a récompensé le coupable en s'unissant à lui. Il ne dit pas un mot qui n'atteste son mépris pour l'espèce humaine, et pense plus souvent encore à se tuer qu'à punir : noble idée du poëte d'avoir représenté l'homme vertueux ne pouvant supporter la vie quand la scélératesse l'environne, et portant dans son sein le trouble d'un criminel, alors que la douleur lui commande une juste vengeance.

[2] Johnson a écrit qu'il considérait la folie d'Hamlet comme une folie feinte pour parvenir plus sûrement à se venger. Il me semble néanmoins qu'en lisant cette tragédie, on distingue parfaitement dans Hamlet l'égarement réel à travers l'égarement affecté.

spire : mais ce qui est énergique dans le talent du poëte, ce qui suppose même un caractère à l'égal du talent, c'est d'avoir conçu la douleur pesant tout entière sur la victime : et tandis que l'homme a besoin d'appuyer sur ceux qui l'entourent jusqu'au sentiment même de sa prospérité, l'énergique et sombre imagination des Anglais nous représente l'infortuné séparé par ses revers, comme par une contagion funeste, de tous les regards, de tous les souvenirs, de tous les amis. La société lui retire ce qui est la vie, avant que la nature lui ait donné la mort.

Le théâtre de la France républiqué admettra-t-il maintenant, comme le théâtre anglais, les héros peints avec leurs faiblesses, les vertus avec leurs inconséquences, les circonstances vulgaires à côté des situations les plus élevées? Enfin, les caractères tragiques seront-ils tirés des souvenirs ou de l'imagination, de la vie humaine ou du beau idéal? C'est une question que je me propose de discuter, lorsque, après avoir parlé des tragédies de Racine et de Voltaire, j'examinerai dans la seconde partie de cet ouvrage l'influence que doit avoir la révolution sur la littérature française.

CHAPITRE XIV.

De la plaisanterie anglaise.

On peut distinguer différents genres de plaisanterie dans la littérature de tous les pays; et rien ne sert mieux à faire connaître les mœurs d'une nation, que le caractère de gaieté le plus généralement adopté par ses écrivains. On est sérieux seul, on est gai pour les autres, surtout dans les écrits; et l'on ne peut faire rire que par des idées tellement familières à ceux qui les écoutent, qu'elles les frappent à l'instant même, et n'exigent d'eux aucun effort d'attention.

Quoique la plaisanterie ne puisse se passer, aussi facilement qu'un ouvrage philosophique, d'un succès national, elle est soumise, comme tout ce qui tient à l'esprit, au jugement du bon goût universel. Il faut une grande finesse pour rendre compte des causes de l'effet comique; mais il n'en est pas moins vrai que l'assentiment général doit se réunir sur les chefs-d'œuvre en ce genre comme sur tous les autres.

La gaieté qu'on doit pour ainsi dire à l'inspiration du goût et du génie, la gaieté produite par les combinaisons de l'esprit, et la gaieté que les Anglais appellent *humour*, n'ont presque aucun rapport l'une avec l'autre ; et dans aucune de ces dénominations la gaieté du caractère n'est comprise, parcequ'il est prouvé, par une foule d'exemples, qu'elle n'est de rien dans le talent qui fait écrire des ouvrages gais. La gaieté de l'esprit est facile à tous les hommes qui ont de l'esprit ; mais c'est le génie d'un homme et le bon goût de plusieurs qui peuvent seuls inspirer la véritable comédie.

J'examinerai dans un des chapitres suivants par quelles raisons les Français pouvaient seuls atteindre à cette perfection de goût, de grace, de finesse, et d'observation du cœur humain, qui nous a valu les chefs-d'œuvre de Molière. Cherchons maintenant à savoir pourquoi les mœurs des Anglais s'opposent au vrai génie de la gaieté.

La plupart des hommes absorbés par les affaires ne cherchent, en Angleterre, le plaisir que comme un délassement ; et de même que la fatigue, en excitant la faim, rend facile sur tous les mets, le travail continuel et réfléchi prépare à se contenter de toute espèce de distraction. La vie domestique, des idées religieuses assez sévères, des occupations sérieuses, un climat lourd, rendent les Anglais assez susceptibles des maladies d'ennui ; et c'est par cette raison même que les amusements délicats de l'esprit ne leur suffisent pas. Il faut des secousses fortes à cette espèce d'abattement, et les auteurs partagent le goût des spectateurs à cet égard, ou s'y conforment.

La gaieté qui sert à faire une bonne comédie suppose une observation très fine des caractères. Pour que le génie comique se développe, il faut vivre beaucoup en société, attacher beaucoup d'importance aux succès de société, et se connaître et se rapprocher par cette multitude d'intérêts de vanité qui donnent lieu à tous les ridicules comme à toutes les combinaisons de l'amour-propre. Les Anglais sont retirés dans leurs familles, ou réunis dans des assemblées publiques pour les discussions nationales. L'intermédiaire qu'on appelle la société n'existe presque point parmi eux ; et c'est dans cet espace frivole de la vie que se forment cependant la finesse et le goût.

Les rapports politiques des hommes entre eux effacent les nuances, en prononçant fortement les caractères. La grandeur du but, la force des moyens, font disparaître l'intérêt pour tout ce qui n'a pas un résultat utile. Dans les états monarchiques, où l'on dépend du caractère et de la volonté d'un seul homme ou d'un petit nombre de ses délégués, chacun s'étudie à connaître les plus secrètes pensées des autres, les plus légères gradations des sentiments et des faiblesses individuelles [1]. Mais lorsque l'opinion publique et la réputation populaire ont la première influence, l'ambition délaisse ce dont l'ambition n'a pas besoin, et l'esprit ne s'exerce point à saisir ce qui est fugitif quand il n'a point d'intérêt à le deviner.

Les Anglais n'ont point parmi eux un auteur comique tel que Molière; et s'ils le possédaient, ils ne sentiraient pas toutes ses finesses. Dans les pièces mêmes telles que l'Avare, le Tartufe, le Misanthrope, qui peignent la nature humaine de tous les pays, il y a des plaisanteries délicates, des nuances d'amour-propre, que les Anglais ne remarqueraient seulement pas; ils ne s'y reconnaîtraient point, quelque naturelles qu'elles soient; ils ne se savent pas eux-mêmes avec tant de détails; les passions profondes et les occupations importantes leur ont fait prendre la vie plus en masse.

Il y a quelquefois dans Congrève de l'esprit subtil et des plaisanteries fortes; mais aucun sentiment naturel n'y est peint. Par un singulier contraste, plus les mœurs particulières des Anglais sont simples et pures, plus ils exagèrent, dans leurs comédies, la peinture de tous les vices. L'indécence des pièces de Congrève n'eût jamais été tolérée sur le théâtre français : on trouve dans le dialogue des idées ingénieuses; mais les mœurs que ces comédies représentent sont imitées des mauvais romans français, qui n'ont jamais peint eux-mêmes les mœurs de France. Rien ne ressemble moins aux Anglais que leurs comédies.

On dirait que, voulant être gais, ils ont cru nécessaire de s'éloigner le plus possible de ce qu'ils sont réellement, ou que, respectant profondément les sentiments qui faisaient le bonheur de leur vie domestique, ils n'ont pas permis qu'on les prodiguât sur leur théâtre.

Congrève et plusieurs de ses imitateurs entassent, sans mesure comme sans vraisemblance, des immoralités de tous les genres. Ces tableaux sont sans conséquence pour une nation telle que la nation anglaise; elle s'en amuse comme des contes, comme des images fantasques d'un monde qui n'est pas le sien. Mais en France, la comédie, peignant véritablement les mœurs, pourrait influer

---

[1] L'Angleterre est gouvernée par un roi; mais toutes ses institutions sont éminemment conservatrices de la liberté civile et de la garantie politique.

sur elles, et il devient bien plus important alors de lui imposer des lois sévères.

Dans les comédies anglaises, on trouve rarement des caractères vraiment anglais : la dignité d'un peuple libre s'oppose peut-être chez les Anglais, comme chez les Romains, à ce qu'ils laissent représenter leurs propres mœurs sur le théâtre. Les Français s'amusent volontiers d'eux-mêmes. Shakspeare et quelques autres ont représenté dans leurs pièces des caricatures populaires, telles que Falstaff, Pistol, etc. : mais la charge en exclut presque entièrement la vraisemblance. Le peuple de tous les pays est amusé par des plaisanteries grossières; mais il n'y a qu'en France où la gaieté la plus piquante soit en même temps la plus délirate.

M. Shéridan a composé en anglais quelques comédies où l'esprit le plus brillant et le plus original se montre presque à chaque scène; mais outre qu'une exception ne changerait rien aux considérations générales, il faut encore distinguer la gaieté de l'esprit, du talent dont Molière est le modèle. Dans tous les pays, un écrivain capable de concevoir beaucoup d'idées est certain d'arriver à l'art de les opposer entre elles d'une manière piquante. Mais comme les antithèses ne composent pas seules l'éloquence, les contrastes ne sont pas les seuls secrets de la gaieté; et il y a, dans la gaieté de quelques auteurs français, quelque chose de plus naturel et de plus inexplicable : la pensée peut l'analyser, mais la pensée seule ne la produit pas; c'est une sorte d'électricité communiquée par l'esprit général de la nation.

La gaieté et l'éloquence ont quelques rapports ensemble, en cela seulement que c'est l'inspiration involontaire qui fait atteindre, en écrivant ou en parlant, à la perfection de l'une et de l'autre. L'esprit de ceux qui vous entourent, de la nation où vous vivez, développe en vous la puissance de la persuasion ou de la plaisanterie beaucoup plus sûrement que la réflexion et l'étude. Les sensations viennent du dehors, et tous les talents qui dépendent immédiatement des sensations ont besoin de l'impulsion donnée par les autres. La gaieté et l'éloquence ne sont point les simples résultats des combinaisons de l'esprit; il faut être ébranlé, modifié par l'émotion qui fait naître l'une ou l'autre, pour obtenir les succès du talent dans ces deux genres. Or, la disposition commune à la plupart des Anglais n'excite point leurs écrivains à la gaieté.

Swift, dans Gulliver et le conte du Tonneau, de même que Voltaire dans ses écrits philosophiques, tire des plaisanteries très heureuses de l'opposition qui existe entre l'erreur reçue et la vérité proscrite, entre les institutions et la nature des choses. Les allusions, les allégories, toutes les fictions de l'esprit, tous les déguisements qu'il emprunte, sont des combinaisons avec lesquelles on produit de la gaieté ; et, dans tous les genres, les efforts de la pensée vont très loin, quoiqu'ils ne puissent jamais atteindre à la souplesse, à la facilité des habitudes, au bonheur inattendu des impressions spontanées.

Il existe cependant une sorte de gaieté dans quelques écrits anglais, qui a tous les caractères de l'originalité et du naturel. La langue anglaise a créé un mot, *humour*, pour exprimer cette gaieté qui est une disposition du sang presque autant que de l'esprit ; elle tient à la nature du climat et aux mœurs nationales ; elle serait tout-à-fait inimitable là où les mêmes causes ne la développeraient pas. Quelques écrits de Fielding et de Swift, Peregrin Pickle, Roderick Random, mais surtout les ouvrages de Sterne, donnent l'idée complète du genre appelé *humour*.

Il y a de la morosité, je dirais presque de la tristesse, dans cette gaieté ; celui qui vous fait rire n'éprouve pas le plaisir qu'il cause. L'on voit qu'il écrit dans une disposition sombre, et qu'il serait presque irrité contre vous de ce qu'il vous amuse. Comme les formes brusques donnent quelquefois plus de piquant à la louange, la gaieté de la plaisanterie ressort par la gravité de son auteur [1]. Les Anglais ont très rarement admis sur la scène le genre d'esprit qu'ils nomment *humour* ; son effet ne serait point théâtral.

Il y a de la misanthropie dans la plaisanterie même des Anglais, et de la sociabilité dans celle des Français : l'une doit se lire quand on est seul, l'autre frappe d'autant plus qu'il y a plus d'auditeurs. Ce que les Anglais ont de gaieté conduit presque toujours à un résultat philosophique ou moral ; la gaieté des Français n'a souvent pour but que le plaisir même.

Ce que les Anglais peignent avec un grand talent, ce sont les caractères bizarres, parcequ'il en existe beaucoup parmi eux. La

---

[1] Je suis entrée à Londres, une fois, dans un cabinet de physique amusante, et j'ai vu les tours les plus grotesques, à la bague, au sautoir, à l'escarpolette, exécutés par des hommes fort âgés, du maintien le plus roide et du sérieux le plus imperturbable. Ils se livraient à ces exercices pour leur santé, et n'avaient pas l'air de se douter que rien au monde n'était plus risible que le contraste de leur extérieur pédantesque et de leurs jeux enfantins.

société efface les singularités, la vie de la campagne les conserve toutes.

L'imitation sied particulièrement aux Anglais; leurs essais dans le genre de grace et de gaieté qui caractérise la littérature française, manquent pour la plupart de finesse et d'agrément. Ils développent toutes les idées, ils exagèrent toutes les nuances; ils ne se croient entendus que lorsqu'ils crient, et compris qu'en disant tout. Une remarque singulière, c'est que les peuples oisifs sont beaucoup plus difficiles sur l'emploi du temps qu'ils donnent à leurs plaisirs, que les hommes occupés. Les hommes livrés aux affaires sont habitués aux longs développements; les hommes livrés aux plaisirs se fatiguent bien plus promptement, et le goût très exercé éprouve la satiété très vite.

Il y a rarement de la finesse dans les esprits qui s'appliquent toujours à des résultats positifs. Ce qui est vraiment utile est très facile à comprendre, et l'on n'a pas besoin d'un regard perçant pour l'apercevoir. Un pays qui tend à l'égalité est aussi moins sensible aux fautes de convenance. La nation étant plus une, l'écrivain prend l'habitude de s'adresser dans ses ouvrages au jugement et aux sentiments de toutes les classes; enfin, les pays libres sont et doivent être sérieux.

Quand le gouvernement est fondé sur la force, il peut ne pas craindre le penchant de la nation à la plaisanterie : mais lorsque l'autorité dépend de la confiance générale, lorsque l'esprit public en est le principal ressort, le talent et la gaieté, qui font découvrir le ridicule et se plaire dans la moquerie, sont excessivement dangereux pour la liberté et l'égalité politique. Nous avons parlé des malheurs qui sont résultés pour les Athéniens de leur goût immodéré pour la plaisanterie; et la France nous fournirait un grand exemple à l'appui de celui-là, si la puissance des événements de la révolution avait laissé les caractères à leur développement naturel.

CHAPITRE XV.

De l'imagination des Anglais dans leurs poésies et leurs romans.

L'invention des faits et la faculté de sentir et de peindre la nature sont deux genres d'imagination absolument distincts : l'une appartient plus particulièrement à la littérature du Midi, l'autre à celle du Nord. J'en ai développé les diverses causes. Ce qu'il me reste à examiner maintenant, c'est le caractère particulier à l'imagination poétique des Anglais.

Ils n'ont point été inventeurs de nouveaux sujets de poésie, comme le Tasse et l'Arioste. Les romans des Anglais ne sont point fondés sur des faits merveilleux, sur des événements extraordinaires, tels que les contes arabes ou persans : ce qui leur reste de la religion du Nord, ce sont quelques images, et non une mythologie brillante et variée, comme celle des Grecs ; mais leurs poëtes sont inépuisables dans les idées et les sentiments que fait naître le spectacle de la nature. L'invention des faits surnaturels a son terme ; ce sont des combinaisons très bornées, et peu susceptibles de cette progression qui appartient à toutes les vérités morales, de quelque genre qu'elles soient : lorsque les poëtes s'attachent à revêtir des couleurs de l'imagination les pensées philosophiques et les sentiments passionnés, ils entrent en quelque manière dans cette route où les hommes éclairés avancent sans cesse, à moins que la force ignorante et tyrannique ne leur enlève toute liberté.

Les Anglais, séparés du continent (*semotos orbe Britannos*), s'associèrent peu, de tout temps, à l'histoire et aux mœurs des peuples voisins : ils ont un caractère à eux dans chaque genre ; leur poésie n'est semblable ni à celle des Français, ni même à celle des Allemands : mais ils n'ont pas atteint à cette invention des fables et des faits poétiques, qui est la principale gloire de la littérature grecque et de la littérature italienne. Les Anglais observent la nature, et savent la peindre ; mais ils ne sont pas créateurs. Leur supériorité consiste dans le talent d'exprimer vivement ce qu'ils voient et ce qu'ils éprouvent ; ils ont l'art d'unir intimement les réflexions philosophiques aux sensations produites par les beautés de la campagne. L'aspect du ciel et de la terre, à toutes les heures du jour et de la nuit, réveille dans notre esprit diverses pensées ; et l'homme qui se laisse aller à ce que la nature lui inspire éprouve une suite d'impressions toujours pures, toujours élevées, toujours analogues aux grandes idées morales et religieuses qui unissent l'homme avec l'avenir.

Au moment de la renaissance des lettres, et au commencement de la littérature anglaise, un assez grand nombre de poëtes anglais s'écarta du caractère national, pour imiter les Italiens. J'ai cité Waller et Cowley pour être de ce nombre : je pourrais y joindre Downe, Chaucer, etc. Les essais dans ce genre ont encore

12.

plus mal réussi aux Anglais qu'aux autres peuples ; ils manquent essentiellement de grace dans tout ce qui exige de la légèreté d'esprit ; ils manquent de cette promptitude, de cette facilité, de cette aisance, qui s'acquiert par le commerce habituel avec les hommes réunis en société dans le seul but de se plaire.

Il y a beaucoup de fautes de goût dans un poëme de Pope qui était destiné particulièrement à montrer de la grace, la Boucle de cheveux enlevée. La Reine des Fées, de Spencer, est ce qu'il y a de plus fatigant au monde ; le poëme d'Hudibras, quoique spirituel, est rempli de plaisanteries prolongées jusqu'à la satiété. Les Fables de Gay ont de l'esprit, mais point de naturel ; et l'on ne peut jamais comparer sous aucun rapport les pièces fugitives des Anglais, leurs contes burlesques, etc., avec les écrits de Voltaire, de l'Arioste ou de La Fontaine. Mais n'est-ce point assez de savoir parler la langue des affections profondes ? faut-il attacher beaucoup de prix à tout le reste ?

Quelle sublime méditation que celle des Anglais ! comme ils sont féconds dans les sentiments et les idées que développe la solitude ! Quelle profonde philosophie que celle de l'Essai sur l'homme ! Peut-on élever l'ame et l'imagination à une plus grande hauteur que dans le Paradis perdu ? Ce n'est pas l'invention poétique qui fait le mérite de cet ouvrage ; le sujet est presque entièrement tiré de la Genèse ; ce que l'auteur y a ajouté d'allégorique en quelques endroits est réprouvé par le goût. On s'aperçoit souvent que le poëte est contraint ou dirigé par sa soumission à l'orthodoxie. Mais ce qui fait de Milton l'un des premiers poëtes du monde, c'est l'imposante grandeur des caractères qu'il a tracés. Son ouvrage est surtout remarquable par la pensée ; la poésie qu'on y admire a été inspirée par le besoin d'égaler les images aux conceptions de l'esprit : c'est pour faire comprendre ses idées intellectuelles, que le poëte a eu recours aux plus terribles tableaux qui puissent frapper l'imagination. Avant de donner une forme à Satan, il l'avait conçu immatériel ; il s'était représenté sa nature morale, avant d'accorder avec ce caractère sa gigantesque stature, et l'épouvantable aspect de l'enfer qu'il doit habiter. Avec quel talent il vous transporte de cet enfer dans le paradis ! comme il vous promène à travers toutes les sensations enivrantes de la jeunesse, de la nature et de l'innocence ! Ce n'est pas le bonheur des jouissances vives, c'est le calme qu'il met en contraste avec le crime, et l'opposition est bien plus forte : la pitié d'Adam et d'Ève, les différences primitives du caractère et de la destinée des deux sexes sont peintes comme la philosophie et l'imagination devaient les caractériser [1].

Le Cimetière de Gray, l'Épître sur le collége d'Eaton, le Village abandonné de Goldsmith, sont remplis de cette noble mélancolie qui est la majesté du philosophe sensible. Où peut-on trouver plus d'enthousiasme poétique que dans l'Ode à la Musique, de Dryden? Quelle passion dans la Lettre d'Héloïse! Est-il une plus délicieuse peinture de l'amour dans le mariage, que les vers qui terminent le premier chant de Thompson, sur le Printemps [2]? Que de réflexions profondes et terribles ne reste-t-il pas

[1]
```
           . . . . . . . . . . .  Tough both
Not equal, as their sexes not equal
For contemplation he, and valour formed,
For softness she, and sweet attractive grace,
He for God only, she for God in him.
```
« Ces deux nobles créatures (Adam et Ève) ne sont point semblables en tout, et diffèrent comme leurs sexes. Lui, formé pour la méditation et la valeur; elle, pour la douceur et la grace attirante; lui, pour adorer Dieu seul; elle, pour adorer Dieu en lui. »

[2] Tout le monde connaît ce morceau de Thompson; mais je n'ai pu me refuser à en placer ici l'extrait, afin que les femmes entre les mains desquelles tombera cet ouvrage aient une occasion de plus de relire de tels vers :

```
But happy they! the happiest of their kind!
Whom gentler stars unite, and in one fate
Their hearts, their fortunes, and their beings blend
Tis not the coarser tie of human laws,
Unnatural oft, and foreign to the mind,
That binds their peace, but harmony itself,
Attuning all their passions into love;
Where friendship full exerts her softest power,
Perfect esteem enlivened by desire
Ineffable, and sympathy of soul;
Thought meeting thought, and will preventing wil,
With boundless confidence : . . . . .
. . . . . . . What is the world to them,
Its pomp, its pleasure, and its nonsense all?
Who in each oter clasp whatever fair
High fancy forms, and lavish hearts can wish;
Something than beauty dearer, should they look
Or on the mind, or mind illumin'd face;
Truth, goodness, honour, harmony, and love,
The richest bounty of indulgent Heaven.
Meantime a smiling offspring rises round,
And mingles both their graces. By degrees
The human blossom blows, and every day,
Soft as it rolls along, shows some new charm,
The father's lustre, and the mother's bloom,
The infant reason grows apace and calls
For the kind hand of an assiduous care.
Delightful task! to rear the tender thought
To teach the young idea how to shoot,
To pour the fresch instruction o'er the mind,
Tobreathe th'enlivening spirit, and to fix
The generous purpose in the glowing breast.
Oh speak the joy! ye, whom the sudden tear
```

de ces Nuits d'Young, où l'homme est peint considérant le cours et le terme de sa destinée, sans cette illusion qui nous fait nous intéresser à des jours comme à des siècles, à ce qui passe comme à l'éternité !

Young juge la vie humaine comme s'il n'en était pas ; et sa

> Surprises often while you look around,
> And nothing strikes your eye but sights of bliss,
> All various nature pressing on the heart;
> An elegant sufficiency, content,
> Retirement, rural quiet, friendship, books,
> Ease and alternate labour useful life,
> Progressive virtue and approving Heaven :
> These are the matchless joys of virtuous love
> And thus their moments fly. The seasons thus,
> As ceaseless round a jarring world they roll,
> Still find them happy; and consenting spring
> Sheds her own rosy garland on their heads :
> Till evening comes at last serene and mild;
> When after the long vernal day of life,
> Enamour'd more, as more remembrance swells
> With many a proof of recollected love,
> Together down they sink in social sleep;
> Together freed, their gentle spirits fly
> To scenes where love and bliss immortal reign.

« Heureux, et les plus heureux des mortels, ceux que la bienfaisante destinée a réunis, et qui confondent dans un même sort leurs cœurs, leurs fortunes et leurs existences! Ce n'est pas le dur lien des lois humaines, ce lien si souvent étranger au choix du cœur, qui forme le nœud de leur vie; c'est l'harmonie elle-même, accordant toutes leurs passions dans le sentiment de l'amour. L'amitié exerce dans leur sein sa plus douce puissance, la parfaite estime animée par le désir, l'inexprimable sympathie des ames, la pensée rencontrant la pensée, la volonté prévenant la volonté par une confiance sans bornes. Que leur importe le monde, et ses plaisirs, et sa folie? chacun des deux n'embrasse-t-il pas, dans l'objet qu'il aime, tout ce que l'imagination peut se créer, tout ce qu'un cœur abandonné à l'espérance pourrait souhaiter? Ne goûtent-ils pas un charme plus puissant encore que celui de la beauté, ou dans les sentiments, ou dans les traits animés par ces sentiments mêmes? Vérité, bonté, honneur, tendresse, amour, les plus riches bienfaits de l'indulgence du ciel leur sont accordés ; et près d'eux bientôt s'élève leur postérité souriante : la fleur de l'enfance s'épanouit sous leurs yeux, et chaque jour qui s'écoule développe une nouvelle grace. La vertu du père et la beauté de la mère s'aperçoivent déjà dans les enfants : leur faible raison grandit à chaque moment; elle réclame bientôt le secours de soins assidus. Délicieuse tâche, de cultiver la pensée tendre encore, d'enseigner à la jeune idée comment elle doit croître, de verser des instructions toujours nouvelles dans l'esprit, d'inspirer les sentiments généreux, et de fixer un noble dessein dans une ame enflammée! Ah! parlez de vos joies, vous qu'une larme soudaine surprend souvent quand vous regardez autour de vous, et que rien ne frappe vos regards que des tableaux de félicité; toutes les affections variées de la nature se présent sur votre cœur. Le contentement de l'ame, le repos de la campagne, une fortune qui suffit à l'élégant nécessaire, l'amitié, des livres, la retraite, le travail et le loisir, une vie utile, une vertu progressive et le ciel approbateur : telles sont les jouissances incomparables d'un amour vertueux; c'est ainsi que s'écoulent les moments de ces fortunés époux. Les saisons, qui parcourent sans cesse ce monde en discorde, retrouvent à leur retour ces deux êtres toujours heureux ; et le printemps, applaudissant à leurs belles destinées, répand sur leur tête sa guirlande de roses. Jusqu'à ce qu'enfin, après le long jour printanier de la vie, arrive le soir serein et doux ; toujours plus pensée s'élève au-dessus de son être pour lui marquer une place imperceptible dans l'immensité de la création :

> . . . . . What is the world? a grave,
> What is the dust which has not been alive?

Qu'est-ce que le monde? un tombeau. Où est le grain de poussière qui n'a pas eu de la vie?

> . . . . . What is life? a war,
> Eternal war with woe. . . . .

Qu'est-ce que la vie? une guerre, une éternelle guerre avec le malheur.

Cette sombre imagination, quoique plus prononcée dans Young, est cependant la couleur générale de la poésie anglaise. Leurs ouvrages en vers contiennent souvent plus d'idées que leurs ouvrages en prose. Si l'on peut trouver de la monotonie dans l'Ossian, parceque ses images peu variées en elles-mêmes ne sont point mêlées à des réflexions qui puissent intéresser l'esprit, il n'en est pas ainsi des poëtes anglais ; ils ne fatiguent point en s'abandonnant à leur tristesse philosophique : elle est d'accord avec la nature même de notre être, avec sa destinée. Rien ne fait éprouver une plus douce sensation que de rentrer par la lecture dans le cours habituel de ses rêveries : et si l'on veut se rappeler les morceaux qu'on aime dans les divers écrits de toutes les langues, on verra qu'ils ont presque tous un même caractère d'élévation et de mélancolie.

On se demande pourquoi les Anglais, qui sont heureux par leur gouvernement et par leurs mœurs, ont une imagination beaucoup plus mélancolique que ne l'était celle des Français. C'est que la liberté et la vertu, ces deux grands résultats de la raison humaine, exigent de la méditation ; et la méditation conduit nécessairement à des objets sérieux.

En France, les personnes distinguées par leur esprit ou par leur rang avaient, en général, beaucoup de gaieté ; mais la gaieté des premières classes de la société n'est point un signe de bonheur pour la nation. Pour que l'état politique et philosophique d'un pays réponde à l'intention de la nature, il faut que le lot de

amoureux, puisque leur cœur renferme plus de souvenirs, plus de preuves de leur amour mutuel, ils tombent dans un sommeil qui les réunit encore ; affranchis ensemble, leurs paisibles esprits s'envolent vers des lieux où règnent l'amour et le bonheur immortel. »

la médiocrité, dans ce pays, soit le meilleur de tous; les hommes supérieurs, dans tous les genres, doivent être des hommes consacrés et sacrifiés même au bien général de l'espèce humaine.

Heureux le pays où les écrivains sont tristes, et les commerçants satisfaits; les riches mélancoliques, et les hommes du peuple contents!

La langue anglaise, quoiqu'elle ne soit pas aussi harmonieuse à l'oreille que les langues du Midi, a, par l'énergie de sa prononciation, de très grands avantages pour la poésie : tous les mots fortement accentués ont de l'effet sur l'ame, parcequ'ils semblent partir d'une impression vive; la langue française exclut en poésie une foule de termes simples qu'on doit trouver nobles en anglais par la manière dont ils sont articulés. J'en offre un exemple : lorsque Macbeth, au moment de s'asseoir à la table du festin, voit, à la place qui lui est destinée, l'ombre de Banquo qu'il vient d'assassiner, et s'écrie à plusieurs reprises, avec un effroi si terrible, *The table is full*, tous les spectateurs frémissent. Si l'on disait en français précisément les mêmes mots, *La table est remplie*, le plus grand acteur du monde ne pourrait, en les déclamant, faire oublier leur acception commune; la prononciation française ne permettrait pas cet accent qui rend nobles tous les mots en les animant, qui rend tragiques tous les sons, parcequ'ils imitent et font partager le trouble de l'ame.

Les Anglais peuvent se permettre en tout genre beaucoup de hardiesse dans leurs écrits, parcequ'ils sont passionnés, et qu'un sentiment vrai, quel qu'il soit, a la puissance de transporter le lecteur dans les affections de l'écrivain : l'auteur de sang-froid, quelque esprit qu'il ait, doit se conformer à beaucoup d'égards au goût de ses lecteurs. Ils lui en imposent l'obligation dès qu'ils lui en savent le pouvoir.

Les poëtes anglais abusent souvent néanmoins de toutes les facilités que leur accordent et leur langue et le génie de leur nation. Ils exagèrent les images, ils subtilisent les idées, ils épuisent tout ce qu'ils expriment, et le goût ne les avertit pas de s'arrêter. Mais *il leur sera beaucoup pardonné*, parceque l'on voit en eux une émotion véritable. L'on juge les défauts de leurs écrits comme ceux de la nature, et non comme ceux de l'art.

Il est un genre d'ouvrages d'imagination dans lequel les Anglais ont une grande prééminence : ce sont les romans sans merveilleux, sans allégories, sans allusions historiques, fondés seulement sur l'invention des caractères et des événements de la vie privée. L'amour a été jusqu'à présent le sujet de ces sortes de romans. L'existence des femmes, en Angleterre, est la principale cause de l'inépuisable fécondité des écrivains anglais en ce genre. Les rapports des hommes avec les femmes se multiplient à l'infini par la sensibilité et la délicatesse.

Des lois tyranniques, des desirs grossiers ou des principes corrompus ont disposé du sort des femmes, soit dans les républiques anciennes, soit en Asie, soit en France. Les femmes n'ont joui nulle part, comme en Angleterre, du bonheur causé par les affections domestiques. Dans les pays pauvres, et surtout dans les classes moyennes de la société, on a souvent trouvé des mœurs très pures; mais c'est aux premières classes qu'il appartient de rendre plus remarquables les exemples qu'elles donnent. Elles seules choisissent leur genre de vie; les autres sont forcées de se résigner à celui que la destinée leur impose; et quand on est amené à l'exercice d'une vertu par la privation de quelques avantages personnels, ou par le joug des circonstances, on n'a jamais toutes les idées et tous les sentiments que peut faire naître cette vertu librement adoptée. Ce sont donc, en général, les mœurs des premières classes de la société qui influent sur la littérature. Quand les mœurs de ces premières classes sont bonnes, elles conservent l'amour, et l'amour inspire les romans. Sans examiner ici philosophiquement la destinée des femmes dans l'ordre social, ce qui est certain en général, c'est que leurs vertus domestiques obtiennent seules des hommes toute la tendresse de cœur dont ils sont capables.

L'Angleterre est le pays du monde où les femmes sont le plus véritablement aimées. Il s'en faut bien qu'elles y trouvent les agréments que la société de France promettait autrefois; mais ce n'est pas avec le tableau des jouissances de l'amour-propre qu'on fait un roman intéressant, quoique l'histoire de la vie prouve souvent qu'on peut se contenter de ces vaines jouissances. Les mœurs anglaises fournissent à l'invention romanesque une foule de nuances délicates et de situations touchantes. On croirait d'abord que l'immoralité, ne reconnaissant point de bornes, devrait étendre la carrière de toutes les conceptions romanesques; et l'on s'aperçoit, au contraire, que cette facilité malheureuse ne peut rien produire que d'aride. Les passions sans combat, les dénouements sans gradations, les sacrifices sans regrets, les liens sans délicatesse, ôtent aux romans tout leur charme; et le petit nombre de ceux de ce genre que nous possédons en français ont à peine eu quelque succès dans les sociétés qui leur avaient servi de modèle.

Il y a des longueurs dans les romans des Anglais comme dans tous leurs écrits; mais ces romans sont faits pour être lus par les hommes qui ont adopté le genre de vie qui y est peint, à la campagne, en famille, au milieu du loisir des occupations régulières et des affections domestiques. Si les Français supportent les détails inutiles qui sont accumulés dans ces écrits, c'est par la curiosité qu'inspirent des mœurs étrangères. Ils ne tolèrent rien de semblable dans leurs propres ouvrages. Ces longueurs, en effet, lassent quelquefois l'intérêt; mais la lecture des romans anglais attache, par une suite constante d'observations justes et morales sur les affections sensibles de la vie. L'attention sert en toutes choses aux Anglais, soit pour peindre ce qu'ils voient, soit pour découvrir ce qu'ils cherchent.

Tom-Jones ne peut être considéré seulement comme un roman. La plus féconde des idées philosophiques, le contraste des qualités naturelles et de l'hypocrisie sociale, y est mise en action avec un art infini; et l'amour, comme je l'ai dit ailleurs[1], n'est que l'accessoire d'un tel sujet. Mais Richardson en première ligne, et après ses écrits, plusieurs romans, dont un grand nombre ont été composés par des femmes, donnent parfaitement l'idée de ce genre d'ouvrages dont l'intérêt est inexprimable.

Les anciens romans français peignent des aventures de chevalerie qui ne rappellent en rien les événements de la vie. La Nouvelle Héloïse est un écrit éloquent et passionné, qui caractérise le génie d'un homme, et non les mœurs de la nation. Tous les autres romans français que nous aimons, nous les devons à l'imitation des Anglais. Les sujets ne sont pas les mêmes, mais la manière de les traiter, mais le caractère général de cette sorte d'invention, appartiennent exclusivement aux écrivains anglais.

Ce sont eux qui ont osé croire les premiers qu'il suffisait du tableau des affections privées pour intéresser l'esprit et le cœur de l'homme; que ni l'illustration des personnages, ni l'importance des intérêts, ni le merveilleux des événements, n'étaient nécessaires pour captiver l'imagination, et qu'il y avait dans la

[1] Essai sur les Fictions.

puissance d'aimer de quoi renouveler sans cesse et les tableaux et les situations, sans jamais lasser la curiosité. Ce sont les Anglais enfin qui ont fait des romans des ouvrages de morale où les vertus et les destinées obscures peuvent trouver des motifs d'exaltation et se créer un genre d'héroïsme.

Il règne dans ces écrits une sensibilité calme et fière, énergique et touchante. Nulle part on ne sent mieux le charme de cet amour protecteur qui, dispensant l'être faible de veiller à sa propre destinée, concentre tous ses desirs dans l'estime et la tendresse de son défenseur.

CHAPITRE XVI.

De l'éloquence et de la philosophie des Anglais.

Il y a trois époques très distinctes dans la situation politique des Anglais : les temps antérieurs à leur révolution, leur révolution même, et la constitution qu'ils possèdent depuis 1688. Le caractère de la littérature a nécessairement varié suivant ces diverses circonstances. Avant la révolution, on ne remarque en philosophie qu'un seul homme, le chancelier Bacon. La théologie absorbe entièrement les années mêmes de la révolution. La poésie a presque seule occupé les esprits sous le règne voluptueux et despotique de Charles II ; et ce n'est que depuis 1688, depuis qu'une constittuion stable a donné à l'Angleterre du repos et de la liberté, qu'on peut observer avec exactitude les effets constants d'un ordre de choses durable.

Les écrits de Bacon caractérisent son génie plutôt que son siècle. Il s'élança seul dans toutes les sciences : quelquefois obscur, souvent scolastique, il eut cependant des idées nouvelles sur tous les sujets, mais il ne put rien compléter. L'homme de génie fait quelques pas dans des sentiers inconnus ; mais il ne faut pas moins que la force commune et réunie des siècles et des nations pour frayer les grandes routes.

Les querelles de religion auraient pu replonger l'Angleterre, au dix-septième siècle, dans l'état dont l'Europe était enfin sortie ; mais les lumières qui existaient déja et dans les autres pays et dans l'Angleterre même, s'opposèrent aux funestes effets de ces disputes vaines. Harrington, Sidney, etc., indifférents aux questions théologiques, s'efforcèrent de rattacher les esprits aux principes de la liberté, et leurs efforts ne furent pas entièrement perdus pour la raison.

Enfin, la philosophie anglaise, à la fin du dix-septième siècle, prit son véritable caractère, et l'a soutenu depuis cent ans toujours avec de nouveaux succès.

La philosophie anglaise est scientifique, c'est-à-dire que ses écrivains appliquent aux idées morales le genre d'abstraction, de calcul et de développement dont les savants se servent pour parvenir aux découvertes et pour les expliquer.

La philosophie française tient davantage au sentiment et à l'imagination, sans avoir pour cela moins de profondeur; car ces deux facultés de l'homme, lorsqu'elles sont dirigées par la raison, éclairent sa marche, et l'aident à pénétrer plus avant dans la connaissance du cœur humain.

La religion chrétienne, telle qu'elle est professée en Angleterre, et les principes constitutionnels tels qu'ils sont établis, laissent une assez grande latitude aux recherches de la pensée, soit en morale, soit en politique. Cependant les philosophes anglais, en général, ne se permettent pas de tout examiner; et l'utilité, qui est le mobile de leurs efforts, leur interdit en même temps un certain degré d'indépendance.

Ils ont développé d'une manière supérieure la théorie métaphysique des facultés de l'homme, mais ils connaissent et étudient moins les caractères et les passions. La Bruyère, le cardinal de Retz, Montaigne, n'ont point d'égal en Angleterre.

Dans les pays où la tranquillité règne avec la liberté, on s'examine peu réciproquement. Les lois dirigent la plupart des relations des hommes entre eux. Tout porte l'esprit aux idées générales, plutôt qu'aux observations particulières. Mais lorsque les sociétés brillantes de la cour et de la ville ont un grand crédit politique, le besoin de les observer pour y réussir développe un grand nombre de pensées fines; et si, d'un côté, il y a moins de philosophie pratique dans un tel pays, de l'autre, les esprits sont nécessairement plus capables de pénétration et de sagacité.

Les Anglais ont traité la politique comme une science purement intellectuelle. Hobbes, Ferguson, Locke, etc., avec des systèmes différents, recherchent quel fut l'état primitif des sociétés, afin d'arriver à connaître quelles sont les lois qu'il faut instituer pour les hommes. Smith, Hume, Shaftesbury, étudient les sentiments et les caractères sous des points de vue presque entièrement métaphysiques. Ils écrivent pour l'instruction et la méditation, mais ils ne songent point à captiver l'intérêt en même temps qu'ils sollicitent l'attention. Montesquieu semble donner la vie aux idées, et rappelle à chaque ligne la nature morale de l'homme au milieu des abstractions de l'esprit. Nos écrivains français, ayant toujours présent à leur pensée le tribunal de la société, cherchent à obtenir le suffrage de lecteurs qui se fatiguent aisément ; ils veulent attacher le charme des sentiments à l'analyse des idées, et faire ainsi marcher simultanément un plus grand nombre de vérités.

Les Anglais ont avancé dans les sciences philosophiques, comme dans l'industrie commerciale, à l'aide de la patience et du temps. Le penchant de leurs philosophes pour les abstractions semblait devoir les entraîner dans des systèmes qui pouvaient être contraires à la raison ; mais l'esprit de calcul, qui régularise, dans leur application, les combinaisons abstraites ; la moralité, qui est la plus expérimentale de toutes les idées humaines ; l'intérêt du commerce, l'amour de la liberté, ont toujours ramené les philosophes anglais à des résultats pratiques. Que d'ouvrages entrepris pour servir utilement les hommes, pour l'éducation des enfants, pour le soulagement des malheureux, pour l'économie politique, la législation criminelle, les sciences, la morale, la métaphysique ! Quelle philosophie dans les conceptions ! quel respect pour l'expérience dans le choix des moyens !

C'est à la liberté qu'il faut attribuer cette émulation et cette sagesse. On pouvait si rarement se flatter en France d'influer par ses écrits sur les institutions de son pays, qu'on ne songeait qu'à montrer de l'esprit dans les discussions même les plus sérieuses. On poussait jusqu'au paradoxe un système vrai sous quelques rapports ; la raison ne pouvant avoir un effet utile, on voulait au moins que le paradoxe fût brillant. D'ailleurs, sous une monarchie absolue, on pouvait, comme Rousseau l'a fait dans le Contrat social, vanter sans danger la démocratie pure ; mais on n'aurait point osé approcher des idées plus vraisemblables. Tout était jeu d'esprit en France, hors les arrêts du conseil du roi : tandis qu'en Angleterre, chacun pouvant agir d'une manière quelconque sur les résolutions de ses représentants, l'on prend l'habitude de comparer la pensée avec l'action, et l'on s'accoutume à l'amour du bien public par l'espoir d'y contribuer.

Ce principe d'utilité, qui a donné, si je puis m'exprimer ainsi, tant de corps à la littérature des Anglais, a retardé cependant chez eux un dernier perfectionnement de l'art, que les Français ont atteint : c'est la concision dans le style. La plupart des livres anglais sont confus à force de prolixité. Le patriotisme qui règne en Angleterre inspire une sorte d'intérêt de famille pour les questions d'une utilité générale ; on peut en entretenir les Anglais aussi longuement que de leurs affaires particulières ; et les auteurs, confiants dans cette disposition, abusent souvent de la liberté qu'elle accorde. Les Anglais donnent à toutes leurs idées des développements aussi étendus que ceux d'un instituteur parlant à ses élèves : c'est peut-être un meilleur moyen d'éclairer la masse d'une nation ; mais la méthode philosophique ne peut acquérir ainsi toute sa perfection.

Les Français feraient un livre mieux que les Anglais, en leur prenant leurs idées ; ils les présenteraient avec plus d'ordre et de précision : comme ils suppriment beaucoup d'intermédiaires, leurs ouvrages exigent plus d'attention pour être compris ; mais la classification des idées y gagne, soit par la rapidité, soit par la rectitude de la route que l'on fait suivre à l'esprit. En Angleterre, c'est presque toujours par le suffrage de la multitude que commence la gloire ; elle remonte ensuite vers les classes supérieures. En France, elle descendait de la classe supérieure vers le peuple. Je n'examine point ce qui est préférable pour le bonheur national ; mais l'art d'écrire et la méthode de composer ne peuvent se perfectionner, en Angleterre, jusqu'au point où l'on devait arriver en France ; lorsque les écrivains visaient toujours et presque exclusivement au suffrage des premiers hommes de leur pays.

On se livre en Angleterre aux systèmes abstraits, ou aux recherches qui ont pour objet une utilité positive et pratique : mais ce genre intermédiaire, qui réunit dans un même style la pensée et l'éloquence, l'instruction et l'intérêt, l'expression pittoresque et l'idée juste, les Anglais n'en possèdent presque point de modèles, et leurs livres n'ont qu'un but à la fois, l'utilité ou l'agrément.

Les Anglais, dans leurs poésies, portent au premier degré l'éloquence de l'ame : ils sont de grands écrivains en vers ; mais leurs ouvrages en prose participent très rarement à la chaleur et à l'énergie qu'on trouve dans leurs poésies. Les vers blancs n'offrant que très peu de difficultés, les Anglais ont réservé pour la poésie tout ce qui tient à l'imagination ; ils considèrent la prose comme la langue de la logique, et le seul objet de leur style est de faire comprendre les raisonnements, et non d'intéresser par des expressions. La langue anglaise n'a pas encore acquis peut-être le degré de perfection dont elle est susceptible. Ayant plus souvent servi aux affaires qu'à la littérature, elle manque encore d'un très grand nombre de nuances ; et il faut beaucoup plus de finesse et de correction dans une langue pour bien écrire en prose que pour bien écrire en vers.

Quelques auteurs anglais cependant, Bolingbroke, Shaftesbury, Addison, ont de la réputation comme bons écrivains en prose ; néanmoins leur style manque d'originalité, et leurs images de chaleur : le caractère de l'écrivain n'est point empreint dans son style, et le mouvement de l'ame ne se fait point sentir à ses lecteurs. Il semble que les Anglais n'osent se livrer entièrement que dans l'inspiration poétique : lorsqu'ils écrivent en prose, une sorte de pudeur captive leurs sentiments : comme ils sont tout à la fois timides et passionnés, ils ne peuvent se livrer à demi. Les Anglais se transportent dans le monde idéal de la poésie, mais ils ne mettent presque jamais de chaleur dans les écrits qui portent sur les objets réels. Ils reprochent avec vérité aux écrivains français leur égoïsme, leur vanité, l'importance que chacun attache à sa personne, dans un pays où l'intérêt public ne tient point de place. Mais il est cependant certain que pour qu'un auteur soit éloquent, il faut qu'il exprime ses propres sentiments ; ce n'est pas son intérêt, mais son émotion ; ce n'est pas son amour-propre, mais son caractère, qui doivent animer ses écrits ; et faire abstraction en écrivant de ce qu'on éprouve soi-même, ce serait aussi faire abstraction de ce qu'éprouve le lecteur.

Il n'y a point en Angleterre de mémoires, de confessions, de récits de soi faits par soi-même ; la fierté du caractère anglais se refuse à ce genre de détails et d'aveux : mais l'éloquence des écrivains perd souvent à l'abnégation trop sévère de tout ce qui semble tenir aux affections personnelles.

On applique en Angleterre l'esprit des affaires aux principes de la littérature ; et l'on interdit dans les ouvrages raisonnés tout appel à l'émotion, tout ce qui pourrait influencer le moins du monde le libre exercice du jugement. M. Burke, le plus violent ennemi de la France, a, dans son ouvrage contre elle, quelques rapports avec l'éloquence française ; mais quoiqu'il ait des admirateurs en Angleterre, on y est assez tenté d'accuser son style d'exagération autant que ses opinions, et de trouver sa manière d'écrire incompatible avec des idées justes.

Les Lettres de Junius sont l'un des écrits les plus éloquents de la prose anglaise. Peut-être aussi que la principale cause du grand plaisir attaché à cette lecture, c'est l'admiration qu'on éprouve pour la liberté d'un pays où l'on pouvait attaquer ainsi les ministres et le roi lui-même, sans que le repos et l'organisation sociale en souffrissent, sans que les dépositaires de la puissance publique eussent le droit de se soustraire à la plus véhémente expression de la censure individuelle.

Les débats parlementaires sont plus animés que le style des auteurs en prose. La nécessité d'improviser, le mouvement des débats, l'opposition, la réplique, excitent un intérêt, causent une agitation qui peuvent entraîner les orateurs : néanmoins l'argumentation est toujours le caractère principal des discours au parlement. L'éloquence populaire des anciens, celle des premiers orateurs français, produiraient dans la chambre des communes plutôt l'étonnement que la conviction. Parcourons rapidement les causes de ces différences.

La révolution anglaise, qui devait mettre en mouvement toutes les passions populaires, s'est faite par les querelles théologiques. L'éloquence donc, au lieu de recevoir à cette époque une grande impulsion, a pris dès-lors, par la nature même des objets qu'elle traitait, la forme de l'argumentation. Les intérêts de finances et de commerce ont été les premiers objets de tous les parlements d'Angleterre ; et toutes les fois qu'on est appelé à discuter avec les hommes leurs intérêts de calcul, le raisonnement seul obtient leur confiance. La situation diplomatique de l'Europe, autre objet des débats parlementaires, a toujours exigé, par l'importance même de ses intérêts, une grande circonspection. Les deux partis qui ont divisé le parlement ne luttaient point, comme les plébéiens et les patriciens, avec toutes les passions de l'homme ; c'étaient presque toujours quelques rivalités individuelles, contenues par l'ambition même, qui les excitaient ; c'étaient des débats dans lesquels l'opposition, voulant donner au roi un ministre de son parti, gardait toujours, dans sa résistance même, les égards nécessaires pour arriver à ce but. Le point d'honneur met nécessairement aussi quelques bornes à la violence des attaques personnelles. Enfin les modernes ont en général un respect pour les lois qui doit nécessairement aussi changer à quelques égards le caractère de leur éloquence. Quoiqu'il existât des lois chez les anciens, l'autorité populaire avait souvent le droit et la volonté de tout détruire ou de tout recréer. Les modernes ont presque toujours été astreints à commenter le texte des lois existantes. Sans nier assurément les avantages de cette fixité, il s'ensuit néanmoins que l'esprit de discussion et d'analyse est plus important dans les assemblées actuelles que le talent d'émouvoir.

Il faut que la logique de l'orateur, au lieu de presser l'homme corps à corps, comme Démosthène, l'attaque avec de certaines armes convenues, dont l'effet est plus indirect. D'ailleurs, le gouvernement représentatif resserrant nécessairement, et le cercle des objets que l'on traite, et le nombre de ceux auxquels on s'adresse, l'éloquence de Démosthène n'aurait pas de proportion avec l'auditoire et le but : les témoins comptés et connus qui environnent de près les orateurs anglais, la table sur laquelle ils marquent, par un geste uniforme, le retour des mêmes raisonnements, tout leur rappelle un conseil d'état plutôt qu'une assemblée populaire ; tout doit les ramener à ne se servir que des armes du sang-froid, l'argumentation ou l'ironie [1].

Plusieurs des causes que je viens d'énoncer devraient s'appliquer également au gouvernement représentatif en France ; mais les premières époques de la révolution ont offert à ses orateurs des sujets d'éloquence antique. Mirabeau, et quelques autres après lui, ont un talent plus entraînant, plus dramatique que celui des Anglais ; l'habitude des affaires s'y montre moins, et le besoin des succès de l'esprit beaucoup davantage. Les longs développements seraient en tout temps aussi beaucoup moins tolérés en France qu'en Angleterre. Les orateurs anglais, de même que Cicéron, répètent souvent des idées déjà comprises ; ils reviennent quelquefois aux mouvements, aux effets d'éloquence déjà employés avec succès. En France, on est si jaloux de l'admiration qu'on accorde, que si l'orateur voulait l'obtenir deux fois pour le même sentiment, pour le même bonheur d'expression, l'auditoire lui reprocherait une confiance orgueilleuse, lui refuserait un second aveu de son talent, et reviendrait presque sur le premier.

[1] L'orateur de l'opposition n'étant point chargé de la direction des affaires, doit montrer presque toujours plus d'éloquence que le ministre. On aurait de la peine maintenant, en Angleterre, à prononcer entre deux talents prodigieux : néanmoins les mouvements de l'ame se rallient toujours plus naturellement à celui qui n'est pas dans le pouvoir.

Cette disposition d'esprit, chez les Français, doit porter très haut le vrai talent; mais elle entraîne la médiocrité dans des efforts gigantesques et ridicules : elle favorise aussi quelquefois, d'une manière funeste, le succès des plus absurdes assertions. S'il fallait prolonger un raisonnement, sa fausseté serait plus sensible; si l'on pouvait le réfuter avec les formes qui servent à développer les vérités élémentaires, les esprits les plus communs finiraient par comprendre quel est l'objet de la question. La dialectique des Anglais se prête beaucoup moins que la nôtre au succès des sophismes. Le style déclamateur, qui sert si bien les idées fausses, est rarement admis par les Anglais : et comme ils donnent une moins grande part aux considérations morales dans les motifs qu'ils développent, le sens positif des paroles s'écarte moins du but, et permet moins de s'égarer.

La langue de la prose étant beaucoup plus perfectionnée chez les Français, ce que nous avons eu, ce que nous pourrions avoir d'hommes vraiment éloquents, remuerait plus fortement les passions humaines; ils sauraient réunir dans un même discours plus de talents divers. Les Anglais ont considéré l'art de la parole, comme tous les talents en général, sous le point de vue de l'utilité; et c'est ce qui doit arriver à tous les peuples, après un certain temps de repos fondé sur la liberté.

Le repos du despotisme produirait un effet absolument contraire; il laisserait subsister les besoins actifs de l'amour-propre individuel, et ne rendrait indifférent qu'à l'intérêt national. L'importance politique de chaque citoyen est telle dans un pays libre, qu'il attache plus de prix à ce qui lui revient du bonheur public qu'à tous les avantages particuliers qui ne serviraient pas à la force commune.

CHAPITRE XVII.

De la littérature allemande [1].

La littérature allemande ne date que de ce siècle. Jusqu'alors les Allemands s'étaient occupés des sciences et de la métaphysique

---

[1] J'ai besoin de rappeler ici quel est le but de cet ouvrage. Je n'ai point prétendu faire une analyse de tous les livres distingués qui composent une littérature; j'ai voulu caractériser l'esprit général de chaque littérature dans ses rapports avec la religion, les mœurs et le gouvernement. Sans doute je n'ai pu traiter un tel sujet sans citer beaucoup d'écrivains et beaucoup de livres; mais c'était à l'appui de mes raisonnements que je présentais ces exemples, et non avec l'intention de juger et de

avec beaucoup de succès ; mais ils avaient plus écrit en latin que dans leur langue naturelle ; et l'on n'apercevait encore aucun caractère original dans les productions de leur esprit. Les causes qui ont retardé les progrès de la littérature allemande s'opposent encore, sous quelques rapports, à sa perfection ; et c'est d'ailleurs un désavantage véritable pour une littérature, que de se former plus tard que celle de plusieurs autres peuples environnants : car l'imagination des littératures déjà existantes tient souvent alors la place du génie national. Considérons d'abord les causes principales qui modifient l'esprit de la littérature en Allemagne, le caractère des ouvrages vraiment beaux qu'elle a produits, et les inconvénients dont elle doit se garantir.

La division des états excluant une capitale unique, où toutes les ressources de la nation se concentrent, où tous les hommes distingués se réunissent, le goût doit se former plus difficilement en Allemagne qu'en France. L'émulation multiplie ses effets dans un grand nombre de petites sphères ; mais on ne juge pas, mais on ne critique pas avec sévérité, lorsque chaque ville veut avoir des hommes supérieurs dans son sein. La langue doit aussi se fixer difficilement, lorsqu'il existe diverses universités, diverses académies d'une égale autorité, sur les questions littéraires. Beaucoup d'écrivains se croient alors le droit d'inventer sans cesse des mots nouveaux ; et ce qui semble de l'abondance amène la confusion.

Il est reconnu, je crois, que la fédération est un système politique très favorable au bonheur et à la liberté ; mais il nuit presque toujours au plus grand développement possible des arts et des talents, pour lesquels la perfection du goût est nécessaire. La communication habituelle de tous les hommes distingués, leur réunion dans un centre commun, établit une sorte de législation littéraire qui dirige tous les esprits dans la meilleure route.

Le régime féodal, auquel l'Allemagne est soumise, ne lui permet pas de jouir de tous les avantages politiques attachés à la fédération. Néanmoins la littérature allemande porte le caractère de la littérature d'un peuple libre ; et la raison en est évidente. Les hommes de lettres d'Allemagne vivent entre eux en répu-

discuter le mérite de chaque auteur, comme on pourrait le faire dans une bibliothèque universelle. Cette observation s'applique plus particulièrement encore à ce chapitre qu'à tous les autres. Il existe une foule de bons ouvrages en allemand que je n'ai point indiqués, parce que ceux que j'ai nommés suffisaient pour prouver ce que je disais du caractère de la littérature allemande en général.

blique ; plus il y a d'abus révoltants dans le despotisme des rangs , plus les hommes éclairés se séparent de la société et des affaires publiques. Ils considèrent toutes les idées dans leurs rapports naturels ; les institutions qui existent chez eux sont trop contraires aux plus simples notions de la philosophie, pour qu'ils puissent en rien y soumettre leur raison.

Les Anglais sont moins indépendants que les Allemands dans leur manière générale de considérer tout ce qui tient aux idées religieuses et politiques. Les Anglais trouvent le repos et la liberté dans l'ordre de choses qu'ils ont adopté, et consentent à la modification de quelques principes philosophiques ; ils respectent leur propre bonheur ; ils ménagent de certains préjugés , comme l'homme qui aurait épousé la femme qu'il aime serait enclin à soutenir l'indissolubilité du mariage. Les philosophes d'Allemagne, entourés d'institutions vicieuses, sans excuses comme sans avantages, se sont entièrement livrés à l'examen rigoureux des vérités naturelles.

La division des gouvernements, sans donner la liberté politique, établit presque nécessairement la liberté de la presse. Il n'existe ni religion dominante, ni opinion dominante dans un pays ainsi partagé ; les pouvoirs établis se maintiennent par la protection des grandes puissances ; mais l'empire de chaque gouvernement sur ses sujets est extrêmement limité par l'opinion ; et l'on peut parler sur tout, quoiqu'il ne soit possible d'agir sur rien.

La société ayant encore beaucoup moins d'agréments en Allemagne qu'en Angleterre, la plupart des philosophes vivent solitaires ; et l'intérêt des affaires publiques, si puissant chez les Anglais, n'existe point presque parmi les Allemands. Les princes traitent avec distinction les hommes de lettres ; ils leur accordent souvent des marques d'honneur. Néanmoins la plupart des gouvernements n'appellent que les anciens nobles à se mêler de la politique ; et il n'y a d'ailleurs que les gouvernements représentatifs qui donnent à toutes les classes un intérêt direct aux affaires publiques. L'esprit des hommes de lettres doit donc se tourner vers la contemplation de la nature et l'examen d'eux-mêmes.

Ils excellent dans la peinture des affections douloureuses et des images mélancoliques. A cet égard , ils se rapprochent de toutes les littératures du Nord, des littératures ossianiques ; mais leur vie méditative leur inspire une sorte d'enthousiasme pour le beau, d'indignation contre les abus de l'ordre social, qui les préserve de l'ennui dont les Anglais sont susceptibles dans les vicissitudes de leur carrière. Les hommes éclairés, en Allemagne, n'existent que pour l'étude, et leur esprit se soutient en lui-même par une sorte d'activité intérieure plus continuelle et plus vive que celle des Anglais.

En Allemagne, les idées sont encore ce qui intéresse le plus au monde. Il n'y a rien d'assez grand ni d'assez libre dans les gouvernements, pour que les philosophes puissent préférer les jouissances du pouvoir à celles de la pensée; et leur ame ne se refroidit point par des rapports trop continuels avec les hommes.

Les ouvrages des Allemands sont d'une utilité moins pratique que ceux des Anglais; ils se livrent davantage aux combinaisons systématiques, parceque, n'ayant point d'influence par leurs écrits sur les institutions de leur pays, ils s'abandonnent sans but positif au hasard de leurs pensées; ils adoptent successivement toutes les sectes mystiquement religieuses; ils trompent de mille manières le temps et la vie, qu'ils ne peuvent employer que par la méditation. Mais il n'est point de pays où les écrivains aient mieux approfondi les sentiments de l'homme passionné, les souffrances de l'ame et les ressources philosophiques qui peuvent aider à les supporter. Le caractère général de la littérature est le même dans tous les pays du Nord; mais les traits distinctifs du genre allemand tiennent à la situation politique et religieuse de l'Allemagne.

Le livre par excellence que possèdent les Allemands, et qu'ils peuvent opposer aux chefs-d'œuvre des autres langues, c'est Werther. Comme on l'appelle un roman, beaucoup de gens ne savent pas que c'est un ouvrage. Mais je n'en connais point qui renferme une peinture plus frappante et plus vraie des égarements de l'enthousiasme, une vue plus perçante dans le malheur, dans cet abîme de la nature, où toutes les vérités se découvrent à l'œil qui sait les y chercher.

Le caractère de Werther ne peut être celui du grand nombre des hommes. Il représente dans toute sa force le mal que peut faire un mauvais ordre social à un esprit énergique; il se rencontre plus souvent en Allemagne que partout ailleurs. On a voulu blâmer l'auteur de Werther de supposer au héros de son roman une autre peine que celle de l'amour, de laisser voir dans son ame la vive douleur d'une humiliation, et le ressentiment profond contre l'orgueil des rangs, qui a causé cette humiliation:

c'est, selon moi, l'un des plus beaux traits de génie de l'ouvrage. Goëthe voulait peindre un être souffrant par toutes les affections d'une ame tendre et fière; il voulait peindre ce mélange de maux qui seul peut conduire un homme au dernier degré du désespoir. Les peines de la nature peuvent laisser encore quelque ressource : il faut que la société jette ses poisons dans la blessure, pour que la raison soit tout-à-fait altérée et que la mort devienne un besoin.

Quelle sublime réunion l'on trouve dans Werther, de pensées et de sentiments, d'entraînement et de philosophie! Il n'y a que Rousseau et Goëthe qui aient su peindre la passion réfléchissante, la passion qui se juge elle-même et se connaît sans pouvoir se dompter. Cet examen de ses propres sensations, fait par celui-là même qu'elles dévorent, refroidirait l'intérêt, si tout autre qu'un homme de génie voulait le tenter. Mais rien n'émeut davantage que ce mélange de douleurs et de méditations, d'observations et de délire, qui représente l'homme malheureux se contemplant par la pensée et succombant à la douleur, dirigeant son imagination sur lui-même, assez fort pour se regarder souffrir, et néanmoins incapable de porter à son ame aucun secours.

On a dit encore que Werther était dangereux, qu'il exaltait les sentiments au lieu de les diriger; et quelques exemples du fanatisme qu'il a excité confirment cette assertion. L'enthousiasme que Werther a excité, sur-tout en Allemagne, tient à ce que cet ouvrage est tout-à-fait dans le caractère national. Ce n'est pas Goëthe qui l'a créé, c'est lui qui l'a su peindre. Tous les esprits en Allemagne, comme je l'ai dit, sont disposés à l'enthousiasme : or, Werther fait du bien aux caractères de cette nature.

L'exemple du suicide ne peut jamais être contagieux. Ce n'est pas d'ailleurs le fait inventé dans un roman, ce sont les sentiments qu'on y développe qui laissent une trace profonde; et cette maladie de l'ame qui prend sa source dans une nature élevée et finit cependant par rendre la vie odieuse, cette maladie de l'ame dis-je, est parfaitement décrite dans Werther. Tous les hommes sensibles et généreux se sont sentis quelquefois prêts d'en être atteints, et souvent peut-être des créatures excellentes que poursuivaient l'ingratitude et la calomnie, ont dû se demander si la vie, telle qu'elle est, pouvait être supportée par l'homme vertueux, si l'organisation entière de la société ne pesait pas sur les ames vraies et tendres, et ne leur rendait pas l'existence impossible.

La lecture de Werther apprend à connaître comment l'exaltation de l'honnêteté même peut conduire à la folie; elle fait voir à quel degré de sensibilité l'ébranlement devient trop fort pour qu'on puisse soutenir les événements même les plus naturels. On est averti des penchants coupables par toutes les réflexions, par toutes les circonstances, par tous les traités de morale; mais lorsqu'on se sent une nature généreuse et sensible, on s'y confie entièrement, et l'on peut arriver au dernier degré du malheur sans que rien vous ait fait connaître la suite d'erreurs qui vous y a conduit. C'est à ces sortes de caractères que l'exemple du sort de Werther est utile; c'est un livre qui rappelle à la vertu la nécessité de la raison [1].

La Messiade de Klopstock, à travers une foule innombrable de défauts, de longueurs, de mysticités, d'obscurités inexplicables, contient des beautés du premier ordre. Le caractère d'Abbadona, subissant les destinées d'un coupable en conservant l'amour de la vertu, unissant les facultés d'un ange avec les souffrances de l'enfer, est une idée tout-à-fait neuve. Cette vérité dans les expressions de l'amour et les tableaux de la nature, à travers toutes les inventions les plus bizarres, produit un effet remarquable.

L'étonnement que causerait l'idée de la mort à qui l'apprendrait pour la première fois, est peint avec une touchante énergie dans un chant de la Messiade. Un habitant d'une planète où la vie n'a point de terme interroge un ange, qui lui donne des nouvelles de notre terre, sur ce que c'est que la mort. « Quoi! lui
« dit-il, il est vrai que vous connaissez un pays où le fils peut
« être pour jamais séparé de celle qui lui a prodigué les plus
« tendres marques d'affection pendant les premières années de
« sa vie! où la mère peut se voir enlever l'enfant sur lequel repo-
« sait tout son avenir! un pays où cependant on connaît l'amour,
« où deux êtres se dévouent l'un à l'autre, vivent long-temps à
« deux, puis savent exister seuls! Se peut-il que, sur cette terre,
« on veuille du don de la vie, lorsqu'elle ne sert qu'à former des
« liens que doit briser la mort, qu'à aimer ce qu'il faut perdre,
« qu'à recueillir dans son cœur une image dont l'objet peut dis-

---

[1] Goëthe a composé plusieurs autres ouvrages qui ont une grande réputation en Allemagne, Wilheim Meister, Hermann et Dorothée, etc. Les odes de Klopstock, les tragédies de Schiller, les écrits de Wieland, le théâtre de Kotzebuë, etc., exigeraient plusieurs chapitres, si l'on voulait approfondir leur mérite littéraire; mais ce travail, comme je l'ai dit, ne pouvait entrer dans le plan général de mon ouvrage.

« paraître du monde où l'on reste encore après lui ! » En commençant la lecture de la Messiade, on croit entrer dans une atmosphère où l'on se perd souvent, où l'on distingue quelquefois des objets admirables; mais qui vous fait éprouver constamment une sorte de tristesse dont la sensation n'est pas dépourvue de quelque douceur.

Les tragédies allemandes, et en particulier celles de Schiller, contiennent des beautés qui supposent toujours une ame forte. En France, la finesse de l'esprit, le tact des convenances, la crainte du ridicule, affaiblissent souvent, à quelques égards, la vivacité des impressions. Accoutumé à veiller sur soi-même, on perd nécessairement, au milieu de la société, ces mouvements impétueux qui développent à tous les regards ce qu'il y a de plus vrai dans les affections de l'ame. Mais en lisant les tragédies allemandes qui ont acquis de la célébrité, l'on trouve souvent des mots, des expressions, des idées qui vous révèlent en vous-même des sentiments étouffés ou contenus par la régularité des rapports et des liens de la société. Ces expressions vous raniment, vous transportent, vous persuadent un moment que vous allez vous élever au-dessus de tous les égards factices, de toutes les formes commandées, et qu'après une longue contrainte, le premier ami que vous retrouverez, c'est votre propre caractère, c'est vous-même. Les Allemands sont très distingués comme peintres de la nature. Gessner, Zacharie, plusieurs poëtes dans le genre pastoral, font aimer la campagne, et paraissent inspirés par ses douces impressions. Ils la décrivent telle qu'elle doit frapper les regards attentifs, lorsque les soins de la culture, les travaux champêtres qui rappellent la présence de l'homme et les jouissances de la vie tranquille, sont d'accord avec la disposition de l'âme. Il faut qu'elle soit dans une situation paisible pour goûter de tels écrits. Lorsque les passions agitent l'existence, le calme extérieur de la nature est un tourment de plus. Les aspects sombres et sauvages, les objets tristes qui nous environnent, aident à supporter la douleur qu'on éprouve au-dedans de soi.

La tragédie de *Goelz de Berlichingen*, et quelques romans connus, sont remplis de ces souvenirs de chevalerie si piquants pour l'imagination, et dont les Allemands savent faire un usage intéressant et varié.

Après avoir parcouru les principales beautés de la littérature des Allemands, je dois arrêter l'attention sur les défauts de leurs écrivains, et sur les conséquences que ces défauts pourraient avoir, si l'on ne parvenait pas à les corriger.

Le genre exalté est celui de tous dans lequel il est le plus aisé de se tromper ; il faut un grand talent pour ne pas s'écarter de la vérité en peignant une nature au-dessus des sentiments habituels; et il n'y a pas d'infériorité supportable dans la peinture de l'enthousiasme. Werther a produit plus de mauvais imitateurs qu'aucun autre chef-d'œuvre de littérature ; et le manque de naturel est plus révoltant dans les écrits où l'auteur veut mettre de l'exaltation, que dans tous les autres. Wieland a très bien développé, dans son Pérégrinus Protée, les inconvénients de cet enthousiasme factice, si différent de l'inspiration du génie. Les Allemands sont beaucoup plus indulgents que nous à cet égard; ils souffrent aussi, souvent même ils applaudissent une certaine quantité d'idées triviales en philosophie, sur la richesse, la bienfaisance, la naissance, le mérite, etc., lieux communs qui refroidiraient en France toute espèce d'intérêt. Les Allemands écoutent encore avec plaisir les pensées les plus connues, quoique leur esprit en découvre chaque jour de nouvelles.

La langue des Allemands n'est pas fixée ; chaque écrivain a son style, et des milliers d'hommes se croient écrivains. Comment la littérature peut-elle se former dans un pays où l'on publie près de trois mille volumes par an? Il est trop aisé d'écrire l'allemand assez bien pour être imprimé ; trop d'obscurités sont permises, trop de licences tolérées, trop d'idées communes accueillies, trop de mots réunis ensemble ou nouvellement créés; il faut que la difficulté du style soit de nature à décourager au moins les esprits tout-à-fait médiocres. Le vrai talent a peine à se reconnaître au milieu de cette foule innombrable de livres : il parvient à la fin, sans doute, à se distinguer ; mais le goût général se gâte de plus en plus par tant de lectures insipides, et les occupations littéraires elles-mêmes doivent finir par perdre de leur considération.

Les Allemands manquent quelquefois de goût dans les écrits qui appartiennent à leur imagination naturelle ; ils en manquent plus souvent encore par imitation. Parmi leurs écrivains, ceux qui ne possèdent pas un génie tout-à-fait original empruntent, les uns les défauts de la littérature anglaise, et les autres ceux de la littérature française. J'ai déja tâché de faire sentir, en analysant Shakspeare, que ses beautés ne pouvaient être égalées que par un génie semblable au sien, et que ses défauts devaient être soigneusement évités. Les Allemands ressemblent aux Anglais sous quelques rapports ; ce qui fait qu'ils s'égarent beaucoup moins en étudiant les auteurs anglais qu'en imitant les auteurs français. Néanmoins ils ont aussi pour système de mettre en contraste la nature vulgaire avec la nature héroïque, et ils diminuent ainsi l'effet d'un très grand nombre de leurs plus belles pièces.

A ce défaut, qui leur est commun avec les Anglais, ils joignent un certain goût pour la métaphysique des sentiments, qui refroidit souvent les situations les plus touchantes. Comme ils sont naturellement penseurs et méditatifs, ils placent leurs idées abstraites, et les développements et les définitions dont leurs têtes sont occupées, dans les scènes les plus passionnées; et les héros, et les femmes, et les anciens, et les modernes tiennent tous quelquefois le langage d'un philosophe allemand. C'est un défaut réel dont les écrivains doivent se préserver. Leur génie leur inspire souvent les expressions les plus simples pour les passions les plus nobles ; mais quand ils se perdent dans l'obscurité, l'intérêt ne peut plus les suivre, ni la raison les approuver.

On a souvent reproché aux écrivains allemands de manquer de grace et de gaieté. Quelques uns d'entre eux craignant ce reproche, dont les Anglais se glorifient, veulent imiter en littérature le goût français ; et ils tombent alors dans des fautes d'autant plus graves, qu'étant sortis de leur caractère naturel, ils n'ont plus ces beautés énergiques et touchantes qui faisaient oublier toutes les imperfections. Il ne fallait pas moins que les circonstances particulières à l'ancienne France, et dans la France, à Paris, pour atteindre à ce charme de grace et de gaieté qui caractérisait quelques écrivains avant la révolution. Il en est une foule, parmi nous, qui ont échoué dans leurs essais au milieu des meilleurs modèles. Les Allemands ne sont pas même certains de bien choisir lorsqu'ils veulent imiter.

On peut croire, en Allemagne, que Crébillon et Dorat sont des écrivains pleins de grace, et charger la copie d'un style déja si maniéré, qu'il est presque insupportable aux Français. Les auteurs allemands qui trouveraient au fond de leur ame tout ce qui peut émouvoir les hommes de tous les pays, mêlant ensemble la mythologie grecque et la galanterie française, se font un genre où la nature et la vérité sont évitées avec un soin presque scrupuleux. En France, la puissance du ridicule finit toujours par ramener à la simplicité ; mais dans un pays comme l'Allemagne, où le tribunal de la société a si peu de force et si peu d'accord, il ne faut rien risquer dans le genre qui exige l'habitude la plus constante et le tact le plus fin de toutes les convenances de l'esprit. Il faut s'en tenir aux principes universels de la haute littérature, et n'écrire que sur les sujets où il suffit de la nature et de la raison pour se guider.

Les Allemands ont quelquefois le défaut de vouloir mêler aux ouvrages philosophiques une sorte d'agrément qui ne convient en aucune manière aux écrits sérieux [1]. Ils croient ainsi se mettre à la portée de leurs lecteurs; mais il ne faut jamais supposer à ceux qui nous lisent, des facultés inférieures aux nôtres : il convient mieux d'exprimer ses pensées telles qu'on les a conçues. On ne doit pas se mettre au niveau du plus grand nombre, mais tendre au plus haut terme de perfection possible : le jugement du public est toujours, à la fin, celui des hommes les plus distingués de la nation.

C'est quelquefois aussi par un desir mal entendu de plaire aux femmes, que les Allemands veulent unir ensemble le sérieux et la frivolité. Les Anglais n'écrivent point pour les femmes; les Français les ont rendues, par le rang qu'ils leur ont accordé dans la société, d'excellents juges de l'esprit et du goût; les Allemands doivent les aimer, comme les Germains d'autrefois, en leur supposant quelques qualités divines. Il faut mettre du culte et non de la condescendance dans les relations avec elles.

Enfin, pour faire admettre des vérités philosophiques dans un pays où elles ne sont point encore publiquement adoptées, on a cru nécessaire de les revêtir de la forme d'un conte, d'un dialogue, ou d'un apologue; et Wieland en particulier s'est acquis une grande réputation dans ce genre. Peut-être un détour était-il quelquefois nécessaire pour enseigner la vérité; peut-être fallait il faire dire aux anciens ce qu'on voulait apprendre aux modernes, et rappeler le passé comme servant d'allégorie pour le présent. L'on ne peut juger jusqu'à quel point les ménagements employés par Wieland sont politiquement nécessaires; mais je répéterai [2] que, sous le rapport du mérite littéraire, l'on se tromperait en croyant donner plus de piquant aux vérités philoso-

---

[1] Un lithologiste allemand, discutant, dans un de ses écrits, sur une pierre qu'il n'avait pu jusqu'alors découvrir, s'exprime ainsi en parlant d'elle : *Cette nymphe fugitive échappe à nos recherches;* et s'exaltant ensuite sur les propriétés d'une autre pierre, il s'écrie en la nommant : *Ah! sirène!*

[2] Essai sur les Fictions.

phiques, par le mélange des personnages et des aventures qui servent de prétexte aux raisonnements. On ôte à l'analyse sa profondeur, au roman son intérêt, en les réunissant ensemble. Pour que les événements inventés vous captivent, il faut qu'ils se succèdent avec une rapidité dramatique ; pour que les raisonnements amènent la conviction, il faut qu'ils soient suivis et conséquents ; et quand vous coupez l'intérêt par la discussion, et la discussion par l'intérêt, loin de reposer les bons esprits, vous fatiguez leur attention : il faudrait beaucoup moins d'efforts pour suivre le fil d'une idée aussi loin que la réflexion peut la conduire, que pour reprendre et quitter sans cesse des raisonnements interrompus et des impressions brisées.

Les succès de Voltaire ont inspiré le desir de faire, à son exemple, des contes philosophiques ; mais il n'y a point d'imitation possible pour ce qui caractérise cette sorte d'écrits dans Voltaire, la gaieté piquante et la grace toujours variée. Il se trouve sans doute un résultat philosophique à la fin de ses contes ; mais l'agrément et la tournure du récit sont tels, que vous ne vous apercevez du but que lorsqu'il est atteint : ainsi qu'une excellente comédie, dont, à la réflexion, vous sentez l'effet moral, mais qui ne vous frappe d'abord au théâtre que par son intérêt et son action.

Le sérieux de la raison, l'éloquence de la sensibilité, voilà ce qui doit être le partage de la littérature allemande ; ses essais dans les autres genres ont toujours été moins heureux.

Il n'est point de nation plus singulièrement propre aux études philosophiques. Leurs historiens, à la tête desquels il faut mettre Schiller et Müller, sont aussi distingués qu'on peut l'être en écrivant l'histoire moderne. Le régime féodal nuit extrêmement à l'intérêt des événements et des caractères ; il semble qu'on se représente, dans ce siècle guerrier, tous les grands hommes revêtus de la même armure, et presque aussi semblables entre eux que leurs casques et leurs boucliers.

Que de travaux pour les sciences, pour la métaphysique, honorent la nation allemande ! que de recherches ! que de persévérance ! Les Allemands n'ont point une patrie politique ; mais ils se sont fait une patrie littéraire et philosophique, pour la gloire de laquelle ils sont remplis du plus noble enthousiasme.

Un joug volontaire met cependant obstacle, à quelques égards, au degré de lumières qu'on pourrait acquérir en Allemagne ; c'est l'esprit de secte : il tient dans la vie oisive la place de l'esprit de parti, et il a quelques uns de ses inconvénients. Sans doute, avant de grossir le nombre des sectateurs d'un système, on applique toute son attention à le juger, on se décide pour ou contre, par l'exercice indépendant de sa raison. Le premier choix est libre, mais ses suites ne le sont pas. Dès que les premières bases vous conviennent, vous adoptez, pour maintenir la secte, toutes les conséquences que le maître tire de ses principes. Une secte, quelque philosophique qu'elle soit dans son but, ne l'est jamais dans ses moyens. Il faut toujous inspirer une sorte de confiance aveugle pour effacer les dissidences individuelles ; car un grand nombre d'hommes, lorsque leur raison est libre, ne donne jamais un assentiment complet à toutes les opinions d'un seul.

Il est encore une observation importante contre les systèmes nouveaux dont on veut faire une secte ; l'esprit humain marche trop lentement pour qu'une suite quelconque d'idées justes puisse être trouvée à la fois. Un siècle développe deux ou trois idées de plus ; et ce siècle, avec raison, est illustre. Comment un seul homme pourrait-il donc avoir un enchaînement de pensées entièrement nouvelles ? D'ailleurs toutes les vérités sont susceptibles d'évidence, et l'évidence ne fait pas de secte. Il faut de la bizarrerie, et surtout du mystère, pour exciter dans les hommes ce qui est le mobile de l'esprit de secte, le besoin de se distinguer. Ce besoin devient réellement utile aux progrès des lumières, lorsqu'il excite l'émulation entre tous les talents, mais non lorsqu'il jette plusieurs esprits dans la dépendance d'un seul.

On a besoin, pour conquérir les empires, que les armées disciplinées reconnaissent le pouvoir d'un chef ; mais pour faire des progrès dans la carrière de la vérité, il faut que chaque homme y marche de lui-même, guidé par les lumières de son siècle, et non par les documents de tel parti [1].

Les hommes éclairés de l'Allemagne ont, pour la plupart, un amour de la vertu, du beau dans tous les genres, qui donne à leurs écrits un grand caractère. Ce qui distingue leur philosophie, c'est d'avoir substitué l'austérité de la morale à la superstition religieuse. En France, on s'est contenté de renverser l'empire des dogmes. Mais quelle serait l'utilité des lumières pour le bonheur

---

[1] Tout ce qu'il peut y avoir d'ingénieux dans l'esprit de Kant, et d'élevé dans ses principes, ne serait point, je crois, une objection suffisante contre ce que je viens de dire sur l'esprit de secte.

des nations, si ces lumières ne portaient avec elles que la destruction, si elles ne développaient jamais aucun principe de vie, et ne donnaient point à l'ame de nouveaux sentiments, de nouvelles vertus à l'appui d'antiques devoirs? Les Allemands sont éminemment propres à la liberté, puisque déja, dans leur révolution philosophique, ils ont su mettre, à la place des barrières usées qui tombaient de vétusté, les bornes immuables de la raison naturelle.

Si par quelques malheurs invincibles la France était un jour destinée à perdre pour jamais tout espoir de liberté, c'est en Allemagne que se concentrerait le foyer des lumières, et c'est dans son sein que s'établiraient, à une époque quelconque, les principes de la philosophie politique. Nos guerres avec les Anglais ont dû les rendre ennemis de tout ce qui rappelle la France; mais une impartialité plus équitable dirigerait les opinions des Allemands.

Ils s'entendent mieux que nous à l'amélioration du sort des hommes ; ils perfectionnent les lumières, ils préparent la conviction ; et nous, c'est par la violence que nous avons tout essayé, tout entrepris, tout manqué. Nous n'avons fondé que des haines, et les amis de la liberté marchent au milieu de la nation, la tête baissée, rougissant des crimes des uns et calomniés par les préjugés des autres. Vous, nation éclairée, vous, habitants de l'Allemagne, qui peut-être une fois serez, comme nous, enthousiastes de toutes les idées républicaines, soyez invariablement fidèles à un seul principe, qui suffit, à lui seul, pour préserver de toutes les erreurs irréparables. Ne vous permettez jamais une action que la morale puisse réprouver ; n'écoutez point ce que vous diront quelques raisonneurs misérables sur la différence qu'on doit établir entre la morale des particuliers et celle des hommes publics. Cette distinction est d'un esprit faux et d'un cœur étroit ; et si nous périssions, ce serait pour l'avoir adoptée.

Voyez ce que fait le crime au milieu d'une nation : des persécuteurs toujours agités, des persécutés toujours implacables ; aucune opinion qui paraisse innocente, aucun raisonnement qui puisse être écouté ; une foule de faits, de calomnies, de mensonges tellement accumulés sur toutes les têtes, que, dans la carrière civile, il reste à peine une considération pure, un homme auquel un autre homme veuille marquer de la condescendance ; aucun parti fidèle aux mêmes principes ; quelques hommes réunis par le lien d'une terreur commune, lien que rompt aisément l'espérance de pouvoir se sauver seul ; enfin une confusion si terrible entre les opinions généreuses et les actions coupables, entre les opinions serviles et les sentiments généreux, que l'estime errante ne sait où se fixer, et que la conscience se repose à peine avec sécurité sur elle-même.

Il suffit d'un jour où l'on ait pu prêter un appui par quelques pensées, par quelques discours, à des résolutions qui ont amené des cruautés et des souffrances ; il suffit de ce jour pour tourmenter la vie, pour détruire au fond du cœur et le calme, et cette bienveillance universelle que faisait naître l'espoir de trouver des cœurs amis partout où l'on rencontrait des hommes. Ah! que les nations encore honnêtes, que les hommes doués de talents politiques, qui ne peuvent se faire aucun reproche, conservent précieusement un tel bonheur ! et si leur révolution commence, qu'ils ne redoutent au milieu d'eux que les amis perfides qui leur conseilleront de persécuter les vaincus !

La liberté donne des forces pour sa défense, le concours des intérêts fait découvrir toutes les ressources nécessaires, l'impulsion des siècles renverse tout ce qui veut lutter pour le passé contre l'avenir : mais l'action inhumaine sème la discorde, perpétue les combats, sépare en bandes ennemies la nation entière ; et ces fils du serpent de Cadmus, auxquels un dieu vengeur n'avait donné la vie qu'en les condamnant à se combattre jusqu'à la mort, ces fils du serpent, c'est le peuple, au milieu duquel l'injustice a long-temps régné.

CHAPITRE XVIII.

Pourquoi la nation française était-elle la nation de l'Europe qui avait le plus de grace, de goût et de gaieté.

La gaieté française, le bon goût français, avaient passé en proverbe dans tous les pays de l'Europe, et l'on attribuait généralement ce goût et cette gaieté au caractère national : mais qu'est-ce qu'un caractère national, si ce n'est le résultat des institutions et des circonstances qui influent sur le bonheur d'un peuple, sur ses intérêts et sur ses habitudes ? Depuis que ces circonstances et ces institutions sont changées, et même dans les moments les plus calmes de la révolution, les contrastes les plus piquants n'ont pas été l'objet d'une épigramme ou d'une plaisanterie spirituelle. Plusieurs des hommes qui ont pris un grand ascendant sur les destinées de la France étaient dépourvus de toute apparence de grace dans l'expression et de brillant dans l'esprit : peut-être même devaient-ils une partie de leur influence à ce qu'il y avait de sombre, de silencieux, de froidement féroce dans leurs manières comme dans leurs sentiments.

Les religions et les lois décident presque entièrement de la ressemblance ou de la différence de l'esprit des nations. Le climat peut encore y apporter quelques changements ; mais l'éducation générale des premières classes de la société est toujours le résultat des institutions politiques dominantes. Le gouvernement étant le centre de la plupart des intérêts des hommes, les habitudes et les pensées suivent le cours des intérêts. Examinons quels avantages d'ambition on trouvait en France à se distinguer par le charme de la grace et de la gaieté, et nous saurons pourquoi ce pays offrait de l'une et de l'autre tant de parfaits modèles.

Plaire ou déplaire était la véritable source des punitions et des récompenses qui n'étaient point infligées par les lois. Il y avait dans d'autres pays des gouvernements monarchiques, des rois absolus, des cours somptueuses ; mais nulle part on ne trouvait réunies les mêmes circonstances qui influaient sur l'esprit et les mœurs des Français.

Dans les monarchies limitées, comme en Angleterre et en Suède, l'amour de la liberté, l'exercice des droits politiques, des troubles civils presque continuels, apprenaient aux rois qu'ils avaient besoin de rencontrer dans leurs favoris de certaines qualités défensives, apprenaient aux courtisans que même pour être préféré par les rois, il fallait pouvoir appuyer leur autorité sur des moyens indépendants et personnels.

En Allemagne, de longues guerres et la fédération des états prolongeaient l'esprit féodal, et n'offraient point de centre où toutes les lumières et tous les intérêts pussent se réunir.

Les despotes de l'Orient et du Nord avaient trop besoin d'inspirer la crainte pour exciter d'aucune manière l'esprit de leurs sujets ; et le desir de plaire à ses maîtres est une sorte de familiarité avec eux qui effaroucherait leur tyrannie.

Dans les républiques, de quelque manière qu'elles fussent constituées, il était trop nécessaire aux hommes de se défendre ou de se servir les uns des autres, pour établir entre eux des rapports d'agrément et de plaisir.

La galanterie des Maures, l'existence qu'elle donnait aux femmes, auraient pu approcher à quelques égards les Espagnols de l'esprit français; mais les superstitions auxquelles ils se sont livrés ont arrêté parmi eux tous les genres de progrès aimables ou sérieux ; et l'esprit paresseux du Midi a tout abandonné à l'activité du sacerdoce.

Ce n'était donc qu'en France où l'autorité des rois s'étant consolidée par le consentement tacite de la noblesse, le monarque avait un pouvoir sans bornes par le fait, et néanmoins incertain par le droit. Cette situation l'obligeait à ménager ses courtisans mêmes, comme faisant partie de ce corps de vainqueurs qui tout à la fois lui cédait et lui garantissait la France, leur conquête.

La délicatesse du point d'honneur, l'un des prestiges de l'ordre privilégié, obligeait les nobles à décorer la soumission la plus dévouée des formes de la liberté. Il fallait qu'ils conservassent dans leurs rapports avec leur maître une sorte d'esprit de chevalerie, qu'ils écrivissent sur leur bouclier : POUR MA DAME ET POUR MON ROI, afin de se donner l'air de choisir le joug qu'ils portaient; et, mêlant ainsi l'honneur avec la servitude, ils essayaient de se courber sans s'avilir. La grace était pour ainsi dire, dans leur situation, une politique nécessaire ; elle seule pouvait donner quelque chose de volontaire à l'obéissance.

Le roi, de son côté, devant se considérer, à quelques égards, comme le dispensateur de la gloire, comme le représentant de l'opinion, ne pouvait récompenser qu'en flattant, punir qu'en dégradant. Il fallait qu'il appuyât sa puissance sur une sorte d'assentiment public, dont sa volonté sans doute était le premier mobile, mais qui se montrait souvent indépendamment de sa volonté. Les liens délicats, les préjugés maniés avec art, formaient les rapports des premiers sujets avec leur maître : ces rapports exigeaient une grande finesse dans l'esprit; il fallait de la grace dans le monarque, ou tout au moins dans les dépositaires de sa puissance ; il fallait du goût et de la délicatesse dans le choix des faveurs et des favoris, pour que l'on n'aperçût ni le commencement, ni les limites de la puissance royale. Quelques uns de ses droits devaient être reconnus, d'autres reconnus sans être exercés ; et les considérations morales étaient saisies par l'opinion avec une telle finesse, qu'une faute de tact était généralement sentie, et pouvait perdre un ministre, quelque appui que le gouvernement essayât de lui prêter.

Il fallait que le roi s'appelât le premier gentilhomme de son royaume, pour exercer à son aise une autorité sans bornes sur des gentilshommes ; il fallait qu'il fortifiât son autorité sur les nobles par un certain genre de flatterie pour la noblesse. L'arbitraire dans le pouvoir n'excluant point alors la liberté dans les opinions, l'on sentait le besoin de se plaire les uns aux autres, et l'on multipliait les moyens d'y réussir. La grace et l'élégance des manières passaient des habitudes de la cour dans les écrits des hommes de lettres. Le point le plus élevé, la source de toutes les faveurs, est l'objet de l'attention générale ; et comme dans les pays libres le gouvernement donne l'impulsion des vertus publiques, dans les monarchies la cour influe sur le genre d'esprit de la nation, parcequ'on veut imiter généralement ce qui distingue la classe la plus élevée.

Lorsque le gouvernement est assez modéré pour qu'on n'ait rien de cruel à en redouter, assez arbitraire pour que toutes les jouissances du pouvoir et de la fortune dépendent uniquement de sa faveur, tous ceux qui y prétendent doivent avoir assez de calme dans l'esprit pour être aimables, assez d'habileté pour faire servir ce charme frivole à des succès importants. Les hommes de la première classe de la société en France aspiraient souvent au pouvoir, mais ils ne couraient dans cette carrière aucun hasard dangereux ; ils jouaient sans jamais risquer de beaucoup perdre : l'incertitude ne roulait que sur la mesure du gain ; l'espoir seul animait donc les efforts : de grands périls ajoutent à l'énergie de l'ame et de la pensée, la sécurité donne à l'esprit tout le charme de l'aisance et de la facilité.

La gaieté piquante, plus encore même que la grace polie, effaçait toutes les distances sans en détruire aucune ; elle faisait rêver l'égalité aux grands avec les rois, aux poëtes avec les nobles, et donnait même à l'homme d'un rang supérieur un sentiment plus raffiné de ses avantages ; un instant d'oubli les lui faisait retrouver ensuite avec un nouveau plaisir ; et la plus grande perfection du goût et de la gaieté devait naître de ce desir de plaire universel.

La recherche dans les idées et les sentiments, qui vint d'Italie gâter le goût de toutes les nations de l'Europe, nuisit d'abord à la grace française ; mais l'esprit, en s'éclairant, revint nécessairement à la simplicité. Chaulieu, La Fontaine, madame de Sévigné, furent les écrivains les plus naturels, et se montrèrent doués d'une grace inimitable. Les Italiens et les Espagnols étaient inspirés par le desir de plaire aux femmes; et cependant ils étaient loin d'égaler les Français dans l'art délicat de la louange. La flatterie qui sert à l'ambition exige beaucoup plus d'esprit et d'art que celle qui ne s'adresse qu'aux femmes; ce sont toutes les passions des hommes et tous leurs genres de vanité qu'il faut savoir ménager, lorsque la combinaison du gouvernement et des mœurs est telle que les succès des hommes entre eux dépendent de leur talent mutuel de se plaire, et que ce talent est le seul moyen d'obtenir les places éminentes du pouvoir.

Non seulement la grace et le goût servaient en France aux intérêts les plus grands, mais l'une et l'autre préservaient du malheur le plus redouté, du ridicule. Le ridicule est, à beaucoup d'égards, une puissance aristocratique : plus il y a de rangs dans la société, plus il existe de rapports convenus entre ces rangs, et plus l'on est obligé de les connaître et de les respecter. Il s'établit dans les premières classes de certains usages, de certaines règles de politesse et d'élégance, qui servent, pour ainsi dire, de signe de ralliement, et dont l'ignorance trahirait des habitudes et des sociétés différentes. Les hommes qui composent ces premières classes, disposant de toutes les faveurs de l'état, exercent nécessairement un grand empire sur l'opinion publique; car, à l'exception de quelques circonstances très rares, la puissance est de bon goût, le crédit a de la grace, et les heureux sont aimés.

La classe qui dominait en France sur la nation était exercée à saisir les nuances les plus fines; et comme le ridicule la frappait avant tout, ce qu'il fallait éviter avant tout, c'était le ridicule. Cette crainte mettait souvent obstacle à l'originalité du talent; peut-être même pouvait-elle nuire, dans la carrière politique, à l'énergie des actions; mais elle développait dans l'esprit des Français un genre de perspicacité singulièrement remarquable. Leurs écrivains connaissaient mieux les caractères, les peignaient mieux qu'aucune autre nation. Obligés d'étudier sans cesse ce qui pouvait nuire ou plaire en société, cet intérêt les rendait très observateurs. Molière, et même après lui quelques autres comiques, sont des hommes supérieurs, dans leur genre, à tous les écrivains des autres nations. Les Français n'approfondissent pas, comme les Anglais et les Allemands, les sentiments que le malheur fait éprouver; ils ont trop l'habitude de s'en éloigner pour le bien connaître : mais le caractère dont on peut faire sortir des effets comiques, les hommes séduits par la vanité, trompés par amour-propre, ou trompeurs par orgueil, cette foule d'êtres asservis à l'opinion des autres, et ne respirant que par elle, aucun peuple de la terre n'a jamais su les peindre comme les Français.

La gaieté ramène à des idées naturelles ; et quoique le bon ton de la société de France fût entièrement fondé sur des relations factices, c'est à la gaieté de cette société même qu'il faut attribuer ce qu'on avait conservé de vérité dans les idées et dans la manière de les exprimer.

Il n'y avait pas sans doute beaucoup de philosophie dans la conduite de la plupart des hommes éclairés ; ils avaient souvent eux-mêmes les faiblesses qu'ils condamnaient dans leurs ouvrages : néanmoins ce qui relevait les écrits et les conversations, c'était une sorte d'hommage à la philosophie, qui avait pour but de montrer que l'on connaissait de la raison tout ce que l'esprit en peut savoir, et qu'au besoin on pourrait se moquer de son ambition, de son orgueil, de son rang même, quoique l'on fût bien résolu à n'y point renoncer.

La cour voulait plaire à la nation, et la nation à la cour ; la cour prétendait à la philosophie, et la ville au bon ton. Les courtisans, venant se mêler aux habitants de la capitale, voulaient y montrer un mérite personnel, un caractère, un esprit à eux ; et les habitants de la capitale conservaient toujours un attrait irrésistible pour les manières brillantes des courtisans. Cette émulation réciproque ne hâtait pas les progrès des vérités austères et fortes ; mais il ne restait pas une idée fine, une nuance délicate, que l'intérêt ne fit découvrir à l'esprit.

Un ouvrage assez piquant d'Agrippa d'Aubigné distinguait, il y a plus de deux siècles, l'*être* et le *paraître*, en faisant le portrait d'un Français, le duc d'Épernon. Dans l'ancien régime, tous les Français, plus ou moins, s'occupaient extrêmement du *paraître*, parceque le théâtre de la société en inspire singulièrement le desir. Il faut soigner les apparences lorsqu'on ne peut faire juger que ses manières, et l'on était même excusable de souhaiter en France des succès de société, puisqu'il n'existait pas une autre arène pour faire connaître ses talents et s'indiquer aux regards du pouvoir. Mais aussi quels nombreux sujets de comédies ne doit-on pas rencontrer dans un pays où ce ne sont pas les actions, mais les manières, qui peuvent décider de la réputation ! Toutes les graces forcées, toutes les prétentions vaines, sont d'inépuisables sources de plaisanteries et de scènes comiques.

L'influence des femmes est nécessairement très grande lorsque tous les événements se passent dans les salons, et que tous les caractères se montrent par les paroles; dans un tel état de choses, les femmes sont une puissance, et l'on cultive ce qui leur plaît. Le loisir que la monarchie laissait à la plupart des hommes distingués en tous les genres était nécessairement très favorable au perfectionnement des jouissances de l'esprit et de la conversation. Ce n'était ni par le travail ni par l'étude qu'on parvenait au pouvoir en France : un bon mot, une certaine grace, étaient souvent la cause de l'avancement le plus rapide; et ces fréquents exemples inspiraient une sorte de philosophie insouciante, de confiance dans la fortune, de mépris pour les efforts studieux, qui poussait tous les esprits vers l'agrément et le plaisir. Quand l'amusement est non seulement permis, mais souvent utile, une nation doit atteindre en ce genre à ce qu'il peut y avoir de plus parfait.

On ne verra plus rien de pareil en France avec un gouvernement d'une autre nature, de quelque manière qu'il soit combiné; et il sera bien prouvé alors que ce qu'on appelait l'esprit français, la grace française, n'était que l'effet immédiat et nécessaire des institutions et des mœurs monarchiques, telles qu'elles existaient en France depuis plusieurs siècles.

CHAPITRE XIX.

De la littérature pendant le siècle de Louis XIV[1].

C'est par l'étude des anciens que le règne des lettres a recommencé en Europe; mais ce n'est que long-temps après l'époque de leur renaissance que l'imitation des anciens a dirigé le goût littéraire. Les Français cultivaient la littérature espagnole au commencement du dix-septième siècle : cette littérature avait en elle une sorte de grandeur qui préserva les écrivains français de quelques défauts du goût italien alors répandu dans toute l'Europe; et Corneille, qui commence l'ère du génie français, doit beaucoup à l'étude des caractères espagnols.

Le siècle de Louis XIV, le plus remarquable de tous en littérature, est très inférieur, sous le rapport de la philosophie, au

---

[1] Je n'analyserai point avec détail ce qui concerne la littérature française; toutes les idées intéressantes ont été dites sur ce sujet. Je me borne seulement à tracer la route qui a conduit les esprits, depuis le siècle de Louis XIV jusq .'à la révolution de 1789.

siècle suivant. La monarchie, et surtout un monarque qui comptait l'admiration parmi les actes d'obéissance, l'intolérance religieuse et les superstitions encore dominantes, bornaient l'horizon de la pensée; l'on ne pouvait concevoir aucun ensemble, ni se permettre aucune analyse dans un certain ordre d'opinions; l'on ne pouvait suivre une idée dans tous ses développements. La littérature, dans le siècle de Louis XIV, était le chef-d'œuvre de l'imagination; mais ce n'était point encore une puissance philosophique, puisqu'un roi absolu l'encourageait, et qu'elle ne portait point ombrage à son despotisme. Cette littérature, sans autre but que les plaisirs de l'esprit, ne peut avoir l'énergie de celle qui a fini par ébranler le trône. On voyait des écrivains saisir quelquefois, comme Achille, l'arme guerrière au milieu des ornements frivoles; mais, en général, les livres ne traitaient point les questions vraiment importantes : les hommes de lettres étaient relégués loin des intérêts actifs de la vie. L'analyse des principes du gouvernement, l'examen des dogmes religieux, l'appréciation des hommes puissants, tout ce qui pouvait conduire à un résultat applicable leur était totalement interdit.

Le livre de Télémaque était alors une action courageuse; et Télémaque ne contient cependant que des vérités modifiées par l'esprit monarchique. Massillon, Fléchier, hasardaient quelques principes indépendants à l'abri de saintes erreurs; Pascal vivait dans le monde intellectuel des sciences et de la métaphysique religieuse; La Rochefoucauld, La Bruyère, peignaient les hommes dans le cercle des sociétés particulières, avec une prodigieuse sagacité : mais comme il n'y avait point encore de nation, les grands traits des caractères politiques, qui ne sont formés que par les institutions libres, ne pouvaient y être dessinés. Corneille, plus rapproché des temps orageux de la Ligue, montre souvent dans ses tragédies le caractère républicain; mais quel est l'auteur du siècle de Louis XIV dont l'indépendance philosophique peut se comparer à celle des écrits de Voltaire, de Rousseau, de Montesquieu, de Raynal, etc.?

La pureté du style ne peut aller plus loin que dans les chefs-d'œuvre du siècle de Louis XIV; et, sous ce rapport, ils doivent être toujours considérés comme les modèles de la littérature française. Ils ne renferment pas (Bossuet excepté) toutes les beautés que peut produire l'éloquence; mais ils sont exempts de tous les défauts qui altèrent l'effet des plus grandes beautés.

Une société aristocratique est singulièrement favorable à la délicatesse, à la finesse du style. Il faut, pour bien écrire, des habitudes autant que des réflexions; et si les idées naissent dans la solitude, les formes propres à ces idées, les images dont on se sert pour les rendre sensibles, appartiennent presque toujours aux souvenirs de l'éducation, et de la société avec laquelle on a vécu. Dans tous les pays, mais principalement en France, les mots ont chacun, pour ainsi dire, leur histoire particulière; telle circonstance frappante a pu les ennoblir, telle autre les dégrader. Un auteur peut rendre à jamais ridicule une expression dont il s'est inconvenablement servi; un usage, une opinion, un culte, peuvent relever ou avilir par des idées accessoires l'image la plus naturelle. C'est dans le cercle resserré d'un petit nombre d'hommes supérieurs, soit par leur éducation, soit par leur mérite, que les règles et le goût du style peuvent se conserver. Comment, au milieu d'une société grossière, parviendrait-on à créer en soi cette délicatesse d'instinct qui repousse tout ce qui blesse le goût, avant même d'avoir analysé les motifs de sa répugnance?

Le style représente, pour ainsi dire, au lecteur le maintien, l'accent, le geste de celui qui s'adresse à lui; et, dans aucune circonstance, la vulgarité[1] des manières ne peut ajouter à la force des idées, ni à celle des expressions. Il en est de même du style; il faut toujours qu'il ait de la noblesse dans les objets sérieux. Aucune pensée, aucun sentiment ne perd pour cela de son énergie; l'élévation du langage conserve seulement cette dignité de l'homme en présence des hommes, à laquelle ne doit jamais renoncer celui qui s'expose à leurs jugements; car cette foule d'inconnus qu'on admet, en écrivant, à la connaissance de soi-même, ne s'attend point à la familiarité; et la majesté du public s'étonnerait avec raison de la confiance de l'écrivain.

L'indépendance républicaine doit donc chercher à imiter la correction des auteurs du siècle de Louis XIV, pour que les pensées utiles se propagent, et que les ouvrages philosophiques soient en même temps des ouvrages classiques en littérature.

On a souvent disputé sur ce qu'il fallait préférer dans les tragédies, de l'imitation de la nature, ou du beau idéal. Je renvoie

---

[1] Je sais bien que ce mot *la vulgarité* n'avait pas encore été employé; mais je le crois bon et nécessaire. Je développerai dans une note de la seconde partie de cet ouvrage quelles règles il me semble raisonnable d'adopter aujourd'hui relativement aux mots nouveaux.

à la seconde partie de cet ouvrage quelques réflexions sur le système tragique qui peut convenir à un état républicain ; cette discussion n'appartient pas à ce chapitre. L'auteur qui a porté au plus haut degré de perfection, et le style, et la poésie, et l'art de peindre le beau idéal, Racine, est l'écrivain qui donne le plus l'idée de l'influence qu'exerçaient les lois et les mœurs du règne de Louis XIV sur les ouvrages dramatiques. L'esprit de chevalerie avait introduit dans les principes de l'honneur un genre de délicatesse qui créait nécessairement une nature de convention ; c'est-à-dire qu'il existait un certain degré d'héroïsme, pour ainsi dire, indispensable à la noblesse, et dont il n'était pas permis de supposer qu'un noble pût être privé. Ce point d'honneur, si susceptible qu'il ne tolérait pas dans les relations de la vie la plus légère expression qui pût blesser la fierté la plus exaltée, ce point d'honneur donnait aussi ses lois à l'imitation théâtrale, aux jeux de l'imagination ; et la diversité des caractères qu'on pouvait peindre devait rester dans les bornes prescrites. Il n'était pas permis d'étendre cette diversité aussi loin que la nature ; et l'on était contenu par un certain respect envers les classes supérieures, qui ne permettait pas de représenter en elles rien qui pût les avilir.

L'adulation envers le monarque élevait encore plus haut le beau idéal. La nation s'anéantit alors qu'elle n'est composée que des adorateurs d'un seul homme. La grandeur factice qu'il fallait accorder à Louis XIV portait les poëtes à peindre toujours des caractères parfaits, comme celui que la flatterie avait inventé : l'imagination des écrivains devait au moins aller aussi loin que leurs louanges ; et le même modèle se répétait souvent dans les tableaux dramatiques. Le caractère d'Achille, dans Iphigénie, avait quelques traits de la galanterie française ; on retrouvait dans Titus des allusions à Louis XIV. Le plus beau génie du monde, Racine, ne se permettait pas des conceptions aussi hardies que sa pensée peut-être les lui aurait suggérées, parcequ'il avait sans cesse présents à l'esprit ceux qui devaient le juger.

Le public terrible, mais inconnu, d'une assemblée tumultueuse, inspire moins de timidité que cet aréopage de la cour, dont l'auteur voudrait captiver personnellement chaque juge. Devant un tel tribunal, le goût paraît encore plus nécessaire que l'énergie. On veut arriver aux grands effets par beaucoup de nuances, et l'on ne peut alors employer les mêmes moyens dont se servait

Shakspeare pour entraîner le flot populaire qui se précipitait à ses pièces.

La peinture de l'amour, sous le règne de Louis XIV, était aussi soumise à quelques règles reçues. La galanterie envers toutes les femmes, introduite par les lois de la chevalerie, la politesse des cours, le langage élégant que l'orgueil des rangs se réservait comme une distinction de plus, tout multipliait les convenances que l'on devait ménager. Ces difficultés ajoutaient souvent à l'éclat du génie qui savait les vaincre ; mais quelquefois aussi l'expression recherchée refroidissait l'émotion. Une sorte d'esprit madrigalique attestait le sang-froid lors même qu'on voulait peindre l'entraînement, et l'on se servait souvent d'un langage qui n'appartenait ni à la raison ni à l'amour.

Il manquait quelque chose, même à Racine, dans la connaissance du cœur humain, sous les rapports que la philosophie seule peut faire découvrir. Mais s'il faut une réflexion approfondie pour démêler ce qu'on pourrait ajouter encore à de tels chefs-d'œuvre, les bornes de la philosophie, dans le siècle de Louis XIV, se font sentir d'une manière bien plus remarquable dans les ouvrages littéraires qui n'appartiennent pas à l'art dramatique. Ces bornes sont l'une des principales causes de la médiocrité des historiens.

Les guerres religieuses avaient fait naître un esprit de parti qui change plusieurs histoires en plaidoyers théologiques ; l'esprit de corps, différent encore de l'esprit de parti, mais non moins éloigné de la vérité, dénature également les faits. Enfin le code de la féodalité donnant pour base à toutes les institutions, à tous les pouvoirs, les droits antérieurs consacrés par le temps, il n'était pas permis de dire la vérité sur le passé, quelque ancien qu'il pût être ; les autorités présentes en dépendaient : des erreurs de tous les genres arrêtaient les historiens sur tous les sujets, ou, ce qui était plus fâcheux encore, les historiens adoptaient sincèrement ces erreurs mêmes.

L'homme, environné de tant d'institutions respectées, de tant de préjugés éclatants, de tant de convenances reçues, ne pouvait pas en appeler à l'indépendance de ses réflexions ; sa raison ne devait pas tout examiner, son ame n'était jamais affranchie du joug de l'opinion ; la solitude même ne ramenait pas sa réflexion aux idées naturelles ; l'ascendant du monarque et du culte monarchique avait pénétré dans la conviction intime de tous. Ce n'était pas un despotisme qui comprimait les esprits ni les ames; c'était un despotisme qui paraissait à tous tellement dans la nature des choses, qu'on se façonnait pour lui comme pour l'ordre invariable de ce qui existe nécessairement.

Un seul asile restait encore, la religion; et, dans cet asile, un homme, Bossuet, fit entendre quelques vérités courageuses. Tous les intérêts de la vie étaient soumis au monarque ; mais, au nom de la mort, on pouvait encore lui parler d'égalité. Ces dogmes, ces cérémonies, cet appareil religieux, étaient alors la seule barrière de la puissance : on la citait devant l'éternité ; et si les hommes abandonnaient à un homme la disposition de leur existence, ils en appelaient à Dieu, qui faisait trembler les rois.

De nos jours, si le pouvoir absolu d'un seul s'établissait en France, il nous manquerait ce recours à des idées majestueuses, à des idées qui, planant sur l'espèce humaine entière, consolaient des hasards du sort; et la raison philosophique opposerait moins de digues à la tyrannie que l'indomptable croyance, l'intrépide dévouement de l'enthousiasme religieux.

CHAPITRE XX.

Du dix-huitième siècle, jusqu'en 1789.

Cette époque est celle où la littérature a donné l'impulsion à la philosophie. Après la mort de Louis XIV, les mêmes abus n'étant plus défendus par le même pouvoir, la réflexion s'est tournée vers les questions qui intéressaient la religion et la politique, et la révolution des esprits a commencé. Les philosophes anglais connus en France ont été l'une des premières causes de cet esprit d'analyse qui a conduit si loin les écrivains français ; mais, indépendamment de cette cause particulière, le siècle qui succède au siècle de la littérature est dans tous les pays, comme j'ai tâché de le prouver, celui de la pensée. Heureux si les Français sont assez favorisés par la destinée pour que le fil des progrès métaphysiques, des découvertes dans les sciences, et des idées philosophiques, ne se rompe pas encore entre leurs mains !

La liberté des opinions a commencé, en France, par des attaques contre la religion catholique; d'abord, parceque c'étaient les seules hardiesses sans conséquence pour l'auteur, et, en second lieu, parceque Voltaire, le premier homme qui ait popularisé la philosophie en France, trouvait dans ce sujet un fonds inépuisable de plaisanteries, toutes dans l'esprit français, toutes dans l'esprit même des hommes de la cour.

Les courtisans ne réfléchissant pas sur la connexion intime qui doit exister entre tous les préjugés, espéraient tout à la fois se maintenir dans une situation fondée sur l'erreur, et se parer eux-mêmes d'un esprit philosophique; ils voulaient dédaigner quelques uns de leurs avantages, et néanmoins les conserver; ils pensaient qu'on n'éclairerait sur les abus que leurs possesseurs, et que le vulgaire continuerait à croire, tandis qu'un petit nombre d'hommes jouissant, comme toujours, de la supériorité de leur rang, joindraient encore à cette supériorité celle de leurs lumières; ils se flattaient de pouvoir regarder long-temps leurs inférieurs comme des dupes, sans que ces inférieurs se lassassent jamais d'une telle situation. Aucun homme ne pouvait mieux que Voltaire profiter de cette disposition des nobles de France; car il se peut que lui-même il la partageât.

Il aimait les grands seigneurs, il aimait les rois; il voulait éclairer la société plutôt que la changer. La grace piquante, le goût exquis, qui régnaient dans ses ouvrages lui rendaient presque nécessaire d'avoir pour juge l'esprit aristocratique. Il voulait que les lumières fussent de bon ton, que la philosophie fût à la mode; mais il ne soulevait point les sensations fortes de la nature; il n'appelait pas du fond des forêts, comme Rousseau, la tempête des passions primitives, pour ébranler le gouvernement sur ses antiques bases. C'est avec la plaisanterie et l'arme du ridicule que Voltaire affaiblissait par degrés l'importance de quelques erreurs : il déracinait tout autour ce que l'orage a depuis si facilement renversé; mais il ne prévoyait pas, il ne voulait pas la révolution qu'il a préparée.

Une république fondée sur un système d'égalité philosophique n'étant point dans ses opinions, ne pouvait être son but secret. L'on n'aperçoit point dans ses écrits une idée lointaine, un dessein caché : cette clarté, cette facilité qui distinguent ses ouvrages, permettent de tout voir, et ne laissent rien à deviner.

Rousseau, portant dans son sein une ame souffrante, que l'injustice, l'ingratitude, les stupides mépris des hommes indifférents et légers avaient long-temps déchirée; Rousseau, fatigué de l'ordre social, pouvait recourir aux idées purement naturelles. Mais la destinée de Voltaire était le chef-d'œuvre de la société, des beaux-arts, de la civilisation monarchique : il devait craindre même de renverser ce qu'il attaquait. Le mérite et l'intérêt de la plupart de ses plaisanteries tiennent à l'existence des préjugés dont il se moque.

Tous les ouvrages qui tirent un mérite quelconque des circonstances du moment ne conservent point une gloire inaltérable. On peut les considérer comme une action de tel jour, mais non comme des livres immortels. L'écrivain qui ne cherche que dans l'immuable nature de l'homme, dans la pensée et le sentiment, ce qui doit éclairer les esprits de tous les siècles, est indépendant des événements : ils ne changeront jamais rien à l'ordre des vérités que cet écrivain développe. Mais quelques uns des ouvrages en prose de Voltaire sont déjà comme les Lettres provinciales : on en aime la tournure, on en délaisse le sujet. Que nous font à présent les plaisanteries sur les juifs ou sur la religion catholique? Le temps en est passé : les Philippiques de Démosthène, au contraire, sont toujours contemporaines, parcequ'il parlait à l'homme, et que l'homme est resté.

Dans le siècle de Louis XIV, la perfection de l'art même d'écrire était le principal objet des écrivains ; mais, dans le dix-huitième siècle, on voit déjà la littérature prendre un caractère différent. Ce n'est plus un art seulement, c'est un moyen : elle devient une arme pour l'esprit humain, qu'elle s'était contentée jusqu'alors d'instruire et d'amuser.

La plaisanterie était, du temps de Voltaire, comme les apologues dans l'Orient, une manière allégorique de faire entendre la vérité sous l'empire de l'erreur. Montesquieu essaya ce genre de raillerie dans ses Lettres persanes ; mais il n'avait point la gaieté naturelle de Voltaire, et c'est à force d'esprit qu'il y suppléa. Des ouvrages d'une plus haute conception ont marqué sa place; des milliers de pensées sont nées de sa pensée. Il a analysé toutes les questions politiques sans enthousiasme, sans système positif. Il a fait voir ; d'autres ont choisi. Mais si l'art social atteint un jour en France à la certitude d'une science dans ses principes et dans son application, c'est de Montesquieu que l'on doit compter ses premiers pas.

Rousseau vint ensuite. Il n'a rien découvert, mais il a tout enflammé ; et le sentiment de l'égalité, qui produit bien plus d'orages que l'amour de la liberté, et qui fait naître des questions d'un tout autre ordre et des événements d'une plus terrible nature, le sentiment de l'égalité, dans sa grandeur comme dans sa petitesse, se peint à chaque ligne des écrits de Rousseau, et s'empare de l'homme tout entier par les vertus comme par les vices de sa nature.

Voltaire a rempli à lui seul cette époque de la philosophie où il faut accoutumer les hommes comme les enfants à jouer avec ce qu'ils redoutent. Vient ensuite le moment d'examiner les objets de front, puis enfin de s'en rendre maître. Voltaire, Montesquieu, Rousseau, ont parcouru ces diverses périodes des progrès de la pensée; et, comme les dieux de l'Olympe, ils ont franchi l'espace en trois pas.

La littérature du dix-huitième siècle s'enrichit de l'esprit philosophique qui la caractérise. La pureté du style, l'élégance des expressions n'ont pu faire des progrès après Racine et Fénelon; mais la méthode analytique, donnant plus d'indépendance à l'esprit, a porté la réflexion sur une foule d'objets nouveaux. Les idées philosophiques ont pénétré dans les tragédies, dans les contes, dans tous les écrits même de pur agrément; et Voltaire, unissant la grace du siècle précédent à la philosophie du sien, sut embellir le charme de l'esprit par toutes les vérités dont on ne croyait pas encore l'application possible.

Voltaire a fait faire des progrès à l'art dramatique, quoiqu'il n'ait point égalé la poésie de Racine. Mais, sans imiter les incohérences des tragédies anglaises, sans se permettre même de transporter sur la scène française toutes leurs beautés, il a peint la douleur avec plus d'énergie que les auteurs qui l'ont précédé. Dans ses pièces, les situations sont plus fortes, la passion est peinte avec plus d'abandon, et les mœurs théâtrales sont plus rapprochées de la vérité. Quand la philosophie fait des progrès, tout marche avec elle; les sentiments se développent avec les idées. Un certain asservissement de l'esprit empêche l'homme d'observer ce qu'il éprouve, de se l'avouer, de l'exprimer; et l'indépendance philosophique sert, au contraire, à mieux connaître et la nature humaine et la sienne propre. L'émotion produite par les tragédies de Voltaire est donc plus forte, quoiqu'on admire davantage celles de Racine. Les sentiments, les situations, les caractères que Voltaire nous présente, tiennent de plus près à nos souvenirs. Il importe au perfectionnement de la morale elle-même que le théâtre nous offre toujours quelques modèles au-dessus de nous; mais l'attendrissement est d'autant plus profond que l'auteur sait mieux retracer nos propres affections à notre pensée.

Quel rôle est plus touchant au théâtre que celui de Tancrède? Phèdre vous inspire de l'étonnement, de l'enthousiasme; mais sa nature n'est point celle d'une femme sensible et délicate. Tancrède, on se le rappelle comme un héros qu'on aurait connu, comme un ami qu'on aurait regretté. La valeur, la mélancolie, l'amour, tout ce qui fait aimer et sacrifier la vie, tous les genres de volupté de l'ame sont réunis dans cet admirable sujet. Défendre la patrie qui nous a proscrits, sauver la femme qu'on aime alors qu'on la croit coupable, l'accabler de générosité, et ne se venger d'elle qu'en se dévouant à la mort, quelle nature sublime, et cependant en harmonie avec toutes les ames tendres ! Cet héroïsme, expliqué par l'amour, n'étonne qu'à la réflexion. L'intérêt que la pièce inspire exalte si fortement les spectateurs, qu'ils se croient tous capables du même dévouement.

Et cette admiration profonde d'Aménaïde pour Tancrède, et cette estime sacrée de Tancrède pour Aménaïde, combien elle ajoute au déchirement de la douleur ! Phèdre, qui n'est point aimée, que peut-elle perdre dans la vie? Mais ce bonheur frappé par le sort, la confiance mutuelle, ce bien suprême flétri par la calomnie ! l'impression de cette situation est telle, que le spectateur ne pourrait la supporter, si Tancrède mourait sans apprendre d'Aménaïde qu'elle n'a jamais cessé de l'aimer. La scène déchirante du dénouement produit une sorte de soulagement. Tancrède expire alors qu'il eût souhaité de vivre; néanmoins il meurt avec un sentiment plus doux.

Eh! qui n'éprouve pas, en effet, qu'il vaut mieux descendre dans la tombe avec des affections qui font regretter la vie, que si l'isolement du cœur nous avait d'avance frappés de mort? Dans cet avenir incertain qui se présente confusément au-delà du terme de notre être, ceux qui nous ont aimés semblent devoir encore nous suivre : mais si nous avions cessé d'estimer leurs vertus, de croire à leur tendresse; si nous étions déjà seuls, où serait l'appui d'une espérance? par quelle émotion notre ame pourrait-elle s'élever jusqu'au ciel? dans quel cœur resterait la trace de cet être passager qui implore la durée? quels vœux s'élèveraient vers l'intelligence suprême, pour lui demander de ne pas briser la chaîne de souvenirs qui unit ensemble deux existences?

Les pensées qui rappellent de quelque manière aux hommes ce qui leur est commun à tous, causent toujours une émotion profonde; et c'est encore sous ce point de vue que les réflexions philosophiques introduites par Voltaire dans ses tragédies, lorsque ces réflexions ne sont pas trop prodiguées, rallient l'intérêt universel aux diverses situations qu'il met en scène. J'examinerai, dans la seconde partie de cet ouvrage, si l'on ne peut pas adapter encore à notre théâtre quelques beautés nouvelles plus rapprochées de l'imitation de la nature ; mais on ne saurait nier que Voltaire n'ait fait faire un pas de plus, sous ce rapport, à l'art dramatique, et que la puissance des effets du théâtre ne s'en soit accrue.

L'illustration littéraire du dix-huitième siècle est principalement due à ses écrivains en prose. Bossuet et Fénelon doivent sans doute être cités comme les premiers qui aient donné l'exemple de réunir dans un même langage tout ce que la prose a de justesse, et la poésie d'imagination. Mais combien Montesquieu, par l'expression énergique de la pensée; Rousseau, par la peinture éloquente de la passion, n'ont-ils pas enrichi l'art d'écrire en français!

La régularité de la versification donne une sorte de plaisir auquel la prose ne peut atteindre; c'est une sensation physique qui dispose à l'attendrissement ou à l'enthousiasme ; c'est une difficulté vaincue dont les connaisseurs jugent le mérite, et qui cause même aux ignorants une jouissance qu'ils ne peuvent analyser. Mais il faut aussi convenir de tout le charme, de toute la jouissance des images poétiques et des mouvements d'éloquence dont la prose perfectionnée nous offre de si beaux exemples. Racine lui-même fait à la rime, à l'hémistiche, au nombre des syllabes, des sacrifices de style : et s'il est vrai que l'expression juste, celle qui rend jusqu'à la plus délicate nuance, jusqu'à la trace la plus fugitive de la liaison de nos idées; s'il est vrai que cette expression soit unique dans la langue, qu'elle n'ait point d'équivalent ; que jusqu' au choix des transitions grammaticales, des articles entre les mots, tout puisse servir à éclaircir une idée, à réveiller un souvenir, à écarter un rapprochement inutile, à transmettre un mouvement comme il est éprouvé, à perfectionner enfin ce talent sublime qui fait communiquer la vie avec la vie, et révèle à l'âme solitaire les secrets d'un autre cœur et les impressions intimes d'un autre être; s'il est vrai qu'une grande délicatesse de style ne permettrait pas, dans les périodes éloquentes, le plus léger changement sans en être blessé, s'il n'est qu'une manière d'écrire le mieux possible, se peut-il qu'avec les règles des vers cette manière unique puisse toujours se rencontrer ?

L'harmonie du style en prose a fait de grands progrès; mais cette harmonie ne doit point imiter l'effet musical des beaux vers : si l'on voulait l'essayer, on rendrait la prose monotone, on cesserait d'être libre dans le choix de ses expressions, sans être dédommagé par la consonnance de la poésie versifiée. L'harmonie de la prose, c'est celle que la nature indique d'elle-même à nos organes. Lorsque nous sommes émus, le son de la voix s'adoucit pour implorer la pitié; l'accent devient plus sévère pour exprimer une résolution généreuse; il s'élève, il se précipite, lorsqu'on veut entraîner à son opinion les auditeurs incertains qui nous entourent : le talent, c'est la faculté d'appeler à soi, quand on le veut, toutes les ressources, tous les effets des mouvements naturels; c'est cette mobilité d'ame qui vous fait recevoir de l'imagination l'émotion que les autres hommes ne pourraient éprouver que par les événements de leur propre vie. Les plus beaux morceaux de prose que nous connaissions sont la langue des passions évoquée par le génie. L'homme sans talent littéraire aurait trouvé ces expressions que nous admirons, si le malheur avait profondément agité son ame.

Sur les champs de Philippes, Brutus s'écrie : « O vertu, ne serais-tu qu'un fantôme? » Le tribun des soldats romains, les conduisant à une mort certaine pour forcer un poste important, leur dit : « Il est nécessaire d'aller là, mais il n'est pas nécessaire d'en revenir : *Ire illuc necesse est, unde redire non necesse.*» Arie dit à Petus, en lui remettant le poignard : « Tiens, cela ne fait point de mal. » Bossuet, en faisant l'éloge de Charles Ier, dans l'Oraison funèbre de sa femme, s'arrête, et, dit en montrant son cercueil : « Ce cœur, qui n'a jamais vécu que pour lui, « se réveille, tout poudre qu'il est, et devient sensible, même « sous ce drap mortuaire, au nom d'un époux si cher. » Émile, prêt à se venger de sa maîtresse, s'écrie : « Malheureux ! fais-lui « donc un mal que tu ne sentes pas. » Comment distinguer dans de tels mots ce qu'il faut attribuer à l'invention ou à l'histoire, à l'imagination ou à la réalité? Héroïsme, éloquence, amour, tout ce qui élève l'ame, tout ce qui la soustrait à la personnalité, tout ce qui l'agrandit et l'honore, appartient à la puissance de l'émotion.

Du moment où la littérature commence à se mêler d'objets sérieux, du moment où les écrivains entrevoient l'espérance d'influer sur le sort de leurs concitoyens par le développement de quelques principes, par l'intérêt qu'ils peuvent donner à quelques vérités, le style en prose se perfectionne.

M. de Buffon s'est complu dans l'art d'écrire, et l'a porté très loin ; mais quoiqu'il fût du dix-huitième siècle, il n'a point dépassé le cercle des succès littéraires : il ne veut faire, avec de beaux mots, qu'un bel ouvrage ; il ne demande aux hommes que leur approbation : il ne cherche point à les influencer, à les remuer jusqu'au fond de leur ame ; la parole est son but autant que son instrument ; il n'atteint donc pas au plus haut point de l'éloquence.

Dans les pays où le talent peut changer le sort des empires, le talent s'accroît par l'objet qu'il se propose : un si noble but inspire des écrits éloquents par le même mouvement qui rend susceptible d'actions courageuses. Toutes les récompenses de la monarchie, toutes les distinctions qu'elle peut offrir, ne donneront jamais une impulsion égale à celle que fait naître l'espoir d'être utile. La philosophie elle-même n'est qu'une occupation frivole dans un pays où les lumières ne peuvent pénétrer dans les institutions. Lorsque la pensée ne peut jamais conduire à l'amélioration du sort des hommes, elle devient, pour ainsi dire, une occupation efféminée ou pédantesque. Celui qui écrit sans avoir agi ou sans vouloir agir sur la destinée des autres, n'empreint jamais son style ni ses idées du caractère ni de la puissance de la volonté.

Vers le dix-huitième siècle, quelques écrivains français ont conçu, pour la première fois, l'espérance de propager utilement leurs idées spéculatives ; leur style en a pris un accent plus mâle, leur éloquence une chaleur plus vraie. L'homme de lettres, alors qu'il vit dans un pays où le patriotisme des citoyens ne peut jamais être qu'un sentiment stérile, est, pour ainsi dire, obligé de se supposer des passions pour les peindre, de s'exciter à l'émotion pour en saisir les effets, de se modifier pour écrire, et de se placer, s'il se peut, en dehors de lui-même, pour examiner quel parti littéraire il peut tirer de ses opinions et de ses sentiments.

On aperçoit déjà les premières nuances du grand changement que la liberté politique doit produire dans la littérature, en comparant les écrivains du siècle de Louis XIV et ceux du dix-huitième siècle : mais quelle force le talent n'acquerrait-il pas dans un gouvernement où l'esprit serait une véritable puissance ? L'écrivain, l'orateur se sent exalté par l'importance morale ou politique des intérêts qu'il traite. S'il plaide pour la victime devant l'assassin, pour la liberté devant les oppresseurs ; si les infortunés qu'il défend écoutent en tremblant le son de sa voix, pâlissent lorsqu'il hésite, perdent tout espoir si l'expression triomphante échappe à son esprit convaincu ; si les destinées de la patrie elle-même lui sont confiées, il doit essayer d'arracher les caractères égoïstes à leurs intérêts, à leurs terreurs, de faire naître dans ses auditeurs ce mouvement du sang, cette ivresse de la vertu qu'une certaine hauteur d'éloquence peut inspirer momentanément, même à des criminels. Combien, dans une telle situation, avec un tel dessein, ne surpassera-t-il pas ses propres forces ! Il trouvera des idées, des expressions que l'ambition du bien peut seule faire découvrir ; il sentira son génie battre dans son sein ; il pourra s'écrier un jour avec transport, en relisant ce qu'il aura écrit, ce qu'il aura dit dans un tel moment, comme Voltaire en entendant déclamer ses vers : « Non, ce n'est pas moi qui ai fait cela. » Ce n'est pas, en effet, l'homme isolé, l'homme armé seulement de ses facultés individuelles, qui atteint de son propre essor à ces pensées d'éloquence dont l'irrésistible autorité dispose de tout notre être moral : c'est l'homme alors qu'il peut sauver l'innocence, c'est l'homme alors qu'il peut renverser le despotisme, c'est l'homme enfin lorsqu'il se consacre au bonheur de l'humanité : il se croit, il éprouve une inspiration surnaturelle.

La révolution permet-elle à la France tant d'émulation et tant de gloire ? C'est ce que j'examinerai dans la seconde partie de cet ouvrage. Ici se terminent mes réflexions sur le passé. Je vais maintenant examiner l'esprit actuel, et présenter quelques conjectures sur l'avenir. Des intérêts plus animés, des passions encore vivantes jugeront ce nouvel ordre de recherches ; mais je sens néanmoins que je puis analyser le présent avec autant d'impartialité que si le temps avait dévoré les années que nous parcourons.

De toutes les abstractions que permet la méditation solitaire, la plus facile, ce me semble, c'est de généraliser ses observations sur ce qu'on voit, comme celles que l'on ferait sur l'histoire des siècles précédents. L'exercice de la pensée, plus que toute autre occupation de la vie, détache des passions personnelles. L'enchaînement des idées et la progression croissante des vérités philosophiques fixent l'attention de l'esprit bien plus que les rapports passagers, incohérents et partiels, qui peuvent exister entre nos circonstances particulières et les événements notre de temps.

SECONDE PARTIE.

DE L'ÉTAT ACTUEL DES LUMIÈRES EN FRANCE,
ET DE LEURS PROGRÈS FUTURS.

CHAPITRE PREMIER.
Idée générale de la seconde partie.

J'ai suivi l'histoire de l'esprit humain depuis Homère jusqu'en 1789. Dans mon orgueil national, je regardais l'époque de la révolution de France comme une ère nouvelle pour le monde intellectuel. Peut-être n'est-ce qu'un événement terrible; peut-être l'empire d'anciennes habitudes ne permet-il pas que cet événement puisse amener de long-temps ni une institution féconde, ni un résultat philosophique. Quoi qu'il en soit, cette seconde partie contenant quelques idées générales sur les progrès de l'esprit humain, il peut être utile de développer ces idées, dussent-elles ne trouver leur application que dans un autre pays ou dans un autre siècle.

Je crois donc toujours intéressant d'examiner quel devrait être le caractère de la littérature d'un grand peuple, d'un peuple éclairé, chez lequel seraient établies la liberté, l'égalité politique, et les mœurs qui s'accordent avec ces institutions. Il n'est qu'une nation dans l'univers à laquelle puissent convenir dès à présent quelques unes de ces réflexions : ce sont les Américains. Ils n'ont point encore de littérature formée; mais quand leurs magistrats sont appelés à s'adresser, de quelque manière, à l'opinion publique, ils possèdent éminemment le don de remuer toutes les affections de l'ame par l'expression des vérités simples et des sentiments purs; et c'est déja connaître les plus utiles secrets du style. Qu'il soit donc admis que les considérations qu'on va lire, quoiqu'elles aient été composées pour la France en particulier, sont néanmoins susceptibles, sous divers rapports, d'une application plus générale.

Toutes les fois que je parle des modifications et des améliorations que l'on peut espérer dans la littérature française, je suppose toujours l'existence et la durée de la liberté et de l'égalité politique. En faut-il conclure que je croie à la possibilité de cette liberté et de cette égalité? Je n'entreprends point de résoudre un tel problème. Je me décide encore moins à renoncer à un tel espoir. Mon but est de chercher à connaître quelle serait l'influence qu'auraient sur les lumières et sur la littérature les institutions qu'exigent ces principes, et les mœurs que ces institutions amèneraient.

Il est impossible de séparer ces observations, lorsqu'elles ont la France pour objet, des effets déjà produits par la révolution même : ces effets, l'on doit en convenir, sont au détriment des mœurs, des lettres et de la philosophie. Dans le cours de cet ouvrage, j'ai montré comment le mélange des peuples du Nord et de ceux du Midi avait causé pendant un temps la barbarie, quoiqu'il en fût résulté par la suite de très grands progrès pour les lumières et la civilisation. L'introduction d'une nouvelle classe dans le gouvernement de France devait produire un effet semblable. Cette révolution peut à la longue éclairer une plus grande masse d'hommes ; mais, pendant plusieurs années, la vulgarité du langage, des manières, des opinions, doit faire rétrograder, à beaucoup d'égards, le goût et la raison.

Personne ne conteste que la littérature n'ait beaucoup perdu depuis que la terreur a moissonné, en France, les hommes, les caractères, les sentiments et les idées. Mais, sans analyser les résultats de ce temps horrible qu'il faut considérer comme tout-à-fait en dehors du cercle que parcourent les événements de la vie, comme un phénomène monstrueux que rien de régulier n'explique ni ne produit, il est dans la nature même de la révolution d'arrêter pendant quelques années les progrès des lumières, et de leur donner ensuite une impulsion nouvelle. Il faut donc examiner d'abord les deux principaux obstacles qui se sont opposés au développement des esprits, la perte de l'urbanité des mœurs et celle de l'émulation que pouvaient exciter les récompenses de l'opinion. Quand j'aurai présenté les diverses idées qui tiennent à ce sujet, je considérerai de quelle perfectibilité la littérature et la philosophie sont susceptibles, si nous nous corrigeons des erreurs révolutionnaires, sans abjurer avec elles les vérités qui intéressent l'Europe pensante à la fondation d'une république libre et juste.

Mes conjectures sur l'avenir seront le résultat de mes observations sur le passé. J'ai essayé de démontrer comment la démocratie de la Grèce, l'aristocratie de Rome, le paganisme des deux nations, donnèrent un caractère différent aux beaux-arts et à la philosophie ; comment la férocité du Nord, se mêlant à l'avilissement du Midi, l'un et l'autre modifiés par la religion chrétienne, ont été les principales causes de l'état des esprits dans le moyen âge. J'ai tenté d'expliquer les contrastes singuliers de la littérature italienne par les souvenirs de la liberté et les habitudes de la superstition. La monarchie la plus aristocratique dans ses mœurs, et la constitution royale la plus républicaine dans ses habitudes, m'ont paru l'origine première des différences les plus frappantes entre la littérature anglaise et la littérature française. Il me reste maintenant à examiner, d'après l'influence que les lois, les religions et les mœurs ont exercée de tout temps sur la littérature, quels changements les institutions en France pourraient apporter dans le caractère des écrits. Si telles institutions politiques ont amené tels résultats en littérature, on doit pouvoir présager, par analogie, comment ce qui se ressemble ou ce qui diffère dans les causes modifierait les effets.

Les nouveaux progrès littéraires et philosophiques que je me propose d'indiquer continueront le développement du système de perfectibilité dont j'ai tracé la marche depuis les Grecs. Il est aisé de montrer combien les pas qu'on ferait dans cette route seraient accélérés, si tous les préjugés autour desquels il faut faire passer le chemin de la vérité étaient aplanis, et s'il ne s'agissait plus, en philosophie, que d'avancer directement de démonstrations en démonstrations. Telle est la marche adoptée dans les sciences positives, qui font chaque jour une découverte de plus, et ne rétrogradent jamais.

Oui, dût cet avenir que je me complais à tracer être encore éloigné, il sera néanmoins utile de rechercher ce qu'il pourrait être. Il faut vaincre le découragement que font éprouver de certaines époques de l'esprit public, dans lesquelles on ne juge plus rien que par des craintes ou par des calculs entièrement étrangers à l'immuable nature des idées philosophiques. C'est pour obtenir du crédit ou du pouvoir qu'on étudie la direction de l'opinion du moment ; mais qui veut penser, qui veut écrire, ne doit consulter que la conviction solitaire d'une raison méditative.

Il faut écarter de son esprit les idées qui circulent autour de nous, et ne sont, pour ainsi dire, que la représentation métaphysique de quelques intérêts personnels; il faut tour à tour précéder le flot populaire, ou rester en arrière de lui : il vous dépasse, il vous rejoint, il vous abandonne ; mais l'éternelle vérité demeure avec vous.

La conviction de l'esprit cependant ne peut être un aussi ferme appui que la conscience de l'âme. Ce que la morale commande dans les actions n'est jamais douteux ; mais souvent on hésite, souvent on se repent de ses opinions mêmes, lorsque des hommes odieux s'en saisissent pour les faire servir de prétexte à leurs forfaits; et la vacillante lumière de la raison ne rassure point encore assez dans les tourmentes de la vie.

Néanmoins, ou l'esprit ne serait qu'une inutile faculté, ou les hommes doivent toujours tendre vers de nouveaux progrès qui puissent devancer l'époque dans laquelle ils vivent. Il est impossible de condamner la pensée à revenir sur ses pas, avec l'espérance de moins et les regrets de plus : l'esprit humain, privé d'avenir, tomberait dans la dégradation la plus misérable. Cherchons-le donc, cet avenir, dans les productions littéraires et les idées philosophiques. Un jour peut-être ces idées seront appliquées aux institutions avec plus de maturité; mais, en attendant, les facultés de l'esprit pourront du moins avoir une direction utile ; elles serviront encore à la gloire de la nation.

Si vous portez des talents supérieurs au milieu des passions humaines, vous vous persuaderez bientôt que ces talents mêmes ne sont qu'une malédiction du ciel ; mais vous les retrouverez comme des bienfaits, si vous pouvez croire encore au perfectionnement de la pensée, si vous entrevoyez de nouveaux rapports entre les idées et les sentiments, si vous pénétrez plus avant dans la connaissance des hommes, si vous pouvez ajouter un seul degré de force à la morale, si vous vous flattez enfin de réunir par l'éloquence les opinions éparses de tous les amis des vérités généreuses.

CHAPITRE II.

Du goût, de l'urbanité des mœurs, et de leur influence littéraire et politique.

L'on s'est persuadé pendant quelque temps, en France, qu'il fallait faire aussi une révolution dans les lettres, et donner aux règles du goût, en tout genre, la plus grande latitude. Rien n'est plus contraire aux progrès de la littérature, à ces progrès qui servent si efficacement à la propagation des lumières philosophiques, et par conséquent au maintien de la liberté ; rien n'est plus funeste à l'amélioration des mœurs, l'un des premiers buts que les institutions républicaines doivent se proposer. Les délicatesses exagérées de quelques sociétés de l'ancien régime n'ont aucun rapport sans doute avec les vrais principes du goût, toujours conformes à la raison; mais l'on pouvait bannir quelques lois de convention, sans renverser les barrières qui tracent la route du génie, et conservent dans les discours, comme dans les écrits, la convenance et la dignité.

Le seul motif que l'on allègue pour changer entièrement le ton et les formes qui maintiennent les égards et servent à la considération, c'est le despotisme que les classes aristocratiques de la monarchie exerçaient sur le goût et sur les manières. Il est donc utile de caractériser les défauts qu'on peut reprocher à quelques prétentions, à quelques plaisanteries, à quelques exigences des sociétés de l'ancien régime, afin de montrer ensuite avec d'autant plus de force quels ont été les détestables effets, littéraires et politiques, de l'audace sans mesure, de la gaieté sans grace et de la vulgarité avilissante qu'on a voulu introduire dans quelques époques de la révolution. De l'opposition de ces deux extrêmes, les idées factices de la monarchie, et les systèmes grossiers de quelques hommes pendant la révolution, résultent nécessairement des réflexions justes sur la simplicité noble qui doit caractériser, dans la république, les discours, les écrits et les manières.

La nation française était, à quelques égards, trop civilisée; ses institutions, ses habitudes sociales, avaient pris la place des affections naturelles. Dans les républiques anciennes, et surtout à Lacédémone, les lois s'emparaient du caractère individuel de chaque citoyen, les formaient tous sur le même modèle, et les sentiments politiques absorbaient tout autre sentiment. Ce que Lycurgue avait produit par ses lois en faveur de l'esprit républicain, la monarchie française l'avait opéré par l'empire de ses préjugés en faveur de la vanité des rangs.

Cette vanité occupait seule presque toutes les classes : l'homme ne vivait que pour faire effet autour de lui, pour obtenir une supériorité de convention sur son concurrent immédiat, pour exciter l'envie qu'il ressentait à son tour. D'individus en individus, de classe en classe, la vanité souffrante n'était en repos que sur le trône; dans toute autre situation, depuis les plus élevées jusqu'aux dernières, on passait sa vie à se comparer avec ses égaux ou ses supérieurs ; et, loin de prendre en soi le sentiment de sa propre valeur, on cherchait dans les regards des autres l'idée qu'ils se faisaient de l'importance qu'on avait acquise parmi ses pareils.

Cette contention d'esprit sur des intérêts frivoles en tout, excepté par l'influence qu'ils exerçaient sur le bonheur, ce besoin de réussir, cette crainte de déplaire, altéraient, exagéraient souvent les vrais principes du goût naturel : il y avait le goût de tel jour, celui de telle classe, enfin celui qui devait naître de l'esprit général créé par de semblables rapports. Il existait des sociétés qui pouvaient, par des allusions à leurs habitudes, à leurs intérêts, même à leurs caprices, ennoblir des tours familiers, ou proscrire des beautés simples. En se montrant étranger à ces mœurs de société, on se classait comme inférieur; et l'infériorité du rang est de mauvais goût dans un pays où il existe des rangs. Le peuple se moque du peuple tant qu'il n'a point reçu l'éducation de la liberté; et l'on n'aurait fait que se rendre ridicule en France, si, même avec des idées fortes, on eût voulu s'affranchir du ton qui était dicté par l'ascendant de la première classe.

Ce despotisme d'opinion, en s'étendant trop loin, pouvait nuire enfin au véritable talent. Chaque jour on mettait plus de subtilité dans les règles de la politesse et du goût, on s'éloignait toujours plus dans les mœurs des impressions de la nature; l'aisance des manières existait sans l'abandon des sentiments, la politesse classait au lieu de réunir; et tout le naturel, toute la simplicité nécessaire à la perfection de la grace, n'empêchait pas de veiller avec une attention constante ou avec une distraction feinte sur le maintien des moindres signes de toutes les distinctions sociales.

On voulait cependant établir un genre d'égalité : c'était celle qui met extérieurement au même niveau tous les esprits et tous les caractères : on voulait cette égalité qui pèse sur les hommes distingués, et soulage la médiocrité jalouse. Il fallait parler et se taire comme les autres, connaître les usages pour ne rien inventer, ne rien hasarder; et c'était en imitant long-temps les manières reçues, qu'on acquérait enfin le droit de prétendre à une réputation à soi. L'art d'éviter les écueils de l'esprit était le seul usage de l'esprit même, et le vrai talent se sentait oppressé par tous ces liens de convenance. Cette sorte de goût, plutôt efféminé que délicat, qui se blesse d'un essai nouveau, d'un bruit éclatant, d'une expression énergique, arrêtait l'essor des ames; le génie ne peut ménager tous ces égards artificiels; la gloire est orageuse, et les flots tumultueux de son cortége populaire doivent briser ces légères digues.

Mais la société, c'est-à-dire des rapports sans but, des égards sans subordination, un théâtre où l'on appréciait le mérite par les données les plus étrangères à sa véritable valeur; la société, dis-je, en France, avait créé cette puissance du ridicule que l'homme le plus supérieur n'aurait pu braver. De tous les moyens qui peuvent déconcerter l'émulation des caractères élevés, le plus puissant est l'arme de la moquerie. L'aperçu fin et juste du petit côté d'un grand caractère, des faiblesses d'un beau talent, trouble jusqu'à cette confiance en ses propres forces dont le génie a souvent besoin; et la plus légère piqûre d'une raillerie froide et indifférente peut faire mourir dans un cœur généreux la vive espérance qui l'encourageait à l'enthousiasme de la gloire et de la vertu.

La nature a créé des remèdes aux grandes douleurs de l'homme : le génie est de force avec l'adversité, l'ambition avec les périls, la vertu avec la calomnie; mais le ridicule peut s'insinuer dans la vie, s'attacher aux qualités mêmes, et les miner sourdement à leur insu.

L'insouciance dédaigneuse exerce un grand pouvoir sur l'enthousiasme le plus pur; la douleur même perd jusqu'à l'éloquence dont la nature l'a douée, lorsqu'elle rencontre un esprit moqueur; l'expression énergique, l'accent abandonné, l'action même, l'action généreuse est inspirée par une sorte de confiance dans les sentiments de ceux qui nous environnent; une froide plaisanterie peut la glacer.

L'esprit moqueur s'attaque à quiconque met une grande importance à quelque objet que ce soit dans le monde; il se rit de tous ceux qui sont dans le sérieux de la vie, et croient encore aux sentiments vrais et aux intérêts graves. Sous ce rapport, il n'est pas dépourvu d'une sorte de philosophie; mais cet esprit décourageant arrête le mouvement de l'ame qui porte à se dévouer; il déconcerte jusqu'à l'indignation, il flétrit l'espérance de la jeunesse. Il n'y a que le vice insolent qui soit au-dessus de ses atteintes. En effet, l'esprit moqueur essaie rarement de l'attaquer; il est même tenté d'avoir de la considération pour le caractère qu'il n'a pas la puissance d'affliger.

Cette tyrannie du ridicule, qui caractérisait éminemment les dernières années de l'ancien régime, après avoir poli le goût, finissait par user la force ; et la littérature s'en serait nécessairement ressentie. Il faut donc, pour donner aux écrits plus d'élévation, et aux caractères plus d'énergie, ne pas soumettre le goût aux habitudes élégantes et recherchées des sociétés aristocratiques, quelque remarquables qu'elles soient par la perfection de la grace ; leur despotisme entraînerait de graves inconvénients pour la liberté, l'égalité politique, et même la haute littérature. Mais combien le mauvais goût, poussé jusqu'à la grossièreté, ne s'opposerait-il pas à la gloire littéraire, à la morale, à la liberté, à tout ce qui peut exister de bon et d'élevé dans les rapports des hommes entre eux !

Depuis la révolution, une vulgarité révoltante dans les manières s'est trouvée souvent réunie à l'exercice d'une autorité quelconque. Or, les défauts de la puissance sont contagieux. En France surtout, il semble que le pouvoir, non seulement influe sur les actions, sur les discours, mais presque sur la pensée intime des flatteurs qui entourent les hommes puissants. Les courtisans de tous les régimes imitent ceux qu'ils louent ; ils se pénètrent d'estime pour ceux dont ils ont besoin ; ils oublient que le soin même de leur intérêt n'exige que les démonstrations extérieures, et qu'il n'est pas nécessaire de fausser jusqu'à son jugement pour se montrer ce qu'on veut paraître.

Le mauvais goût, tel qu'on l'a vu dominer pendant quelques années de la révolution, n'est pas nuisible seulement aux relations de la société et à la littérature, il porte atteinte à la morale. On se permet de plaisanter sur sa propre bassesse, sur ses propres vices, de les avouer avec impudence, de se jouer des ames timides qui répugnent encore à cette avilissante gaieté. Ces esprits forts d'un nouveau genre se vantent de leur honte, et se croient d'autant plus spirituels qu'ils ont excité plus d'étonnement autour d'eux.

Les paroles grossières ou cruelles que des hommes en pouvoir se sont souvent permises dans la conversation devaient, à la longue, dépraver leur ame, en même temps qu'elles agissaient sur la morale de ceux qui les écoutaient.

Un bel usage d'Angleterre interdit aux hommes que leur profession oblige à verser le sang des animaux, la faculté d'exercer des fonctions judiciaires. En effet, indépendamment de la morale qui se fonde sur la raison, il y a celle de l'instinct naturel, celle dont les impressions sont irréfléchies et irrésistibles. Lorsqu'en s'accoutumant à voir souffrir les animaux, on parvient à vaincre la répugnance des sens pour le spectacle de la douleur, l'on devient beaucoup moins accessible à la pitié, même pour les hommes; du moins l'on n'en éprouve plus involontairement les impressions. Les paroles tout à la fois vulgaires et féroces produisent, à quelques égards, le même effet que la vue du sang : lorsqu'on s'habitue à les prononcer, les idées qu'elles retracent deviennent plus familières. Les hommes, à la guerre, s'excitent aux mouvements de fureur qui doivent les animer, en se servant sans cesse du langage le plus grossier. La justice et l'impartialité nécessaires à l'administration civile font un devoir d'employer des formes et des expressions qui calment celui qui s'en sert et celui qui les écoute.

Le bon goût dans le langage et dans les manières de ceux qui gouvernent, inspirant plus de respect, rend les moyens de terreur moins nécessaires. Il est difficile qu'un magistrat dont le ton révolte les ames n'ait pas besoin de recourir à la persécution pour obtenir l'obéissance.

Un nuage d'illusions et de souvenirs environne les rois; mais les hommes élus, commandant au nom de leur supériorité personnelle, ont besoin de tous les signes extérieurs de cette supériorité : et quel signe plus évident que ce bon goût qui, se retrouvant dans toutes les paroles, dans tous les gestes, dans tous les accents, dans toutes les actions même, annonce une ame paisible et fière, qui saisit tous les rapports dans tous les instants, et ne perd jamais ni le sentiment d'elle-même, ni les égards qu'elle doit aux autres! C'est ainsi que le bon goût exerce une véritable influence politique.

L'on est assez généralement convaincu que l'esprit républicain exige un changement dans le caractère de la littérature. Je crois cette idée vraie, mais dans une acception différente de celle qu'on lui donne. L'esprit républicain exige plus de sévérité dans le bon goût qui est inséparable des bonnes mœurs. Il permet aussi, sans doute, de transporter dans la littérature des beautés plus énergiques, un tableau plus philosophique et plus déchirant des grands événements de la vie. Montesquieu, Rousseau, Condillac, appartenaient d'avance à l'esprit républicain, et ils avaient commencé la révolution desirable dans le caractère des ouvrages français : il faut achever cette révolution. La république développant nécessairement des passions plus fortes, l'art de peindre doit s'accroître en même temps que les sujets s'agrandissent; mais, par un bizarre contraste, c'est surtout dans le genre licencieux et frivole qu'on a voulu profiter de la liberté que l'on croyait avoir acquise en littérature.

On se rappelait la réputation que la gaieté française avait méritée dans toute l'Europe, et l'on croyait la conserver en s'abandonnant à tout ce que réprouvent et la délicatesse et le bon goût. J'ai dit dans la première partie de cet ouvrage toutes les causes qui ont donné naissance à la grace française ; il n'en est aucune qui subsiste maintenant, il n'en est aucune qui puisse se renouveler, si la combinaison que l'on suppose admet la liberté et l'égalité politique.

Les modèles pleins de grace que nous avons dans la langue pourront servir de guide aux Français, mais comme ils en servent aux nations étrangères. Ce qui renouvelait en France le même esprit, c'était le ton, les manières de ce qu'on appelait la bonne compagnie. Dans un pays où il y aura de la liberté, l'on s'occupera beaucoup plus souvent, en société, des affaires politiques que de l'agrément des formes et du charme de la plaisanterie. Dans un pays où subsistera l'égalité politique, tous les genres de mérite seront admis, et il n'existera point une société exclusive, consacrée uniquement à la perfection de l'esprit de société, et réunissant en elle tout l'ascendant de la fortune et du pouvoir. Or, sans ce tribunal toujours existant, l'esprit des jeunes gens ne peut se former au tact délicat, à la nuance fine et juste qui seule donne aux écrits, dans le genre léger, cette grace de convenance et ce mérite de goût tant admiré dans quelques écrivains français, et particulièrement dans les pièces fugitives de Voltaire.

La littérature se perdra complètement en France, si l'on multiplie ces essais prétendus gracieux qui ne nous rendent plus que ridicules : on peut encore trouver de la vraie gaieté dans le bon comique ; mais quant à cette gaieté badine dont on nous a accablés presque au milieu de tous nos malheurs, si l'on en excepte quelques hommes qui se souviennent encore du temps passé, toutes les tentatives nouvelles en ce genre corrompent le goût littéraire en France, et nous mettent au-dessous de tous les peuples sérieux de l'Europe.

Avant la révolution, l'on avait souvent remarqué qu'un Français, étranger à la société des premières classes, se faisait reconnaître comme inférieur dès qu'il voulait plaisanter ; tandis qu'un Anglais ayant toujours de la gravité et de la simplicité dans les manières, vous pouviez plus difficilement savoir, en l'écoutant, à quel rang de la société il appartenait. Il faut, malgré les différences qui existeront long-temps encore entre les deux nations, que les écrivains français se hâtent d'apercevoir qu'ils n'ont plus les mêmes moyens de succès dans l'art de la plaisanterie ; et loin de penser que la révolution leur ait donné plus de latitude à cet égard, ils doivent veiller avec plus de soin sur le bon goût, puisque la société et toutes les sociétés, confondues après une révolution, n'offrent presque plus de bons modèles, et n'inspirent pas ces habitudes de tous les jours, qui font de la grace et du goût votre propre nature, sans que la réflexion ait besoin de vous les rappeler.

Les préceptes du goût, dans leur application à la littérature républicaine, sont d'une nature plus simple, mais non moins rigoureuse que les préceptes du goût adoptés par les écrivains du siècle de Louis XIV. Sous la monarchie, une foule d'usages substituaient quelquefois le ton de la convenance à celui de la raison, les égards de la société aux sentiments du cœur ; mais dans une république, le goût ne devant consister que dans la connaissance parfaite de tous les rapports vrais et durables, manquer aux principes de ce goût, ce serait ignorer la véritable nature des choses.

Il était souvent nécessaire, sous la monarchie, de déguiser une censure hardie, de voiler une opinion nouvelle, sous la forme des préjugés reçus ; et le goût qu'il fallait apporter dans ces différentes tournures exigeait une finesse d'esprit singulièrement délicate. Mais la parure de la vérité dans un pays libre est d'accord avec la vérité même. L'expression et le sentiment doivent dériver de la même source.

L'on n'est point astreint, dans un pays libre, à se renfermer toujours dans le cercle des mêmes opinions, et la variété des formes n'est point nécessaire pour cacher la monotonie des idées. L'intérêt de la progression existe toujours, puisque les préjugés ne mettent point de bornes à la carrière de la pensée ; l'esprit donc, n'ayant plus à lutter contre l'ennui, acquiert plus de simplicité, et ne risque point, pour ranimer l'attention, ces graces maniérées que réprouve le goût naturel.

Un tour de force assez difficile, qu'on se permettait dans l'ancien régime, c'était l'art d'offenser les mœurs sans blesser le goût, et de jouer avec la morale ; en mettant autant de délicatesse dans l'expression que d'indécence dans les principes. Rien heureusement ne convient moins que ce talent aux vertus comme à l'esprit que doivent avoir des républicains. Dès qu'on briserait une barrière, on n'en respecterait plus aucune; les rapports de la société n'auraient pas assez de puissance pour arrêter encore, quand les liens sacrés ne retiendraient plus.

D'ailleurs il faut, pour réussir dans ce genre dangereux, qui réunit la grace des formes à la dépravation des sentiments, une finesse d'esprit extraordinaire; et l'exercice un peu fort de ses facultés, auquel on est appelé dans une république, fait perdre cette finesse. Le tact le plus délicat est nécessaire pour donner à l'immoralité cette grace sans laquelle les hommes même les plus corrompus repousseraient avec dégoût les tableaux et les principes du vice.

Je parlerai dans un autre chapitre de la gaieté des comédies, de celle qui tient à la connaissance du cœur humain; mais il me paraît vraisemblable que les Français ne seront plus cités pour cet esprit aimable, élégant et gai, qui faisait le charme de la cour. Le temps fera disparaître les hommes qui sont encore des modèles en ce genre, et l'on finira par en perdre le souvenir; car il ne suffit pas des livres pour se le rappeler. Ce qui est plus fin que la pensée ne peut être appris que par l'habitude. Si la société qui inspirait cette sorte d'instinct, ce tact rapide, est anéantie, le tact et l'instinct doivent finir avec elle. Il faut renoncer à tout ce qui ne peut s'apprendre que par tel genre de vie, et non par des combinaisons générales, quand ce genre de vie n'existe plus.

Un homme d'esprit disait : *Le bonheur est un état sérieux.* On peut en affirmer autant de la liberté. La dignité d'un citoyen est plus importante que celle d'un sujet; car, dans une république, il faut que chaque homme de talent soit un obstacle de plus à l'usurpation politique. Cette honorable mission dont on est revêtu par sa propre conscience, c'est la noblesse du caractère qui peut seule lui donner quelque force.

On a vu des hommes autrefois réunir l'élévation des manières à l'usage presque habituel de la plaisanterie : mais cette réunion suppose une perfection de goût et de délicatesse, un sentiment de sa supériorité, de son pouvoir, de son rang même, que ne développe pas l'éducation de l'égalité. Cette grace, tout à la fois imposante et légère, ne doit pas convenir aux mœurs républicaines;

elle caractérise trop distinctement les habitudes d'une grande fortune et d'un état élevé. La pensée est plus démocratique ; elle croît au hasard parmi tous les hommes assez indépendants pour avoir quelque loisir. C'est donc elle, avant tout, qu'il faut encourager, en se livrant moins en littérature aux objets qui appartiennent exclusivement à la grace des formes.

Ce que notre destinée a eu de terrible force à penser ; et si les malheurs des nations grandissent les hommes, c'est en les corrigeant de ce qu'ils avaient de frivole, c'est en concentrant, par la terrible puissance de la douleur, leurs facultés éparses.

Il faut consacrer le goût en littérature à l'ornement des idées : son utilité n'en sera pas moins grande; car il est prouvé que les idées les plus profondes et les sentiments les plus nobles ne produisent aucun effet, si des défauts de goût remarquables détournent l'attention, brisent l'enchaînement des pensées, ou déconcertent la suite d'émotions qui conduit votre esprit à de grands résultats, et votre ame à des impressions durables.

On se plaindra de la faiblesse de l'esprit humain, qui s'attache à telle expression déplacée, au lieu de s'occuper uniquement de ce qui est vraiment essentiel ; mais dans les plus violentes situations de la vie, au moment même de périr, on a vu plusieurs fois qu'un incident ridicule pouvait distraire les hommes de leur propre malheur. Comment espérer que des pensées, qu'un ouvrage, puissent captiver tellement l'intérêt, que l'inconvenance du style ne détourne pas l'attention du lecteur?

C'est un miracle du talent que d'arracher ceux qui vous écoutent, ou qui vous lisent, à leur amour-propre; mais si les défauts de goût offrent aux juges, quels qu'ils soient, une occasion de montrer, en vous critiquant, l'esprit qu'ils ont eux-mêmes, ils la saisissent nécessairement, et ne songent plus ni aux idées, ni aux sentiments de l'auteur.

Le goût nécessaire à la littérature républicaine, dans les livres sérieux comme dans les ouvrages d'imagination, n'est point un talent à part; c'est le perfectionnement de tous les talents : et loin qu'il s'oppose en rien ni aux sentiments profonds, ni aux expressions énergiques, la simplicité qu'il commande, le naturel qu'il inspire, sont les seuls ornements qui puissent convenir à la force.

L'urbanité des mœurs, de même que le bon goût, dont elle fait partie, est d'une grande importance littéraire et politique.

Quoique la littérature doive s'affranchir dans la république, beaucoup plus facilement que dans la monarchie, de l'empire du ton reçu dans la société, il est impossible que les modèles de la plupart des ouvrages d'imagination ne soient pas pris dans les exemples qui s'offrent habituellement aux regards. Or, que deviendraient les écrits qui prennent nécessairement l'empreinte des mœurs, si les manières vulgaires, ces manières qui font ressortir les défauts et les désavantages de tous les caractères, continuaient à dominer ?

Il resterait aux littérateurs français des ouvrages anciens dont ils pourraient encore se pénétrer ; mais leur imagination ne serait point inspirée par les objets qui les environneraient ; elle s'alimenterait par la lecture, mais jamais par les impressions qu'ils éprouveraient eux-mêmes. Ils ne réuniraient presque jamais dans les compositions littéraires le naturel des observations avec la noblesse des sentiments ; loin de s'aider de leurs souvenirs, ils auraient besoin de les écarter : à peine le recueillement de l'ame pourrait-il encore donner quelquefois l'idée du vrai tableau.

L'on dira peut-être que la politesse est un avantage si léger, qu'on peut en être privé sans que ce défaut porte la moindre atteinte aux grandes et véritables qualités qui constituent la force et l'élévation du caractère. Si l'on appelle politesse les formes de galanterie du siècle de Louis XIV, certes les premiers hommes de l'antiquité n'en avaient pas la moindre idée, et ils n'en sont pas moins les modèles les plus imposants que l'histoire et l'imagination même puissent offrir à l'admiration des siècles. Mais si la politesse est la juste mesure des relations des hommes entre eux, si elle indique ce qu'on croit être et ce qu'on est, si elle apprend aux autres ce qu'ils sont ou ce qu'on les suppose, un grand nombre de sentiments et de pensées se rallient à la politesse.

Les formes varient sans doute suivant les caractères, et la même bienveillance peut s'exprimer avec douceur ou avec brusquerie ; mais pour discuter philosophiquement l'importance de la politesse, c'est dans son acception la plus étendue qu'il faut considérer le sens général de ce mot, sans vouloir s'arrêter à toutes les diversités que peut faire naître chaque caractère.

La politesse est le lien que la société a établi entre les hommes étrangers les uns aux autres. Il y a des vertus qui vous attachent à votre famille, à vos amis, aux malheureux ; mais, dans tous les rapports qui n'ont point pris encore le caractère d'un devoir, l'urbanité des mœurs prépare les affections, rend la conviction plus facile, et conserve à chaque homme le rang que son mérite doit lui obtenir dans le monde. Elle marque le degré de considération auquel chaque individu s'est élevé; et, sous ce rapport, elle dispense le prix, objet des travaux de toute la vie. Examinons maintenant sous combien de formes diverses doivent se présenter les funestes effets de la grossièreté dans les manières, et quel doit être le caractère de la politesse qui convient à l'esprit républicain.

Les femmes et les grands hommes, l'amour et la gloire, sont les seules pensées, les seuls sentiments qui retentissent vivement à l'ame. Mais comment retrouverait-on l'image pure et fière d'une femme, dans un pays où les relations de société ne seraient pas surveillées par la plus rigoureuse décence? Où prendrait-on le type des vertus, lorsque les femmes elles-mêmes, ces juges indépendants des combats de la vie, auraient laissé flétrir en elles le noble instinct des sentiments élevés? Une femme perd de son charme, non seulement par les paroles sans délicatesse qu'elle pourrait se permettre, mais parce qu'elle entend, par ce qu'on ose dire devant elle. Au sein de sa famille, la modestie et la simplicité suffisent pour maintenir les égards qu'une femme doit exiger; mais au milieu du monde il faut plus encore : l'élégance de son langage, la noblesse de ses manières, font partie de sa dignité même, et commandent seules efficacement le respect.

Sous la monarchie, l'esprit chevaleresque, la pompe des rangs, la magnificence de la fortune, tout ce qui frappe l'imagination suppléait, à quelques égards, au véritable mérite; mais dans une république les femmes ne sont plus rien, si elles n'en imposent pas par tout ce qui peut caractériser leur élévation naturelle. Dès qu'on écarte une illusion, il faut y substituer une qualité réelle; dès qu'on détruit un ancien préjugé, l'on a besoin d'une nouvelle vertu : loin que la république doive donner plus de liberté dans les rapports habituels de la société, comme toutes les distinctions sont uniquement fondées sur les qualités personnelles, il faut se préserver avec bien plus de scrupule de tous les genres de fautes. Si l'on porte la moindre atteinte à sa réputation, on ne peut plus, comme dans la monarchie, relever son existence par son rang, par sa naissance, par tous les avantages étrangers à sa propre valeur.

Ce que j'ai dit pour les femmes peut s'appliquer presque également aux hommes qui jouent un rôle éclatant. Il leur sera nécessaire de veiller sur leur considération bien plus attentivement que dans un temps où les dignités aristocratiques suffisaient pour garantir à ceux qui en étaient revêtus les égards et les respects de la multitude. Ces existences d'opinions qui chaque jour, dans la république, seront attaquées ou défendues, doivent donner une grande importance à tout ce qui peut agir sur l'esprit ou l'imagination des hommes.

Si des faveurs de l'opinion nous passons au maintien du pouvoir légal, nous verrons que l'autorité est en elle-même un poids que les gouvernés ont peine à supporter : les esprits qui ne sont pas créés pour la servitude éprouvent d'abord une sorte de prévention contre la puissance ; si les formes grossières de celui qui commande aigrissent cette prévention, elle devient une véritable haine. Tout homme de goût et d'une certaine élévation d'ame doit avoir le besoin de demander presque pardon du pouvoir qu'il possède. L'autorité politique est l'inconvénient nécessaire d'un très grand bien, de l'ordre et de la sécurité ; mais le dépositaire de cette autorité doit toujours s'en justifier, en quelque sorte, par ses manières comme par ses actions.

Nous avons vu souvent, dans le cours de ces dix années, les hommes éclairés gouvernés par les hommes ignorants : l'arrogance de leur ton, la vulgarité de leurs formes, révoltaient plus encore que les bornes de leur esprit. Les opinions républicaines se confondaient dans quelques têtes avec les paroles rudes et les plaisanteries rebutantes de quelques républicains, et les affections non raisonnées s'éloignaient naturellement de la république.

Les manières rapprochent ou séparent les hommes par une force plus invincible que celle des opinions, j'oserai presque dire que celle des sentiments. Avec une certaine libéralité d'esprit, l'on peut vivre agréablement au milieu d'une société qui appartient à un parti différent du sien. Il se peut même que l'on oublie des torts graves, des craintes inspirées peut-être à juste titre par l'immoralité d'un homme, si la noblesse de son langage fait illusion sur la pureté de son ame. Mais ce qu'il est impossible de supporter, c'est une éducation grossière que trahit chaque expression, chaque geste, le ton de la voix, l'attitude du corps, tous les signes involontaires des habitudes de la vie.

Je ne parle pas ici de l'estime réfléchie, mais de cette impression involontaire qui se renouvelle à tous les instants. L'on se reconnaît, dans les grandes circonstances, aux sentiments du cœur ; mais, dans les rapports détaillés de la société, on ne s'entend que par les manières ; et la vulgarité portée à un certain degré fait éprouver, à celui qui en est le témoin ou l'objet, un sentiment d'embarras, de honte même, tout-à-fait insupportable.

Heureusement on n'est presque jamais appelé dans la vie à supporter la vulgarité des manières en faveur de l'élévation des sentiments. Une probité sévère inspire une confiance si noble, un calme si pur, qu'il est bien rare qu'elle ne fasse pas deviner, dans quelque état que l'on soit, tout ce qu'une bonne éducation aurait appris. La grossièreté dont nous avons été si souvent les victimes se composait presque toujours de sentiments vicieux ; c'était l'audace, la cruauté, l'insolence, qui se montraient sous les formes les plus odieuses.

Les convenances sont l'image de la morale : elles la supposent dans toutes les circonstances qui ne donnent pas encore l'occasion de la prouver ; elles entretiennent les hommes dans l'habitude de respecter l'opinion des hommes. Si les chefs de l'état blessent ou méprisent les convenances, ils n'inspireront plus eux-mêmes la considération dont ils ont dispersé tous les éléments.

Un autre genre d'impolitesse peut caractériser encore les hommes en pouvoir : ce n'est pas la grossièreté, c'est, si je puis m'exprimer ainsi, la fatuité politique, l'importance qu'on met à sa place, l'effet que cette place produit sur soi-même, et qu'on veut faire partager aux autres : on a dû nécessairement en voir beaucoup d'exemples depuis la révolution. L'on n'appelait aux grandes places, dans l'ancien régime, que les individus accoutumés dès leur enfance aux priviléges et aux avantages d'un rang supérieur : le pouvoir ne changeait presque rien à leurs habitudes : mais dans la révolution, des magistratures éminentes ont été remplies par des hommes d'un état inférieur, et dont le caractère n'était pas naturellement élevé : humbles alors sur leur mérite personnel, et vains de leur pouvoir, ils se sont crus obligés d'adopter de nouvelles manières, parcequ'ils occupaient un nouvel emploi. Cet effet de la vanité est le plus contraire de tous à l'affection et au respect que doivent inspirer des magistrats républicains. L'affection et le respect s'attachent au caractère individuel, et l'homme qui se croit un autre lorsqu'il a été nommé à une grande place, vous indique lui-même que, s'il la perd, votre intérêt et votre considération doivent passer à son successeur.

Comment l'homme peut-il se faire mieux connaître à l'homme que par cette dignité de manières, cette simplicité d'expressions, qui, transportées sur le théâtre ou racontées dans l'histoire, inspirent presque autant d'enthousiasme que les grandes actions? Je dirai plus, une suite de hasards peuvent conduire un homme à se faire remarquer par quelques faits illustres, sans qu'il soit doué cependant ou d'un génie supérieur, ou d'un caractère héroïque; mais il est impossible que les paroles, les accents, les formes qu'on emploie envers ceux qui nous environnent, ne caractérisent pas la vraie grandeur de la seule manière inimitable.

Quelques uns ont pensé qu'il fallait substituer à l'accueil jadis bienveillant des Français la froideur et la dignité. Sans doute les premiers citoyens d'un état libre doivent avoir dans le maintien plus de gravité que les flatteurs d'un monarque; mais l'exagération de la froideur serait un moyen d'arrêter l'essor de tous les mouvements généreux. L'homme froid dans ses manières impose nécessairement, parcequ'il vous donne l'idée qu'il n'attache aucune importance à vous. Mais ce sentiment pénible qu'il vous inspire ne produit rien d'utile ni rien de fécond. Ce n'est pas l'insolence familière, c'est la bonté, c'est l'élévation de l'ame, c'est la supériorité véritable que cette froideur met à la gêne. Les manières ne sont parfaites que lorsqu'elles encouragent tout ce que chaque homme a de distingué, et n'intimident que les défauts.

Il ne faut pas se tromper sur les signes extérieurs du respect: étouffer de nobles sentiments, tarir la source des pensées, c'est produire l'effet de la crainte; mais élever les ames jusqu'à soi, donner à l'esprit toute sa valeur, faire naître cette confiance qu'éprouvent les uns pour les autres tous les caractères généreux, tel est l'art d'inspirer un respect durable.

Il importe de créer en France des liens qui puissent rapprocher les partis, et l'urbanité des mœurs est un moyen efficace pour arriver à ce but. Elle rallierait tous les hommes éclairés; et cette classe réunie formerait un tribunal d'opinion qui distribuerait avec quelque justice le blâme ou la louange.

Ce tribunal exercerait aussi son influence sur la littérature; les écrivains sauraient où retrouver un goût, un esprit national, et pourraient travailler à le peindre et à l'agrandir. Mais, de toutes les confusions, la plus funeste est celle qui mêle ensemble toutes les éducations et ne sépare que les partis.

Qu'importe de se ressembler par les opinions politiques, si l'on diffère par l'esprit et les sentiments ? Quel misérable effet des troubles civils que d'attacher plus d'importance à telle manière de voir en affaires publiques, qu'à tous ces rapports de l'ame et de la pensée, seule fraternité dont le caractère soit ineffaçable!

L'urbanité des mœurs peut seule adoucir les aspérités de l'esprit de parti; elle permet de se voir long-temps avant de s'aimer, de se parler long-temps avant qu'on soit d'accord ; et par degrés cette aversion profonde qu'on ressentait pour l'homme que l'on n'avait jamais abordé, cette aversion s'affaiblit par les rapports de conversation, d'égards, de prévenance, qui raniment la sympathie, et font trouver enfin son semblable dans celui qu'on regardait comme son ennemi.

CHAPITRE III.

De l'émulation.

Parmi les moyens de perfectionner les productions de l'esprit humain, il faut compter pour beaucoup la nature et, la grandeur du but que peuvent se promettre ceux qui se consacrent aux études intellectuelles. La vie paresseuse ou la vie active sont plus dans la nature de l'homme que la méditation ; et, pour consacrer toutes les forces de sa pensée à la recherche des vérités philosophiques, il faut que l'émulation soit encouragée par l'espoir de servir son pays et d'influer sur la destinée de ses concitoyens.

Quelques esprits s'alimentent du seul plaisir de découvrir des idées nouvelles; et dans les sciences exactes surtout, il y a beaucoup d'hommes à qui ce plaisir suffit. Mais lorsque l'exercice de la pensée tend à des résultats moraux et politiques, il doit avoir nécessairement pour objet d'agir sur le sort des hommes. Les ouvrages qui appartiennent à la haute littérature ont pour but d'opérer des changements utiles, de hâter des progrès nécessaires, de modifier enfin les institutions et les lois. Mais dans un pays où la philosophie n'aurait point d'application réelle, où l'éloquence ne pourrait obtenir qu'un succès littéraire, l'une et l'autre, à la fin, sembleraient des études oisives, et leur mobile s'affaiblirait chaque jour.

Je ne nierai certainement pas que la situation de la France, depuis quelques années, ne soit bien plus contraire au développement des talents et de l'esprit que la plupart des époques de l'histoire. Mais je crois qu'en examinant ce qui est particulièrement nécessaire à l'émulation philosophique, on verra pourquoi l'esprit révolutionnaire, pendant qu'il agit, est tout-à-fait décourageant pour la pensée, comment l'ancien régime abaissait en protégeant, et par quels moyens la république pourrait porter au dernier terme la noble ambition des hommes vers les progrès de la raison.

Il paraît, au premier coup d'œil, que les troubles civils, en renversant les rangs antiques, doivent donner aux facultés naturelles l'usage et le développement de toutes leurs forces : il en est ainsi, sans doute, dans les commencements; mais au bout de très peu de temps, les factieux conçoivent pour les lumières une haine au moins égale à celle qu'éprouvaient les anciens défenseurs des préjugés. Les esprits violents se servent des hommes éclairés quand ils veulent triompher du pouvoir établi; mais lorsqu'il s'agit de se maintenir eux-mêmes, ils s'essaient à témoigner un mépris grossier pour la raison; ils répandent sourdement que les facultés de l'esprit, que les idées philosophiques ne peuvent appartenir qu'aux ames efféminées, et le code féodal reparaît sous des noms nouveaux.

Tous les caractères despotiques, dans quelque sens qu'ils marchent, détestent la pensée; et si le fanatisme aveugle est l'arme de l'autorité, ce qu'elle doit redouter le plus, c'est l'homme qui conserve la faculté de juger. Les hommes violents ne peuvent s'allier qu'avec les esprits bornés; eux seuls se soumettent ou se soulèvent à la volonté d'un chef.

Si les mouvements révolutionnaires se prolongent au-delà du but qu'ils devaient conquérir, le pouvoir descend toujours plus bas parmi les classes ignorantes de la société. Plus les hommes sont médiocres, plus ils mettent de soin à s'assortir; ils repoussent loin d'eux la raison éclairée, comme quelque chose d'hétérogène avec leur nature, et qui doit être éminemment nuisible à leur empire.

Si un parti veut faire triompher l'injustice, il est impossible qu'il encourage les lumières : un homme peut déshonorer son talent, en le consacrant à défendre ce qui est injuste; mais si l'on propage l'influence des lumières dans une nation, elles tendent nécessairement à perfectionner la moralité générale.

L'esprit révolutionnaire se trace une route, se fait un langage;

et si l'on voulait varier par l'éloquence même ces phrases commandées qu'exige l'intérêt du parti, l'on inquiéterait ses chefs : ils frémiraient en voyant s'introduire de nouveaux sentiments, de nouvelles pensées, qui serviraient aujourd'hui leur cause, mais qui pourraient s'indiscipliner une fois et se diriger vers un autre but. Il y a des formules de cruauté pour ainsi dire reçues, dont il n'est pas permis, même aux hommes dont on est sûr, de s'écarter jamais.

Les soupçons, les jalousies, les calculs de l'ambition, tout se réunit pour éloigner les esprits supérieurs des luttes révolutionnaires : les hommes violents et médiocres ne se rangent à leur place que quand l'ordre est rétabli : dans le bouleversement de toutes les idées et de tous les sentiments, ils se croient propres à perpétuer ce qui existe, la confusion ; et, devenus les maîtres dans les saturnales du talent et de la vertu, ils pèsent sur la pensée captive de tout le poids de leur ignorance et de leur vanité.

Dans les crises des factions populaires, ce qu'on veut éloigner avant tout, c'est l'indépendance du jugement. La parole ne sert qu'à rédiger la colère, à fixer en décrets ses premiers mouvements. Les furieux appellent aristocratie ce qu'il y a de plus républicain au monde, l'amour des lumières et de la vertu. L'esprit sauvage lutte contre la philosophie, se défie de l'éducation, et se montre plus indulgent pour les vices du cœur que pour les talents de l'esprit.

Si cet état se prolongeait, l'on ne posséderait plus aucun homme distingué dans une autre carrière que celle des armes : rien ne peut décourager l'ambition des succès militaires ; ils arrivent toujours à leur but, et commandent à l'opinion ce qu'ils attendent d'elle. Mais dans ce libre échange, d'où résulte la gloire des écrivains et des philosophes, les idées naissent, pour ainsi dire, de l'approbation même que les hommes sont disposés à leur accorder.

Le courage peut lutter contre l'ascendant d'une faction dominante ; mais l'inspiration du talent est étouffée par elle. La tyrannie d'un seul ne produirait pas aussi sûrement un tel effet. La tyrannie d'un parti, prenant souvent la forme de l'opinion publique, porte une atteinte bien plus profonde à l'émulation.

Si l'on comparait le sort des hommes éclairés sous Louis XIV avec celui que leur préparait la violence révolutionnaire, tout serait à l'avantage de la monarchie ; mais quel rapport pourrait-il exister entre la protection d'un roi et l'émulation républicaine, lorsqu'elle prendrait enfin son véritable caractère?

La force de l'esprit ne se développe tout entière qu'en attaquant la puissance ; c'est par l'opposition que les Anglais se forment aux talents nécessaires pour être ministres. Lorsqu'au contraire les faveurs de l'opinion dépendent aussi des faveurs d'un homme, la pensée ne peut se sentir libre dans aucune de ses conceptions : loin de se consacrer à découvrir la vérité, ses bornes en tout genre lui sont prescrites. Il faut que l'esprit se replie sans cesse sur lui-même. A peine est-il possible, dans les ouvrages d'imagination, dans ce domaine de l'invention que la puissance légale abandonne, à peine est-il possible d'oublier que l'amusement du maître et de ses courtisans est le premier succès qu'il importe d'obtenir.

Dans toutes les langues, la littérature peut avoir des succès pendant quelque temps, sans recourir à la philosophie ; mais quand la fleur des expressions, des images, des tournures poétiques n'est plus nouvelle ; quand toutes les beautés antiques sont adaptées au génie moderne, on sent le besoin de cette raison progressive qui fait atteindre chaque jour un but utile, et qui présente un terme indéfini. Comment néanmoins pourrait-on écrire philosophiquement dans un pays où les récompenses distribuées par un roi, par un homme, seraient les simulacres de la gloire?

L'existence subalterne qu'on accordait aux gens de lettres dans la monarchie française, ne leur donnait aucune autorité dans les questions importantes qui tiennent à la destinée des hommes. Comment pouvaient-ils acquérir quelque dignité dans un tel ordre social, si ce n'est en s'en montrant les adversaires? Et quel misérable mélange n'ont-ils pas fait des flatteries et des vérités, ces philosophes incrédules et soumis, hardis et protégés !

Rousseau s'est affranchi dans ce siècle de la plupart des préjugés et des égards monarchiques. Montesquieu, quoique avec plus de ménagement, sut montrer, quand il le fallait, la hardiesse de la raison. Mais Voltaire, qui voulait souvent réunir les faveurs de la cour avec l'indépendance philosophique, fait sentir le contraste et la difficulté d'un tel dessein de la manière la plus frappante.

Encourager les hommes de lettres, c'est les placer au-dessous du pouvoir quelconque qui les récompense ; c'est considérer le génie littéraire à part du monde social et des intérêts politiques ; c'est le traiter comme le talent de la musique et de la peinture, d'un art enfin qui ne serait pas la pensée même, c'est-à-dire le tout de l'homme.

L'encouragement de la haute littérature, et c'est d'elle uniquement que je parle dans ce chapitre, son encouragement, c'est la gloire, la gloire de Cicéron, de César même et de Brutus. L'un sauva sa patrie par son éloquence oratoire et ses talents consulaires; l'autre, dans ses Commentaires, écrivit ce qu'il avait fait; l'autre enfin, par le charme de son style, l'élévation philosophique dont ses lettres portent le caractère, se fit aimer comme un homme rempli de l'humanité la plus douce, malgré l'énergique horreur de l'assassinat qu'il commit.

Ce n'est que dans les états libres qu'on peut réunir le génie de l'action à celui de la pensée. Dans l'ancien régime, on voulait que les talents littéraires supposassent presque toujours l'absence des talents politiques. L'esprit d'affaires ne peut se faire connaître par des signes certains, avant qu'on ait occupé de grandes places; les hommes médiocres sont intéressés à persuader qu'ils possèdent seuls ce genre d'esprit; et, pour se l'attribuer, ils se fondent uniquement sur les qualités qui leur manquent : la chaleur qu'ils n'ont pas, les idées qu'ils ne comprennent pas, les succès qu'ils dédaignent, voilà les garants de leur capacité politique.

On veut, dans les monarchies absolues, qu'une sorte de mystère soit répandue sur les qualités qui rendent propre au gouvernement, afin que l'importante et froide médiocrité puisse écarter un esprit supérieur, et le déclarer incapable de combinaisons beaucoup plus simples que celles dont il s'est toujours occupé.

Dans la langue adoptée par la coalition de certains hommes, connaître le cœur humain, c'est ne se laisser jamais guider dans son aversion, ni dans ses choix, par l'indignation du vice, ni par l'enthousiasme de la vertu; posséder la science des affaires, c'est ne jamais faire entrer dans ses décisions aucun motif généreux ou philosophique. La république, discutant en commun un grand nombre de ses intérêts, soumettant tous les choix par l'élection à la volonté générale, la république doit nous affranchir de cette foi aveugle qu'on exigeait jadis pour les secrets de l'art du gouvernement.

Sans doute il faut de grands talents pour bien administrer; mais c'est pour écarter le talent qu'on s'attachait à persuader que le pensées qui servent à former le philosophe profond, le grand écrivain, l'orateur éloquent, n'ont aucun rapport avec les principes qui doivent diriger les chefs des nations. Le chancelier Bacon, le chevalier Temple, L'Hôpital, etc., étaient des philosophes, des littérateurs, et se sont montrés les premiers des hommes d'état [1]. Frédéric II, Marc-Aurèle, la plupart des rois ou des héros qui ont répandu leur éclat sur les nations, étaient en même temps des esprits très éclairés en philosophie. Ce sont leurs lumières et leurs talents dans la carrière civile qui les ont rendus chers à la postérité, et leur ont fait obtenir, pendant leur vie, l'obéissance de l'admiration, cette obéissance qui donne au pouvoir absolu le plus bel attribut des gouvernements libres, l'assentiment volontaire de l'opinion publique.

Certainement il est peu de carrières plus resserrées, plus étroites, que celle de la littérature, si on la considère, comme on le fait quelquefois, à part de toute philosophie, n'ayant pour but que d'amuser les loisirs de la vie et de remplir le vide de l'esprit. Une telle occupation rend incapable du moindre emploi qui exige des connaissances positives, ou qui force à rendre les idées applicables. Une vanité démesurée est le partage de ces littérateurs médiocres et bornés; leur raison est faussée par le prix qu'ils attachent à des mots sans idées, à des idées sans résultats : ce sont de tous les hommes les plus occupés d'eux-mêmes, et les plus ignorants de ce qui intéresse les autres. Les lettres doivent souvent prendre un tel caractère, lorsque les hommes qui les cultivent sont éloignés de toutes les affaires sérieuses.

Ce qui dégradait les lettres, c'était leur inutilité; ce qui rendait les maximes du gouvernement si peu libérales, c'était la séparation absolue de la politique et de la philosophie; séparation telle, qu'on était jugé incapable de diriger les hommes, dès qu'on avait consacré ses talents à les instruire et à les éclairer. Il reste encore des traces de cette absurde opinion; mais elles doivent s'effacer chaque jour. La philosophie ne rend impropre qu'à gouverner arbitrairement, despotiquement, et d'une manière méprisante pour l'espèce humaine. Il ne faut pas prétendre, en apportant le vieil esprit des cours dans la république nouvelle, qu'il y ait en administration quelque chose de plus nécessaire que

[1] Le chancelier Bacon s'est rendu coupable de la plus atroce ingratitude ; et sa délicatesse, sous le rapport de l'argent, a été fortement soupçonnée. Mais il s'agit ici de ses talents, et non de sa moralité; distinction que nous n'avons que trop appris à faire depuis dix ans.

la pensée, de plus sûr que la raison, de plus énergique que la vertu.

L'on est un grand écrivain dans un gouvernement libre, non comme sous l'empire des monarques, pour animer une existence sans but, mais parcequ'il importe de donner à la vérité son expression persuasive, lorsqu'une résolution importante peut dépendre d'une vérité reconnue. On se livre à l'étude de la philosophie, non pour se consoler des préjugés de la naissance, qui, dans l'ancien régime, déshéritaient la vie de tout avenir, mais pour se rendre propre aux magistratures d'un pays qui n'accorde la puissance qu'à la raison.

Si le pouvoir militaire dominait seul dans un état, et dédaignait les lettres et la philosophie, il ferait rétrograder les lumières, à quelque degré d'influence qu'elles fussent parvenues ; il s'associerait quelques vils talents, chargés de commenter la force, quelques hommes qui se diraient penseurs pour s'arroger le droit de prostituer la pensée : mais la raison se changerait en sophisme, et les esprits deviendraient d'autant plus subtils que les caractères seraient plus avilis.

L'agitation inséparable d'un gouvernement républicain met souvent en péril la liberté ; et si ses chefs n'offrent pas la double garantie du courage et des lumières, la force ignorante ou l'adresse perfide précipitent tôt ou tard le gouvernement dans le despotisme. Il faut, pour le bonheur du genre humain, que les grands hommes chargés de sa destinée possèdent presque également un certain nombre de qualités très différentes : un seul genre de supériorité ne suffit pas pour captiver les diverses classes d'opinions et d'estime ; un seul genre de supériorité ne personnifie point assez, si je puis m'exprimer ainsi, l'idée qu'on aime à se faire d'un homme célèbre.

Si les paroles n'ont pas éloquemment instruit du motif des actions, si les actions n'ont pas consacré la vérité des paroles, la mémoire garde un souvenir isolé des paroles et des actions. Le guerrier sans lumières ou l'orateur sans courage n'enchaîne point votre imagination ; il reste toujours en vous des sentiments qu'il n'a pas captivés, et des idées qui le jugent. Les anciens éprouvaient une admiration passionnée pour leurs illustres chefs, dont la grandeur native imprimait son caractère à des talents divers et à des gloires différentes. Le mélange des qualités supérieures, bien que plaçant plus haut celui qui les possède, établit cependan plus de rapports entre l'homme extraordinaire et les autres hommes. Une faculté quelconque qui serait en disproportion avec toutes les autres paraîtrait une bizarrerie de la nature, tandis que la réunion de plusieurs facultés tranquillise la pensée et attire l'affection. L'être moral d'un grand homme doit présenter cette organisation, cette balance, cette compensation, qui seule donne l'idée, dans les caractères comme dans les gouvernements, du repos et de la stabilité.

Mais, dira-t-on, ce qu'on doit craindre avant tout dans une république, c'est l'enthousiasme pour un homme; et loin de désirer cette parfaite réunion que vous croyez presque nécessaire, nous recherchons au contraire ces instruments de succès qui font des discours, des décrets ou des conquêtes, comme on exercerait une profession exclusive, sans avoir une idée de plus que celles de leur métier.

Rien n'est moins philosophique, c'est-à-dire rien ne conduirait moins au bonheur, que ce système jaloux qui voudrait ôter aux nations leur rang dans l'histoire, en nivelant la réputation des hommes. On doit propager de tous ses efforts l'instruction générale; mais à côté du grand intérêt de l'avancement des lumières, il faut laisser le but de la gloire individuelle. La république doit donner beaucoup plus d'essor que tout autre gouvernement à ce mobile d'émulation; elle s'enrichit des travaux multipliés qu'il inspire. Un petit nombre d'hommes arrivent au terme, mais tous l'espèrent; et si la renommée ne couronne que le succès, les essais mêmes ont souvent une obscure utilité.

Il ne faut pas ôter aux grandes ames leur dévotion à la gloire; il ne faut pas ôter aux peuples le sentiment de l'admiration. De ce sentiment dérivent tous les degrés d'affection entre les magistrats et les gouvernés. Qu'est-ce qu'un jugement appréciateur et calme dans nos nombreuses associations modernes? Des milliers d'hommes peuvent-ils se décider d'après leurs propres lumières? N'est-il pas nécessaire qu'une impulsion plus animée se communique à cette multitude qu'il est si difficile de réunir dans une même opinion? Si vous laissez la nation froide sur l'estime, vous brisez en elle aussi le ressort du mépris; et si quelques détracteurs libellistes confondent dans leurs écrits l'homme vertueux et le criminel, vous n'aurez point inspiré à tous les citoyens ce mouvement d'un saint amour pour leur bienfaiteur, ce mouvement qui repousse la calomnie comme un sacrilège.

Vous ne pouvez attacher le peuple à l'idée même de la vertu qu'en la lui faisant comprendre par les actions généreuses et le caractère moral de quelques hommes. On croit assurer davantage l'indépendance d'un peuple en s'efforçant de l'intéresser uniquement à des principes abstraits; mais la multitude ne saisit les idées que par les événements; elle exerce sa justice par des haines et des affections : il faut la dépraver pour l'empêcher d'aimer; et c'est par l'estime de ses magistrats qu'elle arrive à l'amour de son gouvernement.

La gloire des grands hommes est le patrimoine d'un pays libre ; après leur mort, le peuple entier en hérite. L'amour de la patrie ne se compose que de souvenirs. Combien n'admire-t-on pas dans l'éloquence antique les sentiments respectueux que faisaient naître les regrets consacrés aux morts illustres, les hommages rendus à leur mémoire, les exemples offerts en leur nom à leurs successeurs ! La nature a tout animé : l'homme voudra-t-il tout changer en abstraction ?

Le principe d'une république où l'égalité politique est consacrée doit être d'établir les distinctions les plus marquées entre les hommes, selon leurs talents et leurs vertus. Les nations libres doivent avoir dans leurs tribunaux des juges inébranlables qui rendent la justice à tous, sans aucun mélange d'indignation ou d'enthousiasme. Mais lorsqu'elles ont chargé leurs magistrats de la puissance impassible des lois, elles peuvent se livrer sans danger au libre essor de l'approbation et du blâme; elles peuvent offrir aux grands hommes le seul prix pour lequel ils veulent se dévouer, l'opinion du temps présent et de l'avenir, l'opinion, seule récompense, seule illusion dont la vertu même n'ait jamais la force de se détacher.

Et César, et Cromwell, pensez-vous, dira-t-on, que l'enthousiasme qu'ils ont inspiré ne soit pas devenu fatal à la liberté de leur patrie ?

L'enthousiasme qu'inspire la gloire des armes est le seul qui puisse devenir dangereux à la liberté : mais cet enthousiasme même n'a de suites funestes que dans les pays où diverses causes ont détruit l'admiration méritée par les qualités morales ou les talents civils. C'est parcequ'à Rome, c'est parcequ'en Angleterre, de longs crimes, de longs malheurs, avaient dégoûté la nation d'accorder son estime, que la république fut renversée.

Et cependant quelle puissance lutta seule contre César ? Ce ne furent ni les institutions des Romains, ni leur sénat, ni leurs armées ; ce fut la considération d'un seul homme, ce fut le respect qu'on avait encore pour Caton. Ce respect balança les destinées, et César ne put se croire le maître que quand cet homme n'exista plus.

Caton représentait sur la terre la puissance de la vertu. Rome l'admirait, de cette admiration libre qui honore la nation qui l'éprouve, et présente à la tyrannie mille fois plus d'obstacles que la confusion des noms, des actions et des caractères. On voudrait appeler cette confusion une république philosophique ; et ce ne serait, en effet, que des combats sans victoires, des bouleversements sans but et des malheurs sans terme.

La réputation, les suffrages constamment attachés aux hommes qui ont honorablement rempli la carrière des affaires publiques, sont l'un des premiers moyens de conserver la liberté ; et ce qui peut contribuer le plus efficacement aux progrès des lumières, c'est de mêler ensemble, comme chez les anciens, la carrière des armes, celle de la législation et celle de la philosophie. Rien n'anime et ne régularise les méditations intellectuelles, comme l'espoir de les rendre immédiatement utiles à l'espèce humaine. Lorsque la pensée peut être le précurseur de l'action, lorsqu'une réflexion heureuse peut à l'instant se transformer en une institution bienfaisante, quel intérêt l'homme ne prend-il pas au développement de son intelligence ! Il ne craint plus de consumer en lui-même le flambeau de la raison, sans pouvoir jamais porter sa lumière sur la route de la vie active ; il n'éprouve plus cette espèce de honte que ressentait le génie condamné à des occupations spéculatives devant l'homme le plus médiocre, si cet homme, revêtu d'un pouvoir quelconque, pouvait sécher des larmes, rendre un service utile, faire du bien au moins à quelqu'un sur la terre.

Lorsque la pensée peut contribuer efficacement au bonheur de l'homme, sa mission devient plus noble, son but s'agrandit ; ce n'est plus seulement une rêverie douloureuse, parcourant tous les maux de l'univers sans pouvoir les soulager, c'est une arme puissante que la nature donne, et dont la liberté doit assurer le triomphe.

Les vainqueurs redoutent les soldats qui ont conquis leur empire avec eux ; les prêtres ont peur du fanatisme même d'où dépend tout leur pouvoir ; les ambitieux se défient de leurs instruments : mais les hommes éclairés, parvenus aux premières places de l'état, ne cessent point d'aimer et de propager les lumières.

La raison n'a rien à craindre de la raison, et les esprits philosophiques fondent leur force sur leurs pareils.

Après avoir examiné les divers principes de l'émulation parmi les hommes, je crois utile de considérer quelle influence les femmes peuvent avoir sur les lumières. Ce sera l'objet du chapitre suivant.

CHAPITRE IV.

Des femmes qui cultivent les lettres.

> « Le malheur est comme la montagne noire de Bember,
> « aux extrémités du royaume brûlant de Lahor. Tant
> « que vous la montez, vous ne voyez devant vous que
> « de stériles rochers; mais quand vous êtes au sommet,
> « le ciel est sur votre tête, et à vos pieds le royaume de
> « Cochemire. »
> *La Chaumière indienne*, par BERNARDIN DE SAINT-PIERRE.

L'existence des femmes en société est encore incertaine sous beaucoup de rapports. Le desir de plaire excite leur esprit; la raison leur conseille l'obscurité; et tout est arbitraire dans leurs succès comme dans leurs revers.

Il arrivera, je le crois, une époque quelconque, où des législateurs philosophes donneront une attention sérieuse à l'éducation que les femmes doivent recevoir, aux lois civiles qui les protègent, aux devoirs qu'il faut leur imposer, au bonheur qui peut leur être garanti; mais, dans l'état actuel, elles ne sont pour la plupart, ni dans l'ordre de la nature, ni dans l'ordre de la société. Ce qui réussit aux unes perd les autres; les qualités leur nuisent quelquefois, quelquefois les défauts leur servent; tantôt elles sont tout, tantôt elles ne sont rien. Leur destinée ressemble, à quelques égards, à celle des affranchis chez les empereurs : si elles veulent acquérir de l'ascendant, on leur fait un crime d'un pouvoir que les lois ne leur ont pas donné; si elles restent esclaves, on opprime leur destinée.

Certainement il vaut beaucoup mieux, en général, que les femmes se consacrent uniquement aux vertus domestiques; mais ce qu'il y a de bizarre dans les jugements des hommes à leur égard, c'est qu'ils leur pardonnent plutôt de manquer à leurs devoirs que d'attirer l'attention par des talents distingués; ils tolèrent en elles la dégradation du cœur en faveur de la médiocrité de l'esprit, tandis que l'honnêteté la plus parfaite pourrait à peine obtenir grace pour une supériorité véritable.

Je développerai les diverses causes de cette singularité. Je commence d'abord par examiner quel est le sort des femmes qui cultivent les lettres dans les monarchies, et quel est aussi leur sort dans les républiques. Je m'attache à caractériser les principales différences que ces deux situations politiques doivent produire dans la destinée des femmes qui aspirent à la célébrité littéraire, et je considère ensuite d'une manière générale quel bonheur la gloire peut promettre aux femmes qui veulent y prétendre.

Dans les monarchies, elles ont à craindre le ridicule, et dans les républiques la haine.

Il est dans la nature des choses que, dans une monarchie où le tact des convenances est si finement saisi, toute action extraordinaire, tout mouvement pour sortir de sa place, paraisse d'abord ridicule. Ce que vous êtes forcé de faire par votre état, par votre position, trouve mille approbateurs; ce que vous inventez sans nécessité, sans obligation, est d'avance jugé sévèrement. La jalousie naturelle à tous les hommes ne s'apaise que si vous pouvez vous excuser, pour ainsi dire, d'un succès par un devoir; mais si vous ne couvrez pas la gloire même du prétexte de votre situation et de votre intérêt, si l'on vous croit pour unique motif le besoin de vous distinguer, vous importunerez ceux que l'ambition amène sur la même route que vous.

En effet, les hommes peuvent toujours cacher leur amour-propre et le desir qu'ils ont d'être applaudis, sous l'apparence ou la réalité de passions plus fortes et plus nobles; mais quand les femmes écrivent, comme on leur suppose en général pour premier motif le desir de montrer de l'esprit, le public leur accorde difficilement son suffrage. Il sent qu'elles ne peuvent s'en passer, et cette idée fait naître en lui la tentation de le refuser. Dans toutes les situations de la vie, l'on peut remarquer que dès qu'un homme s'aperçoit que vous avez éminemment besoin de lui, presque toujours il se refroidit pour vous. Quand une femme publie un livre, elle se met tellement dans la dépendance de l'opinion, que les dispensateurs de cette opinion lui font sentir durement leur empire.

A ces causes générales, qui agissent presque également dans tous les pays, se joignent diverses circonstances particulières à la monarchie française. L'esprit de chevalerie qui subsistait encore s'opposait, sous quelques rapports, à ce que les hommes mêmes cultivassent trop assidûment les lettres. Ce même esprit devait inspirer plus d'éloignement encore pour les femmes qui s'occupaient trop exclusivement de ce genre d'étude, et détournaient ainsi leurs pensées de leur premier intérêt, les sentiments du cœur. La délicatesse du point d'honneur pouvait inspirer aux hommes quelque répugnance à se soumettre eux-mêmes à tous les genres de critique que la publicité doit attirer; à plus forte raison pouvait-il leur déplaire de voir les êtres qu'ils étaient chargés de protéger, leurs femmes, leurs sœurs ou leurs filles, courir les hasards des jugements du public, ou lui donner seulement le droit de parler d'elles habituellement.

Un grand talent triomphait de toutes ces considérations; mais il était néanmoins difficile aux femmes de porter noblement la réputation d'auteur, de la concilier avec l'indépendance d'un rang élevé, et de ne perdre rien, par cette réputation, de la dignité, de la grace, de l'aisance et du naturel qui devaient caractériser leur ton et leurs manières habituelles.

On permettait bien aux femmes de sacrifier les occupations de leur intérieur au goût du monde et de ses amusements, mais on accusait de pédantisme toute étude sérieuse; et si l'on ne s'élevait pas, dès les premiers pas, au-dessus des plaisanteries qui assaillaient de toutes parts, ces plaisanteries parvenaient à décourager le talent, à tarir la source même de la confiance et de l'exaltation.

Une partie de ces inconvénients ne peut se retrouver dans les républiques, et surtout dans une république qui aurait pour but l'avancement des lumières. Peut-être serait-il naturel que, dans un tel état, la littérature proprement dite devînt le partage des femmes, et que les hommes se consacrassent uniquement à la haute philosophie.

On a dirigé l'éducation des femmes, dans tous les pays libres, selon l'esprit de la constitution qui y était établie. A Sparte, on les accoutumait aux exercices de la guerre; à Rome, on exigeait d'elles des vertus austères et patriotiques. Si l'on voulait que le principal mobile de la république française fût l'émulation des lumières et de la philosophie, il serait très raisonnable d'encourager les femmes à cultiver leur esprit, afin que les hommes pussent s'entretenir avec elles des idées qui captiveraient leur intérêt.

Néanmoins, depuis la révolution, les hommes ont pensé qu'il était politiquement et moralement utile de réduire les femmes à la plus absurde médiocrité ; ils ne leur ont adressé qu'un misérable langage sans délicatesse comme sans esprit ; elles n'ont plus eu de motifs pour développer leur raison : les mœurs n'en sont pas devenues meilleures. En bornant l'étendue des idées, on n'a pu ramener la simplicité des premiers âges ; il en est seulement résulté que moins d'esprit a conduit à moins de délicatesse, à moins de respect pour l'estime publique, à moins de moyens de supporter la solitude. Il est arrivé ce qui s'applique à tout dans la disposition actuelle des esprits : on croit toujours que ce sont les lumières qui font le mal, et l'on veut le réparer en faisant rétrograder la raison. Le mal des lumières ne peut se corriger qu'en acquérant plus de lumières encore. Ou la morale serait une idée fausse, ou il est vrai que plus on s'éclaire, plus on s'y attache.

Si les Français pouvaient donner à leurs femmes toutes les vertus des Anglaises, leurs mœurs retirées, leur goût pour la solitude, ils feraient très bien de préférer de telles qualités à tous les dons d'un esprit éclatant ; mais ce qu'ils pourraient obtenir de leurs femmes, ce serait de ne rien lire, de ne rien savoir, de n'avoir jamais dans la conversation ni une idée intéressante, ni une expression heureuse, ni un langage relevé : loin que cette bienheureuse ignorance les fixât dans leur intérieur, leurs enfants leur deviendraient moins chers lorsqu'elles seraient hors d'état de diriger leur éducation. Le monde leur deviendrait à la fois plus nécessaire et plus dangereux ; car on ne pourrait jamais leur parler que d'amour, et cet amour n'aurait pas même la délicatesse qui peut tenir lieu de moralité.

Plusieurs avantages d'une grande importance pour la morale et le bonheur d'un pays se trouveraient perdus, si l'on parvenait à rendre les femmes tout-à-fait insipides ou frivoles. Elles auraient beaucoup moins de moyens pour adoucir les passions furieuses des hommes ; elles n'auraient plus, comme autrefois, un utile ascendant sur l'opinion : ce sont elles qui l'animaient dans tout ce qui tient à l'humanité, à la générosité, à la délicatesse. Il n'y a que ces êtres en dehors des intérêts politiques et de la carrière de l'ambition, qui versent le mépris sur toutes les actions basses, signalent l'ingratitude, et savent honorer la disgrace quand de nobles sentiments l'ont causée. S'il n'existait plus en France de femmes assez éclairées pour que leur jugement pût compter, assez nobles dans leurs manières pour inspirer un respect véritable, l'opinion de la société n'aurait plus aucun pouvoir sur les actions des hommes.

Je crois fermement que dans l'ancien régime, où l'opinion exerçait un si salutaire empire, cet empire était l'ouvrage des femmes distinguées par leur esprit et leur caractère : on citait souvent leur éloquence quand un dessein généreux les inspirait, quand elles avaient à défendre la cause du malheur, quand l'expression d'un sentiment exigeait du courage et déplaisait au pouvoir.

Durant le cours de la révolution, ce sont ces mêmes femmes qui ont encore donné le plus de preuves de dévouement et d'énergie.

Jamais les hommes, en France, ne peuvent être assez républicains pour se passer entièrement de l'indépendance et de la fierté naturelle aux femmes. Elles avaient sans doute, dans l'ancien régime, trop d'influence sur les affaires : mais elles ne sont pas moins dangereuses lorsqu'elles sont dépourvues de lumières, et par conséquent de raison ; leur ascendant se porte alors sur des goûts de fortune immodérés, sur des choix sans discernement, sur des recommandations sans délicatesse ; elles avilissent ceux qu'elles aiment, au lieu de les exalter. L'état y gagne-t-il? Le danger très rare de rencontrer une femme dont la supériorité soit en disproportion avec la destinée de son sexe, doit-il priver la république de la célébrité dont jouissait la France par l'art de plaire et de vivre en société? Or, sans les femmes, la société ne peut être ni agréable ni piquante ; et les femmes privées d'esprit, ou de cette grace de conversation qui suppose l'éducation la plus distinguée, gâtent la société au lieu de l'embellir; elles y introduisent une sorte de niaiserie dans les discours et de médisance de coterie, une insipide gaieté qui doit finir par éloigner tous les hommes vraiment supérieurs, et réduirait les réunions brillantes de Paris aux jeunes gens qui n'ont rien à faire, et aux jeunes femmes qui n'ont rien à dire.

On peut découvrir des inconvénients à tout dans les affaires humaines. Il y en a sans doute à la supériorité des femmes, à celle même des hommes, à l'amour-propre des gens d'esprit, à l'ambition des héros, à l'imprudence des ames grandes, à l'irritabilité des caractères indépendants, à l'impétuosité du courage, etc. Faudrait-il pour cela combattre de tous ses efforts les qualités naturelles, et diriger toutes les institutions vers l'abaissement des facultés? A peine est-il certain que cet abaissement favorisât les autorités de famille ou celles des gouvernements. Les femmes sans esprit de conversation ou de littérature ont ordinairement plus d'art pour échapper à leurs devoirs; et les nations sans lumières ne savent pas être libres, mais changent très souvent de maîtres.

Éclairer, instruire, perfectionner les femmes comme les hommes, les nations comme les individus, c'est encore le meilleur secret pour tous les buts raisonnables, pour toutes les relations sociales et politiques auxquelles on veut assurer un fondement durable.

L'on ne pourrait craindre l'esprit des femmes que par une inquiétude délicate sur leur bonheur. Il est possible qu'en développant leur raison, on les éclaire sur les malheurs souvent attachés à leur destinée; mais les mêmes raisonnements s'appliqueraient à l'effet des lumières en général sur le bonheur du genre humain, et cette question me paraît décidée.

Si la situation des femmes est très imparfaite dans l'ordre civil, c'est à l'amélioration de leur sort, et non à la dégradation de leur esprit, qu'il faut travailler. Il est utile aux lumières et au bonheur de la société que les femmes développent avec soin leur esprit et leur raison. Une seule chance véritablement malheureuse pourrait résulter de l'éducation cultivée qu'on doit leur donner : ce serait si quelques unes d'entre elles acquéraient des facultés assez distinguées pour éprouver le besoin de la gloire; mais ce hasard même ne porterait aucun préjudice à la société, et ne serait funeste qu'au très petit nombre de femmes que la nature dévouerait au tourment d'une importune supériorité.

S'il existait une femme séduite par la célébrité de l'esprit, et qui voulût chercher à l'obtenir, combien il serait aisé de l'en détourner s'il en était temps encore! On lui montrerait à quelle affreuse destinée elle serait prête à se condamner. Examinez l'ordre social, lui dirait-on, et vous verrez bientôt qu'il est tout entier armé contre une femme qui veut s'élever à la hauteur de la réputation des hommes.

Dès qu'une femme est signalée comme une personne distinguée, le public en général est prévenu contre elle. Le vulgaire ne juge jamais que d'après certaines règles communes, auxquelles on peut se tenir sans s'aventurer. Tout ce qui sort de ce cours habituel déplaît d'abord à ceux qui considèrent la routine de la vie comme la sauvegarde de la médiocrité. Un homme supérieur déja les effarouche ; mais une femme supérieure, s'éloignant encore plus du chemin frayé, doit étonner, et par conséquent importuner davantage. Néanmoins un homme distingué ayant presque toujours une carrière importante à parcourir, ses talents peuvent devenir utiles aux intérêts de ceux mêmes qui attachent le moins de prix aux charmes de la pensée. L'homme de génie peut devenir un homme puissant, et, sous ce rapport, les envieux et les sots le ménagent ; mais une femme spirituelle n'est appelée à leur offrir que ce qui les intéresse le moins, des idées nouvelles ou des sentiments élevés : sa célébrité n'est qu'un bruit fatigant pour eux.

La gloire même peut être reprochée à une femme, parcequ'il y a contraste entre la gloire et sa destinée naturelle. L'austère vertu condamne jusqu'à la célébrité de ce qui est bien en soi, comme portant une sorte d'atteinte à la perfection de la modestie. Les hommes d'esprit, étonnés de rencontrer des rivaux parmi les femmes, ne savent les juger, ni avec la générosité d'un adversaire, ni avec l'indulgence d'un protecteur ; et, dans ce combat nouveau, ils ne suivent ni les lois de l'honneur, ni celles de la bonté.

Si, pour comble de malheur, c'était au milieu des dissensions politiques qu'une femme acquît une célébrité remarquable, on croirait son influence sans bornes alors même qu'elle n'en exercerait aucune ; on l'accuserait de toutes les actions de ses amis ; on la haïrait pour tout ce qu'elle aime ; et l'on attaquerait d'abord l'objet sans défense, avant d'arriver à ceux que l'on pourrait encore redouter.

Rien ne prête davantage aux suppositions vagues que l'incertaine existence d'une femme dont le nom est célèbre et la carrière obscure. Si l'esprit vain de tel homme excite la dérision, si le caractère vil de tel autre le fait succomber sous le poids du mépris, si l'homme médiocre est repoussé, tous aiment mieux s'en prendre à cette puissance inconnue qu'on appelle une femme. Les anciens se persuadaient que le sort avait traversé leurs desseins quand ils ne s'accomplissaient pas. L'amour-propre aussi de nos jours veut attribuer ses revers à des causes secrètes, et non à lui-même ; et ce serait l'empire supposé des femmes célèbres qui pourrait, au besoin, tenir lieu de fatalité.

Les femmes n'ont aucune manière de manifester la vérité, ni

d'éclairer leur vie. C'est le public qui entend la calomnie, c'est la société intime qui peut seule juger de la vérité. Quels moyens authentiques pourrait avoir une femme de démontrer la fausseté d'imputations mensongères ? L'homme calomnié répond par ses actions à l'univers ; il peut dire :

> Ma vie est un témoin qu'il faut entendre aussi.

Mais ce témoin, quel est-il pour une femme ? quelques vertus privées, quelques services obscurs, quelques sentiments renfermés dans le cercle étroit de sa destinée, quelques écrits qui la feront connaître dans les pays qu'elle n'habite pas, dans les années où elle n'existera plus.

Un homme peut, même dans ses ouvrages, réfuter les calomnies dont il est devenu l'objet : mais pour les femmes, se défendre est un désavantage de plus ; se justifier, un bruit nouveau. Les femmes sentent qu'il y a dans leur nature quelque chose de pur et de délicat, bientôt flétri par les regards mêmes du public : l'esprit, les talents, une ame passionnée, peuvent les faire sortir du nuage qui devrait toujours les environner ; mais sans cesse elles le regrettent comme leur véritable asile.

L'aspect de la malveillance fait trembler les femmes, quelque distinguées qu'elles soient. Courageuses dans le malheur, elles sont timides contre l'inimitié ; la pensée les exalte, mais leur caractère reste faible et sensible. La plupart des femmes auxquelles des facultés supérieures ont inspiré le desir de la renommée, ressemblent à Herminie revêtue des armes du combat : les guerriers voient le casque, la lance, le panache étincelant ; ils croient rencontrer la force, ils attaquent avec violence, et dès les premiers coups ils atteignent au cœur.

Non seulement les injustices peuvent altérer entièrement le bonheur et le repos d'une femme, mais elles peuvent détacher d'elle jusqu'aux premiers objets des affections de son cœur. Qui sait si l'image offerte par la calomnie ne combat pas quelquefois contre la vérité des souvenirs ? Qui sait si les calomniateurs, après avoir déchiré la vie, ne dépouilleront pas jusqu'à la mort des regrets sensibles qui doivent accompagner la mémoire d'une femme aimée ?

Dans ce tableau, je n'ai encore parlé que de l'injustice des hommes envers les femmes distinguées : celle des femmes aussi n'est-elle point à craindre ? N'excitent-elles pas en secret la malveillance des hommes ? Font-elles jamais alliance avec une femme célèbre pour la soutenir, pour la défendre, pour appuyer ses pas chancelants?

Ce n'est pas tout encore : l'opinion semble dégager les hommes de tous les devoirs envers une femme à laquelle un esprit supérieur serait reconnu : on peut être ingrat, perfide, méchant envers elle, sans que l'opinion se charge de la venger. *N'est-elle pas une femme extraordinaire?* Tout est dit alors; on l'abandonne à ses propres forces, on la laisse se débattre avec la douleur. L'intérêt qu'inspire une femme, la puissance qui garantit un homme, tout lui manque souvent à la fois : elle promène sa singulière existence, comme les parias de l'Inde, entre toutes les classes dont elle ne peut être, toutes les classes qui la considèrent comme devant exister par elle seule : objet de la curiosité, peut-être de l'envie, et ne méritant en effet que la pitié.

CHAPITRE V.

Des ouvrages d'imagination.

Il est facile de signaler les défauts que le bon goût fait toujours une loi d'éviter dans les ouvrages littéraires; mais il ne l'est pas également d'indiquer quelle est la route que l'imagination doit se tracer à l'avenir, pour produire de nouveaux effets. Il est de certains moyens de succès en littérature dont la révolution a nécessairement détruit les causes. Commençons par examiner quels sont ces moyens, et nous serons conduits naturellement à quelques aperçus sur les ressources nouvelles qui peuvent encore se découvrir.

Les ouvrages d'imagination agissent sur les hommes de deux manières : en leur présentant des tableaux piquants qui font naître la gaieté, ou en excitant les émotions de l'ame. Les émotions de l'ame ont leur source dans les rapports inhérents à la nature humaine; la gaieté n'est souvent que le résultat des relations diverses, et quelquefois bizarres, établies dans la société. Les émotions de l'ame ont donc une cause durable qui subit peu de changements par les événements politiques, tandis qu'à plusieurs égards la gaieté est dépendante des circonstances.

Plus vous simplifiez les institutions, plus vous effacez les contrastes dont l'esprit philosophique sait faire ressortir des oppositions frappantes. Voltaire est de tous les écrivains celui dont les ouvrages servent le mieux à démontrer combien un ordre politique raisonnable ôterait de ressources à la plaisanterie. Voltaire met sans cesse en opposition ce qui devrait être et ce qui était, la pédanterie des formes et la frivolité des esprits, l'austérité des dogmes religieux et les mœurs faciles de ceux qui les enseignaient, l'ignorance des grands et leur pouvoir. Enfin la plupart de ses écrits supposent des institutions toujours contraires à la raison, et des institutions assez puissantes pour donner à la plaisanterie qui les attaque le mérite de la hardiesse. Si telle religion n'était pas en autorité dans un pays, il ne serait pas plus piquant de s'en moquer, qu'il ne le serait en Europe de tourner en ridicule les cérémonies des brames. Il en est de même du préjugé de la naissance, et des abus révoltants qu'il peut entraîner. Les habitants d'un pays dans lequel ces abus n'existeraient pas, accorderaient à peine un léger sourire aux dérisions qui auraient ces préjugés pour objet.

Les Américains sentiraient bien faiblement le mérite d'une situation comique qui ferait allusion à des institutions tout-à-fait étrangères à leur gouvernement : ils écouteraient peut-être encore ce qu'on en peut dire, à cause de leurs rapports avec l'Europe ; mais jamais leurs écrivains ne penseraient à s'exercer sur un tel sujet. Toutes les plaisanteries qui portent sur les institutions civiles et politiques contraires à la raison naturelle, perdent leur effet dès qu'elles atteignent leur but, la réformation de l'ordre social.

Les Grecs se moquaient de leurs magistrats, mais non pas de leurs institutions. Leur religion poétique enchaînait leur imagination; ils étaient toujours gouvernés, ou par une autorité de leur choix, ou par un tyran qui les asservissait entièrement. Ils n'ont jamais été, comme les Français, dans cette sorte de situation intermédiaire, la plus féconde de toutes en contrastes spirituels.

La nation française prenait ses propres souffrances pour l'objet de ses plaisanteries, couvrait de ridicule par son esprit ce qu'elle encensait par ses formes, affectait de se montrer étrangère à ses intérêts les plus importants, et consentait à tolérer le despotisme, pourvu qu'elle pût se moquer d'elle-même comme l'ayant supporté.

Les philosophes grecs ne se sont point mis, comme les philosophes des pays monarchiques, en opposition avec les institutions de leur pays; ils n'avaient pas l'idée de ces droits d'héritage qui fondent la plupart des pouvoirs chez les nations modernes depuis l'invasion des peuples du Nord. L'autorité des magistrats, en Grèce, devait sa force à l'assentiment de la nation même. Rien n'aurait donc paru plus singulier que de chercher à rendre ridicule un ordre politique entièrement dépendant de la volonté générale. D'ailleurs les peuples libres mettent trop d'importance aux institutions qui les gouvernent, pour les livrer au hasard d'une insouciante moquerie.

Si la constitution de France est libre, et si ses institutions sont philosophiques, les plaisanteries sur le gouvernement n'ayant plus d'utilité, n'auront plus d'intérêt. Celles mêmes qui ont pour but, comme dans Candide, de se moquer de l'espèce humaine, ne conviennent point sous plusieurs rapports dans un gouvernement républicain.

Quand le despotisme existe, il faut consoler les esclaves en flétrissant à leurs yeux le sort de tous les hommes ; mais l'exaltation nécessaire à la liberté républicaine doit inspirer de l'éloignement pour tout ce qui peut tendre à dégrader la nature humaine. Dégoûter de la vie, ce n'est point fortifier le courage. Ce qui importe, c'est de placer au-dessus d'elle les jouissances de la vertu, et de donner à tous les sentiments de l'ame une grande valeur, pour relever d'autant plus le sentiment suprême, l'amour du bien et des hommes.

Le secret de la plaisanterie est, en général, de rabattre tous les genres d'essor, de porter des coups de bas en haut, et de déjouer la passion par le sang-froid. Ce secret sert puissamment contre l'orgueil et les préjugés ; mais il faut que la liberté, il faut que la vertu patriotique se soutiennent par un intérêt très actif pour le bonheur et la gloire de la nation ; et vous flétrissez la vivacité de ce sentiment, si vous inspirez aux hommes distingués cette sorte d'appréciation dédaigneuse de toutes les choses humaines, qui porte à l'indifférence pour le bien comme pour le mal.

Lorsque la société marche dans la route de la raison, c'est le découragement surtout qu'il faut éviter; et ces plaisanteries qui, après avoir utilement détruit la force des préjugés, ne pourraient plus agir que sur la puissance des sentiments vrais, ces plaisanteries attaqueraient le principe d'existence morale qui doit soutenir les individus et les hommes. Ainsi donc Candide et les écrits de ce genre qui se jouent, par une philosophie moqueuse, de l'importance attachée aux intérêts même les plus nobles de la vie, de tels écrits sont nuisibles dans une république, où l'on a besoin d'estimer ses pareils, de croire au bien qu'on peut faire, et de s'animer aux sacrifices de tous les jours par la religion de l'espérance.

Il existe sans doute, dans les ouvrages d'esprit, un autre genre de gaieté que celle qui tient presque uniquement à des plaisanteries sur l'ordre social ou sur la destinée humaine; c'est l'observation juste et fine des passions et des caractères. Le génie de Molière est le plus sublime modèle de ce talent supérieur. Voltaire n'a pu produire en ce genre aucun effet théâtral, quelque piquante que soit la tournure habituelle de son esprit. Il reste donc à examiner quels sont les sujets de comédie qui peuvent le mieux réussir dans un état libre.

Il y a deux sortes de ridicules très distincts parmi les hommes : ceux qui tiennent à la nature même, et ceux qui se diversifient selon les différentes modifications de la société. Les ridicules de ce dernier genre doivent être en beaucoup moins grand nombre dans les pays où l'égalité politique est établie; les relations sociales se rapprochant davantage des rapports naturels, les convenances sont plus d'accord avec la raison. On pouvait être un homme de beaucoup de mérite sous l'ancien régime, et cependant se rendre ridicule par une ignorance absolue des usages. Les véritables convenances, dans un état libre, ne peuvent être blessées que par les défauts réels de l'esprit ou du caractère.

Souvent il fallait, sous la monarchie, savoir concilier sa dignité et son intérêt, l'extérieur du courage et le calcul secret de la flatterie, l'air de l'insouciance et la persistance de l'intérêt personnel, la réalité de la servitude et l'affectation de l'indépendance. Toutes ces difficultés à vaincre pouvaient rendre très aisément ridicule celui qui ne connaissait pas l'art de les éviter. Plus de simplicité dans les manières et dans les situations fournirait aux écrivains, sous la république, beaucoup moins de scènes de comédies.

Parmi les pièces de Molière, il en est qui se fondent uniquement sur des préjugés établis, telles que *le Bourgeois gentilhomme*, *George Dandin*, etc.; mais il en est aussi, telles que *l'Avare*, *le Tartufe*, etc., qui peignent l'homme de tous les pays et de tous les temps; et celles-là pourraient convenir à un gouvernement libre, si ce n'est dans chaque détail, au moins par l'ensemble.

Le comique qui porte sur les vices du cœur humain est plus frappant, mais plus amer que celui qui retrace de simples ridicules ou de bizarres institutions. On éprouve un sentiment confus de tristesse dans les scènes les plus comiques du Tartufe, parcequ'elles rappellent la méchanceté naturelle à l'homme; mais quand les plaisanteries se portent sur les travers qui résultent de certains préjugés, ou sur ces préjugés eux-mêmes, l'espoir que vous conservez toujours de les corriger répand une gaieté plus douce sur l'impression causée par le ridicule. L'on ne peut avoir ni le talent, ni l'occasion de ce genre de gaieté légère dans un gouvernement fondé sur la raison ; et les esprits doivent plutôt se tourner vers la haute comédie, le plus philosophique de tous les ouvrages d'imagination, et celui qui suppose l'étude la plus approfondie du cœur humain. La république peut exciter une émulation nouvelle dans cette carrière.

Ce qu'on se plaît à tourner en dérision, sous une monarchie, ce sont les manières qui font disparate avec les usages reçus ; ce qui doit être l'objet, dans une république, des traits de la moquerie, ce sont les vices de l'ame qui nuisent au bien général. Je vais rappeler un exemple remarquable des sujets nouveaux que peut traiter la comédie, et du nouveau but qu'elle doit se proposer.

Dans *le Misanthrope*, c'est Philinte qui est l'homme raisonnable, et c'est d'Alceste que l'on rit. Un auteur moderne, développant ces deux caractères dans la suite de leur vie, nous a fait voir Alceste généreux et dévoué dans l'amitié, et Philinte avide en secret et tyranniquement égoïste. L'auteur a saisi, je crois, dans sa pièce, le point de vue sous lequel il faut présenter désormais la comédie : ce sont les vices pour ainsi dire négatifs, ceux qui se composent de la privation des qualités, qu'il faut maintenant attaquer au théâtre. Il faut signaler de certaines formes derrière lesquelles tant d'hommes se retirent pour être personnels en paix, ou perfides avec décence. L'esprit républicain exige des vertus positives, des vertus connues. Beaucoup d'hommes vicieux n'ont d'autre ambition que d'échapper au ridicule ; il faut leur apprendre, il faut avoir le talent de leur prouver que le succès du vice prête plus à la moquerie que la maladresse de la vertu.

Depuis quelque temps, on appelle un caractère décidé celui qui marche à son intérêt, au mépris de tous ses devoirs; un homme spirituel, celui qui trahit successivement avec art tous les liens qu'il a formés. On veut donner à la vertu l'air de la duperie, et faire passer le vice pour la grande pensée d'une ame forte ; il faut que la comédie s'attache à faire sentir avec talent que l'immoralité du cœur est aussi la preuve des bornes de l'esprit ; il faut qu'elle parvienne à mettre en souffrance l'amour-propre des hommes corrompus, et qu'elle fasse prendre au ridicule une direction nouvelle. On aimait jadis à peindre la grace de certains défauts, la niaiserie des qualités estimables ; mais ce qui est desirable aujourd'hui, c'est de consacrer l'esprit à tout rétablir dans le sens vrai de la nature, à montrer réunis ensemble le vice et la stupidité, le génie et la vertu.

Quels seront nos contrastes, dira-t-on, et d'où naîtront nos effets ? Il en doit sortir de très inattendus de ce nouveau genre. On n'a cessé, par exemple, de nous présenter au théâtre la conduite immorale des hommes envers les femmes, avec l'intention de se moquer des femmes trompées. La confiance que peuvent avoir les femmes dans les sentiments qu'elles inspirent peut être, avec raison, l'objet de la raillerie ; mais le talent se montrerait plus fort, le sujet serait plus haut, si c'était au trompeur que s'attachât le ridicule, si l'on savait le faire porter sur l'oppresseur, et non sur la victime. Il est facile d'attaquer sérieusement ce qui est coupable en soi ; mais ce qui est piquant, c'est de jeter habilement sur l'immoralité le vernis de la sottise ; et cela se peut.

Les hommes qui veulent faire recevoir leurs vices et leurs bassesses comme des graces de plus, dont la prétention à l'esprit est telle qu'ils se vanteraient presque à vous-même de vous avoir habilement trahi, s'ils n'espéraient pas que vous le saurez un jour ; ces hommes qui veulent cacher leur incapacité par leur scélératesse, se flattant que l'on ne découvrira jamais qu'un esprit si fort contre la morale universelle est si faible dans ses conceptions politiques ; ces caractères si indépendants de l'opinion des hommes honnêtes, et si tremblants devant celle des hommes puissants ; ces charlatans de vices, ces frondeurs de principes élevés, ces moqueurs des ames sensibles, c'est eux qu'il faut vouer au ridicule qu'ils préparent, les dépouiller comme des êtres misérables, et les abandonner à la risée des enfants. Ce n'est rien que de tourner contre eux la puissance énergique de l'indignation ; il faut savoir leur ôter jusqu'à cette réputation d'adresse et d'insolence sur laquelle ils comptaient, comme compensation de la perte de l'estime.

Dans les pays où les institutions politiques sont raisonnables, le ridicule doit être dirigé dans le même sens que le mépris. Il faut livrer le vice élégant, le vice réservé, le vice habile, aux sarcasmes de la moquerie, seul vengeur qui s'introduise au milieu même de la prospérité des méchants, seule arme qui blesse encore celui qui ne connaît plus ni la honte, ni les remords.

Ce qui pervertit la moralité en France, c'est le besoin de faire effet d'une manière quelconque, et surtout par son esprit. Quand les qualités qu'on possède ne suffisent pas pour atteindre à ce but, l'on a recours au vice pour se faire remarquer; il donne des formes confiantes, une sorte d'assurance et de fermeté, du moins contre le malheur des autres, qui peut faire quelque illusion. La comédie doit combattre cette disposition détestable, en lui faisant manquer son objet. L'indignation attaque le vice comme une puissance : la comédie doit le ranger parmi les faiblesses du plus misérable esprit.

La littérature des pays libres a été, comme je l'ai dit, rarement célèbre en bonnes comédies : la facilité de réussir par des allusions aux circonstances du moment, et le sérieux des grands intérêts politiques, ont également nui tour à tour, chez divers peuples, à l'art de la comédie. Mais en France la puissance de l'amour-propre conserve une telle activité, qu'elle fournira pendant longtemps encore aux combinaisons des comédies. Horace a peint l'homme juste restant debout sur les ruines du monde : il en est ainsi de l'opinion qu'un Français a de lui-même. Elle survit intacte à toutes les fautes qu'il commet, comme à tous les bouleversements qui l'environnent. Tant que ce trait du caractère national ne sera point effacé parmi nous, les auteurs comiques auront toujours des sujets piquants à traiter, et le ridicule sera toujours une puissance qui peut servir aux progrès de la philosophie, comme la raison et le sentiment.

La tragédie appartient à des affections toujours les mêmes; et comme elle peint la douleur, la source de ses effets est inépuisable. Néanmoins elle est modifiée, comme toutes les productions de l'esprit humain, par les institutions sociales et les mœurs qui en dépendent.

Les sujets antiques et leurs imitateurs produisent moins d'effet dans la république que dans la monarchie : les distinctions de rang rendaient encore plus sensibles les peines attachées aux revers du sort; elles mettaient entre l'infortune et le trône un immense intervalle, que la pensée ne pouvait franchir qu'en frémissant. L'ordre social, qui, chez les anciens, créait des esclaves, creusait encore plus avant l'abîme de la misère, élevait encore plus haut la fortune, et donnait à la destinée humaine des proportions vraiment théâtrales. On peut s'intéresser sans doute aux situations dont on n'a pas des exemples analogues dans son propre pays; mais néanmoins l'esprit philosophique qui doit résulter à la longue des institutions libres et de l'égalité politique, cet esprit diminue tous les jours la puissance des illusions sociales.

La royauté avait été souvent bannie, souvent détruite par les gouvernements anciens ; mais de nos jours elle a été analysée, et c'est ce qu'il peut y avoir de plus contraire aux effets de l'imagination. La splendeur de la puissance, le respect qu'elle inspire, la pitié qu'on ressent pour ceux qui la perdent quand on leur suppose un droit à la posséder, tous ces sentiments agissent sur l'ame, indépendamment du talent de l'auteur ; et leur force s'affaiblirait extrêmement dans l'ordre politique que je suppose. Déja même l'homme a trop souffert comme homme, pour que les dignités, le pouvoir, les circonstances enfin qui sont particulières à quelques destinées seulement, ajoutent beaucoup à l'émotion causée par le malheur.

Il faut cependant éviter de faire de la tragédie un drame ; et, pour se préserver de ce défaut, on doit chercher à se rendre compte de la différence de ces deux genres. Cette différence ne consiste pas, je le crois, uniquement dans le rang des personnages que l'on représente, mais dans la grandeur des caractères et la force des passions que l'on sait peindre.

Plusieurs tentatives ont été faites pour adapter à la scène française des beautés du génie anglais, des effets du théâtre allemand ; et si l'on en excepte un très petit nombre [1], ces essais ont obtenu des succès momentanés, et nulle réputation durable. C'est que l'attendrissement dans les tragédies, comme le rire dans la comédie, n'est qu'une impression passagère. Si vous n'avez pas acquis une idée de plus par la cause même de votre impression, si la tragédie qui vous a fait pleurer ne laisse après elle ni le souvenir d'une observation morale, ni celui d'une situation nouvelle tirée

---

[1] Ducis, dans quelques scènes de presque toutes ses pièces; Chénier, dans le quatrième acte de *Charles IX*; Arnault, dans le cinquième acte des *Vénitiens*, ont introduit sur la scène française un nouveau genre d'effet très remarquable, et qui appartient plus au génie des poëtes du Nord qu'à celui des poëtes français.

du mouvement même des passions, l'émotion qu'elle excite en vous est un plaisir plus innocent que le combat des gladiateurs ; mais cette émotion n'agrandit pas davantage la pensée et le sentiment.

Il y a dans un ouvrage allemand une observation qui me paraît parfaitement juste : c'est que les belles tragédies doivent rendre l'ame plus forte après l'avoir déchirée. En effet, la véritable grandeur du caractère, dans quelque situation douloureuse qu'on la représente, inspire aux spectateurs un mouvement d'admiration qui les rend plus capables de braver l'adversité. Le principe de l'utilité se retrouve dans ce genre comme dans tous les autres. Ce qui est vraiment beau, c'est ce qui rend l'homme meilleur ; et, sans étudier les règles du goût, si l'on sent qu'une pièce de théâtre agit sur notre propre caractère en le perfectionnant, on est assuré qu'elle contient de véritables traits de génie. Ce ne sont pas des maximes de morale, c'est le développement des caractères et la combinaison des événements naturels qui produisent un semblable effet au théâtre ; et c'est en prenant cette opinion pour guide, qu'on pourrait juger quelles sont les pièces étrangères dont nous pouvons nous enrichir.

Il ne suffit pas de remuer l'ame, il faut l'éclairer ; et tous les effets qui frappent seulement les yeux, les tombeaux, les supplices, les ombres, les combats, on ne peut se les permettre que s'ils servent directement à la peinture philosophique d'un grand caractère ou d'un sentiment profond. Toutes les affections des hommes pensants tendent vers un but raisonnable. Un écrivain ne mérite de gloire véritable que lorsqu'il fait servir l'émotion à quelques grandes vérités morales.

Les circonstances de la vie privée suffisent à l'effet du drame, tandis qu'il faut, en général, que les intérêts des nations soient compromis dans un événement, pour qu'il puisse devenir le sujet d'une tragédie. Néanmoins, c'est bien plutôt dans la hauteur des idées et la profondeur des sentiments, que dans les souvenirs et les allusions historiques, que l'on doit chercher la dignité tragique.

Vauvenargues a dit que *les grandes pensées viennent du cœur*. La tragédie met en action cette sublime vérité. La pièce de *Fénelon* est fondée sur un fait qui est entièrement du genre du drame : cependant il suffit du rôle et du souvenir de ce grand homme pour faire de cette pièce une tragédie. Le nom de M. de Malesherbes, sa noble et terrible destinée, seraient le sujet de la tragédie du monde la plus touchante. Une haute vertu, un génie vaste, voilà les dignités nouvelles qui doivent caractériser la tragédie, et plus que tout encore le sentiment du malheur, tel que nous avons appris à l'éprouver.

Il ne me paraît pas douteux que la nature morale est plus énergique dans ses impressions que nos tragiques français, les plus admirables d'ailleurs, ne l'ont encore exprimée. Toutes les splendeurs qui dérivent des rangs suprêmes introduisent dans les sujets tragiques une sorte de respect qui ne permet pas à l'homme de lutter corps à corps avec l'homme; ce respect doit jeter quelquefois du vague dans la manière de caractériser les mouvements de l'ame. Les expressions voilées, les sentiments contenus, les convenances ménagées, supposent un genre de talent très remarquable; mais les passions ne peuvent être peintes, au milieu de toutes ces difficultés, avec l'énergie déchirante, la pénétration intime que la plus complète indépendance doit inspirer.

Sous un gouvernement républicain, ce qu'il doit y avoir de plus imposant pour la pensée, c'est la vertu; et ce qui frappe le plus l'imagination, c'est le malheur. Je ne sais si la gloire même, seule pompe de la vie que l'esprit philosophique puisse honorer, je ne sais si le tableau de la gloire même remuerait aussi puissamment des spectateurs républicains, que la peinture des émotions qui répondent à tout notre être par leur analogie avec la nature humaine.

L'esprit philosophique qui généralise les idées, et le système de l'égalité politique, doivent donner un nouveau caractère à nos tragédies. Ce n'est pas une raison pour rejeter les sujets historiques; mais il faut peindre les grands hommes avec les sentiments qui réveillent pour eux la sympathie de tous les cœurs, et relever les faits obscurs par la dignité du caractère; il faut ennoblir la nature, au lieu de perfectionner les idées de convention. Ce n'est point l'irrégularité ni l'inconséquence des pièces anglaises et allemandes qu'il faut imiter; mais ce serait un genre de beautés nouvelles pour nous, et pour les étrangers eux-mêmes, que de trouver l'art de donner de la dignité aux circonstances communes, et de peindre avec simplicité les grands événements.

Le théâtre est la vie noble, mais il doit être la vie; et si la circonstance la plus vulgaire sert de contraste à de grands effets, il faut employer assez de talent à la faire admettre, pour reculer les bornes de l'art sans choquer le goût. On n'égalera jamais, dans le genre des beautés idéales, nos premiers tragiques. Il faut donc tenter, avec la mesure de la raison, avec la sagesse de l'esprit, de se servir plus souvent des moyens dramatiques qui rappellent aux hommes leurs propres souvenirs; car rien ne les émeut aussi profondément[1].

La nature de convention, au théâtre, est inséparable de l'aristocratie des rangs dans le gouvernement : vous ne pouvez soutenir l'une sans l'autre. L'art dramatique, privé de toutes ces ressources factices, ne peut s'accroître que par la philosophie et la sensibilité : mais, dans ce genre, il n'a point de bornes; car la douleur est un des plus puissants moyens de développement pour l'esprit humain.

La vie s'écoule, pour ainsi dire, inaperçue des hommes heureux; mais lorsque l'ame est en souffrance, la pensée se multiplie pour chercher un espoir, ou pour découvrir un motif de regret, pour approfondir le passé, pour deviner l'avenir; et cette faculté d'observation, qui, dans le calme et le bonheur, se porte presque entièrement sur les objets extérieurs, ne s'exerce dans l'infortune que sur nos propres impressions. L'action infatigable de la peine fait passer et repasser sans cesse dans notre cœur des idées et des sentiments qui tourmentent notre être en dedans de nous-mêmes, comme si chaque instant amenait un événement nouveau. Quelle inépuisable source de réflexions pour le génie!

Les préceptes de l'art tragique ne mettent pas aux sujets que l'on peut choisir autant d'entraves que les difficultés mêmes attachées à l'exigence de la poésie. Ce qui serait sensible et vrai dans la langue usuelle peut être ridicule en vers. La mesure, l'harmonie, la rime, interdisent des expressions qui, dans telle si-

---

[1] Le public français accueille difficilement au théâtre les essais dans un genre nouveau: admirateur, avec raison, des chefs d'œuvre qu'il possède, il pense qu'on veut faire rétrograder l'art, quand on s'écarte de la route que Racine a tracée. Je ne crois pas impossible cependant de réussir dans une route nouvelle, en sachant ménager avec talent quelques effets non encore risqués sur la scène; mais pour que cette entreprise ait du succès, il faut qu'elle soit dirigée par le goût le plus sévère. Une connaissance générale des préceptes de la littérature suffit pour ne pas s'égarer, en se soumettant aux règles reçues. Mais lorsqu'on veut triompher de la répugnance naturelle aux spectateurs français pour ce qu'ils appellent le genre anglais ou le genre allemand, l'on doit veiller avec un scrupule extrême sur toutes les nuances que la délicatesse du goût peut réprouver. Il faut être hardi dans la conception, mais prudent dans l'exécution, et suivre à cet égard en littérature un principe également vrai en politique : plus l'ensemble du projet est hasardé, plus les précautions de détail doivent être soignées, presque timidement.

tuation donnée, pourraient produire un grand effet. Les véritables convenances du théâtre ne sont que la dignité de la nature morale ; les convenances poétiques tiennent à l'art des vers en lui-même ; et si elles augmentent souvent l'impression d'un genre de beautés, elles mettent des bornes à la carrière que le génie, observateur du cœur humain pourrait parcourir.

On ne croirait pas, dans la réalité, à la douleur d'un homme qui pourrait exprimer en vers ses regrets pour la mort d'un être qu'il aurait beaucoup aimé. Tel degré de passion inspire la poésie : un degré de plus la repousse. Il y a donc nécessairement une profondeur de peine, un genre de vérité que l'expression poétique affaiblirait, et des situations simples dans la vie que la douleur rend terribles, mais que l'on ne peut soumettre à la rime, et revêtir des images qu'elle exige, sans y porter des idées étrangères à la suite naturelle des sentiments. On ne saurait nier cependant qu'une tragédie en prose, quelque éloquente qu'elle pût être, n'excitât d'abord beaucoup moins d'admiration que nos chefs-d'œuvre en vers. Le mérite de la difficulté vaincue, et le charme d'un rhythme harmonieux, tout sert à relever le double mérite du poëte et de l'auteur dramatique. Mais c'est la réunion même de ces deux talents qui a été l'une des principales causes des grandes différences qui existent entre la tragédie française et la tragédie anglaise.

Les personnages obscurs de Shakspeare parlent en prose, ses scènes de transition sont en prose ; et lors même qu'il se sert de la langue des vers, ces vers n'étant point rimés, n'exigent point, comme en français, une splendeur poétique presque continue. Je ne conseille pas cependant d'essayer en France des tragédies en prose, l'oreille aurait de la peine à s'y accoutumer ; mais il faut perfectionner l'art des vers simples, et tellement naturels, qu'ils ne détournent point, même par des beautés poétiques, de l'émotion profonde qui doit absorber toute autre idée. Enfin, pour ouvrir une nouvelle source d'émotions théâtrales, il faudrait trouver un genre intermédiaire entre la nature de convention des poëtes français et les défauts de goût des écrivains du Nord.

La philosophie s'étend à tous les arts d'imagination comme à tous les ouvrages de raisonnement ; et l'homme dans ce siècle n'a plus de curiosité que pour les passions de l'homme. Au-dehors, tout est vu, tout est jugé ; l'être moral, dans ses mouvements intérieurs, reste seul encore un objet de surprise, peut seul causer une impression forte. La tragédie toute puissante sur le cœur humain, ce n'est point celle qui nous retracerait les idées communes de l'existence vulgaire, ni celle qui nous peindrait des caractères et des situations presque aussi loin de la nature que le merveilleux de la féerie : ce serait celle qui pourrait entretenir l'homme dans les sentiments les plus purs qu'il ait jamais éprouvés, et rappeler l'ame des auditeurs, quels qu'ils soient, au plus noble mouvement de leur vie.

La poésie d'imagination ne fera plus de progrès en France : l'on mettra dans les vers des idées philosophiques ou des sentiments passionnés; mais l'esprit humain est arrivé, dans notre siècle, à ce degré qui ne permet plus ni les illusions, ni l'enthousiasme qui crée des tableaux et des fables propres à frapper les esprits. Le génie français n'a jamais été très remarquable en ce genre; et maintenant on ne peut ajouter aux effets de la poésie qu'en exprimant, dans ce beau langage, les pensées nouvelles dont le temps doit nous enrichir.

Si l'on voulait se servir encore de la mythologie des anciens, ce serait véritablement retomber dans l'enfance par la vieillesse : le poëte peut se permettre toutes les créations d'un esprit en délire, mais il faut que vous puissiez croire à la vérité de ce qu'il éprouve. Or, la mythologie n'est pour les modernes ni une invention, ni un sentiment. Il faut qu'ils recherchent dans leur mémoire ce que les anciens trouvaient dans leurs impressions habituelles. Ces formes poétiques, empruntées du paganisme, ne sont pour nous que l'imitation de l'imitation ; c'est peindre la nature à travers l'effet qu'elle a produit sur d'autres hommes.

Quand les anciens personnifiaient l'amour et la beauté, loin d'affaiblir l'idée qu'on en pouvait concevoir, ils la rendaient plus sensible, ils l'animaient aux regards des hommes, qui n'avaient encore qu'une idée confuse de leurs propres sensations. Mais les modernes ont observé les mouvements de l'ame avec une telle pénétration, qu'il leur suffit de savoir les peindre pour être éloquents et passionnés; et s'ils adoptaient les fictions antérieures à cette profonde connaissance de l'homme et de la nature, ils ôteraient à leurs tableaux l'énergie, la nuance et la vérité.

Dans les ouvrages des anciens mêmes, combien ne préfère-t-on pas ce qu'on y trouve d'observations sur le cœur humain, à tout l'éclat des fictions les plus brillantes! L'image de l'Amour prenant les traits d'Ascagne pour enflammer Didon en jouant avec elle, peint-elle aussi bien l'origine d'un sentiment passionné que les vers si beaux qui nous expriment les affections et les mouvements que la nature inspire à tous les cœurs?

Tout ce qui environnait les anciens leur rappelant sans cesse les dieux du paganisme, ils devaient en mêler le souvenir et l'image à toutes leurs impressions; mais quand les modernes imitent à cet égard les anciens, on ne peut ignorer qu'ils puisent dans les livres des ressources pour embellir ce que le sentiment seul suffisait pour animer. Le travail de l'esprit se fait toujours apercevoir, avec quelque habileté qu'il soit ménagé; et l'on n'est plus entraîné par ce talent, pour ainsi dire involontaire, qui reçoit une émotion au lieu de la chercher, qui s'abandonne à ses impressions au lieu de choisir ses moyens d'effet. Le véritable objet du style poétique doit être d'exciter, par des images tout à la fois nouvelles et vraies, l'intérêt des hommes pour les idées et les sentiments qu'ils éprouvaient à leur insu; la poésie doit suivre, comme tout ce qui tient à la pensée, la marche philosophique du siècle.

Il faut étudier les modèles de l'antiquité pour se pénétrer du goût et du genre simple, mais non pour alimenter sans cesse les ouvrages modernes des idées et des fictions des anciens; l'invention qui se mêle à de semblables réminiscences est presque toujours en disparate avec elles. A quelque perfection que l'on portât l'étude des ouvrages des anciens, on pourrait les imiter; mais il serait impossible de créer comme eux dans leur genre. Pour les égaler, il ne faut point s'attacher à suivre leurs traces; ils ont moissonné dans leur champ : il vaut mieux défricher le nôtre.

Le petit nombre des idées mythologiques des poëtes du Nord sont plus analogues à la poésie française, parcequ'elles s'accordent mieux, comme j'ai tâché de le prouver, avec les idées philosophiques. L'imagination, dans notre siècle, ne peut s'aider d'aucune illusion : elle peut exalter les sentiments vrais; mais il faut toujours que la raison approuve et comprenne ce que l'enthousiasme fait aimer [1].

Un nouveau genre de poésie existe dans les ouvrages en prose de J.-J. Rousseau et de Bernardin de Saint-Pierre; c'est l'observation de la nature dans ses rapports avec les sentiments qu'elle fait éprouver à l'homme. Les anciens, en personnifiant chaque fleur,

[1] Delille, Saint-Lambert et Fontanes, nos meilleurs poëtes dans le genre descriptif, se sont déjà très rapprochés du caractère des poëtes anglais.

chaque rivière, chaque arbre, avaient écarté les sensations simples et directes, pour y substituer des chimères brillantes; mais la Providence a mis une telle relation entre les objets physiques et l'être moral de l'homme, qu'on ne peut rien ajouter à l'étude des uns qui ne serve en même temps à la connaissance de l'autre.

On ne sépare pas dans son souvenir le bruit des vagues, l'obscurité des nuages, les oiseaux épouvantés, et le récit des sentiments qui remplissaient l'ame de Saint-Preux et de Julie, lorsque, sur le lac qu'ils traversaient ensemble, *leurs cœurs s'entendirent pour la dernière fois*.

La nature féconde de l'île de France, cette végétation active et multipliée que l'on retrouve sous la ligne, ces tempêtes effrayantes qui succèdent rapidement aux jours les plus calmes, s'unissent dans notre imagination avec le retour de Paul et Virginie revenant ensemble, portés par leur nègre fidèle, pleins de jeunesse, d'espérance et d'amour, et se livrant avec confiance à la vie, dont les orages allaient bientôt les anéantir.

Tout se lie dans la nature dès qu'on en bannit le merveilleux; et les écrits doivent imiter l'accord et l'ensemble de la nature. La philosophie, en généralisant davantage les idées, donne plus de grandeur aux images poétiques. La connaissance de la logique rend plus capable de faire parler la passion. Une progression constante dans les idées, un but d'utilité doit se faire sentir dans tous les ouvrages d'imagination. On ne veut plus de mérite relatif, on ne met plus d'intérêt même aux difficultés vaincues, lorsqu'elles ne font avancer en rien l'esprit humain. Il faut analyser l'homme, ou le perfectionner. Les romans, la poésie, les pièces dramatiques, et tous les écrits qui semblent n'avoir pour objet que d'intéresser, ne peuvent atteindre à cet objet même qu'en remplissant un but philosophique. Les romans qui n'offriraient que des événements extraordinaires seraient bientôt délaissés [1]. La poésie

[1] Les romans que l'on nous a donnés depuis quelque temps, dans lesquels on voulait exciter la terreur avec de la nuit, de vieux châteaux, de longs corridors et du vent, sont au nombre des productions les plus inutiles, et par conséquent, à la longue, les plus fatigantes de l'esprit humain. Ce sont des espèces de contes de fées, un peu plus monotones que les véritables, parce que les combinaisons en sont moins variées. Mais les romans qui peignent les mœurs et les caractères vous en apprennent souvent plus sur le cœur humain que l'histoire même. On vous dit dans ces sortes d'ouvrages, sous la forme de l'invention, ce qu'on ne vous raconterait jamais sous celle de l'histoire. Les femmes de nos jours, soit en France, soit en Angleterre, ont excellé dans le genre des romans, parceque les femmes étudient avec soin et caractérisent avec sagacité les mouvements de l'ame; d'ailleurs on n'a consacré jusqu'à présent les romans qu'à peindre l'amour, et les femmes seules en connaissent toutes

qui ne contiendrait que des fictions, les vers qui n'auraient que de la grace, fatigueraient les esprits avides, avant tout, des découvertes que l'on peut faire dans les mouvements et dans les caractères des hommes.

Le déchainement des passions qu'amènent les troubles civils ne laisse subsister qu'une seule curiosité, celle que font éprouver les écrits qui pénètrent dans les pensées et dans les sentiments de l'homme, ou servent à vous faire connaître la force et la direction de la multitude. On n'est donc curieux que des ouvrages qui peignent les caractères, qui les mettent en action de quelque manière, et l'on n'admire que les écrits qui développent dans notre cœur la puissance de l'exaltation.

Le célèbre métaphysicien allemand Kant, en examinant la cause du plaisir que font éprouver l'éloquence, les beaux-arts, tous les chefs-d'œuvre de l'imagination, dit que ce plaisir tient au besoin de reculer les limites de la destinée humaine : ces limites qui resserrent douloureusement notre cœur, une émotion vague, un sentiment élevé les fait oublier pendant quelques instants; l'ame se complaît dans la sensation inexprimable que produit en elle ce qui est noble et beau ; et les bornes de la terre disparaissent, quand la carrière immense du génie et de la vertu s'ouvre à nos yeux. En effet, l'homme supérieur ou l'homme sensible se soumet avec effort aux lois de la vie, et l'imagination mélancolique rend heureux un moment, en faisant rêver l'infini.

Le dégoût de l'existence, quand il ne porte pas au découragement, quand il laisse subsister une belle inconséquence, l'amour de la gloire, le dégoût de l'existence peut inspirer de grandes beautés de sentiment : c'est d'une certaine hauteur que tout se contemple, c'est avec une teinte forte que tout se peint. Chez les anciens, on était d'autant meilleur poëte que l'imagination s'enchantait plus facilement. De nos jours, l'imagination doit être aussi détrompée de l'espérance que la raison : c'est ainsi que cette imagination philosophe peut encore produire de grands effets.

Il faut qu'au milieu de tous les tableaux de la prospérité même, un appel aux réflexions du cœur vous fasse sentir le penseur dans le poëte. A l'époque où nous vivons, la mélancolie est la véritable inspiration du talent : qui ne se sent pas atteint par ce senti-

les nuances délicates. Parmi les romans français nouveaux dont les femmes sont les auteurs, on doit citer *Caliste*, *Claire d'Albe*, *Adèle de Sénanges*, et en particulier les ouvrages de madame de Genlis; le tableau des situations et l'observation des sentiments lui méritent une première place parmi les bons écrivains.

ment ne peut prétendre à une grande gloire comme écrivain : c'est à ce prix qu'elle est achetée.

Enfin, dans le siècle du monde le plus corrompu, en ne considérant les idées de morale que sous le rapport littéraire, il est vrai de dire qu'on ne peut produire aucun effet très remarquable par les ouvrages d'imagination, si ce n'est en les dirigeant dans le sens de l'exaltation de la vertu. Nous sommes arrivés à une période qui ressemble, sous quelques rapports, à l'état des esprits au moment de la chute de l'empire romain et de l'invasion des peuples du Nord. Dans cette période, le genre humain eut besoin de l'enthousiasme et de l'austérité. Plus les mœurs de France sont dépravées maintenant, plus on est près d'être lassé du vice, d'être irrité contre les interminables malheurs attachés à l'immoralité. L'inquiétude qui nous dévore finira par un sentiment vif et décidé, dont les grands écrivains doivent se saisir d'avance. L'époque du retour à la vertu n'est pas éloignée, et déjà l'esprit est avide des sentiments honnêtes, si la raison ne les a pas encore fait triompher.

Pour réussir par les ouvrages d'imagination, il faut peut-être présenter une morale facile au milieu des mœurs sévères; mais au milieu des mœurs corrompues, le tableau d'une morale austère est le seul qu'il faille constamment offrir. Cette maxime générale est encore susceptible d'une application plus particulière à notre siècle.

Tant que l'imagination d'un peuple est tournée vers les fictions, toutes les idées peuvent se confondre au milieu des créations bizarres de la rêverie: mais quand toute la puissance qui reste à l'imagination consiste dans l'art d'animer, par des sentiments et des tableaux, les vérités morales et philosophiques, que peut-on puiser dans ses vérités qui convienne à l'exaltation poétique? Une seule pensée sans bornes, un seul enthousiasme que la réflexion ne désavoue pas, l'amour de la vertu, cette inépuisable source, peut féconder tous les arts, toutes les productions de l'esprit, et réunir à la fois dans un même sujet, dans un même ouvrage, les délices de l'émotion et l'assentiment de la sagesse.

CHAPITRE VI.

De la philosophie.

Il ne faut point se lasser de le dire, la philosophie ne doit être

considérée que comme la recherche de la vérité par le secours de
la raison ; et sous ce rapport, le seul qu'indique le sens primitif
de ce mot, la philosophie ne peut avoir pour antagonistes que
ceux qui admettent ou des contradictions dans les idées, ou des
causes surnaturelles dans les faits. L'on pourrait dire avec justesse
qu'il n'existe que deux manières d'appuyer ses raisonnements sur
les objets au-dehors de nous, la philosophie ou les miracles. Or, personne, de nos jours, ne se flattant d'être éclairé par les miracles,
je n'entends pas ce qu'on peut mettre à la place de la philosophie.
La raison, dira-t-on? Mais la philosophie n'est autre chose que la
raison généralisée. On a l'art d'exciter une dispute sur deux propositions identiques, et l'on croit avoir deux idées, parcequ'en
se servant d'un langage équivoque on fait paraître les objets doubles. Les idées religieuses ne sont point contraires à la philosophie, puisqu'elles sont d'accord avec la raison ; le maintien des
principes qui font la base de l'ordre social ne peut être contraire
à la philosophie, puisque ses principes sont d'accord avec la raison. Mais les défenseurs des préjugés, c'est-à-dire des droits injustes, des doctrines superstitieuses, des priviléges oppressifs,
essaient de faire naître une opposition apparente entre la raison
et la philosophie, afin de pouvoir soutenir qu'il existe des raisonnements qui interdisent le raisonnement, des vérités auxquelles
il faut croire sans les approfondir, des principes qu'il faut admettre en se gardant de les analyser, enfin une sorte d'exercice de
la pensée qui doit servir uniquement à convaincre de l'inutilité
de la pensée. Je ne concevrai jamais, je l'avoue, par quel procédé
de l'esprit l'on peut arriver à donner à la moitié de ses facultés le
droit de proscrire l'autre ; et si l'organisation morale pouvait se
peindre aux yeux par des images sensibles, je croirais devoir représenter l'homme employant toutes ses forces sous la direction
de ses regards et de son jugement, plutôt que se servant d'un de
ses bras pour enchaîner l'autre. La Providence ne nous a donné
aucune faculté morale dont il nous soit interdit de faire usage ;
et plus notre esprit a de lumières, plus il pénètre dans l'essence
des choses, du moins si nous avons soumis ses lumières à la méthode qui les réunit et les dirige. Cette méthode n'est elle-même
que le résultat de l'ensemble des connaissances et des réflexions
humaines : c'est à l'étude des sciences physiques que l'on doit
cette rectitude de discussion et d'analyse qui donne la certitude
d'arriver à la vérité lorsqu'on le désire sincèrement ; c'est donc

en appliquant, autant qu'il est possible, la philosophie des sciences positives à la philosophie des idées intellectuelles, que l'on pourra faire d'utiles progrès dans cette carrière morale et politique dont les passions ne cessent d'obstruer la route.

Nous possédons dans les sciences, et particulièrement dans les mathématiques, les plus grands hommes de l'Europe. Nos troubles civils, loin de décourager l'émulation dans cette carrière, ont inspiré le desir de s'y réfugier. Inestimable avantage de l'époque où nous nous trouvons ! lorsque les passions intestines mettent le désordre dans toutes les idées morales, il reste encore des vérités dont la route est connue et la méthode fixée. Les penseurs, repoussés de toutes parts par la folie de l'esprit de parti, s'attachent à ces études; et comme la puissance de la raison est toujours la même, à quelque objet qu'elle s'applique, l'esprit humain, qui serait peut-être menacé d'une longue décadence s'il n'avait eu que les querelles des factions pour aliment, l'esprit humain se conserve par les sciences exactes, jusqu'à ce que l'on puisse appliquer de nouveau la force de la pensée aux objets qui intéressent la gloire et le bonheur des sociétés.

Les erreurs de tout genre, en politique et en morale, ne peuvent à la longue subsister à côté de cette masse imposante de connaissances et de découvertes qui, dans l'ordre physique, porte partout la lumière. Les superstitions et les préjugés, les abstractions fausses et les principes inapplicables, finiront par s'anéantir devant cette raison calme et positive qui ne se mêle point, il est vrai, des intérêts du monde moral, mais enseigne à tous les hommes comment il faut procéder à la recherche de la vérité.

En examinant l'état actuel des lumières, l'on reconnaît aisément que nos véritables richesses ce sont les sciences. J'ai montré comment, en littérature, le goût a dû s'altérer; et, dans la politique, les événements ayant devancé les idées, les idées rétrogradent par-delà leur point de départ. C'est un effet naturel des institutions précipitées, qui ne sont pas le résultat de l'instruction, et par conséquent du desir général.

Si l'imagination, justement frappée des crimes dont nous avons été témoins, les attribue à quelques causes abstraites, on devient passionné contre des principes, comme on pourrait l'être contre des individus; et cette vaste prévention, dont un principe peut être l'objet, s'étend à toutes les pensées qui en dépendent par les rapports les plus éloignés. Si l'on jugeait à ces signes de l'état des lumières, on croirait l'esprit humain reculé de plus d'un siècle en dix années ; mais la nature des arguments dont on se sert en faveur des préjugés mêmes est une preuve incontestable des progrès qu'a faits la raison.

Pour justifier tous les genres de servitude vers lesquels divers sentiments peuvent rappeler, l'on a recours du moins à des idées générales, à des motifs tirés du bonheur des nations, à des raisonnements que l'on fonde sur la volonté des peuples. Quand l'esprit a pris une fois cette marche, soit que momentanément il avance ou rétrograde, ses progrès futurs sont assurés ; il se sert de l'analyse, il ne saurait long-temps défendre l'erreur. Dans la période où nous nous trouvons, nous n'avons pas encore conquis la connaissance des vérités politiques et morales ; mais presque tous les partis, même les plus opposés, reconnaissent le raisonnement pour base de leurs discussions, et l'utilité publique comme le seul droit et le seul but des institutions sociales.

Lorsque la génération qui a si cruellement souffert fera place à une génération qui ne cherchera plus à se venger des hommes sur les idées, il est impossible que l'esprit humain ne recommence pas à parcourir sa carrière philosophique. Considérons donc quelle sera cette carrière, seul avenir qui soutienne encore la pensée prête à s'abîmer dans la douloureuse contemplation du passé.

Il y avait dans la philosophie des anciens plus d'imagination et moins de méthode que dans la philosophie des modernes. Celle des anciens s'emparait plus vivement de l'ame ; mais elle pouvait l'égarer bien plus facilement par l'esprit de système, et elle était bien moins susceptible de progrès certains et positifs.

L'analyse n'avait point encore établi un enchaînement de principes depuis l'origine des idées métaphysiques jusqu'à leur terme indéfini. Locke et Condillac ont beaucoup moins d'imagination que Platon ; mais ils sont entrés dans la route de la démonstration géométrique ; et cette méthode présente seule des progrès réguliers et sans bornes.

En parlant du style, j'examinerai s'il n'est pas possible, s'il n'est pas même nécessaire à la marche ultérieure de la raison, de faire concorder ce qui frappe l'imagination et ce qui persuade l'entendement. Il s'agit seulement ici de considérer l'application possible et les résultats vraisemblables de la philosophie comme science.

Descartes a trouvé une manière de faire servir l'algèbre à la solution des problèmes de la géométrie. Si l'on pouvait découvrir un jour, dans le calcul des probabilités, une méthode qui pût convenir aux objets purement moraux, ce serait faire un pas immense dans la carrière de la raison. L'on est déjà parvenu, sous quelques rapports, à appliquer avec succès la méthode des mathématiques à la métaphysique de l'entendement humain. L'on a employé les formes de la démonstration pour expliquer la théorie des facultés intellectuelles ; c'est une conquête pour l'esprit philosophique. Si l'on suivait la même route dans les sciences morales, cette conquête aurait encore des effets bien plus utiles. Si les questions de politique, par exemple, pouvaient jamais arriver à un degré d'évidence tel que la grande majorité des hommes y donnât son assentiment comme aux vérités du calcul, combien le bonheur et le repos du genre humain n'y gagneraient-ils pas ?

Sans doute il sera difficile de soumettre au calcul, même à celui des probabilités, ce qui tient aux combinaisons morales. Dans les sciences exactes, toutes les bases sont invariables ; dans les idées morales, tout dépend des circonstances : l'on ne peut se décider que par une multitude de considérations, parmi lesquelles il en est de si fugitives qu'elles échappent souvent même à la parole, à plus forte raison au calcul. Néanmoins M. de Condorcet, dans son ouvrage sur les probabilités, a très bien fait sentir comment il serait possible de connaître à l'avance, avec une presque certitude, quelle serait l'opinion d'une assemblée sur un sujet quelconque. Le calcul des probabilités, quand il s'applique à un très grand nombre de chances, présente un résultat moralement infaillible : il sert de guide à tous les joueurs, quoique son objet, dans ce cas, paraisse livré à tous les caprices du hasard. Il pourrait de même avoir son application relativement à la multitude de faits dont se composent les sciences politiques.

La table des morts et des naissances présente des résultats certains et invariables, aussi long-temps que subsiste l'ordre régulier des circonstances habituelles : le nombre des divorces qui auront lieu chaque année, le nombre des vols et des meurtres qui se commettront dans un pays de telle population et de telle situation religieuse et politique, ce nombre peut se calculer d'une manière précise ; et ces événements, qui dépendent cependant du concours journalier de toutes les passions humaines, ces événements arrivent aussi exactement que ceux qui sont uniquement soumis aux lois physiques de la nature.

En prenant la moyenne proportionnelle de dix années, l'on sait, à Berne, que tous les ans il se fait tant de divorces ; à Rome, que tous les ans il se commet tant d'assassinats ; et l'on ne se trompe point dans ce calcul. S'il en est ainsi, n'est-il donc pas possible de prouver que les combinaisons de l'ordre moral sont aussi régulières que les combinaisons de l'ordre physique, et de fonder des calculs positifs d'après ces combinaisons?

Il faut que ces calculs aient pour base l'uniformité constante de la masse, et non pas la diversité de chaque exemple : un à un, tout diffère dans l'ordre moral ; mais si vous admettez cent mille chances, si vous calculez d'après cent mille hommes pris au hasard, vous saurez, par une approximation juste, quelle est dans ce nombre la proportion des hommes éclairés, des hommes faibles, des scélérats, et des esprits distingués. Vous le saurez encore plus exactement, si vous faites entrer dans vos combinaisons la force des intérêts de chaque classe, comme, en physique, l'impulsion que donne telle pente au mouvement. En joignant à ce calcul la connaissance éprouvée des effets de telle ou telle institution, l'on pourrait fonder les pouvoirs politiques sur des bases à peu près certaines, mesurer la résistance qu'ils doivent rencontrer, et les balancer entre eux, d'après leur action réelle, et l'influence des obstacles sur cette action.

Pourquoi ne parviendrait-on pas un jour à dresser des tables qui contiendraient la solution de toutes les questions politiques, d'après les connaissances de statistique, d'après les faits positifs que l'on recueillerait sur chaque pays ? L'on dirait : « Pour administrer telle population, il faut exiger tel sacrifice de la liberté individuelle : — donc telles lois, tel gouvernement conviennent à tel empire. — Pour telle richesse, telle étendue de pays, il faut tel degré de force dans le pouvoir exécutif : — donc telle autorité est nécessaire dans telle contrée, et tyrannique dans telle autre. — Tel équilibre est nécessaire entre les pouvoirs pour qu'ils puissent se défendre mutuellement : — donc telle constitution peut se maintenir, et telle autre est nécessairement despotique. — On pourrait prolonger ces exemples ; mais comme la véritable difficulté de cette idée n'est pas de la concevoir abstraitement, mais de l'appliquer avec précision, il suffit de l'indiquer.

L'on a eu tort de blâmer nos publicistes lorsqu'ils ont voulu appliquer le calcul à la politique ; l'on a eu tort de leur reprocher d'avoir tenté de généraliser les causes : mais on a souvent eu raison de les accuser de n'avoir pas assez observé les faits, qui peuvent seuls conduire à la découverte des causes.

C'est une science à créer que la politique. L'on n'aperçoit encore que dans un lointain obscur cette combinaison de l'expérience et des principes, qui amènerait des résultats tellement positifs, qu'on pourrait parvenir à soumettre tous les problèmes des sciences morales à l'enchaînement, à la conséquence, à l'évidence pour ainsi dire mathématique. Les éléments de la science ne sont point fixés. Ce que nous appelons des idées générales ne sont que des faits particuliers, et ne présentent qu'un côté d'une question, sans en laisser voir l'ensemble. Ainsi donc chaque fait nouveau nous imprime une impulsion nouvelle et désordonnée.

Une année, toutes les déclamations sont contre la puissance exécutive; une autre, contre les assemblées législatives; une année, contre la liberté de la presse; une autre, contre son asservissement. Aussi long-temps qu'existera ce désordre, des circonstances favorables, des hasards heureux, pourront établir, dans quelques pays, des institutions conformes à la raison; mais les principes généraux de la politique n'y seront pas fixés, l'application de ces principes aux différentes modifications de l'état social n'y sera pas assurée.

C'est ainsi qu'en Amérique beaucoup de problèmes politiques paraissent résolus; car les citoyens y vivent heureux et libres. Mais ce favorable hasard tient à des circonstances particulières, et ne préjuge en rien, ni quels sont les principes invariables en eux-mêmes, ni de quelle application ils sont susceptibles dans d'autres pays.

On peut encore moins présenter, comme une preuve des progrès de l'esprit humain en politique, la longue durée et la stabilité presque indestructible de quelques gouvernements de l'Europe, qui, se soutenant par leur puissance et maintenant chez eux la paix et le calme, garantissent aux hommes quelques avantages de l'association. Le despotisme dispense de la science politique, comme la force dispense des lumières, comme l'autorité rend la persuasion superflue; mais ces moyens ne peuvent être admis lorsqu'on discute les intérêts des hommes. La force est une combinaison du hasard, destructive de tout ce qui tient à la pensée et au raisonnement; car l'exercice de l'une et de l'autre suppose toujours la liberté.

Le despotisme ne peut donc être l'objet des calculs de l'entendement. J'examine ici les ressources naturelles que l'esprit humain possède pour éviter de s'égarer, tout en avançant dans sa marche, et non les moyens d'abrutissement et de violence qui ne le préservent des erreurs qu'en arrêtant tous ses progrès.

L'analyse et l'enchaînement des idées dans un ordre mathématique a cet avantage inappréciable, qu'il éloigne des esprits jusqu'à l'idée même de l'opposition. Tout sujet qui devient susceptible d'évidence sort du domaine des passions, qui perdent l'espoir de s'en emparer. Déja dans l'ordre moral, comme dans l'ordre physique, de certaines vérités sont à l'abri de leur empire. Depuis Newton, l'on ne fait plus de système nouveau sur l'origine des couleurs, ni sur les forces qui font mouvoir la terre. Depuis Locke, l'on ne parle plus des idées innées, l'on est convenu que toutes les idées nous viennent des sens. Il est plus difficile de faire reconnaître l'évidence dans les questions politiques; les passions ont plus d'intérêt à les dénaturer [1]. Il est cependant de ces questions qui, déja résolues, n'offrent plus à l'esprit de parti l'espérance d'aucun débat.

L'esclavage, la féodalité, les querelles religieuses elles-mêmes, n'exciteront plus aucune guerre; la lumière est assez généralement répandue sur ces objets, pour qu'il ne reste plus aux hommes véhéments l'espoir de les présenter sous des aspects différents, de former deux partis fondés sur deux manières diverses de juger et de faire voir les mêmes idées. Chaque progrès nouveau dans ce sens met une partie de plus du bonheur social en sûreté.

Les philosophes doivent donc, en politique, se proposer de soumettre à des combinaisons positives tous les faits qui leur sont connus, pour en tirer des résultats certains d'après le nombre et la nature des chances.

Les algébristes ne vous disent pas : Vous allez amener tel dé, mais ils calculent en combien de coups tel dé doit revenir. Il en serait de même des politiques; ils ne pourraient pas dire : Telle révolution arrivera tel jour, mais ils seraient assurés du retour des mêmes circonstances dans un temps donné, si les institutions restaient les mêmes.

Aucun calcul, il est vrai, n'exigerait une plus grande multiplicité de combinaisons différentes. Si une expérience physique

---

[1] Leibnitz disait que si les hommes avaient intérêt à nier les vérités mathématiques, ces vérités seraient mises en doute. Il est néanmoins certain qu'il est des vérités morales reconnues, et que leur nombre doit toujours augmenter avec le temps.

peut manquer, parcequ'on ne s'est pas rendu compte d'une légère différence dans les procédés, d'un léger degré de plus ou de moins dans le froid ou la chaleur, quelle étude du cœur humain ne faut-il pas pour déterminer la considération qu'on doit donner au gouvernement, afin qu'il soit obéi sans pouvoir être injuste, et l'action nécessaire aux législateurs pour réunir la nation dans un même esprit, sans entraver l'essor individuel? De quel coup d'œil exercé n'a-t-on pas besoin pour marquer le point juste où l'autorité exécutive cesse d'être un bien, comme celui où son absence serait un mal? Il n'est point de problème composé d'un plus grand nombre de termes, il n'en est point où l'erreur soit d'une conséquence plus dangereuse.

Une opinion abstraite, qui devient l'objet d'un sentiment fanatique, produit dans l'homme les effets les plus remarquables. Des idées diamétralement opposées les unes aux autres s'établissent dans la même tête, et y existent simultanément. L'esprit admet une à une chaque proposition, sans avoir essayé de les juger ; il crée ensuite des rapports factices dont l'apparente vérité lui plaît et l'exalte ; car l'imagination est saisie par ce qui est abstrait, tout aussi fortement que par les tableaux les plus animés. Le vague des idées sans bornes est singulièrement propre à l'exaltation.

Les dogmes ou les systèmes métaphysiques une fois adoptés, on en défend tout alors, même l'idée que l'on croit fausse ; et, par un singulier effet de la dispute, ce que l'on soutient finit par devenir ce que l'on croit. A force de chercher toujours des raisonnements dans le même sens, on ne voit plus les arguments qui les combattent ; l'irritation d'amour-propre que fait éprouver la contradiction exalte la passion, engage la vanité. Lorsque, après une suite d'actions que votre opinion vous a d'abord inspirées, votre intérêt se trouve intimement uni avec le succès de cette opinion, et que cet intérêt vous engage toujours plus avant, il se passe dans les réflexions intérieures des combats que l'on se nie à soi-même, et que l'on parvient à étouffer.

Les dévots portent le scrupule au fond de leurs pensées les plus intimes ; ils finissent par se faire un crime de ces incertitudes passagères qui traversent quelquefois leur esprit. Il en est de même de tous les fanatismes : l'imagination a peur du réveil de la raison, comme d'un ennemi étranger qui pourrait venir troubler le bon accord de ses chimères et de ses faiblesses.

Le fanatisme, en politique comme en religion, est agité par ces lueurs de vérité qui apparaissent par intervalles aux croyances les plus fermes. L'on poursuit dans les autres l'incertitude dont on a soi-même la première idée ; et la faculté de croire, bizarre dans sa véhémence, s'irrite de ses propres doutes, au lieu de s'en servir pour examiner de plus près la vérité.

Dans cette disposition de l'esprit humain, il y a des arguments pour tout, dans la langue même du raisonnement. Les opinions les plus absurdes, les maximes les plus détestables entrent dans la tête des hommes, dès qu'on leur a donné la forme d'une idée générale. Les contradictions se concilient par une sorte de logique purement grammaticale, qui, lorsqu'on ne l'analyse pas avec soin, semble revêtue de toute la sévérité du raisonnement.

« La loi, disait Couthon en proposant celle du 22 prairial, « accorde pour défenseurs aux innocents des jurés patriotes ; elle « n'en accorde point aux conspirateurs. » N'y a-t-il pas dans cette maxime toutes les parties du discours assez bien coordonnées ? et fut-il jamais possible cependant de réunir en aussi peu de mots autant d'atroces absurdités ? Cet enlacement du discours, qui enchaîne l'esprit le plus droit, et dont la raison la plus forte ne sait comment s'affranchir, est un des plus grands fléaux de la métaphysique imparfaite. Le raisonnement devient alors l'arme du crime et de la sottise, le charlatanisme des formes abstraites s'unit aux fureurs de la persécution, et l'homme combine, par un monstrueux mélange, tout ce que la superstition a de furieux avec tout ce que la philosophie a d'aride.

Il est impossible de ne pas éprouver le besoin d'une doctrine nouvelle qui porte la lumière dans cet affreux amas de prétextes informes, derrière lesquels se retranche l'esprit faux, ou l'homme vil ou l'homme coupable, comme si la transformation d'erreurs en principes, et de sophismes en conséquences, changeait rien à la fausseté radicale d'une première assertion, et palliait les effets détestables de cette logique de scélératesse.

La philosophie maintenant doit reposer sur deux bases, la morale et les calculs. Mais il est un principe dont il ne faut jamais s'écarter : c'est que toutes les fois que le calcul n'est pas d'accord avec la morale, le calcul est faux, quelque incontestable que paraisse au premier coup d'œil son exactitude.

L'on a dit que, dans la révolution de France, des spéculateurs barbares avaient pris pour bases de leurs sanglantes lois des calculs mathématiques, dans lesquels ils avaient froidement sacrifié la vie de plusieurs milliers d'individus à ce qu'ils regardaient comme le bonheur du plus grand nombre.

Ces hommes atroces, en retranchant de leur calcul les souffrances, les sentiments, l'imagination, croyaient le simplifier ; ils ne se faisaient nulle idée de la nature des vérités générales. Ces vérités se composent de chaque fait et de chaque existence particulière. Le calcul n'est beau, n'est utile, que lorsqu'il saisit toutes les exceptions et régularise toutes les variétés. Si vous laissez échapper une seule circonstance, votre résultat sera faux, comme la plus légère erreur de chiffre rend impossible la solution d'un problème.

La preuve des combinaisons de l'esprit est dans l'expérience et le sentiment ; et le raisonnement, sous quelques formes qu'on le présente, ne peut jamais ni changer, ni modifier la nature des choses : il analyse ce qui est.

On présente comme une vérité mathématique le sacrifice que l'on doit faire du petit nombre au plus grand : rien n'est plus erroné, même sous le rapport des combinaisons politiques. L'effet des injustices est tel dans un état, qu'il le désorganise nécessairement.

Quand vous dévouez des innocents à ce que vous croyez l'avantage de la nation, c'est la nation même que vous perdez. D'action en réaction, de vengeance en vengeance, les victimes qu'on avait immolées sous le prétexte du bien général renaissent de leurs cendres, se relèvent de leur exil ; et tel qui restait obscur si l'on fût demeuré juste envers lui, reçoit un nom, une puissance par les persécutions mêmes de ses ennemis. Il en est ainsi de tous les problèmes politiques dans lesquels la vertu est intéressée. Il est toujours possible de prouver par le simple raisonnement que la solution de ces problèmes est fausse comme calcul, si elle s'écarte en rien des lois de la morale.

La morale doit être placée au-dessus du calcul. La morale est la nature des choses dans l'ordre intellectuel ; et comme, dans l'ordre physique, le calcul part de la nature des choses, et ne peut y apporter aucun changement, il doit, dans l'ordre intellectuel, partir de la même donnée, c'est-à-dire de la morale.

Cette réflexion nous explique la cause de tant d'erreurs atroces ou absurdes qui ont décrédité l'usage des idées abstraites dans la politique. C'est qu'au lieu de prendre la morale pour base inébranlable et pour législateur suprême, on l'a considérée, tout au plus, comme l'un des éléments du calcul, et non comme sa règle éternelle. Souvent même on l'a regardée comme un accessoire qu'on pouvait modifier ou sacrifier à son gré.

Établissons donc, en premier lieu, la morale comme point fixe. Soumettons ensuite la politique à des calculs partant de ce point, et nous verrons disparaître tous les inconvénients reprochés jusqu'à ce jour, à juste titre, à la métaphysique appliquée aux institutions sociales et aux intérêts du genre humain.

La politique est soumise au calcul, parceque, s'appliquant toujours aux hommes réunis en masse, elle est fondée sur une combinaison générale, et par conséquent abstraite ; mais la morale, ayant pour but la conservation particulière des droits et du bonheur de chaque homme, est nécessaire pour forcer la politique à respecter, dans ses combinaisons générales, le bonheur des individus. La morale doit diriger nos calculs, et nos calculs doivent diriger la politique.

Cette place que nous assignons à la morale, au-dessus du calcul, convient également à la morale publique et à la morale individuelle. C'est sous le premier rapport surtout que l'idée contraire a causé de grands maux. En soumettant la morale publique à ce qui devait lui être subordonné, l'on a souvent fait le malheur de chacun, sous le prétexte du bonheur de tous. Certains systèmes philosophiques menacent aussi la morale individuelle d'une dégradation semblable.

Tout doit être soumis, en dernier ressort, à la vertu ; et quoique la vertu soit susceptible d'une démonstration fondée sur le calcul de l'utilité, ce n'est pas assez de ce calcul pour lui servir de base. Comme elle rencontre beaucoup d'obstacles, elle a reçu de la nature beaucoup de soutiens.

Les sciences morales ne sont susceptibles que du calcul des probabilités, et ce calcul ne peut se fonder que sur un très grand nombre de faits, desquels vous pouvez extraire un résultat approximatif. La science politique s'appliquant toujours aux hommes réunis en nation, les probabilités, dans cette science, peuvent équivaloir à une certitude, vu la multiplicité des chances dont elles sont tirées ; et les institutions que vous établissez d'après ces bases, s'appliquant elles-mêmes aussi au bonheur de la multitude, ne peuvent manquer leur objet. Mais la morale a pour but chaque homme en particulier, chaque fait, chaque circonstance ; et quoiqu'il soit vrai que la très grande majorité des exemples prouve qu'une conduite vertueuse est en même temps la meilleure conduite à tenir pour le succès des intérêts de la vie, on ne peut affirmer qu'il n'y ait point d'exception à cette règle générale.

Or, si vous voulez soumettre ces exceptions aux mêmes lois, si vous voulez inspirer la morale à chaque individu en particulier, dans quelque situation qu'il puisse être, vous ne pouvez trouver que dans un sentiment la source vive et constante qui se renouvelle chaque jour, pour chaque homme, dans chaque moment.

La morale est la seule des pensées humaines qui ait encore besoin d'un autre régulateur que le calcul de la raison. Toutes les idées qui embrassent le sort de plusieurs hommes à la fois se fondent sur leur intérêt bien entendu; mais lorsqu'on veut donner à chaque homme, pour guide de sa propre conduite, son intérêt personnel, quand même ce guide ne l'égarerait pas, il en résulterait toujours que l'effet d'une telle opinion serait de tarir dans son ame la source des belles actions.

Sans doute il est évident que la morale est presque toujours conforme aux intérêts des hommes; mais lui donner pour point d'appui cette sorte de motif, c'est ôter à l'ame l'énergie nécessaire pour les sacrifices de la vertu.

On peut arriver, par un raisonnement subtil, à représenter le dévouement le plus généreux comme un égoïsme bien entendu; mais c'est prendre l'acception grammaticale d'un mot plutôt que le sentiment qu'il réveille dans le cœur de ceux qui l'écoutent. Tout revient à l'intérêt, puisque tout revient à soi; mais de même qu'on ne dirait pas, *La gloire est de mon intérêt, l'héroïsme est de mon intérêt, le sacrifice de ma vie est de mon intérêt*, c'est tout-à-fait dégrader la vertu, que de dire seulement à l'homme qu'elle est de son intérêt; car si vous reconnaissez que ce doit être son premier motif pour être honnête, vous ne pouvez pas lui refuser quelque liberté dans le jugement de ce qui le concerne; et il existe une foule de circonstances dans lesquelles il est impossible de ne pas croire que l'intérêt et la morale se contrarient.

Comment convaincre un homme que tel événement tout-à-fait nouveau, tout-à-fait inattendu, a été prévu par ceux qui lui ont présenté des maximes générales sur la conduite qu'il devait tenir? Les règles de la prudence (et la vertu, fondée seulement sur l'intérêt, n'est plus qu'une haute prudence), les règles de la prudence les plus reconnues souffrent une multitude d'exceptions: pourquoi la vertu, considérée comme le calcul de l'intérêt personnel, n'en aurait-elle point? Il n'existe aucune manière de prouver qu'elle est toujours d'accord avec cet intérêt, à moins d'en revenir à placer le bonheur de l'homme dans le repos de sa conscience; ce qui signifie simplement que les jouissances intérieures de la vertu sont préférables à tous les avantages de l'égoïsme.

Il n'est pas vrai que l'intérêt personnel soit le mobile le plus puissant de la conduite des hommes; l'orgueil, l'amour-propre, la colère, leur font très aisément sacrifier cet intérêt; et, dans les ames vertueuses, il existe un principe d'action tout-à-fait différent d'un calcul individuel quelconque.

J'ai tâché de développer dans ce chapitre combien il importait de soumettre à la démonstration mathématique toutes les idées humaines; mais quoiqu'on puisse appliquer aussi ce genre de preuve à la morale, c'est à la source de la vie qu'elle se rattache; son impulsion précède toute espèce de raisonnement. La même puissance créatrice qui fait couler le sang vers le cœur inspire le courage et la sensibilité, deux jouissances, deux sensations morales dont vous détruisez l'empire en les analysant par l'intérêt personnel, comme vous flétririez le charme de la beauté en la décrivant comme un anatomiste.

Les éléments de notre être, la pitié, le courage, l'humanité, agissent en nous avant que nous soyons capables d'aucun calcul. En étudiant chacune des parties de la nature, il faut supposer des données antérieures à l'examen de l'homme; l'impulsion de la vertu doit partir de plus haut que le raisonnement. Notre organisation, le développement que les habitudes de l'enfance ont donné à cette organisation, voilà la véritable cause des belles actions humaines, des délices que l'ame éprouve en faisant le bien. Les idées religieuses, qui plaisent tant aux ames pures, animent et consacrent cette élévation spontanée, la plus noble et la plus sûre garantie de la morale. « Dans le sein de l'homme « vertueux, disait Sénèque, je ne sais quel Dieu, mais il habite « un Dieu. » Si ce sentiment était traduit dans la langue de l'égoïsme le plus éclairé, quel effet produirait-il?

C'est l'imagination, pourrait-on dire, qui fait préférer ce genre d'expressions; et le véritable sens de cette idée, comme de toutes, est soumis au raisonnement. Sans doute la raison est la faculté qui juge toutes les autres, mais ce n'est pas elle qui constitue l'identité de l'être moral. Quand on s'étudie soi-même, on reconnaît que l'amour de la vertu précède en nous la faculté de la réflexion, que ce sentiment est intimement lié à notre nature physique, et que ses impressions sont souvent involontaires. La morale doit être considérée dans l'homme comme une inclination, comme une affection dont le principe est dans notre être, et que notre jugement doit diriger. Ce principe doit être fortifié par tout ce qui agrandit l'ame et développe l'esprit.

Il existe sûrement des moyens d'améliorer, par la réflexion et le calcul, la théorie même de la morale, d'indiquer de nouveaux rapports de délicatesse et de dévouement entre les hommes; mais ces moyens, utiles lorsqu'on les considère comme accessoires, deviendraient insuffisants et funestes si l'on prétendait les substituer au sentiment ; ils rétréciraient la sphère de la morale, au lieu de l'agrandir.

La philosophie, dans ses observations, reconnaît des causes premières, des forces préexistantes. La vertu est de ce nombre ; elle est fille de la création, et non de l'analyse ; elle naît presque en même temps que l'instinct conservateur de la vie, et la pitié pour les autres se développe presque aussitôt que la crainte du mal qui peut nous arriver à nous-mêmes. Je ne désavoue certainement pas tout ce que la saine philosophie peut ajouter à la morale de sentiment ; mais comme on ferait injure à l'amour maternel en le croyant le résultat de la raison seulement, il faut conserver dans toutes les vertus ce qu'elles ont de purement naturel, en se réservant de jeter ensuite de nouvelles lumières sur la meilleure direction de ces mouvements irréfléchis.

La philosophie peut découvrir la cause des sentiments que nous éprouvons, mais elle ne doit marcher que dans la route que ces sentiments lui tracent. L'instinct et la raison nous enseignent la même morale : la Providence a répété deux fois à l'homme les vérités les plus importantes, afin qu'elles ne pussent échapper ni aux émotions de son ame, ni aux recherches de son esprit.

L'homme qui s'égare dans les sciences physiques est ramené à la vérité par l'application qu'il doit faire de ses combinaisons aux faits matériels ; mais celui qui se consacre aux idées abstraites dont se composent les sciences morales, comment peut-il s'assurer si ce qu'il imagine sera juste et bon dans l'exécution? comment peut-il diminuer les frais de l'expérience, et prévoir l'avenir avec quelque certitude? Ce n'est qu'en soumettant la raison à la vertu. Sans la vertu, rien ne peut subsister; rien ne peut réussir contre elle. La consolante idée d'une Providence éternelle peut tenir lieu de toute autre réflexion; mais il faut que les hommes déifient la morale elle-même, quand ils refusent de reconnaître un Dieu pour son auteur.

CHAPITRE VII.
Du style des écrivains et de celui des magistrats.

Avant que la carrière des idées philosophiques excitât en France l'émulation de tous les hommes éclairés, les livres où l'on discutait avec finesse des questions de littérature ou de morale, lorsqu'ils étaient écrits avec élégance et correction, obtenaient un succès du premier ordre. Il existait, avant la révolution, plusieurs écrivains qui avaient acquis une grande réputation, sans jamais considérer les objets sous un point de vue général, et en ramenant toutes les idées morales et politiques à la littérature, au lieu de rattacher la littérature à toutes les idées morales et politiques.

Maintenant il est impossible de s'intéresser fortement à ces ouvrages, qui ne sont que spirituels, n'embrassent point les sujets qu'ils traitent dans leur ensemble, et ne les présentent jamais que par un côté, que par des détails qui ne se rallient ni aux idées premières, ni aux impressions profondes dont se compose la nature de l'homme.

Le style donc doit subir des changements, par la révolution qui s'est opérée dans les esprits et dans les institutions; car le style ne consiste point seulement dans les tournures grammaticales : il tient au fond des idées, à la nature des esprits; il n'est point une simple forme. Le style des ouvrages est comme le caractère d'un homme; ce caractère ne peut être étranger ni à ses opinions, ni à ses sentiments; il modifie tout son être.

Examinons donc quel style doit convenir à des écrivains philosophes, et chez une nation libre.

Les images, les sentiments et les idées représentent les mêmes vérités à l'homme sous trois formes différentes; mais le même enchaînement, la même conséquence subsistent dans ces trois règles de l'entendement. Quand vous découvrez une pensée nouvelle, il y a dans la nature une image qui sert à la peindre, et dans le cœur un sentiment qui correspond à cette pensée par des rapports que la réflexion fait découvrir. Les écrivains ne portent au plus haut degré la conviction et l'enthousiasme que lorsqu'ils savent toucher à la fois ces trois cordes, dont l'accord n'est autre chose que l'harmonie de la création.

C'est d'après la réunion plus ou moins complète de ces moyens d'influer sur le sentiment, l'imagination ou le jugement, que nous pouvons apprécier le mérite des différents auteurs. Il n'y a point de style digne de louanges, s'il ne contient au moins deux des trois qualités qui, réunies, sont la perfection de l'art d'écrire.

Les aperçus fins, les pensées subtiles et déliées qui n'entrent point dans la grande chaîne des vérités générales, l'art de saisir des rapports ingénieux, mais qui exercent l'esprit à se séparer de l'ame, au lieu de puiser en elle sa principale force, cet art ne place point un auteur au premier rang. Si vous détaillez trop les idées, elles échappent aux images et aux sentiments, qui rassemblent au lieu de diviser. Les expressions abstraites, qui ne rappellent en rien les mouvements du cœur de l'homme et dessèchent son imagination, ne conviennent pas davantage à cette nature universelle, dont un beau style doit représenter le sublime ensemble. Les images qui ne répandent de lumières sur aucune idée, ne sont que de bizarres fantômes ou des tableaux de simple amusement. Les sentiments qui ne réveillent dans la pensée aucune idée morale, aucune réflexion généra'e, sont probablement des sentiments affectés qui ne répondent à rien de vrai dans aucun genre.

Marivaux, par exemple, ne présentant jamais que le côté recherché des aperçus de l'esprit, il n'y a ni philosophie, ni tableaux frappants dans ses écrits. Les sentiments qui ne peuvent se rapporter à des idées justes ne sont point susceptibles d'images naturelles. Les pensées qui peuvent être offertes sous le double aspect du sentiment et de l'imagination sont des pensées premières dans l'ordre moral; mais les idées trop fines n'ont point de termes de comparaison dans la nature animée.

Dans les sciences exactes, vous n'avez besoin que des formes abstraites; mais dès que vous traitez tout autre sujet philosophique, il faut rester dans cette région où vous pouvez vous servir à la fois de toutes les facultés de l'homme, la raison, l'imagination et le sentiment; facultés qui toutes concourent également, par divers moyens, au développement des mêmes vérités.

Fénelon accorde ensemble les sentiments doux et purs avec des images qui doivent leur appartenir; Bossuet, les pensées philosophiques avec les tableaux imposants qui leur conviennent; Rousseau, les passions du cœur avec les effets de la nature qui les rappellent; Montesquieu est bien près, surtout dans le dialogue d'Eucrate et de Sylla, de réunir toutes les qualités du style, l'enchaînement des idées, la profondeur des sentiments et la force des images. On trouve dans ce dialogue ce que les grandes pensées ont d'autorité et d'élévation avec l'expression figurée nécessaire au développement complet de l'aperçu philosophique; et l'on éprouve, en lisant les belles pages de Montesquieu, non l'attendrissement ou l'ivresse que l'éloquence passionnée doit faire naître, mais l'émotion que cause ce qui est admirable en tout genre, l'émotion que les étrangers ressentent lorsqu'ils entrent pour la première fois dans Saint-Pierre de Rome, et qu'ils découvrent à chaque instant une nouvelle beauté qu'absorbaient, pour ainsi dire, la perfection et l'effet imposant de l'ensemble.

Malebranche a essayé de réunir, dans ses ouvrages de métaphysique, les images aux idées; mais comme ses idées n'étaient pas justes, on n'a pu sentir que très imparfaitement la liaison qu'il voulait établir entre elles et ses images brillantes. Garat, dans ses Leçons aux Écoles normales, modèle de perfection en ce genre, et Rivarol, malgré quelques expressions recherchées, font concevoir parfaitement la possibilité de cette concordance entre l'image tirée de la nature physique, et l'idée qui sert à former la chaîne des principes et de leurs déductions dans l'ordre moral. Qui sait jusqu'où l'on pourra porter cette puissance d'analyse, qui, réunie à l'imagination, loin de rien détruire, donne à tout une nouvelle force, et, semblable à la nature, concentre dans un même foyer les éléments divers de la vie?

Cette réunion, sans doute, est nécessaire à la perfection du style; mais faut-il en conclure qu'on doive bannir absolument les ouvrages de pensée qui sont privés d'imagination dans le style, ou les livres d'imagination dépourvus de pensée? Il ne faut rien exclure; mais on doit convenir que les livres philosophiques qui n'en appellent jamais ni au sentiment, ni à l'imagination, servent d'une manière beaucoup moins utile à la propagation des idées, et que les ouvrages de littérature qui ne sont point remplis d'idées philosophiques, ou de cette mélancolie sensible qui retrace les grandes pensées, captivent tous les jours moins le suffrage des hommes éclairés.

Un livre sur les principes du goût, sur la peinture, sur la musique, peut être un livre philosophique, s'il parle à l'homme tout entier, s'il réveille en lui les sentiments et les pensées qui agrandissent toutes les questions. Un discours sur les intérêts les plus importants de la société humaine peut fatiguer l'esprit, s'il ne contient que des idées de circonstance, s'il ne présente que les rapports étroits des objets les plus importants, s'il ne ramène pas la pensée aux considérations générales qui l'intéressent.

Le charme du style dispense de l'effort qu'exige la conception des idées abstraites; les expressions figurées réveillent en vous tout ce qui a vie, les tableaux animés vous donnent la force de suivre la chaîne des pensées et des raisonnements. On n'a plus besoin de lutter contre les distractions quand l'imagination qui les donne est captivée, et sert elle-même à la puissance de l'attention.

Les ouvrages purement littéraires, s'ils ne contiennent point cette sorte d'analyse qui agrandit tous les sujets qu'elle traite; s'ils ne caractérisent pas les détails, sans perdre de vue l'ensemble; s'ils ne prouvent pas en même temps la connaissance des hommes et l'étude de la vie, paraissent, pour ainsi dire, des travaux puérils. On veut qu'un homme, dans un état libre, alors qu'il se fait remarquer par un livre, indique dans ce livre les qualités importantes que la république peut un jour réclamer d'un de ses citoyens, quel qu'il soit. Un ouvrage qui n'est pas écrit avec philosophie classe son auteur parmi les artistes, mais non parmi les penseurs.

Depuis la révolution, on s'est jeté dans un défaut singulièrement destructeur de toutes les beautés du style : on a voulu rendre toutes les expressions abstraites, abréger toutes les phrases par des verbes nouveaux qui dépouillent le style de toute sa grace, sans lui donner même plus de précision [1]. Rien n'est plus contraire au véritable talent d'un grand écrivain. La concision ne consiste pas dans l'art de diminuer le nombre des mots ; elle consiste encore moins dans la privation des images. La concision qu'il faut envier, c'est celle de Tacite, celle qui est tout à la fois éloquente et énergique ; et, loin que les images nuisent à cette brièveté de style justement admirée, les expressions figurées

---

[1] Utiliser, activer, préciser, etc.

sont celles qui retracent le plus de pensées avec le moins de termes.

Ce n'est pas non plus perfectionner le style que d'inventer des mots nouveaux. Les maîtres de l'art peuvent en faire recevoir quelques uns, lorsqu'ils les créent volontairement et comme entraînés par l'impulsion de leur pensée; mais il n'est point, en général, de symptôme plus sûr de la stérilité des idées que l'invention des mots. Lorsqu'un auteur se permet un mot nouveau, le lecteur qui n'y est point accoutumé s'arrête pour le juger; et cette distraction nuit à l'effet général et continu du style [1].

Tout ce que nous avons dit sur le mauvais goût peut s'appliquer également à tous les défauts du langage employé par plusieurs écrivains depuis dix ans; cependant il est quelques uns de ces défauts qui tiennent plus directement à l'influence des événements politiques. Je me propose de les relever en parlant de l'éloquence.

---

[1] Lorsque l'Académie française existait, cette société recueillait toutes les années les mots que l'usage ou les bons écrivains avaient introduits, et déclarait quels étaient ceux que l'usage avait proscrits. La langue française, comme toutes les langues, acquérait donc alors de nouveaux mots qui remplaçaient ceux qu'elle perdait, ou l'enrichissaient encore. C'est ce qu'Horace recommande dans son Art poétique, lorsqu'il dit : « Il est permis, et il le sera toujours, de donner cours à des mots nouveaux dans « la langue; et comme lorsque les bois changent de feuilles, les premières tombent « pour faire place aux suivantes, de même les mots anciens s'usent par le temps, tan- « dis que les nouveaux ont toute la fraîcheur et toute la force de la jeunesse. »

Ce serait nuire au style français que d'établir qu'il n'est pas permis de se servir à présent d'un mot qui ne se trouve pas dans le Dictionnaire de l'Académie. Le travail de ce Dictionnaire a été suspendu depuis dix années, et ces dix années ont certainement excité des sentiments et des idées d'un genre tout-à-fait nouveau. Peut-être serait-il nécessaire que l'Institut, cette société la plus imposante de l'Europe par la réunion de tous les hommes éclairés dont la république s'honore, chargeât la classe des belles-lettres de constater et de fixer les progrès de la langue française.

Il n'existe pas un auteur de quelque talent qui n'ait fait admettre une tournure ou une expression nouvelle; et le temps a consacré les hardiesses du génie. Delille, dans son poëme de l'Homme des Champs, s'est servi d'un mot nouveau, inspiratrice : *la lampe inspiratrice*, etc. Mais comme il n'existe point de hardiesses heureuses dont la raison ne puisse indiquer les motifs, examinons quelles sont les règles qui peuvent servir à juger si l'on doit se permettre un mot nouveau.

Toutes les fois qu'un écrivain a recours à un mot nouveau, il faut qu'il ait été conduit à l'employer par la force même du sens, et que, loin d'avoir cherché ce genre de singularité, il manque comme malgré lui à la règle qu'il s'était faite de l'éviter. Lorsque c'est la finesse des idées ou l'énergie des sentiments qui inspirent le besoin d'une expression plus nuancée ou d'un terme plus éloquent, le mot dont on se sert, fût-il inusité, paraît naturel. Le lecteur ne s'aperçoit pas d'abord que ce mot est nouveau, tant il lui paraît nécessaire; et frappé de la justesse de l'expression, de son rapport parfait avec l'idée qu'elle doit rendre, il n'est pas détourné de l'intérêt principal ni du mouvement du style, tandis qu'un mot bizarre distrairait son attention, au lieu de la captiver.

Lorsqu'on se sert d'un mot nouveau, il faut qu'il soit bien prouvé, pour tous ceux

Le style se perfectionnera nécessairement d'une manière très remarquable, si la philosophie fait de nouveaux progrès. Les principes littéraires qui peuvent s'appliquer à l'art d'écrire ont été presque tous développés ; mais la connaissance et l'étude du cœur humain doivent ajouter chaque jour au tact sûr et rapide des moyens qui font effet sur les esprits. En général, toutes les fois que le public impartial n'est pas ému, n'est pas entraîné par un discours ou par un ouvrage, l'auteur a tort; mais c'est presque toujours à ce qu'il lui manquait comme moraliste, qu'il faut attribuer ses fautes comme écrivain.

Il arrive sans cesse en société, lorsqu'on écoute des hommes qui ont le dessein de faire croire à leurs vertus ou à leur sensibilité, de remarquer combien ils ont mal observé la nature, dont ils veulent imiter les signes caractéristiques. Les écrivains font sans cesse des fautes semblables quand ils veulent développer des sentiments profonds ou des vérités morales. Sans doute il est

qui savent lire, qu'il n'existait pas dans la langue un autre terme qui rendît précisément la même nuance de pensée, ni une tournure heureuse qui dût produire une égale impression. Un mot admis pour la première fois dans le style soutenu, s'il est bon, de nouveau qu'il était, devient bientôt familier à tous les écrivains; ils se le rappellent naturellement, comme inséparable de l'image ou de la pensée qu'il exprime.

Si un écrivain se résout à créer un mot, il faut qu'il soit dans l'analogie de la langue, car on ne doit rien inventer que progressivement : l'esprit en toutes choses a besoin d'enchaînement. Dans les sciences, le hasard a fait faire de grandes découvertes; mais l'on n'a accordé du génie qu'à ceux qui sont arrivés à des résultats nouveaux par une suite de principes et de conséquences. J'oserai dire qu'il en est de même de tout ce qui tient à l'imagination, quoique sa marche soit moins assujettie. Ce que vous admirez véritablement, ce n'est pas une idée complètement inattendue, c'est une surprise assez graduée pour que l'esprit soit satisfait, et non pas troublé. L'écrivain est d'autant plus parfait qu'il sait donner à ses lecteurs d'avance une sorte de pressentiment ou de besoin confus des beautés mêmes qui les étonneront. Ces grands principes de la littérature ont leur application dans les plus petits détails du style.

Enfin il ne faut point admettre un mot nouveau, à moins qu'il ne soit harmonieux. L'harmonie est une des premières qualités du style ; et c'est gâter la langue française que d'y introduire des sons qui blessent l'oreille. L'âme, en se pénétrant des sentiments nobles et des pensées élevées, éprouve une sorte de fièvre qui lui donne des forces nouvelles pour le talent et la vertu. L'harmonie des paroles ajoute beaucoup à l'ébranlement causé par une éloquence généreuse.

Je n'ai pas besoin de dire qu'aucune de ces conditions imposées à l'invention des mots ne peut s'appliquer aux sciences ; il leur faut des termes nouveaux pour des faits nouveaux, et les vérités positives exigent une langue aussi positive qu'elles. Mais l'art d'écrire en littérature est composé de tant de nuances, des idées fines et presque fugitives exercent une telle influence sur le plaisir que telle expression fait éprouver, sur l'éloignement que telle autre inspire, que pour bien écrire il faut étudier avec le soin le plus délicat tout ce qui peut agir sur l'imagination des hommes. On pourrait composer un traité sur le style d'après les manuscrits des grands écrivains ; chaque rature suppose une foule d'idées qui décident l'esprit souvent à notre insu ; et il serait piquant de les indiquer toutes et de les bien analyser.

des sujets dans lesquels l'art ne peut suppléer à ce que l'on éprouve réellement ; mais il en est d'autres que l'esprit pourrait toujours traiter avec succès, si l'on avait profondément réfléchi sur les impressions que ressentent la plupart des hommes, et sur les moyens de les faire naître.

C'est la gradation des termes, la convenance et le choix des mots, la rapidité des formes, le développement de quelques motifs, le style enfin qui s'insinue dans la persuasion des hommes. Une expression qui ne change rien au fond des idées, mais dont l'application n'est pas naturelle, doit devenir l'objet principal pour la plupart des lecteurs. Une épithète trop forte peut détruire entièrement un argument vrai ; la plus légère nuance déroute entièrement l'imagination prête à vous suivre ; une obscurité de rédaction que la réflexion pénétrerait bien aisément, lasse tout-à-coup l'intérêt que vous inspiriez ; enfin le style exige quelques unes des qualités nécessaires pour conduire les hommes. Il faut connaître leurs défauts, tantôt les ménager, tantôt les dominer, mais se bien garder de cet amour-propre qui, accusant une nation plutôt que soi-même, ne veut pas prendre l'opinion générale pour juge suprême du talent.

Les idées en elles-mêmes sont indépendantes de l'effet qu'elles produisent ; mais le style ayant précisément pour but de faire adopter aux hommes les idées qu'il exprime, si l'auteur n'y réussit pas, c'est que sa pénétration n'a pas encore su découvrir la route qui conduit à ces secrets de l'ame, à ces principes du jugement dont il faut se rendre maître pour ramener à son opinion celle des autres.

C'est dans le style surtout que l'on remarque cette hauteur d'esprit et d'ame qui fait reconnaître le caractère de l'homme dans l'écrivain. La convenance, la noblesse, la pureté du langage ajoutent beaucoup dans tous les pays, et particulièrement dans un état où l'égalité politique est établie, à la considération de ceux qui gouvernent. La vraie dignité du langage est le meilleur moyen de prononcer toutes les distances morales, d'inspirer un respect qui améliore celui qui l'éprouve. Le talent d'écrire peut devenir l'une des puissances d'un état libre.

Lorsque les premiers magistrats d'un pays possèdent cette puissance, elle forme un lien volontaire entre les gouvernants et les gouvernés. Sans doute les actions sont la meilleure garantie de la moralité d'un homme : néanmoins je croirais qu'il existe un accent dans les paroles, et par conséquent un caractère dans les formes du style, qui atteste les qualités de l'ame avec plus de certitude encore que les actions mêmes. Cette sorte de style n'est point un art que l'on puisse acquérir avec de l'esprit; c'est soi, c'est l'empreinte de soi.

Les hommes à imagination, en se transportant dans le rôle d'un autre, ont pu découvrir ce qu'un autre aurait dit; mais quand on parle en son propre nom, ce sont ses propres sentiments que l'on montre, même alors que l'on fait des efforts pour les cacher. Il n'existe pas un seul auteur qui ait, en parlant de lui, su donner de lui-même une idée supérieure à la vérité : un mot, une transition fausse, une expression exagérée, révèlent à l'esprit ce qu'on voulait lui dérober.

Si l'homme du plus grand talent, comme orateur, était accusé devant un tribunal, il serait impossible de ne pas juger, à sa manière de se défendre, s'il est innocent ou coupable. Toutes les fois que les paroles sont appelées en témoignage, on ne peut dénaturer dans le langage le caractère de vérité que la nature y a gravé; ce n'est plus un art mensonger, c'est un signe irrécusable; et ce qu'on éprouve échappe de mille manières dans ce qu'on dit.

L'homme vertueux serait trop à plaindre s'il ne lui restait pas quelques preuves que le méchant ne pût lui dérober, un sceau divin que ses pareils ne dussent jamais méconnaître. L'expression calme d'un sentiment élevé, l'énonciation claire d'un fait, ce style de la raison qui ne convient qu'à la vertu, l'esprit ne peut le feindre : non seulement ce langage est le résultat des sentiments honnêtes, mais il les inspire encore avec plus de force.

La beauté noble et simple de certaines expressions en impose même à celui qui les prononce ; et, parmi les douleurs attachées à l'avilissement de soi-même, il faudrait compter aussi la perte de ce langage qui cause à l'homme digne de s'en servir l'exaltation la plus pure et la plus douce émotion.

Ce style de l'ame, si je puis m'exprimer ainsi, est un des premiers moyens de l'autorité dans un gouvernement libre. Ce style provient d'une telle suite de sentiments en accord avec les vœux de tous les hommes honnêtes, d'une telle confiance et d'un tel respect pour l'opinion publique, qu'il est la preuve de beaucoup de bonheur précédent, et la garantie de beaucoup de bonheur à venir.

Quand un Américain, en annonçant la mort de Washington,

disait, *Il a plu à la divine Providence de retirer du milieu de nous cet homme, le premier dans la guerre, le premier dans la paix, le premier dans les affections de son pays*, que de pensées, que de sentiments étaient rappelés par ces expressions ! Ce retour vers la Providence ne nous indique-t-il pas qu'aucun ridicule n'est jeté, dans ce pays éclairé, ni sur les idées religieuses, ni sur les regrets exprimés avec l'attendrissement du cœur ? Cet éloge si simple d'un grand homme, cette gradation qui donne pour dernier terme de la gloire *les affections de son pays*, fait éprouver à l'ame la plus profonde émotion.

Que de vertus, en effet, l'amour d'une nation libre pour son premier magistrat ne suppose-t-il pas ! l'amour constant pour une réputation de près de vingt années, pour un homme qui, redevenu par son choix simple particulier, a traversé le pouvoir dans le voyage de la vie, comme une route qui conduisait à la retraite, à la retraite honorée par les plus nobles et les plus doux souvenirs !

Jamais, dans nos crises révolutionnaires, jamais aucun homme n'aurait parlé cette langue dont j'ai cité quelques mots remarquables ; mais, dans tout ce qui nous est parvenu des rapports qui ont existé par écrit entre les magistrats d'Amérique et les citoyens, l'on retrouve ce style vrai, noble et pur dont la conscience de l'honnête homme est le génie inspirateur.

J'oserai dire que mon père est le premier et jusqu'à présent le plus parfait modèle de l'art d'écrire, pour les hommes publics ; de ce talent d'en appeler à l'opinion, de s'aider de son secours pour soutenir le gouvernement, de ranimer dans le cœur des hommes les principes de la morale, puissance dont les magistrats doivent se regarder comme les représentants, puissance qui leur donne seule le droit de demander à la nation des sacrifices. Malgré nos pertes en tout genre, il existe un progrès sensible, depuis M. Necker, dans la langue dont se servent les chefs de plusieurs gouvernements. Ils sont entrés en discussion avec la raison, quelquefois même avec le sentiment ; mais alors ils ont été, ce me semble, inférieurs à cette éloquence persuasive dans laquelle aucun homme n'a, jusqu'à présent, encore égalé M. Necker.

Les gouvernements libres sont appelés sans cesse, par la forme même de leurs institutions, à développer et à commenter les motifs de leurs résolutions. Lorsque, dans les moments de péril, les magistrats n'adressaient aux Français que les phrases banales, l'éloquence usitée par les partis entre eux, ils n'agissaient en rien sur l'opinion. L'esprit public s'affaiblissait à chaque inutile effort qu'on tentait pour le relever ; on sollicitait l'enthousiasme, et l'enthousiasme était plus que jamais loin de renaître, par cela même qu'on l'avait en vain évoqué.

Quand une fois la puissance de la parole est admise dans les intérêts politiques, elle devient de la plus haute importance. Dans les états où la loi despotique frappe silencieusement sur les têtes, la considération appartient précisément à ce silence, qui laisse tout supposer au gré de la crainte ou de l'espoir ; mais quand le gouvernement entre avec la nation dans l'examen de ses intérêts, la noblesse et la simplicité des expressions qu'il emploie peuvent seules lui valoir la confiance nationale.

Sans doute les plus grands hommes connus n'ont pas tous été distingués comme écrivains, mais il en est très peu qui n'aient exercé l'empire de la parole. Tous les beaux discours, tous les mots célèbres des héros de l'antiquité, sont les modèles des grandes qualités du style : ce sont ces expressions inspirées par le génie ou la vertu que le talent s'efforce de recueillir ou d'imiter. Le laconisme des Spartiates, les mots énergiques de Phocion, réunissaient, autant et souvent mieux que les discours les plus soutenus, les attributs nécessaires à la puissance du langage ; cette manière de s'exprimer agissait sur l'imagination du peuple, caractérisait les motifs des actions du gouvernement, et faisait connaître avec force les sentiments des magistrats.

Tels sont les principaux secours que l'autorité politique peut retirer de l'art de parler aux hommes ; tels sont les avantages qu'assure à l'ordre, à la morale, à l'esprit public, le style mesuré, solennel et quelquefois touchant des hommes qui sont appelés à gouverner l'État. Mais ce n'est là qu'une partie encore de la puissance du langage, et les bornes de la carrière que nous parcourons vont reculer au loin devant nous ; nous allons voir cette puissance s'élever à un bien plus haut degré, si nous la considérons lorsqu'elle défend la liberté, lorsqu'elle protège l'innocence, lorsqu'elle lutte contre l'oppression ; si nous l'examinons, en un mot, sous le rapport de l'éloquence.

CHAPITRE VIII.

De l'éloquence.

Dans les pays libres, la volonté des nations décidant de leur destinée politique, les hommes recherchent et acquièrent au plus haut degré les moyens d'influer sur cette volonté ; et le premier de tous, c'est l'éloquence. Les efforts s'accroissent toujours en proportion de la récompense ; et lorsque la nature du gouvernement promet à l'homme de génie la puissance et la gloire, des vainqueurs dignes de remporter un tel prix ne tardent point à se présenter. L'émulation développe des talents qui seraient demeurés inconnus dans les états où l'on ne pourrait offrir à une ame fière aucun but qui fût digne d'elle.

Examinons cependant pourquoi, depuis les premières années de la révolution, l'éloquence s'altère et se détériore en France, au lieu de suivre les progrès naturels dans les assemblées délibérantes ; examinons comment elle pourrait renaître et se perfectionner, et terminons par un aperçu général sur l'utilité dont elle est aux progrès de l'esprit humain et au maintien de la liberté.

La force dans les discours ne peut être séparée de la mesure. Si tout est permis, rien ne peut produire un grand effet. Ménager les convenances morales, c'est respecter les talents, les services et les vertus ; c'est honorer dans chaque homme les droits que sa vie lui donne à l'estime publique. Si vous confondez par une égalité grossière et jalouse ce que distingue l'inégalité naturelle, votre état social ressemble à la mêlée d'un combat dans lequel l'on n'entend plus que des cris de guerre ou de fureur. Quels moyens reste-t-il alors à l'éloquence pour frapper les esprits par des pensées ou des expressions heureuses, par le contraste du vice et de la vertu, par la louange ou par le blâme distribués avec justice ? Dans ce chaos de sentiments et d'idées qui a existé pendant quelque temps en France, aucun orateur ne pouvait flatter par son estime ni flétrir par son mépris, aucun homme ne pouvait être honoré ni dégradé.

Dans un tel état de choses, comment tomber ? comment s'élever ? A quoi sert-il d'accuser ou de défendre ? où est le tribunal qui peut absoudre ou condamner ? Qu'y a-t-il d'impossible ? qu'y a-t-il de certain ? Si vous êtes audacieux, qui étonnerez-vous ? Si vous vous taisez, qui le remarquera ? Où est la dignité, si rien n'est à sa place ? Quelles difficultés a-t-on à vaincre, s'il n'existe aucune barrière ? mais aussi quels monuments peut-on fonder, si l'on n'a point de base ? On peut parcourir en tout sens l'injure et l'éloge, sans faire naître l'enthousiasme ni la haine. On ne sait plus ce qui doit fixer l'appréciation des hommes ; les calomnies commandées par l'esprit de parti, les louanges inspirées par la terreur ont tout révoqué en doute, et la parole errante frappe l'air sans but et sans effet.

Quand Cicéron voulut défendre Muréna contre l'autorité de Caton, il fut éloquent, parce qu'il sut à la fois honorer et combattre la réputation d'un homme tel que Caton. Mais dans nos assemblées, où toutes les invectives étaient admises contre tous les caractères, qui aurait saisi la nuance délicate des expressions de Cicéron? A qui viendrait-il dans l'esprit de s'imposer une contrainte inutile, puisque personne n'en comprendrait le motif et n'en recevrait l'impression? Une voix de Stentor criant à la tribune: *Caton est un contre-révolutionnaire, un stipendié de nos ennemis; et je demande que la mort de ce grand coupable satisfasse enfin la justice nationale,* ferait oublier l'éloquence de Cicéron.

Dans un pays où l'on anéantit tout l'ascendant des idées morales, la crainte de la mort peut seule remuer les ames. La parole conserve encore la puissance d'une arme meurtrière, mais elle n'a plus de force intellectuelle. On s'en détourne, on en a peur comme d'un danger, mais non comme d'une insulte; elle n'atteint plus la réputation de personne. Cette foule d'écrivains calomniateurs émoussent jusqu'au ressentiment qu'ils inspirent; ils ôtent successivement à tous les mots dont ils se servent leur puissance naturelle. Une ame délicate éprouve une sorte de dégoût pour la langue dont les expressions se trouvent dans les écrits de pareils hommes. Le mépris des convenances prive l'éloquence de tous les effets qui tiennent à la sagesse de l'esprit et à la connaissance des hommes, et le raisonnement ne peut exercer aucun empire dans un pays où l'on dédaigne jusqu'à l'apparence même du respect pour la vérité.

A plusieurs époques de notre révolution, les sophismes les plus révoltants remplissaient seuls de certains discours; les phrases de parti, que répétaient à l'envi les orateurs, fatiguaient les oreilles et flétrissaient les cœurs. Il n'y a de variété que dans la nature; les sentiments vrais inspirent seuls des idées neuves. Quel effet pouvaient produire cette violence monotone, ces termes si forts, qui laissaient l'ame si froide: *Il est temps de vous révéler la vérité tout entière. La nation était ensevelie dans un sommeil pire que la mort: mais la représentation nationale était là. Le peuple est debout,* etc.? Ou, dans un autre sens:

Le temps des abstractions est passé ; l'ordre social est raffermi sur ses bases, etc. ? Je m'arrête, car cette imitation deviendrait aussi fatigante que la réalité même ; mais on pourrait extraire des adresses, des journaux et des discours, des pages nombreuses, dans lesquelles on verrait la parole marcher sans la pensée, sans le sentiment, sans la vérité, comme une espèce de litanie, comme si l'on exorcisait avec des phrases convenues l'éloquence et la raison.

Quel talent pouvait s'élever à travers tant de mots absurdes, insignifiants, exagérés ou faux, ampoulés ou grossiers ? Comment arriver à l'ame endurcie contre les paroles par tant d'expressions mensongères ? Comment convaincre la raison fatiguée par l'erreur, et devenue soupçonneuse par les sophismes ? Les individus des mêmes partis, liés entre eux par des intérêts d'une importante solidarité, se sont accoutumés en France à ne regarder les discours que comme le mot d'ordre qui doit rallier des soldats servant dans la même cause.

L'esprit serait moins faussé, l'éloquence ne serait point perdue, si l'on s'était contenté de commander, dans les délibérations comme à la guerre, par le simple signe de la volonté. Mais en France, la force, en recourant à la terreur, a voulu cependant y joindre encore une espèce d'argumentation ; et la vanité de l'esprit, s'unissant à la véhémence du caractère, s'est empressée de justifier par des discours les doctrines les plus absurdes et les actions les plus injustes. A qui ces discours étaient-ils destinés ? Ce n'était pas aux victimes : il était difficile de les convaincre de l'utilité de leur malheur ; ce n'était pas aux tyrans : ils ne se décidaient par aucun des arguments dont ils se servaient eux-mêmes ; ce n'était pas à la postérité : son inflexible jugement est celui de la nature des choses. Mais on voulait s'aider du fanatisme politique, et mêler dans quelques têtes ce que certains principes ont de vrai avec les conséquences iniques et féroces que les passions savaient en tirer : ainsi l'on créait un despotisme raisonneur, mortellement fatal à l'empire des lumières.

Le son pur de la vérité, qui fait éprouver à l'ame un sentiment si doux et si exalté ; ces expressions justes et nobles d'un cœur content de lui, d'un esprit de bonne foi, d'un caractère sans reproches, on ne savait à quels hommes, à quelles opinions les adresser, sous quelle voûte les faire entendre ; et la fierté, naturelle à la franchise, portait au silence bien plutôt qu'à d'inutiles efforts.

La première des vérités, la morale, est aussi la source la plus féconde de l'éloquence ; mais lorsqu'une philosophie licencieuse se plaît à tout rabaisser pour tout confondre, quelle vertu votre voix peut-elle encore honorer? Que rendrez-vous éclatant dans ces ténèbres? que ferez-vous sortir de cette poussière? comment donnerez-vous de l'enthousiasme aux hommes qui ne craignent ni n'espèrent rien de la renommée, et ne reconnaissent plus entre eux les mêmes principes pour juges des mêmes actions?

La morale est inépuisable en sentiments, en idées heureuses pour l'homme de génie qui sait s'en pénétrer; c'est avec cet appui qu'il se sent fort, et s'abandonne sans crainte à son inspiration. Ce que les anciens appelaient l'esprit divin, c'était sans doute la conscience de la vertu dans l'ame du juste, la puissance de la vérité réunie à l'éloquence du talent. Mais, de nos jours, tant d'hommes craignaient de se livrer à la morale, de peur de la trouver accusatrice de leur propre vie! tant d'hommes n'admettaient aucune idée générale avant de l'avoir comparée avec leurs actions et leurs intérêts particuliers! D'autres, sans inquiétudes sur eux-mêmes, mais ne voulant point blesser les souvenirs de quelques uns de leurs auditeurs, n'osaient parler avec enthousiasme de la justice et de l'équité; ils essayaient de présenter la morale avec détour, de lui donner la forme de l'utilité politique, de voiler les principes, de transiger à la fois avec l'orgueil et les remords, qui s'avertissent mutuellement de leurs irritables intérêts.

Le crime pouvait troubler le jugement, dérouter la raison, à force de véhémence; mais la vertu n'osait se développer tout entière : elle voulait convaincre, et craignait d'offenser. On ne peut être éloquent dès qu'il faut s'abstenir de la vérité.

Les barrières imposées par des convenances respectables servent, comme je l'ai dit, aux succès mêmes de l'éloquence; mais lorsque, par condescendance pour l'injustice ou l'égoïsme, l'on est obligé de réprimer les mouvements d'une ame élevée; lorsque ce sont non seulement les faits et leur application qu'il faut éviter, mais jusqu'aux considérations générales qui pourraient offrir à la pensée tout l'ensemble des idées vraies, toute l'énergie des sentiments honnêtes, aucun homme soumis à de telles contraintes ne peut être éloquent; et l'orateur encore estimable, qui doit parler dans de telles circonstances, choisira naturellement les phrases usées, celles sur lesquelles l'expérience des passions a été déjà faite, celles qui, reconnues inoffensives, passent à travers toutes les fureurs sans les exciter.

Les factions servent au développement de l'éloquence, tant que les factieux ont besoin de l'opinion des hommes impartiaux, tant qu'ils se disputent entre eux l'assentiment volontaire de la nation; mais quand les mouvements politiques sont arrivés à ce terme où la force seule décide entre les partis, ce qu'ils y adjoignent de moyens de parole, de ressources, de discussion, perd l'éloquence et dégrade l'esprit, au lieu de le développer. Parler dans le sens du pouvoir injuste, c'est s'imposer la servitude la plus détaillée. Il faut soutenir chaque absurdité dont est formée la longue chaîne qui conduit à la résolution coupable; et le caractère resterait, s'il est possible, plus intact encore après des actions blâmables que la colère aurait inspirées, qu'après ces discours dans lesquels la bassesse ou la cruauté se distillent goutte à goutte, avec une sorte d'art que l'on s'efforce de rendre ingénieux.

Quelle honte cependant que de montrer de l'esprit à l'appui des actes de rigueur ou de servitude! quelle honte d'avoir encore de l'amour-propre quand on n'a plus de fierté! de penser à ses succès quand on sacrifie le bonheur des autres! de mettre enfin au service du pouvoir injuste cette sorte de talent sans conscience qui prête aux hommes puissants les idées et les expressions, comme des satellites de la force, chargés de faire faire place en avant de l'autorité!

Personne ne contestera que l'éloquence ne soit tout-à-fait dénaturée en France depuis plusieurs années, mais beaucoup affirmeront qu'il est impossible qu'elle renaisse et se perfectionne. D'autres prétendront que le talent oratoire est nuisible au repos, à la liberté même d'un pays. Ce sont ces deux erreurs que je crois utile de réfuter.

Dans quel espoir desirez-vous, pourrait-on me dire, que des hommes éloquents se fassent entendre? L'éloquence ne peut se composer que d'idées morales et de sentiments vertueux : et dans quels cœurs retentiraient maintenant des paroles généreuses? Après dix ans de révolution, qui s'émeut encore pour la vertu, la délicatesse, ou même la bonté? Cicéron, Démosthène, les plus grands orateurs de l'antiquité, s'ils existaient de nos jours, pourraient-ils agiter l'imperturbable sang-froid du vice? feraient-ils baisser ces regards que la présence d'un honnête homme ne trouble plus? Dites à ces tranquilles possesseurs des jouissances de la vie que leurs intérêts sont menacés, et vous inquéterez leur ame impassible; mais que leur apprendrait l'éloquence? Elle invoquerait contre eux le mépris de la vertu : eh! depuis long-temps ne savent-ils pas que chacun de leurs jours en est couvert ? Vous adresserez-vous aux hommes avides d'acquérir de la fortune, nouveaux qu'ils sont aux habitudes comme aux jouissances qu'elle permet ? Si vous leur inspiriez un instant de nobles desseins, le courage leur manquerait pour les accomplir. N'ont-ils pas à rougir de leur déplorable vie ? Il est sans force, l'homme à qui l'on peut reprocher des bassesses : ne craint-il pas toutes les voix qui peuvent l'accuser ? ne craint-il pas la justice, la liberté, la morale, tout ce qui rend à l'opinion sa force et à la vérité son rang ? Voulez-vous du moins faire entendre aux caractères haineux quelques paroles de bienveillance : vous serez également repoussé. Si vous parlez au nom de la puissance, ils vous écouteront avec respect, quelque soit votre langage ; mais si vous réclamez pour le faible, si votre nature généreuse vous fait préférer la cause délaissée par la faveur et recueillie par l'humanité, vous n'exciterez que le ressentiment de la faction dominante. Vous vivez dans un temps où l'on est indigné contre le malheur, irrité contre l'opprimé ; où la colère s'enflamme à l'aspect du vaincu, où l'on s'attendrit, où l'on s'exalte pour le pouvoir, dès qu'on entre en partage avec lui.

Que fera l'éloquence au milieu de tels sentiments, l'éloquence à laquelle il faut, pour être touchante et sublime, un péril à braver, un malheureux à défendre, et la gloire pour prix du courage ? En appellera-t-elle à la nation ? Hélas ! cette nation malheureuse n'a-t-elle pas entendu prodiguer les noms de toutes les vertus pour défendre tous les crimes ? Pourra-t-elle encore reconnaître l'accent de la vérité ? Les meilleurs citoyens reposent dans la tombe, et la multitude qui reste ne vit plus ni pour l'enthousiasme, ni pour la gloire, ni pour la morale ; elle vit pour le repos, que troubleraient presque également et les fureurs du crime, et les généreux élans de la vertu.

Ces objections pourraient décourager pendant quelque temps mon espérance ; néanmoins il me paraît impossible que tout ce qui est bien en soi n'acquière pas à la fin un grand ascendant, et je crois toujours que ce sont les orateurs ou les écrivains qu'il faut accuser, lorsque des discours prononcés au milieu d'un très grand nombre d'hommes, ou des livres qui ont le public entier pour juge, ne produisent aucun effet.

Sans doute, quand vous vous adressez à quelques individus réunis par le lien d'un intérêt commun ou d'une crainte commune, aucun talent ne peut agir sur eux : ils ont depuis longtemps tari dans leurs cœurs la source naturelle qui peut sortir du rocher même, à la voix d'un prophète divin; mais quand vous êtes entourés d'une multitude qui contient tous les éléments divers, les hommes impartiaux, les hommes sensibles, les hommes faibles qui se rassurent à côté des hommes forts, si vous parlez à la nature humaine, elle vous répondra; si vous savez donner cette commotion électrique dont l'être moral contient aussi le principe, ne craignez plus ni le sang-froid de l'insouciant, ni la moquerie du perfide, ni le calcul de l'égoïste, ni l'amour-propre de l'envieux; toute cette multitude est à vous. Échappe-t-elle aux beautés de l'art tragique, aux sons divins d'une musique céleste, à l'enthousiasme des chants guerriers? pourquoi donc se refuserait-elle à l'éloquence? L'ame a besoin d'exaltation; saisissez ce penchant, enflammez ce desir, et vous enlèverez l'opinion.

Quand on se rappelle les visages froids et composés que l'on rencontre dans le monde, j'en conviens, on croit impossible de remuer les cœurs; mais la plupart des hommes connus sont engagés par leurs actions passées, par leurs intérêts, par leurs relations politiques. Jetez les yeux sur une foule nombreuse: combien de fois ne vous arrive-t-il pas de rencontrer des traits dont l'expression amie, dont la douceur, dont la bonté vous présagent une ame encore ignorée, qui entendrait la vôtre, et céderait à vos sentiments? Eh bien, cette foule vous représente la véritable nation. Oubliez ce que vous savez, ce que vous redoutez de tels ou tels hommes; livrez-vous à vos pensées, à vos émotions; voguez à pleines voiles, et, malgré tous les écueils, tous les obstacles, vous arriverez; vous entraînerez avec vous toutes les affections libres, tous les esprits qui n'ont reçu ni l'empreinte d'aucun joug, ni le prix de la servitude.

Mais par quels moyens peut-on se flatter de perfectionner l'éloquence, s'il est vrai que l'on puisse encore en espérer quelques succès? L'éloquence, appartenant plus aux sentiments qu'aux idées, paraît moins susceptible que la philosophie de progrès indéfinis. Cependant, comme les pensées nouvelles développent de nouveaux sentiments, les progrès de la philosophie doivent fournir à l'éloquence de nouveaux moyens.

Les idées intermédiaires peuvent être tracées d'une manière plus rapide, lorsque l'enchaînement d'un très grand nombre de vérités est généralement connu; l'intervalle des morceaux de mouvement peut être rempli par des raisonnements forts, l'esprit peut être constamment soutenu dans la région des pensées hautes ; et l'on peut l'intéresser par des réflexions morales, universellement comprises, sans être devenues communes. Ce qui est sublime dans quelques discours anciens, ce sont les mots que l'on ne peut ni prévoir, ni oublier, et qui laissent trace dans les siècles, comme de belles actions. Mais si la méthode et la précision du raisonnement, le style, les idées accessoires sont susceptibles de perfectionnement, les discours des modernes peuvent acquérir, par leur ensemble, une grande supériorité sur les modèles de l'antiquité ; et ce qui appartient à l'imagination même produirait nécessairement plus d'effet, si rien n'affaiblissait cet effet, si tout servait, au contraire, à l'accroître.

Dans ce qui caractérise l'éloquence, le mouvement qui l'inspire, le génie qui la développe, il faut une grande indépendance, au moins momentanée, de tout ce qui nous environne ; il faut s'élever au-dessus du danger, s'il existe, au-dessus de l'opinion que l'on attaque, des hommes que l'on combat, de tout, hors sa conscience et la postérité. Les pensées philosophiques vous placent naturellement à cette élévation où l'expression de la vérité devient si facile, où l'image, où la parole énergique qui peut la peindre se présentent aisément à l'esprit animé du feu le plus pur.

Cette élévation n'ôte rien à la vivacité des sentiments, à cette ardeur si nécessaire à l'éloquence, à cette ardeur qui seule lui donne un accent, une énergie irrésistible, un caractère de domination que les hommes reconnaissent souvent malgré eux, que souvent ils contestent, mais dont ils ne peuvent jamais se défendre.

Si vous supposez un homme que la réflexion ait rendu tout-à-fait insensible aux événements qui l'environnent, un caractère semblable à celui d'Épictète, son style, s'il écrit, ne sera point éloquent : mais lorsque l'esprit philosophique règne dans la classe éclairée de la société, il s'unit aux passions les plus véhémentes ; ce n'est pas le résultat du travail de chaque homme sur lui-même, c'est une opinion établie dès l'enfance, une opinion qui, se mêlant à tous les sentiments de la nature, agrandit les idées sans refroidir les ames. Un très petit nombre d'hommes se vouait, chez les anciens, à cette morale stoïcienne qui réprimait tous les mouvements du cœur : la philosophie des modernes, quoiqu'elle agisse plus sur l'esprit que sur le caractère, n'est qu'une manière de considérer tous les objets de la vie. Cette manière de voir étant adoptée par les hommes éclairés, influe sur la teinte générale des idées, mais ne triomphe pas des affections ; elle ne parvient à détruire ni l'amour, ni l'ambition, ni aucun de ces intérêts instantanés dont l'imagination des hommes ne cesse point de s'occuper, alors même que leur raison en est détrompée : mais cette philosophie purement méditative jette dans la peinture des passions un caractère de mélancolie qui donne à leur langage un nouveau degré de profondeur et d'éloquence.

Ce sentiment de mélancolie que chaque siècle doit développer de plus en plus dans le cœur humain, peut donner à l'éloquence un très grand caractère. L'homme le plus ardent pour ce qu'il souhaite, lorsqu'il est doué d'un génie supérieur, se sent au-dessus du but quelconque qu'il poursuit ; et cette idée vague et sombre revêt les expressions d'une couleur qui peut être à la fois imposante et sensible.

Mais si les vérités morales parviennent un jour à la démonstration, et que la langue qui doit les exprimer arrive presque à la précision mathématique, que deviendra l'éloquence? Tout ce qui tient à la vertu dérivant d'une autre source, ayant un autre principe que le raisonnement, l'éloquence régnera toujours dans l'empire qu'elle doit posséder. Elle ne s'exercera plus sur tout ce qui a rapport aux sciences politiques et métaphysiques, sur toutes les idées abstraites, de quelque nature qu'elles soient ; mais elle n'en sera que plus honorée : car on ne pourra plus la présenter comme dangereuse, si elle se concentre dans son foyer naturel, dans la puissance des sentiments sur notre ame.

Il s'établit depuis quelque temps un système absurde relativement à l'éloquence. Frappé de tous les abus qu'on a faits de la parole depuis la révolution, l'on déclame contre l'éloquence ; l'on veut nous prémunir contre ce danger, qui, certes, n'est pas encore imminent ; et comme si la nation française était condamnée à parcourir sans cesse tout le cercle des idées fausses, parceque des hommes ont soutenu violemment et souvent même grossièrement de très injustes causes, on ne veut plus que des esprits droits appellent les sentiments au secours des idées justes.

Je crois, au contraire, qu'on pourrait soutenir que tout ce qui est éloquent est vrai, c'est-à-dire que, dans un plaidoyer en faveur d'une mauvaise cause, ce qui est faux, c'est le raisonnement ;

mais que l'éloquence proprement dite est toujours fondée sur une vérité : il est facile ensuite de dévier dans l'application ou dans les conséquences de cette vérité ; mais c'est alors dans le raisonnement que consiste l'erreur. L'éloquence ayant toujours besoin du mouvement de l'ame, ne s'adresse qu'aux sentiments des hommes, et les sentiments de la multitude sont toujours pour la vertu. Il est souvent arrivé de séduire un individu, en lui parlant seul, par des motifs malhonnêtes ; mais l'homme, en présence des hommes, ne cède qu'à ce qu'il peut avouer sans rougir.

Le fanatisme de la religion ou de la politique a fait commettre d'horribles excès, en remuant les assemblées par des paroles incendiaires ; mais c'était la fausseté du raisonnement, et non le mouvement de l'ame, qui rendait ces paroles funestes.

Ce qui est éloquent dans le fanatisme de la religion, ce sont les sentiments qui conseillent le sacrifice de soi-même pour ce qui est bien, pour ce qui peut plaire à l'être bienfaisant, protecteur de cet univers ; mais ce qui est faux, c'est le raisonnement qui persuade qu'il est bien d'assassiner ceux qui diffèrent de vos opinions, et qu'une intelligence d'une vertu suprême exige de tels attentats.

Ce qui est vrai dans le fanatisme politique, c'est l'amour de son pays, de la liberté, de la justice, égale pour tous les hommes, comme la Providence éternelle ; mais ce qui est faux, c'est le raisonnement qui justifie tous les crimes pour arriver au but que l'on croit utile.

Examinez tous les sujets de discussion parmi les hommes, tous les discours célèbres qui ont fait partie de ces discussions, et vous verrez que l'éloquence se fondait toujours sur ce qu'il y avait de vrai dans la question, et que le raisonnement seul la dénaturait, parceque le sentiment ne peut errer en lui-même, et que les conséquences que l'argumentation tire du sentiment sont les seules erreurs possibles. Ces erreurs subsisteront tant que la langue de la logique ne sera pas fixée de la manière la plus positive, et mise à la portée du plus grand nombre.

Il est encore, je le sais, beaucoup d'arguments qu'on pourrait essayer de diriger contre l'éloquence. Néanmoins il en est d'elle comme de tous les biens que permet notre destinée : ils ont tous des inconvénients, que l'on fait ressortir seuls, si le vent de la faction souffle dans ce sens ; mais en se livrant ainsi à l'examen des choses, quel don de la nature paraîtrait exempt de maux ?

L'imperfection humaine laisse toujours un côté sans défense ; et la raison n'a d'autre usage que de nous décider pour la majorité des avantages, contre telle ou telle objection partielle.

Le raisonnement, dans ses formes didactiques, ne suffit point pour défendre la liberté dans toutes les circonstances : lorsqu'il faut braver un danger quelconque pour prendre une résolution généreuse, l'éloquence est seule assez puissante pour donner l'impulsion nécessaire dans les grands périls. Un très petit nombre de caractères vraiment distingués pourrait se décider dans le calme de la retraite, par le seul sentiment de la vertu ; mais lorsqu'il faut du courage pour accomplir un devoir, la plupart des hommes, même bons, ne se confient en leurs forces que quand leur ame est émue, et n'oublient leurs intérêts que quand leur sang est agité. L'éloquence tient lieu de la musique guerrière ; elle précipite les ames contre le danger. Les assemblées ont alors le courage et les vertus de l'homme le plus distingué qui soit dans leur sein. Ce n'est que par l'éloquence que les vertus d'un seul deviennent communes à tous ceux qui l'entourent. Si vous interdisiez l'éloquence, une réunion d'hommes serait toujours conduite par les sentiments les plus vulgaires ; car, dans l'état habituel, ces sentiments sont ceux du plus grand nombre, et c'est au talent de la parole que l'on a dû toutes les résolutions nobles et intrépides que les hommes rassemblés ont jamais adoptées.

Si vous interdisiez l'éloquence, vous détruiriez la gloire ; il faut que l'on puisse s'abandonner à l'expression de l'enthousiasme pour faire naître ce sentiment dans les autres ; il faut que tout soit libre pour que la louange le soit, pour qu'elle ait ce caractère qui commande à la raison et à la postérité.

Enfin, quand on persisterait à croire l'éloquence dangereuse, que l'on réfléchisse un moment sur tout ce qu'il faut faire pour l'étouffer, et l'on verra qu'il en est d'elle comme des lumières, comme de la liberté, comme de tous les grands développements de l'esprit humain. Il se peut que des malheurs soient attachés à ces avantages ; mais, pour se préserver de ces malheurs, il faut anéantir tout ce qu'il y a d'utile, de grand et de généreux dans l'exercice des facultés morales. C'est la dernière pensée que je me propose de développer en terminant cet ouvrage.

CHAPITRE IX.
Conclusion.

La perfectibilité de l'espèce humaine est devenue l'objet des sourires indulgents et moqueurs de tous ceux qui regardent les occupations intellectuelles comme une sorte d'imbécillité de l'esprit, et ne considèrent que les facultés qui s'appliquent instantanément aux intérêts de la vie. Ce système de perfectibilité est aussi combattu par quelques penseurs; mais il a surtout contre lui dans ce moment, en France, ces sentiments irréfléchis, ces affections passionnées qui confondent ensemble les idées les plus contraires, et servent merveilleusement les hommes criminels, en leur supposant des prétextes honorables. Lorsqu'on accuse la philosophie des forfaits de la révolution, l'on rattache d'indignes actions à de grandes pensées, dont le procès est encore pendant devant les siècles. Il vaudrait mieux rendre plus profond encore l'abime qui sépare le vice de la vertu, réunir l'amour des lumières à celui de la morale, attirer à elle tout ce qu'il y a d'élevé parmi les hommes, afin de livrer le crime à tous les genres de honte, d'ignorance et d'avilissement; mais, quelle que soit l'opinion qu'on ait adoptée sur ces conquêtes du temps, sur cet empire indéfini de la raison, il me semble qu'il est un argument qui convient également à toutes les manières de voir. L'on dit que les lumières et tout ce qui dérive d'elles, l'éloquence, la liberté politique, l'indépendance des opinions religieuses, troublent le repos et le bonheur de l'espèce humaine. Mais que l'on réfléchisse sur les moyens qu'il faut employer pour arrêter la tendance des hommes vers les lumières! Que l'on se demande comment empêcher ce mal, si c'en est un, à moins de recourir à des moyens affreux en eux-mêmes, et définitivement infructueux !

J'ai tenté de montrer avec quelle force la raison philosophique, malgré tous les obstacles, après tous les malheurs, a toujours su se frayer une route, et s'est développée successivement dans tous les pays, dès qu'une tolérance quelconque, quelque modifiée qu'elle pût être, a permis à l'homme de penser. Comment donc forcer l'esprit humain à rétrograder; et lors même qu'on aurait obtenu ce triste succès, comment prévenir toutes les circonstances qui pourraient donner aux facultés morales une impulsion nouvelle? On desire d'abord, et les rois mêmes sont de cet avis, que la littérature et les arts fassent des progrès. Or, ces progrès tiennent nécessairement à toutes les pensées qui doivent mener la réflexion beaucoup au delà des sujets qui l'ont fait naître. Dès que les ouvrages de littérature ont pour but de remuer l'ame, ils approchent nécessairement des idées philosophiques, et les idées philosophiques conduisent à toutes les vérités. Quand on imiterait l'inquisition d'Espagne et le despotisme de Russie, il faudrait encore être assuré que dans aucun pays de l'Europe il ne s'établira d'autres institutions ; car les simples rapports de commerce, même lorsqu'on interdirait les autres, finiraient par communiquer à un pays les lumières des pays voisins.

Les sciences physiques ayant pour but une utilité immédiate, aucun gouvernement ne veut ni ne peut les interdire ; et comment l'étude de la nature ne bannirait-elle pas la croyance de certains dogmes ? comment l'indépendance religieuse ne conduirait-elle pas au libre examen de toutes les autorités de la terre ? On peut, dira-t-on, réprimer les excès sans entraver la raison. Qui réprimera ces excès ? — Le gouvernement. — Peut-il jamais être considéré comme une puissance impartiale ? et les bornes qu'il voudra poser aux recherches de la pensée ne seront-elles pas précisément celles que les esprits ardents voudront franchir ?

Si vous portez une nation vers les amusements et les voluptés, si vous énervez en elle toutes les qualités fortes et courageuses pour la détourner de la pensée, qui vous défendra contre des voisins belliqueux ? Si vous échappez à la conquête, tous les vices néanmoins s'introduiront chez vous, parcequ'il n'existera plus parmi les hommes que le seul intérêt du plaisir, et par conséquent de la fortune. Or, parmi les mobiles d'action, il n'en est point qui avilisse et déprave davantage. Si vous inspirez à tous l'amour de la guerre, peut-être ferez-vous renaître le mépris de la pensée ; mais tous les maux de la féodalité pèseront sur vous. Il y a plus, la passion des armes trompera bientôt votre espoir. Dès que vous donnez à l'ame une impulsion forte, vous ne pouvez arrêter son essor. La valeur guerrière, cette qualité qui produit toujours un enthousiasme nouveau, cette qualité qui réunit tout ce qui peut frapper l'imagination, enivrer l'ame, la valeur guerrière, que vous appelez à l'aide du despotisme, inspire l'amour de la gloire, et l'amour de la gloire devient bientôt le plus terrible ennemi de ce despotisme. Les mots les plus remarquables, les discours les plus éclatants ont été prononcés à la veille des batailles, au milieu de leurs dangers, dans ces circonstances périlleuses qui élèvent l'homme courageux, et développent en lui toutes ses facultés à la fois. Cette éloquence des combats est bientôt imitée dans les luttes civiles. Dès que les sentiments généreux, de quelque nature qu'ils soient, peuvent s'exprimer sans contrainte, l'éloquence, ce talent qu'il semble si facile d'étouffer, puisqu'il est si rare d'y atteindre, renaît, grandit, se développe, et s'empare de tous les sujets importants.

Partout où il a existé quelques institutions sages, soit pour améliorer l'administration, soit pour garantir la liberté civile ou la tolérance religieuse, soit pour exciter le courage et la fierté nationale, les progrès des lumières se sont aussitôt signalés. Ce n'est que par la servitude et l'avilissement le plus absolu qu'on peut les combattre avec succès. Les tremblements de terre de la Calabre, la peste de la Turquie, les glaces éternelles de la Russie et du Kamtschatka, tous les fléaux de la nature enfin, sont les véritables alliés du système qui voudrait arrêter le développement des facultés de l'homme. Il faut invoquer tous les malheurs et tous les vices, pour empêcher les nations de s'éclairer.

Tout ce que l'on dit pour et contre les lumières ressemble aux inconvénients et aux avantages qu'on peut attribuer à la vie. Si l'on pouvait faire goûter à l'homme la sorte de repos dont jouissent les êtres qui n'ont reçu de la nature que l'existence physique, ce serait un bien peut-être, puisque la faculté de souffrir serait diminuée. Mais pour réduire l'homme à cet état, il faut le tourmenter sans cesse; car tendant toujours à y échapper par la force même de la nature, pour arrêter cette tendance il faut le précipiter par la douleur dans l'abrutissement. L'on peut donc dire aux ennemis comme aux partisans des lumières, qu'il est un point sur lequel ils doivent également s'accorder, s'ils sont amis de l'humanité: c'est sur l'impossibilité de contraindre le cours naturel de l'esprit humain, sans accabler les hommes de maux bien plus funestes encore que tous ceux dont on peut accuser les progrès des lumières.

Ces progrès, au contraire, sagement conduits, ne sont jamais qu'une source de biens et de jouissances : si la plupart des hommes ont senti le besoin d'un avenir par-delà cette vie, d'un appel à l'inconnu dans les tourments de l'ame, ne faut-il pas, dans les intérêts mêmes du monde, un principe de décision entre les opinions diverses, qui n'ont aucun rapport direct avec la morale, et sur lesquelles elle ne prononce point? Les vérités philosophiques ont sur l'esprit éclairé qui les admet le même empire que la vertu sur une ame honnête. Ces vérités sont un mobile d'émulation indépendant des circonstances, un but qui console des revers, et ne soumet pas le bonheur au succès. Si la route de la pensée vers le perfectionnement des facultés n'était pas impérieusement tracée, il faudrait donc observer sans cesse l'opinion qui domine chaque jour, se consumer dans le calcul qui peut démontrer l'avantage actuel d'une résolution, se consumer aussi dans le regret, si cette résolution n'a point d'effets immédiatement utiles : quel travail pourrait-on faire alors sur soi-même qui n'avilît et ne dégradât la raison? Qu'est-ce que l'homme, s'il se soumet à suivre les passions des hommes, s'il ne recherche pas la vérité pour elle-même, s'il ne marche pas toujours vers les hauteurs des pensées et des sentiments? Il faut à toutes les carrières un avenir lumineux, vers lequel l'ame s'élance; il faut aux guerriers la gloire, aux penseurs la liberté, aux hommes sensibles un Dieu. Il ne faut point étouffer ces mouvements d'enthousiasme, il ne faut rabaisser aucun genre d'exaltation ; le législateur doit se proposer pour but de réunir ce qui est bien dans une carrière à ce qui est bien encore dans une autre, de contenir la liberté par la vertu, l'ambition par la gloire. Il doit diriger les lumières par le raisonnement, soumettre le raisonnement à l'humanité, et rassembler dans un même foyer tout ce que la nature a de forces utiles, de bons sentiments, de facultés efficaces, pour combiner ensemble tous les pouvoirs de l'ame, au lieu de réduire l'esprit à combattre contre son propre développement, d'enchaîner une passion non par une vertu, mais par une passion contraire, et d'opposer le mal au mal, tandis que le sentiment de la moralité peut tout réunir.

Quel présent du ciel que la moralité ! C'est elle qui sert à connaitre tout ce qu'il y a de bien dans la nature; c'est elle qui peut seule ajouter à tous les biens de la vie la durée et le repos. Ce que l'on admire dans les grands hommes, ce n'est jamais que la vertu sous la forme de la gloire. Plusieurs, il est vrai, ont commis des actes criminels; et la médiocrité, qui confond tout, se persuade que les forfaits d'un homme de génie ont illustré sa destinée. Mais si l'on examine la cause de l'admiration, l'on verra que c'est toujours de la morale qu'elle dérive. Dans cette imperfection, à laquelle la nature humaine est condamnée, des qualités fortes et généreuses font oublier des égarements terribles, pourvu que le caractère de la grandeur reste encore imprimé sur le front du coupable, que vous sentiez les vertus à travers les passions, que votre ame enfin se confie à ces hommes extraordinaires, souvent condamnables, souvent redoutés, mais qui néanmoins, fidèles à quelques nobles idées, n'ont jamais trahi le malheur, ni frémi devant le danger. Oui, tout est moralité dans les sources de l'enthousiasme : le courage militaire, c'est le sacrifice de soi ; l'amour de la gloire, c'est le besoin exalté de l'estime; l'exercice des hautes facultés de l'esprit, c'est le bonheur des hommes qu'il a pour but ; car on ne trouve que dans le bien un espace suffisant pour la pensée. Enfin, qu'on se rappelle les noms illustres que les siècles nous ont transmis, et l'on verra qu'il n'en est aucun dont l'histoire n'enseigne au moins une vertu.

La morale et les lumières, les lumières et la morale, s'entr'aident mutuellement. Plus votre esprit s'élève, plus vous avez honte d'avoir cru qu'il existait quelque sagacité dans ce qui n'était pas la morale, quelque grandeur dans les résolutions qui ne l'avaient pas pour objet, quelque stabilité dans les plans dont elle n'était pas le but. Quand le cercle des relations s'agrandit, la moralité devient du talent, puis du génie, puis le sublime du caractère et de la raison. Sans doute on ne peut se promettre avec certitude de marcher sans faiblesse dans cette noble carrière ; mais ce qu'on peut, ce qu'on doit à l'espèce humaine, c'est de diriger tous ses moyens, c'est d'invoquer tous ceux des autres, pour répéter aux hommes qu'étendue d'esprit et profondeur de morale sont deux qualités inséparables ; et que, loin que la destinée vous condamne à faire un choix entre le génie et la vertu, elle se plaît à renverser successivement, de mille manières, tous les talents qui voguent au hasard sans ce guide assuré.

Il n'est pas vrai non plus que la morale existe d'une manière plus stable parmi les hommes peu éclairés: il suffit de la probité sans des talents supérieurs, pour se diriger dans les circonstances ordinaires de la vie ; mais dans les places éminentes, les lumières véritables sont la meilleure garantie de la morale. On se trompe sans cesse sur l'esprit, dans ses rapports avec les grandes conceptions politiques. Est-ce de l'esprit que l'art de tromper ? est ce de l'esprit que l'art de tourmenter les individus et les nations? est-ce de l'esprit que de gouverner sa fortune selon les intérêts d'une avide personnalité? Que reste-t-il de tous ces efforts?

souvent des revers, et toujours du malheur au-dedans de soi. Mais l'esprit vraiment remarquable, mais une intelligence éclairée, c'est l'homme qui choisit le bien et sait le faire, pour qui la vérité est une puissance de gouvernement, et la générosité un moyen de force. Tels on nous peint les grands hommes de l'antiquité; ils ennoblissaient, ils élevaient la nation qui voulait suivre leurs pas, et leurs contemporains croyaient à la vertu : c'est à ces signes qu'on peut reconnaître un esprit transcendant; et pour former cet esprit, il faut la plus imposante des réunions, les lumières et la morale.

J'ai tâché de rassembler, dans cet ouvrage, tous les motifs qui peuvent faire aimer les progrès des lumières, convaincre de l'action nécessaire de ces progrès, et par conséquent engager les bons esprits à diriger cette force irrésistible, dont la cause existe dans la nature morale, comme dans la nature physique est renfermé le principe du mouvement. L'avouerai-je cependant? à chaque page de ce livre où reparaissait cet amour de la philosophie et de la liberté, que n'ont encore étouffé dans mon cœur ni ses ennemis, ni ses amis, je redoutais sans cesse qu'une injuste et perfide interprétation ne me représentât comme indifférente aux crimes que je déteste, aux malheurs que j'ai secourus de toute la puissance que peut avoir encore l'esprit sans adresse, et l'ame sans déguisement.

D'autres bravent la malveillance, d'autres opposent à ses calomnies, ou la froideur, ou le dédain : pour moi, je ne puis me vanter de ce courage, je ne puis dire à ceux qui m'accuseraient injustement, qu'ils ne troubleraient point ma vie. Non, je ne puis le dire; et soit que j'excite ou que je désarme l'injustice, en avouant sa puissance sur mon bonheur, je n'affecterai point une force d'ame que démentirait chacun de mes jours. Je ne sais quel caractère il a reçu du ciel, celui qui ne desire pas le suffrage des hommes, celui qu'un regard bienveillant ne remplit pas du sentiment le plus doux, et qui n'est pas contristé par la haine, longtemps avant de retrouver la force qu'il faut pour la mépriser.

Néanmoins cette faiblesse de cœur ne doit altérer en rien le jugement que l'on porte sur les idées générales. A quelque peine que l'on puisse s'exposer en l'exprimant, il faut la braver; l'on ne développe utilement que les principes dont on est intimement convaincu. Les opinions que vous voudriez soutenir contre votre persuasion, vous ne pourriez ni les approfondir par l'analyse, ni les animer par l'expression. Plus l'esprit est naturel, plus il est incapable de conserver aucune force, quand l'appui de la conviction lui manque. L'on doit donc s'affranchir, s'il se peut, des craintes douloureuses qui pourraient troubler l'indépendance des méditations, confier sa vie à la morale, son bonheur à ceux qu'on aime, et ses pensées au temps, l'allié fidèle de la conscience et de la vérité.

Quel triste et douloureux appel toutefois pour les ames qui auraient besoin d'obtenir chaque jour l'approbation constante de tous ceux qui les environnent! Ah! qu'on était heureux il y a dix années, lorsque, entrant dans le monde plein de confiance dans ses forces, dans les amis qui s'offraient à vous, dans la vie qui n'avait point encore démenti ses promesses, on ne rencontrait ni des partis injustes, ni des haines envenimées, ni des rivaux, ni des jaloux! l'on n'était alors, aux regards de tous, qu'une espérance; et qui n'accueille pas l'espérance? Mais, dix ans après, la route de l'existence est déjà profondément tracée, les opinions qu'on a montrées ont heurté des intérêts, des passions, des sentiments, et votre ame et votre pensée n'osent plus s'abandonner en présence de tous ces juges irrités : l'imagination peut-elle résister à cette foule de souvenirs pénibles qui vous assiègent à tous les moments? La réflexion les domine; mais, je le crains bien, il n'est plus possible de conserver ce caractère jeune, ce cœur ouvert à l'amitié, cette ame, non encore blessée, qui colorait le style, quelque imparfait qu'il pût être, par des expressions sensibles et confiantes.

Tel qu'il est cependant, je le publie, cet ouvrage : alors qu'on a cessé d'être inconnue, encore vaut-il mieux donner de ce qu'on peut être une idée vraie, que de s'en remettre au perfide hasard des inventions calomnieuses. Mais qu'on voudrait, au prix de la moitié de la vie qui reste à parcourir, ne pas être entrée dans la carrière des lettres, et de la publicité qu'elles entraînent! Les premiers pas qu'on fait dans l'espoir d'atteindre à la réputation sont pleins de charmes, on est satisfaite de s'entendre nommer, d'obtenir un rang dans l'opinion, d'être placée sur une ligne à part; mais si l'on y parvient, quelle solitude, quel effroi n'éprouve-t-on pas! on veut rentrer dans l'association commune, il n'est plus temps. L'on peut aisément perdre le peu d'éclat qu'on avait acquis; mais il n'est plus possible de retrouver l'accueil bienveillant qu'obtiendrait l'être ignoré. Qu'il importe de veiller sur la première impulsion qu'on donne au cours de sa destinée! c'est elle qui peut sans retour éloigner du bonheur. Vainement les goûts se modifient, les inclinations changent ainsi que le caractère; il faut rester la même, puisqu'on vous croit la même; il faut tâcher d'avoir quelques succès nouveaux, puisqu'on vous hait encore pour les succès passés; il faut traîner cette chaîne des souvenirs de vos premières années, des jugements qu'on a portés sur vous, de l'existence enfin telle qu'on vous la suppose, telle qu'on croit que vous la voulez. Vie malheureuse, et trois fois malheureuse! qui éloigne peut-être de vous des êtres que vous auriez aimés, qui se seraient attachés à vous, si de vains bruits n'avaient épouvanté les affections qui se nourrissent du calme et du silence. Il faut néanmoins user la trame de cette vie telle qu'elle est formée, puisque l'imprudence de la jeunesse en a tissu les premiers fils, et chercher dans les liens chéris qui nous restent, et dans les plaisirs de la pensée, quelques secours contre les blessures du cœur.

Je sais combien il est facile de me blâmer de mêler ainsi les affections de mon ame aux idées générales que doit contenir ce livre; mais je ne puis séparer mes idées de mes sentiments : ce sont les affections qui nous excitent à réfléchir, ce sont elles qui peuvent seules donner à l'esprit une pénétration rapide et profonde. Les affections modifient toutes nos opinions sur tous les sujets : l'on aime tels ouvrages, parcequ'ils répondent à des douleurs, à des souvenirs qui disposent de nous-mêmes à notre insu; l'on admire avant tout certains écrits, parceque seuls ils ont ému toutes les puissances morales de notre être. Les esprits froids voudraient qu'on ne leur représentât que les aperçus de la raison, sans y joindre ces mouvements, ces regrets, ces égarements de la rêverie qui n'exciteront jamais leur intérêt; je me résigne à leur critique. En effet, comment pourrais-je l'éviter? comment distinguer son talent de son ame? comment écarter ce qu'on éprouve, et se retracer ce que l'on pense? comment imposer silence aux sentiments qui vivent en nous, et ne perdre cependant aucune des idées que ces sentiments nous ont fait découvrir? Quels seraient les écrits qui pourraient résulter de ces continuels efforts? et ne vaut-il pas mieux se livrer à tous les défauts que peut entraîner l'irrégularité de l'abandon naturel?

CORINNE,

ou

L'ITALIE.

. . . . Udrallo il bel paese,
Ch' Apennin parte, e 'l mar circonda e l'Alpe.
PÉTRARQUE.

LIVRE PREMIER.

OSWALD.

CHAPITRE PREMIER.

Oswald, lord Nelvil, pair d'Écosse, partit d'Édimbourg pour se rendre en Italie, pendant l'hiver de 1794 à 1795. Il avait une figure noble et belle, beaucoup d'esprit, un grand nom, une fortune indépendante; mais sa santé était altérée par un profond sentiment de peine, et les médecins, craignant que sa poitrine ne fût attaquée, lui avaient ordonné l'air du Midi. Il suivit leurs conseils, bien qu'il mît peu d'intérêt à la conservation de ses jours. Il espérait du moins trouver quelque distraction dans la diversité des objets qu'il allait voir. La plus intime de toutes les douleurs, la perte d'un père, était la cause de sa maladie; des circonstances cruelles, des remords inspirés par des scrupules délicats, aigrissaient encore ses regrets, et l'imagination y mêlait ses fantômes. Quand on souffre, on se persuade aisément que l'on est coupable, et les violents chagrins portent le trouble jusque dans la conscience.

A vingt-cinq ans il était découragé de la vie; son esprit jugeait tout d'avance, et sa sensibilité blessée ne goûtait plus les illusions du cœur. Personne ne se montrait plus que lui complaisant et dévoué pour ses amis, quand il pouvait leur rendre service; mais rien ne lui causait un sentiment de plaisir, pas même le bien qu'il faisait: il sacrifiait sans cesse et facilement ses goûts à ceux d'autrui; mais on ne pouvait expliquer par la générosité seule cette abnégation absolue de tout égoïsme, et l'on devait souvent l'attribuer au genre de tristesse qui ne lui permettait plus de s'intéresser à son propre sort. Les indifférents jouissaient de ce caractère, et le trouvaient plein de grace et de charmes ; mais quand on l'aimait, on sentait qu'il s'occupait du bonheur des autres comme un homme qui n'en espérait pas lui-même, et l'on était presque affligé de ce bonheur, qu'il donnait sans qu'on pût le lui rendre.

Il avait cependant un caractère mobile, sensible et passionné ; il réunissait tout ce qui peut entraîner les autres et soi-même : mais le malheur et le repentir l'avaient rendu timide envers la destinée ; il croyait la désarmer en n'exigeant rien d'elle. Il espérait trouver dans le strict attachement à tous ses devoirs, et dans le renoncement aux jouissances vives, une garantie contre les peines qui déchirent l'ame : ce qu'il avait éprouvé lui faisait peur, et rien ne lui paraissait valoir dans ce monde la chance de ces peines ; mais quand on est capable de les ressentir, quel est le genre de vie qui peut en mettre à l'abri ?

Lord Nelvil se flattait de quitter l'Écosse sans regret, puisqu'il y restait sans plaisir ; mais ce n'est pas ainsi qu'est faite la funeste imagination des ames sensibles : il ne se doutait pas des liens qui l'attachaient aux lieux qui lui faisaient le plus de mal, à l'habitation de son père. Il y avait dans cette habitation des chambres, des places dont il ne pouvait approcher sans frémir ; et cependant, quand il se résolut à s'en éloigner, il se sentit plus seul encore. Quelque chose d'aride s'empara de son cœur ; il n'était plus le maître de verser des larmes quand il souffrait ; il ne pouvait plus faire renaître ces petites circonstances locales qui l'attendrissaient profondément ; ses souvenirs n'avaient plus rien de vivant ; ils n'étaient plus en relation avec les objets qui l'environnaient ; il ne pensait pas moins à celui qu'il regrettait, mais il parvenait plus difficilement à se retracer sa présence.

Quelquefois aussi il se reprochait d'abandonner des lieux où son père avait vécu. « Qui sait, se disait-il, si les ombres des morts peuvent suivre partout les objets de leur affection ? Peut-être ne leur est-il permis d'errer qu'autour des lieux où leurs cendres reposent ! peut-être que dans ce moment mon père aussi me regrette ; mais la force lui manque pour me rappeler de si loin ! Hélas ! quand il vivait, un concours d'événements inouïs n'a-t-il pas dû lui persuader que j'avais trahi sa tendresse, que j'étais rebelle à ma patrie, à la volonté paternelle, à tout ce qu'il y a de sacré sur la terre? » Ces souvenirs causaient à lord Nelvil une douleur si insupportable, que non-seulement il n'aurait pu les confier à personne, mais il craignait lui-même de les approfondir. Il est si facile de se faire avec ses propres réflexions un mal irréparable!

Il en coûte davantage pour quitter sa patrie, quand il faut traverser la mer pour s'en éloigner; tout est solennel dans un voyage dont l'Océan marque les premiers pas : il semble qu'un abîme s'entr'ouvre derrière vous, et que le retour pourrait devenir à jamais impossible. D'ailleurs le spectacle de la mer fait toujours une impression profonde; elle est l'image de cet infini qui attire sans cesse la pensée, et dans lequel sans cesse elle va se perdre. Oswald, appuyé sur le gouvernail, et les regards fixés sur les vagues, était calme en apparence, car sa fierté et sa timidité réunies ne lui permettaient presque jamais de montrer, même à ses amis, ce qu'il éprouvait; mais des sentiments pénibles l'agitaient intérieurement. Il se rappelait le temps où le spectacle de la mer animait sa jeunesse, par le désir de fendre les flots à la nage, de mesurer sa force contre elle. « Pourquoi, se disait-il avec un regret amer, pourquoi me livrer sans relâche à la réflexion? Il y a tant de plaisir dans la vie active, dans ces exercices violents qui nous font sentir l'énergie de l'existence! La mort elle-même alors ne semble qu'un événement peut-être glorieux, subit au moins, et que le déclin n'a point précédé. Mais cette mort qui vient sans que le courage l'ait cherchée, cette mort des ténèbres, qui vous enlève dans la nuit ce que vous avez de plus cher, qui méprise vos regrets, repousse votre bras, et vous oppose sans pitié les éternelles lois du temps et de la nature, cette mort inspire une sorte de mépris pour la destinée humaine, pour l'impuissance de la douleur, pour tous les vains efforts qui vont se briser contre la nécessité. »

Tels étaient les sentiments qui tourmentaient Oswald; et ce qui caractérisait le malheur de sa situation, c'était la vivacité de la jeunesse unie aux pensées d'un autre âge. Il s'identifiait avec les idées qui avaient dû occuper son père dans les derniers temps de sa vie, et il portait l'ardeur de vingt-cinq ans dans les réflexions mélancoliques de la vieillesse. Il était lassé de tout, et regrettait cependant le bonheur, comme si les illusions lui étaient restées. Ce contraste, entièrement opposé aux volontés de la nature, qui met de l'ensemble et de la gradation dans le cours naturel des choses, jetait du désordre au fond de l'ame d'Oswald; mais ses manières extérieures avaient toujours beaucoup de douceur et d'harmonie, et sa tristesse, loin de lui donner de l'humeur, lui inspirait encore plus de condescendance et de bonté pour les autres.

Deux ou trois fois, dans le passage de Harwich à Embden, la mer menaça d'être orageuse : lord Nelvil conseillait les matelots, rassurait les passagers; et quand il servait lui-même à la manœuvre, quand il prenait pour un moment la place du pilote, il y avait dans tout ce qu'il faisait une adresse et une force qui ne devaient pas être considérées comme le simple effet de la souplesse et de l'agilité du corps, car l'ame se mêle à tout.

Quand il fallut se séparer, tout l'équipage se pressait autour d'Oswald, pour prendre congé de lui; ils le remerciaient tous de mille petits services qu'il leur avait rendus dans la traversée, et dont il ne se souvenait plus. Une fois c'était un enfant dont il s'était occupé long-temps; plus souvent un vieillard dont il avait soutenu les pas, quand le vent agitait le vaisseau. Une telle absence de personnalité ne s'était peut-être jamais rencontrée; sa journée se passait sans qu'il en prît aucun moment pour lui-même; il l'abandonnait aux autres, par mélancolie et par bienveillance. En le quittant, les matelots lui dirent tous presque en même temps: *Mon cher seigneur, puissiez-vous être plus heureux!* Oswald n'avait pas exprimé cependant une seule fois sa peine, et les hommes d'une autre classe, qui avaient fait le trajet avec lui, ne lui en avaient pas dit un mot. Mais les gens du peuple, à qui leurs supérieurs se confient rarement, s'habituent à découvrir les sentiments autrement que par la parole; ils vous plaignent quand vous souffrez, quoiqu'ils ignorent la cause de vos chagrins, et leur pitié spontanée est sans mélange de blâme ou de conseil.

CHAPITRE II.

Voyager est, quoi qu'on en puisse dire, un des plus tristes plaisirs de la vie. Lorsque vous vous trouvez bien dans quelque ville étrangère, c'est que vous commencez à vous y faire une patrie; mais traverser des pays inconnus, entendre parler un langage que vous comprenez à peine, voir des visages humains sans relation avec votre passé ni avec votre avenir, c'est de la solitude et de l'isolement sans repos et sans dignité; car cet empressement, cette hâte pour arriver là où personne ne vous attend, cette agitation dont la curiosité est la seule cause, vous inspirent peu d'estime pour vous-même, jusqu'au moment où les objets nouveaux deviennent un peu anciens, et créent autour de vous quelques doux liens de sentiment et d'habitude.

Oswald éprouva donc un redoublement de tristesse en traversant l'Allemagne pour se rendre en Italie. Il fallait alors, à cause de la guerre, éviter la France et les environs de la France ; il fallait aussi s'éloigner des armées, qui rendaient les routes impraticables. Cette nécessité de s'occuper des détails matériels du voyage, de prendre chaque jour, et presque à chaque instant, une résolution nouvelle, était tout-à-fait insupportable à lord Nelvil. Sa santé, loin de s'améliorer, l'obligeait souvent à s'arrêter, lorsqu'il eût voulu se hâter d'arriver, ou du moins de partir. Il crachait le sang, et se soignait le moins qu'il était possible; car il se croyait coupable, et s'accusait lui-même avec une trop grande sévérité. Il ne voulait vivre encore que pour défendre son pays. « La patrie, se disait-il, n'a-t-elle pas sur nous quelques droits paternels? Mais il faut pouvoir la servir utilement, il ne faut pas lui offrir l'existence débile que je traîne, allant demander au soleil quelques principes de vie pour lutter contre mes maux. Il n'y a qu'un père qui vous recevrait dans un tel état, et vous aimerait d'autant plus que vous seriez plus délaissé par la nature ou par le sort. »

Lord Nelvil s'était flatté que la variété continuelle des objets extérieurs détournerait un peu son imagination de ses idées habituelles; mais il fut bien loin d'en éprouver d'abord cet heureux effet. Il faut, après un grand malheur, se familiariser de nouveau avec tout ce qui vous entoure ; s'accoutumer aux visages que l'on revoit, à la maison où l'on demeure, aux habitudes journalières qu'on doit reprendre : chacun de ces efforts est une secousse pénible, et rien ne les multiplie comme un voyage.

Le seul plaisir de lord Nelvil était de parcourir les montagnes du Tyrol, sur un cheval écossais qu'il avait emmené avec lui, et qui, comme les chevaux de ce pays, galopait en gravissant les hauteurs; il s'écartait de la grande route, pour passer par les sentiers les plus escarpés. Les paysans étonnés s'écriaient d'abord avec effroi, en le voyant ainsi sur le bord des abîmes; puis ils battaient des mains en admirant son adresse, son agilité, son courage. Oswald aimait assez l'émotion du danger : elle soulève le poids de la douleur, elle réconcilie un moment avec cette vie qu'on a reconquise, et qu'il est si facile de perdre.

CHAPITRE III.

Dans la ville d'Inspruck, avant d'entrer en Italie, Oswald entendit raconter à un négociant, chez lequel il s'était arrêté quelque temps, l'histoire d'un émigré français, appelé le comte d'Erfeuil, qui l'intéressa beaucoup en sa faveur. Cet homme avait supporté la perte entière d'une très grande fortune avec une sérénité parfaite; il avait vécu et fait vivre, par son talent pour la musique, un vieil oncle qu'il avait soigné jusqu'à sa mort; il s'était constamment refusé à recevoir les services d'argent qu'on s'était empressé de lui offrir ; il avait montré la plus brillante valeur, la valeur française, pendant la guerre, et la gaieté la plus inaltérable au milieu des revers : il desirait d'aller à Rome, pour y retrouver un de ses parents dont il devait hériter, et souhaitait un compagnon, ou plutôt un ami, pour faire avec lui le voyage plus agréablement.

Les souvenirs les plus douloureux de lord Nelvil étaient attachés à la France ; néanmoins il était exempt des préjugés qui séparent les deux nations, parcequ'il avait eu pour ami intime un Français, et qu'il avait trouvé dans cet ami la plus admirable réunion de toutes les qualités de l'ame. Il offrit donc au négociant qui lui raconta l'histoire du comte d'Erfeuil, de conduire en Italie ce noble et malheureux jeune homme. Le négociant vint annoncer à lord Nelvil, au bout d'une heure, que sa proposition était acceptée avec reconnaissance. Oswald était heureux de rendre ce service : mais il lui en coûtait beaucoup de renoncer à la solitude, et sa timidité souffrait de se trouver tout-à-coup dans une relation habituelle avec un homme qu'il ne connaissait pas.

Le comte d'Erfeuil vint faire visite à lord Nelvil pour le remercier. Il avait des manières élégantes, une politesse facile et de bon goût, et dès l'abord il se montrait parfaitement à son aise. On s'étonnait, en le voyant, de tout ce qu'il avait souffert, car il supportait son sort avec un courage qui allait jusqu'à l'oubli, et il avait dans sa conversation une légèreté vraiment admirable, quand il parlait de ses propres revers ; mais moins admirable, il faut en convenir, quand elle s'étendait à d'autres sujets.

« Je vous ai beaucoup d'obligation, milord, dit le comte d'Erfeuil, de me retirer de cette Allemagne où je m'ennuyais à périr.
— Vous y êtes cependant, répondit lord Nelvil, généralement aimé et considéré. — J'y ai des amis, reprit le comte d'Erfeuil,

que je regrette sincèrement ; car dans ce pays-ci l'on ne rencontre que les meilleures gens du monde : mais je ne sais pas un mot d'allemand, et vous conviendrez que ce serait un peu long et un peu fatigant pour moi de l'apprendre. Depuis que j'ai eu le malheur de perdre mon oncle, je ne sais que faire de mon temps : quand il fallait m'occuper de lui, cela remplissait ma journée ; à présent les vingt-quatre heures me pèsent beaucoup. — La délicatesse avec laquelle vous vous êtes conduit pour monsieur votre oncle, dit lord Nelvil, inspire pour vous, M. le comte, la plus profonde estime. — Je n'ai fait que mon devoir, reprit le comte d'Erfeuil ; le pauvre homme m'avait comblé de biens pendant mon enfance ; je ne l'aurais jamais quitté, eût-il vécu cent ans ! Mais c'est heureux pour lui d'être mort : ce le serait aussi pour moi, ajouta-t-il en riant, car je n'ai pas grand espoir dans ce monde. J'ai fait de mon mieux à la guerre pour être tué ; mais puisque le sort m'a épargné, il faut vivre aussi bien qu'on le peut. — Je me féliciterai de mon arrivée ici, répondit lord Nelvil, si vous vous trouvez bien à Rome, et si…. — O mon Dieu ! interrompit le comte d'Erfeuil, je me trouverai bien partout ; quand on est jeune et gai, tout s'arrange. Ce ne sont pas les livres ni la méditation qui m'ont acquis la philosophie que j'ai, mais l'habitude du monde et des malheurs ; et vous voyez bien, milord, que j'ai raison de compter sur le hasard, puisqu'il m'a procuré l'occasion de voyager avec vous. » En achevant ces mots, le comte d'Erfeuil salua lord Nelvil de la meilleure grace du monde, convint de l'heure du départ pour le jour suivant, et s'en alla.

Le comte d'Erfeuil et lord Nelvil partirent le lendemain. Oswald, après les premières phrases de politesse, fut plusieurs heures sans dire un mot ; mais voyant que ce silence fatiguait son compagnon, il lui demanda s'il se faisait plaisir d'aller en Italie. « Mon Dieu, répondit le comte d'Erfeuil, je sais ce qu'il faut croire de ce pays-là ; je ne m'attends pas du tout à m'y amuser. Un de mes amis, qui y a passé six mois, m'a dit qu'il n'y avait pas de province de France où il n'y eût un meilleur théâtre et une société plus agréable qu'à Rome ; mais dans cette ancienne capitale du monde je trouverai sûrement quelques Français avec qui causer, et c'est tout ce que je desire. — Vous n'avez pas été tenté d'apprendre l'italien ? interrompit Oswald. — Non, du tout, reprit le comte d'Erfeuil ; cela n'entrait pas dans le plan de mes études. » Et il prit, en disant cela, un air si sérieux, qu'on aurait pu croire que c'était une résolution fondée sur de graves motifs.

« Si vous voulez que je vous le dise, continua le comte d'Erfeuil, je n'aime, en fait de nation, que les Anglais et les Français ; il faut être fiers comme eux, ou brillants comme nous : tout le reste n'est que de l'imitation. » Oswald se tut : le comte d'Erfeuil, quelques moments après, recommença l'entretien par des traits d'esprit et de gaieté fort aimables. Il jouait avec les mots, avec les phrases, d'une façon très ingénieuse ; mais ni les objets extérieurs, ni les sentiments intimes, n'étaient l'objet de ses discours. Sa conversation ne venait, pour ainsi dire, ni du dehors, ni du dedans ; elle passait entre la réflexion et l'imagination, et les seuls rapports de la société en étaient le sujet.

Il nommait vingt noms propres à lord Nelvil, soit en France, soit en Angleterre, pour savoir s'il les connaissait, et racontait à cette occasion des anecdotes piquantes, avec une tournure pleine de grace ; mais on eût dit, à l'entendre, que le seul entretien convenable pour un homme de goût, c'était, si l'on peut s'exprimer ainsi, le commérage de la bonne compagnie.

Lord Nelvil réfléchit quelque temps au caractère du comte d'Erfeuil, à ce mélange singulier de courage et de frivolité, à ce mépris du malheur, si grand s'il avait coûté plus d'efforts, si héroïque s'il ne venait pas de la même source qui rend incapable des affections profondes. « Un Anglais, se disait Oswald, serait accablé de tristesse dans de semblables circonstances. D'où vient la force de ce Français ? d'où vient aussi sa mobilité ? Le comte d'Erfeuil en effet entend-il vraiment l'art de vivre ? Quand je me crois supérieur, ne suis-je que malade ? Son existence légère s'accorde-t-elle mieux que la mienne avec la rapidité de la vie ? et faut-il esquiver la réflexion comme une ennemie, au lieu d'y livrer toute son ame ? » En vain Oswald aurait-il éclairci ces doutes, nul ne peut sortir de la région intellectuelle qui lui a été assignée, et les qualités sont plus indomptables encore que les défauts.

Le comte d'Erfeuil ne faisait aucune attention à l'Italie, et rendait presque impossible à lord Nelvil de s'en occuper ; car il le détournait sans cesse de la disposition qui fait admirer un beau pays, et sentir son charme pittoresque. Oswald prêtait l'oreille autant qu'il le pouvait au bruit du vent, au murmure des vagues ;

car toutes les voix de la nature faisaient plus de bien à son ame que les propos de la société tenus au pied des Alpes, à travers les ruines, et sur les bords de la mer.

La tristesse qui consumait Oswald eût mis moins d'obstacle au plaisir qu'il pouvait goûter par l'Italie, que la gaieté même du comte d'Erfeuil; les regrets d'une ame sensible peuvent s'allier avec la contemplation de la nature et la jouissance des beaux-arts; mais la frivolité, sous quelque forme qu'elle se présente, ôte à l'attention sa force, à la pensée son originalité, au sentiment sa profondeur. Un des effets singuliers de cette frivolité était d'inspirer beaucoup de timidité à lord Nelvil, dans ses relations avec le comte d'Erfeuil : l'embarras est presque toujours pour celui dont le caractère est le plus sérieux. La légèreté spirituelle impose à l'esprit méditatif; et celui qui se dit heureux semble plus sage que celui qui souffre.

Le comte d'Erfeuil était doux, obligeant, facile en tout, sérieux seulement dans l'amour-propre, et digne d'être aimé comme il aimait, c'est-à-dire comme un bon camarade de plaisirs et de périls; mais il ne s'entendait point au partage des peines. Il s'ennuyait de la mélancolie d'Oswald, et, par bon cœur autant que par goût, il aurait souhaité de la dissiper. « Que vous manque-t-il? lui disait-il souvent. N'êtes-vous pas jeune, riche, et, si vous le vouliez, bien portant? car vous n'êtes malade que parceque vous êtes triste. Moi, j'ai perdu ma fortune, mon existence; je ne sais ce que je deviendrai, et cependant je jouis de la vie comme si je possédais toutes les prospérités de la terre. — Vous avez un courage aussi rare qu'honorable, répondit lord Nelvil; mais les revers que vous avez éprouvés font moins de mal que les chagrins du cœur. — Les chagrins du cœur! s'écria le comte d'Erfeuil, oh! c'est vrai, ce sont les plus cruels de tous... Mais... mais... encore faut-il s'en consoler; car un homme sensé doit chasser de son ame tout ce qui ne peut servir ni aux autres ni à lui-même. Ne sommes-nous pas ici-bas pour être utiles d'abord, et puis heureux ensuite? Mon cher Nelvil, tenons-nous-en là. »

Ce que disait le comte d'Erfeuil était raisonnable, dans le sens ordinaire de ce mot; car il avait, à beaucoup d'égards, ce qu'on appelle une bonne tête : ce sont les caractères passionnés, bien plus que les caractères légers, qui sont capables de folie; mais loin que sa façon de sentir excitât la confiance de lord Nelvil, il aurait voulu pouvoir assurer au comte d'Erfeuil qu'il était le plus heureux des hommes, pour éviter le mal que lui faisaient ses consolations.

Cependant le comte d'Erfeuil s'attachait beaucoup à lord Nelvil: sa résignation et sa simplicité, sa modestie et sa fierté, lui inspiraient une considération dont il ne pouvait se défendre. Il s'agitait autour du calme extérieur d'Oswald, il cherchait dans sa tête tout ce qu'il avait entendu dire de plus grave dans son enfance à des parents âgés, afin de l'essayer sur lord Nelvil; et, tout étonné de ne pas vaincre son apparente froideur, il se disait en lui-même : « Mais n'ai-je pas de la bonté, de la franchise, du courage? ne suis-je pas aimable en société? que peut-il donc me manquer pour faire effet sur cet homme? et n'y a-t-il pas entre nous quelque malentendu, qui vient peut-être de ce qu'il ne sait pas assez bien le français? »

CHAPITRE IV.

Une circonstance imprévue accrut beaucoup le sentiment de respect que le comte d'Erfeuil éprouvait déjà, presque à son insu, pour son compagnon de voyage. La santé de lord Nelvil l'avait contraint de s'arrêter quelques jours à Ancône. Les montagnes et la mer rendent la situation de cette ville très belle, et la foule de Grecs qui travaillent sur le devant des boutiques, assis à la manière orientale, la diversité des costumes des habitants du Levant qu'on rencontre dans les rues, lui donnent un aspect original et intéressant. L'art de la civilisation tend sans cesse à rendre tous les hommes semblables en apparence, et presque en réalité; mais l'esprit et l'imagination se plaisent dans les différences qui caractérisent les nations : les hommes ne se ressemblent entre eux que par l'affectation ou le calcul; mais tout ce qui est naturel est varié. C'est donc un petit plaisir, au moins pour les yeux, que la diversité des costumes; elle semble promettre une manière nouvelle de sentir et de juger.

Le culte grec, le culte catholique et le culte juif existent simultanément et paisiblement dans la ville d'Ancône. Les cérémonies de ces religions diffèrent extrêmement entre elles; mais un même sentiment s'élève vers le ciel dans ces rites divers, un même cri de douleur, un même besoin d'appui.

L'église catholique est au haut de la montagne, et domine à pic sur la mer; le bruit des flots se mêle souvent aux chants des prêtres : l'église est surchargée dans l'intérieur d'une foule d'ornements d'assez mauvais goût; mais quand on s'arrête sous le portique du temple, on aime à rapprocher le plus pur des sentiments de l'ame, la religion, avec le spectacle de cette superbe mer, sur laquelle l'homme jamais ne peut imprimer sa trace. La terre est travaillée par lui, les montagnes sont coupées par ses routes, les rivières se resserrent en canaux, pour porter ses marchandises; mais si les vaisseaux sillonnent un moment les ondes, la vague vient effacer aussitôt cette légère marque de servitude, et la mer reparaît telle qu'elle fut au premier jour de la création.

Lord Nelvil avait fixé son départ pour Rome au lendemain, lorsqu'il entendit pendant la nuit des cris affreux dans la ville; il se hâta de sortir de son auberge pour en savoir la cause, et vit un incendie qui partait du port et remontait de maison en maison jusqu'au haut de la ville; les flammes se répétaient au loin dans la mer; le vent, qui augmentait leur vivacité, agitait aussi leur image dans les flots, et les vagues soulevées réfléchissaient de mille manières les traits sanglants d'un feu sombre.

Les habitants d'Ancône n'ayant point chez eux de pompes en bon état, se hâtaient de porter avec leurs bras quelques secours[1]. On entendait, à travers les cris, le bruit des chaînes des galériens, employés à sauver la ville qui leur servait de prison. Les diverses nations du Levant que le commerce attire à Ancône exprimaient leur effroi par la stupeur de leurs regards. Les marchands, à l'aspect de leurs magasins en flamme, perdaient entièrement la présence d'esprit. Les alarmes pour la fortune troublent autant le commun des hommes que la crainte de la mort, et n'inspirent pas cet élan de l'ame, cet enthousiasme qui fait trouver des ressources.

Les cris des matelots ont toujours quelque chose de lugubre et de prolongé, que la terreur rendait encore bien plus effrayant. Les mariniers, sur les bords de la mer Adriatique, sont revêtus d'une capote rouge et brune très singulière, et du milieu de ce vêtement sortait le visage animé des Italiens, qui peignait la crainte sous mille formes. Les habitants, couchés par terre dans les rues, couvraient leurs têtes de leurs manteaux, comme s'il ne leur restait plus rien à faire qu'à ne pas voir leur désastre; d'autres se jetaient dans les flammes, sans la moindre espérance d'y échapper : on voyait tour à tour une fureur et une résignation

---

[1] Ancône est à peu près à cet égard dans le même dénûment qu'alors.

aveugle, mais nulle part le sang-froid qui double les moyens et les forces.

Oswald se souvint qu'il y avait deux bâtiments anglais dans le port, et ces bâtiments ont à bord des pompes parfaitement bien faites : il courut chez le capitaine, et monta avec lui sur le bateau, pour aller chercher ces pompes. Les habitants qui le virent entrer dans la chaloupe lui criaient : « *Ah! vous faites bien, vous autres étrangers, de quitter notre malheureuse ville.* — Nous allons revenir, » dit Oswald. Ils ne le crurent pas. Il revint pourtant, établit l'une de ses pompes en face de la première maison qui brûlait sur le port, et l'autre vis-à-vis de celle qui brûlait au milieu de la rue. Le comte d'Erfeuil exposait sa vie avec insouciance, courage et gaieté; les matelots anglais et les domestiques de lord Nelvil vinrent tous à son aide; car les habitants d'Ancône restaient immobiles, comprenant à peine ce que ces étrangers voulaient faire, et ne croyant pas du tout à leurs succès.

Les cloches sonnaient de toutes parts, les prêtres faisaient des processions, les femmes pleuraient, en se prosternant devant quelques images de saints au coin des rues; mais personne ne pensait aux secours naturels que Dieu a donnés à l'homme pour se défendre. Cependant, quand les habitants aperçurent les heureux effets de l'activité d'Oswald; quand ils virent que les flammes s'éteignaient et que leurs maisons seraient conservées, ils passèrent de l'étonnement à l'enthousiasme; ils se pressaient autour de lord Nelvil, et lui baisaient les mains avec un empressement si vif, qu'il était obligé d'avoir recours à la colère, pour écarter de lui tout ce qui pouvait retarder la succession rapide des ordres et des mouvements nécessaires pour sauver la ville. Tout le monde s'était rangé sous son commandement, parceque dans les plus petites comme dans les plus grandes circonstances, dès qu'il y a du danger, le courage prend sa place; dès que les hommes ont peur, ils cessent d'être jaloux.

Oswald, à travers la rumeur générale, distingua cependant des cris plus horribles que tous les autres, qui se faisaient entendre à l'autre extrémité de la ville. Il demanda d'où venaient ces cris; on lui dit qu'ils partaient du quartier des juifs : l'officier de police avait coutume de fermer les barrières de ce quartier le soir, et l'incendie gagnant de ce côté, les juifs ne pouvaient s'échapper. Oswald frémit à cette idée, et demanda qu'à l'instant le quartier fût ouvert; mais quelques femmes du peuple qui l'entendirent se jetèrent à ses pieds, pour le conjurer de n'en rien faire : *Vous voyez bien,* disaient-elles, *ô notre bon ange! que c'est sûrement à cause des juifs qui sont ici que nous avons souffert cet incendie; ce sont eux qui nous portent malheur, et si vous les mettez en liberté, toute l'eau de la mer n'éteindra pas les flammes;* et elles suppliaient Oswald de laisser brûler les juifs, avec autant d'éloquence et de douceur que si elles avaient demandé un acte de clémence. Ce n'étaient point de méchantes femmes, mais des imaginations superstitieuses, vivement frappées par un grand malheur. Oswald contenait à peine son indignation en entendant ces étranges prières.

Il envoya quatre matelots anglais avec des haches, pour briser les barrières qui retenaient ces malheureux ; et ils se répandirent à l'instant dans la ville, courant à leurs marchandises, au milieu des flammes, avec cette avidité de fortune qui a quelque chose de bien sombre quand elle fait braver la mort. On dirait que l'homme, dans l'état actuel de la société, n'a presque rien à faire du simple don de la vie.

Il ne restait plus qu'une maison au haut de la ville, que les flammes entouraient tellement qu'il était impossible de les éteindre, et plus impossible encore d'y pénétrer. Les habitants d'Ancône avaient montré si peu d'intérêt pour cette maison, que les matelots anglais, ne la croyant point habitée, avaient ramené leurs pompes vers le port. Oswald lui-même, étourdi par les cris de ceux qui l'entouraient et l'appelaient à leur secours, n'y avait pas fait attention. L'incendie s'était communiqué plus tard de ce côté, mais y avait fait de grands progrès. Lord Nelvil demanda si vivement quelle était cette maison, qu'un homme enfin lui répondit que c'était l'hôpital des fous. A cette idée toute son ame fut bouleversée; il se retourna, et ne vit plus aucun de ses matelots autour de lui : le comte d'Erfeuil n'y était pas non plus; et c'était en vain qu'il se serait adressé aux habitants d'Ancône : ils étaient presque tous occupés à sauver ou à faire sauver leurs marchandises, et trouvaient absurde de s'exposer pour des hommes dont il n'y avait pas un qui ne fût fou sans remède : *C'est une bénédiction du ciel,* disaient-ils, *pour eux et pour leurs parents, s'ils meurent ainsi sans que ce soit la faute de personne.*

Pendant que l'on tenait de semblables discours autour d'Oswald, il marchait à grands pas vers l'hôpital, et la foule qui le blâmait le suivait avec un sentiment d'enthousiasme involontaire et confus. Oswald, arrivé près de la maison, vit, à la seule fenêtre qui n'était pas entourée par les flammes, des insensés qui regardaient les progrès de l'incendie, et souriaient de ce rire déchirant qui suppose ou l'ignorance de tous les maux de la vie, ou tant de douleur au fond de l'ame, qu'aucune forme de la mort ne peut plus épouvanter. Un frissonnement inexprimable s'empara d'Oswald à ce spectacle; il avait senti, dans le moment le plus affreux de son désespoir, que sa raison était prête à se troubler; et, depuis cette époque, l'aspect de la folie lui inspirait toujours la pitié la plus douloureuse. Il saisit une échelle qui se trouvait près de là, il l'appuie contre le mur, monte au milieu des flammes, et entre par la fenêtre dans une chambre où les malheureux qui restaient à l'hôpital étaient tous réunis.

Leur folie était assez douce pour que, dans l'intérieur de la maison, tous fussent libres, excepté un seul qui était enchaîné dans cette même chambre où les flammes se faisaient jour à travers la porte, mais n'avaient pas encore consumé le plancher. Oswald, apparaissant au milieu de ces misérables créatures, toutes dégradées par la maladie et la souffrance, produisit sur elles un si grand effet de surprise et d'enchantement, qu'il s'en fit obéir d'abord sans résistance. Il leur ordonna de descendre devant lui, l'un après l'autre, par l'échelle, que les flammes pouvaient dévorer dans un moment. Le premier de ces malheureux obéit sans proférer une parole : l'accent et la physionomie de lord Nelvil l'avaient entièrement subjugué. Un troisième voulut résister, sans se douter du danger que lui faisait courir chaque moment de retard, et sans penser au péril auquel il exposait Oswald en le retenant plus long-temps. Le peuple, qui sentait toute l'horreur de cette situation, criait à lord Nelvil de revenir, de laisser ces insensés s'en retirer comme ils le pourraient; mais le libérateur n'écoutait rien avant d'avoir achevé sa généreuse entreprise.

Sur les six malheureux qui étaient dans l'hôpital, cinq étaient déjà sauvés; il ne restait plus que le sixième, qui était enchaîné. Oswald détache ses fers, et veut lui faire prendre, pour échapper, les mêmes moyens qu'à ses compagnons; mais c'était un pauvre jeune homme privé tout-à-fait de la raison, et, se trouvant en liberté après deux ans de chaîne, il s'élançait dans la chambre avec une joie désordonnée. Cette joie devint de la fureur, lorsque Oswald voulut le faire sortir par la fenêtre. Lord Nelvil, voyant alors que les flammes gagnaient toujours de plus en plus la maison, et qu'il était impossible de décider cet insensé à se sauver lui-même, le saisit dans ses bras, malgré les efforts du malheureux qui luttait contre son bienfaiteur. Il l'emporta sans savoir où il mettait les pieds, tant la fumée obscurcissait sa vue; il sauta les derniers échelons au hasard, et remit l'infortuné, qui l'injuriait encore, à quelques personnes, en leur faisant promettre d'avoir soin de lui.

Oswald, animé par le danger qu'il venait de courir, les cheveux épars, le regard fier et doux, frappa d'admiration et presque de fanatisme la foule qui le considérait; les femmes surtout s'exprimaient avec cette imagination qui est un don presque universel en Italie, et prête souvent de la noblesse aux discours des gens du peuple. Elles se jetaient à genoux devant lui, et s'écriaient : *Vous êtes sûrement saint Michel, le patron de notre ville! Déployez vos ailes, mais ne nous quittez pas : allez là-haut, sur le clocher de la cathédrale, pour que de là toute la ville vous voie et vous prie. — Mon enfant est malade*, disait l'une, *guérissez-le. — Dites-moi*, disait l'autre, *où est mon mari, qui est absent depuis plusieurs années.* Oswald cherchait une manière de s'échapper. Le comte d'Erfeuil arriva, et lui dit, en lui serrant la main : « Cher Nelvil, il faut pourtant partager quelque chose avec ses amis; c'est mal fait de prendre ainsi pour soi seul tous les périls. — Tirez-moi d'ici, » lui dit Oswald à voix basse. Un moment d'obscurité favorisa leur fuite, et tous les deux en hâte allèrent prendre des chevaux à la poste.

Lord Nelvil éprouva d'abord quelque douceur par le sentiment de la bonne action qu'il venait de faire; mais avec qui pouvait-il en jouir, maintenant que son meilleur ami n'existait plus? Malheur aux orphelins! les événements fortunés, aussi bien que les peines, leur font sentir la solitude du cœur. Comment, en effet, remplacer jamais cette affection née avec nous, cette intelligence, cette sympathie du sang, cette amitié préparée par le ciel entre un enfant et son père? On peut encore aimer; mais confier toute son ame est un bonheur qu'on ne retrouvera plus.

CHAPITRE V.

Oswald parcourut la marche d'Ancône et l'état ecclésiastique jusqu'à Rome, sans rien observer, sans s'intéresser à rien; la disposition mélancolique de son ame en était la cause, et puis une certaine indolence naturelle, à laquelle il n'était arraché que par les passions fortes. Son goût pour les arts ne s'était point encore développé ; il n'avait vécu qu'en France, où la société est tout ; et à Londres, où les intérêts politiques absorbent presque tous les autres : son imagination, concentrée dans ses peines, ne se complaisait point encore aux merveilles de la nature, ni aux chefs-d'œuvre des arts.

Le comte d'Erfeuil parcourait chaque ville, le guide des voyageurs à la main ; il avait à la fois le double plaisir de perdre son temps à tout voir, et d'assurer qu'il n'avait rien vu qui pût être admiré, quand on connaissait la France. L'ennui du comte d'Erfeuil décourageait Oswald ; il avait d'ailleurs des préventions contre les Italiens et contre l'Italie ; il ne pénétrait pas encore le mystère de cette nation ni de ce pays, mystère qu'il faut comprendre par l'imagination, plutôt que par cet esprit de jugement qui est particulièrement développé dans l'éducation anglaise.

Les Italiens sont bien plus remarquables par ce qu'ils ont été et par ce qu'ils pourraient être, que par ce qu'ils sont maintenant. Le désert qui environne la ville de Rome, cette terre fatiguée de gloire, qui semble dédaigner de produire, n'est qu'une contrée inculte et négligée, pour qui la considère seulement sous les rapports de l'utilité. Oswald, accoutumé dès son enfance à l'amour de l'ordre et de la prospérité publique, reçut d'abord des impressions défavorables, en traversant les plaines abandonnées qui annoncent l'approche de la ville autrefois reine du monde : il blâma l'indolence des habitants et de leurs chefs. Lord Nelvil jugeait l'Italie en administrateur éclairé, le comte d'Erfeuil en homme du monde : ainsi, l'un par raison, et l'autre par légèreté, n'éprouvaient point l'effet que la campagne de Rome produit sur l'imagination, quand on s'est pénétré des souvenirs et des regrets, des beautés naturelles et des malheurs illustres qui répandent sur ce pays un charme indéfinissable.

Le comte d'Erfeuil faisait de comiques lamentations sur les environs de Rome. « Quoi ! disait-il, point de maison de campagne, point de voiture, rien qui annonce le voisinage d'une grande ville ! Ah ! bon Dieu, quelle tristesse ! » En approchant de Rome, les postillons s'écrièrent avec transport : *Voyez, voyez, c'est la coupole de Saint-Pierre!* Les Napolitains montrent ainsi le Vésuve ; et la mer fait de même l'orgueil des habitants des côtes. « On croirait voir le dôme des Invalides, » s'écria le comte d'Erfeuil. Cette comparaison, plus patriotique que juste, détruisit l'effet qu'Oswald aurait pu recevoir à l'aspect de cette magnifique merveille de la création des hommes. Ils entrèrent dans Rome, non par un beau jour, non par une belle nuit, mais par un soir obscur, par un temps gris, qui ternit et confond tous les objets. Ils traversèrent le Tibre sans le remarquer ; ils arrivèrent à Rome par la porte du Peuple, qui conduit d'abord au Corso, à la plus grande rue de la ville moderne, mais à la partie de Rome qui a le moins d'originalité, puisqu'elle ressemble davantage aux autres villes de l'Europe.

La foule se promenait dans les rues ; des marionnettes et des charlatans formaient des groupes sur la place où s'élève la colonne Antonine. Toute l'attention d'Oswald fut captivée par les objets les plus près de lui. Le nom de Rome ne retentissait point encore dans son ame ; il ne sentait que le profond isolement qui serre le cœur quand vous entrez dans une ville étrangère, quand vous voyez cette multitude de personnes à qui votre existence est inconnue, et qui n'ont aucun intérêt en commun avec vous. Ces réflexions, si tristes pour tous les hommes, le sont encore plus pour les Anglais, qui sont accoutumés à vivre entre eux, et se mêlent difficilement avec les mœurs des autres peuples. Dans le vaste caravansérai de Rome, tout est étranger, même les Romains, qui semblent habiter là, non comme des possesseurs, *mais comme des pèlerins qui se reposent auprès des ruines*[1]. Oswald, oppressé par des sentiments pénibles, alla s'enfermer chez lui, et ne sortit point pour voir la ville. Il était bien loin de penser que ce pays, dans lequel il entrait avec un tel sentiment d'abattement et de tristesse, serait bientôt pour lui la source de tant d'idées et de jouissances nouvelles.

LIVRE II.

CORINNE AU CAPITOLE.

CHAPITRE PREMIER.

Oswald se réveilla dans Rome. Un soleil éclatant, un soleil d'Italie, frappa ses premiers regards, et son ame fut pénétrée d'un

[1] Cette réflexion est puisée dans une épître sur Rome, de M. de Humboldt, frère du célèbre voyageur, et ministre de Prusse à Rome. Il est difficile de rencontrer nulle

sentiment d'amour et de reconnaissance pour le ciel, qui semblait se manifester par ses beaux rayons. Il entendit résonner les cloches des nombreuses églises de la ville : des coups de canon, de distance en distance, annonçaient quelque grande solennité : il demanda quelle en était la cause ; on lui répondit qu'on devait couronner le matin même, au Capitole, la femme la plus célèbre de l'Italie, Corinne, poëte, écrivain, improvisatrice, et l'une des plus belles personnes de Rome. Il fit quelques questions sur cette cérémonie, consacrée par les noms de Pétrarque et du Tasse, et toutes les réponses qu'il reçut excitèrent vivement sa curiosité.

Il n'y avait certainement rien de plus contraire aux habitudes et aux opinions d'un Anglais, que cette grande publicité donnée à la destinée d'une femme ; mais l'enthousiasme qu'inspirent aux Italiens tous les talents de l'imagination gagne, au moins momentanément, les étrangers, et l'on oublie les préjugés mêmes de son pays, au milieu d'une nation si vive dans l'expression des sentiments qu'elle éprouve. Les gens du peuple à Rome connaissent les arts, raisonnent avec goût sur les statues ; les tableaux, les monuments, les antiquités, et le mérite littéraire porté à un certain degré, sont pour eux un intérêt national.

Oswald sortit pour aller sur la place publique ; il y entendit parler de Corinne, de son talent, de son génie. On avait décoré les rues par lesquelles elle devait passer. Le peuple, qui ne se rassemble d'ordinaire que sur les pas de la fortune ou de la puissance, était là presque en rumeur, pour voir une personne dont l'esprit était la seule distinction. Dans l'état actuel des Italiens, la gloire des beaux-arts est l'unique qui leur soit permise ; et ils sentent le génie en ce genre avec une vivacité qui devrait faire naître beaucoup de grands hommes, s'il suffisait de l'applaudissement pour les produire, s'il ne fallait pas une vie forte, de grands intérêts et une existence indépendante, pour alimenter la pensée.

Oswald se promenait dans les rues de Rome, en attendant l'arrivée de Corinne. A chaque instant on la nommait, on racontait un trait nouveau d'elle, qui annonçait la réunion de tous les talents qui captivent l'imagination. L'un disait que sa voix était la plus touchante d'Italie ; l'autre, que personne ne jouait la tragédie comme elle ; l'autre, qu'elle dansait comme une nymphe,

part un homme dont l'entretien et les écrits supposent plus de connaissances et d'idées.

et qu'elle dessinait avec autant de grace que d'invention : tous disaient qu'on n'avait jamais écrit ni improvisé d'aussi beaux vers, et que, dans la conversation habituelle, elle avait tour à tour une grace et une éloquence qui charmaient tous les esprits. On disputait pour savoir quelle ville d'Italie lui avait donné la naissance ; mais les Romains soutenaient vivement qu'il fallait être né à Rome pour parler l'italien avec cette pureté. Son nom de famille était ignoré. Son premier ouvrage avait paru cinq ans auparavant, et portait seulement le nom de Corinne. Personne ne savait où elle avait vécu, ni ce qu'elle avait été avant cette époque ; elle avait maintenant à peu près vingt-six ans. Ce mystère et cette publicité tout à la fois, cette femme dont tout le monde parlait, et dont on ne connaissait pas le véritable nom, parurent à lord Nelvil l'une des merveilles du singulier pays qu'il venait voir. Il aurait jugé très sévèrement une telle femme en Angleterre, mais il n'appliquait à l'Italie aucune des convenances sociales, et le couronnement de Corinne lui inspirait d'avance l'intérêt que ferait naître une aventure de l'Arioste.

Une musique très belle et très éclatante précéda l'arrivée de la marche triomphale. Un événement, quel qu'il soit, annoncé par la musique, cause toujours de l'émotion. Un grand nombre de seigneurs romains et quelques étrangers précédaient le char qui conduisait Corinne. *C'est le cortége de ses admirateurs*, dit un Romain. — *Oui*, répondit l'autre ; *elle reçoit l'encens de tout le monde, mais elle n'accorde à personne une préférence décidée ; elle est riche, indépendante ; l'on croit même, et certainement elle en a bien l'air, que c'est une femme d'une illustre naissance, qui ne veut pas être connue.* — *Quoi qu'il en soit*, reprit un troisième, *c'est une divinité entourée de nuages.* Oswald regarda l'homme qui parlait ainsi, et tout désignait en lui le rang le plus obscur de la société ; mais, dans le Midi, l'on se sert si naturellement des expressions les plus poétiques, qu'on dirait qu'elles se puisent dans l'air et sont inspirées par le soleil.

Enfin les quatre chevaux blancs qui traînaient le char de Corinne se firent place au milieu de la foule. Corinne était assise sur ce char construit à l'antique, et de jeunes filles, vêtues de blanc, marchaient à côté d'elle. Partout où elle passait, l'on jetait en abondance des parfums dans les airs ; chacun se mettait aux fenêtres pour la voir, et ces fenêtres étaient parées en dehors de pots de fleurs et de tapis d'écarlate; tout le monde criait : *Vive Corinne! vive le génie, vive la beauté!* L'émotion était générale, mais lord Nelvil ne la partageait point encore; et bien qu'il se fût déjà dit qu'il fallait mettre à part, pour juger tout cela, la réserve de l'Angleterre et les plaisanteries françaises, il ne se livrait point à cette fête, lorsqu'enfin il aperçut Corinne.

Elle était vêtue comme la sibylle du Dominiquin, un châle des Indes tourné autour de sa tête, et ses cheveux, du plus beau noir, entremêlés avec ce châle; sa robe était blanche; une draperie bleue se rattachait au-dessous de son sein ; et son costume était très pittoresque, sans s'écarter cependant assez des usages reçus pour que l'on pût y trouver de l'affectation. Son attitude sur le char était noble et modeste : on apercevait bien qu'elle était contente d'être admirée ; mais un sentiment de timidité se mêlait à sa joie, et semblait demander grâce pour son triomphe ; l'expression de sa physionomie, de ses yeux, de son sourire, intéressait pour elle, et le premier regard fit de lord Nelvil son ami, avant même qu'une impression plus vive le subjuguât. Ses bras étaient d'une éclatante beauté ; sa taille grande, mais un peu forte, à la manière des statues grecques, caractérisait énergiquement la jeunesse et le bonheur ; son regard avait quelque chose d'inspiré. L'on voyait dans sa manière de saluer, et de remercier pour les applaudissements qu'elle recevait, une sorte de naturel qui relevait l'éclat de la situation extraordinaire dans laquelle elle se trouvait ; elle donnait à la fois l'idée d'une prêtresse d'Apollon, qui s'avançait vers le temple du Soleil, et d'une femme parfaitement simple dans les rapports habituels de la vie ; enfin tous ses mouvements avaient un charme qui excitait l'intérêt et la curiosité, l'étonnement et l'affection.

L'admiration du peuple pour elle allait toujours croissant, plus elle approchait du Capitole, de ce lieu si fécond en souvenirs. Ce beau ciel, ces Romains si enthousiastes, et par-dessus tout Corinne, électrisaient l'imagination d'Oswald : il avait vu souvent dans son pays des hommes d'état portés en triomphe par le peuple, mais c'était pour la première fois qu'il était témoin des honneurs rendus à une femme, à une femme illustrée seulement par les dons du génie : son char de victoire ne coûtait de larmes à personne ; et nul regret, comme nulle crainte, n'empêchait d'admirer les plus beaux dons de la nature, l'imagination, le sentiment et la pensée.

Oswald était tellement absorbé dans ses réflexions, des idées si nouvelles l'occupaient tant, qu'il ne remarqua point les lieux antiques et célèbres à travers lesquels passait le char de Corinne ; c'est au pied de l'escalier qui conduit au Capitole que ce char s'arrêta, et dans ce moment tous les amis de Corinne se précipitèrent pour lui offrir la main. Elle choisit celle du prince Castel-Forte, le grand seigneur romain le plus estimé par son esprit et son caractère ; chacun approuva le choix de Corinne : elle monta cet escalier du Capitole, dont l'imposante majesté semblait accueillir avec bienveillance les pas légers d'une femme. La musique se fit entendre avec un nouvel éclat au moment de l'arrivée de Corinne, le canon retentit, et la sibylle triomphante entra dans le palais préparé pour la recevoir.

Au fond de la salle où elle fut reçue, étaient placés le sénateur qui devait la couronner et les conservateurs du sénat : d'un côté tous les cardinaux et les femmes les plus distinguées du pays ; de l'autre les hommes de lettres de l'Académie de Rome. A l'extrémité opposée, la salle était occupée par une partie de la foule immense qui avait suivi Corinne. La chaise destinée pour elle était sur un gradin inférieur à celui du sénateur. Corinne, avant de s'y placer, devait, selon l'usage, en présence de cette auguste assemblée, mettre un genou en terre sur le premier degré. Elle le fit avec tant de noblesse et de modestie, de douceur et de dignité, que lord Nelvil sentit en ce moment ses yeux mouillés de larmes : il s'étonna lui-même de son attendrissement ; mais au milieu de tout cet éclat, de tous ces succès, il lui semblait que Corinne avait imploré, par ses regards, la protection d'un ami, protection dont jamais une femme, quelque supérieure qu'elle soit, ne peut se passer ; et il pensait en lui-même qu'il serait doux d'être l'appui de celle à qui sa sensibilité seule rendrait cet appui nécessaire.

Dès que Corinne fut assise, les poëtes romains commencèrent à lire les sonnets et les odes qu'ils avaient composés pour elle. Tous l'exaltaient jusqu'aux cieux ; mais ils lui donnaient des louanges qui ne la caractérisaient pas plus qu'une autre femme d'un génie supérieur. C'était une agréable réunion d'images et d'allusions à la mythologie, qu'on aurait pu, depuis Sapho jusqu'à nos jours, adresser de siècle en siècle à toutes les femmes que leurs talents littéraires ont illustrées.

Déjà lord Nelvil souffrait de cette manière de louer Corinne ;

il lui semblait déja qu'en la regardant il aurait fait à l'instant même un portrait d'elle plus juste, plus vrai, plus détaillé, un portrait enfin qui ne pût convenir qu'à Corinne.

CHAPITRE II.

Le prince Castel-Forte prit la parole, et ce qu'il dit sur Corinne attira l'attention de toute l'assemblée. C'était un homme de cinquante ans, qui avait dans ses discours et dans son maintien beaucoup de mesure et de dignité ; son âge, et l'assurance qu'on avait donnée à lord Nelvil qu'il n'était que l'ami de Corinne, lui inspirèrent un intérêt sans mélange pour le portrait qu'il fit d'elle. Oswald, sans ces motifs de sécurité, se serait déja senti capable d'un mouvement confus de jalousie.

Le prince Castel-Forte lut quelques pages en prose, sans prétention, mais singulièrement propres à faire connaître Corinne. Il indiqua d'abord le mérite particulier de ses ouvrages : il dit que ce mérite consistait en partie dans l'étude approfondie qu'elle avait faite des littératures étrangères ; elle savait unir au plus haut degré l'imagination, les tableaux, la vie brillante du Midi, cette connaissance, cette observation du cœur humain qui semble le partage des pays où les objets extérieurs excitent moins l'intérêt.

Il vanta la grace et la gaieté de Corinne, cette gaieté qui ne tenait en rien à la moquerie, mais seulement à la vivacité de l'esprit, à la fraîcheur de l'imagination : il essaya de louer sa sensibilité ; mais on pouvait aisément deviner qu'un regret personnel se mêlait à ce qu'il en disait. Il se plaignit de la difficulté qu'éprouvait une femme supérieure à rencontrer l'objet dont elle s'est fait une image idéale, une image revêtue de tous les dons que le cœur et le génie peuvent souhaiter. Il se complut cependant à peindre la sensibilité passionnée qui inspirait la poésie de Corinne, et l'art qu'elle avait de saisir des rapports touchants entre les beautés de la nature et les impressions les plus intimes de l'ame. Il releva l'originalité des expressions de Corinne, de ces expressions qui naissaient toutes de son caractère et de sa manière de sentir, sans que jamais aucune nuance d'affectation pût altérer un genre de charme non seulement naturel, mais involontaire.

Il parla de son éloquence comme d'une force toute puissante, qui devait d'autant plus entraîner ceux qui l'écoutaient, qu'ils

avaient en eux-mêmes plus d'esprit et de sensibilité véritable.
« Corinne, dit-il, est sans doute la femme la plus célèbre de notre
« pays, et cependant ses amis seuls peuvent la peindre ; car les
« qualités de l'âme, quand elles sont vraies, ont toujours besoin
« d'être devinées ; l'éclat, aussi bien que l'obscurité, peut empê-
« cher de les reconnaître, si quelque sympathie n'aide pas à les
« pénétrer. » Il s'étendit sur son talent d'improviser, qui ne ressemblait en rien à ce qu'on est convenu d'appeler de ce nom en
Italie. « Ce n'est pas seulement, continua-t-il, à la fécondité de
« son esprit qu'il faut l'attribuer, mais à l'émotion profonde
« qu'excitent en elle toutes les pensées généreuses ; elle ne peut
« prononcer un mot qui les rappelle, sans que l'inépuisable source
« des sentiments et des idées, l'enthousiasme, l'anime et l'in-
« spire. » Le prince de Castel-Forte fit sentir aussi le charme d'un
style toujours pur, toujours harmonieux. « La poésie de Corinne,
« ajouta-t-il, est une mélodie intellectuelle, qui seule peut ex-
« primer le charme des impressions les plus fugitives et les plus
« délicates. »

Il vanta l'entretien de Corinne ; on sentait qu'il en avait goûté
les délices. « L'imagination et la simplicité, la justesse et l'exal-
« tation, la force et la douceur se réunissent, disait-il, dans une
« même personne, pour varier à chaque instant tous les plaisirs
« de l'esprit ; on peut lui appliquer ce charmant vers de Pé-
« trarque :

« Il parlar che nell' anima si sente [1] ;

« et je lui crois quelque chose de cette grace tant vantée, de ce
« charme oriental que les anciens attribuaient à Cléopâtre.

« Les lieux que j'ai parcourus avec elle, ajouta le prince Cas-
« tel-Forte, la musique que nous avons entendue ensemble, les
« tableaux qu'elle m'a fait voir, les livres qu'elle m'a fait com-
« prendre, composent l'univers de mon imagination. Il y a dans
« tous ces objets une étincelle de sa vie ; et s'il me fallait exister
« loin d'elle, je voudrais au moins m'en entourer, certain que
« je serais de ne retrouver nulle part cette trace de feu, cette
« trace d'elle enfin qu'elle y a laissée. Oui, continua-t-il (et dans
« ce moment ses yeux tombèrent par hasard sur Oswald), voyez
« Corinne, si vous pouvez passer votre vie avec elle, si cette
« double existence qu'elle vous donnera peut vous être long-temps

[1] Le langage qu'on entend au fond de l'âme.

« assurée; mais ne la voyez pas, si vous êtes condamné à la
« quitter: vous chercheriez en vain, tant que vous vivriez, cette
« ame créatrice qui partageait et multipliait vos sentiments et
« vos pensées, vous ne la retrouveriez jamais. »

Oswald tressaillit à ces paroles; ses yeux se fixèrent sur Corinne, qui les écoutait avec une émotion que l'amour-propre ne faisait pas naître, mais qui tenait à des sentiments plus aimables et plus touchants. Le prince Castel-Forte reprit son discours, qu'un moment d'attendrissement lui avait fait suspendre; il parla du talent de Corinne pour la peinture, pour la musique, pour la déclamation, pour la danse : il dit que dans tous les talents c'était toujours Corinne, ne s'astreignant point à telle manière, à telle règle, mais exprimant dans des langages variés la même puissance d'imagination, le même enchantement des beaux-arts, sous leurs diverses formes.

« Je ne me flatte pas, dit en terminant le prince Castel-Forte,
« d'avoir pu peindre une personne dont il est impossible d'avoir
« l'idée quand on ne l'a pas entendue; mais sa présence est pour
« nous à Rome comme l'un des bienfaits de notre ciel brillant,
« de notre nature inspirée. Corinne est le lien de ses amis entre
« eux; elle est le mouvement, l'intérêt de notre vie; nous comp-
« tons sur sa bonté, nous sommes fiers de son génie; nous disons
« aux étrangers : Regardez-la, c'est l'image de notre belle Ita-
« lie; elle est ce que nous serions sans l'ignorance, l'envie, la
« discorde et l'indolence auxquelles notre sort nous a condam-
« nés. Nous nous plaisons à la contempler comme une admirable
« production de notre climat, de nos beaux-arts, comme un re-
« jeton du passé, comme une prophétie de l'avenir; et quand les
« étrangers insultent à ce pays, d'où sont sorties les lumières qui
« ont éclairé l'Europe; quand ils sont sans pitié pour nos torts,
« qui naissent de nos malheurs, nous leur disons : Regardez
« Corinne. Oui, nous suivrions ses traces, nous serions hommes
« comme elle est femme, si les hommes pouvaient, comme les
« femmes, se créer un monde dans leur propre cœur, et si notre
« génie, nécessairement dépendant des relations sociales et des
« circonstances extérieures, pouvait s'allumer tout entier au seul
« flambeau de la poésie. »

Au moment où le prince Castel-Forte cessa de parler, des applaudissements unanimes se firent entendre; et quoiqu'il y eût dans la fin de son discours un blâme indirect de l'état actuel des

Italiens, tous les grands de l'état l'approuvèrent; tant il est vrai qu'on trouve en Italie cette sorte de libéralité qui ne porte pas à changer les institutions, mais fait pardonner, dans les esprits supérieurs, une opposition tranquille aux préjugés existants.

La réputation du prince Castel-Forte était très grande à Rome. Il parlait avec une sagacité rare; et c'était un don remarquable dans un pays où l'on met encore plus d'esprit dans sa conduite que dans ses discours. Il n'avait pas dans les affaires l'habileté qui distingue souvent les Italiens, mais il se plaisait à penser, et ne craignait pas la fatigue de la méditation. Les heureux habitants du Midi se refusent quelquefois à cette fatigue, et se flattent de tout deviner par l'imagination, comme leur féconde terre donne des fruits sans culture, à l'aide seulement de la faveur du ciel.

CHAPITRE III.

Corinne se leva lorsque le prince Castel-Forte eut cessé de parler; elle le remercia par une inclination de tête si noble et si douce, qu'on y sentait tout à la fois et la modestie et la joie bien naturelle d'avoir été louée selon son cœur. Il était d'usage que le poëte couronné au Capitole improvisât ou récitât une pièce de vers, avant que l'on posât sur sa tête les lauriers qui lui étaient destinés. Corinne se fit apporter sa lyre, instrument de son choix, qui ressemblait beaucoup à la harpe, mais était cependant plus antique par la forme, et plus simple dans les sons. En l'accordant, elle éprouva d'abord un grand sentiment de timidité; et ce fut avec une voix tremblante qu'elle demanda le sujet qui lui était imposé. « *La gloire et le bonheur de l'Italie!* s'écria-t-on autour d'elle, d'une voix unanime. — Eh bien, oui, reprit-elle, déjà saisie, déjà soutenue par son talent, *La gloire et le bonheur de l'Italie!* » Et, se sentant animée par l'amour de son pays, elle se fit entendre dans des vers pleins de charmes, dont la prose ne peut donner qu'une idée bien imparfaite.

IMPROVISATION DE CORINNE AU CAPITOLE.

« Italie, empire du Soleil; Italie, maîtresse du monde; Italie,
« berceau des lettres, je te salue. Combien de fois la race humaine
« te fut soumise, tributaire de tes armes, de tes beaux-arts et de
« ton ciel!

« Un dieu quitta l'Olympe pour se réfugier en Ausonie; l'as-

« pect de ce pays fît rêver les vertus de l'âge d'or, et l'homme y
« parut trop heureux pour l'y supposer coupable.

« Rome conquit l'univers par son génie, et fut reine par la li-
« berté. Le caractère romain s'imprima sur le monde; et l'inva-
« sion des barbares, en détruisant l'Italie, obscurcit l'univers
« entier.

« L'Italie reparut, avec les divins trésors que les Grecs fugitifs
« rapportèrent dans son sein; le ciel lui révéla ses lois; l'audace
« de ses enfants découvrit un nouvel hémisphère; elle fut reine
« encore par le sceptre de la pensée, mais ce sceptre de lauriers
« ne fit que des ingrats.

« L'imagination lui rendit l'univers qu'elle avait perdu. Les
« peintres, les poëtes enfantèrent pour elle une terre, un Olympe,
« des enfers et des cieux; et le feu qui l'anime, mieux gardé par
« son génie que par le dieu des païens, ne trouva point dans l'Eu-
« rope un Prométhée qui le ravit.

« Pourquoi suis-je au Capitole? pourquoi mon humble front
« va-t-il recevoir la couronne que Pétrarque a portée, et qui reste
« suspendue au cyprès funèbre du Tasse? pourquoi.... si vous
« n'aimiez assez la gloire, ô mes concitoyens, pour récompenser
« son culte autant que ses succès?

« Eh bien, si vous l'aimez cette gloire, qui choisit trop souvent
« ses victimes parmi les vainqueurs qu'elle a couronnés, pensez
« avec orgueil à ces siècles qui virent la renaissance des arts. Le
« Dante, l'Homère des temps modernes, poëte sacré de nos mys-
« tères religieux, héros de la pensée, plongea son génie dans le
« Styx, pour aborder à l'enfer; et son ame fut profonde comme
« les abîmes qu'il a décrits.

« L'Italie, au temps de sa puissance, revit tout entière dans
« le Dante. Animé par l'esprit des républiques, guerrier aussi
« bien que poëte, il souffle la flamme des actions parmi les morts,
« et ses ombres ont une vie plus forte que les vivants d'aujour-
« d'hui.

« Les souvenirs de la terre les poursuivent encore; leurs pas-
« sions sans but s'acharnent à leur cœur; elles s'agitent sur le
« passé, qui leur semble encore moins irrévocable que leur éternel
« avenir.

« On dirait que le Dante, banni de son pays, a transporté dans
« les régions imaginaires les peines qui le dévoraient. Ses ombres
« demandent sans cesse des nouvelles de l'existence, comme le
« poëte lui-même s'informe de sa patrie ; et l'enfer s'offre à lui
« sous les couleurs de l'exil.

« Tout à ses yeux se revêt du costume de Florence. Les morts
« antiques qu'il évoque semblent renaître aussi Toscans que lui ;
« ce ne sont point les bornes de son esprit, c'est la force de son
« ame qui fait entrer l'univers dans le cercle de sa pensée.

« Un enchaînement mystique de cercles et de sphères le conduit
« de l'enfer au purgatoire, du purgatoire au paradis ; historien
« fidèle de sa vision, il inonde de clarté les régions les plus obs-
« cures, et le monde qu'il crée dans son triple poëme est complet,
« animé, brillant comme une planète nouvelle, aperçue dans le
« firmament.

« A sa voix, tout sur la terre se change en poésie ; les objets,
« les idées, les lois, les phénomènes, semblent un nouvel Olympe
« de nouvelles divinités ; mais cette mythologie de l'imagination
« s'anéantit, comme le paganisme, à l'aspect du paradis, de cet
« océan de lumières, étincelant de rayons et d'étoiles, de vertus
« et d'amour.

« Les magiques paroles de notre plus grand poëte sont le prisme
« de l'univers ; toutes ses merveilles s'y réfléchissent, s'y divi-
« sent, s'y recomposent ; les sons imitent les couleurs, les cou-
« leurs se fondent en harmonie ; la rime, sonore ou bizarre, ra-
« pide ou prolongée, est inspirée par cette divination poétique,
« beauté suprême de l'art, triomphe du génie, qui découvre dans
« la nature tous les secrets en relation avec le cœur de l'homme.

« Le Dante espérait de son poëme la fin de son exil, il comp-
« tait sur la renommée pour médiateur ; mais il mourut trop tôt
« pour recueillir les palmes de la patrie. Souvent la vie passagère
« de l'homme s'use dans les revers ; et si la gloire triomphe, si l'on
« aborde enfin sur une plage plus heureuse, la tombe s'ouvre der-
« rière le port, et le destin à mille formes annonce souvent la fin
« de la vie par le retour du bonheur.

« Ainsi le Tasse infortuné, que vos hommages, Romains, de-
« vaient consoler de tant d'injustices, beau, sensible, chevale-

« resque, rêvant les exploits, éprouvant l'amour qu'il chantait,
« s'approcha de ces murs, comme ses héros de Jérusalem, avec
« respect et reconnaissance. Mais la veille du jour choisi pour le
« couronner, la mort l'a réclamé pour sa terrible fête. Le ciel est
« jaloux de la terre, et rappelle ses favoris des rives trompeuses
« du temps.

« Dans un siècle plus fier et plus libre que celui du Tasse, Pé-
« trarque fut aussi, comme le Dante, le poëte valeureux de l'in-
« dépendance italienne. Ailleurs on ne connaît de lui que ses
« amours; ici des souvenirs plus sévères honorent à jamais son
« nom, et la patrie l'inspira mieux que Laure elle-même.

« Il ranima l'antiquité par ses veilles, et, loin que son imagi-
« nation mît obstacle aux études les plus profondes, cette puis-
« sance créatrice, en lui soumettant l'avenir, lui révéla les secrets
« des siècles passés. Il éprouva que connaître sert beaucoup pour
« inventer, et son génie fut d'autant plus original, que, sembla-
« ble aux forces éternelles, il sut être présent à tous les temps.

« Notre air serein, notre climat riant ont inspiré l'Arioste.
« C'est l'arc-en-ciel qui parut après nos longues guerres : brillant
« et varié comme ce messager du beau temps, il semble se jouer
« familièrement avec la vie, et sa gaieté légère et douce est le
« sourire de la nature, et non pas l'ironie de l'homme.

« Michel-Ange, Raphaël, Pergolèse, Galilée, et vous, intrépi-
« des voyageurs, avides de nouvelles contrées, bien que la nature
« ne pût vous offrir rien de plus beau que la vôtre, joignez aussi
« votre gloire à celle des poëtes! Artistes, savants, philosophes,
« vous êtes comme eux enfants de ce soleil qui tour à tour déve-
« loppe l'imagination, anime la pensée, excite le courage, en-
« dort dans le bonheur, et semble tout promettre ou tout faire
« oublier.

« Connaissez-vous cette terre où les orangers fleurissent, que
« les rayons des cieux fécondent avec amour? Avez-vous entendu
« les sons mélodieux qui célèbrent la douceur des nuits? avez-
« vous respiré ces parfums, luxe de l'air déjà si pur et si doux?
« Répondez, étrangers, la nature est-elle chez vous belle et bien-
« faisante?

« Ailleurs, quand des calamités sociales affligent un pays, les

« peuples doivent s'y croire abandonnés par la Divinité ; mais ici
« nous sentons toujours la protection du ciel, nous voyons qu'il
« s'intéresse à l'homme, et qu'il a daigné le traiter comme une
« noble créature.

« Ce n'est pas seulement de pampres et d'épis que notre na-
« ture est parée ; mais elle prodigue sous les pas de l'homme,
« comme à la fête d'un souverain, une abondance de fleurs et de
« plantes inutiles qui, destinées à plaire, ne s'abaissent point à
« servir.

« Les plaisirs délicats, soignés par la nature, sont goûtés par
« une nation digne de les sentir ; les mets les plus simples lui
« suffisent ; elle ne s'enivre point aux fontaines de vin que l'a-
« bondance lui prépare : elle aime son soleil, ses beaux-arts, ses
« monuments, sa contrée tout à la fois antique et printanière ; les
« plaisirs raffinés d'une société brillante, les plaisirs grossiers
« d'un peuple avide, ne sont pas faits pour elle.

« Ici, les sensations se confondent avec les idées, la vie se puise
« tout entière à la même source, et l'ame, comme l'air, occupe
« les confins de la terre et du ciel. Ici, le génie se sent à l'aise,
« parceque la rêverie y est douce ; s'il agite, elle calme ; s'il re-
« grette un but, elle lui fait don de mille chimères ; si les hom-
« mes l'oppriment, la nature est là pour l'accueillir.

« Ainsi toujours elle répare, et sa main secourable guérit toutes
« les blessures. Ici, l'on se console des peines mêmes du cœur,
« en admirant un Dieu de bonté, en pénétrant le secret de son
« amour : les revers passagers de notre vie éphémère se perdent
« dans le sein fécond et majestueux de l'immortel univers. »

Corinne fut interrompue pendant quelques moments par les applaudissements les plus impétueux. Le seul Oswald ne se mêla
point aux transports bruyants qui l'entouraient. Il avait penché
sa tête sur sa main, lorsque Corinne avait dit : *Ici, l'on se console des peines mêmes du cœur ;* et depuis lors il ne l'avait point
relevée. Corinne le remarqua, et bientôt, à ses traits, à la couleur de ses cheveux, à son costume, à sa taille élevée, à toutes
ses manières enfin, elle le reconnut pour un Anglais. Le deuil
qu'il portait, et sa physionomie pleine de tristesse, la frappèrent.
Son regard, alors attaché sur elle, semblait lui faire doucement
des reproches ; elle devina les pensées qui l'occupaient, et se sen-

tit le besoin de le satisfaire, en parlant du bonheur avec moins d'assurance, en consacrant à la mort quelques vers au milieu d'une fête. Elle reprit donc sa lyre dans ce dessein, fit rentrer dans le silence toute l'assemblée par les sons touchants et prolongés qu'elle tira de son instrument, et recommença ainsi :

« Il est des peines cependant que notre ciel consolateur ne
« saurait effacer; mais dans quel séjour les regrets peuvent-ils
« porter à l'ame une impression plus douce et plus noble que
« dans ces lieux ?

« Ailleurs, les vivants trouvent à peine assez de place pour
« leurs rapides courses et leurs ardents desirs ; ici, les ruines,
« les déserts, les palais inhabités, laissent aux ombres un vaste
« espace. Rome maintenant n'est-elle pas la patrie des tombeaux?

« Le Colisée, les obélisques, toutes les merveilles qui, du
« fond de l'Égypte et de la Grèce, de l'extrémité des siècles,
« depuis Romulus jusqu'à Léon X, se sont réunies ici, comme si
« la grandeur attirait la grandeur, et qu'un même lieu dût ren-
« fermer tout ce que l'homme a pu mettre à l'abri du temps;
« toutes ces merveilles sont consacrées aux monuments funèbres.
« Notre indolente vie est à peine aperçue; le silence des vivants
« est un hommage pour les morts ; ils durent, et nous passons

« Eux seuls sont honorés, eux seuls sont encore célèbres; nos
« destinées obscures relèvent l'éclat de nos ancêtres ; notre exis-
« tence actuelle ne laisse debout que le passé; il ne se fait aucun
« bruit autour des souvenirs. Tous nos chefs-d'œuvre sont l'ou-
« vrage de ceux qui ne sont plus, et le génie lui-même est compté
« parmi les illustres morts.

« Peut-être un des charmes secrets de Rome est-il de récon-
« cilier l'imagination avec le long sommeil. On s'y résigne pour
« soi, l'on en souffre moins pour ce qu'on aime. Les peuples du
« Midi se représentent la fin de la vie sous des couleurs moins
« sombres que les habitants du Nord. Le soleil, comme la gloire,
« réchauffe même la tombe.

« Le froid et l'isolement du sépulcre sous ce beau ciel, à côté de
« tant d'urnes funéraires, poursuivent moins les esprits effrayés.
« On se croit attendu par la foule des ombres ; et, de notre ville
« solitaire à la ville souterraine, la transition semble assez douce.

« Ainsi la pointe de la douleur est émoussée, non que le cœur
« soit blasé, non que l'ame soit aride; mais une harmonie plus
« parfaite, un air plus odoriférant, se mêlent à l'existence. On
« s'abandonne à la nature avec moins de crainte, à cette nature
« dont le Créateur a dit : Les lis ne travaillent ni ne filent, et
« cependant quels vêtements des rois pourraient égaler la ma-
« gnificence dont j'ai revêtu ces fleurs? »

Oswald fut tellement ravi par ces dernières strophes, qu'il exprima son admiration par les témoignages les plus vifs; et cette fois les transports des Italiens eux-mêmes n'égalèrent pas les siens. En effet, c'était à lui, plus qu'aux Romains, que la seconde improvisation de Corinne était destinée.

La plupart des Italiens ont, en lisant les vers, une sorte de chant monotone appelé *cantilene*, qui détruit toute émotion [1]. C'est en vain que les paroles sont diverses, l'impression reste la même, puisque l'accent, qui est encore plus intime que les paroles, ne change presque point. Mais Corinne récitait avec une variété de tons qui ne détruisait pas le charme soutenu de l'harmonie; c'était comme des airs différents joués tous par un instrument céleste.

Le son de voix touchant et sensible de Corinne, en faisant entendre cette langue italienne, si pompeuse et si sonore, produisit sur Oswald une impression tout-à-fait nouvelle. La prosodie anglaise est uniforme et voilée; ses beautés naturelles sont toutes mélancoliques; les nuages ont formé ses couleurs, et le bruit des vagues sa modulation; mais quand ces paroles italiennes, brillantes comme un jour de fête, retentissantes comme les instruments de victoire que l'on a comparés à l'écarlate, parmi les couleurs; quand ces paroles, encore tout empreintes des joies qu'un beau climat répand dans tous les cœurs, sont prononcées par une voix émue, leur éclat adouci, leur force concentrée, fait éprouver un attendrissement aussi vif qu'imprévu. L'intention de la nature semble trompée, ses bienfaits inutiles, ses offres repoussées, et l'expression de la peine, au milieu de tant de jouissances, étonne, et touche plus profondément que la douleur chantée dans les langues du Nord, qui semblent inspirées par elle.

[1] Il faut excepter de ce blâme, sur la manière de déclamer des Italiens, d'abord le célèbre Monti, qui dit les vers comme il les fait. C'est véritablement un des plus grands plaisirs dramatiques que l'on puisse éprouver, que de l'entendre réciter l'épisode d'Ugolin, de Francesca da Rimini, la mort de Clorinde, etc.

CHAPITRE IV.

Le sénateur prit la couronne de myrte et de laurier qu'il devait placer sur la tête de Corinne. Elle détacha le châle qui entourait son front, et tous ses cheveux, d'un noir d'ébène, tombèrent en boucles sur ses épaules. Elle s'avança la tête nue, le regard animé par un sentiment de plaisir et de reconnaissance qu'elle ne cherchait point à dissimuler. Elle se remit une seconde fois à genoux, pour recevoir la couronne, mais elle paraissait moins troublée et moins tremblante que la première fois; elle venait de parler, elle venait de remplir son ame des plus nobles pensées; l'enthousiasme l'emportait sur la timidité. Ce n'était plus une femme craintive, mais une prêtresse inspirée; qui se consacrait avec joie au culte du génie.

Quand la couronne fut placée sur la tête de Corinne, tous les instruments se firent entendre, et jouèrent ces airs triomphants qui exaltent l'ame d'une manière si puissante et si sublime. Le bruit des timbales et des fanfares émut de nouveau Corinne; ses yeux se remplirent de larmes, elle s'assit un moment, et couvrit son visage de son mouchoir. Oswald, vivement touché, sortit de la foule, et fit quelques pas pour lui parler; mais un invincible embarras le retint. Corinne le regarda quelque temps, en prenant garde néanmoins qu'il ne remarquât qu'elle faisait attention à lui; mais lorsque le prince Castel-Forte vint prendre sa main, pour l'accompagner du Capitole à son char, elle se laissa conduire avec distraction, elle retourna la tête plusieurs fois, sous divers prétextes, pour voir Oswald.

Il la suivit; et, dans le moment où elle descendait l'escalier, accompagnée de son cortége, elle fit un mouvement en arrière pour l'apercevoir encore : ce mouvement fit tomber sa couronne. Oswald se hâta de la relever, et lui dit en la lui rendant quelques mots en italien, qui signifiaient que les humbles mortels mettaient aux pieds des dieux la couronne qu'ils n'osaient placer sur leurs têtes [1]. Corinne remercia lord Nelvil en anglais, avec ce pur accent national, ce pur accent insulaire qui presque jamais ne peut être imité sur le continent. Quel fut l'étonnement d'Oswald en l'entendant! Il resta d'abord immobile à sa place, et, se sen-

---

[1] Il paraît que lord Nelvil faisait allusion à ce beau distique de Properce :
Ut caput in magnis ubi non est tangere signis,
Ponitur hic imos ante corona pedes.

tant troublé, il s'appuya sur un des lions de basalte qui sont au pied de l'escalier du Capitole. Corinne le considéra de nouveau, vivement frappée de son émotion; mais on l'entraîna vers son char, et toute la foule disparut, long-temps avant qu'Oswald eût retrouvé sa force et sa présence d'esprit.

Corinne jusqu'alors l'avait enchanté comme la plus charmante des étrangères, comme l'une des merveilles du pays qu'il voulait parcourir; mais cet accent anglais lui rappelait tous les souvenirs de sa patrie, cet accent naturalisait pour lui tous les charmes de Corinne. Était-elle Anglaise? avait-elle passé plusieurs années de sa vie en Angleterre? Il ne pouvait le deviner; mais il était impossible que l'étude seule apprît à parler ainsi; il fallait que Corinne et lord Nelvil eussent vécu dans le même pays. Qui sait si leurs familles n'étaient pas en relation ensemble? Peut-être même l'avait-il vue dans son enfance! On a souvent dans le cœur je ne sais quelle image innée de ce qu'on aime, qui pourrait persuader qu'on reconnaît l'objet que l'on voit pour la première fois.

Oswald avait beaucoup de préventions contre les Italiennes; il les croyait passionnées, mais mobiles, mais incapables d'éprouver des affections profondes et durables. Déjà ce que Corinne avait dit au Capitole lui avait inspiré tout une autre idée: que serait-ce donc, s'il pouvait à la fois retrouver les souvenirs de sa patrie, et recevoir par l'imagination une vie nouvelle, renaître pour l'avenir, sans rompre avec le passé?

Au milieu de ses rêveries, Oswald se trouva sur le pont Saint-Ange, qui conduit au château du même nom, ou plutôt au tombeau d'Adrien, dont on a fait une forteresse. Le silence du lieu, les pâles ondes du Tibre, les rayons de la lune qui éclairaient les statues placées sur le pont, et faisaient des statues comme des ombres blanches, regardant fixement couler les flots et les temps qui ne les concernent plus; tous ces objets le ramenèrent à ses idées habituelles. Il mit la main sur sa poitrine, et sentit le portrait de son père qu'il y portait toujours; il l'en détacha pour le considérer, et le moment de bonheur qu'il venait d'éprouver, et la cause de ce bonheur, ne lui rappelèrent que trop le sentiment qui l'avait rendu jadis si coupable envers son père. Cette réflexion renouvela ses remords.

« Éternel souvenir de ma vie! s'écria-t-il; ami trop offensé, et pourtant si généreux! aurais-je pu croire que l'émotion du plaisir pût trouver si tôt accès dans mon ame? Ce n'est pas toi, le meilleur et le plus indulgent des hommes, ce n'est pas toi qui me le reproches; tu veux que je sois heureux, tu le veux encore, malgré mes fautes; mais puissé-je du moins ne pas méconnaître ta voix, si tu me parles du haut du ciel, comme je l'ai méconnue sur la terre! »

LIVRE III.

CORINNE.

CHAPITRE PREMIER.

Le comte d'Erfeuil avait assisté à la fête du Capitole; il vint le lendemain chez lord Nelvil, et lui dit : « Mon cher Oswald, voulez-vous que je vous mène ce soir chez Corinne? Comment, interrompit Oswald, est-ce que vous la connaissez ? — Non, répondit le comte d'Erfeuil; mais une personne aussi célèbre est toujours flattée qu'on desire de la voir; et je lui ai écrit ce matin pour lui demander la permission d'aller chez elle ce soir avec vous. — J'aurais souhaité, répondit Oswald en rougissant, que vous ne m'eussiez pas ainsi nommé sans mon consentement. — Sachez-moi gré, reprit le comte d'Erfeuil, de vous avoir épargné quelques formalités ennuyeuses : au lieu d'aller chez un ambassadeur, qui vous aurait mené chez un cardinal, qui vous aurait conduit chez une femme, qui vous aurait introduit chez Corinne, je vous présente, vous me présentez, et nous serons très bien reçus tous les deux.

«— J'ai moins de confiance que vous, et sans doute avec raison, reprit lord Nelvil; je crains que cette demande précipitée n'ait pu déplaire à Corinne. — Pas du tout, je vous assure, dit le comte d'Erfeuil; elle a trop d'esprit pour cela, et sa réponse est très polie. — Comment! elle vous a répondu? reprit lord Nelvil; et que vous a-t-elle donc dit, mon cher comte ? — Ah! mon cher comte! dit en riant M. d'Erfeuil; vous vous adoucissez donc depuis que vous savez que Corinne m'a répondu; mais enfin *je vous aime, et tout est pardonné.* Je vous avouerai donc modestement que dans mon billet j'avais parlé de moi plus que de vous, et que dans sa réponse il me semble qu'elle vous nomme le premier; mais je ne suis jamais jaloux de mes amis. — Assurément, répondit lord Nelvil, je ne pense pas que ni vous ni moi nous puissions nous flatter de plaire à Corinne ; et quant à moi, tout ce que je desire, c'est de jouir quelquefois de la société d'une personne aussi étonnante. A ce soir donc, puisque vous l'avez arrangé ainsi. — Vous viendrez avec moi ? dit le comte d'Erfeuil. — Eh bien, oui, répondit lord Nelvil avec un embarras très visible. — Pourquoi donc, continua le comte d'Erfeuil, pourquoi s'être tant plaint de ce que j'ai fait? vous finissez comme j'ai commencé ; mais il fallait bien vous laisser l'honneur d'être plus réservé que moi, pourvu toutefois que vous n'y perdissiez rien. C'est vraiment une charmante personne que Corinne, elle a de l'esprit et de la grace ; je n'ai pas bien compris ce qu'elle disait, parcequ'elle parlait italien ; mais, à la voir, je gagerais qu'elle sait très bien le français : nous en jugerons ce soir. Elle mène une vie singulière ; elle est riche, jeune, libre, sans qu'on puisse savoir avec certitude si elle a des amants ou non. Il paraît certain néanmoins qu'à présent elle ne préfère personne ; au reste, ajouta-t-il, il se peut qu'elle n'ait pas rencontré dans ce pays un homme digne d'elle : cela ne m'étonnerait pas. »

Le comte d'Erfeuil continua quelque temps encore à discourir ainsi, sans que lord Nelvil l'interrompît. Il ne disait rien qui fût précisément inconvenable, mais il froissait toujours les sentiments délicats d'Oswald, en parlant trop fort ou trop légèrement sur ce qui l'intéressait. Il y a des ménagements que l'esprit même et l'usage du monde n'apprennent pas ; et, sans manquer à la plus parfaite politesse, on blesse souvent le cœur.

Lord Nelvil fut très agité tout le jour, en pensant à la visite du soir ; mais il écarta, tant qu'il le put, les réflexions qui le troublaient, et tâcha de se persuader qu'il pouvait y avoir du plaisir dans un sentiment, sans que ce sentiment décidât du sort de la vie. Fausse sécurité ! car l'ame ne reçoit aucun plaisir de ce qu'elle reconnaît elle-même pour passager.

Lord Nelvil et le comte d'Erfeuil arrivèrent chez Corinne ; sa maison était placée dans le quartier des Transtévérins, un peu au-delà du château Saint-Ange. La vue du Tibre embellissait cette maison, ornée dans l'intérieur avec l'élégance la plus parfaite. Le salon était décoré des copies, en plâtre, des meilleures statues de l'Italie, la Niobé, le Laocoon, la Vénus de Médicis, le Gladiateur mourant ; et, dans le cabinet où se tenait Corinne, l'on voyait des instruments de musique, des livres, un ameublement simple, mais commode, et seulement arrangé pour rendre la conversation facile et le cercle resserré. Corinne n'était point encore dans son cabinet, lorsque Oswald arriva ; en l'attendant, il se promenait avec anxiété dans son appartement ; il y remarquait, dans chaque détail, un mélange heureux de tout ce qu'il y a de plus agréable dans les trois nations, française, anglaise et italienne : le goût de la société, l'amour des lettres, et le sentiment des beaux-arts.

Corinne enfin parut ; elle était vêtue sans aucune recherche, mais toujours pittoresquement. Elle avait dans ses cheveux des camées antiques, et portait à son cou un collier de corail. Sa politesse était noble et facile ; en la voyant ainsi familièrement au milieu du cercle de ses amis, on retrouvait en elle la divinité du Capitole, bien qu'elle fût parfaitement simple et naturelle en tout. Elle salua d'abord le comte d'Erfeuil, en regardant Oswald ; et puis, comme si elle se fût repentie de cette espèce de fausseté, elle s'avança vers Oswald ; et l'on put remarquer qu'en l'appelant lord Nelvil, ce nom semblait produire un effet singulier sur elle, et deux fois elle le répéta d'une voix émue, comme s'il lui eût retracé de touchants souvenirs.

Enfin elle dit en italien à lord Nelvil quelques mots pleins de grâce, sur l'obligeance qu'il lui avait témoignée la veille en relevant sa couronne. Oswald lui répondit en cherchant à lui exprimer l'admiration qu'elle lui avait inspirée, et se plaignit, avec douceur, de ce qu'elle ne lui parlait pas en anglais. « Vous suis-je, ajouta-t-il, plus étranger qu'hier? — Non, assurément, lui répondit Corinne ; mais quand on a comme moi parlé plusieurs années de sa vie deux ou trois langues différentes, l'une ou l'autre est inspirée par les sentiments que l'on doit exprimer. — Sûrement, dit Oswald, l'anglais est votre langue habituelle, celle que vous parlez à vos amis, celle... — Je suis Italienne, interrompit Corinne ; pardonnez-moi, milord, mais il me semble que je retrouve en vous cet orgueil national qui caractérise souvent vos compatriotes. Dans ce pays, nous sommes plus modestes ; nous ne sommes ni contents de nous comme des Français, ni fiers de nous comme des Anglais. Un peu d'indulgence nous suffit de la part des étrangers ; et comme il nous est refusé depuis long-temps d'être une nation, nous avons le grand tort de manquer souvent, comme individus, de la dignité qui ne nous est pas permise comme peuple : mais quand vous connaîtrez les Italiens, vous verrez qu'ils ont dans leur caractère quelques traces de la grandeur antique ; quelques traces rares, effacées, mais qui pourraient reparaître dans des temps plus heureux. Je vous parlerai anglais quelquefois, mais pas toujours ; l'italien m'est cher : j'ai beaucoup souffert, dit-elle en soupirant, pour vivre en Italie. »

Le comte d'Erfeuil fit des reproches aimables à Corinne, de ce qu'elle l'oubliait tout-à-fait en s'exprimant dans des langues qu'il n'entendait pas. « Belle Corinne, lui dit-il, de grace, parlez français ; vous en êtes vraiment digne. » Corinne sourit à ce compliment, et se mit à parler français très purement, très facilement, mais avec l'accent anglais. Lord Nelvil et le comte d'Erfeuil s'en étonnèrent également ; mais le comte d'Erfeuil, qui croyait qu'on pouvait tout dire, pourvu que ce fût avec grace, et qui s'imaginait que l'impolitesse consistait dans la forme et non dans le fond, demanda directement à Corinne raison de cette singularité. Elle fut d'abord un peu troublée de cette interrogation subite ; puis, reprenant ses esprits, elle dit au comte d'Erfeuil : « Apparemment, monsieur, que j'ai appris le français d'un Anglais. » Il renouvela ses questions en riant, mais avec instance. Corinne s'embarrassa toujours davantage, et lui dit enfin : « Depuis quatre ans, monsieur, que je suis fixée à Rome, aucun de mes amis, aucun de ceux qui, j'en suis sûre, s'intéressent beaucoup à moi, ne m'ont interrogée sur ma destinée ; ils ont compris d'abord qu'il m'était pénible d'en parler. » Ces paroles mirent un terme aux questions du comte d'Erfeuil ; mais Corinne eut peur de l'avoir blessé ; et comme il avait l'air d'être très lié avec lord Nelvil, elle craignit encore plus, sans vouloir s'en rendre raison, qu'il ne parlât d'elle désavantageusement à son ami, et elle se remit à prendre assez de soin pour lui plaire.

Le prince Castel-Forte arriva dans ce moment avec plusieurs Romains de ses amis et de ceux de Corinne. C'étaient des hommes d'un esprit aimable et gai, très bienveillants dans leurs formes, et si facilement animés par la conversation des autres, qu'on trouvait un vif plaisir à leur parler, tant ils sentaient vivement ce qui méritait d'être senti. L'indolence des Italiens les porte à ne point montrer en société, ni souvent d'aucune manière, tout l'esprit qu'ils ont. La plupart d'entre eux ne cultivent pas même dans la retraite les facultés intellectuelles que la nature leur a données, mais ils jouissent avec transport de ce qui leur vient sans peine.

Corinne avait beaucoup de gaieté dans l'esprit. Elle apercevait le ridicule avec la sagacité d'une Française, et le peignait avec l'imagination d'une Italienne; mais elle mêlait à tout un sentiment de bonté : on ne voyait jamais rien en elle de calculé ni d'hostile; car, en toute chose, c'est la froideur qui offense, et l'imagination, au contraire, a presque toujours de la bonhomie.

Oswald trouvait Corinne pleine de grace, et d'une grace qui lui était toute nouvelle. Une grande et terrible circonstance de sa vie était attachée au souvenir d'une femme française très aimable et très spirituelle; mais Corinne ne lui ressemblait en rien : sa conversation était un mélange de tous les genres d'esprit; l'enthousiasme des beaux-arts et la connaissance du monde, la finesse des idées et la profondeur des sentiments; enfin tous les charmes de la vivacité et de la rapidité s'y faisaient remarquer, sans que pour cela ses pensées fussent jamais incomplètes, ni ses réflexions légères. Oswald était tout à la fois surpris et charmé, inquiet et entraîné; il ne comprenait pas comment une seule personne pouvait réunir tout ce que possédait Corinne; il se demandait si le lien de tant de qualités presque opposées était l'inconséquence ou la supériorité; si c'était à force de tout sentir, ou parcequ'elle oubliait tout successivement, qu'elle passait ainsi, presque dans un même instant, de la mélancolie à la gaieté, de la profondeur à la grace, de la conversation la plus étonnante, et par les connaissances et par les idées, à la coquetterie d'une femme qui cherche à plaire et veut captiver; mais il y avait dans cette coquetterie une noblesse si parfaite, qu'elle imposait autant de respect que la réserve la plus sévère.

Le prince Castel-Forte était très occupé de Corinne, et tous les Italiens qui composaient sa société lui montraient un sentiment qui s'exprimait par les soins et les hommages les plus délicats et les plus assidus : le culte habituel dont ils l'entouraient répandait comme un air de fête sur tous les jours de sa vie. Corinne était heureuse d'être aimée ; mais heureuse comme on l'est de vivre dans un climat doux, d'entendre des sons harmonieux, de ne recevoir enfin que des expressions agréables. Le sentiment profond et sérieux de l'amour ne se peignait point sur son visage, où tout était exprimé par la physionomie la plus vive et la plus mobile. Oswald la regardait en silence; sa présence animait Corinne, et lui inspirait le desir d'être aimable. Cependant elle s'arrêtait quelquefois dans les moments où sa conversation était la plus brillante, étonnée du calme extérieur d'Oswald, ne sachant pas s'il l'approuvait ou s'il la blâmait secrètement, et si ses idées anglaises lui permettaient d'applaudir à de tels succès dans une femme.

Oswald était trop captivé par les charmes de Corinne, pour se rappeler alors ses anciennes opinions sur l'obscurité qui convenait aux femmes ; mais il se demandait si l'on pouvait être aimé d'elle, s'il était possible de concentrer en soi seul tant de rayons ; enfin, il était à la fois ébloui et troublé : et, bien qu'à son départ elle l'eût invité très poliment à revenir la voir, il laissa passer tout un jour sans aller chez elle, éprouvant une sorte de terreur du sentiment qui l'entraînait.

Quelquefois il comparait ce sentiment nouveau avec l'erreur fatale des premiers moments de sa jeunesse, et repoussait vivement ensuite cette comparaison ; car c'était l'art, et un art perfide, qui l'avait subjugué, tandis qu'on ne pouvait douter de la vérité de Corinne. Son charme tenait-il de la magie ou de l'inspiration poétique ? était-ce Armide, ou Sapho ? pouvait-on espérer de captiver jamais un génie doué de si brillantes ailes ? Il était impossible de le décider ; mais au moins on sentait que ce n'était pas la société, que c'était plutôt le ciel même qui avait formé cet être extraordinaire, et que son esprit était aussi incapable d'imiter, que son caractère de feindre. « O mon père, disait Oswald, si vous aviez connu Corinne, qu'auriez-vous pensé d'elle ? »

CHAPITRE II.

Le comte d'Erfeuil vint, selon sa coutume, le matin, chez lord Nelvil ; et, en lui reprochant de n'avoir pas été la veille chez Corinne, il lui dit : « Vous auriez été bien heureux si vous y étiez venu. — Et pourquoi ? reprit Oswald. — Parceque j'ai acquis hier la certitude que vous l'intéressez vivement. — Encore de la légèreté, interrompit lord Nelvil ; ne savez-vous donc pas que je ne puis ni ne veux en avoir ? — Vous appelez légèreté, dit le comte d'Erfeuil, la promptitude de mes observations. Ai-je moins de raison, parceque j'ai raison plus vite ? Vous étiez tous faits pour vivre dans cet heureux temps des patriarches, où l'homme avait cinq siècles de vie : on nous en a retranché au moins quatre, je vous en avertis. — Soit, répondit Oswald ; et ces observations si rapides, que vous ont-elles fait découvrir ? — Que Corinne vous aime. Hier je suis arrivé chez elle : sans doute elle m'a très bien reçu ; mais ses yeux étaient attachés sur la porte, pour regarder si vous me suiviez. Elle a essayé un moment de parler d'autre chose; mais comme c'est une personne très vive et très naturelle, elle m'a enfin demandé tout simplement pourquoi vous n'étiez pas venu avec moi. Je vous ai blâmé; vous ne m'en voudrez pas : j'ai dit que vous étiez une créature sombre et bizarre; mais je vous épargne d'ailleurs tous les éloges que j'ai faits de vous.

« Il est triste! m'a dit Corinne; il a perdu sans doute une personne qui lui était chère. De qui porte-t-il le deuil? — De son père, madame, lui ai-je dit, quoiqu'il y ait plus d'un an qu'il l'a perdu; et comme la loi de la nature nous oblige tous à survivre à nos parents, j'imagine que quelque autre motif secret est la cause de sa longue et profonde mélancolie. — Oh ! reprit Corinne, je suis bien loin de penser que des douleurs en apparence semblables soient les mêmes pour tous les hommes. Le père de votre ami et votre ami lui-même ne sont peut-être pas dans la règle commune, et je suis bien tentée de le croire. » Sa voix était très douce, mon cher Oswald, en prononçant ces derniers mots. — Est-ce là, reprit Oswald, toutes les preuves d'intérêt que vous m'annoncez? — En vérité, reprit le comte d'Erfeuil, c'est bien assez, selon moi, pour être sûr d'être aimé; mais puisque vous voulez mieux, vous aurez mieux; j'ai réservé le plus fort pour la fin. Le prince Castel-Forte est arrivé, et il a raconté toute votre histoire d'Ancône, sans savoir que c'était vous dont il parlait : il l'a racontée avec beaucoup de feu et d'imagination, autant que j'en puis juger, grâce aux deux leçons d'italien que j'ai prises; mais il y a tant de mots français dans les langues étrangères, que nous les comprenons presque toutes, même sans les savoir. D'ailleurs, la physionomie de Corinne m'aurait expliqué ce que je n'entendais pas. On y lisait si visiblement l'agitation de son cœur! elle ne respirait pas, de peur de perdre un seul mot; quand elle demanda si l'on savait le nom de cet Anglais, son anxiété était telle, qu'il était bien facile de juger combien elle craignait qu'un autre nom que le vôtre ne fût prononcé.

« Le prince Castel-Forte dit qu'il ignorait quel était cet Anglais; et Corinne, se retournant avec vivacité vers moi, s'écria : « N'est-il pas vrai, monsieur, que c'est lord Nelvil? — Oui, madame, lui répondis-je, c'est lui; » et Corinne alors fondit en larmes. Elle n'avait pas pleuré pendant l'histoire : qu'y avait-il donc dans le nom du héros de plus attendrissant que le récit même? — Elle a pleuré ! s'écria lord Nelvil ; ah ! que n'étais-je là ? » Puis, s'arrêtant tout-à-coup, il baissa les yeux, et son visage mâle exprima la timidité la plus délicate ; il se hâta de reprendre la parole, de peur que le comte d'Erfeuil ne troublât sa joie secrète en la remarquant. « Si l'aventure d'Ancône mérite d'être racontée, dit Oswald, c'est à vous aussi, mon cher comte, que l'honneur en appartient. — On a bien parlé, répondit le comte d'Erfeuil en riant, d'un Français très aimable qui était là, milord, avec vous ; mais personne que moi n'a fait attention à cette parenthèse du récit. La belle Corinne vous préfère, elle vous croit sans doute le plus fidèle de nous deux ; vous ne le serez peut-être pas davantage, peut-être même lui ferez-vous plus de chagrin que je ne lui en aurais fait ; mais les femmes aiment la peine, pourvu qu'elle soit bien romanesque : ainsi vous lui convenez. » Lord Nelvil souffrait à chaque mot du comte d'Erfeuil ; mais que lui dire ? Il ne disputait jamais, il n'écoutait jamais assez attentivement pour changer d'avis : ses paroles une fois lancées, il ne s'y intéressait plus ; et le mieux était encore de les oublier, si on le pouvait, aussi vite que lui-même.

CHAPITRE III.

Oswald arriva le soir chez Corinne avec un sentiment tout nouveau ; il pensa qu'il était peut-être attendu. Quel enchantement que cette première lueur d'intelligence avec ce qu'on aime ! Avant que le souvenir entre en partage avec l'espérance, avant que les paroles aient exprimé les sentiments, avant que l'éloquence ait su peindre ce que l'on éprouve, il y a dans ces premiers instants je ne sais quel vague, je ne sais quel mystère d'imagination, plus passager que le bonheur même, mais plus céleste encore que lui.

Oswald, en entrant dans la chambre de Corinne, se sentit plus timide que jamais. Il vit qu'elle était seule, et il en éprouva presque de la peine ; il aurait voulu l'observer long-temps au milieu du monde ; il aurait souhaité d'être assuré, de quelque manière, de sa préférence, avant de se trouver tout-à-coup engagé dans un entretien qui pouvait refroidir Corinne à son égard, si, comme il était certain, il se montrait embarrassé, et froid par embarras.

Soit que Corinne s'aperçût de cette disposition d'Oswald, ou qu'une disposition semblable produisît en elle le désir d'animer la conversation pour faire cesser la gêne, elle se hâta de demander à lord Nelvil s'il avait vu quelques uns des monuments de Rome. « Non, répondit Oswald. — Qu'avez-vous donc fait hier? reprit Corinne en souriant. — J'ai passé la journée chez moi, dit Oswald : depuis que je suis à Rome, je n'ai vu que vous, madame, ou je suis resté seul. » Corinne voulut lui parler de sa conduite à Ancône; elle commença par ces mots : « Hier, j'ai appris...; » puis elle s'arrêta et dit : « Je vous parlerai de cela quand il viendra du monde. » Lord Nelvil avait une dignité dans les manières qui intimidait Corinne; et d'ailleurs elle craignait, en lui rappelant sa noble conduite, de montrer trop d'émotion; il lui semblait qu'elle en aurait moins quand ils ne seraient plus seuls. Oswald fut profondément touché de la réserve de Corinne, et de la franchise avec laquelle elle trahissait, sans y penser, les motifs de cette réserve; mais plus il était troublé, moins il pouvait exprimer ce qu'il éprouvait.

Il se leva donc tout-à-coup, et s'avança vers la fenêtre; puis il sentit que Corinne ne pourrait expliquer ce mouvement; et, plus déconcerté que jamais, il revint à sa place sans rien dire. Corinne avait en conversation plus d'assurance qu'Oswald; néanmoins l'embarras qu'il témoignait était partagé par elle; et dans sa distraction, cherchant une contenance, elle posa ses doigts sur la harpe qui était placée à côté d'elle, et fit quelques accords sans suite et sans dessein. Ces sons harmonieux, en accroissant l'émotion d'Oswald, semblaient lui inspirer un peu plus de hardiesse. Déjà il avait osé regarder Corinne : eh! qui pouvait la regarder sans être frappé de l'inspiration divine qui se peignait dans ses yeux? Et rassuré, au même instant, par l'expression de bonté qui voilait l'éclat de ses regards, peut-être Oswald allait-il parler, lorsque le prince Castel-Forte entra.

Il ne vit pas sans peine lord Nelvil tête à tête avec Corinne; mais il avait l'habitude de dissimuler ses impressions; cette habitude, qui se trouve souvent réunie, chez les Italiens, avec une grande véhémence de sentiments, était plutôt en lui le résultat de l'indolence et de la douceur naturelle. Il était résigné à n'être pas le premier objet des affections de Corinne; il n'était plus jeune; il avait beaucoup d'esprit, un grand goût pour les arts, une imagination aussi animée qu'il le fallait pour diversifier la vie sans l'agiter, et un tel besoin de passer toutes ses soirées avec Corinne, que, si elle se fût mariée, il aurait conjuré son époux de le laisser venir tous les jours chez elle, comme de coutume; et, à cette condition, il n'eût pas été très malheureux de la voir liée à un autre. Les chagrins du cœur, en Italie, ne sont point compliqués par les peines de la vanité ; de manière que l'on y rencontre, ou des hommes assez passionnés pour poignarder leur rival par jalousie, ou des hommes assez modestes pour prendre volontiers le second rang auprès d'une femme dont l'entretien leur est agréable ; mais l'on n'en trouverait guère qui, par la crainte de passer pour dédaignés, se refusassent à conserver une relation quelconque qui leur plairait : l'empire de la société sur l'amour-propre est presque nul dans ce pays.

Le comte d'Erfeuil et la société qui se rassemblait tous les soirs chez Corinne étant réunis, la conversation se dirigea sur le talent d'improviser que Corinne avait si glorieusement montré au Capitole, et l'on en vint à lui demander à elle-même ce qu'elle en pensait. « C'est une chose si rare, dit le prince Castel-Forte, de trouver une personne à la fois susceptible d'enthousiasme et d'analyse, douée comme un artiste, et capable de s'observer elle-même, qu'il faut la conjurer de nous révéler, autant qu'elle le pourra, les secrets de son génie. — Ce talent d'improviser, reprit Corinne, n'est pas plus extraordinaire dans les langues du Midi, que l'éloquence de la tribune, ou la vivacité brillante de la conversation, dans les autres langues. Je dirai même que malheureusement il est chez nous plus facile de faire des vers à l'improviste, que de bien parler en prose. Le langage de la poésie diffère tellement de celui de la prose, que, dès les premiers vers, l'attention est commandée par les expressions mêmes, qui placent, pour ainsi dire, le poëte à distance des auditeurs. Ce n'est pas uniquement à la douceur de l'italien, mais bien plutôt à la vibration forte et prononcée de ses syllabes sonores, qu'il faut attribuer l'empire de la poésie parmi nous. L'italien a un charme musical qui fait trouver du plaisir dans le son des mots, presque indépendamment des idées ; ces mots, d'ailleurs, ont presque tous quelque chose de pittoresque, ils peignent ce qu'ils expriment. Vous sentez que c'est au milieu des arts et sous un beau ciel que s'est formé ce langage mélodieux et coloré. Il est donc plus aisé en Italie, que partout ailleurs, de séduire avec des paroles, sans profondeur dans les pensées, et sans nouveauté dans les images. La poésie, comme tous les beaux-arts, captive autant les sensations que l'intelligence. J'ose dire cependant que je n'ai jamais improvisé sans qu'une émotion vraie, ou une idée que je croyais nouvelle, m'ait animée; j'espère donc que je me suis un peu moins fiée que les autres à notre langue enchanteresse. Elle peut, pour ainsi dire, préluder au hasard, et donner encore un vif plaisir, seulement par le charme du rhythme et de l'harmonie.

« — Vous croyez donc, interrompit un des amis de Corinne, que le talent d'improviser fait du tort à notre littérature? je le croyais aussi avant de vous avoir entendue; mais vous m'avez fait entièrement revenir de cette opinion. — J'ai dit, reprit Corinne, qu'il résultait de cette facilité, de cette abondance littéraire, une très grande quantité de poésies communes; mais je suis bien aise que cette fécondité existe en Italie, comme il me plaît de voir nos campagnes couvertes de mille productions superflues. Cette libéralité de la nature m'enorgueillit. J'aime surtout l'improvisation dans les gens du peuple; elle nous fait voir leur imagination, qui est cachée partout ailleurs, et ne se développe que parmi nous. Elle donne quelque chose de poétique aux derniers rangs de la société, et nous épargne le dégoût qu'on ne peut s'empêcher de sentir pour ce qui est vulgaire en tout genre. Quand nos Siciliens, en conduisant les voyageurs dans leurs barques, leur adressent dans leur gracieux dialecte d'aimables félicitations, et leur disent en vers un doux et long adieu, on dirait que le souffle pur du ciel et de la mer agit sur l'imagination des hommes comme le vent sur les harpes éoliennes, et que la poésie, comme les accords, est l'écho de la nature. Une chose me fait encore attacher du prix à notre talent d'improviser, c'est que ce talent serait presque impossible dans une société disposée à la moquerie : il faut, passez-moi cette expression, il faut la bonhomie du Midi, ou plutôt des pays où l'on aime à s'amuser sans trouver du plaisir à critiquer ce qui amuse, pour que les poëtes se risquent à cette périlleuse entreprise. Un sourire railleur suffirait pour ôter la présence d'esprit nécessaire à une composition subite et non interrompue; il faut que les auditeurs s'animent avec vous, et que leurs applaudissements vous inspirent.

« — Mais vous, madame, mais vous, dit enfin Oswald, qui jusqu'alors avait gardé le silence sans avoir un moment cessé de regarder Corinne, à laquelle de vos poésies donnez-vous la préférence? est-ce à celles qui sont l'ouvrage de la réflexion, ou de l'inspiration instantanée? — Milord, répondit Corinne avec un regard qui exprimait et beaucoup d'intérêt, et le sentiment plus délicat encore d'une considération respectueuse, ce serait vou que j'en ferais juge : mais si vous me demandez d'examiner moi-même ce que je pense à cet égard, je dirai que l'improvisation est pour moi comme une conversation animée. Je ne me laisse point astreindre à tel ou tel sujet ; je m'abandonne à l'impression que produit sur moi l'intérêt de ceux qui m'écoutent, et c'est à mes amis que je dois surtout en ce genre la plus grande partie de mon talent. Quelquefois l'intérêt passionné que m'inspire un entretien où l'on a parlé des grandes et nobles questions qui concernent l'existence morale de l'homme, sa destinée, son but, ses devoirs, ses affections ; quelquefois cet intérêt m'élève au-dessus de mes forces, me fait découvrir dans la nature, dans mon propre cœur, des vérités audacieuses, des expressions pleines de vie, que la réflexion solitaire n'aurait pas fait naître. Je crois éprouver alors un enthousiasme surnaturel, et je sens bien que ce qui parle en moi vaut mieux que moi-même ; souvent il m'arrive de quitter le rhythme de la poésie, et d'exprimer ma pensée en prose ; quelquefois je cite les plus beaux vers des diverses langues qui me sont connues. Ils sont à moi, ces vers divins dont mon ame s'est pénétrée. Quelquefois aussi j'achève sur ma lyre, par des accords, par des airs simples et nationaux, les sentiments et les pensées qui échappent à mes paroles. Enfin je me sens poëte, non pas seulement quand un heureux choix de rimes ou de syllabes harmonieuses, quand une heureuse réunion d'images éblouit les auditeurs, mais quand mon ame s'élève, quand elle dédaigne de plus haut l'égoïsme et la bassesse, enfin quand une belle action me serait plus facile : c'est alors que mes vers sont meilleurs. Je suis poëte lorsque j'admire, lorsque je méprise, lorsque je hais, non par des sentiments personnels, non pour ma propre cause, mais pour la dignité de l'espèce humaine et la gloire du monde. »

Corinne s'aperçut alors que la conversation l'avait entraînée ; elle en rougit un peu, et se tournant vers lord Nelvil, elle lui dit : Vous le voyez, je ne puis approcher d'aucun des sujets qui me touchent, sans éprouver cette sorte d'ébranlement qui est la source de la beauté idéale dans les arts, de la religion dans les ames solitaires, de la générosité dans les héros, du désintéressement parmi les hommes : pardonnez-le-moi, milord, bien qu'une telle femme ne ressemble guère à celles que l'on approuve dans votre pays. — Qui pourrait vous ressembler ? reprit lord Nelvil ; et peut-on faire des lois pour une personne unique ? »

Le comte d'Erfeuil était dans un véritable enchantement, bien qu'il n'eût pas entendu tout ce que disait Corinne; mais ses gestes, le son de sa voix, sa manière de prononcer, le charmaient, et c'était la première fois qu'une grace qui n'était pas française avait agi sur lui. Mais, à la vérité, le grand succès de Corinne à Rome le mettait un peu sur la voie de ce qu'il devait penser d'elle, et il ne perdait pas, en l'admirant, la bonne habitude de se laisser guider par l'opinion des autres.

Il sortit avec lord Nelvil, et lui dit en s'en allant : « Convenez, mon cher Oswald, que j'ai pourtant quelque mérite en ne faisant pas ma cour à une aussi charmante personne. — Mais, répondit lord Nelvil, il me semble qu'on dit généralement qu'il n'est pas facile de lui plaire. — On le dit, reprit le comte d'Erfeuil, mais j'ai de la peine à le croire. Une femme seule, indépendante, et qui mène à peu près la vie d'un artiste, ne doit pas être difficile à captiver. » Lord Nelvil fut blessé de cette réflexion. Le comte d'Erfeuil, soit qu'il ne s'en aperçût pas, soit qu'il voulût suivre le cours de ses propres idées, continua ainsi :

« Ce n'est pas cependant, dit-il, que si je voulais croire à la vertu d'une femme, je ne crusse aussi volontiers à celle de Corinne qu'à toute autre. Elle a certainement mille fois plus d'expression dans le regard, de vivacité dans les démonstrations, qu'il n'en faudrait chez vous, et même chez nous, pour faire douter de la sévérité d'une femme; mais c'est une personne d'un esprit si supérieur, d'une instruction si profonde, d'un tact si fin, que les règles ordinaires pour juger les femmes ne peuvent s'appliquer à elle. Enfin, croiriez-vous que je la trouve imposante, malgré son naturel et le *laisser-aller* de sa conversation? J'ai voulu hier, tout en respectant son intérêt pour vous, dire quelques mots au hasard pour mon compte : c'était de ces mots qui deviennent ce qu'ils peuvent; si on les écoute, à la bonne heure; si on ne les écoute pas, à la bonne heure encore; et Corinne m'a regardé froidement, d'une manière qui m'a tout-à-fait troublé. C'est pourtant singulier d'être timide avec une Italienne, un artiste, un poëte, enfin tout ce qui doit mettre à l'aise. — Son nom est inconnu, reprit lord Nelvil; mais ses manières doivent la faire croire illustre. — Ah! c'est dans les romans, dit le comte d'Erfeuil, qu'il est d'usage de cacher le plus beau; mais dans le monde réel on dit tout ce qui nous fait honneur, et même un peu plus que tout. — Oui, interrompit Oswald, dans quelques sociétés, où l'on ne songe qu'à l'effet que l'on produit les uns sur les autres; mais là où l'existence est intérieure, il peut y avoir des mystères dans les circonstances, comme il y a des secrets dans les sentiments; et celui-là seulement qui voudrait épouser Corinne pourrait savoir....... — Épouser Corinne! interrompit le comte d'Erfeuil en riant aux éclats; oh! cette idée-là ne me serait jamais venue. Croyez-moi, mon cher Nelvil, si vous voulez faire des sottises, faites-en qui soient réparables; mais pour le mariage, il ne faut jamais consulter que les convenances. Je vous parais frivole; eh bien, néanmoins je parie que dans la conduite de la vie je serai plus raisonnable que vous. — Je le crois aussi, » répondit lord Nelvil; et il n'ajouta pas un mot de plus.

En effet, pouvait-il dire au comte d'Erfeuil qu'il y a souvent beaucoup d'égoïsme dans la frivolité, et que cet égoïsme ne peut jamais conduire aux fautes de sentiment, à ces fautes dans lesquelles on se sacrifie presque toujours aux autres? Les hommes frivoles sont très capables de devenir habiles dans la direction de leurs propres intérêts; car, dans tout ce qui s'appelle la science politique de la vie privée, comme de la vie publique, on réussit encore plus souvent par les qualités qu'on n'a pas, que par celles qu'on possède. Absence d'enthousiasme, absence d'opinion, absence de sensibilité, un peu d'esprit combiné avec ce trésor négatif, et la vie sociale proprement dite, c'est-à-dire la fortune et le rang, s'acquièrent ou se maintiennent assez bien. Les plaisanteries du comte d'Erfeuil cependant avaient fait de la peine à lord Nelvil : il les blâmait, mais il se les rappelait d'une manière importune.

LIVRE IV.

ROME.

CHAPITRE PREMIER.

Quinze jours se passèrent, pendant lesquels lord Nelvil se consacra tout entier à la société de Corinne. Il ne sortait de chez lui que pour se rendre chez elle; il ne voyait rien, il ne cherchait rien qu'elle, et sans lui parler jamais de son sentiment, il l'en faisait jouir à tous les moments du jour. Elle était accoutumée aux hommages vifs et flatteurs des Italiens ; mais la dignité des manières d'Oswald, son apparente froideur, et sa sensibilité, qui se trahissait malgré lui, exerçaient sur l'imagination une bien plus grande puissance. Jamais il ne racontait une action généreuse, jamais il ne parlait d'un malheur, sans que ses yeux se remplissent de larmes, et toujours il cherchait à cacher son émotion. Il inspirait à Corinne un sentiment de respect qu'elle n'avait pas éprouvé depuis long-temps. Aucun esprit, quelque distingué qu'il fût, ne pouvait l'étonner ; mais l'élévation et la dignité du caractère agissaient profondément sur elle. Lord Nelvil joignait à ces qualités une noblesse dans les expressions, une élégance dans les moindres actions de la vie, qui faisaient contraste avec la négligence et la familiarité de la plupart des grands seigneurs romains.

Bien que les goûts d'Oswald fussent à quelques égards différents de ceux de Corinne, ils se comprenaient mutuellement d'une façon merveilleuse. Lord Nelvil devinait les impressions de Corinne avec une sagacité parfaite, et Corinne découvrait, à la plus légère altération du visage de lord Nelvil, ce qui se passait en lui. Habituée aux démonstrations orageuses de la passion des Italiens, cet attachement timide et fier, ce sentiment prouvé sans cesse et jamais avoué, répandait sur sa vie un intérêt tout-à-fait nouveau. Elle se sentait comme environnée d'une atmosphère plus douce et plus pure, et chaque instant de la journée lui causait un sentiment de bonheur qu'elle aimait à goûter, sans vouloir s'en rendre compte.

Un matin, le prince Castel-Forte vint chez elle ; il était triste, elle lui en demanda la cause. « Cet Écossais, lui dit-il, va nous enlever votre affection ; et qui sait même s'il ne vous emmènera pas loin de nous! » Corinne garda quelques instants le silence, puis répondit : « Je vous atteste qu'il ne m'a point dit qu'il m'aimât. — Vous le croyez néanmoins, répondit le prince Castel-Forte ; il vous parle par sa vie, et son silence même est un habile moyen de vous intéresser. Que peut-on vous dire en effet que vous n'ayez pas entendu ? quelle est la louange qu'on ne vous ait pas offerte ? quel est l'hommage auquel vous ne soyez pas accoutumée ? Mais il y a quelque chose de contenu, de voilé, dans le caractère de lord Nelvil, qui ne vous permettra jamais de le juger entièrement comme vous nous jugez. Vous êtes la personne du monde la plus facile à connaître ; mais c'est précisément parce-que vous vous montrez volontiers telle que vous êtes, que la réserve et le mystère vous plaisent et vous dominent. L'inconnu, quel qu'il soit, a plus d'ascendant sur vous que tous les sentiments qu'on vous témoigne. » Corinne sourit. « Vous croyez donc, cher prince, lui dit-elle, que mon cœur est ingrat et mon imagination capricieuse ? Il me semble cependant que lord Nelvil possède et laisse voir des qualités assez remarquables pour que je ne puisse pas me flatter de les avoir découvertes. — C'est, j'en conviens, répondit le prince Castel-Forte, un homme fier, généreux, spirituel, sensible même, et surtout mélancolique ; mais je me trompe fort, ou ses goûts n'ont pas le moindre rapport avec les vôtres. Vous ne vous en apercevrez pas tant qu'il sera sous le charme de votre présence ; mais votre empire sur lui ne tiendrait pas, s'il était loin de vous. Les obstacles le fatigueraient ; son ame a contracté, par les chagrins qu'il a éprouvés, une sorte de découragement qui doit nuire à l'énergie de ses résolutions ; et vous savez d'ailleurs combien les Anglais en général sont asservis aux mœurs et aux habitudes de leur pays. »

A ces mots, Corinne se tut et soupira. Des réflexions pénibles sur les premiers événements de sa vie se retracèrent à sa pensée ; mais le soir elle revit Oswald plus occupé d'elle que jamais ; et tout ce qui resta dans son esprit de la conversation du prince Castel-Forte, ce fut le désir de fixer lord Nelvil en Italie, en lui faisant aimer les beautés en tout genre dont ce pays est doué. C'est dans cette intention qu'elle lui écrivit la lettre suivante. La liberté du genre de vie qu'on mène à Rome excusait cette démarche, et Corinne en particulier, bien qu'on pût lui reprocher trop de franchise et d'entraînement dans le caractère, savait conserver beaucoup de dignité dans l'indépendance et de modestie dans la vivacité.

Corinne, à lord Nelvil.

« Ce 15 décembre 1794.

« Je ne sais, milord, si vous me trouverez trop de confiance en
« moi-même, ou si vous rendrez justice aux motifs qui peuvent
« excuser cette confiance. Hier, je vous ai entendu dire que vous
« n'aviez point encore voyagé dans Rome, que vous ne connais-
« siez ni les chefs-d'œuvre de nos beaux-arts, ni les ruines anti-
« ques qui nous apprennent l'histoire par l'imagination et le sen-

20.

« timent ; et j'ai conçu l'idée d'oser me proposer pour guide dans
« ces courses à travers les siècles.

« Sans doute Rome présenterait aisément un grand nombre de
« savants, dont l'érudition profonde pourrait vous être bien plus
« utile ; mais si je puis réussir à vous faire aimer ce séjour, vers
« lequel je me suis toujours sentie si impérieusement attirée, vos
« propres études achèveront ce que mon imparfaite esquisse aura
« commencé.

« Beaucoup d'étrangers viennent à Rome, comme ils iraient à
« Londres, comme ils iraient à Paris, pour chercher les distrac-
« tions d'une grande ville ; et si l'on osait avouer qu'on s'est en-
« nuyé à Rome, je crois que la plupart l'avoueraient ; mais il est
« également vrai qu'on peut y découvrir un charme dont on
« ne se lasse jamais. Me pardonnerez-vous, milord, de souhaiter
« que ce charme vous soit connu?

« Sans doute il faut oublier ici tous les intérêts politiques du
« monde ; mais lorsque ces intérêts ne sont pas unis à des devoirs
« ou à des sentiments sacrés, ils refroidissent le cœur. Il faut
« aussi renoncer à ce qu'on appellerait ailleurs les plaisirs de la so-
« ciété ; mais ces plaisirs, presque toujours, flétrissent l'imagina-
« tion. L'on jouit à Rome d'une existence tout à la fois solitaire
« et animée, qui développe librement en nous-mêmes tout ce que
« le ciel y a mis. Je le répète, milord, pardonnez-moi cet amour
« pour ma patrie, qui me fait desirer de la faire aimer d'un homme
« tel que vous ; et ne jugez point avec la sévérité anglaise les té-
« moignages de bienveillance qu'une Italienne croit pouvoir don-
« ner, sans rien perdre à ses yeux ni aux vôtres.

« CORINNE. »

En vain Oswald aurait voulu se le cacher, il fut vivement heureux en recevant cette lettre ; il entrevit un avenir confus de jouissances et de bonheur ; l'imagination, l'amour, l'enthousiasme,
tout ce qu'il y a de divin dans l'ame de l'homme, lui parut réuni
dans le projet enchanteur de voir Rome avec Corinne. Cette fois
il ne réfléchit pas ; cette fois il sortit à l'instant même pour
aller voir Corinne ; et, dans la route, il regarda le ciel, il sentit le
beau temps, il porta la vie légèrement. Ses regrets et ses craintes
se perdirent dans les nuages de l'espérance ; son cœur, depuis long-
temps opprimé par la tristesse, battait et tressaillait de joie ; il
craignait bien qu'une si heureuse disposition ne pût durer ; mais

l'idée même qu'elle était passagère donnait à cette fièvre de bonheur plus de force et d'activité.

« Vous voilà? dit Corinne en voyant entrer lord Nelvil; ah ! merci. » Et elle lui tendit la main. Oswald la prit, y imprima ses lèvres avec une vive tendresse, et ne sentit pas dans ce moment cette timidité souffrante qui se mêlait souvent à ses impressions les plus agréables, et lui donnait quelquefois, avec les personnes qu'il aimait le mieux, des sentiments amers et pénibles. L'intimité avait commencé entre Oswald et Corinne depuis qu'ils s'étaient quittés; c'était la lettre de Corinne qui l'avait établie; ils étaient contents tous les deux, et ressentaient l'un pour l'autre une tendre reconnaissance.

« C'est donc ce matin, dit Corinne, que je vous montrerai le Panthéon et Saint-Pierre: j'avais bien quelque espoir, ajouta-t-elle en souriant, que vous accepteriez le voyage de Rome avec moi; aussi mes chevaux sont prêts. Je vous ai attendu, vous êtes arrivé; tout est bien : partons. — Étonnante personne, dit Oswald, qui donc êtes-vous? où avez-vous pris tant de charmes divers qui sembleraient devoir s'exclure : sensibilité, gaieté, profondeur, grace, abandon, modestie? Êtes-vous une illusion? êtes-vous un bonheur surnaturel pour la vie de celui qui vous rencontre ? — Ah! si j'ai le pouvoir de faire quelque bien, reprit Corinne, vous ne devez pas croire que jamais j'y renonce. — Prenez garde, reprit Oswald en saisissant la main de Corinne avec émotion, prenez garde à ce bien que vous voulez me faire. Depuis près de deux ans une main de fer serre mon cœur: si votre douce présence m'a donné quelque relâche, si je respire près de vous, que deviendrai-je quand il faudra rentrer dans mon sort? que deviendrai-je?... — Laissons au temps, laissons au hasard, interrompit Corinne, à décider si cette impression d'un jour que j'ai produite sur vous durera plus qu'un jour. Si nos ames s'entendent, notre affection mutuelle ne sera point passagère. Quoi qu'il en soit, allons admirer ensemble tout ce qui peut élever notre esprit et nos sentiments; nous goûterons toujours ainsi quelques moments de bonheur. » En achevant ces mots, Corinne descendit, et lord Nelvil la suivit, étonné de sa réponse. Il lui sembla qu'elle admettait la possibilité d'un demi-sentiment, d'un attrait momentané. Enfin, il crut entrevoir de la légèreté dans la manière dont elle s'était exprimée, et il en fut blessé.

Il se plaça sans rien dire dans la voiture de Corinne, qui, devinant sa pensée, lui dit : « Je ne crois pas que le cœur soit ainsi fait, que l'on éprouve toujours ou point d'amour, ou la passion la plus invincible. Il y a des commencements de sentiment qu'un examen plus approfondi peut dissiper. On se flatte, on se détrompe, et l'enthousiasme même dont on est susceptible, s'il rend l'enchantement plus rapide, peut faire aussi que le refroidissement soit plus prompt. — Vous avez beaucoup réfléchi sur le sentiment, madame, » dit Oswald avec amertume. Corinne rougit à ce mot, et se tut quelques instants ; puis reprenant la parole avec un mélange assez frappant de franchise et de dignité : « Je ne crois pas, dit-elle, qu'une femme sensible soit jamais arrivée jusqu'à vingt-six ans sans avoir connu l'illusion de l'amour ; mais si n'avoir jamais été heureuse, si n'avoir jamais rencontré l'objet qui pouvait mériter toutes les affections de son cœur, est un titre à l'intérêt, j'ai droit au vôtre. » Ces paroles, et l'accent avec lequel Corinne les prononça, dissipèrent un peu le nuage qui s'était élevé dans l'ame de lord Nelvil ; néanmoins il se dit en lui-même : « C'est la plus séduisante des femmes, mais c'est une Italienne ; et ce n'est pas ce cœur timide, innocent, à lui-même inconnu, que possède sans doute la jeune Anglaise à laquelle mon père me destinait. »

Cette jeune Anglaise se nommait Lucile Edgermont, la fille du meilleur ami du père de lord Nelvil ; mais elle était trop enfant encore lorsque Oswald quitta l'Angleterre pour qu'il pût l'épouser, ni même prévoir avec certitude ce qu'elle serait un jour.

CHAPITRE II.

Oswald et Corinne allèrent d'abord au Panthéon, qu'on appelle aujourd'hui *Sainte-Marie de la Rotonde*. Partout, en Italie, le catholicisme a hérité du paganisme ; mais le Panthéon est le seul temple antique à Rome qui soit conservé tout entier, le seul où l'on puisse remarquer dans son ensemble la beauté de l'architecture des anciens, et le caractère particulier de leur culte. Oswald et Corinne s'arrêtèrent sur la place du Panthéon, pour admirer le portique de ce temple, et les colonnes qui le soutiennent.

Corinne fit observer à lord Nelvil que le Panthéon était construit de manière qu'il paraissait beaucoup plus grand qu'il ne l'est. « L'église Saint-Pierre, dit-elle, produira sur vous un effet tout différent ; vous la croirez d'abord moins vaste qu'elle ne l'est en réalité. L'illusion si favorable au Panthéon vient, à ce qu'on assure, de ce qu'il y a plus d'espace entre les colonnes, et que l'air joue librement autour ; mais surtout de ce que l'on n'y aperçoit presque point d'ornements de détail, tandis que Saint-Pierre en est surchargé. C'est ainsi que la poésie antique ne dessinait que les grandes masses, et laissait à la pensée de l'auditeur à remplir les intervalles, à suppléer les développements : en tous genres, nous autres modernes, nous disons trop.

« Ce temple, continua Corinne, fut consacré par Agrippa, le favori d'Auguste, à son ami, ou plutôt à son maître. Cependant ce maître eut la modestie de refuser la dédicace du temple, et Agrippa se vit obligé de le dédier à tous les dieux de l'Olympe, pour remplacer le dieu de la terre, la puissance. Il y avait un char de bronze, au sommet du Panthéon, sur lequel étaient placées les statues d'Auguste et d'Agrippa. De chaque côté du portique, ces mêmes statues se retrouvaient sous une autre forme ; et sur le frontispice du temple on lit encore : *Agrippa l'a consacré*. Auguste donna son nom à son siècle, parcequ'il a fait de ce siècle une époque de l'esprit humain. Les chefs-d'œuvre en divers genres de ses contemporains formèrent, pour ainsi dire, les rayons de son auréole. Il sut honorer habilement les hommes de génie qui cultivaient les lettres, et dans la postérité sa gloire s'en est bien trouvée.

« Entrons dans le temple, dit Corinne ; vous le voyez, il reste découvert presque comme il l'était autrefois. On dit que cette lumière qui venait d'en haut était l'emblème de la Divinité supérieure à toutes les divinités. Les païens ont toujours aimé les images symboliques. Il semble en effet que ce langage convient mieux à la religion que la parole. La pluie tombe souvent sur ces parvis de marbre ; mais aussi les rayons du soleil viennent éclairer les prières. Quelle sérénité ! quel air de fête on remarque dans cet édifice ! Les païens ont divinisé la vie, et les chrétiens ont divinisé la mort : tel est l'esprit des deux cultes ; mais notre catholicisme romain est moins sombre cependant que ne l'était celui du Nord. Vous l'observerez quand nous serons à Saint-Pierre. Dans l'intérieur du sanctuaire du Panthéon, sont les bustes de nos artistes les plus célèbres : ils décorent les niches où l'on avait placé les dieux des anciens. Comme depuis la destruction de l'empire des Césars nous n'avons presque jamais eu d'indépendance politique en Italie, on ne trouve point ici des hommes d'état ni de grands capitaines. C'est le génie de l'imagination qui fait notre

seule gloire : mais ne trouvez-vous pas, milord, qu'un peuple qui honore ainsi les talents qu'il possède mériterait une plus noble destinée? — Je suis sévère pour les nations, répondit Oswald; je crois toujours qu'elles méritent leur sort, quel qu'il soit. — Cela est dur, reprit Corinne : peut-être, en vivant en Italie, éprouverez-vous un sentiment d'attendrissement sur ce beau pays, que la nature semble avoir paré comme une victime; mais du moins souvenez-vous que notre plus chère espérance, à nous autres artistes, à nous autres amants de la gloire, c'est d'obtenir une place ici. J'ai déjà marqué la mienne, dit-elle en montrant une niche encore vide. Oswald, qui sait si vous ne reviendrez pas dans cette même enceinte quand mon buste y sera placé? Alors..... » Oswald l'interrompit vivement, et lui dit : « Resplendissante de jeunesse et de beauté, pouvez-vous parler ainsi à celui que le malheur et la souffrance font déjà pencher vers la tombe? — Ah! reprit Corinne, l'orage peut briser en un moment les fleurs qui tiennent encore la tête levée. Oswald, cher Oswald, ajouta-t-elle, pourquoi ne seriez-vous pas heureux? pourquoi...
— Ne m'interrogez jamais, reprit lord Nelvil; vous avez vos secrets; j'ai les miens, respectons mutuellement notre silence. Non, vous ne savez pas quelle émotion j'éprouverais s'il fallait raconter mes malheurs! » Corinne se tut, et ses pas, en sortant du temple, étaient plus lents, et ses regards plus rêveurs.

Elle s'arrêta sous le portique. « Là, dit-elle à lord Nelvil, était une urne de porphyre de la plus grande beauté, transportée maintenant à Saint-Jean de Latran; elle contenait les cendres d'Agrippa, qui furent placées au pied de la statue qu'il s'était élevée à lui-même. Les anciens mettaient tant de soin à adoucir l'idée de la destruction, qu'ils savaient en écarter ce qu'elle peut avoir de lugubre et d'effrayant. Il y avait d'ailleurs tant de magnificence dans leurs tombeaux, que le contraste du néant de la mort et des splendeurs de la vie s'y faisait moins sentir. Il est vrai aussi que l'espérance d'un autre monde étant chez eux beaucoup moins vive que chez les chrétiens, les païens s'efforçaient de disputer à la mort le souvenir que nous déposons sans crainte dans le sein de l'Éternel. »

Oswald soupira, et garda le silence. Les idées mélancoliques ont beaucoup de charmes, tant qu'on n'a pas été soi-même profondément malheureux; mais quand la douleur, dans son âpreté, s'est emparée de l'ame, on n'entend plus, sans tressaillir, de certains mots qui jadis n'excitaient en nous que des rêveries plus ou moins douces.

CHAPITRE III.

On passe, en allant à Saint-Pierre, sur le pont Saint-Ange; Corinne et lord Nelvil le traversèrent à pied. « C'est sur ce pont, dit Oswald, qu'en revenant du Capitole, j'ai pour la première fois pensé long-temps à vous. — Je ne me flattais pas, reprit Corinne, que ce couronnement du Capitole me vaudrait un ami; mais cependant, en cherchant la gloire, j'ai toujours espéré qu'elle me ferait aimer. A quoi servirait-elle, du moins aux femmes, sans cet espoir? — Restons encore ici quelques instants, dit Oswald. Quel souvenir, entre tous les siècles, peut valoir pour mon cœur ce lieu, qui me rappelle le premier jour où je vous ai vue. — Je ne sais si je me trompe, reprit Corinne, mais il me semble qu'on se devient plus cher l'un à l'autre en admirant ensemble les monuments qui parlent à l'ame par une véritable grandeur. Les édifices de Rome ne sont ni froids, ni muets; le génie les a créés, des événements mémorables les consacrent; peut-être même faut-il aimer, Oswald, aimer surtout un caractère tel que le vôtre, pour se complaire à sentir avec lui tout ce qu'il y a de noble et de beau dans l'univers. — Oui, reprit lord Nelvil; mais en vous regardant, mais en vous écoutant, je n'ai pas besoin d'autres merveilles. » Corinne le remercia par un sourire plein de charmes.

En allant à Saint-Pierre, ils s'arrêtèrent devant le château Saint-Ange : « Voilà, dit Corinne, l'un des édifices dont l'extérieur a le plus d'originalité: ce tombeau d'Adrien, changé en forteresse par les Goths, porte le caractère de sa première et de sa seconde destination. Bâti pour la mort, une impénétrable enceinte l'environne, et cependant les vivants y ont ajouté quelque chose d'hostile par les fortifications extérieures, qui contrastent avec le silence et la noble inutilité d'un monument funéraire. On voit sur le sommet un ange de bronze avec son épée nue[1]; et dans l'intérieur sont pratiquées des prisons très cruelles. Tous les événements de l'histoire de Rome, depuis Adrien jusqu'à nos jours, sont liés à ce monument. Bélisaire s'y défendit contre les Goths, et, presque aussi barbare que ceux qui l'attaquaient, il

[1] Un Français, dans la dernière guerre, commandait le château Saint-Ange : les troupes napolitaines le sommèrent de capituler; il répondit qu'il se rendrait quand l'ange de bronze remettrait son épée dans le fourreau.

lança contre ses ennemis les belles statues qui décoraient l'intérieur de l'édifice. Crescentius, Arnault de Brescia, Nicolas Rienzi[1], ces amis de la liberté romaine, qui ont pris si souvent les souvenirs pour des espérances, se sont défendus long-temps dans le tombeau d'un empereur. J'aime ces pierres qui s'unissent à tant de faits illustres ; j'aime ce luxe du maître du monde, un magnifique tombeau. Il y a quelque chose de grand dans l'homme qui, possesseur de toutes les jouissances et de toutes les pompes terrestres, ne craint pas de s'occuper long-temps d'avance de sa mort. Des idées morales, des sentiments désintéressés remplissent l'ame, dès qu'elle sort de quelque manière des bornes de la vie.

« C'est d'ici, continua Corinne, que l'on devrait apercevoir Saint-Pierre, et c'est jusques ici que les colonnes qui le précèdent devaient s'étendre : tel était le superbe plan de Michel-Ange, il espérait du moins qu'on l'achèverait après lui ; mais les hommes de notre temps ne pensent plus à la postérité. Quand une fois on a tourné l'enthousiasme en ridicule, on a tout défait, excepté l'argent et le pouvoir. — C'est vous qui ferez renaître ce sentiment ! s'écria lord Nelvil. Qui jamais éprouva le bonheur que je goûte ? Rome montrée par vous, Rome interprétée par l'imagination et le génie, *Rome, qui est un monde animé par le sentiment, sans lequel le monde lui-même est un désert*[2]. Ah ! Corinne, que succédera-t-il à ces jours, plus heureux que mon sort et mon cœur ne le permettent ? » Corinne lui répondit avec douceur : « Toutes les affections sincères viennent du ciel, Oswald : pourquoi ne protégerait-il pas ce qu'il inspire ! C'est à lui qu'il appartient de disposer de nous. »

Alors Saint-Pierre leur apparut, cet édifice le plus grand que les hommes aient jamais élevé ; car les pyramides d'Égypte elles-mêmes lui sont inférieures en hauteur. « J'aurais peut-être dû vous faire voir, dit Corinne, le plus beau de nos édifices le dernier ; mais ce n'est pas mon système. Il me semble que, pour se rendre

---

[1] Ces faits se trouvent dans l'*Histoire des républiques italiennes du moyen âge*, par M. Sismonde de Sismondi. Cette histoire sera certainement considérée comme une autorité ; car l'on voit, en la lisant, que son auteur est un homme d'une sagacité profonde, aussi consciencieux qu'énergique dans sa manière de raconter et de peindre.

[2] Eine Welt zwar bist du, o Rom; doch ohne die Liebe
Waere die Welt nicht die Welt, waere denn Rom auch nicht Rom.

Ces deux vers sont de Goëthe, le poëte de l'Allemagne, le philosophe, l'homme de lettres vivant, dont l'originalité et l'imagination sont les plus remarquables.

sensible aux beaux-arts, il faut commencer par voir les objets qui inspirent une admiration vive et profonde. Ce sentiment une fois éprouvé révèle, pour ainsi dire, une nouvelle sphère d'idées, et rend ensuite plus capable d'aimer et de juger tout ce qui, dans un ordre même inférieur, retrace cependant la première impression qu'on a reçue. Toutes ces gradations, ces manières prudentes et nuancées pour préparer les grands effets, ne sont point de mon goût. On n'arrive point au sublime par degrés ; des distances infinies le séparent même de ce qui n'est que beau. » Oswald sentit une émotion tout-à-fait extraordinaire en arrivant en face de Saint-Pierre. C'était la première fois que l'ouvrage des hommes produisait sur lui l'effet d'une merveille de la nature. C'est le seul travail de l'art, sur notre terre actuelle, qui ait le genre de grandeur qui caractérise les œuvres immédiates de la création. Corinne jouissait de l'étonnement d'Oswald. « J'ai choisi, lui dit-elle, un jour où le soleil est dans tout son éclat, pour vous faire voir ce monument. Je vous réserve un plaisir plus intime, plus religieux : c'est de le contempler au clair de la lune ; mais il fallait d'abord vous faire assister à la plus brillante des fêtes, le génie de l'homme décoré par la magnificence de la nature. »

La place de Saint-Pierre est entourée de colonnes, légères de loin, et massives de près. Le terrain, qui va toujours un peu en montant jusqu'au portique de l'église, ajoute encore à l'effet qu'elle produit. Un obélisque de quatre-vingts pieds de haut, qui paraît à peine élevé en présence de la coupole de Saint-Pierre, est au milieu de la place. La forme des obélisques elle seule a quelque chose qui plaît à l'imagination ; leur sommet se perd dans les airs, et semble porter jusqu'au ciel une grande pensée de l'homme. Ce monument, qui vint d'Égypte pour orner les bains de Caligula, et que Sixte-Quint a fait transporter ensuite au pied du temple de Saint-Pierre ; ce contemporain de tant de siècles, qui n'ont pu rien contre lui, inspire un sentiment de respect ; l'homme se sent tellement passager, qu'il a toujours de l'émotion en présence de ce qui est immuable. A quelque distance des deux côtés de l'obélisque, s'élèvent deux fontaines dont l'eau jaillit perpétuellement, et retombe avec abondance en cascade dans les airs. Ce murmure des ondes, qu'on a coutume d'entendre au milieu de la campagne, produit dans cette enceinte une sensation toute nouvelle ; mais cette sensation est en harmonie avec celle que fait naître l'aspect d'un temple majestueux.

La peinture, la sculpture, imitant le plus souvent la figure humaine, ou quelque objet existant dans la nature, réveillent dans notre ame des idées parfaitement claires et positives; mais un beau monument d'architecture n'a point, pour ainsi dire, de sens déterminé, et l'on est saisi, en le contemplant, par cette rêverie sans calcul et sans but, qui mène si loin la pensée. Le bruit des eaux convient à toutes ces impressions vagues et profondes; il est uniforme, comme l'édifice est régulier.

L'éternel mouvement et l'éternel repos [1]

sont ainsi rapprochés l'un de l'autre. C'est dans ce lieu surtout que le temps est sans pouvoir; car il ne tarit pas plus ces sources jaillissantes qu'il n'ébranle ces immobiles pierres. Les eaux qui s'élancent en gerbe de ces fontaines sont si légères et si nuageuses, que, dans un beau jour, les rayons du soleil y produisent de petits arcs-en-ciel formés des plus belles couleurs.

« Arrêtez-vous un moment ici, dit Corinne à lord Nelvil, comme il était déja sous le portique de l'église; arrêtez-vous, avant de soulever le rideau qui couvre la porte du temple : votre cœur ne bat-il pas à l'approche de ce sanctuaire? et ne ressentez-vous pas, au moment d'entrer, tout ce que ferait éprouver l'attente d'un événement solennel? » Corinne elle-même souleva le rideau, et le retint pour laisser passer lord Nelvil; elle avait tant de grace dans cette attitude, que le premier regard d'Oswald fut pour la considérer ainsi : il se plut même pendant quelques instants à ne rien observer qu'elle. Cependant il s'avança dans le temple, et l'impression qu'il reçut sous ces voûtes immenses fut si profonde et si religieuse, que le sentiment même de l'amour ne suffisait plus pour remplir en entier son ame. Il marchait lentement à côté de Corinne; l'un et l'autre se taisaient. Là tout commande le silence : le moindre bruit retentit si loin, qu'aucune parole ne semble digne d'être ainsi répétée dans une demeure presque éternelle. La prière seule, l'accent du malheur, de quelque faible voix qu'il parte, émeut profondément dans ces vastes lieux. Et quand, sous ces dômes immenses, on entend de loin venir un vieillard, dont les pas tremblants se traînent sur ces beaux marbres arrosés par tant de pleurs, l'on sent que l'homme est imposant par cette infirmité même de sa nature, qui soumet son ame divine à tant de

[1] Vers de M. de Fontanes.

souffrances, et que le culte de la douleur, le christianisme, contient le vrai secret du passage de l'homme sur la terre.

Corinne interrompit la rêverie d'Oswald, et lui dit : « Vous avez vu des églises gothiques en Angleterre et en Allemagne ; vous avez dû remarquer qu'elles ont un caractère beaucoup plus sombre que cette église. Il y avait quelque chose de mystique dans le catholicisme des peuples septentrionaux. Le nôtre parle à l'imagination par les objets extérieurs. Michel-Ange a dit, en voyant la coupole du Panthéon : « Je la placerai dans les airs. » Et en effet, Saint-Pierre est un temple posé sur une église. Il y a quelque alliance des religions antiques et du christianisme dans l'effet que produit sur l'imagination l'intérieur de cet édifice. Je vais m'y promener souvent, pour rendre à mon ame la sérénité qu'elle perd quelquefois. La vue d'un tel monument est comme une musique continuelle et fixée, qui vous attend pour vous faire du bien quand vous vous en approchez ; et certainement il faut mettre au nombre des titres de notre nation à la gloire, la patience, le courage et le désintéressement des chefs de l'Église, qui ont consacré cent cinquante années, tant d'argent et tant de travaux, à l'achèvement d'un édifice dont ceux qui l'élevaient ne pouvaient se flatter de jouir [1]. C'est un service rendu, même à la morale publique, que de faire don à une nation d'un monument qui est l'emblème de tant d'idées nobles et généreuses. — Oui, répondit Oswald, ici les arts ont de la grandeur, l'imagination et l'invention sont pleines de génie : mais la dignité de l'homme même, comment y est-elle défendue ? Quelles institutions, quelle faiblesse dans la plupart des gouvernements d'Italie ! et quoiqu'ils soient si faibles, combien ils asservissent les esprits ! — D'autres peuples, interrompit Corinne, ont supporté le joug comme nous, et ils ont de moins l'imagination qui fait rêver une autre destinée :

> Servi siam, sì, ma servi ognor frementi :

« *Nous sommes esclaves, mais des esclaves toujours frémissants*, dit Alfieri, le plus fier de nos écrivains modernes. Il y a tant d'ame dans nos beaux-arts, que peut-être un jour notre caractère égalera notre génie.

---

[1] On dit que cette église de Saint-Pierre est une des principales causes de la réformation, parce qu'elle a coûté tant d'argent aux papes, que pour la bâtir ils ont multiplié les indulgences.

« Regardez, continua Corinne, ces statues placées sur les tombeaux, ces tableaux en mosaïque, patientes et fidèles copies des chefs-d'œuvre de nos grands maîtres. Je n'examine jamais Saint-Pierre en détail, parceque je n'aime pas à y trouver ces beautés multipliées qui dérangent un peu l'impression de l'ensemble. Mais qu'est-ce donc qu'un monument où les chefs-d'œuvre de l'esprit humain eux-mêmes paraissent des ornements superflus? Ce temple est comme un monde à part. On y trouve un asile contre le froid et la chaleur. Il a ses saisons à lui, son printemps perpétuel, que l'atmosphère du dehors n'altère jamais. Une église souterraine est bâtie sous le parvis de ce temple; les papes et plusieurs souverains des pays étrangers y sont ensevelis; Christine, après son abdication; les Stuarts, depuis que leur dynastie est renversée. Rome depuis long-temps est l'asile des exilés du monde; Rome elle-même n'est-elle pas détrônée? son aspect console les rois dépouillés comme elle.

> Cadono le città, cadono i regni,
> E l' uom, d' esser mortal par che si sdegni [1] !

« Placez-vous ici, dit Corinne à lord Nelvil, près de l'autel, au milieu de la coupole, vous apercevrez à travers les grilles de fer l'église des morts qui est sous nos pieds, et, en relevant les yeux, vos regards atteindront à peine au sommet de la voûte. Ce dôme, en le considérant même d'en bas, fait éprouver un sentiment de terreur. On croit voir des abîmes suspendus sur sa tête. Tout ce qui est au-delà d'une certaine proportion cause à l'homme, à la créature bornée, un invincible effroi. Ce que nous connaissons est aussi inexplicable que l'inconnu; mais nous avons, pour ainsi dire, pratiqué notre obscurité habituelle, tandis que de nouveaux mystères nous épouvantent, et mettent le trouble dans nos facultés.

« Toute cette église est ornée de marbres antiques, et ses pierres en savent plus que nous sur les siècles écoulés. Voici la statue de Jupiter, dont on a fait un saint Pierre, en lui mettant une auréole sur la tête. L'expression générale de ce temple caractérise parfaitement le mélange des dogmes sombres et des cérémonies brillantes; un fonds de tristesse dans les idées, mais, dans l'application, la mollesse et la vivacité du Midi; des intentions sévères, mais des interprétations très douces; la théologie chrétienne

[1] Les cités tombent, les empires disparaissent, et l'homme s'indigne d'être mortel!

et les images du paganisme ; enfin, la réunion la plus admirable de l'éclat et de la majesté que l'homme peut donner à son culte envers la Divinité.

« Les tombeaux décorés par les merveilles des beaux-arts ne présentent point la mort sous un aspect redoutable. Ce n'est pas tout-à-fait comme les anciens, qui sculptaient sur les sarcophages des danses et des jeux ; mais la pensée est détournée de la contemplation d'un cercueil par les chefs-d'œuvre du génie. Ils rappellent l'immortalité sur l'autel même de la mort ; et l'imagination, animée par l'admiration qu'ils inspirent, ne sent pas, comme dans le Nord, le silence et le froid, immuables gardiens des sépulcres. — Sans doute, dit Oswald, nous voulons que la tristesse environne la mort ; et même avant que nous fussions éclairés par les lumières du christianisme, notre mythologie ancienne, notre Ossian ne place à côté de la tombe que les regrets et les chants funèbres. Ici, vous voulez oublier et jouir ; je ne sais si je desirerais que votre beau ciel me fît ce genre de bien. — Ne croyez pas cependant, reprit Corinne, que notre caractère soit léger et notre esprit frivole. Il n'y a que la vanité qui rende frivole ; l'indolence peut mettre quelques intervalles de sommeil ou d'oubli dans la vie, mais elle n'use ni ne flétrit le cœur ; et, malheureusement pour nous, on peut sortir de cet état par des passions plus profondes et plus terribles que celles des ames habituellement actives. »

En achevant ces mots, Corinne et lord Nelvil s'approchaient de la porte de l'église. « Encore un dernier coup d'œil vers se sanctuaire immense, dit-elle à lord Nelvil. Voyez comme l'homme est peu de chose en présence de la religion, alors même que nous sommes réduits à ne considérer que son emblème matériel ! voyez quelle immobilité, quelle durée les mortels peuvent donner à leurs œuvres, tandis qu'eux-mêmes ils passent si rapidement, et ne survivent que par le génie ! Ce temple est une image de l'infini ; il n'y a point de terme aux sentiments qu'il fait naître, aux idées qu'il retrace, à l'immense quantité d'années qu'il rappelle à la réflexion, soit dans le passé, soit dans l'avenir ; et quand on sort de son enceinte, il semble qu'on passe des pensées célestes aux intérêts du monde, et de l'éternité religieuse à l'air léger du temps. »

Corinne fit remarquer à lord Nelvil, lorsqu'ils furent hors de l'église, que sur ses portes étaient représentées en bas-relief les Métamorphoses d'Ovide. « On ne se scandalise point à Rome, lui dit-dit-elle, des images du paganisme, quand les beaux-arts les ont consacrées. Les merveilles du génie portent toujours à l'ame une impression religieuse, et nous faisons hommage au culte chrétien de tous les chefs-d'œuvre que les autres cultes ont inspirés. » Oswald sourit à cette explication. « Croyez-moi, milord, continua Corinne, il y a beaucoup de bonne foi dans les sentiments des nations dont l'imagination est très vive. Mais à demain; si vous le voulez, je vous mènerai au Capitole. J'ai, je l'espère, plusieurs courses à vous proposer encore : quand elles seront finies, est-ce que vous partirez ? est-ce que... » Elle s'arrêta, craignant d'en avoir déjà trop dit. « Non, Corinne, reprit Oswald; non, je ne renoncerai point à cet éclair de bonheur que peut-être un ange tutélaire fait luire sur moi du haut du ciel. »

CHAPITRE IV.

Le lendemain, Oswald et Corinne partirent avec plus de confiance et de sérénité. Ils étaient des amis qui voyageaient ensemble; ils commençaient à dire *nous*. Ah! qu'il est touchant ce *nous* prononcé par l'amour! quelle déclaration il contient, timidement et cependant vivement exprimée! « Nous allons donc au Capitole, dit Corinne. — Oui, nous y allons, » reprit Oswald; et sa voix disait tout avec des mots si simples, tant son accent avait de tendresse et de douceur. « C'est du haut du Capitole, tel qu'il est maintenant, dit Corinne, que nous pouvons facilement apercevoir les sept collines. Nous les parcourrons toutes ensuite l'une après l'autre; il n'en est pas une qui ne conserve des traces de l'histoire. »

Corinne et lord Nelvil suivirent d'abord ce qu'on appelait autrefois la voie Sacrée, ou la voie Triomphale. « Votre char a passé par-là? dit Oswald à Corinne. — Oui, répondit-elle : cette poussière antique devait s'étonner de porter un tel char; mais depuis la république romaine, tant de traces criminelles se sont empreintes sur cette route, que le sentiment de respect qu'elle inspirait est bien affaibli. » Corinne se fit conduire ensuite au pied de l'escalier du Capitole actuel. L'entrée du Capitole ancien était par le Forum. « Je voudrais bien, dit Corinne, que cet escalier fût le même que monta Scipion, lorsque, repoussant la calomnie par la gloire, il alla dans le temple pour rendre graces aux dieux des victoires qu'il avait remportées. Mais ce nouvel escalier, mais ce nouveau Capitole a été bâti sur les ruines de l'ancien, pour recevoir le paisible magistrat qui porte à lui tout seul ce nom immense de sénateur romain, jadis l'objet des respects de l'univers. Ici nous n'avons plus que des noms; mais leur harmonie, mais leur antique dignité cause toujours une sorte d'ébranlement, une sensation assez douce, mêlée de plaisir et de regret. Je demandais l'autre jour à une pauvre femme que je rencontrai, où elle demeurait : *A la roche Tarpéienne*, me répondit-elle; et ce mot, bien que dépouillé des idées qui jadis y étaient attachées, agit encore sur l'imagination. »

Oswald et Corinne s'arrêtèrent pour considérer les deux lions de basalte qu'on voit au pied de l'escalier du Capitole [1]. Ils viennent d'Égypte; les sculpteurs égyptiens saisissaient avec bien plus de génie la figure des animaux que celle des hommes. Ces lions du Capitole sont noblement paisibles, et leur genre de physionomie est la véritable image de la tranquillité dans la force.

A guisa di lion, quando si posa [2].
DANTE.

Non loin de ces lions, on voit une statue de Rome mutilée, que les Romains modernes ont placée là, sans songer qu'ils donnaient ainsi le plus parfait emblème de leur Rome actuelle. Cette statue n'a ni tête, ni pieds, mais le corps et la draperie qui restent ont encore des beautés antiques. Au haut de l'escalier sont deux colosses qui représentent, à ce qu'on croit, Castor et Pollux; puis les trophées de Marius, puis deux colonnes milliaires, qui servaient à mesurer l'univers romain; et la statue équestre de Marc-Aurèle, belle et calme au milieu de ces divers souvenirs. Ainsi tout est là, les temps héroïques représentés par les Dioscures, la république par les lions, les guerres civiles par Marius, et les beaux temps des empereurs par Marc-Aurèle.

En avançant vers le Capitole moderne, on voit à droite et à gauche deux églises bâties sur les ruines du temple de Jupiter Férétrien et de Jupiter Capitolin. En avant du vestibule, est une

---

[1] Les minéralogistes affirment que ces lions ne sont pas de basalte, parceque la pierre volcanique qu'on désigne aujourd'hui sous ce nom ne saurait exister en Égypte; mais comme Pline appelle basalte la pierre égyptienne dont ces lions sont formés, et que l'Histoire des arts, de Winckelmann, leur donne aussi ce nom, j'ai cru pouvoir m'en servir dans son acception primitive.
[2] A la manière du lion, quand il se repose.

fontaine présidée par deux fleuves, le Nil et le Tibre, avec la louve de Romulus. On ne prononce pas le nom du Tibre comme celui des fleuves sans gloire ; c'est un des plaisirs de Rome que de dire: *Conduisez-moi sur les bords du Tibre ; traversons le Tibre.* Il semble qu'en prononçant ces paroles on évoque l'histoire, et qu'on ranime les morts. En allant au Capitole, du côté du Forum, on trouve à droite les prisons Mamertines. Ces prisons furent d'abord construites par Ancus Martius, et servaient alors aux criminels ordinaires. Mais Servius Tullius en fit creuser sous terre de beaucoup plus cruelles, pour les criminels d'état; comme si ces criminels n'étaient pas ceux qui mérient le plus d'égards, puisqu'il peut y avoir de la bonne foi dans leurs erreurs. Jugurtha et les complices de Catilina périrent dans ces prisons : on dit aussi que saint Pierre et saint Paul y ont été renfermés. De l'autre côté du Capitole est la roche Tarpéienne ; au pied de cette roche, l'on trouve aujourd'hui un hôpital appelé *l'Hôpital de la Consolation.* Il semble que l'esprit sévère de l'antiquité et la douceur du christianisme soient ainsi rapprochés dans Rome à travers les siècles, et se montrent aux regards comme à la réflexion.

Quand Oswald et Corinne furent arrivés au haut de la tour du Capitole, Corinne lui montra les sept collines, la ville de Rome, bornée d'abord au mont Palatin, ensuite aux murs de Servius Tullius, qui renfermaient les sept collines ; enfin, aux murs d'Aurélien, qui servent encore aujourd'hui d'enceinte à la plus grande partie de Rome. Corinne rappela les vers de Tibulle et de Properce, qui se glorifient des faibles commencements dont est sortie la maîtresse du monde [1]. Le mont Palatin fut à lui seul tout Rome pendant quelque temps ; mais dans la suite le palais des empereurs remplit l'espace qui avait suffi pour une nation. Un poëte du temps de Néron fit à cette occasion cette épigramme[2] : *Rome ne sera bientôt plus qu'un palais. Allez à Véies, Romains, si toutefois ce palais n'occupe pas déjà Véies même.*

Les sept collines sont infiniment moins élevées qu'elles ne l'étaient autrefois, lorsqu'elles méritaient le nom de *Monts escarpés.*

---

[1] Carpite nunc, tauri, de septem collibus herbas,
Dum licet. Hic magnæ jam locus urbis erit.
TIBULLE.

Hoc quodcumque vides, hospes, qua maxima Roma est,
Ante Phrygem Æneam collis et herba fuit, etc.
PROPERCE, liv. IV, el. 1.

[2] Roma domus fiet : Veios migrate, Quirites;
Si non et Veios occupat ista domus.

Rome moderne est élevée de quarante pieds au-dessus de Rome ancienne. Les vallées qui séparaient les collines se sont presque comblées par le temps et par les ruines des édifices; mais ce qui est plus singulier encore, un amas de vases brisés a élevé deux collines nouvelles [1], et c'est presque une image des temps modernes que ces progrès ou plutôt ces débris de la civilisation, mettant de niveau les montagnes avec les vallées, effaçant, au moral comme au physique, toutes les belles inégalités produites par la nature.

Trois autres collines [2], non comprises dans les sept fameuses, donnent à la ville de Rome quelque chose de si pittoresque, que c'est peut-être la seule ville qui, par elle-même et dans sa propre enceinte, offre les plus magnifiques points de vue. On y trouve un mélange si remarquable de ruines et d'édifices, de campagnes et de déserts, qu'on peut contempler Rome de tous les côtés, et voir toujours un tableau frappant dans la perspective opposée.

Oswald ne pouvait se lasser de considérer les traces de l'antique Rome, du point élevé du Capitole où Corinne l'avait conduit. La lecture de l'histoire, les réflexions qu'elle excite, agissent moins sur notre ame que ces pierres en désordre, que ces ruines mêlées aux habitations nouvelles. Les yeux sont tout puissants sur l'ame : après avoir vu les ruines romaines, on croit aux antiques Romains, comme si l'on avait vécu de leur temps. Les souvenirs de l'esprit sont acquis par l'étude; les souvenirs de l'imagination naissent d'une impression plus immédiate et plus intime, qui donne de la vie à la pensée, et nous rend, pour ainsi dire, témoins de ce que nous avons appris. Sans doute on est importuné de tous ces bâtiments modernes qui viennent se mêler aux antiques débris; mais un portique debout à côté d'un humble toit, mais des colonnes entre lesquelles de petites fenêtres d'église sont pratiquées, un tombeau servant d'asile à toute une famille rustique, produisent je ne sais quel mélange d'idées grandes et simples, je ne sais quel plaisir de découverte qui inspire un intérêt continuel. Tout est commun, tout est prosaïque dans l'extérieur de la plupart de nos villes européennes ; et Rome, plus souvent qu'aucune autre, présente le triste aspect de la misère et de la dégradation; mais tout-à-coup une colonne brisée, un bas-relief à demi détruit, des pierres liées à la façon indestructible des architectes anciens,

---

[1] Le monte Citorio et le monte Testacio.
[2] Le Janicule, le monte Vaticano et le monte Mario.

vous rappellent qu'il y a dans l'homme une puissance éternelle, une étincelle divine, et qu'il ne faut pas se lasser de l'exciter en soi-même, et de la ranimer dans les autres.

Ce Forum, dont l'enceinte est si resserrée, et qui a vu tant de choses étonnantes, est une preuve frappante de la grandeur morale de l'homme. Quand l'univers, dans les derniers temps de Rome, était soumis à des maîtres sans gloire, on trouve des siècles entiers dont l'histoire peut à peine conserver quelques faits; et ce Forum, petit espace, centre d'une ville alors très circonscrite, et dont les habitants combattaient autour d'elle pour son territoire, ce Forum n'a-t-il pas occupé, par les souvenirs qu'il retrace, les plus beaux génies de tous les temps? Honneur donc, éternel honneur aux peuples courageux et libres, puisqu'ils captivent ainsi les regards de la postérité!

Corinne fit remarquer à lord Nelvil qu'on ne trouvait à Rome que très peu de débris des temps républicains. Les aqueducs, les canaux construits sous terre pour l'écoulement des eaux, étaient le seul luxe de la république et des rois qui l'ont précédée. Il ne nous reste d'elle que des édifices utiles, des tombeaux élevés à la mémoire de ses grands hommes, et quelques temples de brique qui subsistent encore. C'est seulement après la conquête de la Sicile que les Romains firent usage, pour la première fois, du marbre pour leurs monuments ; mais il suffit de voir les lieux où de grandes actions se sont passées, pour éprouver une émotion indéfinissable. C'est à cette disposition de l'ame qu'on doit attribuer la puissance religieuse des pélerinages. Les pays célèbres en tout genre, alors même qu'ils sont dépouillés de leurs grands hommes et de leurs monuments, exercent beaucoup de pouvoir sur l'imagination. Ce qui frappait les regards n'existe plus, mais le charme du souvenir y est resté.

On ne voit plus sur le Forum aucune trace de cette fameuse tribune d'où le peuple romain était gouverné par l'éloquence ; on y trouve encore trois colonnes d'un temple élevé par Auguste en l'honneur de Jupiter Tonnant, lorsque la foudre tomba sur lui sans le frapper ; un arc de triomphe à Septime Sévère, que le sénat lui éleva pour récompense de ses exploits. Les noms de ses deux fils, Caracalla et Géta, étaient inscrits sur le fronton de l'arc; mais lorsque Caracalla eut assassiné Géta, il fit ôter son nom, et l'on voit encore la trace des lettres enlevées. Plus loin est un temple à Faustine, monument de la faiblesse aveugle de Marc-

Aurèle; un temple à Vénus, qui, du temps de la république, était consacré à Pallas; un peu plus loin, les ruines d'un temple dédié au Soleil et à la Lune, bâti par l'empereur Adrien, qui était jaloux d'Apollodore, fameux architecte grec, et le fit périr pour avoir blâmé les proportions de son édifice.

De l'autre côté de la place, l'on voit les ruines de quelques monuments consacrés à des souvenirs plus nobles et plus purs : les colonnes d'un temple qu'on croit être celui de Jupiter Stator, de Jupiter qui empêchait les Romains de jamais fuir devant leurs ennemis; une colonne, débris d'un temple de Jupiter Gardien, placée, dit-on, non loin de l'abîme où s'est précipité Curtius; des colonnes d'un temple élevé, les uns disent à la Concorde, les autres à la Victoire : peut être les peuples conquérants confondent-ils ces deux idées, et pensent-ils qu'il ne peut exister de véritable paix que quand ils ont soumis l'univers. A l'extrémité du mont Palatin s'élève un bel arc de triomphe dédié à Titus, pour la conquête de Jérusalem. On prétend que les juifs qui sont à Rome ne passent jamais sous cet arc; et l'on montre un petit chemin qu'ils prennent, dit-on, pour l'éviter. Il est à souhaiter, pour l'honneur des juifs, que cette anecdote soit vraie : les longs ressouvenirs conviennent aux longs malheurs.

Non loin de là est l'arc de Constantin, embelli de quelques bas-reliefs enlevés au Forum de Trajan par les chrétiens, qui voulaient décorer le monument consacré au *fondateur du repos;* c'est ainsi que Constantin fut appelé. Les arts, à cette époque, étaient déjà dans la décadence, et l'on dépouillait le passé pour honorer de nouveaux exploits. Ces portes triomphales qu'on voit encore à Rome perpétuaient, autant que les hommes le peuvent, les honneurs rendus à la gloire. Il y avait sur leurs sommets une place destinée aux joueurs de flûte et de trompette, pour que le vainqueur, en passant, fût enivré tout à la fois par la musique et par la louange, et goûtât dans un même moment toutes les émotions les plus exaltées.

En face de ces arcs de triomphe sont les ruines du temple de la Paix, bâti par Vespasien; il était tellement orné de bronze et d'or dans l'intérieur, que lorsqu'un incendie le consuma, des laves de métaux brûlants en découlèrent jusque dans le Forum. Enfin, le Colisée, la plus belle ruine de Rome, termine la noble enceinte où comparaît toute l'histoire. Ce superbe édifice, dont les pierres seules dépouillées, de l'or et des marbres, subsistent encore, servit d'arène aux gladiateurs combattant contre les bêtes féroces. C'est ainsi qu'on amusait et trompait le peuple romain par des émotions fortes, alors que les sentiments naturels ne pouvaient plus avoir d'essor. L'on entrait par deux portes dans le Colisée : l'une, qui était consacrée aux vainqueurs ; l'autre, par laquelle on emportait les morts [1]. Singulier mépris pour l'espèce humaine, que de destiner d'avance la mort ou la vie de l'homme au simple passe-temps d'un spectacle ! Titus, le meilleur des empereurs, dédia ce Colisée au peuple romain ; et ces admirables ruines portent avec elles un si beau caractère de magnificence et de génie, qu'on est tenté de se faire illusion sur la véritable grandeur, et d'accorder aux chefs-d'œuvre de l'art l'admiration qui n'est due qu'aux monuments consacrés à des institutions généreuses.

Oswald ne se laissait point aller à l'admiration qu'éprouvait Corinne : en contemplant ces quatre galeries, ces quatre édifices s'élevant les uns sur les autres, ce mélange de pompe et de vétusté, qui tout à la fois inspire le respect et l'attendrissement, il ne voyait dans ces lieux que le luxe du maître et le sang des esclaves, et se sentait prévenu contre les beaux-arts, qui ne s'inquiètent point du but, et prodiguent leurs dons à quelque objet qu'on les destine. Corinne essayait de combattre cette disposition. « Ne portez point, dit-elle à lord Nelvil, la rigueur de vos principes de morale et de justice dans la contemplation des monuments d'Italie ; ils rappellent, pour la plupart, je vous l'ai dit, plutôt la splendeur, l'élégance et le goût des formes antiques, que l'époque glorieuse de la vertu romaine. Mais ne trouvez-vous pas quelques traces de la grandeur morale des premiers temps, dans le luxe gigantesque des monuments qui leur ont succédé ? La dégradation même de ce peuple romain est imposante encore ; son deuil de la liberté couvre le monde de merveilles, et le génie des beautés idéales cherche à consoler l'homme de la dignité réelle et vraie qu'il a perdue. Voyez ces bains immenses, ouverts à tous ceux qui voulaient en goûter les voluptés orientales ; ces cirques, destinés aux éléphants qui venaient combattre avec les tigres ; ces aqueducs, qui faisaient tout-à-coup un lac de ces arènes, où les galères luttaient à leur tour, où des crocodiles paraissaient à la place où des lions naguère s'étaient montrés ; voilà quel fut le luxe des Romains, quand ils placèrent dans le luxe leur orgueil.

---

[1] Sana vivaria, sandapilaria.

Ces obélisques amenés d'Égypte, et dérobés aux ombres africaines pour venir décorer les sépulcres des Romains, cette population de statues qui existait autrefois dans Rome, ne peuvent être considérés comme l'inutile et fastueuse pompe des despotes de l'Asie : c'est le génie romain, vainqueur du monde, que les arts ont revêtu d'une forme extérieure. Il y a quelque chose de surnaturel dans cette magnificence, et sa splendeur poétique fait oublier et son origine et son but. »

L'éloquence de Corinne excitait l'admiration d'Oswald, sans le convaincre ; il cherchait partout un sentiment moral, et toute la magie des arts ne pouvait jamais lui suffire. Alors Corinne se rappela que, dans cette même arène, les chrétiens persécutés étaient morts victimes de leur persévérance ; et montrant à lord Nelvil les autels élevés en l'honneur de leurs cendres, et cette route de la Croix que suivent les pénitents, au pied des plus magnifiques débris de la grandeur mondaine, elle lui demanda si cette poussière des martyrs ne disait rien à son cœur. « Oui, s'écria-t-il, j'admire profondément cette puissance de l'ame et de la volonté contre les douleurs et la mort : un sacrifice, quel qu'il soit, est plus beau, plus difficile, que tous les élans de l'ame et de la pensée. L'imagination exaltée peut produire les miracles du génie ; mais ce n'est qu'en se dévouant à son opinion, ou à ses sentiments, qu'on est vraiment vertueux : c'est alors seulement qu'une puissance céleste subjugue en nous l'homme mortel. » Ces paroles nobles et pures troublèrent cependant Corinne ; elle regarda lord Nelvil, puis elle baissa les yeux ; et bien qu'en ce moment il prît sa main et la serrât contre son cœur, elle frémit de l'idée qu'un tel homme pouvait immoler les autres et lui-même au culte des opinions, des principes ou des devoirs dont il aurait fait choix.

CHAPITRE V.

Après la course du Capitole et du Forum, Corinne et lord Nelvil employèrent deux jours à parcourir les sept collines. Les Romains d'autrefois faisaient une fête en l'honneur des sept collines : c'est une des beautés originales de Rome, que ces monts enfermés dans son enceinte ; et l'on conçoit sans peine comment l'amour de la patrie se plaisait à célébrer cette singularité.

Oswald et Corinne ayant vu la veille le mont Capitolin, recommencèrent leurs courses par le mont Palatin. Le palais des Césars, appelé le *Palais d'or*, l'occupait tout entier. Ce mont n'offre à présent que les débris de ce palais. Auguste, Tibère, Caligula et Néron en ont bâti les quatre côtés, et des pierres, recouvertes par des plantes fécondes, sont tout ce qu'il en reste aujourd'hui: la nature y a repris son empire sur les travaux des hommes, et la beauté des fleurs console de la ruine des palais. Le luxe, du temps des rois et de la république, consistait seulement dans les édifices publics; les maisons des particuliers étaient très petites et très simples. Cicéron, Hortensius, les Gracques, habitaient sur ce mont Palatin, qui suffit à peine, lors de la décadence de Rome, à la demeure d'un seul homme. Dans les derniers siècles, la nation ne fut plus qu'une foule anonyme, désignée seulement par l'ère de son maître : on cherche en vain dans ces lieux les deux lauriers plantés devant la porte d'Auguste, le laurier de la guerre, et celui des beaux-arts cultivés par la paix : tous les deux ont disparu.

Il reste encore sur le mont Palatin quelques chambres des bains de Livie; on y montre la place des pierres précieuses qu'on prodiguait alors aux plafonds, comme un ornement ordinaire; et l'on y voit des peintures dont les couleurs sont encore parfaitement intactes; la fragilité même des couleurs ajoute à l'étonnement de les voir conservées, et rapproche de nous les temps passés. S'il est vrai que Livie abrégea les jours d'Auguste, c'est dans l'une de ces chambres que fut conçu cet attentat; et les regards du souverain du monde, trahi dans ses affections les plus intimes, se sont peut-être arrêtés sur l'un de ces tableaux dont les élégantes fleurs subsistent encore. Que pensa-t-il, dans sa vieillesse, de la vie et de ses pompes? Se rappela-t-il ses proscriptions, ou sa gloire? craignit-il, espéra-t-il un monde à venir? et la dernière pensée, qui révèle tout à l'homme, la dernière pensée d'un maître de l'univers erre-t-elle encore sous ces voûtes [1]?

Le mont Aventin offre plus qu'aucun autre les traces des premiers temps de l'histoire romaine. Précisément en face du palais construit par Tibère, on voit les débris du temple de la Liberté, bâti par le père des Gracques. Au pied du mont Aventin était le temple dédié à la Fortune virile par Servius Tullius, pour remercier les dieux de ce qu'étant né esclave, il était de-

---

[1] Auguste est mort à Nola, comme il se rendait aux eaux de Brunduse, qui lui étaient ordonnées ; mais il partit mourant de Rome.

venu roi. Hors des murs de Rome, on trouve aussi les débris d'un temple qui fut consacré à la Fortune des femmes, lorsque Véturie arrêta Coriolan. Vis-à-vis du mont Aventin est le mont Janicule, sur lequel Porsenna plaça son armée. C'est en face de ce mont qu'Horatius Coclès fit couper derrière lui le pont qui conduisait à Rome. Les fondements de ce pont subsistent encore; il y a sur les bords du fleuve un arc de triomphe bâti en briques, aussi simple que l'action qu'il rappelle était grande. Cet arc fut élevé, dit-on, en l'honneur d'Horatius Coclès. Au milieu du Tibre on aperçoit une île formée des gerbes de blé recueillies dans les champs de Tarquin, et qui furent pendant long-temps exposées sur le fleuve, parceque le peuple romain ne voulait point les prendre, croyant qu'un mauvais sort y était attaché. On aurait de la peine, de nos jours, à faire tomber sur des richesses quelconques des malédictions assez efficaces pour que personne ne consentît à s'en emparer.

C'est sur le mont Aventin que furent placés les temples de la Pudeur patricienne et de la Pudeur plébéienne. Au pied de ce mont on voit le temple de Vesta, qui subsiste encore presque en entier, quoique les inondations du Tibre l'aient souvent menacé [1]. Non loin de là sont les débris d'une prison pour dettes, où se passa, dit-on, le beau trait de piété filiale généralement connu. C'est aussi dans ce même lieu que Clélie et ses compagnes, prisonnières de Porsenna, traversèrent le Tibre pour venir joindre les Romains. Ce mont Aventin repose l'ame de tous les souvenirs pénibles que rappellent les autres collines, et son aspect est beau comme les souvenirs qu'il retrace. On avait donné le nom de belle rive (*pulchrum littus*) au bord du fleuve qui est au pied de cette colline. C'est là que se promenaient les orateurs de Rome, en sortant du Forum; c'est là que César et Pompée se rencontraient comme de simples citoyens, et qu'ils cherchaient à captiver Cicéron, dont l'indépendante éloquence leur importait plus alors que la puissance même de leurs armées.

La poésie vient encore embellir ce séjour. Virgile a placé sur le mont Aventin la caverne de Cacus; et les Romains, si grands par leur histoire, le sont encore par les fictions héroïques dont les poëtes ont orné leur origine fabuleuse. Enfin, en revenant du mont Aventin, on aperçoit la maison de Nicolas Rienzi, qui essaya vainement de faire revivre les temps anciens dans les temps

---

[1] Vidimus flavum Tiberim, etc.

modernes ; et ce souvenir, tout faible qu'il est à côté des autres, fait encore penser long-temps. Le mont Cœlius est remarquable, parcequ'on y voit les débris du camp des prétoriens et de celui des soldats étrangers. On a trouvé cette inscription dans les ruines de l'édifice construit pour recevoir ces soldats : *Au génie saint des camps étrangers :* saint, en effet, pour ceux dont il maintenait la puissance ! Ce qui reste de ces antiques casernes fait juger qu'elles étaient bâties à la manière des cloîtres, ou plutôt que les cloîtres ont été bâtis sur leur modèle.

Le mont Esquilin était appelé le *mont des Poëtes*, parceque Mécène ayant son palais sur cette colline, Horace, Properce et Tibulle y avaient aussi leur habitation. Non loin de là sont les ruines des Thermes de Titus et de Trajan. On croit que Raphaël prit le modèle de ses arabesques dans les peintures à fresque des Thermes de Titus. C'est aussi là qu'on a découvert le groupe de Laocoon. La fraîcheur de l'eau donne un tel sentiment de plaisir dans les pays chauds, qu'on se plaisait à réunir toutes les pompes du luxe et toutes les jouissances de l'imagination dans les lieux où l'on se baignait. Les Romains y faisaient exposer les chefs-d'œuvre de la peinture et de la sculpture. C'était à la clarté des lampes qu'ils les considéraient; car il paraît, par la construction de ces bâtiments, que le jour n'y pénétrait jamais, et qu'on voulait ainsi se préserver de ces rayons du soleil si poignants dans le Midi : c'est sans doute à cause de la sensation qu'ils produisent, que les anciens les ont appelés les dards d'Apollon. On pourrait croire, en observant les précautions extrêmes prises par les anciens contre la chaleur, que le climat était alors plus brûlant encore que de nos jours. C'est dans les Thermes de Caracalla qu'étaient placés l'Hercule Farnèse, la Flore, et le groupe de Dircé. Près d'Ostie, l'on a trouvé dans les bains de Néron l'Apollon du Belvédère. Peut-on concevoir qu'en regardant cette noble figure, Néron n'ait pas senti quelques mouvements généreux !

Les Thermes et les Cirques sont les seuls genres d'édifices consacrés aux amusements publics dont il reste des traces à Rome. Il n'y a point d'autre théâtre que celui de Marcellus, dont les ruines subsistent encore. Pline raconte que l'on a vu trois cent soixante colonnes de marbre et trois mille statues, dans un théâtre qui ne devait durer que peu de jours. Tantôt les Romains élevaient des bâtiments si solides, qu'ils résistaient aux tremblements de terre; tantôt ils se plaisaient à consacrer des travaux immenses à des édifices qu'ils détruisaient eux-mêmes, quand les fêtes étaient finies : ils se jouaient ainsi du temps sous toutes les formes. Les Romains, d'ailleurs, n'avaient pas, comme les Grecs, la passion des représentations dramatiques ; les beaux-arts ne fleurirent à Rome que par les ouvrages et les artistes de la Grèce, et la grandeur romaine s'exprimait plutôt par la magnificence colossale de l'architecture que par les chefs-d'œuvre de l'imagination. Ce luxe gigantesque, ces merveilles de la richesse, ont un grand caractère de dignité : ce n'était plus de la liberté, mais c'était toujours de la puissance. Les monuments consacrés aux bains publics s'appelaient des provinces ; on y réunissait les diverses productions et les divers établissements qui peuvent se trouver dans un pays tout entier. Le Cirque appelé *Circus maximus*, dont on voit encore les débris, touchait de si près aux palais des Césars, que Néron, des fenêtres de son palais, pouvait donner le signal des jeux. Le Cirque était assez grand pour contenir trois cent mille personnes. La nation presque tout entière était amusée dans le même moment : ces fêtes immenses pouvaient être considérées comme une sorte d'institution populaire, qui réunissait tous les hommes pour le plaisir, comme autrefois ils se réunissaient pour la gloire.

Le mont Quirinal et le mont Viminal se tiennent de si près, qu'il est difficile de les distinguer : c'était là qu'existaient la maison de Salluste et celle de Pompée ; c'est aussi là que le pape a maintenant fixé son séjour. On ne peut faire un pas dans Rome sans rapprocher le présent du passé, et les différents passés entre eux. Mais on apprend à se calmer sur les événements de son temps, en voyant l'éternelle mobilité de l'histoire des hommes ; et l'on a comme une sorte de honte de s'agiter, en présence de tant de siècles qui tous ont renversé l'ouvrage de leurs prédécesseurs.

A côté des sept collines, ou sur leur penchant, ou sur leur sommet, on voit s'élever une multitude de clochers, des obélisques, la colonne Trajane, la colonne Antonine, la tour de Conti, d'où l'on prétend que Néron contempla l'incendie de Rome, et la coupole de Saint-Pierre, qui domine encore sur tout ce qui domine. Il semble que l'air soit peuplé par tous ces monuments qui se prolongent vers le ciel, et qu'une ville aérienne plane avec majesté sur la ville de la terre.

En rentrant dans Rome, Corinne fit passer Oswald sous le portique d'Octavie, de cette femme qui a si bien aimé et tant souffert; puis ils traversèrent *la route Scélérate*, par laquelle l'infame Tullie a passé, foulant le corps de son père sous les pieds de ses chevaux : on voit de loin le temple élevé par Agrippine en l'honneur de Claude, qu'elle a fait empoisonner ; et l'on passe enfin devant le tombeau d'Auguste, dont l'enceinte intérieure sert aujourd'hui d'arène aux combats des animaux.

« Je vous ai fait parcourir bien rapidement, dit Corinne à lord Nelvil, quelques traces de l'histoire antique ; mais vous comprendrez le plaisir qu'on peut éprouver dans ces recherches à la fois savantes et poétiques, qui parlent à l'imagination comme à la pensée. Il y a dans Rome beaucoup d'hommes distingués dont la seule occupation est de découvrir un nouveau rapport entre l'histoire et les ruines. — Je ne sais point d'étude qui captivât davantage mon intérêt, reprit lord Nelvil, si je me sentais assez de calme pour m'y livrer : ce genre d'érudition est bien plus animé que celui qui s'acquiert par les livres : on dirait que l'on fait revivre ce qu'on découvre, et que le passé reparaît sous la poussière qui l'a enseveli. — Sans doute, dit Corinne ; et ce n'est pas un vain préjugé que cette passion pour les temps antiques. Nous vivons dans un siècle où l'intérêt personnel semble le seul principe de toutes les actions des hommes ; et quelle sympathie, quelle émotion, quel enthousiasme pourrait jamais résulter de l'intérêt personnel? Il est plus doux de rêver à ces jours de dévouement, de sacrifices et d'héroïsme, qui pourtant ont existé, et dont la terre porte encore les honorables traces. »

CHAPITRE VI.

Corinne se flattait en secret d'avoir captivé le cœur d'Oswald ; mais comme elle connaissait sa réserve et sa sévérité, elle n'avait point osé lui montrer tout l'intérêt qu'il lui inspirait, quoiqu'elle fût disposée, par caractère, à ne point cacher ce qu'elle éprouvait. Peut-être aussi croyait-elle que, même en se parlant sur des sujets étrangers à leur sentiment, leur voix avait un accent qui trahissait leur affection mutuelle, et qu'un aveu secret d'amour était peint dans leurs regards, et dans ce langage mélancolique et voilé qui pénètre si profondément dans l'ame.

Un matin, lorsque Corinne se préparait à continuer ses courses avec Oswald, elle reçut un billet de lui, presque cérémonieux, qui lui annonçait que le mauvais état de sa santé le retenait chez lui pour plusieurs jours. Une inquiétude douloureuse serra le cœur de Corinne ; d'abord elle craignit qu'il ne fût dangereusement malade : mais le comte d'Erfeuil, qu'elle vit le soir, lui dit que c'était un de ces accès de mélancolie auxquels il était très sujet, et pendant lesquels il ne voulait parler à personne. « Moi-même, dit alors le comte d'Erfeuil, quand il est comme cela, je ne le vois pas. » Ce *moi-même* déplaisait assez à Corinne ; mais elle se garda bien de le témoigner au seul homme qui pût lui donner des nouvelles de lord Nelvil. Elle l'interrogea, se flattant qu'un homme aussi léger, du moins en apparence, lui dirait tout ce qu'il savait. Mais tout-à-coup, soit qu'il voulût cacher par un air de mystère qu'Oswald ne lui avait rien confié, soit qu'il crût plus honorable de refuser ce qu'on lui demandait que de l'accorder, il opposa un silence imperturbable à l'ardente curiosité de Corinne. Elle, qui avait toujours eu de l'ascendant sur tous ceux à qui elle avait parlé, ne pouvait comprendre pourquoi ses moyens de persuasion étaient sans effet sur le comte d'Erfeuil : ne savait-elle pas que l'amour-propre est ce qu'il y a au monde de plus inflexible ?

Quelle ressource restait-il donc à Corinne pour savoir ce qui se passait dans le cœur d'Oswald ? Lui écrire ? Tant de mesure est nécessaire en écrivant ! et Corinne était surtout aimable par l'abandon et le naturel. Trois jours s'écoulèrent, pendant lesquels elle ne vit point lord Nelvil, et fut tourmentée par une agitation mortelle. « Qu'ai-je donc fait, se disait-elle, pour le détacher de moi ? Je ne lui ai point dit que je l'aimais, je n'ai point eu ce tort si terrible en Angleterre, et si pardonnable en Italie. L'a-t-il deviné ? Mais pourquoi m'en estimerait-il moins ? » Oswald ne s'était éloigné de Corinne que parcequ'il se sentait trop vivement entraîné par son charme. Bien qu'il n'eût pas donné sa parole d'épouser Lucile Edgermont, il savait que l'intention de son père avait été de la lui donner pour femme, et il desirait s'y conformer. Enfin Corinne n'était point connue sous son véritable nom, et menait, depuis plusieurs années, une vie beaucoup trop indépendante ; un tel mariage n'eût point obtenu (lord Nelvil le croyait) l'approbation de son père, et il sentait bien que ce n'était pas ainsi qu'il pouvait expier ses torts envers lui. Voilà quels étaient ses motifs pour s'éloigner de Corinne. Il avait formé le projet de lui écrire, en quittant Rome, ce qui le condamnait à cette résolution ; mais comme il ne s'en sentait pas la force, il se bornait à ne pas aller chez elle, et ce sacrifice toutefois lui parut dès le second jour trop pénible.

Corinne était frappée de l'idée qu'elle ne reverrait plus Oswald; qu'il s'en irait sans lui dire adieu. Elle s'attendait à chaque instant à recevoir la nouvelle de son départ, et cette crainte exaltait tellement son sentiment, qu'elle se sentit saisie tout-à-coup par la passion, par cette griffe de vautour sous laquelle le bonheur et l'indépendance succombent. Ne pouvant rester dans sa maison, où lord Nelvil ne venait pas, elle errait quelquefois dans les jardins de Rome, espérant le rencontrer. Elle supportait mieux les heures pendant lesquelles, se promenant au hasard, elle avait une chance quelconque de l'apercevoir. L'imagination ardente de Corinne était la source de son talent; mais, pour son malheur, cette imagination se mêlait à sa sensibilité naturelle, et la lui rendait souvent très douloureuse.

Le soir du quatrième jour de cette cruelle absence, il faisait un beau clair de lune, et Rome est bien belle pendant le silence de la nuit; il semble alors qu'elle n'est habitée que par ses illustres ombres. Corinne, en revenant de chez une femme de ses amies, oppressée par la douleur, descendit de sa voiture, et se reposa quelques instants près de la fontaine de Trevi, devant cette source abondante qui tombe en cascade au milieu de Rome, et semble comme la vie de ce tranquille séjour. Lorsque pendant quelques jours cette cascade s'arrête, on dirait que Rome est frappée de stupeur. C'est le bruit des voitures que l'on a besoin d'entendre dans les autres villes; à Rome, c'est le murmure de cette fontaine immense, qui semble comme l'accompagnement nécessaire à l'existence rêveuse qu'on y mène: l'image de Corinne se peignit dans cette onde, si pure, qu'elle porte depuis plusieurs siècles le nom de l'*eau virginale*. Oswald, qui s'était arrêté dans le même lieu peu de moments après, aperçut le charmant visage de son amie qui se répétait dans l'eau. Il fut saisi d'une émotion tellement vive, qu'il ne savait pas d'abord si c'était son imagination qui lui faisait apparaître l'ombre de Corinne, comme tant de fois elle lui avait montré celle de son père; il se pencha vers la fontaine pour mieux voir, et ses propres traits vinrent alors se réfléchir à côté de ceux de Corinne. Elle le reconnut, fit un cri, s'élança vers lui rapidement, et lui saisit le bras, comme si elle eût craint qu'il ne s'échappât de nouveau; mais à peine se fut-elle livrée à ce mouvement trop impétueux, qu'elle rougit, en se ressouvenant du caractère de lord Nelvil, d'avoir montré si vivement ce qu'elle éprouvait; et, laissant tomber la main qui retenait Oswald, elle se couvrit le visage avec l'autre pour cacher ses pleurs.

« Corinne, dit Oswald, chère Corinne, mon absence vous a donc rendue malheureuse? — Oh! oui, répondit-elle, et vous en étiez sûr. Pourquoi donc me faire du mal? ai-je mérité de souffrir par vous? — Non, s'écria lord Nelvil; non, sans doute. Mais si je ne me crois pas libre, si je sens que je n'ai dans le cœur que des inquiétudes et des regrets, pourquoi vous associerais-je à cette tourmente de sentiments et de craintes? Pourquoi... — Il n'est plus temps, interrompit Corinne, il n'est plus temps, la douleur est déjà dans mon sein; ménagez-moi. — Vous, de la douleur? reprit Oswald; est-ce au milieu d'une carrière si brillante, de tant de succès, avec une imagination si vive? — Arrêtez, dit Corinne, vous ne me connaissez pas : de toutes mes facultés, la plus puissante, c'est la faculté de souffrir. Je suis née pour le bonheur; mon caractère est confiant, mon imagination est animée; mais la peine excite en moi je ne sais quelle impétuosité qui peut troubler ma raison, ou me donner la mort. Je vous le répète encore, ménagez-moi; la gaieté, la mobilité ne me servent qu'en apparence; mais il y a dans mon ame des abîmes de tristesse dont je ne pouvais me défendre qu'en me préservant de l'amour. »

Corinne prononça ces mots avec une expression qui émut vivement Oswald. « Je reviendrai vous voir demain matin, reprit-il; n'en doutez pas, Corinne. — Me le jurez-vous? dit-elle avec une inquiétude qu'elle s'efforçait en vain de cacher: — Oui, je le jure, » s'écria lord Nelvil; et il disparut.

LIVRE V.

LES TOMBEAUX, LES ÉGLISES ET LES PALAIS.

CHAPITRE PREMIER.

Le lendemain, Oswald et Corinne furent embarrassés l'un et l'autre en se revoyant. Corinne n'avait plus de confiance dans l'amour qu'elle inspirait. Oswald était mécontent de lui-même; il se connaissait dans le caractère un genre de faiblesse qui l'irritait quelquefois contre ses propres sentiments, comme contre une tyrannie; et tous les deux cherchèrent à ne pas se parler de leur affection mutuelle. « Je vous propose aujourd'hui, dit Corinne, une course assez solennelle, mais qui sûrement vous intéressera : allons voir les tombeaux, allons voir le dernier asile de ceux qui vécurent parmi les monuments dont nous avons contemplé les ruines. — Oui, répondit Oswald, vous avez deviné ce qui convient à la disposition actuelle de mon ame; » et il prononça ces mots avec un accent si douloureux, que Corinne se tut quelques moments, n'osant pas essayer de lui parler. Mais reprenant courage, par le désir de soulager Oswald de ses peines en l'intéressant vivement à tout ce qu'ils voyaient ensemble, elle lui dit : « Vous le savez, milord, loin que chez les anciens l'aspect des tombeaux décourageât les vivants, on croyait inspirer une émulation nouvelle en plaçant ces tombeaux sur les routes publiques, afin que, retraçant aux jeunes gens le souvenir des hommes illustres, ils invitassent silencieusement à les imiter. — Ah ! que j'envie, dit Oswald en soupirant, tous ceux dont les regrets ne sont pas mêlés à des remords ! — Vous, des remords, s'écria Corinne, vous ! Ah ! je suis certaine qu'ils ne sont en vous qu'une vertu de plus, un scrupule du cœur, une délicatesse exaltée. — Corinne, Corinne, n'approchez pas de ce sujet, interrompit Oswald : dans votre heureuse contrée, les sombres pensées disparaissent à la clarté des cieux; mais la douleur qui a creusé jusqu'au fond de notre ame ébranle à jamais toute notre existence. — Vous me jugez mal, répondit Corinne ; je vous l'ai déja dit, bien que mon caractère soit fait pour jouir vivement du bonheur, je souffrirais plus que vous, si.... » Elle n'acheva pas, et changea de discours. « Mon seul desir, milord, continua-t-elle, c'est de vous distraire un moment; je n'espère rien de plus. » La douceur de cette réponse toucha lord Nelvil ; et, voyant une expression de mélancolie dans les regards de Corinne, naturellement si pleins d'intérêt et de flamme, il se reprocha d'attrister une personne née pour les impressions vives et douces, et s'efforça de l'y ramener. Mais l'inquiétude qu'éprouvait Corinne sur les projets d'Oswald, sur la possibilité de son départ, troublait entièrement sa sérénité accoutumée.

Elle conduisit lord Nelvil hors des portes de la ville, sur les anciennes traces de la voie Appienne. Ces traces sont marquées, au milieu de la campagne de Rome, par des tombeaux à droite et à gauche, dont les ruines se voient à perte de vue, à plusieurs milles en-delà des murs. Les Romains ne souffraient pas qu'on ensevelît les morts dans l'intérieur de la ville ; les tombeaux seuls des empereurs y étaient admis. Cependant un simple citoyen, nommé Publius Biblius, obtint cette faveur, en récompense de ses vertus obscures. Les contemporains, en effet, honorent plus volontiers celles-là que toutes les autres.

On passe, pour aller à la voie Appienne, par la porte Saint-Sébastien, autrefois appelée *Capene*. Cicéron dit qu'en sortant par cette porte, les tombeaux qu'on aperçoit les premiers sont ceux des Métellus, des Scipions et des Servilius. Le tombeau de la famille des Scipions a été trouvé dans ces lieux mêmes, et transporté depuis au Vatican. C'est presque un sacrilége de déplacer les cendres, d'altérer les ruines : l'imagination tient de plus près qu'on ne croit à la morale ; il ne faut pas l'offenser. Parmi tant de tombeaux qui frappent les regards, on place des noms au hasard, sans pouvoir être assuré de ce qu'on suppose ; mais cette incertitude même inspire une émotion qui ne permet de voir avec indifférence aucun de ces monuments. Il en est dans lesquels des maisons de paysans sont pratiquées ; car les Romains consacraient un grand espace et des édifices assez vastes à l'urne funéraire de leurs amis ou de leurs concitoyens illustres. Ils n'avaient pas cet aride principe d'utilité, qui fertilise quelques coins de terre de plus, en frappant de stérilité le vaste domaine du sentiment et de la pensée.

On voit, à quelque distance de la voie Appienne, un temple élevé par la république à l'Honneur et à la Vertu ; un autre au dieu qui a fait retourner Annibal sur ses pas ; la fontaine d'Égérie, où Numa allait consulter la divinité des hommes de bien, la conscience interrogée dans la solitude. Il semble qu'autour de ces tombeaux les traces seules des vertus subsistent encore. Aucun monument des siècles du crime ne se trouve à côté des lieux où reposent ces illustres morts ; ils se sont entourés d'un honorable espace, où les plus nobles souvenirs peuvent régner sans être troublés.

L'aspect de la campagne, autour de Rome, a quelque chose de singulièrement remarquable : sans doute c'est un désert, car il n'y a point d'arbres ni d'habitations ; mais la terre est couverte de plantes naturelles, que l'énergie de la végétation renouvelle sans cesse. Ces plantes parasites se glissent dans les tombeaux, décorent les ruines, et semblent là seulement pour honorer les morts. On dirait que l'orgueilleuse nature a repoussé tous les travaux de l'homme, depuis que les Cincinnatus ne conduisent plus la charrue qui sillonnait son sein; elle produit des plantes au hasard, sans permettre que les vivants se servent de sa richesse. Ces plaines incultes doivent déplaire aux agriculteurs, aux administrateurs, à tous ceux qui spéculent sur la terre, et veulent l'exploiter pour les besoins de l'homme; mais les ames rêveuses, que la mort occupe autant que la vie, se plaisent à contempler cette campagne de Rome, où le temps présent n'a imprimé aucune trace; cette terre qui chérit ses morts, et les couvre avec amour des inutiles fleurs, des inutiles plantes qui se traînent sur le sol, et ne s'élèvent jamais assez pour se séparer des cendres qu'elles ont l'air de caresser.

Oswald convint que dans ce lieu l'on devait goûter plus de calme que partout ailleurs. L'ame n'y souffre pas autant par les images que la douleur lui représente; il semble que l'on partage encore avec ceux qui ne sont plus les charmes de cet air, de ce soleil et de cette verdure. Corinne observa l'impression que recevait lord Nelvil, et elle en conçut quelque espérance : elle ne se flattait point de consoler Oswald; elle n'eût pas même souhaité d'effacer de son cœur les justes regrets qu'il devait à la perte de son père; mais il y a dans le sentiment même des regrets quelque chose de doux et d'harmonieux, qu'il faut tâcher de faire connaître à ceux qui n'en ont encore éprouvé que les amertumes : c'est le seul bien qu'on puisse leur faire.

« Arrêtons-nous ici, dit Corinne, en face de ce tombeau, le seul qui reste encore presque en entier : ce n'est point le tombeau d'un Romain célèbre, c'est celui de Cécilia Métella, jeune fille à qui son père a fait élever ce monument. — Heureux, dit Oswald, heureux les enfants qui meurent dans les bras de leur père, et qui reçoivent la mort dans le sein qui leur donna la vie! la mort elle-même alors perd son aiguillon pour eux.

« — Oui, dit Corinne avec émotion, heureux ceux qui ne sont pas orphelins! Voyez, on a sculpté des armes sur ce tombeau, bien que ce soit celui d'une femme; mais les filles des héros peuvent avoir sur leurs tombes les trophées de leur père : c'est une belle union que celle de l'innocence et de la valeur! Il y a une élégie de Properce qui peint mieux qu'aucun autre écrit de l'antiquité cette dignité des femmes chez les Romains, plus imposante et plus pure que l'éclat même dont elles jouissaient pendant le temps de la chevalerie. Cornélie, morte dans sa jeunesse, adresse à son époux les adieux et les consolations les plus touchantes, et l'on y sent presque à chaque mot tout ce qu'il y a de respectable et de sacré dans les liens de famille. Le noble orgueil d'une vie sans tache se peint dans cette poésie majestueuse des Latins, dans cette poésie noble et sévère comme les maîtres du monde. *Oui, dit Cornélie, aucune tache n'a souillé ma vie, depuis l'hymen jusqu'au bûcher; j'ai vécu pure entre les deux flambeaux*[1]. Quelle admirable expression ! s'écria Corinne ! quelle image sublime ! et qu'il est digne d'envie, le sort de la femme qui peut avoir ainsi conservé la plus parfaite unité dans sa destinée, et n'emporte au tombeau qu'un souvenir ! c'est assez pour une vie. »

En achevant ces mots, les yeux de Corinne se remplirent de larmes; un sentiment cruel, un soupçon pénible s'empara du cœur d'Oswald. « Corinne, s'écria-t-il, Corinne, votre ame délicate n'a-t-elle rien à se reprocher? Si je pouvais disposer de moi, si je pouvais m'offrir à vous, n'aurais-je point de rivaux dans le passé? pourrais-je être fier de mon choix? une jalousie cruelle ne troublerait-elle pas mon bonheur? — Je suis libre, et je vous aime comme je n'ai jamais aimé, répondit Corinne : que voulez-vous de plus? Faut-il me condamner à vous avouer qu'avant de vous avoir connu, mon imagination a pu me tromper sur l'intérêt qu'on m'inspirait? Et n'y a-t-il pas dans le cœur de l'homme une pitié divine pour les erreurs que le sentiment, ou du moins l'illusion du sentiment, aurait fait commettre? » En achevant ces mots, une rougeur modeste couvrit son visage. Oswald tressaillit, mais il se tut. Il y avait dans le regard de Corinne une expression de repentir et de timidité qui ne lui permit pas de la juger avec rigueur, et il lui sembla qu'un rayon du ciel descendait sur elle pour l'absoudre. Il prit sa main, la serra contre son cœur, et se mit à genoux devant elle, sans rien prononcer, sans rien promettre, mais en la contemplant avec un regard d'amour qui laissait tout espérer.

« Croyez-moi, dit Corinne à lord Nelvil, ne formons point de plan pour les années qui suivront. Les plus heureux moments de la vie sont encore ceux qu'un hasard bienfaisant nous accorde. Est-ce donc ici, est-ce donc au milieu des tombeaux qu'il faut

---

[1] Viximus insignes inter utramque facem.
PROPERCE.

tant croire à l'avenir ? — Non, s'écria lord Nelvil, non, je ne crois point à l'avenir qui nous séparerait ! Ces quatre jours d'absence m'ont trop bien appris que je n'existais plus maintenant que par vous. » Corinne ne répondit rien à ces douces paroles, mais elle les recueillit religieusement dans son cœur ; elle craignait toujours, en prolongeant l'entretien sur le sentiment qui seul l'occupait, d'exciter Oswald à déclarer ses projets, avant qu'une plus longue habitude lui rendît la séparation impossible. Souvent même elle dirigeait à dessein son attention vers les objets extérieurs, comme cette sultane des contes arabes, qui cherchait à captiver par mille récits divers l'intérêt de celui qu'elle aimait, afin d'éloigner la décision de son sort, jusqu'au moment où les charmes de son esprit remportèrent la victoire.

CHAPITRE II.

Non loin de la voie Appienne, Oswald et Corinne se firent montrer les *Columbarium*, où les esclaves sont réunis à leurs maîtres, où l'on voit dans un même tombeau tout ce qui vécut par la protection d'un seul homme ou d'une seule femme. Les femmes de Livie, par exemple, celles qui, consacrées jadis aux soins de sa beauté, luttaient pour elle contre le temps, et disputaient aux années quelques uns de ses charmes, sont placées à côté d'elle dans de petites urnes. On croit voir une collection de morts obscurs autour d'un mort illustre, non moins silencieux que son cortége. A peu de distance de là, l'on aperçoit un champ où les vestales infidèles à leurs vœux étaient enterrées vivantes : singulier exemple de fanatisme dans une religion naturellement tolérante.

« Je ne vous mènerai point aux Catacombes, dit Corinne à lord Nelvil, quoique, par un hasard singulier, elles soient au-dessous de cette voie Appienne, et qu'ainsi les tombeaux reposent sur les tombeaux. Mais cet asile des chrétiens persécutés a quelque chose de si sombre et de si terrible, que je ne puis me résoudre à y retourner : ce n'est pas cette mélancolie touchante que l'on respire dans les lieux ouverts, c'est le cachot près du sépulcre, c'est le supplice de la vie à côté des horreurs de la mort. Sans doute on se sent pénétré d'admiration pour les hommes qui, par la seule puissance de l'enthousiasme, ont pu supporter cette vie souterraine, et se sont ainsi séparés entièrement du soleil et de la nature; mais l'ame est si mal à l'aise dans ce lieu, qu'il n'en peut résulter aucun bien pour elle. L'homme est une partie de la création; il faut qu'il trouve son harmonie morale dans l'ensemble de l'univers, dans l'ordre habituel de la destinée; et de certaines exceptions violentes et redoutables peuvent étonner la pensée, mais effraient tellement l'imagination, que la disposition habituelle de l'ame ne saurait y gagner. Allons plutôt, continua Corinne, voir la pyramide de Cestius; les protestants qui meurent ici sont tous ensevelis autour de cette pyramide, et c'est un doux asile, tolérant et libéral. — Oui, répondit Oswald; c'est là que plusieurs de mes compatriotes ont trouvé leur dernier séjour. Allons-y; peut-être est-ce ainsi du moins que je ne vous quitterai jamais. » Corinne frémit à ces mots, et sa main tremblait en s'appuyant sur le bras de lord Nelvil. « Je suis mieux, reprit-il, bien mieux, depuis que je vous connais. » Et le visage de Corinne fut éclairé de nouveau par cette joie douce et tendre, son expression habituelle.

Cestius présidait aux jeux des Romains; son nom ne se trouve point dans l'histoire, mais il est illustré par son tombeau. La pyramide massive qui le renferme défend sa mort de l'oubli qui a tout-à-fait effacé sa vie. Aurélien, craignant qu'on ne se servît de cette pyramide comme d'une forteresse, pour attaquer Rome, l'a fait enclaver dans les murs qui subsistent encore, non pas comme d'inutiles ruines, mais comme l'enceinte actuelle de Rome moderne. On dit que les pyramides imitent, par leur forme, la flamme qui s'élève sur un bûcher. Ce qu'il y a de certain, c'est que cette forme mystérieuse attire les regards, et donne un caractère pittoresque à tous les points de vue dont elle fait partie. En face de cette pyramide est le mont Testacée, sous lequel il y a des grottes extrêmement fraîches, où l'on donne des festins pendant l'été. Les festins, à Rome, ne sont point troublés par la vue des tombeaux. Les pins et les cyprès qu'on aperçoit de distance en distance dans la riante campagne d'Italie retracent aussi ces souvenirs solennels; et ce contraste produit le même effet que les vers d'Horace,

.... Moriture Delli,
....
Linquenda tellus, et domus, et placens
Uxor[1],

[1] Dellius, il faut mourir,.... il faut quitter la terre, et ta demeure, et ton épouse chérie.

au milieu des poésies consacrées à toutes les jouissances de la terre. Les anciens ont toujours senti que l'idée de la mort a sa volupté; l'amour et les fêtes la rappellent, et l'émotion d'une joie vive semble s'accroître par l'idée même de la brièveté de la vie.

Corinne et lord Nelvil revinrent de la course des tombeaux en côtoyant les bords du Tibre. Jadis il était couvert de vaisseaux et bordé de palais; jadis ses inondations mêmes étaient regardées comme des présages : c'était le fleuve prophète, la divinité tutélaire de Rome [1]. Maintenant on dirait qu'il coule parmi les ombres, tant il est solitaire, tant la couleur de ses eaux paraît livide. Les plus beaux monuments des arts, les plus admirables statues ont été jetées dans le Tibre, et sont cachées sous ses flots. Qui sait si, pour les chercher, on ne le détournera pas un jour de son lit? Mais quand on songe que les chefs-d'œuvre du génie humain sont peut-être là, devant nous, et qu'un œil plus perçant les verrait à travers les ondes, l'on éprouve je ne sais quelle émotion, qui sans cesse renaît à Rome sous diverses formes, et fait trouver une société pour la pensée dans les objets physiques, muets partout ailleurs.

CHAPITRE III.

Raphaël a dit que Rome moderne était presque en entier bâtie avec les débris de Rome ancienne; et il est certain qu'on n'y peut faire un pas sans être frappé de quelques restes de l'antiquité. L'on aperçoit les *murs éternels*, selon l'expression de Pline, à travers l'ouvrage des derniers siècles; les édifices de Rome portent presque tous une empreinte historique; on y peut remarquer, pour ainsi dire, la physionomie des âges. Depuis les Étrusques jusqu'à nos jours, depuis ces peuples plus anciens que les Romains mêmes, et qui ressemblent aux Égyptiens par la solidité de leurs travaux et la bizarrerie de leurs dessins; depuis ces peuples jusqu'au cavalier Bernin, cet artiste maniéré comme les poëtes italiens du dix-septième siècle, on peut observer l'esprit humain à Rome dans les différents caractères des arts, des édifices et des

[1] PLIN., *Hist. natur.*, l. III. Tiberis,... quamlibet magnarum navium ex Italo mari capax, rerum in toto orbe nascentium mercator placidissimus, pluribus prope solus, quam ceteri in omnibus terris amnes, accolitur, aspiciturque villis. Nullique fluviorum minus licet, inclusis utrinque lateribus : nec tamen ipse pugnat, quanquam creber ac subitis incrementis, et nusquam magis aquis quam in ipsa urbe stagnantibus. Quin imo vates intelligitur potius ac monitor, auctu semper religiosus verius quam sævus.

ruines. Le moyen âge et le siècle brillant des Médicis reparaissent à nos yeux par leurs œuvres, et cette étude du passé, dans les objets présents à nos regards, nous fait pénétrer le génie des temps. On croit que Rome avait autrefois un nom mystérieux, qui n'était connu que de quelques adeptes; il semble qu'il est encore nécessaire d'être initié dans le secret de cette ville. Ce n'est pas simplement un assemblage d'habitations, c'est l'histoire du monde figurée par divers emblèmes, et représentée sous diverses formes.

Corinne convint avec lord Nelvil qu'ils iraient voir ensemble d'abord les édifices de Rome moderne, et qu'ils réserveraient pour un autre temps les admirables collections de tableaux et de statues qu'elle renferme. Peut-être, sans s'en rendre raison, Corinne desirait-elle de renvoyer le plus qu'il était possible ce qu'on ne peut se dispenser de connaître à Rome; car qui l'a jamais quittée sans avoir contemplé l'Apollon du Belvédère et les tableaux de Raphaël? Cette garantie, toute faible qu'elle était, qu'Oswald ne partirait pas encore, plaisait à son imagination. Y a-t-il de la fierté, dira-t-on, à vouloir retenir ce qu'on aime par un autre motif que celui du sentiment? Je ne sais; mais plus on aime, moins on se fie au sentiment que l'on inspire; et quelle que soit la cause qui nous assure la présence de l'objet qui nous est cher, on l'accepte toujours avec joie. Il y a souvent bien de la vanité dans un certain genre de fierté; et si des charmes généralement admirés, tels que ceux de Corinne, ont un véritable avantage, c'est qu'ils permettent de placer son orgueil dans le sentiment qu'on éprouve, plus encore que dans celui qu'on inspire.

Corinne et lord Nelvil recommencèrent leurs courses par les églises les plus remarquables entre les nombreuses églises de Rome : elles sont toutes décorées par les magnificences antiques, mais quelque chose de sombre et de bizarre se mêle à ces beaux marbres, à ces ornements de fête enlevés aux temples païens. Les colonnes de porphyre et de granit étaient en si grand nombre à Rome, qu'on les a prodiguées presque sans y attacher aucun prix. A Saint-Jean de Latran, dans cette église fameuse par les conciles qui y ont été tenus, on trouve une telle quantité de colonnes de marbre, qu'il en est plusieurs qu'on a recouvertes d'un mastic de plâtre pour en faire des pilastres; tant la multitude de ces richesses y avait rendu indifférent!

Quelques unes de ces colonnes étaient dans le tombeau d'Adrien, d'autres au Capitole; celles-ci portent encore sur leur chapiteau la figure des oies qui ont sauvé le peuple romain : ces colonnes soutiennent des ornements gothiques, et quelques unes, des ornements à la manière des Arabes. L'urne d'Agrippa recèle les cendres d'un pape ; car les morts eux-mêmes ont cédé la place à d'autres morts, et les tombeaux ont presque aussi souvent changé de maîtres que la demeure des vivants.

Près de Saint-Jean de Latran est l'escalier saint, transporté, dit-on, de Jérusalem à Rome. On ne peut le monter qu'à genoux. César lui-même et Claude montèrent aussi à genoux l'escalier qui conduisait au temple de Jupiter Capitolin. A côté de Saint-Jean de Latran est le baptistère où l'on dit que Constantin fut baptisé. Au milieu de la place l'on voit un obélisque qui est peut-être le plus ancien monument qui soit dans le monde : un obélisque contemporain de la guerre de Troie, un obélisque que le barbare Cambyse respecta cependant assez pour faire arrêter en son honneur l'incendie d'une ville, un obélisque pour lequel un roi mit en gage la vie de son fils unique. Les Romains l'ont fait arriver miraculeusement du fond de l'Égypte jusqu'en Italie ; ils détournèrent le Nil de son cours, pour qu'il allât le chercher et le transportât jusqu'à la mer : cet obélisque est encore couvert des hiéroglyphes qui gardent leur secret depuis tant de siècles, et défient jusqu'à ce jour les plus savantes recherches. Les Indiens, les Égyptiens, l'antiquité de l'antiquité, nous seraient peut-être révélés par ces signes. Le charme merveilleux de Rome, ce n'est pas seulement la beauté réelle de ses monuments, mais l'intérêt qu'ils inspirent, en excitant à penser ; et ce genre d'intérêt s'accroît chaque jour par chaque étude nouvelle.

Une des églises les plus singulières de Rome, c'est Saint-Paul : son extérieur est celui d'une grange mal bâtie, et l'intérieur est orné par quatre-vingts colonnes d'un marbre si beau, d'une forme si parfaite, qu'on croit qu'elles appartiennent à un temple d'Athènes décrit par Pausanias. Cicéron dit : *Nous sommes entourés des vestiges de l'histoire.* S'il le disait alors, que dirons-nous maintenant ?

Les colonnes, les statues, les bas-reliefs de l'ancienne Rome sont tellement prodigués dans les églises de la ville moderne, qu'il en est une (Sainte-Agnès) où des bas-reliefs retournés servent de marches à un escalier, sans qu'on se soit donné la peine de savoir ce qu'ils représentent. Quel étonnant aspect offrirait maintenant Rome antique, si l'on avait laissé les colonnes, les marbres, les statues, à la place même où ils ont été trouvés ! la ville ancienne presque en entier serait encore debout; mais les hommes de nos jours oseraient-ils s'y promener ?

Les palais des grands seigneurs sont extrêmement vastes, d'une architecture souvent très belle, et toujours imposante ; mais les ornements de l'intérieur sont rarement de bon goût, et l'on n'y a point l'idée de ces appartements élégants que les jouissances perfectionnées de la vie sociale ont fait inventer ailleurs. Ces vastes demeures des princes romains sont désertes et silencieuses ; les paresseux habitants de ces palais se retirent chez eux dans quelques petites chambres inaperçues, et laissent les étrangers parcourir leurs magnifiques galeries, où les plus beaux tableaux du siècle de Léon X sont réunis. Ces grands seigneurs romains sont aussi étrangers maintenant au luxe pompeux de leurs ancêtres, que ces ancêtres l'étaient eux-mêmes aux vertus austères des Romains de la république. Les maisons de campagne donnent encore davantage l'idée de cette solitude, de cette indifférence des possesseurs au milieu des plus admirables séjours du monde. On se promène dans ces immenses jardins sans se douter qu'ils aient un maître. L'herbe croît au milieu des allées ; et, dans ces mêmes allées abandonnées, les arbres sont taillés artistement, selon l'ancien goût qui régnait en France : singulière bizarrerie, que cette négligence du nécessaire et cette affectation de l'inutile ! Mais on est souvent surpris à Rome, et dans la plupart des autres villes d'Italie, du goût qu'ont les Italiens pour les ornements maniérés, eux qui ont sans cesse sous les yeux la noble simplicité de l'antique. Ils aiment ce qui est brillant, plutôt que ce qui est élégant et commode. Ils ont en tout genre les avantages et les inconvénients de ne point vivre habituellement en société. Leur luxe est pour l'imagination, plutôt que pour la jouissance : isolés qu'ils sont entre eux, ils ne peuvent redouter l'esprit de moquerie, qui pénètre rarement à Rome dans les secrets de la maison ; et l'on dirait souvent, à voir le contraste du dedans et du dehors des palais, que la plupart des grands seigneurs d'Italie arrangent leurs demeures pour éblouir les passants, mais non pour y recevoir des amis.

Après avoir parcouru les églises et les palais, Corinne conduisit Oswald dans la villa Mellini, jardin solitaire, et sans autre ornement que des arbres magnifiques. On voit de là, dans l'éloignement, la chaîne des Apennins; la transparence de l'air colore ces montagnes, les rapproche, et les dessine d'une manière singulièrement pittoresque. Oswald et Corinne restèrent dans ce lieu quelque temps, pour goûter le charme du ciel et la tranquillité de la nature. On ne peut avoir l'idée de cette tranquillité singulière, quand on n'a pas vécu dans les contrées méridionales. L'on ne sent pas, dans un jour chaud, le plus léger souffle de vent. Les plus faibles brins de gazon sont d'une immobilité parfaite; les animaux eux-mêmes partagent l'indolence inspirée par le beau temps; à midi, vous n'entendez point le bourdonnement des mouches, ni le bruit des cigales, ni le chant des oiseaux; nul ne se fatigue en agitations inutiles et passagères; tout dort, jusqu'au moment où les orages, où les passions réveillent la nature véhémente, qui sort avec impétuosité de son propre repos.

Il y a dans les jardins de Rome un grand nombre d'arbres toujours verts, qui ajoutent encore à l'illusion que fait déjà la douceur du climat pendant l'hiver. Des pins d'une élégance particulière, larges et touffus vers le sommet, et rapprochés l'un de l'autre, forment comme une espèce de plaine dans les airs, dont l'effet est charmant, quand on monte assez haut pour l'apercevoir. Les arbres inférieurs sont placés à l'abri de cette voûte de verdure. Deux palmiers seulement se trouvent dans Rome, et sont tous les deux dans des jardins de moines : l'un d'eux, placé sur une hauteur, sert de point de vue à distance, et l'on a toujours un sentiment de plaisir en apercevant, en retrouvant, dans les diverses perspectives de Rome, ce député de l'Afrique, cette image d'un midi plus brûlant encore que celui de l'Italie, et qui réveille tant d'idées et de sensations nouvelles.

« Ne trouvez-vous pas, dit Corinne en contemplant avec Oswald la campagne dont ils étaient environnés, que la nature en Italie fait plus rêver que partout ailleurs? On dirait qu'elle est ici plus en relation avec l'homme, et que le Créateur s'en sert comme d'un langage entre la créature et lui. — Sans doute, reprit Oswald, je le crois ainsi; mais qui sait si ce n'est pas l'attendrissement profond que vous excitez dans mon cœur, qui me rend sensible à tout ce que je vois? Vous me révélez les pensées et les émotions que les objets extérieurs peuvent faire naître. Je ne vivais que dans mon cœur, vous avez réveillé mon imagination. Mais cette magie de l'univers que vous m'apprenez à connaître ne m'offrira jamais rien de plus beau que votre regard, de plus touchant que votre voix. — Puisse ce sentiment que je vous inspire aujourd'hui durer autant que ma vie, dit Corinne; ou du moins puisse ma vie ne pas durer plus que lui! »

Oswald et Corinne terminèrent leur voyage de Rome par la villa Borghèse, celui de tous les jardins et de tous les palais romains où les splendeurs de la nature et des arts sont rassemblées avec le plus de goût et d'éclat. On y voit des arbres de toutes les espèces, et des eaux magnifiques. Une réunion incroyable de statues, de vases, de sarcophages antiques, se mêlent avec la fraîcheur de la jeune nature du Sud. La mythologie des anciens y semble ranimée. Les naïades sont placées sur le bord des ondes, les nymphes dans des bois dignes d'elles, les tombeaux sous des ombrages élyséens; la statue d'Esculape est au milieu d'une île; celle de Vénus semble sortir des ondes; Ovide et Virgile pourraient se promener dans ce beau lieu, et se croire encore au siècle d'Auguste. Les chefs-d'œuvre de sculpture que renferme le palais lui donnent une magnificence à jamais nouvelle. On aperçoit de loin, à travers les arbres, la ville de Rome et Saint-Pierre, et la campagne, et les longues arcades, débris des aqueducs qui transportaient les sources des montagnes dans l'ancienne Rome. Tout est là pour la pensée, pour l'imagination, pour la rêverie. Les sensations les plus pures se confondent avec les plaisirs de l'ame, et donnent l'idée d'un bonheur parfait; mais quand on demande : Pourquoi ce séjour ravissant n'est-il pas habité? l'on vous répond que le mauvais air (*la cattiva aria*) ne permet pas d'y vivre pendant l'été.

Ce mauvais air fait, pour ainsi dire, le siége de Rome; il avance chaque année quelques pas de plus, et l'on est forcé d'abandonner les plus charmantes habitations à son empire : sans doute l'absence d'arbres dans la campagne, autour de la ville, est une des causes de l'insalubrité de l'air, et c'est peut-être pour cela que les anciens Romains avaient consacré les bois aux déesses, afin de les faire respecter par le peuple. Maintenant des forêts sans nombre ont été abattues : pourrait-il en effet exister de nos jours des lieux assez sanctifiés pour que l'avidité s'abstînt de les dévaster? Le mauvais air est le fléau des habitants de Rome, et menace la ville d'une entière dépopulation; mais il ajoute peut-être encore à l'effet que produisent les superbes jardins qu'on voit dans l'enceinte de Rome. L'influence maligne ne se fait sentir par aucun signe extérieur; vous respirez un air qui semble pur, et qui est très agréable ; la terre est riante et fertile ; une fraîcheur délicieuse vous repose le soir des chaleurs brûlantes du jour ; et tout cela, c'est la mort !

« J'aime, disait Oswald à Corinne, ce danger mystérieux, invisible, ce danger sous la forme des impressions les plus douces. Si la mort n'est, comme je le crois, qu'un appel à une existence plus heureuse, pourquoi le parfum des fleurs, l'ombrage des beaux arbres, le souffle rafraîchissant du soir, ne seraient-ils pas chargés de nous en apporter la nouvelle? Sans doute le gouvernement doit veiller de toutes les manières à la conservation de la vie humaine ; mais la nature a des secrets que l'imagination seule peut pénétrer ; et je conçois facilement que les habitants et les étrangers ne se dégoûtent point de Rome, par le genre de péril que l'on y court pendant les plus belles saisons de l'année. »

LIVRE VI.

LES MOEURS ET LE CARACTÈRE DES ITALIENS.

CHAPITRE PREMIER.

L'irrésolution du caractère d'Oswald, augmentée par ses malheurs, le portait à craindre tous les partis irrévocables. Il n'avait pas même osé, dans son incertitude, demander à Corinne le secret de son nom et de sa destinée, et cependant son amour pour elle acquérait chaque jour de nouvelles forces ; il ne la regardait jamais sans émotion ; il pouvait à peine, au milieu de la société, s'éloigner, même pour un instant, de la place où elle était assise ; elle ne disait pas un mot qu'il ne sentît ; elle n'avait pas un instant de tristesse ou de gaieté dont le reflet ne se peignît sur sa propre physionomie. Mais tout en admirant, tout en aimant Corinne, il se rappelait combien une telle femme s'accordait peu avec la manière de vivre des Anglais, combien elle différait de l'idée que son père s'était formée de celle qu'il lui convenait d'épouser ; et ce qu'il disait à Corinne se ressentait du trouble et de la contrainte que ces réflexions faisaient naître en lui.

Corinne ne s'en apercevait que trop bien ; mais il lui en aurait tant coûté de rompre avec lord Nelvil, qu'elle se prêtait elle-même à ce qu'il n'y eût point entre eux d'explication décisive ; et comme elle avait dans le caractère assez d'imprévoyance, elle était heureuse du présent tel qu'il était, quoiqu'il lui fût impossible de savoir ce qui devait en arriver.

Elle s'était entièrement séparée du monde, pour se consacrer à son sentiment pour Oswald. Mais à la fin, blessée de son silence sur leur avenir, elle résolut d'accepter une invitation pour un bal où elle était vivement desirée. Rien n'est plus indifférent à Rome que de quitter la société et d'y reparaître tour à tour, selon que cela convient : c'est le pays où l'on s'occupe le moins de ce qu'on appelle ailleurs le *commérage* ; chacun fait ce qu'il veut, sans que personne s'en informe, à moins qu'on ne rencontre dans les autres un obstacle à son amour ou à son ambition. Les Romains ne s'inquiètent pas plus de la conduite de leurs compatriotes que de celle des étrangers qui passent et repassent dans leur ville, rendez-vous des Européens. Quand lord Nelvil sut que Corinne allait au bal, il en éprouva de l'humeur. Il avait cru voir en elle depuis quelque temps une disposition mélancolique qui sympathisait avec la sienne ; tout-à-coup elle lui parut vivement occupée de la danse, de ce talent dans lequel elle excellait, et son imagination semblait animée par la perspective d'une fête. Corinne n'était pas une personne frivole ; mais elle se sentait chaque jour plus subjuguée par son amour pour Oswald, et elle voulait essayer d'en affaiblir la force. Elle savait par expérience que la réflexion et les sacrifices ont moins de pouvoir sur les caractères passionnés que la distraction, et elle pensait que la raison ne consiste pas à triompher de soi selon les règles, mais comme on le peut.

« Il faut, disait-elle à lord Nelvil, qui lui reprochait cette intention, il faut pourtant que je sache s'il n'y a plus que vous au monde qui puissiez remplir ma vie, si ce qui me plaisait autrefois ne peut pas encore m'amuser, et si le sentiment que vous m'inspirez doit absorber tout autre intérêt et toute autre idée. — Vous voulez donc cesser de m'aimer ? reprit Oswald. — Non, répondit Corinne ; mais ce n'est que dans la vie domestique qu'il peut être doux de se sentir ainsi dominée par une seule affection. Moi qui ai besoin de mes talents, de mon esprit, de mon imagination, pour soutenir l'éclat de la vie que j'ai adoptée, cela me fait mal, et beaucoup de mal, d'aimer comme je vous aime. — Vous ne me sacrifieriez donc pas, lui dit Oswald, ces hommages, cette gloire...

— Que vous importe, dit Corinne, de savoir si je vous les sacrifierais? il ne faut pas, puisque nous ne sommes point destinés l'un à l'autre, flétrir à jamais pour moi le genre de bonheur dont je dois me contenter. » Lord Nelvil ne répondit point, parcequ'il fallait, en exprimant son sentiment, dire aussi quel dessein ce sentiment lui inspirait; et son cœur l'ignorait encore. Il se tut donc en soupirant, et suivit Corinne au bal, quoiqu'il lui en coûtât beaucoup d'y aller.

C'était la première fois, depuis son malheur, qu'il revoyait une grande assemblée; et le tumulte d'une fête lui causa une telle impression de tristesse, qu'il resta long-temps dans une salle à côté de celle du bal, la tête appuyée sur sa main, et ne cherchant pas même à voir danser Corinne. Il écoutait cette musique de danse, qui, comme toutes les musiques, fait rêver, bien qu'elle ne semble destinée qu'à la joie. Le comte d'Erfeuil arriva, tout enchanté d'un bal, d'une assemblée, d'une société nombreuse enfin qui lui rappelait un peu la France. « J'ai fait ce que j'ai pu, dit-il à lord Nelvil, pour trouver quelque intérêt à ces ruines dont on parle tant à Rome; je ne vois rien de beau dans cela : c'est un préjugé que l'admiration de ces débris couverts de ronces. J'en dirai mon avis quand je reviendrai à Paris; car il est temps que ce prestige de l'Italie finisse. Il n'y a pas un monument en Europe, subsistant aujourd'hui dans son entier, qui ne vaille mieux que ces tronçons de colonnes, que ces bas-reliefs noircis par le temps, qu'on ne peut admirer qu'à force d'érudition. Un plaisir qu'il faut acheter par tant d'études ne me paraît pas bien vif en lui-même; car, pour être ravi par les spectacles de Paris, personne n'a besoin de pâlir sur les livres. » Lord Nelvil ne répondit rien. Le comte d'Erfeuil l'interrogea de nouveau sur l'impression que Rome avait produite sur lui. « Au milieu d'un bal, dit Oswald, ce n'est pas trop le moment d'en parler d'une manière sérieuse; et vous savez que je ne sais pas parler autrement. — A la bonne heure, reprit le comte d'Erfeuil : je suis plus gai que vous, j'en conviens; mais qui sait si je ne suis pas plus sage? Il y a beaucoup de philosophie, croyez-moi, dans mon apparente légèreté; la vie doit être prise comme cela. — Vous avez peut-être raison, reprit Oswald; mais c'est par nature, et non par réflexion, que vous êtes ainsi, et voilà pourquoi votre manière d'être ne convient qu'à vous. »

Le comte d'Erfeuil entendit nommer Corinne dans la salle du

bal, et il y entra pour savoir ce dont il s'agissait. Lord Nelvil s'avança jusqu'à la porte, et vit le prince d'Amalfi, Napolitain de la plus belle figure, qui priait Corinne de danser avec lui la *Tarentelle*, une danse de Naples pleine de grace et d'originalité. Les amis de Corinne le lui demandaient aussi. Elle accepta sans se faire prier ; ce qui étonna assez le comte d'Erfeuil, accoutumé qu'il était aux refus par lesquels il est d'usage de faire précéder le consentement. Mais en Italie on ne connaît pas ce genre de graces, et chacun croit tout simplement plaire davantage à la société en s'empressant de faire ce qu'elle desire. Corinne aurait inventé cette manière naturelle, si déja elle n'avait pas été en usage. L'habit qu'elle avait mis pour le bal était élégant et léger ; ses cheveux étaient rassemblés dans un filet de soie, à l'italienne, et ses yeux exprimaient un plaisir vif qui la rendait plus séduisante que jamais. Oswald en fut troublé ; il combattait contre lui-même ; il s'indignait d'être captivé par des charmes dont il devait se plaindre, puisque, loin de songer à lui plaire, c'était presque pour échapper à son empire que Corinne se montrait si ravissante. Mais qui peut résister aux séductions de la grace? Fût-elle même dédaigneuse, elle serait encore toute puissante ; et ce n'était assurément pas la disposition de Corinne. Elle aperçut lord Nelvil, rougit, et ses yeux avaient, en le regardant, une douceur enchanteresse.

Le prince d'Amalfi s'accompagnait, en dansant, avec des castagnettes. Corinne, avant de commencer, fit avec les deux mains un salut plein de grace à l'assemblée, et, tournant légèrement sur elle-même, elle prit le tambour de basque que le prince d'Amalfi lui présentait. Elle se mit à danser, en frappant l'air de ce tambour de basque; et tous ses mouvements avaient une souplesse, une grace, un mélange de pudeur et de volupté, qui pouvaient donner l'idée de la puissance que les bayadères exercent sur l'imagination des Indiens, quand elles sont, pour ainsi dire, poëtes avec leur danse, quand elles expriment tant de sentiments divers par les pas caractérisés et les tableaux enchanteurs qu'elles offrent aux regards. Corinne connaissait si bien toutes les attitudes que représentent les peintres et les sculpteurs antiques, que, par un léger mouvement de ses bras, en plaçant son tambour de basque tantôt au-dessus de sa tête, tantôt en avant avec une de ses mains, tandis que l'autre parcourait les grelots avec une incroyable dextérité, elle rappelait les danseuses d'Herculanum, et faisait naître successivement une foule d'idées nouvelles pour le dessin et la peinture [1].

Ce n'était point la danse française, si remarquable par l'élégance et la difficulté des pas, c'était un talent qui tenait de beaucoup plus près à l'imagination et au sentiment. Le caractère de la musique était exprimé tour à tour par la précision et la mollesse des mouvements. Corinne, en dansant, faisait passer dans l'ame des spectateurs ce qu'elle éprouvait, comme si elle avait improvisé, comme si elle avait joué de la lyre, ou dessiné quelques figures; tout était langage pour elle : les musiciens, en la regardant, s'animaient à mieux faire sentir le génie de leur art; et je ne sais quelle joie passionnée et quelle sensibilité d'imagination électrisaient à la fois tous les témoins de cette danse magique, et les transportaient dans une existence idéale, où l'on rêve un bonheur qui n'est pas de ce monde.

Il y a un moment dans cette danse napolitaine où la femme se met à genoux, tandis que l'homme tourne autour d'elle, non en maître, mais en vainqueur. Quel était dans ce moment le charme de la dignité de Corinne ! comme à genoux elle était souveraine ! Et quand elle se releva, en faisant retentir le son de son instrument, de sa cymbale aérienne, elle semblait animée par un enthousiasme de vie, de jeunesse et de beauté, qui devait persuader qu'elle n'avait besoin de personne pour être heureuse. Hélas ! il n'en était pas ainsi; mais Oswald le craignait, et soupirait en admirant Corinne, comme si chacun de ses succès l'eût séparée de lui. A la fin de la danse, l'homme se jette à genoux à son tour, et c'est la femme qui danse autour de lui. Corinne en cet instant se surpassa encore, s'il était possible : sa course était si légère, en parcourant deux ou trois fois le même cercle, que ses pieds chaussés en brodequins volaient sur le plancher avec la rapidité de l'éclair; et quand elle éleva une de ses mains en agitant son tambour de basque, et que de l'autre elle fit signe au prince d'Amalfi de se relever, tous les hommes étaient tentés de se mettre à genoux comme lui; tous, excepté lord Nelvil, qui se retira de quelques pas en arrière, et le comte d'Erfeuil, qui fit

---

[1] C'est la danse de madame Récamier qui m'a donné l'idée de celle que j'ai essayé de peindre.

Cette femme si célèbre par sa grace et sa beauté offre l'exemple, au milieu de ses revers, d'une résignation si touchante et d'un oubli si total de ses intérêts personnels, que ses qualités morales semblent à tous les yeux aussi remarquables que ses agréments.

quelques pas en avant pour complimenter Corinne. Quant aux Italiens qui étaient là, ils ne pensaient point à se faire remarquer par leur enthousiasme; ils s'y livraient, parcequ'ils l'éprouvaient. Ce ne sont pas des hommes assez habitués à la société et à l'amour-propre qu'elle excite, pour s'occuper de l'effet qu'ils produisent; ils ne se laissent jamais détourner de leur plaisir par la vanité, ni de leur but par les applaudissements.

Corinne était charmée de son succès, et remerciait tout le monde avec une grace pleine de simplicité. Elle était contente d'avoir réussi, et le laissait voir en bonne enfant, si l'on peut s'exprimer ainsi; mais ce qui l'occupait surtout, c'était le désir de traverser la foule pour arriver jusqu'à la porte contre laquelle Oswald était appuyé. Elle y arriva enfin, et s'arrêta un moment pour attendre un mot de lui. « Corinne, lui dit-il en s'efforçant de cacher son trouble, son enchantement et sa peine; Corinne, voilà bien des hommages, voilà bien des succès! Mais, au milieu de ces adorateurs si enthousiastes, y a-t-il un ami courageux et sûr? y a-t-il un protecteur pour la vie? et le vain tumulte des applaudissements devrait-il suffire à une ame telle que la vôtre? »

CHAPITRE II.

La foule empêcha Corinne de répondre à lord Nelvil. On allait souper, et chaque *cavaliere servente* se hâtait de s'asseoir à côté de sa dame. Une étrangère arriva; et, ne trouvant plus de place, aucun homme, excepté lord Nelvil et le comte d'Erfeuil, ne lui offrit la sienne: ce n'était ni par impolitesse, ni par égoïsme, qu'aucun Romain ne s'était levé; mais l'idée que les grands seigneurs de Rome ont de l'honneur et du devoir, c'est de ne pas quitter d'un pas ni d'un instant leur dame. Quelques uns n'ayant pas pu s'asseoir, se tenaient derrière la chaise de leurs belles, prêts à les servir au moindre signe. Les dames ne parlaient qu'à leurs cavaliers; les étrangers erraient en vain autour de ce cercle, où personne n'avait rien à leur dire; car les femmes ne savent pas en Italie ce que c'est que la coquetterie, ce que c'est en amour qu'un succès d'amour propre; elles n'ont envie de plaire qu'à celui qu'elles aiment; il n'y a point de séduction d'esprit avant celle du cœur ou des yeux; les commencements les plus rapides sont suivis quelquefois par un sincère dévouement, et même une très longue constance. L'infidélité est en Italie blâmée plus sévèrement dans un homme que dans une femme. Trois ou quatre hommes, sous des titres différents, suivent la même femme, qui les mène avec elle, sans se donner quelquefois même la peine de dire leur nom au maître de la maison qui les reçoit; l'un est le préféré, l'autre celui qui aspire à l'être, un troisième s'appelle le souffrant (*il patito*); celui-là est tout-à-fait dédaigné, mais on lui permet cependant de faire le service d'adorateur; et tous ces rivaux vivent paisiblement ensemble. Les gens du peuple seuls ont encore conservé la coutume des coups de poignard. Il y a dans ce pays un bizarre mélange de simplicité et de corruption, de dissimulation et de vérité, de bonhomie et de vengeance, de faiblesse et de force, qui s'explique par une observation constante : c'est que les bonnes qualités viennent de ce qu'on n'y fait rien pour la vanité, et les mauvaises, de ce qu'on y fait beaucoup pour l'intérêt, soit que cet intérêt tienne à l'amour, à l'ambition ou à la fortune.

Les distinctions de rang font en général peu d'effet en Italie; ce n'est point par philosophie, mais par facilité de caractère et familiarité de mœurs, qu'on y est peu susceptible des préjugés aristocratiques; et comme la société ne s'y constitue juge de rien, elle admet tout.

Après le souper, chacun se mit au jeu : quelques femmes aux jeux de hasard, d'autres au whist le plus silencieux; et pas un mot n'était prononcé dans cette chambre naguère si bruyante. Les peuples du Midi passent souvent de la plus grande agitation au plus profond repos; c'est encore un des contrastes de leur caractère, que la paresse unie à l'activité la plus infatigable : ce sont en tout des hommes qu'il faut se garder de juger au premier coup d'œil; car les qualités comme les défauts les plus opposés se trouvent en eux : si vous les voyez prudents dans tel instant, il se peut que, dans un autre, ils se montrent les plus audacieux des hommes; s'ils sont indolents, c'est peut-être qu'ils se reposent d'avoir agi, ou se préparent pour agir encore; enfin, ils ne perdent aucune force de l'ame dans la société, et toutes s'amassent en eux pour les circonstances décisives.

Dans cette assemblée de Rome où se trouvaient Oswald et Corinne, il y avait des hommes qui perdaient des sommes énormes au jeu, sans qu'on pût l'apercevoir le moins du monde sur leur physionomie : ces mêmes hommes auraient eu l'expression la plus vive et les gestes les plus animés, s'ils avaient raconté quelques faits de peu d'importance. Mais quand les passions arrivent à un certain degré de violence, elles craignent les témoins, et se voilent presque toujours par le silence et l'immobilité.

Lord Nelvil avait conservé un ressentiment amer de la scène du bal; il croyait que les Italiens, et leur manière animée d'exprimer l'enthousiasme, avaient détourné de lui, du moins pour un moment, l'intérêt de Corinne. Il en était très malheureux, mais sa fierté lui conseillait de le cacher, ou de le témoigner seulement en montrant du dédain pour les suffrages qui flattaient sa brillante amie. On lui proposa de jouer, il le refusa; Corinne aussi; et elle lui fit signe de venir s'asseoir à côté d'elle. Oswald était inquiet de compromettre Corinne, en passant ainsi la soirée seul avec elle en présence de tout le monde. « Soyez tranquille, lui dit-elle, personne ne s'occupera de nous; c'est l'usage ici de ne faire en société que ce qui plaît; il n'y a pas une convenance établie, pas un égard exigé, une politesse bienveillante suffit; personne ne veut que l'on se gêne les uns pour les autres. Ce n'est sûrement pas un pays où la liberté subsiste telle que vous l'entendez en Angleterre; mais on y jouit d'une parfaite indépendance sociale. — C'est-à-dire, reprit Oswald, qu'on n'y montre aucun respect pour les mœurs. — Au moins, interrompit Corinne, aucune hypocrisie. M. de La Rochefoucauld a dit : *Le moindre des défauts d'une femme galante est de l'être*. En effet, quels que soient les torts des femmes en Italie, elles n'ont pas recours au mensonge; et si le mariage n'y est pas assez respecté, c'est du consentement des deux époux.

« — Ce n'est point la sincérité qui est la cause de ce genre de franchise, répondit Oswald, mais l'indifférence pour l'opinion publique. En arrivant ici, j'avais une lettre de recommandation pour une princesse; je la donnai à mon domestique de place pour la porter; il me dit : *Monsieur, dans ce moment cette lettre ne vous servirait à rien, car la princesse ne voit personne, elle est* INNAMORATA; et cet état, d'être INNAMORATA, se proclamait comme toute autre situation de la vie, et cette publicité n'est point excusée par une passion extraordinaire; plusieurs attachements se succèdent ainsi, et sont également connus. Les femmes mettent si peu de mystère à cet égard, qu'elles avouent leurs liaisons avec moins d'embarras que nos femmes n'en auraient en parlant de leurs époux. Aucun sentiment profond ni délicat ne se mêle, on le croit aisément, à cette mobilité sans pudeur. Aussi,

22.

dans cette nation où l'on ne pense qu'à l'amour, il n'y a pas un seul roman, parceque l'amour y est si rapide, si public, qu'il ne prête à aucun genre de développement, et que, pour peindre véritablement les mœurs générales à cet égard, il faudrait commencer et finir dans la première page. Pardon, Corinne, s'écria lord Nelvil en remarquant la peine qu'il lui faisait éprouver; vous êtes Italienne, cette idée devrait me désarmer. Mais l'une des causes de votre grace incomparable, c'est la réunion de tous les charmes qui caractérisent les différentes nations. Je ne sais dans quel pays vous avez été élevée; mais certainement vous n'avez point passé toute votre vie en Italie : peut-être est-ce en Angleterre même... Ah! Corinne, si cela était vrai, comment auriez-vous pu quitter ce sanctuaire de la pudeur et de la délicatesse, pour venir ici, où non seulement la vertu, mais l'amour même est si mal connu? On le respire dans l'air, mais pénètre-t-il dans le cœur? Les poésies, dans lesquelles l'amour joue un si grand rôle, ont beaucoup de grace, beaucoup d'imagination; elles sont ornées par des tableaux brillants, dont les couleurs sont vives et voluptueuses. Mais où trouverez-vous ce sentiment mélancolique et tendre qui anime notre poésie? Que pourriez-vous comparer à la scène de Belvidera et de son époux, dans Otway; à Roméo, dans Shakspeare; enfin surtout aux admirables vers de Thompson, dans son chant du printemps, lorsqu'il peint avec des traits si nobles et si touchants le bonheur de l'amour dans le mariage? Y a-t-il un tel mariage en Italie? Et là où il n'y a pas de bonheur domestique, peut-il exister de l'amour? N'est-ce pas ce bonheur qui est le but de la passion du cœur, comme la possession est celui de la passion des sens? Toutes les femmes jeunes et belles ne se ressemblent-elles pas, si les qualités de l'ame et de l'esprit ne fixent pas la préférence? et ces qualités, que font-elles desirer? le mariage, c'est-à-dire l'association de tous les sentiments et de toutes les pensées. L'amour illégitime, quand malheureusement il existe chez nous, est encore, si j'ose m'exprimer ainsi, un reflet du mariage. On y cherche ce bonheur intime qu'on n'a pu goûter chez soi, et l'infidélité même est plus morale en Angleterre que le mariage en Italie. »

Ces paroles étaient dures, elles blessèrent profondément Corinne; et se levant aussitôt, les yeux remplis de larmes, elle sortit de la chambre, et retourna subitement chez elle. Oswald fut au désespoir d'avoir offensé Corinne; mais il avait une sorte d'irritation de ses succès du bal, qui s'était trahie par les paroles qui venaient de lui échapper. Il la suivit chez elle, mais elle refusa de lui parler. Il y retourna le lendemain matin encore inutilement; sa porte était fermée. Ce refus prolongé de recevoir lord Nelvil n'était pas dans le caractère de Corinne, mais elle était douloureusement affligée de l'opinion qu'il avait témoignée sur les Italiennes, et cette opinion même lui faisait une loi de cacher à l'avenir, si elle le pouvait, le sentiment qui l'entraînait.

Oswald, de son côté, trouvait que Corinne ne se conduisait pas dans cette circonstance avec la simplicité qui lui était naturelle, et il se confirmait toujours davantage dans le mécontentement que le bal lui avait causé; il excitait en lui cette disposition qui pouvait lutter contre le sentiment dont il redoutait l'empire. Ses principes étaient sévères, et le mystère qui enveloppait la vie passée de celle qu'il aimait lui causait une grande douleur. Les manières de Corinne lui paraissaient pleines de charmes, mais quelquefois un peu trop animées par le desir universel de plaire. Il lui trouvait beaucoup de noblesse et de réserve dans les discours et dans le maintien, mais trop d'indulgence dans les opinions. Enfin Oswald était un homme séduit, entraîné, mais conservant au-dedans de lui-même un opposant qui combattait ce qu'il éprouvait. Cette situation porte souvent à l'amertume. On est mécontent de soi-même et des autres. L'on souffre, et l'on a comme une sorte de besoin de souffrir encore davantage, ou du moins d'amener une explication violente, qui fasse triompher complètement l'un des deux sentiments qui déchirent le cœur.

C'est dans cette disposition que lord Nelvil écrivit à Corinne. Sa lettre était amère et inconvenable; il le sentait, mais de mouvements confus le portaient à l'envoyer : il était si malheureux par ses combats, qu'il voulait à tout prix une circonstance quelconque qui pût les terminer.

Un bruit auquel il ne croyait pas, mais que le comte d'Erfeuil était venu lui raconter, contribua peut-être encore à rendre ses expressions plus âpres. On répandait dans Rome que Corinne épouserait le prince d'Amalfi. Oswald savait bien qu'elle ne l'aimait pas, et devait penser que le bal était la seule cause de cette nouvelle : mais il se persuada qu'elle l'avait reçu chez elle, le matin du jour où il n'avait pu lui-même être admis; et, trop fier pour exprimer un sentiment de jalousie, il satisfit son mécontentement secret, en dénigrant la nation pour laquelle il voyait avec tant de peine la prédilection de Corinne.

CHAPITRE III.

Lettre d'Oswald à Corinne.

« Ce 24 janvier 1795.

« Vous refusez de me voir ; vous êtes offensée de notre con-
« versation d'avant-hier ; vous vous proposez sans doute de ne
« plus admettre à l'avenir chez vous que vos compatriotes : vous
« voulez expier apparemment le tort que vous avez eu de rece-
« voir un homme d'une autre nation. Cependant, loin de me re-
« pentir d'avoir parlé avec sincérité sur les Italiennes, à vous
« que dans mes chimères je voulais considérer comme une An-
« glaise, j'oserai dire avec bien plus de force encore que vous ne
« trouverez ni bonheur, ni dignité, si vous voulez faire choix
« d'un époux au milieu de la société qui vous environne. Je ne
« connais pas un homme parmi les Italiens qui puisse vous mé-
« riter ; il n'en est pas un qui vous honorât par son alliance, de
« quelque titre qu'il vous revêtît. Les hommes, en Italie, valent
« beaucoup moins que les femmes, car ils ont les défauts des
« femmes, et les leurs propres en sus. Me persuaderez-vous qu'ils
« soient capables d'amour, ces habitants du Midi qui fuient avec
« tant de soin la peine, et sont si décidés au bonheur ? N'avez-
« vous pas vu (je le tiens de vous) le mois dernier, au spectacle,
« un homme qui avait perdu huit jours auparavant sa femme, et
« une femme qu'il disait aimer? On veut ici se débarrasser, le
« plus tôt possible, et des morts, et de l'idée de la mort. Les cé-
« rémonies des funérailles sont accomplies par les prêtres, comme
« les soins de l'amour sont observés par les *cavaliers servants*.
« Les rites et l'habitude ont tout prescrit d'avance, les regrets et
« l'enthousiasme n'y sont pour rien. Enfin, et c'est là surtout ce
« qui détruit l'amour, les hommes n'inspirent aucun genre de
« respect aux femmes ; elles ne leur savent aucun gré de leur sou-
« mission, parcequ'ils n'ont aucune fermeté de caractère, au-
« cune occupation sérieuse dans la vie. Il faut, pour que la na-
« ture et l'ordre social se montrent dans toute leur beauté, que
« l'homme soit protecteur et la femme protégée, mais que ce pro-
« tecteur adore la faiblesse qu'il défend, et respecte la divinité
« sans pouvoir qui, comme ses dieux pénates, porte bonheur à

« sa maison. Ici l'on dirait presque que les femmes sont le sultan,
« et les hommes le sérail.

« Les hommes ont la douceur et la souplesse du caractère des
« femmes. Un proverbe italien dit : *Qui ne sait pas feindre ne
« sait pas vivre.* N'est-ce pas là un proverbe de femme? et en effet,
« dans un pays où il n'y a ni carrière militaire, ni institution li-
« bre, comment un homme pourrait-il se former à la dignité et à
« la force? Aussi tournent-ils tout leur esprit vers l'habileté ; ils
« jouent la vie comme une partie d'échecs, dans laquelle le succès
« est tout. Ce qui leur reste des souvenirs de l'antiquité, c'est
« quelque chose de gigantesque dans les expressions et dans la
« magnificence extérieure ; mais à côté de cette grandeur sans
« base, vous voyez souvent tout ce qu'il y a de plus vulgaire dans
« les goûts, et de plus misérablement négligé dans la vie domes-
« tique. Est-ce là, Corinne, la nation que vous devez préférer à
« toute autre? est-ce elle dont les bruyants applaudissements vous
« sont si nécessaires, que toute autre destinée vous paraîtrait si-
« lencieuse à côté de ces *bravos* retentissants ? Qui pourrait se
« flatter de vous rendre heureuse en vous arrachant à ce tumulte ?
« Vous êtes une personne inconcevable, profonde dans vos senti-
« ments et légère dans vos goûts, indépendante par la fierté de
« votre ame, et cependant asservie par le besoin de distractions ;
« capable d'aimer un seul, mais ayant besoin de tous. Vous êtes
« une magicienne qui inquiétez et rassurez alternativement ; qui
« vous montrez sublime, et disparaissez tout-à-coup de cette ré-
« gion où vous êtes seule, pour vous confondre dans la foule. Co-
« rinne, Corinne, on ne peut s'empêcher de vous redouter en
« vous aimant !

« Oswald. »

Corinne, en lisant cette lettre, fut offensée des préjugés haineux qu'Oswald exprimait contre sa nation. Mais elle eut cependant le bonheur de deviner qu'il était irrité de la fête et de ce
qu'elle s'était refusée à le recevoir, depuis la conversation du souper : cette réflexion adoucit un peu l'impression pénible que lui
faisait sa lettre. Elle hésita quelque temps, ou du moins crut hésiter, sur la conduite qu'elle devait tenir envers lui. Son sentiment
l'entraînait à le revoir ; mais il lui était extrêmement pénible qu'il
pût s'imaginer qu'elle desirait de l'épouser, bien que la fortune
fût au moins égale, et qu'elle pût en révélant son nom, mon-

trer qu'il n'était en rien inférieur à celui de lord Nelvil. Néanmoins, ce qu'il y avait de singulier et d'indépendant dans le genre de vie qu'elle avait adopté, devait lui inspirer de l'éloignement pour le mariage; et sûrement elle en aurait repoussé l'idée, si son sentiment ne l'eût pas aveuglée sur toutes les peines qu'elle aurait à souffrir en épousant un Anglais, et en renonçant à l'Italie.

On peut abdiquer la fierté dans tout ce qui tient au cœur ; mais dès que les convenances ou les intérêts du monde se présentent de quelque manière pour obstacle, dès qu'on peut supposer que la personne qu'on aime ferait un sacrifice quelconque en s'unissant à vous, il n'est plus possible de lui montrer à cet égard aucun abandon de sentiment. Corinne néanmoins, ne pouvant se résoudre à rompre avec Oswald, voulut se persuader qu'elle pourrait le voir désormais, et lui cacher l'amour qu'elle ressentait pour lui: c'est donc dans cette intention qu'elle se fit une loi dans sa lettre de répondre seulement à ses accusations injustes contre la nation italienne, et de raisonner avec lui sur ce sujet comme si c'était le seul qui l'intéressât. Peut-être la meilleure manière dont une femme d'un esprit supérieur peut reprendre sa froideur et sa dignité, c'est lorsqu'elle se retranche dans la pensée comme dans un asile.

Corinne à lord Nelvil.

« Ce 25 janvier 1795.

« Si votre lettre ne concernait que moi, milord, je n'essaierais
« point de me justifier : mon caractère est tellement facile à con-
« naître, que celui qui ne me comprendrait pas de lui-même ne
« me comprendrait pas davantage par l'explication que je lui en
« donnerais. La réserve pleine de vertu des femmes anglaises, et
« l'art plein de grace des femmes françaises, servent souvent à
« cacher, croyez-moi, la moitié de ce qui se passe dans l'ame des
« unes et des autres : et ce qu'il vous plaît d'appeler en moi de la ma-
« gie, c'est un naturel sans contrainte, qui laisse voir quelquefois
« des sentiments divers et des pensées opposées, sans travailler à
« les mettre d'accord ; car cet accord, quand il existe, est presque
« toujours factice, et la plupart des caractères vrais sont inconsé-
« quents : mais ce n'est pas de moi que je veux vous parler, c'est
« de la nation infortunée que vous attaquez si cruellement. Se-
« rait-ce mon affection pour mes amis qui vous inspirerait cette

« malveillance amère? vous me connaissez trop pour en être ja-
« loux, et je n'ai point l'orgueil de croire qu'un tel sentiment vous
« rendît injuste au point où vous l'êtes. Vous dites sur les Italiens
« ce que disent tous les étrangers, ce qui doit frapper au premier
« abord : mais il faut pénétrer plus avant pour juger ce pays, qui
« a été si grand à diverses époques. D'où vient donc que cette nation
« a été sous les Romains la plus militaire de toutes, la plus ja-
« louse de sa liberté dans les républiques du moyen âge, et, dans
« le seizième siècle, la plus illustre par les lettres, les sciences et
« les arts? N'a-t-elle pas poursuivi la gloire sous toutes les for-
« mes? Et si maintenant elle n'en a plus, pourquoi n'en accuse-
« riez-vous pas sa situation politique, puisque dans d'autres
« circonstances elle s'est montrée si différente de qu'elle est
« maintenant?

« Je ne sais si je m'abuse, mais les torts des Italiens ne font que
« m'inspirer un sentiment de pitié pour leur sort. Les étrangers de
« tout temps ont conquis, déchiré ce beau pays, l'objet de leur
« ambition perpétuelle ; et les étrangers reprochent avec amer-
« tume à cette nation les torts des nations vaincues et déchirées!
« L'Europe a reçu des Italiens les arts et les sciences, et main-
« tenant qu'elle a tourné contre eux leurs propres présents, elle
« leur conteste souvent encore la dernière gloire qui soit permise
« aux nations sans force militaire et sans liberté politique, la
« gloire des sciences et des arts.

« Il est si vrai que les gouvernements font le caractère des na-
« tions, que, dans cette même Italie, vous voyez des différences
« de mœurs remarquables entre les divers états qui la compo-
« sent. Les Piémontais, qui formaient un petit corps de nation,
« ont l'esprit plus militaire que le reste de l'Italie ; les Floren-
« tins, qui ont possédé ou la liberté, ou des princes d'un carac-
« tère libéral, sont éclairés et doux ; les Vénitiens et les Génois
« se montrent capables d'idées politiques, parcequ'il y a chez
« eux une aristocratie républicaine ; les Milanais sont plus sincè-
« res, parceque les nations du Nord y ont apporté depuis long-
« temps ce caractère ; les Napolitains pourraient aisément deve-
« nir belliqueux, parcequ'ils ont été réunis depuis plusieurs
« siècles sous un gouvernement très imparfait, mais enfin sous
« un gouvernement à eux. La noblesse romaine, n'ayant rien à
« faire, ni militairement, ni politiquement, doit être ignorante
« et paresseuse ; mais l'esprit des ecclésiastiques, qui ont une car-

« rière et une occupation, est beaucoup plus développé que celui
« des nobles; et comme le gouvernement papal n'admet aucune
« distinction de naissance, et qu'il est au contraire purement
« électif dans l'ordre du clergé, il en résulte une sorte de libéra-
« lité, non dans les idées, mais dans les habitudes, qui fait de
« Rome le séjour le plus agréable pour tous ceux qui n'ont plus
« ni l'ambition, ni la possibilité de jouer un rôle dans le monde.

« Les peuples du Midi sont plus aisément modifiés par les insti-
« tutions que les peuples du Nord; ils ont une indolence qui de-
« vient bientôt de la résignation; et la nature leur offre tant de
« jouissances, qu'ils se consolent facilement des avantages que
« la société leur refuse. Il y a sûrement beaucoup de corruption
« en Italie, et cependant la civilisation y est beaucoup moins raf-
« finée que dans d'autres pays. On pourrait presque trouver quel-
« que chose de sauvage à ce peuple, malgré la finesse de son es-
« prit; cette finesse ressemble à celle du chasseur, dans l'art de
« surprendre sa proie. Les peuples indolents sont facilement ru-
« sés : ils ont une habitude de douceur qui leur sert à dissimuler,
« quand il le faut, même leur colère; c'est toujours avec ses ma-
« nières accoutumées qu'on parvient à cacher une situation acci-
« dentelle.

« Les Italiens ont de la sincérité, de la fidélité dans les rela-
« tions privées. L'intérêt et l'ambition exercent un grand empire
« sur eux, mais non l'orgueil ou la vanité : les distinctions de rang
« y font très peu d'impression; il n'y a point de société, point de
« salon, point de mode, point de petits moyens journaliers de
« faire effet en détail. Ces sources habituelles de dissimulation et
« d'envie n'existent point chez eux : quand ils trompent leurs en-
« nemis et leurs concurrents, c'est parcequ'ils se considèrent
« avec eux comme en état de guerre; mais en paix, ils ont du na-
« turel et de la vérité. C'est même cette vérité qui est cause du
« scandale dont vous vous plaignez; les femmes entendant parler
« d'amour sans cesse, vivant au milieu des séductions et des
« exemples de l'amour, ne cachent pas leurs sentiments, et por-
« tent, pour ainsi dire, une sorte d'innocence dans la galanterie
« même; elles ne se doutent pas non plus du ridicule, surtout de
« celui que la société peut donner. Les unes sont d'une ignorance
« telle, qu'elles ne savent pas écrire, et l'avouent publiquement;
« elles font répondre à un billet du matin par leur procureur (*il*
« *paglietto*), sur du papier à grand format, et en style de re-

« quête. Mais en revanche, parmi celles qui sont instruites, vous
« en verrez qui sont professeurs dans les académies, et donnent
« des leçons publiquement, en écharpe noire ; et si vous vous avi-
« siez de rire de cela, l'on vous répondrait : *Y a-t-il du mal à*
« *savoir le grec ? y a-t-il du mal à gagner sa vie par son tra-*
« *vail ? Pourquoi riez-vous donc d'une chose aussi simple ?*

« Enfin, milord, aborderai-je un sujet plus délicat, cherche-
« rai-je à démêler pourquoi les hommes montrent souvent peu
« d'esprit militaire ? Ils exposent leur vie pour l'amour et pour la
« haine avec une grande facilité ; et les coups de poignard donnés
« et reçus pour cette cause n'étonnent ni n'intimident personne :
« ils ne craignent point la mort quand les passions naturelles
« commandent de la braver ; mais souvent, il faut l'avouer, ils
« aiment mieux la vie que des intérêts politiques qui ne les tou-
« chent guère, parcequ'ils n'ont point de patrie. Souvent aussi
« l'honneur chevaleresque a peu d'empire au milieu d'une nation
« où l'opinion et la société qui la forme n'existent pas ; il est assez
« simple que, dans une telle désorganisation de tous les pouvoirs
« publics, les femmes prennent beaucoup d'ascendant sur les
« hommes, et peut-être en ont-elles trop pour les respecter et les
« admirer. Néanmoins leur conduite envers elles est pleine de dé-
« licatesse et de dévouement. Les vertus domestiques font en An-
« gleterre la gloire et le bonheur des femmes ; mais s'il y a des
« pays où l'amour subsiste hors des liens sacrés du mariage,
« parmi ces pays, celui de tous où le bonheur des femmes est le
« plus ménagé, c'est l'Italie. Les hommes s'y sont fait une morale
« pour des rapports hors de la morale ; mais du moins ont-ils été
« justes et généreux dans le partage des devoirs ; ils se sont con-
« sidérés eux-mêmes comme plus coupables que les femmes
« quand ils brisaient les liens de l'amour, parceque les femmes
« avaient fait plus de sacrifices, et perdaient davantage ; ils ont
« pensé que, devant le tribunal du cœur, les plus criminels sont
« ceux qui font le plus de mal : quand les hommes ont tort, c'est
« par dureté ; quand les femmes ont tort, c'est par faiblesse. La
« société qui est à la fois rigoureuse et corrompue, c'est-à-dire
« impitoyable pour les fautes, quand elles entraînent des mal-
« heurs, doit être plus sévère pour les femmes ; mais dans un pays
« où il n'y a pas de société, la bonté naturelle a plus d'influence.

« Les idées de considération et de dignité sont beaucoup moins
« puissantes et même beaucoup moins connues, j'en conviens,

« en Italie que partout ailleurs. L'absence de société et d'opinion
« publique en est la cause : mais, malgré tout ce qu'on a dit de la
« perfidie des Italiens, je soutiens que c'est un des pays du monde
« où il y a le plus de bonhomie. Cette bonhomie est telle dans
« tout ce qui tient à la vanité, que, bien que ce pays soit celui
« dont les étrangers aient dit le plus de mal, il n'en est point où ils
« rencontrent un accueil aussi bienveillant. On reproche aux Ita-
« liens trop de penchant à la flatterie; mais il faut aussi convenir
« que la plupart du temps ce n'est point par calcul, mais seule-
« ment par desir de plaire, qu'ils prodiguent leurs douces expres-
« sions, inspirées par une obligeance véritable : ces expressions
« ne sont point démenties par la conduite habituelle de la vie.
« Toutefois, seraient-ils fidèles à l'amitié dans des circonstances
« extraordinaires, s'il fallait braver pour elle les périls et l'adver-
« sité? Le petit nombre, j'en conviens, le très petit nombre en se-
« rait capable; mais ce n'est pas à l'Italie seulement que cette ob-
« servation peut s'appliquer.

« Les Italiens ont une paresse orientale dans l'habitude de la
« vie; mais il n'y a point d'hommes plus persévérants ni plus
« actifs quand une fois leurs passions sont excitées. Ces mêmes
« femmes aussi, que vous voyez indolentes comme les odalisques
« du sérail, sont capables tout-à-coup des actions les plus dévouées.
« Il y a des mystères dans le caractère et l'imagination des Ita-
« liens, et vous y rencontrez tour à tour des traits inattendus de
« générosité et d'amitié, ou des preuves sombres et redoutables
« de haine et de vengeance. Il n'y a ici d'émulation pour rien, la
« vie n'y est plus qu'un sommeil rêveur sous un beau ciel; mais
« donnez à ces hommes un but, et vous les verrez en six mois tout
« apprendre et tout concevoir. Il en est de même des femmes:
« pourquoi s'instruiraient-elles, puisque la plupart des hommes ne
« les entendraient pas? Elles isoleraient leur cœur en cultivant
« leur esprit; mais ces mêmes femmes deviendraient bien vite
« dignes d'un homme supérieur, si cet homme supérieur était
« l'objet de leur tendresse. Tout dort ici : mais dans un pays où
« les grands intérêts sont assoupis, le repos et l'insouciance sont
« plus nobles qu'une vaine agitation pour les petites choses.

« Les lettres elles-mêmes languissent là où les pensées ne se re-
« nouvellent point par l'action forte et variée de la vie. Mais dans
« quel pays cependant a-t-on jamais témoigné plus qu'en Italie de
« l'admiration pour la littérature et les beaux-arts? L'histoire

« nous apprend que les papes, les princes et les peuples ont rendu
« dans tous les temps aux peintres, aux poëtes, aux écrivains dis-
« tingués, les hommages les plus éclatants [1]. Cet enthousiasme
« pour le talent est, je l'avouerai, milord, un des premiers motifs
« qui m'attachent à ce pays. On n'y trouve point l'imagination
« blasée, l'esprit décourageant, ni la médiocrité despotique, qui
« savent si bien ailleurs tourmenter ou étouffer le génie naturel.
« Une idée, un sentiment, une expression heureuse, prennent feu,
« pour ainsi dire, parmi les auditeurs. Le talent, par cela même
« qu'il tient ici le premier rang, excite beaucoup d'envie. Pergo-
« lèse a été assassiné pour son *Stabat*; Giorgione s'armait d'une
« cuirasse quand il était obligé de peindre dans un lieu public :
« mais la jalousie violente qu'inspire le talent parmi nous est celle
« que fait naître ailleurs la puissance; cette jalousie ne dégrade
« point son objet; cette jalousie peut haïr, proscrire, tuer, et néan-
« moins, toujours mêlée au fanatisme de l'admiration, elle excite
« encore le génie, tout en le persécutant. Enfin, quand on voit
« tant de vie dans un cercle si resserré, au milieu de tant d'obsta-
« cles et d'asservissements de tout genre, on ne peut s'empêcher,
« ce me semble, de prendre un vif intérêt à ce peuple, qui res-
« pire avec avidité le peu d'air que l'imagination fait pénétrer
« à travers les bornes qui le renferment.

« Ces bornes sont telles, je ne le nierai point, que les hommes
« maintenant acquièrent rarement en Italie cette dignité, cette
« fierté, qui distinguent les nations libres et militaires. J'avouerai
« même, si vous le voulez, milord, que le caractère de ces nations
« pourrait inspirer aux femmes plus d'enthousiasme et d'amour.
« Mais ne serait-il pas possible aussi qu'un homme intrépide, no-
« ble et sévère, réunît toutes les qualités qui font aimer, sans
« posséder celles qui promettent le bonheur?

« Corinne. »

CHAPITRE IV.

La lettre de Corinne fit repentir une seconde fois Oswald d'a-
voir pu songer à se détacher d'elle. La dignité spirituelle et la

---

[1] M. Roscoe, auteur de l'Histoire des Médicis, a fait paraître plus nouvellement, en Angleterre, une histoire de Léon X, qui est un véritable chef-d'œuvre en ce genre; et il y raconte toutes les marques d'estime et d'admiration que les princes et le peuple d'Italie ont données aux hommes de lettres distingués; il montre aussi avec impartialité qu'un grand nombre de papes ont eu, à cet égard, une conduite très libérale.

douceur imposante avec laquelle elle repoussait les paroles dures qu'il s'était permises, le touchèrent, et le pénétrèrent d'admiration. Une supériorité si grande, si simple, si vraie, lui parut au-dessus de toutes les règles ordinaires. Il sentait bien toujours que Corinne n'était pas la femme faible, timide, doutant de tout, hors de ses devoirs et de ses sentiments, qu'il avait choisie, dans son imagination, pour la compagne de sa vie ; et le souvenir de Lucile, telle qu'il l'avait vue à l'âge de douze ans, s'accordait mieux avec cette idée : mais pouvait-on rien comparer à Corinne? Les lois, les règles communes pouvaient-elles s'appliquer à une personne qui réunissait en elle tant de qualités diverses, dont le génie et la sensibilité étaient le lien? Corinne était un miracle de la nature, et ce miracle ne se faisait-il pas en faveur d'Oswald, quand il pouvait se flatter d'intéresser une telle femme? Mais quel était son nom, quelle était sa destinée, quels seraient ses projets, s'il lui déclarait l'intention de s'unir à elle? Tout était encore dans l'obscurité ; et quoique l'enthousiasme qu'Oswald ressentait pour Corinne lui persuadât qu'il était décidé à l'épouser, souvent aussi l'idée que la vie de Corinne n'avait pas été tout-à-fait irréprochable, et qu'un tel mariage aurait été sûrement condamné par son père, bouleversait de nouveau toute son ame, et le jetait dans l'anxiété la plus pénible.

Il n'était pas aussi abattu par la douleur que dans le temps où il ne connaissait pas Corinne, mais il ne sentait plus cette sorte de calme qui peut exister même au milieu du repentir, lorsque la vie entière est consacrée à l'expiation d'une grande faute. Il ne craignait pas autrefois de s'abandonner à ses souvenirs, quelle que fût leur amertume ; maintenant il redoutait les rêveries longues et profondes, qui lui auraient révélé ce qui se passait au fond de son ame. Il se préparait cependant à se rendre chez Corinne, pour la remercier de sa lettre et pour obtenir le pardon de celle qu'il avait écrite, lorsqu'il vit entrer dans sa chambre M. Edgermond, un parent de la jeune Lucile.

C'était un brave gentilhomme anglais qui avait presque toujours vécu dans la principauté de Galles, où il possédait une terre ; il avait les principes et les préjugés qui servent à maintenir en tout pays les choses comme elles sont ; et c'est un bien, quand ces choses sont aussi bonnes que la raison humaine le permet : alors les hommes tels que M. Edgermond, c'est-à-dire les partisans de l'ordre établi, quoique fortement et même opiniâtrément attachés à leurs habitudes et à leur manière de voir, doivent être considérés comme des esprits éclairés et raisonnables.

Lord Nelvil tressaillit, en entendant annoncer chez lui M. Edgermond; il lui sembla que tous ses souvenirs se représentaient à la fois; mais bientôt il lui vint dans l'esprit que lady Edgermond, la mère de Lucile, avait envoyé son parent pour lui faire des reproches, et qu'elle voulait ainsi gêner son indépendance. Cette pensée lui rendit toute sa fermeté, et il reçut M. Edgermond avec une froideur extrême. Il avait d'autant plus tort en l'accueillant ainsi, que M. Edgermond n'avait pas le moindre projet qui pût concerner lord Nelvil. Il traversait l'Italie pour sa santé, en faisant beaucoup d'exercice, en chassant, en buvant à la santé du roi George et de la vieille Angleterre; c'était le plus honnête homme du monde, et même il avait beaucoup plus d'esprit et d'instruction que ses habitudes ne devaient le faire croire. Il était Anglais avant tout, non-seulement comme il devait l'être, mais aussi comme on aurait pu souhaiter qu'il ne le fût pas; suivant dans tous les pays les coutumes du sien, ne vivant qu'avec les Anglais, et ne s'entretenant jamais avec les étrangers, non par dédain, mais par une sorte de répugnance à parler les langues étrangères, et de timidité, même à l'âge de cinquante ans, qui lui rendait très difficile de faire de nouvelles connaissances.

« Je suis charmé de vous voir, dit-il à lord Nelvil; je vais à Naples dans quinze jours, vous y trouverai-je? Je le voudrais, car j'ai peu de temps à rester en Italie, parceque mon régiment doit bientôt s'embarquer. — Votre régiment? » répéta lord Nelvil; et il rougit, comme s'il avait oublié qu'il avait un congé d'une année, son régiment ne devant pas être employé avant cette époque; mais il rougit en pensant que Corinne pourrait peut-être lui faire oublier même son devoir. « Votre régiment à vous, continua M. Edgermond, ne sera pas mis en activité de sitôt; ainsi rétablissez votre santé ici, sans inquiétude. J'ai vu, avant de partir, ma jeune cousine à laquelle vous vous intéressez: elle est plus charmante que jamais; et dans un an, quand vous reviendrez, je ne doute pas qu'elle ne soit la plus belle femme de l'Angleterre. » Lord Nelvil se tut, et M. Edgermond garda le silence aussi de son côté. Ils se dirent encore quelques mots d'une manière assez laconique, quoique bienveillante; et M. Edgermond allait sortir, lorsqu'il revint sur ses pas et dit: « A propos, milord, vous pouvez me faire un plaisir: on m'a dit que vous connaissiez la célèbre Corinne, et bien que je n'aime pas en général les nouvelles connaissances, je suis tout-à-fait curieux de celle-là. — Je demanderai à Corinne la permission de vous mener chez elle, puisque vous le desirez, répondit Oswald. — Faites, je vous prie, reprit M. Edgermond, que je la voie un jour où elle improvisera, chantera ou dansera en notre présence. — Corinne, dit lord Nelvil, ne montre point ainsi ses talents aux étrangers ; c'est une femme votre égale et la mienne, sous tous les rapports. — Pardon de ma méprise, reprit M. Edgermond ; comme on ne lui connaît pas d'autre nom que Corinne, et qu'à vingt-six ans elle vit toute seule, sans aucune personne de sa famille, je croyais qu'elle existait par ses talents, et saisissait volontiers l'occasion de les faire connaître. — Sa fortune, répondit vivement lord Nelvil, est tout-à-fait indépendante, et son ame encore plus. » M. Edgermond finit à l'instant de parler sur Corinne, et se repentit de l'avoir nommée, quand il vit que ce sujet intéressait Oswald. Les Anglais sont les hommes du monde qui ont le plus de discrétion et de ménagement dans tout ce qui tient aux affections véritables.

M. Edgermond s'en alla. Lord Nelvil, resté seul, ne put s'empêcher de s'écrier, dans son émotion : « Il faut que j'épouse Corinne, il faut que je sois son protecteur, afin que personne désormais ne puisse la méconnaître. Je lui donnerai le peu que je puis donner, un rang, un nom, tandis qu'elle me comblera de toutes les félicités qu'elle seule peut accorder sur la terre. » Ce fut dans cette disposition qu'il se hâta d'aller chez Corinne, et jamais il n'y entra avec un plus doux sentiment d'espérance et d'amour ; mais, par un mouvement naturel de timidité, il commença la conversation en se rassurant lui-même par des paroles insignifiantes, et de ce nombre fut la demande d'amener M. Edgermond chez elle. A ce nom, Corinne se troubla visiblement, et refusa d'une voix émue ce que desirait Oswald. Il en fut singulièrement étonné, et lui dit : « Je pensais que, dans une maison où vous recevez tant de monde, le titre de mon ami ne serait pas un motif d'exclusion. — Ne vous offensez pas, milord, reprit Corinne ; croyez-moi, il faut que j'aie des raisons bien puissantes pour ne pas consentir à ce que vous desirez. — Et ces raisons, me les direz-vous ? reprit Oswald. — Impossible, s'écria Corinne ; impossible ! — Ainsi donc... » dit Oswald ; et la violence de son émotion lui coupant la parole, il voulut sortir. Corinne alors, toute en pleurs, lui dit en anglais : « Au nom de Dieu, si vous ne voulez pas briser mon cœur, ne partez pas. »

Ces paroles, cet accent remuèrent profondément l'ame d'Oswald, et il se rassit à quelque distance de Corinne, la tête appuyée contre un vase d'albâtre qui éclairait sa chambre ; puis tout-à-coup il lui dit : « Cruelle femme, vous voyez que je vous aime, vous voyez que vingt fois par jour je suis prêt à vous offrir et ma main et ma vie, et vous ne voulez pas m'apprendre qui vous êtes ! Dites-le-moi ! Corinne, dites-le moi, répétait-il en lui tendant la main avec la plus touchante expression de sensibilité. — Oswald, s'écria Corinne, Oswald, vous ne savez pas le mal que vous me faites. Si j'étais assez insensée pour vous tout dire, si je l'étais, vous ne m'aimeriez plus. — Grand Dieu, reprit-il, qu'avez-vous donc à révéler ? — Rien qui me rende indigne de vous ; mais des hasards, mais des différences entre nos goûts, nos opinions, qui jadis ont existé, qui n'existeraient plus. N'exigez pas de moi que je me fasse connaître à vous : un jour peut-être, un jour, si vous m'aimez assez, si... Ah ! je ne sais ce que je dis, continua Corinne ; vous saurez tout, mais ne m'abandonnez pas avant de m'entendre. Promettez-le-moi, au nom de votre père qui réside dans le ciel. — Ne prononcez pas ce nom, s'écria lord Nelvil ; savez-vous s'il nous réunit ou s'il nous sépare ? Croyez-vous qu'il consentît à notre union ? Si vous le croyez, attestez-le-moi, je ne serai plus troublé, déchiré. Une fois, je vous dirai quelle a été ma triste vie ; mais à présent voyez dans quel état je suis, dans quel état vous me mettez. » Et en effet son front était couvert d'une froide sueur, son visage était pâle, et ses lèvres tremblaient en articulant à peine ces dernières paroles. Corinne s'assit à côté de lui, et, tenant ses mains dans les siennes, le rappela doucement à lui-même. « Mon cher Oswald, lui dit-elle, demandez à M. Edgermond s'il n'a jamais été dans le Northumberland, ou du moins si ce n'est que depuis cinq ans qu'il y a été : dans ce cas seulement, vous pouvez l'amener ici. » Oswald regarda fixement Corinne à ces mots ; elle baissa les yeux et se tut. Lord Nelvil lui répondit : « Je ferai ce que vous m'ordonnez. » Et il partit.

Rentré chez lui, il s'épuisait en conjectures sur les secrets de Corinne ; il lui paraissait évident qu'elle avait passé beaucoup de temps en Angleterre, et que son nom et sa famille devaient y être connus ; mais quel motif les lui faisait cacher, et pourquoi avait-elle quitté l'Angleterre, si elle y avait été établie ?

Ces diverses questions agitaient extrêmement le cœur d'Oswald; il était convaincu que rien de mal ne pouvait être découvert dans la vie de Corinne, mais il craignait une combinaison de circonstances qui pût la rendre coupable aux yeux des autres; et ce qu'il redoutait le plus pour elle, c'était la désapprobation de l'Angleterre. Il se sentait fort contre celle de tout autre pays; mais le souvenir de son père était si intimement uni dans sa pensée avec sa patrie, que ces deux sentiments s'accroissaient l'un par l'autre. Oswald sut de M. Edgermond qu'il avait été pour la première fois dans le Northumberland l'année précédente, et lui promit de le conduire le soir même chez Corinne. Il arriva le premier, pour la prévenir des idées que M. Edgermond avait conçues sur elle, et la pria de lui faire sentir, par des manières froides et réservées, combien il s'était trompé.

« Si vous le permettez, reprit Corinne, je serai avec lui comme avec tout le monde; s'il desire de m'entendre, j'improviserai pour lui; enfin je me montrerai telle que je suis, et je crois cependant qu'il apercevra tout aussi bien la dignité de l'ame à travers une conduite simple, que si je me donnais un air contraint qui serait affecté. — Oui, Corinne, répondit Oswald, oui, vous avez raison. Ah! qu'il aurait tort, celui qui voudrait altérer en rien votre admirable naturel! M. Edgermond arriva dans ce moment avec le reste de la société. Au commencement de la soirée, lord Nelvil se plaçait à côté de Corinne, et, avec un intérêt qui tenait à la fois de l'amant et du protecteur, il disait tout ce qui pouvait la faire valoir : il lui témoignait un respect qui avait encore plus pour but de commander les égards des autres, que de se satisfaire lui-même; mais il sentit bientôt avec joie l'inutilité de toutes ses inquiétudes. Corinne captiva tout-à-fait M. Edgermond; elle le captiva non seulement par son esprit et ses charmes, mais en lui inspirant le sentiment d'estime que les caractères vrais obtiennent toujours des caractères honnêtes; et lorsqu'il osa lui demander de se faire entendre sur un sujet de son choix, il aspirait à cette grace avec autant de respect que d'empressement. Elle y consentit sans se faire prier un instant, et sut prouver ainsi que cette faveur avait un prix indépendant de la difficulté de l'obtenir. Mais elle avait un si vif desir de plaire à un compatriote d'Oswald, à un homme qui, par la considération qu'il méritait, pouvait influer sur son opinion en lui parlant d'elle, que ce sentiment la remplit tout-à-coup d'une timidité qui lui était nouvelle; elle voulut commencer, et elle sentit que l'émotion lui coupait la parole. Oswald souffrait de ce qu'elle ne se montrait pas dans toute sa supériorité à un Anglais. Il baissait les yeux, et son embarras était si visible, que Corinne, uniquement occupée de l'effet qu'elle produisait sur lui, perdait toujours de plus en plus la présence d'esprit nécessaire pour le talent d'improviser. Enfin, sentant qu'elle hésitait, que les paroles lui venaient par la mémoire et non par le sentiment, et qu'elle ne peignait ainsi ni ce qu'elle pensait, ni ce qu'elle éprouvait réellement, elle s'arrêta tout-à-coup, et dit à M. Edgermond : « Pardonnez-moi, si la timidité m'ôte aujourd'hui mon talent; c'est la première fois (mes amis le savent) que je me suis trouvée ainsi tout-à-fait au-dessous de moi-même; mais ce ne sera peut-être pas la dernière, » ajouta-t-elle en soupirant.

Oswald fut profondément ému par la touchante faiblesse de Corinne. Jusqu'alors il avait toujours vu l'imagination et le génie triompher de ses affections, et relever son ame dans les moments où elle était le plus abattue : cette fois, le sentiment avait subjugué tout-à-fait son esprit, et néanmoins Oswald s'était tellement identifié dans cette occasion avec la gloire de Corinne, qu'il avait souffert de son trouble, au lieu d'en jouir. Mais comme il était certain qu'elle brillerait un autre jour avec l'éclat qui lui était naturel, il se livra sans regrets à la douceur des observations qu'il venait de faire, et l'image de son amie régna plus que jamais dans son cœur.

LIVRE VII.

LA LITTÉRATURE ITALIENNE.

CHAPITRE PREMIER.

Lord Nelvil desirait vivement que M. Edgermond jouît de l'entretien de Corinne, qui valait bien ses vers improvisés. Le jour suivant, la même société se rassembla chez elle; et, pour l'engager à parler, il amena la conversation sur la littérature italienne, et provoqua sa vivacité naturelle, en affirmant que l'Angleterre possédait un plus grand nombre de vrais poëtes, et de poëtes supérieurs, par l'énergie et la sensibilité, à tous ceux dont l'Italie pouvait se vanter.

« D'abord, répondit Corinne, les étrangers ne connaissent, pour la plupart, que nos poëtes du premier rang, le Dante, Pétrarque, l'Arioste, Guarini, le Tasse, et Métastase ; tandis que nous en avons plusieurs autres, tels que Chiabrera, Guidi, Filicaja, Parini, etc., sans compter Sannazar, Politien, etc., qui ont écrit en latin avec génie : et tous réunissent dans leurs vers le coloris à l'harmonie ; tous savent, avec plus ou moins de talent, faire entrer les merveilles des beaux-arts et de la nature dans les tableaux représentés par la parole. Sans doute il n'y a pas dans nos poëtes cette mélancolie profonde, cette connaissance du cœur humain qui caractérise les vôtres ; mais ce genre de supériorité n'appartient-il pas plutôt aux écrivains philosophes qu'aux poëtes ? La mélodie brillante de l'italien convient mieux à l'éclat des objets extérieurs qu'à la méditation. Notre langue serait plus propre à peindre la fureur que la tristesse, parceque les sentiments réfléchis exigent des expressions plus métaphysiques, tandis que le desir de la vengeance anime l'imagination, et tourne la douleur en dehors. Cesarotti a fait la meilleure et la plus élégante traduction d'Ossian qu'il y ait; mais il semble, en la lisant, que les mots ont en eux-mêmes un air de fête qui contraste avec les idées sombres qu'ils rappellent. On se laisse charmer par nos douces paroles de *ruisseau limpide*, de *campagne riante*, d'*ombrage frais*, comme par le murmure des eaux et la variété des couleurs : qu'exigez-vous de plus de la poésie ? pourquoi demander au rossignol ce que signifie son chant ? il ne peut l'expliquer qu'en recommençant à chanter ; on ne peut le comprendre qu'en se laissant aller à l'impression qu'il produit. La mesure des vers, les rimes harmonieuses, ces terminaisons rapides, composées de deux syllabes brèves, dont les sons glissent en effet, comme l'indique leur nom (*sdruccioli*), imitent quelquefois les pas légers de la danse ; quelquefois des tons plus graves rappellent le bruit de l'orage ou l'éclat des armes ; enfin notre poésie est une merveille de l'imagination, il ne faut y chercher que ses plaisirs sous toutes les formes.

« — Sans doute, reprit lord Nelvil, vous expliquez, aussi bien qu'il est possible, et les beautés et les défauts de votre poésie ; mais quand ces défauts, sans les beautés, se trouvent dans la prose, comment les défendrez-vous ? Ce qui n'est que du vague dans la poésie devient du vide dans la prose ; et cette foule d'idées communes, que vos poëtes savent embellir par leur mélodie et leurs images, reparaît à froid dans la prose, avec une vivacité fatigante. La plupart de vos écrivains en prose, aujourd'hui, ont un langage si déclamatoire, si diffus, si abondant en superlatifs, qu'on dirait qu'ils écrivent tous de commande, avec des phrases reçues, et pour une nature de convention ; ils semblent ne pas se douter qu'écrire c'est exprimer son caractère et sa pensée. Le style littéraire est pour eux un tissu artificiel, une mosaïque rapportée, je ne sais quoi d'étranger enfin à leur ame, qui se fait avec la plume, comme un ouvrage mécanique avec les doigts ; ils possèdent au plus haut degré le secret de développer, de commenter, d'enfler une idée, de faire mousser un sentiment, si l'on peut parler ainsi ; tellement qu'on serait tenté de dire à ces écrivains, comme cette femme africaine à une dame française qui portait un grand panier sous une longue robe : *Madame, tout cela est-il vous-même?* En effet, où est l'être réel, dans toute cette pompe de mots, qu'une expression vraie ferait disparaître comme un vain prestige ?

« — Vous oubliez, interrompit vivement Corinne, d'abord Machiavel et Boccace ; puis Gravina, Filangieri, et, de nos jours encore, Cesarotti, Verri, Bettinelli, et tant d'autres enfin qui savent écrire et penser [1]. Mais je conviens avec vous que, depuis les derniers siècles, des circonstances malheureuses ayant privé l'Italie de son indépendance, on y a perdu tout intérêt pour la vérité, et souvent même la possibilité de la dire. Il en est résulté l'habitude de se complaire dans les mots, sans oser approcher des idées. Comme l'on était certain de ne pouvoir obtenir par ses écrits aucune influence sur les choses, on n'écrivait que pour montrer de l'esprit, ce qui est le plus sûr moyen de finir bientôt par n'avoir pas même de l'esprit ; car c'est en dirigeant ses efforts vers un objet noblement utile qu'on rencontre le plus d'idées. Quand les écrivains en prose ne peuvent influer en aucun genre sur le bonheur d'une nation, quand on n'écrit que pour briller, enfin quand c'est la route qui est le but, on se replie en mille détours, mais l'on n'avance pas. Les Italiens, il est vrai, craignent les pensées nouvelles, mais c'est par paresse qu'ils les redoutent, et non par servilité littéraire. Leur caractère, leur

---

[1] Cesarotti, Verri, Bettinelli, sont trois auteurs vivants qui ont mis de la pensée dans la prose italienne. Il faut avouer que ce n'est pas à cela qu'on la destine depuis long-temps.

gaieté, leur imagination, ont beaucoup d'originalité, et cependant, comme ils ne se donnent plus la peine de réfléchir, leurs idées générales sont communes ; leur éloquence même, si vive quand ils parlent, n'a point de naturel quand ils écrivent ; on dirait qu'ils se refroidissent en travaillant : d'ailleurs les peuples du Midi sont gênés par la prose, et ne peignent leurs véritables sentiments qu'en vers. Il n'en est pas de même dans la littérature française, dit Corinne en s'adressant au comte d'Erfeuil ; vos prosateurs sont souvent plus éloquents et même plus poétiques que vos poëtes. — Il est vrai, répondit le comte d'Erfeuil ; que nous avons en ce genre les véritables autorités classiques : Bossuet, La Bruyère, Montesquieu, Buffon, ne peuvent être surpassés ; surtout les deux premiers, qui appartiennent à ce siècle de Louis XIV qu'on ne saurait trop louer, et dont il faut imiter, autant qu'on le peut, les parfaits modèles. C'est un conseil que les étrangers doivent s'empresser de suivre, aussi bien que nous. — J'ai de la peine à croire, répondit Corinne, qu'il fût desirable pour le monde entier de perdre toute couleur nationale, toute originalité de sentiments et d'esprit ; et j'oserai vous dire, M. le comte, que, dans votre pays même, cette orthodoxie littéraire, si je puis m'exprimer ainsi, qui s'oppose à toute innovation heureuse, doit rendre à la longue votre littérature très stérile. Le génie est essentiellement créateur, il porte le caractère de l'individu qui le possède. La nature, qui n'a pas voulu que deux feuilles se ressemblassent, a mis encore plus de diversité dans les ames, et l'imitation est une espèce de mort, puisqu'elle dépouille chacun de son existence naturelle.

« — Ne voudriez-vous pas, belle étrangère, reprit le comte d'Erfeuil, que nous admissions chez nous la barbarie tudesque, les Nuits d'Young des Anglais, les *concetti* des Italiens et des Espagnols ? Que deviendraient le goût, l'élégance du style français, après un tel mélange ? » Le prince Castel-Forte, qui n'avait point encore parlé, dit : « Il me semble que nous avons tous besoin les uns des autres ; la littérature de chaque pays découvre, à qui sait la connaître, une nouvelle sphère d'idées. C'est Charles-Quint lui-même qui a dit qu'*un homme qui sait quatre langues vaut quatre hommes*. Si ce grand génie politique en jugeait ainsi pour les affaires, combien cela n'est-il pas plus vrai pour les lettres! Les étrangers savent tous le français ; ainsi leur point de vue est plus étendu que celui des Français, qui ne savent pas les langues étrangères. Pourquoi ne se donnent-ils pas plus souvent la peine de les apprendre? Ils conserveraient ce qui les distingue, et découvriraient ainsi quelquefois ce qui peut leur manquer. »

CHAPITRE II.

« Vous m'avouerez au moins, reprit le comte d'Erfeuil, qu'il est un rapport sous lequel nous n'avons rien à apprendre de personne. Notre théâtre est décidément le premier de l'Europe; car je ne pense pas que les Anglais eux-mêmes imaginassent de nous opposer Shakspeare. — Je vous demande pardon, interrompit M. Edgermond, ils l'imaginent. » Et, ce mot dit, il rentra dans le silence. « Alors je n'ai rien à dire, continua le comte d'Erfeuil avec un sourire qui exprimait un dédain gracieux; chacun peut penser ce qu'il veut; mais enfin je persiste à croire qu'on peut affirmer sans présomption que nous sommes les premiers dans l'art dramatique : et quant aux Italiens, s'il m'est permis de parler franchement, ils ne se doutent seulement pas qu'il y ait un art dramatique dans le monde. La musique est tout chez eux, et la pièce n'est rien. Si le second acte d'une pièce a une meilleure musique que le premier, ils commencent par le second acte; si ce sont les deux premiers actes de deux pièces différentes, ils jouent ces deux actes le même jour, et mettent entre deux un acte d'une comédie en prose, qui contient ordinairement la meilleure morale du monde, mais une morale toute composée de sentences, que nos ancêtres mêmes ont déjà renvoyées à l'étranger, comme trop vieilles pour eux. Vos musiciens fameux disposent en entier de vos poëtes; l'un lui déclare qu'il ne peut pas chanter s'il n'a dans son ariette le mot *felicità*; le ténor demande la *tomba*; et le troisième chanteur ne peut faire des roulades que sur le mot *catene*. Il faut que le pauvre poëte arrange ces goûts divers comme il peut avec la situation dramatique. Ce n'est pas tout encore, il y a des virtuoses qui ne veulent pas arriver de plain-pied sur le théâtre; il faut qu'ils se montrent d'abord dans un nuage, ou qu'ils descendent du haut de l'escalier d'un palais, pour produire plus d'effet à leur entrée. Quand l'ariette est chantée, dans quelque situation touchante ou violente que ce soit, l'acteur doit saluer, pour remercier des applaudissements qu'il obtient. L'autre jour, à *Sémiramis*, après que le spectre de Ninus eut chanté son ariette, l'acteur qui le représentait fit, en son costume d'ombre, une grande révérence au parterre ; ce qui diminua beaucoup l'effroi de l'apparition.

« On est accoutumé en Italie à regarder le théâtre comme une grande salle de réunion, où l'on n'écoute que les airs et le ballet. C'est avec raison que je dis *où l'on n'écoute que le ballet*, car c'est seulement lorsqu'il va commencer, que le parterre fait faire silence ; et ce ballet est encore un chef-d'œuvre de mauvais goût. Excepté les grotesques, qui sont de véritables caricatures de la danse, je ne sais pas ce qui peut amuser dans ces ballets, si ce n'est leur ridicule. J'ai vu Gengis-kan, mis en ballet, tout couvert d'hermine, tout revêtu de beaux sentiments ; car il cédait sa couronne à l'enfant du roi qu'il avait vaincu, et l'élevait en l'air sur un pied : nouvelle façon d'établir un monarque sur le trône. J'ai aussi vu le Dévouement de Curtius, ballet en trois actes, avec tous les divertissements. Curtius, habillé en berger d'Arcadie, dansait long-temps avec sa maîtresse, avant de monter sur un véritable cheval, au milieu du théâtre, et de s'élancer ainsi dans un gouffre de feu fait avec du satin jaune et du papier doré ; ce qui lui donnait beaucoup plus l'apparence d'un surtout de dessert que d'un abîme. Enfin j'ai vu tout l'abrégé de l'histoire romaine en ballet, depuis Romulus jusqu'à César.

« — Tout ce que vous dites est vrai, répondit le prince Castel-Forte avec douceur ; mais vous n'avez parlé que de la musique et de la danse, et ce n'est pas là ce que dans aucun pays l'on considère comme l'art dramatique. — C'est bien pis, interrompit le comte d'Erfeuil, quand on représente les tragédies, ou des drames qui ne sont pas nommés *drames d'une fin joyeuse* : on réunit plus d'horreurs en cinq actes que l'imagination ne pourrait se le figurer. Dans une des pièces de ce genre, l'amant tue le frère de sa maîtresse dès le second acte ; au troisième, il brûle la cervelle à sa maîtresse elle-même sur le théâtre ; le quatrième est rempli par l'enterrement ; dans l'intervalle du quatrième au cinquième acte, l'acteur qui joue l'amant vient annoncer le plus tranquillement du monde, au parterre, les arlequinades que l'on donne le jour suivant, et reparaît en scène au cinquième acte, pour se tuer d'un coup de pistolet. Les acteurs tragiques sont en parfaite harmonie avec le froid et le gigantesque des pièces. Ils commettent toutes ces terribles actions avec le plus grand calme. Quand un acteur s'agite, on dit qu'il se démène comme un prédicateur ; car, en effet, il y a beaucoup plus de mouvement dans la chaire que sur le théâtre, et c'est bien heureux que ces acteurs soient si paisibles dans le pathétique ; car, comme il n'y a rien d'intéressant dans la pièce ni dans la situation, plus ils feraient de bruit, plus ils seraient ridicules : encore si ce ridicule était gai ! mais il n'est que monotone. Il n'y a pas plus en Italie de comédie que de tragédie ; et dans cette carrière encore, c'est nous qui sommes les premiers. Le seul genre qui appartienne vraiment à l'Italie, ce sont les arlequinades : un valet fripon, gourmand et poltron, un vieux tuteur dupe, avare ou amoureux ; voilà tout le sujet de ces pièces. Vous conviendrez qu'il ne faut pas beaucoup d'efforts pour une telle invention, et que le Tartufe et le Misanthrope supposent un peu plus de génie. »

Cette attaque du comte d'Erfeuil déplaisait assez aux Italiens qui l'écoutaient ; mais cependant ils en riaient, et le comte d'Erfeuil, en conversation, aimait beaucoup mieux montrer de l'esprit que de la bonté. Sa bienveillance naturelle influait sur ses actions, mais son amour-propre sur ses paroles. Le prince Castel-Forte et tous les Italiens qui se trouvaient là étaient impatients de réfuter le comte d'Erfeuil ; mais comme ils croyaient leur cause mieux défendue par Corinne que par tout autre, et que le plaisir de briller en conversation ne les occupait guère, ils suppliaient Corinne de répondre, et se contentaient seulement de citer les noms si connus de Maffei, de Métastase, de Goldoni, d'Alfieri, de Monti. Corinne convint d'abord que les Italiens n'avaient point de théâtre ; mais elle voulut prouver que les circonstances, et non l'absence du talent, en étaient la cause. La comédie qui tient à l'observation des mœurs ne peut exister que dans un pays où l'on vit habituellement au centre d'une société nombreuse et brillante ; il n'y a en Italie que des passions violentes, ou des jouissances paresseuses ; et les passions violentes produisent des crimes ou des vices d'une couleur si forte, qu'elles font disparaître toutes les nuances des caractères. Mais la comédie idéale, pour ainsi dire, celle qui tient à l'imagination, et peut convenir à tous les temps comme à tous les pays, c'est en Italie qu'elle a été inventée. Les personnages d'Arlequin, de Brighella, de Pantalon, etc., se trouvent dans toutes les pièces avec le même caractère. Ils ont, sous tous les rapports, des masques, et non pas des visages ; c'est-à-dire que leur physionomie est celle de tel genre de personnes, et non pas de tel individu. Sans doute les auteurs modernes des arlequinades, trouvant tous les rôles donnés d'avance, comme les pièces d'un jeu d'échecs, n'ont pas le mérite de les avoir inventés; mais cette première invention est due à l'Italie; et ces personnages fantasques, qui, d'un bout de l'Europe à l'autre, amusent tous les enfants, et les hommes que l'imagination rend enfants, doivent être considérés comme une création des Italiens, qui leur donne des droits à l'art de la comédie.

L'observation du cœur humain est une source inépuisable pour la littérature; mais les nations qui sont plus propres à la poésie qu'à la réflexion se livrent plutôt à l'enivrement de la joie qu'à l'ironie philosophique. Il y a quelque chose de triste au fond de la plaisanterie fondée sur la connaissance des hommes; la gaieté vraiment inoffensive est celle qui appartient seulement à l'imagination. Ce n'est pas que les Italiens n'étudient habilement les hommes avec lesquels ils ont affaire, et ne découvrent plus finement que personne les pensées les plus secrètes; mais c'est comme esprit de conduite qu'ils ont ce talent, et ils n'ont point l'habitude d'en faire un usage littéraire. Peut-être même n'aimeraient-ils pas à généraliser leurs découvertes, à publier leurs aperçus. Ils ont dans le caractère quelque chose de prudent et de dissimulé, qui leur conseille peut-être de ne pas mettre en dehors, par les comédies, ce qui leur sert à se guider dans les relations particulières, et de ne pas révéler par les fictions de l'esprit ce qui peut être utile dans les circonstances de la vie réelle.

Machiavel cependant, bien loin de rien cacher, a fait connaître tous les secrets d'une politique criminelle; et l'on peut voir par lui de quelle terrible connaissance du cœur humain les Italiens sont capables: mais une telle profondeur n'est pas du ressort de la comédie, et les loisirs de la société proprement dite peuvent seuls apprendre à peindre les hommes sur la scène comique. Goldoni, qui vivait à Venise, la ville d'Italie où il y a le plus de société, met déja dans ses pièces beaucoup plus de finesse d'observation qu'il ne s'en trouve communément dans les autres auteurs. Néanmoins ses comédies sont monotones; on y voit revenir les mêmes situations, parcequ'il y a peu de variété dans les caractères. Ses nombreuses pièces semblent faites sur le modèle des pièces de théâtre en général, et non d'après la vie. Le vrai caractère de la gaieté italienne, ce n'est pas la moquerie, c'est l'imagination; ce n'est pas la peinture des mœurs, mais les exagérations poétiques. C'est l'Arioste, et non pas Molière, qui peut amuser l'Italie.

Gozzi, le rival de Goldoni, a bien plus d'originalité dans ses compositions ; elles ressemblent bien moins à des comédies régulières. Il a pris son parti de se livrer franchement au génie italien, de représenter des contes de fées, de mêler les bouffonneries, les arlequinades, au merveilleux des poëmes ; de n'imiter en rien la nature, mais de se laisser aller aux fantaisies de la gaieté comme aux chimères de la féerie, et d'entraîner de toutes les manières l'esprit au-delà des bornes de ce qui se passe dans le monde. Il eut un succès prodigieux dans son temps, et peut-être est-il l'auteur comique dont le genre convient le mieux à l'imagination italienne. Mais, pour savoir avec certitude quelles pourraient être la comédie et la tragédie en Italie, il faudrait qu'il y eût quelque part un théâtre et des acteurs. La multitude des petites villes, qui toutes veulent avoir un théâtre, perd, en les dispersant, le peu de ressources qu'on pourrait rassembler. La division des états, si favorable en général à la liberté et au bonheur, est nuisible à l'Italie. Il lui faudrait un centre de lumières et de puissance, pour résister aux préjugés qui la dévorent. L'autorité des gouvernements réprime souvent ailleurs l'élan individuel. En Italie cette autorité serait un bien, si elle luttait contre l'ignorance des états séparés et des hommes isolés entre eux, si elle combattait par l'émulation l'indolence naturelle au climat, enfin si elle donnait une vie à toute cette nation, qui se contente d'un rêve.

Ces diverses idées, et plusieurs autres encore, furent spirituellement développées par Corinne. Elle entendait aussi très bien l'art rapide des entretiens légers, qui n'insistent sur rien, et l'occupation de plaire, qui fait valoir chacun à son tour, quoiqu'elle s'abandonnât souvent dans la conversation au genre de talent qui la rendait une improvisatrice célèbre. Plusieurs fois elle pria le prince Castel-Forte de venir à son secours, en faisant connaître ses propres opinions sur le même sujet ; mais elle parlait si bien, que tous les auditeurs se plaisaient à l'écouter, et ne supportaient pas qu'on l'interrompît. M. Edgermond surtout ne pouvait se rassasier de voir et d'entendre Corinne ; il osait à peine lui exprimer le sentiment d'admiration qu'elle lui inspirait, et prononçait tout bas quelques mots à sa louange, espérant qu'elle les comprendrait sans qu'il fût obligé de les lui dire. Il avait cependant un desir si vif de savoir ce qu'elle pensait de la tragédie, qu'il se hasarda, malgré sa timidité, à lui adresser la parole sur ce sujet.

« Madame, lui dit-il, ce qui me paraît surtout manquer à la littérature italienne, ce sont des tragédies ; il me semble qu'il y a moins loin des enfants aux hommes, que de vos tragédies aux nôtres ; car les enfants, dans leur mobilité, ont des sentiments légers, mais vrais ; tandis que le sérieux de vos tragédies a quelque chose d'affecté et de gigantesque qui détruit pour moi toute émotion. N'est-il pas vrai, lord Nelvil ? » continua M. Edgermond en se retournant vers lui, et l'appelant par ses regards à le soutenir, étonné qu'il était d'avoir osé parler devant tant de monde.

« Je pense entièrement comme vous, répondit Oswald. Métastase, que l'on vante comme le poëte de l'amour, donne à cette passion, dans tous les pays, dans toutes les situations, la même couleur. On doit applaudir à des ariettes admirables, tantôt par la grace et l'harmonie, tantôt par les beautés lyriques du premier ordre qu'elles renferment, surtout quand on les détache du drame où elles sont placées ; mais il nous est impossible à nous qui possédons Shakspeare, le poëte qui a le mieux approfondi l'histoire et les passions de l'homme, de supporter ces deux couples d'amoureux qui se partagent presque toutes les pièces de Métastase, et qui s'appellent tantôt Achille, tantôt Tircis, tantôt Brutus, tantôt Corilas, et chantent tous de la même manière des chagrins et des martyres d'amour qui remuent à peine l'ame à la superficie, et peignent comme une fadeur le sentiment le plus orageux qui puisse agiter le cœur humain. C'est avec un respect profond pour le caractère d'Alfieri que je me permettrai quelques réflexions sur ses pièces. Leur but est si noble, les sentiments que l'auteur exprime sont si bien d'accord avec sa conduite personnelle, que ses tragédies doivent toujours être louées comme des actions, quand même elles seraient critiquées, à quelques égards, comme des ouvrages littéraires. Mais il me semble que quelques unes de ses tragédies ont autant de monotonie dans la force, que Métastase en a dans la douceur. Il y a dans les pièces d'Alfieri une telle profusion d'énergie et de magnanimité, ou bien une telle exagération de violence et de crime, qu'il est impossible d'y reconnaître le véritable caractère des hommes. Ils ne sont jamais ni si méchants ni si généreux qu'il les peint. La plupart des scènes sont composées pour mettre en contraste le vice et la vertu ; mais ces oppositions ne sont pas présentées avec les gradations de la vérité. Si les tyrans supportaient dans la vie ce que les opprimés leur disent en face dans les tragédies d'Alfieri, on serait presque tenté de les plaindre. La pièce d'Octavie est une de celles où ce défaut de vraisemblance est le plus frappant. Sénèque y moralise sans cesse Néron, comme s'il était le plus patient des hommes, et lui Sénèque, le plus courageux de tous. Le maître du monde, dans la tragédie, consent à se laisser insulter, et à se mettre en colère à chaque scène, pour le plaisir des spectateurs, comme s'il ne dépendait pas de lui de tout finir avec un mot. Certainement ces dialogues continuels donnent lieu à de très belles réponses de Sénèque, et l'on voudrait trouver dans une harangue ou un ouvrage les nobles pensées qu'il exprime; mais est-ce ainsi qu'on peut donner l'idée de la tyrannie? Ce n'est pas la peindre sous ses redoutables couleurs, c'est en faire seulement un but pour l'escrime de la parole. Mais si Shakspeare avait représenté Néron entouré d'hommes tremblants, qui osent à peine répondre à la question la plus indifférente, lui-même cachant son trouble, s'efforçant de paraître calme, et Sénèque près de lui travaillant à l'apologie du meurtre d'Agrippine, la terreur n'eût-elle pas été mille fois plus grande? et pour une réflexion énoncée par l'auteur, mille ne seraient-elles pas nées dans l'ame des spectateurs, par le silence même de la rhétorique et la vérité des tableaux? »

Oswald aurait pu parler long-temps encore sans que Corinne l'eût interrompu; elle se plaisait tellement et dans le son de sa voix, et dans la noble élégance de son langage, qu'elle eût voulu prolonger cette impression des heures entières. Ses regards fixés sur lui avaient peine à s'en détacher, lors même qu'il eut cessé de parler. Elle se tourna lentement vers le reste de la société, qui lui demandait avec impatience ce qu'elle pensait de la tragédie italienne; et, revenant à lord Nelvil : « Milord, dit-elle, je suis de votre avis presque sur tout ; ce n'est donc pas pour vous combattre que je réponds, mais pour présenter quelques exceptions à vos observations, peut-être trop générales. Il est vrai que Métastase est plutôt un poëte lyrique que dramatique, et qu'il peint l'amour comme l'un des beaux-arts qui embellissent la vie, et non comme le secret le plus intime de nos peines ou de notre bonheur. En général, quoique notre poésie ait été consacrée à chanter l'amour, je hasarderai de dire que nous avons plus de profondeur et de sensibilité dans la peinture de toutes les autres passions. A force de faire des vers amoureux, on s'est créé à cet égard parmi nous un langage convenu : et ce n'est pas ce qu'on a éprouvé, mais ce qu'on a lu, qui sert d'inspiration aux poëtes.

L'amour, tel qu'il existe en Italie, ne ressemble nullement à l'amour tel que nos écrivains le peignent. Je ne connais qu'un roman, *Fiammetta*, de Boccace, dans lequel on puisse se faire une idée de cette passion décrite avec des couleurs vraiment nationales. Nos poëtes subtilisent et exagèrent le sentiment, tandis que le véritable caractère de la nature italienne, c'est une impression rapide et profonde, qui s'exprimerait bien plutôt par des actions silencieuses et passionnées, que par un ingénieux langage. En général, notre littérature exprime peu notre caractère et nos mœurs. Nous sommes une nation beaucoup trop modeste, je dirais presque trop humble, pour oser avoir des tragédies à nous, composées avec notre histoire, ou du moins caractérisées d'après nos propres sentiments [1].

« Alfieri, par un hasard singulier, était, pour ainsi dire, transplanté de l'antiquité dans les temps modernes ; il était né pour agir, et il n'a pu qu'écrire : son style et ses tragédies se ressentent de cette contrainte. Il a voulu marcher par la littérature à un but politique : ce but était le plus noble de tous sans doute; mais n'importe, rien ne dénature les ouvrages d'imagination comme d'en avoir un. Alfieri, impatienté de vivre au milieu d'une nation où l'on rencontrait des savants très érudits et quelques hommes très éclairés, mais dont les littérateurs et les lecteurs ne s'intéressaient pour la plupart à rien de sérieux, et se plaisaient uniquement dans les contes, dans les nouvelles, dans les madrigaux; Alfieri, dis-je, a voulu donner à ses tragédies le caractère le plus austère. Il en a retranché les confidents, les coups de théâtre, tout, hors l'intérêt du dialogue. Il semblait qu'il voulût ainsi faire faire pénitence aux Italiens de leur vivacité et de leur imagination naturelle. Il a pourtant été fort admiré, parcequ'il est vraiment grand par son caractère et par son ame, et parceque les habitants de Rome surtout applaudissent aux louanges données aux actions et aux sentiments des anciens Romains, comme si cela les regardait encore. Ils sont amateurs de l'énergie et de l'indépendance, comme des beaux tableaux qu'ils possèdent dans leurs galeries. Mais il n'en est pas moins vrai qu'Alfieri n'a pas créé ce qu'on pourrait appeler un théâtre italien, c'est-à-dire des

---

[1] Giovanni Pindemonte a publié nouvellement un théâtre dont les sujets sont pris dans l'histoire italienne, et c'est une entreprise très-intéressante et très louable. Le nom de Pindemonte est aussi illustré par Ippolito Pindemonte, l'un des poëtes actuels de l'Italie qui a le plus de charme et de douceur.

tragédies dans lesquelles on trouvât un mérite particulier à l'Italie. Et même il n'a pas caractérisé les mœurs des pays et des siècles qu'il a peints. Sa Conjuration des Pazzi, Virginie, Philippe second, sont admirables par l'élévation et la force des idées; mais on y voit toujours l'empreinte d'Alfieri, et non celle des nations et des temps qu'il met en scène. Bien que l'esprit français et celui d'Alfieri n'aient pas la moindre analogie, ils se ressemblent en ceci, que tous les deux font porter leurs propres couleurs à tous les sujets qu'ils traitent. »

Le comte d'Erfeuil, entendant parler de l'esprit français, prit la parole. « Il nous serait impossible, dit-il, de supporter sur la scène les inconséquences des Grecs, ni les monstruosités de Shakspeare; les Français ont un goût trop pur pour cela. Notre théâtre est le modèle de la délicatesse et de l'élégance, c'est là ce qui le distingue; et ce serait nous plonger dans la barbarie, que de vouloir introduire rien d'étranger parmi nous. — Autant vaudrait, dit Corinne en souriant, élever autour de vous la grande muraille de la Chine. Il y a sûrement de rares beautés dans vos auteurs tragiques; il s'en développerait peut-être encore de nouvelles, si vous permettiez quelquefois que l'on vous montrât sur la scène autre chose que des Français. Mais nous qui sommes Italiens, notre génie dramatique perdrait beaucoup à s'astreindre à des règles dont nous n'aurions pas l'honneur, et dont nous souffririons la contrainte. L'imagination, le caractère, les habitudes d'une nation doivent former son théâtre. Les Italiens aiment passionnément les beaux-arts, la musique, la peinture, et même la pantomime, enfin tout ce qui frappe les sens. Comment se pourrait-il donc que l'austérité d'un dialogue éloquent fût le seul plaisir théâtral dont ils se contentassent? C'est en vain qu'Alfieri, avec tout son génie, a voulu les y réduire; il a senti lui-même que son système était trop rigoureux [1].

« La *Mérope* de Maffei, le *Saül* d'Alfieri, l'*Aristodème* de Monti, et surtout le poëme du Dante, bien que cet auteur n'ait point composé de tragédies, me semblent faits pour donner l'idée de ce que pourrait être l'art dramatique en Italie. Il y a dans la *Mérope* de Maffei une grande simplicité d'action, mais une poésie brillante,

---

[1] On vient de publier les œuvres posthumes d'Alfieri, où se trouvent beaucoup de morceaux très piquants; mais on peut conclure d'un essai dramatique assez bizarre qu'il a fait sur la tragédie d'*Abel*, qu'il sentait lui-même que ses pièces étaient trop austères, et qu'il fallait sur la scène accorder davantage aux plaisirs de l'imagination.

revêtue des images les plus heureuses; et pourquoi s'interdirait-on cette poésie dans les ouvrages dramatiques? La langue des vers est si magnifique en Italie, que l'on y aurait plus tort que partout ailleurs en renonçant à ses beautés. Alfieri, qui excellait, quand il le voulait, dans tous les genres, a fait dans son *Saül* un superbe usage de la poésie lyrique; et l'on pourrait y introduire heureusement la musique elle-même, non pas pour mêler le chant aux paroles, mais pour calmer les transports furieux de Saül par la harpe de David. Nous possédons une musique si délicieuse, que ce plaisir peut rendre indolent sur les jouissances de l'esprit. Loin donc de vouloir les séparer, il faudrait chercher à les réunir, non en faisant chanter les héros, ce qui détruit toute dignité dramatique, mais en introduisant ou des chœurs, comme les anciens, ou des effets de musique qui se lient à la situation par des combinaisons naturelles, comme cela arrive si souvent dans la vie. Loin de diminuer sur le théâtre italien les plaisirs de l'imagination, il me semble qu'il faudrait au contraire les augmenter et les multiplier de toutes les manières. Le goût vif des Italiens pour la musique et pour les ballets à grand spectacle est un indice de la puissance de leur imagination et de la nécessité de l'intéresser toujours, même en traitant les objets sérieux, au lieu de les rendre encore plus sévères qu'ils ne le sont, comme l'a fait Alfieri.

« La nation croit de son devoir d'applaudir à ce qui est austère et grave; mais elle retourne bientôt à ses goûts naturels; et ils pourraient être satisfaits dans la tragédie, si on l'embellissait par le charme et la variété des différents genres de poésie, et par toutes les diversités théâtrales dont les Anglais et les Espagnols savent jouir.

« L'*Aristodème* de Monti a quelque chose du terrible pathétique du Dante, et sûrement cette tragédie est, à juste titre, une des plus admirées. Le Dante, ce grand maître en tant de genres, possédait le génie tragique qui aurait produit le plus d'effet en Italie, si, de quelque manière, on pouvait l'adapter à la scène; car ce poëte sait peindre aux yeux ce qui se passe au fond de l'âme, et son imagination fait sentir et voir la douleur. Si le Dante avait écrit des tragédies, elles auraient frappé les enfants comme les hommes, la foule comme les esprits distingués. La littérature dramatique doit être populaire; elle est comme un événement public, toute la nation en doit juger.

« — Lorsque le Dante vivait, dit Oswald, les Italiens jouaient en Europe et chez eux un grand rôle politique. Peut-être vous est-il impossible maintenant d'avoir un théâtre tragique national. Pour que ce théâtre existe, il faut que de grandes circonstances développent dans la vie les sentiments qu'on exprime sur la scène. De tous les chefs-d'œuvre de la littérature, il n'en est point qui tienne autant qu'une tragédie à tout l'ensemble d'un peuple ; les spectateurs y contribuent presque autant que les auteurs. Le génie dramatique se compose de l'esprit public, de l'histoire, du gouvernement, des mœurs, enfin de tout ce qui s'introduit chaque jour dans la pensée, et forme l'être moral, comme l'air que l'on respire alimente la vie physique. Les Espagnols, avec lesquels votre climat et votre religion doivent vous donner des rapports, ont bien plus que vous cependant le génie dramatique ; leurs pièces sont remplies de leur histoire, de leur chevalerie, de leur foi religieuse, et ces pièces sont originales et vivantes ; mais aussi leurs succès en ce genre remontent-ils à l'époque de leur gloire historique. Comment donc pourrait-on maintenant fonder en Italie ce qui n'y a jamais existé, un théâtre tragique ? — Il est malheureusement possible que vous ayez raison, milord, reprit Corinne ; néanmoins j'espère toujours beaucoup pour nous de l'essor naturel des esprits en Italie, de leur émulation individuelle, alors même qu'aucune circonstance extérieure ne les favorise ; mais ce qui nous manque surtout pour la tragédie, ce sont des acteurs. Des paroles affectées amènent nécessairement une déclamation fausse ; mais il n'est pas de langue dans laquelle un grand acteur pût montrer autant de talent que dans la nôtre ; car la mélodie des sons ajoute un nouveau charme à la vérité de l'accent ; c'est une musique continuelle, qui se mêle à l'expression des sentiments, sans lui rien ôter de sa force. — Si vous voulez, interrompit le prince Castel-Forte, convaincre de ce que vous dites, il faut que vous nous le prouviez : oui, donnez nous l'inexprimable plaisir de vous voir jouer la tragédie ; il faut que vous accordiez aux étrangers que vous en croyez dignes la rare jouissance de connaître un talent que vous seule possédez en Italie, ou plutôt que vous seule dans le monde possédez, puisque toute votre ame y est empreinte. »

Corinne avait un desir secret de jouer la tragédie devant lord Nelvil, et de se montrer ainsi fort à son avantage ; mais elle n'osait accepter sans son approbation, et ses regards la lui demandaient. Il les entendit ; et, comme il était tout à la fois touché de la timidité qui l'avait empêchée la veille d'improviser, et ambitieux pour elle du suffrage de M. Edgermond, il se joignit aux sollicitations de ses amis. Corinne alors n'hésita plus. « Eh bien! dit-elle en se retournant vers le prince Castel-Forte, nous accomplirons donc, si vous le voulez, le projet que j'avais formé depuis long-temps, de jouer la traduction que j'ai faite de *Roméo et Juliette.—Roméo et Juliette* de Shakspeare! s'écria M. Edgermond: vous savez donc l'anglais? — Oui, répondit Corinne. — Et vous aimez Shakspeare? dit encore M. Edgermond.— Comme un ami, reprit-elle, puisqu'il connaît tous les secrets de la douleur. — Et vous le jouerez en italien! s'écria M. Edgermond, et je l'entendrai! et vous l'entendrez aussi, mon cher Nelvil! ah! que vous êtes heureux! » Puis, se repentant à l'instant de cette parole indiscrète, il rougit; et la rougeur inspirée par la délicatesse et la bonté peut intéresser à tous les âges. « Que nous serons heureux, reprit-il avec embarras, si nous assistons à un tel spectacle! »

CHAPITRE III.

Tout fut arrangé en peu de jours, les rôles distribués, et la soirée choisie pour la représentation, dans un palais que possédait une parente du prince Castel-Forte, amie de Corinne. Oswald avait un mélange d'inquiétude et de plaisir à l'approche de ce nouveau succès; il en jouissait par avance, mais par avance aussi il était jaloux, non de tel homme en particulier, mais du public, témoin des talents de celle qu'il aimait; il eût voulu connaître seul ce qu'elle avait d'esprit et de charmes; il eût voulu que Corinne, timide et réservée comme une Anglaise, possédât cependant pour lui seul son éloquence et son génie. Quelque distingué que soit un homme, peut-être ne jouit-il jamais sans mélange de la supériorité d'une femme: s'il l'aime, son cœur s'en inquiète; s'il ne l'aime pas, son amour-propre s'en offense. Oswald, près de Corinne, était plus enivré qu'heureux, et l'admiration qu'elle lui inspirait augmentait son amour, sans donner à ses projets plus de stabilité. Il la voyait comme un phénomène admirable qui lui apparaissait de nouveau chaque jour; mais le ravissement et l'étonnement même qu'elle lui faisait éprouver semblaient éloigner l'espoir d'une vie tranquille et paisible. Corinne cependant était la femme la plus douce et la plus facile à vivre; on l'eût aimée pour ses qualités communes, indépendamment de ses qualités brillantes: mais encore une fois, elle réunissait trop de talents, elle était trop remarquable en tout genre. Lord Nelvil, de quelques avantages qu'il fût doué, ne croyait pas l'égaler, et cette idée lui inspirait des craintes sur la durée de leur affection mutuelle. En vain Corinne, à force d'amour, se faisait son esclave ; le maître, souvent inquiet, de cette reine dans les fers, ne jouissait point en paix de son empire.

Quelques heures avant la représentation, lord Nelvil conduisit Corinne dans le palais de la princesse Castel-Forte, où le théâtre était préparé. Il faisait un soleil admirable, et d'une des fenêtres de l'escalier on découvrait Rome et la campagne. Oswald arrêta Corinne un moment, et lui dit : « Voyez ce beau temps ; c'est pour vous, c'est pour éclairer vos succès. — Ah ! si cela était, reprit-elle, c'est vous qui me porteriez bonheur, c'est à vous que je devrais la protection du ciel. — Les sentiments doux et purs que cette belle nature inspire suffiraient-ils à votre bonheur? reprit Oswald ; il y a loin de cet air que nous respirons, de cette rêverie que fait naître la campagne, à la salle bruyante qui va retentir de votre nom. — Oswald, lui dit Corinne, ces applaudissements, si je les obtiens, n'est-ce pas parceque vous les entendrez qu'ils auront le pouvoir de me toucher? et si je montre quelque talent, ne sera-ce pas mon sentiment pour vous qui me l'inspirera? La poésie, l'amour, la religion, tout ce qui tient à l'enthousiasme enfin est en harmonie avec la nature ; et en regardant le ciel azuré, en me livrant à l'impression qu'il me cause, je comprends mieux les sentiments de Juliette, je suis plus digne de Roméo. — Oui, tu en es digne, céleste créature, s'écria lord Nelvil ; oui, c'est une faiblesse de l'ame que cette jalousie de tes talents, que ce besoin de vivre seul avec toi dans l'univers. Va recueillir les hommages du monde, va ; mais que ce regard d'amour, qui est plus divin encore que ton génie, ne soit dirigé que sur moi. » Ils se quittèrent alors ; et lord Nelvil alla se placer dans la salle, en attendant le plaisir de voir paraître Corinne.

C'est un sujet italien que Roméo et Juliette ; la scène se passe à Vérone ; on y montre encore le tombeau de ces deux amants : Shakspeare a écrit cette pièce avec cette imagination du Midi tout à la fois si passionnée et si riante, cette imagination qui triomphe dans le bonheur, et passe si facilement, néanmoins, de ce bonheur au désespoir, et du désespoir à la mort. Tout y est rapide dans les impressions, et l'on sent cependant que ces impressions rapides seront ineffaçables. C'est la force de la nature, et non la frivolité du cœur, qui, sous un climat énergique, hâte le développement des passions. Le sol n'est point léger, quoique la végétation soit prompte ; et Shakspeare, mieux qu'aucun écrivain étranger, a saisi le caractère national de l'Italie, et cette fécondité d'esprit qui invente mille manières pour varier l'expression des mêmes sentiments, cette éloquence orientale qui se sert des images de toute la nature pour peindre ce qui se passe dans le cœur. Ce n'est pas, comme dans l'Ossian, une même teinte, un même son, qui répond constamment à la corde la plus sensible du cœur ; mais les couleurs multipliées que Shakspeare emploie dans Roméo et Juliette ne donnent point à son style une froide affectation ; c'est le rayon divisé, réfléchi, varié, qui produit ces couleurs, et l'on y sent toujours la lumière et le feu dont elles viennent. Il y a dans cette composition une sève de vie, un éclat d'expression qui caractérise et le pays et les habitants. La pièce de Roméo et Juliette, traduite en italien, semblait rentrer dans sa langue maternelle.

La première fois que Juliette paraît, c'est à un bal où Roméo Montague s'est introduit dans la maison des Capulets, les ennemis mortels de sa famille. Corinne était revêtue d'un habit de fête charmant, et cependant conforme au costume du temps. Ses cheveux étaient artistement mêlés avec des pierreries et des fleurs ; elle frappait d'abord comme une personne nouvelle, puis on reconnaissait sa voix et sa figure, mais sa figure divinisée, qui ne conservait plus qu'une expression poétique. Des applaudissements unanimes firent retentir la salle à son arrivée. Ses premiers regards découvrirent à l'instant Oswald, et s'arrêtèrent sur lui ; une étincelle de joie, une espérance douce et vive se peignit dans sa physionomie. En la voyant, le cœur battait de plaisir et de crainte ; on sentait que tant de félicité ne pouvait pas durer sur la terre : était-ce pour Juliette, était-ce pour Corinne que ce pressentiment devait s'accomplir ?

Quand Roméo s'approcha d'elle pour lui adresser à demi-voix des vers si brillants dans l'anglais, si magnifiques dans la traduction italienne, sur sa grace et sa beauté, les spectateurs, ravis d'être interprétés ainsi, s'unirent tous avec transport à Roméo ; et la passion subite qui le saisit, cette passion allumée par le premier regard, parut à tous les yeux bien vraisemblable. Oswald commença dès ce moment à se troubler ; il lui semblait que tout était prêt à se révéler, qu'on allait proclamer Corinne un ange parmi les femmes, l'interroger lui-même sur ce qu'il ressentait pour elle, la lui disputer, la lui ravir ; je ne sais quel nuage éblouissant passa devant ses yeux ; il craignit de ne plus voir, il craignit de s'évanouir, et se retira derrière une colonne pendant quelques instants. Corinne inquiète le cherchait avec anxiété, et prononça ce vers :

« Too early seen unknown, and known too late !

« *Ah ! je l'ai vu trop tôt sans le connaître, et je l'ai connu trop tard,* » avec un accent si profond, qu'Oswald tressaillit en l'entendant, parcequ'il lui sembla que Corinne l'appliquait à leur situation personnelle.

Il ne pouvait se lasser d'admirer la grace de ses gestes, la dignité de ses mouvements, une physionomie qui peignait ce que la parole ne pouvait dire, et découvrait ces mystères du cœur qu'on n'a jamais exprimés, et qui pourtant disposent de la vie. L'accent, le regard, les moindres signes d'un acteur vraiment ému, vraiment inspiré, sont une révélation continuelle du cœur humain ; et l'idéal des beaux-arts se mêle toujours à ces révélations de la nature. L'harmonie des vers, le charme des attitudes prêtent à la passion ce qui lui manque souvent dans la réalité, la dignité et la grace. Ainsi tous les sentiments du cœur et tous les mouvements de l'ame passent à travers l'imagination, sans rien perdre de leur vérité.

Au second acte, Juliette paraît sur le balcon de son jardin pour s'entretenir avec Roméo. De toute la parure de Corinne, il ne lui restait plus que les fleurs, et bientôt après les fleurs aussi devaient disparaître ; le théâtre, à demi éclairé pour représenter la nuit, répandait sur le visage de Corinne une lumière plus douce et plus touchante. Le son de sa voix était encore plus harmonieux que dans l'éclat d'une fête. Sa main levée vers les étoiles semblait invoquer les seuls témoins dignes de l'entendre ; et quand elle répétait *Roméo ! Roméo !* bien qu'Oswald fût certain que c'était à lui qu'elle pensait, il se sentait jaloux des accents délicieux qui faisaient retentir un autre nom dans les airs. Oswald se trouvait placé en face du balcon, et celui qui jouait Roméo étant un peu caché par l'obscurité, tous les regards de Corinne purent tomber sur Oswald lorsqu'elle dit ces vers ravissants :

« In truth, fair Montague, I am too fond,
« And therefore thou may'st think my haviour light :

« But trust me, gentleman, I'll prove more true,
« Than those that have more cunning to be strange.
« . . . .
« . . . .
« . . . . therefore pardon me. »

« Il est vrai, beau Montague, je me suis montrée trop passion-
« née, et tu pourrais penser que ma conduite a été légère ; mais
« crois-moi, noble Roméo, tu me trouveras plus fidèle que celles
« qui ont plus d'art pour cacher ce qu'elles éprouvent : ainsi donc
« pardonne-moi. »

A ce mot, Pardonne-moi, pardonne-moi d'aimer, pardonne-moi de te l'avoir laissé connaître, il y avait dans le regard de Corinne une prière si tendre ; tant de respect pour son amant, tant d'orgueil de son choix, lorsqu'elle disait, Noble Roméo, beau Montague, qu'Oswald se sentit aussi fier qu'il était heureux. Il releva sa tête que l'attendrissement avait fait pencher, et se crut le roi du monde, puisqu'il régnait sur un cœur qui renfermait tous les trésors de la vie.

Corinne, en apercevant l'effet qu'elle produisait sur Oswald, s'anima de plus en plus par cette émotion du cœur qui seule produit des miracles ; et quand, à l'approche du jour, Juliette croit entendre le chant de l'alouette, signal du départ de Roméo, les accents de Corinne avaient un charme surnaturel ; ils peignaient l'amour, et cependant on y sentait un mystère religieux, quelques souvenirs du ciel, un présage de retour vers lui, une douleur toute céleste, telle que celle d'une ame exilée sur la terre, et que sa divine patrie va bientôt rappeler. Ah ! qu'elle était heureuse, Corinne, le jour où elle représentait ainsi devant l'ami de son choix un noble rôle dans une belle tragédie ! que d'années, combien de vies seraient ternes auprès d'un tel jour !

Si lord Nelvil avait pu jouer avec Corinne le rôle de Roméo, le plaisir qu'elle goûtait n'eût pas été si complet. Elle aurait désiré d'écarter les vers des plus grands poëtes, pour parler elle-même selon son cœur ; peut-être même qu'un sentiment invincible de timidité eût entraîné son talent ; elle n'eût pas osé regarder Oswald, de peur de se trahir ; enfin, la vérité portée jusqu'à ce point aurait détruit le prestige de l'art : mais qu'il était doux de savoir là celui qu'elle aimait, quand elle éprouvait ce mouvement d'exaltation que la poésie seule peut donner ! quand elle ressentait tout le charme des émotions sans en avoir le trouble ni le déchirement réel ! quand les affections qu'elle exprimait n'avaient à la fois rien de personnel ni d'abstrait, et qu'elle semblait dire à lord Nelvil : Voyez-vous comme je suis capable d'aimer !

Il est impossible que, dans sa propre situation, on puisse être contente de soi ; la passion et la timidité tour à tour entraînent ou retiennent, inspirent trop d'amertume ou trop de soumission : mais se montrer parfaite, sans qu'il y ait de l'affectation ; unir le calme à la sensibilité, quand trop souvent elle l'ôte ; enfin, exister pour un moment dans les plus doux rêves du cœur, telle était la jouissance pure de Corinne en jouant la tragédie. Elle joignait à ce plaisir celui de tous les succès, de tous les applaudissements qu'elle obtenait, et son regard les mettait aux pieds d'Oswald, aux pieds de l'objet dont le suffrage valait à lui seul plus que la gloire. Ah ! du moins un moment Corinne sentit le bonheur, un moment elle connut, au prix de son repos, ces délices de l'ame que jusqu'alors elle avait souhaitées vainement, et qu'elle devait regretter toujours.

Juliette, au troisième acte, devient secrètement l'épouse de Roméo. Dans le quatrième, ses parents voulant la forcer à en épouser un autre, elle se décide à prendre le breuvage assoupissant qu'elle tient de la main d'un moine, et qui doit lui donner l'apparence de la mort. Tous les mouvements de Corinne, sa démarche agitée, ses accents altérés, ses regards tantôt vifs, tantôt abattus, peignaient le cruel combat de la crainte et de l'amour, les images terribles qui la poursuivaient, à l'idée de se voir transportée vivante dans les tombeaux de ses ancêtres, et cependant l'enthousiasme de passion qui faisait triompher une ame si jeune d'un effroi si naturel. Oswald sentait comme un besoin irrésistible de voler à son secours. Une fois elle leva les yeux vers le ciel avec une ardeur qui exprimait profondément ce besoin de la protection divine, dont jamais un être humain n'a pu s'affranchir. Une autre fois, lord Nelvil crut voir qu'elle étendait les bras vers lui, comme pour l'appeler à son aide, et il se leva dans un transport insensé, puis se rassit, ramené à lui-même par les regards surpris de ceux qui l'environnaient ; mais son émotion devenait si forte, qu'elle ne pouvait plus se cacher.

Au cinquième acte, Roméo, qui croit Juliette sans vie, la soulève du tombeau avant son réveil, et la presse contre son cœur ainsi évanouie. Corinne était vêtue de blanc, ses cheveux noirs tout épars, sa tête penchée sur Roméo avec une grace et cependant avec une vérité de mort si touchante et si sombre, qu'Oswald se sentit ébranlé tout à la fois par les impressions les plus opposées. Il ne pouvait supporter de voir Corinne dans les bras d'un autre; il frémissait en contemplant l'image de celle qu'il aimait ainsi privée de vie; enfin, il éprouvait, comme Roméo, ce mélange cruel de désespoir et d'amour, de mort et de volupté, qui fait de cette scène la plus déchirante du théâtre. Enfin, quand Juliette se réveille de ce tombeau au pied duquel son amant vient de s'immoler, et que ses premiers mots, dans son cercueil, sous ces voûtes funèbres, ne sont point inspirés par l'effroi qu'elles devaient causer, lorsqu'elle s'écrie:

« Where is my lord? where is my Romeo?

« *Où est mon époux? où est mon Roméo?* » lord Nelvil répondit à ces cris par des gémissements, et ne revint à lui que lorsqu'il fut entraîné par M. Edgermond hors de la salle.

La pièce finie, Corinne s'était trouvée mal d'émotion et de fatigue. Oswald entra le premier dans sa chambre, et la vit seule avec ses femmes, encore revêtue du costume de Juliette, et, comme elle, presque évanouie entre leurs bras. Dans l'excès de son trouble, il ne savait pas distinguer si c'était la vérité ou la fiction; et, se jetant aux pieds de Corinne, il lui dit en anglais ces paroles de Roméo:

« O mes yeux, regardez-la pour la dernière fois! ô mes bras, serrez-la pour la dernière fois contre mon cœur!

« Eyes, look your last! arms, tak your last embrace. »

Corinne, encore égarée, s'écria: « Grand Dieu! que dites-vous? Voudriez-vous me quitter? le voudriez-vous? — Non, non, interrompit Oswald; non, je le jure... » A l'instant, la foule des amis et des admirateurs de Corinne força sa porte pour la voir; elle regardait Oswald, attendant avec anxiété ce qu'il allait dire; mais ils ne purent se parler de toute la soirée, on ne les laissa pas seuls un instant.

Jamais tragédie n'avait produit un tel effet en Italie. Les Romains exaltaient avec transport et la traduction, et la pièce, et l'actrice. Ils disaient que c'était là véritablement la tragédie qui convenait aux Italiens, peignait leurs mœurs, ranimait leur ame en captivant leur imagination, et faisait valoir leur belle langue, par un style tour à tour éloquent et lyrique, inspiré et naturel. Corinne recevait tous ces éloges avec un air de douceur et de bienveillance ; mais son ame était restée suspendue à ce mot *Je jure...* qu'Oswald avait prononcé, et dont l'arrivée du monde avait interrompu la suite : ce mot pouvait en effet contenir le secret de sa destinée.

LIVRE VIII.

LES STATUES ET LES TABLEAUX.

CHAPITRE PREMIER.

Après la journée qui venait de se passer, Oswald ne put fermer l'œil de la nuit. Il n'avait jamais été plus près de tout sacrifier à Corinne. Il ne voulait pas même lui demander son secret, ou du moins il voulait prendre, avant de le savoir, l'engagement solennel de lui consacrer sa vie. L'incertitude semblait, pendant quelques heures, entièrement écartée de son esprit ; et il se plaisait à composer dans sa tête la lettre qu'il écrirait le lendemain, et qui déciderait de son sort. Mais cette confiance dans le bonheur, ce repos dans la résolution, ne fut pas de longue durée. Bientôt ses pensées le ramenèrent vers le passé ; il se souvint qu'il avait aimé, bien moins, il est vrai, qu'il n'aimait Corinne, et l'objet de son premier choix ne pouvait lui être comparé ; mais enfin c'était ce sentiment qui l'avait entraîné à des actions irréfléchies, à des actions qui avaient déchiré le cœur de son père. « Ah ! qui sait, s'écriait-il, qui sait s'il ne craindrait pas également aujourd'hui que son fils n'oubliât sa patrie, et ses devoirs envers elle ?

« O toi ! dit-il en s'adressant au portrait de son père ; toi, le meilleur ami que j'aurai jamais sur la terre, je ne peux plus entendre ta voix : mais apprends-moi par ce regard muet, si puissant encore sur mon ame, apprends-moi ce que je dois faire pour te donner dans le ciel quelque contentement de ton fils. Et cependant n'oublie pas ce besoin de bonheur qui consume les mortels ; sois indulgent dans ta demeure céleste, comme tu l'étais sur la terre. J'en deviendrai meilleur, si je suis heureux quelque temps, si je vis avec cette créature angélique, si j'ai l'honneur de protéger, de sauver une telle femme. La sauver ? reprit-il tout à-coup ; et de quoi ? d'une vie qui lui plaît, d'une vie d'hommages, de succès, d'indépendance ! » Cette réflexion, qui venait de lui, l'effraya lui-même comme une inspiration de son père.

Dans les combats de sentiment, qui n'a pas souvent éprouvé je ne sais quelle superstition secrète qui nous fait prendre ce que nous pensons pour un présage, et ce que nous souffrons pour un avertissement du ciel? Ah! quelle lutte se passe dans les ames susceptibles et de passion et de conscience!

Oswald se promenait dans sa chambre avec une agitation cruelle, s'arrêtant quelquefois pour regarder la lune d'Italie, si douce et si belle. L'aspect de la nature enseigne la résignation, mais ne peut rien sur l'incertitude. Le jour vint pendant qu'il était dans cet état; et quand le comte d'Erfeuil et M. Edgermond entrèrent chez lui, ils s'inquiétèrent de sa santé, tant les anxiétés de la nuit l'avaient changé. Le comte d'Erfeuil rompit le premier le silence qui s'était établi entre eux trois. « Il faut convenir, dit-il, que le spectacle d'hier était charmant. Corinne est admirable. Je perdais la moitié de ses paroles, mais je devinais tout par ses accents et par sa physionomie. Quel dommage que ce soit une personne riche qui ait un tel talent! car, si elle était pauvre, libre comme elle l'est, elle pourrait monter sur le théâtre, et ce serait la gloire de l'Italie qu'une actrice comme elle. »

Oswald ressentit une impression pénible par ce discours, et ne savait néanmoins de quelle manière la témoigner; car le comte d'Erfeuil avait cela de particulier, que l'on ne pouvait pas légitimement se fâcher de ce qu'il disait, lors même qu'on en recevait une impression désagréable. Il n'y a que les ames sensibles qui sachent se ménager réciproquement : l'amour-propre, si susceptible pour lui-même, ne devine presque jamais la susceptibilité des autres.

M. Edgermond loua Corinne dans les termes les plus convenables et les plus flatteurs. Oswald lui répondit en anglais, afin de soustraire la conversation sur Corinne aux éloges déplaisants du comte d'Erfeuil. « Je suis de trop, ce me semble, dit alors le comte d'Erfeuil; je m'en vais chez Corinne; elle sera bien aise d'entendre mes observations sur son jeu d'hier au soir. J'ai quelques conseils à lui donner, qui portent sur des détails; mais les détails font beaucoup à l'ensemble; et c'est vraiment une femme si étonnante, qu'il ne faut rien négliger pour lui faire atteindre la perfection. Et puis, dit-il en se penchant vers l'oreille de lord Nelvil, je veux l'encourager à jouer plus souvent la tragédie : c'est un moyen sûr pour se faire épouser par quelque étranger de distinction qui passera par ici. Vous et moi, mon cher Oswald, nous ne

donnerons pas dans cette idée, nous sommes trop accoutumés aux femmes charmantes pour qu'elles nous fassent faire une sottise; mais un prince allemand, un grand d'Espagne, qui sait? »
A ces mots, Oswald se leva, hors de lui-même, et l'on ne peut savoir ce qu'il en serait arrivé, si le comte d'Erfeuil avait aperçu son mouvement; mais il avait été si satisfait de sa dernière réflexion, qu'il s'en était allé là-dessus légèrement et sur la pointe du pied, ne se doutant pas qu'il avait offensé lord Nelvil : s'il l'avait su, bien qu'il l'aimât autant qu'il pouvait aimer, il serait sûrement resté. La valeur brillante du comte d'Erfeuil contribuait, plus encore que son amour-propre, à lui faire illusion sur ses défauts. Comme il avait beaucoup de délicatesse dans tout ce qui tenait à l'honneur, il n'imaginait pas qu'il pût en manquer dans ce qui avait rapport à la sensibilité ; et se croyant, avec raison, aimable et brave, il s'applaudissait de son lot, et ne soupçonnait rien de plus profond dans la vie.

Aucun des sentiments qui agitaient Oswald n'avait échappé à M. Edgermond; et quand le comte d'Erfeuil fut sorti, il lui dit : « Mon cher Oswald, je pars, je vais à Naples. — Eh! pourquoi si tôt? répondit lord Nelvil. — Parcequ'il ne fait pas bon ici pour moi, continua M. Edgermond. J'ai cinquante ans, et cependant je ne suis pas sûr que je ne devinsse fou de Corinne. — Et si vous le deveniez, interrompit Oswald, que vous en arriverait-il ? — Une telle femme n'est pas faite pour vivre dans le pays de Galles, reprit M. Edgermond : croyez-moi, mon cher Oswald, il n'y a que les Anglaises pour l'Angleterre : il ne m'appartient pas de vous donner des conseils, et je n'ai pas besoin de vous assurer que je ne dirai pas un mot de ce que j'ai vu; mais, tout aimable qu'est Corinne, je pense comme Thomas Walpole : *Que fait-on de cela à la maison ?* Et *la maison* est tout chez nous, vous le savez, tout pour les femmes du moins. Vous représentez-vous votre belle Italienne restant seule pendant que vous chasserez, ou que vous irez au parlement, et vous quittant au dessert pour aller préparer le thé quand vous sortirez de table? Cher Oswald, nos femmes ont des vertus domestiques que vous ne trouverez nulle part. Les hommes en Italie n'ont rien à faire qu'à plaire aux femmes : ainsi, plus elles sont aimables, et mieux c'est. Mais chez nous, où les hommes ont une carrière active, il faut que les femmes soient dans l'ombre, et ce serait bien dommage d'y mettre Corinne; je la voudrais sur le trône de l'Angleterre, mais non pas sous mon humble toit. Milord, j'ai connu votre mère, que votre respectable père a tant regrettée : c'était une personne tout-à-fait semblable à ma jeune cousine, et c'est comme cela que je voudrais une femme, si j'étais encore dans l'âge de choisir et d'être aimé. Adieu, mon cher ami ; ne me sachez pas mauvais gré de ce que je viens de vous dire, car personne n'est plus que moi l'admirateur de Corinne, et peut-être qu'à votre âge je ne serais pas capable de renoncer à l'espérance de lui plaire. » En achevant ces mots, il prit la main de lord Nelvil, la serra cordialement, et s'en alla sans qu'Oswald lui répondît un seul mot. Mais M. Edgermond comprit la cause de son silence, et, satisfait du serrement de main d'Oswald qui avait répondu au sien, il partit, impatient lui-même de finir une conversation qui lui coûtait.

De tout ce qu'il avait dit, un seul mot avait frappé au cœur d'Oswald : c'était le souvenir de sa mère, et de l'attachement profond que son père avait eu pour elle. Il l'avait perdue lorsqu'il n'avait encore que quatorze ans, mais il se rappelait avec un profond respect et ses vertus, et le caractère timide et réservé de ses vertus. « Insensé que je suis! s'écria-t-il quand il fut seul, je veux savoir quelle est l'épouse que mon père me destinait : et ne le sais-je pas, puisque je puis me retracer l'image de ma mère, qu'il a tant aimée ? Que veux-je donc de plus? Et pourquoi me tromper moi-même, en faisant semblant d'ignorer ce qu'il penserait à présent, si je pouvais le consulter encore ? » Il était cependant affreux pour Oswald de retourner chez Corinne après ce qui s'était passé la veille, sans lui rien dire qui confirmât les sentiments qu'il lui avait témoignés. Son agitation, sa peine devint si forte, qu'elle lui rendit un accident dont il se croyait guéri ; le vaisseau cicatrisé dans sa poitrine se rouvrit. Pendant que ses gens effrayés appelaient du secours de toutes parts, il souhaitait en secret que la fin de sa vie terminât ses chagrins. « Si je pouvais mourir, se disait-il, après avoir revu Corinne, après qu'elle m'aurait appelé son Roméo ! » Et des larmes s'échappèrent de ses yeux : c'étaient les premières, depuis la mort de son père, qu'une autre douleur lui arrachât.

Il écrivit à Corinne l'accident qui le retenait chez lui, et quelques mots mélancoliques terminaient sa lettre. Corinne avait commencé ce même jour avec des pressentiments bien trompeurs : elle jouissait de l'impression qu'elle avait produite sur Oswald, et, se croyant aimée, elle était heureuse, car elle ne savait pas bien clairement d'ailleurs ce qu'elle desirait. Mille circonstances faisaient que l'idée d'épouser lord Nelvil était pour elle mêlée de beaucoup de crainte; et comme c'était une personne plus passionnée que prévoyante, dominée par le présent, mais s'occupant peu de l'avenir, ce jour qui devait lui coûter tant de peines s'était levé pour elle comme le jour le plus pur et le plus serein de sa vie.

En recevant le billet d'Oswald, un trouble cruel s'empara de son ame : elle le crut dans un grand danger, et partit à l'instant à pied, traversant le *Corso* à l'heure où toute la ville s'y promène, et entrant dans la maison d'Oswald à la vue de presque toute la société de Rome. Elle ne s'était pas donné le temps de réfléchir, et sa course avait été si rapide, qu'en arrivant dans la chambre d'Oswald elle ne pouvait plus respirer, ni prononcer un seul mot. Lord Nelvil comprit tout ce qu'elle venait de hasarder pour le voir; et s'exagérant les conséquences de cette action, qui, en Angleterre, aurait entièrement perdu de réputation une femme, et à plus forte raison une femme non mariée, il se sentit saisi par la générosité, l'amour et la reconnaissance; et se levant, tout faible qu'il était, il serra Corinne contre son cœur, et s'écria : « Chère amie! non, je ne t'abandonnerai pas, quand ton sentiment pour moi te compromet! quand je dois réparer... » Corinne comprit sa pensée, et l'interrompant aussitôt, en se dégageant doucement de ses bras, elle lui dit, après s'être informée de son état, qui s'était amélioré : « Vous vous trompez, milord; je ne fais rien, en venant vous voir, que la plupart des femmes de Rome n'eussent fait à ma place. Je vous ai su malade, vous êtes étranger ici, vous n'y connaissez que moi, c'est à moi de vous soigner. Les convenances établies sont très respectables quand il ne faut leur sacrifier que soi ; mais ne doivent-elles pas céder aux sentiments vrais et profonds que fait naître le danger ou la douleur d'un ami? Quel serait donc le sort d'une femme, si ces mêmes convenances sociales, en permettant d'aimer, défendaient seulement le mouvement irrésistible qui fait voler au secours de ce qu'on aime? Mais, je vous le répète, milord, ne craignez point qu'en venant ici je me sois compromise. J'ai, par mon âge et mes talents, à Rome, la liberté d'une femme mariée. Je ne cache point à mes amis que je suis venue chez vous ; je ne sais s'ils me blâment de vous aimer, mais sûrement ils ne me blâmeront pas d'être dévouée à vous, quand je vous aime. »

En entendant ces paroles, si naturelles et si sincères, Oswald éprouva un mélange confus d'impressions diverses; il était touché par la délicatesse de la réponse de Corinne, mais il était presque fâché que ce qu'il avait pensé d'abord ne fût pas vrai; il aurait souhaité qu'elle eût commis pour lui une grande faute selon le monde, afin que cette faute même, lui faisant un devoir de l'épouser, terminât ses incertitudes. Il pensait avec humeur à cette liberté des mœurs d'Italie, qui prolongeait son anxiété, en lui laissant beaucoup de bonheur, sans lui imposer aucun lien. Il eût voulu que l'honneur lui commandât ce qu'il desirait. Ces pensées pénibles lui causèrent de nouveau des accidents dangereux. Corinne, dans la plus affreuse inquiétude, sut lui prodiguer des soins pleins de douceur et de charme.

Vers le soir, Oswald paraissait plus oppressé; et Corinne, à genoux auprès de son lit, soutenait sa tête entre ses bras, quoiqu'elle fût elle-même bien plus émue que lui. Il la regardait souvent avec une impression de bonheur à travers ses souffrances. « Corinne, lui dit-il à voix basse, lisez-moi dans ce recueil, où sont écrites les pensées de mon père, ses réflexions sur la mort. Ne pensez pas, dit-il en voyant l'effroi de Corinne, que je m'en croie menacé; mais jamais je ne suis malade sans relire ses consolations, qu'il me semble encore entendre de sa bouche; et puis je veux, chère amie, vous faire ainsi connaître quel homme était mon père; vous comprendrez mieux et ma douleur et son empire sur moi, et tout ce que je veux vous confier un jour. » Corinne prit ce recueil, dont Oswald ne se séparait jamais, et d'une voix tremblante elle en lut quelques pages.

« Justes, aimés du Seigneur, vous parlerez de la mort sans
« crainte, car elle ne sera pour vous qu'un changement d'habita-
« tion; et celle que vous quitterez est peut-être la moindre de
« toutes. O mondes innombrables, qui remplissez à nos yeux l'in-
« fini de l'espace; communautés inconnues des créatures de Dieu;
« communautés de ses enfants, éparses dans le firmament et ran-
« gées sous ses voûtes, que nos louanges se joignent aux vôtres!
« Nous ignorons votre condition; nous ignorons votre première,
« votre seconde, votre dernière part aux générosités de l'Être su-
« prême; mais en parlant de la mort et de la vie, du temps passé,
« du temps à venir, nous atteignons, nous touchons aux intérêts
« de tous les êtres intelligents et sensibles, n'importe les lieux et
« les distances qui les séparent. Familles des peuples, familles des
« nations, assemblages des mondes, vous dites avec nous : Gloire

« au maître des cieux, au roi de la nature, au Dieu de l'univers !
« gloire, hommage à celui qui peut, à sa volonté, transformer la
« stérilité en abondance, l'ombre en réalité, et la mort elle-même
« en éternelle vie !

« Ah ! sans doute, la fin du juste est la mort desirable ; mais
« peu d'entre nous, peu d'entre nos anciens en ont été les témoins.
« Où est-il cet homme qui se présenterait sans crainte aux re-
« gards de l'Éternel ? Où est-il cet homme qui a aimé Dieu sans
« distraction, qui l'a servi dès sa jeunesse, et qui, atteignant un
« âge avancé, ne trouve dans ses souvenirs aucun sujet d'inquié-
« tude ? Où est-il cet homme moral en toutes ses actions, sans ja-
« mais songer à la louange et aux récompenses de l'opinion ? Où
« est-il, cet homme si rare parmi les hommes, cet être si digne
« de nous servir à tous de modèle ? Où est-il ? où est-il ? Ah ! s'il
« existe au milieu de nous, que nos respects l'environnent ; et de-
« mandez (vous ferez bien), demandez d'assister à sa mort, comme
« au plus beau des spectacles : armez-vous seulement de cou-
« rage, afin de le suivre attentivement sur le lit d'épouvante dont
« il ne se relèvera point. Il le prévoit, il en est certain, et la sé-
« rénité règne dans ses regards, et son front semble environné
« d'une auréole céleste : il dit avec l'apôtre : *Je sais à qui j'ai
« cru*; et cette confiance, lorsque ses forces s'éteignent, anime
« encore ses traits. Il contemple déjà sa nouvelle patrie ; mais,
« sans oublier celle qu'il va quitter, il est à son Créateur et à son
« Dieu, sans rejeter loin de lui les sentiments qui ont charmé
« sa vie.

« C'est une épouse fidèle qui, selon les lois de la nature, doit,
« entre les siens, le suivre la première : il la console, il essuie ses
« larmes, il lui donne rendez-vous dans ce séjour de félicité qu'il
« ne peut se peindre sans elle. Il lui retrace les jours heureux
« qu'ils ont parcourus ensemble, non pour déchirer le cœur d'une
« sensible amie, mais pour accroître leur confiance mutuelle en
« la bonté céleste. Il rappelle encore à la compagne de sa fortune
« l'amour si tendre qu'il eut toujours pour elle, non pour animer
« des regrets qu'il voudrait adoucir, mais pour jouir de la douce
« idée que deux vies ont tenu à la même tige, et que, par leur
« union, elles deviendront peut-être une défense, une garantie de
« plus, dans cet obscur avenir, où la pitié d'un Dieu suprême est
« le dernier refuge de nos pensées. Hélas ! peut-on se former une
« juste image de toutes les émotions qui pénètrent une ame ai-

« mante, au moment où une vaste solitude se présente à nos re-
« gards, au moment où les sentiments, les intérêts dont on a sub-
« sisté pendant le cours de ses belles années, vont s'évanouir
« pour jamais? Ah! vous qui devez survivre à cet être semblable
« à vous, que le ciel vous avait donné pour soutien, à cet être qui
« était tout pour vous, et dont les regards vous disent un effrayant
« adieu, vous ne refuserez pas de placer votre main sur un cœur
« défaillant, afin qu'une dernière palpitation vous parle encore,
« lorsque tout autre langage n'existera plus. Eh! vous blâmeriez-
« nous, amis fidèles, si vous aviez désiré que vos cendres se con-
« fondissent, que vos dépouilles mortelles fussent réunies dans le
« même asile? Dieu de bonté, réveillez-les ensemble; ou si l'un
« des deux seulement a mérité cette faveur, si l'un des deux seu-
« lement doit être du nombre des élus, que l'autre en apprenne
« la nouvelle; que l'autre aperçoive la lumière des anges au mo-
« ment où le sort des heureux sera proclamé, afin qu'il ait encore
« un moment de joie avant de retomber dans la nuit éternelle.

« Ah! nous nous égarons peut-être lorsque nous essayons de
« décrire les derniers jours de l'homme sensible, de l'homme qui
« voit la mort s'avancer à grands pas, qui la voit prête à le sépa-
« rer de tous les objets de son affection.

« Il se ranime, et reprend un moment de force, afin que ses der-
« nières paroles servent d'instruction à ses enfants. Il leur dit: «Ne
« vous effrayez point d'assister à la fin prochaine de votre père, de
« votre ancien ami. C'est par une loi de la nature qu'il quitte
« avant vous cette terre où il est venu le premier. Il vous mon-
« trera du courage; et pourtant il s'éloigne de vous avec douleur.
« Il eût souhaité sans doute de vous aider plus long-temps de son
« expérience, et de faire encore quelques pas avec vous, à travers
« les périls dont votre jeunesse est environnée; *mais la vie n'a
« point de défense, quand il faut descendre au tombeau.* Vous irez
« seuls maintenant, seuls au milieu d'un monde d'où je vais dis-
« paraître. Puissiez-vous recueillir avec abondance les biens que
« la Providence y a semés! mais n'oubliez jamais que ce monde
« lui-même est une patrie passagère, et qu'une autre plus durable
« vous appelle. Nous nous reverrons peut-être; et quelque part,
« sous les regards de mon Dieu, j'offrirai pour vous en sacrifice et
« mes vœux et mes larmes. Aimez la religion, qui a tant de pro-
« messes; aimez la religion, ce dernier traité d'alliance entre les
« pères et les enfants, entre la mort et la vie... Approchez-vous

« de moi !.... que je vous aperçoive encore. Que la bénédiction
« d'un serviteur de Dieu soit sur vous !.... » Il meurt... O anges
« du ciel ! recevez son ame, et laissez-nous sur la terre le souve-
« nir de ses actions, le souvenir de ses pensées, le souvenir de ses
« espérances [1]. »

L'émotion d'Oswald et de Corinne avait souvent interrompu
cette lecture. Enfin ils furent forcés d'y renoncer. Corinne craignait pour Oswald l'abondance de ses pleurs. Elle était bouleversée
de l'état où elle le voyait, et elle ne s'apercevait pas qu'elle-même
était aussi troublée que lui : « Oui, lui dit Oswald en lui tendant la main, oui, chère amie de mon cœur, tes larmes se sont
confondues avec les miennes. Tu le pleures avec moi, cet ange
tutélaire dont je sens encore le dernier embrassement, dont je
vois encore le noble regard ; peut-être est-ce toi qu'il a choisie
pour me consoler ; peut-être... — Non, non, s'écria Corinne,
non, il ne m'en a pas crue digne ? — Que dites-vous ? » interrompit Oswald. Corinne eut peur d'avoir révélé ce qu'elle voulait cacher, et répéta ce qui venait de lui échapper, en disant seulement : « Il ne m'en croirait pas digne ! » Ce mot changé dissipa l'inquiétude que le premier avait fait naître dans le cœur d'Oswald et
il continua sans crainte à s'entretenir de son père avec Corinne.

Les médecins arrivèrent, et la rassurèrent un peu ; mais ils dé-
fendirent absolument à lord Nelvil de parler, jusqu'à ce que le
vaisseau qui s'était ouvert dans sa poitrine fût fermé. Six jours
entiers se passèrent, pendant lesquels Corinne ne quitta point
Oswald, et l'empêcha de prononcer un seul mot, lui imposant
doucement silence dès qu'il voulait parler. Elle trouvait l'art de

---

[1] Je me suis permis d'emprunter ici quelques passages du discours *sur la Mort*,
qui se trouve dans le Cours de Morale religieuse, par M. Necker. Un autre ouvrage
de lui, l'Importance des opinions religieuses, ayant eu le plus éclatant succès, on
le confond quelquefois avec celui-ci, qui parut dans des temps où l'attention était
distraite par les événements politiques. Mais j'ose affirmer que le Cours de Morale
religieuse est le plus éloquent ouvrage de mon père. Aucun ministre d'état, je crois,
avant lui n'avait composé des ouvrages pour la chaire chrétienne ; et ce qui doit caractériser ce genre d'écrit fait par un homme qui a tant eu affaire avec les hommes, c'est
la connaissance du cœur humain, et l'indulgence que cette connaissance inspire : il
semble donc que, sous ces deux rapports, le Cours de Morale est complétement original. Les hommes religieux, d'ordinaire, ne vivent pas dans le monde ; les hommes du
monde, pour la plupart, ne sont pas religieux : où serait-il donc possible de trouver
à ce point l'observation de la vie et l'élévation qui en dégage ? Je dirai, sans craindre
qu'on attribue mon opinion à mes sentiments, que, parmi les écrits religieux, ce livre
est l'un des premiers qui consolent l'être sensible, et intéressent les esprits qui réfléchissent sur les grandes questions que l'ame et la pensée agitent sans cesse en nous
mêmes.

varier les heures par la lecture, par la musique, et quelquefois par une conversation dont elle faisait tous les frais, en cherchant à s'animer elle-même, dans le sérieux comme dans la plaisanterie, avec un intérêt soutenu. Toute cette grace, tout ce charme voilait l'inquiétude qu'elle éprouvait intérieurement, et qu'il fallait dérober à lord Nelvil; mais elle n'en était pas distraite un seul instant. Elle s'apercevait presque avant Oswald lui-même de ce qu'il souffrait, et le courage qu'il mettait à le cacher ne trompait jamais Corinne; elle découvrait toujours ce qui pouvait lui faire du bien, et se hâtait de le soulager, en tâchant seulement de fixer son attention le moins qu'il était possible sur les soins qu'elle lui rendait. Cependant, quand Oswald pâlissait, la couleur abandonnait aussi les lèvres de Corinne, et ses mains tremblaient en lui portant du secours; mais elle s'efforçait bientôt de se remettre, et souriait, quoique ses yeux fussent remplis de larmes. Quelquefois elle pressait la main d'Oswald sur son cœur, et semblait vouloir ainsi lui donner sa propre vie. Enfin ses soins réussirent, Oswald se guérit.

« Corinne, lui dit-il lorsqu'elle lui permit de parler, pourquoi M. Edgermond, mon ami, n'a-t-il pas été témoin des jours que vous venez de passer auprès de moi ! il aurait vu que vous n'êtes pas moins bonne qu'admirable ; il aurait vu que la vie domestique se compose avec vous d'enchantements continuels, et que vous ne différez des autres femmes que pour ajouter à toutes les vertus le prestige de tous les charmes. Non, c'en est trop, il faut faire cesser le combat qui me déchire, ce combat qui vient de me mettre au bord du tombeau. Corinne, tu m'entendras, tu sauras tous mes secrets, toi qui me caches les tiens, et tu prononceras sur notre sort. — Notre sort, répondit Corinne, si vous sentez comme moi, c'est de ne pas nous quitter. Mais m'en croirez-vous quand je vous dirai que jusqu'à présent du moins je n'ai pas osé souhaiter d'être votre épouse ? Ce que j'éprouve est bien nouveau pour moi : mes idées sur la vie, mes projets pour l'avenir, sont tout-à-fait bouleversés par ce sentiment qui me trouble et m'asservit chaque jour davantage. Mais je ne sais pas si nous pouvons, si nous devons nous unir. — Corinne, reprit Oswald, me mépriseriez-vous d'avoir hésité ? l'attribueriez-vous à des considérations misérables? N'avez-vous pas deviné que le remords profond et douloureux qui, depuis près de deux ans, me poursuit et me déchire, a pu seul causer mes incertitudes?

« — Je l'ai compris, reprit Corinne. Si je vous avais soupçonné d'un motif étranger aux affections du cœur, vous ne seriez pas celui que j'aime. Mais la vie, je le sais, n'appartient pas tout entière à l'amour. Les habitudes, les souvenirs, les circonstances créent autour de nous je ne sais quel enlacement que la passion même ne peut détruire. Brisé pour un moment, il se reformerait, et le lierre viendrait à bout du chêne. Mon cher Oswald, ne donnons pas à chaque époque de notre existence plus que cette époque ne demande. Ce qui m'est nécessaire dans ce moment, c'est que vous ne me quittiez pas. Cette terreur d'un départ qui pourrait être subit me poursuit sans cesse. Vous êtes étranger dans ce pays, aucun lien ne vous y retient. Si vous partiez, tout serait dit; il ne me resterait de vous que ma douleur. Cette nature, ces beaux-arts, cette poésie que je sens avec vous, et maintenant, hélas! seulement avec vous, tout deviendrait muet pour mon ame. Je ne me réveille qu'en tremblant; je ne sais pas, quand je vois ce beau jour, s'il ne me trompe point par ses rayons resplendissants, si vous êtes encore là, vous, l'astre de ma vie. Oswald, ôtez-moi cette terreur, et je ne verrai rien au-delà de cette sécurité délicieuse. — Vous savez, répondit Oswald, que jamais un Anglais n'a renoncé à sa patrie; que la guerre peut me rappeler; que... — Ah! Dieu, s'écria Corinne, voudriez-vous me préparer... » Et tous ses membres tremblaient, comme à l'approche du plus effroyable danger. » Eh bien, s'il est ainsi, emmenez-moi comme épouse, comme esclave... » Mais tout-à-coup reprenant ses esprits, elle dit : « Oswald, vous ne partirez jamais sans m'en prévenir, jamais, n'est-ce pas ? Écoutez : dans aucun pays, un criminel n'est conduit au supplice sans que quelques heures lui soient données pour recueillir ses pensées. Ce ne sera pas par une lettre, ce sera vous-même qui viendrez me le dire; vous m'avertirez, vous m'entendrez avant de vous éloigner de moi. — Eh! le pourrais-je alors?... — Quoi! vous hésitez à m'accorder ce que je demande! s'écria Corinne. — Non, répondit Oswald, je n'hésite pas : tu le veux, eh bien! je le jure; si ce départ est nécessaire, je vous en préviendrai, et ce moment décidera de votre vie. » Et elle sortit.

CHAPITRE II.

Pendant les jours qui suivirent la maladie d'Oswald, Corinne évita soigneusement ce qui pouvait amener une explication entre eux. Elle voulait rendre la vie de son ami aussi douce qu'il était possible, mais elle ne voulait point lui confier encore son histoire. Tout ce qu'elle avait remarqué dans leurs entretiens ne l'avait que trop convaincue de l'impression qu'il recevrait en apprenant et ce qu'elle était, et ce qu'elle avait sacrifié; et rien ne lui faisait plus de peur que cette impression qui pouvait le détacher d'elle.

Revenant donc à l'aimable adresse dont elle avait coutume de se servir pour empêcher Oswald de se livrer à ses inquiétudes passionnées, elle voulut intéresser de nouveau son esprit et son imagination par les merveilles des beaux-arts qu'il n'avait point encore vues, et retarder ainsi l'instant où le sort devait s'éclaircir et se décider. Une telle situation serait insupportable dans tout autre sentiment que l'amour; mais il donne des heures si douces, il répand un tel charme sur chaque minute, que, bien qu'il ait besoin d'un avenir indéfini, il s'enivre du présent, et reçoit un jour comme un siècle de bonheur ou de peine, tant ce jour est rempli par une multitude d'émotions et d'idées. Ah! sans doute, c'est par l'amour que l'éternité peut être comprise; il confond toutes les notions du temps; il efface les idées de commencement et de fin; on croit avoir toujours aimé l'objet qu'on aime, tant il est difficile de concevoir qu'on ait pu vivre sans lui. Plus la séparation est affreuse, moins elle paraît vraisemblable; elle devient, comme la mort, une crainte dont on parle plus qu'on n'y croit, un avenir qui semble impossible, alors même qu'on le sait inévitable.

Corinne, parmi ses innocentes ruses pour varier les amusements d'Oswald, avait encore réservé les statues et les tableaux. Un jour donc, lorsque lord Nelvil fut rétabli, elle lui proposa d'aller voir ensemble ce que la sculpture et la peinture offraient à Rome de plus beau. « Il est honteux, lui dit-elle en souriant, que vous ne connaissiez ni nos statues ni nos tableaux; et demain il faut commencer le tour des musées et des galeries. — Vous le voulez, répondit lord Nelvil, j'y consens. Mais en vérité, Corinne, vous n'avez pas besoin de ces ressources étrangères pour me fixer auprès de vous; c'est au contraire un sacrifice que je vous fais, quand je détourne mes regards de vous pour quelque objet que ce puisse être. »

Ils allèrent d'abord au musée du Vatican, ce palais des statues, où l'on voit la figure humaine divinisée par le paganisme, comme les sentiments de l'ame le sont maintenant par le christianisme.

Corinne fit remarquer à lord Nelvil ces salles silencieuses, où sont rassemblées les images des dieux et des héros, où la plus parfaite beauté, dans un repos éternel, semble jouir d'elle-même. En contemplant ces traits et ces formes admirables, il se révèle je ne sais quel dessein de la Divinité sur l'homme, exprimé par la noble figure dont elle a daigné lui faire don. L'ame s'élève par cette contemplation à des espérances pleines d'enthousiasme et de vertu; car la beauté est une dans l'univers, et, sous quelque forme qu'elle se présente, elle excite toujours une émotion religieuse dans le cœur de l'homme. Quelle poésie que ces visages, où la sublime expression est pour jamais fixée, où les plus grandes pensées sont revêtues d'une image si digne d'elle!

Quelquefois un sculpteur ancien ne faisait qu'une statue dans sa vie; elle était toute son histoire. Il la perfectionnait chaque jour : s'il aimait, s'il était aimé, s'il recevait par la nature ou par les beaux-arts une impression nouvelle, il embellissait les traits de son héros par ses souvenirs et par ses affections. Il savait ainsi traduire aux regards tous les sentiments de son ame. La douleur de nos temps modernes, au milieu de notre état social si froid et si oppressif, est ce qu'il y a de plus noble dans l'homme; et, de nos jours, qui n'aurait pas souffert n'aurait jamais senti ni pensé. Mais il y avait dans l'antiquité quelque chose de plus noble que la douleur : c'était le calme héroïque, c'était le sentiment de sa force, qui pouvait se développer au milieu d'institutions franches et libres. Les plus belles statues des Grecs n'ont presque jamais indiqué que le repos. Le Laocoon et la Niobé sont les seules qui peignent des douleurs violentes; mais c'est la vengeance du ciel qu'elles rappellent toutes les deux, et non les passions nées dans le cœur humain. L'être moral avait une organisation si saine chez les anciens, l'air circulait si librement dans leur large poitrine, et l'ordre politique était si bien en harmonie avec les facultés, qu'il n'existait presque jamais, comme de notre temps, des ames mal à l'aise : cet état fait découvrir beaucoup d'idées fines, mais ne fournit point aux arts, et particulièrement à la sculpture, les simples affections, les éléments primitifs des sentiments, qui peuvent seuls s'exprimer par le marbre éternel.

A peine trouve-t-on dans leurs statues quelques traces de mélancolie. Une tête d'Apollon, au palais Justiniani, une autre d'Alexandre mourant, sont les seules où les dispositions de l'ame rêveuse et souffrante soient indiquées; mais elles appartiennent l'une et l'autre, selon toute apparence, au temps où la Grèce était asservie. Dès-lors il n'y avait plus cette fierté ni cette tranquillité d'ame qui ont produit chez les anciens les chefs-d'œuvre de la sculpture, et de la poésie composée dans le même esprit.

La pensée qui n'a plus d'aliments au-dehors se replie sur elle-même, analyse, travaille, creuse les sentiments intérieurs ; mais elle n'a plus cette force de création qui suppose et le bonheur, et la plénitude de forces que le bonheur seul peut donner. Les sarcophages mêmes, chez les anciens, ne rappellent que des idées guerrières ou riantes : dans la multitude de ceux qui se trouvent au musée du Vatican, on voit des batailles, des jeux représentés en bas-reliefs sur les tombeaux. Le souvenir de l'activité de la vie était le plus bel hommage que l'on crût devoir rendre aux morts. Rien n'affaiblissait, rien ne diminuait les forces. L'encouragement, l'émulation, étaient le principe des beaux-arts comme de la politique ; il y avait place pour toutes les vertus, comme pour tous les talents. Le vulgaire se glorifiait de savoir admirer, et le culte du génie était desservi par ceux mêmes qui ne pouvaient point aspirer à ses couronnes.

La religion grecque n'était point, comme le christianisme, la consolation du malheur, la richesse de la misère, l'avenir des mourants ; elle voulait la gloire, le triomphe ; elle faisait, pour ainsi dire, l'apothéose de l'homme. Dans ce culte périssable, la beauté même était un dogme religieux. Si les artistes étaient appelés à peindre les passions basses ou féroces, ils en sauvaient la honte à la figure humaine, en y joignant, comme dans les faunes et les centaures, quelques traits des animaux ; et, pour donner à la beauté son plus sublime caractère, ils unissaient tour à tour dans les statues des hommes et des femmes, dans la Minerve guerrière et dans l'Apollon Musagète, les charmes des deux sexes, la force à la douceur, la douceur à la force ; mélange heureux de deux qualités opposées, sans lequel aucune des deux ne serait parfaite.

Corinne, en continuant ses observations, retint Oswald quelque temps devant des statues endormies qui sont placées sur les tombeaux, et montrent l'art de la sculpture sous le point de vue le plus agréable. Elle lui fit remarquer que toutes les fois que les statues sont censées représenter une action, le mouvement qui s'arrête produit une sorte d'étonnement quelquefois pénible. Mais les statues dans le sommeil, ou seulement dans l'attitude d'un repos complet, offrent une image de l'éternelle tranquillité, qui s'accorde merveilleusement avec l'effet général du Midi sur l'homme. Il semble que là les beaux-arts soient les paisibles spectateurs de la nature, et que le génie lui-même, qui agite l'ame dans le Nord, ne soit, sous un beau ciel, qu'une harmonie de plus.

Oswald et Corinne passèrent dans la salle où sont rassemblées les images sculptées des animaux et des reptiles; et la statue de Tibère se trouve par hasard au milieu de cette cour. C'est sans projet qu'une telle réunion s'est faite : ces marbres se sont d'eux-mêmes rangés autour de leur maître. Une autre salle renferme les monuments tristes et sévères des Égyptiens, de ce peuple chez lequel les statues ressemblent plus aux momies qu'aux hommes, et qui, par ses institutions silencieuses, roides et serviles, semble avoir, autant qu'il le pouvait, assimilé la vie à la mort. Les Égyptiens excellaient bien plus dans l'art d'imiter les animaux que les hommes; c'est l'empire de l'ame qui semble leur être inaccessible.

Viennent ensuite les portiques du musée, où l'on voit à chaque pas un nouveau chef-d'œuvre. Des vases, des autels, des ornements de toute espèce entourent l'Apollon, le Laocoon, les Muses. C'est là qu'on apprend à sentir Homère et Sophocle; c'est là que se révèle à l'ame une connaissance de l'antiquité qui ne peut jamais s'acquérir ailleurs. C'est en vain que l'on se fie à la lecture de l'histoire pour comprendre l'esprit des peuples : ce que l'on voit excite en nous bien plus d'idées que ce qu'on lit, et les objets extérieurs causent une émotion forte, qui donne à l'étude du passé l'intérêt et la vie qu'on trouve dans l'observation des hommes et des faits contemporains.

Au milieu des superbes portiques, asile de tant de merveilles, il y a des fontaines qui coulent sans cesse, et vous avertissent doucement des heures qui passaient de même, il y a deux mille ans, quand les artistes de ces chefs-d'œuvre existaient encore. Mais l'impression la plus mélancolique que l'on éprouve au musée du Vatican, c'est en contemplant les débris de statues que l'on y voit rassemblés : le torse d'Hercule, des têtes séparées du tronc, un pied de Jupiter, qui suppose une statue plus grande et plus parfaite que toutes celles que nous connaissons. On croit voir le champ de bataille où le temps a lutté contre le génie; et ces membres mutilés attestent sa victoire et nos pertes.

Après être sortis du Vatican, Corinne conduisit Oswald devant les colosses de monte Cavallo; ces deux statues représentent, dit-on, Castor et Pollux. Chacun des deux héros dompte d'une seule main un cheval fougeux qui se cabre. Ces formes colossales, cette lutte de l'homme avec les animaux, donne, comme tous les ouvrages des anciens, une admirable idée de la puissance physique de la nature humaine. Mais cette puissance a quelque chose de noble qui ne se retrouve plus dans notre ordre social, où la plupart des exercices du corps sont abandonnés aux gens du peuple. Ce n'est point la force animale de la nature humaine, si l'on peut s'exprimer ainsi, qui se fait remarquer dans ces chefs-d'œuvre : il semble qu'il y avait une union plus intime entre les qualités physiques et morales chez les anciens, qui vivaient sans cesse au milieu de la guerre, et d'une guerre presque d'homme à homme. La force du corps et la générosité de l'ame, la dignité des traits et la fierté du caractère, la hauteur de la stature et l'autorité du commandement, étaient des idées inséparables, avant qu'une religion intellectuelle eût placé la puissance de l'homme dans son ame. La figure humaine, qui était aussi la figure des dieux, paraissait symbolique ; et le colosse nerveux de l'Hercule, et toutes les figures de l'antiquité dans ce genre, ne retracent point les vulgaires idées de la vie commune, mais la volonté toute puissante, la volonté divine, qui se montre sous l'emblème d'une force physique surnaturelle.

Corinne et lord Nelvil terminèrent leur journée en allant voir l'atelier de Canova, du plus grand sculpteur moderne. Comme il était tard, ce fut aux flambeaux qu'ils se le firent montrer ; et les statues gagnent beaucoup à cette manière d'être vues. Les anciens en jugeaient ainsi, puisqu'ils les plaçaient souvent dans leurs thermes, où le jour ne pouvait pas pénétrer. A la lueur des flambeaux, l'ombre plus prononcée amortit la brillante uniformité du marbre, et les statues paraissent des figures pâles, qui ont un caractère plus touchant et de grace et de vie. Il y avait chez Canova une admirable statue destinée pour un tombeau : elle représentait le génie de la douleur, appuyé sur un lion, emblème de la force. Corinne, en contemplant ce génie, crut y trouver quelque ressemblance avec Oswald, et l'artiste lui-même en fut aussi frappé. Lord Nelvil se détourna pour ne point attirer ce genre d'attention ; mais il dit à voix basse à son amie : « Corinne, j'étais condamné à cette éternelle douleur quand je vous ai rencontrée ; mais vous avez changé ma vie, et quelquefois l'espoir, et toujours un trouble mêlé de charmes, remplit ce cœur, qui ne devait plus éprouver que des regrets. »

CHAPITRE III.

Les chefs-d'œuvre de la peinture étaient alors réunis à Rome, et sa richesse, sous ce rapport, surpassait toutes celles du reste du monde. Un seul point de discussion pouvait exister sur l'effet que produisaient ces chefs-d'œuvre. La nature des sujets que les grands artistes d'Italie ont choisis se prête-t-elle à toute la variété, à toute l'originalité de passions et de caractères que la peinture peut exprimer? Oswald et Corinne différaient d'opinion à cet égard; mais cette différence, comme toutes celles qui existaient entre eux, tenait à la diversité des nations, des climats et des religions. Corinne affirmait que les sujets les plus favorables à la peinture, c'étaient les sujets religieux. Elle disait que la sculpture était l'art du paganisme, comme la peinture était celui du christianisme; et que l'on retrouvait dans ces arts, comme dans la poésie, les qualités qui distinguent la littérature ancienne et moderne. Les tableaux de Michel-Ange, ce peintre de la Bible, de Raphaël, ce peintre de l'Évangile, supposent autant de profondeur et de sensibilité qu'on en peut trouver dans Shakspeare et Racine. La sculpture ne saurait présenter aux regards qu'une existence énergique et simple, tandis que la peinture indique les mystères du recueillement et de la résignation, et fait parler l'âme immortelle à travers de passagères couleurs. Corinne soutenait aussi que les faits historiques, ou tirés des poëmes, étaient rarement pittoresques. Il faudrait souvent, pour comprendre de tels tableaux, que l'on eût conservé l'usage des peintres du vieux temps, d'écrire les paroles que doivent dire les personnages sur un ruban qui sort de leur bouche. Mais les sujets religieux sont à l'instant entendus par tout le monde, et l'attention n'est point détournée de l'art, pour deviner ce qu'il représente.

Corinne pensait que l'expression des peintres modernes, en général, était souvent théâtrale, qu'elle avait l'empreinte de leur siècle, où l'on ne connaissait plus, comme André Mantègne, Perugin et Léonard de Vinci, cette unité d'existence, ce naturel dans la manière d'être, qui tient encore du repos antique. Mais à ce repos est unie la profondeur de sentiments qui caractérise le christianisme. Elle admirait la composition sans artifice des tableaux de Raphaël, surtout dans sa première manière. Toutes les figures sont dirigées vers un objet principal, sans que l'artiste ait songé à les grouper en attitude, à travailler l'effet qu'elles peuvent produire. Corinne disait que cette bonne foi dans les arts d'imagination, comme dans tout le reste, est le caractère du génie, et que le calcul du succès est presque toujours destructeur de l'enthousiasme. Elle prétendait qu'il y avait de la rhétorique en peinture comme dans la poésie, et que tous ceux qui ne savaient pas caractériser cherchaient les ornements accessoires, réunissaient tout le prestige d'un sujet brillant aux costumes riches, aux attitudes remarquables; tandis qu'une simple Vierge tenant son enfant dans ses bras, un vieillard attentif dans la Messe de Bolsène, un homme appuyé sur son bâton dans l'Ecole d'Athènes, sainte Cécile levant les yeux au ciel, produisaient, par l'expression seule du regard et de la physionomie, des impressions bien plus profondes. Ces beautés naturelles se découvrent chaque jour davantage; mais, au contraire, dans les tableaux d'effet, le premier coup d'œil est toujours le plus frappant [1].

Corinne ajoutait à ces réflexions une observation qui les fortifiait encore : c'est que les sentiments religieux des Grecs et des Romains, la disposition de leur ame en tout genre ne pouvant être la nôtre, il nous est impossible de créer dans leur sens, d'inventer, pour ainsi dire, sur leur terrain. L'on peut les imiter à force d'étude, mais comment le génie trouverait-il tout son essor dans un travail où la mémoire et l'érudition sont si nécessaires? Il n'en est pas de même des sujets qui appartiennent à notre propre histoire, ou à notre propre religion. Les peintres peuvent en avoir eux-mêmes l'inspiration personnelle; ils sentent ce qu'ils peignent, ils peignent ce qu'ils ont vu. La vie leur sert pour imaginer la vie; mais en se transportant dans l'antiquité, il faut qu'ils inventent d'après les livres et les statues. Enfin Corinne trouvait que les tableaux pieux faisaient à l'ame un bien que rien ne pouvait remplacer, et qu'ils supposaient dans l'artiste un saint enthousiasme qui se confond avec le génie, le renouvelle, le ranime, et peut seul le soutenir contre les dégoûts de la vie et les injustices des hommes.

Oswald recevait, sous quelques rapports, une impression différente. D'abord il était presque scandalisé de voir représenter en

[1] Dans un journal intitulé *l'Europe*, on peut trouver des observations pleines de profondeur et de sagacité sur les sujets qui conviennent à la peinture; j'y ai puisé plusieurs des réflexions qu'on vient de lire. M. Frédéric Schlegel en est l'auteur: c'est une mine inépuisable que cet écrivain, et que les penseurs allemands en général.

peinture, comme l'a fait Michel-Ange, la figure de la Divinité même revêtue de traits mortels. Il croyait que la pensée n'osait lui donner des formes, et qu'on trouvait à peine au fond de son ame une idée assez intellectuelle, assez éthérée, pour l'élever jusqu'à l'Être suprême ; et quant aux sujets tirés de l'Écriture sainte, il lui semblait que l'expression et les images dans ce genre de tableaux laissaient beaucoup à desirer. Il croyait, avec Corinne, que la méditation religieuse est le sentiment le plus intime que l'homme puisse éprouver ; et, sous ce rapport, il est celui qui fournit aux peintres les plus grands mystères de la physionomie et du regard ; mais la religion réprimant tous les mouvements du cœur qui ne naissent pas immédiatement d'elle, les figures des saints et des martyrs ne peuvent être très variées. Le sentiment de l'humilité, si noble devant le ciel, affaiblit l'énergie des passions terrestres, et donne nécessairement de la monotonie à la plupart des sujets religieux. Quand Michel-Ange, avec son terrible talent, a voulu peindre ces sujets, il en a presque altéré l'esprit, en donnant à ses prophètes une expression redoutable et puissante, qui en fait des Jupiters plutôt que des saints. Souvent aussi il se sert, comme le Dante, des images du paganisme, et mêle la mythologie à la religion chrétienne. Une des circonstances les plus admirables de l'établissement du christianisme, c'est l'état vulgaire des apôtres qui l'ont prêché, l'asservissement et la misère du peuple juif, dépositaire pendant long-temps des promesses qui annonçaient le Christ. Ce contraste entre la petitesse des moyens et la grandeur du résultat est très beau moralement ; mais en peinture, où les moyens seuls peuvent paraître, les sujets chrétiens doivent être moins éclatants que ceux qui sont tirés des temps héroïques et fabuleux. Parmi les arts, la musique seule peut être purement religieuse. La peinture ne saurait se contenter d'une expression aussi rêveuse et aussi vague que celle des sons. Il est vrai que l'heureuse combinaison des couleurs et du clair-obscur produit, si l'on peut s'exprimer ainsi, un effet musical dans la peinture ; mais comme elle représente la vie, on lui demande l'expression des passions dans toute leur énergie et leur diversité. Sans doute il faut choisir, parmi les faits historiques, ceux qui sont assez connus pour qu'il ne faille point d'étude pour les comprendre ; car l'effet produit par les tableaux doit être immédiat et rapide, comme tous les plaisirs causés par les beaux-arts ; mais quand les faits historiques sont aussi populaires que les sujets religieux, ils ont sur eux l'avantage de la variété des situations et des sentiments qu'ils retracent.

Lord Nelvil pensait aussi qu'on devait de préférence représenter en tableaux les scènes de tragédie, ou les fictions poétiques les plus touchantes, afin que tous les plaisirs de l'imagination et de l'âme fussent réunis. Corinne combattit encore cette opinion, quelque séduisante qu'elle fût. Elle était convaincue que l'empiétement d'un art sur l'autre leur nuisait mutuellement. La sculpture perd les avantages qui lui sont particuliers, quand elle aspire aux groupes de la peinture; la peinture, quand elle veut atteindre à l'expression dramatique. Les arts sont bornés dans leurs moyens, quoique sans bornes dans leurs effets. Le génie ne cherche point à combattre ce qui est dans l'essence des choses; sa supériorité consiste, au contraire, à la deviner. « Vous, mon cher Oswald, dit Corinne, vous n'aimez pas les arts en eux-mêmes, mais seulement à cause de leurs rapports avec le sentiment ou l'esprit. Vous n'êtes ému que par ce qui vous retrace les peines du cœur. La musique et la poésie conviennent à cette disposition; tandis que les arts qui parlent aux yeux, bien que leur signification soit idéale, ne plaisent et n'intéressent que lorsque notre âme est tranquille et notre imagination tout-à-fait libre. Il ne faut pas non plus, pour les goûter, la gaieté qu'inspire la société, mais la sérénité que fait naître un beau jour, un beau climat. Il faut sentir, dans ces arts qui représentent les objets extérieurs, l'harmonie universelle de la nature; et quand notre âme est troublée, nous n'avons plus en nous-mêmes cette harmonie, le malheur l'a détruite. — Je ne sais, répondit Oswald, si je ne cherche dans les beaux-arts que ce qui peut rappeler les souffrances de l'âme, mais je sais bien au moins que je ne puis supporter d'y trouver la représentation des douleurs physiques. Ma plus forte objection, continua-t-il, contre les sujets chrétiens en peinture, c'est le sentiment pénible que fait éprouver l'image du sang, des blessures, des supplices, bien que le plus noble enthousiasme ait animé les victimes. Philoctète est peut-être le seul sujet tragique dans lequel les maux physiques puissent être admis. Mais de combien de circonstances poétiques ces maux cruels ne sont-ils pas entourés! Ce sont les flèches d'Hercule qui les ont causés, le fils d'Esculape doit les guérir; enfin cette blessure se confond presque avec le ressentiment moral qu'elle fait naître dans celui qui en est atteint, et ne peut exciter aucune impression de dégoût. Mais la figure du possédé, dans le superbe tableau de la Transfiguration, par Raphaël, est une image désagréable, et qui n'a nullement la dignité des beaux-arts. Il faut qu'ils nous découvrent le charme de la douleur, comme la mélancolie de la prospérité ; c'est l'idéal de la destinée humaine qu'ils doivent représenter dans chaque circonstance particulière. Rien ne tourmente plus l'imagination que des plaies sanglantes ou des convulsions nerveuses. Il est impossible que dans de semblables tableaux l'on ne cherche et l'on ne craigne pas en même temps de trouver l'exactitude de l'imitation. L'art qui ne consisterait que dans cette imitation, quel plaisir nous donnerait-il? Il est plus horrible ou moins beau que la nature même, dès l'instant qu'il aspire seulement à lui ressembler.

« — Vous avez raison, milord, dit Corinne, de desirer qu'on écarte des sujets chrétiens les images pénibles ; elles n'y sont pas nécessaires. Mais avouez cependant que le génie, et le génie de l'ame, sait triompher de tout. Voyez cette communion de saint Jérôme, par le Dominiquin. Le corps du vénérable mourant est livide et décharné ; c'est la mort qui se soulève : mais dans ce regard est la vie éternelle, et toutes les misères du monde ne sont là que pour disparaître devant le pur éclat d'un sentiment religieux. Cependant, cher Oswald, continua Corinne, bien que je ne sois pas de votre avis en tout, je veux vous montrer que, même en différant, nous avons toujours quelque analogie. J'ai essayé ce que vous desirez, dans la galerie de tableaux que des artistes de mes amis m'ont composée, et dont j'ai moi-même esquissé quelques dessins. Vous y verrez les défauts et les avantages des sujets de peinture que vous aimez. Cette galerie est dans ma maison de campagne, à Tivoli. Le temps est assez beau pour la voir : voulez vous que nous y allions demain? » Et comme elle attendait qu'Oswald y consentît, il lui dit : « Mon amie, pouvez-vous douter de ma réponse? Ai-je un autre bonheur dans ce monde, une autre idée que vous? Et ma vie, que j'ai trop affranchie peut-être de toute occupation comme de tout intérêt, n'est-elle pas uniquement remplie par le bonheur de vous entendre et de vous voir?

CHAPITRE IV.

Ils partirent donc le lendemain pour Tivoli. Oswald conduisait lui-même les quatre chevaux qui les traînaient, et se plaisait dans la rapidité de leur course ; rapidité qui semble accroître la vivacité du sentiment de l'existence ; et cette impression est douce à côté de ce qu'on aime. Il dirigeait la voiture avec une attention extrême, dans la crainte que le moindre accident ne pût arriver à Corinne. Il avait ces soins protecteurs qui sont le plus doux lien de l'homme avec la femme. Corinne n'était point, comme la plupart des femmes, facilement effrayée par les dangers possibles d'une route ; mais il lui était si doux de remarquer la sollicitude d'Oswald, qu'elle souhaitait presque d'avoir peur, afin d'être rassurée par lui.

Ce qui donnait, comme on le verra dans la suite, un si grand ascendant à lord Nelvil sur le cœur de son amie, c'étaient les contrastes inattendus qui prêtaient à toute sa manière d'être un charme particulier. Tout le monde admirait son esprit et la grace de sa figure ; mais il devait intéresser surtout une personne qui, réunissant en elle, par un accord singulier, la constance à la mobilité, se plaisait dans les impressions tout à la fois variées et fidèles. Jamais il n'était occupé que de Corinne ; et cette occupation même prenait sans cesse des caractères différents : tantôt la réserve y dominait, tantôt l'abandon ; tantôt une douceur parfaite, tantôt une amertume sombre, qui prouvait la profondeur des sentiments, mais mêlait le trouble à la confiance, et faisait naître sans cesse une émotion nouvelle. Oswald, intérieurement agité, cherchait à se contenir au-dehors ; et celle qui l'aimait, occupée à le deviner, trouvait dans ce mystère un intérêt continuel. On eût dit que les défauts mêmes d'Oswald étaient faits pour relever ses agréments. Un homme, quelque distingué qu'il eût été, mais dont le caractère n'eût point offert de contradiction ni de combats, n'aurait pas ainsi captivé l'imagination de Corinne. Elle avait une sorte de peur d'Oswald qui l'asservissait à lui ; il régnait sur son ame par une bonne et par une mauvaise puissance, par ses qualités, et par l'inquiétude que ces qualités mal combinées pouvaient inspirer ; enfin, il n'y avait pas de sécurité dans le bonheur que donnait lord Nelvil ; et peut-être faut-il expliquer par ce tort même l'exaltation de la passion de Corinne ; peut-être ne pouvait-elle aimer à ce point que celui qu'elle craignait de perdre. Un esprit supérieur, une sensibilité aussi ardente que délicate, pouvait se lasser de tout, excepté de l'homme vraiment extraordinaire dont l'ame constamment ébranlée ressemblait au ciel même, qui se montre tantôt serein, tantôt couvert de nuages. Oswald, toujours vrai, toujours profond et passionné, était néanmoins souvent prêt à renoncer à l'objet de sa tendresse, parcequ'une longue habitude de la peine lui faisait croire qu'il ne pouvait y avoir que du remords et de la souffrance dans les affections trop vives du cœur.

Lord Nelvil et Corinne, dans leur course à Tivoli, passèrent devant les ruines du palais d'Adrien et du jardin immense qui l'entourait. Ce prince avait réuni dans son jardin les productions les plus rares, les chefs-d'œuvre les plus admirables des pays conquis par les Romains. On y voit encore aujourd'hui quelques pierres éparses qui s'appellent *l'Égypte*, *l'Inde* et *l'Asie*. Plus loin était la retraite où Zénobie, reine de Palmyre, a terminé ses jours. Elle n'a pas soutenu dans l'adversité la grandeur de sa destinée; elle n'a su, ni, comme un homme, mourir pour la gloire, ni, comme une femme, mourir plutôt que de trahir son ami.

Enfin ils découvrirent Tivoli, qui fut la demeure de tant d'hommes célèbres, de Brutus, d'Auguste, de Mécène, de Catulle, mais surtout la demeure d'Horace; car ce sont ses vers qui ont illustré ce séjour. La maison de Corinne était bâtie au-dessus de la cascade bruyante du Teverone; au haut de la montagne, en face de son jardin, était le temple de la Sibylle. C'est une belle idée qu'avaient les anciens de placer les temples au sommet des lieux élevés. Ils dominaient sur la campagne, comme les idées religieuses sur toute autre pensée. Ils inspiraient plus d'enthousiasme pour la nature, en annonçant la Divinité dont elle émane, et l'éternelle reconnaissance des générations successives envers elle. Le paysage, de quelque point de vue qu'on le considérât, faisait tableau avec le temple, qui était là comme le centre ou l'ornement de tout. Les ruines répandent un singulier charme sur la campagne d'Italie. Elles ne rappellent pas, comme les édifices modernes, le travail et la présence de l'homme, elles se confondent avec les arbres, avec la nature; elles semblent en harmonie avec le torrent solitaire, image du temps qui les a faites ce qu'elles sont. Les plus belles contrées du monde, quand elles ne retracent aucun souvenir, quand elles ne portent l'empreinte d'aucun événement remarquable, sont dépourvues d'intérêt, en comparaison des pays historiques. Quel lieu pouvait mieux convenir à l'habitation de Corinne, en Italie, que le séjour consacré à la Sibylle, à la mémoire d'une femme animée par une inspiration divine? La maison de Corinne était ravissante; elle était ornée avec l'élégance du goût moderne, et cependant le charme d'une imagination qui se plait dans les beautés antiques s'y faisait sentir. L'on y remarquait une rare intelligence du bonheur, dans le sens le plus élevé de ce mot, c'est-à-dire en le faisant consister dans tout ce qui ennoblit l'ame, excite la pensée, et vivifie le talent.

En se promenant avec Corinne, Oswald s'aperçut que le souffle du vent avait un son harmonieux, et répandait dans l'air des accords qui semblaient venir du balancement des fleurs, de l'agitation des arbres, et prêter une voix à la nature. Corinne lui dit que c'étaient des harpes éoliennes que le vent faisait résonner, et qu'elle avait placées dans quelques grottes du jardin, pour remplir l'atmosphère de sons, aussi bien que de parfums. Dans cette demeure délicieuse, Oswald était inspiré par le sentiment le plus pur. « Écoutez, dit-il à Corinne : jusqu'à ce jour j'éprouvais du remords, en étant heureux près de vous ; mais à présent, je me dis que c'est mon père qui vous a envoyée vers moi, pour que je ne souffre plus sur cette terre. C'est lui que j'avais offensé, et c'est lui cependant dont les prières dans le ciel ont obtenu ma grace. Corinne, s'écria-t-il en se jetant à ses genoux, je suis pardonné; je le sens à ce calme innocent et doux qui règne dans mon ame. Tu peux, sans crainte, t'unir à mon sort, il n'aura plus rien de fatal. — Eh bien! dit Corinne, jouissons encore quelque temps de cette paix du cœur qui nous est accordée. Ne touchons pas à la destinée; elle fait tant de peur quand on veut s'en mêler, quand on tâche d'obtenir plus qu'elle ne donne ! Ah ! mon ami, ne changeons rien, puisque nous sommes heureux. »

Lord Nelvil fut blessé de cette réponse de Corinne. Il pensait qu'elle devait comprendre qu'il était prêt à lui tout dire, à lui tout promettre, si, dans ce moment, elle lui confiait son histoire; et cette manière de l'éviter encore l'offensa en l'affligeant; il n'aperçut pas qu'un sentiment de délicatesse empêchait Corinne de profiter de l'émotion d'Oswald pour le lier par un serment. Peut-être, d'ailleurs, est-il dans la nature d'un amour profond et vrai de redouter un moment solennel, quelque desiré qu'il soit, et de ne changer qu'en tremblant l'espérance contre le bonheur même. Oswald, loin d'en juger ainsi, se persuada que Corinne, tout en l'aimant, desirait de conserver son indépendance, et qu'elle éloignait attentivement tout ce qui pouvait amener une union indissoluble. Cette pensée lui fit éprouver une irritation douloureuse ; et, prenant aussitôt un air froid et contenu, il suivit Corinne dans sa galerie de tableaux, sans prononcer un seul mot. Elle devina bien vite l'impression qu'elle avait produite sur lui ; mais, connaissant sa fierté, elle n'osa pas lui dire ce qu'elle avait remarqué ; toutefois, en lui montrant ses tableaux, en lui parlant sur des idées générales, elle avait une espérance vague de l'adoucir, qui donnait à sa voix un charme plus touchant, alors même qu'elle ne prononçait que des paroles indifférentes.

Sa galerie était composée de tableaux d'histoire, de tableaux sur des sujets poétiques et religieux, et de paysages. Il n'y en avait point qui fussent composés d'un très grand nombre de figures. Ce genre présente sans doute de grandes difficultés, mais il donne moins de plaisir. Les beautés qu'on y trouve sont trop confuses ou trop détaillées. L'unité d'intérêt, ce principe de vie dans les arts comme dans tout, y est nécessairement morcelée. Le premier des tableaux historiques représentait Brutus dans une méditation profonde, assis au pied de la statue de Rome. Dans le fond, des esclaves portent ses deux fils sans vie, qu'il a lui-même condamnés à mort, et de l'autre côté du tableau la mère et les sœurs s'abandonnent au désespoir ; les femmes sont heureusement dispensées du courage qui fait sacrifier les affections du cœur. La statue de Rome, placée près de Brutus, est une belle idée : c'est elle qui dit tout. Cependant, comment pourrait-on savoir, sans une explication, que c'est Brutus l'ancien qui vient d'envoyer ses fils au supplice ? et néanmoins il est impossible de caractériser cet événement plus qu'il ne l'est dans ce tableau. L'on aperçoit dans l'éloignement Rome simple encore, sans édifices, sans ornements, mais bien grande comme patrie, puisqu'elle inspire un tel sacrifice. « Sans doute, dit Corinne à lord Nelvil, quand je vous ai nommé Brutus, toute votre ame s'est attachée à ce tableau ; mais vous auriez pu le voir, sans en deviner le sujet. Et cette incertitude, qui existe presque toujours dans les tableaux historiques, ne mêle-t-elle pas le tourment d'une énigme aux jouissances des beaux-arts, qui doivent être si faciles et si claires ?

« J'ai choisi ce sujet, parcequ'il rappelle la plus terrible action que l'amour de la patrie ait inspirée. Le pendant de ce tableau, c'est Marius épargné par le Cimbre, qui ne peut se résoudre à tuer ce grand homme : la figure de Marius est imposante ; le costume du Cimbre, l'expression de sa physionomie, sont très pittoresques. C'est la deuxième époque de Rome, lorsque les lois n'existaient plus, mais quand le génie exerçait encore un grand empire sur les circonstances. Vient ensuite celle où les talents et la gloire n'attiraient que le malheur et l'insulte. Le troisième tableau que voici représente Bélisaire portant sur ses épaules son jeune guide, mort en demandant l'aumône pour lui. Bélisaire, aveugle et mendiant, est ainsi récompensé par son maître ; et, dans l'univers qu'il a conquis, il n'a plus d'autre emploi que de porter dans la tombe les tristes restes du pauvre enfant qui seul ne l'avait point abandonné. Cette figure de Bélisaire est admirable, et, depuis les peintres anciens, on n'en a guère fait d'aussi belles. L'imagination du peintre, comme celle d'un poëte, a réuni tous les genres de malheur, et peut-être même y en a-t-il trop pour la pitié ; mais qui nous dit que c'est Bélisaire ? Ne faut-il pas être fidèle à l'histoire pour la rappeler ; et quand on y est fidèle, est-elle assez pittoresque ? Après ces tableaux, qui représentent dans Brutus les vertus qui ressemblent au crime ; dans Marius, la gloire, cause des malheurs ; dans Bélisaire, les services payés par les persécutions les plus noires ; enfin toutes les misères de la destinée humaine, que les événements de l'histoire racontent chacun à sa manière, j'ai placé deux tableaux de l'ancienne école, qui soulagent un peu l'ame oppressée, en rappelant la religion qui a consolé l'univers asservi et déchiré, la religion qui donnait une vie au fond du cœur, quand tout au-dehors n'était qu'oppression et silence. Le premier est de l'Albane ; il a peint le Christ enfant endormi sur la croix. Voyez quelle douceur, quel calme dans ce visage ! quelles idées pures il rappelle ! comme il fait sentir que l'amour divin n'a rien à craindre de la douleur ni de la mort ! Le Titien est l'auteur du second tableau : c'est Jésus-Christ succombant sous le fardeau de la croix. Sa mère vient au-devant de lui ; elle se jette à genoux en l'apercevant : admirable respect d'une mère pour les malheurs et les vertus célestes de son fils ! Quel regard que celui du Christ ! quelle divine résignation, et cependant quelle souffrance, et quelle sympathie, par cette souffrance, avec le cœur de l'homme ! Voilà sans doute le plus beau de mes tableaux. C'est celui vers lequel je reporte sans cesse mes regards, sans pouvoir jamais épuiser l'émotion qu'il me cause. Viennent ensuite, continua Corinne, les tableaux dramatiques tirés de quatre grands poëtes. Jugez avec moi, milord, de l'effet qu'ils produisent. Le premier représente Énée dans les Champs-Elysées, lorsqu'il veut s'approcher de Didon. L'ombre indignée s'éloigne, et s'applaudit de ne plus porter dans son sein le cœur qui battrait encore d'amour à l'aspect du coupable. La couleur vaporeuse des ombres, et la pâle nature qui les environne, font contraste avec l'air de vie d'Énée, et de la Sibylle qui le conduit. Mais c'est un jeu de l'artiste que ce genre d'effet; et la description du poëte est nécessairement bien supérieure à ce que l'on peut en peindre. J'en dirai autant du tableau que voici : Clorinde mourante, et Tancrède. Le plus grand attendrissement qu'il puisse causer, c'est de rappeler les beaux vers du Tasse, lorsque Clorinde pardonne à son ennemi qui l'adore, et vient de lui percer le sein. C'est nécessairement subordonner la peinture à la poésie, que de la consacrer à des sujets traités par les grands poëtes; car il reste de leurs paroles une impression qui efface tout, et presque toujours les situations qu'ils ont choisies tirent leur plus grande force du développement des passions et de leur éloquence, tandis que la plupart des effets pittoresques naissent d'une beauté calme, d'une expression simple, d'une attitude noble, d'un moment de repos enfin, digne d'être infiniment prolongé, sans que le regard s'en lasse jamais.

« Votre terrible Shakspeare, milord, continua Corinne, a fourni le sujet du troisième tableau dramatique. C'est Macbeth, l'invincible Macbeth, qui, prêt à combattre Macduff, dont il a fait périr la femme et les enfants, apprend que l'oracle des sorcières s'est accompli, que la forêt de Birman paraît s'avancer vers Dunsinane, et qu'il se bat avec un homme né depuis la mort de sa mère. Macbeth est vaincu par le sort, mais non par son adversaire. Il tient le glaive d'une main désespérée; il sait qu'il va mourir, mais il veut essayer si la force humaine ne pourrait pas triompher du destin. Certainement il y a dans cette tête une belle expression de désordre et de fureur, de trouble et d'énergie; mais à combien de beautés du poëte cependant ne faut-il pas renoncer! Peut-on peindre Macbeth précipité dans le crime par les prestiges de l'ambition, qui s'offrent à lui sous la forme de la sorcellerie ? Comment exprimer la terreur qu'il éprouve, cette terreur qui se concilie cependant avec une bravoure intrépide? Peut-on caractériser le genre de superstition qui l'opprime, cette croyance sans dignité, cette fatalité de l'enfer qui pèse sur lui, son mépris de la vie, son horreur de la mort? Sans doute la physionomie de l'homme est le plus grand des mystères; mais cette physionomie, fixée dans un tableau, ne peut guère exprimer que les profondeurs d'un sentiment unique. Les contrastes, les luttes, les événements enfin appartiennent à l'art dramatique. La peinture peut difficilement rendre ce qui est successif : le temps ni le mouvement n'existent pas pour elle.

« La Phèdre de Racine a fourni le sujet du quatrième tableau, dit Corinne en le montrant à lord Nelvil. Hippolyte, dans toute la beauté de la jeunesse et de l'innocence, repousse les accusations perfides de sa belle-mère; le héros Thésée protège encore son épouse coupable, qu'il entoure de son bras vainqueur. Phèdre porte sur son visage un trouble qui glace d'effroi; et sa nourrice, sans remords, l'encourage dans son crime. Hippolyte, dans ce tableau, est peut-être plus beau que dans Racine même; il y ressemble davantage au Méléagre antique, parceque nul amour pour Aricie ne dérange l'impression de sa noble et sauvage vertu: mais est-il possible de supposer que Phèdre, en présence d'Hippolyte, pût soutenir son mensonge? qu'elle le vît innocent et persécuté, et ne tombât point à ses pieds? Une femme offensée peut outrager ce qu'elle aime en son absence; mais quand elle le voit, il n'y a plus dans son cœur que de l'amour. Le poëte n'a jamais mis en scène Hippolyte avec Phèdre, depuis que Phèdre l'a calomnié; le peintre devait les réunir pour rassembler, comme il l'a fait, toutes les beautés des contrastes : mais n'est-ce pas une preuve qu'il y a toujours une telle différence entre les sujets poétiques et les sujets pittoresques, qu'il vaut mieux que les poëtes fassent des vers d'après les tableaux, que les peintres des tableaux d'après les poëtes? L'imagination doit toujours précéder la pensée : l'histoire de l'esprit humain nous le prouve. »

Pendant que Corinne expliquait ainsi ses tableaux à lord Nelvil, elle s'était arrêtée plusieurs fois, espérant qu'il lui parlerait; mais son ame blessée ne se trahissait par aucun mot : seulement, chaque fois qu'elle exprimait une idée sensible, il soupirait et détournait la tête, afin qu'elle ne vît pas combien, dans sa disposition actuelle, il était facilement ému : Corinne, oppressée par ce silence, s'assit en couvrant son visage de ses mains; lord Nelvil se promena quelque temps avec vivacité dans la chambre, puis il s'approcha de Corinne, et fut au moment de se plaindre, et de se livrer à ce qu'il éprouvait; mais un mouvement de fierté tout-à-fait invincible dans son caractère réprima son attendrissement, et il retourna vers les tableaux, comme s'il attendait que Corinne achevât de les lui montrer : elle espérait beaucoup de l'effet du dernier de tous; et faisant effort à son tour pour paraître calme, elle se leva et dit : « Milord, il me reste encore trois paysages à vous faire voir : deux font allusion à quelques idées intéressantes : je n'aime pas beaucoup les scènes champêtres, qui sont fades en peinture comme des idylles, quand elles ne font aucune allusion à la fable ou à l'histoire. Ce qui vaut le mieux, ce me semble, en ce genre, c'est la manière de Salvator Rosa, qui représente, comme vous le voyez dans ce tableau, un rocher, des torrents et des arbres, sans un seul être vivant, sans que seulement le vol d'un oiseau rappelle l'idée de la vie. L'absence de l'homme au milieu de la nature excite des réflexions profondes. Que serait cette terre ainsi délaissée? œuvre sans but, et cependant œuvre encore si belle, dont la mystérieuse impression ne s'adresserait qu'à la Divinité !

« Enfin voici les deux tableaux où, selon moi, l'histoire et la poésie sont heureusement unies au paysage [1]. L'un représente le moment où Cincinnatus est invité par les consuls à quitter sa charrue pour commander les armées romaines. C'est tout le luxe du Midi que vous verrez dans ce paysage, son abondante végétation, son ciel brûlant, cet air riant de toute la nature, qui se retrouve dans la physionomie même des plantes. Et cet autre tableau qui fait contraste avec celui-ci, c'est le fils de Caïrbar endormi sur la tombe de son père. Il attend depuis trois jours et trois nuits le barde qui doit rendre les honneurs à la mémoire des morts. Ce barde est aperçu dans le lointain, descendant de la montagne ; l'ombre du père plane sur les nuages ; la campagne est couverte de frimas ; les arbres, quoique dépouillés, sont agités par les vents, et leurs branches mortes et leurs feuilles desséchées suivent encore la direction de l'orage. »

Oswald jusqu'alors avait conservé du ressentiment contre ce qui s'était passé dans le jardin ; mais, à l'aspect de ce tableau, le tombeau de son père et les montagnes d'Écosse se retracèrent à sa pensée, et ses yeux se remplirent de larmes. Corinne prit sa harpe, et, devant ce tableau, elle se mit à chanter les romances écossaises dont les simples notes semblent accompagner le bruit

---

[1] Les tableaux historiques qui composent la galerie de Corinne sont des copies ou des originaux du *Brutus* de David, du *Marius* de Drouet, du *Bélisaire* de Gérard. Parmi les autres tableaux cités, celui de *Didon* a été fait par M. Rehberg, peintre allemand; celui de *Clorinde* est dans la galerie de Florence ; celui de *Macbeth* est dans la collection anglaise des tableaux pour Shakspeare, et celui de *Phèdre* est de Guérin; enfin, les deux paysages de *Cincinnatus* et d'*Ossian* sont à Rome, et M. Wallis, peintre anglais, en est l'auteur.

du vent qui gémit dans les vallées. Elle chanta les adieux d'un guerrier, en quittant sa patrie et sa maîtresse, et ce mot *jamais* (*no more*), un des plus harmonieux et des plus sensibles de la langue anglaise, Corinne le prononçait avec l'expression la plus touchante. Oswald ne résista point à l'émotion qui l'oppressait, et l'un et l'autre s'abandonnèrent sans contrainte à leurs larmes. « Ah! s'écria lord Nelvil, cette patrie, qui est la mienne, ne dit-elle rien à ton cœur? Me suivrais-tu dans ces retraites peuplées par mes souvenirs? Serais-tu la digne compagne de ma vie, comme tu en es le charme et l'enchantement? — Je le crois, répondit Corinne, je le crois, puisque je vous aime. — Au nom de l'amour et de la pitié, ne me cachez plus rien, dit Oswald. — Vous le voulez, interrompit Corinne ; j'y souscris. Ma promesse est donnée; je n'y mets qu'une condition, c'est que vous ne me demanderez pas de l'accomplir avant l'époque prochaine de nos solennités religieuses. Au moment où je vais décider de mon sort, l'appui du ciel ne m'est-il pas plus que jamais nécessaire? — Va, s'écria lord Nelvil, si ce sort dépend de moi, Corinne, il n'est plus douteux. — Vous le croyez, reprit-elle, je n'ai pas la même confiance; mais enfin, je vous en conjure, ayez pour ma faiblesse la condescendance que je desire. » Oswald soupira, sans accorder ni refuser le délai demandé. « Partons maintenant, dit Corinne, et retournons à la ville. Comment vous rien taire dans cette solitude! et si ce que j'ai à vous dire devait vous détacher de moi, faudrait-il que si tôt... Partons. Oswald, vous reviendrez ici, quoi qu'il arrive ; mes cendres y reposeront. » Oswald, attendri, troublé, obéit à Corinne. Il revint avec elle, et pendant la route ils ne se parlèrent presque pas. De temps en temps ils se regardaient avec une affection qui disait tout ; mais néanmoins un sentiment de mélancolie régnait au fond de leur ame quand ils arrivèrent au milieu de Rome.

LIVRE IX.

LA FÊTE POPULAIRE ET LA MUSIQUE.

CHAPITRE PREMIER.

C'était le jour de la fête la plus bruyante de l'année, à la fin du carnaval, lorsqu'il prend au peuple romain comme une fièvre de joie, comme une fureur d'amusement, dont on ne trouve point d'exemple ailleurs. Toute la ville se déguise ; à peine reste-t-il aux fenêtres des spectateurs sans masque, pour regarder ceux qui en ont ; et cette gaieté commence tel jour à point nommé, sans que les événements publics ou particuliers de l'année empêchent presque jamais personne de se divertir à cette époque.

C'est là qu'on peut juger de toute l'imagination des gens du peuple. L'italien est plein de charmes, même dans leur bouche. Alfieri disait qu'il allait à Florence sur le marché public, pour apprendre le bon italien. Rome a le même avantage ; et ces deux villes sont peut-être les seules du monde où le peuple parle si bien, que l'amusement de l'esprit peut se rencontrer à tous les coins des rues.

Le genre de gaieté qui brille dans les auteurs des arlequinades et de l'opéra bouffe se trouve très communément même parmi les hommes sans éducation. Dans ces jours de carnaval, où l'exagération et la caricature sont admises, il se passe entre les masques les scènes les plus comiques.

Souvent une gravité grotesque contraste avec la vivacité des Italiens, et l'on dirait que leurs vêtements bizarres leur inspirent une dignité qui ne leur est pas naturelle. D'autres fois ils font voir une connaissance si singulière de la mythologie, dans les déguisements qu'ils arrangent, qu'on croirait les anciennes fables encore populaires à Rome. Plus souvent ils se moquent des divers états de la société, avec une plaisanterie pleine de force et d'originalité. La nation paraît mille fois plus distinguée dans ses jeux que dans son histoire. La langue italienne se prête à toutes les nuances de la gaieté, avec une facilité qui ne demande qu'une légère inflexion de voix, une terminaison un peu différente, pour accroître ou diminuer, ennoblir ou travestir le sens des paroles. Elle a surtout de la grace dans la bouche des enfants. L'innocence de cet âge et la malice naturelle de la langue font un contraste très piquant[1]. Enfin on pourrait dire que c'est une langue qui va d'elle-même, exprime sans qu'on s'en mêle, et paraît presque toujours avoir plus d'esprit que celui qui la parle.

Il n'y a ni luxe ni bon goût dans la fête du carnaval ; une sorte de pétulance universelle la fait ressembler aux bacchanales de

---

[1] Je demandais à une petite fille toscane laquelle était la plus jolie d'elle ou de sa sœur : *Ah!* me répondit-elle, *il più bel viso è il mio*, Le plus beau visage est le mien.

l'imagination, mais de l'imagination seulement ; car les Romains sont en général très sombres, et même assez sérieux, les derniers jours du carnaval exceptés. On fait en tout genre des découvertes subites dans le caractère des Italiens ; et c'est ce qui contribue à leur donner la réputation d'hommes rusés. Il y a sans doute une grande habitude de feindre dans ce pays, qui a supporté tant de jougs différents ; mais ce n'est pas à la dissimulation qu'il faut toujours attribuer le passage rapide d'une manière d'être à l'autre. Une imagination inflammable en est souvent la cause. Les peuples qui ne sont que raisonnables ou spirituels peuvent aisément s'expliquer et se prévoir ; mais tout ce qui tient à l'imagination est inattendu. Elle saute les intermédiaires ; un rien peut la blesser, et quelquefois elle est indifférente à ce qui devrait le plus l'émouvoir. Enfin, c'est en elle-même que tout se passe ; et l'on ne peut calculer ses impressions d'après ce qui les cause.

On ne comprend pas du tout, par exemple, d'où vient l'amusement que les grands seigneurs romains trouvent à se promener en voiture, d'un bout du *Corso* à l'autre, des heures entières, soit pendant les jours du carnaval, soit les autres jours de l'année. Rien ne les dérange de cette habitude. Il y a aussi parmi les masques des hommes qui se promènent le plus ennuyeusement du monde, dans le costume le plus ridicule, et qui, tristes arlequins et taciturnes polichinelles, ne disent pas une parole pendant toute la soirée, mais ont, pour ainsi dire, leur conscience de carnaval satisfaite, quand ils n'ont rien négligé pour se divertir.

On trouve à Rome un genre de masques qui n'existe point ailleurs. Ce sont les masques pris d'après les figures des statues antiques, et qui de loin imitent une parfaite beauté : souvent les femmes perdent beaucoup en les quittant. Mais cependant cette immobile imitation de la vie, ces visages de cire ambulants, quelque jolis qu'ils soient, font une sorte de peur. Les grands seigneurs montrent un assez grand luxe de voitures les derniers jours du carnaval ; mais le plaisir de cette fête, c'est la foule et la confusion : c'est comme un souvenir des saturnales ; toutes les classes de Rome sont mêlées ensemble ; les plus graves magistrats se promènent assidûment, et presque officiellement, dans leur carrosse, au milieu des masques ; toutes les fenêtres sont décorées ; toute la ville est dans les rues : c'est véritablement une fête populaire. Le plaisir du peuple ne consiste ni dans les spectacles, ni dans les festins qu'on lui donne, ni dans la magnificence dont il est témoin. Il ne fait aucun excès de vin ni de nourriture ; il s'amuse seulement d'être mis en liberté, et de se trouver au milieu des grands seigneurs, qui se divertissent à leur tour de se trouver au milieu du peuple. C'est surtout le raffinement et la délicatesse des plaisirs qui mettent une barrière entre les différentes classes; c'est aussi la recherche et la perfection de l'éducation. Mais, en Italie, les rangs en ce genre ne sont pas marqués d'une manière très sensible ; et le pays est plus distingué par le talent naturel et l'imagination de tous, que par la culture d'esprit des premières classes. Il y a donc, pendant le carnaval, un mélange complet de rangs, de manières et d'esprits; et la foule, et les cris, et les bons mots, et les dragées dont on inonde indistinctement les voitures qui passent, confondent tous les êtres mortels ensemble, remettent la nation pêle-mêle, comme s'il n'y avait plus d'ordre social.

Corinne et lord Nelvil, tous les deux rêveurs et pensifs, arrivèrent au milieu de ce tumulte. Ils en furent d'abord étourdis; car rien ne paraît plus singulier que cette activité des plaisirs bruyants, quand l'ame est tout entière recueillie en elle même. Ils s'arrêtèrent à la place du Peuple, pour monter sur l'amphithéâtre près de l'obélisque, d'où l'on voit la course des chevaux. Au moment où ils descendirent de leur calèche, le comte d'Erfeuil les aperçut, et prit à part Oswald, pour lui parler.

« Ce n'est pas bien, lui dit-il, de vous montrer ainsi publiquement, arrivant seul de la campagne avec Corinne : vous la compromettrez; et qu'en ferez-vous après? — Je ne crois pas, répondit lord Nelvil, que je compromette Corinne en montrant l'attachement qu'elle m'inspire; mais si cela était vrai, je serais trop heureux que le dévouement de ma vie... — Ah! pour heureux, interrompit le comte d'Erfeuil, je n'en crois rien; on n'est heureux que par ce qui est convenable. La société a, quoi qu'on fasse, beaucoup d'empire sur le bonheur ; et ce qu'elle n'approuve pas, il ne faut jamais le faire. — On vivrait donc toujours pour ce que la société dira de nous, reprit Oswald ; et ce qu'on pense et qu'on sent ne servirait jamais de guide ! S'il en était ainsi, si l'on devait s'imiter constamment les uns les autres, à quoi bon une ame et un esprit pour chacun? la Providence aurait pu s'épargner ce luxe. — C'est très bien dit, reprit le comte d'Erfeuil, très philosophiquement pensé ; mais avec ces maximes-là l'on se perd, et quand l'amour est passé, le blâme de l'opinion reste.

Moi qui vous parais léger, je ne ferai jamais rien qui puisse m'attirer la désapprobation du monde. On peut se permettre de petites libertés, d'aimables plaisanteries, qui annoncent de l'indépendance dans la manière de voir, pourvu qu'il n'y en ait pas dans la manière d'agir ; car quand cela touche au sérieux... — Mais le sérieux, répondit lord Nelvil, c'est l'amour et le bonheur.
— Non, non, interrompit le comte d'Erfeuil, ce n'est pas cela que je veux dire ; ce sont de certaines convenances établies qu'il ne faut pas braver, sous peine de passer pour un homme bizarre, pour un homme... enfin, vous m'entendez, pour un homme qui n'est pas comme les autres. » Lord Nelvil sourit ; et, sans humeur comme sans peine, il plaisanta le comte d'Erfeuil sur sa frivole sévérité ; il sentit avec joie que, pour la première fois, sur un sujet qui lui causait tant d'émotion, le comte d'Erfeuil n'avait pas eu la moindre influence sur lui. Corinne, de loin, avait deviné tout ce qui se passait ; mais le sourire de lord Nelvil remit le calme dans son cœur ; et cette conversation du comte d'Erfeuil, loin de troubler Oswald ni son amie, leur inspira des dispositions plus analogues à la fête.

La course des chevaux se préparait. Lord Nelvil s'attendait à voir une course semblable à celles d'Angleterre ; mais il fut étonné d'apprendre que de petits chevaux barbes devaient courir tout seuls, sans cavaliers, les uns contre les autres. Ce spectacle attire singulièrement l'attention des Romains. Au moment où il va commencer, toute la foule se range des deux côtés de la rue. La place du Peuple, qui était couverte de monde, est vide en un moment. Chacun monte sur les amphithéâtres qui entourent les obélisques, et des multitudes innombrables de têtes et d'yeux noirs sont tournés vers la barrière d'où les chevaux doivent s'élancer.

Ils arrivent sans bride et sans selle, seulement le dos couvert d'une étoffe brillante, et conduits par des palefreniers très bien vêtus, qui mettent à leurs succès un intérêt passionné. On place les chevaux derrière la barrière, et leur ardeur pour la franchir est excessive. A chaque instant on les retient : ils se cabrent, ils hennissent, ils trépignent, comme s'ils étaient impatients d'une gloire qu'ils vont obtenir à eux seuls, sans que l'homme les dirige. Cette impatience des chevaux, ces cris des palefreniers font, du moment où la barrière tombe, un vrai coup de théâtre. Les chevaux partent, les palefreniers crient *Place, place!* avec un transport inexprimable. Ils accompagnent leurs chevaux du geste et de la voix, aussi long-temps qu'ils peuvent les apercevoir. Les chevaux sont jaloux l'un de l'autre comme des hommes. Le pavé étincelle sous leurs pas, leur crinière vole, et leur desir de gagner le prix, ainsi abandonnés à eux-mêmes, est tel, qu'il en est qui, en arrivant, sont morts de la rapidité de leur course. On s'étonne de voir ces chevaux libres ainsi animés par des passions personnelles; cela fait peur, comme si c'était de la pensée sous cette forme d'animal. La foule rompt ses rangs quand les chevaux sont passés, et les suit en tumulte. Ils arrivent au palais de Venise, où est le but; et il faut entendre les exclamations des palefreniers dont les chevaux sont vainqueurs! Celui qui avait gagné le premier prix se jeta à genoux devant son cheval, et le remercia, et le recommanda à saint Antoine, patron des animaux, avec un enthousiasme aussi sérieux en lui que comique pour les spectateurs [1].

C'est à la fin du jour, ordinairement, que les courses finissent. Alors commence un autre genre d'amusement beaucoup moins pittoresque, mais aussi très bruyant. Les fenêtres sont illuminées. Les gardes abandonnent leur poste, pour se mêler eux-mêmes à la joie générale. Chacun prend alors un petit flambeau appelé *moccolo*, et l'on cherche mutuellement à se l'éteindre, en répétant le mot *ammazzare* (tuer), avec une vivacité redoutable : CHE LA BELLA PRINCIPESSA SIA AMMAZZATA ! CHE IL SIGNORE ABBATE SIA AMMAZZATO ! *Que la belle princesse soit tuée ! que le seigneur abbé soit tué !* crie-t-on d'un bout de la rue à l'autre [2]. La foule rassurée, parcequ'à cette heure on interdit les chevaux et les voitures, se précipite de tous les côtés; enfin, il n'y a plus d'autre plaisir que le tumulte et l'étourdissement. Cependant la nuit s'avance; le bruit cesse par degrés; le plus profond silence lui succède, et il ne reste plus de cette soirée que l'idée d'un songe confus, qui, changeant l'existence de chacun en un rêve, a fait oublier pour un moment au peuple ses travaux, aux savants leurs études, aux grands seigneurs leur oisiveté.

[1] Un postillon italien, qui voyait mourir son cheval, priait pour lui, et s'écriait : *O sant' Antonio, abbiate pietà dell' anima sua !* O saint Antoine, ayez pitié de son ame !

[2] Il faut lire, sur ce carnaval de Rome, une charmante description de Goëthe, qui en est un tableau aussi fidèle qu'animé.

CHAPITRE II.

Oswald, depuis son malheur, ne s'était pas encore senti le courage d'écouter la musique. Il redoutait ces accords ravissants qui plaisent à la mélancolie, mais font un véritable mal, quand les chagrins réels nous oppressent. La musique réveille les souvenirs que l'on s'efforçait d'apaiser. Lorsque Corinne chantait, Oswald écoutait les paroles qu'elle prononçait ; il contemplait l'expression de son visage ; c'était d'elle uniquement qu'il était occupé : mais si, dans les rues, le soir, plusieurs voix se réunissaient, comme cela arrive souvent en Italie, pour chanter les beaux airs des grands maîtres, il essayait d'abord de rester pour les entendre, puis il s'éloignait, parcequ'une émotion si vive et si vague en même temps renouvelait toutes ses peines. Cependant on devait donner à Rome, dans la salle du spectacle, un superbe concert, où les premiers chanteurs étaient réunis : Corinne engagea lord Nelvil à y venir avec elle, et il y consentit, espérant que la présence de celle qu'il aimait répandrait de la douceur sur tout ce qu'il pourrait éprouver.

En entrant dans sa loge, Corinne fut d'abord reconnue ; et le souvenir du Capitole ajoutant à l'intérêt qu'elle inspirait ordinairement, la salle retentit d'applaudissements. De toutes parts on cria : *Vive Corinne !* et les musiciens eux-mêmes, électrisés par ce mouvement général, se mirent à jouer des fanfares de victoire ; car le triomphe, quel qu'il soit, rappelle toujours aux hommes la guerre et les combats. Corinne fut vivement émue de ces témoignages universels d'admiration et de bienveillance. La musique, les applaudissements, les *bravos*, et cette impression indéfinissable que produit toujours une grande multitude d'hommes, quand ils expriment un même sentiment, lui causèrent un attendrissement profond qu'elle cherchait à contenir ; mais ses yeux se remplirent de larmes, et les battements de son cœur soulevaient sa robe sur son sein. Oswald en ressentit de la jalousie, et s'approchant d'elle, il lui dit à demi-voix : « Il ne faut pas, madame, vous arracher à de tels succès ; ils valent l'amour, puisqu'ils font ainsi palpiter votre cœur. » Et, en achevant ces mots, il alla se placer à l'extrémité de la loge de Corinne, sans attendre sa réponse. Elle fut cruellement troublée de ce qu'il venait de lui dire ; et dans l'instant il lui ravit tout le plaisir qu'elle avait trouvé dans ces succès, dont elle aimait qu'il fût témoin.

Le concert commença. Qui n'a pas entendu le chant italien ne peut avoir l'idée de la musique. Les voix, en Italie, ont cette mollesse et cette douceur qui rappelle et le parfum des fleurs et la pureté du ciel. La nature a destiné cette musique pour ce climat : l'une est comme un reflet de l'autre. Le monde est l'œuvre d'une seule pensée, qui s'exprime sous mille formes différentes. Les Italiens, depuis des siècles, aiment la musique avec transport. Le Dante, dans le poëme du Purgatoire, rencontre un des meilleurs chanteurs de son temps ; il lui demande un de ses airs délicieux, et les ames ravies s'oublient en l'écoutant, jusqu'à ce que leur gardien les rappelle. Les chrétiens, comme les païens, ont étendu l'empire de la musique après la mort. De tous les beaux-arts, c'est celui qui agit le plus immédiatement sur l'ame. Les autres la dirigent vers telle ou telle idée ; celui-là seul s'adresse à la source intime de l'existence, et change en entier la disposition intérieure. Ce qu'on a dit de la grace divine, qui tout-à-coup transforme les cœurs, peut, humainement parlant, s'appliquer à la puissance de la mélodie ; et parmi les pressentiments de la vie à venir, ceux qui naissent de la musique ne sont point à dédaigner.

La gaieté même que la musique *bouffe* sait si bien exciter n'est point une gaieté vulgaire qui ne dise rien à l'imagination. Au fond de la joie qu'elle donne, il y a des sensations poétiques, une rêverie agréable que les plaisanteries parlées ne sauraient jamais inspirer. La musique est un plaisir si passager, on le sent tellement s'échapper à mesure qu'on l'éprouve, qu'une impression mélancolique se mêle à la gaieté qu'elle cause ; mais aussi, quand elle exprime la douleur, elle fait encore naître un sentiment doux. Le cœur bat plus vite en l'écoutant : la satisfaction que cause la régularité de la mesure, en rappelant la brièveté du temps, donne le besoin d'en jouir. Il n'y a plus de vide, il n'y a plus de silence autour de vous, la vie est remplie, le sang coule rapidement, vous sentez en vous-même le mouvement que donne une existence active, et vous n'avez point à craindre, au-dehors de vous, les obstacles qu'elle rencontre.

La musique double l'idée que nous avons des facultés de notre ame ; quand on l'entend, on se sent capable des plus nobles efforts. C'est par elle qu'on marche à la mort avec enthousiasme ; elle a l'heureuse impuissance d'exprimer aucun sentiment bas, aucun artifice, aucun mensonge. Le malheur même, dans le langage de la musique, est sans amertume, sans déchirement, sans irritation. La musique soulève doucement le poids qu'on a presque toujours sur le cœur, quand on est capable d'affections sérieuses et profondes ; ce poids qui se confond quelquefois avec le sentiment même de l'existence, tant la douleur qu'il cause est habituelle : il semble qu'en écoutant des sons purs et délicieux on est prêt à saisir le secret du Créateur, à pénétrer le mystère de la vie. Aucune parole ne peut exprimer cette impression ; car les paroles se traînent après les impressions primitives, comme les traducteurs en prose sur les pas des poëtes. Il n'y a que le regard qui puisse en donner quelque idée ; le regard de ce qu'on aime, longtemps attaché sur vous, et pénétrant par degrés tellement dans votre cœur, qu'il faut à la fin baisser les yeux pour se dérober à un bonheur si grand : ainsi le rayon d'une autre vie consumerait l'être mortel qui voudrait le considérer fixement.

La justesse admirable de deux voix parfaitement d'accord produit, dans le duo des grands maîtres d'Italie, un attendrissement délicieux, mais qui ne pourrait se prolonger sans une sorte de douleur : c'est un bien-être trop grand pour la nature humaine ; et l'ame vibre alors comme un instrument à l'unisson, que briserait une harmonie trop parfaite. Oswald était resté obstinément loin de Corinne, pendant la première partie du concert ; mais lorsque le duo commença, presque à demi-voix, accompagné par les instruments à vent qui faisaient entendre doucement des sons plus purs encore que la voix même, Corinne couvrit son visage de son mouchoir, et son émotion l'absorbait tout entière ; elle pleurait sans souffrir, elle aimait sans rien craindre. Sans doute l'image d'Oswald était présente à son cœur ; mais l'enthousiasme le plus noble se mêlait à cette image, et des pensées confuses erraient en foule dans son ame ; il eût fallu borner ces pensées, pour les rendre distinctes. On dit qu'un prophète, en une minute, parcourut sept régions différentes des cieux. Celui qui conçut ainsi tout ce qu'un instant peut renfermer avait sûrement entendu les accords d'une belle musique à côté de l'objet qu'il aimait. Oswald en sentit la puissance, son ressentiment s'apaisa par degrés. L'attendrissement de Corinne expliqua tout, justifia tout ; il se rapprocha doucement, et Corinne l'entendit respirer auprès d'elle, dans le moment le plus enchanteur de cette musique céleste. C'en était trop, la tragédie la plus pathétique n'aurait pas excité dans son cœur autant de trouble que ce sentiment intime de l'émotion profonde qui les pénétrait tous deux en même temps, et que chaque instant, chaque son nouveau exaltait toujours davantage. Les paroles que l'on chante ne sont pour rien dans cette émotion ; à peine quelques mots et d'amour et de mort dirigent-ils de temps en temps la réflexion, mais plus souvent le vague de la musique se prête à tous les mouvements de l'ame, et chacun croit retrouver dans cette mélodie, comme dans l'astre pur et tranquille de la nuit, l'image de ce qu'il souhaite sur la terre.

« Sortons, dit Corinne à lord Nelvil ; je me sens près de m'évanouir. — Qu'avez-vous ? lui dit Oswald avec inquiétude ; vous pâlissez ! venez à l'air avec moi, venez. » Et ils sortirent ensemble. Corinne était soutenue par le bras d'Oswald, et sentait ses forces revenir en s'appuyant sur lui. Ils s'approchèrent tous les deux d'un balcon, et Corinne, vivement émue, dit à son ami : « Cher Oswald, je vais vous quitter pour huit jours. — Que dites-vous ? interrompit-il. — Tous les ans, reprit-elle, à l'approche de la semaine sainte, je vais passer quelque temps dans un couvent de religieuses, pour me préparer à la solennité de Pâques. » Oswald n'opposa rien à ce dessein ; il savait qu'à cette époque la plupart des dames romaines se livrent aux pratiques les plus sévères, sans pour cela s'occuper très sérieusement de religion le reste de l'année ; mais il se rappela que Corinne professait un culte différent du sien, et qu'ils ne pouvaient prier ensemble. « Que n'êtes-vous, s'écria-t-il, de la même religion, du même pays que moi ! » Et puis il s'arrêta, après avoir prononcé ce vœu. « Notre ame et notre esprit n'ont-ils pas la même patrie ? répondit Corinne. — C'est vrai, répondit Oswald ; mais je n'en sens pas moins avec douleur tout ce qui nous sépare. » Et cette absence de huit jours lui serrait tellement le cœur, que les amis de Corinne étant venus la rejoindre, il ne prononça pas un seul mot de toute la soirée.

CHAPITRE III.

Oswald alla le lendemain de bonne heure chez Corinne, inquiet de ce qu'elle lui avait dit. Sa femme de chambre vint audevant de lui, et lui remit un billet de sa maîtresse, qui lui annonçait qu'elle s'était retirée dans le couvent le matin même, comme elle l'en avait prévenu, et qu'elle ne le reverrait qu'après le vendredi saint. Elle lui avouait qu'elle n'avait pas eu le courage de lui dire la veille qu'elle s'éloignait le lendemain. Oswald fut surpris comme par un coup inattendu. Cette maison, où il avait toujours vu Corinne, et qui était devenue si solitaire, lui causa l'impression la plus pénible. Il voyait là sa harpe, ses livres, ses dessins, tout ce qui l'entourait habituellement; mais elle n'y était plus. Un frisson douloureux s'empara d'Oswald : il se rappela la chambre de son père, et il fut forcé de s'asseoir, car il ne pouvait plus se soutenir.

« Il se pourrait donc, s'écria-t-il, que j'apprisse ainsi sa perte ! cet esprit si animé, ce cœur si vivant, cette figure si brillante de fraîcheur et de vie, pourraient être frappés par la foudre, et la tombe de la jeunesse serait aussi muette que celle des vieillards ! Ah ! quelle illusion que le bonheur ! quel moment dérobé à ce temps inflexible qui veille toujours sur sa proie ! Corinne ! Corinne ! il ne fallait pas me quitter ; c'était votre charme qui m'empêchait de réfléchir ; tout se confondait dans ma pensée, ébloui que j'étais par les moments heureux que je passais avec vous; à présent me voilà seul, à présent je me retrouve, et toutes mes blessures vont se rouvrir. » Et il appelait Corinne avec une sorte de désespoir, qu'on ne pouvait attribuer à une si courte absence, mais à l'angoisse habituelle de son cœur, que Corinne elle seule avait le pouvoir de soulager. La femme de chambre de Corinne rentra : elle avait entendu les gémissements d'Oswald ; et, touchée de ce qu'il regrettait ainsi sa maîtresse, elle lui dit : « Milord, je veux vous consoler en trahissant un secret de ma maîtresse ; j'espère qu'elle me pardonnera. Venez dans sa chambre à coucher, vous y verrez votre portrait. — Mon portrait ! s'écria-t-il. — Elle y a travaillé de mémoire, reprit Thérésine (c'était le nom de la femme de chambre de Corinne); elle s'est levée, depuis huit jours, à cinq heures du matin, pour l'avoir fini avant d'aller à son couvent. »

Oswald vit ce portrait, qui était très ressemblant, et peint avec une grace parfaite : ce témoignage de l'impression qu'il avait produite sur Corinne le pénétra de la plus douce émotion. En face de ce portrait il y avait un tableau charmant qui représentait la Vierge ; et l'oratoire de Corinne était devant ce tableau. Ce mélange singulier d'amour et de religion se trouve chez la plupart des femmes italiennes, avec des circonstances beaucoup plus extraordinaires encore que dans l'appartement de Corinne ; car, libre comme elle l'était, le souvenir d'Oswald ne s'unissait dans son ame qu'aux espérances et aux sentiments les plus purs : mais cependant, placer ainsi l'image de celui qu'on aime vis-à-vis d'un emblème de la Divinité, et se préparer à la retraite dans un couvent par huit jours consacrés à tracer cette image, c'était un trait qui caractérisait les femmes italiennes en général, plutôt que Corinne en particulier. Leur genre de dévotion suppose plus d'imagination et de sensibilité que de sérieux dans l'ame ou de sévérité dans les principes, et rien n'était plus contraire aux idées d'Oswald sur la manière de concevoir et de sentir la religion : néanmoins, comment aurait-il pu blâmer Corinne, dans le moment même où il recevait une si touchante preuve de son amour?

Ses regards parcouraient avec émotion cette chambre où il entrait pour la première fois. Au chevet du lit de Corinne, il vit le portrait d'un homme âgé, mais dont la figure n'avait point le caractère d'une physionomie italienne. Deux bracelets étaient attachés près de ce portrait, l'un fait avec des cheveux noirs et blancs, et l'autre avec des cheveux d'un blond admirable ; et ce qui parut à lord Nelvil un hasard singulier, ces cheveux étaient parfaitement semblables à ceux de Lucile Edgermond, qu'il avait remarqués très attentivement, il y avait trois ans, à cause de leur rare beauté. Oswald considérait ces bracelets, et ne disait pas un mot ; car interroger Thérésine sur sa maîtresse était indigne de lui. Mais Thérésine croyant deviner ce qui occupait Oswald, et voulant écarter de lui tout soupçon de jalousie, se hâta de lui dire que, depuis onze ans qu'elle était attachée à Corinne, elle lui avait toujours vu porter ces bracelets, et qu'elle savait que c'étaient des cheveux de son père, de sa mère et de sa sœur. « Il y a onze ans que vous êtes avec Corinne, dit lord Nelvil ; vous savez donc...; » et puis il s'interrompit tout-à-coup en rougissant, honteux de la question qu'il allait commencer, et sortit précipitamment de la maison, pour ne pas dire un mot de plus.

En s'en allant, il se retourna plusieurs fois pour apercevoir encore les fenêtres de Corinne ; mais quand il eut perdu de vue son habitation, il éprouva une tristesse nouvelle pour lui, celle que cause la solitude. Il essaya d'aller le soir dans une grande société de Rome ; il cherchait la distraction ; car, pour trouver du charme dans la rêverie, il faut, dans le bonheur comme dans le malheur, être en paix avec soi-même.

Le monde fut bientôt insupportable à lord Nelvil : il comprit encore mieux tout le charme, tout l'intérêt que Corinne savait répandre sur la société, en remarquant quel vide y laissait son absence : il essaya de parler à quelques femmes, qui lui répondirent ces insipides phrases dont on est convenu, pour n'exprimer avec vérité ni ses sentiments ni ses opinions, si toutefois celles qui s'en servent ont en ce genre quelque chose à cacher. Il s'approcha de plusieurs groupes d'hommes qui, à leurs gestes et à leur voix, semblaient s'entretenir avec chaleur sur quelque objet important ; il entendit discuter les plus misérables intérêts, de la manière la plus commune. Il s'assit alors, pour considérer à son aise cette vivacité sans but et sans cause, qui se retrouve dans la plupart des assemblées nombreuses ; et néanmoins en Italie la médiocrité est assez bonne personne : elle a peu de vanité, peu de jalousie, beaucoup de bienveillance pour les esprits supérieurs ; et si elle fatigue de son poids, elle ne blesse du moins presque jamais par ses prétentions.

C'était dans ces mêmes assemblées cependant qu'Oswald avait trouvé tant d'intérêt peu de jours auparavant ; le léger obstacle qu'opposait le grand monde à son entretien avec Corinne, le soin qu'elle mettait à revenir vers lui, dès qu'elle avait été suffisamment polie envers les autres, l'intelligence qui existait entre eux sur les observations que la société leur suggérait, le plaisir qu'avait Corinne à causer devant Oswald, à lui adresser indirectement des réflexions dont lui seul comprenait le véritable sens, variaient tellement la conversation, qu'à toutes les places de ce même salon, Oswald se retraçait des moments doux, piquants, agréables, qui lui avaient fait croire que ces assemblées mêmes étaient amusantes. « Ah ! dit-il en s'en allant, ici, comme dans tous les lieux du monde, c'est elle seule qui donne la vie ; allons plutôt dans les endroits les plus déserts, jusqu'à ce qu'elle revienne. Je sentirai moins douloureusement son absence, lorsqu'il n'y aura rien autour de moi qui ressemble à du plaisir. »

LIVRE X.

LA SEMAINE SAINTE.

CHAPITRE PREMIER.

Oswald passa le jour suivant dans les jardins de quelques couvents d'hommes. Il alla d'abord au couvent des chartreux, et s'arrêta quelque temps avant d'y entrer, pour considérer deux lions égyptiens, qui sont à peu de distance de la porte. Ces lions ont une expression remarquable de force et de repos; il y a quelque chose dans leur physionomie qui n'appartient ni à l'animal ni à l'homme : ils semblent une puissance de la nature, et l'on conçoit, en les voyant, comment les dieux du paganisme pouvaient être représentés sous cet emblème.

Le couvent des chartreux est bâti sur les débris des thermes de Dioclétien, et l'église qui est à côté du couvent est décorée avec les colonnes de granit qu'on y a trouvées debout. Les moines qui habitent ce couvent les montrent avec empressement; ils ne tiennent plus au monde que par l'intérêt qu'ils prennent aux ruines. La manière de vivre des chartreux suppose, dans les hommes qui sont capables de la mener, ou un esprit extrêmement borné, ou la plus noble et la plus continuelle exaltation des sentiments religieux ; cette succession de jours sans variété d'événements rappelle ce vers fameux :

> Sur les mondes détruits le Temps dort immobile.

Il semble que la vie ne serve là qu'à contempler la mort. La mobilité des idées, avec une telle uniformité d'existence, serait le plus cruel des supplices. Au milieu du cloître s'élèvent quatre cyprès. Cet arbre noir et silencieux, que le vent même agite difficilement, n'introduit pas le mouvement dans ce séjour. Entre les cyprès, il y a une fontaine d'où sort un peu d'eau que l'on entend à peine, tant le jet en est faible et lent ; on dirait que c'est la clepsydre qui convient à cette solitude, où le temps fait si peu de bruit. Quelquefois la lune y pénètre avec sa pâle lumière, et son absence et son retour sont un événement dans cette vie monotone.

Ces hommes qui existent ainsi sont pourtant les mêmes à qui la guerre et toute son activité suffiraient à peine, s'ils y étaient accoutumés. C'est un sujet inépuisable de réflexion, que les différentes combinaisons de la destinée humaine sur la terre. Il se passe dans l'intérieur de l'ame mille accidents, il se forme mille habitudes qui font de chaque individu un monde et son histoire. Connaître un autre parfaitement, serait l'étude d'une vie entière : qu'est-ce donc qu'on entend par connaître les hommes ? Les gouverner, cela se peut ; mais les comprendre, Dieu seul le fait.

Oswald, du couvent des chartreux, se rendit au couvent de Bonaventure, bâti sur les ruines du palais de Néron; là où tant de crimes se sont commis sans remords, de pauvres moines, tourmentés par des scrupules de conscience, s'imposent des supplices cruels pour les plus légères fautes. « *Nous espérons seulement*, disait un de ces religieux, *qu'à l'instant de la mort nos péchés n'auront pas excédé nos pénitences.* » Lord Nelvil, en entrant dans ce couvent, heurta contre une trappe, et il en demanda l'usage. « *C'est par-là qu'on nous enterre*, » dit l'un des plus jeunes religieux, que la maladie du mauvais air avait déjà frappé. Les habitants du Midi craignant beaucoup la mort, l'on s'étonne d'y trouver des institutions qui la rappellent à ce point; mais il est dans la nature d'aimer à se livrer à l'idée même que l'on redoute. Il y a comme un enivrement de tristesse, qui fait à l'ame le bien de la remplir tout entière.

Un antique sarcophage d'un jeune enfant sert de fontaine à ce couvent. Le beau palmier dont Rome se vante est le seul arbre du jardi de ces moines; mais ils ne font point d'attention aux objets extérieurs. Leur discipline est trop rigoureuse pour laisser à leur esprit aucun genre de liberté. Leurs regards sont abattus, leur démarche est lente; ils ne font plus en rien usage de leur volonté. Ils ont abdiqué le gouvernement d'eux-mêmes, tant cet empire *fatigue son triste possesseur.* Ce séjour néanmoins n'agit pas fortement sur l'ame d'Oswald; l'imagination se révolte contre une intention si manifeste de lui présenter le souvenir de la mort sous toutes les formes. Quand ce souvenir se rencontre d'une manière inattendue, quand c'est la nature qui nous en parle, et non pas l'homme, l'impression que nous en recevons est bien plus profonde.

Des sentiments doux et calmes s'emparèrent de l'ame d'Oswald, lorsqu'au coucher du soleil il entra dans le jardin de *San Giovanni e Paolo.* Les moines de ce couvent sont soumis à des pratiques moins sévères, et leur jardin domine toutes les ruines de l'ancienne Rome. On voit de là le Colisée, le Forum, tous les arcs de triomphe encore debout, les obélisques, les colonnes. Quel beau site pour un tel asile! Les solitaires se consolent de n'être rien, en considérant les monuments élevés par tous ceux qui ne sont plus. Oswald se promena long-temps sous les ombrages de ce couvent, si rares en Italie. Ces beaux arbres interrompent un moment la vue de Rome, comme pour redoubler l'émotion qu'on éprouve en la revoyant. C'était à l'heure de la soirée où l'on entend toutes les cloches de Rome sonner l'*Ave Maria* :

..... squilla di lontano,
Che paja il giorno pianger che' si muore.
DANTE.

Et le son de l'airain, dans l'éloignement, paraît plaindre le jour qui se meurt. La prière du soir sert à compter les heures. En Italie l'on dit : *Je vous verrai une heure avant, une heure après l'Ave Maria ;* et les époques du jour ou de la nuit sont ainsi religieusement désignées. Oswald jouit alors de l'admirable spectacle du soleil, qui vers le soir descend lentement au milieu des ruines, et semble pour un moment se soumettre au déclin comme les ouvrages des hommes. Oswald sentit renaître en lui toutes ses pensées habituelles. Corinne elle-même avait trop de charmes, promettait trop de bonheur, pour l'occuper en ce moment. Il cherchait l'ombre de son père au milieu des ombres célestes qui l'avaient accueillie. Il lui semblait qu'à force d'amour il animerait de ses regards les nuages qu'il considérait, et parviendrait à leur faire prendre la forme sublime et touchante de son immortel ami ; il espérait enfin que ses vœux obtiendraient du ciel je ne sais quel souffle pur et bienfaisant, qui ressemblerait à la bénédiction d'un père.

CHAPITRE II.

Le desir de connaître et d'étudier la religion de l'Italie décida lord Nelvil à chercher l'occasion d'entendre quelques uns des prédicateurs qui font retentir les églises de Rome pendant le carême. Il comptait les jours qui devaient le réunir à Corinne ; et tant que durait son absence, il ne voulait rien voir qui pût appartenir aux beaux-arts, rien qui reçût son charme de l'imagination. Il ne pouvait supporter l'émotion de plaisir que donnent les chefs-d'œuvre, quand il n'était pas avec Corinne ; il ne se pardonnait le bonheur que lorsqu'il venait d'elle ; la poésie, la peinture, la musique, tout ce qui embellit la vie par de vagues espérances lui faisait mal partout ailleurs qu'à ses côtés.

C'est le soir, et avec des lumières presque éteintes, que les prédicateurs à Rome se font entendre, pendant la semaine sainte, dans les églises. Toutes les femmes alors sont vêtues de noir, en souvenir de la mort de Jésus-Christ ; et il y a quelque chose de bien touchant dans ce deuil anniversaire, renouvelé tant de fois depuis tant de siècles. C'est donc avec une émotion véritable que l'on arrive au milieu de ces belles égl'ses, où les tombeaux préparent si bien à la prière ; mais le prédicateur dissipe presque toujours cette émotion en peu d'instants.

Sa chaire est une assez longue tribune, qu'il parcourt d'un bout à l'autre avec autant d'agitation que de régularité. Il ne manque jamais de partir au commencement d'une phrase, et de revenir à la fin, comme le balancier d'une pendule; et cependant il fait tant de gestes, il a l'air si passionné, qu'on le croirait capable de tout oublier. Mais c'est, si l'on peut s'exprimer ainsi, une fureur systématique, telle qu'on en voit beaucoup en Italie, où la vivacité des mouvements extérieurs n'indique souvent qu'une émotion superficielle. Un crucifix est suspendu à l'extrémité de la chaire ; le prédicateur le détache, le baise, le presse sur son cœur, et puis le remet à sa place avec un très grand sang-froid, quand la période pathétique est achevée. Il y a aussi un moyen de faire effet dont les prédicateurs ordinaires se servent assez souvent, c'est le bonnet carré qu'ils portent sur la tête ; ils l'ôtent et le remettent avec une rapidité inconcevable. L'un d'eux s'en prenait à Voltaire, et surtout à Rousseau, de l'irréligion du siècle. Il jetait son bonnet au milieu de la chaire, le chargeait de représenter Jean-Jacques ; et en cette qualité il le haranguait, et lui disait : *Eh bien! philosophe genevois, qu'avez-vous à objecter à mes arguments?* Il se taisait alors quelques moments, comme pour attendre la réponse ; et le bonnet ne répondant rien, il le remettait sur sa tête, et terminait l'entretien par ces mots : *A présent que vous êtes convaincu, n'en parlons plus.*

Ces scènes bizarres se renouvellent souvent parmi les prédicateurs, à Rome ; car le véritable talent en ce genre y est très rare. La religion est respectée en Italie comme une loi toute puissante ; elle captive l'imagination par les pratiques et les cérémonies ; mais on s'y occupe beaucoup moins en chaire de la morale que du dogme, et l'on n'y pénètre point, par les idées religieuses, dans le fond du cœur humain. L'éloquence de la chaire, ainsi que de beaucoup d'autres branches de la littérature, est donc absolument livrée aux idées communes qui ne peignent rien, qui n'expriment rien. Une pensée nouvelle causerait presque une sorte de rumeur dans ces esprits tellement ardents et paresseux tout à la fois, qu'ils ont besoin de l'uniformité pour se calmer, et qu'ils l'aiment parce-qu'elle les repose. Il y a dans les sermons une sorte d'étiquette pour les idées et les phrases. Les unes viennent presque toujours à la suite des autres ; et cet ordre serait dérangé si l'orateur, parlant d'après lui-même, cherchait dans son ame ce qu'il faut dire. La philosophie chrétienne, celle qui cherche l'analogie de la religion avec la nature humaine, est aussi peu connue des prédicateurs italiens que toute autre philosophie. Penser sur la religion les scandaliserait presque autant que de penser contre, tant ils sont accoutumés à la routine dans ce genre.

Le culte de la Vierge est particulièrement cher aux Italiens et à toutes les nations du Midi ; il semble s'allier de quelque manière à ce qu'il y a de plus pur et de plus sensible dans l'affection pour les femmes. Mais les mêmes formes de rhétorique exagérées se retrouvent encore dans tout ce que les prédicateurs disent à ce sujet ; et l'on ne conçoit pas comment leurs gestes et leurs discours ne changent pas en plaisanteries ce qu'il y a de plus sérieux. On ne rencontre presque jamais en Italie, dans l'auguste fonction de la chaire, un accent vrai ni une parole naturelle.

Oswald, lassé de la monotonie la plus fatigante de toutes, celle d'une véhémence affectée, voulut aller au Colisée pour entendre le capucin qui devait y prêcher en plein air, au pied de l'un des autels qui désignent, dans l'intérieur de l'enceinte, ce qu'on appelle *la Route de la croix*. Quel plus beau sujet pour l'éloquence que l'aspect de ce monument, que cette arène où les martyrs ont succédé aux gladiateurs ! Mais il ne faut rien espérer à cet égard du pauvre capucin, qui ne connaît de l'histoire des hommes que sa propre vie. Néanmoins, si l'on parvient à ne pas écouter son mauvais sermon, on se sent ému par les divers objets dont il est entouré. La plupart de ses auditeurs sont de la confrérie des Camaldules ; ils se revêtent, pendant les exercices religieux, d'une espèce de robe grise qui couvre entièrement la tête et tout le corps, et ne laisse que deux petites ouvertures pour les yeux ; c'est ainsi que les ombres pourraient être représentées. Ces hommes, ainsi cachés sous leurs vêtements, se prosternent la face contre terre, et se frappent la poitrine. Quand le prédicateur se jette à genoux en criant *Miséricorde et pitié !* le peuple qui l'environne se jette aussi à genoux, et répète ce même cri, qui va se perdre sous les vieux portiques du Colisée. Il est impossible de ne pas éprouver alors une émotion profondément religieuse ; cet appel de la douleur à la bonté, de la terre au ciel, remue l'ame jusque dans son sanctuaire le plus intime. Oswald tressaillit au moment où tous les assistants se mirent à genoux : il resta debout, pour ne pas professer un culte qui n'était pas le sien; mais il lui en coûtait de ne pas s'associer publiquement aux mortels, quels qu'ils fussent, qui se prosternaient devant Dieu. Hélas! en effet, est-il une invocation à la pitié céleste qui ne convienne pas également à tous les hommes?

Le peuple avait été frappé de la belle figure de lord Nelvil et de ses manières étrangères, mais ne fut pas scandalisé de ce qu'il ne se mettait pas à genoux : il n'y a point de peuple plus tolérant que les Romains; ils sont accoutumés à ce qu'on ne vienne chez eux que pour voir et pour observer; et, soit fierté, soit indolence, ils ne cherchent à faire partager leurs opinions à personne. Ce qui est plus extraordinaire encore, c'est que, pendant la semaine sainte surtout, il en est beaucoup parmi eux qui s'infligent des pénitences corporelles, et, pendant qu'ils se donnent des coups de discipline, la porte de l'église est ouverte, on peut y entrer, cela leur est égal. C'est un peuple qui ne s'occupe pas des autres; il ne fait rien pour être regardé, il ne s'abstient de rien parcequ'on le regarde; il marche toujours à son but ou à son plaisir, sans se douter qu'il y ait un sentiment qui s'appelle la vanité, pour lequel il n'y a ni plaisir ni but, excepté le besoin d'être applaudi.

CHAPITRE III.

On a souvent parlé des cérémonies de la semaine sainte à Rome. Tous les étrangers viennent exprès pendant le carême, pour jouir de ce spectacle; et comme la musique de la chapelle Sixtine et l'illumination de Saint-Pierre sont des beautés uniques dans leur genre, il est naturel qu'elles attirent vivement la curiosité; mais l'attente n'est pas également satisfaite par les cérémonies proprement dites. Le dîner des douze apôtres servi par le pape, leurs pieds lavés par lui, enfin les diverses coutumes de ces temps solennels rappellent toutes des idées touchantes; mais mille circonstances inévitables nuisent souvent à l'intérêt et à la dignité de ce spectacle. Tous ceux qui y contribuent ne sont pas également recueillis, également occupés d'idées pieuses; ces cérémonies, tant de fois répétées, sont devenues une sorte d'exercice machinal pour la plupart de ceux qui s'en mêlent, et les jeunes prêtres dépêchent le service des grandes fêtes avec une activité et une dextérité peu imposantes. Ce vague, cet inconnu, ce mystérieux qui convient tant à la religion, est tout-à-fait dissipé par l'espèce d'attention qu'on ne peut s'empêcher de donner à la manière dont chacun s'acquitte de ses fonctions. L'avidité des uns pour les mets qui leur sont présentés, et l'indifférence des autres pour les génuflexions qu'ils multiplient ou les prières qu'ils récitent, rendent souvent la fête peu solennelle.

Les anciens costumes qui servent encore aujourd'hui d'habillement aux ecclésiastiques s'accordent mal avec la coiffure moderne; l'évêque grec, avec sa longue barbe, est celui dont le vêtement paraît le plus respectable. Les vieux usages aussi, tels que celui de faire la révérence comme les femmes, au lieu de saluer à la manière actuelle des hommes, produisent une impression peu sérieuse. L'ensemble enfin n'est pas en harmonie, et l'antique et le nouveau s'y mêlent sans qu'on prenne aucun soin pour frapper l'imagination, et surtout pour éviter tout ce qui peut la distraire. Un culte éclatant et majestueux dans les formes extérieures est certainement très propre à remplir l'ame des sentiments les plus élevés ; mais il faut prendre garde que les cérémonies ne dégénèrent en un spectacle, où l'on joue son rôle l'un vis-à-vis de l'autre, où l'on apprend ce qu'il faut faire, à quel moment il faut le faire, quand on doit prier, finir de prier, se mettre à genoux, se relever ; la régularité des cérémonies d'une cour, introduite dans un temple, gêne le libre élan du cœur, qui donne seul à l'homme l'espérance de se rapprocher de la Divinité.

Ces observations sont assez généralement senties par les étrangers ; mais les Romains, pour la plupart, ne se lassent point de ces cérémonies, et tous les ans ils y trouvent un nouveau plaisir. Un trait singulier du caractère des Italiens, c'est que leur mobilité ne les porte point à l'inconstance, et que leur vivacité ne leur rend point la variété nécessaire. Ils sont, en toutes choses, patients et persévérants ; leur imagination embellit ce qu'ils possèdent ; elle occupe leur vie, au lieu de la rendre inquiète ; ils trouvent tout plus magnifique, plus imposant, plus beau que cela ne l'est réellement ; et tandis qu'ailleurs la vanité consiste à se montrer blasé, celle des Italiens, ou plutôt la chaleur et la vivacité qu'ils ont en eux-mêmes, leur fait trouver du plaisir dans le sentiment de l'admiration.

Lord Nelvil s'attendait, d'après tout ce que les Romains lui avaient dit, à recevoir beaucoup plus d'effet par les cérémonies de la semaine sainte. Il regretta les nobles et simples fêtes du culte anglican. Il revint chez lui avec une impression pénible ;

car rien n'est plus triste que de n'être pas ému par ce qui devrait nous émouvoir; on se croit l'ame desséchée; on craint d'avoir perdu cette puissance d'enthousiasme sans laquelle la faculté de penser ne servirait plus qu'à dégoûter de la vie.

CHAPITRE IV.

Mais le vendredi saint rendit bientôt à lord Nelvil toutes les émotions religieuses qu'il regrettait de n'avoir pas éprouvées les jours précédents. La retraite de Corinne allait finir; il attendait le bonheur de la revoir : les douces espérances du sentiment s'accordent avec la piété; il n'y a que la vie factice du monde qui puisse en détourner tout-à-fait. Oswald se rendit à la chapelle Sixtine, pour entendre le fameux *Miserere* vanté dans toute l'Europe. Il arriva de jour encore, et vit ces peintures célèbres de Michel-Ange, qui représentent le jugement dernier, avec toute la force effrayante de ce sujet, et du talent qui l'a traité. Michel-Ange s'é ait pénétré de la lecture du Dante; et le peintre, comme le poëte, représente des êtres mythologiques en présence de Jésus-Christ; mais il fait presque toujours du paganisme le mauvais principe, et c'est sous la forme des démons qu'il caractérise les fables païennes. On aperçoit sur la voûte de la chapelle les prophètes et les sibylles, appelés en témoignage par les chrétiens [1]; une foule d'anges les entourent, et toute cette voûte ainsi peinte semble rapprocher le ciel de nous; mais ce ciel est sombre et redoutable; le jour perce à peine à travers les vitraux, qui jettent sur les tableaux plutôt des ombres que des lumières; l'obscurité agrandit encore les figures déjà si imposantes que Michel-Ange a tracées; l'encens, dont le parfum a quelque chose de funéraire, remplit l'air dans cette enceinte, et toutes les sensations préparent à la plus profonde de toutes, celle que la musique doit produire.

Pendant qu'Oswald était absorbé par les réflexions que faisaient naître tous les objets qui l'environnaient, il vit entrer dans la tribune des femmes, derrière la grille qui les sépare des hommes, Corinne qu'il n'espérait pas encore, Corinne vêtue de noir, toute pâle de l'absence, et si tremblante dès qu'elle aperçut Oswald, qu'elle fut obligée de s'appuyer sur la balustrade pour avancer : en ce moment le *Miserere* commença.

Les voix, parfaitement exercées à ce chant antique et pur, par-

---

[1] Teste David cum Sibylla.

tent d'une tribune à l'origine de la voûte ; on ne voit point ceux qui chantent ; la musique semble planer dans les airs ; à chaque instant la chute du jour rend la chapelle plus sombre : ce n'était plus cette musique voluptueuse et passionnée qu'Oswald et Corinne avaient entendue huit jours auparavant ; c'était une musique toute religieuse, qui conseillait le renoncement à la terre. Corinne se jeta à genoux devant la grille, et resta plongée dans la plus profonde méditation ; Oswald lui-même disparut à ses yeux. Il lui semblait que c'était dans un tel moment d'exaltation qu'on aimerait à mourir, si la séparation de l'ame d'avec le corps ne s'accomplissait point par la douleur, si tout-à-coup un ange venait enlever sur ses ailes le sentiment et la pensée, étincelles divines qui retourneraient vers leur source : la mort ne serait pour ainsi dire alors qu'un acte spontané du cœur, qu'une prière plus ardente et mieux exaucée.

Le *Miserere*, c'est-à-dire *ayez pitié de nous*, est un psaume composé de versets qui se chantent alternativement d'une manière très différente. Tour à tour une musique céleste se fait entendre, et le verset suivant, dit en récitatif, est murmuré d'un ton sourd et presque rauque ; on dirait que c'est la réponse des caractères durs aux cœurs sensibles, que c'est le réel de la vie qui vient flétrir et repousser les vœux des ames généreuses ; et quand ce chœur si doux reprend, on renaît à l'espérance ; mais lorsque le verset récité recommence, une sensation de froid saisit de nouveau ; ce n'est pas la terreur qui la cause, mais le découragement de l'enthousiasme. Enfin le dernier morceau, plus noble et plus touchant encore que tous les autres, laisse au fond de l'ame une impression douce et pure : Dieu nous accorde cette même impression avant de mourir.

On éteint les flambeaux ; la nuit s'avance ; les figures des prophètes et des sibylles apparaissent comme des fantômes enveloppés du crépuscule. Le silence est profond, la parole ferait un mal insupportable dans cet état de l'ame, où tout est intime et intérieur ; et quand le dernier son s'éteint, chacun s'en va lentement et sans bruit ; chacun semble craindre de rentrer dans les intérêts vulgaires de ce monde.

Corinne suivit la procession qui se rendait dans le temple de Saint-Pierre, qui n'est alors éclairé que par une croix illuminée : ce signe de douleur, seul resplendissant dans l'auguste obscurité de cet immense édifice, est la plus belle image du christianisme au milieu des ténèbres de la vie. Une lumière pâle et lointaine se projette sur les statues qui décorent les tombeaux. Les vivants qu'on aperçoit en foule sous ces voûtes semblent des pygmées en comparaison des images des morts. Il y a autour de la croix un espace éclairé par elle, où se prosternent le pape vêtu de blanc, et tous les cardinaux rangés derrière lui. Ils restent là près d'une demi-heure dans le plus profond silence, et il est impossible de n'être pas ému par ce spectacle. On ne sait pas ce qu'ils demandent, on n'entend pas leurs secrets gémissements; mais ils sont vieux, ils nous devancent dans la route de la tombe : quand nous passerons à notre tour dans cette terrible avant-garde, Dieu nous fera-t-il la grace d'ennoblir assez la vieillesse, pour que le déclin de la vie soit les premiers jours de l'immortalité?

Corinne aussi, la jeune et belle Corinne, était à genoux derrière le cortége des prêtres, et la douce lumière qui éclairait son visage pâlissait son teint sans affaiblir l'éclat de ses yeux. Oswald la contemplait ainsi, comme un tableau ravissant et comme un être adoré. Quand sa prière fut finie, elle se leva; lord Nelvil n'osait l'approcher encore, respectant la méditation religieuse dans laquelle il la croyait plongée; mais elle vint à lui la première avec un transport de bonheur; et ce sentiment se répandant sur tout ce qu'elle faisait, elle accueillit avec une gaieté vive ceux qui l'abordèrent dans Saint-Pierre, devenu tout-à-coup comme une grande promenade publique, où chacun se donne rendez-vous pour parler de ses affaires ou de ses plaisirs.

Oswald était étonné de cette mobilité qui faisait succéder l'une à l'autre des impressions si différentes; et bien qu'il fût heureux de la joie de Corinne, il était surpris de ne trouver en elle aucune trace des émotions de la journée : il ne concevait pas comment on permettait que cette belle église fût, dans un jour si solennel, le café de Rome où l'on se rassemblait pour s'amuser; et, regardant Corinne au milieu de son cercle, parlant avec vivacité, et ne pensant point aux objets dont elle était entourée, il conçut un sentiment de défiance sur la légèreté dont elle pouvait être capable : elle s'en aperçut à l'instant; et, se séparant brusquement de la société, elle prit le bras d'Oswald pour se promener avec lui dans l'église, et lui dit : « Je ne vous ai jamais entretenu de mes sentiments religieux; permettez qu'aujourd'hui je vous en parle, peut-être dissiperai-je ainsi les nuages que j'ai vus s'élever dans votre esprit.

CHAPITRE V.

« La différence de nos religions, mon cher Oswald, continua Corinne, est cause du blâme secret que vous ne pouvez vous empêcher de me laisser voir. La vôtre est sévère et sérieuse, la nôtre est vive et tendre. On croit généralement que le catholicisme est plus rigoureux que le protestantisme, et cela peut être vrai dans les pays où la lutte a existé entre les deux religions ; mais en Italie, nous n'avons point eu de dissensions religieuses, et en Angleterre vous en avez beaucoup éprouvé ; il est résulté de cette différence, que le catholicisme a pris en Italie un caractère de douceur et d'indulgence, et que, pour détruire le catholicisme en Angleterre, la réformation s'est armée de la plus grande sévérité dans les principes et dans la morale. Notre religion, comme celle des anciens, anime les arts, inspire les poëtes, fait partie, pour ainsi dire, de toutes les jouissances de notre vie, tandis que la vôtre, s'établissant dans un pays où la raison dominait plus encore que l'imagination, a pris un caractère d'austérité morale dont elle ne s'écartera jamais. La nôtre parle au nom de l'amour ; la vôtre, au nom du devoir. Nos principes sont libéraux, nos dogmes sont absolus ; et néanmoins, dans l'application, notre despotisme orthodoxe transige avec les circonstances particulières, et votre liberté religieuse fait respecter ses lois, sans aucune exception. Il est vrai que notre catholicisme impose à ceux qui sont entrés dans l'état monastique des pénitences très dures : cet état, choisi librement, est un rapport mystérieux entre l'homme et la Divinité ; mais la religion des séculiers, en Italie, est une source habituelle d'émotions touchantes. L'amour, l'espérance et la foi sont les vertus principales de cette religion ; et toutes ces vertus annoncent et donnent le bonheur. Loin donc que nos prêtres nous interdisent en aucun temps le pur sentiment de la joie, ils nous disent que ce sentiment exprime notre reconnaissance envers les dons du Créateur. Ce qu'ils exigent de nous, c'est l'observation des pratiques qui prouvent notre respect pour notre culte et notre désir de plaire à Dieu ; c'est la charité pour les malheureux, et la repentance dans nos faiblesses. Mais ils ne se refusent point à nous absoudre, quand nous le leur demandons avec zèle ; et les attachements du cœur inspirent ici plus qu'ailleurs une indulgente pitié. Jésus-Christ n'a-t-il pas dit de la Madeleine : *Il lui sera beaucoup pardonné, parcequ'elle a beaucoup aimé ?* Ces mots ont été prononcés sous un ciel aussi beau que le nôtre ; ce même ciel implore pour nous la miséricorde de la Divinité.

« — Corinne, répondit lord Nelvil, comment combattre des paroles si douces, et dont mon cœur a tant de besoin ? Mais je le ferai cependant, parceque ce n'est pas pour un jour que j'aime Corinne, et que j'espère avec elle un long avenir de bonheur et de vertu. La religion la plus pure est celle qui fait, du sacrifice de nos passions et de l'accomplissement de nos devoirs, un hommage continuel à l'Être suprême. La moralité de l'homme est son culte envers Dieu : c'est dégrader l'idée que nous avons du Créateur, que de lui supposer, dans ses rapports avec la créature, une volonté qui ne soit pas relative à son perfectionnement intellectuel. La paternité, cette noble image d'un maître souverainement bon, ne demande rien aux enfants que pour les rendre meilleurs ou plus heureux : comment donc s'imaginer que Dieu exigerait de l'homme ce qui n'aurait pas l'homme même pour objet? Aussi voyez quelle confusion il résulte, dans la tête de votre peuple, de l'habitude où il est d'attacher plus d'importance aux pratiques religieuses qu'aux devoirs de la morale : c'est après la semaine sainte, vous le savez, que se commet à Rome le plus grand nombre de meurtres. Le peuple se croit, pour ainsi dire, en fonds par le carême, et dépense en assassinats les trésors de sa pénitence. On a vu des criminels qui, tout dégouttants encore de meurtre, se faisaient scrupule de manger de la viande le vendredi ; et les esprits grossiers, à qui l'on a persuadé que le plus grand des crimes consiste à désobéir aux pratiques ordonnées par l'Église, épuisent leur conscience sur ce sujet, et considèrent la Divinité comme les gouvernements du monde, qui font plus de cas de la soumission à leur pouvoir que de toute autre vertu : ce sont des rapports de courtisan mis à la place du respect qu'inspire le Créateur, comme la source et la récompense d'une vie scrupuleuse et délicate. Le catholicisme italien, tout en démonstrations extérieures, dispense l'ame de la méditation et du recueillement. Quand le spectacle est fini, l'émotion cesse, le devoir est rempli ; et l'on n'est pas, comme chez nous, long-temps absorbé dans les pensées et les sentiments que fait naître l'examen rigoureux de sa conduite et de son cœur.

« — Vous êtes sévère, mon cher Oswald, reprit Corinne ; ce n'est pas la première fois que je l'ai remarqué. Si la religion consistait seulement dans la stricte observation de la morale, qu'aurait-elle de plus que la philosophie et la raison? et quels sentiments de piété se développeraient en nous, si notre principal but était d'étouffer les sentiments du cœur? Les stoïciens en savaient presque autant que nous sur les devoirs et l'austérité de la conduite; mais ce qui n'est dû qu'au christianisme, c'est l'enthousiasme religieux qui s'unit à toutes les affections de l'ame; c'est la puissance d'aimer et de plaindre; c'est le culte de sentiment et d'indulgence qui favorise si bien l'essor de l'ame vers le ciel. Que signifie la parabole de l'enfant prodigue, si ce n'est l'amour, l'amour sincère, préféré même à l'accomplissement le plus exact de tous les devoirs? Il avait quitté, cet enfant, la maison paternelle, et son frère y était resté ; il s'était plongé dans tous les plaisirs du monde, et son frère ne s'était pas écarté un instant de la régularité de la vie domestique; mais il revint, mais il pleura, mais il aima, et son père fit une fête pour son retour. Ah ! sans doute que, dans les mystères de notre nature, aimer, encore aimer, est ce qui nous est resté de notre héritage céleste. Nos vertus mêmes sont souvent trop compliquées avec la vie, pour que nous puissions toujours comprendre ce qui est bien, ce qui est mieux, et quel est le sentiment secret qui nous dirige et nous égare. Je demande à mon Dieu de m'apprendre à l'adorer, et je sens l'effet de mes prières par les larmes que je répands. Mais, pour se soutenir dans cette disposition, les pratiques religieuses sont plus nécessaires que vous ne pensez; c'est une relation constante avec la Divinité; ce sont des actions journalières sans rapport avec aucun des intérêts de la vie, et seulement dirigées vers le monde invisible. Les objets extérieurs aussi sont d'un grand secours pour la piété ; l'ame retombe sur elle-même, si les beaux-arts, les grands monuments, les chants harmonieux, ne viennent pas ranimer ce génie poétique, qui est aussi le génie religieux.

« L'homme le plus vulgaire, lorsqu'il prie, lorsqu'il souffre, et qu'il espère dans le ciel, cet homme, dans ce moment, a quelque chose en lui qui s'exprimerait comme Milton, comme Homère, ou comme le Tasse, si l'éducation lui avait appris à revêtir de paroles ses pensées. Il n'y a que deux classes d'hommes distinctes sur la terre, celle qui sent l'enthousiasme, et celle qui le méprise; toutes les autres différences sont le travail de la société. Celui-là n'a pas de mots pour ses sentiments; celui-ci sait ce qu'il faut dire pour cacher le vide de son cœur. Mais la source qui jaillit du rocher même à la voix du ciel, cette source est le vrai talent, la vraie religion, le véritable amour.

« La pompe de notre culte, ces tableaux, où les saints à genoux expriment dans leurs regards une prière continuelle ; ces statues, placées sur les tombeaux, comme pour se réveiller un jour avec les morts ; ces églises et leurs voûtes immenses, ont un rapport intime avec les idées religieuses. J'aime cet hommage éclatant rendu par les hommes à ce qui ne leur promet ni la fortune ni la puissance, à ce qui ne les punit ou ne les récompense que par un sentiment du cœur ; je me sens alors plus fière de mon être, je reconnais dans l'homme quelque chose de désintéressé ; et, dût-on multiplier trop les magnificences religieuses, j'aime cette prodigalité des richesses terrestres pour une autre vie, du temps pour l'éternité : assez de choses se font pour demain, assez de soins se prennent pour l'économie des affaires humaines. Oh ! que j'aime l'inutile ! l'inutile, si l'existence n'est qu'un travail pénible pour un misérable gain. Mais si nous sommes sur cette terre en marche vers le ciel, qu'y a-t-il de mieux à faire que d'élever assez notre ame pour qu'elle sente l'infini, l'invisible et l'éternel, au milieu de toutes les bornes qui l'entourent ?

« Jésus-Christ laissait une femme faible, et peut-être repentante, arroser ses pieds des parfums les plus précieux ; il repoussa ceux qui conseillaient de réserver ces parfums pour un usage plus profitable : *Laissez-la faire*, disait-il, *car je suis pour peu de temps avec vous.* Hélas ! tout ce qu'il y a de bon, de sublime sur cette terre, est pour peu de temps avec nous ; l'âge, les infirmités, la mort, tariront bientôt cette goutte de rosée qui tombe du ciel, et ne se repose que sur des fleurs. Cher Oswald, laissez-nous donc tout confondre, amour, religion, génie, et le soleil et les parfums, et la musique et la poésie ; il n'y a d'athéisme que dans la froideur, l'égoïsme, la bassesse. Jésus-Christ a dit : *Quand deux ou trois seront rassemblés en mon nom, je serai au milieu d'eux.* Et qu'est-ce, ô mon Dieu ! que d'être rassemblés en votre nom, si ce n'est jouir des dons sublimes de votre belle nature, et vous en faire hommage, et vous remercier de la vie, et vous en remercier surtout quand un cœur ainsi créé par vous répond tout entier au nôtre ? »

Une inspiration céleste animait dans cet instant la physionomie de Corinne. Oswald put à peine s'empêcher de se jeter à genoux devant elle au milieu du temple, et se tut pendant longtemps, pour se livrer au plaisir de se rappeler ses paroles, et de les retrouver encore dans ses regards. Enfin, cependant, il voulut répondre, il ne voulut point abandonner la cause qui lui était chère. « Corinne, dit-il alors, permettez encore quelques mots à votre ami. Son ame n'a point de sécheresse ; non, Corinne, elle n'en a point, croyez-le ; et si j'aime l'austérité dans les principes et dans les actions, c'est parcequ'el'e donne aux sentiments plus de profondeur et de durée. Si j'aime la raison dans la religion, c'est-à-dire si je repousse les dogmes contradictoires et les moyens humains de faire effet sur les hommes, c'est parceque je vois la Divinité dans la raison comme dans l'enthousiasme ; et si je ne puis souffrir qu'on prive l'homme d'aucune de ses facultés, c'est qu'il n'a pas trop de toutes pour reconnaître une vérité que la réflexion lui révèle, aussi bien que l'instinct du cœur : l'existence de Dieu et l'immortalité de l'ame. Que peut-on ajouter à ces idées sublimes, à leur union avec la vertu ? que peut-on y ajouter qui ne soit au-dessous d'elles ? L'enthousiasme poétique, qui vous donne tant de charmes, n'est pas, j'ose le dire, la dévotion la plus salutaire. Corinne, comment pourrait-on se préparer par cette disposition aux sacrifices sans nombre qu'exige de nous le devoir ? Il n'y avait de révélation que par les élans de l'ame, quand la destinée humaine, future et présente, ne s'offrait à l'esprit qu'à travers les nuages ; mais pour nous, à qui le christianisme l'a rendue claire et positive, le sentiment peut être notre récompense, mais il ne doit pas être notre seul guide : vous décrivez l'existence des bienheureux, et non pas celle des mortels. La vie religieuse est un combat, et non pas un hymne. Si nous n'étions pas condamnés à réprimer dans ce monde les mauvais penchants des autres et de nous-mêmes, il n'y aurait, en effet, d'autre distinction à faire qu'entre les ames froides et les ames exaltées. Mais l'homme est une créature plus âpre et plus redoutable que votre cœur ne vous le peint ; et la raison dans la piété, et l'autorité dans le devoir, sont un frein nécessaire à ses orgueilleux égarements.

« De quelque manière que vous considériez les pompes extérieures et les pratiques multipliées de votre religion, croyez-moi, chère amie, la contemplation de l'univers et de son auteur sera toujours le premier des cultes, celui qui remplira l'imagination, sans que l'examen y puisse trouver rien de futile ni d'absurde. Les dogmes qui blessent ma raison refroidissent aussi mon enthousiasme. Sans doute le monde, tel qu'il est, est un mystère que nous ne pouvons ni nier ni comprendre; il serait donc bien fou celui qui se refuserait à croire tout ce qu'il ne peut expliquer : mais ce qui est contradictoire est toujours de la création des hommes. Le mystère, tel que Dieu nous l'a donné, est au-dessus des lumières de l'esprit, mais non en opposition avec elles. Un philosophe allemand a dit : *Je ne connais que deux belles choses dans l'univers : le ciel étoilé sur nos têtes, et le sentiment du devoir dans nos cœurs.* En effet, toutes les merveilles de la création sont réunies dans ces paroles.

« Loin qu'une religion simple et sévère dessèche le cœur, j'aurais pensé, avant de vous connaître, Corinne, qu'elle seule pouvait concentrer et perpétuer les affections. J'ai vu la conduite la plus austère et la plus pure développer dans un homme une inépuisable tendresse ; je l'ai vu conserver jusque dans la vieillesse une virginité d'ame que les orages des passions et les fautes qu'elles font commettre auraient nécessairement flétrie. Sans doute le repentir est une belle chose, et j'ai besoin, plus que personne, de croire à son efficacité ; mais le repentir qui se répète fatigue l'ame, ce sentiment ne régénère qu'une fois. C'est la rédemption qui s'accomplit au fond de notre ame ; et ce grand sacrifice ne peut se renouveler. Quand la faiblesse humaine s'y accoutume, elle perd la force d'aimer : car il faut de la force pour aimer, du moins avec constance.

« Je ferai des objections du même genre à ce culte plein de splendeur qui, selon vous, agit si vivement sur l'imagination : je crois l'imagination modeste et retirée comme le cœur. Les émotions qu'on lui commande sont moins puissantes que celles qui naissent d'elles-mêmes. J'ai vu dans les Cévennes un ministre protestant qui prêchait, vers le soir, dans le fond des montagnes. Il invoquait les tombeaux des Français bannis et proscrits par leurs frères, et dont les cendres avaient été rapportées dans ces lieux; il promettait à leurs amis qu'ils les retrouveraient dans un meilleur monde; il disait qu'une vie vertueuse nous assurait ce bonheur ; il disait : *Faites du bien aux hommes, pour que Dieu cicatrise dans votre cœur la blessure de la douleur.* Il s'étonnait de l'inflexibilité, de la dureté que l'homme d'un jour montre à l'homme d'un jour comme lui, et s'emparait de cette terrible pensée de la mort que les vivants ont conçue, mais qu'ils n'épuiseront jamais. Enfin il n'annonçait rien qui ne fût touchant et vrai : c'étaient des paroles parfaitement en harmonie avec la nature. Le torrent qu'on entendait dans l'éloignement, la lumière scintillante des étoiles, semblaient exprimer la même pensée sous une autre forme. La magnificence de la nature était là, cette magnificence, la seule qui donne des fêtes sans offenser l'infortune, et toute cette imposante simplicité remuait l'ame bien plus profondément que des cérémonies éclatantes. »

Le surlendemain de cet entretien, le jour de Pâques, Corinne et lord Nelvil étaient ensemble sur la place de Saint-Pierre, au moment où le pape s'avance sur le balcon le plus élevé de l'ég'ise, et demande au ciel la bénédiction qu'il va répandre sur la terre; lorsqu'il prononce ces mots: *Urbi et orbi* (à la ville et au monde), tout le peuple rassemblé se jette à genoux, et Corinne et lord Nelvil sentirent, par l'émotion qu'ils éprouvèrent en ce moment, que tous les cultes se ressemblent. Le sentiment religieux unit intimement les hommes entre eux, quand l'amour-propre et le fanatisme n'en font pas un objet de jalousie et de haine. Prier ensemble, dans quelque langue, dans quelque rite que ce soit, c'est la plus touchante fraternité d'espérance et de sympathie que les hommes puissent contracter sur cette terre.

CHAPITRE VI.

Le jour de Pâques s'était passé, et Corinne ne parlait point d'accomplir sa promesse, en confiant son histoire à lord Nelvil. Blessé de ce silence, il dit un jour devant elle qu'on vantait beaucoup les beautés de Naples, et qu'il avait envie d'y aller. Corinne, pénétrant à l'instant ce qui se passait dans son ame, lui proposa de faire le voyage avec lui. Elle se flattait de reculer les aveux qu'il exigeait d'elle, en lui donnant cette preuve d'amour qui devait le satisfaire. Et d'ailleurs, elle pensait que s'il l'emmenait, c'était sans doute parcequ'il avait dessein de lui consacrer sa vie. Elle attendait donc avec anxiété ce qu'il dirait, et ses regards presque suppliants lui demandaient une réponse favorable. Oswald ne put y résister; il avait d'abord été surpris de cette offre, et de la simplicité avec laquelle Corinne la faisait; il hésita quelque temps à l'accepter; mais en voyant le trouble de son amie, l'agitation de son sein, ses yeux remplis de larmes, il consentit à partir avec elle, sans se rendre compte à lui-même de l'importance d'une telle résolution. Corinne fut au comble de la joie, car son cœur se fia tout-à-fait, dans ce moment, au sentiment d'Oswald.

Le jour fut pris, et la douce perspective de voyager ensemble fit disparaître toute autre idée. Ils s'amusèrent à ordonner les détails de ce voyage, et il n'y avait pas un de ces détails qui ne fût une source de plaisir. Heureuse disposition de l'ame, où tous les arrangements de la vie ont un charme particulier, en se rattachant à quelque espérance du cœur! Il ne vient que trop tôt, le moment où l'existence fatigue dans chacune de ses heures comme dans son ensemble, où chaque matin exige un travail pour supporter le réveil et conduire le jour jusqu'au soir.

Au moment où lord Nelvil sortait de chez Corinne, afin de tout préparer pour leur départ, le comte d'Erfeuil y arriva, et apprit d'elle le projet qu'ils venaient d'arrêter ensemble. « Y pensez-vous? lui dit-il : quoi! vous mettre en route avec lord Nelvil sans qu'il soit votre époux, sans qu'il vous ait promis de l'être! Et que deviendrez-vous s'il vous abandonne? — Ce que je deviendrais, répondit Corinne, dans toutes les situations de la vie s'il cessait de m'aimer, la plus malheureuse personne du monde. — Oui; mais si vous n'avez rien fait qui vous compromette, vous resterez, vous, tout entière. — Moi tout entière, s'écria Corinne, quand le plus profond sentiment de ma vie serait flétri! quand mon cœur serait brisé! — Le public ne le saurait pas, et vous pourriez, en dissimulant, ne rien perdre dans l'opinion. — Et pourquoi ménager cette opinion, répondit Corinne, si ce n'est pour avoir un charme de plus aux yeux de ce qu'on aime? — On cesse d'aimer, reprit le comte d'Erfeuil, mais l'on ne cesse pas de vivre au milieu de la société, et d'avoir besoin d'elle. — Ah! si je pouvais penser, répondit Corinne, qu'il arrivera, le jour où l'affection d'Oswald ne serait pas tout pour moi dans ce monde; si je pouvais le penser, j'aurais déjà cessé de l'aimer. Qu'est-ce donc que l'amour, quand il prévoit, quand il calcule le moment où il n'existera plus? S'il y a quelque chose de religieux dans ce sentiment, c'est parcequ'il fait disparaître tous les autres intérêts, et se complaît, comme la dévotion, dans le sacrifice entier de soi-même.

« — Que me dites-vous là? reprit le comte d'Erfeuil; une personne d'esprit comme vous peut-elle se remplir la tête de pareilles folies! C'est notre avantage, à nous autres hommes, que les femmes pensent comme vous; nous avons alors bien plus d'ascendant sur elles : mais il ne faut pas que votre supériorité soit perdue, il faut qu'elle vous serve à quelque chose. — Me servir! dit Corinne;

ah! je lui dois beaucoup, si elle me fait mieux sentir tout ce qu'il y a de touchant et de généreux dans le caractère de lord Nelvil.

« — Lord Nelvil est un homme tout comme un autre, reprit le comte d'Erfeuil; il retournera dans son pays, il suivra sa carrière, il sera raisonnable enfin; et vous exposez imprudemment votre réputation en allant à Naples avec lui. — J'ignore les intentions de lord Nelvil, dit Corinne, et peut-être aurais-je mieux fait d'y réfléchir avant de l'aimer; mais à présent qu'importe un sacrifice de plus? ma vie ne dépend-elle pas toujours de son sentiment pour moi? Je trouve, au contraire, quelque douceur à ne me laisser aucune ressource; il n'en est jamais quand le cœur est blessé: néanmoins le monde peut quelquefois croire qu'il vous en reste, et j'aime à penser que, même sous ce rapport, mon malheur serait complet, si lord Nelvil se séparait de moi. — Et sait-il à quel point vous vous compromettez pour lui? continua le comte d'Erfeuil. — J'ai pris grand soin de le lui dissimuler, répondit Corinne; et comme il ne connaît pas bien les usages de ce pays, j'ai pu lui exagérer un peu la facilité qu'ils donnent. Je vous demande votre parole de ne pas lui dire un mot à cet égard; je veux qu'il soit libre et toujours libre dans ses relations avec moi : il ne peut faire mon bonheur par aucun genre de sacrifice. Le sentiment qui me rend heureuse est la fleur de la vie, et ni la bonté ni la délicatesse ne pourraient la ranimer, si elle venait à se flétrir. Je vous en conjure donc, mon cher comte, ne vous mêlez pas de ma destinée; rien de ce que vous savez sur les affections du cœur ne peut me convenir. Ce que vous dites est sage, bien raisonné, fort applicable aux situations comme aux personnes ordinaires; mais vous me feriez très innocemment un mal affreux, en voulant juger mon caractère d'après ces grandes divisions communes, pour lesquelles il y a des maximes toutes faites. Je souffre, je jouis, je sens à ma manière, et ce serait moi seule qu'il faudrait observer, si l'on voulait influer sur mon bonheur. »

L'amour-propre du comte d'Erfeuil était un peu blessé de l'inutilité de ses conseils, et de la grande marque d'amour que Corinne donnait à lord Nelvil; il savait bien qu'il n'était pas aimé d'elle, il savait également qu'Oswald l'était; mais il lui était désagréable que tout cela fût constaté si publiquement. Il y a toujours dans les succès d'un homme auprès d'une femme quelque chose qui déplaît, même aux meilleurs amis de cet homme. « Je vois que je n'y peux rien, dit le comte d'Erfeuil; mais quand vous serez bien malheureuse, vous vous souviendrez de moi. En attendant, je vais quitter Rome : puisque ni vous ni lord Nelvil n'y serez plus, je m'y ennuierais trop en votre absence ; je vous reverrai sûrement l'un et l'autre en Écosse ou en Italie, car j'ai pris goût aux voyages, en attendant mieux. Pardonnez-moi mes conseils, charmante Corinne, et croyez toujours à mon dévouement. » Corinne le remercia, et se sépara de lui avec un sentiment de regret. Elle l'avait connu en même temps qu'Oswald, et ce souvenir formait entre elle et lui des liens qu'elle n'aimait pas à voir brisés. Elle se conduisit comme elle l'avait annoncé au comte d'Erfeuil. Quelques inquiétudes troublèrent un moment la joie avec laquelle lord Nelvil avait accepté le projet du voyage : il craignait que le départ pour Naples ne pût faire tort à Corinne, et voulait obtenir d'elle son secret avant ce départ, pour savoir avec certitude s'ils n'étaient point séparés par quelque obstacle invincible ; mais elle lui déclara qu'elle ne s'expliquerait qu'à Naples, et lui fit doucement illusion sur ce qu'on pourrait dire du parti qu'elle prenait. Oswald se prêtait à cette illusion : l'amour, dans un caractère incertain et faible, trompe à demi, la raison éclaire à demi, et c'est l'émotion présente qui décide laquelle des deux moitiés sera le tout. L'esprit de lord Nelvil était singulièrement étendu et pénétrant, mais il ne se jugeait bien lui-même que dans le passé. Sa situation actuelle ne s'offrait jamais à lui que confusément. Susceptible tout à la fois d'entraînement et de remords, de passions et de timidité, ces contrastes ne lui permettaient de se connaître que quand l'événement avait décidé du combat qui se passait en lui.

Lorsque les amis de Corinne, et particulièrement le prince Castel Forte, furent instruits de son projet, ils en éprouvèrent un grand chagrin. Le prince Castel-Forte surtout en ressentit une telle peine, qu'il résolut d'aller la rejoindre dans peu de temps. Il n'y avait pas assurément de vanité à se mettre ainsi à la suite d'un amant préféré ; mais ce qu'il ne pouvait supporter, c'était le vide affreux de l'absence de son amie ; il n'avait pas un ami qu'il ne rencontrât chez Corinne, et jamais il n'allait dans une autre maison que la sienne.

La société qui se rassemblait autour d'elle devait se disperser quand elle n'y serait plus ; il deviendrait impossible d'en réunir les débris. Le prince Castel-Forte avait peu l'habitude de vivre dans sa famille ; bien que fort spirituel, l'étude le fatiguait : le jour entier eût donc été pour lui d'un poids insupportable, s'il n'était pas venu le soir et le matin chez Corinne ; elle partait, il ne savait plus que devenir : il se promit en secret de se rapprocher d'elle comme un ami sans exigence, mais qui est toujours là pour nous consoler dans le malheur ; et cet ami doit être bien sûr que son moment arrivera.

Corinne éprouvait un sentiment de mélancolie en rompant ainsi toutes ses habitudes ; elle s'était fait depuis quelques années dans Rome une manière d'être qui lui plaisait ; elle était le centre de tout ce qu'il y avait d'artistes célèbres et d'hommes éclairés ; une indépendance parfaite d'idées et d'habitudes donnait beaucoup de charmes à son existence : qu'allait-elle maintenant devenir ? Si elle était destinée au bonheur d'avoir Oswald pour époux, c'était en Angleterre qu'il devait la conduire : et de quelle manière y serait-elle jugée ? comment elle-même saurait-elle s'astreindre à ce genre de vie si différent de celui qu'elle venait de mener depuis six ans ? Mais ces réflexions ne faisaient que traverser son esprit, et toujours son sentiment pour Oswald en effaçait les légères traces. Elle le voyait, elle l'entendait, et ne comptait les heures que par son absence ou sa présence. Qui sait disputer avec le bonheur ? qui ne le reçoit pas quand il vient ? Corinne surtout avait peu de prévoyance, la crainte ni l'espérance n'étaient pas faites pour elle ; sa foi dans l'avenir était confuse, et son imagination lui faisait en ce genre peu de bien et peu de mal.

Le matin de son départ, le prince Castel-Forte entra chez elle, et, les larmes aux yeux, il lui dit : « Ne reviendrez-vous plus à Rome ? — O mon Dieu, oui, répondit-elle, dans un mois nous y serons. — Mais si vous épousez lord Nelvil, il faudra quitter l'Italie. — Quitter l'Italie ! » dit Corinne ; et elle soupira. « Ce pays, continua le prince Castel-Forte, où l'on parle votre langue, où l'on vous entend si bien, où vous êtes si vivement admirée ! Et vos amis, Corinne, et vos amis ! où serez-vous aimée comme ici ? où trouverez-vous l'imagination et les beaux-arts qui vous plaisent ? Est-ce donc un seul sentiment qui fait la vie ? N'est-ce pas la langue, les coutumes, les mœurs, dont se compose l'amour de la patrie, cet amour qui donne le mal du pays, terrible douleur des exilés ? — Ah ! que me dites-vous ! s'écria Corinne ; ne l'ai-je pas éprouvée ? N'est-ce pas cette douleur qui a décidé de mon sort ? » Elle regarda tristement sa chambre, et les statues qui la décoraient ; puis le Tibre qui coulait sous ses fenêtres, et le ciel, dont la beauté semblait l'inviter à rester. Mais, dans ce moment, Oswald passait à cheval sur le pont Saint-Ange ; il venait avec la rapidité de l'éclair. « Le voilà! » s'écria Corinne. A peine avait-elle dit ces mots, que déjà il était arrivé ; elle courut au-devant de lui ; tous les deux, impatients de partir, se hâtèrent de monter en voiture. Corinne dit cependant un aimable adieu au prince Castel-Forte ; mais ses paroles obligeantes se perdirent dans les airs, au milieu des cris des postillons, des hennissements des chevaux, et de tout ce bruit de départ, quelquefois triste, quelquefois enivrant, selon la crainte ou l'espoir qu'inspirent les nouvelles chances de la destinée.

LIVRE XI.

NAPLES ET L'ERMITAGE DE SAINT-SALVADOR.

CHAPITRE PREMIER.

Oswald était fier d'emmener sa conquête ; lui, qui se sentait presque toujours troublé dans ses jouissances par les réflexions et les regrets, n'éprouvait plus cette fois la peine de l'incertitude. Ce n'était pas qu'il fût décidé, mais il ne s'occupait pas de l'être, et il se laissait aller aux événements, espérant bien être entraîné par eux à ce qu'il souhaitait. Ils traversèrent la campagne d'Albano, lieu où l'on montre encore ce qu'on croit être le tombeau des Horaces et des Curiaces [1]. Ils passèrent près du lac de Nemi et des bois sacrés qui l'entourent. On dit qu'Hippolyte fut ressuscité par Diane dans ces lieux ; elle ne permettait pas aux chevaux d'en approcher, et perpétuait, par cette défense, le souvenir du malheur de son jeune favori. C'est ainsi qu'en Italie, presque à chaque pas, la poésie et l'histoire viennent se retracer à l'esprit, et les sites charmants qui les rappellent adoucissent tout ce qu'il y a de mélancolique dans le passé, et semblent lui conserver une jeunesse éternelle.

[1] Il y a une charmante description du lac d'Albane, dans un recueil de poésies de madame Brunn, née Münter, l'une des femmes de son pays dont le talent et l'imagination méritent le plus d'éloges.

Oswald et Corinne traversèrent ensuite les marais Pontins, campagne fertile et pestilentielle tout à la fois, où l'on ne voit pas une seule habitation, quoique la nature y semble féconde. Quelques hommes malades attellent vos chevaux, et vous recommandent de ne pas vous endormir en passant les marais; car le sommeil est là le véritable avant-coureur de la mort. Des buffles, d'une physionomie tout à la fois basse et féroce, traînent la charrue, que d'imprudents cultivateurs conduisent encore quelquefois sur cette terre fatale, et le plus brillant soleil éclaire ce triste spectacle. Les lieux marécageux et malsains, dans le Nord, sont annoncés par leur effrayant aspect; mais, dans les contrées les plus funestes du Midi, la nature conserve une sérénité dont la douceur trompeuse fait illusion aux voyageurs. S'il est vrai qu'il soit très dangereux de s'endormir en traversant les marais Pontins, l'invincible penchant au sommeil qu'ils inspirent dans la chaleur est encore une des impressions perfides que ce lieu fait éprouver. Lord Nelvil veillait constamment sur Corinne : quelquefois elle penchait sa tête sur Thérésine, qui les accompagnait ; quelquefois elle fermait les yeux, vaincue par la langueur de l'air. Oswald se hâtait de la réveiller, avec une inexprimable terreur; et, bien qu'il fût silencieux naturellement, il était inépuisable en sujets de conversation, toujours soutenus, toujours nouveaux, pour l'empêcher de succomber un moment à ce fatal sommeil. Ah! ne faut-il pas pardonner au cœur des femmes les regrets déchirants qui s'attachent à ces jours où elles étaient aimées, où leur existence était si nécessaire à l'existence d'un autre, lorsqu'à tous les instants elles se sentaient soutenues et protégées? Quel isolement doit succéder à ces temps de délices! et qu'elles sont heureuses celles que le lien sacré du mariage a conduites doucement de l'amour à l'amitié, sans qu'un moment cruel ait déchiré leur vie!

Oswald et Corinne, après le passage inquiétant des marais Pontins, arrivèrent enfin à Terracine, sur le bord de la mer, aux confins du royaume de Naples. C'est là que commence véritablement le Midi; c'est là qu'il accueille les voyageurs avec toute sa magnificence. Cette terre de Naples, *cette campagne heureuse,* est comme séparée du reste de l'Europe, et par la mer qui l'entoure, et par cette contrée dangereuse qu'il faut traverser pour y arriver. On dirait que la nature s'est réservé le secret de ce séjour de délices, et qu'elle a voulu que les abords en fussent périlleux. Rome n'est point encore le Midi : on en pressent les douceurs, mais son enchantement ne commence véritablement que sur le territoire de Naples. Non loin de Terracine est le promontoire choisi par les poëtes comme la demeure de Circé, et derrière Terracine s'élève le mont Anxur, où Théodoric, roi des Goths, avait placé l'un des châteaux forts dont les guerriers du Nord couvrirent la terre. Il y a très peu de traces de l'invasion des barbares en Italie ; ou du moins là où ces traces consistent en destructions, elles se confondent avec l'effet du temps. Les nations septentrionales n'ont point donné à l'Italie cet aspect guerrier que l'Allemagne a conservé. Il semble que la molle terre de l'Ausonie n'ait pu garder les fortifications et les citadelles dont les pays du Nord sont hérissés. Rarement un édifice gothique, un château féodal s'y rencontre encore ; et les souvenirs des antiques Romains règnent seuls à travers les siècles, malgré les peuples qui les ont vaincus.

Toute la montagne qui domine Terracine est couverte d'orangers et de citronniers qui embaument l'air d'une manière délicieuse. Rien ne ressemble, dans nos climats, au parfum méridional des citronniers en pleine terre : il produit sur l'imagination presque le même effet qu'une musique mélodieuse ; il donne une disposition poétique, excite le talent, et l'enivre de la nature. Les aloès, les cactus à larges feuilles, que vous rencontrez à chaque pas, ont une physionomie particulière, qui rappelle ce que l'on sait des redoutables productions de l'Afrique. Ces plantes causent une sorte d'effroi : elles ont l'air d'appartenir à une nature violente et dominatrice. Tout l'aspect du pays est étranger : on se sent dans un autre monde, dans un monde qu'on n'a connu que par les descriptions des poëtes de l'antiquité, qui ont tout à la fois, dans leurs peintures, tant d'imagination et d'exactitude. En entrant à Terracine, les enfants jetèrent dans la voiture de Corinne une immense quantité de fleurs qu'ils cueillaient au bord du chemin, qu'ils allaient chercher sur la montagne, et qu'ils répandaient au hasard ; tant ils se confiaient dans la prodigalité de la nature. Les chariots qui rapportaient la moisson des champs étaient ornés tous les jours avec des guirlandes de roses, et quelquefois les enfants entouraient leur coupe de fleurs : car l'imagination du peuple même devient poétique sous un beau ciel. On voyait, on entendait, à côté de ces riants tableaux, la mer, dont les vagues se brisaient avec fureur. Ce n'était point l'orage qui l'agitait, mais les rochers, obstacle habituel qui s'opposait à ses flots, et dont sa grandeur était irritée.

E non udite ancor come risuona
Il roco ed alto fremito marino ?

Et n'entendez-vous pas encore comme retentit le frémissement rauque et profond de la mer ? Ce mouvement sans but, cette force sans objet, qui se renouvelle pendant l'éternité, sans que nous puissions connaître ni sa cause ni sa fin, nous attire sur le rivage où ce grand spectacle s'offre à nos regards; et l'on éprouve comme un besoin mêlé de terreur de s'approcher des vagues, et d'étourdir sa pensée par leur tumulte.

Vers le soir tout se calma. Corinne et lord Nelvil se promenèrent lentement et avec délices dans la campagne. Chaque pas, en pressant les fleurs, faisait sortir des parfums de leur sein. Les rossignols venaient se reposer plus volontiers sur les arbustes qui portaient les roses. Ainsi les chants les plus purs se réunissaient aux odeurs les plus suaves ; tous les charmes de la nature s'attiraient mutuellement : mais ce qui est surtout ravissant et inexprimable, c'est la douceur de l'air qu'on respire. Quand on contemple un beau site dans le Nord, le climat, qui se fait sentir, trouble toujours un peu le plaisir qu'on pourrait goûter. C'est comme un son faux dans un concert, que ces petites sensations de froid et d'humidité qui détournent plus ou moins votre attention de ce que vous voyez; mais en approchant de Naples, vous éprouvez un bien-être si parfait, une si grande amitié de la nature pour vous, que rien n'altère les sensations agréables qu'elle vous cause. Tous les rapports de l'homme dans nos climats sont avec la société. La nature, dans les pays chauds, met en relation avec les objets extérieurs, et les sentiments s'y répandent doucement au-dehors. Ce n'est pas que le Midi n'ait aussi sa mélancolie ; dans quels lieux la destinée de l'homme ne produit-elle pas cette impression ? Mais il n'y a dans cette mélancolie ni mécontentement, ni anxiété, ni regret. Ailleurs, c'est la vie qui, telle qu'elle est, ne suffit pas aux facultés de l'ame ; ici, ce sont les facultés de l'ame qui ne suffisent pas à la vie ; et la surabondance des sensations inspire une rêveuse indolence, dont on se rend à peine compte en l'éprouvant.

Pendant la nuit, des mouches luisantes se montraient dans les airs : on eût dit que la montagne étincelait, et que la terre brûlante laissait échapper quelques unes de ses flammes. Ces mouches volaient à travers les arbres, se reposaient quelquefois sur les feuilles, et le vent balançait ces petites étoiles, et variait de mille manières leurs lumières incertaines. Le sable aussi contenait un grand nombre de petites pierres ferrugineuses qui brillaient de toutes parts ; c'était la terre de feu, conservant encore dans son sein les traces du soleil, dont les derniers rayons venaient de l'échauffer. Il y a tout à la fois dans cette nature une vie et un repos qui satisfont en entier les vœux divers de l'existence.

Corinne se livrait au charme de cette soirée, s'en pénétrait avec joie; Oswald ne pouvait cacher son émotion. Plusieurs fois il serra Corinne contre son cœur, plusieurs fois il s'éloigna, puis revint, puis s'éloigna de nouveau, pour respecter celle qui devait être la compagne de sa vie. Corinne ne pensait point aux dangers qui auraient pu l'alarmer ; car telle était son estime pour Oswald, que s'il lui avait demandé le don entier de son être, elle n'eût pas douté que cette prière ne fût le serment solennel de l'épouser; mais elle était bien aise qu'il triomphât de lui-même, et l'honorât par ce sacrifice ; et il y avait dans son ame cette plénitude de bonheur et d'amour qui ne permet pas de former un desir de plus. Oswald était bien loin de ce calme : il se sentait embrasé par les charmes de Corinne. Une fois il embrassa ses genoux avec violence, et semblait avoir perdu tout empire sur sa passion ; mais Corinne le regarda avec tant de douceur et de crainte, elle semblait tellement reconnaître son pouvoir, en lui demandant de n'en pas abuser, que cette humble défense lui inspira plus de respect que toute autre.

Ils aperçurent alors dans la mer le reflet d'un flambeau qu'une main inconnue portait sur le rivage, en se rendant secrètement dans la maison voisine. « Il va voir celle qu'il aime, dit Oswald. — Oui, répondit Corinne. — Et pour moi, reprit Oswald, le bonheur de ce jour va finir. » Les regards de Corinne, élevés vers le ciel en cet instant, se remplirent de larmes. Oswald craignit de l'avoir offensée, et se prosterna devant elle pour obtenir le pardon de l'amour qui l'entraînait. « Non, lui dit Corinne, en lui tendant la main et l'invitant à s'en retourner ensemble; non, Oswald, j'en suis assurée, vous respecterez celle qui vous aime. Vous le savez, une simple prière de vous serait toute puissante; c'est donc vous qui répondez de moi ; c'est vous qui me refuseriez à jamais pour votre épouse, si vous me rendiez indigne de l'être. — Eh bien ! répondit Oswald, puisque vous croyez à ce cruel empire de votre volonté sur mon cœur, d'où vient, Corinne, d'où vient donc votre tristesse? — Hélas! reprit-elle, je me disais que ces moments que je passe avec vous à présent étaient les plus heureux de ma vie : et comme je tournais mes regards vers le ciel pour l'en remercier, je ne sais par quel hasard une superstition de mon enfance s'est ranimée dans mon cœur. La lune, que je contemplais, s'est couverte d'un nuage, et l'aspect de ce nuage était funeste. J'ai toujours trouvé que le ciel avait une expression, tantôt paternelle, tantôt irritée; et je vous le dis, Oswald, ce soir il condamnait notre amour. — Chère amie, répondit lord Nelvil, les seuls augures de la vie de l'homme, ce sont ses actions, bonnes ou mauvaises : et n'ai-je pas, ce soir même, immolé mes plus ardents desirs à un sentiment de vertu? — Eh bien! tant mieux, si vous n'êtes pas compris dans ce présage, reprit Corinne ; en effet, il se peut que ce ciel orageux n'ait menacé que moi. »

CHAPITRE II.

Ils arrivèrent à Naples de jour, au milieu de cette immense population, qui est si animée et si oisive tout à la fois ; ils traversèrent d'abord la rue de Tolède, et virent les lazzaroni couchés sur les pavés, ou retirés dans un panier d'osier qui leur sert d'habitation jour et nuit. Cet état sauvage qui se voit là, mêlé avec la civilisation, a quelque chose de très original. Il en est, parmi ces hommes, qui ne savent pas même leur propre nom, et vont à confesse avouer des péchés anonymes, ne pouvant dire comment s'appelle celui qui les a commis. Il existe à Naples une grotte sous terre, où des milliers de lazzaroni passent leur vie, en sortant seulement à midi pour voir le soleil, et dormant le reste du jour, pendant que leurs femmes filent. Dans les climats où le vêtement et la nourriture sont si faciles, il faudrait un gouvernement très indépendant et très actif pour donner à la nation une émulation suffisante; car il est si aisé pour le peuple de subsister matériellement à Naples, qu'il peut se passer du genre d'industrie nécessaire ailleurs pour gagner sa vie. La paresse et l'ignorance, combinées avec l'air volcanique qu'on respire dans ce séjour, doivent produire la férocité, quand les passions sont excitées; mais ce peuple n'est pas plus méchant qu'un autre. Il a de l'imagination, ce qui pourrait être le principe d'actions désintéressées ; et avec cette imagination on le conduirait au bien, si ses institutions politiques et religieuses étaient bonnes.

On voit des Calabrois qui se mettent en marche pour aller cultiver les terres, avec un joueur de violon à leur tête, et dansant de temps en temps, pour se reposer de marcher. Il y a tous les ans, près de Naples, une fête consacrée à la *Madone* de la grotte, dans laquelle les jeunes filles dansent au son du tambourin et des castagnettes, et il n'est pas rare qu'elles fassent mettre pour condition, dans leur contrat de mariage, que leurs époux les conduiront tous les ans à cette fête. On voit à Naples, sur le théâtre, un acteur âgé de quatre-vingts ans, qui depuis soixante ans fait rire les Napolitains dans leur rôle comique national, le polichinelle. Se représente-t-on ce que sera l'immortalité de l'ame pour un homme qui remplit ainsi sa longue vie? Le peuple de Naples n'a d'autre idée du bonheur que le plaisir ; mais l'amour du plaisir vaut encore mieux qu'un égoïsme aride.

Il est vrai que c'est le peuple du monde qui aime le plus l'argent; si vous demandez à un homme du peuple votre chemin dans la rue, il tend la main après avoir fait un signe : car ils sont plus paresseux pour les paroles que pour les gestes; mais leur goût pour l'argent n'est point méthodique ni réfléchi ; ils le dépensent aussitôt qu'ils le reçoivent. Si l'argent s'introduisait chez les sauvages, les sauvages le demanderaient comme cela. Ce qui manque le plus à cette nation, en général, c'est le sentiment de la dignité. Ils font des actions généreuses et bienveillantes par bon cœur, plutôt que par principes; car leur théorie en tout genre ne vaut rien, et l'opinion, en ce pays, n'a point de force. Mais lorsque des hommes ou des femmes échappent à cette anarchie morale, leur conduite est plus remarquable en elle-même, et plus digne d'admiration que partout ailleurs, puisque rien, dans les circonstances extérieures, ne favorise la vertu; on la prend tout entière dans son ame. Les lois ni les mœurs ne récompensent ni ne punissent. Celui qui est vertueux est d'autant plus héroïque qu'il n'en est pour cela ni plus considéré, ni plus recherché.

A quelques honorables exceptions près, les hautes classes ont assez de ressemblance avec les dernières : l'esprit des unes n'est guère plus cultivé que celui des autres, et l'usage du monde fait la seule différence à l'extérieur. Mais, au milieu de cette ignorance, il y a un fonds d'esprit naturel et d'aptitude à tout, tel qu'on ne peut prévoir ce que deviendrait une semblable nation, si toute la force du gouvernement était dirigée dans le sens des lumières et de la morale. Comme il y a peu d'instruction à Naples, on y trouve, jusqu'à présent, plus d'originalité dans le caractère que dans l'esprit. Mais les hommes remarquables de ce pays, tels que l'abbé Galiani, Caraccioli, etc., possédaient, dit-on, au plus haut degré, la plaisanterie et la réflexion ; rares puissances de la pensée, réunion sans laquelle la pédanterie ou la frivolité vous empêche de connaître la véritable valeur des choses !

Le peuple napolitain, à quelques égards, n'est point du tout civilisé ; mais il n'est point vulgaire à la manière des autres peuples. Sa grossièreté même frappe l'imagination. La rive africaine qui borde la mer de l'autre côté se fait presque déjà sentir, et il y a je ne sais quoi de Numide dans les cris sauvages qu'on entend de toutes parts. Ces visages brunis, ces vêtements formés de quelques morceaux d'étoffe rouge ou violette, dont la couleur foncée attire les regards ; ces lambeaux d'habillements que ce peuple artiste drape encore avec art, donnent quelque chose de pittoresque à la populace, tandis qu'ailleurs l'on ne peut voir en elle que les misères de la civilisation. Un certain goût pour la parure et les décorations se trouve souvent, à Naples, à côté du manque absolu des choses nécessaires ou commodes. Les boutiques sont ornées agréablement avec des fleurs et des fruits : quelques unes ont un air de fête qui ne tient ni à l'abondance, ni à la félicité publique, mais seulement à la vivacité de l'imagination ; on veut réjouir les yeux avant tout. La douceur du climat permet aux ouvriers en tout genre de travailler dans la rue. Les tailleurs y font des habits, les traiteurs leurs repas ; et les occupations de la maison, se passant ainsi au-dehors, multiplient le mouvement de mille manières. Les chants, les danses, des jeux bruyants, accompagnent assez bien tout ce spectacle, et il n'y a point de pays où l'on sente plus clairement la différence de l'amusement au bonheur ; enfin, l'on sort de l'intérieur de la ville pour arriver sur les quais, d'où l'on voit et la mer et le Vésuve, et l'on oublie alors tout ce que l'on sait des hommes.

Oswald et Corinne arrivèrent à Naples pendant que l'éruption du Vésuve durait encore. Ce n'était de jour qu'une fumée noire, qui pouvait se confondre avec les nuages ; mais le soir, en s'avançant sur le balcon de leur demeure, ils éprouvèrent une émotion tout-à-fait inattendue. Le fleuve de feu descend vers la mer, et ses vagues de flamme, semblables aux vagues de l'onde, expriment, comme elles, la succession rapide et continuelle d'un infatigable mouvement. On dirait que la nature, lorsqu'elle se transforme en des éléments divers, conserve néanmoins toujours quelques traces d'une pensée unique et première. Ce phénomène du Vésuve cause un véritable battement de cœur. On est si familiarisé d'ordinaire avec les objets extérieurs, qu'on aperçoit à peine leur existence; et l'on ne reçoit guère d'émotion nouvelle, en ce genre, au milieu de nos prosaïques contrées : mais tout-à-coup l'étonnement que doit causer l'univers se renouvelle à l'aspect d'une merveille inconnue de la création; tout notre être est agité par cette puissance de la nature, dont les combinaisons sociales nous avaient distraits long-temps; nous sentons que les plus grands mystères de ce monde ne consistent pas tous dans l'homme, et qu'une force indépendante de lui le menace ou le protège, selon des lois qu'il ne peut pénétrer. Oswald et Corinne se promirent de monter sur le Vésuve; et ce qu'il pouvait y avoir de périlleux dans cette entreprise répandait un charme de plus sur un projet qu'ils devaient exécuter ensemble.

CHAPITRE III.

Il y avait alors dans le port de Naples un vaisseau de guerre anglais, où le service religieux se faisait tous les dimanches. Le capitaine et la société anglaise qui étaient à Naples proposèrent à lord Nelvil d'y venir le lendemain. Il accepta, sans songer d'abord s'il y conduirait Corinne, et comment il la présenterait à ses compatriotes. Il fut tourmenté par cette inquiétude toute la nuit. Comme il se promenait avec Corinne le matin suivant, près du port, et qu'il était prêt à lui conseiller de ne pas venir sur le vaisseau, ils virent arriver une chaloupe anglaise conduite par dix matelots vêtus de blanc, portant sur leur tête un bonnet de velours noir, et le léopard en argent brodé sur ce bonnet : un jeune officier descendit, et, saluant Corinne du nom de lady Nelvil, il lui proposa de monter dans la barque, pour se rendre au grand vaisseau. A ce nom de lady Nelvil, Corinne se troubla, rougit, et baissa les yeux. Oswald parut hésiter un moment; puis tout-à-coup lui prenant la main, il lui dit en anglais : « Venez, ma chère. » Et elle le suivit.

Le bruit des vagues et le silence des matelots, qui, dans une discipline admirable, ne faisaient pas un mouvement, ne disaient pas une parole inutile, et conduisaient rapidement la barque sur cette mer qu'ils avaient tant de fois parcourue, inspiraient la rêverie. D'ailleurs Corinne n'osait pas faire une question à lord Nelvil sur ce qui venait de se passer. Elle cherchait à deviner son projet, ne croyant pas (ce qui est toujours cependant le plus probable) qu'il n'en eût point, et qu'il se laissât aller à chaque circonstance nouvelle. Un moment elle imagina qu'il la conduisait au service divin, pour la prendre là pour épouse; et cette idée lui causa, dans ce moment, plus d'effroi que de bonheur : il lui semblait qu'elle quittait l'Italie, et retournait en Angleterre, où elle avait beaucoup souffert. La sévérité des mœurs et des habitudes de ce pays revenait à sa pensée, et l'amour même ne pouvait triompher entièrement du trouble de ses souvenirs. Combien cependant, dans d'autres circonstances, elle s'étonnera de ces pensées, quelque passagères qu'elles fussent ! combien elle les abjurera !

Corinne monta sur le vaisseau, dont l'intérieur était entretenu avec les soins et la propreté la plus recherchée. On n'entendait que la voix du capitaine, qui se prolongeait et se répétait d'un bord à l'autre par le commandement et l'obéissance. La subordination, le sérieux, la régularité, le silence qu'on remarquait dans ce vaisseau, étaient l'image d'un ordre social libre et sévère, en contraste avec cette ville de Naples, si vive, si passionnée, si tumultueuse. Oswald était occupé de Corinne, et de l'impression qu'elle recevait; mais il était aussi quelquefois distrait d'elle par le plaisir de se trouver dans sa patrie. Et n'est ce pas, en effet, une seconde patrie pour un Anglais, que les vaisseaux et la mer? Oswald se promenait avec les Anglais qui étaient à bord, pour savoir des nouvelles de l'Angleterre, pour causer de son pays et de la politique. Pendant ce temps, Corinne était auprès des femmes anglaises qui étaient venues de Naples pour assister au culte divin. Elles étaient entourées de leurs enfants, beaux comme le jour, mais timides comme leurs mères; et pas un mot ne se disait devant une nouvelle connaissance. Cette contrainte, ce silence rendaient Corinne assez triste ; elle levait les yeux vers la belle Naples, vers ses bords fleuris, vers sa vie animée, et elle soupirait. Heureusement pour elle, Oswald ne s'en aperçut pas; au contraire, en la voyant assise au milieu des femmes anglaises, ses paupières noires, baissées comme leurs paupières blondes, et se conformant en tout à leurs manières, il éprouva un grand sentiment de joie. C'est en vain qu'un Anglais se plaît un moment aux mœurs étrangères ; son cœur revient toujours aux premières impressions de sa vie. Si vous interrogez des Anglais voguant sur un vaisseau à l'extrémité du monde, et que vous leur demandiez où ils vont, ils vous répondront : « *Home* (chez nous), » si c'est en Angleterre qu'ils retournent. Leurs vœux, leurs sentiments, à quelque distance qu'ils soient de leur patrie, sont toujours tournés vers elle.

L'on descendit entre les deux premiers ponts pour écouter le service divin ; et Corinne s'aperçut bientôt que son idée était sans nul fondement, et que lord Nelvil n'avait point le projet solennel qu'elle lui avait d'abord supposé. Alors elle se reprocha de l'avoir craint, et sentit renaître en elle l'embarras de sa situation ; car tout ce qui était là ne doutait pas qu'elle ne fût la femme de lord Nelvil ; et elle n'avait pas eu la force de dire un mot qui pût détruire ou confirmer cette idée. Oswald souffrait aussi cruellement, mais il avait, à travers mille rares qualités, beaucoup de faiblesse et d'irrésolution dans le caractère. Ces défauts sont inaperçus de celui qui les a, et prennent à ses yeux une nouvelle forme dans chaque circonstance : tantôt c'est la prudence, la sensibilité ou la délicatesse qui éloignent le moment de prendre un parti, et prolongent une situation indécise : presque jamais l'on ne sent que c'est le même caractère qui donne à toutes les circonstances le même genre d'inconvénient.

Corinne cependant, malgré les pensées pénibles qui l'occupaient, reçut une impression profonde par le spectacle dont elle fut témoin. Rien ne parle plus à l'ame en effet que le service divin sur un vaisseau ; et la noble simplicité du culte des réformés semble particulièrement adaptée aux sentiments que l'on éprouve alors. Un jeune homme remplissait les fonctions de chapelain ; il prêchait avec une voix ferme et douce, et sa figure avait la sévérité d'une ame pure dans la jeunesse. Cette sévérité porte avec elle une idée de force qui convient à la religion prêchée au milieu des périls de la guerre. A des moments marqués, le ministre anglican prononçait des prières dont toute l'assemblée répétait avec lui les dernières paroles. Ces voix confuses, et néanmoins assez douces, venaient de distance en distance ranimer l'intérêt et l'émotion. Les matelots, les officiers, le capitaine, se mettaient plusieurs fois à genoux, surtout à ces mots : « *Lord, have mercy upon us* (Seigneur, faites-nous miséricorde). » Le sabre du capitaine, qu'on voyait traîner à côté de lui pendant qu'il était à genoux, rappelait cette noble réunion de l'humilité devant Dieu et de l'intrépidité contre les hommes, qui rend la dévotion des guerriers si touchante ; et, pendant que tous ces braves gens priaient le Dieu des armées, on apercevait la mer à travers les sabords, et quelquefois le bruit léger de ses vagues, alors tranquilles, semblait seulement dire : « Vos prières sont entendues. » Le chapelain finit le service par la prière qui est particulière aux marins anglais. *Que Dieu,' disent-ils, nous fasse la grace de défendre au-dehors notre heureuse constitution, et de retrouver dans nos foyers, au retour, le bonheur domestique!* Que de beaux sentiments sont réunis dans ces simples paroles! Les études préalables et continuelles qu'exige la marine, la vie austère d'un vaisseau, en font comme un cloître militaire au milieu des flots, et la régularité des opérations les plus sérieuses n'y est interrompue que par les périls et la mort. Souvent les matelots, malgré leurs habitudes guerrières, s'expriment avec beaucoup de douceur, et montrent une pitié singulière pour les femmes et les enfants, quand il s'en trouve à bord avec eux. On est d'autant plus touché de ces sentiments, qu'on sait avec quel sang-froid ils s'exposent à ces effroyables dangers de la guerre et de la mer, au milieu desquels la présence de l'homme a quelque chose de surnaturel.

Corinne et lord Nelvil remontèrent sur la barque qui devait les conduire ; ils revirent cette ville de Naples bâtie en amphithéâtre, comme pour assister plus commodément à la fête de la nature ; et Corinne, en mettant le pied sur le rivage, ne put se défendre d'un sentiment de joie. Si lord Nelvil s'était douté de ce sentiment, il en eût été vivement blessé, peut-être avec raison ; et cependant il eût été injuste envers Corinne, car elle l'aimait passionnément, malgré l'impression pénible que lui faisaient les souvenirs d'un pays où des circonstances cruelles l'avaient rendue malheureuse. Son imagination était mobile : il y avait dans son cœur une grande puissance d'aimer ; mais le talent, et le talent surtout dans une femme, cause une disposition à l'ennui, un besoin de distraction que la passion la plus profonde ne fait pas disparaître entièrement. L'image d'une vie monotone, même au sein du bonheur, fait éprouver de l'effroi à un esprit qui a besoin de variété. C'est quand on a peu de vent dans les voiles qu'on peut côtoyer toujours la rive ; mais l'imagination divague, bien que la sensibilité soit fidèle ; il en est ainsi du moins jusqu'au moment où le malheur fait disparaître toutes ces inconséquences, et ne laisse plus qu'une seule pensée, et ne fait plus sentir qu'une douleur.

Oswald attribua la rêverie de Corinne uniquement au trouble que lui causait encore l'embarras dans lequel elle avait dû se trouver en s'entendant nommer lady Nelvil; et, se reprochant vivement de ne l'en avoir pas tirée, il craignit qu'elle ne le soupçonnât de légèreté. Il commença donc, pour arriver enfin à l'explication tant desirée, par lui offrir de lui confier sa propre histoire. « Je parlerai le premier, dit-il, et votre confiance suivra la mienne. — Oui, sans doute, il le faut, répondit Corinne en tremblant. Eh bien, vous le voulez? Quel jour, à quelle heure? Quand vous aurez parlé... je dirai tout. — Dans quelle douloureuse agitation vous êtes! reprit Oswald. Quoi donc! éprouverez-vous toujours cette crainte de votre ami, cette défiance de son cœur? — Non, il le faut, continua Corinne; j'ai tout écrit : si vous le voulez, demain... — Demain, dit lord Nelvil, nous devons aller ensemble au Vésuve; je veux contempler avec vous cette étonnante merveille, apprendre de vous à l'admirer; et dans ce voyage même, si j'en ai la force, vous apprendre tout ce qui concerne mon propre sort. Il faut que ma confiance précède la vôtre; mon cœur y est résolu. — Eh bien, oui, reprit Corinne : vous me donnez donc encore demain; je vous remercie de ce jour. Ah! qui sait si vous serez toujours le même pour moi, quand je vous aurai ouvert mon cœur? qui le sait? et comment ne pas frémir de ce doute? »

CHAPITRE IV.

Les ruines de Pompéia sont proches du Vésuve, et c'est par ces ruines que Corinne et lord Nelvil commencèrent leur voyage. Ils étoient silencieux l'un et l'autre; car le moment de la décision de leur sort approchait, et cette vague espérance, dont ils avaient joui si long-temps, et qui s'accorde si bien avec l'indolence et la rêverie qu'inspire le climat d'Italie, devait enfin être remplacée par une destinée positive. Ils virent ensemble Pompéia, la ruine la plus curieuse de l'antiquité. A Rome, l'on ne trouve guère que les débris des monuments publics, et ces monuments ne retracent que l'histoire politique des siècles écoulés; mais à Pompéia, c'est la vie privée des anciens qui s'offre à vous telle qu'elle était. Le volcan qui a couvert cette ville de cendres l'a préservée des outrages du temps. Jamais des édifices exposés à l'air ne se seraient ainsi maintenus, et ce souvenir enfoui s'est retrouvé tout entier. Les peintures, les bronzes, étaient encore dans leur beauté première, et tout ce qui peut servir aux usages domestiques est conservé d'une manière effrayante. Les amphores sont encore préparées pour le festin du jour suivant; la farine qui allait être pétrie est encore là; les restes d'une femme sont encore ornés des parures qu'elle portait dans le jour de fête que le volcan a troublé, et ses bras, desséchés, ne remplissent plus le bracelet de pierreries qui les entoure encore. On ne peut voir nulle part une image aussi frappante de l'interruption subite de la vie. Le sillon des roues est visiblement marqué sur les pavés dans les rues, et les pierres qui bordent les puits portent la trace des cordes qui les ont creusées peu à peu. On voit encore sur les murs d'un corps-de-garde les caractères mal formés, les figures grossièrement esquissées que les soldats traçaient pour passer le temps, tandis que ce temps avançait pour les engloutir.

Quand on se place au milieu du carrefour des rues, d'où l'on voit de tous côtés la ville, qui subsiste encore presque en entier, il semble qu'on attende quelqu'un, que le maître soit prêt à venir; et l'apparence même de vie qu'offre ce séjour fait sentir plus tristement son éternel silence. C'est avec des morceaux de lave pétrifiée que sont bâties la plupart de ces maisons qui ont été ensevelies par d'autres laves. Ainsi, ruines sur ruines, et tombeaux sur tombeaux! Cette histoire du monde, où les époques se comptent de débris en débris, cette vie humaine, dont la trace se suit à la lueur des volcans qui l'ont consumée, remplissent le cœur d'une profonde mélancolie. Qu'il y a long-temps que l'homme existe! qu'il y a long-temps qu'il vit, qu'il souffre et qu'il périt! Où peut-on retrouver ses sentiments et ses pensées? L'air qu'on respire dans ces ruines en est-il encore empreint, ou sont-elles pour jamais déposées dans le ciel, où règne l'immortalité? Quelques feuilles brûlées des manuscrits qui ont été trouvés à Herculanum et à Pompéia, et que l'on essaie de dérouler à Portici, sont tout ce qui nous reste pour interpréter les malheureuses victimes que le volcan, la foudre de la terre, a dévorées. Mais en passant près de ces cendres, que l'art parvient à ranimer, on tremble de respirer, de peur qu'un souffle n'enlève cette poussière, où de nobles idées sont peut-être encore empreintes.

Les édifices publics, dans cette ville même de Pompéia, qui était une des moins grandes de l'Italie, sont encore assez beaux.

Le luxe des anciens avait presque toujours pour but un objet d'intérêt public. Leurs maisons particulières sont très petites, et l'on n'y voit point la recherche de la magnificence, mais un goût vif pour les beaux-arts s'y fait remarquer. Presque tout l'intérieur était orné de peintures les plus agréables, et de pavés de mosaïque artistement travaillés. Il y a beaucoup de ces pavés sur lesquels on trouve écrit : « *Salve* (salut). » Ce mot est placé sur le seuil de la porte. Ce n'était pas sûrement une simple politesse que ce salut, mais une invocation à l'hospitalité. Les chambres sont singulièrement étroites, peu éclairées, n'ayant jamais de fenêtres sur la rue, et donnant presque toutes sur un portique qui est dans l'intérieur de la maison, ainsi que la cour de marbre qu'il entoure. Au milieu de cette cour est une citerne simplement décorée. Il est évident, par ce genre d'habitation, que les anciens vivaient presque toujours en plein air, et que c'était ainsi qu'ils recevaient leurs amis. Rien ne donne une idée plus douce et plus voluptueuse de l'existence, que ce climat qui unit intimement l'homme avec la nature. Il semble que le caractère des entretiens et de la société doit être tout autre avec de telles habitudes, que dans les pays où la rigueur du froid force à se renfermer dans les maisons. On comprend mieux les dialogues de Platon en voyant ces portiques sous lesquels les anciens se promenaient la moitié du jour. Ils étaient sans cesse animés par le spectacle d'un beau ciel : l'ordre social, tel qu'ils le concevaient, n'était point l'aride combinaison du calcul et de la force, mais un heureux ensemble d'institutions qui excitaient les facultés, développaient l'ame, et donnaient à l'homme pour but le perfectionnement de lui-même et de ses semblables.

L'antiquité inspire une curiosité insatiable. Les érudits qui s'occupent seulement à recueillir une collection de noms qu'ils appellent l'histoire, sont sûrement dépourvus de toute imagination. Mais pénétrer dans le passé, interroger le cœur humain à travers les siècles, saisir un fait par un mot, et le caractère et les mœurs d'une nation par un fait; enfin, remonter jusqu'aux temps les plus reculés pour tâcher de se figurer comment la terre, dans sa première jeunesse, apparaissait aux regards des hommes, et de quelle manière ils supportaient alors ce don de la vie, que la civilisation a tant compliqué maintenant, c'est un effort continuel de l'imagination, qui devine et découvre les plus beaux secrets que la réflexion et l'étude puissent nous révéler. Ce genre d'intérêt et d'occupation attirait singulièrement Oswald, et il répétait souvent à Corinne que s'il n'avait pas eu dans son pays de nobles intérêts à servir, il n'aurait trouvé la vie supportable que dans les contrées où les monuments de l'histoire tiennent lieu de l'existence présente. Il faut au moins regretter la gloire, quand il n'est plus possible de l'obtenir. C'est l'oubli seul qui dégrade l'ame ; mais elle peut trouver un asile dans le passé, quand d'arides circonstances privent les actions de leur but.

En sortant de Pompéia et repassant à Portici, Corinne et lord Nelvil furent bientôt entourés par les habitants, qui les engageaient à grands cris à venir voir *la montagne* ; c'est ainsi qu'ils appellent le Vésuve. A-t-il besoin d'être nommé? Il est pour les Napolitains la gloire et la patrie ; leur pays est signalé par cette merveille. Oswald voulut que Corinne fût portée sur une espèce de palanquin jusqu'à l'ermitage de Saint-Salvador, qui est à moitié chemin de la montagne, et où les voyageurs se reposent avant d'entreprendre de gravir sur le sommet; il allait à cheval à côté d'elle, pour surveiller ceux qui la portaient ; et plus son cœur était rempli par les généreuses pensées qu'inspirent la nature et l'histoire, plus il adorait Corinne.

Au pied du Vésuve, la campagne est la plus fertile et la mieux cultivée que l'on puisse trouver dans le royaume de Naples, c'est-à-dire dans la contrée de l'Europe la plus favorisée du ciel. La vigne célèbre dont le vin est appelé *lacryma Christi* se trouve dans cet endroit, et tout à côté des terres dévastées par la lave. On dirait que la nature a fait un dernier effort en ce lieu voisin du volcan, et s'est parée de ses plus beaux dons avant de périr. A mesure que l'on s'élève, on découvre, en se retournant, Naples et l'admirable pays qui l'environne. Les rayons du soleil font scintiller la mer comme des pierres précieuses ; mais toute la splendeur de la création s'éteint par degrés, jusqu'à la terre de cendre et de fumée qui annonce l'approche du volcan. Les laves ferrugineuses des années précédentes tracent sur le sol leur large et noir sillon, et tout est aride autour d'elles. A une certaine hauteur, les oiseaux ne volent plus ; à telle autre, les plantes deviennent très rares, puis les insectes mêmes ne trouvent plus rien pour subsister dans cette nature consumée. Enfin, tout ce qui a vie disparaît : vous entrez dans l'empire de la mort, et la cendre de cette terre pulvérisée roule seule sous vos pieds mal affermis.

Nè greggi nè armenti
Guida bifolco mai, guida pastore.

Jamais le berger ni le pasteur ne conduisent en ce lieu ni leurs brebis ni leurs troupeaux.

Un ermite habite là, sur les confins de la vie et de la mort. Un arbre, le dernier adieu de la végétation, est devant sa porte; et c'est à l'ombre de son pâle feuillage que les voyageurs ont coutume d'attendre que la nuit vienne pour continuer leur route; car, pendant le jour, les feux du Vésuve ne s'aperçoivent que comme un nuage de fumée, et la lave, si ardente de nuit, paraît sombre à la clarté du soleil. Cette métamorphose elle-même est un beau spectacle, qui renouvelle chaque soir l'étonnement que la continuité du même aspect pourrait affaiblir. L'impression de ce lieu, sa solitude profonde, donnèrent à lord Nelvil plus de force pour révéler ses secrets sentiments; et, desirant encourager la confiance de Corinne, il consentit à lui parler, et lui dit avec une vive émotion : « Vous voulez lire jusqu'au fond de l'ame de votre malheureux ami; eh bien, je vous avouerai tout : mes blessures vont se rouvrir, je le sens; mais, en présence de cette nature immuable, faut-il donc avoir tant de peur des souffrances que le temps entraîne avec lui? »

LIVRE XII.

HISTOIRE DE LORD NELVIL.

CHAPITRE PREMIER.

« J'ai été élevé dans la maison paternelle, avec une tendresse, avec une bonté que j'admire bien davantage depuis que je connais les hommes. Je n'ai jamais rien aimé plus profondément que mon père, et cependant il me semble que si j'avais su, comme je le sais à présent, combien son caractère était unique dans le monde, mon affection eût été plus vive encore et plus dévouée. Je me rappelle mille traits de sa vie, qui me paraissaient tout simples parceque mon père les trouvait tels, et qui m'attendrissent douloureusement aujourd'hui que j'en connais la valeur. Les reproches qu'on se fait envers une personne qui nous fut chère et qui n'est plus, donnent l'idée de ce que pourraient être les peines éternelles, si la miséricorde divine ne venait point au secours d'une telle douleur.

« J'étais heureux et calme auprès de mon père; mais je souhaitais de voyager avant de m'engager dans l'armée. Il y a dans mon pays la plus belle carrière civile pour les hommes éloquents ; mais j'avais, j'ai même encore une si grande timidité, qu'il m'eût été très pénible de parler en public, et je préférais l'état militaire. J'aimais mieux avoir affaire aux périls certains qu'aux dégoûts possibles. Mon amour-propre est, à tous les égards, plus susceptible qu'ambitieux, et j'ai toujours trouvé que les hommes s'offrent à l'imagination comme des fantômes quand ils vous blâment, et comme des pygmées quand ils vous louent. J'avais envie d'aller en France, où venait d'éclater cette révolution qui, malgré la vieillesse du genre humain, prétendait à recommencer l'histoire du monde. Mon père avait conservé quelques préventions contre Paris, qu'il avait vu vers la fin du règne de Louis XV, et ne concevait guère comment des coteries pouvaient se changer en nation, des prétentions en vertus, et des vanités en enthousiasme. Néanmoins il consentit au voyage que je desirais, parce qu'il craignait de rien exiger; il avait une sorte d'embarras de son autorité paternelle, quand le devoir ne lui commandait pas d'en faire usage; il redoutait toujours que cette autorité n'altérât la vérité, la pureté d'affection qui tient à ce qu'il y a de plus libre et de plus involontaire dans notre nature, et il avait, avant tout, besoin d'être aimé. Il m'accorda donc, au commencement de 1791, lorsque j'avais vingt et un ans accomplis, six mois de séjour en France; et je partis pour connaître cette nation, si voisine de nous, et toutefois si différente par ses institutions et les habitudes qui en sont résultées.

« Je croyais ne jamais aimer ce pays; j'avais contre lui les préjugés que nous inspirent la fierté et la gravité anglaises. Je craignais les moqueries contre tous les cultes du cœur et de la pensée; je détestais cet art de rabattre tous les élans et de désenchanter tous les amours. Le fond de cette gaieté tant vantée me paraissait bien triste, puisqu'il frappait de mort mes sentiments les plus chers. Je ne connaissais pas alors les Français vraiment distingués; et ceux-là réunissent aux qualités les plus nobles des manières pleines de charmes. Je fus étonné de la simplicité, de la liberté qui régnait dans les sociétés de Paris. Les plus grands intérêts y étaient traités sans frivolité comme sans pédanterie; il semblait que les idées les plus profondes fussent devenues le patrimoine de la conversation, et que la révolution du monde entier ne se fît que pour rendre la société de Paris plus aimable. Je rencontrai des hommes d'une instruction sérieuse, d'un talent supérieur, animés par le desir de plaire, plus encore que par le besoin d'être utiles; recherchant les suffrages d'un salon, même après ceux d'une tribune, et vivant dans la société des femmes pour être applaudis plutôt que pour être aimés.

« Tout, à Paris, était parfaitement bien combiné par rapport au bonheur extérieur. Il n'y avait aucune gêne dans les détails de la vie; de l'égoïsme au fond, mais jamais dans les formes; un mouvement, un intérêt qui prenait chacun de vos jours sans vous en laisser beaucoup de fruit, mais aussi sans que jamais vous en sentissiez le poids; une promptitude de conception qui permettait d'indiquer et de comprendre par un mot ce qui aurait exigé ailleurs un long développement; un esprit d'imitation qui pourrait bien s'opposer à toute indépendance véritable, mais qui introduit dans la conversation cette sorte de bon accord et de complaisance qu'on ne trouve nulle autre part; enfin, une manière facile de conduire la vie, de la diversifier, de la soustraire à la réflexion, sans en écarter le charme de l'esprit. A tous ces moyens de s'étourdir, il faut ajouter les spectacles, les étrangers, les nouvelles, et vous aurez l'idée de la ville la plus sociale qui soit au monde. Je m'étonne presque de prononcer son nom dans cet ermitage, au milieu d'un désert, à l'autre extrême des impressions que fait naître la plus active population du monde; mais je devais vous peindre ce séjour, et son effet sur moi.

« Le croiriez-vous, Corinne? maintenant que vous m'avez connu si sombre et si découragé, je me laissai séduire par ce tourbillon spirituel. Je fus bien aise de n'avoir pas un moment d'ennui, eussé-je dû n'en avoir pas un de méditation, et d'émousser en moi la faculté de souffrir, bien que celle d'aimer s'en ressentît. Si j'en puis juger par moi-même, il me semble qu'un homme d'un caractère sérieux et sensible peut être fatigué par l'intensité même et la profondeur de ses impressions : il revient toujours à sa nature; mais ce qui l'en fait sortir, au moins pour quelque temps, lui fait du bien. C'est en m'élevant au-dessus de moi-même, Corinne, que vous dissipez ma mélancolie naturelle; c'est en me faisant valoir moins que je ne vaux réellement, qu'une femme, dont je vous parlerai bientôt, étourdissait ma tristesse intérieure. Cependant, quoique j'eusse pris le goût et l'habitude de la vie de Paris, elle ne m'aurait pas suffi long-temps, si je n'avais pas obtenu l'amitié d'un homme, parfait modèle du caractère français dans son antique loyauté, et de l'esprit français dans sa culture nouvelle.

« Je ne vous dirai pas, mon amie, le véritable nom des personnes dont j'ai à vous parler, et vous comprendrez ce qui m'oblige à vous le cacher, en apprenant le reste de cette histoire. Le comte Raimond était de la plus illustre famille de France; il avait dans l'ame toute la fierté chevaleresque de ses ancêtres, et sa raison adoptait les idées philosophiques quand elles lui commandaient des sacrifices personnels : il ne s'était point activement mêlé de la révolution, mais il aimait ce qu'il y avait de vertueux dans chaque parti; le courage de la reconnaissance dans les uns, l'amour de la liberté dans les autres, tout ce qui était désintéressé lui plaisait. La cause de tous les opprimés lui paraissait juste, et cette générosité de caractère était encore relevée par la plus grande négligence pour sa propre vie. Ce n'était pas qu'il fût précisément malheureux, mais il y avait un tel contraste entre son ame et la société, telle qu'elle est en général, que la peine journalière qu'il en ressentait le détachait de lui-même. Je fus assez heureux pour intéresser le comte Raimond; il souhaita de vaincre ma réserve naturelle, et, pour en triompher, il mit dans notre liaison une coquetterie d'amitié vraiment romanesque; il ne connaissait aucun obstacle, ni pour rendre un grand service, ni pour faire un petit plaisir. Il voulait aller s'établir la moitié de l'année en Angleterre, pour ne pas me quitter; j'avais beaucoup de peine à l'empêcher de partager avec moi tout ce qu'il possédait.

« Je n'ai qu'une sœur, me disait-il, mariée à un vieillard très riche, et je suis libre de faire ce que je veux de ma fortune. D'ailleurs cette révolution tournera mal, et je pourrais bien être tué : faites-moi donc jouir de ce que j'ai, en le regardant comme à vous. » Hélas! ce généreux Raimond prévoyait trop bien sa destinée. Quand on est capable de se connaître, on se trompe rarement sur son sort; et les pressentiments ne sont le plus souvent qu'un jugement sur soi-même qu'on ne s'est pas encore tout à-fait avoué. Noble, sincère, imprudent même, le comte Raimond mettait en dehors toute son ame; c'était un plaisir nouveau pour moi qu'un tel caractère : chez nous les trésors de l'ame ne sont pas facilement exposés aux regards, et nous avons pris l'habitude de douter de tout ce qui se montre ; mais cette bonté expansive que je trouvais dans mon ami me donnait des jouissances tout à la fois faciles et sûres, et je n'avais pas un doute sur ses qualités, bien qu'elles se fissent toutes voir dès le premier instant. Je n'éprouvais aucune timidité dans mes rapports avec lui, et, ce qui valait mieux encore, il me mettait à l'aise avec moi-même. Tel était l'aimable Français pour qui j'ai senti cette amitié parfaite, cette fraternité de compagnon d'armes, dont on n'est capable que dans la jeunesse, avant qu'on ait connu le sentiment de la rivalité, avant que les carrières irrévocablement tracées sillonnent et partagent le champ de l'avenir.

« Un jour le comte Raimond me dit : « Ma sœur est veuve, et j'avoue que je n'en suis point affligé ; je n'aimais pas son mariage ; elle avait accepté la main du vieillard qui vient de mourir, dans un moment où nous n'avions de fortune ni l'un ni l'autre ; car la mienne vient d'un héritage qui m'est arrivé nouvellement ; mais néanmoins je m'étais opposé, dans le temps, à cette union, autant que je l'avais pu : je n'aime pas qu'on fasse rien par calcul, et encore moins la plus solennelle action de la vie. Mais enfin elle s'est conduite à merveille avec l'époux qu'elle n'aimait pas ; il n'y a rien à dire à tout cela, selon le monde : maintenant qu'elle est libre, elle revient demeurer chez moi. Vous la verrez ; c'est une personne très aimable à la longue : et vous autres Anglais, vous aimez à faire des découvertes. Pour moi, je trouve plus agréable de lire d'abord tout dans la physionomie ; vos manières contenues cependant, mon cher Oswald, ne m'ont jamais fait de peine, mais celles de ma sœur me gênent un peu. »

« Madame d'Arbigny, la sœur du comte Raimond, arriva le lendemain matin, et le même soir je lui fus présenté : elle avait des traits semblables à ceux de son frère, un son de voix analogue, mais une manière d'accentuer toute différente, et beaucoup plus de réserve et de finesse dans l'expression de ses regards ; sa figure d'ailleurs était très agréable, sa taille pleine de grace, et il y avait dans tous ses mouvements une élégance parfaite ; elle ne disait pas un mot qui ne fût convenable ; elle ne manquait à aucun genre d'égards, sans que sa politesse fût en rien exagérée ; elle flattait l'amour-propre avec beaucoup d'adresse, et montrait qu'on lui plaisait, sans jamais se compromettre : car, dans tout ce qui tenait à la sensibilité, elle s'exprimait toujours comme si, dans ce genre, elle eût voulu dérober aux autres ce qui se passait dans son cœur. Cette manière avait, avec celle des femmes de mon pays, une ressemblance apparente qui me séduisit. Il me semblait bien que madame d'Arbigny trahissait trop souvent ce qu'elle prétendait vouloir cacher, et que le hasard n'amenait pas tant d'occasions d'attendrissement involontaire qu'il en naissait autour d'elle ; mais cette réflexion traversait légèrement mon esprit, et ce que j'éprouvais habituellement auprès de madame d'Arbigny m'était doux et nouveau.

« Je n'avais jamais été flatté par personne. Chez nous l'on ressent avec profondeur et l'amour, et l'enthousiasme qu'il inspire ; mais l'art de s'insinuer dans le cœur par l'amour-propre est peu connu. D'ailleurs je sortais des universités, et jusqu'alors personne en Angleterre n'avait fait attention à moi. Madame d'Arbigny relevait chaque mot que je disais ; elle s'occupait de moi avec une attention constante : je ne crois pas qu'elle connût bien l'ensemble de ce que je puis être ; mais elle me révélait à moi-même, par mille observations, des détails dont la sagacité me confondait. Il me semblait quelquefois qu'il y avait un peu d'art dans son langage, qu'elle parlait trop bien et d'une voix trop douce, que ses phrases étaient trop soigneusement rédigées ; mais sa ressemblance avec son frère, le plus sincère de tous les hommes, éloignait de mon esprit ces doutes, et contribuait à m'inspirer de l'attrait pour elle.

« Un jour je disais au comte Raimond l'effet que produisait sur moi cette ressemblance : il m'en remercia ; mais, après un instant de réflexion, il me dit : « Ma sœur et moi, cependant, nous n'avons pas de rapport dans le caractère. » Il se tut après ces mots ; mais en me les rappelant, ainsi que beaucoup d'autres circonstances, j'ai été convaincu, dans la suite, qu'il ne desirait pas que j'épousasse sa sœur. Je ne puis douter qu'elle n'en eût l'intention dès-lors, quoique cette intention ne fût pas aussi prononcée que dans la suite ; nous passions notre vie ensemble, et les jours s'écoulèrent avec elle souvent agréablement, toujours sans peine. J'ai réfléchi depuis qu'elle était habituellement de mon avis ; quand je commençais une phrase, elle la finissait, ou, prévoyant d'avance celle que j'allais dire, elle se hâtait de s'y conformer ; et cependant, malgré cette douceur parfaite dans les formes, elle exerçait un empire très despotique sur mes actions ; elle avait une manière de me dire : *Sûrement vous vous conduirez ainsi, sûrement vous ne ferez pas telle démarche*, qui me dominait tout-à-fait ; il me semblait que je perdrais toute son estime pour moi, si je trompais son attente ; et j'attachais du prix à cette estime, témoignée souvent avec des expressions très flatteuses.

« Cependant, Corinne, croyez-moi, car je le pensais même avant de vous connaître, ce n'était point de l'amour que le sentiment que m'inspirait madame d'Arbigny ; je ne lui avais point dit que je l'aimasse ; je ne savais point si une telle belle-fille conviendrait à mon père ; il n'était point dans ses idées que j'épousasse une Française, et je ne voulais rien faire sans son aveu. Mon silence, je le crois, déplaisait à madame d'Arbigny, car elle avait quelquefois de l'humeur, dont elle faisait toujours de la tristesse, et qu'elle expliquait après par des motifs touchants, bien que sa physionomie, dans les moments où elle ne s'observait pas, eût quelquefois beaucoup de sécheresse ; mais j'attribuais ces instants d'inégalité à nos rapports ensemble, dont je n'étais pas content moi-même; car cela fait mal d'aimer un peu, et de ne pas aimer tout-à-fait.

« Ni le comte Raimond ni moi nous ne nous parlions de sa sœur : c'était la première gêne qui eût existé entre nous ; mais plusieurs fois madame d'Arbigny m'avait conjuré de ne pas m'entretenir d'elle avec son frère ; et lorsque je m'étonnais de cette prière, elle me disait : « Je ne sais si vous êtes comme moi, mais je ne puis souffrir qu'un tiers, même mon ami intime, se mêle de mes sentiments pour un autre. J'aime le secret dans toutes les affections. » Cette explication me plaisait assez, et j'obéissais à ses désirs. Je reçus alors une lettre de mon père, qui me rappelait en Écosse. Les six mois fixés pour mon séjour en France étaient écoulés, et les troubles de ce pays allaient toujours en croissant; il ne pensait pas qu'il convînt à un étranger d'y rester davantage. Cette lettre me causa d'abord une vive peine. Je sentais néanmoins combien mon père avait raison ; j'avais un grand desir de le revoir ; mais la vie que je menais à Paris, dans la société du comte Raimond et de sa sœur, m'était tellement agréable, que je ne pouvais m'en arracher sans un amer chagrin. J'allai tout de suite chez madame d'Arbigny, je lui montrai ma lettre, et, pendant qu'elle la lisait, j'étais si absorbé par ma peine, que je ne vis pas même quelle impression elle en recevait; je l'entendis seulement qui me disait quelques mots pour m'engager à retarder mon départ, à écrire à mon père que j'étais malade, enfin à *louvoyer* avec sa volonté. Je me souviens que ce fut le terme dont elle se servit ; j'allais répondre, et j'aurais dit ce qui était vrai, c'est que mon départ était résolu pour le lendemain, lorsque le comte Raimond entra, et, sachant ce dont il s'agissait, déclara le plus nettement du monde que je devais obéir à mon père, et qu'il n'y avait pas à hésiter. Je fus étonné de cette décision si rapide ; je m'attendais être sollicité, retenu ; je voulais résister à mes propres regrets ; mais je ne croyais pas que l'on me rendît le triomphe si facile, et pour un moment je méconnus le sentiment de mon ami : il s'en aperçut, me prit la main, et me dit : « Dans trois mois je serai en Angleterre ; pourquoi donc vous retiendrais-je en France? J'ai des raisons pour n'en rien faire, » ajouta-t-il à demi-voix. Mais sa sœur l'entendit, et se hâta de dire qu'il était sage, en effet, d'éviter les dangers que pouvait courir un Anglais en France, au milieu de la révolution. Je suis bien sûr à présent que ce n'était pas à cela que le comte Raimond faisait allusion ; mais il ne contredit ni ne confirma l'explication de sa sœur. Je partais ; il ne crut pas nécessaire de m'en dire davantage.

« Si je pouvais être utile à mon pays, je resterais, continua-t-il ; mais, vous le voyez, il n'y a plus de France. Les idées et les sentiments qui la faisaient aimer n'existent plus. Je regretterai encore le sol, mais je retrouverai ma patrie quand je respirerai le même air que vous. » Combien je fus ému des touchantes expressions d'une amitié si vraie ! combien en ce moment Raimond l'emportait sur sa sœur dans mes affections ! Elle le devina bien vite, et ce soir-là même je la vis sous un point de vue nouveau. Il arriva du monde ; elle fit les honneurs de chez elle à merveille, parla de mon départ avec la plus grande simplicité, et donna généralement l'idée que c'était pour elle l'événement le plus ordinaire. J'avais déjà remarqué dans plusieurs occasions qu'elle mettait un tel prix à la considération, que jamais elle ne laissait voir à personne les sentiments qu'elle me témoignait ; mais cette fois c'en était trop, et j'étais tellement blessé de son indifférence, que je résolus de partir avant la société, et de ne pas rester seul un moment avec elle. Elle vit que je m'approchais de son frère pour lui demander de me dire adieu le lendemain matin, avant mon départ ; alors elle vint à moi, et me dit assez haut pour que l'on pût l'entendre, qu'elle avait une lettre à me remettre pour une de ses amies en Angleterre, et elle ajouta très bas : « Vous ne regrettez que mon frère, vous ne parlez qu'à lui, et vous voulez me percer le cœur en vous en allant ainsi ! » Puis elle retourna sur-le-champ s'asseoir au milieu de son cercle. Je fus troublé de ces paroles, et j'allais rester comme elle le desirait; lorsque le comte Raimond me prit par le bras, et m'emmena dans sa chambre.

« Quand tout le monde fut parti, nous entendîmes sonner à coups redoublés dans l'appartement de madame d'Arbigny; le comte Raimond n'y faisait pas d'attention : je le forçai cependant à s'en inquiéter, et nous envoyâmes demander ce que c'était; on nous répondit que madame d'Arbigny venait de se trouver mal. Je fus vivement ému; je voulais la revoir, retourner chez elle encore une fois : le comte Raimond m'en empêcha obstinément. « Évitons ces émotions, dit-il ; les femmes se consolent toujours mieux quand elles sont seules. » Je ne pouvais comprendre cette dureté pour sa sœur, si fort en contraste avec la constante bonté de mon ami; et je me séparai de lui le lendemain, avec une sorte d'embarras qui rendit nos adieux moins tendres. Ah! si j'avais deviné le sentiment plein de délicatesse qui l'empêchait de consentir à ce que sa sœur me captivât, quand il ne la croyait pas faite pour me rendre heureux! si j'avais prévu surtout quels événements allaient nous séparer pour toujours, mes adieux auraient satisfait et son ame et la mienne. »

CHAPITRE II.

Oswald cessa de parler pendant quelques instants; Corinne écoutait son récit avec une telle avidité, qu'elle se tut aussi, dans la crainte de retarder le moment où il reprendrait la parole. « Je serais heureux, continua-t-il, si mes rapports avec madame d'Arbigny avaient fini alors, si j'étais resté près de mon père, et si je n'avais pas remis le pied sur la terre de France. Mais la fatalité, c'est-à-dire peut-être la faiblesse de mon caractère, a pour jamais empoisonné ma vie : oui pour jamais, chère amie, même auprès de vous.

« Je passai près d'une année en Écosse avec mon père, et notre tendresse l'un pour l'autre devint chaque jour plus intime; je pénétrai dans le sanctuaire de cette ame céleste, et je trouvais dans l'amitié qui m'unissait à lui ces sympathies du sang dont les liens mystérieux tiennent à tout notre être. Je recevais des lettres de Raimond pleines d'affection : il me racontait les difficultés qu'il trouvait à dénaturer sa fortune pour venir me joindre; mais sa persévérance dans ce projet était la même. Je l'aimais toujours; mais quel ami pouvais-je comparer à mon père? Le res-

pect qu'il m'inspirait ne gênait pas ma confiance. J'avais foi aux paroles de mon père comme à un oracle, et les incertitudes qui sont malheureusement dans mon caractère cessaient toujours dès qu'il avait parlé. *Le ciel nous a formés*, dit un écrivain anglais, *pour l'amour de ce qui est vénérable*. Mon père n'a pas su, il n'a pu savoir à quel point je l'aimais, et ma fatale conduite a dû l'en faire douter. Cependant il a eu pitié de moi ; il m'a plaint, en mourant, de la douleur que me causerait sa perte. Ah ! Corinne, j'avance dans ce triste récit ; soutenez mon courage, j'en ai besoin.
— Cher ami, lui dit Corinne, trouvez quelque douceur à montrer votre ame si noble et si sensible, devant la personne du monde qui vous admire et vous chérit le plus.

« — Il m'envoya pour ses affaires à Londres, reprit lord Nelvil, et je le quittai lorsque je ne devais plus le revoir, sans qu'aucun frémissement m'avertit de mon malheur. Il fut plus aimable que jamais dans nos derniers entretiens : on dirait que l'ame des justes donne, comme les fleurs, plus de parfums vers le soir. Il m'embrassa, les larmes aux yeux : il me disait souvent qu'à son âge tout était solennel ; mais moi je croyais à sa vie comme à la mienne : nos ames s'entendaient si bien, il était si jeune pour aimer, que je ne songeais pas à sa vieillesse. La confiance comme la crainte sont inexplicables dans les affections vives. Mon père m'accompagna cette fois jusqu'au seuil de la porte de son château, de ce château que j'ai revu depuis désert et dévasté, comme mon triste cœur.

« Il n'y avait pas huit jours que j'étais à Londres, quand je reçus de madame d'Arbigny la fatale lettre dont j'ai retenu chaque mot : « Hier, 10 août, me disait-elle, mon frère a été
« massacré aux Tuileries en défendant son roi. Je suis proscrite
« comme sa sœur, et obligée de me cacher, pour échapper à mes
« persécuteurs. Le comte Raimond avait pris toute ma fortune
« avec la sienne, pour la faire passer en Angleterre : l'avez-vous
« déjà reçue ? ou savez-vous à qui il l'a confiée pour vous la re-
« mettre ? Je n'ai qu'un mot de lui, écrit du château même, au
« moment où il sut qu'on se disposait à l'attaquer ; et ce mot me
« dit seulement de m'adresser à vous pour tout savoir. Si vous pou-
« viez venir ici pour m'emmener, vous me sauveriez peut-être
« la vie ; car les Anglais voyagent librement encore en France,
« et moi je ne puis obtenir de passe-port ; le nom de mon frère me
« rend suspecte. Si la malheureuse sœur de Raimond vous intéresse
« assez pour venir la chercher, vous saurez à Paris, chez M. de

« Maltigues, mon parent, le lieu de ma retraite. Mais si vous avez
« la généreuse intention de me secourir, ne perdez pas un instant
« pour l'accomplir ; car on dit que la guerre peut éclater d'un jour
« à l'autre entre nos deux pays. »

« Représentez-vous l'effet que cette lettre produisit sur moi. Mon ami massacré, sa sœur au désespoir, et leur fortune, disait-elle, entre mes mains, bien que je n'en eusse pas reçu la moindre nouvelle. Ajoutez à ces circonstances le danger de madame d'Arbigny, et l'idée qu'elle avait que je pouvais la servir, en allant la chercher. Il ne me parut pas possible d'hésiter, et je partis à l'instant, en envoyant un courrier à mon père, qui lui portait la lettre que je venais de recevoir, et la promesse qu'avant quinze jours je serais revenu. Par un hasard vraiment cruel, l'homme que j'envoyai tomba malade en route, et la seconde lettre que j'écrivis à mon père, de Douvres, lui parvint avant la première. Il sut ainsi mon départ sans en connaître les motifs, et quand l'explication lui arriva, il avait pris sur ce voyage une inquiétude qui ne se dissipa point.

« J'arrivai à Paris en trois jours ; j'y appris que madame d'Arbigny s'était retirée dans une ville de province, à soixante lieues, et je continuai ma route pour aller l'y rejoindre. Nous éprouvâmes l'un et l'autre une profonde émotion en nous revoyant : elle était dans son malheur beaucoup plus aimable qu'auparavant, parce qu'il y avait dans ses manières moins d'art et de contrainte. Nous pleurâmes ensemble son noble frère et les désastres publics. Je m'informai avec anxiété de sa fortune : elle me dit qu'elle n'en avait aucune nouvelle ; mais, peu de jours après, j'appris que le banquier auquel le comte Raimond l'avait confiée la lui avait rendue ; et ce qui est singulier, je l'appris par un négociant de la ville où nous étions, qui me le dit par hasard, et m'assura que madame d'Arbigny n'avait jamais dû en être véritablement inquiète. Je n'y compris rien ; et j'allai chez madame d'Arbigny pour lui demander ce que cela signifiait. Je trouvai chez elle un de ses parents, M. de Maltigues, qui me dit, avec une promptitude et un sang-froid remarquables, qu'il arrivait à l'instant même de Paris pour apporter à madame d'Arbigny la nouvelle du retour du banquier, qu'elle croyait parti pour l'Angleterre, et dont elle n'avait pas entendu parler depuis un mois. Madame d'Arbigny confirma ce qu'il disait, et je la crus ; mais, en me rappelant qu'elle a constamment trouvé des prétextes pour ne pas me montrer le prétendu billet de son frère, dont elle me parlait dans sa lettre, j'ai compris depuis qu'elle s'était servie d'une ruse pour m'inquiéter sur sa fortune.

« Au moins est-il vrai qu'elle était riche, et que, dans son désir de m'épouser, il ne se mêlait aucun motif intéressé ; mais le grand tort de madame d'Arbigny était de faire une entreprise du sentiment, de mettre de l'adresse là où il suffisait d'aimer, et de dissimuler sans cesse, quand il eût mieux valu montrer tout simplement ce qu'elle éprouvait ; car elle m'aimait alors autant qu'on peut aimer quand on combine ce qu'on fait, presque même ce que l'on pense, et que l'on conduit les relations du cœur comme des intrigues politiques.

« La tristesse de madame d'Arbigny ajoutait encore à ses charmes extérieurs, et lui donnait une expression touchante qui me plaisait extrêmement. Je lui avais formellement déclaré que je ne me marierais point sans le consentement de mon père ; mais je ne pouvais m'empêcher de lui exprimer les transports que sa figure séduisante excitait en moi ; et comme il entrait dans ses projets de me captiver à tout prix, je crus entrevoir qu'elle n'était pas invariablement résolue à repousser mes desirs ; et maintenant que je me retrace ce qui s'est passé entre nous, il me semble qu'elle hésitait par des motifs étrangers à l'amour, et que ses combats apparents étaient des délibérations secrètes. Je me trouvais seul avec elle tout le jour ; et, malgré les résolutions que la délicatesse m'inspirait, je ne pus résister à mon entraînement ; et madame d'Arbigny m'imposa tous les devoirs en m'accordant tous les droits ; elle me montra plus de douleur et de remords que peut-être elle n'en avait réellement, et me lia fortement à son sort par son repentir même. Je voulais la mener en Angleterre avec moi, la faire connaître à mon père, et le conjurer de consentir à mon union avec elle ; mais elle se refusait à quitter la France sans que je fusse son époux. Peut-être avait-elle raison en cela ; mais sachant bien de tout temps que je ne pouvais me résoudre à l'épouser sans l'aveu de mon père, elle avait tort dans les moyens qu'elle prenait, et pour ne pas partir, et pour me retenir, malgré les devoirs qui me rappelaient en Angleterre.

« Quand la guerre fut déclarée entre les deux pays, mon désir de quitter la France devint plus vif, et les obstacles qu'y opposait madame d'Arbigny se multiplièrent. Tantôt elle ne pouvait obtenir un passe-port ; tantôt, si je voulais partir seul, elle m'assurait qu'elle serait compromise en restant en France après mon départ, parcequ'on la soupçonnerait d'être en correspondance avec moi. Cette femme si douce, si mesurée, se livrait par moment à des accès de désespoir qui bouleversaient entièrement mon ame; elle employait les attraits de sa figure et les graces de son esprit pour me plaire, et sa douleur pour m'intimider.

« Peut-être les femmes ont-elles tort de commander au nom des larmes, et d'asservir ainsi la force à leur faiblesse ; mais quand elles ne craignent pas d'employer ce moyen, il réussit presque toujours, au moins pour un temps. Sans doute le sentiment s'affaiblit par l'empire même que l'on usurpe sur lui, et la puissance des pleurs, trop souvent exercée, refroidit l'imagination. Mais il y avait en France, dans ce temps, mille occasions de ranimer l'intérêt et la pitié. La santé de madame d'Arbigny paraissait aussi tous les jours plus faible; et c'est encore un terrible moyen de domination pour les femmes, que la maladie. Celles qui n'ont pas comme vous, Corinne, une juste confiance dans leur esprit et dans leur ame, ou celles qui ne sont pas, comme nos Anglaises, si fières et si timides que la feinte leur est impossible, ont recours à l'art pour inspirer l'attendrissement; et le mieux que l'on puisse attendre d'elles alors, c'est que la dissimulation ait pour cause un sentiment vrai.

« Un tiers se mêlait à mon insu de mes relations avec madame d'Arbigny; c'était M. de Maltigues : elle lui plaisait, il ne demandait pas mieux que de l'épouser, mais une immoralité réfléchie le rendait indifférent à tout ; il aimait l'intrigue comme un jeu, même quand le but ne l'intéressait pas, et secondait madame d'Arbigny dans le desir qu'elle avait de s'unir à moi, quitte à déjouer ce projet si l'occasion de servir le sien se présentait. C'était un homme pour qui j'avais un singulier éloignement : à peine âgé de trente ans, ses manières et son extérieur étaient d'une sécheresse remarquable. En Angleterre, où l'on nous accuse d'être froids, je n'ai rien vu de comparable au sérieux de son maintien, quand il entrait dans une chambre. Je ne l'aurais jamais pris pour un Français, s'il n'avait pas eu le goût de la plaisanterie, et un besoin de parler, très bizarre dans un homme qui paraissait blasé sur tout, et qui mettait cette disposition en système. Il prétendait qu'il était né très sensible, très enthousiaste ; mais que la connaissance des hommes, dans la révolution de France, l'avait détrompé de tout cela. Il avait aperçu, disait-il, qu'il n'y avait de bon dans ce monde que la fortune ou le pouvoir, ou tous les deux, et que les amitiés, en général, devaient être considérées comme des moyens qu'il faut prendre ou quitter, selon les circonstances. Il était assez habile dans la pratique de cette opinion ; il n'y faisait qu'une faute, c'était de la dire ; mais bien qu'il n'eût pas, comme les Français d'autrefois, le desir de plaire, il lui restait le besoin de faire effet par la conversation, et cela le rendait très imprudent. Bien différent en cela de madame d'Arbigny, qui voulait atteindre son but, mais qui ne se trahissait pas comme M. de Maltigues, en cherchant à briller par l'immoralité même. Entre ces deux personnes, ce qui était bizarre, c'est que la plus vive cachait bien son secret, et que l'homme froid ne savait pas se taire.

« Tel qu'il était, ce M. de Maltigues, il avait un ascendant singulier sur madame d'Arbigny ; il la devinait, ou bien elle lui confiait tout ; cette femme, habituellement dissimulée, avait peut-être besoin de faire de temps en temps une imprudence, comme pour respirer ; au moins est-il certain que quand M. de Maltigues la regardait durement, elle se troublait toujours ; s'il avait l'air mécontent, elle se levait pour le prendre à part ; s'il sortait avec humeur, elle s'enfermait presque à l'instant pour lui écrire. Je m'expliquais cette puissance de M. de Maltigues sur madame d'Arbigny, parcequ'il la connaissait dès son enfance, et dirigeait ses affaires depuis qu'elle n'avait pas de plus proche parent que lui ; mais le principal motif de ces ménagements singuliers, c'était le projet qu'elle avait formé, et que j'appris trop tard, de l'épouser si je la quittais ; car elle ne voulait à aucun prix passer pour une femme abandonnée. Une telle résolution devrait faire croire qu'elle ne m'aimait pas ; et cependant elle n'avait, pour me préférer, aucune raison que le sentiment ; mais elle avait mêlé toute sa vie le calcul à l'entraînement, et les prétentions factices de la société aux affections naturelles. Elle pleurait parcequ'elle était émue ; mais elle pleurait aussi parceque c'est ainsi qu'on attendrit. Elle était heureuse d'être aimée parcequ'elle aimait, mais aussi parceque cela fait honneur dans le monde ; elle avait de bons sentiments quand elle était toute seule, mais elle n'en jouissait pas si elle ne pouvait les faire tourner au profit de son amour-propre ou de ses desirs. C'était une personne formée par et pour la bonne compagnie, et qui avait cet art de travailler le vrai, qui se rencontre si souvent dans les pays où le desir de produire de l'effet par ses sentiments est plus vif que ces sentiments mêmes.

« Je n'avais pas depuis long-temps de nouvelles de mon père, parceque la guerre avait interrompu sa correspondance avec moi. Une lettre enfin m'arriva par une occasion ; il m'adjurait de partir, au nom de mon devoir et de sa tendresse ; il me déclarait en même temps, de la manière la plus formelle, que si j'épousais madame d'Arbigny, je lui causerais une douleur mortelle, et me demandait au moins de revenir libre en Angleterre, et de ne me décider qu'après l'avoir entendu. Je lui répondis à l'instant, en lui donnant ma parole d'honneur que je ne me marierais pas sans son consentement, et l'assurant que dans peu je le rejoindrais. Madame d'Arbigny employa d'abord la prière, puis le désespoir, pour me retenir ; et voyant enfin qu'elle ne réussissait pas, je crois qu'elle eut recours à la ruse ; mais comment alors aurais-je pu le soupçonner ?

« Un matin elle arriva chez moi, pâle, échevelée, et se jeta dans mes bras, en me suppliant de la protéger : elle paraissait mourir de frayeur. A peine pus-je comprendre, à travers son émotion, que l'ordre était venu de l'arrêter comme sœur du comte Raimond, et qu'il fallait que je lui trouvasse un asile pour la dérober à ceux qui la poursuivaient. A cette époque même, des femmes avaient péri, et toutes les terreurs paraissaient naturelles. Je la menai chez un négociant qui m'était dévoué ; je l'y cachai, je crus la sauver, et M. de Maltigues et moi nous avions seuls le secret de sa retraite. Comment, dans cette situation, ne pas s'intéresser vivement au sort d'une femme ? comment se séparer d'une personne proscrite ? Quel est le jour, quel est le moment où il se peut qu'on lui dise : « Vous avez compté sur mon appui, et je vous le retire ? » Cependant le souvenir de mon père me poursuivait continuellement, et dans plusieurs occasions j'essayai d'obtenir de madame d'Arbigny la permission de partir seul ; mais elle me menaça de se livrer à ses assassins si je la quittais, et sortit deux fois en plein jour, dans un trouble affreux qui me pénétra de douleur et de crainte. Je la suivis dans la rue, en la conjurant en vain de revenir. Heureusement, par hasard ou par combinaison, nous rencontrâmes chaque fois M. de Maltigues, et il la ramena, en lui faisant sentir l'imprudence de sa conduite. Alors je me résignai à rester, et j'écrivis à mon père, en motivant, autant que je le pus, ma conduite ; mais je rougissais d'être en France au milieu des événements affreux qui s'y passaient, et lorsque mon pays était en guerre avec les Français.

« M. de Maltigues se moquait souvent de mes scrupules; mais, tout spirituel qu'il était, il ne prévoyait pas ou ne se donnait pas la peine d'observer l'effet de ses plaisanteries, car elles réveillaient en moi tous les sentiments qu'il voulait éteindre. Madame d'Arbigny remarquait bien l'impression que je recevais; mais elle n'avait point d'empire sur M. de Maltigues, qui se décidait souvent par le caprice, au défaut de l'intérêt. Elle recourait, pour m'attendrir, à sa douleur véritable, à sa douleur exagérée; elle se servait de la faiblesse de sa santé autant pour plaire que pour toucher, car elle n'était jamais plus attrayante que quand elle s'évanouissait à mes pieds. Elle savait embellir sa beauté comme tout le reste de ses agréments, et ses charmes extérieurs eux-mêmes étaient habilement combinés avec ses émotions pour me captiver.

« Je vivais ainsi toujours troublé, toujours incertain, tremblant quand je recevais une lettre de mon père, plus malheureux encore quand je n'en recevais pas, retenu par l'attrait que je ressentais pour madame d'Arbigny, et surtout par la peur de son désespoir; car, par un mélange singulier, c'était la personne la plus douce dans l'habitude de la vie, la plus égale, souvent même la plus enjouée, et néanmoins la plus violente dans une scène. Elle voulait enchaîner par le bonheur et par la crainte, et transformait ainsi toujours son naturel en moyens. Un jour, c'était au mois de septembre 1793, il y avait plus d'un an déjà que j'étais en France, je reçus une lettre de mon père, conçue en peu de mots; mais ces mots étaient si sombres et si douloureux, qu'il faut, Corinne, m'épargner de vous les dire; ils me feraient trop de mal. Mon père était déjà malade, mais il ne me le dit pas; sa délicatesse et sa fierté l'en empêchèrent. Cependant toute sa lettre exprimait tant de douleur et sur mon absence, et sur la possibilité de mon mariage avec madame d'Arbigny, que je ne conçois pas encore comment, en la lisant, je n'ai pas prévu le malheur dont j'étais menacé. Je fus assez ému néanmoins pour ne plus hésiter, et j'allai chez madame d'Arbigny, parfaitement décidé à prendre congé d'elle. Elle aperçut bien vite que mon parti était pris; et, se recueillant en elle-même, tout-à-coup elle se leva, et me dit : « Avant de partir, il faut que vous sachiez un secret que je rougissais de vous avouer. Si vous m'abandonnez, ce ne sera pas moi seule que vous ferez mourir, et le fruit de ma honte et de mon coupable amour périra dans mon sein avec moi. » Rien ne peut exprimer l'émotion que j'éprouvai : ce devoir sacré, ce devoir nouveau s'empara de toute mon ame, et je fus soumis à madame d'Arbigny comme l'esclave le plus dévoué.

« Je l'aurais épousée, comme elle le voulait, s'il ne se fût pas rencontré dans ce moment les plus grands obstacles à ce qu'un Anglais pût se marier en France, en déclarant, comme il le fallait, son nom à l'officier civil. J'ajournai donc notre union jusqu'au moment où nous pourrions aller ensemble en Angleterre, et je résolus de ne pas quitter madame d'Arbigny jusqu'alors. Elle se calma d'abord, quand elle fut tranquillisée sur le danger prochain de mon départ; mais elle recommença bientôt après à se plaindre, et à se montrer tour à tour blessée et malheureuse de ce que je ne surmontais pas toutes les difficultés pour l'épouser. J'aurais fini par céder à sa volonté; j'étais tombé dans la mélancolie la plus profonde; je passais des jours entiers chez moi sans pouvoir en sortir; j'étais en proie à une idée que je ne m'avouais jamais, et qui me persécutait toujours. J'avais un pressentiment de la maladie de mon père, et je ne voulais pas croire à mon pressentiment, que je prenais pour une faiblesse. Par une bizarrerie, résultat de l'effroi que me causait la douleur de madame d'Arbigny, je combattais mon devoir comme une passion; et ce qu'on aurait pu croire une passion me tourmentait comme un devoir. Madame d'Arbigny m'écrivait sans cesse pour m'engager à venir chez elle; j'y venais, et quand je la voyais je ne lui parlais pas de son état, parceque je n'aimais pas à rappeler ce qui lui donnait des droits sur moi; il me semble à présent qu'elle aussi m'en parlait moins qu'elle n'aurait dû le faire; mais je souffrais trop alors pour rien remarquer.

« Enfin, une fois que j'étais resté trois jours chez moi, dévoré du remords, écrivant vingt lettres à mon père et les déchirant toutes, M. de Maltigues, qui ne venait guère me voir, parceque nous ne nous convenions pas, arriva, député par madame d'Arbigny pour m'arracher à ma solitude, mais s'intéressant assez peu, comme vous allez en juger, au succès de son ambassade. Il aperçut en entrant, avant que j'eusse le temps de le cacher, que j'avais le visage couvert de larmes. « A quoi bon cette douleur, mon cher? me dit-il; quittez ma cousine, ou bien épousez-la : ces deux partis sont également bons, puisqu'ils en finissent. — Il y a des situations dans la vie, lui répondis-je, où, même en se sacrifiant, on ne sait pas encore comment remplir tous ses devoirs. — C'est qu'il ne faut pas se sacrifier, reprit M. de Maltigues ; je ne connais, quant à moi, aucune circonstance où cela soit nécessaire : avec de l'adresse on se tire de tout ; l'habileté est la reine du monde. — Ce n'est pas l'habileté que j'envie, lui dis-je ; mais je voudrais au moins, je vous le répète, en me résignant à n'être pas heureux, ne pas affliger ce que j'aime. — Croyez-moi, dit M. de Maltigues, ne mêlez pas à cette œuvre difficile, qu'on appelle vivre, le sentiment qui la complique encore plus : c'est une maladie de l'ame ; j'en suis atteint quelquefois tout comme un autre ; mais quand elle m'arrive, je me dis que cela passera, et je me tiens toujours parole. — Mais, lui répondis-je, en cherchant à rester comme lui dans les idées générales, car je ne pouvais ni ne voulais lui témoigner aucune confiance, quand on pourrait écarter le sentiment, il resterait toujours l'honneur et la vertu, qui s'opposent souvent à nos desirs en tout genre. — L'honneur ! reprit M. de Maltigues : entendez-vous par l'honneur, se battre quand on est insulté? à cet égard il n'y a pas de doute ; mais sous tous les autres rapports, quel intérêt aurait-on à se laisser entraver par mille délicatesses vaines? — Quel intérêt ! interrompis-je ; il me semble que ce n'est pas là le mot dont il s'agit. — A parler sérieusement, continua M. de Maltigues, il en est peu qui aient un sens aussi clair. Je sais bien qu'autrefois l'on disait : *Un honorable malheur, un glorieux revers;* mais aujourd'hui que tout le monde est persécuté, les coquins comme ce qu'on est convenu d'appeler les honnêtes gens, il n'y a de différence dans ce monde qu'entre les oiseaux pris au filet et ceux qui y ont échappé. — Je crois à une autre différence, lui répondis-je, la prospérité méprisée, et les revers honorés par l'estime des hommes de bien. — Trouvez-les moi donc, reprit M. de Maltigues, ces hommes de bien qui vous consolent de vos peines par leur courageuse estime ; il me semble, au contraire, que la plupart des personnes soi-disant vertueuses, si vous êtes heureux, vous excusent ; si vous êtes puissant, vous aiment. C'est très beau sans doute à vous de ne pas savoir contrarier un père qui devrait à présent ne plus se mêler de vos affaires, mais il ne faudrait pas pour cela perdre votre vie ici de toutes les façons. Quant à moi, quoi qu'il m'arrive, je veux à tout prix épargner à mes amis le chagrin de me voir souffrir, et à moi le spectacle du visage allongé de la consolation. — Je croyais, interrompis-je vivement, que le but de la vie d'un honnête homme n'était pas le bonheur qui ne sert qu'à lui, mais la vertu qui sert aux autres.

— La vertu, la vertu !... » dit M. de Maltigues en hésitant un peu; puis se décidant à la fin, « c'est un langage pour le vulgaire, que les augures ne peuvent se parler entre eux sans rire. Il y a de bonnes ames que de certains mots, de certains sons harmonieux remuent encore; c'est pour elles que l'on fait jouer l'instrument : mais toute cette poésie que l'on appelle la conscience, le dévouement, l'enthousiasme, a été inventée pour consoler ceux qui n'ont pas su réussir dans le monde; c'est comme un *De profundis* que l'on chante pour les morts. Les vivants, quand ils sont dans la prospérité, ne sont pas du tout curieux d'obtenir ce genre d'hommage. »

« Je fus tellement irrité de ce discours, que je ne pus m'empêcher de dire avec hauteur : « Je serais fâché, monsieur, si j'avais des droits sur la maison de madame d'Arbigny, qu'elle reçût chez elle un homme qui se permet une telle manière de penser et de s'exprimer. — Vous pouvez à cet égard, répondit M. de Maltigues, quand il en sera temps, décider ce qui vous plaira; mais si ma cousine m'en croit, elle n'épousera point un homme qui se montre si malheureux de la possibilité de cette union. Depuis long-temps (elle peut vous le dire) je lui reproche sa faiblesse, et tous les moyens qu'elle emploie pour un but qui n'en vaut pas la peine. » A ce mot, que l'accent rendait encore plus insultant, je fis signe à M. de Maltigues de sortir avec moi, et pendant le chemin je dois dire qu'il continuait à développer son système avec le plus grand sang-froid du monde ; et pouvant mourir dans peu d'instants, il ne disait pas un mot qui fût religieux ni sensible. « Si j'avais donné dans toutes vos fadaises à vous autres jeunes gens, me disait-il, pensez-vous que ce qui se passe dans mon pays ne m'en aurait pas guéri? Quand avez-vous vu que d'être scrupuleux à votre manière servît à rien ? — Je conviens avec vous, lui dis-je, que dans votre pays, à présent, cela sert un peu moins qu'ailleurs; mais avec le temps, ou par delà le temps, tout a sa récompense. — Oui, reprit M. de Maltigues, en faisant entrer le ciel dans ses calculs. — Et pourquoi pas? lui dis-je; l'un de nous va peut-être savoir ce qui en est. — Si c'est moi qui dois mourir, continua-t-il en riant, je suis bien sûr que je n'en saurai rien ; si c'est vous, vous ne reviendrez pas éclairer mon ame. » En chemin, je pensais que si j'étais tué par M. de Maltigues, je n'avais pris aucune précaution pour faire savoir mon sort à mon père, ni pour donner à madame d'Arbigny une partie de ma fortune, à laquelle je lui croyais des droits. Pendant que je faisais ces réflexions, nous passâmes devant la maison de M. de Maltigues, et je lui demandai la permission d'y monter pour écrire deux lettres; il y consentit : et lorsque nous continuâmes notre route pour sortir de la ville, je les lui remis, et je lui parlai de madame d'Arbigny avec beaucoup d'intérêt, en la lui recommandant comme à un ami que je croyais sûr. Cette preuve de confiance le toucha; car il faut observer, à la gloire de l'honnêteté, que les hommes qui professent le plus ouvertement l'immoralité sont très flattés si par hasard on leur donne une marque d'estime. La circonstance aussi dans laquelle nous nous trouvions était assez grave pour que M. de Maltigues en fût peut-être ému; mais comme pour rien au monde il n'aurait voulu qu'on le remarquât, il dit en plaisantant ce qui lui était inspiré, je le crois, par un sentiment plus sérieux.

« Vous êtes une honnête créature, mon cher Nelvil; je veux faire pour vous quelque chose de généreux : on dit que cela porte bonheur, et la générosité est en effet une qualité si enfantine, qu'elle doit être plutôt récompensée dans le ciel que sur la terre. Mais avant de vous servir, il faut que nos conditions soient bien faites; quoi que je vous dise, nous ne nous en battrons pas moins. » Je répondis à ces mots par un consentement très dédaigneux, à ce que je crois; car je trouvais la précaution oratoire au moins inutile. M. de Maltigues continua d'un ton sec et dégagé : « Madame d'Arbigny ne vous convient pas, vos caractères n'ont aucun rapport ensemble; votre père, d'ailleurs, serait désespéré si vous faisiez ce mariage, et vous seriez désespéré d'affliger votre père : il vaut donc mieux que, si je vis, ce soit moi qui épouse madame d'Arbigny; et, si vous me tuez, il vaut mieux encore qu'elle en épouse un troisième; car c'est une personne d'une haute sagesse que ma cousine, et qui, lors même qu'elle aime, prend toujours de sages précautions pour le cas où on ne l'aimerait plus. Vous apprendrez tout cela par ses lettres; je vous les laisse après moi : vous les trouverez dans mon secrétaire, dont voici la clef. Je suis lié avec ma cousine depuis qu'elle est au monde, et vous savez que, bien qu'elle soit très mystérieuse, elle ne me cache aucun de ses secrets ; elle croit que je ne dis que ce que je veux ; il est vrai que je ne suis entraîné par rien ; mais aussi je ne mets pas d'importance à grand'chose, et je pense que nous autres hommes nous nous devons de ne nous rien taire à l'égard des femmes. Aussi bien, si je meurs, c'est pour les beaux yeux de madame d'Arbigny que cet accident m'arrivera; et quoique je sois prêt à périr pour elle de bonne grace, je ne lui suis pas trop obligé de la situation où elle m'a mis par sa double intrigue. Au reste, ajouta-t-il, il n'est pas dit que vous me tuerez. » Et en achevant ces mots, comme nous étions hors de la ville, il tira son épée et se mit en garde.

« Il avait parlé avec une vivacité singulière, et j'étais resté confondu de ce qu'il m'avait dit. L'approche du danger, sans le troubler, l'animait pourtant davantage, et je ne pouvais deviner si c'était la vérité qui lui échappait, ou un mensonge qu'il forgeait pour se venger. Néanmoins, dans cette incertitude, je ménageai beaucoup sa vie; il était moins adroit que moi dans les exercices du corps, et dix fois j'aurais pu lui plonger mon épée dans le cœur; mais je me contentai de le blesser au bras, et de le désarmer. Il parut sensible à mon procédé, et je lui rappelai, en le conduisant chez lui, la conversation qui avait précédé l'instant où nous nous étions battus. Il me dit alors : « Je suis fâché d'avoir trahi la confiance de ma cousine : le péril est comme le vin, il monte la tête; mais enfin je m'en console, car vous n'auriez pas été heureux avec madame d'Arbigny; elle est trop rusée pour vous. Moi, cela m'est égal; car bien que je la trouve charmante, et que son esprit me plaise extrêmement, elle ne me fera jamais rien faire à mon détriment, et nous nous servirons très bien en tout, parceque le mariage rendra nos intérêts communs. Mais vous, qui êtes romanesque, vous auriez été sa dupe. Il ne tenait qu'à vous de me tuer, et je vous dois la vie; je ne puis donc vous refuser les lettres que je vous avais promises après ma mort. Lisez-les, partez pour l'Angleterre, et ne soyez pas trop tourmenté des chagrins de madame d'Arbigny. Elle pleurera, parcequ'elle vous aime; mais elle se consolera, parceque c'est une femme assez raisonnable pour ne pas vouloir être malheureuse, et surtout passer pour l'être. Dans trois mois elle sera madame de Maltigues. » Tout ce qu'il me disait était vrai : les lettres qu'il me montra le prouvèrent. Je restai convaincu que madame d'Arbigny n'était point dans l'état qu'elle avait feint de m'avouer en rougissant, pour me contraindre à l'épouser, et qu'elle m'avait, à cet égard, indignement trompé. Sans doute elle m'aimait, puisqu'elle le disait dans ses lettres à M. de Maltigues lui-même; mais elle le flattait avec tant d'art, elle lui laissait tant d'espérance, et montrait pour lui plaire un caractère si différent de celui qu'elle m'avait toujours fait voir, qu'il me fut impossible de douter qu'elle ne le ménageât, dans l'intention de l'épouser si notre mariage n'avait pas lieu. Telle était la femme, Corinne, qui m'a coûté pour toujours le repos du cœur et de la conscience.

« Je lui écrivis en partant, et je ne la revis plus : et, comme M. de Maltigues l'avait prédit, j'ai su depuis qu'elle l'avait épousé. Mais j'étais loin d'envisager alors le malheur qui m'attendait : je croyais obtenir mon pardon de mon père; j'étais sûr qu'en lui disant combien j'avais été trompé, il m'aimerait davantage, puisqu'il me saurait plus à plaindre. Après un voyage de près d'un mois, jour et nuit, à travers l'Allemagne, j'arrivai en Angleterre plein de confiance dans l'inépuisable bonté paternelle. Corinne, en débarquant, un papier public m'annonça que mon père n'était plus ! Vingt mois se sont passés depuis ce moment, et il est toujours devant moi comme un fantôme qui me poursuit. Les lettres qui formaient ces mots : *Lord Nelvil vient de mourir*, ces lettres étaient flamboyantes ; le feu du volcan qui est là, devant nous, est moins effrayant qu'elles. Ce n'est pas tout encore : j'appris qu'il était mort profondément affligé de mon séjour en France, craignant que je ne renonçasse à la carrière militaire, que je n'épousasse une femme dont il pensait peu de bien, et que, me fixant dans un pays en guerre avec le mien, je ne me perdisse entièrement de réputation en Angleterre. Qui sait si ces douloureuses pensées n'ont pas abrégé ses jours? Corinne, Corinne! ne suis-je pas un assassin? ne le suis-je pas, dites-le-moi? — Non, s'écria-t-elle, non, vous n'êtes que malheureux ; c'est la bonté, c'est la générosité qui vous ont entraîné. Je vous respecte autant que je vous aime : jugez-vous dans mon cœur ; prenez-le pour votre conscience. La douleur vous égare : croyez celle qui vous chérit. Ah! l'amour, tel que je le sens, n'est point une illusion; c'est parceque vous êtes le meilleur, le plus sensible des hommes, que je vous admire et vous adore. — Corinne, lui dit Oswald, cet hommage ne m'est pas dû ; mais il se peut cependant que je ne sois pas si coupable : mon père m'a pardonné avant de mourir ; j'ai trouvé dans un dernier écrit de lui, qui m'était adressé, de douces paroles. Une lettre de moi lui était parvenue, qui m'avait un peu justifié ; mais le mal était fait, et la douleur qui venait de moi avait déchiré son cœur.

« Quand je rentrai dans son château, quand ses vieux serviteurs m'entourèrent, je repoussai leurs consolations, je m'accusai devant eux ; j'allai me prosterner sur sa tombe ; j'y jurai, comme si le temps de réparer existait encore pour moi, que jamais je ne me marierais sans le consentement de mon père. Hélas ! que promettais-je à celui qui n'était plus ? Que signifiaient alors ces paroles de mon délire ? Je dois les considérer au moins comme un engagement de ne rien faire qu'il eût désapprouvé pendant sa vie. Corinne, chère amie, pourquoi ces mots vous troublent-ils ? Mon père a pu me demander le sacrifice d'une femme dissimulée, qui ne devait qu'à son adresse le goût qu'elle m'inspirait ; mais la personne la plus vraie, la plus naturelle et la plus généreuse, celle pour qui j'ai senti le premier amour, celui qui purifie l'âme au lieu de l'égarer, pourquoi les êtres célestes voudraient-ils me séparer d'elle ?

« Lorsque j'entrai dans la chambre de mon père, je vis son manteau, son fauteuil, son épée, qui étaient encore là, comme autrefois ; encore là : mais sa place était vide, et mes cris l'appelaient en vain. Ce manuscrit, ce recueil de ses pensées, est tout ce qui me répond : vous en connaissez déjà quelques morceaux, dit Oswald en le donnant à Corinne ; je le porte toujours avec moi. Lisez ce qu'il écrivait sur le devoir des enfants envers leurs parents ; lisez, Corinne : votre douce voix me familiarisera peut-être avec ces paroles. Corinne obéit à la voix d'Oswald, et lut ce qui suit :

« Ah ! qu'il faut peu de chose pour rendre défiants d'eux-mê-
« mes un père, une mère, avancés dans la vie ! Ils croient aisé-
« ment qu'ils sont de trop sur la terre. A quoi se croiraient-ils
« bons pour vous, qui ne leur demandez plus de conseils ? Vous
« vivez tout entiers dans le moment présent ; vous y êtes consi-
« gnés par une passion dominante ; et tout ce qui ne se rapporte
« pas à ce moment vous paraît antique et suranné. Enfin, vous êtes
« tellement en votre personne et de cœur et d'esprit, que, croyant
« former à vous seuls un point historique, les ressemblances éter-
« nelles entre le temps et les hommes échappent à votre attention ;
« et l'autorité de l'expérience vous semble une fiction, ou une
« vaine garantie destinée uniquement au crédit des vieillards, et
« aux dernières jouissances de leur amour-propre. Quelle erreur
« est la vôtre ! Le monde, ce vaste théâtre, ne change pas d'ac-
« teurs ; c'est toujours l'homme qui s'y montre en scène ; mais
« l'homme ne se renouvelle point, il se diversifie ; et comme tou-
« tes ses formes sont dépendantes de quelques passions princi-

« pa'es dont le cercle est depuis long-temps parcouru, il est rare
« que, dans les petites combinaisons de la vie privée, l'expé-
« rience, cette science du passé, ne soit la source féconde des en-
« seignements les plus utiles.

« Honneur donc aux pères et aux mères, honneur et respect,
« ne fût-ce que pour leur règne passé, pour ce temps dont ils ont
« été seuls maîtres, et qui ne reviendra plus ; ne fût-ce que pour
« ces années à jamais perdues, et dont ils portent sur le front
« l'auguste empreinte !

« Voilà votre devoir, enfants présomptueux, et qui paraissez
« impatients de courir seuls dans la route de la vie. Ils s'en iront,
« vous n'en pouvez douter, ces parents, qui tardent à vous faire
« place; ce père, dont les discours ont encore une teinte de sévé-
« rité qui vous blesse ; cette mère, dont le vieil âge vous impose
« des soins qui vous importunent : ils s'en iront, ces surveillants
« attentifs de votre enfance, et ces protecteurs animés de votre
« jeunesse; ils s'en iront, et vous chercherez en vain de meilleurs
« amis; ils s'en iront, et dès qu'ils ne seront plus, ils se présente-
« ront à vous sous un nouvel aspect ; car le temps, qui vieillit les
« gens présents à notre vue, les rajeunit pour nous quand la mort
« les a fait disparaître ; le temps leur prête alors un éclat qui nous
« était inconnu : nous les voyons dans le tableau de l'éternité,
« où il n'y a plus d'âge, comme il n'y a plus de gradation ; et
« s'ils avaient laissé sur la terre un souvenir de leur vertu, nous
« les ornerions en imagination d'un rayon céleste, nous les sui-
« vrions de nos regards dans le séjour des élus, nous les contem-
« plerions dans ces demeures de gloire et de félicité ; et, près
« des vives couleurs dont nous composerions leur sainte auréole,
« nous nous trouverions effacés, au milieu même de nos beaux
« jours, au milieu des triomphes dont nous sommes le plus
« éblouis [1]. »

« Corinne, s'écria lord Nelvil avec une douleur déchirante,
pensez-vous que ce soit contre moi qu'il écrivait ces éloquentes
plaintes ? — Non, non, répondit Corinne ; vous savez qu'il vous
chérissait, qu'il croyait à votre tendresse ; et je tiens de vous que
ces réflexions furent écrites long-temps avant que vous eussiez eu
le tort que vous vous reprochez. Écoutez plutôt, continua Corinne en parcourant le recueil qu'elle avait encore entre les mains.

---

[1] *Discours sur les devoirs des enfants envers leurs pères*, *Cours de morale religieuse.* Voyez la note de la page 567.

écoutez ces réflexions sur l'indulgence, qui sont écrites quelques pages plus loin :

« Nous marchons dans la vie environnés de piéges, et d'un
« pas chancelant; nos sens se laissent séduire par des amorces
« trompeuses; notre imagination nous égare par de fausses lueurs;
« et notre raison elle-même reçoit chaque jour de l'expérience le
« degré de lumière qui lui manquait, et la confiance dont elle a
« besoin. Tant de dangers, unis à une si grande faiblesse ; tant
« d'intérêts divers, avec une prévoyance si limitée, une capacité
« si restreinte; enfin tant de choses inconnues et une si courte vie;
« toutes ces circonstances, toutes ces conditions de notre nature,
« ne sont-elles pas pour nous un avertissement du haut rang que
« nous devons accorder à l'indulgence, dans l'ordre des vertus
« sociales?... Hélas ! où est-il, l'homme qui soit exempt de fai-
« blesse? où est-il, l'homme qui n'ait aucun reproche à se faire?
« où est-il, l'homme qui puisse regarder en arrière de sa vie sans
« éprouver un seul remords, ou sans connaître aucun regret?
« Celui-là seul est étranger aux agitations d'une ame timorée,
« qui ne s'est jamais examiné lui-même, qui n'a jamais séjourné
« dans la solitude de sa conscience [1]. »

« Voilà, reprit Corinne, les paroles que votre père vous adresse du haut du ciel; voilà celles qui sont pour vous. — Cela est vrai, dit Oswald; oui, Corinne, vous êtes l'ange des consolations, vous me faites du bien : mais si j'avais pu le voir un moment avant sa mort, s'il avait su de moi que je n'étais pas indigne de lui, s'il m'avait dit qu'il le croyait, je ne serais pas agité par les remords, comme le plus criminel des hommes; je n'aurais pas cette conduite vacillante, cette ame troublée, qui ne promet de bonheur à personne. Ne m'accusez pas de faiblesse ; mais le courage ne peut rien contre la conscience : c'est d'elle qu'il vient ; comment pourrait-il triompher d'elle? A présent même que l'obscurité s'avance, il me semble que je vois dans ces nuages les sillons de la foudre qui me menace. Corinne ! Corinne ! rassurez votre malheureux ami, ou laissez-moi couché sur cette terre, qui s'entr'ouvrira peut-être à mes cris, et me laissera pénétrer jusqu'au séjour des morts. »

---

[1] *Discours sur l'indulgence*, dans le *Cours de morale religieuse*. Voyez la note de la page 567.

LIVRE XIII.

LE VÉSUVE ET LA CAMPAGNE DE NAPLES.

CHAPITRE PREMIER.

Lord Nelvil resta long-temps anéanti, après le récit cruel qui avait ébranlé toute son ame. Corinne essaya doucement de le rappeler à lui-même : la rivière de feu qui tombait du Vésuve, rendue visible enfin par la nuit, frappa vivement l'imagination troublée d'Oswald. Corinne profita de cette impression pour l'arracher aux souvenirs qui l'agitaient, et se hâta de l'entraîner avec elle sur le rivage de cendres de la lave enflammée.

Le terrain qu'ils traversèrent avant d'y arriver fuyait sous leurs pas, et semblait les repousser loin d'un séjour ennemi de tout ce qui a vie : la nature n'est plus dans ces lieux en relation avec l'homme, il ne peut plus s'en croire le dominateur ; elle échappe à son tyran par la mort. Le feu du torrent est d'une couleur funèbre ; néanmoins, quand il brûle les vignes ou les arbres, on en voit sortir une flamme claire et brillante ; mais la lave même est sombre, tel qu'on se représente un fleuve d'enfer ; elle roule lentement comme un sable noir de jour, et rouge la nuit. On entend, quand elle approche, un petit bruit d'étincelles qui fait d'autant plus de peur qu'il est léger, et que la ruse semble se joindre à la force : le tigre royal arrive ainsi secrètement, à pas comptés. Cette lave avance sans jamais se hâter, et sans perdre un instant : si elle rencontre un mur élevé, un édifice quelconque qui s'oppose à son passage, elle s'arrête, elle amoncelle devant l'obstacle ses torrents noirs et bitumineux, et l'ensevelit enfin sous ses vagues brûlantes. Sa marche n'est point assez rapide pour que les hommes ne puissent pas fuir devant elle ; mais elle atteint, comme le temps, les imprudents et les vieillards qui, la voyant venir lourdement et silencieusement, s'imaginent qu'il est aisé de lui échapper. Son éclat est si ardent, que la terre se réfléchit dans le ciel, et lui donne l'apparence d'un éclair continuel : ce ciel, à son tour, se répète dans la mer, et la nature est embrasée par cette triple image du feu.

Le vent se fait entendre et se fait voir par des tourbillons de flamme, dans le gouffre d'où sort la lave. On a peur de ce qui se passe au sein de la terre, et l'on sent que d'étranges fureurs la font trembler sous nos pas. Les rochers qui entourent la source de la lave sont couverts de soufre, de bitume, dont les couleurs ont quelque chose d'infernal. Un vert livide, un jaune brun, un rouge sombre, forment comme une dissonance pour les yeux, et tourmentent la vue, comme l'ouïe serait déchirée par ces sons aigus que faisaient entendre les sorcières, quand elles appelaient, de nuit, la lune sur la terre.

Tout ce qui entoure le volcan rappelle l'enfer, et les descriptions des poëtes sont sans doute empruntées de ces lieux. C'est là que l'on conçoit comment les hommes ont cru à l'existence d'un génie malfaisant qui contrariait les desseins de la Providence. On a dû se demander, en contemplant un tel séjour, si la bonté seule présidait aux phénomènes de la création, ou bien si quelque principe caché forçait la nature, comme l'homme, à la férocité. « Corinne, s'écria lord Nelvil, est-ce de ces bords infernaux que part la douleur? L'ange de la mort prend-il son vol de ce sommet? Si je ne voyais pas ton céleste regard, je perdrais ici jusqu'au souvenir des œuvres de la Divinité qui décorent le monde ; et cependant cet aspect de l'enfer, tout affreux qu'il est, me cause moins d'effroi que les remords du cœur. Tous les périls peuvent être bravés ; mais comment l'objet qui n'est plus pourrait-il nous délivrer des torts que nous nous reprochons envers lui? Jamais! jamais! Ah! Corinne, quelle parole de fer et de feu! Les supplices inventés par les rêves de la souffrance, la roue qui tourne sans cesse, l'eau qui fuit dès qu'on veut s'en approcher, les pierres qui retombent à mesure qu'on les soulève, ne sont qu'une faible image pour exprimer cette terrible pensée, l'impossible et l'irréparable! »

Un silence profond régnait autour d'Oswald et de Corinne; leurs guides eux-mêmes s'étaient retirés dans l'éloignement; et comme il n'y a près du cratère ni animal, ni insecte, ni plante, on n'y entendait que le sifflement de la flamme agitée. Néanmoins, un bruit de la ville arriva jusque dans ce lieu ; c'était le son des cloches qui se faisait entendre à travers les airs : peut-être célébraient-elles la mort, peut-être annonçaient-elles la naissance ; n'importe, elles causèrent une douce émotion aux voyageurs. « Cher Oswald, dit Corinne, quittons ce désert, redescendons vers les vivants ; mon ame est ici mal à l'aise. Toutes les autres montagnes, en nous rapprochant du ciel, semblent nous élever au-dessus de la vie terrestre ; mais ici je ne sens que du trouble et de l'effroi : il me semble voir la nature traitée comme un criminel, et condamnée, comme un être dépravé, à ne plus sentir le souffle bienfaisant de son créateur. Ce n'est sûrement pas ici le séjour des bons : allons-nous-en. »

Une pluie abondante tombait pendant que Corinne et lord Nelvil redescendaient vers la plaine. Leurs flambeaux étaient à chaque instant près de s'éteindre. Les lazzaroni les accompagnaient en poussant des cris continuels, qui pourraient inspirer de la terreur à qui ne saurait pas que c'est leur façon d'être habituelle. Mais ces hommes sont quelquefois agités par un superflu de vie dont ils ne savent que faire, parcequ'ils réunissent au même degré la paresse et la violence. Leur physionomie, plus marquée que leur caractère, semble indiquer un genre de vivacité dans lequel l'esprit et le cœur n'entrent pour rien. Oswald, inquiet que la pluie ne fît du mal à Corinne, que la lumière ne leur manquât, enfin qu'elle ne fût exposée à quelque danger, ne s'occupait plus que d'elle ; et cet intérêt si tendre remit son ame par degrés de l'état où l'avait jeté la confidence qu'il lui avait faite. Ils retrouvèrent leur voiture au pied de la montagne ; ils ne s'arrêtèrent point aux ruines d'Herculanum, qu'on a comme ensevelies de nouveau, pour ne pas renverser la ville de Portici, qui est bâtie sur cette ville ancienne. Ils arrivèrent à Naples vers minuit, et Corinne promit à lord Nelvil, en le quittant, de lui remettre le lendemain matin l'histoire de sa vie.

CHAPITRE II.

En effet, le lendemain matin, Corinne voulut s'imposer l'effort qu'elle avait promis ; et, bien que la connaissance plus intime qu'elle avait acquise du caractère d'Oswald redoublât son inquiétude, elle sortit de sa chambre, portant ce qu'elle avait écrit, tremblante, et résolue néanmoins à le donner. Elle entra dans le salon de l'auberge où ils demeuraient tous les deux ; Oswald y était, et venait de recevoir des lettres de l'Angleterre. Une de ces lettres était sur la cheminée, et l'écriture frappa tellement Corinne, qu'avec un trouble inexprimable elle lui demanda de qui elle était. « C'est de lady Edgermond, répondit Oswald. — Vous êtes en correspondance avec elle ? interrompit Corinne. — Lord Edgermond était l'ami de mon père, reprit Oswald ; et puisque le hasard m'a fait vous parler d'elle, je ne vous dissimulerai point que mon père avait pensé qu'il pouvait me convenir un jour d'épouser Lucile Edgermond, sa fille. — Grand Dieu! » s'écria Corinne; et elle tomba sur une chaise, presque évanouie.

« D'où vient cette émotion cruelle? dit lord Nelvil; que pouvez-vous craindre de moi, Corinne, quand je vous aime avec idolâtrie? Si mon père m'avait, en mourant, demandé d'épouser Lucile, sans doute je ne me croirais pas libre, et je me serais éloigné de votre charme irrésistible; mais il n'a fait que me conseiller ce mariage, en m'écrivant lui-même qu'il ne pouvait pas juger Lucile, puisqu'elle n'était encore qu'une enfant. Je ne l'ai vue moi-même qu'une fois; à peine alors avait-elle douze ans. Je n'ai pris avec sa mère aucun engagement avant de partir; cependant les incertitudes, le trouble que vous avez pu remarquer dans ma conduite, venaient uniquement de ce désir de mon père : avant de vous connaître, je souhaitais de pouvoir l'accomplir, tout fugitif qu'il était, comme une espèce d'expiation envers lui, comme une manière de prolonger après sa mort l'empire de sa volonté sur mes résolutions; mais vous avez triomphé de ce sentiment, vous avez triomphé de tout moi-même, et j'ai seulement besoin de me faire pardonner ce qui, dans ma conduite, a dû vous paraître de la faiblesse et de l'irrésolution. Corinne, on ne se relève jamais entièrement de la douleur que j'ai éprouvée : elle flétrit l'espérance, elle donne un sentiment de timidité pénible et douloureux; la destinée m'a tant fait de mal, qu'alors même qu'elle semble m'offrir le plus grand bien, je me défie encore d'elle. Mais, chère amie, ces inquiétudes sont dissipées; je suis à toi pour toujours, à toi! Je me dis que si mon père vous avait connue, c'est vous qu'il aurait choisie pour la compagne de ma vie, c'est vous...
— Arrêtez, s'écria Corinne en fondant en pleurs, je vous en conjure, ne me parlez pas ainsi.

« — Pourquoi vous opposeriez-vous, dit lord Nelvil, au plaisir que je trouve à vous unir dans ma pensée avec le souvenir de mon père, à confondre ainsi dans mon cœur tout ce qui m'est cher et sacré? — Vous ne le pouvez pas, interrompit Corinne; Oswald, je sais trop que vous ne le pouvez pas. — Juste ciel! reprit lord Nelvil, qu'avez-vous à m'apprendre? Donnez-moi cet écrit qui doit contenir l'histoire de votre vie, donnez-le moi. — Vous l'aurez, reprit Corinne; mais, je vous en conjure, encore huit jours de grace, seulement huit jours. Ce que j'ai appris ce matin m'oblige à quelques détails de plus. — Comment! dit Oswald, quel rapport avez-vous...? — N'exigez pas que je vous réponde à présent, interrompit Corinne ; bientôt vous saurez tout, et ce sera peut-être la fin, la terrible fin de mon bonheur ; mais, avant cet instant, je veux que nous voyions ensemble la campagne heureuse de Naples, avec un sentiment encore doux, avec une ame encore accessible à cette ravissante nature ; je veux consacrer de quelque manière, dans ces beaux lieux, l'époque la plus solennelle de la vie : il faut que vous conserviez un dernier souvenir de moi, telle que j'étais, telle que j'aurais toujours été, si mon cœur s'était défendu de vous aimer.

« — Ah! Corinne, dit Oswald, que voulez-vous m'annoncer par ces paroles sinistres? Il ne se peut pas que vous ayez rien à m'apprendre qui refroidisse et ma tendresse et mon admiration. Pourquoi donc prolonger encore de huit jours cette anxiété, ce mystère, qui semble élever une barrière entre nous ? — Cher Oswald, je le veux, répondit Corinne ; pardonnez-moi ce dernier acte de pouvoir ; bientôt vous seul déciderez de nous deux ; j'attendrai mon sort de votre bouche, sans murmurer, s'il est cruel ; car je n'ai sur cette terre ni sentiments, ni liens qui me condamnent à survivre à votre amour. » En achevant ces mots, elle sortit, en repoussant doucement avec sa main Oswald qui voulait la suivre.

CHAPITRE III.

Corinne avait résolu de donner une fête à lord Nelvil pendant les huit jours de délai qu'elle avait demandés, et cette idée d'une fête s'unissait pour elle aux sentiments les plus mélancoliques. En examinant le caractère d'Oswald, il était impossible qu'elle ne fût pas inquiète de l'impression qu'il recevrait par ce qu'elle avait à lui dire. Il fallait juger Corinne en poëte, en artiste, pour lui pardonner le sacrifice de son rang, de sa famille, de son nom, à l'enthousiasme du talent et des beaux-arts. Lord Nelvil avait sans doute tout l'esprit nécessaire pour admirer l'imagination et le génie ; mais il croyait que les relations de la vie sociale devaient l'emporter sur tout, et que la première destination des femmes, et même des hommes, n'était pas l'exercice des facultés intellectuelles, mais l'accomplissement des devoirs particuliers à chacun. Les remords cruels qu'il avait éprouvés, en s'écartant de la ligne qu'il s'était tracée, avaient encore fortifié les principes sévères de morale innés en lui. Les mœurs d'Angleterre, les habitudes et les opinions d'un pays où l'on se trouve si bien du respect le plus scrupuleux pour les devoirs comme pour les lois, le retenaient dans des liens assez étroits à beaucoup d'égards ; enfin, le découragement qui naît d'une profonde tristesse fait aimer ce qui est dans l'ordre naturel, ce qui va de soi-même, et n'exige point de résolution nouvelle, ni de décision contraire aux circonstances qui nous sont marquées par le sort.

L'amour d'Oswald pour Corinne avait modifié toute sa manière de sentir, mais l'amour n'efface jamais entièrement le caractère, et Corinne apercevait ce caractère à travers la passion qui en triomphait ; et peut-être même le charme de lord Nelvil tenait-il beaucoup à cette opposition entre sa nature et son sentiment, opposition qui donnait un nouveau prix à tous les témoignages de sa tendresse. Mais l'instant approchait où les inquiétudes fugitives que Corinne avait constamment écartées, et qui n'avaient mêlé qu'un trouble léger et rêveur à la félicité dont elle jouissait, devaient décider de sa vie. Cette ame née pour le bonheur, accoutumée aux sensations mobiles du talent et de la poésie, s'étonnait de l'âpreté, de la fixité de la douleur ; un frémissement que n'éprouvent point les femmes résignées depuis long-temps à souffrir, agitait alors tout son être.

Cependant, au milieu de la plus cruelle anxiété, elle préparait secrètement une journée brillante, qu'elle voulait encore passer avec Oswald. Son imagination et sa sensibilité s'unissaient ainsi d'une manière romanesque. Elle invita les Anglais qui étaient à Naples, quelques Napolitains et Napolitaines dont la société lui plaisait ; et le matin du jour qu'elle avait choisi pour être tout à la fois et celui d'une fête, et la veille d'un aveu qui pouvait détruire à jamais son bonheur, un trouble singulier animait ses traits, et leur donnait une expression toute nouvelle. Des yeux distraits pouvaient prendre cette expression si vive pour de la joie ; mais ses mouvements agités et rapides, ses regards qui ne s'arrêtaient sur rien, ne prouvaient que trop à lord Nelvil ce qui se passait dans son ame. C'est en vain qu'il essayait de la calmer par les protestations les plus tendres. « Vous me direz cela dans deux jours, lui disait-elle, si vous pensez toujours de même : à présent ces douces paroles ne me font que du mal. » Et elle s'éloignait de lui.

Les voitures qui devaient conduire la société que Corinne avait invitée arrivèrent à la fin du jour, au moment où le vent de mer s'élève, et, rafraîchissant l'air, permet à l'homme de contempler la nature. La première station de la promenade fut au tombeau de Virgile. Corinne et sa société s'y arrêtèrent, avant de traverser la grotte de Pausilipe. Ce tombeau est placé dans le plus beau site du monde ; le golfe de Naples lui sert de perspective. Il y a tant de repos et de magnificence dans cet aspect, qu'on est tenté de croire que c'est Virgile lui-même qui l'a choisi ; ce simple vers des Géorgiques aurait pu servir d'épitaphe :

> Illo Virgilium me tempore dulcis alebat
> Parthenope [1].........

Ses cendres y reposent encore, et la mémoire de son nom attire dans ce lieu les hommages de l'univers. C'est tout ce que l'homme, sur cette terre, peut arracher à la mort.

Pétrarque a planté un laurier sur ce tombeau, et Pétrarque n'est plus, et le laurier se meurt. Les étrangers qui sont venus en foule honorer la mémoire de Virgile ont écrit leurs noms sur les murs qui environnent l'urne. On est importuné par ces noms obscurs, qui semblent là seulement pour troubler la paisible idée de solitude que ce séjour fait naître. Il n'y a que Pétrarque qui fût digne de laisser une trace durable de son voyage au tombeau de Virgile. On redescend en silence de cet asile funéraire de la gloire : on se rappelle et les pensées et les images que le talent du poëte a consacrées pour toujours. Admirable entretien avec les races futures, entretien que l'art d'écrire perpétue et renouvelle ! Ténèbres de la mort, qu'êtes-vous donc ? Les idées, les sentiments, les expressions d'un homme subsistent, et ce qui était lui ne subsisterait plus ! Non, une telle contradiction dans la nature est impossible.

« Oswald, dit Corinne à lord Nelvil, les impressions que vous venez d'éprouver préparent mal pour une fête ; mais combien, ajouta-t-elle avec une sorte d'exaltation dans le regard, combien de fêtes se sont passées non loin des tombeaux ! — Chère amie, répondit Oswald, d'où vient cette peine secrète qui vous agite ? Confiez-vous à moi ; je vous ai dû six mois les plus fortunés de ma vie, peut-être aussi pendant ce temps ai-je répandu quelque douceur sur vos jours. Ah ! qui pourrait être impie envers le bonheur ? qui pourrait se ravir la jouissance suprême de faire du bien à une ame telle que la vôtre ? Hélas ! c'est déjà beaucoup que de se sentir nécessaire au plus humble des mortels ; mais être néces-

---

[2] Dans ce temps-là la douce Parthénope m'accueillait.

saire à Corinne, croyez-moi, c'est trop de gloire, c'est trop de délices, pour y renoncer. — Je crois à vos promesses, répondit Corinne; mais n'y a-t-il pas des moments où quelque chose de violent et de bizarre s'empare du cœur, et accélère ses battements avec une agitation douloureuse? »

Ils traversèrent la grotte de Pausilipe aux flambeaux : on la passe ainsi, même à l'heure de midi, car c'est une route creusée sous la montagne, pendant près d'un quart de lieue; et lorsqu'on est au milieu, l'on aperçoit à peine le jour aux deux extrémités. Un retentissement extraordinaire se fait entendre sous cette longue voûte; les pas des chevaux, les cris de leurs conducteurs font un bruit étourdissant qui ne laisse dans la tête aucune pensée suivie. Les chevaux de Corinne entraînaient sa voiture avec une étonnante rapidité, et cependant elle n'était pas encore contente de leur vitesse, et disait à lord Nelvil : « Mon cher Oswald, comme ils avancent lentement! faites donc qu'ils se pressent. — D'où vous vient cette impatience, Corinne? répondit Oswald; autrefois quand nous étions ensemble, vous ne cherchiez pas à précipiter les heures, vous en jouissiez. — A présent, dit Corinne, il faut que tout se décide, il faut que tout arrive à son terme; et je me sens le besoin de tout hâter, fût-ce ma mort! »

Au sortir de la grotte, on éprouve une vive sensation de plaisir en retrouvant le jour et la nature; et quelle nature que celle qui s'offre alors aux regards! Ce qui manque souvent à la campagne d'Italie, ce sont les arbres; l'on en voit dans ce lieu en abondance. La terre d'ailleurs y est couverte de tant de fleurs, que c'est le pays où l'on peut le mieux se passer de ces forêts, qui sont la plus grande beauté de la nature dans toute autre contrée. La chaleur est si grande à Naples, qu'il est impossible de se promener, même à l'ombre, pendant le jour; mais le soir, ce pays couvert, entouré par la mer et le ciel, s'offre en entier à la vue, et l'on respire la fraîcheur de toutes parts. La transparence de l'air, la variété des sites, les formes pittoresques des montagnes, caractérisent si bien l'aspect du royaume de Naples, que les peintres en dessinent les paysages de préférence. La nature a dans ce pays une puissance et une originalité que l'on ne peut expliquer par aucun des charmes que l'on recherche ailleurs.

« Je vous fais passer, dit Corinne à ceux qui l'accompagnaient, sur les bords du lac d'Averne, près du Phlégéton, et voilà devant vous le temple de la sibylle de Cumes. Nous traversons les lieux célébrés sous le nom des délices de Bayes ; mais je vous propose de ne pas vous y arrêter dans ce moment. Nous recueillerons les souvenirs de l'histoire et de la poésie qui nous entourent ici, quand nous serons arrivés dans un lieu d'où nous pourrons les apercevoir tous à la fois. »

C'était sur le cap Misène que Corinne avait fait préparer les danses et la musique. Rien n'était plus pittoresque que l'arrangement de cette fête. Tous les matelots de Bayes étaient vêtus avec des couleurs vives et bien contrastées ; quelques Orientaux, qui venaient d'un bâtiment levantin alors dans le port, dansaient avec des paysannes des îles voisines d'Ischia et de Procida, dont l'habillement a conservé de la ressemblance avec le costume grec ; des voix parfaitement justes se faisaient entendre dans l'éloignement, et les instruments se répondaient derrière les rochers, d'échos en échos, comme si les sons allaient se perdre dans la mer. L'air qu'on respirait était ravissant ; il pénétrait l'ame d'un sentiment de joie qui animait tous ceux qui étaient là, et s'empara même de Corinne. On lui proposa de se mêler à la danse des paysannes, et d'abord elle y consentit avec plaisir ; mais à peine eut-elle commencé, que les sentiments les plus sombres lui rendirent odieux les amusements auxquels elle prenait part ; et, s'éloignant rapidement de la danse et de la musique, elle alla s'asseoir à l'extrémité du cap sur le bord de la mer. Oswald se hâta de l'y suivre ; mais comme il arrivait près d'elle, la société qui les accompagnait le rejoignit aussitôt, pour supplier Corinne d'improviser dans ce beau lieu. Son trouble était tel en ce moment, qu'elle se laissa ramener vers le tertre élevé où l'on avait placé sa lyre, sans pouvoir réfléchir à ce qu'on attendait elle.

CHAPITRE IV.

Cependant Corinne souhaitait qu'Oswald l'entendît encore une fois, comme au jour du Capitole, avec tout le talent qu'elle avait reçu du ciel : si ce talent devait être perdu pour jamais, elle voulait que ses derniers rayons, avant de s'éteindre, brillassent pour celui qu'elle aimait. Ce désir lui fit trouver, dans l'agitation même de son ame, l'inspiration dont elle avait besoin. Tous ses amis étaient impatients de l'entendre ; le peuple même, qui la connaissait de réputation, ce peuple, qui dans le Midi est, par l'imagination, bon juge de la poésie, entourait en silence l'enceinte où les amis de Corinne étaient placés, et tous ces visages napolitains exprimaient par leur vive physionomie l'attention la plus animée. La lune se levait à l'horizon; mais les derniers rayons du jour rendaient encore sa lumière très pâle. Du haut de la petite colline qui s'avance dans la mer et forme le cap Misène, on découvrait parfaitement le Vésuve, le golfe de Naples, les îles dont il est parsemé, et la campagne qui s'étend depuis Naples jusqu'à Gaëte; enfin, la contrée de l'univers où les volcans, l'histoire et la poésie ont laissé le plus de traces. Aussi, d'un commun accord, tous les amis de Corinne lui demandèrent-ils de prendre, pour sujet des vers qu'elle allait chanter, *les souvenirs que ces lieux retraçaient.* Elle accorda sa lyre, et commença d'une voix altérée. Son regard était beau; mais qui la connaissait comme Osvald pouvait y démêler l'anxiété de son ame. Elle essaya cependant de contenir sa peine, et de s'élever, du moins pour un moment, au-dessus de sa situation personnelle.

IMPROVISATION DE CORINNE, DANS LA CAMPAGNE DE NAPLES.

« La nature, la poésie et l'histoire rivalisent ici de grandeur;
« ici l'on peut embrasser d'un coup d'œil tous les temps et tous
« les prodiges.

« J'aperçois le lac d'Averne, volcan éteint, dont les ondes inspi-
« raient jadis la terreur : l'Achéron, le Phlégéton, qu'une flamme
« souterraine fait bouillonner, sont les fleuves de cet enfer visité
« par Énée.

« Le feu, cette vie dévorante qui crée le monde et le consume,
« épouvantait d'autant plus que ses lois étaient moins connues.
« La nature jadis ne révélait ses secrets qu'à la poésie.

« La ville de Cumes, l'antre de la sibylle, le temple d'Apollon,
« étaient sur cette hauteur. Voici le bois où fut cueilli le rameau
« d'or. La terre de l'Énéide vous entoure; et les fictions consa-
« crées par le génie sont devenues des souvenirs dont on cherche
« encore les traces.

« Un triton a plongé dans ces flots le Troyen téméraire qui
« osa défier les divinités de la mer par ses chants : ces rochers
« creux et sonores sont tels que Virgile les a décrits. L'imagina-
« tion est fidèle, quand elle est toute puissante. Le génie de
« l'homme est créateur, quand il sent la nature; imitateur, quand
« il croit l'inventer.

« Au milieu de ces masses terribles, vieux témoins de la créa-

« tion, l'on voit une montagne nouvelle que le volcan a fait naître.
« Ici la terre est orageuse comme la mer, et ne rentre pas comme
« elle paisiblement dans ses bornes. Le lourd élément, soulevé
« par les tremblements de l'abîme, creuse les vallées, élève des
« monts, et ses vagues pétrifiées attestent les tempêtes qui dé-
« chirent son sein.

« Si vous frappez sur ce sol, la voûte souterraine retentit. On
« dirait que le monde habité n'est plus qu'une surface prête à s'en-
« tr'ouvrir. La campagne de Naples est l'image des passions hu-
« maines : sulfureuse et féconde, ses dangers et ses plaisirs sem-
« blent naître de ces volcans enflammés qui donnent à l'air tant
« de charmes, et font gronder la foudre sous nos pas.

« Pline étudiait la nature pour mieux admirer l'Italie; il van-
« tait son pays comme la plus belle des contrées, quand il ne pou-
« vait plus l'honorer à d'autres titres. Cherchant la science,
« comme un guerrier les conquêtes, il partit de ce promontoire
« même pour observer le Vésuve à travers les flammes, et ces
« flammes l'ont consumé.

« O souvenir, noble puissance, ton empire est dans ces lieux !
« De siècle en siècle, bizarre destinée ! l'homme se plaint de ce
« qu'il a perdu. L'on dirait que les temps écoulés sont tous dépo-
« sitaires à leur tour d'un bonheur qui n'est plus ; et tandis que la
« pensée s'enorgueillit de ses progrès, s'élance dans l'avenir, no-
« tre ame semble regretter une ancienne patrie dont le passé la
« rapproche.

« Les Romains, dont nous envions la splendeur, n'enviaient-
« ils pas la simplicité mâle de leurs ancêtres? Jadis ils méprisaient
« cette contrée voluptueuse, et ses délices ne domptèrent que
« leurs ennemis. Voyez dans le lointain Capoue, elle a vaincu le
« guerrier dont l'ame inflexible résista plus long-temps à Rome
« que l'univers.

« Les Romains, à leur tour, habitèrent ces lieux : quand la
« force de l'ame servait seulement à mieux sentir la honte et la
« douleur, ils s'amollirent sans remords. A Bayes, on les a vus
« conquérir sur la mer un rivage pour leurs palais. Les monts
« furent creusés pour en arracher des colonnes, et les maîtres du
« monde, esclaves à leur tour, asservirent la nature pour se con-
« soler d'être asservis.

« Cicéron a perdu la vie près du promontoire de Gaëte qui
« s'offre à nos regards. Les triumvirs, sans respect pour la pos-

« térité, la dépouillèrent des pensées que ce grand homme aurait
« conçues. Le crime des triumvirs dure encore; c'est contre nous
« encore que leur forfait est commis.

« Cicéron succomba sous le poignard des tyrans. Scipion, plus
« malheureux, fut banni par son pays encore libre. Il termina ses
« jours non loin de cette rive; et les ruines de son tombeau sont
« appelées *la Tour de la patrie*. Touchante allusion au souvenir
« dont sa grande ame fut occupée!

« Marius s'est réfugié dans ces marais de Minturnes, près de
« la demeure de Scipion. Ainsi, dans tous les temps, les nations
« ont persécuté leurs grands hommes; mais ils sont consolés par
« l'apothéose, et le ciel, où les Romains croyaient commander
« encore, reçoit parmi ses étoiles Romulus, Numa, César : astres
« nouveaux, qui confondent à nos regards les rayons de la gloire
« et la lumière céleste.

« Ce n'est pas assez des malheurs, la trace de tous les crimes
« est ici. Voyez, à l'extrémité du golfe, l'île de Caprée, où la
« vieillesse a désarmé Tibère, où cette ame à la fois cruelle et
« voluptueuse, violente et fatiguée, s'ennuya même du crime, et
« voulut se plonger dans les plaisirs les plus bas, comme si la ty-
« rannie ne l'avait pas encore assez dégradée.

« Le tombeau d'Agrippine est sur ces bords, en face de l'île de Ca-
« prée; il ne fut élevé qu'après la mort de Néron : l'assassin de sa
« mère proscrivit aussi ses cendres. Il habita long-temps à Bayes,
« au milieu des souvenirs de son forfait. Quels monstres le hasard
« rassemble sous nos yeux! Tibère et Néron se regardent.

« Les îles que les volcans ont fait sortir de la mer servirent,
« presque en naissant, aux crimes du vieux monde; les malheu-
« reux relégués sur ces rochers solitaires, au milieu des flots,
« contemplaient de loin leur patrie, tâchaient de respirer ses par-
« fums dans les airs, et quelquefois, après un long exil, un ar-
« rêt de mort leur apprenait que leurs ennemis du moins ne les
« avaient pas oubliés.

« O terre! toute baignée de sang et de larmes, tu n'as jamais
« cessé de produire et des fruits et des fleurs : es-tu donc sans pitié
« pour l'homme? et sa poussière retourne-t-elle dans ton sein ma-
« ternel sans le faire tressaillir? »

Ici, Corinne se reposa quelques instants. Tous ceux que la fête
avait rassemblés jetaient à ses pieds des branches de myrte et de
laurier. La lueur douce et pure de la lune embellissait son visage;

le vent frais de la mer agitait ses cheveux pittoresquement, et la nature semblait se plaire à la parer. Corinne cependant fut tout-à-coup saisie par un attendrissement irrésistible : elle considéra ces lieux enchanteurs, cette soirée enivrante, Oswald qui était là, qui n'y serait peut-être pas toujours; et des larmes coulèrent de ses yeux. Le peuple même, qui venait de l'applaudir avec tant de bruit, respectait son émotion, et tous attendaient en silence que ses paroles fissent partager ce qu'elle éprouvait. Elle préluda quelque temps sur sa lyre, et, ne divisant plus son chant en octaves, elle s'abandonna dans ses vers à un mouvement non interrompu.

« Quelques souvenirs du cœur, quelques noms de femmes, ré-
« clament aussi vos pleurs. C'est à Misène, dans le lieu même où
« nous sommes, que la veuve de Pompée, Cornélie, conserva
« jusqu'à la mort son noble deuil; Agrippine pleura long-temps
« Germanicus sur ces bords. Un jour, le même assassin qui lui
« ravit son époux la trouva digne de le suivre. L'île de Nisida fut
« témoin des adieux de Brutus et de Porcie.

« Ainsi, les femmes amies des héros ont vu périr l'objet qu'elles
« avaient adoré. C'est en vain que pendant long-temps elles sui-
« virent ses traces : un jour vint qu'il fallut le quitter. Porcie se
« donne la mort; Cornélie presse contre son sein l'urne sacrée
« qui ne répond plus à ses cris; Agrippine, pendant plusieurs
« années, irrite en vain le meurtrier de son époux : et ces créa-
« tures infortunées, errant comme des ombres sur les plages dé-
« vastées du fleuve éternel, soupirent pour aborder à l'autre rive;
« dans leur longue solitude, elles interrogent le silence, et de-
« mandent à la nature entière, à ce ciel étoilé, comme à cette mer
« profonde, un son d'une voix chérie, un accent qu'elles n'enten-
« dront plus.

« Amour, suprême puissance du cœur, mystérieux enthou-
« siasme qui renferme en lui-même la poésie, l'héroïsme et la
« religion ! qu'arrive-t-il quand la destinée nous sépare de celui
« qui avait le secret de notre ame, et nous avait donné la vie du
« cœur, la vie céleste? qu'arrive-t-il quand l'absence ou la mort
« isolent une femme sur la terre ? Elle languit, elle tombe. Com-
« bien de fois ces rochers qui nous entourent n'ont-ils pas offert
« leur froid soutien à ces veuves délaissées, qui s'appuyaient jadis
« sur le sein d'un ami, sur le bras d'un héros!

« Devant vous est Sorrente; là, demeurait la sœur du Tasse,

« quand il vint, en pélerin, demander à cette obscure amie un asile
« contre l'injustice des princes ; ses longues douleurs avaient pres-
« que égaré sa raison ; il ne lui restait plus que du génie, il ne lui
« restait que la connaissance des choses divines ; toutes les images
« de la terre étaient troublées. Ainsi le talent, épouvanté du désert
« qui l'environne, parcourt l'univers sans trouver rien qui lui res-
« semble. La nature pour lui n'a plus d'écho ; et le vulgaire prend
« pour de la folie ce malaise d'une ame qui ne respire pas dans ce
« monde assez d'air, assez d'enthousiasme, assez d'espoir.

« La fatalité, continua Corinne avec une émotion toujours
« croissante, la fatalité ne poursuit-elle pas les ames exaltées, les
« poètes dont l'imagination tient à la puissance d'aimer et de souf-
« frir ? Ils sont les bannis d'une autre région, et l'universelle
« bonté ne devait pas ordonner toute chose pour le petit nombre
« des élus ou des proscrits. Que voulaient dire les anciens, quand
« ils parlaient de la destinée avec tant de terreur ? Que peut-elle,
« cette destinée, sur les êtres vulgaires et paisibles ? Ils suivent
« les saisons, ils parcourent docilement le cours habituel de la
« vie. Mais la prêtresse qui rendait les oracles se sentait agitée
« par une puissance cruelle. Je ne sais quelle force involontaire
« précipite le génie dans le malheur : il entend le bruit des sphè-
« res que les organes mortels ne sont pas faits pour saisir ; il pé-
« nètre des mystères du sentiment inconnus aux autres hommes,
« et son ame recèle un Dieu qu'elle ne peut contenir.

« Sublime créateur de cette belle nature, protège-nous ! Nos
« élans sont sans force, nos espérances mensongères. Les passions
« exercent en nous une tyrannie tumultueuse, qui ne nous laisse
« ni liberté, ni repos. Peut-être ce que nous ferons demain déci-
« dera-t-il de notre sort, peut-être hier avons-nous dit un mot
« que rien ne peut racheter. Quand notre esprit s'élève aux
« plus hautes pensées, nous sentons, comme au sommet des
« édifices élevés, un vertige qui confond tous les objets à nos re-
« gards ; mais alors même la douleur, la terrible douleur, ne se
« perd point dans les nuages ; elle les sillonne, elle les entr'ouvre.
« O mon Dieu ! que veut-elle nous annoncer ?... »

A ces mots, une pâleur mortelle couvrit le visage de Corinne ;
ses yeux se fermèrent, et elle serait tombée à terre, si lord Nelvil
ne s'était pas à l'instant trouvé près d'elle pour la soutenir.

CHAPITRE V.

Corinne revint à elle, et la vue d'Oswald, qui avait dans son regard la plus touchante expression d'intérêt et d'inquiétude, lui rendit un peu de calme. Les Napolitains remarquaient avec étonnement la teinte sombre de la poésie de Corinne; ils admiraient l'harmonieuse beauté de son langage; néanmoins ils auraient souhaité que ses vers fussent inspirés par une disposition moins triste, car ils ne considéraient les beaux-arts, et parmi les beaux-arts la poésie, que comme une manière de se distraire des peines de la vie, et non de creuser plus avant dans ses terribles secrets. Mais les Anglais qui avaient entendu Corinne étaient pénétrés d'admiration pour elle.

Ils étaient ravis de voir ainsi les sentiments mélancoliques exprimés avec l'imagination italienne. Cette belle Corinne, dont les traits animés et le regard plein de vie étaient destinés à peindre le bonheur; cette fille du soleil, atteinte par des peines secrètes, ressemblait à ces fleurs encore fraîches et brillantes, mais qu'un point noir, causé par une piqûre mortelle, menace d'une fin prochaine.

Toute la société s'embarqua pour retourner à Naples; et la chaleur et le calme qui régnaient alors faisaient goûter vivement le plaisir d'être sur la mer. Goëthe a peint, dans une délicieuse romance, ce penchant que l'on éprouve pour les eaux, au milieu de la chaleur. La nymphe du fleuve vante au pêcheur le charme de ses flots; elle l'invite à s'y rafraîchir, et, séduit par degrés, enfin il s'y précipite. Cette puissance magique de l'onde ressemble, en quelque manière, au regard du serpent qui attire en effrayant. La vague, qui s'élève de loin et se grossit par degrés, et se hâte en approchant du rivage, semble correspondre avec un désir secret du cœur, qui commence doucement et devient irrésistible.

Corinne était plus calme; les délices du beau temps rassuraient son âme : elle avait relevé les tresses de ses cheveux, pour mieux sentir ce qu'il pouvait y avoir d'air autour d'elle; sa figure était ainsi plus charmante que jamais. Les instruments à vent, qui suivaient dans une autre barque, produisaient un effet enchanteur : ils étaient en harmonie avec la mer, les étoiles et la douceur enivrante d'un soir d'Italie; mais ils causaient une plus touchante émotion encore : ils étaient la voix du ciel au milieu de la nature. « Chère amie, dit Oswald à voix basse, chère amie de mon cœur, je n'oublierai jamais ce jour : en pourra-t-il jamais exister un plus heureux ? » Et en prononçant ces paroles, ses yeux étaient remplis de larmes. L'un des agréments séducteurs d'Oswald, c'était cette émotion facile, et cependant contenue, qui mouillait souvent, malgré lui, ses yeux de pleurs : son regard avait alors une expression irrésistible. Quelquefois même, au milieu d'une douce plaisanterie, on s'apercevait qu'il était ébranlé par un attendrissement secret qui se mêlait à sa gaieté, et lui donnait un noble charme. « Hélas ! répondit Corinne, non, je n'espère plus un jour tel que celui-ci : qu'il soit béni, du moins, comme le dernier de ma vie, s'il n'est pas, s'il ne peut pas être l'aurore d'un bonheur durable ! »

CHAPITRE VI.

Le temps commençait à changer lorsqu'ils arrivèrent à Naples: le ciel s'obscurcissait, et l'orage qui s'annonçait dans l'air agitait déjà fortement les vagues, comme si la tempête de la mer répondait du sein des flots à la tempête du ciel. Oswald avait devancé Corinne de quelques pas, parcequ'il voulait faire apporter des flambeaux pour la conduire plus sûrement jusqu'à sa demeure. En passant sur le quai, il vit des lazzaroni rassemblés qui criaient assez haut : « *Ah ! le pauvre homme, il ne peut pas s'en tirer; il faut avoir patience : il périra.* — Que dites-vous ? s'écria lord Nelvil avec impétuosité; de qui parlez-vous ? — *D'un pauvre vieillard*, répondirent-ils, *qui se baignait là-bas, non loin du môle, mais qui a été pris par l'orage, et n'a pas assez de force pour lutter contre les vagues et regagner le bord.* » Le premier mouvement d'Oswald était de se jeter à l'eau ; mais réfléchissant à la frayeur qu'il causerait à Corinne lorsqu'elle approcherait, il offrit tout l'argent qu'il portait avec lui, et en promit le double à celui qui se jetterait dans l'eau pour retirer le vieillard. Les lazzaroni refusèrent, en disant : *Nous avons trop peur, il y a trop de danger; cela ne se peut pas.* En ce moment, le vieillard disparut sous les flots. Oswald n'hésita plus, et s'élança dans la mer, malgré les vagues qui recouvraient sa tête. Il lutta cependant heureusement contre elles, atteignit le vieillard, qui périssait un instant plus tard, le saisit, et le ramena sur le bord. Mais le froid de l'eau, les efforts violents d'Oswald contre la mer agitée, lui firent tant de mal, qu'au moment où il apportait le vieillard sur la rive, il tomba sans connaissance, et sa pâleur était telle en cet état, qu'on devait croire qu'il n'existait plus [1].

Corinne passait alors, ne pouvant pas se douter de ce qui venait d'arriver. Elle aperçut une grande foule rassemblée; et entendant crier, *Il est mort!* elle allait s'éloigner, cédant à la terreur que lui inspiraient ces paroles, lorsqu'elle vit un des Anglais qui l'accompagnaient fendre précipitamment la foule. Elle fit quelques pas pour le suivre, et le premier objet qui frappa ses regards, ce fut l'habit d'Oswald, qu'il avait laissé sur le rivage en se jetant dans l'eau. Elle saisit cet habit avec un désespoir convulsif, croyant qu'il ne restait plus que cela d'Oswald; et quand elle le reconnut enfin lui-même, bien qu'il parût sans vie, elle se jeta sur son corps inanimé avec une sorte de transport; et le pressant dans ses bras avec ardeur, elle eut l'inexprimable bonheur de sentir encore les battements du cœur d'Oswald, qui se ranimait peut-être à l'approche de Corinne. « Il vit! s'écria-t-elle, il vit! » Et dans ce moment elle reprit une force, un courage qu'avaient à peine les simples amis d'Oswald. Elle appela tous les secours, elle-même sut les donner; elle soutenait la tête d'Oswald évanoui, elle le couvrait de ses larmes; et, malgré la plus cruelle agitation, elle n'oubliait rien, elle ne perdait pas un instant, et ses soins n'étaient point interrompus par sa douleur. Oswald paraissait un peu mieux; cependant il n'avait point encore repris l'usage de ses sens. Corinne le fit transporter chez elle, et se mit à genoux à côté de lui, l'entoura des parfums qui devaient le ranimer, et l'appelait avec un accent si tendre, si passionné, que la vie devait revenir à cette voix. Oswald l'entendit, rouvrit les yeux, et lui serra la main.

Se peut-il, que pour jouir d'un tel moment, il ait fallu sentir les angoisses de l'enfer! Pauvre nature humaine! nous ne connaissons l'infini que par la douleur; et, dans toutes les jouissances de la vie, il n'est rien qui puisse compenser le désespoir de voir mourir ce qu'on aime.

« Cruel! s'écria Corinne, cruel! qu'avez-vous fait? — Pardonnez, répondit Oswald d'une voix tremblante, pardonnez. Dans l'instant où je me suis cru près de périr, croyez-moi, chère amie, j'avais peur pour vous. » Admirable expression de l'amour par-

---

[1] M. Eliot, ministre d'Angleterre, a sauvé la vie d'un vieillard à Naples, de la même manière que lord Nelvil.

tagé, de l'amour au plus heureux moment de la confiance mutuelle! Corinne, vivement émue par ces délicieuses paroles, ne put se les rappeler jusqu'à son dernier jour sans un attendrissement qui, pour quelques instants du moins, fait tout pardonner.

CHAPITRE VII.

Le second mouvement d'Oswald fut de porter sa main sur sa poitrine, pour y retrouver le portrait de son père : il y était encore; mais l'eau l'avait tellement effacé, qu'il était à peine reconnaissable. Oswald, amèrement affligé de cette perte, s'écria : « Mon Dieu! vous m'enlevez donc jusqu'à son image! » Corinne pria lord Nelvil de lui permettre de rétablir ce portrait. Il y consentit, mais sans beaucoup d'espoir. Quel fut son étonnement, lorsqu'au bout de trois jours elle le rapporta non seulement réparé, mais plus frappant de ressemblance encore qu'auparavant! « Oui, dit Oswald avec ravissement; oui, vous avez deviné ses traits et sa physionomie. C'est un miracle du ciel qui vous désigne à moi comme la compagne de mon sort, puisqu'il vous révèle le souvenir de celui qui doit à jamais disposer de moi. Corinne, continua-t-il en se jetant à ses pieds, règne à jamais sur ma vie! Voilà l'anneau que mon père avait donné à sa femme, l'anneau le plus saint, le plus sacré, qui fut offert par la bonne foi la plus noble, accepté par le cœur le plus fidèle; je l'ôte de mon doigt pour le mettre au tien. Et dès cet instant je ne suis plus libre; tant que vous le conserverez, chère amie, je ne le suis plus. J'en prends l'engagement solennel, avant de savoir qui vous êtes; c'est votre ame que j'en crois, c'est elle qui m'a tout appris. Les événements de votre vie, s'ils viennent de vous, doivent être nobles comme votre caractère; s'ils viennent du sort, et que vous en ayez été la victime, je remercie le ciel d'être chargé de les réparer. Ainsi donc, ô ma Corinne, apprenez-moi vos secrets! vous le devez à celui dont les promesses ont précédé votre confiance.

« — Oswald, répondit Corinne, cette émotion si touchante naît en vous d'une erreur, et je ne puis accepter cet anneau sans la dissiper : vous croyez que j'ai deviné, par une inspiration du cœur, les traits de votre père; mais je dois vous apprendre que je l'ai vu lui-même plusieurs fois. — Vous avez vu mon père! s'écria lord Nelvil; et comment? dans quel lieu? Se peut-il, ô mon Dieu?

Qui donc êtes-vous ? — Voilà votre anneau, dit Corinne avec une émotion étouffée ; je dois déjà vous le rendre. — Non, reprit Oswald après un moment de silence, je jure de ne jamais être l'époux d'une autre, tant que vous ne me renverrez pas cet anneau. Mais pardonnez au trouble que vous venez d'exciter en mon ame ; des idées confuses se retracent à moi, mon inquiétude est douloureuse. — Je le vois, reprit Corinne, et je vais l'abréger. Mais déjà votre voix n'est plus la même, et vos paroles sont changées. Peut-être, après avoir lu mon histoire, peut-être que l'horrible mot *adieu*... — Adieu ! s'écria lord Nelvil ; non, chère amie, ce n'est que sur mon lit de mort que je pourrais te le dire. Ne le crains pas avant cet instant. » Corinne sortit, et peu de minutes après Thérésine entra dans la chambre d'Oswald, pour lui remettre, de la part de sa maîtresse, l'écrit qu'on va lire.

LIVRE XIV.

HISTOIRE DE CORINNE.

CHAPITRE PREMIER.

« Oswald, je vais commencer par l'aveu qui doit décider de ma vie. Si, après l'avoir lu, vous ne croyez pas possible de me pardonner, n'achevez point cette lettre, et rejetez-moi loin de vous ; mais si, lorsque vous connaîtrez et le nom et le sort auxquels j'ai renoncé, tout n'est pas brisé entre nous ; ce que vous apprendrez ensuite servira peut-être à m'excuser.

« Lord Edgermond était mon père ; je suis née en Italie de sa première femme, qui était Romaine, et Lucile Edgermond, qu'on vous destinait pour épouse, est ma sœur du côté paternel ; elle est le fruit du second mariage de mon père avec une Anglaise.

« Maintenant écoutez-moi. Élevée en Italie, je perdis ma mère lorsque je n'avais encore que dix ans ; mais comme en mourant elle avait témoigné un extrême désir que mon éducation fût terminée avant que j'allasse en Angleterre, mon père me laissa chez une tante de ma mère à Florence, jusqu'à l'âge de quinze ans. Mes talents, mes goûts, mon caractère même étaient formés, quand la mort de ma tante décida mon père à me rappeler près de lui. Il vivait dans une petite ville du Northumberland, qui ne peut, je crois, donner aucune idée de l'Angleterre; mais c'est tout ce que j'en ai connu, pendant les six années que j'y ai passées. Ma mère, dès mon enfance, ne m'avait entretenue que du malheur de ne plus vivre en Italie; et ma tante m'avait souvent répété que c'était la crainte de quitter son pays qui avait fait mourir ma mère de chagrin. Ma bonne tante se persuadait aussi qu'une catholique était damnée quand elle vivait dans un pays protestant; et bien que je ne partageasse pas cette crainte, cependant l'idée d'aller en Angleterre me causait beaucoup d'effroi.

« Je partis avec un sentiment de tristesse inexprimable. La femme qui était venue me chercher ne savait pas l'italien; j'en disais bien encore quelques mots à la dérobée avec ma pauvre Thérésine qui avait consenti à me suivre, quoiqu'elle ne cessât de pleurer en s'éloignant de sa patrie; mais il fallut me déshabituer de ces sons harmonieux qui plaisent tant, même aux étrangers, et dont le charme était uni pour moi à tous les souvenirs de l'enfance. Je m'avançais vers le Nord; sensation triste et sombre que j'éprouvais, sans en concevoir bien clairement la cause. Il y avait cinq ans que je n'avais vu mon père, quand j'arrivai chez lui. Je pus à peine le reconnaître : il me sembla que sa figure avait pris un caractère plus grave; cependant il me reçut avec un tendre intérêt, et me dit beaucoup que je ressemblais à ma mère. Ma petite sœur, qui avait alors trois ans, me fut amenée; c'était la figure la plus blanche, les cheveux de soie les plus blonds que j'eusse jamais vus. Je la regardai avec étonnement, car nous n'avons presque pas de ces figures en Italie; mais dès ce moment elle m'intéressa beaucoup; je pris ce jour-là même de ses cheveux pour en faire un bracelet, que j'ai toujours conservé depuis. Enfin ma belle-mère parut, et l'impression qu'elle me fit, la première fois que je la vis, s'est constamment accrue et renouvelée pendant les six années que j'ai passées avec elle.

« Lady Edgermond aimait exclusivement la province où elle était née, et mon père, qu'elle dominait, lui avait fait le sacrifice du séjour de Londres ou d'Édimbourg. C'était une personne froide, digne, silencieuse, dont les yeux étaient sensibles quand elle regardait sa fille, mais qui avait d'ailleurs quelque chose de si positif dans l'expression de sa physionomie et dans ses discours, qu'il paraissait impossible de lui faire entendre ni une idée nouvelle, ni seulement une parole à laquelle son esprit ne fût pas accoutumé. Elle me reçut bien, mais j'aperçus facilement que toute ma manière la surprenait, et qu'elle se proposait de la changer, si elle le pouvait. L'on ne dit mot pendant le dîner, bien qu'on eût invité quelques personnes du voisinage : je m'ennuyais tellement de ce silence, qu'au milieu du repas j'essayai de parler un peu à un homme âgé qui était assis à côté de moi ; et je citai dans la conversation des vers italiens très purs, très délicats, mais dans lesquels il était question d'amour : ma belle-mère, qui savait un peu l'italien, me regarda, rougit, et donna le signal aux femmes, plus tôt qu'à l'ordinaire encore, de se retirer pour aller préparer le thé, et laisser les hommes seuls à table pendant le dessert. Je n'entendais rien à cet usage, qui surprend beaucoup en Italie, où l'on ne peut concevoir aucun agrément dans la société sans les femmes ; et je crus un moment que ma belle-mère était si indignée contre moi, qu'elle ne voulait pas rester dans la chambre où j'étais. Cependant je me rassurai, parcequ'elle me fit signe de la suivre, et ne m'adressa aucun reproche pendant les trois heures que nous passâmes dans le salon, attendant que les hommes vinssent nous rejoindre.

« Ma belle-mère, à souper, me dit assez doucement qu'il n'était pas d'usage que les jeunes personnes parlassent, et que surtout elles ne devaient jamais se permettre de citer des vers où le mot d'amour était prononcé. « Miss Edgermond, ajouta-t-elle, vous devez tâcher d'oublier tout ce qui tient à l'Italie ; c'est un pays qu'il serait à désirer que vous n'eussiez jamais connu. » Je passai la nuit à pleurer, mon cœur était oppressé de tristesse : le matin j'allai me promener ; il faisait un brouillard affreux ; je n'aperçus pas le soleil, qui du moins m'aurait rappelé ma patrie. Je rencontrai mon père, il vint à moi et me dit : « Ma chère enfant, ce n'est pas ici comme en Italie, les femmes n'ont d'autre vocation parmi nous que les devoirs domestiques ; les talents que vous avez vous désennuieront dans la solitude ; peut-être aurez-vous un mari qui s'en fera plaisir : mais dans une petite ville comme celle-ci, tout ce qui attire l'attention excite l'envie, et vous ne trouveriez pas du tout à vous marier, si l'on croyait que vous avez des goûts étrangers à nos mœurs ; ici la manière d'exister doit être soumise aux anciennes habitudes d'une province éloignée. J'ai passé avec votre mère douze ans en Italie, et le souvenir m'en est très doux ; j'étais jeune alors, et la nouveauté me plaisait ; à présent je suis rentré dans ma case, et je m'en trouve bien ; une vie régulière, même un peu monotone, fait passer le temps sans qu'on s'en aperçoive. Mais il ne faut pas lutter contre les usages du pays où l'on est établi, l'on en souffre toujours ; car, dans une ville aussi petite que celle où nous sommes, tout se sait, tout se répète : il n'y a pas lieu à l'émulation, mais bien à la jalousie, et il vaut mieux supporter un peu d'ennui que de rencontrer toujours des visages surpris et malveillants, qui vous demanderaient, à chaque instant, raison de ce que vous faites. »

« Non, mon cher Oswald, vous ne pouvez vous faire une idée de la peine que j'éprouvai pendant que mon père parlait ainsi. Je me le rappelais plein de grace et de vivacité, tel que je l'avais vu dans mon enfance, et je le voyais courbé maintenant sous ce manteau de plomb que le Dante décrit dans l'enfer, et que la médiocrité jette sur les épaules de ceux qui passent sous son joug; tout s'éloignait à mes regards, l'enthousiasme de la nature, des beaux-arts, des sentiments; et mon ame me tourmentait comme une flamme inutile, qui me dévorait moi-même, n'ayant plus d'aliments au-dehors. Comme je suis naturellement douce, ma belle-mère n'avait point à se plaindre de moi dans mes rapports avec elle ; mon père encore moins, car je l'aimais tendrement, et c'était dans mes entretiens avec lui que je trouvais encore quelque plaisir. Il était résigné, mais il savait qu'il l'était; tandis que la plupart de nos gentilshommes campagnards, buvant, chassant et dormant, croyaient mener la plus sage et la plus belle vie du monde.

« Leur contentement me troublait à un tel point, que je me demandais si ce n'était pas moi dont la manière de penser était une folie, et si cette existence toute solide qui échappe à la douleur comme à la pensée, au sentiment comme à la rêverie, ne valait pas beaucoup mieux que ma manière d'être : mais à quoi m'aurait servi cette triste conviction? à m'affliger de mes facultés comme d'un malheur, tandis qu'elles passaient en Italie pour un bienfait du ciel.

« Parmi les personnes que nous voyions, il y en avait qui ne manquaient pas d'esprit, mais elles l'étouffaient comme une lueur importune; et, pour l'ordinaire, vers quarante ans ce petit mouvement de leur tête s'était engourdi avec tout le reste. Mon père, vers la fin de l'automne, allait beaucoup à la chasse, et nous l'attendions quelquefois jusqu'à minuit. Pendant son absence, je restais dans ma chambre la plus grande partie de la journée, pour cultiver mes talents ; et ma belle-mère en avait de l'humeur. « A quoi bon tout cela? me disait-elle ; en serez-vous plus heureuse? » et ce mot me mettait au désespoir. Qu'est-ce donc que le bonheur, me disais-je, si ce n'est pas le développement de nos facultés? Ne vaut-il pas autant se tuer physiquement que moralement? Et s'il faut étouffer mon esprit et mon ame, que sert de conserver le misérable reste de vie qui m'agite en vain? Mais je me gardais bien de parler ainsi à ma belle-mère. Je l'avais essayé une ou deux fois : elle m'avait répondu qu'une femme était faite pour soigner le ménage de son mari et la santé de ses enfants ; que toutes les autres prétentions ne faisaient que du mal, et que le meilleur conseil qu'elle avait à me donner, c'était de les cacher si je les avais. Et ce discours, tout commun qu'il était, me laissait absolument sans réponse : car l'émulation, l'enthousiasme, tous ces moteurs de l'ame et du génie, ont singulièrement besoin d'être encouragés, et se flétrissent comme les fleurs sous un ciel triste et glacé.

« Il n'y a rien de si facile que de se donner l'air très moral, en condamnant tout ce qui tient à une ame élevée. Le devoir, la plus noble destination de l'homme, peut être dénaturé comme toute autre idée, et devenir une arme offensive, dont les esprits étroits, les gens médiocres, et contents de l'être, se servent pour imposer silence au talent, et se débarrasser de l'enthousiasme, du génie, enfin de tous leurs ennemis. On dirait, à les entendre, que le devoir consiste dans le sacrifice des facultés distinguées que l'on possède, et que l'esprit est un tort qu'il faut expier, en menant précisément la même vie que ceux qui en manquent. Mais est-il vrai que le devoir prescrive à tous les caractères des règles semblables? Les grandes pensées, les sentiments généreux ne sont-ils pas dans ce monde la dette des êtres capables de l'acquitter? Chaque femme, comme chaque homme, ne doit-elle pas se frayer une route d'après son caractère et ses talents? et faut-il imiter l'instinct des abeilles, dont les essaims se succèdent sans progrès et sans diversité?

« Non, Oswald, pardonnez à l'orgueil de Corinne ; mais je me croyais faite pour une autre destinée : je me sens aussi soumise à ce que j'aime que ces femmes dont j'étais entourée, et qui ne permettaient ni un jugement à leur esprit, ni un désir à leur cœur. S'il vous plaisait de passer vos jours au fond de l'Écosse, je serais heureuse d'y vivre et d'y mourir auprès de vous ; mais, loin d'abdiquer mon imagination, elle me servirait à mieux jouir de la nature ; et plus l'empire de mon esprit serait étendu, plus je trouverais de gloire et de bonheur à vous en déclarer le maître.

« Ma belle-mère était presque aussi importunée de mes idées que de mes actions ; il ne lui suffisait pas que je menasse la même vie qu'elle, il fallait encore que ce fût par les mêmes motifs ; car elle voulait que les facultés qu'elle n'avait pas fussent considérées seulement comme une maladie. Nous vivions assez près du bord de la mer, et le vent du nord se faisait sentir souvent dans notre château : je l'entendais siffler la nuit à travers les longs corridors de notre demeure, et le jour il favorisait merveilleusement notre silence quand nous étions réunies. Le temps était humide et froid ; je ne pouvais presque jamais sortir sans éprouver une sensation douloureuse : il y avait dans la nature quelque chose d'hostile, qui me faisait regretter amèrement sa bienfaisance et sa douceur en Italie.

« Nous rentrions l'hiver dans la ville, si c'est une ville toutefois qu'un lieu où il n'y a ni spectacle, ni édifices, ni musique, ni tableaux ; c'était un rassemblement de commérages, une collection d'ennuis tout à la fois divers et monotones.

« La naissance, le mariage et la mort composaient toute l'histoire de notre société, et ces trois événements différaient là moins qu'ailleurs. Représentez-vous ce que c'était, pour une Italienne comme moi, que d'être assise autour d'une table à thé plusieurs heures par jour après dîner, avec la société de ma belle-mère. Elle était composée de sept femmes, les plus graves de la province ; deux d'entre elles étaient des demoiselles de cinquante ans, timides comme à quinze, mais beaucoup moins gaies qu'à cet âge. Une femme disait à l'autre : *Ma chère, croyez-vous que l'eau soit assez bouillante pour la jeter sur le thé ? — Ma chère*, répondait l'autre, *je crois que ce serait trop tôt, car ces messieurs ne sont pas encore prêts à venir. — Resteront-ils long-temps à table aujourd'hui ?* disait la troisième ; *qu'en croyez-vous, ma chère ? — Je ne sais pas,* répondait la quatrième ; *il me semble que l'élection du parlement doit avoir lieu la semaine prochaine, et il se pourrait qu'ils restassent pour s'en entretenir. — Non,* reprenait la cinquième ; *je crois plutôt qu'ils parlent de cette chasse au renard qui les a tant occupés la semaine passée, et qui doit recommencer lundi prochain ; je crois cependant que le dîner* sera bientôt fini. — *Ah! je ne l'espère guère*, disait la sixième en soupirant; et le silence recommençait. J'avais été dans les couvents d'Italie, ils me paraissaient pleins de vie à côté de ce cercle, et je ne savais qu'y devenir.

« Tous les quarts d'heure il s'élevait une voix qui faisait la question la plus insipide, pour obtenir la réponse la plus froide; et l'ennui soulevé retombait avec un nouveau poids sur ces femmes, que l'on aurait pu croire malheureuses, si l'habitude prise dès l'enfance n'apprenait pas à tout supporter. Enfin, les *messieurs* revenaient, et ce moment si attendu n'apportait pas un grand changement dans la manière d'être des femmes : les hommes continuaient leur conversation auprès de la cheminée, les femmes restaient dans le fond de la chambre, distribuant les tasses de thé; et quand l'heure du départ arrivait, elles s'en allaient avec leurs époux, prêtes à recommencer le lendemain une vie qui ne différait de celle de la veille que par la date de l'almanach, et par la trace des années qui venait enfin s'imprimer sur le visage de ces femmes, comme si elles eussent vécu pendant ce temps.

« Je ne puis concevoir encore comment mon talent a pu échapper au froid mortel dont j'étais entourée; car il ne faut pas se le cacher, il y a deux côtés à toutes les manières de voir : on peut vanter l'enthousiasme, on peut le blâmer; le mouvement et le repos, la variété et la monotonie, sont susceptibles d'être attaqués et défendus par divers arguments; on peut plaider pour la vie, et il y a cependant assez de bien à dire de la mort, ou de ce qui lui ressemble. Il n'est donc pas vrai qu'on puisse tout simplement mépriser ce que disent les gens médiocres; ils pénètrent malgré vous dans le fond de votre pensée, ils vous attendent dans les moments où la supériorité vous a causé des chagrins, pour vous dire un *Eh bien!* tout tranquille, tout modéré en apparence, et qui est cependant le mot le plus dur qu'il soit possible d'entendre; car on ne peut supporter l'envie que dans les pays où cette envie même est excitée par l'admiration qu'inspirent les talents : mais quel plus grand malheur que de vivre là où la supériorité ferait naître la jalousie, et point l'enthousiasme; là où l'on serait haï comme une puissance, en étant moins fort qu'un être obscur! Telle était ma situation dans cet étroit séjour; je n'y faisais qu'un bruit importun à presque tout le monde, et je ne pouvais, comme à Londres ou à Édimbourg, rencontrer ces hommes supérieurs qui savent tout juger et tout connaître, et qui, sentant le besoin des plaisirs inépuisables de l'esprit et de la conversation, auraient trouvé quelque charme dans l'entretien d'une étrangère, quand même elle ne se serait pas, en tout, conformée aux sévères usages du pays.

« Je passais quelquefois des jours entiers dans les sociétés de ma belle-mère, sans entendre dire un mot qui répondit ni à une idée, ni à un sentiment; l'on ne se permettait pas même des gestes en parlant; on voyait sur le visage des jeunes filles la plus belle fraicheur, les couleurs les plus vives, et la plus parfaite immobilité : singulier contraste entre la nature et la société ! Tous les âges avaient des plaisirs semblables : l'on prenait le thé, l'on jouait au whist, et les femmes veillissaient en faisant toujours la même chose, en restant toujours à la même place : le temps était bien sûr de ne pas les manquer, il savait où les prendre.

« Il y a dans les plus petites villes d'Italie un théâtre, de la musique, des improvisateurs, beaucoup d'enthousiasme pour la poésie et les arts, un beau soleil; enfin, on y sent qu'on vit; mais je l'oubliais tout-à-fait dans la province que j'habitais, et j'aurais pu, ce me semble, envoyer à ma place une poupée légèrement perfectionnée par la mécanique : elle aurait très bien rempli mon emploi dans la société. Comme il y a partout, en Angleterre, des intérêts de divers genres qui honorent l'humanité, les hommes, dans quelque retraite qu'ils vivent, ont toujours les moyens d'occuper dignement leur loisir; mais l'existence des femmes, dans le coin isolé de la terre que j'habitais, était bien insipide. Il y en avait quelques unes qui, par la nature et la réflexion, avaient développé leur esprit, et j'avais découvert quelques accents, quelques regards, quelques mots dits à voix basse, qui sortaient de la ligne commune; mais la petite opinion du petit pays, toute puissante dans son petit cercle, étouffait entièrement ces germes : on aurait eu l'air d'une mauvaise tête, d'une femme de vertu douteuse, si l'on s'était livré à parler, à se montrer de quelque manière; et ce qui était pis que tous les inconvénients, il n'y avait aucun avantage.

« D'abord j'essayai de ranimer cette société endormie : je leur proposai de lire des vers, de faire de la musique. Une fois, le jour était pris pour cela; mais tout-à-coup une femme se rappela qu'il y avait trois semaines qu'elle était invitée à souper chez sa tante; une autre, qu'elle était en deuil d'une vieille cousine qu'elle n'avait jamais vue, et qui était morte depuis plus de trois mois; une autre enfin, que dans son ménage il y avait des arrangements domestiques à prendre. Tout cela était très raisonnable ; mais ce qui était toujours sacrifié, c'étaient les plaisirs de l'imagination et l'esprit ; et j'entendais si souvent dire, *Cela ne se peut pas*, que, parmi tant de négations, ne pas vivre m'eût encore semblé la meilleure de toutes.

« Moi-même, après m'être débattue quelque temps, j'avais renoncé à mes vaines tentatives, non que mon père me les interdît, il avait même engagé ma belle-mère à ne pas me tourmenter à cet égard ; mais les insinuations, mais les regards à la dérobée pendant que je parlais, mille petites peines, semblables aux liens dont les pygmées entouraient Gulliver, me rendaient tous les mouvements impossibles, et je finissais par faire comme les autres en apparence, mais avec cette différence que je mourais d'ennui, d'impatience et de dégoûts, au fond du cœur. J'avais déjà passé ainsi quatre années les plus fastidieuses du monde ; et, ce qui m'affligeait davantage encore, je sentais mon talent se refroidir ; mon esprit se remplissait, malgré moi, de petitesses : car dans une société où l'on manque tout à la fois d'intérêt pour les sciences, la littérature, les tableaux et la musique, où l'imagination enfin n'occupe personne, ce sont les petits faits, les critiques minutieuses qui font nécessairement le sujet des entretiens ; et les esprits étrangers à l'activité comme à la méditation ont quelque chose d'étroit, de susceptible et de contraint, qui rend les rapports de la société tout à la fois pénibles et fades.

« Il n'y a là de jouissance que dans une certaine régularité méthodique, qui convient à ceux dont le désir est d'effacer toutes les supériorités, pour mettre le monde à leur niveau ; mais cette uniformité est une douleur habituelle pour les caractères appelés à une destinée qui leur soit propre. Le sentiment amer de la malveillance, que j'excitais malgré moi, se joignait à l'oppression causée par le vide, qui m'empêchait de respirer. C'est en vain qu'on se dit, Tel homme n'est pas digne de me juger, telle femme n'est pas capable de me comprendre ; le visage humain exerce un grand pouvoir sur le cœur humain ; et quand vous lisez sur ce visage une désapprobation secrète, elle vous inquiète toujours, en dépit de vous-même. Enfin le cercle qui vous environne finit toujours par vous cacher le reste du monde : le plus petit objet placé devant votre œil vous intercepte le soleil ; il en est de même aussi de la société dans laquelle on vit : ni l'Europe, ni la postérité, ne pourraient rendre insensible aux tracasseries de la maison voisine; et qui veut être heureux et développer son génie doit, avant tout, bien choisir l'atmosphère dont il s'entoure immédiatement.

CHAPITRE II.

« Je n'avais d'autre amusement que l'éducation de ma petite sœur; ma belle-mère ne voulait pas qu'elle sût la musique, mais elle m'avait permis de lui apprendre l'italien et le dessin, et je suis persuadée qu'elle se souvient encore de l'un et de l'autre, car je lui dois la justice qu'elle montrait alors beaucoup d'intelligence. Oswald, Oswald! si c'est pour votre bonheur que je me suis donné tant de soins, je m'en applaudis encore ; je m'en applaudirais dans le tombeau.

« J'avais près de vingt ans, mon père voulait me marier, et c'est ici que toute la fatalité de mon sort va se déployer. Mon père était l'intime ami du vôtre, et c'est à vous, Oswald, à vous qu'il pensa pour mon époux. Si nous nous étions connus alors, et si vous m'aviez aimée, notre sort à tous les deux eût été sans nuage. J'avais entendu parler de vous avec un tel éloge, que, soit pressentiment, soit orgueil, je fus extrêmement flattée par l'espoir de vous épouser. Vous étiez trop jeune pour moi, puisque j'ai dix-huit mois de plus que vous ; mais votre esprit, votre goût pour l'étude devançaient, dit-on, votre âge ; et je me faisais une idée si douce de la vie passée avec un caractère tel qu'on peignait le vôtre, que cet espoir effaçait entièrement mes préventions contre la manière d'exister des femmes en Angleterre. Je savais d'ailleurs que vous vouliez vous établir à Édimbourg ou à Londres, et j'étais sûre de trouver, dans chacune de ces deux villes, la société la plus distinguée. Je me disais alors ce que je crois encore à présent, c'est que tout le malheur de ma situation venait de vivre dans une petite ville, reléguée au fond d'une province du nord. Les grandes villes seules conviennent aux personnes qui sortent de la règle commune, quand c'est en société qu'elles veulent vivre; comme la vie y est variée, la nouveauté y plaît: mais dans les lieux où l'on a pris une assez douce habitude de la monotonie, l'on n'aime pas à s'amuser une fois, pour découvrir que l'on s'ennuie tous les jours.

« Je me plais à le répéter, Oswald, quoique je ne vous eusse jamais vu, j'attendais avec une véritable anxiété votre père, qui devait venir passer huit jours chez le mien ; et ce sentiment était alors trop peu motivé pour qu'il ne fût pas un avant-coureur de ma destinée. Quand lord Nelvil arriva, je desirai de lui plaire ; je le desirai peut-être trop, et je fis, pour y réussir, infiniment plus de frais qu'il n'en fallait : je lui montrai tous mes talents ; je chantai, je dansai, j'improvisai pour lui ; et mon esprit, long-temps contenu, fut peut-être trop vif en brisant ses chaînes. Depuis sept ans, l'expérience m'a calmée ; j'ai moins d'empressement à me montrer ; je suis plus accoutumée à moi ; je sais mieux attendre ; j'ai peut-être moins de confiance dans la bonne disposition des autres, mais aussi moins d'ardeur pour leurs applaudissements ; enfin, il est possible qu'alors il y eût en moi quelque chose d'étrange. On a tant de feu, tant d'imprudence dans la première jeunesse! on se jette en avant de la vie avec tant de vivacité! L'esprit, quelque distingué qu'il soit, ne supplée jamais au temps ; et, bien qu'avec cet esprit on sache parler sur les hommes comme si on les connaissait, on n'agit point en conséquence de ses propres aperçus ; on a je ne sais quelle fièvre dans les idées, qui ne nous permet pas de conformer notre conduite à nos propres raisonnements.

« Je crois, sans le savoir avec certitude, que je parus à lord Nelvil une personne trop vive ; car, après avoir passé huit jours chez mon père, et s'être montré cependant très aimable pour moi, il nous quitta, et écrivit à mon père que, toute réflexion faite, il trouvait son fils trop jeune pour conclure le mariage dont il avait été question. Oswald, quelle importance attacherez-vous à cet aveu? Je pouvais vous dissimuler cette circonstance de ma vie, je ne l'ai pas fait. Serait-il possible cependant qu'elle vous parût ma condamnation? Je suis, je le sais, améliorée depuis sept années ; et votre père aurait-il vu sans émotion ma tendresse et mon enthousiasme pour vous? Oswald, il vous aimait ; nous nous serions entendus.

« Ma belle-mère forma le projet de me marier au fils de son frère aîné, qui possédait une terre dans notre voisinage : c'était un homme de trente ans, riche, d'une belle figure, d'une naissance illustre et d'un caractère fort honnête, mais si parfaitement convaincu de l'autorité d'un mari sur sa femme, et de la destination soumise et domestique de cette femme, qu'un doute à cet égard l'aurait autant révolté que si l'on avait mis en question l'honneur ou la probité. M. Maclinson (c'était son nom) avait assez de goût pour moi, et ce qu'on disait dans la ville de mon esprit et de mon caractère singulier ne l'inquiétait pas le moins du monde : il y avait tant d'ordre dans sa maison, tout s'y faisait si régulièrement, à la même heure et de la même manière, qu'il était impossible à personne d'y rien changer. Les deux vieilles tantes qui dirigeaient le ménage, les domestiques, les chevaux même, n'auraient pas su faire une seule chose différente de la veille, et les meubles qui assistaient à ce genre de vie depuis trois générations se seraient, je le crois, déplacés d'eux-mêmes, si quelque chose de nouveau leur était apparu. M. Maclinson avait donc raison de ne pas craindre mon arrivée dans ce lieu ; le poids des habitudes y était si fort, que la petite liberté que je me serais donnée aurait pu le désennuyer un quart d'heure par semaine, mais n'aurait sûrement jamais eu d'autre conséquence.

« C'était un homme bon, incapable de faire de la peine ; mais si cependant je lui avais parlé des chagrins sans nombre qui peuvent tourmenter une ame active et sensible, il m'aurait considérée comme une personne vaporeuse, et m'aurait simplement conseillé de monter à cheval, et de prendre l'air. Il desirait de m'épouser, précisément parcequ'il ne se doutait pas des besoins de l'esprit et de l'imagination, et que je lui plaisais sans qu'il me comprît. S'il avait eu seulement l'idée de ce que c'était qu'une femme distinguée, et des avantages et des inconvénients qu'elle peut avoir, il eût craint de ne pas être assez aimable à mes yeux ; mais ce genre d'inquiétude n'entrait pas même dans sa tête. Jugez de ma répugnance pour un tel mariage ! Je le refusai décidément ; mon père me soutint ; ma belle-mère en conçut un vif ressentiment contre moi : c'était une personne despotique au fond de l'ame, bien que sa timidité l'empêchât souvent d'exprimer sa volonté : quand on ne la devinait pas, elle en avait de l'humeur ; et quand on lui résistait, après qu'elle avait fait l'effort de s'exprimer, elle le pardonnait d'autant moins qu'il lui en avait plus coûté pour sortir de sa réserve accoutumée.

« Toute la ville me blâma de la manière la plus prononcée. Une union aussi convenable, une fortune si bien en ordre, un homme si estimable, un nom si considéré ! tel était le cri général. J'essayai d'expliquer pourquoi cette union si convenable ne me convenait pas ; j'y perdis ma peine. Quelquefois je me faisais comprendre quand je parlais ; mais dès que j'étais partie, ce que j'avais dit ne laissait aucune trace ; car les idées habituelles rentraient aussitôt dans les têtes de mes auditeurs, et ils recevaient avec un nouveau plaisir ces anciennes connaissances, que j'avais un moment écartées.

« Une femme beaucoup plus spirituelle que les autres, bien qu'elle se fût conformée en tout extérieurement à la vie commune, me prit à part, un jour que j'avais parlé avec encore plus de vivacité qu'à l'ordinaire, et me dit ces paroles, qui me firent une impression profonde : « Vous vous donnez beaucoup de peine, ma chère, pour un résultat impossible ; vous ne changerez pas la nature des choses : une petite ville du nord, sans rapport avec le reste du monde, sans goût pour les arts ni pour les lettres, ne peut être autrement qu'elle n'est : si vous devez vivre ici, soumettez-vous ; allez-vous-en, si vous ne le pouvez ; il n'y a que ces deux partis à prendre. » Ce raisonnement n'était que trop évident ; je me sentis pour cette femme une considération que je n'avais pas pour moi-même ; car, avec des goûts assez analogues aux miens, elle avait su se résigner à la destinée que je ne pouvais supporter ; et, tout en aimant la poésie et les jouissances idéales, elle jugeait mieux la force des choses et l'obstination des hommes. Je cherchai beaucoup à la voir ; mais ce fut en vain : son esprit sortait du cercle, mais sa vie y était enfermée ; et je crois même qu'elle craignait un peu de réveiller, par nos entretiens, sa supériorité naturelle : qu'en aurait-elle fait ?

CHAPITRE III.

« J'aurais cependant passé toute ma vie dans la déplorable situation où je me trouvais, si j'avais conservé mon père ; mais un accident subit me l'enleva : je perdis avec lui mon protecteur, mon ami, le seul qui m'entendît encore ; dans ce désert peuplé, et mon désespoir fut tel, que je n'eus plus la force de résister à mes impressions. J'avais vingt ans quand il mourut, et je me trouvai sans autre appui, sans autre relation que ma belle-mère, une personne avec laquelle, depuis cinq ans que nous vivions ensemble, je n'étais pas plus liée que le premier jour. Elle se mit à me reparler de M. Maclinson ; et quoiqu'elle n'eût pas le droit de me commander de l'épouser, elle ne recevait que lui chez elle, et me déclarait assez nettement qu'elle ne favoriserait aucun autre mariage. Ce n'était pas qu'elle aimât beaucoup M. Maclinson, quoiqu'il fût son propre parent ; mais elle me trouvait dédaigneuse de le refuser, et elle faisait cause commune avec lui, plutôt pour la défense de la médiocrité que par amour-propre de famille.

« Chaque jour ma situation devenait plus odieuse ; je me sentais saisie par la maladie du pays, la plus inquiète douleur qui puisse s'emparer de l'âme. L'exil est quelquefois, pour les caractères vifs et sensibles, un supplice beaucoup plus cruel que la mort ; l'imagination prend en déplaisance tous les objets qui vous entourent, le climat, le pays, la langue, les usages, la vie en masse, la vie en détail ; il y a une peine pour chaque moment, comme pour chaque situation ; car la patrie nous donne mille plaisirs habituels que nous ne connaissons pas nous-mêmes, avant de les avoir perdus :

. . . . La favella, i costumi,
L' aria, i tronchi, il terren, le mura, i sassi[1].

C'est déjà un vif chagrin que de ne plus voir les lieux où l'on a passé son enfance : les souvenirs de cet âge, par un charme particulier, rajeunissent le cœur, et cependant adoucissent l'idée de la mort. La tombe rapprochée du berceau semble placer sous le même ombrage toute une vie ; tandis que les années passées sur un sol étranger sont comme des branches sans racines. La génération qui vous précède ne vous a pas vu naître ; elle n'est pas pour vous la génération des pères, la génération protectrice ; mille intérêts qui vous sont communs avec vos compatriotes ne sont plus entendus par les étrangers ; il faut tout expliquer, tout commenter, tout dire, au lieu de cette communication facile, de cette effusion de pensées, qui commence à l'instant où l'on retrouve ses concitoyens. Je ne pouvais me rappeler sans émotion les expressions bienveillantes de mon pays. *Cara, carissima*, disais-je quelquefois en me promenant toute seule, pour m'imiter à moi-même l'accueil si amical des Italiens et des Italiennes ; je comparais cet accueil à celui que je recevais.

« Chaque jour j'errais dans la campagne, où j'avais coutume d'entendre le soir, en Italie, des airs harmonieux chantés avec des voix si justes ; et les cris des corbeaux retentissaient seuls dans les nuages. Le soleil si beau, l'air si suave de mon pays était remplacé par les brouillards ; les fruits mûrissaient à peine, je ne voyais point de vignes, les fleurs croissaient languissamment, à long intervalle l'une de l'autre ; les sapins couvraient les montagnes toute l'année, comme un noir vêtement : un édifice antique, un

---

[1] La langue, les mœurs, l'air, les arbres, la terre, les murs, les pierres !

MÉTASTASE.

tableau seulement, un beau tableau aurait relevé mon ame; mais je l'aurais vainement cherché à trente milles à la ronde. Tout était terne, tout était morne autour de moi; et ce qu'il y avait d'habitations et d'habitants servait seulement à priver la solitude de cette horreur poétique qui cause à l'ame un frissonnement assez doux. Il y avait de l'aisance, un peu de commerce et de la culture autour de nous; enfin, ce qu'il faut pour qu'on vous dise : *Vous devez être contente, il ne vous manque rien*. Stupide jugement, porté sur l'extérieur de la vie, quand tout le foyer du bonheur et de la souffrance est dans le sanctuaire le plus intime et le plus secret de nous-mêmes !

« A vingt-un ans, je devais naturellement entrer en possession de la fortune de ma mère, et de celle que mon père m'avait laissée. Une fois alors, dans mes rêveries solitaires, il me vint dans l'idée, puisque j'étais orpheline et majeure, de retourner en Italie, pour y mener une vie indépendante, tout entière consacrée aux arts. Ce projet, quand il entra dans ma pensée, m'enivra de bonheur, et d'abord je ne conçus pas la possibilité d'une objection. Cependant, quand ma fièvre d'espérance fut un peu calmée, j'eus peur de cette résolution irréparable ; et me représentant ce qu'en penseraient tous ceux que je connaissais, le projet que j'avais d'abord trouvé si facile me sembla tout-à-fait impraticable; mais néanmoins l'image de cette vie au milieu de tous les souvenirs de l'antiquité, de la peinture, de la musique, s'était offerte à moi avec tant de détails et de charmes, que j'avais pris un nouveau dégoût pour mon ennuyeuse existence.

« Mon talent, que j'avais craint de perdre, s'était accru par l'étude suivie que j'avais faite de la littérature anglaise ; la manière profonde de penser et de sentir qui caractérise vos poëtes avait fortifié mon esprit et mon ame, sans que j'eusse rien perdu de l'imagination vive qui semble n'appartenir qu'aux habitants de nos contrées. Je pouvais donc me croire destinée à des avantages particuliers, par la réunion des circonstances rares qui m'avaient donné une double éducation, et, si je puis m'exprimer ainsi, deux nationalités différentes. Je me souvenais de l'approbation qu'un petit nombre de bons juges avaient accordée dans Florence à mes premiers essais en poésie. Je m'exaltais sur les nouveaux succès que je pouvais obtenir ; enfin j'espérais beaucoup de moi : n'est-ce pas la première et la plus noble illusion de la jeunesse ?

« Il me semblait que j'entrerais en possession de l'univers, le jour où je ne sentirais plus le souffle desséchant de la médiocrité malveillante ; mais quand il fallait prendre la résolution de partir, de m'échapper secrètement, je me sentais arrêtée par l'opinion, qui m'imposait beaucoup plus en Angleterre qu'en Italie ; car, bien que je n'aimasse pas la petite ville que j'habitais, je respectais l'ensemble du pays dont elle faisait partie. Si ma belle-mère avait daigné me conduire à Londres ou à Édimbourg, si elle avait songé à me marier avec un homme qui eût assez d'esprit pour faire cas du mien, je n'aurais jamais renoncé ni à mon nom, ni à mon existence, même pour retourner dans mon ancienne patrie. Enfin, quelque dure que fût pour moi la domination de ma belle-mère, je n'aurais peut-être jamais eu la force de changer de situation, sans une multitude de circonstances qui se réunirent, comme pour décider mon esprit incertain.

« J'avais près de moi la femme de chambre italienne que vous connaissez, Thérésine ; elle est Toscane ; et, bien que son esprit n'ait point été cultivé, elle se sert de ces expressions nobles et harmonieuses qui donnent tant de grace aux moindres discours de notre peuple. C'était avec elle seulement que je parlais ma langue, et ce lien m'attachait à elle. Je la voyais souvent triste, et je n'osais lui en demander la cause, me doutant qu'elle regrettait comme moi notre pays, et craignant de ne pouvoir plus contraindre mes propres sentiments, s'ils étaient excités par les sentiments d'un autre. Il y a des peines qui s'adoucissent en les communiquant ; mais les maladies de l'imagination s'augmentent quand on les confie ; elles s'augmentent surtout, quand on aperçoit dans un autre une douleur semblable à la sienne. Le mal qu'on souffre parait alors invincible, et l'on n'essaie plus de le combattre. Ma pauvre Thérésine tomba tout-à-coup sérieusement malade ; et, l'entendant gémir nuit et jour, je me déterminai à lui demander enfin le sujet de ses chagrins. Quel fut mon étonnement de l'entendre me dire presque tout ce que j'avais senti ! Elle n'avait pas si bien réfléchi que moi sur la cause de ses peines ; elle s'en prenait davantage à des circonstances locales, à des personnes en particulier ; mais la tristesse de la nature, l'insipidité de la ville où nous demeurions, la froideur de ses habitants, la contrainte de leurs usages, elle sentait tout, sans pouvoir s'en rendre raison, et s'écriait sans cesse : « O mon pays, ne vous reverrai-je donc jamais ! » Et puis elle ajoutait cependant qu'elle ne voulait pas me quitter, et, avec une amertume qui me déchirait le cœur, elle pleurait de ne pouvoir concilier avec son attachement pour moi son beau ciel d'Italie, et le plaisir d'entendre sa langue maternelle.

« Rien ne fit plus d'effet sur mon esprit que ce reflet de mes propres impressions dans une personne toute commune, mais qui avait conservé le caractère et les goûts italiens dans leur vivacité naturelle, et je lui promis qu'elle reverrait l'Italie. « Avec vous?» répondit-elle. Je gardai le silence. Alors elle s'arracha les cheveux, et jura qu'elle ne s'éloignerait jamais de moi; mais elle paraissait prête à mourir à mes yeux, en prononçant ces paroles. Enfin, il m'échappa de lui dire que j'y retournerais aussi; et ce mot, qui n'avait eu pour but que de la calmer, devint plus solennel par la joie inexprimable qu'il lui causa et la confiance qu'elle y prit. Depuis ce jour, sans en rien dire, elle se lia avec quelques négociants de la ville, et m'annonçait exactement quand un vaisseau partait du port voisin pour Gênes ou Livourne : je l'écoutais, et je ne répondais rien; elle imitait aussi mon silence, mais ses yeux se remplissaient de larmes. Ma santé souffrait tous les jours davantage du climat et de mes peines intérieures; mon esprit a besoin de mouvement et de gaieté : je vous l'ai dit souvent, la douleur me tuerait; il y a trop de lutte en moi contre elle; il faut lui céder pour n'en pas mourir.

« Je revenais donc fréquemment à l'idée qui m'occupait depuis la mort de mon père; mais j'aimais beaucoup Lucile, qui avait alors neuf ans, et que je soignais depuis six comme sa seconde mère : un jour je pensai que si je partais ainsi secrètement, je ferais un tel tort à ma réputation, que le nom de ma sœur en souffrirait; et cette crainte me fit renoncer, pour un temps, à mes projets. Cependant, un soir que j'étais plus affectée que jamais des chagrins que j'éprouvais, et dans mes rapports avec ma belle-mère, et dans mes rapports avec la société, je me trouvai seule à souper avec lady Edgermond; et, après une heure de silence, il me prit tout-à-coup un tel ennui de son impertubable froideur, que je commençai la conversation en me plaignant de la vie que je menais; plus, d'abord, pour la forcer à parler que pour l'amener à aucun résultat qui pût me concerner; mais, en m'animant, je supposai tout-à-coup la possibilité, dans une situation semblable à la mienne, de quitter pour toujours l'Angleterre. Ma belle-mère n'en fut pas troublée; et, avec un sang-froid et une sécheresse que je n'oublierai de ma vie, elle me dit : « Vous avez vingt et un ans, miss Edgermond ; ainsi la fortune de votre mère et celle que votre père vous a laissée sont à vous. Vous êtes donc la maîtresse de vous conduire comme vous le voudrez ; mais si vous prenez un parti qui vous déshonore dans l'opinion, vous devez à votre famille de changer de nom, et de vous faire passer pour morte. » Je me levai à ces paroles avec impétuosité, et je sortis sans répondre.

« Cette dureté dédaigneuse m'inspira la plus vive indignation, et, pour un moment, un desir de vengeance tout-à-fait étranger à mon caractère s'empara de moi. Ces mouvements se calmèrent ; mais la conviction que personne ne s'intéressait à mon bonheur rompit les liens qui m'attachaient encore à la maison où j'avais vu mon père. Certainement lady Edgermond ne me plaisait pas, mais je n'avais pas pour elle l'indifférence qu'elle me témoignait ; j'étais touchée de sa tendresse pour sa fille ; je croyais l'avoir intéressée par les soins que je donnais à cette enfant, et peut-être, au contraire, ces soins mêmes avaient-ils excité sa jalousie ; car plus elle s'était imposé de sacrifices sur tous les points, plus elle était passionnée dans la seule affection qu'elle se fût permise. Tout ce qu'il y a dans le cœur humain de vif et d'ardent, maîtrisé par sa raison sous tous les autres rapports, se retrouvait dans son caractère, quand il s'agissait de sa fille.

« Au milieu du ressentiment qu'avait excité dans mon cœur mon entretien avec lady Edgermond, Thérésine vint me dire, avec une émotion extrême, qu'un bâtiment, arrivé de Livourne même, était entré dans le port, dont nous n'étions éloignées que de quelques lieues ; et qu'il y avait sur ce bâtiment des négociants qu'elle connaissait, et qui étaient les plus honnêtes gens du monde. « Ils sont tous Italiens, me dit-elle en pleurant ; ils ne parlent qu'italien. Dans huit jours ils se rembarquent, et vont directement en Italie ; et si madame était décidée... — Retournez avec eux, ma bonne Thérésine, lui répondis je. — Non, madame, s'écria-t-elle ; j'aime mieux mourir ici. » Et elle sortit de ma chambre, où je restai, réfléchissant à mes devoirs envers ma belle-mère. Il me paraissait clair qu'elle desirait ne plus m'avoir auprès d'elle : mon influence sur Lucile lui déplaisait ; elle craignait que la réputation que j'avais autour de moi, d'être une personne extraordinaire, ne nuisît un jour à l'établissement de sa fille ; enfin elle m'avait dit le secret de son cœur, en m'indiquant le desir que je me fisse passer pour morte ; et ce conseil amer, qui m'avait d'abord tant révoltée, me parut, à la réflexion, assez raisonnable.

« Oui, sans doute, m'écriai-je, passons pour morte dans ces lieux où mon existence n'est qu'un sommeil agité. Je revivrai avec la nature, avec le soleil, avec les beaux-arts; et les froides lettres qui composent mon nom, inscrites sur un vain tombeau, tiendront aussi bien que moi ma place dans ce séjour sans vie. » Ces élans de mon ame vers la liberté ne me donnèrent point encore cependant la force d'une résolution décisive; il y a des moments où l'on se croit la puissance de ce qu'on desire, et d'autres où l'ordre habituel des choses paraît devoir l'emporter sur tous les sentiments de l'ame. J'étais dans cette indécision, qui pouvait durer toujours, puisque rien au-dehors de moi ne m'obligeait à prendre un parti, lorsque, le dimanche qui suivit ma conversation avec ma belle-mère, j'entendis, vers le soir, sous mes fenêtres, des chanteurs italiens qui étaient venus sur le bâtiment de Livourne, et que Thérésine avait attirés, pour me causer une agréable surprise. Je ne puis exprimer l'émotion que je ressentis; un déluge de pleurs couvrit mon visage, tous mes souvenirs se ranimèrent : rien ne retrace le passé comme la musique; elle fait plus que le retracer; il apparait, quand elle l'évoque, semblable aux ombres de ceux qui nous sont chers, revêtu d'un voile mystérieux et mélancolique. Les musiciens chantèrent ces délicieuses paroles de Monti, qu'il a composées dans son exil :

> Bella Italia, amate sponde,
> Pur vi torno à riveder.
> Trema in petto, e si confonde
> L'alma oppressa dal piacer[1].
> . . . .
> . . . .

« J'étais dans une sorte d'ivresse; je sentais pour l'Italie tout ce que l'amour fait éprouver, desir, enthousiasme, regrets; je n'étais plus maîtresse de moi-même, toute mon ame était entraînée vers ma patrie : j'avais besoin de la voir, de la respirer, de l'entendre; chaque battement de mon cœur était un appel à mon beau séjour, à ma riante contrée. Si la vie était offerte aux morts dans les tombeaux, ils ne soulèveraient pas la pierre qui les couvre avec plus d'impatience que je n'en éprouvais pour écarter de moi

[1] Belle Italie ! bords chéris ! je vais donc vous revoir encore! mon ame tremble, et succombe à l'excès de ce plaisir.

tous mes linceuls, et reprendre possession de mon imagination, de mon génie, de la nature. Au moment de cette exaltation causée par la musique, j'étais loin encore de prendre aucun parti, car mes sentiments étaient trop confus pour en tirer aucune idée fixe, lorsque ma belle-mère entra, et me pria de faire cesser ces chants, parcequ'il était scandaleux d'entendre de la musique le dimanche. Je voulus insister : les Italiens partaient le lendemain; il y avait six ans que je n'avais joui d'un semblable plaisir : ma belle-mère ne m'écouta pas; et, me disant qu'il fallait, avant tout, respecter les convenances du pays où l'on vivait, elle s'approcha de la fenêtre, et commanda à ses gens d'éloigner mes pauvres compatriotes. Ils partirent, et me répétaient de loin en loin, en chantant, un adieu qui me perçait le cœur.

« La mesure de mes impressions était comblée; le vaisseau devait s'éloigner le lendemain ; Thérésine, à tout hasard, et sans m'en avertir, avait tout préparé pour mon départ. Lucile était depuis huit jours chez une parente de sa mère. Les cendres de mon père ne reposaient pas dans la maison de campagne que nous habitions; il avait ordonné que son tombeau fût élevé dans la terre qu'il avait en Écosse. Enfin je partis sans en prévenir ma belle-mère, et lui laissant une lettre qui lui apprenait ma résolution. Je partis dans un de ces moments où l'on se livre à la destinée, où tout paraît meilleur que la servitude, le dégoût et l'insipidité ; où la jeunesse inconsidérée se fie à l'avenir, et le voit dans les cieux comme une étoile brillante qui lui promet un heureux sort.

CHAPITRE IV.

« Des pensées plus inquiètes s'emparèrent de moi, quand je perdis de vue les côtes d'Angleterre; mais comme je n'y avais pas laissé d'attachement vif, je fus bientôt consolée, en arrivant à Livourne, par tout le charme de l'Italie. Je ne dis à personne mon véritable nom, comme je l'avais promis à ma belle-mère; je pris seulement celui de Corinne, que l'histoire d'une femme grecque, amie de Pindare et poëte, m'avait fait aimer[1]. Ma figure, en se développant, avait tellement changé, que j'étais sûre de n'être pas reconnue; j'avais vécu assez solitaire à Florence, et je devais

[1] Il ne faut pas confondre le nom de Corinne avec celui de la Corilla, improvisatrice italienne, dont tout le monde a entendu parler. Corinne était une femme grecque, célèbre par la poésie lyrique; Pindare lui-même avait reçu des leçons d'elle.

compter sur ce qui m'est arrivé : c'est que personne à Rome n'a su qui j'étais. Ma belle-mère me manda qu'elle avait répandu le bruit que les médecins m'avaient ordonné le voyage du Midi, pour rétablir ma santé, et que j'étais morte dans la traversée. Sa lettre ne contenait d'ailleurs aucune réflexion : elle me fit passer avec une très grande exactitude toute ma fortune, qui est assez considérable ; mais elle ne m'a plus écrit. Cinq ans se sont écoulés depuis ce moment jusqu'à celui où je vous ai vu, cinq ans pendant lesquels j'ai goûté assez de bonheur : je suis venue m'établir à Rome ; ma réputation s'est accrue ; les beaux-arts et la littérature m'ont encore donné plus de jouissances solitaires qu'ils ne m'ont valu de succès, et je n'ai pas connu, jusques à vous, tout l'empire que le sentiment peut exercer ; mon imagination colorait et décolorait quelquefois mes illusions, sans me causer de vives peines ; je n'avais point encore été saisie par une affection qui pût me dominer. L'admiration, le respect, l'amour, n'enchaînaient point toutes les facultés de mon ame ; je concevais, même en aimant, plus de qualités et plus de charmes que je n'en ai rencontré ; enfin je restais supérieure à mes propres impressions, au lieu d'être entièrement subjuguée par elles.

« N'exigez point que je vous raconte comment deux hommes, dont la passion pour moi n'a que trop éclaté, ont occupé successivement ma vie, avant de vous connaître : il faudrait faire violence à ma conviction intime, pour me persuader maintenant qu'un autre que vous a pu m'intéresser, et j'en éprouve autant de repentir que de douleur. Je vous dirai seulement ce que vous avez appris déjà par mes amis, c'est que mon existence indépendante me plaisait tellement, qu'après de longues irrésolutions et de pénibles scènes, j'ai rompu deux fois des liens que le besoin d'aimer m'avait fait contracter, et que je n'ai pu me résoudre à rendre irrévocables. Un grand seigneur allemand voulait, en m'épousant, m'emmener dans son pays, où son rang et sa fortune le fixaient. Un prince italien m'offrait à Rome même l'existence la plus brillante. Le premier sut me plaire en m'inspirant la plus haute estime ; mais je m'aperçus, avec le temps, qu'il avait peu de ressources dans l'esprit. Quand nous étions seuls, il fallait que je me donnasse beaucoup de peine pour soutenir la conversation, et pour lui cacher avec soin ce qui lui manquait. Je n'osais, en causant avec lui, me montrer ce que je puis être, de peur de le mettre mal à l'aise ; je prévis que son sentiment pour moi diminuerait nécessairement le jour où je cesserais de le ménager, et néanmoins il est difficile de conserver de l'enthousiasme pour ceux que l'on ménage. Les égards d'une femme pour une infériorité quelconque dans un homme supposent toujours qu'elle ressent pour lui plus de pitié que d'amour; et le genre de calcul et de réflexion que ces égards demandent flétrit la nature céleste d'un sentiment involontaire. Le prince italien était plein de grace et de fécondité dans l'esprit. Il voulait s'établir à Rome, partageait tous mes goûts, aimait mon genre de vie ; mais je remarquai, dans une occasion importante, qu'il manquait d'énergie dans l'ame, et que, dans les circonstances difficiles de la vie, ce serait moi qui me verrais obligée de le soutenir et de le fortifier : alors tout fut dit pour l'amour ; car les femmes ont besoin d'appui, et rien ne les refroidit comme la nécessité d'en donner. Je fus donc deux fois détrompée de mes sentiments, non par des malheurs ni par des fautes, mais par l'esprit observateur qui me découvrit ce que l'imagination m'avait caché.

« Je me crus destinée à ne jamais aimer de toute la puissance de mon ame ; quelquefois cette idée m'était pénible, plus souvent je m'applaudissais d'être libre ; je craignais en moi cette faculté de souffrir, cette nature passionnée qui menace mon bonheur et ma vie ; je me rassurais toujours, en songeant qu'il était difficile de captiver mon jugement, et je ne croyais pas que personne pût jamais répondre à l'idée que j'avais du caractère et de l'esprit d'un homme ; j'espérais toujours échapper au pouvoir absolu d'un attachement, en apercevant quelques défauts dans l'objet qui pourrait me plaire ; je ne savais pas qu'il existe des défauts qui peuvent accroître l'amour même par l'inquiétude qu'ils lui causent. Oswald, la mélancolie, l'incertitude, qui vous découragent de tout, la sévérité de vos opinions, troublent mon repos, sans refroidir mon sentiment : je pense souvent que ce sentiment ne me rendra pas heureuse ; mais alors c'est moi que je juge, et jamais vous.

« Vous connaissez maintenant l'histoire de ma vie : l'Angleterre abandonnée, mon changement de nom, l'inconstance de mon cœur, je n'ai rien dissimulé. Sans doute, vous penserez que l'imagination m'a souvent égarée ; mais si la société n'enchaînait pas les femmes par des liens de tout genre, dont les hommes sont dégagés, qu'y aurait-il dans ma vie qui pût empêcher de m'aimer ? Ai-je jamais trompé ? ai-je jamais fait de mal ? mon ame a-t-elle jamais été flétrie par de vulgaires intérêts? Sincérité, bonté, fierté, Dieu demandera-t-il davantage à l'orpheline qui se trouvait seule dans l'univers? Heureuses les femmes qui rencontrent, à leurs premiers pas dans la vie, celui qu'elles doivent aimer toujours! Mais le mérité-je moins, pour l'avoir connu trop tard?

« Cependant je vous le dirai, milord, et vous en croirez ma franchise : si je pouvais passer ma vie près de vous sans vous épouser, il me semble que, malgré la perte d'un grand bonheur, et d'une gloire à mes yeux la première de toutes, je ne voudrais pas m'unir à vous. Peut-être ce mariage est-il pour vous un sacrifice; peut-être un jour regretterez-vous cette belle Lucile, ma sœur, que votre père vous a destinée. Elle est plus jeune que moi de douze années; son nom est sans tache, comme la première fleur du printemps : il faudrait, en Angleterre, faire revivre le mien, qui a déjà passé sous l'empire de la mort. Lucile a, je le sais, une ame douce et pure ; si j'en juge par son enfance, il se peut qu'elle soit capable de vous entendre en vous aimant. Oswald, vous êtes libre; quand vous le desirerez, votre anneau vous sera rendu.

« Peut-être voulez-vous savoir, avant que de vous décider, ce que je souffrirai si vous me quittez. Je l'ignore : il s'élève quelquefois des mouvements tumultueux dans mon ame, qui sont plus forts que ma raison ; et je ne serais pas coupable si de tels mouvements me rendaient l'existence tout-à-fait insupportable. Il est également vrai que j'ai beaucoup de facultés de bonheur; je sens quelquefois en moi comme une fièvre de pensées, qui fait circuler mon sang plus vite. Je m'intéresse à tout ; je parle avec plaisir ; je jouis avec délices de l'esprit des autres, de l'intérêt qu'ils me témoignent, des merveilles de la nature, des ouvrages de l'art que l'affectation n'a point frappés de mort. Mais serait-il en ma puissance de vivre quand je ne vous verrais plus? C'est à vous d'en juger, Oswald, car vous me connaissez mieux que moi-même ; je ne suis pas responsable de ce que je puis éprouver; c'est à celui qui enfonce le poignard à savoir si la blessure qu'il fait est mortelle. Mais quand elle le serait, Oswald, je devrais vous le pardonner.

« Mon bonheur dépend en entier du sentiment que vous m'avez montré depuis six mois. Je défierais toute la puissance de votre volonté et de votre délicatesse de me tromper sur la plus légère altération dans ce sentiment. Éloignez de vous, à cet égard, toute idée de devoir ; je ne connais pour l'amour ni promesse ni garantie. La Divinité seule peut faire renaître une fleur, quand le vent l'a flétrie. Un accent, un regard de vous suffirait pour m'apprendre que votre cœur n'est plus le même, et je détesterais tout ce que vous pourriez m'offrir à la place de votre amour, de ce rayon divin, ma céleste auréole. Soyez donc libre maintenant, Oswald, libre chaque jour, libre encore, quand vous seriez mon époux ; car si vous ne m'aimiez plus, je vous affranchirais, par ma mort, des liens indissolubles qui vous attacheraient à moi.

« Dès que vous aurez lu cette lettre, je veux vous revoir ; mon impatience me conduira vers vous, et je saurai mon sort en vous apercevant ; car le malheur est rapide, et le cœur, tout faible qu'il est, ne doit pas se méprendre aux signes funestes d'une destinée irrévocable. Adieu. »

LIVRE XV.

LES ADIEUX A ROME, ET LE VOYAGE A VENISE.

CHAPITRE PREMIER.

C'était avec une émotion profonde qu'Oswald avait lu la lettre de Corinne. Un mélange confus de diverses peines l'agitait : tantôt il était blessé du tableau qu'elle faisait d'une province d'Angleterre, et se disait avec désespoir que jamais une telle femme ne pourrait être heureuse dans la vie domestique ; tantôt il la plaignait de ce qu'elle avait souffert, et ne pouvait s'empêcher d'aimer et d'admirer la franchise et la simplicité de son récit. Il se sentait jaloux aussi des affections qu'elle avait éprouvées avant de le connaître, et plus il voulait se cacher à lui-même cette jalousie, plus il en était tourmenté ; enfin, surtout, la part qu'avait son père dans son histoire l'affligeait amèrement ; et l'angoisse de son âme était telle, qu'il ne savait plus ce qu'il pensait, ni ce qu'il faisait. Il sortit précipitamment à midi, par un soleil brûlant : à cette heure il n'y a personne dans les rues de Naples ; l'effroi de la chaleur retient tous les êtres vivants à l'ombre. Il s'en alla du côté de Portici, marchant au hasard et sans dessein, et les rayons ardents qui tombaient sur sa tête excitaient tout à la fois et troublaient ses pensées.

Corinne cependant, après quelques heures d'attente, ne put résister au besoin de voir Oswald; elle entra dans sa chambre, et ne l'y trouvant point, cette absence dans ce moment lui causa une terreur mortelle. Elle vit sur la table de lord Nelvil ce qu'elle lui avait écrit; et, ne doutant pas que ce fût après l'avoir lu qu'il s'en était allé, elle s'imagina qu'il était parti tout-à-fait, et qu'elle ne le reverrait plus. Alors une douleur insupportable s'empara d'elle; elle essaya d'attendre, et chaque moment la consumait; elle parcourait sa chambre à grands pas, et puis s'arrêtait soudain, de peur de perdre le moindre bruit qui pourrait annoncer le retour. Enfin, ne résistant plus à son anxiété, elle descendit pour demander si l'on n'avait pas vu passer lord Nelvil, et de quel côté il avait porté ses pas. Le maître de l'auberge répondit que lord Nelvil était allé du côté de Portici, mais que sûrement, ajouta l'hôte, il n'avait pas été loin, car, dans ce moment, un coup de soleil serait très dangereux. Cette crainte se mêlant à toutes les autres, bien que Corinne n'eût rien sur la tête qui pût la garantir de l'ardeur du jour, elle se mit à marcher au hasard dans la rue. Les larges pavés blancs de Naples, ces pavés de lave, placés là comme pour multiplier l'effet de la chaleur et de la lumière, brûlaient ses pieds, et l'éblouissaient par le reflet des rayons du soleil.

Elle n'avait pas le projet d'aller jusqu'à Portici, mais elle avançait toujours, et toujours plus vite; la souffrance et le trouble précipitaient ses pas. On ne voyait personne sur le grand chemin: à cette heure, les animaux eux-mêmes se tiennent cachés, ils redoutent la nature.

Une poussière horrible remplit l'air; dès que le moindre souffle de vent ou le char le plus léger traverse la route : les prairies, couvertes de cette poussière, ne rappellent plus, par leur couleur, la végétation ni la vie. De moment en moment, Corinne se sentait près de tomber; elle ne rencontrait pas un arbre pour s'appuyer, et sa raison s'égarait dans ce désert enflammé; elle n'avait plus que quelques pas à faire pour arriver au palais du roi, sous les portiques duquel elle aurait trouvé de l'ombre et de l'eau pour se rafraîchir. Mais les forces lui manquaient; elle essayait en vain de marcher, elle ne voyait plus sa route; un vertige la lui cachait, et lui faisait apparaître mille lumières, plus vives encore que celles mêmes du jour; et tout-à-coup succédait à ces lumières un nuage qui l'environnait d'une obscurité sans fraîcheur. Une soif ardente la dévorait; elle rencontra un lazzarone, l'unique créature humaine qui pût braver en ce moment la puissance du climat, et elle le pria d'aller lui chercher un peu d'eau ; mais cet homme, en voyant seule sur le chemin, à cette heure, une femme si remarquable et par sa beauté et par l'élégance de ses vêtements, ne douta pas qu'elle ne fût folle, et s'éloigna d'elle avec terreur.

Heureusement Oswald revenait sur ses pas à cet instant, et quelques accents de Corinne frappèrent de loin son oreille : hors de lui-même, il courut vers elle, et la reçut dans ses bras, comme elle tombait sans connaissance ; il la porta ainsi sous le portique du palais de Portici, et la rappela à la vie par ses soins et sa tendresse.

Dès qu'elle le reconnut, elle lui dit, encore égarée : « Vous m'aviez promis de ne pas me quitter sans mon consentement : je puis vous paraître à présent indigne de votre affection ; mais votre promesse, pourquoi la méprisez-vous ? — Corinne, répondit Oswald, jamais l'idée de vous quitter ne s'est approchée de mon cœur ; je voulais seulement réfléchir sur notre sort, et recueillir mes esprits avant de vous revoir. — Eh bien ! dit alors Corinne en essayant de paraître calme, vous en avez eu le temps pendant ces mortelles heures qui ont failli me coûter la vie; vous en avez eu le temps : parlez donc, et dites-moi ce que vous avez résolu. » Oswald, effrayé du son de voix de Corinne, qui trahissait son émotion intérieure, se mit à genoux devant elle, et lui dit : « Corinne, le cœur de ton ami n'est point changé : qu'ai-je donc appris qui pût me désenchanter de toi ? Mais écoute. » Et comme elle tremblait toujours plus fortement, il reprit avec instance : « Écoute sans terreur celui qui ne peut vivre et te savoir malheureuse. — Ah ! s'écria Corinne, c'est de mon bonheur que vous parlez ; il ne s'agit déjà plus du vôtre. Je ne repousse pas votre pitié ; dans ce moment, j'en ai besoin : mais pensez-vous cependant que ce soit d'elle seule que je veuille vivre ? — Non ; c'est de mon amour que nous vivrons tous les deux, dit Oswald ; je reviendrai... — Vous reviendrez, interrompit Corinne ; ah ! vous voulez donc partir ? Qu'est-il arrivé ? qu'y a-t-il de changé depuis hier ? malheureuse que je suis ! — Chère amie, que ton cœur ne se trouble pas ainsi, reprit Oswald, et laisse-moi, si je puis, te révéler ce que j'éprouve ; c'est moins que tu ne crains, bien moins ; mais il faut, dit-il en faisant effort sur lui-même pour s'expliquer, il faut pourtant que je connaisse les raisons que mon père peut avoir eues pour s'opposer, il y a sept ans, à notre union : il ne m'en a jamais parlé ; j'ignore tout à cet égard ; mais son ami le plus intime, qui vit encore en Angleterre, saura quels étaient ses motifs. Si, comme je le crois, ils ne tiennent qu'à des circonstances peu importantes, je les compterai pour rien ; je te pardonnerai d'avoir quitté le pays de ton père et le mien, une si noble patrie ; j'espérerai que l'amour t'y rattachera, et que tu préféreras le bonheur domestique, les vertus sensibles et naturelles, à l'éclat même de ton génie. J'espérerai tout, je ferai tout ; mais si mon père s'était prononcé contre toi, Corinne, je ne serais jamais l'époux d'une autre, mais jamais aussi je ne pourrais être le tien. »

Quand ces paroles furent dites, une sueur froide coula sur le front d'Oswald, et l'effort qu'il avait fait pour parler ainsi était tel, que Corinne, ne pensant qu'à l'état où elle le voyait, fut quelque temps sans lui répondre, et, prenant sa main, elle lui dit : « Quoi ! vous partez ! quoi ! vous allez en Angleterre sans moi ! » Oswald se tut. « Cruel ! s'écria Corinne avec désespoir, vous ne répondez rien, vous ne combattez pas ce que je vous dis ! Ah ! c'est donc vrai ! Hélas ! tout en le disant, je ne le croyais pas encore. — J'ai retrouvé, grace à vos soins, répondit Oswald, la vie que j'étais près de perdre ; cette vie appartient à mon pays pendant la guerre. Si je puis m'unir à vous, nous ne nous quitterons plus, et je vous rendrai votre nom et votre existence en Angleterre. Si cette destinée trop heureuse m'était interdite, je reviendrais, à la paix, en Italie ; je resterais long-temps près de vous, et je ne changerais rien à votre sort, qu'en vous donnant un fidèle ami de plus. — Ah ! vous ne changeriez rien à mon sort, dit Corinne, quand vous êtes devenu mon seul intérêt au monde, quand j'ai goûté de cette coupe enivrante qui donne le bonheur ou la mort ! Mais au moins, dites-moi, ce départ, quand aura-t-il lieu ? combien de jours me reste-t-il ? — Chère amie, dit Oswald en la serrant contre son cœur, je jure qu'avant trois mois je ne te quitterai pas, et peut-être même alors... — Trois mois ! s'écria Corinne ; je vivrai donc encore tout ce temps : c'est beaucoup, je n'en espérais pas tant. Allons, je me sens mieux ; c'est un avenir que trois mois, » dit-elle avec un mélange de tristesse et de joie qui toucha profondément Oswald. Tous deux alors montèrent en silence dans la voiture qui les conduisit à Naples.

CHAPITRE II.

En arrivant, ils trouvèrent le prince Castel-Forte, qui les attendait à l'auberge. Le bruit s'était répandu que lord Nelvil avait épousé Corinne; et quoique cette nouvelle fit une grande peine à ce prince, il était venu pour s'assurer par lui-même si cela était vrai, et pour se rattacher de quelque manière encore à la société de son amie, lors même qu'elle serait pour jamais liée à un autre. La mélancolie de Corinne, l'abattement dans lequel, pour la première fois, il la voyait, lui causèrent une vive inquiétude; mais il n'osa point l'interroger, parcequ'elle semblait fuir toute conversation à ce sujet. Il est des situations de l'ame où l'on redoute de se confier à personne; il suffirait d'une parole qu'on dirait ou qu'on entendrait, pour dissiper à nos propres yeux l'illusion qui nous fait supporter l'existence ; et l'illusion dans les sentiments passionnés, de quelque genre qu'ils soient, a cela de particulier, qu'on se ménage soi-même comme on ménagerait un ami que l'on craindrait d'affliger en l'éclairant, et que, sans s'en apercevoir, l'on met sa propre douleur sous la protection de sa propre pitié.

Le lendemain, Corinne, qui était la personne du monde la plus naturelle, et ne cherchait point à faire effet par sa douleur, essaya de paraître gaie, de se ranimer encore, et pensa même que le meilleur moyen pour retenir Oswald était de se montrer aimable comme autrefois : elle commençait donc avec vivacité un sujet d'entretien intéressant, puis tout-à-coup la distraction s'emparait d'elle, et ses regards erraient sans objet. Elle, qui possédait au plus haut degré la facilité de la parole, hésitait dans le choix des mots, et quelquefois elle se servait d'une expression qui n'avait pas le moindre rapport avec ce qu'elle voulait dire. Alors elle riait d'elle-même; mais, à travers ce rire, ses yeux se remplissaient de larmes. Oswald était au désespoir de la peine qu'il lui causait; il voulait s'entretenir seul avec elle, mais elle en évitait avec soin les occasions.

« Que voulez-vous savoir de moi? lui dit-elle un jour qu'il insistait pour lui parler. Je me regrette, et voilà tout. J'avais quelque orgueil de mon talent, j'aimais le succès, la gloire; les suffrages mêmes des indifférents étaient l'objet de mon ambition : mais à présent je ne me soucie de rien, et ce n'est pas le bonheur qui m'a détachée de ces vains plaisirs, c'est un profond découragement. Je ne vous en accuse pas, il vient de moi, peut-être en triompherai-je; il se passe tant de choses au fond de l'ame, que nous ne pouvons ni prévoir, ni diriger! Mais je vous rends justice, Oswald; vous souffrez de ma peine, je le vois. J'ai aussi pitié de vous; pourquoi ce sentiment ne nous conviendrait-il pas à tous les deux? Hélas! il peut s'adresser à tout ce qui respire, sans commettre beaucoup d'erreurs. »

Oswald n'était pas alors moins malheureux que Corinne; il l'aimait vivement; mais son histoire l'avait blessé dans sa manière de penser et dans ses affections. Il lui semblait voir clairement que son père avait tout prévu, tout jugé d'avance pour lui, et que c'était mépriser ses avertissements que de prendre Corinne pour épouse : cependant il ne pouvait y renoncer, et se trouvait replongé dans les incertitudes dont il espérait sortir en connaissant le sort de son amie. Elle, de son côté, n'avait pas souhaité le lien du mariage avec Oswald; et si elle s'était crue certaine qu'il ne la quitterait jamais, elle n'aurait eu besoin de rien de plus pour être heureuse; mais elle le connaissait assez pour savoir qu'il ne concevait le bonheur que dans la vie domestique, et que s'il abjurait le dessein de l'épouser, ce ne pouvait jamais être qu'en l'aimant moins. Le départ d'Oswald pour l'Angleterre lui paraissait un signal de mort; elle savait combien les mœurs et les opinions de ce pays avaient d'influence sur lui : c'est en vain qu'il formait le projet de passer sa vie avec elle en Italie; elle ne doutait point qu'en se retrouvant dans sa patrie, l'idée de la quitter une seconde fois ne lui devînt odieuse. Enfin elle sentait que tout son pouvoir venait de son charme; et qu'est-ce que ce pouvoir en absence? qu'est-ce que les souvenirs de l'imagination, lorsque de toutes parts l'on est cerné par la force et la réalité d'un ordre social d'autant plus dominateur qu'il est fondé sur des idées nobles et pures?

Corinne, tourmentée par ces réflexions, aurait souhaité d'exercer quelque empire sur son sentiment pour Oswald. Elle tâchait de s'entretenir avec le prince Castel-Forte sur les objets qui l'avaient toujours intéressée, la littérature et les beaux-arts; mais lorsque Oswald entrait dans la chambre, la dignité de son maintien, un regard mélancolique qu'il jetait sur Corinne, et qui semblait lui dire : *Pourquoi voulez-vous renoncer à moi?* détruisait tous ses projets. Vingt fois Corinne voulut dire à lord Nelvil que son irrésolution l'offensait, et qu'elle était décidée à s'éloigner de lui ; mais elle le voyait tantôt appuyer sa tête sur sa main comme un homme accablé par des sentiments douloureux, tantôt respirer avec effort, ou rêver sur les bords de la mer, ou lever les yeux vers le ciel, quand des sons harmonieux se faisaient entendre ; et ces mouvements si simples, dont la magie n'était connue que d'elle, renversaient soudain tous ses efforts. L'accent, la physionomie, une certaine grâce dans chaque geste, révèle à l'amour les secrets les plus intimes de l'ame ; et peut-être était-il vrai qu'un caractère froid en apparence, tel que celui de lord Nelvil, ne pouvait être pénétré que par celle qui l'aimait : l'indifférence, ne devinant rien, ne peut juger que ce qui se montre. Corinne, dans le silence de la réflexion, essayait ce qui lui avait réussi autrefois quand elle croyait aimer : elle appelait à son secours son esprit d'observation, qui découvrait avec sagacité les moindres faiblesses ; elle tâchait d'exciter son imagination à lui représenter Oswald sous des traits moins séduisants ; mais il n'y avait rien en lui qui ne fût noble, touchant et simple ; et comment défaire à ses propres yeux le charme d'un caractère et d'un esprit parfaitement naturels ? Il n'y a que l'affection qui puisse donner lieu à ces réveils subits du cœur, étonné d'avoir aimé.

Il existait d'ailleurs, entre Oswald et Corinne, une sympathie singulière et toute puissante ; leurs goûts n'étaient point les mêmes, leurs opinions s'accordaient rarement, et, dans le fond de leur ame néanmoins, il y avait des mystères semblables, des émotions puisées à la même source, enfin je ne sais quelle ressemblance secrète qui supposait une même nature, bien que toutes les circonstances extérieures l'eussent modifiée différemment. Corinne s'aperçut donc, et ce fut avec effroi, qu'elle avait encore augmenté son sentiment pour Oswald, en l'observant de nouveau, en le jugeant en détail, en luttant vivement contre l'impression qu'il lui faisait.

Elle offrit au prince Castel-Forte de revenir à Rome ensemble, et lord Nelvil sentit qu'elle voulait éviter ainsi d'être seule avec lui ; il en eut de la tristesse, mais il ne s'y opposa pas : il ne savait plus si ce qu'il pouvait faire pour Corinne suffirait à son bonheur, et cette pensée le rendait timide. Corinne cependant aurait voulu qu'il refusât le prince Castel-Forte pour compagnon de voyage ; mais elle ne le dit pas. Leur situation n'était plus simple comme autrefois ; il n'y avait pas encore entre eux de la dissimulation, et néanmoins Corinne proposait ce qu'elle eût souhaité qu'Oswald refusât, et le trouble s'était mis dans une affection qui, pendant six mois, leur avait donné chaque jour un bonheur presque sans mélange.

En retournant par Capoue et par Gaëte, en revoyant ces mêmes lieux qu'elle avait traversés peu de temps auparavant avec tant de délices, Corinne ressentait un amer souvenir. Cette nature si belle, qui maintenant l'appelait en vain au bonheur, redoublait encore sa tristesse. Quand ce beau ciel ne dissipe pas la douleur, son expression riante fait souffrir encore plus par le contraste. Ils arrivèrent à Terracine le soir, par une fraîcheur délicieuse, et la mer brisait ses flots contre le même rocher. Corinne disparut après le souper; Oswald, ne la voyant pas revenir, sortit inquiet, et son cœur, comme celui de Corinne, le guida vers l'endroit où ils s'étaient reposés en allant à Naples. Il aperçut de loin Corinne, à genoux devant le rocher sur lequel ils s'étaient assis, et il vit, en regardant la lune, qu'elle était couverte d'un nuage comme il y avait deux mois, à la même heure. Corinne, à l'approche d'Oswald, se leva, et lui dit en lui montrant ce nuage : « Avais-je raison de croire aux présages? Mais n'est-il pas vrai qu'il y a quelque compassion dans le ciel? il m'avertissait de l'avenir, et aujourd'hui, vous le voyez, il porte mon deuil.

« N'oubliez pas, Oswald, de remarquer si ce même nuage ne passera pas sur la lune quand je mourrai. — Corinne! Corinne! s'écria lord Nelvil, ai-je mérité que vous me fassiez expirer de douleur? Vous le pouvez facilement, je vous l'assure; parlez encore une fois ainsi, et vous me verrez tomber sans vie à vos pieds. Mais quel est donc mon crime? Vous êtes une personne indépendante de l'opinion par votre manière de penser; vous vivez dans un pays où cette opinion n'est jamais sévère, et quand elle le serait, votre génie vous fait régner sur elle. Je veux, quoi qu'il arrive, passer mes jours près de vous; je le veux : d'où vient donc votre douleur? Si je ne pouvais être votre époux sans offenser un souvenir qui règne à l'égal de vous sur mon ame, ne m'aimeriez-vous donc pas assez pour trouver du bonheur dans ma tendresse, dans le dévouement de tous mes instants? — Oswald, dit Corinne, si je croyais que nous ne nous quittassions jamais, je ne souhaiterais rien de plus; mais... — N'avez-vous pas l'anneau, gage sacré?... — Je vous le rendrai, reprit-elle. — Non, jamais, dit-il. — Ah! je vous le rendrai, continua-t-elle, quand vous desirerez de le reprendre; et si vous cessez de m'aimer, cet anneau même m'en instruira. Une ancienne croyance n'apprend-elle pas que le diamant est plus fidèle que l'homme, et qu'il se ternit quand celui qui l'a donné nous trahit[1]? — Corinne, dit Oswald, vous osez parler de trahison? votre esprit s'égare; vous ne me connaissez plus. — Pardon, Oswald, pardon! s'écria Corinne; mais, dans les passions profondes, le cœur est tout-à-coup doué d'un instinct miraculeux, et les souffrances sont des oracles. Que signifie donc cette palpitation douloureuse qui soulève mon sein? Ah! mon ami, je ne la redouterais pas, si elle ne m'annonçait que la mort. »

En achevant ces mots, Corinne s'éloigna précipitamment; elle craignait de s'entretenir long-temps avec Oswald; elle ne se complaisait point dans la douleur, et cherchait à briser les impressions de tristesse; mais elles n'en revenaient que plus violemment lorsqu'elle les avait repoussées. Le lendemain, quand ils traversèrent les marais Pontins, les soins d'Oswald pour Corinne furent encore plus tendres que la première fois; elle les reçut avec douceur et reconnaissance; mais il y avait dans son regard quelque chose qui disait : *Pourquoi ne me laissez-vous pas mourir?*

CHAPITRE III.

Combien Rome semble déserte en revenant de Naples! On entre par la porte de Saint-Jean de Latran, on traverse de longues rues

---

[1] Une ancienne tradition appuie le préjugé d'imagination qui persuade à Corinne que le diamant avertit de la trahison : on trouve cette tradition rappelée dans des vers espagnols dont le caractère est vraiment singulier. Le prince Fernand, Portugais, les adresse, dans une tragédie de Calderón, au roi de Fez, qui l'a fait prisonnier. Ce prince aima mieux mourir dans les fers, que de livrer à un roi maure une ville chrétienne que son frère, le roi Édouard, offrait pour le racheter. Le roi maure, irrité de ce refus, fit éprouver les plus indignes traitements au noble prince, qui, pour le fléchir, lui rappelle que la miséricorde et la générosité sont les vrais caractères de la puissance suprême. Il lui cite tout ce qu'il y a de royal dans l'univers : le lion, le dauphin, l'aigle, parmi les animaux; il cherche aussi, parmi les plantes et les pierres, les traits de bonté naturelle que l'on attribue à celles qui semblent dominer toutes les autres; et c'est alors qu'il dit que le diamant, qui sait résister au fer, se brise de lui-même et se fond en poudre, pour avertir celui qui le porte de la trahison dont il est menacé. On ne peut savoir si cette manière de considérer toute la nature comme en rapport avec les sentiments et la destinée de l'homme, est mathématiquement vraie : toujours est-il qu'elle plaît à l'imagination, et que la poésie en général, et les poëtes espagnols en particulier, en tirent de grandes beautés.

Calderón ne m'est connu que par la traduction allemande d'Auguste Wilhelm Schlegel. Mais tout le monde sait en Allemagne que cet écrivain, l'un des premiers poëtes de son pays, a trouvé aussi les moyens de transporter dans sa langue, avec la plus rare perfection, les beautés poétiques des Espagnols, des Anglais, des Italiens et des Portugais. On peut avoir une idée vivante de l'original, quel qu'il soit, quand on le lit dans une traduction ainsi faite.

solitaires; le bruit de Naples, sa population, la vivacité de ses habitants, accoutument à un certain degré de mouvement, qui d'abord fait paraître Rome singulièrement triste; l'on s'y plaît de nouveau, après quelque temps de séjour : mais quand on s'est habitué à une vie de distractions, on éprouve toujours une sensation mélancolique en rentrant en soi-même, dût-on s'y trouver bien. D'ailleurs le séjour de Rome, dans la saison de l'année où l'on était alors, à la fin de juillet, est très dangereux. Le mauvais air rend plusieurs quartiers inhabitables, et la contagion s'étend souvent sur la ville entière. Cette année, particulièrement, les inquiétudes étaient encore plus grandes qu'à l'ordinaire, et tous les visages portaient l'empreinte d'une terreur secrète.

En arrivant, Corinne trouva, sur le seuil de sa porte, un moine qui lui demanda la permission de bénir sa maison, pour la préserver de la contagion; Corinne y consentit, et le prêtre parcourut toutes les chambres, en y jetant de l'eau bénite, et en prononçant des prières latines. Lord Nelvil souriait un peu de cette cérémonie; Corinne en était attendrie. « Je trouve un charme indéfinissable, lui dit-elle, dans tout ce qui est religieux, je dirais même superstitieux, quand il n'y a rien d'hostile ni d'intolérant dans cette superstition : le secours divin est si nécessaire lorsque les pensées et les sentiments sortent du cercle commun de la vie! C'est pour les esprits distingués surtout que je conçois le besoin d'une protection surnaturelle. — Sans doute ce besoin existe, reprit lord Nelvil; mais est-ce ainsi qu'il peut être satisfait? — Je ne refuse jamais, reprit Corinne, une prière en association avec les miennes, de quelque part qu'elle me soit offerte. — Vous avez raison, » dit lord Nelvil; et il donna sa bourse pour les pauvres au prêtre vieux et timide, qui s'en alla en les bénissant tous les deux.

Dès que les amis de Corinne la surent arrivée, ils se hâtèrent d'aller chez elle : aucun ne s'étonna qu'elle revînt sans être la femme de lord Nelvil; aucun, du moins, ne lui demanda les motifs qui pouvaient avoir empêché cette union : le plaisir de la revoir était si grand, qu'il effaçait toute autre idée. Corinne s'efforçait de se montrer la même, mais elle ne pouvait y réussir; elle allait contempler les chefs-d'œuvre de l'art, qui lui causaient jadis un plaisir si vif, et il y avait de la douleur au fond de tout ce qu'elle éprouvait. Elle se promenait, tantôt à la villa Borghèse, tantôt près du tombeau de Cécilia Métella, et l'aspect de ces lieux, qu'elle aimait tant autrefois, lui faisait mal; elle ne goûtait plus cette douce rêverie qui, en faisant sentir l'instabilité de toutes les jouissances, leur donne un caractère encore plus touchant. Une pensée fixe et douloureuse l'occupait; la nature, qui ne dit rien que de vague, ne fait aucun bien quand une inquiétude positive nous domine.

Enfin, dans les rapports de Corinne et d'Oswald, il y avait une contrainte tout-à-fait pénible : ce n'était pas encore le malheur, car, dans les profondes émotions qu'il cause, il soulage quelquefois le cœur oppressé, et fait sortir de l'orage un éclair qui peut tout révéler; c'était une gêne réciproque, c'étaient de vaines tentatives pour échapper aux circonstances qui les accablaient tous les deux, et leur inspiraient un peu de mécontentement l'un de l'autre : peut-on souffrir, en effet, sans en accuser ce qu'on aime? Ne suffirait-il pas d'un regard, d'un accent, pour tout effacer? mais ce regard, cet accent ne vient pas quand il est attendu, ne vient pas quand il est nécessaire. Rien n'est motivé dans l'amour; il semble que ce soit une puissance divine qui pense et sent en nous, sans que nous puissions influer sur elle.

Une maladie contagieuse, comme on n'en avait pas vu depuis long-temps, se développa tout-à-coup dans Rome; une jeune femme en fut atteinte, et ses amis et sa famille, qui n'avaient pas voulu la quitter, périrent avec elle; la maison voisine de la sienne éprouva le même sort; l'on voyait passer, à chaque heure, dans les rues de Rome, cette confrérie vêtue de blanc, et le visage voilé, qui accompagne les morts à l'église : on dirait que ce sont des ombres qui portent les morts. Ceux-ci sont placés, à visage découvert, sur une espèce de brancard; on jette seulement sur leurs pieds un satin jaune ou rose, et les enfants s'amusent souvent à jouer avec les mains glacées de celui qui n'est plus. Ce spectacle, terrible et familier tout à la fois, est accompagné du murmure sombre et monotone de quelques psaumes; c'est une musique sans modulation, où l'accent de l'ame humaine ne se fait déjà plus sentir.

Un soir que lord Nelvil et Corinne étaient seuls ensemble, et que lord Nelvil souffrait beaucoup du sentiment douloureux et contraint qu'il apercevait dans Corinne, il entendit sous ses fenêtres ces sons lents et prolongés qui annonçaient une cérémonie funèbre; il écouta quelque temps en silence, puis dit à Corinne:

« Peut-être demain serai-je atteint aussi par cette maladie, contre laquelle il n'y a point de défense; et vous regretterez de n'avoir pas dit quelques paroles sensibles à votre ami, un jour qui pouvait être le dernier de sa vie. Corinne, la mort nous menace de près tous les deux : n'est-ce donc pas assez des maux de la nature, faut-il encore nous déchirer le cœur mutuellement? » A l'instant, Corinne fut frappée par l'idée du danger que courait Oswald au milieu de la contagion, et elle le supplia de quitter Rome. Il s'y refusa de la manière la plus absolue ; alors elle lui proposa d'aller ensemble à Venise; il y consentit avec bonheur, car c'était pour Corinne qu'il tremblait, en voyant la contagion prendre chaque jour de nouvelles forces.

Leur départ fut fixé au surlendemain; mais le matin de ce jour, lord Nelvil n'ayant pas vu Corinne la veille, parcequ'un Anglais de ses amis, qui quittait Rome, l'avait retenu, elle lui écrivit qu'une affaire indispensable et subite l'obligeait de partir pour Florence, et qu'elle irait le rejoindre dans quinze jours à Venise ; elle le priait de passer par Ancône, ville pour laquelle elle lui donnait une commission qui semblait importante; le style de la lettre était d'ailleurs sensible et calme ; et, depuis Naples, Oswald n'avait pas trouvé le langage de Corinne aussi tendre et aussi serein. Il crut donc à ce que cette lettre contenait, et se disposait à partir, lorsqu'il lui vint le desir de voir encore la maison de Corinne avant de quitter Rome. Il y va, la trouve fermée; frappe à la porte; la vieille femme qui la gardait lui dit que tous les gens de sa maîtresse sont partis avec elle, et ne répond pas un mot de plus à toutes ses questions. Il passe chez le prince Castel-Forte, qui ne savait rien de Corinne, et s'étonnait extrêmement qu'elle fût partie sans lui rien faire dire ; enfin, l'inquiétude s'empara de lord Nelvil, et il imagina d'aller à Tivoli, pour voir l'homme d'affaires de Corinne, qui était établi là, et devait avoir reçu quelque ordre de sa part.

Il monte à cheval, et, avec une promptitude extraordinaire qu venait de son agitation, il arrive à la maison de Corinne : toutes les portes en étaient ouvertes; il entre, parcourt quelques chambres sans trouver personne, pénètre enfin jusqu'à celle de Corinne; à travers l'obscurité qui y régnait, il la voit étendue sur son lit, et Thérésine seulement à côté d'elle : il jette un cri en la reconnaissant; ce cri rappelle Corinne à elle-même; elle l'aperçoit; et, se soulevant, elle lui dit : « N'approchez pas, je vous le défends;

je meurs, si vous approchez de moi ! » Une terreur sombre saisit Oswald ; il pensa que son amie l'accusait de quelque crime caché qu'elle croyait avoir tout-à-coup découvert ; il s'imagina qu'il en était haï, méprisé ; et, tombant à genoux, il exprima cette crainte avec un désespoir et un abattement qui suggérèrent tout-à-coup à Corinne l'idée de profiter de son erreur, et elle lui commanda de s'éloigner d'elle pour jamais, comme s'il eût été coupable.

Interdit, offensé, il allait sortir, il allait la quitter, lorsque Thérésine s'écria : « Ah ! milord, abandonnerez-vous donc ma bonne maîtresse ? elle a écarté tout le monde, et ne voulait pas même de mes soins, parcequ'elle a la maladie contagieuse. « A ces mots, qui éclairèrent à l'instant Oswald sur la touchante ruse de Corinne, il se jeta dans ses bras avec un transport, avec un attendrissement qu'aucun moment de sa vie ne lui avait encore fait éprouver. En vain Corinne le repoussait, en vain elle se livrait à toute son indignation contre Thérésine. Oswald fit signe impérieusement à Thérésine de s'éloigner ; et, pressant alors Corinne contre son cœur, la couvrant de ses larmes et de ses caresses : « A présent, s'écria-t-il, à présent tu ne mourras pas sans moi ; et si le fatal poison coule dans tes veines, du moins, grace au ciel, je l'ai respiré sur ton sein. — Cruel et cher Oswald, dit Corinne, à quel supplice tu me condamnes ! O mon Dieu ! puisqu'il ne veut pas vivre sans moi, vous ne permettrez pas que cet ange de lumière périsse ! non, vous ne le permettrez pas ! » En achevant ces mots, les forces de Corinne l'abandonnèrent. Pendant huit jours elle fut dans le plus grand danger. Au milieu de son délire, elle répétait sans cesse : *Qu'on éloigne Oswald de moi ; qu'il ne m'approche pas ; qu'on lui cache où je suis !* Et quand elle revenait à elle, et qu'elle le reconnaissait, elle lui disait : « Oswald ! Oswald ! vous êtes là : dans la mort comme dans la vie, nous serons donc réunis ! » Et lorsqu'elle le voyait pâle, un effroi mortel la saisissait, et elle appelait dans son trouble, au secours de lord Nelvil, les médecins, qui lui avaient donné la preuve de dévouement très rare de ne point la quitter.

Oswald tenait sans cesse dans ses mains les mains brûlantes de Corinne ; il finissait toujours la coupe dont elle avait bu la moitié ; enfin, c'était avec une telle avidité qu'il cherchait à partager le péril de son amie, qu'elle-même avait renoncé à combattre ce dévouement passionné ; et, laissant tomber sa tête sur le bras de lord Nelvil, elle se résignait à sa volonté. Deux êtres qui s'aiment assez pour sentir qu'ils n'existeraient pas l'un sans l'autre ne peuvent-ils pas arriver à cette noble et touchante intimité qui met tout en commun, même la mort [1] ? Heureusement lord Nelvil ne prit point la maladie qu'il avait si bien soignée. Corinne en guérit; mais un autre mal pénétra plus avant que jamais dans son cœur. La générosité, l'amour, que son ami lui avait témoignés, redoublèrent encore l'attachement qu'elle ressentait pour lui.

CHAPITRE IV.

Il fut donc convenu que, pour s'éloigner de l'air funeste de Rome, Corinne et lord Nelvil iraient à Venise ensemble. Ils étaient retombés dans leur silence habituel sur leurs projets futurs; mais ils se parlaient de leur sentiment avec plus de tendresse que jamais, et Corinne évitait, aussi soigneusement que lord Nelvil, le sujet de conversation qui troublait la délicieuse paix de leurs rapports mutuels. Un jour passé avec lui était une telle jouissance, il avait l'air de goûter avec tant de plaisir l'entretien de son amie, il suivait tous ses mouvements, il étudiait ses moindres desirs avec un intérêt si constant et si soutenu, qu'il semblait impossible qu'il pût exister autrement, et qu'il donnât tant de bonheur sans être lui-même heureux. Corinne puisait sa sécurité dans la félicité même qu'elle goûtait. On finit par croire, après quelques mois d'un tel état, qu'il est inséparable de l'existence, et que c'est ainsi que l'on vit. L'agitation de Corinne s'était donc calmée de nouveau, et de nouveau son imprévoyance était venue à son secours.

Cependant, à la veille de quitter Rome, elle éprouvait un grand sentiment de mélancolie. Cette fois, elle craignait et desirait que ce fût pour toujours. La nuit qui précédait le jour fixé pour son départ, comme elle ne pouvait dormir, elle entendit passer sous ses fenêtres une troupe de Romains et de Romaines, qui se promenaient au clair de la lune en chantant. Elle ne put résister au desir de les suivre, et de parcourir ainsi, encore une fois, sa ville

[1] M. Dubreuil, très habile médecin français, avait un ami intime, M. de Préméja, homme aussi distingué que lui. M. Dubreuil tomba malade d'une maladie mortelle et contagieuse; et l'intérêt qu'il inspirait remplissant sa chambre de visites, M. Dubreuil appela M. de Préméja, et lui dit : « Il faut renvoyer tout ce monde; vous savez bien, mon ami, que ma maladie est contagieuse; il ne doit y avoir que vous ici. » Quel mot! heureux celui qui l'entend! M. de Préméja mourut quinze jours après son ami.

chérie : elle s'habilla, se fit suivre de loin par sa voiture et ses gens, et se couvrant d'un voile, pour n'être pas reconnue, rejoignit, à quelques pas de distance, cette troupe, qui s'était arrêtée sur le pont Saint-Ange, en face du mausolée d'Adrien. On eût dit qu'en cet endroit la musique exprimait la vanité des splendeurs de ce monde. On croyait voir dans les airs la grande ombre d'Adrien, étonnée de ne plus trouver sur la terre d'autres traces de sa puissance qu'un tombeau. La troupe continua sa marche, toujours en chantant, pendant le silence de la nuit, à cette heure où les heureux dorment. Cette musique si douce et si pure semblait se faire entendre pour consoler ceux qui souffraient. Corinne la suivait, toujours entraînée par cet irrésistible charme de la mélodie, qui ne permet de sentir aucune fatigue, et fait marcher sur la terre avec des ailes.

Les musiciens s'arrêtèrent devant la colonne Antonine et devant la colonne Trajane ; ils saluèrent ensuite l'obélisque de Saint-Jean de Latran, et chantèrent en présence de chacun de ces édifices : le langage idéal de la musique s'accordait dignement avec l'expression idéale des monuments ; l'enthousiasme régnait seul dans la ville pendant le sommeil de tous les intérêts vulgaires. Enfin la troupe des chanteurs s'éloigna, et laissa Corinne seule auprès du Colisée. Elle voulut entrer dans son enceinte, pour y dire adieu à Rome antique. Ce n'est pas connaître l'impression du Colisée que de ne l'avoir vu que de jour ; il y a, dans le soleil d'Italie, un éclat qui donne à tout un air de fête ; mais la lune est l'astre des ruines. Quelquefois, à travers les ouvertures de l'amphithéâtre, qui semble s'élever jusqu'aux nues, une partie de la voûte du ciel paraît comme un rideau d'un bleu sombre placé derrière l'édifice. Les plantes qui s'attachent aux murs dégradés, et croissent dans les lieux solitaires, se revêtent des couleurs de la nuit ; l'ame frissonne et s'attendrit tout à la fois en se trouvant seule avec la nature.

L'un des côtés de l'édifice est beaucoup plus dégradé que l'autre ; ainsi deux contemporains luttent inégalement contre le temps : il abat le plus faible, l'autre résiste encore, et tombe bientôt après. « Lieux solennels ! s'écria Corinne, où dans ce moment nul être vivant n'existe avec moi, où ma voix seule répond à ma voix, comment les orages des passions ne sont-ils pas apaisés par ce calme de la nature, qui laisse si tranquillement passer les générations devant elle ? L'univers n'a-t-il pas un autre but que l'homme, et toutes ses merveilles sont elles là seulement pour se réfléchir dans notre ame? Oswald, Oswald, pourquoi donc vous aimer avec tant d'idolâtrie? pourquoi s'abandonner à ces sentiments d'un jour, en comparaison des espérances infinies qui nous unissent à la Divinité? O mon Dieu! s'il est vrai, comme je le crois, qu'on vous admire d'autant plus qu'on est plus capable de réfléchir, faites-moi donc trouver dans la pensée un asile contre les tourments du cœur. Ce noble ami, dont les regards si touchants ne peuvent s'effacer de mon souvenir, n'est-il pas un être passager comme moi? Mais il y a là parmi ces étoiles un amour éternel, qui peut seul suffire à l'immensité de nos vœux. » Corinne resta long-temps plongée dans ses rêveries : enfin elle s'achemina vers sa demeure, à pas lents.

Mais avant de rentrer, elle voulut aller à Saint-Pierre pour y attendre le jour, monter sur la coupole, et dire adieu de cette hauteur à la ville de Rome. En approchant de Saint-Pierre, sa première pensée fut de se représenter cet édifice comme il serait quand à son tour il deviendrait une ruine, l'objet de l'admiration des siècles à venir. Elle s'imagina ces colonnes à présent debout, à demi couchées sur la terre, ce portique brisé, cette voûte découverte; mais alors même l'obélisque des Égyptiens devait encore régner sur les ruines nouvelles; ce peuple a travaillé pour l'éternité terrestre. Enfin l'aurore parut, et, du sommet de Saint-Pierre, Corinne contempla Rome, jetée dans la campagne inculte comme une oasis dans les déserts de la Libye. La dévastation l'environne; mais cette multitude de clochers, de coupoles, d'obélisques, de colonnes qui la dominent, et sur lesquels cependant Saint-Pierre s'élève encore, donnent à son aspect une beauté toute merveilleuse. Cette ville possède un charme, pour ainsi dire, individuel. On l'aime comme un être animé; ses édifices, ses ruines, sont des amis auxquels on dit adieu.

Corinne adressa ses regrets au Colisée, au Panthéon, au château Saint-Ange, à tous les lieux dont la vue avait tant de fois renouvelé les plaisirs de son imagination. « Adieu, terre des souvenirs, s'écria-t-elle; adieu, séjour où la vie ne dépend ni de la société, ni des événements; où l'enthousiasme se ranime par les regards, et par l'union intime de l'ame avec les objets extérieurs. Je pars, je vais suivre Oswald, sans savoir seulement quel sort il me destine, lui que je préfère à l'indépendante destinée qui m'a fait passer des jours si heureux! Je reviendrai peut-être ici, mais le cœur blessé, l'ame flétrie ; et vous-mêmes, beaux-arts, antiques monuments, soleil que j'ai tant de fois invoqué dans les contrées nébuleuses où je me trouvais exilée, vous ne pourrez plus rien pour moi ! »

Corinne versa des larmes en prononçant ces adieux ; mais elle ne pensa pas un instant à laisser Oswald partir seul. Les résolutions qui viennent du cœur ont cela de particulier, qu'en les prenant on les juge, on les blâme souvent soi-même avec sévérité, sans cependant hésiter réellement à les prendre. Quand la passion se rend maîtresse d'un esprit supérieur, elle sépare entièrement le raisonnement de l'action, et pour égarer l'une elle n'a pas besoin de troubler l'autre.

Les cheveux de Corinne et son voile pittoresquement arrangés par le vent donnaient à sa figure une expression tellement remarquable, qu'au sortir de l'église les gens du peuple qui la virent la suivirent jusqu'à sa voiture, et lui donnèrent les témoignages les plus vifs de leur enthousiasme. Corinne soupira de nouveau en quittant un peuple dont les impressions sont toujours si passionnées, et quelquefois si aimables.

Mais ce n'était pas tout encore ; il fallait que Corinne fût mise à l'épreuve des adieux et des regrets de ses amis. Ils inventèrent des fêtes pour la retenir encore quelques jours ; ils composèrent des vers, pour lui répéter de mille manières qu'elle ne devait pas les quitter ; et quand enfin elle partit, ils l'accompagnèrent tous à cheval jusques à vingt milles de Rome. Elle était profondément attendrie ; Oswald baissait les yeux avec confusion, il se reprochait de la ravir à tant de jouissances, et cependant il savait que lui proposer de rester eût été plus cruel encore. Il se montrait personnel en éloignant ainsi Corinne de Rome, et néanmoins il ne l'était pas ; car la crainte de l'affliger, en partant seul, agissait encore plus sur lui que le bonheur même qu'il goûtait avec elle. Il ne savait pas ce qu'il ferait, il ne voyait rien au-delà de Venise. Il avait écrit en Écosse à l'un des amis de son père, pour savoir si son régiment serait bientôt employé activement dans la guerre, et il attendait sa réponse. Quelquefois il formait le projet d'emmener Corinne avec lui en Angleterre, et il sentait aussitôt qu'il la perdait à jamais de réputation, s'il la conduisait avec lui dans ce pays sans qu'elle fût sa femme ; une autre fois, il voulait, pour adoucir l'amertume de la séparation, l'épouser secrètement avant de partir, et l'instant d'après il repoussait cette idée. « Y a-t-il des secrets pour les morts? se disait-il; et que gagnerai-je à faire un mystère d'une union qui n'est empêchée que par le culte d'un tombeau? » Enfin, il était bien malheureux. Son ame, qui manquait de force dans tout ce qui tenait au sentiment, était cruellement agitée par des affections contraires. Corinne s'en remettait à lui comme une victime résignée; elle s'exaltait à travers ses peines par les sacrifices mêmes qu'elle lui faisait, et par la généreuse imprudence de son cœur, tandis qu'Oswald, responsable du sort d'une autre, prenait à chaque instant de nouveaux liens, sans acquérir la possibilité de s'y abandonner, et ne pouvait jouir ni de son amour ni de sa conscience, puisqu'il ne sentait l'un et l'autre que par leurs combats.

Au moment où tous les amis de Corinne prirent congé d'elle, ils recommandèrent avec instance son bonheur à lord Nelvil. Ils le félicitèrent d'être aimé par la femme la plus distinguée; et ce fut encore une peine pour Oswald, que le reproche secret que semblaient contenir ces félicitations. Corinne le sentit, et abrégea ces témoignages d'amitié, tout aimables qu'ils étaient. Cependant quand ses amis, qui se retournaient de distance en distance pour la saluer encore, furent disparus à ses yeux, elle dit à lord Nelvil seulement ces mots : « Oswald, je n'ai plus d'autre ami que vous. » Oh! comme dans ce moment il se sentit le besoin de lui jurer qu'il serait son époux! Il fut près de le faire; mais quand on a souffert long-temps, une invincible défiance empêche de se livrer à ses premiers mouvements, et tous les partis irrévocables font trembler, alors même que le cœur les appelle. Corinne crut entrevoir ce qui se passait dans l'ame d'Oswald; et, par un sentiment de délicatesse, elle se hâta de diriger l'entretien sur la contrée qu'ils parcouraient ensemble.

CHAPITRE V.

Ils voyageaient au commencement du mois de septembre : le temps était superbe dans la plaine; mais quand ils entrèrent dans les Apennins, ils éprouvèrent la sensation de l'hiver. Les hautes montagnes troublent souvent la température du climat, et l'on réunit rarement la douceur de l'air au plaisir causé par l'aspect pittoresque des monts élevés. Un soir que Corinne et lord Nelvil étaient tous les deux dans leur voiture, il s'éleva soudain un ouragan terrible; une obscurité profonde les entourait, et les chevaux, qui sont si vifs dans ces contrées qu'il faut les atteler par surprise, les menaient avec une inconcevable rapidité; ils sentaient l'un et l'autre une douce émotion, en étant ainsi entraînés ensemble. « Ah ! s'écria lord Nelvil, si l'on nous conduisait loin de tout ce que je connais sur la terre, si l'on pouvait gravir les monts, s'élancer dans une autre vie, où nous trouverions mon père qui nous recevrait, qui nous bénirait ! Le veux-tu, chère amie ? » Et il la serrait contre son cœur avec violence. Corinne n'était pas moins attendrie, et lui dit : « Fais ce que tu voudras de moi, enchaîne-moi comme une esclave à ta destinée : les esclaves autrefois n'avaient-elles pas des talents qui charmaient la vie de leurs maîtres ? Eh bien ! je serai de même pour toi ; tu respecteras, Oswald, celle qui se dévoue ainsi à ton sort, et tu ne voudras pas que, condamnée par le monde, elle rougisse jamais à tes yeux. — Je le dois, s'écria lord Nelvil, je le veux ; il faut tout obtenir ou tout sacrifier : il faut que je sois ton époux, ou que je meure d'amour à tes pieds, en étouffant les transports que tu m'inspires. Mais je l'espère, oui, je pourrai m'unir à toi publiquement, me glorifier de ta tendresse. Ah ! je t'en conjure, dis-le-moi, n'ai-je pas perdu dans ton affection, par les combats qui me déchirent ? Te crois-tu moins aimée ? » Et en disant cela, son accent était si passionné, qu'il rendit un moment à Corinne toute sa confiance. Le sentiment le plus pur et le plus doux les animait tous les deux.

Cependant les chevaux s'arrêtèrent ; lord Nelvil descendit le premier, il sentit le vent froid qui soufflait avec âpreté, et dont il ne s'apercevait pas dans la voiture. Il pouvait se croire arrivé sur les côtes de l'Angleterre ; l'air glacé qu'il respirait ne s'accordait plus avec la belle Italie ; cet air ne conseillait pas, comme celui du Midi, l'oubli de tout, hors l'amour. Oswald rentra bientôt dans ses réflexions douloureuses ; et Corinne, qui connaissait l'inquiète mobilité de son imagination, ne le devina que trop facilement.

Le lendemain ils arrivèrent à Notre-Dame de Lorette, qui est placée sur le haut de la montagne, et d'où l'on découvre la mer Adriatique. Pendant que lord Nelvil allait donner quelques ordres pour le voyage, Corinne se rendit à l'église, où l'image de la Vierge est renfermée au milieu du chœur, dans une petite chapelle carrée, revêtue de bas-reliefs assez remarquables. Le pavé de marbre qui environne ce sanctuaire est creusé par les pèlerins qui en ont fait le tour à genoux. Corinne fut attendrie en contemplant ces traces de la prière ; et se jetant à genoux aussi sur ce même pavé, qui avait été pressé par un si grand nombre de malheureux, elle implora l'image de la bonté, le symbole de la sensibilité céleste. Oswald trouva Corinne prosternée devant ce temple, et baignée de pleurs. Il ne pouvait comprendre comment une personne d'un esprit si supérieur suivait ainsi les pratiques populaires. Elle aperçut ce qu'il pensait par ses regards, et lui dit : « Cher Oswald, n'arrive-t-il pas souvent que l'on n'ose élever ses vœux jusqu'à l'Être suprême ? Comment lui confier toutes les peines du cœur ? N'est-il donc pas doux alors de pouvoir considérer une femme comme l'intercesseur des faibles humains ? Elle a souffert sur cette terre, puisqu'elle y a vécu ; je l'implorais pour vous avec moins de rougeur ; la prière directe m'eût semblé trop imposante. — Je ne la fais pas non plus toujours, cette prière directe, répondit Oswald ; j'ai aussi mon intercesseur ; l'ange gardien des enfants, c'est leur père ; et depuis que le mien est dans le ciel, j'ai souvent éprouvé dans ma vie des secours extraordinaires, des moments de calme sans cause, des consolations inattendues ; c'est aussi dans cette protection miraculeuse que j'espère, pour sortir de ma perplexité. — Je vous comprends, dit Corinne ; il n'y a personne, je crois, qui n'ait au fond de son ame une idée singulière et mystérieuse sur sa propre destinée. Un événement qu'on a toujours redouté sans qu'il fût vraisemblable, et qui pourtant arrive ; la punition d'une faute, quoiqu'il soit impossible de saisir les rapports qui lient nos malheurs avec elle, frappent souvent l'imagination. Depuis mon enfance, j'ai toujours craint de demeurer en Angleterre: eh bien, le regret de ne pouvoir y vivre sera peut-être la cause de mon désespoir ; et je sens qu'à cet égard il y a quelque chose d'invincible dans mon sort, un obstacle contre lequel je lutte et me brise en vain. Chacun conçoit sa vie intérieurement tout autre qu'elle ne paraît. On croit confusément à une puissance surnaturelle qui agit à notre insu, et se cache sous la forme des circonstances extérieures, tandis qu'elle seule est l'unique cause de tout. Cher ami, les ames capables de réflexion se plongent sans cesse dans l'abîme d'elles-mêmes, et n'en trouvent jamais la fin. » Oswald, lorsqu'il entendait parler ainsi Corinne, s'étonnait toujours de ce qu'elle pouvait tout à la fois éprouver des sentiments si passionnés, et planer, en les jugeant, sur ses propres impressions. « Non, se disait-il souvent, non, aucune autre société sur la terre ne peut suffire à celui qui goûta l'entretien d'une telle femme. »

Ils arrivèrent de nuit à Ancône, parceque lord Nelvil craignait d'y être reconnu. Malgré ses précautions, il le fut, et le lendemain matin tous les habitants entourèrent la maison où il était. Corinne fut éveillée par les cris de *vive lord Nelvil! vive notre bienfaiteur!* qui retentissaient sous ses fenêtres; elle tressaillit à ces mots, se leva précipitamment, et alla se mêler à la foule pour entendre louer celui qu'elle aimait. Lord Nelvil, averti que le peuple le demandait avec véhémence, fut enfin obligé de paraître; il croyait que Corinne dormait encore, et qu'elle devait ignorer ce qui se passait. Quel fut son étonnement de la trouver au milieu de la place, déja connue, déja chérie par toute cette multitude reconnaissante, qui la suppliait de lui servir d'interprète! L'imagination de Corinne se plaisait un peu dans toutes les circonstances extraordinaires, et cette imagination était son charme, et quelquefois son défaut. Elle remercia lord Nelvil au nom du peuple, et le fit avec tant de grace et de noblesse, que tous les habitants d'Ancône en étaient ravis; elle disait *nous*, en parlant d'eux : *Vous nous avez sauvés, nous vous devons la vie*. Et quand elle s'avança pour offrir, en leur nom, à lord Nelvil, la couronne de chêne et de laurier qu'ils avaient tressée pour lui, une émotion indéfinissable la saisit; elle se sentit intimidée en s'approchant d'Oswald. A ce moment, tout le peuple, qui en Italie est si mobile et si enthousiaste, se prosterna devant lui, et Corinne, involontairement, plia le genou en lui présentant la couronne. Lord Nelvil, à cette vue, fut tellement troublé, que, ne pouvant supporter plus long-temps cette scène publique et l'hommage que lui rendait celle qu'il adorait, il l'entraîna loin de la foule avec lui.

En partant, Corinne, baignée de larmes, remercia tous les bons habitants d'Ancône, qui les accompagnaient de leurs bénédictions, tandis qu'Oswald se cachait dans le fond de la voiture, et répétait sans cesse : « Corinne à mes genoux! Corinne, sur les traces de laquelle je voudrais me prosterner! Ai-je mérité cet outrage? Me croyez-vous l'indigne orgueil...?—Non, sans doute, interrompit Corinne; mais j'ai été saisie tout-à-coup par ce sentiment de respect qu'une femme éprouve toujours pour l'homme qu'elle aime. Les hommages extérieurs sont dirigés vers nous; mais dans la vérité, dans la nature, c'est la femme qui révère profondément celui qu'elle a choisi pour son défenseur. — Oui, je le serai ton défenseur, jusqu'au dernier jour de ma vie, s'écria lord Nelvil; le ciel m'en est témoin! tant d'ame et tant de génie ne se seront pas en vain réfugiés à l'abri de mon amour. — Hélas! répondit Corinne, je n'ai besoin de rien que de cet amour; et quelle promesse pourrait m'en répondre? N'importe, je sens que tu m'aimes à présent plus que jamais; ne troublons pas ce retour. — Ce retour! interrompit Oswald. — Oui, je ne rétracte point cette expression, dit Corinne; mais ne l'expliquons pas, » continua-t-elle en faisant signe doucement à lord Nelvil de se taire.

CHAPITRE VI.

Ils suivirent pendant deux jours les rivages de la mer Adriatique ; mais cette mer ne produit point, du côté de la Romagne, l'effet de l'Océan, ni même de la Méditerranée; le chemin borde ses flots, et il y a du gazon sur ses rives: ce n'est pas ainsi qu'on se représente le redoutable empire des tempêtes. A Rimini et à Césène, on quitte la terre classique des événements de l'histoire romaine; et le dernier souvenir qui s'offre à la pensée, c'est le Rubicon traversé par César, lorsqu'il résolut de se rendre maître de Rome. Par un rapprochement singulier, non loin de ce Rubicon, on voit aujourd'hui la république de Saint-Marin, comme si ce dernier faible vestige de la liberté devait subsister à côté des lieux où la république du monde a été détruite. Depuis Ancône, on s'avance par degrés vers une contrée qui présente un aspect tout différent de celui de l'État ecclésiastique. Le Bolonais, la Lombardie, les environs de Ferrare et de Rovigo, sont remarquables par la beauté et la culture; ce n'est plus cette dévastation poétique qui annonçait l'approche de Rome et les événements terribles qui s'y sont passés. On quitte alors

> Les pins, deuil de l'été, parure des hivers [1],

les cyprès conifères [2], images des obélisques, les montagnes et la mer. La nature, comme le voyageur, dit adieu par degrés aux rayons du Midi : d'abord les orangers ne croissent plus en plein air ; ils sont remplacés par les oliviers, dont la verdure pâle et légère semble convenir aux bosquets qu'habitent les ombres dans l'Élysée, et quelques lieues plus loin, les oliviers eux-mêmes disparaissent.

En entrant dans le Bolonais, on voit une plaine riante, où les

---

[1] Vers de M. de Sabran.
[2] . . . . et coniferi cupressi.
VIRGILE.

vignes, en forme de guirlandes, unissent les ormeaux entre eux ; toute la campagne a l'air parée comme pour un jour de fête. Corinne se sentit émue par le contraste de sa disposition intérieure, et de l'éclat resplendissant de la contrée qui frappait ses regards. « Ah ! dit-elle à lord Nelvil en soupirant, la nature devrait-elle offrir ainsi tant d'images de bonheur aux amis qui peut-être vont se séparer ! — Non, ils ne se sépareront pas, dit Oswald, chaque jour j'en ai moins la force ; votre inaltérable douceur joint encore le charme de l'habitude à la passion que vous inspirez. On est heureux avec vous, comme si vous n'étiez pas le génie le plus admirable, ou plutôt parceque vous l'êtes ; car la supériorité véritable donne une parfaite bonté : on est content de soi, de la nature, des autres ; quel sentiment amer pourrait-on éprouver ?

Ils arrivèrent ensemble à Ferrare, l'une des villes d'Italie les plus tristes, car elle est à la fois vaste et déserte ; le peu d'habitants qu'on y trouve de loin en loin, dans les rues, marchent lentement, comme s'ils étaient assurés d'avoir du temps pour tout. On ne peut concevoir comment c'est dans ces mêmes lieux que la cour la plus brillante a existé, celle qui fut chantée par l'Arioste et le Tasse : on y montre encore des manuscrits de leurs propres mains, et de celle de l'auteur du *Pastor fido*.

L'Arioste sut exister paisiblement au milieu d'une cour ; mais l'on voit encore à Ferrare la maison où l'on osa renfermer le Tasse comme fou ; et l'on ne peut lire sans attendrissement la foule de lettres où cet infortuné demande la mort, qu'il a depuis si longtemps obtenue. Le Tasse avait cette organisation particulière du talent, qui le rend si redoutable à ceux qui le possèdent : son imagination se retournait contre lui-même ; il ne connaissait si bien tous les secrets de l'ame, il n'avait tant de pensées, que parcequ'il éprouvait beaucoup de peines. *Celui qui n'a pas souffert*, dit un prophète, *que sait-il ?*

Corinne, à quelques égards, avait une manière d'être semblable ; son esprit était plus gai, ses impressions plus variées, mais son imagination avait de même besoin d'être extrêmement ménagée ; car, loin de la distraire de ses chagrins, elle en accroissait la puissance. Lord Nelvil se trompait, en croyant, comme il le faisait souvent, que les facultés brillantes de Corinne pouvaient lui donner des moyens de bonheur indépendants de ses affections. Quand une personne de génie est douée d'une sensibilité véritable, ses chagrins se multiplient par ses facultés mêmes :

elle fait des découvertes dans sa propre peine, comme dans le reste de la nature, et, le malheur du cœur étant inépuisable, plus on a d'idées, mieux on le sent.

CHAPITRE VII.

On s'embarque sur la Brenta pour arriver à Venise, et des deux côtés du canal on voit les palais des Vénitiens, grands et un peu délabrés, comme la magnificence italienne. Ils sont ornés d'une manière bizarre, et qui ne rappelle en rien le goût antique. L'architecture vénitienne se ressent du commerce avec l'Orient; c'est un mélange de moresque et de gothique, qui attire la curiosité sans plaire à l'imagination. Le peuplier, cet arbre régulier comme l'architecture, borde le canal presque partout. Le ciel est d'un bleu vif qui contraste avec le vert éclatant de la campagne; ce vert est entretenu par l'abondance excessive des eaux : le ciel et la terre sont ainsi de deux couleurs si fortement tranchées, que cette nature elle-même a l'air d'être arrangée avec une sorte d'apprêt; et l'on n'y trouve point le vague mystérieux qui fait aimer le midi de l'Italie. L'aspect de Venise est plus étonnant qu'agréable; on croit d'abord voir une ville submergée, et la réflexion est nécessaire pour admirer le génie des mortels qui ont conquis cette demeure sur les eaux. Naples est bâtie en amphithéâtre au bord de la mer; mais Venise étant sur un terrain tout-à-fait plat, les clochers ressemblent aux mâts d'un vaisseau qui resterait immobile au milieu des ondes. Un sentiment de tristesse s'empare de l'imagination en entrant dans Venise. On prend congé de la végétation : on ne voit pas même une mouche en ce séjour; tous les animaux en sont bannis; et l'homme seul est là pour lutter contre la mer.

Le silence est profond dans cette ville, dont les rues sont des canaux, et le bruit des rames est l'unique interruption à ce silence: ce n'est pas la campagne, puisqu'on n'y voit pas un arbre; ce n'est pas la ville, puisqu'on n'y entend pas le moindre mouvement; ce n'est pas même un vaisseau, puisqu'on n'avance pas : c'est une demeure dont l'orage fait une prison ; car il y a des moments où l'on ne peut sortir ni de la ville ni de chez soi. On trouve des hommes du peuple, à Venise, qui n'ont jamais été d'un quartier à l'autre, qui n'ont pas vu la place Saint-Marc, e pour qui la vue d'un cheval ou d'un arbre serait une véritable merveille. Ces gondoles noires, qui glissent sur les canaux, ressemblent à des cercueils ou à des berceaux, à la dernière et à la première demeure de l'homme. Le soir, on ne voit passer que le reflet des lanternes qui éclairent les gondoles ; car alors leur couleur noire empêche de les distinguer. On dirait que ce sont des ombres qui glissent sur l'eau, guidées par une petite étoile. Dans ce séjour tout est mystère, le gouvernement, les coutumes et l'amour. Sans doute il y a beaucoup de jouissances pour le cœur et la raison, quand on parvient à pénétrer dans tous ces secrets; mais les étrangers doivent trouver l'impression du premier moment singulièrement triste.

Corinne, qui croyait aux pressentiments, et dont l'imagination ébranlée faisait de tout des présages, dit à lord Nelvil : « D'où vient la mélancolie profonde dont je me sens saisie en entrant dans cette ville? n'est-ce pas une preuve qu'il m'y arrivera quelque grand malheur? » Comme elle prononçait ces mots, elle entendit partir trois coups de canon d'une des îles de la lagune. Corinne tressaillit à ce bruit, et demanda à ses gondoliers quelle en était la cause. *C'est une religieuse qui prend le voile*, répondirent-ils, *dans un de ces couvents au milieu de la mer. L'usage est chez nous qu'à l'instant où les femmes prononcent les vœux religieux, elles jettent derrière elles un bouquet de fleurs qu'elles portaient pendant la cérémonie. C'est le signe du renoncement au monde, et les coups de canon que vous venez d'entendre annonçaient ce moment, comme nous sommes entrés dans Venise.* Ces paroles firent frissonner Corinne. Oswald sentit ses mains froides dans les siennes, et une pâleur mortelle couvrait son visage. « Chère amie, lui dit-il, comment recevez-vous une si vive impression du hasard le plus simple? — Non, dit Corinne, cela n'est pas simple; croyez-moi, les fleurs de la vie sont pour toujours jetées derrière moi. — Quand je t'aime plus que jamais, interrompit Oswald, quand toute mon ame est à toi... — Ces foudres de la guerre, continua Corinne, dont le bruit annonce ailleurs ou la victoire ou la mort, sont ici consacrés à célébrer l'obscur sacrifice d'une jeune fille. C'est un innocent emploi de ces armes terribles qui bouleversent le monde ; c'est un avis solennel qu'une femme résignée donne aux femmes qui luttent encore contre le destin. »

CHAPITRE VIII.

La puissance du gouvernement de Venise, pendant les dernières années de son existence, consistait presque en entier dans l'empire de l'habitude et de l'imagination. Il avait été terrible, il était devenu très doux; il avait été courageux, il était devenu timide; la haine contre lui s'est facilement réveillée, parcequ'il avait été redoutable; on l'a facilement renversé, parcequ'il ne l'était plus. C'était une aristocratie qui cherchait beaucoup la faveur populaire, mais qui la cherchait à la manière du despotisme, en amusant le peuple, mais non en l'éclairant. Cependant, c'est un état assez agréable pour un peuple que d'être amusé, surtout dans les pays où les goûts de l'imagination sont développés par le climat et les beaux-arts, jusque dans la dernière classe de la société. On ne donnait point au peuple les grossiers plaisirs qui l'abrutissent, mais de la musique, des tableaux, des improvisateurs, des fêtes; et le gouvernement soignait là ses sujets, comme un sultan son sérail. Il leur demandait seulement, comme à des femmes, de ne point se mêler de politique, de ne point juger l'autorité; mais, à ce prix, il leur promettait beaucoup d'amusements, et même assez d'éclat; car les dépouilles de Constantinople qui enrichissent les églises, les étendards de Chypre et de Candie qui flottent sur la place publique, les chevaux de Corinthe, réjouissent les regards du peuple, et le lion ailé de Saint-Marc lui paraît l'emblème de sa gloire.

Le système du gouvernement interdisant à ses sujets l'occupation des affaires politiques, et la situation de la ville rendant impossibles l'agriculture, la promenade et la chasse, il ne restait aux Vénitiens d'autre intérêt que l'amusement : aussi cette ville était-elle une ville de plaisirs. Le dialecte vénitien est doux et léger comme un souffle agréable : on ne conçoit pas comment ceux qui ont résisté à la ligue de Cambrai parlaient une langue si flexible. Ce dialecte est charmant, quand on le consacre à la grace ou à la plaisanterie; mais quand on s'en sert pour des objets plus graves, quand on entend des vers sur la mort avec ces sons délicats et presque enfantins, on croirait que cet événement, ainsi chanté, n'est qu'une fiction poétique.

Les hommes en général ont plus d'esprit encore à Venise que dans le reste de l'Italie, parceque le gouvernement, tel qu'il était, leur a plus souvent offert des occasions de penser : mais leur imagination n'est pas naturellement aussi ardente que dans le midi de l'Italie ; et la plupart des femmes, quoique très aimables, ont pris, par l'habitude de vivre dans le monde, un langage de *sentimentalité* qui, ne gênant en rien la liberté des mœurs, ne fait que mettre de l'affectation dans la galanterie. Le grand mérite des Italiennes, à travers tous leurs torts, c'est de n'avoir aucune vanité : ce mérite est un peu perdu à Venise, où il y a plus de société que dans aucune autre ville d'Italie ; car la vanité se développe surtout par la société. On y est applaudi si vite et si souvent, que tous les calculs y sont instantanés, et que, pour le succès, *l'on n'y fait pas crédit au temps* d'une minute. Néanmoins, on trouvait encore à Venise beaucoup de traces de l'originalité et de la facilité des manières italiennes. Les plus grandes dames recevaient toutes leurs visites dans les cafés de la place Saint-Marc, et cette confusion bizarre empêchait que les salons ne devinssent trop sérieusement une arène pour les prétentions de l'amour-propre.

Il restait aussi quelques traces des mœurs populaires et des usages antiques. Or ces usages supposent toujours du respect pour les ancêtres, et une certaine jeunesse de cœur qui ne se lasse point du passé, ni de l'attendrissement qu'il cause ; l'aspect de la ville est d'ailleurs à lui seul singulièrement propre à réveiller une foule de souvenirs et d'idées ; la place de Saint-Marc, tout environnée de tentes bleues, sous lesquelles se reposent une foule de Turcs, de Grecs et d'Arméniens, est terminée, à l'extrémité, par l'église, dont l'extérieur ressemble plutôt à une mosquée qu'à un temple chrétien : ce lieu donne une idée de la vie indolente des Orientaux, qui passent leurs jours dans les cafés, à boire du sorbet et à fumer des parfums ; on voit quelquefois à Venise des Turcs et des Arméniens passer nonchalamment couchés dans des barques découvertes, et des pots de fleurs à leurs pieds.

Les hommes et les femmes de la première qualité ne sortaient jamais que revêtus d'un domino noir ; souvent aussi des gondoles toujours noires (car le système de l'égalité porte à Venise principalement sur les objets extérieurs) sont conduites par des bateliers vêtus de blanc, avec des ceintures roses ; ce contraste a quelque chose de frappant : on dirait que l'habit de fête est abandonné au peuple, tandis que les grands de l'état sont toujours voués au deuil. Dans la plupart des villes européennes, il faut que l'imagination des écrivains écarte soigneusement ce qui se passe tous les jours, parceque nos usages, et même notre luxe, ne sont pas poétiques. Mais à Venise rien n'est vulgaire en ce genre; les canaux et les barques font un tableau pittoresque des plus simples événements de la vie.

Sur le quai des Esclavons, l'on rencontre habituellement des marionnettes, des charlatans ou des conteurs, qui s'adressent de toutes les manières à l'imagination du peuple : les conteurs surtout sont dignes d'attention ; ce sont ordinairement des épisodes du Tasse et de l'Arioste qu'ils récitent en prose, à la grande admiration de ceux qui les écoutent. Les auditeurs, assis en rond autour de celui qui parle, sont, pour la plupart, à demi vêtus, immobiles par excès d'attention : on leur apporte de temps en temps des verres d'eau, qu'ils paient comme du vin ailleurs ; et ce simple rafraîchissement est tout ce qu'il faut à ce peuple pendant des heures entières, tant son esprit est occupé. Le conteur fait des gestes les plus animés du monde ; sa voix est haute, il se fâche, il se passionne ; et cependant on voit qu'il est, au fond, parfaitement tranquille ; et l'on pourrait lui dire, comme Sapho à la bacchante qui s'agitait de sang-froid : *Bacchante, qui n'es pas ivre, que me veux-tu?* Néanmoins la pantomime animée des habitants du Midi ne donne pas l'idée de l'affectation : c'est une habitude singulière qui leur a été transmise par les Romains, aussi grands gesticulateurs ; elle tient à leur disposition vive, brillante et poétique.

L'imagination d'un peuple captivé par les plaisirs était facilement effrayée par le prestige de puissance dont le gouvernement vénitien était environné. L'on ne voyait jamais un soldat à Venise ; on courait au spectacle quand par hasard, dans les comédies, on en faisait paraître un avec un tambour ; mais il suffisait que le sbire de l'inquisition d'état, portant un ducat sur son bonnet, se montrât, pour faire rentrer dans l'ordre trente mille hommes rassemblés un jour de fête publique. Ce serait une belle chose, si ce simple pouvoir venait du respect pour la loi : mais il était fortifié par la terreur des mesures secrètes qu'employait le gouvernement pour maintenir le repos dans l'état. Les prisons (chose unique) étaient dans le palais même du doge ; il y en avait au-dessous de son appartement ; *la Bouche du Lion*, où toutes les dénonciations étaient jetées, se trouve aussi dans le palais dont le chef du gouvernement faisait sa demeure : la salle où se tenaient les inquisiteurs d'état était tendue de noir, et le jour n'y venait que d'en haut ; le jugement ressemblait d'avance à la condamnation ; *le Pont des soupirs* (c'est ainsi qu'on l'appelait) conduisait du palais du doge à la prison des criminels d'état. En passant sur le canal qui bordait ces prisons, on entendait crier : *Justice ! secours !* et ces voix gémissantes et confuses ne pouvaient pas être reconnues. Enfin, quand un criminel d'état était condamné, une barque venait le prendre pendant la nuit ; il sortait par une petite porte qui s'ouvrait sur le canal ; on le conduisait à quelque distance de la ville, et on le noyait dans un endroit des lagunes où il était défendu de pêcher : horrible idée, qui perpétue le secret jusques après la mort, et ne laisse pas au malheureux l'espoir que ses restes du moins apprendront à ses amis qu'il a souffert, et qu'il n'est plus !

À l'époque où Corinne et lord Nelvil vinrent à Venise, il y avait près d'un siècle que de telles exécutions n'avaient plus lieu ; mais le mystère qui frappe l'imagination existait encore ; et bien que lord Nelvil fût plus loin que personne de se mêler en aucune manière des intérêts politiques d'un pays étranger, cependant il se sentait oppressé par cet arbitraire sans appel, qui planait à Venise sur toutes les têtes.

CHAPITRE IX.

« Il ne faut pas, dit Corinne à lord Nelvil, que vous vous en teniez seulement aux impressions pénibles que ces moyens silencieux du pouvoir ont produites sur vous ; il faut que vous observiez aussi les grandes qualités de ce sénat qui faisait de Venise une république pour les nobles, et leur inspirait autrefois cette énergie, cette grandeur aristocratique, fruit de la liberté, alors même qu'elle est concentrée dans le petit nombre. Vous les verrez, sévères les uns pour les autres, établir, du moins dans leur sein, les vertus et les droits qui devaient appartenir à tous ; vous les verrez paternels pour leurs sujets, autant qu'on peut l'être, quand on considère cette classe d'hommes uniquement sous le rapport de son bien-être physique. Enfin vous leur trouverez un grand orgueil pour leur patrie, pour cette patrie qui est leur propriété, mais qu'ils savent néanmoins faire aimer du peuple même, qui, à tant d'égards, en est exclu. »

Corinne et Oswald allèrent voir ensemble la salle où le grand-conseil se rassemblait alors : elle est entourée des portraits de tous les doges; mais, à la place du portrait de celui qui fut décapité comme traître à sa patrie, on a peint un rideau noir sur lequel on a écrit le jour de sa mort et le genre de son supplice. Les habits royaux et magnifiques dont les images des autres doges sont revêtues ajoutent à l'impression de ce terrible rideau noir. Il y a dans cette salle un tableau qui représente le jugement dernier, et un autre le moment où le plus puissant des empereurs, Frédéric Barberousse, s'humilia devant le sénat de Venise. C'est une belle idée que de réunir ainsi tout ce qui doit exalter la fierté d'un gouvernement sur la terre, et courber cette même fierté devant le ciel. Corinne et lord Nelvil allèrent voir l'arsenal. Il y a, devant la porte de l'arsenal, deux lions sculptés en Grèce, puis transportés du port d'Athènes, pour être les gardiens de la puissance vénitienne; immobiles gardiens qui ne défendent que ce qu'on respecte. L'arsenal est rempli des trophées de la marine; la fameuse cérémonie des noces du doge avec la mer Adriatique, toutes les institutions de Venise enfin, attestaient leur reconnaissance pour la mer. Ils ont, à cet égard, quelques rapports avec les Anglais, et lord Nelvil sentit vivement l'intérêt que ces rapports devaient exciter en lui.

Corinne le conduisit au sommet de la tour appelée le clocher Saint-Marc, qui est à quelques pas de l'église. C'est de là que l'on découvre toute la ville au milieu des flots, et la digue immense qui la défend de la mer. On aperçoit dans le lointain les côtes de l'Istrie et de la Dalmatie. « Du côté de ces nuages, dit Corinne, il y a la Grèce; cette idée ne suffit-elle pas pour émouvoir? Là, sont encore des hommes d'une imagination vive, d'un caractère enthousiaste, avilis par leur sort, mais destinés peut-être ainsi que nous à ranimer une fois les cendres de leurs ancêtres. C'est toujours quelque chose qu'un pays qui a existé; les habitants y rougissent au moins de leur état actuel : mais dans les contrées que l'histoire n'a jamais consacrées, l'homme ne soupçonne pas même qu'il y ait une autre destinée que la servile obscurité qui lui a été transmise par ses aïeux.

« Cette Dalmatie que vous apercevez d'ici, continua Corinne, et qui fut autrefois habitée par un peuple si guerrier, conserve encore quelque chose de sauvage. Les Dalmates savent si peu ce qui s'est passé depuis quinze siècles, qu'ils appellent encore les Romains les *tout puissants*. Il est vrai qu'ils montrent des connaissances plus modernes, en vous nommant, vous autres Anglais, *les guerriers de la mer*, parceque vous avez souvent abordé dans leurs ports ; mais ils ne savent rien du reste de la terre. Je me plairais à voir, continua Corinne, tous les pays où il y a dans les mœurs, dans les costumes, dans le langage, quelque chose d'original. Le monde civilisé est bien monotone, et l'on en connaît tout en peu de temps ; j'ai déjà vécu assez pour cela. — Quand on vit près de vous, interrompit lord Nelvil, voit-on jamais le terme de ce qui fait penser et sentir ? — Dieu veuille, répondit Corinne, que ce charme aussi ne s'épuise pas !

« Mais donnons encore, poursuivit-elle, un moment à cette Damaltie : quand nous serons descendus de la hauteur où nous sommes, nous n'apercevrons même plus les lignes incertaines qui nous indiquent ce pays de loin, aussi confusément qu'un souvenir dans la mémoire des hommes. Il y a des improvisateurs parmi les Dalmates, les sauvages en ont aussi ; on en trouvait chez les anciens Grecs : il y en a presque toujours parmi les peuples qui ont de l'imagination, et point de vanité sociale ; mais l'esprit naturel se tourne en épigrammes plutôt qu'en poésie, dans les pays où la crainte d'être l'objet de la moquerie fait que chacun se hâte de saisir cette arme le premier. Les peuples aussi qui sont restés plus près de la nature ont conservé pour elle un respect qui sert très bien l'imagination. *Les cavernes sont sacrées*, disent les Dalmates : sans doute qu'ils expriment ainsi une terreur vague des secrets de la terre. Leur poésie ressemble un peu à celle d'Ossian, bien qu'ils soient habitants du Midi ; mais il n'y a que deux manières très distinctes de sentir la nature : l'aimer comme les anciens, la perfectionner sous mille formes brillantes, ou se laisser aller, comme les bardes écossais, à l'effroi du mystère, à la mélancolie qu'inspirent l'incertain et l'inconnu. Depuis que je vous connais, Oswald, ce dernier genre me plaît. Autrefois j'avais assez d'espérance et de vivacité pour aimer les images riantes, et jouir de la nature sans craindre la destinée. — Ce serait donc moi, dit Oswald, moi qui aurais flétri cette belle imagination, à laquelle j'ai dû les jouissances les plus enivrantes de ma vie. — Ce n'est pas vous qu'il faut en accuser, répondit Corinne, mais une passion profonde. Le talent a besoin d'une indépendance intérieure que l'amour véritable ne permet jamais. — Ah ! s'il en est ainsi, s'écria lord Nelvil, que ton génie se taise, et que ton cœur soit tout à moi ! » Il ne put prononcer ces paroles sans émotion, car elles promettaient dans sa pensée plus encore qu'il ne disait.

Corinne le comprit, et n'osa répondre, de peur de rien déranger à la douce impression qu'elle éprouvait.

Elle se sentait aimée, et, comme elle était habituée à vivre dans un pays où les hommes sacrifient tout au sentiment, elle se rassurait facilement, et se persuadait que lord Nelvil ne pourrait pas se séparer d'elle : tout à la fois indolente et passionnée, elle s'imaginait qu'il suffisait de gagner des jours, et que le danger dont on ne parlait plus était passé. Corinne vivait enfin comme vivent la plupart des hommes, lorsqu'ils sont menacés long-temps du même malheur ; ils finissent par croire qu'il n'arrivera pas, seulement parcequ'il n'est pas encore arrivé.

L'air de Venise, la vie qu'on y mène est singulièrement propre à bercer l'ame d'espérances : le tranquille balancement des barques porte à la rêverie et à la paresse. On entend quelquefois un gondolier qui, placé sur le pont de Rialto, se met à chanter une stance du Tasse, tandis qu'un autre gondolier lui répond par la stance suivante, à l'autre extrémité du canal. La musique très ancienne de ces stances ressemble au chant d'église, et de près on s'aperçoit de sa monotonie ; mais en plein air, le soir, lorsque les sons se prolongent sur le canal comme les reflets du soleil couchant, et que les vers du Tasse prêtent aussi leurs beautés de sentiment à tout cet ensemble d'images et d'harmonie, il est impossible que ces chants n'inspirent pas une douce mélancolie. Oswald et Corinne se promenaient sur l'eau de longues heures, à côté l'un de l'autre ; quelquefois ils disaient un mot ; plus souvent, se tenant la main, ils se livraient en silence aux pensées vagues que font naître la nature et l'amour.

LIVRE XVI.

LE DÉPART ET L'ABSENCE.

CHAPITRE PREMIER.

Dès que l'on sut l'arrivée de Corinne à Venise, chacun eut la plus grande curiosité de la voir. Quand elle se rendait dans un café de la place Saint-Marc, l'on se pressait en foule sous les galeries de cette place pour l'apercevoir un moment, et la société tout entière la recherchait avec l'empressement le plus vif. Elle aimait assez autrefois à produire cet effet brillant partout où elle se montrait, et elle avouait naturellement que l'admiration avait un grand charme pour elle. Le génie inspire le besoin de la gloire, et il n'est d'ailleurs aucun bien qui ne soit desiré par ceux à qui la nature a donné les moyens de l'obtenir. Néanmoins, dans sa situation actuelle, Corinne redoutait tout ce qui semblait en contraste avec les habitudes de la vie domestique, si chères à lord Nelvil.

Corinne avait tort, pour son bonheur, de s'attacher à un homme qui devait contrarier son existence naturelle, et réprimer plutôt qu'exciter ses talents ; mais il est aisé de comprendre comment une femme qui s'est beaucoup occupée des lettres et des beaux-arts peut aimer dans un homme des qualités et même des goûts qui diffèrent des siens. L'on est si souvent lassé de soi-même, qu'on ne peut être séduit par ce qui nous ressemble : il faut de l'harmonie dans les sentiments et de l'opposition dans les caractères, pour que l'amour naisse tout à la fois de la sympathie et de la diversité. Lord Nelvil possédait au suprême degré ce double charme. On était un avec lui dans l'habitude de la vie, par la douceur et la facilité de son entretien, et néanmoins ce qu'il avait d'irritable et d'ombrageux dans l'ame ne permettait jamais de se blaser sur la grace et la complaisance de ses manières. Quoique la profondeur et l'étendue de ses idées le rendissent propre à tout, ses opinions politiques et ses goûts militaires lui inspiraient plus de penchant pour la carrière des actions que pour celle des lettres ; il pensait que les actions sont toujours plus poétiques que la poésie elle-même. Il se montrait supérieur aux succès de son esprit, et parlait de lui, sous ce rapport, avec une grande indifférence. Corinne, pour lui plaire, cherchait à cet égard à l'imiter, et commençait à dédaigner ses propres succès littéraires, afin de ressembler davantage aux femmes modestes et retirées, dont la patrie d'Oswald offrait le modèle.

Cependant les hommages que Corinne reçut à Venise ne firent à lord Nelvil qu'une impression agréable. Il y avait tant de bienveillance dans l'accueil des Vénitiens, ils exprimaient avec tant de grace et de vivacité le plaisir qu'ils trouvaient dans l'entretien de Corinne, qu'Oswald jouissait vivement d'être aimé par une femme d'un charme si séducteur et si généralement admiré. Il n'était plus jaloux de la gloire de Corinne, certain qu'il était qu'elle le préférait à tout; et son amour semblait encore augmenté par ce qu'il entendait dire d'elle. Il oubliait même l'Angleterre; il prenait quelque chose de l'insouciance des Italiens sur l'avenir. Corinne s'apercevait de ce changement, et son cœur imprudent en jouissait, comme s'il avait pu durer toujours.

L'italien est la seule langue de l'Europe dont les dialectes différents aient un génie à part. On peut faire des vers et écrire des livres dans chacun de ces dialectes, qui s'écartent plus ou moins de l'italien classique; mais, parmi les différents langages des divers états de l'Italie, il n'y a pourtant que le napolitain, le sicilien et le vénitien qui aient l'honneur d'être comptés; et c'est le vénitien qui passe pour le plus original et le plus gracieux de tous. Corinne le prononçait avec une douceur charmante, et la manière dont elle chantait quelques *barcaroles*, dans le genre gai, prouvait qu'elle devait jouer la comédie aussi bien que la tragédie. On la tourmenta beaucoup pour prendre un rôle dans un opéra comique qu'on devait représenter en société la semaine suivante. Corinne, depuis qu'elle aimait Oswald, n'avait jamais voulu lui faire connaître son talent en ce genre; elle ne s'était pas senti assez de liberté d'esprit pour cet amusement, et quelquefois même elle s'était dit qu'un tel abandon de gaieté pouvait porter malheur; mais cette fois, par une singularité de confiance, elle y consentit. Oswald l'en pressa vivement, et il fut convenu qu'elle jouerait *la Fille de l'air*; c'est ainsi que s'appelait la pièce que l'on choisit.

Cette pièce, comme la plupart de celles de Gozzi, était composée de féeries extravagantes, très originales et très gaies [1]. Truffaldin et Pantalon paraissent souvent, dans ces drames burlesques, à côté des plus grands rois de la terre. Le merveilleux y sert à la plaisanterie, mais le comique y est relevé par ce merveilleux même, qui ne peut jamais avoir rien de vulgaire ni de bas. *La Fille de l'air*, ou *Sémiramis dans sa jeunesse*, est la coquette douée par l'enfer et le ciel pour subjuguer le monde. Élevée dans un antre comme une sauvage, habile comme une enchanteresse, impérieuse comme une reine, elle réunit la vivacité naturelle à la grâce préméditée, le courage guerrier à la frivolité d'une femme, et l'ambition à l'étourderie. Ce rôle demande une verve d'ima-

---

[1] Parmi les auteurs comiques italiens qui peignent les mœurs, il faut compter le chevalier de Rossi, Romain, qui a singulièrement, dans ses pièces, l'esprit observateur et satirique.

gination et de gaieté que l'inspiration seule du moment peut donner. Toute la société se réunit pour prier Corinne de s'en charger.

CHAPITRE II.

Il y a quelquefois dans la destinée un jeu bizarre et cruel; on dirait que c'est une puissance qui veut inspirer la crainte, et repousse la familiarité confiante; souvent, quand on se livre le plus à l'espérance, et surtout lorsqu'on a l'air de plaisanter avec le sort et de compter sur le bonheur, il se passe quelque chose de redoutable dans le tissu de notre histoire, et les fatales sœurs viennent y mêler leur fil noir, et brouiller l'œuvre de nos mains.

C'était le 17 de novembre que Corinne s'éveilla tout enchantée de jouer le soir la comédie. Elle choisit, pour paraître dans le premier acte en sauvage, un vêtement très pittoresque. Ses cheveux, qui devaient être épars, étaient pourtant arrangés avec un soin qui montrait un vif désir de plaire; et son habit élégant, léger et fantasque, donnait à sa noble figure un caractère de coquetterie et de malice singulièrement gracieux. Elle arriva dans le palais où la comédie devait être jouée. Tout le monde y était rassemblé; Oswald seul n'était pas encore arrivé. Corinne retarda, tant qu'elle le put, le spectacle, et commençait à s'inquiéter de son absence. Enfin, comme elle entrait sur le théâtre, elle l'aperçut dans un coin très obscur du salon, mais enfin elle l'aperçut; et la peine même que lui avait causée l'attente redoublant sa joie, elle fut inspirée par la gaieté, comme elle l'était au Capitole par l'enthousiasme.

Le chant et les paroles étaient entremêlés, et la pièce était faite de manière qu'il était permis d'improviser le dialogue; ce qui donnait à Corinne un grand avantage, et rendait la scène plus animée. Lorsqu'elle chantait, elle faisait sentir l'esprit des airs *bouffes* italiens avec une élégance particulière. Ses gestes, accompagnés par la musique, étaient comiques et nobles tout à la fois; elle faisait rire sans cesser d'être imposante, et son rôle et son talent dominaient les acteurs et les spectateurs, en se moquant avec grace des uns et des autres.

Ah! qui n'aurait pas eu pitié de ce spectacle, si l'on avait su que ce bonheur si confiant allait attirer la foudre, et que cette gaieté si triomphante ferait bientôt place aux plus amères douleurs?

Les applaudissements des spectateurs étaient si multipliés et si vrais, que leur plaisir se communiquait à Corinne; elle éprouvait cette sorte d'émotion que cause l'amusement quand il donne un sentiment vif de l'existence, quand il inspire l'oubli de la destinée, et dégage pour un moment l'esprit de tout lien comme de tout nuage. Oswald avait vu Corinne représenter la plus profonde douleur, dans un temps où il se flattait de la rendre heureuse : il la voyait maintenant exprimer une joie sans mélange, quand il venait de recevoir une nouvelle bien fatale pour tous deux. Plusieurs fois il eut la pensée d'arracher Corinne à cette gaîeté téméraire; mais il goûtait un triste plaisir à voir encore quelques instants sur cet aimable visage la brillante expression du bonheur.

A la fin de la pièce, Corinne parut élégamment habillée en reine amazone; elle commandait aux hommes, et déjà presque aux éléments, par cette confiance dans ses charmes qu'une belle personne peut avoir quand elle n'est pas sensible; car il suffit d'aimer pour qu'aucun don de la nature ou du sort ne puisse rassurer entièrement. Mais cette coquette couronnée, cette fée souveraine que représentait Corinne, mêlant, d'une façon toute merveilleuse, la colère à la plaisanterie, l'insouciance au desir de plaire, et la grace au despotisme, semblait régner sur la destinée autant que sur les cœurs; et quand elle monta sur le trône, elle sourit à ses sujets, en leur ordonnant la soumission avec une douce arrogance. Tous les spectateurs se levèrent pour applaudir Corinne comme la véritable reine. Ce moment était peut-être celui de sa vie où la crainte de la douleur avait été le plus loin d'elle; mais tout-à-coup elle vit Oswald, qui, ne pouvant plus se contenir, cachait sa tête dans ses mains pour dérober ses larmes. A l'instant elle se troubla, et la toile n'était pas encore baissée, que, descendant de ce trône déjà funeste, elle se précipita dans la chambre voisine.

Oswald l'y suivit, et quand elle remarqua de près sa pâleur, elle fut saisie d'un tel effroi, qu'elle fut obligée de s'appuyer contre la muraille pour se soutenir; et, tremblante, elle lui dit : « Oswald! ô mon Dieu! qu'avez-vous? — Il faut que je parte cette nuit pour l'Angleterre, » lui répondit-il, sans savoir ce qu'il faisait; car il ne devait pas exposer sa malheureuse amie, en lui apprenant ainsi cette nouvelle. Elle s'avança vers lui tout-à-fait hors d'elle-même, et s'écria : « Non, il ne se peut pas que vous me causiez cette douleur! Qu'ai-je fait pour la mériter? Vous m'emmenez donc avec vous? — Quittons en ce moment cette foule cruelle, répondit Oswald; viens avec moi, Corinne. » Elle le suivit, ne comprenant plus ce qu'on lui disait, répondant au hasard, chancelante, et le visage déjà si altéré, que chacun la crut saisie par quelque mal subit.

CHAPITRE III.

Dès qu'ils furent ensemble dans la gondole, Corinne, dans son égarement, dit à lord Nelvil : « Eh bien! ce que vous venez de m'apprendre est mille fois plus cruel que la mort. Soyez généreux; jetez-moi dans ces flots, pour que j'y perde le sentiment qui me déchire. Oswald, faites-le avec courage; il en faut moins pour cela que vous ne venez d'en montrer. — Si vous dites un mot de plus, répondit Oswald, je vais me précipiter dans le canal, à vos yeux. Écoutez-moi, attendez que nous soyons arrivés chez vous, alors vous prononcerez sur mon sort et sur le vôtre. Au nom du ciel, calmez-vous. » Il y avait tant de malheur dans l'accent d'Oswald, que Corinne se tut, et seulement elle tremblait avec une telle violence, qu'elle put à peine monter les escaliers qui conduisaient à son appartement. Quand elle y fut arrivée, elle arracha sa parure avec effroi. Lord Nelvil, en la voyant dans cet état, elle qui était si brillante il y avait quelques instants, se jeta sur une chaise en fondant en pleurs, et s'écria : « Suis-je un barbare, Corinne, juste ciel! Corinne, le crois-tu? — Non, lui dit-elle; non, je ne puis le croire. N'avez-vous pas encore ce regard qui chaque jour me donnait le bonheur? Oswald, vous dont la présence était pour moi comme un rayon du ciel, se peut-il que je vous craigne, que je n'ose lever les yeux sur vous, que je sois là devant vous comme devant un asssassin? Oswald, Oswald! » Et en achevant ces mots, elle tomba suppliante à ses genoux.

« Que vois-je? s'écria-t-il en la relevant avec fureur; tu veux que je me déshonore : eh bien, je le ferai. Mon régiment s'embarque dans un mois; je viens d'en recevoir la nouvelle. Je resterai, prends-y garde, je resterai, si tu me montres cette douleur, cette douleur toute puissante sur moi; mais je ne survivrai point à ma honte. — Je ne vous demande point de rester, reprit Corinne; mais quel mal vous fais-je en vous suivant? — Mon régiment part pour les îles, et il n'est permis à aucun officier d'emmener sa femme avec

lui. — Au moins laissez-moi vous accompagner jusqu'en Angleterre.
— Les mêmes lettres que je viens de recevoir, reprit Oswald, m'apprennent que le bruit de notre liaison s'est répandu en Angleterre, que les papiers publics en ont parlé, qu'on a commencé à soupçonner qui vous êtes, et que votre famille, excitée par lady Edgermond, a déclaré qu'elle ne vous reconnaîtrait jamais. Laissez-moi le temps de la ramener, de forcer votre belle-mère à ce qu'elle vous doit ; mais si j'arrive avec vous, et que je sois contraint à vous quitter avant de vous avoir fait rendre votre nom, je vous livre à toute la sévérité de l'opinion, sans être là pour vous défendre. — Ainsi vous me refusez tout, » dit Corinne ; et, en achevant ces mots, elle tomba sans connaissance, et sa tête heurtant avec violence contre terre, le sang en rejaillit. Oswald, à ce spectacle, poussa des cris déchirants. Thérésine arriva, dans un trouble extrême ; elle rappela sa maîtresse à la vie. Mais quand Corinne revint à elle, elle aperçut dans une glace son visage pâle et défait, ses cheveux épars et teints de sang. « Oswald, dit-elle, Oswald, ce n'est pas ainsi que j'étais lorsque vous m'avez rencontrée au Capitole ; je portais sur mon front la couronne de l'espérance et de la gloire, maintenant il est souillé de sang et de poussière ; mais il ne vous est pas permis de me mépriser pour cet état, dans lequel vous m'avez mise. Les autres le peuvent, mais vous, vous ne le pouvez pas : il faut avoir pitié de l'amour que vous m'avez inspiré, il le faut.

« — Arrête ! s'écria lord Nelvil, c'en est trop. » Et, faisant signe à Thérésine de s'éloigner, il prit Corinne dans ses bras, et lui dit : « Je suis décidé à rester : tu feras de moi ce que tu voudras. Je subirai ce que le ciel me destine, mais je ne t'abandonnerai point dans ce malheur, et je ne te conduirai point en Angleterre avant d'y avoir assuré ton sort. Je ne t'y laisserai point exposée aux insultes d'une femme hautaine. Je reste ; oui, je reste, car je ne puis te quitter. » Ces paroles rappelèrent Corinne à elle-même, mais la jetèrent dans un abattement plus cruel encore que le désespoir qu'elle venait d'éprouver. Elle sentit la nécessité qui pesait sur elle, et, la tête baissée, elle resta long-temps dans un profond silence. « Parle, chère amie, lui dit Oswald, fais-moi donc entendre le son de ta voix ; je n'ai plus qu'elle pour me soutenir. Je veux me laisser guider par elle. — Non, répondit Corinne, non, vous partirez, il le faut. » Et des torrents de pleurs annoncèrent sa résignation. « Mon amie, s'écria lord Nelvil, je prends à témoin ce portrait de mon père, qui est là devant nos yeux; et tu sais si le nom d'un père est sacré pour moi ! je le prends à témoin que ma vie est en ta puissance, tant qu'elle sera nécessaire à ton bonheur. A mon retour des îles, je verrai si je puis te rendre ta patrie, et t'y faire retrouver le rang et l'existence qui te sont dus ; mais si je n'y réussissais pas, je reviendrais en Italie, vivre et mourir à tes pieds. — Hélas ! reprit Corinne, et ces dangers de la guerre que vous allez braver... — Ne les crains pas, reprit Oswald, j'y échapperai ; mais si je périssais cependant, moi, le plus inconnu des hommes, mon souvenir resterait dans ton cœur : tu n'entendrais peut-être jamais prononcer mon nom sans que tes yeux se remplissent de larmes, n'est-il pas vrai, Corinne? tu dirais : *Je l'ai connu, il m'a aimée.* — Ah ! laisse-moi, laisse-moi, s'écria-t-elle ; tu te trompes à mon calme apparent : demain, quand le soleil reviendra, et que je me dirai : *Je ne le verrai plus ! je ne le verrai plus !* il se peut que je cesse de vivre, et ce serait bien heureux ! — Pourquoi, s'écria lord Nelvil, pourquoi, Corinne, crains-tu de ne pas me revoir? Cette promesse solennelle de nous réunir à jamais n'est-elle rien pour toi ? ton cœur en peut-il douter ? — Non ; je vous respecte trop pour ne pas vous croire, dit Corinne ; il m'en coûterait plus encore de renoncer à mon admiration pour vous qu'à mon amour. Je vous regarde comme un être angélique, comme le caractère le plus pur et le plus noble qui ait paru sur la terre : ce n'est pas seulement votre charme qui me captive, c'est l'idée que jamais tant de vertus n'ont été réunies dans un même objet ; et votre céleste regard ne vous a été donné que pour les exprimer toutes : loin de moi donc un doute sur vos promesses. Je fuirais à l'aspect de la figure humaine, elle ne m'inspirerait plus que de la terreur, si lord Nelvil pouvait tromper : mais la séparation livre à tant de hasards, mais ce mot terrible, *adieu !*... — Jamais, interrompit-il, jamais Oswald ne peut te dire un dernier adieu que sur son lit de mort. » Et son émotion était si profonde en prononçant ces mots, que Corinne, commençant à craindre l'effet de cette émotion sur sa santé, essaya de se contenir, elle qui était la plus à plaindre.

Ils commencèrent donc à parler de ce cruel départ, des moyens de s'écrire, et de la certitude de se rejoindre. Un an fut le terme fixé pour cette absence ; Oswald se croyait sûr que l'expédition ne devait pas durer plus long-temps. Enfin, il leur restait encore quelques heures, et Corinne espérait qu'elle aurait de la force.

Mais lorsque Oswald lui eut dit que la gondole viendrait le prendre à trois heures du matin, et qu'elle vit à sa pendule que ce moment n'était pas très éloigné, elle frémit de tous ses membres; et sûrement l'approche de l'échafaud ne lui aurait pas causé plus d'effroi. Oswald aussi semblait perdre à chaque instant sa résolution; et Corinne, qui l'avait toujours vu maître de lui-même, avait le cœur déchiré par le spectacle de ses angoisses. Pauvre Corinne! elle le consolait, tandis qu'elle devait être mille fois plus malheureuse que lui.

« Écoutez, dit-elle à lord Nelvil, quand vous serez à Londres, ils vous diront, les hommes légers de cette ville, que des promesses d'amour ne lient pas l'honneur ; que tous les Anglais du monde ont aimé des Italiennes dans leurs voyages, et les ont oubliées au retour ; que quelques mois de bonheur n'engagent ni celle qui les reçoit, ni celui qui les donne, et qu'à votre âge la vie entière ne peut dépendre du charme que vous avez trouvé pendant quelque temps dans la société d'une étrangère. Ils auront l'air d'avoir raison, raison selon le monde : mais vous, qui avez connu ce cœur dont vous vous êtes rendu le maître ; vous qui savez comme il vous aime, trouverez-vous des sophismes pour excuser une blessure mortelle? Et les plaisanteries frivoles et barbares des hommes du jour empêcheront-elles que votre main ne tremble en enfonçant un poignard dans mon sein? — Ah! que me dis-tu? s'écria lord Nelvil; ce n'est pas ta douleur seule qui me retient, c'est la mienne. Où trouverais-je un bonheur semblable à celui que j'ai goûté près de toi? Qui, dans l'univers, m'entendrait comme tu m'as entendu? L'amour, Corinne, l'amour, c'est toi seule qui l'éprouves, c'est toi seule qui l'inspires : cette harmonie de l'ame, cette intime intelligence de l'esprit et du cœur, avec quelle autre femme peut-elle exister, qu'avec toi? Corinne, ton ami n'est pas un homme léger, tu le sais ; il s'en faut qu'il le soit. Tout est sérieux pour lui dans la vie : est-ce donc pour toi seule qu'il démentirait sa nature ?

« — Non, non, reprit Corinne, non, vous ne traiterez pas avec dédain une ame sincère. Et ce n'est pas vous, Oswald, ce n'est pas vous que mon désespoir trouverait insensible. Mais un ennemi redoutable me menace auprès de vous, c'est la sévérité despotique, c'est la dédaigneuse médiocrité de ma belle-mère. Elle vous dira tout ce qui peut flétrir ma vie passée. Épargnez-moi de vous répéter d'avance ses impitoyables discours. Loin que les talents que je puis avoir soient une excuse à ses yeux, ils seront, je le sais, le plus grand de mes torts. Elle ne comprend point leurs charmes, elle ne voit que leurs dangers. Elle trouve inutile, et peut-être coupable, tout ce qui ne s'accorde pas avec la destinée qu'elle s'est tracée, et toute la poésie du cœur lui semble un caprice importun, qui s'arroge le droit de mépriser sa raison. C'est au nom des vertus que je respecte autant que vous, qu'elle condamnera mon caractère et mon sort. Oswald, elle vous dira que je suis indigne de vous. — Et comment pourrai-je l'entendre? interrompit Oswald; quelles vertus oserait-on élever plus haut que ta générosité, ta franchise, ta bonté, ta tendresse? Céleste créature! que les femmes communes soient jugées par les règles communes : mais honte à celui que tu aurais aimé, et qui ne te respecterait pas autant qu'il t'adore! Rien dans l'univers n'égale ton esprit ni ton cœur. A la source divine où tes sentiments sont puisés, tout est amour et vérité. Corinne, Corinne, ah! je ne puis te quitter. Je sens mon courage défaillir. Si tu ne me soutiens pas, je ne partirai point; et c'est de toi qu'il faut que je reçoive la force de t'affliger. — Eh bien, dit Corinne, encore quelques instants, avant de recommander mon ame à Dieu, pour qu'il me donne la force d'entendre sonner l'heure fixée pour ton départ. Nous nous sommes aimés, Oswald, avec une tendresse profonde. Je t'ai confié les secrets de ma vie; ce n'est rien que les faits; mais les sentiments les plus intimes de mon être, tu les sais tous. Je n'ai pas une idée qui ne soit unie à toi. Si j'écris quelques lignes où mon ame se répande, c'est toi seul qui m'inspires, c'est à toi que j'adresse toutes mes pensées, comme mon dernier souffle sera pour toi. Où serait donc mon asile, si tu m'abandonnais? Les beaux-arts me retracent ton image; la musique, c'est ta voix; le ciel, ton regard. Tout ce génie qui jadis enflammait ma pensée n'est plus que de l'amour. Enthousiasme, réflexion, intelligence, je n'ai plus rien qu'en commun avec toi.

« Dieu tout puissant, qui m'entendez, dit-elle en levant ses regards vers le ciel; Dieu, qui n'êtes point impitoyable pour les peines du cœur, les plus nobles de toutes, ôtez-moi la vie quand il cessera de m'aimer; ôtez-moi le déplorable reste d'existence qui ne me servirait plus qu'à souffrir. Il emporte avec lui ce que j'ai de plus généreux et de plus tendre; s'il laisse éteindre ce feu déposé dans son sein, que, dans quelque lieu du monde que je sois, ma vie aussi s'éteigne. Grand Dieu, vous ne m'avez pas faite pour survivre à tous les nobles sentiments; et que me resterait-il quand j'aurais cessé de l'estimer? car lui aussi doit m'aimer, il le doit. Je sens au fond de mon cœur une affection qui commande la sienne... O mon Dieu! s'écria-t-elle encore une fois, la mort, ou son amour! » En achevant cette prière, elle se retourna vers Oswald, et le trouva prosterné devant elle, dans des convulsions effrayantes : l'excès de son émotion avait surpassé ses forces; il repoussait les secours de Corinne, il voulait mourir, et sa tête semblait absolument perdue. Corinne, avec douceur, serra ses mains dans les siennes, en lui répétant tout ce qu'il lui avait dit lui-même. Elle l'assura qu'elle le croyait, qu'elle se fiait à son retour, et qu'elle se sentait beaucoup plus calme : ces douces paroles firent quelque bien à lord Nelvil. Cependant plus il sentait approcher l'heure de sa séparation, plus il lui semblait impossible de s'y décider.

« Pourquoi, dit-il à Corinne, pourquoi n'irions-nous pas au temple avant mon départ, pour prononcer le serment d'une union éternelle? » Corinne tressaillit à ces mots, regarda lord Nelvil, et le plus grand trouble agita son cœur; elle se souvint qu'Oswald, en lui racontant son histoire, lui avait dit que la douleur d'une femme était toute puissante sur sa conduite; mais qu'il avait ajouté que son sentiment se refroidissait par les sacrifices mêmes que cette douleur obtenait de lui. Toute la fermeté, toute la fierté de Corinne se réveillèrent à cette idée; et après quelques instants de silence, elle répondit : « Il faut que vous ayez revu vos amis et votre patrie, avant de prendre la résolution de m'épouser. Je la devrais dans ce moment, milord, à l'émotion du départ : je n'en veux pas ainsi. » Oswald n'insista plus : « Au moins, dit-il en saisissant la main de Corinne, je le jure de nouveau, ma foi est attachée à cet anneau que je vous ai donné. Tant que vous le conserverez, jamais une autre n'aura des droits sur mon sort; si vous le dédaignez une fois, si vous me le renvoyez... — Cessez, cessez, interrompit Corinne, d'exprimer une inquiétude que vous ne pouvez éprouver. Ah! ce n'est pas moi qui romprai la première l'union sacrée de nos cœurs; vous le savez bien que ce n'est pas moi, et je rougirais presque d'assurer ce qui n'est que trop certain. »

Cependant l'heure avançait : Corinne pâlissait à chaque bruit, et lord Nelvil restait plongé dans une douleur profonde, et n'avait plus la force de prononcer un seul mot. Enfin la lumière fatale parut dans l'éloignement, à travers sa fenêtre, et bientôt après la barque noire s'arrêta devant la porte. Corinne à cette vue fit un cri, en reculant avec effroi, et tomba dans les bras d'Oswald, en s'écriant : « Les voilà, les voilà ! adieu, partez, c'en est fait. — O mon Dieu ! dit lord Nelvil, ô mon père ! l'exigez-vous de moi ? » et la serrant contre son cœur, il la couvrit de ses larmes. « Partez, lui dit-elle, partez, il le faut. — Faites venir Thérésine, répondit Oswald ; je ne puis vous laisser seule ainsi. — Seule ? hélas ! dit Corinne, ne le suis-je pas jusqu'à votre retour ? — Je ne puis sortir de cette chambre, s'écria lord Nelvil ; non, je ne le puis. » Et en prononçant ces paroles son désespoir était tel, que ses regards et ses vœux appelaient la mort. « Eh bien ! dit Corinne, je le donnerai, ce signal ; j'irai moi-même ouvrir cette porte : mais accordez moi quelques instants. — Oh ! oui, s'écria lord Nelvil, restons encore ensemble, restons ; ces cruels combats valent encore mieux que de cesser de te voir. »

On entendit alors sous les fenêtres de Corinne les bateliers qui appelaient les gens de lord Nelvil ; ils répondirent, et l'un d'eux vint frapper à la porte de Corinne, en annonçant que *tout était prêt*. « Oui, tout est prêt, » répondit Corinne ; et s'éloignant d'Oswald, elle alla prier, la tête appuyée contre le portrait de son père. Sans doute en ce moment sa vie passée s'offrait en entier à elle ; sa conscience exagéra toutes ses fautes ; elle craignit de ne pas mériter la miséricorde divine, et cependant elle se sentait si malheureuse, qu'elle devait croire à la pitié du ciel. Enfin, en se relevant, elle tendit la main à lord Nelvil, et lui dit : « Partez, je le veux à présent : et peut-être que dans un instant je ne le pourrai plus : partez, que Dieu bénisse vos pas, et qu'il me protège aussi, car j'en ai bien besoin. » Oswald se précipita encore une fois dans ses bras ; et la pressant contre son cœur avec une passion inexprimable, tremblant et pâle comme un homme qui marche au supplice, il sortit de cette chambre où, pour la dernière fois peut-être, il avait aimé, il s'était senti aimé comme la destinée n'en offre pas un second exemple.

Quand Oswald disparut aux regards de Corinne, une palpitation horrible, qui ne lui laissait plus le pouvoir de respirer, la saisit ; ses yeux étaient tellement troublés, que les objets qu'elle voyait perdaient à ses yeux toute réalité, et semblaient errer tantôt près, tantôt loin de ses regards ; elle croyait sentir que la chambre où elle était se balançait, comme dans un tremblement de terre, et elle s'appuyait pour résister à ce mouvement. Pendant

un quart d'heure encore elle entendit le bruit que faisaient les
gens d'Oswald en achevant les préparatifs de son départ. Il était
encore là dans la gondole, elle pouvait encore le revoir; mais elle
se craignait elle-même; et lui, de son côté, était couché dans cette
gondole, presque sans connaissance. Enfin il partit, et dans ce
moment Corinne s'élança hors de sa chambre pour le rappeler ;
Thérésine l'arrêta. Une pluie terrible commençait alors; le vent le
plus violent se faisait entendre, et la maison où demeurait Corinne
était ébranlée, presque comme un vaisseau au milieu de la mer.
Elle ressentit une vive inquiétude pour Oswald, traversant les lagunes dans ce temps affreux, et elle descendit sur le bord du canal, dans le dessein de s'embarquer, et de le suivre au moins jusqu'à la terre ferme. Mais la nuit était si obscure, qu'il n'y avait
pas une seule barque. Corinne marchait avec une agitation cruelle
sur les pierres étroites qui séparent le canal des maisons. L'orage
augmentait toujours, et sa frayeur pour Oswald redoublait à chaque instant. Elle appelait au hasard des bateliers, qui prenaient
ses cris pour les cris de détresse de malheureux qui se noyaient
pendant la tempête, et néanmoins personne n'osait approcher,
tant les ondes agitées du grand canal étaient redoutables.

Corinne attendit le jour dans cette situation. Le temps se calma
cependant, et le gondolier qui avait conduit Oswald lui apporta,
de sa part, la nouvelle qu'il avait heureusement passé les lagunes.
Ce moment encore ressemblait presque au bonheur, et ce ne fut
qu'après quelques heures que l'infortunée Corinne ressentit de
nouveau l'absence, et les longues heures, et les tristes jours, et
l'inquiète et dévorante peine qui devait seule l'occuper désormais.

CHAPITRE IV.

Oswald, pendant les premiers jours de son voyage, fut prêt
vingt fois à retourner pour rejoindre Corinne; mais les motifs
qui l'entraînaient triomphèrent de ce désir C'est un pas solennel
de fait dans l'amour, que de l'avoir vaincu une fois; le prestige
de sa toute-puissance est fini.

En approchant de l'Angleterre, tous les souvenirs de la patrie
rentrèrent dans l'ame d'Oswald; l'année qu'il venait de passer en
Italie n'était en relation avec aucune autre époque de sa vie. C'était comme une apparition brillante qui avait frappé son imagination, mais n'avait pu changer entièrement les opinions ni les

goûts dont son existence s'était composée jusqu'alors. Il se retrouvait lui-même ; et, bien que le regret d'être séparé de Corinne l'empêchât d'éprouver aucune impression de bonheur, il reprenait pourtant une sorte de fixité dans les idées, que le vague enivrant des beaux-arts et de l'Italie avait fait disparaître. Dès qu'il eut mis le pied sur la terre d'Angleterre, il fut frappé de l'ordre et de l'aisance, de la richesse et de l'industrie qui s'offraient à ses regards ; les penchants, les habitudes, les goûts nés avec lui, se réveillèrent avec plus de force que jamais. Dans ce pays où les hommes ont tant de dignité et les femmes tant de modestie, où le bonheur domestique est le lien du bonheur public, Oswald pensait à l'Italie pour la plaindre. Il lui semblait que dans sa patrie la raison humaine était partout noblement empreinte, tandis qu'en Italie les institutions et l'état social ne rappelaient, à beaucoup d'égards, que la confusion, la faiblesse et l'ignorance. Les tableaux séduisants, les impressions poétiques faisaient place dans son cœur au profond sentiment de la liberté et de la morale ; et, bien qu'il chérît toujours Corinne, il la blâmait doucement de s'être ennuyée de vivre dans une contrée qu'il trouvait si noble et si sage. Enfin, s'il avait passé d'un pays où l'imagination est divinisée dans un pays aride ou frivole, tous ses souvenirs, toute son ame, l'auraient vivement ramené vers l'Italie ; mais il échangeait le désir indéfini d'un bonheur romanesque contre l'orgueil des vrais biens de la vie, l'indépendance et la sécurité. Il rentrait dans l'existence qui convient aux hommes, l'action avec un but. La rêverie est plutôt le partage des femmes, de ces êtres faibles et résignés dès leur naissance : l'homme veut obtenir ce qu'il souhaite, et l'habitude du courage, le sentiment de la force, l'irritent contre sa destinée, s'il ne parvient pas à la diriger selon son gré.

Oswald, en arrivant à Londres, retrouva ses amis d'enfance. Il entendit parler cette langue forte et serrée, qui semble indiquer bien plus de sentiments encore qu'elle n'en exprime ; il revit ces physionomies sérieuses qui se développent tout-à-coup, quand des affections profondes triomphent de leur réserve habituelle ; il retrouva le plaisir de faire des découvertes dans les cœurs qui se révèlent par degrés aux regards observateurs ; enfin il se sentit dans sa patrie, et ceux qui n'en sont jamais sortis ignorent par combien de liens elle nous est chère. Cependant Oswald ne séparait le souvenir de Corinne d'aucune des impressions qu'il recevait ; et comme il se rattachait plus que jamais à l'Angleterre, et se sentait beaucoup d'éloignement pour la quitter de nouveau, toutes ses réflexions le ramenaient à la résolution d'épouser Corinne, et de se fixer en Écosse avec elle.

Il était impatient de s'embarquer pour revenir plus vite, lorsque l'ordre arriva de suspendre le départ de l'expédition dont son régiment faisait partie ; mais on annonçait en même temps que d'un jour à l'autre ce retard pourrait cesser, et l'incertitude à cet égard était telle, qu'aucun officier ne pouvait disposer de quinze jours. Cette situation rendait lord Nelvil très malheureux ; il souffrait cruellement d'être séparé de Corinne, et de n'avoir ni le temps ni la liberté nécessaires pour former ou pour suivre aucun plan stable. Il passa six semaines à Londres sans aller dans le monde, uniquement occupé du moment où il pourrait revoir Corinne, et souffrant beaucoup du temps qu'il était obligé de perdre loin d'elle. Enfin il résolut d'employer ces jours d'attente à se rendre dans le Northumberland pour y voir lady Edgermond, et la déterminer à reconnaître authentiquement que Corinne était la fille de lord Edgermond, et que le bruit de sa mort s'était faussement répandu ; ses amis lui montrèrent les papiers publics où l'on avait mis des insinuations très défavorables sur l'existence de Corinne, et il se sentit un ardent desir de lui rendre et le rang et la considération qui lui étaient dus.

CHAPITRE V.

Oswald partit pour la terre de lady Edgermond. Il pensait avec émotion qu'il allait voir le séjour où Corinne avait passé tant d'années. Il sentait aussi quelque embarras par la nécessité de faire comprendre à lady Edgermond qu'il était résolu à renoncer à sa fille ; et le mélange de ces divers sentiments l'agitait et le faisait rêver. Les lieux qu'il voyait en s'avançant vers le nord de l'Angleterre lui rappelaient toujours plus l'Écosse ; et le souvenir de son père, sans cesse présent à sa mémoire, pénétrait encore plus avant dans son cœur. Lorsqu'il arriva chez lady Edgermond, il fut frappé du bon goût qui régnait dans l'arrangement du jardin et du château ; et comme la maîtresse de la maison n'était pas encore prête pour le recevoir, il se promena dans le parc, et aperçut de loin, à travers les feuilles, une jeune personne de la taille la plus élégante, avec des cheveux blonds d'une admirable beauté, qui étaient à peine retenus par son chapeau. Elle lisait avec beaucoup de recueillement. Oswald la reconnut pour Lucile, bien qu'il ne l'eût pas vue depuis trois ans, et qu'ayant passé, dans cet intervalle, de l'enfance à la jeunesse, elle fût étonnamment embellie. Il s'approcha d'elle, la salua, et, oubliant qu'il était en Angleterre, il voulut lui prendre la main pour la baiser respectueusement, selon l'usage d'Italie; la jeune personne recula deux pas, rougit extrêmement, lui fit une profonde révérence, et lui dit : « Monsieur, je vais prévenir ma mère que vous desirez la voir, » et s'éloigna. Lord Nelvil resta frappé de cet air imposant et modeste, et de cette figure vraiment angélique.

C'était Lucile, qui entrait à peine dans sa seizième année. Ses traits étaient d'une délicatesse remarquable ; sa taille était presque trop élancée, car un peu de faiblesse se faisait remarquer dans sa démarche ; son teint était d'une admirable beauté, et la pâleur et la rougeur s'y succédaient en un instant. Ses yeux bleus étaient si souvent baissés, que sa physionomie consistait surtout dans cette délicatesse de teint qui trahissait à son insu les émotions que sa profonde réserve cachait de toute autre manière. Oswald, depuis qu'il voyageait dans le Midi, avait perdu l'idée d'une telle figure et d'une telle expression. Il fut saisi d'un sentiment de respect ; il se reprocha vivement de l'avoir abordée avec une sorte de familiarité ; et, regagnant le château lorsqu'il vit que Lucile y était entrée, il rêvait à la pureté céleste d'une jeune fille qui ne s'est jamais éloignée de sa mère, et ne connait de la vie que la tendresse filiale.

Lady Edgermond était seule quand elle reçut lord Nelvil : il l'avait vue deux fois avec son père quelques années auparavant, mais il l'avait très peu remarquée alors ; il l'observa cette fois avec attention, pour la comparer au portrait que Corinne lui en avait fait : il le trouva vrai à beaucoup d'égards ; mais cependant il lui sembla qu'il y avait dans les regards de lady Edgermond plus de sensibilité que Corinne ne lui en attribuait, et il pensa qu'elle n'avait pas aussi bien que lui l'habitude de deviner les physionomies contenues. Son premier intérêt auprès de lady Edgermond était de la décider à reconnaître Corinne, en annulant tout ce qu'on avait arrangé pour la faire croire morte. Il commença l'entretien en parlant de l'Italie et du plaisir qu'il y avait trouvé. « C'est un séjour amusant pour un homme, répondit lady Edgermond ; mais je serais bien fâchée qu'une femme qui m'intéressât pût s'y plaire long-temps. — J'y ai pourtant trouvé, répondit lord Nelvil, déja blessé de cette insinuation, la femme la plus distinguée que j'aie connue en ma vie. — Cela se peut sous les rapports de l'esprit, reprit lady Edgermond ; mais un honnête homme cherche d'autres qualités que celles-là dans la compagne de sa vie. — Et il les trouve aussi, » interrompit Oswald avec chaleur. Il allait continuer, et prononcer clairement ce qui n'était qu'indiqué de part et d'autre; mais Lucile entra, et s'approcha de l'oreille de sa mère pour lui parler. « Non, ma fille, répondit tout haut lady Edgermond, vous ne pouvez aller chez votre cousine aujourd'hui ; il faut dîner ici avec lord Nelvil. » Lucile, à ces mots, rougit plus vivement encore que dans le jardin, puis s'assit à côté de sa mère, et prit sur la table un ouvrage de broderie dont elle s'occupa, sans jamais lever les yeux, ni se mêler de la conversation.

Lord Nelvil fut presque impatienté de cette conduite ; car il était vraisemblable que Lucile n'ignorait pas qu'il avait été question de leur union ; et quoique la figure ravissante de Lucile le frappât toujours plus, il se rappela tout ce que Corinne lui avait dit sur l'effet probable de l'éducation sévère que lady Edgermond donnait à sa fille. En Angleterre, en général, les jeunes filles ont plus de liberté que les femmes mariées, et la raison comme la morale expliquent cet usage ; mais lady Edgermond y dérogeait, non pour les femmes mariées, mais pour les jeunes personnes ; elle était d'avis que, dans toutes les situations, la plus rigoureuse réserve convenait aux femmes. Lord Nelvil voulait déclarer à lady Edgermond ses intentions relativement à Corinne, dès qu'il se trouverait encore une fois seul avec elle ; mais Lucile ne s'en alla point, et lady Edgermond soutint, jusqu'au dîner, l'entretien sur divers sujets, avec une raison simple et ferme qui inspira du respect à lord Nelvil. Il aurait voulu combattre des opinions si arrêtées sur tous les points, et qui souvent n'étaient pas d'accord avec les siennes ; mais il sentait que, s'il disait un mot à lady Edgermond qui ne fût pas dans le sens de ses idées, il lui donnerait de lui une opinion que rien ne pourrait effacer ; et il hésitait à ce premier pas, tout-à-fait irréparable auprès d'une personne qui n'admettait point de nuances ni d'exceptions, et jugeait tout par des règles générales et positives.

On annonça que le dîner était servi. Lucile s'approcha de sa mère pour lui donner le bras. Oswald alors observa que lady Edgermond marchait avec une grande difficulté. « J'ai, dit-elle à lord Nelvil, une maladie très douloureuse, et peut-être mortelle. »

Lucile pâlit à ces mots. Lady Edgermond le remarqua, et reprit avec douceur : « Les soins de ma fille, néanmoins, m'ont déjà sauvé la vie une fois, et me la sauveront peut-être encore longtemps. » Lucile baissa la tête, pour que son attendrissement ne fût pas observé. Quand elle la releva, ses yeux étaient encore humides de pleurs ; mais elle n'avait pas osé seulement prendre la main de sa mère ; tout s'était passé dans le fond de son cœur, et elle n'avait songé aux autres que pour leur cacher ce qu'elle éprouvait. Cependant Oswald était, profondément ému par cette réserve, par cette contrainte ; et son imagination, naguère ébranlée par l'éloquence et la passion, se plaisait à contempler le tableau de l'innocence, et croyait voir autour de Lucile je ne sais quel nuage modeste qui reposait délicieusement les regards.

Pendant le dîner, Lucile, voulant épargner les moindres fatigues à sa mère, servait tout avec un soin continuel, et lord Nelvil entendit le son de sa voix seulement quand elle lui offrait les différents mets ; mais ces paroles insignifiantes étaient prononcées avec une douceur enchanteresse, et lord Nelvil se demandait comment il était possible que les mouvements les plus simples et les mots les plus communs pussent révéler toute une ame. « Il faut, se répétait-il à lui-même, où le génie de Corinne, qui dépasse tout ce que l'imagination peut desirer, ou ces voiles mystérieux du silence et de la modestie, qui permettent à chaque homme de supposer les vertus et les sentiments qu'il souhaite. » Lady Edgermond et sa fille se levèrent de table, et lord Nelvil voulut les suivre ; mais lady Edgermond était si scrupuleusement fidèle à l'habitude de sortir au dessert, qu'elle lui dit de rester à table, jusqu'à ce qu'elle et sa fille eussent préparé le thé dans le salon ; et lord Nelvil les rejoignit un quart d'heure après. La soirée se passa sans qu'il pût être un moment seul avec lady Edgermond, car Lucile ne la quitta pas. Il ne savait ce qu'il devait faire, et il allait partir pour la ville voisine, se proposant de revenir le lendemain parler à lady Edgermond, lorsqu'elle lui offrit de demeurer chez elle cette nuit. Il accepta tout de suite, sans y attacher aucune importance, et néanmoins il se repentit ensuite de l'avoir fait, parcequ'il crut remarquer dans les regards de lady Edgermond qu'elle considérait ce consentement comme une raison de croire qu'il pensait encore à sa fille. Ce fut un motif de plus pour le décider à lui demander, dès ce moment, un entretien qu'elle lui accorda pour la matinée du jour suivant.

Lady Edgermond se fit porter dans son jardin. Oswald s'offrit pour l'aider à faire quelques pas. Lady Edgermond le regarda fixement, puis elle dit : « Je le veux bien. » Lucile lui remit le bras de sa mère, et lui dit à voix très basse, dans la crainte que sa mère ne l'entendît : « Milord, marchez doucement. » Lord Nelvil tressaillit à ces mots dits en secret. C'est ainsi qu'une parole sensible aurait pu lui être adressée par cette figure angélique, qui ne semblait pas faite pour les affections de la terre. Oswald ne crut point que son émotion en cet instant fût une offense pour Corinne ; il lui sembla que c'était seulement un hommage à la pureté céleste de Lucile. Ils rentrèrent au moment de la prière du soir, que lady Edgermond faisait chaque jour dans sa maison, avec tous ses domestiques réunis. Ils étaient rassemblés dans la grande salle d'en bas. La plupart d'entre eux étaient infirmes et vieux ; ils avaient servi le père de lady Edgermond et celui de son époux. Oswald fut vivement touché par ce spectacle, qui lui rappelait ce qu'il avait souvent vu dans la maison paternelle. Tout le monde se mit à genoux, excepté lady Edgermond, que sa maladie en empêchait, mais qui joignit les mains et baissa les yeux avec un recueillement respectable.

Lucile était à genoux à côté de sa mère, et c'était elle qui était chargée de la lecture. Ce fut d'abord un chapitre de l'Évangile, et puis une prière adaptée à la vie rurale et domestique. Cette prière était composée par lady Edgermond ; et il y avait dans les expressions une sorte de sévérité qui contrastait avec le son de voix doux et timide de sa fille qui les lisait ; mais cette sévérité même augmenta l'effet des dernières paroles que Lucile prononça en tremblant. Après avoir prié pour les domestiques de la maison, pour les parents, pour le roi et pour la patrie, il y avait : « Fais-nous aussi la grace, ô mon Dieu, que la jeune fille de cette « maison vive et meure sans que son ame ait été souillée par une « seule pensée, par un seul sentiment qui ne soit pas conforme à « ses devoirs ; et que sa mère, qui doit bientôt retourner près de « toi, puisse obtenir le pardon de ses propres fautes, au nom des « vertus de son unique enfant ! »

Lucile répétait tous les jours cette prière. Mais ce soir là, en présence d'Oswald, elle fut plus touchée que de coutume, et des larmes tombèrent de ses yeux avant qu'elle en eût fini la lecture, et qu'elle pût, couvrant son visage de ses mains, dérober ses pleurs à tous les regards. Mais Oswald les avait vus couler ; et un attendrissement mêlé de respect remplissait son cœur : il contemplait cet air de jeunesse qui tenait de si près à l'enfance, ce regard qui semblait conserver encore le souvenir récent du ciel. Un visage aussi charmant, au milieu de ces visages qui peignaient tous la vieillesse ou la maladie, semblait l'image de la pitié divine. Lord Nelvil réfléchissait à cette vie si austère et si retirée que Lucile avait menée, à cette beauté sans pareille, privée ainsi de tous les plaisirs comme de tous les hommages du monde, et son ame fut pénétrée de l'émotion la plus pure. La mère de Lucile aussi méritait le respect et l'obtenait; c'était une personne plus sévère encore pour elle-même que pour les autres. Les bornes de son esprit devaient être attribuées plutôt à l'extrême rigueur de ses principes, qu'à un défaut d'intelligence naturelle ; et au milieu de tous les liens qu'elle s'était imposés, de toute sa roideur acquise et naturelle, il y avait une passion pour sa fille d'autant plus profonde, que l'âpreté de son caractère venait d'une sensibilité réprimée, et donnait une nouvelle force à l'unique affection qu'elle n'avait pas étouffée.

A dix heures du soir, le plus profond silence régnait dans la maison. Oswald put réfléchir à son aise sur la journée qui venait de se passer. Il ne s'avouait point à lui-même que Lucile avait fait impression sur son cœur. Peut-être cela n'était-il pas même encore vrai ; mais, bien que Corinne enchantât l'imagination de mille manières, il y avait pourtant un genre d'idées, un son musical, s'il est permis de s'exprimer ainsi, qui ne s'accordait qu'avec Lucile. Les images du bonheur domestique s'unissaient plus facilement à la retraite du Northumberland qu'au char triomphal de Corinne : enfin Oswald ne pouvait se dissimuler que Lucile était la femme que son père aurait choisie pour lui; mais il aimait Corinne, mais il en était aimé ; il avait fait serment de ne jamais former d'autres liens : c'en était assez pour persister dans le dessein de déclarer le lendemain à lady Edgermond qu'il voulait épouser Corinne. Il s'endormit en pensant à l'Italie; et néanmoins, pendant son sommeil, il crut voir Lucile qui passait légèrement devant lui sous la forme d'un ange : il se réveilla, et voulut écarter ce songe; mais le même songe revint encore, et la dernière fois qu'il s'offrit à lui, cette figure parut s'envoler. Il se réveilla de nouveau, regrettant cette fois de ne pouvoir retenir l'objet qui disparaissait à ses yeux. Le jour commençait alors à paraître; Oscendit pour se promener.

CHAPITRE VI.

Le soleil venait de se lever, et lord Nelvil croyait que personne n'était encore éveillé dans la maison. Il se trompait : Lucile dessinait déjà sur le balcon. Ses cheveux, qu'elle n'avait point encore rattachés, étaient soulevés par le vent. Elle ressemblait ainsi au songe de lord Nelvil, et il fut un moment ému en la voyant, comme par une apparition surnaturelle. Mais il eut honte bientôt après d'être troublé à ce point par une circonstance si simple. Il resta quelque temps devant ce balcon. Il salua Lucile; mais il ne put être remarqué, car elle ne détournait point les yeux de son travail. Il continua sa promenade, et il eût alors souhaité, plus que jamais, de voir Corinne, pour qu'elle dissipât les impressions vagues qu'il ne pouvait s'expliquer : Lucile lui plaisait comme le mystère, comme l'inconnu; il aurait désiré que l'éclat du génie de Corinne fît disparaître cette image légère, qui prenait successivement toutes les formes à ses yeux.

Il revint au salon, et il y trouva Lucile, qui plaçait le dessin qu'elle venait de faire dans un petit cadre brun, en face de la table à thé de sa mère. Oswald vit ce dessin; ce n'était qu'une rose blanche sur sa tige, mais dessinée avec une grace parfaite. « Vous savez donc peindre? dit Oswald à Lucile. — Non, milord, je ne sais absolument qu'imiter les fleurs, et encore les plus faciles de toutes : il n'y a pas de maître ici, et le peu que j'ai appris, je le dois à une sœur qui m'a donné des leçons. » En prononçant ces mots, elle soupira. Lord Nelvil rougit beaucoup, et lui dit : « Et cette sœur, qu'est-elle devenue? — Elle ne vit plus, reprit Lucile; mais je la regretterai toujours. » Oswald comprit que Lucile était trompée, comme le reste du monde, sur le sort de sa sœur; mais ce mot, *je la regretterai toujours*, lui parut révéler un aimable caractère, et il en fut attendri. Lucile allait se retirer, s'apercevant tout-à-coup qu'elle était seule avec lord Nelvil, lorsque lady Edgermond entra. Elle regarda sa fille avec étonnement et sévérité tout à la fois, et lui fit signe de sortir. Ce regard avertit Oswald de ce qu'il n'avait pas remarqué : c'est que Lucile avait fait quelque chose de fort extraordinaire selon ses habitudes, en restant avec lui quelques minutes sans sa mère; et il en fut touché, comme il l'aurait été d'un témoignage d'intérêt très marquant donné par une autre.

Lady Edgermond s'assit, et renvoya ses gens, qui l'avaient

soutenue jusqu'à son fauteuil. Elle était pâle, et ses lèvres tremblaient en offrant une tasse de thé à lord Nelvil. Il observa cette agitation; et l'embarras qu'il éprouvait lui-même s'en accrut: cependant, animé par le desir de rendre service à celle qu'il aimait, il commença l'entretien. « Madame, dit-il à lady Edgermond, j'ai beaucoup vu en Italie une femme qui vous intéresse particulièrement. — Je ne le crois pas, répondit lady Edgermond avec sécheresse, car personne ne m'intéresse dans ce pays-là. — J'imaginais cependant, continua lord Nelvil, que la fille de votre époux avait des droits sur votre affection. — Si la fille de mon époux, reprit lady Edgermond, était une personne indifférente à ses devoirs comme à sa considération, je ne lui souhaiterais sûrement pas du mal, mais je serais bien aise de n'en jamais entendre parler. — Et si cette fille abandonnée par vous, madame, reprit Oswald avec chaleur, était la femme du monde la plus justement célèbre par ses admirables talents en tout genre, la dédaigneriez-vous toujours? — Également, reprit lady Edgermond; je ne fais aucun cas des talents qui détournent une femme de ses véritables devoirs. Il y a des actrices, des musiciens, des artistes enfin, pour amuser le monde; mais pour des femmes de notre rang, la seule destinée convenable, c'est de se consacrer à son époux, et de bien élever ses enfants. — Quoi! reprit lord Nelvil, ces talents qui viennent de l'ame, et ne peuvent exister sans le caractère le plus élevé, sans le cœur le plus sensible; ces talents qui sont unis à la bonté la plus touchante, au cœur le plus généreux, vous les blâmeriez, parcequ'ils étendent la pensée, parcequ'ils donnent à la vertu même un empire plus vaste, une influence plus générale? — A la vertu? reprit lady Edgermond avec un sourire amer; je ne sais pas bien ce que vous entendez par ce mot ainsi appliqué. La vertu d'une personne qui s'est enfuie de la maison paternelle, la vertu d'une personne qui s'est établie en Italie, menant la vie la plus indépendante, recevant tous les hommages, pour ne rien dire de plus; donnant un exemple plus pernicieux encore pour les autres que pour elle-même, abdiquant son rang, sa famille, le propre nom de son père... — Madame, interrompit Oswald, c'est un sacrifice généreux qu'elle a fait à vos desirs, à votre fille; elle a craint de vous nuire en conservant votre nom... — Elle l'a craint! s'écria lady Edgermond; elle sentait donc qu'elle le déshonorait. — C'en est trop, interrompit Oswald avec violence; Corinne Edgermond sera bientôt lady

Nelvil, et nous verrons alors, madame, si vous rougirez de reconnaître en elle la fille de votre époux! Vous confondez dans les règles vulgaires une personne douée comme aucune femme ne l'a jamais été; un ange d'esprit et de bonté; un génie admirable, et néanmoins un caractère sensible et timide; une imagination sublime, une générosité sans bornes, une personne qui peut avoir eu des torts, parcequ'une supériorité si étonnante ne s'accorde pas toujours avec la vie commune, mais qui possède une ame si belle, qu'elle est au-dessus de ses fautes, et qu'une seule de ses actions ou de ses paroles les efface toutes. Elle honore celui qu'elle choisit pour son protecteur, plus que ne pourrait le faire la reine du monde en se désignant un époux. — Vous pourrez peut-être, milord, répondit lady Edgermond en faisant effort sur elle-même pour se contenir, accuser les bornes de mon esprit; mais il n'y a rien dans tout ce que vous venez de me dire qui soit à ma portée. Je n'entends par moralité que l'exacte observation des règles établies : hors de là, je ne comprends que des qualités mal employées, qui méritent tout au plus de la pitié. — Le monde eût été bien aride, madame, répondit Oswald, si l'on n'avait jamais conçu ni le génie, ni l'enthousiasme, et qu'on eût fait de la nature humaine une chose si réglée et si monotone. Mais, sans continuer davantage une inutile discussion, je viens vous demander formellement si vous ne reconnaîtrez pas pour votre belle-fille miss Edgermond, lorsqu'elle sera lady Nelvil. — Encore moins, reprit lady Edgermond; car je dois à la mémoire de votre père d'empêcher, si je le puis, l'union la plus funeste. — Comment, mon père? » dit Oswald, que ce nom troublait toujours. « Ignorez-vous, continua lady Edgermond, qu'il refusa la main de miss Edgermond pour vous, lorsqu'elle n'avait encore fait aucune faute, lorsqu'il prévoyait seulement, avec la sagacité parfaite qui le caractérisait, ce qu'elle serait un jour? — Quoi! vous savez...? — La lettre de votre père à milord Edgermond, sur ce sujet, est entre les mains de M. Dickson, son ancien ami, interrompit lady Edgermond; je la lui ai remise quand j'ai su vos relations avec Corinne en Italie, afin qu'il vous la fît lire à votre retour; il ne me convenait pas de m'en charger. »

Oswald se tut quelques instants, puis il reprit : « Ce que je vous demande, madame, c'est ce qui est juste, c'est ce que vous vous devez à vous-même : détruisez les bruits que vous avez accrédités sur la mort de votre belle-fille, et reconnaissez-la honorablement pour ce qu'elle est, pour la fille de lord Edgermond. — Je ne veux contribuer en aucune manière, répondit lady Edgermond, au malheur de votre vie; et si l'existence actuelle de Corinne, cette existence sans nom et sans appui, peut être cause que vous ne l'épousiez point, Dieu et votre père me préservent d'éloigner cet obstacle ! — Madame, répondit lord Nelvil, le malheur de Corinne serait un lien de plus entre elle et moi. — Eh bien ! » reprit lady Edgermond avec une vivacité à laquelle elle ne s'était jamais livrée, et qui venait sans doute du regret qu'elle éprouvait en perdant pour sa fille un époux qui lui convenait à tant d'égards, « eh bien! continua-t-elle, rendez-vous donc malheureux tous les deux; car elle aussi le sera : ce pays lui est odieux; elle ne peut se plier à nos mœurs, à notre vie sévère. Il lui faut un théâtre où elle puisse montrer tous ces talents que vous prisez tant, et qui rendent la vie si difficile. Vous la verrez s'ennuyer dans ce pays, desirer de retourner en Italie; elle vous y entraînera : vous quitterez vos amis, votre patrie, celle de votre père, pour une étrangère aimable, j'y consens, mais qui vous oublierait si vous le vouliez, car il n'y a rien de plus mobile que ces têtes exaltées. Les profondes douleurs ne sont faites que pour ce que vous appelez les femmes médiocres, c'est-à dire celles qui ne vivent que pour leur époux et leurs enfants. » La violence du mouvement qui avait fait parler lady Edgermond, elle qui, toujours habituée à la contrainte, ne s'était peut-être pas une fois dans toute sa vie laissée aller à ce point, ébranla ses nerfs déjà malades, et en finissant de parler elle se trouva mal. Oswald, la voyant dans cet état, sonna vivement pour appeler du secours.

Lucile arriva très effrayée, s'empressa de soulager sa mère, et jeta seulement sur Oswald un regard inquiet qui semblait lui dire : *Est-ce vous qui avez fait mal à ma mère ?* Ce regard attendrit profondément lord Nelvil. Lorsque lady Edgermond revint à elle, il cherchait à lui montrer l'intérêt qu'elle lui inspirait; mais elle le repoussa avec froideur, et rougit en pensant que par son émotion elle avait peut-être manqué de fierté pour sa fille, et trahi le desir qu'elle avait eu de lui donner lord Nelvil pour époux. Elle fit signe à Lucile de s'éloigner, et dit : Milord, vous devez, dans tous les cas, vous considérer comme libre de l'espèce d'engagement qui pouvait exister entre nous. Ma fille est si jeune qu'elle n'a pu s'attacher au projet que nous avions formé, votre père et moi ; mais il est plus convenable cependant, ce projet étant changé, que vous ne reveniez pas chez moi tant que ma fille ne sera pas mariée. — Je me bornerai donc, reprit Oswald en s'inclinant devant elle, à vous écrire pour traiter avec vous du sort d'une personne que je n'abandonnerai jamais. — Vous en êtes le maître, » répondit lady Edgermond avec une voix étouffée ; et lord Nelvil partit.

En passant à cheval dans l'avenue, il aperçut de loin, dans le bois, l'élégante figure de Lucile. Il ralentit le pas de son cheval pour la voir encore, et il lui parut que Lucile suivait la même direction que lui, en se cachant derrière les arbres. Le grand chemin passait devant un pavillon à l'extrémité du parc. Oswald remarqua que Lucile entrait dans ce pavillon : il passa devant avec émotion, mais sans pouvoir la découvrir. Il retourna plusieurs fois la tête après avoir passé, et remarqua dans un autre endroit, d'où l'on pouvait apercevoir tout le grand chemin, une légère agitation dans les feuilles d'un des arbres placés près du pavillon. Il s'arrêta vis-à-vis de cet arbre, mais il n'y aperçut plus le moindre mouvement. Incertain s'il avait bien deviné, il partit ; puis tout-à-coup il revint sur ses pas avec la rapidité de l'éclair, comme s'il eût laissé tomber quelque chose sur la route. Alors il vit Lucile sur le bord du chemin, et la salua respectueusement. Lucile baissa son voile avec précipitation, et s'enfonça dans le bois, ne réfléchissant pas que se cacher ainsi, c'était avouer le motif qui l'avait amenée : la pauvre enfant n'avait rien éprouvé de si vif, ni de si coupable en sa vie, que le sentiment qui l'avait conduite à désirer de voir passer lord Nelvil ; et, loin de penser à le saluer tout simplement, elle se croyait perdue dans son esprit pour avoir été devinée. Oswald comprit tous ces mouvements ; il se sentit doucement flatté par cet innocent intérêt, si timidement et si sincèrement exprimé. « Personne, pensait-il, ne pouvait être plus vraie que Corinne, mais personne aussi ne connaissait mieux elle-même et les autres : il faudrait apprendre à Lucile et l'amour qu'elle éprouverait et celui qu'elle inspirerait. Mais ce charme d'un jour peut-il suffire à la vie ? Et puisque cette aimable ignorance de soi-même ne dure pas, puisqu'il faut enfin pénétrer dans son ame et savoir ce que l'on sent, la candeur qui survit à cette découverte ne vaut-elle pas mieux encore que la candeur qui la précède ? »

Il comparait ainsi dans ses réflexions Corinne et Lucile : mais cette comparaison n'était encore, du moins il le croyait, qu'un simple amusement de son esprit, et il ne supposait pas qu'elle pût jamais l'occuper davantage.

CHAPITRE VII.

Après avoir quitté la maison de lady Edgermond, Oswald se rendit en Écosse. Le trouble que lui avait laissé la présence de Lucile, le sentiment qu'il conservait pour Corinne, tout fit place à l'émotion qu'il ressentit à l'aspect des lieux où il avait passé sa vie avec son père : il se reprochait les distractions auxquelles il s'était livré depuis une année; il craignait de n'être plus digne d'entrer dans la demeure qu'il eût voulu n'avoir jamais quittée. Hélas! après la perte de ce qu'on aimait le plus au monde, comment être content de soi-même, si l'on n'est pas resté dans la plus profonde retraite? Il suffit de vivre dans la société pour négliger de quelque manière le culte de ceux qui ne sont plus. C'est en vain que leur souvenir habite au fond du cœur; on se prête à cette activité des vivants, qui écarte l'idée de la mort, ou comme pénible, ou comme inutile, ou seulement même comme fatigante. Enfin, si la solitude ne prolonge pas les regrets et la rêverie, l'existence, telle qu'elle est, s'empare de nouveau des ames les plus tendres, et leur rend des intérêts, des desirs et des passions. C'est une misérable condition de la nature humaine, que cette nécessité de se distraire; et, bien que la Providence ait voulu que l'homme fût ainsi, pour qu'il pût supporter la mort et pour lui-même et pour les autres, souvent au milieu de ces distractions on se sent saisi par le remords d'en être capable, et il semble qu'une voix touchante et résignée nous dise : *Vous que j'aimais, m'avez-vous donc oublié?*

Ces sentiments occupaient Oswald en retournant dans sa demeure; il n'éprouva pas, en y arrivant alors, le même désespoir que la première fois, mais un profond sentiment de tristesse. Il vit que le temps avait accoutumé tout le monde à la perte de celui qu'il pleurait : les domestiques ne croyaient plus devoir prononcer devant lui le nom de son père; chacun était rentré dans ses occupations habituelles; on avait serré les rangs, et la génération des enfants croissait pour remplacer celle des pères. Oswald alla s'enfermer dans la chambre de son père, où il retrouvait son manteau, sa canne, son fauteuil, tout à la même place : mais qu'était devenue la voix qui répondait à la sienne, et le cœur de père qui palpitait en revoyant son fils? Lord Nelvil resta plongé dans des méditations profondes. « O destinée humaine! s'écria-t-il, le visage baigné de pleurs, que voulez-vous de nous? Tant de vie pour périr, tant de pensées pour que tout cesse! Non, non, il m'entend, mon unique ami; il est présent ici même, à mes larmes, et nos ames immortelles s'attendent. O mon père! ô mon Dieu! guidez-moi dans la vie. Elles ne connaissent ni les indécisions ni les repentirs, ces ames de fer qui semblent posséder en elles-mêmes les immuables qualités de la nature physique; mais les êtres composés d'imagination, de sensibilité, de conscience, peuvent-ils faire un pas sans craindre de s'égarer? Ils cherchent le devoir pour guide; et le devoir lui-même s'obscurcit à leurs regards, si la Divinité ne le révèle pas au fond du cœur. »

Le soir, Oswald alla se promener dans l'allée favorite de son père; il suivit son image à travers les arbres. Hélas! qui n'a pas espéré quelquefois, dans l'ardeur de ses prières, qu'une ombre chérie nous apparaîtrait, qu'un miracle enfin s'obtiendrait à force d'aimer? Vaine espérance! avant le tombeau nous ne saurons rien. Incertitudes des incertitudes, vous n'occupez point le vulgaire; mais plus la pensée s'ennoblit, plus elle est invinciblement attirée vers les abîmes de la réflexion. Pendant qu'Oswald s'y livrait tout entier, il entendit une voiture dans l'avenue, et il en descendit un vieillard qui s'avança lentement vers lui : cet aspect d'un vieillard, à cette heure et dans ce lieu, l'émut profondément. Il reconnut M. Dickson, l'ancien ami de son père, et le reçut avec une émotion qu'il n'eût jamais ressentie pour lui dans aucun autre moment.

CHAPITRE VIII.

M. Dickson n'égalait en rien le père d'Oswald : il n'avait ni son esprit ni son caractère; mais au moment de sa mort il était auprès de lui, et, né la même année, on eût dit qu'il restait encore quelques jours en arrière pour lui porter des nouvelles de ce monde. Oswald lui donna le bras pour monter l'escalier; il sentait quelque charme dans ces soins donnés à la vieillesse, seule ressemblance avec son père qu'il pût trouver dans M. Dickson. Ce vieillard avait vu naître Oswald, et ne tarda pas à lui parler sans contrainte de tout ce qui le concernait. Il blâma fortement sa liaison avec Corinne; mais ses faibles arguments auraient eu sur l'esprit d'Oswald bien moins d'ascendant encore que ceux de lady Edgermond, si M. Dickson ne lui avait pas remis la lettre que son père, lord Nelvil, écrivit à lord Edgermond, lorsqu'il voulut rompre le mariage projeté entre son fils et Corinne, alors miss Edgermond. Voici quelle était cette lettre, écrite en 1791, pendant le premier voyage d'Oswald en France. Il la lut en tremblant.

Lettre du père d'Oswald à lord Edgermond.

« Me pardonnerez-vous, mon ami, si je vous propose un chan-
« gement dans le projet d'union entre nos deux familles? Mon
« fils a dix-huit mois de moins que votre fille aînée, il vaut mieux
« lui destiner Lucile, votre seconde fille, qui est plus jeune que
« sa sœur de douze années. Je pourrais m'en tenir à ce motif;
« mais comme je savais l'âge de miss Edgermond quand je vous
« l'ai demandée pour Oswald, je croirais manquer à la confiance
« de l'amitié, si je ne vous disais pas quelles sont les raisons qui
« me font desirer que ce mariage n'ait pas lieu. Nous sommes liés
« depuis vingt ans, nous pouvons nous parler avec franchise sur
« nos enfants, d'autant plus qu'ils sont assez jeunes pour pouvoir
« être encore modifiés par nos conseils. Votre fille est charmante;
« mais il me semble voir en elle une de ces belles Grecques qui
« enchantaient et subjuguaient le monde. Ne vous offensez pas
« de l'idée que cette comparaison peut suggérer. Sans doute votre
« fille n'a reçu de vous, n'a trouvé dans son cœur que les prin-
« cipes et les sentiments les plus purs; mais elle a besoin de
« plaire, de captiver, de faire effet. Elle a plus de talents encore
« que d'amour-propre; mais des talents si rares doivent nécessai-
« rement exciter le desir de les développer; et je ne sais pas quel
« théâtre peut suffire à cette activité d'esprit, à cette impétuosité
« d'imagination, à ce caractère ardent enfin qui se fait sentir
« dans toutes ses paroles : elle entraînerait nécessairement mon
« fils hors de l'Angleterre, car une telle femme ne peut y être heu-
« reuse; et l'Italie seule lui convient.

« Il lui faut cette existence indépendante qui n'est soumise qu'à
« la fantaisie. Notre vie de campagne, nos habitudes domesti-
« ques contrarieraient nécessairement tous ses goûts. Un homme
« né dans notre heureuse patrie doit être Anglais avant tout : il
« faut qu'il remplisse ses devoirs de citoyen, puisqu'il a le bon-

« heur de l'être; et dans le pays où les institutions politiques don-
« nent aux hommes des occasions honorables d'agir et de se
« montrer, les femmes doivent rester dans l'ombre. Comment
« voulez-vous qu'une personne aussi distinguée que votre fille se
« contente d'un tel sort? Croyez-moi, mariez-la en Italie : sa reli-
« gion, ses goûts et ses talents l'y appellent. Si mon fils épousait
« miss Edgermond, il l'aimerait sûrement beaucoup, car il est
« impossible d'être plus séduisante; et il essaierait alors, pour
« lui plaire, d'introduire dans sa maison les coutumes étrangères.
« Bientôt il perdrait cet esprit national, ces préjugés, si vous le
« voulez, qui nous unissent entre nous, et font de notre nation
« un corps, une association libre, mais indissoluble, qui ne peut
« périr qu'avec le dernier de nous. Mon fils se trouverait bientôt
« mal en Angleterre, en voyant que sa femme n'y serait pas heu-
« reuse. Il a, je le sais, toute la faiblesse que donne la sensibilité :
« il irait donc s'établir en Italie, et cette expatriation, si je vivais
« encore, me ferait mourir de douleur. Ce n'est pas seulement
« parcequ'elle me priverait de mon fils, c'est parcequ'elle lui ravi-
« rait l'honneur de servir son pays.

« Quel sort pour un habitant de nos montagnes, que de traîner
« une vie oisive au sein des plaisirs de l'Italie ! Un Écossais *si-*
« *gisbé* de sa femme, s'il ne l'est pas de celle d'un autre ! inutile
« à sa famille, dont il n'est plus ni le guide ni l'appui ! Tel que je
« connais Osvald, votre fille prendrait un grand empire sur lui.
« Je m'applaudis donc de ce que son séjour actuel en France lui
« a ôté l'occasion de voir miss Edgermond ; et j'ose vous conju-
« rer, mon ami, si je mourais avant le mariage de mon fils, de
« ne pas lui faire connaître votre fille aînée avant que votre fille
« cadette soit en âge de le fixer. Je crois notre liaison assez an-
« cienne, assez sacrée, pour attendre de vous cette marque d'af-
« fection. Dites à mon fils, s'il le fallait, mes volontés à cet égard ;
« je suis sûr qu'il les respectera, et plus encore si j'avais cessé
« de vivre.

« Donnez aussi, je vous prie, tous vos soins à l'union d'Os-
« wald avec Lucile. Quoiqu'elle soit bien enfant, j'ai démêlé dans
« ses traits, dans l'expression de sa physionomie, dans le son de
« sa voix, la modestie la plus touchante. Voilà quelle est la femme
« vraiment Anglaise qui fera le bonheur de mon fils : si je ne vis
« pas assez pour être témoin de cette union, je m'en réjouirai
« dans le ciel; quand nous y serons un jour réunis, mon cher

« ami, notre bénédiction et nos prières protégeront encore nos « enfants.

« Tout à vous. NELVIL. »

Après cette lecture, Oswald garda le plus profond silence, ce qui laissa le temps à M. Dickson de continuer ses longs discours sans être interrompu. Il admira la sagacité de son ami, qui avait si bien jugé miss Edgermond, quoiqu'il fût loin, disait-il, de pouvoir s'imaginer encore la conduite condamnable qu'elle a tenue depuis. Il prononça, au nom du père d'Oswald, qu'un tel mariage serait une offense mortelle à sa mémoire. Oswald apprit par lui que pendant son fatal séjour en France, un an après que cette lettre avait été écrite, en 1792, son père n'avait trouvé de consolations que chez lady Edgermond, où il avait passé tout un été, et qu'il s'était occupé de l'éducation de Lucile, qui lui plaisait singulièrement. Enfin, sans art, mais aussi sans ménagement, M. Dickson attaqua le cœur d'Oswald par les endroits les plus sensibles.

C'était ainsi que tout se réunissait pour renverser le bonheur de Corinne absente, et qui n'avait pour se défendre que ses lettres, qui la rappelaient de temps en temps au souvenir d'Oswald. Elle avait à combattre la nature des choses, l'influence de la patrie, le souvenir d'un père, la conjuration des amis en faveur des résolutions faciles et de la route commune, et le charme naissant d'une jeune fille, qui semblait si bien en harmonie avec les espérances pures et calmes de la vie domestique.

LIVRE XVII.

CORINNE EN ÉCOSSE.

CHAPITRE PREMIER.

Corinne, pendant ce temps, s'était établie près de Venise, dans une campagne sur le bord de la Brenta; elle voulait rester dans les lieux où elle avait vu Oswald pour la dernière fois, et d'ailleurs elle se croyait là plus près qu'à Rome des lettres d'Angleterre. Le prince Castel-Forte lui avait écrit pour lui offrir de venir la voir; et s'il avait essayé de la détacher d'Oswald, s'il lui avait dit ce qui se dit, c'est que l'absence doit refroidir le sentiment, un tel mot prononcé sans réflexion eût été pour Corinne comme un coup de poignard : elle aima donc mieux ne voir personne. Mais ce n'est pas une chose facile que de vivre seule, quand l'ame est ardente et la situation malheureuse. Les occupations de la solitude exigent toutes du calme dans l'esprit; et lorsqu'on est agité par l'inquiétude, une distraction forcée, quelque importune qu'elle pût être, vaudrait mieux que la continuité de la même impression. Si l'on peut deviner comment on arrive à la folie, c'est sûrement lorsqu'une seule pensée s'empare de l'esprit, et ne permet plus à la succession des objets de varier les idées. Corinne était d'ailleurs une personne d'une imagination si vive, qu'elle se consumait elle-même quand ses facultés n'avaient plus d'aliment au-dehors.

Quelle vie succédait à celle qu'elle venait de mener pendant près d'une année ! Oswald était auprès d'elle presque tout le jour; il suivait tous ses mouvements, il accueillait avidement chacune de ses paroles; son esprit excitait celui de Corinne. Ce qu'il y avait d'analogie, ce qu'il y avait de différence entre eux, animait également leur entretien; enfin Corinne voyait sans cesse ce regard si tendre, si doux, et si constamment occupé d'elle. Quand la moindre inquiétude la troublait, Oswald prenait sa main, il la serrait contre son cœur; et le calme, et plus que le calme, une espérance vague et délicieuse renaissait dans l'ame de Corinne. Maintenant rien que d'aride au-dehors, rien que de sombre au fond du cœur; elle n'avait d'autre événement, d'autre variété dans sa vie que les lettres d'Oswald, et l'irrégularité de la poste, pendant l'hiver, excitait chaque jour en elle le tourment de l'attente, et souvent cette attente était trompée. Elle se promenait tous les matins sur le bord du canal, dont les eaux sont assoupies sous le poids des larges feuilles appelées les lis des eaux. Elle attendait la gondole noire qui apportait les lettres de Venise; elle était parvenue à la distinguer à une très grande distance, et le cœur lui battait avec une affreuse violence dès qu'elle l'apercevait. Le messager descendait de la gondole; quelquefois il disait : *Madame, il n'y a point de lettres*, et continuait ensuite paisiblement le reste de ses affaires, comme si rien n'était si simple que de n'avoir point de lettres; une autre fois il lui disait : *Oui, madame, il y en a.* Elle les parcourait toutes d'une main tremblante, et l'écriture d'Oswald ne s'offrait point à ses regards; alors le reste du jour était affreux, la nuit se passait sans sommeil, et le lendemain elle éprouvait la même anxiété, qui absorbait toute sa journée.

Enfin elle accusa lord Nelvil de ce qu'elle souffrait : il lui sembla qu'il aurait pu lui écrire plus souvent, et elle lui en fit des reproches. Il se justifia, et déjà ses lettres devinrent moins tendres; car, au lieu d'exprimer ses propres inquiétudes, il s'occupait à dissiper celles de son amie.

Ces nuances n'échappèrent point à la triste Corinne, qui étudiait le jour et la nuit une phrase, un mot des lettres d'Oswald, et cherchait à découvrir, en les relisant sans cesse, une réponse à ses craintes, une interprétation nouvelle qui pût lui donner quelques jours de calme.

Cet état ébranlait ses nerfs, affaiblissait son esprit. Elle devenait superstitieuse, et s'occupait des présages continuels qu'on peut tirer de chaque événement, quand on est toujours poursuivi par la même crainte. Un jour par semaine elle allait à Venise, pour avoir ce jour-là ses lettres quelques heures plus tôt. Elle variait ainsi le tourment de les attendre. Au bout de quelques semaines, elle avait pris une sorte d'horreur pour tous les objets qu'elle voyait en allant et en revenant : ils étaient tous comme les spectres de ses pensées, et les retraçaient à ses yeux sous d'horribles traits.

Une fois, en entrant à l'église de Saint-Marc, elle se rappela qu'en arrivant à Venise l'idée lui était venue que peut-être, avant de partir, lord Nelvil la conduirait dans ces lieux, et l'y prendrait pour son épouse, à la face du ciel : alors elle se livra tout entière à cette illusion. Elle le vit entrer sous ces portiques, s'approcher de l'autel, et promettre à Dieu d'aimer toujours Corinne. Elle pensa qu'elle se mettait à genoux devant Oswald, et recevait ainsi la couronne nuptiale. L'orgue qui se faisait entendre dans l'église, les flambeaux qui l'éclairaient, animaient sa vision; et, pour un moment, elle ne sentit plus le vide cruel de l'absence, mais cet attendrissement qui remplit l'ame, et fait entendre au fond du cœur la voix de ce qu'on aime. Tout-à-coup un murmure sombre fixa l'attention de Corinne; et comme elle se retournait, elle aperçut un cercueil qu'on apportait dans l'église. A cet aspect, elle chancela, ses yeux se troublèrent, et, depuis cet instant, elle fut convaincue par l'imagination que son sentiment pour Oswald serait la cause de sa mort.

CHAPITRE II.

Quand Oswald eut lu la lettre de son père, remise par M. Dickson, il fut long-temps le plus malheureux et le plus irrésolu de tous les hommes. Déchirer le cœur de Corinne, ou manquer à la mémoire de son père, c'était une alternative si cruelle, qu'il invoqua mille fois la mort pour y échapper ; enfin, il fit encore ce qu'il avait fait tant de fois, il recula l'instant de la décision, et se dit qu'il irait en Italie, pour rendre Corinne elle-même juge de ses tourments et du parti qu'il devait prendre. Il croyait que son devoir l'obligeait à ne pas épouser Corinne ; il était libre de ne jamais s'unir à Lucile : mais de quelle manière pouvait-il passer sa vie avec son amie ? Fallait-il lui sacrifier son pays, ou l'entraîner en Angleterre, sans égards pour sa réputation ni pour son sort ? Dans cette perplexité douloureuse, il serait parti pour Venise, si, de mois en mois, on n'avait pas répandu le bruit que son régiment allait être embarqué ; il serait parti pour apprendre à Corinne ce qu'il ne pouvait encore se résoudre à lui écrire.

Cependant le ton de ses lettres fut nécessairement altéré. Il ne voulait pas écrire ce qui se passait dans son ame ; mais il ne pouvait plus s'exprimer avec le même abandon. Il avait résolu de cacher à Corinne les obstacles qu'il rencontrait dans le projet de la faire reconnaître, parcequ'il espérait y réussir encore avec le temps, et ne voulait pas l'aigrir inutilement contre sa belle-mère. Divers genres de réticences rendaient ses lettres plus courtes : il les remplissait de sujets étrangers, il ne disait rien sur ses projets futurs ; enfin, une autre que Corinne eût été certaine de ce qui se passait dans le cœur d'Oswald ; mais un sentiment passionné rend à la fois plus pénétrante et plus crédule. Il semble que, dans cet état, on ne puisse rien voir que d'une manière surnaturelle. On découvre ce qui est caché, et l'on se fait illusion sur ce qui est clair : car l'on est révolté de l'idée que l'on souffre à ce point, sans que rien d'extraordinaire en soit la cause, et qu'un tel désespoir est produit par des circonstances très simples.

Oswald était très malheureux, et de sa situation personnelle et de la peine qu'il devait causer à celle qu'il aimait ; et ses lettres exprimaient de l'irritation, sans en dire la cause. Il reprochait à Corinne, par une bizarrerie singulière, la douleur qu'il éprouvait, comme si elle n'eût pas été mille fois plus à plaindre que lui ; enfin, il bouleversait entièrement l'ame de son amie. Elle n'était plus maîtresse d'elle-même ; son esprit se troublait ; ses nuits étaient remplies par les images les plus funestes, le jour elles ne se dissipaient pas, et l'infortunée Corinne ne pouvait croire que cet Oswald, qui écrivait des lettres si dures, si agitées, si amères, fût celui qu'elle avait connu si généreux et si tendre : elle ressentait un desir irrésistible de le revoir encore et de lui parler. « Que je l'entende ! s'écria-t-elle ; qu'il me dise que c'est lui qui peut déchirer ainsi sans pitié celle dont la moindre peine affligeait jadis si vivement son cœur ; qu'il me le dise, et je me soumettrai à la destinée. Mais une puissance infernale inspire sans doute un tel langage. Ce n'est pas Oswald, non, ce n'est pas Oswald qui m'écrit. On m'a calomniée près de lui ; enfin, il y a quelque perfidie, quand il y a tant de malheur. »

Un jour, Corinne prit la résolution d'aller en Écosse, si toutefois l'on peut appeler une résolution la douleur impétueuse qui force à changer de situation à tout prix ; elle n'osait écrire à personne qu'elle partait ; elle n'avait pu se déterminer à le dire même à Thérésine, et elle se flattait toujours d'obtenir de sa propre raison de rester. Seulement elle soulageait son imagination par le projet d'un voyage, par une pensée différente de celle de la veille, par un peu d'avenir mis à la place des regrets. Elle était incapable d'aucune occupation. La lecture lui était devenue impossible, la musique ne lui causait qu'un tressaillement douloureux, et le spectacle de la nature, qui porte à la rêverie, redoublait encore sa peine. Cette personne si vive passait les jours entiers immobile, ou du moins sans aucun mouvement extérieur ; les tourments de son ame ne se trahissaient plus que par sa mortelle pâleur. Elle regardait sa montre à chaque instant, espérant qu'une heure était passée, et ne sachant pas cependant pourquoi elle desirait que l'heure changeât de nom, puisqu'elle n'amenait rien de nouveau qu'une nuit sans sommeil, suivie d'un jour plus douloureux encore.

Un soir qu'elle se croyait prête à partir, une femme fit demander à la voir : elle la reçut, parcequ'on lui dit que cette femme paraissait le desirer vivement. Elle vit entrer dans sa chambre une personne entièrement contrefaite, le visage défiguré par une affreuse maladie, vêtue de noir et couverte d'un voile, pour dérober, s'il était possible, sa vue à ceux dont elle approchait. Cette femme ainsi maltraitée de la nature se chargeait de la collecte des aumônes. Elle demanda noblement, et avec une sécurité touchante, des secours pour les pauvres ; Corinne lui donna beaucoup d'argent, en lui faisant promettre seulement de prier pour elle. La pauvre femme, qui s'était résignée à son sort, regardait avec étonnement cette belle personne si pleine de force et de vie, riche, jeune, admirée, et qui semblait cependant accablée par le malheur. « Mon Dieu, madame, lui dit-elle, je voudrais bien que vous fussiez aussi calme que moi. » Quel mot adressé par une femme dans cet état, à la plus brillante personne d'Italie qui succombait au désespoir !

Ah! la puissance d'aimer est trop grande, elle l'est trop dans les ames ardentes ! Qu'elles sont heureuses, celles qui consacrent à Dieu seul ce profond sentiment d'amour dont les habitants de la terre ne sont pas dignes ! Mais le temps n'en était pas encore venu pour Corinne ; il lui fallait encore des illusions, elle voulait encore du bonheur ; elle priait, mais elle n'était pas encore résignée. Ses rares talents, la gloire qu'elle avait acquise, lui donnaient encore trop d'intérêt pour elle-même. Ce n'est qu'en se détachant de tout dans ce monde qu'on peut renoncer à ce qu'on aime ; tous les autres sacrifices précèdent celui-là, et la vie peut être depuis long-temps un désert, sans que le feu qui l'a dévastée soit éteint.

Enfin, au milieu des doutes et des combats qui renversaient et renouvelaient sans cesse le plan de Corinne, elle reçut une lettre d'Oswald, qui lui annonçait que son régiment devait s'embarquer dans six semaines, et qu'il ne pouvait profiter de ce temps pour aller à Venise, parcequ'un colonel qui s'éloignerait dans un pareil moment se perdrait de réputation. Il ne restait à Corinne que le temps d'arriver en Angleterre avant que lord Nelvil s'éloignât d'Europe, et peut-être pour toujours. Cette crainte acheva de décider son départ. Il faut plaindre Corinne, car elle n'ignorait pas tout ce qu'il y avait d'inconsidéré dans sa démarche : elle se jugeait plus sévèrement que personne ; mais quelle femme aurait le droit de jeter *la première pierre* à l'infortunée qui ne justifie point sa faute, qui n'en espère aucune jouissance, mais fuit d'un malheur à l'autre, comme si des fantômes effrayants la poursuivaient de toutes parts?

Voici les dernières lignes de sa lettre au prince Castel-Forte :
« Adieu, mon fidèle protecteur; adieu, mes amis de Rome ; adieu,
« vous tous avec qui j'ai passé des jours si doux et si faciles.
« C'en est fait, la destinée m'a frappée ; je sens en moi sa bles-

« sure mortelle : je me débats encore; mais je succomberai. Il
« faut que je le revoie : croyez-moi, je ne suis pas responsable de
« moi-même ; il y a dans mon sein des orages que ma volonté ne
« peut gouverner. Cependant j'approche du terme où tout finira
« pour moi ; ce qui se passe à présent est le dernier acte de mon
« histoire ; après, viendront la pénitence et la mort. Bizarre con-
« fusion du cœur humain! dans ce moment même où je me conduis
« comme une personne si passionnée, j'aperçois cependant les om-
« bres du déclin dans l'éloignement, et je crois entendre une voix
« divine qui me dit : « *Infortunée, encore ces jours d'agitation*
» *et d'amour, et je t'attends dans le repos éternel.* » O mon Dieu!
« accordez-moi la présence d'Osvald encore une fois, une der-
« nière fois. Le souvenir de ses traits s'est comme obscurci par
« mon désespoir. Mais n'avait-il pas quelque chose de divin dans
« le regard? Ne semblait-il pas, quand il entrait, qu'un air bril-
« lant et pur annonçait son approche? Mon ami, vous l'avez vu
« se placer près de moi, m'entourer de ses soins, me protéger par
« le respect qu'il inspirait pour son choix. Ah! comment exis-
« ter sans lui? Pardonnez mon ingratitude ; dois-je reconnaître
« ainsi la constante et noble affection que vous m'avez toujours
« témoignée? Mais je ne suis plus digne de rien, et je passerais
« pour insensée, si je n'avais pas le triste don d'observer moi-
« même ma folie. Adieu donc, adieu. »

CHAPITRE III.

Combien elle est malheureuse la femme délicate et sensible qui commet une grande imprudence, qui la commet pour un objet dont elle se croit moins aimée, et n'ayant qu'elle-même pour soutien de ce qu'elle fait! Si elle hasardait sa réputation et son repos pour rendre un grand service à celui qu'elle aime, elle ne serait point à plaindre. Il est si doux de se dévouer! il y a dans l'ame tant de délices, quand on brave tous les périls pour sauver une vie qui nous est chère, pour soulager la douleur qui déchire un cœur ami du nôtre! Mais traverser ainsi seule des pays inconnus, arriver sans être attendue, rougir d'abord, devant ce qu'on aime, de la preuve même d'amour qu'on lui donne; risquer tout parcequ'on le veut, et non parcequ'un autre vous le demande : quel pénible sentiment! quelle humiliation digne pourtant de pitié! car tout ce qui vient d'aimer en mérite. Que serait-ce si l'on compromettait ainsi l'existence des autres, si l'on manquait à des devoirs envers des liens sacrés? Mais Corinne était libre ; elle ne sacrifiait que sa gloire et son repos. Il n'y avait point de raison, point de prudence dans sa conduite, mais rien qui pût offenser une autre destinée que la sienne, et son funeste amour ne perdait qu'elle-même.

En débarquant en Angleterre, Corinne sut par les papiers publics que le départ du régiment de lord Nelvil était encore retardé. Elle ne vit à Londres que la société du banquier auquel elle était recommandée sous un nom supposé. Il s'intéressa d'abord à elle, et s'empressa, ainsi que sa femme et sa fille, à lui rendre tous les services imaginables. Elle tomba dangereusement malade en arrivant, et pendant quinze jours ses nouveaux amis la soignèrent avec la bienveillance la plus tendre. Elle apprit que lord Nelvil était en Écosse, mais qu'il devait revenir dans peu de jours à Londres, où son régiment se trouvait alors. Elle ne savait comment se résoudre à lui annoncer qu'elle était en Angleterre. Elle ne lui avait point écrit son départ; et son embarras était tel à cet égard, que depuis un mois Oswald n'avait point reçu de ses lettres. Il commençait à s'en inquiéter vivement : il l'accusait de légèreté, comme s'il avait eu le droit de s'en plaindre. En arrivant à Londres, il alla d'abord chez son banquier, où il espérait trouver des lettres d'Italie; on lui dit qu'il n'y en avait point. Il sortit; et comme il réfléchissait avec peine sur ce silence, il rencontra M. Edgermond qu'il avait vu à Rome, et qui lui demanda des nouvelles de Corinne. « Je n'en sais point, répondit lord Nelville avec humeur. — Oh! je le crois bien, reprit M. Edgermond, ces Italiennes oublient toujours les étrangers dès qu'elles ne les voient plus. Il y a mille exemples de cela, et il ne faut pas s'en affliger; elles seraient trop aimables si elles avaient de la constance unie à tant d'imagination. Il faut bien qu'il reste quelque avantage à nos femmes. » Il lui serra la main en parlant ainsi, et prit congé de lui pour retourner dans la principauté de Galles, son séjour habituel; mais il avait en peu de mots pénétré de tristesse le cœur d'Oswald. « J'ai tort, se disait-il à lui-même, j'ai tort de vouloir qu'elle me regrette, puisque je ne puis me consacrer à son bonheur. Mais oublier si vite ce qu'on a aimé, c'est flétrir le passé au moins autant que l'avenir.

Au moment où lord Nelvil avait su la volonté de son père, il s'était résolu à ne point épouser Corinne; mais il avait aussi formé le dessein de ne pas revoir Lucile. Il était mécontent de l'impression trop vive qu'elle avait faite sur lui, et se disait qu'étant condamné à faire tant de mal à son amie, il fallait au moins lui garder cette fidélité de cœur qu'aucun devoir ne lui ordonnait de sacrifier. Il se contenta d'écrire à lady Edgermond pour lui renouveler ses sollicitations relativement à l'existence de Corinne ; mais elle refusa constamment de lui répondre à cet égard, et lord Nelvil comprit, par ses entretiens avec M. Dickson, l'ami de lady Edgermond, que le seul moyen d'obtenir d'elle ce qu'il desirait serait d'épouser sa fille ; car elle pensait que Corinne pourrait nuire au mariage de sa sœur si elle reprenait son vrai nom, et si sa famille la reconnaissait. Corinne ne se doutait point encore de l'intérêt que Lucile avait inspiré à lord Nelvil ; la destinée lui avait jusqu'alors épargné cette douleur. Jamais cependant elle n'avait été plus digne de lui que dans le moment même où le sort l'en séparait. Elle avait pris pendant sa maladie, au milieu des négocians simples et honnêtes chez qui elle était, un véritable goût pour les mœurs et les habitudes anglaises. Le petit nombre de personnes qu'elle voyait dans la famille qui l'avait reçue n'étaient distinguées d'aucune manière, mais possédaient une force de raison et une justesse d'esprit remarquables. On lui témoignait une affection moins expansive que celle à laquelle elle était accoutumée, mais qui se faisait connaître à chaque occasion par de nouveaux services. La sévérité de lady Edgermond, l'ennui d'une petite ville de province, lui avaient fait une cruelle illusion sur tout ce qu'il y a de noble et de bon dans le pays auquel elle avait renoncé, et elle s'y attachait dans une circonstance où, pour son bonheur du moins, il n'était peut-être plus à desirer qu'elle éprouvât ce sentiment.

CHAPITRE IV.

Un soir, la famille qui comblait Corinne de marques d'amitié et d'intérêt la pressa vivement de venir voir jouer madame Siddons dans *Isabelle* ou *le Fatal mariage*, l'une des pièces du théâtre anglais où cette actrice déploie le plus admirable talent. Corinne s'y refusa long-temps ; mais enfin, se rappelant que lord Nelvil avait souvent comparé sa manière de déclamer avec celle de madame Siddons, elle eut la curiosité de l'entendre, et se rendit voilée dans une petite loge d'où elle pouvait tout voir sans être vue. Elle ne savait pas que lord Nelvil était arrivé la veille à Londres, mais elle craignait d'être aperçue par un Anglais qui l'aurait connue en Italie. La noble figure et la profonde sensibilité de l'actrice captivèrent tellement l'attention de Corinne, que, pendant les premiers actes, ses yeux ne se détournèrent pas du théâtre. La déclamation anglaise est plus propre qu'aucune autre à remuer l'ame, quand un beau talent en fait sentir la force et l'originalité. Il y a moins d'art, moins de convenu qu'en France; l'impression qu'elle produit est plus immédiate, le désespoir véritable s'exprimerait ainsi; et la nature des pièces et le genre de la versification plaçant l'art dramatique à moins de distance de la vie réelle, l'effet qu'il produit est plus déchirant. Il faut d'autant plus de génie pour être un grand acteur en France, qu'il y a fort peu de liberté pour la manière individuelle, tant les règles générales prennent d'espace [1]. Mais en Angleterre on peut tout risquer, si la nature l'inspire. Ces longs gémissements, qui paraissent ridicules quand on les raconte, font tressaillir quand on les entend. L'actrice la plus noble dans ses manières, madame Siddons, ne perd rien de sa dignité quand elle se prosterne contre terre. Il n'y a rien qui ne puisse être admirable quand une émotion intime y entraine, une émotion qui part du centre de l'ame, et domine celui qui la ressent plus encore que celui qui en est témoin. Il y a chez les diverses nations une façon différente de jouer la tragédie; mais l'expression de la douleur s'entend d'un bout du monde à l'autre; et depuis le sauvage jusqu'au roi, il y a quelque chose de semblable dans tous les hommes, alors qu'ils sont vraiment malheureux.

Dans l'intervalle du quatrième au cinquième acte, Corinne remarqua que tous les regards se tournaient vers une loge, et dans cette loge elle vit lady Edgermond et sa fille; car elle ne douta pas que ce ne fût Lucile, bien que depuis sept ans elle fût singulièrement embellie. La mort d'un parent très riche de lord Edgermond avait obligé lady Edgermond à venir à Londres pour y régler les affaires de la succession. Lucile s'était plus parée qu'à l'ordinaire pour venir au spectacle; et depuis long-temps, même en Angleterre, où les femmes sont si belles, il n'avait paru une personne aussi remarquable. Corinne fut douloureusement surprise en la voyant: il lui parut impossible qu'Oswald pût résister

[1] Talma ayant passé plusieurs années de sa vie à Londres, a su réunir dans son admirable talent le caractère et les beautés de l'art théâtral des deux pays.

à la séduction d'une telle figure. Elle se compara dans sa pensée avec elle, et se trouva tellement inférieure, elle s'exagéra tellement, s'il était possible de se l'exagérer, le charme de cette jeunesse, de cette blancheur, de ces cheveux blonds, de cette innocente image du printemps de la vie, qu'elle se sentit presque humiliée de lutter par le talent, par l'esprit, par les dons acquis enfin, ou du moins perfectionnés, avec ces graces prodiguées par la nature elle-même.

Tout-à-coup elle aperçut, dans la loge opposée, lord Nelvil, dont les regards étaient fixés sur Lucile. Quel moment pour Corinne! elle revoyait pour la première fois ces traits qui l'avaient tant occupée; ce visage qu'elle cherchait dans son souvenir à chaque instant, bien qu'il n'en fût jamais effacé; elle le revoyait, et c'était lorsque Lucile occupait seule Oswald. Sans doute il ne pouvait soupçonner la présence de Corinne; mais si ses yeux s'étaient dirigés par hasard sur elle, l'infortunée en aurait tiré quelques présages de bonheur. Enfin madame Siddons reparut, et lord Nelvil se tourna vers le théâtre pour la considérer. Corinne alors respira plus à l'aise, et se flatta qu'un simple mouvement de curiosité avait attiré l'attention d'Oswald sur Lucile. La pièce devenait à tous les moments plus touchante, et Lucile était baignée de pleurs qu'elle cherchait à cacher en se retirant dans le fond de sa loge. Alors Oswald la regarda de nouveau avec plus d'intérêt encore que la première fois. Enfin il arriva, ce moment terrible où Isabelle, s'étant échappée des mains des femmes qui veulent l'empêcher de se tuer, rit, en se donnant un coup de poignard, de l'inutilité de leurs efforts. Ce rire du désespoir est l'effet le plus difficile et le plus remarquable que le jeu dramatique puisse produire; il émeut bien plus que les larmes : cette amère ironie du malheur est son expression la plus déchirante. Qu'elle est terrible la souffrance du cœur, quand elle inspire une si barbare joie, quand elle donne, à l'aspect de son propre sang, le contentement féroce d'un sauvage ennemi qui se serait vengé!

Alors sans doute Lucile fut tellement attendrie que sa mère s'en alarma, car on la vit se retourner avec inquiétude de son côté : Oswald se leva comme s'il voulait aller vers elle; mais bientôt il se rassit. Corinne eut quelque joie de ce second mouvement; mais elle se dit en soupirant : « Lucile, ma sœur, qui m'était si chère autrefois, est jeune et sensible; dois-je vouloir lui ravir un bien dont elle pourrait jouir sans obstacle, sans que celui qu'elle aimerait lui fît aucun sacrifice? » La pièce finie, Corinne voulut laisser sortir tout le monde avant de s'en aller, de peur d'être reconnue, et elle se mit derrière une petite ouverture de sa loge, où elle pouvait apercevoir ce qui se passait dans le corridor. Au moment où Lucile sortit, la foule se rassembla pour la voir, et l'on entendait de tous les côtés des exclamations sur sa ravissante figure. Lucile se troublait de plus en plus. Lady Edgermond, infirme et malade, avait de la peine à fendre la presse, malgré les soins de sa fille et les égards qu'on leur témoignait; mais elles ne connaissaient personne, et nul homme par conséquent n'osait les aborder. Lord Nelvil, voyant leur embarras, se hâta de s'approcher d'elles. Il offrit un bras à lady Edgermond et l'autre à Lucile, qui le prit timidement, en baissant la tête et rougissant à l'excès: ils passèrent ainsi devant Corinne. Oswald n'imaginait pas que sa pauvre amie fût témoin d'un spectacle douloureux pour elle; car il avait une légère nuance d'orgueil en conduisant ainsi la plus belle personne d'Angleterre à travers les admirateurs sans nombre qui suivaient ses pas.

CHAPITRE V.

Corinne revint chez elle cruellement troublée, et ne sachant point quelle résolution elle prendrait, comment elle ferait connaître à lord Nelvil son arrivée, et ce qu'elle lui dirait pour la motiver; car à chaque instant elle perdait de sa confiance dans le sentiment de son ami, et il lui semblait quelquefois que c'était un étranger qu'elle allait revoir, un étranger qu'elle aimait avec passion, mais qui ne la reconnaîtrait plus. Elle envoya chez lord Nelvil le lendemain au soir, et elle apprit qu'il était chez lady Edgermond: le jour suivant, la même réponse lui fut rapportée, mais on lui dit aussi que lady Edgermond était malade, et qu'elle repartirait pour sa terre dès qu'elle serait guérie. Corinne attendait ce moment pour faire savoir à lord Nelvil qu'elle était en Angleterre; mais tous les soirs elle sortait, passait devant la maison de lady Edgermond, et voyait à sa porte la voiture d'Oswald. Un inexprimable serrement de cœur l'oppressait; et, retournant chez elle, elle recommençait le lendemain la même course, pour éprouver la même douleur. Corinne avait tort cependant quand elle se persuadait qu'Oswald allait chez lady Edgermond dans l'intention d'épouser sa fille.

Le jour du spectacle, lady Edgermond lui avait dit, pendant qu'il la conduisait à sa voiture, que la succession du parent de lord Edgermond, qui était mort dans l'Inde, concernait Corinne autant que sa fille, et qu'elle le priait en conséquence de passer chez elle pour se charger de faire savoir en Italie les divers arrangements qu'elle voulait prendre à cet égard. Oswald promit d'y aller, et il lui sembla que, dans cet instant, la main de Lucile qu'il tenait avait tremblé. Le silence de Corinne pouvait lui faire croire qu'il n'était plus aimé, et l'émotion de cette jeune fille devait lui donner l'idée qu'il l'intéressait au fond du cœur. Cependant il n'avait pas l'idée de manquer à la promesse qu'il avait donnée à Corinne, et l'anneau qu'elle possédait était un gage assuré que jamais il n'en épouserait une autre sans son consentement. Il retourna chez lady Edgermond le lendemain, pour soigner les intérêts de Corinne ; mais lady Edgermond était si malade, et sa fille tellement inquiète de se trouver ainsi seule à Londres, sans aucun parent (M. Edgermond n'y étant pas), sans savoir seulement à quel médecin il fallait s'adresser, qu'Oswald crut de son devoir envers l'amie de son père, de consacrer tout son temps à la soigner.

Lady Edgermond, naturellement âpre et fière, semblait ne s'adoucir que pour Oswald : elle le laissait venir tous les jours chez elle, sans qu'il prononçât un seul mot qui pût faire supposer l'intention d'épouser sa fille. Le nom et la beauté de Lucile en faisaient l'un des plus brillants partis de l'Angleterre ; et depuis qu'elle avait paru au spectacle, et qu'on la savait à Londres, sa porte était assiégée par les visites des plus grands seigneurs du pays. Lady Edgermond refusait constamment de recevoir personne : elle ne sortait jamais, et ne recevait que lord Nelvil. Comment n'aurait-il pas été flatté d'une conduite si délicate ? Cette générosité silencieuse, qui s'en remettait à lui sans rien demander, sans se plaindre de rien, le touchait vivement ; et cependant chaque fois qu'il allait dans la maison de lady Edgermond, il craignait que sa présence ne fût interprétée comme un engagement. Il eût cessé d'y aller dès que les intérêts de Corinne ne l'y auraient plus attiré, si lady Edgermond avait recouvré sa santé. Mais au moment où on la croyait mieux, elle retomba malade de nouveau, plus dangereusement que la première fois ; et si elle était morte dans ce moment, Lucile n'aurait eu à Londres d'autre appui qu'Oswald, puisque sa mère ne formait de relations avec personne.

Lucile ne s'était pas permis un seul mot qui dût faire croire à lord Nelvil qu'elle le préférât ; mais il pouvait le supposer quelquefois, par une altération légère et subite dans la couleur de son teint, par des yeux trop promptement baissés, par une respiration plus rapide ; enfin, il étudiait le cœur de cette jeune fille avec un intérêt curieux et tendre, et sa complète réserve lui laissait toujours du doute et de l'incertitude sur la nature de ses sentiments. Le plus haut point de la passion, et l'éloquence qu'elle inspire, ne suffisent pas encore à l'imagination ; on desire toujours quelque chose de plus, et ne pouvant l'obtenir, on se refroidit et l'on se lasse, tandis que la faible lueur qu'on aperçoit à travers les nuages tient long-temps la curiosité en suspens, et semble promettre dans l'avenir de nouveaux sentiments et des découvertes nouvelles. Cette attente cependant n'est point satisfaite ; et quand on sait à la fin ce que cache tout ce charme du silence et de l'inconnu, le mystère aussi se flétrit, et l'on en revient à regretter l'abandon et le mouvement d'un caractère animé. Hélas ! de quelle manière prolonger cet enchantement du cœur, ces délices de l'ame, que la confiance et le doute, le bonheur et le malheur dissipent également à la longue, tant les jouissances célestes sont étrangères à notre destinée ? Elles traversent notre cœur quelquefois, seulement pour nous rappeler notre origine et notre espoir.

Lady Edgermond se trouvant mieux, fixa son départ à deux jours de là, pour aller en Écosse, où elle voulait visiter la terre de lord Edgermond, qui était voisine de celle de lord Nelvil. Elle s'attendait qu'il lui proposerait de l'y accompagner, puisqu'il avait annoncé le projet de retourner en Écosse avant le départ de son régiment ; mais il n'en dit rien. Lucile le regarda dans ce moment, et néanmoins il se tut. Elle se hâta de se lever, et s'approcha de la fenêtre. Peu de moments après, lord Nelvil prit un prétexte pour aller vers elle, et il lui sembla que ses yeux étaient mouillés de pleurs : il en fut ému, soupira, et l'oubli dont il accusait son amie revenant de nouveau à sa mémoire, il se demanda si cette jeune fille n'était pas plus capable que Corinne d'un sentiment fidèle.

Oswald cherchait à réparer la peine qu'il venait de causer à Lucile : on a tant de plaisir à ramener la joie sur un visage encore enfant ! Le chagrin n'est pas fait pour ces physionomies où la réflexion même n'a point encore laissé de traces. Le régiment de lord Nelvil devait être passé en revue le lendemain matin à Hydepark; il demanda donc à lady Edgermond si elle voulait y aller en calèche avec sa fille, et si elle lui permettrait, après la revue, de faire une promenade à cheval avec Lucile, à côté de sa voiture. Lucile avait dit une fois qu'elle avait grande envie de monter à cheval. Elle regarda sa mère avec une expression toujours soumise, mais où l'on pouvait remarquer cependant le desir d'obtenir un consentement. Lady Edgermond se recueillit quelques instants; puis tendant à lord Nelvil sa faible main, qui dépérissait chaque jour davantage, elle lui dit : « Si vous le demandez, milord, j'y consens. » Ces mots firent tant d'impression sur Oswald, qu'il allait renoncer lui-même à ce qu'il avait proposé : mais tout-à-coup Lucile, avec une vivacité qu'elle n'avait pas encore montrée, prit la main de sa mère, et la baisa pour la remercier. Lord Nelvil alors n'eut pas le courage de priver d'un amusement cette innocente créature, qui menait une vie si solitaire et si triste.

CHAPITRE VI.

Corinne, depuis quinze jours, ressentait l'anxiété la plus cruelle : chaque matin elle hésitait si elle écrirait à lord Nelvil pour lui apprendre où elle était, et chaque soir se passait dans l'inexprimable douleur de le savoir chez Lucile. Ce qu'elle souffrait le soir la rendait plus timide pour le lendemain. Elle rougissait d'apprendre à celui qui ne l'aimait peut-être plus, la démarche inconsidérée qu'elle avait faite pour lui. « Peut-être, se disait-elle souvent, tous les souvenirs d'Italie sont-ils effacés de sa mémoire ; peut-être n'a-t-il plus besoin de trouver dans les femmes un esprit supérieur, un cœur passionné. Ce qui lui plaît à présent, c'est l'admirable beauté de seize ans, l'expression angélique de cet âge, l'ame timide et neuve, qui consacre à l'objet de son choix les premiers sentiments qu'elle ait jamais éprouvés. »

L'imagination de Corinne était tellement frappée des avantages de sa sœur, qu'elle avait presque honte de lutter avec de tels charmes. Il lui semblait que le talent même était une ruse, l'esprit une tyrannie, la passion une violence, à côté de cette innocence désarmée; et bien que Corinne n'eût pas encore vingt-huit ans, elle pressentait déjà cette époque de la vie où les femmes se défient avec tant de douleur de leurs moyens de plaire. Enfin, la jalousie et une timidité fière se combattaient dans son

ame; elle renvoyait de jour en jour le moment tant craint et tant
desiré où elle devait revoir Oswald. Elle apprit que son régiment
serait passé en revue le lendemain à Hydepark, et elle résolut d'y
aller. Elle pensa qu'il était possible que Lucile s'y trouvât, et elle
s'en fiait à ses propres yeux pour juger des sentiments d'Oswald.
D'abord elle avait l'idée de se parer avec soin, et de se montrer
ensuite subitement à lui ; mais en commençant sa toilette, ses
cheveux noirs, son teint un peu bruni par le soleil d'Italie, ses
traits prononcés, mais dont elle ne pouvait pas juger l'expression
en se regardant, lui inspirèrent du découragement sur ses charmes. Elle voyait toujours dans son miroir le visage aérien de sa
sœur; et, rejetant loin d'elle toutes les parures qu'elle avait es-
sayées, elle se revêtit d'une robe noire à la vénitienne, couvrit
son visage et sa taille avec la mante qu'on porte dans ce pays, et
se jeta ainsi dans le fond d'une voiture.

A peine fut-elle dans Hydepark, qu'elle vit paraître Oswald à
la tête de son régiment. Il avait dans son uniforme la plus belle
et la plus imposante figure du monde ; il conduisait son cheval
avec une grace et une dextérité parfaites. La musique qu'on entendait avait quelque chose de fier et de doux tout à la fois, qui
conseillait noblement le sacrifice de la vie. Une multitude d'hommes élégamment et simplement vêtus, des femmes belles et modestes, portaient sur leur visage, les uns l'empreinte des vertus
mâles, les autres des vertus timides. Les soldats du régiment d'Oswald semblaient le regarder avec confiance et dévouement. On
joua le fameux air, *Dieu, sauve le roi!* qui touche si profondément tous les cœurs en Angleterre; et Corinne s'écria : « O respectable pays qui deviez être ma patrie, pourquoi vous ai-je quitté ?
Qu'importait plus ou moins de gloire personnelle, au milieu de
tant de vertus; et quelle gloire valait celle, ô Nelvil, d'être ta
digne épouse ? »

Les instruments militaires qui se firent entendre retracèrent à
Corinne les dangers qu'Oswald allait courir. Elle le regarda long-
temps sans qu'il pût l'apercevoir, et se disait, les yeux pleins de
larmes : « Qu'il vive, quand ce ne serait pas pour moi ! O mon
Dieu ! c'est lui qu'il faut conserver. » Dans ce moment la voiture
de lady Edgermond arriva ; lord Nelvil la salua respectueusement, en baissant devant elle la pointe de son épée. Cette voiture
passa et repassa plusieurs fois. Tous ceux qui voyaient Lucile
l'admiraient ; Oswald la considérait avec des regards qui per-

çaient le cœur de Corinne. L'infortunée les connaissait ces regards; ils avaient été tournés sur elle.

Les chevaux que lord Nelvil avait prêtés à Lucile parcouraient avec la plus brillante vitesse les allées de Hydepark, tandis que la voiture de Corinne s'avançait lentement, presque comme un convoi funèbre, derrière les coursiers rapides et leur bruit tumultueux. « Ah! ce n'était pas ainsi, pensait Corinne, non, ce n'était pas ainsi que je me rendais au Capitole, la première fois que je l'ai rencontré : il m'a précipitée du char de triomphe dans l'abîme des douleurs. Je l'aime, et toutes les joies de la vie ont disparu; je l'aime, et tous les dons de la nature sont flétris. O mon Dieu! pardonnez-lui quand je ne serai plus. » Oswald passait à cheval à côté de la voiture où était Corinne. La forme italienne de l'habit noir qui l'enveloppait le frappa singulièrement. Il s'arrêta, fit le tour de cette voiture, revint sur ses pas pour la revoir encore, et tâcha d'apercevoir quelle était la femme qui s'y tenait cachée. Le cœur de Corinne battait pendant ce temps avec une extrême violence, et tout ce qu'elle redoutait, c'était de s'évanouir, et d'être ainsi découverte; mais elle résista cependant à son émotion, et lord Nelvil perdit l'idée qui l'avait d'abord occupé. Quand la revue fut finie, Corinne, pour ne pas attirer davantage l'attention d'Oswald, descendit de voiture pendant qu'il ne pouvait la voir, et se plaça derrière les arbres et la foule, de manière à n'être pas aperçue. Oswald alors s'approcha de la calèche de lady Edgermond, et, lui montrant un cheval très doux que ses gens avaient amené, il demanda pour Lucile la permission de monter ce cheval, à côté de la voiture de sa mère. Lady Edgermond y consentit, en lui recommandant beaucoup de veiller sur sa fille. Lord Nelvil était descendu de cheval; il parlait, chapeau bas, à la portière de lady Edgermond, avec une expression si respectueuse et si sensible en même temps, que Corinne n'y voyait que trop un attachement pour la mère, animé par l'attrait qu'inspirait la fille.

Lucile descendit de voiture. Elle avait un habit de cheval qui dessinait à ravir l'élégance de sa taille; sur sa tête un chapeau noir, orné de plumes blanches, et ses beaux cheveux blonds, légers comme l'air, tombaient avec grace sur son charmant visage. Oswald baissa la main de manière que Lucile pût y poser son pied pour monter sur le cheval. Lucile s'attendait que ce serait un de ses gens qui lui rendrait ce service; elle rougit en le recevant de lord Nelvil. Il insista : Lucile enfin mit sur cette main un pied charmant, et s'élança si légèrement à cheval, que tous ses mouvements donnaient l'idée d'une de ces sylphides que l'imagination nous peint avec des couleurs si délicates. Elle partit au galop. Oswald la suivit, et ne la perdit pas de vue. Une fois le cheval fit un faux pas. A l'instant lord Nelvil l'arrêta, examina la bride et le mors avec une aimable anxiété. Une autre fois il crut à tort que le cheval s'emportait ; il devint pâle comme la mort ; et, poussant son propre cheval avec une incroyable ardeur, dans une seconde il atteignit celui de Lucile, descendit et se précipita devant elle. Lucile, ne pouvant plus retenir son cheval, frémissait à son tour de renverser Oswald ; mais d'une main il saisit la bride, et de l'autre il soutint Lucile, qui, en sautant, s'appuya légèrement sur lui.

Que fallait-il de plus pour convaincre Corinne du sentiment d'Oswald pour Lucile? Ne voyait-elle pas tous les signes d'intérêt qu'il lui avait autrefois prodigués? Et même, pour son éternel désespoir, ne croyait-elle pas apercevoir dans les regards de lord Nelvil plus de timidité, plus de réserve qu'il n'en avait dans le temps de son amour pour elle? Deux fois elle tira l'anneau de son doigt ; elle était prête à fendre la foule pour le jeter aux pieds d'Oswald ; et l'espoir de mourir à l'instant même l'encourageait dans cette résolution. Mais quelle est la femme, née même sous le soleil du Midi, qui peut, sans frissonner, attirer sur ses sentiments l'attention de la multitude? Bientôt Corinne frémit à la pensée de se montrer à lord Nelvil dans cet instant, et sortit de la foule pour rejoindre sa voiture. Comme elle traversait une allée solitaire, Oswald vit encore de loin cette même figure noire qui l'avait frappé, et l'impression qu'elle produisit sur lui cette fois fut beaucoup plus vive. Cependant il attribua l'émotion qu'il en ressentait au remords d'avoir été dans ce jour, pour la première fois, infidèle au fond de son cœur à l'image de Corinne ; et, rentré chez lui, il prit à l'instant la résolution de repartir pour l'Écosse, puisque son régiment ne s'embarquait pas encore de quelque temps.

CHAPITRE VII.

Corinne retourna chez elle dans un état de douleur qui troublait sa raison, et, dès ce moment, ses forces furent pour jamais affaiblies. Elle résolut d'écrire à lord Nelvil pour lui apprendre et son arrivée en Angleterre, et tout ce qu'elle avait souffert depuis qu'elle y était. Elle commença cette lettre d'abord remplie des plus amers reproches, et puis elle la déchira. « Que signifient les reproches en amour? s'écria-t-elle; ce sentiment serait-il le plus intime, le plus pur, le plus généreux des sentiments, s'il n'était pas en tout involontaire? Que ferai-je donc avec mes plaintes? Une autre voix, un autre regard ont le secret de son ame : tout n'est-il donc pas dit? » Elle recommença sa lettre, et cette fois elle voulut peindre à lord Nelvil la monotonie qu'il pourrait trouver dans son union avec Lucile. Elle essayait de lui prouver que, sans une parfaite harmonie de l'ame et de l'esprit, aucun bonheur de sentiment n'était durable ; et puis elle déchira cette lettre encore plus vivement que la première. « S'il ne sait pas ce que je vaux, disait elle, est-ce moi qui le lui apprendrai? Et d'ailleurs dois-je parler ainsi de ma sœur? Est-il vrai qu'elle me soit inférieure autant que je cherche à me le persuader? Et quand elle le serait, est-ce à moi qui, comme une mère, l'ai pressée dans son enfance contre mon cœur, est-ce à moi qu'il appartiendrait de le dire? Ah! non, il ne faut pas vouloir ainsi son propre bonheur à tout prix. Elle passe, cette vie pendant laquelle on a tant de désirs ; et, long-temps même avant la mort, quelque chose de doux et de rêveur nous détache par degrés de l'existence. »

Elle reprit encore une fois la plume, et ne parla que de son malheur; mais, en l'exprimant, elle éprouvait une telle pitié d'elle-même, qu'elle couvrait son papier de ses larmes. « Non, dit-elle encore, il ne faut pas envoyer cette lettre : s'il y résiste, je le haïrai; s'il y cède, je ne saurai pas s'il n'a pas fait un sacrifice, s'il ne conserve pas le souvenir d'une autre. Il vaut mieux le voir, lui parler, lui remettre cet anneau, gage de ses promesses; » et elle se hâta de l'envelopper dans une lettre où elle n'écrivit que ces mots : *Vous êtes libre*. Et, mettant la lettre dans son sein, elle attendit que le soir approchât, pour aller chez Oswald. Il lui sembla qu'en plein jour elle eût rougi devant tous ceux qui l'auraient regardée, et cependant elle voulait devancer le moment où lord Nelvil avait coutume d'aller chez lady Edgermond. A six heures donc elle partit, mais en tremblant comme une esclave condamnée. On a si peur de ce qu'on aime quand une fois la confiance est perdue! Ah! l'objet d'une affection passionnée est à nos yeux, ou le protecteur le plus sûr, ou le maître le plus redoutable.

Corinne fit arrêter sa voiture devant la porte de lord Nelvil, et demanda d'une voix tremblante à l'homme qui ouvrait cette porte s'il était chez lui. *Depuis une demi-heure, madame*, répondit-il, *milord est parti pour l'Écosse*. Cette nouvelle serra le cœur de Corinne : elle tremblait de voir Oswald; mais cependant son ame allait au-devant de cette inexprimable émotion. L'effort était fait, elle se croyait près d'entendre sa voix, et il fallait maintenant prendre une nouvelle résolution pour le retrouver, attendre encore plusieurs jours, et condescendre à une démarche de plus. Néanmoins, à tout prix alors, Corinne voulait le revoir. Le lendemain donc, elle partit pour Édimbourg.

CHAPITRE VIII.

Avant de quitter Londres, lord Nelvil était retourné chez son banquier ; et quand il sut qu'aucune lettre de Corinne n'était arrivée, il se demanda avec amertume s'il devait sacrifier un bonheur domestique certain et durable, à une personne qui peut-être ne se ressouvenait plus de lui. Cependant il résolut d'écrire encore en Italie, comme il l'avait déjà fait plusieurs fois depuis six semaines, pour demander à Corinne la cause de son silence, et pour lui déclarer encore que, tant qu'elle ne lui renverrait pas son anneau, il ne serait jamais l'époux d'une autre. Il fit son voyage dans des dispositions très pénibles : il aimait Lucile presque sans la connaître, car il ne lui avait pas entendu prononcer vingt paroles ; mais il regrettait Corinne, et s'affligeait des circonstances qui les séparaient; tour à tour le charme timide de l'une le captivait, et il se retraçait la grace brillante, l'éloquence sublime de l'autre. Si dans ce moment il avait su que Corinne l'aimait plus que jamais, qu'elle avait tout quitté pour le suivre, il n'aurait jamais revu Lucile : mais il se croyait oublié ; et, réfléchissant sur le caractère de Lucile et sur celui de Corinne, il se disait qu'un extérieur froid et réservé cachait souvent les sentiments les plus profonds. Il se trompait : les ames passionnées se trahissent de mille manières, et ce que l'on contient toujours est bien faible.

Une circonstance vint ajouter encore à l'intérêt que Lucile inspirait à lord Nelvil. En retournant dans sa terre, il passa si près de celle qui appartenait à lady Edgermond, que la curiosité l'y conduisit. Il se fit ouvrir le cabinet où Lucile avait coutume de travailler. Ce cabinet était rempli des souvenirs du temps que le père d'Oswald y avait passé près de Lucile pendant que son fils était en France. Elle avait élevé un piédestal de marbre à la place même où, peu de mois avant sa mort, il lui donnait des leçons; et sur ce piédestal était gravé : *A la mémoire de mon second père.* Enfin un livre était ouvert sur la table. Oswald l'ouvrit; il y reconnut le recueil des pensées de son père, et sur la première page il trouva ces mots écrits par son père lui-même : *A celle qui m'a consolé dans mes peines, à l'ame la plus pure, à la femme angélique qui fera la gloire et le bonheur de son époux!* Avec quelle émotion Oswald lut ces lignes, où l'opinion de celui qu'il révérait était si vivement exprimée! Il s'étonna du silence de Lucile envers lui, sur les témoignages d'affection qu'elle avait reçus de son père. Il crut voir dans ce silence la délicatesse la plus rare, la crainte de forcer son choix par l'idée d'un devoir; enfin il fut frappé de ces paroles : *A celle qui m'a consolé dans mes peines!* « C'est donc Lucile, s'écria-t-il, c'est elle qui adoucissait le mal que je faisais à mon père; et je l'abandonnerais quand sa mère est mourante, quand elle n'aura plus que moi pour consolateur! Ah! Corinne, vous si brillante, si recherchée, avez-vous besoin, comme Lucile, d'un ami fidèle et dévoué? » Elle n'était plus brillante, elle n'était plus recherchée, cette Corinne qui errait seule d'auberge en auberge, ne voyant pas même celui pour qui elle avait tout quitté, et n'ayant pas la force de s'en éloigner. Elle était tombée malade dans une petite ville, à moitié chemin d'Édimbourg, et n'avait pu, malgré ses efforts, continuer sa route. Elle pensait souvent, pendant les longues nuits de ses souffrances, que, si elle était morte dans ce lieu, Thérésine seule aurait su son nom, et l'aurait inscrit sur sa tombe. Quel changement, quel sort pour une femme qui ne pouvait pas faire un pas en Italie sans que la foule des hommages se précipitât sur ses pas! Et faut-il qu'un seul sentiment dépouille ainsi toute la vie? Enfin, après huit jours d'angoisses inexprimables, elle reprit sa triste route ; car, bien que l'espérance de voir Oswald en fût le terme, il y avait tant de pénibles sentiments confondus avec cette vive attente, que son cœur n'en éprouvait qu'une inquiétude douloureuse. Avant d'arriver à la demeure de lord Nelvil, Corinne eut le desir de s'arrêter quelques heures dans la terre de son père, qui n'en était pas éloignée, et où lord Edgermond avait ordonné que son tombeau fût placé. Elle n'y avait point été depuis ce temps;

et elle n'avait passé dans cette terre qu'un mois, seule avec son père. C'était l'époque la plus heureuse de son séjour en Angleterre. Ces souvenirs lui inspiraient le besoin de revoir son habitation, et elle ne croyait pas que lady Edgermond dût y être déjà.

A quelques milles du château, Corinne aperçut sur le grand chemin une voiture renversée. Elle fit arrêter la sienne, et vit sortir de celle qui était brisée un vieillard très effrayé de la chute qu'il venait de faire. Corinne se hâta de le secourir, et lui offrit de le conduire elle-même jusqu'à la ville voisine. Il accepta avec reconnaissance, et dit qu'il se nommait M. Dickson. Corinne reconnut ce nom, qu'elle avait souvent entendu prononcer à lord Nelvil. Elle dirigea l'entretien de manière à faire parler ce bon vieillard sur le seul objet qui l'intéressât dans la vie. M. Dickson était l'homme du monde qui causait le plus volontiers; et, ne se doutant pas que Corinne, dont il ignorait le nom, et qu'il prenait pour une Anglaise, eût aucun intérêt particulier dans les questions qu'elle lui faisait, il se mit à dire tout ce qu'il savait avec le plus grand détail; et comme il desirait de plaire à Corinne, dont les soins l'avaient touché, il fut indiscret pour l'amuser.

Il raconta comment il avait appris lui-même à lord Nelvil que son père s'était opposé d'avance au mariage qu'il voulait contracter maintenant, et fit l'extrait de la lettre qu'il lui avait remise, en répétant plusieurs fois ces mots, qui perçaient le cœur de Corinne : *Son père lui a défendu d'épouser cette Italienne; ce serait outrager sa mémoire que de braver sa volonté.*

M. Dickson ne se borna point encore à ces cruelles paroles; il affirma de plus qu'Oswald aimait Lucile, que Lucile l'aimait; que lady Edgermond souhaitait vivement ce mariage, mais qu'un engagement pris en Italie empêchait lord Nelvil d'y consentir. « Quoi! dit Corinne à M. Dickson, en tâchant de contenir le trouble affreux qui l'agitait, vous croyez que c'est seulement à cause de l'engagement qu'il a contracté, que lord Nelvil ne se marie pas avec miss Lucile Edgermond? — J'en suis bien sûr, reprit M. Dickson, charmé d'être interrogé de nouveau; il y a trois jours encore, j'ai vu lord Nelvil, et, bien qu'il ne m'ait pas expliqué la nature des liens qu'il avait formés en Italie, il m'a dit ces propres paroles, que j'ai mandées à lady Edgermond : *Si j'étais libre, j'épouserais Lucile.* — S'il était libre! » répéta Corinne; et dans ce moment sa voiture s'arrêta devant la porte de

33.

l'auberge où elle conduisait M. Dickson. Il voulut la remercier, lui demander dans quel lieu il pourrait la revoir; Corinne ne l'entendait plus. Elle lui serra la main sans pouvoir lui répondre, et le quitta sans avoir prononcé un seul mot. Il était tard; cependant elle voulut aller encore dans les lieux où reposaient les cendres de son père; le désordre de son esprit lui rendait ce pélerinage sacré plus nécessaire que jamais.

CHAPITRE IX.

Lady Edgermond était depuis deux jours à sa terre, et ce soirlà même il y avait un grand bal chez elle. Tous ses voisins, tous ses vassaux lui avaient demandé de se réunir pour célébrer son arrivée; Lucile l'avait aussi désiré, peut-être dans l'espoir qu'Oswald y viendrait : en effet, il y était lorsque Corinne arriva. Elle vit beaucoup de voitures dans l'avenue, et fit arrêter la sienne à quelques pas; elle descendit, et reconnut le séjour où son père lui avait témoigné les sentiments les plus tendres. Quelle différence entre ces temps, qu'elle croyait alors malheureux, et sa situation actuelle! C'est ainsi que dans la vie on est puni des peines de l'imagination par les chagrins réels, qui n'apprennent que trop à connaître le véritable malheur.

Corinne fit demander pourquoi le château était illuminé, et quelles étaient les personnes qui s'y trouvaient dans ce moment. Le hasard fit que le domestique de Corinne interrogea l'un de ceux que lord Nelvil avait pris à son service en Angleterre, et qui se trouvait là dans ce moment. Corinne entendit sa réponse. *C'est un bal,* dit-il, *que donne aujourd'hui lady Edgermond; et lord Nelvil, mon maître,* ajouta-t-il, *a ouvert ce bal avec miss Lucile Edgermond, l'héritière de ce château.* A ces mots, Corinne frémit, mais elle ne changea point de résolution. Une âpre curiosité l'entraînait à se rapprocher des lieux où tant de douleurs la menaçaient; elle fit signe à ses gens de s'éloigner, et elle entra seule dans le parc, qui se trouvait ouvert, et dans lequel, à cette heure, l'obscurité permettait de se promener long-temps sans être vue. Il était dix heures; et depuis que le bal avait commencé, Oswald dansait avec Lucile ces contredanses anglaises que l'on recommence cinq ou six fois dans la soirée; mais toujours le même homme danse avec la même femme, et la plus grande gravité règne quelquefois dans cette partie de plaisir.

Lucile dansait noblement, mais sans vivacité; le sentiment même qui l'occupait ajoutait à son sérieux naturel. Comme on était curieux dans le canton de savoir si elle aimait lord Nelvil, tout le monde la regardait avec plus d'attention encore que de coutume, ce qui l'empêchait de lever les yeux sur Oswald; et sa timidité était telle, qu'elle ne voyait ni n'entendait rien. Ce trouble et cette réserve touchèrent beaucoup lord Nelvil dans le premier moment; mais comme cette situation ne variait pas, il commençait un peu à s'en fatiguer, et comparait cette longue rangée d'hommes et de femmes, et cette musique monotone, avec la grace animée des airs et des danses d'Italie. Cette réflexion le fit tomber dans une profonde rêverie; et Corinne eût encore goûté quelques instants de bonheur, si elle avait pu connaître alors les sentiments de lord Nelvil. Mais l'infortunée, qui se sentait étrangère sur le sol paternel, isolée près de celui qu'elle avait espéré pour époux, parcourait au hasard les sombres allées d'une demeure qu'elle pouvait autrefois considérer comme la sienne. La terre manquait sous ses pas, et l'agitation de la douleur lui tenait seule lieu de force : peut-être pensait-elle qu'elle rencontrerait Oswald dans le jardin; mais elle ne savait pas elle-même ce qu'elle desirait.

Le château était placé sur une hauteur, au pied de laquelle coulait une rivière. Il y avait beaucoup d'arbres sur l'un des bords, mais l'autre n'offrait que des rochers arides et couverts de bruyères. Corinne, en marchant, se trouva près de la rivière; elle entendit là tout à la fois la musique de la fête et le murmure des eaux. La lueur des lampions du bal se réfléchissait d'en haut jusqu'au milieu des ondes, tandis que le pâle reflet de la lune éclairait seul les campagnes désertes de l'autre rive. On eût dit que dans ces lieux, comme dans la tragédie de Hamlet, les ombres erraient autour du palais où se donnaient les festins.

L'infortunée Corinne, seule, abandonnée, n'avait qu'un pas à faire pour se plonger dans l'éternel oubli. « Ah! s'écria-t-elle, si demain, lorsqu'il se promènera sur ces bords avec la troupe joyeuse de ses amis, ses pas triomphants heurtaient contre les restes de celle qu'une fois pourtant il a aimée, n'aurait-il pas une émotion qui me vengerait, une douleur qui ressemblerait à ce que je souffre? Non, non, reprit-elle, ce n'est pas la vengeance qu'il faut chercher dans la mort, mais le repos. » Elle se tut, et contempla de nouveau cette rivière qui coulait si vite et néanmoins si régulièrement, cette nature si bien ordonnée, quand l'ame humaine est tout en tumulte; elle se rappela le jour où lord Nelvil se précipita dans la mer pour sauver un vieillard. « Qu'il était bon alors ! s'écria Corinne ; hélas ! dit-elle en pleurant, peut-être l'est il encore ! Pourquoi le blâmer, parceque je souffre? peut-être ne le sait-il pas, peut-être s'il me voyait..... » Et tout-à-coup elle prit la résolution de faire demander lord Nelvil, au milieu de cette fête, et de lui parler à l'instant. Elle remonta vers le château, avec l'espèce de mouvement que donne une décision nouvellement prise, une décision qui succède à de longues incertitudes ; mais en approchant elle fut saisie d'un tel tremblement, qu'elle fut obligée de s'asseoir sur un banc de pierre qui était devant les fenêtres. La foule des paysans rassemblés pour voir danser empêcha qu'elle ne fût remarquée.

Lord Nelvil, dans ce moment, s'avança sur le balcon : il respira l'air frais du soir ; quelques rosiers qui se trouvaient là lui rappelèrent le parfum que portait habituellement Corinne, et l'impression qu'il en ressentit le fit tressaillir. Cette fête longue et ennuyeuse le fatiguait ; il se souvint du bon goût de Corinne dans l'arrangement d'une fête, de son intelligence dans tout ce qui tenait aux beaux-arts, et il sentit que c'était seulement dans la vie régulière et domestique qu'il se représentait avec plaisir Lucile pour compagne. Tout ce qui appartenait le moins du monde à l'imagination, à la poésie, lui retraçait le souvenir de Corinne, et renouvelait ses regrets. Pendant qu'il était dans cette disposition, un de ses amis s'approcha de lui, et ils s'entretinrent quelques moments ensemble. Corinne alors entendit la voix d'Oswald.

Inexprimable émotion, que la voix de ce qu'on aime ! mélange confus d'attendrissement et de terreur ! car il est des impressions si vives, que notre pauvre et faible nature se craint elle-même en les éprouvant.

Un des amis d'Oswald lui dit : « Ne trouvez-vous pas ce bal charmant ? — Oui, répondit-il avec distraction ; oui, en vérité, » répéta-t-il en soupirant. Ce soupir et l'accent mélancolique de sa voix causèrent à Corinne une vive joie : elle se crut certaine de retrouver le cœur d'Oswald, de se faire encore entendre de lui ; et, se levant avec précipitation, elle s'avança vers un des domestiques de la maison, pour le charger de demander lord Nelvil. Si elle avait suivi ce mouvement, combien sa destinée et celle d'Oswald eussent été différentes !

Dans cet instant Lucile s'approcha de la fenêtre, et voyant passer dans le jardin, à travers l'obscurité, une femme vêtue de blanc, mais sans aucun ornement de fête, sa curiosité fut excitée. Elle avança la tête, et, regardant attentivement, elle crut reconnaître les traits de sa sœur; mais comme elle ne doutait pas qu'elle ne fût morte depuis sept années, la frayeur que lui causa cette vue la fit tomber évanouie. Tout le monde courut à son secours. Corinne ne trouva plus le domestique auquel elle voulait parler, et se retira plus avant dans l'allée, afin de ne pas être remarquée.

Lucile revint à elle, et n'osa point avouer ce qui l'avait émue. Mais comme dès l'enfance sa mère avait fortement frappé son esprit par toutes les idées qui tiennent à la dévotion, elle se persuada que l'image de sa sœur lui était apparue marchant vers le tombeau de leur père, pour lui reprocher l'oubli de ce tombeau, le tort qu'elle avait eu de recevoir une fête dans ces lieux, sans remplir au moins auparavant un pieux devoir envers des cendres révérées. Au moment donc où Lucile se crut sûre de ne pas être observée, elle sortit du bal. Corinne s'étonna de la voir seule ainsi dans le jardin, et s'imagina que lord Nelvil ne tarderait pas à la rejoindre, et que peut-être il lui avait demandé un entretien secret, pour obtenir d'elle la permission de faire connaître ses vœux à sa mère. Cette idée la rendit immobile; mais bientôt elle remarqua que Lucile tournait ses pas vers un bosquet qu'elle savait devoir être le lieu où le tombeau de son père avait été élevé; et s'accusant à son tour de n'avoir pas commencé par y porter ses regrets et ses larmes, elle suivit sa sœur à quelque distance, se cachant à l'aide des arbres et de l'obscurité. Elle aperçut enfin de loin le sarcophage noir élevé sur la place où les restes de lord Edgermond étaient ensevelis. Une profonde émotion la força de s'arrêter et de s'appuyer contre un arbre. Lucile aussi s'arrêta, et se pencha respectueusement à l'aspect du tombeau.

Dans ce moment Corinne était prête à se découvrir à sa sœur, à lui redemander, au nom de leur père, et son rang et son époux; mais Lucile fit quelques pas avec précipitation pour s'approcher du monument, et le courage de Corinne défaillit. Il y a dans le cœur d'une femme tant de timidité réunie à l'impétuosité des sentiments, qu'un rien peut la retenir, comme un rien l'entraîner. Lucile se mit à genoux devant la tombe de son père; elle écarta ses blonds cheveux, qu'une guirlande de fleurs tenait rassemblés, et leva ses yeux au ciel pour prier avec un regard angélique. Corinne était placée derrière les arbres, et, sans pouvoir être découverte, elle voyait facilement sa sœur, qu'un rayon de la lune éclairait doucement; elle se sentit tout-à-coup saisie par un attendrissement purement généreux. Elle contempla cette expression de piété si pure, ce visage si jeune, que les traits de l'enfance s'y faisaient remarquer encore; elle se retraça le temps où elle avait servi de mère à Lucile; elle réfléchit sur elle-même; elle pensa qu'elle n'était pas loin de trente ans, de ce moment où le déclin de la jeunesse commence; tandis que sa sœur avait devant elle un long avenir indéfini, un avenir qui n'était troublé par aucun souvenir, par aucune vie passée dont il fallût répondre, ni devant les autres, ni devant sa propre conscience. « Si je me montre à Lucile, se dit-elle, si je lui parle, son ame encore paisible sera bientôt troublée, et la paix n'y entrera peut-être jamais. J'ai déja tant souffert, je saurai souffrir encore: mais l'innocente Lucile va passer, dans un instant, du calme à l'agitation la plus cruelle; et c'est moi, qui l'ai tenue dans mes bras, qui l'ai fait dormir sur mon sein, c'est moi qui la précipiterais dans le monde des douleurs! » Ainsi pensait Corinne. Cependant l'amour livrait dans son cœur un cruel combat à ce sentiment désintéressé, à cette exaltation de l'ame qui la portait à se sacrifier elle-même.

Lucile dit alors tout haut: « O mon père! priez pour moi. » Corinne l'entendit, et, se laissant aussi tomber à genoux, elle demanda la bénédiction paternelle pour les deux sœurs à la fois, et répandit des larmes qu'arrachaient de son cœur des sentiments plus purs encore que l'amour. Lucile, continuant sa prière, prononça distinctement ces paroles : « O ma sœur, intercédez pour moi dans le ciel! vous m'avez aimée dans mon enfance, continuez à me protéger. » Ah! combien cette prière attendrit Corinne! Lucile enfin, d'une voix pleine de ferveur, dit : « Mon père, pardonnez-moi l'instant d'oubli dont un sentiment ordonné par vous-même est la cause. Je ne suis point coupable en aimant celui que vous m'aviez destiné pour époux; mais achevez votre ouvrage, et faites qu'il me choisisse pour la compagne de sa vie: je ne puis être heureuse qu'avec lui; mais jamais il ne saura que je l'aime, jamais ce cœur tremblant ne trahira son secret. O mon Dieu, ô mon père, consolez votre fille, et rendez-la digne de l'estime et de la tendresse d'Oswald! — Oui, répéta Corinne à voix basse, exaucez-la, mon père ; et pour l'autre de vos enfants, une mort douce et tranquille ! »

En achevant ce vœu solennel, le plus grand effort dont l'ame de Corinne fût capable, elle tira de son sein la lettre qui contenait l'anneau donné par Oswald, et s'éloigna rapidement. Elle sentait bien qu'en envoyant cette lettre et laissant ignorer à lord Nelvil qu'elle était en Angleterre, elle brisait leurs liens et donnait Oswald à Lucile ; mais, en présence de ce tombeau, les obstacles qui la séparaient de lui s'étaient offerts à sa réflexion avec plus de force que jamais ; elle s'était rappelé les paroles de M. Dickson: *Son père lui défend d'épouser cette Italienne*, et il lui sembla que le sien aussi s'unissait à celui d'Oswald, et que l'autorité paternelle tout entière condamnait son amour. L'innocence de Lucile, sa jeunesse, sa pureté, exaltaient son imagination, et elle était, un moment du moins, fière de s'immoler, pour qu'Oswald fût en paix avec son pays, avec sa famille, avec lui-même.

La musique qu'on entendait en approchant du château soutenait le courage de Corinne. Elle aperçut un pauvre vieillard aveugle qui était assis au pied d'un arbre, écoutant le bruit de la fête. Elle s'avança vers lui, en le priant de remettre la lettre qu'elle lui donnait à l'un des gens du château. Ainsi elle ne courut pas même le risque que lord Nelvil pût découvrir qu'une femme l'avait apportée. En effet, qui eût vu Corinne remettant cette lettre aurait senti qu'elle contenait le destin de sa vie. Ses regards, sa main tremblante, sa voix solennelle et troublée, tout annonçait un de ces terribles moments où la destinée s'empare de nous, où l'être malheureux n'agit plus que comme l'esclave de la fatalité qui le poursuit.

Corinne observa de loin le vieillard, qu'un chien fidèle conduisait : elle le vit donner sa lettre à l'un des domestiques de lord Nelvil, qui par hasard, dans cet instant, en apportait d'autres au château. Toutes les circonstances se réunissaient pour ne plus laisser d'espoir. Corinne fit encore quelques pas en se retournant pour regarder ce domestique avancer vers la porte ; et quand elle ne le vit plus, quand elle fut sur le grand chemin, quand elle n'entendit plus la musique, et que les lumières mêmes du château ne se firent plus apercevoir, une sueur froide mouilla son front, un frissonnement de mort la saisit : elle voulut avancer encore, mais la nature s'y refusa, et elle tomba sans connaissance sur la route.

LIVRE XVIII.

LE SÉJOUR A FLORENCE.

CHAPITRE PREMIER.

Le comte d'Erfeuil, après avoir passé que'que temps en Suisse, et s'être ennuyé de la nature dans les Alpes comme il s'était fatigué des beaux-arts à Rome, sentit tout-à-coup le désir d'aller en Angleterre, où on l'avait assuré que se trouvait la profondeur de la pensée ; et il s'était persuadé, un matin en s'éveillant, que c'était de cela qu'il avait besoin. Ce troisième essai ne lui ayant pas mieux réussi que les deux premiers, son attachement pour lord Nelvil se ranima tout-à-coup, et s'étant dit, aussi un matin, qu'il n'y avait de bonheur que dans l'amitié véritable, il partit pour l'Écosse. Il alla d'abord chez lord Nelvil, et ne le trouva pas chez lui ; mais ayant appris que c'était chez lady Edgermond qu'on pourrait le rencontrer, il remonta sur-le-champ à cheval pour l'y chercher, tant il se croyait le besoin de le revoir. Comme il passait très vite, il aperçut sur le bord du chemin une femme étendue sans mouvement ; il s'arrêta, descendit de cheval, et se hâta de la secourir. Quelle fut sa surprise en reconnaissant Corinne à travers sa mortelle pâleur ! Une vive pitié le saisit ; avec l'aide de son domestique il arrangea quelques branches pour la transporter, et son dessein était de la conduire ainsi au château de lady Edgermond, lorsque Thérésine, qui était restée dans la voiture de Corinne, inquiète de ne pas voir revenir sa maîtresse, arriva dans ce moment, et, croyant que lord Nelvil pouvait seul l'avoir plongée dans cet état, décida qu'il fallait la porter à la ville voisine. Le comte d'Erfeuil suivit Corinne ; et pendant huit jours que l'infortunée eut la fièvre et le délire, il ne la quitta point : ainsi c'était l'homme frivole qui la soignait, et l'homme sensible qui lui perçait le cœur.

Ce contraste frappa Corinne quand elle reprit ses sens, et elle remercia le comte d'Erfeuil avec une profonde émotion ; il répondit en cherchant vite à la consoler : il était plus capable de nobles actions que de paroles sérieuses, et Corinne devait trouver en lui plutôt des secours qu'un ami. Elle essaya de rappeler sa raison, de se retracer ce qui s'était passé : long-temps elle eut de la peine à se souvenir de ce qu'elle avait fait, et des motifs qui l'avaient décidée. Peut-être commençait-elle à trouver son sacrifice trop grand, et pensait-elle à dire au moins un dernier adieu à lord Nelvil avant de quitter l'Angleterre, lorsque, le jour qui suivit celui où elle avait repris connaissance, elle vit dans un papier public, que le hasard fit tomber sous ses yeux, cet article-ci :

« Lady Edgermond vient d'apprendre que sa belle-fille, qu'elle « croyait morte en Italie, vit, et jouit à Rome, sous le nom de Co-« rinne, d'une très grande réputation littéraire. Lady Edgermond « se fait honneur de la reconnaître, et de partager avec elle l'héri-« tage du frère de lord Edgermond, qui vient de mourir aux « Indes.

« Lord Nelvil doit épouser dimanche prochain miss Lucile Ed-« germond, fille cadette de lord Edgermond, et fille unique de « lady Edgermond, sa veuve. Le contrat a été signé hier. »

Corinne, pour son malheur, ne perdit point l'usage de ses sens en lisant cette nouvelle : il se fit en elle une révolution subite, tous les intérêts de la vie l'abandonnèrent; elle se sentit comme une personne condamnée à mort, mais qui ne sait pas encore quand sa sentence sera exécutée; et depuis ce moment la résignation du désespoir fut le seul sentiment de son ame.

Le comte d'Erfeuil entra dans sa chambre ; il la trouva plus pâle encore que quand elle était évanouie, et lui demanda de ses nouvelles avec anxiété. « Je ne suis pas plus mal, je voudrais partir après-demain qui est dimanche, dit-elle avec solennité ; j'irai jusqu'à Plymouth, et je m'embarquerai pour l'Italie. — Je vous accompagnerai, répondit vivement le comte d'Erfeuil ; je n'ai rien qui me retienne en Angleterre. Je serai enchanté de faire ce voyage avec vous. — Vous êtes bon, reprit Corinne, vraiment bon ; il ne faut pas juger sur les apparences.... Puis s'arrêtant, elle reprit : J'accepte jusqu'à Plymouth votre appui, car je ne serais pas sûre de me guider jusque là; mais quand une fois on est embarqué, le vaisseau vous emmène, dans quelque état que vous soyez; c'est égal. » Elle fit signe au comte d'Erfeuil de la laisser seule, et pleura long-temps devant Dieu, en lui demandant la force de supporter sa douleur. Elle n'avait plus rien de l'impétueuse Corinne ; les forces de sa puissante vie étaient épuisées, et cet anéantissement, dont elle ne pouvait elle-même se rendre compte, lui donnait du calme. Le malheur l'avait vaincue : ne faut-il pas tôt ou tard que les plus rebelles courbent la tête sous son joug?

Le dimanche, Corinne partit d'Écosse avec le comte d'Erfeuil. « C'est aujourd'hui, dit-elle en se levant de son lit pour aller dans sa voiture, c'est aujourd'hui! » Le comte d'Erfeuil voulut l'interroger, elle ne répondit point, et retomba dans le silence. Ils passèrent devant une église, et Corinne demanda au comte d'Erfeuil la permission d'y entrer un moment : elle se mit à genoux devant l'autel, et s'imaginant qu'elle y voyait Oswald et Lucile, elle pria pour eux; mais l'émotion qu'elle ressentit fut si forte, qu'en voulant se relever elle chancela, et ne put faire un pas sans être soutenue par Thérésine et le comte d'Erfeuil, qui vinrent au-devant d'elle. On se levait dans l'église pour la laisser passer, et on lui montrait une grande pitié. « J'ai donc l'air bien malade! dit-elle au comte d'Erfeuil; il y a des personnes plus jeunes et plus brillantes que moi, qui à cette heure sortent de l'église d'un pas triomphant. »

Le comte d'Erfeuil n'entendit pas la fin de ces paroles; il était bon, mais il ne pouvait être sensible : aussi dans la route, tout en aimant Corinne, était-il ennuyé de sa tristesse, et il essayait de l'en tirer, comme si, pour oublier tous les chagrins de la vie, il ne fallait que le vouloir. Quelquefois il lui disait : *Je vous l'avais bien dit*. Singulière manière de consoler! satisfaction que la vanité se donne aux dépens de la douleur!

Corinne faisait des efforts inouïs pour dissimuler ce qu'elle souffrait, car on est honteux des affections fortes devant les ames légères; un sentiment de pudeur s'attache à tout ce qui n'est pas compris, à tout ce qu'il faut expliquer, à ces secrets de l'ame enfin, dont on ne vous soulage qu'en les devinant. Corinne aussi se savait mauvais gré de n'être pas assez reconnaissante des marques de dévouement que lui donnait le comte d'Erfeuil; mais il y avait dans sa voix, dans son accent, dans ses regards, tant de distraction, tant de besoin de s'amuser, qu'on était sans cesse au moment d'oublier ses actions généreuses, comme il les oubliait lui-même. Il est sans doute très noble de mettre peu de prix à ses bonnes actions; mais il pourrait arriver que l'indifférence qu'on témoignerait pour ce qu'on aurait fait de bien, cette indifférence, si belle en elle-même, fût néanmoins, dans de certains caractères, l'effet de la frivolité.

Corinne, pendant son délire, avait trahi presque tous ses secrets, et les papiers publics avaient appris le reste au comte d'Erfeuil; plusieurs fois il avait voulu que Corinne s'entretînt avec lui de ce qu'il appelait *ses affaires*; mais il suffisait de ce mot pour glacer la confiance de Corinne, et elle le supplia de ne pas exiger d'elle qu'elle prononçât le nom de lord Nelvil. Au moment de quitter le comte d'Erfeuil, Corinne ne savait comment lui exprimer sa reconnaissance; car elle était à la fois bien aise de se trouver seule, et fâchée de se séparer d'un homme qui se conduisait si bien envers elle. Elle essaya de le remercier; mais il lui dit si naturellement de n'en plus parler, qu'elle se tut. Elle le chargea d'annoncer à lady Edgermond qu'elle refusait en entier l'héritage de son oncle, et le pria de s'acquitter de cette commission comme s'il l'avait reçue d'Italie, sans apprendre à sa belle-mère qu'elle était venue en Angleterre.

« Et lord Nelvil doit-il le savoir? » dit alors le comte d'Erfeuil. Ces mots firent tressaillir Corinne. Elle se tut quelque temps; puis elle reprit : « Vous pourrez le lui dire bientôt, oui, bientôt; mes amis de Rome vous manderont quand vous le pourrez. — Soignez au moins votre santé, dit le comte d'Erfeuil. Savez-vous que je suis inquiet de vous? — Vraiment? répondit Corinne en souriant; mais je crois en effet que vous avez raison. » Le comte d'Erfeuil lui donna le bras pour aller jusqu'à son vaisseau : au moment de s'embarquer, elle se tourna vers l'Angleterre, vers ce pays qu'elle quittait pour toujours, et qu'habitait le seul objet de sa tendresse et de sa douleur : ses yeux se remplirent de larmes, les premières qui lui fussent échappées en présence du comte d'Erfeuil. « Belle Corinne, lui dit-il, oubliez un ingrat; souvenez-vous des amis qui vous sont si tendrement attachés, et, croyez-moi, pensez avec plaisir à tous les avantages que vous possédez. » Corinne, à ces mots, retira sa main au comte d'Erfeuil, et fit quelques pas loin de lui; puis se reprochant le mouvement auquel elle s'était livrée, elle revint, et lui dit doucement adieu. Le comte d'Erfeuil ne s'aperçut point de ce qui s'était passé dans l'âme de Corinne : il entra dans la chaloupe avec elle, la recommanda vivement au capitaine, s'occupa même, avec le soin le plus aimable, de tous les détails qui pouvaient rendre sa traversée plus agréable, et revenant avec la chaloupe, il salua le vaisseau de son mouchoir aussi long-temps qu'il le put. Corinne répondit avec reconnaissance au comte d'Erfeuil : mais, hélas! était-ce donc là l'ami sur lequel elle devait compter?

Les sentiments légers ont souvent une longue durée; rien ne les brise, parceque rien ne les resserre; ils suivent les circonstances, disparaissent et reviennent avec elles, tandis que les affections profondes se déchirent sans retour, et ne laissent à leur place qu'une douloureuse blessure.

CHAPITRE II.

Un vent favorable transporta Corinne à Livourne en moins d'un mois. Elle eut presque toujours la fièvre pendant ce temps; et son abattement était tel, que, la douleur de l'ame se mêlant à la maladie, toutes ses impressions se confondaient ensemble, et ne laissaient en elle aucune trace distincte. Elle hésita, en arrivant, si elle se rendrait d'abord à Rome; mais bien que ses meilleurs amis l'y attendissent, une répugnance insurmontable l'empêchait d'habiter les lieux où elle avait connu Oswald. Elle se retraçait sa propre demeure, la porte qu'il ouvrait deux fois par jour en venant chez elle, et l'idée de se retrouver là sans lui la faisait frissonner. Elle résolut donc de se rendre à Florence; et comme elle avait le sentiment que sa vie ne résisterait pas long-temps à ce qu'elle souffrait, il lui convenait assez de se détacher par degrés de l'existence, et de commencer d'abord par vivre seule, loin de ses amis, loin de la ville témoin de ses succès, loin du séjour où l'on essaierait de ranimer son esprit, où on lui demanderait de se montrer ce qu'elle était autrefois, quand un découragement invincible lui rendait tout effort odieux.

En traversant la Toscane, ce pays si fertile; en approchant de cette Florence, si parfumée de fleurs; en retrouvant enfin l'Italie, Corinne n'éprouva que de la tristesse; toutes ces beautés de la campagne, qui l'avaient enivrée dans un autre temps, la remplissaient de mélancolie. *Combien est terrible*, dit Milton, *le désespoir que cet air si doux ne calme pas!* Il faut l'amour ou la religion pour goûter la nature; et, dans ce moment, la triste Corinne avait perdu le premier bien de la terre, sans avoir encore retrouvé ce calme que la dévotion seule peut donner aux ames sensibles et malheureuses.

La Toscane est un pays très cultivé et très riant, mais il ne frappe point l'imagination comme les environs de Rome. Les Romains ont si bien effacé les institutions primitives du peuple qui habitait jadis la Toscane, qu'il n'y reste presque plus aucune des antiques traces qui inspirent tant d'intérêt pour Rome et pour

Naples; mais on y remarque un autre genre de beautés historiques: ce sont les villes qui portent l'empreinte du génie républicain du moyen-âge. A Sienne, la place publique où le peuple se rassemblait, le balcon d'où son magistrat le haranguait, frappent les voyageurs les moins capables de réflexion; on sent qu'il a existé là un gouvernement démocratique.

C'est une jouissance véritable que d'entendre les Toscans, de la classe même la plus inférieure : leurs expressions pleines d'imagination et d'élégance donnent l'idée du plaisir qu'on devait goûter dans la ville d'Athènes, quand le peuple parlait ce grec harmonieux qui était comme une musique continuelle. C'est une sensation très singulière de se croire au milieu d'une nation dont tous les individus seraient également cultivés, et paraîtraient tous de la classe supérieure ; c'est du moins l'illusion que fait, pour quelques moments, la pureté du langage.

L'aspect de Florence rappelle son histoire avant l'élévation des Médicis à la souveraineté; les palais des familles principales sont bâtis comme des espèces de forteresses, d'où l'on pouvait se défendre ; on voit encore à l'extérieur les anneaux de fer auxquels les étendards de chaque parti devaient être attachés ; enfin, tout y était arrangé bien plus pour maintenir les forces individuelles, que pour les réunir toutes dans l'intérêt commun. On dirait que la ville est bâtie pour la guerre civile. Il y a des tours au palais de justice d'où l'on pouvait apercevoir l'approche de l'ennemi, et s'en défendre. Les haines entre les familles étaient telles, qu'on voit des palais bizarrement construits, parceque leurs possesseurs n'ont pas voulu qu'ils s'étendissent sur le sol où des maisons ennemies avaient été rasées. Ici les Pazzi ont conspiré contre les Médicis; là les guelfes ont assassiné les gibelins ; enfin les traces de la lutte et de la rivalité sont partout : mais à présent tout est rentré dans le sommeil, et les pierres des édifices ont seules conservé quelque physionomie. On ne se hait plus, parcequ'il n'y a plus rien à prétendre, parcequ'un état sans gloire comme sans puissance n'est plus disputé par ses habitants. La vie qu'on mène à Florence de nos jours est singulièrement monotone; on va se promener tous les après-midi sur les bords de l'Arno, et le soir on se demande les uns aux autres si l'on y a été.

Corinne s'établit dans une maison de campagne à peu de distance de la ville. Elle manda au prince Castel-Forte qu'elle voulait s'y fixer : cette lettre fut la seule que Corinne écrivit; car elle avait pris une telle horreur pour toutes les actions communes de la vie, que la moindre résolution à prendre, le moindre ordre à donner lui causait un redoublement de peine. Elle ne pouvait passer les jours que dans une inactivité complète; elle se levait, se couchait, se relevait, ouvrait un livre sans pouvoir en comprendre une ligne. Souvent elle restait des heures entières à sa fenêtre, puis elle se promenait avec rapidité dans son jardin : une autre fois elle prenait un bouquet de fleurs, cherchant à s'étourdir par leur parfum. Enfin le sentiment de l'existence la poursuivait comme une douleur sans relâche, et elle essayait mille ressources pour calmer cette dévorante faculté de penser, qui ne lui présentait plus, comme jadis, les réflexions les plus variées, mais une seule idée, mais une seule image, armée de pointes cruelles qui déchiraient son cœur.

CHAPITRE III.

Un jour Corinne résolut d'aller voir à Florence les belles églises qui décorent cette ville; elle se rappelait qu'à Rome quelques heures passées dans Saint-Pierre calmaient toujours son ame, et elle espérait le même secours des temples de Florence. Pour se rendre à la ville elle traversa le bois charmant qui est sur les bords de l'Arno : c'était une soirée ravissante du mois de juin, l'air était embaumé par une inconcevable abondance de roses, et les visages de tous ceux qui se promenaient exprimaient le bonheur. Corinne sentit un redoublement de tristesse en se voyant exclue de cette félicité générale que la Providence accorde à la plupart des êtres; mais cependant elle la bénit avec douceur de faire du bien aux hommes. « Je suis une exception à l'ordre universel, se disait-elle; il y a du bonheur pour tous; et cette terrible faculté de souffrir, qui me tue, c'est une manière de sentir particulière à moi seule. O mon Dieu! cependant, pourquoi m'avez-vous choisie pour supporter cette peine? Ne pourrais-je pas aussi demander, comme votre divin Fils, *que cette coupe s'éloignât de moi?*»

L'air actif et occupé des habitants de la ville étonna Corinne. Depuis qu'elle n'avait plus aucun intérêt dans la vie, elle ne concevait pas ce qui faisait avancer, revenir, se hâter; et, traînant lentement ses pas sur les larges pierres du pavé de Florence, elle perdait l'idée d'arriver, ne se souvenant plus où elle avait l'intention d'aller : enfin elle se trouva devant les fameuses portes d'airain sculptées par Ghiberti, pour le baptistère de Saint-Jean, qui est à côté de la cathédrale de Florence.

Elle examina quelque temps ce travail immense, où des nations de bronze, dans des proportions très petites, mais très distinctes, offrent une multitude de physionomies variées, qui toutes expriment une pensée de l'artiste, une conception de son esprit. « Quelle patience, s'écria Corinne, quel respect pour la postérité ! et cependant combien peu de personnes examinent avec soin ces portes, à travers lesquelles la foule passe avec distraction, ignorance ou dédain ! Oh! qu'il est difficile à l'homme d'échapper à l'oubli, et que la mort est puissante ! »

C'est dans cette cathédrale que Julien de Médicis a été assassiné ; non loin de là, dans l'église de Saint-Laurent, on voit la chapelle en marbre, enrichie de pierreries, où sont les tombeaux des Médic's, et les statues de Julien et de Laurent, par Michel-Ange. Celle de Laurent de Médicis, méditant la vengeance de l'assassinat de son frère, a mérité l'honneur d'être appelée *la pensée de Michel-Ange*. Au pied de ces statues sont l'Aurore et la Nuit; le réveil de l'une, et surtout le sommeil de l'autre, ont une expression remarquable. Un poëte fit des vers sur la statue de la Nuit, qui finissaient par ces mots : *Bien qu'elle dorme, elle vit; réveille-la si tu ne le crois pas, elle te parlera.* Michel-Ange, qui cultivait les lettres, sans lesquelles l'imagination en tout genre se flétrit vite, répondit au nom de la Nuit :

> Grato m'è il sonno, e più l'esser di sasso.
> Mentre che il danno e la vergogna dura,
> Non veder, non sentir m'è gran ventura.
> Però non mi destar, deh parla ba-so [1].

Michel-Ange est le seul sculpteur des temps modernes qui ait donné à la figure humaine un caractère qui ne ressemble ni à la beauté antique ni à l'affectation de nos jours. On croit y voir l'esprit du moyen-âge, une ame énergique et sombre, une activité constante, des formes très prononcées, des traits qui portent l'empreinte des passions, mais ne retracent point l'idéal de la beauté. Michel-Ange est le génie de sa propre école, car il n'a rien imité, pas même les anciens.

Son tombeau est dans l'église de *Santa-Croce*. Il a voulu qu'il

---

[1] Il m'est doux de dormir, et plus doux d'être de marbre. Aussi long-temps que durent l'injustice et la honte, ce m'est un grand bonheur de ne pas voir et de ne pas entendre : ainsi donc ne m'éveille point ; de grace, parle bas.

fût placé en face d'une fenêtre, d'où l'on pouvait voir le dôme bâti par Filippe Brunelleschi, comme si ses cendres devaient tressaillir encore sous le marbre, à l'aspect de cette coupole, modèle de celle de Saint-Pierre. Cette église de Santa-Croce contient la plus brillante assemblée de morts qui soit peut-être en Europe. Corinne se sentit profondément émue en marchant entre ces deux rangées de tombeaux. Ici, c'est Galilée, qui fut persécuté par les hommes, pour avoir découvert les secrets du ciel; plus loin, Machiavel, qui révéla l'art du crime, plutôt en observateur qu'en criminel, mais dont les leçons profitent plus aux oppresseurs qu'aux opprimés; l'Arétin, cet homme qui a consacré ses jours à la plaisanterie, et n'a rien éprouvé, sur la terre, de sérieux que la mort; Boccace, dont l'imagination riante a résisté aux fléaux réunis de la guerre civile et de la peste; un tableau en l'honneur du Dante, comme si les Florentins, qui l'ont laissé périr dans le supplice de l'exil, pouvaient encore se vanter de sa gloire [1]; enfin, plusieurs autres noms honorables se font aussi remarquer dans ce lieu; des noms célèbres pendant leur vie, mais qui retentissent plus faiblement de générations en générations, jusqu'à ce que leur bruit s'éteigne entièrement [2].

La vue de cette église, décorée par de si nobles souvenirs, réveilla l'enthousiasme de Corinne: l'aspect des vivants l'avait découragée, la présence silencieuse des morts ranima, pour un moment du moins, cette émulation de gloire dont elle était jadis saisie; elle marcha d'un pas plus ferme dans l'église, et quelques pensées d'autrefois traversèrent encore son ame; elle vit venir sous les voûtes de jeunes prêtres qui chantaient à voix basse, et se promenaient lentement autour du chœur: elle demanda à l'un d'eux ce que signifiait cette cérémonie: *Nous prions pour nos morts,* lui répondit-il. « Oui, vous avez raison, pensa Corinne, de les appeler *vos morts;* c'est la seule propriété glorieuse qui vous reste. Oh! pourquoi donc Oswald a-t-il étouffé ces dons que j'a-

---

[1] Après la mort du Dante, les Florentins, honteux de l'avoir laissé périr loin de son séjour natal, envoyèrent une députation au pape, pour le prier de leur rendre ses restes ensevelis à Ravenne; mais le pape s'y refusa, trouvant avec raison que le pays qui avait donné asile à l'exilé était devenu sa patrie, et ne voulant point se dessaisir de la gloire attachée à posséder son tombeau.

[2] Alfieri dit que ce fut en se promenant dans l'église Santa Croce qu'il sentit, pour la première fois, l'amour de la gloire; et c'est là qu'il est enseveli. L'épitaphe qu'il avait composée d'avance pour sa respectable amie, madame la comtesse d'Albany, et pour lui, est la plus touchante et la plus simple expression d'une amitié longue et parfaite.

vais reçus du ciel, et que je devais faire servir à exciter l'enthousiasme dans les ames qui s'accordent avec la mienne ? O mon Dieu ! s'écria-t-elle en se mettant à genoux, ce n'est point par un vain orgueil que je vous conjure de me rendre les talents que vous m'aviez accordés. Sans doute ils sont les meilleurs de tous, ces saints obscurs qui ont su vivre et mourir pour vous ; mais il est différentes carrières pour les mortels ; et le génie qui célébrerait les vertus généreuses, le génie qui se consacrerait à tout ce qui est noble, humain et vrai, pourrait être reçu du moins dans les parvis extérieurs du ciel. » Les yeux de Corinne étaient baissés en achevant cette prière, et ses regards furent frappés par cette inscription d'un tombeau sur lequel elle s'était mise à genoux : *Seule à mon aurore, seule à mon couchant, je suis seule encore ici.*

« Ah ! s'écria Corinne, c'est la réponse à ma prière. Quelle émulation peut-on éprouver quand on est seule sur la terre ? qui partagerait mes succès, si j'en pouvais obtenir ? qui s'intéresse à mon sort ? quel sentiment pourrait encourager mon esprit au travail ? Il me fallait son regard pour récompense. »

Une autre épitaphe aussi fixa son attention : *Ne me plaignez pas*, disait un homme mort dans la jeunesse ; *si vous saviez combien de peines ce tombeau m'a épargnées !* « Quel détachement de la vie ces paroles inspirent ! dit Corinne en versant des pleurs ; tout à côté du tumulte de la ville, il y a cette église qui apprendrait aux hommes le secret de tout, s'ils le voulaient ; mais on passe sans y entrer, et la merveilleuse illusion de l'oubli fait aller le monde. »

CHAPITRE IV.

Le mouvement d'émulation qui avait soulagé Corinne pendant quelques instants la conduisit encore le lendemain à la galerie de Florence ; elle se flatta de retrouver son ancien goût pour les arts, et d'y puiser quelque intérêt pour ses occupations d'autrefois. Les beaux-arts sont encore très républicains à Florence : l'on y montre les statues et les tableaux à toutes les heures avec la plus grande facilité. Des hommes instruits, payés par le gouvernement, sont préposés, comme des fonctionnaires publics, à l'explication de tous ces chefs-d'œuvre. C'est un reste du respect pour les talents en tous genres, qui a toujours existé en Italie, mais plus particulièrement à Florence, lorsque les Médicis voulaient se faire pardonner leur pouvoir par leur esprit, et leur ascendant sur les actions, par le libre essor qu'ils laissaient du moins à la pensée. Les gens du peuple aiment beaucoup les arts à Florence, et mêlent ce goût à la dévotion, qui est plus régulière en Toscane qu'en tout autre lieu de l'Italie ; il n'est pas rare de les voir confondre les figures mythologiques avec l'histoire chrétienne. Un Florentin, homme du peuple, montrait aux étrangers une Minerve qu'il appelait Judith, un Apollon qu'il nommait David, et certifiait, en expliquant un bas-relief qui représentait la prise de Troie, que Cassandre *était une bonne chrétienne*.

C'est une immense collection que la galerie de Florence, et l'on pourrait y passer bien des jours sans parvenir encore à la connaître. Corinne parcourait tous ces objets, et se sentait avec douleur distraite et indifférente. La statue de Niobé réveilla son intérêt : elle fut frappée de ce calme, de cette dignité, à travers la plus profonde douleur. Sans doute, dans une semblable situation, la figure d'une véritable mère serait entièrement bouleversée ; mais l'idéal des arts conserve la beauté dans le désespoir ; et ce qui touche profondément dans les ouvrages du génie, ce n'est pas le malheur même, c'est la puissance que l'ame conserve sur ce malheur. Non loin de la statue de Niobé est la tête d'Alexandre mourant : ces deux genres de physionomie donnent beaucoup à penser. Il y a dans Alexandre l'étonnement et l'indignation de n'avoir pu vaincre la nature. Les angoisses de l'amour maternel se peignent dans tous les traits de Niobé : elle serre sa fille contre son sein avec une anxiété déchirante ; la douleur exprimée par cette admirable figure porte le caractère de cette fatalité qui ne laissait, chez les anciens, aucun recours à l'ame religieuse. Niobé lève les yeux au ciel, mais sans espoir, car les dieux mêmes y sont ses ennemis.

Corinne, en retournant chez elle, essaya de réfléchir sur ce qu'elle venait de voir, et voulut composer comme elle le faisait jadis ; mais une distraction invincible l'arrêtait à chaque page. Combien elle était loin alors du talent d'improviser ! Chaque mot lui coûtait à trouver, et souvent elle traçait des paroles sans aucun sens, des paroles qui l'effrayaient elle-même quand elle se mettait à les relire, comme si l'on voyait écrit le délire de la fièvre. Se sentant alors incapable de détourner sa pensée de sa propre situation, elle peignait ce qu'elle souffrait ; mais ce n'étaient plus ces idées générales, ces sentiments universels qui répondent au cœur de tous les hommes ; c'était le cri de la douleur, cri monotone à la longue, comme celui des oiseaux de la nuit; il y avait trop d'ardeur dans les expressions, trop d'impétuosité, trop peu de nuances : c'était le malheur, mais ce n'était plus le talent. Sans doute il faut, pour bien écrire, une émotion vraie, mais il ne faut pas qu'elle soit déchirante. Le bonheur est nécessaire à tout, et la poésie la plus mélancolique doit être inspirée par une sorte de verve qui suppose et de la force et des jouissances intellectuelles. La véritable douleur n'a point de fécondité naturelle : ce qu'elle produit n'est qu'une agitation sombre qui ramène sans cesse aux mêmes pensées. Ainsi ce chevalier poursuivi par un sort funeste parcourait en vain mille détours, et se retrouvait toujours à la même place.

Le mauvais état de la santé de Corinne achevait aussi de troubler son talent. L'on a trouvé dans ses papiers quelques unes des réflexions qu'on va lire, et qu'elle écrivait dans ce temps où elle faisait d'inutiles efforts pour redevenir capable d'un travail suivi.

CHAPITRE V.

Fragments des pensées de Corinne.

« Mon talent n'existe plus; je le regrette. J'aurais aimé que
« mon nom lui parvînt avec quelque gloire; j'aurais voulu qu'en
« lisant un écrit de moi, il y sentît quelque sympathie avec lui.

« J'avais tort d'espérer qu'en rentrant dans son pays, au milieu
« de ses habitudes, il conserverait les idées et les sentiments qui
« pouvaient seuls nous réunir. Il y a tant à dire contre une per-
« sonne telle que moi, et il n'y a qu'une réponse à tout cela : c'est
« l'esprit et l'ame que j'ai; mais quelle réponse pour la plupart
« des hommes!

« On a tort cependant de craindre la supériorité de l'esprit
« et de l'ame : elle est très morale, cette supériorité; car tout com-
« prendre rend très indulgent, et sentir profondément inspire une
« grande bonté.

« Comment se fait-il que deux êtres qui se sont confié leurs
« pensées les plus intimes, qui se sont parlé de Dieu, de l'im-
« mortalité de l'ame, de sa douleur, redeviennent tout à-coup
« étrangers l'un à l'autre? Étonnant mystère que l'amour! senti-
« ment admirable ou nul! religieux comme l'étaient les martyrs,
« ou plus froid que l'amitié la plus simple! Ce qu'il y a de plus in-

« volontaire au monde vient-il du ciel, ou des passions terrestres?
« Faut-il s'y soumettre, ou le combattre? Ah! qu'il se passe d'o-
« rages au fond du cœur!

« Le talent devrait être une ressource : quand le Dominiquin
« fut enfermé dans un couvent, il peignit des tableaux superbes
« sur les murs de sa prison, et laissa des chefs-d'œuvre pour tra-
« ces de son séjour; mais il souffrait par les circonstances exté-
« rieures; le mal n'était pas dans l'ame; quand il est là, rien n'est
« possible, la source de tout est tarie.

« Je m'examine quelquefois comme un étranger pourrait le
« faire, et j'ai pitié de moi. J'étais spirituelle, vraie, bonne, géné-
« reuse, sensible; pourquoi tout cela tourne-t-il si fort à mal? Le
« monde est-il vraiment méchant? et de certaines qualités nous
« ôtent-elles nos armes, au lieu de nous donner de la force?

« C'est dommage : j'étais née avec quelque talent; je mourrai
« sans que l'on ait aucune idée de moi, bien que je sois célèbre.
« Si j'avais été heureuse, si la fièvre du cœur ne m'avait pas dévo-
« rée, j'aurais contemplé de très haut la destinée humaine, j'y
« aurais découvert des rapports inconnus avec la nature et le ciel;
« mais la serre du malheur me tient : comment penser librement,
« quand elle se fait sentir chaque fois qu'on essaie de respirer?

« Pourquoi n'a-t-il pas été tenté de rendre heureuse une per-
« sonne dont il avait seul le secret, une personne qui ne parlait
« qu'à lui du fond du cœur? Ah! l'on peut se séparer de ces
« femmes communes qui aiment au hasard : mais celle qui a be-
« soin d'admirer ce qu'elle aime, celle dont le jugement est péné-
« trant, bien que son imagination soit exaltée, il n'y a pour elle
« qu'un objet dans l'univers.

« J'avais appris la vie dans les poëtes : elle n'est pas ainsi; il
« y a quelque chose d'aride dans la réalité, que l'on s'efforce en
« vain de changer.

« Quand je me rappelle mes succès, j'éprouve un sentiment
« d'irritation. Pourquoi me dire que j'étais charmante, si je ne
« devais pas être aimée? Pourquoi m'inspirer de la confiance, pour
« qu'il me fût plus affreux d'être détrompée? Trouvera-t-il dans une
« autre plus d'esprit, plus d'ame, plus de tendresse qu'en moi?
« Non, il trouvera moins, et sera satisfait; il se sentira d'accord avec
« la société. Quelles jouissances, quelles peines factices elle donne!

« En présence du soleil et des sphères étoilées, on n'a besoin
« que de s'aimer et de se sentir dignes l'un de l'autre. Mais la

« société, la société ! comme elle rend le cœur dur et l'esprit fri-
« vole ! comme elle fait vivre pour ce que l'on dira de vous ! Si les
« hommes se rencontraient un jour, dégagés chacun de l'influence
« de tous, quel air pur entrerait dans l'ame ! que d'idées nou-
« velles, que de sentiments vrais la rafraîchiraient !

« La nature aussi est cruelle. Cette figure que j'avais, elle va
« se flétrir; et c'est en vain alors que j'éprouverais les affections
« les plus tendres; des yeux éteints ne peindraient plus mon ame,
« n'attendriraient plus pour ma prière.

« Il y a des peines en moi que je n'exprimerai jamais, pas
« même en écrivant; je n'en ai pas la force : l'amour seul pourrait
« sonder ces abîmes.

« Que les hommes sont heureux d'aller à la guerre, d'exposer
« leur vie, de se livrer à l'enthousiasme de l'honneur et du dan-
« ger ! Mais il n'y a rien au-dehors qui soulage les femmes ; leur
« existence, immobile en présence du malheur, est un bien long
« supplice !

« Quelquefois, quand j'entends la musique, elle me retrace les
« talents que j'avais, le chant, la danse et la poésie; il me prend
« alors envie de me dégager du malheur, de reprendre à la joie :
« mais tout-à-coup un sentiment intérieur me fait frissonner; on
« dirait que je suis une ombre qui veut encore rester sur la terre,
« quand les rayons du jour, quand l'approche des vivants, la
« forcent à disparaître.

« Je voudrais être susceptible des distractions que donne le
« monde; autrefois je les aimais, elles me faisaient du bien; les
« réflexions de la solitude me menaient trop loin et trop avant ;
« mon talent gagnait à la mobilité de mes impressions. Mainte-
« nant j'ai quelque chose de fixe dans le regard, comme dans la
« pensée : gaieté, grace, imagination, qu'êtes-vous devenues ?
« Ah ! je voudrais, ne fût-ce que pour un moment, goûter encore
« de l'espérance ! Mais c'en est fait, le désert est inexorable, la
« goutte d'eau comme la rivière sont taries, et le bonheur d'un
« jour est aussi difficile que la destinée de la vie entière.

« Je le trouve coupable envers moi; mais quand je le compare
« aux autres hommes, combien ils me paraissent affectés, bornés,
« misérables ! et lui, c'est un ange, mais un ange armé de l'épée
« flamboyante qui a consumé mon sort. Celui qu'on aime est le
« vengeur des fautes qu'on a commises sur cette terre; la Divi-
« nité lui prête son pouvoir.

« Ce n'est pas le premier amour qui est ineffaçable, il vient du
« besoin d'aimer ; mais lorsqu'après avoir connu la vie, et dans
« toute la force de son jugement, on rencontre l'esprit et l'ame
« que l'on avait jusqu'alors vainement cherchés, l'imagination est
« subjuguée par la vérité, et l'on a raison d'être malheureuse.

« Que cela est insensé, diront au contraire la plupart des hom-
« mes, de mourir pour l'amour, comme s'il n'y avait pas mille
« autres manières d'exister ! L'enthousiasme en tout genre est
« ridicule pour qui ne l'éprouve pas. La poésie, le dévouement,
« l'amour, la religion, ont la même origine ; et il y a des hommes
« aux yeux desquels ces sentiments sont de la folie. Tout est fo-
« lie, si l'on veut, hors le soin que l'on prend de son existence ;
« il peut y avoir erreur et illusion partout ailleurs.

« Ce qui fait mon malheur surtout, c'est que lui seul me com-
« prenait, et peut-être trouvera-t-il une fois aussi que moi seule
« je savais l'entendre. Je suis la plus facile et la plus difficile per-
« sonne du monde ; tous les êtres bienveillants me conviennent
« comme société de quelques instants ; mais pour l'intimité, pour
« une affection véritable, il n'y avait au monde qu'Oswald que
« je pusse aimer. Imagination, esprit, sensibilité, quelle réunion !
« où se trouve-t-elle dans l'univers ? Et le cruel possédait toutes
« ces qualités, ou du moins tout leur charme !

« Qu'aurais-je à dire aux autres ? à qui pourrais-je parler ?
« quel but, quel intérêt me reste-t-il ? Les plus amères douleurs,
« les plus délicieux sentiments me sont connus : que puis-je crain-
« dre ? que pourrais-je espérer ? le pâle avenir n'est plus pour
« moi que le spectre du passé.

« Pourquoi les situations heureuses sont-elles si passagères ?
« qu'ont-elles de plus fragile que les autres ? L'ordre naturel est-il
« la douleur ? C'est une convulsion que la souffrance pour le
« corps, mais c'est un état habituel pour l'ame.

« Ahi ! null' altro che pianto al mondo dura [1].

« Une autre vie ! une autre vie ! voilà mon espoir ; mais telle
« est la force de celle-ci, qu'on cherche dans le ciel les mêmes
« sentiments qui ont occupé sur la terre. On peint dans les my-
« thologies du Nord les ombres des chasseurs poursuivant les
« ombres des cerfs dans les nuages ; mais de quel droit disons-

---

[1] Ah ! dans le monde, rien ne dure que les larmes !
PÉTRARQUE.

« nous que ce sont des ombres? où est-elle, la réalité? il n'y a de
« sûr que la peine; il n'y a qu'elle qui tienne impitoyablement ce
« qu'elle promet.

« Je rêve sans cesse à l'immortalité, non plus à celle que don-
« nent les hommes : ceux qui, selon l'expression du Dante, *ap-
« pelleront antique le temps actuel,* ne m'intéressent plus; mais
« je ne crois pas à l'anéantissement de mon cœur : non, mon Dieu,
« je n'y crois pas. Il est pour vous ce cœur dont il n'a pas voulu,
« et que vous daignerez recevoir après les dédains d'un mortel.

« Je sens que je ne vivrai pas long-temps, et cette pensée met du
« calme dans mon ame. Il est doux de s'affaiblir dans l'état où
« je suis, c'est le sentiment de la peine qui s'émousse.

« Je ne sais pourquoi dans le trouble de la douleur on est plus
« capable de superstition que de piété; je fais des présages de
« tout, et je ne sais point encore placer ma confiance en rien.
« Ah! que la dévotion est douce dans le bonheur! quelle recon-
« naissance envers l'Être suprême doit éprouver la femme d'Os-
« wald!

« Sans doute la douleur perfectionne beaucoup le caractère; on
« rattache dans sa pensée ses fautes à ses malheurs, et toujours
« un lien visible, au moins à nos yeux, semble les réunir; mais
« il est un terme à ce salutaire effet.

« Un profond recueillement m'est nécessaire avant d'obtenir

« . . . . . Tranquillo varco
« A più tranquilla vita [1].

« Quand je serai tout-à-fait malade, le calme doit renaître en
« mon cœur; il y a beaucoup d'innocence dans les pensées de
« l'être qui va mourir, et j'aime les sentiments qu'inspire cette
« situation.

« Inconcevable énigme de la vie, que la passion, ni la dou-
« leur, ni le génie, ne peuvent découvrir, vous révélerez-vous à
« la prière? Peut-être l'idée la plus simple de toutes explique-
« t-elle ces mystères! peut-être en avons-nous approché mille fois
« dans nos rêveries! Mais ce dernier pas est impossible, et nos
« vains efforts en tout genre donnent une grande fatigue à l'ame.
« Il est bien temps que la mienne se repose.

« Fermossi al fin il cor che balzò tanto [2]. »

IPPOLITO PINDEMONTE.

[1] Un tranquille passage vers une vie plus tranquille.
[2] Il s'est enfin arrêté, ce cœur qui battait si vite.

CHAPITRE VI.

Le prince Castel-Forte quitta Rome pour venir s'établir à Florence près de Corinne : elle fut très reconnaissante de cette preuve d'amitié; mais elle était un peu honteuse de ne pouvoir plus répandre dans la conversation le charme qu'elle y mettait autrefois. Elle était distraite et silencieuse; le dépérissement de sa santé lui ôtait la force nécessaire pour triompher, même pour un moment, des sentiments qui l'occupaient. Elle avait encore en parlant l'intérêt qu'inspire la bienveillance; mais le desir de plaire ne l'animait plus. Quand l'amour est malheureux, il refroidit toutes les autres affections, on ne peut s'expliquer à soi-même ce qui se passe dans l'ame; mais autant l'on avait gagné par le bonheur, autant l'on perd par la peine. Le surcroît de vie que donne un sentiment qui fait jouir de la nature entière, se reporte sur tous les rapports de la vie et de la société; mais l'existence est si appauvrie quand cet immense espoir est détruit, qu'on devient incapable d'aucun mouvement spontané. C'est pour cela même que tant de devoirs commandent aux femmes, et surtout aux hommes, de respecter et de craindre l'amour qu'ils inspirent, car cette passion peut dévaster à jamais l'esprit comme le cœur.

Le prince Castel-Forte essayait de parler à Corinne des objets qui l'intéressaient autrefois; elle était quelquefois plusieurs minutes sans lui répondre, parcequ'elle ne l'entendait pas dans le premier moment; puis le son et l'idée lui parvenaient, et elle disait quelque chose qui n'avait ni la couleur ni le mouvement que l'on admirait jadis dans sa manière de parler, mais qui faisait aller la conversation quelques instants, et lui permettait de retomber dans ses rêveries. Enfin, elle faisait encore un nouvel effort pour ne pas décourager la bonté du prince Castel-Forte, et souvent elle prenait un mot pour l'autre, ou disait le contraire de ce qu'elle venait de dire; alors elle souriait de pitié sur elle-même, et demandait pardon à son ami de cette sorte de folie dont elle avait la conscience.

Le prince Castel-Forte voulut se hasarder à lui parler d'Oswald, et il semblait même que Corinne prît à cette conversation un âpre plaisir; mais elle était dans un tel état de souffrance en sortant de cet entretien, que son ami se crut absolument obligé de se l'interdire. Le prince Castel-Forte avait une ame sensible; mais un homme, et surtout un homme qui a été vivement occupé d'une femme, ne sait, quelque généreux qu'il soit, comment la consoler du sentiment qu'elle éprouve pour un autre. Un peu d'amour-propre en lui, et de timidité en elle, empêchent que l'intimité de la confiance ne soit parfaite : d'ailleurs à quoi servirait-elle? Il n'y a de remède qu'aux chagrins qui se guériraient d'eux-mêmes.

Corinne et le prince Castel-Forte se promenaient ensemble chaque jour sur les bords de l'Arno. Il parcourait tous les sujets d'entretien, avec un aimable mélange d'intérêt et de ménagement; elle le remerciait en lui serrant la main ; quelquefois elle essayait de parler sur les objets qui tiennent à l'ame : ses yeux se remplissaient de pleurs, et son émotion lui faisait mal ; sa pâleur et son tremblement étaient pénibles à voir, et son ami cherchait bien vite à la détourner de ces idées. Une fois elle se mit tout-à-coup à plaisanter avec sa grace accoutumée ; le prince Castel-Forte la regarda avec surprise et joie, mais elle s'enfuit aussitôt en fondant en larmes.

Elle revint à dîner, tendit la main à son ami en lui disant : « Pardon, je voudrais être aimable, pour vous récompenser de votre bonté, mais cela m'est impossible ; soyez assez généreux pour me supporter telle que je suis. » Ce qui inquiétait vivement le prince Castel-Forte, c'était l'état de la santé de Corinne. Un danger prochain ne la menaçait pas encore, mais il était impossible qu'elle vécût long-temps, si quelques circonstances heureuses ne ranimaient pas ses forces. Dans ce temps, le prince Castel-Forte reçut une lettre de lord Nelvil; et bien qu'elle ne changeât rien à la situation, puisqu'il lui confirmait qu'il était marié, il y avait dans cette lettre des paroles qui auraient ému profondément Corinne. Le prince Castel-Forte réfléchissait des heures entières, pour concerter avec lui-même s'il devait ou non causer à son amie, en lui montrant cette lettre, l'impression la plus vive; et il la voyait si faible, qu'il ne l'osait pas. Pendant qu'il délibérait encore, il reçut une seconde lettre de lord Nelvil, également remplie de sentiments qui auraient atttendri Corinne, mais contenant la nouvelle de son départ pour l'Amérique. Alors le prince Castel-Forte se décida tout-à-fait à ne rien dire. Il eut peut-être tort, car une des plus amères douleurs de Corinne, c'était que lord Nelvil ne lui écrivit point : elle n'osait l'avouer à personne ; mais bien qu'Oswald fût pour jamais séparé d'elle, un souvenir, un regret de sa part lui auraient été bien chers; et ce qui lui paraissait le plus affreux, c'était ce silence absolu qui ne lui donnait pas même l'occasion de prononcer ou d'entendre prononcer son nom.

Une peine dont personne ne vous parle, une peine qui n'éprouve pas le moindre changement, ni par les jours, ni par les années, et n'est susceptible d'aucun événement, d'aucune vissitude, fait encore plus de mal que la diversité des impressions douloureuses. Le prince Castel Forte suivit la maxime commune qui conseille de tout faire pour amener l'oubli ; mais il n'y a point d'oubli pour les personnes d'une imagination forte, et il vaut mieux, avec elles, renouveler sans cesse le même souvenir, fatiguer l'ame de pleurs enfin, que de l'obliger à se concentrer en elle-même.

LIVRE XIX.

LE RETOUR D'OSWALD EN ITALIE.

CHAPITRE PREMIER.

Rappelons maintenant les événements qui se passèrent en Écosse après le jour de cette triste fête où Corinne fit un si douloureux sacrifice. Le domestique de lord Nelvil lui remit ses lettres au bal : il sortit pour les lire ; il en ouvrit plusieurs que son banquier de Londres lui envoyait, avant de deviner celle qui devait décider de son sort; mais quand il aperçut l'écriture de Corinne, mais quand il vit ces mots : *Vous êtes libre,* et qu'il reconnut l'anneau, il sentit tout à la fois une amère douleur, et l'irritation la plus vive. Il y avait deux mois qu'il n'avait reçu de lettres de Corinne, et ce silence était rompu par des paroles si laconiques, par une action si décisive ! Il ne douta pas de son inconstance ; il se rappela tout ce que lady Edgermond avait pu dire de la légèreté, de la mobilité de Corinne ; il entra dans le sens de l'inimitié contre elle, car il l'aimait assez encore pour être injuste. Il oublia qu'il avait tout-à-fait renoncé depuis plusieurs mois à l'idée d'épouser Corinne, et que Lucile lui avait inspiré un goût assez vif. Il se crut un homme sensible trahi par une femme infidèle ; il éprouva du trouble, de la colère, du malheur, mais surtout un mouvement de fierté qui dominait toutes les autres impressions, et lui inspirait le desir de se montrer supérieur à celle qui l'abandonnait. Il ne faut pas beaucoup se vanter de la fierté dans les attachements du cœur; elle n'existe presque jamais que quand l'amour-propre l'emporte sur l'affection; et si lord Nelvil eût aimé Corinne comme dans les jours de Rome et de Naples, le ressentiment contre les torts qu'il lui croyait ne l'eût point encore détaché d'elle.

Lady Edgermond s'aperçut du trouble de lord Nelvil : c'était une personne passionnée, sous de froids dehors; et la maladie mortelle dont elle se sentait menacée ajoutait à l'ardeur de son intérêt pour sa fille. Elle savait que la pauvre enfant aimait lord Nelvil, et elle tremblait d'avoir compromis son bonheur, en le lui faisant connaître. Elle ne perdit donc pas Oswald un instant de vue, et pénétrait dans les secrets de son ame avec une sagacité que l'on attribue à l'esprit des femmes, mais qui tient uniquement à l'attention continuelle qu'inspire un vrai sentiment. Elle prit le prétexte des affaires de Corinne, c'est-à-dire de l'héritage de son oncle qu'elle voulait lui faire passer, pour avoir le lendemain matin un entretien avec lord Nelvil; dans cet entretien elle devina bien vite qu'il était mécontent de Corinne, et, flattant son ressentiment par l'idée d'une noble vengeance, elle lui proposa de la reconnaître pour sa belle-fille. Lord Nelvil fut étonné de ce changement subit dans les intentions de lady Edgermond; mais il comprit cependant, quoique cette pensée ne fût en aucune manière exprimée, que cette offre n'aurait son effet que s'il épousait Lucile, et, dans l'un de ces moments où l'on agit plus vite que l'on ne pense, il la demanda en mariage à sa mère. Lady Edgermond, ravie, put à peine se contenir assez pour ne pas dire oui avec trop de rapidité : le consentement fut donné, et lord Nelvil sortit de cette chambre lié par un engagement qu'il n'avait pas eu l'idée de contracter en y entrant.

Pendant que lady Edgermond préparait Lucile à le recevoir, il se promenait dans le jardin avec une grande agitation. Il se disait que Lucile lui avait plu, précisément parcequ'il la connaissait peu, et qu'il était bizarre de fonder tout le bonheur de sa vie sur le charme d'un mystère qui doit nécessairement être découvert. Il lui revint un mouvement d'attendrissement pour Corinne, et il se rappela les lettres qu'il lui avait écrites, et qui exprimaient trop bien les combats de son ame. « Elle a eu raison, s'écria-t-il, de renoncer à moi; je n'ai pas eu le courage de la rendre heureuse, mais il devait lui en coûter davantage, et cette ligne si froide.... Mais qui sait si ses larmes ne l'ont pas arrosée? » et en prononçant ces mots, les siennes coulaient malgré lui. Ces rêveries l'entraînèrent tellement, qu'il s'éloigna du château, et fut long-temps cherché par les domestiques de lady Edgermond, qu'elle avait envoyés pour lui faire dire qu'il était attendu : il s'étonna lui-même de son peu d'empressement, et se hâta de revenir.

En entrant dans la chambre, il vit Lucile à genoux, et la tête cachée dans le sein de sa mère ; elle avait ainsi la grace la plus touchante : lorsqu'elle entendit lord Nelvil, elle releva son visage baigné de pleurs, et lui dit, en lui tendant la main : « N'est-il pas vrai, milord, que vous ne me séparerez pas de ma mère ? » Cette aimable manière d'annoncer son consentement intéressa beaucoup Oswald. Il se mit à genoux à son tour, et pria lady Edgermond de permettre que le visage de Lucile se penchât vers le sien : et c'est ainsi que cette innocente personne reçut la première impression qui la faisait sortir de l'enfance. Une vive rougeur couvrit son front ; Oswald sentit, en la regardant, quel lien pur et sacré il venait de former ; et la beauté de Lucile, quelque ravissante qu'elle fût en ce moment, lui fit moins d'impression encore que sa céleste modestie.

Les jours qui précédèrent le dimanche qui avait été fixé pour la cérémonie se passèrent en arrangements nécessaires pour le mariage. Lucile, pendant ce temps, ne parla pas beaucoup plus qu'à l'ordinaire ; mais ce qu'elle disait était noble et simple, et lord Nelvil aimait et approuvait chacune de ses paroles. Il sentait bien cependant quelque vide auprès d'elle ; la conversation consistait toujours dans une question et une réponse ; elle ne s'engageait pas, elle ne se prolongeait pas ; tout était bien, mais il n'y avait pas ce mouvement, cette vie inépuisable dont il est difficile de se passer quand une fois on en a joui. Lord Nelvil se rappelait alors Corinne ; mais comme il n'entendait plus parler d'elle, il espérait que ce souvenir deviendrait à la fin une chimère, objet seulement de ses vagues regrets.

Lucile, en apprenant par sa mère que sa sœur vivait encore, et qu'elle était en Italie, avait eu le plus grand désir d'interroger lord Nelvil à son sujet ; mais lady Edgermond le lui avait interdit, et Lucile s'était soumise, selon sa coutume, sans demander le motif de cet ordre. Le matin du jour du mariage, l'image de Corinne se retraça dans le cœur d'Oswald plus vivement que jamais, et il fut effrayé lui-même de l'impression qu'il en recevait. Mais il adressa ses prières à son père ; il lui dit au fond de son cœur que c'était pour lui, que c'était pour obtenir sa bénédiction dans le ciel, qu'il accomplissait sa volonté sur la terre. Raffermi par ces sentiments, il arriva chez lady Edgermond, et se reprocha les torts qu'il avait eus dans sa pensée envers Lucile. Quand il la vit, elle était si charmante, qu'un ange qui serait descendu sur la terre n'aurait pu choisir une autre figure pour donner aux mortels l'idée des vertus célestes. Ils marchèrent à l'autel. La mère avait une émotion plus profonde encore que la fille; car il s'y mêlait cette crainte que fait éprouver toujours une grande résolution, quelle qu'elle soit, à qui connaît la vie. Lucile n'avait que de l'espoir; l'enfance se mêlait en elle à la jeunesse, et la joie à l'amour. En revenant de l'autel, elle s'appuyait timidement sur le bras d'Oswald; elle s'assurait ainsi de son protecteur. Oswald la regardait avec attendrissement; on eût dit qu'il sentait au fond de son cœur un ennemi qui menaçait le bonheur de Lucile, et qu'il se promettait de l'en défendre.

Lady Edgermond, revenue au château, dit à son gendre : « Je suis tranquille à présent; je vous ai confié le bonheur de Lucile; il me reste si peu de temps encore à vivre, qu'il m'est doux de me sentir si bien remplacée. » Lord Nelvil fut très attendri par ces paroles, et réfléchit, avec autant d'émotion que d'inquiétude, aux devoirs qu'elles lui imposaient. Peu de jours s'étaient écoulés, et Lucile commençait à peine à lever ses timides regards sur son époux, et à prendre la confiance qui aurait pu lui permettre de se faire connaître à lui, lorsque des incidents malheureux vinrent troubler cette union; elle s'était annoncée d'abord sous des auspices plus favorables.

CHAPITRE II.

M. Dickson arriva pour voir les nouveaux mariés, et s'excusa de n'avoir point assisté à la noce, en racontant qu'il était resté long-temps malade de l'ébranlement causé par une chute violente. Comme on lui parlait de cette chute, il dit qu'il avait été secouru par une femme la plus séduisante du monde. Oswald, dans cet instant, jouait au volant avec Lucile. Elle avait beaucoup de grace à cet exercice; Oswald la regardait, et n'écoutait pas M. Dickson, lorsque celui-ci lui cria d'un bout de la chambre à l'autre : « Milord, elle a sûrement beaucoup entendu parler de vous, la belle inconnue qui m'a secouru, car elle m'a fait bien des questions sur votre sort. — De qui parlez-vous? répondit lord

Nelvil en continuant à jouer. — D'une femme charmante, reprit M. Dickson, bien qu'elle eût l'air déjà changé par la souffrance, et qui ne pouvait parler de vous sans émotion. » Ces mots attirèrent cette fois l'attention de lord Nelvil; et il se rapprocha de M. Dickson, en le priant de les répéter. Lucile, qui ne s'était point occupée de ce qu'on avait dit, alla rejoindre sa mère, qui l'avait fait appeler. Oswald se trouva seul avec M. Dickson, et lui demanda quelle était cette femme dont il venait de lui parler. « Je n'en sais rien, répondit-il; sa prononciation m'a prouvé qu'elle était Anglaise. Mais j'ai rarement vu, parmi nos femmes, une personne si obligeante et d'une conversation si facile; elle s'est occupée de moi, pauvre vieillard, comme si elle eût été ma fille; et pendant tout le temps que j'ai passé avec elle, je ne me suis pas aperçu de toutes les contusions que j'avais reçues. Mais, mon cher Oswald, seriez-vous donc aussi un infidèle en Angleterre, comme vous l'avez été en Italie? car ma charmante bienfaitrice pâlissait et tremblait en prononçant votre nom. — Juste ciel! de qui parlez-vous? Une Anglaise, dites-vous? — Oui sans doute, répondit M. Dickson; vous savez bien que les étrangers ne prononcent jamais notre langue sans accent. — Et sa figure? — Oh! la plus expressive que j'aie vue, quoiqu'elle fût pâle et maigre à faire de la peine. » La brillante Corinne ne ressemblait point à cette description; mais ne pouvait-elle pas être malade? ne devait-elle pas avoir beaucoup souffert, si elle était venue en Angleterre, et si elle n'y avait pas vu celui qu'elle venait chercher? Ces réflexions frappèrent tout-à-coup Oswald, et il continua ses questions avec une inquiétude extrême. M. Dickson lui disait toujours que l'inconnue parlait avec une grace et une élégance qu'il n'avait rencontrées dans aucune autre femme; qu'une expression de bonté céleste se peignait dans ses regards, mais qu'elle semblait languissante et triste. Ce n'était pas la manière accoutumée de Corinne; mais, encore une fois, ne pouvait-elle pas être changée par la peine? « De quelle couleur sont ses yeux et ses cheveux, dit lord Nelvil. — Du plus beau noir du monde. » Lord Nelvil pâlit. « Est-elle animée en parlant? — Non, continua M. Dickson; elle disait quelques paroles de temps en temps pour m'interroger et me répondre, mais le peu de mots qu'elle prononçait avait beaucoup de charmes. » Il allait continuer, quand lady Edgermond et Lucile rentrèrent : il se tut, et lord Nelvil cessa de le questionner, mais tomba dans la plus profonde rêverie, et sortit pour se promener, jusqu'à ce qu'il pût retrouver M. Dickson seul.

Lady Edgermond, que sa tristesse avait frappée, renvoya Lucile pour demander à M. Dickson s'il s'était passé quelque chose dans leur conversation qui pût affliger son gendre : il lui raconta naïvement ce qu'il avait dit. Lady Edgermond devina dans l'instant la vérité, et frémit de la douleur qu'Oswald ressentirait, s'il savait avec certitude que Corinne était venue le chercher en Écosse ; et, prévoyant bien qu'il interrogerait de nouveau M. Dickson, elle lui dit ce qu'il devait répondre pour détourner lord Nelvil de ses soupçons. En effet, dans un second entretien M. Dickson n'accrut pas son inquiétude à cet égard ; mais il ne la dissipa point, et la première idée d'Oswald fut de demander à son domestique si toutes les lettres qu'il lui avait remises depuis environ trois semaines venaient de la poste, et s'il ne se souvenait pas d'en avoir reçu autrement. Le domestique assura que non ; mais comme il sortait de la chambre, il revint sur ses pas, et dit à lord Nelvil : *Il me semble cependant que le jour du bal un aveugle m'a remis une lettre pour votre seigneurie ; mais c'était sans doute pour implorer ses secours.* « Un aveugle ! reprit Oswald ; non, je n'ai point reçu de lettre de lui : pourriez-vous me le retrouver ? — Oui, très facilement, reprit le domestique ; il demeure dans le village. — Allez le chercher, » dit lord Nelvil ; et, ne pouvant pas attendre patiemment l'arrivée de l'aveugle, il alla au-devant de lui, et le rencontra au bout de l'avenue.

« Mon ami, lui dit-il, on vous a donné une lettre pour moi, le jour du bal au château : qui vous l'avait remise ? — Milord voit que je suis aveugle : comment pourrais-je le lui dire ? — Croyez-vous que ce soit une femme ? — Oui, milord, car elle avait un son de voix très doux, autant qu'on pouvait le remarquer malgré ses larmes, car j'entendais bien qu'elle pleurait. — Elle pleurait ! reprit Oswald ; et que vous a-t-elle dit ? — *Vous remettrez cette lettre au domestique d'Oswald, bon vieillard :* puis, se reprenant tout de suite, elle a ajouté, *à lord Nelvil.* — Ah ! Corinne ! » s'écria Oswald ; et il fut obligé de s'appuyer sur le vieillard, car il était près de s'évanouir. « Milord, continua le vieillard aveugle, j'étais assis au pied d'un arbre quand elle me donna cette commission ; je voulus m'en acquitter tout de suite ; mais comme j'ai de la peine à me relever à mon âge, elle a daigné m'aider elle-même, m'a donné plus d'argent que je n'en avais eu depuis long-temps, et je sentais sa main qui tremblait en me soutenant, comme la vôtre, milord, à présent. — C'en est assez, dit lord Nelvil ; tenez, bon vieillard, voilà aussi de l'argent, comme elle vous en a donné ; priez pour nous deux. » Et il s'éloigna.

Depuis ce moment un trouble affreux s'empara de son ame : il faisait de tous les côtés de vaines perquisitions, et ne pouvait concevoir comment il était possible que Corinne fût arrivée en Écosse sans demander à le voir ; il se tourmentait de mille manières sur les motifs de sa conduite, et l'affliction qu'il ressentait était si grande, que, malgré ses efforts pour la cacher, il était impossible que lady Edgermond ne la devinât pas, et que Lucile même ne s'aperçût combien il était malheureux : sa tristesse la plongeait elle-même dans une rêverie continuelle, et leur intérieur était très silencieux. Ce fut alors que lord Nelvil écrivit au prince Castel-Forte la première lettre, que celui ci ne crut pas devoir montrer à Corinne, et qui l'aurait sûrement touchée, par l'inquiétude profonde qu'elle exprimait.

Le comte d'Erfeuil revint de Plymouth, où il avait conduit Corinne, avant que la réponse du prince Castel-Forte à la lettre de lord Nelvil fût arrivée : il ne voulait pas dire à lord Nelvil tout ce qu'il savait de Corinne, et cependant il était fâché qu'on ignorât qu'il savait un secret important, et qu'il était assez discret pour le taire. Ses insinuations, qui d'abord n'avaient pas frappé lord Nelvil, réveillèrent son attention dès qu'il crut qu'elles pouvaient avoir quelque rapport avec Corinne ; alors il interrogea vivement le comte d'Erfeuil, qui se défendit assez bien, dès qu'il fut parvenu à se faire questionner.

Néanmoins, à la fin, Oswald lui arracha l'histoire entière de Corinne, par le plaisir qu'eut le comte d'Erfeuil à raconter tout ce qu'il avait fait pour elle, la reconnaissance qu'elle lui avait toujours témoignée, l'état affreux d'abandon et de douleur où il l'avait trouvée ; enfin il fit ce récit sans s'apercevoir le moins du monde de l'effet qu'il produisait sur lord Nelvil, et n'ayant d'autre but en ce moment que d'être, comme disent les Anglais, *le héros de sa propre histoire*. Quand le comte d'Erfeuil eut cessé de parler, il fut vraiment affligé du mal qu'il avait fait. Oswald s'était contenu jusqu'alors ; mais tout-à-coup il devint comme insensé de douleur : il s'accusait d'être le plus barbare et le plus perfide des hommes ; il se représentait le dévouement, la tendresse de Corinne, sa résignation, sa générosité, dans le moment même où elle le croyait le plus coupable, et il y opposait la dureté, la légèreté dont il l'avait payée. Il se répétait sans cesse que personne ne l'aimerait jamais comme elle l'avait aimé, et qu'il serait puni, de quelque manière, de la cruauté dont il avait usé envers elle : il voulait partir pour l'Italie, la voir seulement un jour, seulement une heure ; mais déjà Rome et Florence étaient occupées par les Français ; son régiment allait s'embarquer, il ne pouvait s'éloigner sans déshonneur ; il ne pouvait percer le cœur de sa femme, et réparer les torts par les torts, et les douleurs par les douleurs. Enfin, il espérait les dangers de la guerre, et cette pensée lui rendit du calme.

Ce fut dans cette disposition qu'il écrivit au prince Castel-Forte la seconde lettre, que celui-ci résolut encore de ne pas montrer à Corinne. Les réponses de l'ami de Corinne la peignaient triste, mais résignée ; et comme il était fier et blessé pour elle, il adoucit plutôt qu'il n'exagéra l'état de malheur où elle était tombée. Lord Nelvil crut donc qu'il fallait ne pas la tourmenter de ses regrets, après l'avoir rendue si malheureuse par son amour ; et il partit pour les îles, avec un sentiment de douleur et de remords qui lui rendait la vie insupportable.

CHAPITRE III.

Lucile était affligée du départ d'Oswald ; mais le morne silence qu'il avait gardé avec elle, pendant les derniers temps de leur séjour ensemble, avait tellement redoublé sa timidité naturelle, qu'elle ne put se résoudre à lui dire qu'elle se croyait grosse ; il ne le sut qu'aux îles, par une lettre de lady Edgermond, à qui sa fille l'avait caché jusqu'alors. Lord Nelvil trouva donc les adieux de Lucile très froids ; il ne jugea pas bien ce qui se passait dans son âme, et comparant sa douleur silencieuse avec les éloquents regrets de Corinne lorsqu'il se sépara d'elle à Venise, il n'hésita pas à croire que Lucile l'aimait faiblement. Néanmoins, pendant les quatre années que dura son absence, elle n'eut pas un jour de bonheur. A peine la naissance de sa fille put-elle la distraire un moment des dangers que courait son époux. Un autre chagrin aussi se joignait à cette inquiétude ; elle découvrit par degrés tout ce qui concernait Corinne et ses relations avec lord Nelvil. Le comte d'Erfeuil, qui passa près d'une année en Écosse, et vit souvent Lucile et sa mère, était fortement persuadé qu'il n'avait pas révélé le secret du voyage de Corinne en Angleterre ; mais il dit tant de choses qui en approchaient, il lui était si difficile, quand la conversation languissait, de ne pas ramener le sujet qui intéressait si vivement Lucile, qu'elle parvint à tout savoir. Tout innocente qu'elle était, elle avait encore assez d'art pour faire parler le comte d'Erfeuil, tant il en fallait peu pour cela.

Lady Edgermond, que sa maladie occupait chaque jour davantage, ne s'était pas doutée du travail que faisait sa fille pour apprendre ce qui devait lui causer tant de douleur ; mais quand elle la vit si triste, elle obtint d'elle la confidence de ses chagrins. Lady Edgermond s'exprima très sévèrement sur les voyage de Corinne en Angleterre. Lucile en recevait une autre impression : elle était tour à tour jalouse de Corinne et mécontente d'Oswald, qui avait pu se montrer si cruel envers une femme dont il était tant aimé ; et il lui semblait qu'elle devait craindre, pour son propre bonheur, un homme qui avait ainsi sacrifié le bonheur d'une autre. Elle avait toujours conservé de l'intérêt et de la reconnaissance pour sa sœur, ce qui ajoutait encore à la pitié qu'elle lui inspirait ; et, loin d'être flattée du sacrifice qu'Oswald lui avait fait, elle se tourmentait de l'idée qu'il ne l'avait choisie que parceque sa position dans le monde était meilleure que celle de Corinne ; elle se rappelait son hésitation avant le mariage, sa tristesse peu de jours après, et toujours elle se confirmait dans la cruelle pensée que son époux ne l'aimait pas. Lady Edgermond aurait pu lui rendre un grand service dans cette disposition d'ame, si elle l'avait calmée ; mais c'était une personne sans indulgence, et qui, ne concevant rien que le devoir et les sentiments qu'il permet, prononçait l'anathème contre tout ce qui s'écartait de cette ligne. Elle ne pensait pas à ramener par des ménagements, et s'imaginait, au contraire, que le seul moyen d'éveiller les remords était de montrer du ressentiment : elle partageait trop vivement les inquiétudes de Lucile, s'irritait de la pensée qu'une charmante personne ne fût pas appréciée par son époux, et loin de lui faire du bien, en lui persuadant qu'elle était plus aimée qu'elle ne le croyait, elle confirmait ses craintes à cet égard, pour exciter davantage sa fierté. Lucile, plus douce et plus éclairée que sa mère, ne suivait pas rigoureusement les conseils qu'elle lui donnait, mais il en restait toujours quelques traces ; et ses lettres à lord Nelvil étaient bien moins sensibles que le fond de son cœur.

Oswald, pendant ce temps, se distingua dans la guerre par des actions d'une bravoure éclatante; il exposa mille fois sa vie, non seulement par l'enthousiasme de l'honneur, mais par goût pour le péril. On remarquait que le danger était un plaisir pour lui; qu'il paraissait plus gai, plus animé, plus heureux, le jour des combats; il rougissait de joie quand le tumulte des armes commençait, et c'était dans ce moment seul qu'un poids qu'il avait sur le cœur se soulevait et le laissait respirer à l'aise. Adoré de ses soldats, admiré de ses camarades, il avait une existence très animée, qui, sans lui donner du bonheur, l'étourdissait au moins sur le passé comme sur l'avenir. Il recevait des lettres de sa femme, qu'il trouvait froides, mais auxquelles cependant il s'accoutumait. Le souvenir de Corinne lui apparaissait souvent dans ces belles nuits des tropiques, où l'on prend une si grande idée de la nature et de son auteur; mais comme le climat et la guerre menaçaient tous les jours sa vie, il se croyait moins coupable, en étant si près de périr : on pardonne à ses ennemis, lorsque la mort les menace; on se sent aussi, dans une situation semblable, de l'indulgence pour soi-même. Lord Nelvil pensait seulement aux larmes de Corinne, lorsqu'elle apprendrait qu'il n'était plus; il oubliait celles que ses torts lui avaient fait répandre.

Au milieu des périls, qui font si souvent réfléchir sur l'incertitude de la vie, il songeait bien plus à Corinne qu'à Lucile; ils avaient tant parlé de la mort ensemble, ils avaient si souvent approfondi toutes les pensées les plus sérieuses, qu'il croyait encore s'entretenir avec Corinne, quand il s'occupait des grandes idées que retrace le spectacle habituel de la guerre et de ses dangers. C'était à elle qu'il s'adressait quand il était seul, bien qu'il dût la croire irritée contre lui. Il lui semblait qu'ils s'entendaient encore, malgré l'absence, malgré l'infidélité même; tandis que la douce Lucile, qu'il ne croyait pas offensée contre lui, ne s'offrait à son souvenir que comme une personne digne d'être protégée, mais à laquelle il fallait épargner toutes les réflexions tristes et profondes. Enfin les troupes que lord Nelvil commandait furent rappelées en Angleterre; il revint : déjà la tranquillité du vaisseau lui plaisait bien moins que l'activité de la guerre. Le mouvement extérieur avait remplacé pour lui les plaisirs de l'imagination, qu'autrefois l'entretien de Corinne lui faisait goûter; il n'avait pas encore essayé du repos loin d'elle. Il avait su tellement se faire aimer de ses soldats, et leur avait inspiré tant d'attachement et d'enthousiasme, que leurs hommages et leur dévouement renouvelèrent encore pour lui, pendant le passage, l'intérêt de la vie militaire. Cet intérêt ne cessa complètement que quand on fut débarqué.

CHAPITRE IV.

Lord Nelvil partit alors pour la terre de lady Edgermond, dans le Northumberland ; il fallait qu'il fît de nouveau connaissance avec sa famille, dont il avait perdu l'habitude depuis quatre ans. Lucile lui présenta sa fille, âgée de plus de trois ans, avec autant de timidité qu'une femme coupable pourrait en éprouver. Cette petite ressemblait à Corinne : l'imagination de Lucile avait été fort occupée du souvenir de sa sœur, pendant sa grossesse; et Juliette (c'était ainsi qu'elle se nommait), avait les cheveux et les yeux de Corinne : lord Nelvil le remarqua, et en fut troublé ; il la prit dans ses bras, et la serra contre son cœur avec tendresse. Lucile ne vit dans ce mouvement qu'un souvenir de Corinne, et dès cet instant elle ne jouit pas sans mélange de l'affection que lord Nelvil témoignait à Juliette.

Lucile était encore embellie, elle avait près de vingt ans. Sa beauté avait pris un caractère imposant, et inspirait à lord Nelvil un sentiment de respect. Lady Edgermond n'était plus en état de sortir de son lit, et sa situation lui donnait beaucoup d'humeur et de chagrin. Elle revit pourtant avec plaisir lord Nelvil, car elle était très tourmentée par la crainte de mourir en son absence, et de laisser sa fille ainsi seule au monde. Lord Nelvil avait tellement pris l'habitude d'une vie active, qu'il lui en coûtait beaucoup de rester presque tout le jour dans la chambre de sa belle-mère, qui ne recevait plus personne que son gendre et sa fille. Lucile aimait toujours beaucoup lord Nelvil; mais elle avait la douleur de ne pas se croire aimée, et lui cachait par fierté ce qu'elle savait de ses sentiments pour Corinne, et la jalousie qu'ils lui causaient. Cette contrainte ajoutait encore à sa réserve habituelle, et la rendait plus froide et plus silencieuse qu'elle ne l'eût été naturellement. Lorsque son époux voulait lui donner quelques conseils sur le charme qu'elle aurait pu répandre dans la conversation en y mettant plus d'intérêt, elle croyait voir dans ces conseils un souvenir de Corinne, et se blessait, au lieu d'en profiter. Lucile avait une grande douceur de caractère mais, sa mère lui avait donné des idées positives sur tous les points; et quand lord Nelvil vantait les plaisirs de l'imagination et le charme des beaux-arts, elle voyait toujours dans ce qu'il disait les souvenirs de l'Italie, et rabattait assez séchement l'enthousiasme de lord Nelvil, parce-qu'elle pensait que Corinne en était l'unique cause. Dans une autre disposition elle eût recueilli avec soin les paroles de son époux, pour étudier tous les moyens de lui plaire.

Lady Edgermond, dont la maladie augmentait les défauts, montrait une antipathie croissante pour tout ce qui sortait de la monotonie et de la règle habituelle de la vie. Elle voyait du mal à tout, et son imagination, irritée par la souffrance, était importunée de tous les bruits, au moral comme au physique. Elle eût voulu réduire l'existence aux moindres frais possibles, peut-être pour ne pas regretter vivement ce qu'elle était près de quitter; mais comme personne n'avoue le motif personnel de ses opinions, elle les appuyait sur les principes généraux d'une morale exagérée. Elle ne cessait de désenchanter la vie, en faisant un tort des moindres plaisirs, en opposant un devoir à chaque emploi des heures qui pouvait différer un peu de ce qu'on avait fait la veille. Lucile, qui, bien qu'elle fût soumise à sa mère, avait cependant plus d'esprit qu'elle et plus de flexibilité dans le caractère, se serait réunie à son époux pour combattre doucement l'austérité de l'exigence toujours croissante de lady Edgermond, si celle-ci ne lui avait pas persuadé qu'elle se conduisait ainsi, seulement pour s'opposer au penchant de lord Nelvil pour le séjour de l'Italie. « Il faut lutter sans cesse, disait-elle, par la puissance du devoir contre le retour possible d'une inclination si funeste. » Lord Nelvil avait certainement aussi un grand respect pour le devoir, mais il le considérait sous des rapports plus étendus que lady Edgermond. Il aimait à remonter à sa source, il le croyait parfaitement en harmonie avec nos véritables penchants, et pensait qu'il n'exigeait point de nous des sacrifices et des combats continuels. Il lui semblait enfin que la vertu, loin de tourmenter la vie, contribuait tellement au bonheur durable, qu'on pouvait la considérer comme une sorte de prescience accordée à l'homme sur cette terre.

Quelquefois Oswald, en développant ses idées, se livrait au plaisir d'employer des expressions de Corinne; il s'écoutait avec complaisance quand il empruntait son langage. Lady Edgermond montrait de l'humeur dès qu'il se laissait aller à cette manière de penser et de parler : les idées nouvelles déplaisent aux personnes âgées; elles aiment à se persuader que le monde n'a fait que perdre, au lieu d'acquérir, depuis qu'elles ont cessé d'être jeunes.

Lucile, par l'instinct du cœur, reconnaissait, dans l'intérêt plus vif que lord Nelvil mettait à ses propres discours, le retentissement de son affection pour Corinne ; elle baissait les yeux pour ne pas laisser voir à son époux ce qui se passait dans son ame ; et lui, ne se doutant pas qu'elle fût instruite de ses rapports avec Corinne, attribuait à la froideur du caractère de sa femme son immobile silence pendant qu'il parlait avec chaleur. Ne sachant donc à qui s'adresser pour trouver un esprit qui répondît au sien, les regrets du passé se renouvelaient plus vivement que jamais dans son ame, et il tombait dans la plus profonde mélancolie. Il écrivit au prince Castel-Forte pour avoir des nouvelles de Corinne. Sa lettre n'arriva point, à cause de la guerre. Sa santé souffrait extrêmement du climat d'Angleterre, et les médecins ne cessaient de lui répéter que sa poitrine serait attaquée de nouveau s'il ne passait pas l'hiver en Italie ; mais il était impossible d'y songer, puisque la paix n'était pas faite entre la France et l'Angleterre. Une fois il parla devant sa belle-mère et sa femme des conseils que les médecins lui avaient donnés, et de l'obstacle qui s'y opposait. « Quand la paix serait faite, lui dit lady Edgermond, je ne pense pas, milord, que vous vous permissiez à vous-même de revoir l'Italie. — Si la santé de milord l'exigeait, interrompit Lucile, il ferait très bien d'y aller. » Ce mot parut assez doux à lord Nelvil, et il se hâta d'en témoigner sa reconnaissance à Lucile ; mais cette reconnaissance même la blessa : elle crut y voir le dessein de la préparer au voyage.

La paix se fit au printemps, et le voyage d'Italie devint possible. Chaque fois que lord Nelvil laissait échapper quelques réflexions sur le mauvais état de sa santé, Lucile était combattue entre l'inquiétude qu'elle éprouvait, et la crainte que lord Nelvil ne voulût insinuer par-là qu'il devrait passer l'hiver en Italie ; et, tandis que son sentiment l'aurait portée à s'exagérer la maladie de son époux, la jalousie, qui naissait aussi de ce sentiment, l'engageait à chercher des raisons pour atténuer ce que les médecins mêmes disaient du danger qu'il courait en restant en Angleterre. Lord Nelvil attribuait cette conduite de Lucile à l'indifférence et à l'égoïsme, et ils se blessaient réciproquement, parce qu'ils ne s'avouaient pas leurs sentiments avec franchise.

Enfin, lady Edgermond tomba dans un état si dangereux, qu'il n'y eut plus, entre Lucile et lord Nelvil, d'autre sujet d'entretien que sa maladie ; la pauvre femme perdit l'usage de la parole, un mois avant de mourir; l'on ne devinait plus qu'à ses larmes, ou à sa façon de serrer la main, ce qu'elle voulait dire. Lucile était au désespoir; Oswald, sincèrement touché, veillait toutes les nuits auprès d'elle; et comme c'était au mois de novembre, il se fit beaucoup de mal par les soins qu'il lui prodigua. Lady Edgermond parut heureuse des témoignages de l'affection de son gendre. Les défauts de son caractère disparaissaient à mesure que son affreux état les eût rendus plus excusables, tant les approches de la mort tranquillisent toutes les agitations de l'ame; et la plupart des défauts ne viennent que de cette agitation.

La nuit de sa mort, elle prit la main de Lucile et celle de lord Nelvil, et, les mettant l'une dans l'autre, elle les pressa toutes les deux contre son cœur; alors elle leva les yeux au ciel, et ne parut point regretter la parole, qui n'eût rien dit de plus que ce regard et ce mouvement. Peu de minutes après, elle expira.

Lord Nelvil, qui avait fait effort sur lui-même pour être capable de soigner sa belle-mère, devint dangereusement malade; et l'infortunée Lucile, au moment d'une cruelle douleur, eut à souffrir la plus affreuse inquiétude. Il paraît que, dans son délire, lord Nelvil prononça plusieurs fois le nom de Corinne et celui de l'Italie. Il demandait souvent, dans ses rêveries, *du soleil, le Midi, un air plus chaud*; quand le frisson de la fièvre le prenait, il disait : *Il fait si froid dans ce Nord, que jamais on ne pourra s'y réchauffer.* Quand il revint à lui, il fut bien étonné d'apprendre que Lucile avait tout disposé pour le voyage d'Italie; il s'en étonna : elle lui donna pour motif le conseil des médecins. « Si vous le permettez, ajouta-t-elle, ma fille et moi nous vous accompagnerons : il ne faut pas qu'un enfant soit séparé de son père ni de sa mère. — Sans doute, reprit lord Nelvil, il ne faut pas que nous nous séparions : mais ce voyage vous fait-il de la peine? parlez, 'y renoncerai. — Non, reprit Lucile, ce n'est pas cela qui me fait de la peine... » Lord Nelvil la regarda, lui prit la main : elle allait s'expliquer davantage; mais le souvenir de sa mère, qui lui avait recommandé de ne jamais avouer à lord Nelvil la jalousie qu'elle ressentait, l'arrêta tout-à-coup, et elle reprit en disant : « Mon premier intérêt, milord, vous devez le croire, c'est le rétablissement de votre santé. — Vous avez une sœur en Italie, continua lord Nelvil. — Je le sais, reprit Lucile : en avez-vous des nouvelles? — Non, dit lord Nelvil; depuis que je suis parti pour l'Amérique, j'ignore absolument ce qu'elle est devenue. —

Eh bien, milord, nous le saurons en Italie. — Vous intéresse-t-elle encore? — Oui, milord, répondit Lucile; je n'ai point oublié la tendresse qu'elle m'a témoignée dans mon enfance. — Oh! il ne faut rien oublier, » dit lord Nelvil en soupirant; et le silence de tous les deux finit l'entretien.

Oswald n'allait point en Italie dans l'intention de renouveler ses liens avec Corinne; il avait trop de délicatesse pour se laisser approcher par une telle idée; mais s'il ne devait pas se rétablir de la maladie de poitrine dont il était menacé, il trouvait assez doux de mourir en Italie, et d'obtenir, par un dernier adieu, le pardon de Corinne. Il ne croyait pas que Lucile pût savoir la passion qu'il avait eue pour sa sœur; encore moins se doutait-il qu'il eût trahi, dans son délire, les regrets qui l'agitaient encore. Il ne rendait pas justice à l'esprit de sa femme, parceque cet esprit était stérile, et lui servait plutôt à deviner ce que pensaient les autres, qu'à les intéresser par ce qu'elle pensait elle-même. Oswald s'était donc accoutumé à la considérer comme une belle et froide personne, qui remplissait ses devoirs, et l'aimait autant qu'elle pouvait aimer; mais il ne connaissait pas la sensibilité de Lucile : elle mettait le plus grand soin à la cacher. C'était par fierté qu'elle dissimulait, dans cette circonstance, ce qui l'affligeait; mais dans une situation parfaitement heureuse, elle se serait encore fait un reproche de laisser voir une affection vive, même pour son époux. Il lui semblait que la pudeur était blessée par l'expression de tout sentiment passionné; et, comme elle était cependant capable de ces sentiments, son éducation, en lui imposant la loi de se contraindre, l'avait rendue triste et silencieuse : on l'avait bien convaincue qu'il ne fallait pas révéler ce qu'elle éprouvait, mais elle ne prenait aucun plaisir à dire autre chose.

CHAPITRE V.

Lord Nelvil craignait les souvenirs que lui retraçait la France; il la traversa donc rapidement : car Lucile ne témoignant, dans ce voyage, ni désir ni volonté sur rien, c'était lui seul qui décidait de tout. Ils arrivèrent au pied des montagnes qui séparent le Dauphiné de la Savoie, et montèrent à pied ce qu'on appelle *le Pas des échelles* : c'est une route pratiquée dans le roc, et dont l'entrée ressemble à celle d'une profonde caverne; elle est sombre dans toute sa longueur, même pendant les plus beaux jours de l'été. On était alors au commencement de décembre ; il n'y avait point encore de neige ; mais l'automne, saison de décadence, touchait elle-même à sa fin, et faisait place à l'hiver. Toute la route était couverte de feuilles mortes que le vent y avait apportées, car il n'existait point d'arbres dans ce chemin rocailleux ; et, près des débris de la nature flétrie, on ne voyait point les rameaux, espoir de l'année suivante. La vue des montagnes plaisait à lord Nelvil ; il semble, dans les pays de plaines, que la terre n'ait d'autre but que de porter l'homme et de le nourrir ; mais, dans les contrées pittoresques, on croit reconnaître l'empreinte du génie du Créateur, et de sa toute-puissance. L'homme cependant s'est familiarisé partout avec la nature, et les chemins qu'il s'est frayés gravissent les monts et descendent dans les abîmes. Il n'y a plus pour lui rien d'inaccessible, que le grand mystère de lui-même.

Dans la Maurienne, l'hiver devint à chaque pas plus rigoureux. On eût dit qu'on avançait vers le Nord en s'approchant du mont Cenis : Lucile, qui n'avait jamais voyagé, était épouvantée par ces glaces qui rendent les pas des chevaux si peu sûrs. Elle cachait ses craintes aux regards d'Oswald, mais se reprochait souvent d'avoir emmené sa petite fille avec elle ; souvent elle se demandait si la moralité la plus parfaite avait présidé à cette résolution, et si le goût très vif qu'elle avait pour cette enfant, et l'idée aussi qu'elle était plus aimée d'Oswald en se montrant à lui toujours avec Juliette, ne l'avaient pas distraite des périls d'un si long voyage. Lucile était une personne très timorée, et qui fatiguait souvent son ame à force de scrupules et d'interrogations secrètes sur sa conduite. Plus on est vertueux, plus la délicatesse s'accroît, et avec elle les inquiétudes de la conscience ; Lucile n'avait de refuge contre cette disposition que dans la piété, et de longues prières intérieures la tranquillisaient.

Comme ils avançaient vers le mont Cenis, toute la nature semblait prendre un caractère plus terrible ; la neige tombait en abondance sur la terre, déjà couverte de neige : on eût dit qu'on entrait dans l'enfer de glace si bien décrit par le Dante. Toutes les productions de la terre n'offraient plus qu'un aspect monotone, depuis le fond des précipices jusqu'au sommet des montagnes ; une même couleur faisait disparaître toutes les variétés de la végétation ; les rivières coulaient encore au pied des monts, mais les sapins, devenus tout blancs, se répétaient dans les eaux comme des spectres d'arbres. Oswald et Lucile regardaient ce spectacle en silence (la parole semble étrangère à cette nature glacée, et l'on se tait avec elle), lorsque tout-à-coup ils aperçurent, sur une vaste plaine de neige, une longue file d'hommes habillés de noir, qui portaient un cercueil vers une église. Ces prêtres, les seuls êtres vivants qui parussent au milieu de cette campagne froide et déserte, avaient une marche lente, que la rigueur du temps aurait hâtée, si la pensée de la mort n'eût pas imprimé sa gravité à tous leurs pas. Le deuil de la nature et de l'homme, de la végétation et de la vie; ces deux couleurs, ce blanc et ce noir, qui seules frappaient les regards et se faisaient ressortir l'une par l'autre, remplissaient l'ame d'effroi. Lucile dit à voix basse : « Quel triste présage! — Lucile, interrompit Oswald, croyez-moi, il n'est pas pour vous. » Hélas! pensa-t-il en lui-même, ce n'est pas sous de tels auspices que je fis avec Corinne le voyage d'Italie : qu'est-elle devenue maintenant? Et tous ces objets lugubres qui m'environnent m'annoncent-ils ce que je vais souffrir?

Lucile était ébranlée par les inquiétudes que lui causait le voyage. Oswald ne pensait pas à ce genre de terreur très étranger à un homme, et surtout à un caractère aussi intrépide que le sien. Lucile prenait pour de l'indifférence ce qui venait uniquement de ce qu'il ne soupçonnait pas dans cette occasion la possibilité de la crainte. Cependant tout se réunissait pour accroître les anxiétés de Lucile : les hommes du peuple trouvent une sorte de satisfaction à grossir le danger, c'est leur genre d'imagination; ils se plaisent dans l'effet qu'ils produisent ainsi sur les personnes d'une autre classe, dont ils se font écouter en les effrayant. Lorsqu'on veut traverser le mont Cenis pendant l'hiver, les voyageurs, les aubergistes vous donnent à chaque instant des nouvelles du passage du *mont*, c'est ainsi qu'on l'appelle; et l'on dirait qu'on parle d'un monstre immobile, gardien des vallées qui conduisent à la terre promise. On observe le temps pour savoir s'il n'y a rien à redouter; et lorsqu'on peut craindre le vent nommé *la tourmente*, on conseille fortement aux étrangers de ne pas se risquer sur la montagne. Ce vent s'annonce dans ce lieu par un nuage blanc qui s'étend comme un linceul dans les airs, et peu d'heures après tout l'horizon en est obscurci.

Lucile avait pris secrètement toutes les informations possibles à l'insu de lord Nelvil ; il ne se doutait pas de ses terreurs, et se livrait tout entier aux réflexions que faisait naître en lui le retour en Italie. Lucile, que le but du voyage agitait encore plus que le voyage même, jugeait tout avec une prévention défavorable, et faisait tacitement un tort à lord Nelvil de sa parfaite sécurité sur elle et sur sa fille. Le matin du passage du mont Cenis, plusieurs paysans se rassemblèrent autour de Lucile, et lui dirent que le temps menaçait *la tourmente*. Néanmoins ceux qui devaient la porter, elle et sa fille, assurèrent qu'il n'y avait rien à craindre. Lucile regarda lord Nelvil ; elle vit qu'il se moquait de la peur qu'on voulait leur faire, et, de nouveau blessée par ce courage, elle se hâta de déclarer qu'elle voulait partir. Oswald ne s'aperçut pas du sentiment qui avait dicté cette résolution, et suivit à cheval le brancard sur lequel étaient portées sa femme et sa fille. Ils montèrent assez facilement ; mais quand ils furent à la moitié de la plaine qui sépare la montée de la descente, un horrible ouragan s'éleva. Des tourbillons de neige aveuglaient les conducteurs, et plusieurs fois Lucile n'apercevait plus Oswald, que la tempête avait comme enveloppé de ses brouillards impétueux. Les respectables religieux qui se consacrent, sur le sommet des Alpes, au salut des voyageurs, commencèrent à sonner leurs cloches d'alarme ; et, bien que ce signal annonçât la pitié des hommes bienfaisants qui le faisaient entendre, ce son en lui-même avait quelque chose de très sombre, et les coups précipités de l'airain exprimaient mieux encore l'effroi que le secours.

Lucile espérait qu'Oswald proposerait de s'arrêter dans le couvent et d'y passer la nuit ; mais comme elle ne voulut pas lui dire qu'elle le desirait, il crut qu'il valait mieux se hâter d'arriver avant la fin du jour ; les porteurs de Lucile lui demandèrent avec inquiétude s'il fallait commencer la descente. « Oui, répondit-elle, puisque milord ne s'y oppose pas. » Lucile avait tort de ne pas exprimer ses craintes, car sa fille était avec elle ; mais quand on aime et qu'on ne se croit pas aimé, on se blesse de tout, et chaque instant de la vie est une douleur, et presque une humiliation. Oswald restait à cheval, bien que ce fût la plus dangereuse manière de descendre ; mais il se croyait ainsi plus sûr de ne pas perdre de vue sa femme et sa fille.

Au moment où Lucile vit du sommet du mont la route qui en descend, cette route si rapide qu'on la prendrait elle-même pour un précipice, si les abîmes qui sont à côté n'en faisaient sentir la différence, elle serra sa fille contre son cœur avec une émotion très vive. Oswald le remarqua, et, laissant son cheval, il vint lui-même se joindre aux porteurs pour soutenir le brancard. Oswald avait tant de grace dans tout ce qu'il faisait, que Lucile, en le voyant s'occuper d'elle et de Juliette avec beaucoup de zèle et d'intérêt, sentit ses yeux mouillés de larmes ; puis à l'instant il s'éleva un coup de vent si terrible, que les porteurs eux-mêmes tombèrent à genoux, et s'écrièrent : *O mon Dieu, secourez-nous!* Alors Lucile reprit tout son courage, et, se soulevant sur le brancard, elle tendit Juliette à lord Nelvil, en lui disant : « Mon ami, prenez votre fille. » Oswald la saisit, et dit à Lucile : « Et vous aussi venez, je pourrai vous porter toutes deux. — Non, répondit Lucile, sauvez seulement votre fille. — Comment, sauver ! répéta lord Nelvil ; est-il question de danger ? » Et se retournant vers les porteurs, il s'écria : « Malheureux, que ne disiez-vous... — Ils m'en avaient avertie, interrompit Lucile... — Et vous me l'avez caché ! dit lord Nelvil ; qu'ai-je fait pour mériter ce cruel silence ? » En prononçant ces mots, il enveloppa sa fille dans son manteau, et baissa ses yeux vers la terre dans une anxiété profonde ; mais le ciel, protecteur de Lucile, fit paraître un rayon qui perça les nuages, apaisa la tempête, et découvrit aux regards les fertiles plaines du Piémont. Dans une heure toute la caravane arriva sans accident à la Novalaise, la première ville de l'Italie par-delà le mont Cenis.

En entrant dans l'auberge, Lucile prit sa fille dans ses bras, monta dans une chambre, se mit à genoux, et remercia Dieu avec ferveur. Oswald, pendant qu'elle priait, était appuyé sur la cheminée, d'un air pensif; et quand Lucile se fut relevée, il lui tendit la main, et lui dit : « Lucile, vous avez donc eu peur ? — Oui, mon ami, répondit-elle. — Et pourquoi vous êtes-vous mise en route ? — Vous paraissiez impatient de partir. — Ne savez-vous pas, répondit lord Nelvil, qu'avant tout je crains pour vous ou le danger ou la peine ? — C'est pour Juliette qu'il faut les craindre, » dit Lucile. Elle la prit sur ses genoux, pour la réchauffer auprès du feu, et bouclait avec ses mains les beaux cheveux noirs de cette enfant, que la neige et la pluie avaient aplatis sur son front. Dans ce moment, la mère et la fille étaient charmantes. Oswald les regarda toutes les deux avec tendresse ; mais encore une fois le silence suspendit un entretien qui peut-être aurait conduit à une explication heureuse.

Ils arrivèrent à Turin ; cette année-là, l'hiver était très rigoureux : les vastes appartements de l'Italie sont destinés à recevoir le soleil, ils paraissaient déserts pendant le froid. Les hommes sont bien petits sous ces grandes voûtes. Elles font plaisir pendant l'été par la fraîcheur qu'elles donnent, mais au milieu de l'hiver on ne sent que le vide de ces palais immenses, dont les possesseurs semblent des pygmées dans la demeure des géants.

On venait d'apprendre la mort d'Alfieri, et c'était un deuil général pour tous les Italiens qui voulaient s'enorgueillir de leur patrie. Lord Nelvil croyait voir partout l'empreinte de la tristesse; il ne reconnaissait plus l'impression que l'Italie avait produite jadis sur lui. L'absence de celle qu'il avait tant aimée désenchantait à ses yeux la nature et les arts. Il demanda des nouvelles de Corinne à Turin; on lui dit que depuis cinq ans elle n'avait rien publié, et vivait dans la retraite la plus profonde; mais on l'assura qu'elle était à Florence. Il résolut d'y aller, non pour y rester, et trahir ainsi l'affection qu'il devait à Lucile, mais pour expliquer du moins lui-même à Corinne comment il avait ignoré son voyage en Écosse.

En traversant les plaines de la Lombardie, Oswald s'écriait : « Ah! que cela était beau lorsque tous les ormeaux étaient couverts de feuilles, et lorsque les pampres verts les unissaient entre eux! » Lucile se disait en elle-même : « C'était beau quand Corinne était avec lui. » Un brouillard humide, tel qu'il en fait souvent dans les plaines traversées par un si grand nombre de rivières, obscurcissait la vue de la campagne. On entendait, pendant la nuit, dans les auberges, tomber sur les toits ces pluies abondantes du Midi qui ressemblent au déluge. Les maisons en sont pénétrées, et l'eau vous poursuit partout avec l'activité du feu. Lucile cherchait en vain le charme de l'Italie : on eût dit que tout se réunissait pour la couvrir d'un voile sombre, à ses regards comme à ceux d'Oswald.

CHAPITRE VI.

Oswald, depuis qu'il était entré en Italie, n'avait pas prononcé un mot d'italien; il semblait que cette langue lui fît mal, et qu'il évitât de l'entendre comme de la parler. Le soir du jour où lady Nelvil et lui étaient arrivés à l'auberge de Milan, ils entendirent frapper à leur porte, et virent entrer dans leur chambre un Romain d'une figure très noire, très marquée, mais cependant sans véritable physionomie; des traits créés pour l'expression, mais auxquels il manquait l'âme qui la donne; et sur cette figure il y avait à perpétuité un sourire gracieux, et un regard qui voulait être poétique. Il se mit, dès la porte, à improviser des vers remplis de louanges sur la mère, l'enfant et l'époux ; de ces louanges qui conviennent à toutes les mères, à tous les enfants, à tous les époux du monde, et dont l'exagération passait par-dessus tous les sujets, comme si les paroles et la vérité ne devaient avoir aucun rapport ensemble. Le Romain se servait cependant de ces sons harmonieux qui ont tant de charmes dans l'italien ; il déclamait avec une force qui faisait encore mieux remarquer l'insignifiance de ce qu'il disait. Rien ne pouvait être plus pénible pour Oswald que d'entendre ainsi pour la première fois, après un long intervalle, une langue chérie, de revoir ainsi ses souvenirs travestis, et de sentir une impression de tristesse renouvelée par un objet ridicule. Lucile s'aperçut de la cruelle situation de l'ame d'Oswald, elle voulait faire finir l'improvisateur ; mais il était impossible d'en être écouté ; il se promenait dans la chambre à grands pas ; il faisait des exclamations et des gestes continuels, et ne s'embarrassait pas du tout de l'ennui qu'il causait à ses auditeurs. Son mouvement était comme celui d'une machine montée, qui ne s'arrête qu'après un temps marqué ; enfin ce temps arriva, et lady Nelvil parvint à le congédier.

Quand il fut sorti, Oswald dit : « Le langage poétique est si facile à parodier en Italie, qu'on devrait l'interdire à tous ceux qui ne sont pas dignes de le parler. — Il est vrai, reprit Lucile, peut-être un peu trop séchement, il est vrai qu'il doit être désagréable de se rappeler ce qu'on admire par ce que nous venons d'entendre. » Ce mot blessa lord Nelvil. » Bien loin de là, dit-il ; il me semble qu'un tel contraste fait sentir la puissance du génie. C'est ce même langage, si misérablement dégradé, qui devenait une poésie céleste, lorsque Corinne, lorsque votre sœur, reprit-il avec affectation, s'en servait pour exprimer ses pensées. » Lucile fut comme atterrée par ces paroles : le nom de Corinne ne lui avait pas encore été prononcé par Oswald pendant tout le voyage, encore moins celui de *votre sœur*, qui semblait indiquer un reproche. Les larmes étaient prêtes à la suffoquer, et si elle se fût abandonnée à cette émotion, peut-être ce moment eût-il été le plus doux de sa vie ; mais elle se contint, et la gêne qui existait entre les deux époux n'en devint que plus pénible.

Le lendemain le soleil parut, et, malgré les mauvais jours qui avaient précédé, il se montra brillant et radieux, comme un exilé qui rentre dans sa patrie. Lucile et lord Nelvil en profitèrent pour aller voir la cathédrale de Milan ; c'est le chef-d'œuvre de l'architecture gothique en Italie, comme Saint-Pierre de l'architecture moderne. Cette église, bâtie en forme de croix, est une belle image de douleur, qui s'élève au-dessus de la riche et joyeuse ville de Milan. En montant jusques au haut du clocher, on est confondu du travail scrupuleux de chaque détail. L'édifice entier, dans toute sa hauteur, est orné, sculpté, découpé, si l'on peut s'exprimer ainsi, comme le serait un petit objet d'agrément. Que de patience et de temps il fallut pour accomplir un tel œuvre ! La persévérance vers un même but se transmettait jadis de génération en génération, et le genre humain, stable dans ses pensées, élevait des monuments inébranlables comme elles. Une église gothique fait naître des dispositions très religieuses. Horace Walpole a dit que *les papes ont consacré à bâtir des temples à la moderne, les richesses que leur avait values la dévotion inspirée par les églises gothiques.* La lumière qui passe à travers les vitraux coloriés, les formes singulières de l'architecture, enfin l'aspect entier de l'église est une image silencieuse de ce mystère de l'infini qu'on sent au-dedans de soi, sans pouvoir jamais s'en affranchir ni le comprendre.

Lucile et lord Nelvil quittèrent Milan un jour où la terre était couverte de neige, et rien n'est plus triste que la neige en Italie. On n'y est point accoutumé à voir disparaître la nature sous le voile uniforme des frimas ; tous les Italiens se désolent du mauvais temps, comme d'une calamité publique. En voyageant avec Lucile, Oswald avait pour l'Italie une sorte de coquetterie qui n'était pas satisfaite ; l'hiver déplaît là plus que partout ailleurs, parceque l'imagination n'y est point préparée. Lord et lady Nelvil traversèrent Plaisance, Parme, Modène. Les églises et les palais en sont trop vastes, à proportion du nombre et de la fortune des habitants. On dirait que ces villes sont arrangées pour recevoir de grands seigneurs qui doivent arriver, mais qui se sont fait précéder seulement par quelques hommes de leur suite.

Le matin du jour où Lucile et lord Nelvil se proposaient de traverser le Taro, comme si tout devait contribuer à leur rendre cette fois le voyage d'Italie lugubre, le fleuve s'était débordé la nuit précédente ; et l'inondation de ces fleuves qui descendent des Alpes et des Apennins est très effrayante. On les entend gronder de loin comme le tonnerre ; et leur course est si rapide, que les flots et le bruit qui les annonce arrivent presque en même temps. Un pont sur de telles rivières n'est guère possible, parcequ'elles changent de lit sans cesse, et s'élèvent bien au-dessus du niveau de la plaine. Oswald et Lucile se trouvèrent tout-à-coup arrêtés au bord de ce fleuve ; les bateaux avaient été emportés par le courant, et il fallait attendre que les Italiens, peuple qui ne se presse pas, les eussent ramenés sur le nouveau rivage que le torrent avait formé. Lucile, pendant ce temps, se promenait pensive et glacée ; le brouillard était tel que le fleuve se confondait avec l'horizon, et ce spectacle rappelait bien plutôt les descriptions poétiques des rives du Styx, que ces eaux bienfaisantes qui doivent charmer les regards des habitants brûlés par les rayons du soleil. Lucile craignait pour sa fille le froid rigoureux qu'il faisait, et la mena dans une cabane de pêcheur, où le feu était allumé au milieu de la chambre, comme en Russie. « Où donc est votre belle Italie? » dit Lucile en souriant à lord Nelvil. « Je ne sais quand je la retrouverai, » répondit-il avec tristesse.

En approchant de Parme et de toutes les villes qui sont sur cette route, on a de loin le coup d'œil pittoresque des toits en forme de terrasse, qui donnent aux villes d'Italie un aspect oriental. Les églises, les clochers ressortent singulièrement au milieu de ces plates-formes ; et quand on revient dans le Nord, les toits en pointe, qui sont ainsi faits pour se garantir de la neige, causent une impression très désagréable. Parme conserve encore quelques chefs-d'œuvre du Corrége : lord Nelvil conduisit Lucile dans une église où l'on voit une peinture à fresque de lui, appelée la Madone *della scalla* ; elle est recouverte par un rideau. Lorsque l'on tira ce rideau, Lucile prit Juliette dans ses bras pour lui faire mieux voir le tableau, et dans cet instant l'attitude de la mère et de l'enfant se trouva par hasard presque la même que celle de la Vierge et de son Fils. La figure de Lucile avait tant de ressemblance avec l'idéal de modestie et de grace que le Corrége a peint, qu'Oswald portait alternativement ses regards du tableau vers Lucile, et de Lucile vers le tableau ; elle le remarqua, baissa les yeux, et la ressemblance devint plus frappante encore ; car le Corrége est peut-être le seul peintre qui sache donner aux yeux baissés une expression aussi pénétrante que s'ils étaient levés vers le ciel. Le voile qu'il jette sur les regards ne dérobe en rien le sentiment ni la pensée, mais leur donne un charme de plus, celui d'un mystère céleste.

Cette Madone est près de se détacher du mur, et l'on voit la couleur presque tremblante qu'un souffle pourrait faire tomber. Cela donne à ce tableau le charme mélancolique de tout ce qui est passager, et l'on y revient plusieurs fois, comme pour dire à sa beauté qui va disparaître un sensible et dernier adieu.

En sortant de l'église, Oswald dit à Lucile : « Ce tableau, dans peu de temps, n'existera plus; mais moi j'aurai toujours sous les yeux son modèle. » Ces paroles aimables attendrirent Lucile; elle serra la main d'Oswald : elle était prête à lui demander si son cœur pouvait se fier à cette expression de tendresse; mais quand un mot d'Oswald lui semblait froid, sa fierté l'empêchait de s'en plaindre ; et quand elle était heureuse d'une expression sensible, elle craignait de troubler ce moment de bonheur, en voulant le rendre plus durable. Ainsi son ame et son esprit trouvaient toujours des raisons pour le silence. Elle se flattait que le temps, la résignation et la douceur amèneraient un jour fortuné qui dissiperait toutes ses craintes.

CHAPITRE VII.

La santé de lord Nelvil se remettait par le climat d'Italie; mais une inquiétude cruelle l'agitait sans cesse : il demandait partout des nouvelles de Corinne, et on lui répondait partout, comme à Turin, qu'on la croyait à Florence, mais qu'on ne savait rien d'elle depuis qu'elle ne voyait personne et n'écrivait plus. Oh! ce n'était pas ainsi que le nom de Corinne s'annonçait autrefois; et celui qui avait détruit son bonheur et son éclat pouvait-il se le pardonner?

En approchant de Bologne, on est frappé de loin par deux tours très élevées, dont l'une surtout est penchée d'une manière qui effraie la vue. C'est en vain que l'on sait qu'elle est ainsi bâtie, et que c'est ainsi qu'elle a vu passer les siècles; cet aspect importune l'imagination. Bologne est une des villes où l'on trouve un plus grand nombre d'hommes instruits dans tous les genres; mais le peuple y produit une impression désagréable. Lucile s'attendait au langage harmonieux d'Italie qu'on lui avait annoncé, et le dialecte bolonais dut la surprendre péniblement; il n'en est pas de plus rauque dans les pays du Nord. C'était au milieu du carnaval qu'Oswald et Lucile arrivèrent à Bologne ; l'on entendait jour et nuit des cris de joie tout semblables à des cris de colère.

Une population pareille à celle des lazzaroni de Naples couche la nuit sous les arcades nombreuses qui bordent les rues de Bologne ; ils portent pendant l'hiver un peu de feu dans un vase de terre, mangent dans la rue, et poursuivent les étrangers par des demandes continuelles. Lucile espérait en vain ces voix mélodieuses qui se font entendre la nuit dans les villes d'Italie ; elles se taisent toutes quand le temps est froid, et sont remplacées à Bologne par des clameurs qui effraient quand on n'y est pas accoutumé. Le jargon des gens du peuple paraît hostile, tant le son en est rude ; et les mœurs de la populace sont beaucoup plus grossières dans quelques contrées méridionales, que dans les pays du Nord. La vie sédentaire perfectionne l'ordre social ; mais le soleil, qui permet de vivre dans les rues, introduit quelque chose de sauvage dans les habitudes des gens du peuple [1].

Oswald et lady Nelvil ne pouvaient faire un pas sans être assaillis par une quantité de mendiants, qui sont en général le fléau de l'Italie. En passant devant les prisons de Bologne, dont les barreaux donnent sur la rue, ils virent les détenus qui se livraient à la joie la plus déplaisante, s'adressaient aux passants d'une voix de tonnerre, et demandaient des secours avec des plaisanteries ignobles et des rires immodérés ; enfin tout donnait dans ce lieu l'idée d'un peuple sans dignité. « Ce n'est pas ainsi, dit Lucile, que se montre en Angleterre notre peuple, concitoyen de ses chefs. Oswald, un tel pays peut-il vous plaire ? — Dieu me préserve, répondit Oswald, de jamais renoncer à ma patrie ! mais quand vous aurez passé les Apennins, vous entendrez parler le toscan ; vous verrez le véritable Midi ; vous connaîtrez le peuple spirituel et animé de ces contrées, et vous serez, je le crois, moins sévère pour l'Italie. »

On peut juger la nation italienne, suivant les circonstances, d'une manière tout-à-fait différente. Quelquefois le mal qu'on en a dit si souvent s'accorde avec ce que l'on voit ; et d'autres fois il paraît souverainement injuste. Dans un pays où la plupart des gouvernements étaient sans garantie, et l'empire de l'opinion presque aussi nul pour les premières classes que pour les derniè-

---

[1] On avait annoncé, pour deux heures après midi, une éclipse de soleil à Bologne : le peuple se rassembla sur la place publique pour la voir ; et, impatient de ce qu'elle tardait, il l'appelait impétueusement comme un acteur qui se fait attendre : enfin, elle commença ; et comme le temps nébuleux empêchait qu'elle ne produisît un grand effet, il se mit à la siffler à grand bruit, trouvant que le spectacle ne répondait pas à son attente.

res; dans un pays où la religion est plus occupée du culte que de la morale, il y a peu de bien à dire de la nation, considérée d'une manière générale; mais on y rencontre beaucoup de qualités privées. C'est donc le hasard des relations individuelles qui inspire aux voyageurs la satire ou la louange; les personnes que l'on connaît particulièrement décident du jugement qu'on porte sur la nation; jugement qui ne peut trouver de base fixe, ni dans les institutions, ni dans les mœurs, ni dans l'esprit public.

Oswald et Lucile allèrent voir ensemble les belles collections de tableaux qui sont à Bologne. Oswald, en les parcourant, s'arrêta long-temps devant la Sibylle, peinte par le Dominiquin. Lucile remarqua l'intérêt qu'excitait en lui ce tableau; et voyant qu'il s'oubliait long-temps à le contempler, elle osa s'approcher enfin, et lui demanda timidement si la Sibylle du Dominiquin parlait plus à son cœur que la Madone du Corrége. Oswald comprit Lucile, et fut étonné de tout ce que ce mot signifiait; il la regarda quelque temps sans lui répondre, et puis il lui dit : « La sibylle ne rend plus d'oracles; son génie, son talent, tout est fini : mais l'angélique figure du Corrége n'a rien perdu de ses charmes, et l'homme malheureux qui fit tant de mal à l'une ne trahira jamais l'autre. » En achevant ces mots, il sortit pour cacher son trouble.

LIVRE XX.

CONCLUSION.

CHAPITRE PREMIER.

Après ce qui s'était passé dans la galerie de Bologne, Oswald comprit que Lucile en savait plus sur ses relations avec Corinne qu'il ne l'avait imaginé, et il eut enfin l'idée que sa froideur et son silence venaient peut-être de quelques peines secrètes; cette fois néanmoins ce fut lui qui craignit l'explication que jusqu'alors Lucile avait redoutée. Le premier mot étant dit, elle aurait tout révélé si lord Nelvil l'avait voulu; mais il lui en coûtait trop de parler de Corinne au moment de la revoir, de s'engager par une promesse, enfin de traiter un sujet si propre à l'émouvoir avec une personne qui lui causait toujours un sentiment de gêne, et dont il ne connaissait le caractère qu'imparfaitement.

Ils traversèrent les Apennins, et trouvèrent par delà le beau climat d'Italie. Le vent de mer, qui est si étouffant pendant l'été, répandait alors une douce chaleur; les gazons étaient verts; l'automne finissait à peine, et déjà le printemps semblait s'annoncer. On voyait dans les marchés les fruits de toute espèce, des oranges, des grenades. Le langage toscan commençait à se faire entendre; enfin tous les souvenirs de la belle Italie rentraient dans l'ame d'Oswald, mais aucune espérance ne venait s'y mêler : il n'y avait que du passé dans toutes ses impressions. L'air suave du Midi agissait aussi sur la disposition de Lucile : elle eût été plus confiante, plus animée, si lord Nelvil l'eût encouragée; mais ils étaient tous les deux retenus par une timidité pareille, inquiets de leur disposition mutuelle, et n'osant se communiquer ce qui les occupait. Corinne, dans une telle situation, eût bien vite obtenu le secret d'Oswald comme celui de Lucile; mais ils avaient l'un et l'autre le même genre de réserve, et plus ils se ressemblaient à cet égard, et plus il était difficile qu'ils sortissent de la situation contrainte où ils se trouvaient.

CHAPITRE II.

En arrivant à Florence, lord Nelvil écrivit au prince Castel-Forte, et peu d'instants après le prince se rendit chez lui. Oswald fut si ému en le voyant, qu'il fut long-temps sans pouvoir lui parler; enfin il lui demanda des nouvelles de Corinne. « Je n'ai rien que de triste à vous dire sur elle, répondit le prince Castel-Forte : sa santé est très mauvaise, et s'affaiblit tous les jours. Elle ne voit personne que moi; l'occupation lui est souvent très difficile; cependant je la croyais un peu plus calme, lorsque nous avons appris votre arrivée en Italie. Je ne puis vous cacher qu'à cette nouvelle son émotion a été si vive, que la fièvre qui l'avait quittée l'a reprise. Elle ne m'a point dit quelle était son intention relativement à vous, car j'évite avec grand soin de lui prononcer votre nom. — Ayez la bonté, prince, reprit Oswald, de lui faire voir la lettre que vous avez reçue de moi, il y a près de cinq ans : elle contient tous les détails des circonstances qui m'ont empêché d'apprendre son voyage en Angleterre avant que je fusse l'époux de Lucile; et quand elle l'aura lue, demandez-lui de me recevoir. J'ai besoin de lui parler pour justifier, s'il se peut, ma conduite. Son estime m'est nécessaire, quoique je ne doive plus prétendre à son intérêt. — Je remplirai vos desirs, milord, dit le prince Castel-Forte : je souhaiterais que vous lui fissiez quelque bien. »

Lady Nelvil entra dans ce moment, Oswald lui présenta le prince Castel-Forte : elle le reçut avec assez de froideur ; il la regarda fort attentivement. Sa beauté sans doute le frappa, car il soupira en pensant à Corinne, et sortit. Lord Nelvil le suivit. « Elle est charmante lady Nelvil, dit le prince Castel-Forte ; quelle jeunesse ! quelle fraîcheur ! Ma pauvre amie n'a plus rien de cet éclat ; mais il ne faut pas oublier, milord, qu'elle était bien brillante aussi quand vous l'avez vue pour la première fois ! — Non, je ne l'oublie pas, s'écria lord Nelvil ; non, je ne me pardonnerai jamais... » et il s'arrêta sans pouvoir achever ce qu'il voulait dire. Le reste du jour il fut silencieux et sombre. Lucile n'essaya pas de le distraire, et lord Nelvil était blessé de ce qu'elle ne l'essayait pas. Il se disait en lui-même : « Si Corinne m'avait vu triste, Corinne m'aurait consolé. »

Le lendemain matin, son inquiétude le conduisit de très bonne heure chez le prince Castel-Forte. « Eh bien, lui dit-il, qu'a-t-elle répondu ? — Elle ne veut pas vous voir, répondit le prince Castel-Forte. — Et quels sont ses motifs ? — J'ai été hier chez elle, et je l'ai trouvée dans une agitation qui faisait bien de la peine. Elle marchait à grands pas dans sa chambre, malgré son extrême faiblesse ; sa pâleur était quelquefois remplacée par une vive rougeur qui disparaissait aussitôt. Je lui ai dit que vous souhaitiez de la voir ; elle a gardé le silence quelques instants, et m'a dit enfin ces paroles que je vous rendrai fidèlement, puisque vous l'exigez : « *C'est un homme qui m'a fait trop de mal. L'ennemi qui m'aurait jetée dans une prison, qui m'aurait bannie et proscrite, n'eût pas déchiré mon cœur à ce point. J'ai souffert ce que personne n'a jamais souffert, un mélange d'attendrissement et d'irritation qui faisait de mes pensées un supplice continuel. J'avais pour Oswald autant d'enthousiasme que d'amour. Il doit s'en souvenir ; je lui ai dit une fois qu'il m'en coûterait moins de ne plus l'aimer, que de ne plus l'admirer. Il a flétri l'objet de mon culte, il m'a trompée volontairement ou involontairement, n'importe, il n'est pas celui que je croyais. Qu'a-t-il fait pour moi ? Il a joui pendant près d'une année du sentiment qu'il m'inspirait ; et quand il a fallu me défendre, et quand il a fallu manifester son cœur par une action, en a-t-il fait une ?*

peut-il se vanter d'un sacrifice, d'un mouvement généreux? Il est heureux maintenant, il possède tous les avantages que le monde apprécie; moi, je me meurs : qu'il me laisse en paix. »

« Ces paroles sont bien dures, dit Oswald. — Elle est aigrie par la souffrance, reprit le prince Castel-Forte : je lui ai vu souvent une disposition plus douce ; souvent, permettez-moi de vous le dire, elle vous a défendu contre moi. — Vous me trouvez donc bien coupable? reprit lord Nelvil. — Me permettez-vous de vous le dire? je pense que vous l'êtes, dit le prince Castel-Forte. Les torts qu'on peut avoir avec une femme ne nuisent point dans l'opinion du monde; ces fragiles idoles, adorées aujourd'hui, peuvent être brisées demain sans que personne prenne leur défense, et c'est pour cela même que je les respecte davantage ; car la morale, à leur égard, n'est défendue que par notre propre cœur. Aucun inconvénient ne résulte pour nous de leur faire du mal, et cependant ce mal est affreux. Un coup de poignard est puni par les lois, et le déchirement d'un cœur sensible n'est l'objet que d'une plaisanterie : il vaudrait donc mieux se permettre le coup de poignard.—Croyez-moi, répondit lord Nelvil, moi aussi j'ai été bien malheureux, c'est ma seule justification ; mais autrefois Corinne eût entendu celle-là. Il se peut qu'elle ne lui fasse plus rien à présent. Néanmoins je veux lui écrire. Je crois encore qu'à travers tout ce qui nous sépare, elle entendra la voix de son ami. — Je lui remettrai votre lettre, dit le prince Castel-Forte; mais, je vous en conjure, ménagez-la : vous ne savez pas ce que vous êtes encore pour elle. Cinq ans ne font que rendre une impression plus profonde, quand aucune autre idée n'en a distrait : voulez-vous savoir dans quel état elle est à présent? une fantaisie bizarre, à laquelle mes prières n'ont pu la faire renoncer, vous en donnera l'idée. »

En achevant ces mots, le prince Castel-Forte ouvrit la porte de son cabinet, et lord Nelvil l'y suivit. Il vit d'abord le portrait de Corinne, telle qu'elle avait paru dans le premier acte de *Roméo et Juliette*, ce jour, celui de tous où il s'était senti le plus d'entraînement pour elle. Un air de confiance et de bonheur animait tous ses traits. Les souvenirs de ces temps de fête se réveillèrent tout entiers dans l'imagination de lord Nelvil; et comme il trouvait du plaisir à s'y livrer, le prince Castel-Forte le prit par la main, et, tirant un rideau de crêpe qui couvrait un autre tableau, il lui montra Corinne telle qu'elle avait voulu se faire peindre cette année même, en robe noire, d'après le costume qu'elle n'avait point quitté depuis son retour d'Angleterre. Oswald se rappela tout-à-coup l'impression que lui avait faite une femme vêtue ainsi, qu'il avait aperçue à Hydeparck; mais ce qui le frappa surtout, ce fut l'inconcevable changement de la figure de Corinne. Elle était là, pâle comme la mort, les yeux à demi fermés; ses longues paupières voilaient ses regards, et portaient une ombre sur ses joues sans couleur. Au bas du portrait était écrit ce vers du *Pastor fido :*

A pena si puo dir : Questa fu rosa [1].

« Quoi ! dit lord Nelvil, c'est ainsi qu'elle est maintenant? — Oui, répondit le prince Castel-Forte, et, depuis quinze jours, plus mal encore. » A ces mots, lord Nelvil sortit comme un insensé: l'excès de sa peine troublait sa raison.

CHAPITRE III.

Rentré chez lui, il s'enferma dans sa chambre tout le jour. Lucile vint à l'heure du dîner frapper doucement à sa porte. Il ouvrit, et lui dit : « Ma chère Lucile, permettez que je reste seul aujourd'hui; ne m'en sachez pas mauvais gré. » Lucile se retourna vers Juliette, qu'elle tenait par la main, l'embrassa, et s'éloigna sans prononcer un seul mot. Lord Nelvil referma sa porte, et se rapprocha de sa table, sur laquelle était la lettre qu'il écrivait à Corinne. Mais il se dit, en versant des pleurs : « Serait-il possible que je fisse aussi souffrir Lucile? A quoi sert donc ma vie, si tout ce qui m'aime est malheureux par moi? »

Lettre de lord Nelvil à Corinne.

« Si vous n'étiez pas la plus généreuse personne du monde,
« qu'aurais-je à vous dire? Vous pouvez m'accabler par vos re-
« proches, et, ce qui est plus affreux encore, me déchirer par votre
« douleur. Suis-je un monstre, Corinne, puisque j'ai fait tant de
« mal à ce que j'aimais ! Ah ! je souffre tellement, que je ne puis
« me croire tout-à-fait barbare. Vous savez, quand je vous ai
« connue, que j'étais accablé par le chagrin qui me suivra jus-
« qu'au tombeau. Je n'espérais pas le bonheur. J'ai lutté long-
« temps contre l'attrait que vous m'inspiriez. Enfin, quand il a
« eu triomphé de moi, j'ai toujours gardé dans mon âme un
« sentiment de tristesse, présage d'un malheureux sort. Tantôt

[1] A peine peut-on dire : Elle fut une rose.

« je croyais que vous étiez un bienfait de mon père, qui veillait
« dans le ciel sur ma destinée, et voulait que je fusse encore aimé
« sur cette terre comme il m'avait aimé pendant sa vie. Tantôt
« je croyais que je désobéissais à ses volontés, en épousant une
« étrangère, en m'écartant de la ligne tracée par mes devoirs et
« par ma situation. Ce dernier sentiment prévalut quand je fus
« de retour en Angleterre, quand j'appris que mon père avait
« condamné d'avance mon sentiment pour vous. S'il avait vécu,
« je me serais cru le droit de lutter, à cet égard, contre son auto-
« rité; ceux qui ne sont plus ne peuvent nous entendre, et leur
« volonté sans force porte un caractère touchant et sacré.

« Je me retrouvai au milieu des habitudes et des liens de la pa-
« trie; je rencontrai votre sœur, que mon père m'avait destinée,
« et qui convenait si bien au besoin du repos, au projet d'une vie
« régulière. J'ai dans le caractère une sorte de faiblesse qui me
« fait redouter ce qui agite l'existence. Mon esprit est séduit par
« des espérances nouvelles; mais j'ai tant éprouvé de peines, que
« mon ame malade craint tout ce qui l'expose à des émotions trop
« fortes, à des résolutions pour lesquelles il faut heurter mes sou-
« venirs et les affections nées avec moi. Cependant, Corinne, si
« je vous avais sue en Angleterre, jamais je n'aurais pu me déta-
« cher de vous. Cette admirable preuve de tendresse eût entraîné
« mon cœur incertain. Ah! pourquoi dire ce que j'aurais fait?
« Serions-nous heureux? suis-je capable de l'être? Incertain
« comme je le suis, pouvais-je choisir un sort, quelque beau qu'il
« fût, sans en regretter un autre?

« Quand vous me rendîtes ma liberté, je fus irrité contre vous;
« je rentrai dans les idées que le commun des hommes doit pren-
« dre en vous voyant. Je me dis qu'une personne aussi supérieure
« se passerait facilement de moi. Corinne, j'ai déchiré votre
« cœur, je le sais; mais je croyais n'immoler que moi. Je pensais
« que j'étais plus que vous inconsolable, et que vous m'oublieriez,
« quand je vous regretterais toujours. Enfin les circonstances
« m'enlacèrent, et je ne veux point nier que Lucile ne soit digne
« et des sentiments qu'elle m'inspire, et de bien mieux encore.
« Mais dès que je sus votre voyage en Angleterre, et le malheur
« que je vous avais causé, il n'y eut plus dans ma vie qu'une peine
« continuelle. J'ai cherché la mort pendant quatre ans, au milieu
« de la guerre, certain qu'en apprenant que je n'étais plus, vous
« me trouveriez justifié. Sans doute vous avez à m'opposer une

« vie de regrets et de douleurs, une fidélité profonde pour un
« ingrat qui ne la méritait pas; mais songez que la destinée des
« hommes se complique de mille rapports divers qui troublent la
« constance du cœur. Cependant, s'il est vrai que je n'ai pu ni
« trouver ni donner le bonheur; s'il est vrai que je vis seul depuis
« que je vous ai quittée, que jamais je ne parle du fond de mon
« cœur, que la mère de mon enfant, que celle que je dois aimer
« à tant de titres, reste étrangère à mes secrets comme à mes
« pensées; s'il est vrai qu'un état habituel de tristesse m'ait re-
« plongé dans cette maladie dont vos soins, Corinne, m'avaient
« autrefois tiré; si je suis venu en Italie, non pas pour me guérir,
« vous ne croyez pas que j'aime la vie, mais pour vous dire
« adieu : refuserez-vous de me voir une fois, une seule fois? Je
« le souhaite, parceque je crois que je vous ferais du bien. Ce n'est
« pas ma propre souffrance qui me détermine. Qu'importe que je
« sois bien misérable! qu'importe qu'un poids affreux pèse sur
« mon cœur, si je m'en vais d'ici sans vous avoir parlé, sans avoir
« obtenu de vous mon pardon! Il faut que je sois malheureux, et
« certainement je le serai. Mais il me semble que votre cœur se-
« rait soulagé si vous pouviez penser à moi comme à votre ami,
« si vous aviez vu combien vous m'êtes chère, si vous l'aviez
« senti par ces regards, par cet accent d'Oswald, de ce criminel
« dont le sort est plus changé que le cœur.

« Je respecte mes liens, j'aime votre sœur; mais le cœur hu-
« main, bizarre, inconséquent, tel qu'il l'est, peut renfermer et
« cette tendresse et celle que j'éprouve pour vous. Je n'ai rien à
« dire de moi qui puisse s'écrire ; tout ce qu'il faut expliquer me
« condamne. Néanmoins si vous me voyiez me prosterner devant
« vous, vous pénétreriez, à travers tous mes torts et tous mes de-
« voirs, ce que vous êtes encore pour moi, et cet entretien vous
« laisserait un sentiment doux. Hélas! notre santé est bien faible
« à tous les deux, et je ne crois pas que le ciel nous destine une
« longue vie. Que celui de nous deux qui précédera l'autre se
« sente regretté, se sente aimé de l'ami qu'il laissera dans ce
« monde! L'innocent devrait seul avoir cette jouissance; mais
« qu'elle soit aussi accordée au coupable!

« Corinne, sublime amie, vous qui lisez dans les cœurs, devi-
« nez ce que je ne puis dire; entendez-moi comme vous m'en-
« tendiez. Laissez-moi vous voir; permettez que mes lèvres pâles
« pressent vos mains affaiblies : ah! ce n'est pas moi seul qui ai

« fait ce mal, c'est le même sentiment qui nous a consumés tous
« les deux ; c'est la destinée qui a frappé deux êtres qui s'ai-
« maient : mais elle a dévoué l'un d'eux au crime, et celui-là, Co-
« rinne, n'est peut-être pas le moins à plaindre ! »

Réponse de Corinne.

« S'il ne fallait pour vous voir que vous pardonner, je ne m'y
« serais pas un instant refusée. Je ne sais pourquoi je n'ai point
« de ressentiment contre vous, bien que la douleur que vous m'a-
« vez causée me fasse frissonner d'effroi. Il faut que je vous aime
« encore, pour n'avoir aucun mouvement de haine ; la religion
« seule ne suffirait pas pour me désarmer ainsi. J'ai eu des mo-
« ments où ma raison était altérée ; d'autres, et c'étaient les plus
« doux, où j'ai cru mourir avant la fin du jour, par le serrement
« de cœur qui m'oppressait ; d'autres enfin où j'ai douté de tout,
« même de la vertu ; vous étiez pour moi son image ici-bas, et je
« n'avais plus de guide pour mes pensées comme pour mes sen-
« timents, quand le même coup frappait en moi l'admiration et
« l'amour.

« Que serais-je devenue sans le secours céleste? Il n'y a rien
« dans ce monde qui ne fût empoisonné par votre souvenir. Un
« seul asile me restait au fond de l'ame, Dieu m'y a reçue. Mes
« forces physiques vont en décroissant ; mais il n'en est pas ainsi
« de l'enthousiasme qui me soutient. Se rendre digne de l'immor-
« talité est, je me plais à le croire, le seul but de l'existence. Bon-
« heur, souffrances, tout est moyen pour ce but ; et vous avez été
« choisi pour déraciner ma vie de la terre : j'y tenais par un lien
« trop fort.

« Quand j'ai appris votre arrivée en Italie, quand j'ai revu vo-
« tre écriture, quand je vous ai su là, de l'autre côté de la rivière,
« j'ai senti dans mon ame un tumulte effrayant. Il fallait me rap-
« peler sans cesse que ma sœur était votre femme, pour combat-
« tre ce que j'éprouvais. Je ne vous le cache point, vous revoir
« me semblait un bonheur, une émotion indéfinissable, que mon
« cœur enivré de nouveau préférait à des siècles de calme ; mais
« la Providence ne m'a point abandonnée dans ce péril. N'êtes-
« vous pas l'époux d'une autre? Que pouvais-je donc avoir à vous
« dire? M'était-il même permis de mourir entre vos bras ? Et que
« me restait-il pour ma conscience, si je ne faisais aucun sacri-
« fice, si je voulais encore un dernier jour, une dernière heure?

« Maintenant je comparaîtrai devant Dieu, peut-être avec plus
« de confiance, puisque j'ai su renoncer à vous voir. Cette grande
« résolution apaisera mon ame. Le bonheur, tel que je l'ai senti
« quand vous m'aimiez, n'est pas en harmonie avec notre nature :
« il agite, il inquiète, il est si prêt à passer ! Mais une prière ha-
« bituelle, une rêverie religieuse, qui a pour but de se perfection-
« ner soi-même, de se décider dans tout par le sentiment du de-
« voir, est un état doux, et je ne puis savoir quel ravage le seul
« son de votre voix pourrait produire dans cette vie de repos que
« je crois avoir obtenue. Vous m'avez fait beaucoup de mal en
« me disant que votre santé était altérée. Ah ! ce n'est pas moi
« qui la soigne, mais c'est encore moi qui souffre avec vous. Que
« Dieu bénisse vos jours, milord ! soyez heureux, mais soyez-le
« par la piété. Une communication secrète avec la Divinité semble
« placer en nous-mêmes l'être qui se confie et la voix qui lui ré-
« pond ; elle fait deux amis d'une seule ame. Chercheriez-vous
« encore ce qu'on appelle le bonheur ? Ah ! trouverez-vous mieux
« que ma tendresse ? Savez-vous que dans les déserts du Nouveau-
« Monde j'aurais béni mon sort, si vous m'aviez permis de vous
« y suivre ? Savez-vous que je vous aurais servi comme une es-
« clave ? Savez-vous que je me serais prosternée devant vous
« comme devant un envoyé du ciel, si vous m'aviez fidèlement
« aimée ? Eh bien ! qu'avez-vous fait de tant d'amour ? qu'avez-
« vous fait de cette affection unique en ce monde ? un malheur
« unique comme elle. Ne prétendez donc plus au bonheur ; ne
« m'offensez pas en croyant l'obtenir encore. Priez comme moi,
« priez, et que nos pensées se rencontrent dans le ciel.

« Cependant, quand je me sentirai tout-à-fait près de ma fin,
« peut-être me placerai-je dans quelque lieu pour vous voir pas-
« ser. Pourquoi ne le ferais-je pas ? Certainement quand mes yeux
« se troubleront, quand je ne verrai plus rien au-dehors, votre
« image m'apparaîtra. Si je vous avais revu nouvellement, cette
« illusion ne serait-elle pas plus distincte ? Les divinités, chez les
« anciens, n'étaient jamais présentes à la mort ; je vous éloignerai
« de la mienne : mais je souhaite qu'un souvenir récent de vos
« traits puisse encore se retracer dans mon ame défaillante. Os-
« wald, Oswald, qu'est-ce que j'ai dit ? Vous voyez ce que je suis
« quand je m'abandonne à votre souvenir.

« Pourquoi Lucile n'a-t-elle pas désiré de me voir ? c'est vo-
« tre femme, mais c'est aussi ma sœur. J'ai des paroles douces,

« j'en ai même de généreuses à lui adresser. Et votre fille, pour-
« quoi ne m'a-t-elle pas été amenée? Je ne dois pas vous voir :
« mais ce qui vous entoure est ma famille : en suis-je donc rejetée?
« Craint-on que la pauvre petite Juliette ne s'attriste en me voyant?
« Il est vrai que j'ai l'air d'une ombre ; mais je saurais sourire
« pour votre enfant. Adieu, milord, adieu ; pensez-vous que je
« pourrais vous appeler mon frère? mais ce serait parceque vous
« êtes l'époux de ma sœur. Ah! du moins vous serez en deuil
« quand je mourrai, vous assisterez, comme parent, à mes funé-
« railles. C'est à Rome que mes cendres seront d'abord transpor-
« tées ; faites passer mon cercueil sur la route que parcourut jadis
« mon char de triomphe, et reposez-vous dans le lieu même où
« vous m'avez rendu ma couronne. Non, Oswald, non, j'ai tort.
« Je ne veux rien qui vous afflige : je veux seulement une larme,
« et quelques regards vers le ciel, où je vous attendrai. »

CHAPITRE IV.

Plusieurs jours s'écoulèrent sans qu'Oswald pût retrouver du calme, après l'impression déchirante que lui avait causée la lettre de Corinne. Il fuyait la présence de Lucile, il passait les heures entières sur le bord de la rivière qui conduisait à la maison de Corinne, et souvent il fut tenté de se jeter dans les flots, pour être au moins porté, quand il ne serait plus, vers cette demeure dont l'entrée lui était refusée pendant sa vie. La lettre de Corinne lui apprenait qu'elle eût desiré de voir sa sœur; et bien qu'il s'étonnât de ce souhait, il avait envie de la satisfaire : mais comment aborder cette question auprès de Lucile? Il apercevait bien qu'elle était blessée de sa tristesse ; il aurait voulu qu'elle l'interrogeât, mais il ne pouvait se résoudre à parler le premier, et Lucile trouvait toujours le moyen d'amener la conversation sur des sujets indifférents, de proposer une promenade, enfin de détourner un entretien qui aurait pu conduire à une explication. Elle parlait quelquefois de son desir de quitter Florence pour aller voir Rome et Naples. Lord Nelvil ne la contredisait jamais; seulement il demandait encore quelques jours de retard, et Lucile alors y consentait avec une expression de physionomie digne et froide.

Oswald voulut au moins que Corinne vît sa fille, et il ordonna secrètement à sa bonne de la conduire chez elle. Il alla au-devant de l'enfant comme elle revenait, et lui demanda si elle avait été contente de sa visite. Juliette lui répondit par une phrase italienne, et sa prononciation, qui ressemblait à celle de Corinne, fit tressaillir Oswald. « Qui vous a appris cela, ma fille? dit-il. — La dame que je viens de voir, répondit-elle. — Et comment vous a-t-elle reçue? — Elle a beaucoup pleuré en me voyant, dit Juliette; je ne sais pourquoi. Elle m'embrassait et pleurait, et cela lui faisait mal, car elle a l'air bien malade. — Et vous plaît-elle, cette dame, ma fille? continua lord Nelvil. — Beaucoup, répondit Juliette; j'y veux aller tous les jours. Elle m'a promis de m'apprendre tout ce qu'elle sait. Elle dit qu'elle veut que je ressemble à Corinne. Qu'est-ce que c'est que Corinne, mon père? cette dame n'a pas voulu me le dire. » Lord Nelvil ne répondit plus, et s'éloigna pour cacher son attendrissement. Il ordonna que tous les jours, pendant la promenade de Juliette, on la menât chez Corinne; et peut-être eut-il tort envers Lucile, en disposant ainsi de sa fille sans son consentement. Mais, en peu de jours, l'enfant fit des progrès inconcevables dans tous les genres. Son maître d'italien était ravi de sa prononciation; ses maîtres de musique admiraient déjà ses premiers essais.

Rien de tout ce qui s'était passé n'avait fait autant de peine à Lucile que cette influence donnée à Corinne sur l'éducation de sa fille. Elle savait par Juliette que la pauvre Corinne, dans son état de faiblesse et de dépérissement, se donnait une peine extrême pour l'instruire et lui communiquer tous ses talents, comme un héritage qu'elle se plaisait à lui léguer de son vivant. Lucile en eût été touchée, si elle n'eût pas cru voir dans tous ses soins le projet de détacher d'elle lord Nelvil; mais elle était combattue entre le desir bien naturel de diriger seule sa fille, et le reproche qu'elle se faisait de lui enlever des leçons qui ajoutaient à ses agréments d'une manière si remarquable. Un jour lord Nelvil passait dans la chambre comme Juliette prenait une leçon de musique. Elle tenait une harpe en forme de lyre, proportionnée à sa taille, de la même manière que Corinne; et ses petits bras et ses jolis regards l'imitaient parfaitement. On croyait voir la miniature d'un beau tableau, avec la grace de l'enfance de plus, qui mêle à tout un charme innocent. Oswald, à ce spectacle, fut tellement ému, qu'il ne pouvait prononcer un mot, et il s'assit en tremblant. Juliette alors exécuta sur sa harpe un air écossais que Corinne avait fait entendre à lord Nelvil, à Tivoli, en présence d'un tableau d'Ossian. Pendant qu'Oswald, en l'écoutant, respirait à peine, Lucile s'avança derrière lui sans qu'il l'aperçût. Quand Juliette eut fini, son père la prit sur ses genoux, et lui dit: « La dame qui demeure sur le bord de l'Arno vous a donc appris à jouer ainsi? — Oui, répondit Juliette; mais il lui en a bien coûté pour le faire, elle s'est trouvée mal souvent lorsqu'elle m'enseignait. Je l'ai priée plusieurs fois de cesser, mais elle n'a pas voulu; et seulement elle m'a fait promettre de vous répéter cet air tous les ans, un certain jour, le 17 de novembre, je crois. — Ah! mon Dieu! » s'écria lord Nelvil; et il embrassa sa fille en versant beaucoup de larmes.

Lucile alors se montra; et prenant Juliette par la main, elle dit à son époux, en anglais : C'est trop, milord, de vouloir aussi détourner de moi l'affection de ma fille; cette consolation m'était due dans mon malheur. » En achevant ces mots, elle emmena Juliette. Lord Nelvil voulut en vain la suivre; elle s'y refusa; et seulement, à l'heure du dîner, il apprit qu'elle était sortie pendant plusieurs heures, seule, et sans dire où elle allait. Il s'inquiétait mortellement de son absence, lorsqu'il la vit revenir avec une expression de douceur et de calme dans la physionomie, tout-à-fait différente de ce qu'il attendait. Il voulut enfin lui parler avec confiance, et tâcher d'obtenir d'elle son pardon par la sincérité; mais elle lui dit : « Souffrez, milord, que cette explication, nécessaire à tous les deux, soit encore retardée. Vous saurez dans peu les motifs de ma prière.

Pendant le dîner, elle mit dans la conversation beaucoup plus d'intérêt que de coutume : plusieurs jours se passèrent ainsi, durant lesquels Lucile se montrait constamment plus aimable et plus animée qu'à l'ordinaire. Lord Nelvil ne pouvait rien concevoir à ce changement. Voici quelle en était la cause. Lucile avait été très blessée des visites de sa fille chez Corinne, et de l'intérêt que lord Nelvil paraissait prendre aux progrès que les leçons de Corinne faisaient faire à cette enfant. Tout ce qu'elle avait renfermé dans son cœur depuis si long-temps s'était échappé dans ce moment; et, comme il arrive aux personnes qui sortent de leur caractère, elle prit tout-à-coup une résolution très vive, et partit pour aller voir Corinne, et lui demander si elle était résolue à la troubler toujours dans son sentiment pour son époux. Lucile se parlait à elle-même avec force, jusqu'au moment où elle arriva devant la porte de Corinne. Mais il lui prit alors un tel mouvement de timidité, qu'elle n'aurait jamais pu se résoudre à entrer, si Corinne, qui l'aperçut de sa fenêtre, ne lui avait envoyé Thérésine pour la prier de venir chez elle. Lucile monta dans la chambre de Corinne, et toute son irritation contre elle disparut en la voyant ; elle se sentit au contraire profondément attendrie par l'état déplorable de la santé de sa sœur, et ce fut en pleurant qu'elle l'embrassa.

Alors commença entre les deux sœurs un entretien plein de franchise de part et d'autre. Corinne donna la première l'exemple de cette franchise ; mais il eût été impossible à Lucile de ne pas le suivre. Corinne exerça sur sa sœur l'ascendant qu'elle avait sur tout le monde ; on ne pouvait conserver avec elle ni dissimulation ni contrainte. Corinne ne cacha point à Lucile qu'elle se croyait certaine de n'avoir plus que peu de temps à vivre ; et sa pâleur et sa faiblesse ne le prouvaient que trop. Elle aborda simplement avec Lucile les sujets d'entretien les plus délicats ; elle lui parla de son bonheur et de celui d'Oswald. Elle savait par tout ce que le prince Castel-Forte lui avait raconté, et mieux encore par ce qu'elle avait deviné, que la contrainte et la froideur existaient souvent dans leur intérieur ; et, se servant alors de l'ascendant que lui donnaient et son esprit et la fin prochaine dont elle était menacée, elle s'occupa généreusement de rendre Lucile plus heureuse avec lord Nelvil. Connaissant parfaitement le caractère de celui-ci, elle fit comprendre à Lucile pourquoi il avait besoin de trouver dans celle qu'il aimait une manière d'être, à quelques égards, différente de la sienne ; une confiance spontanée, parceque sa réserve naturelle l'empêchait de la solliciter ; plus d'intérêt, parcequ'il était susceptible de découragement ; et de la gaieté, précisément parcequ'il souffrait de sa propre tristesse. Corinne se peignit elle-même dans les jours brillants de sa vie ; elle se jugea comme elle aurait pu juger une étrangère, et montra vivement à Lucile combien serait agréable une personne qui, avec la conduite la plus régulière et la moralité la plus rigide, aurait cependant tout le charme, tout l'abandon, tout le désir de plaire qu'inspire quelquefois le besoin de réparer des torts.

« On a vu, dit Corinne à Lucile, des femmes aimées non seulement malgré leurs erreurs, mais à cause de ces erreurs mêmes. La raison de cette bizarrerie est peut-être que ces femmes cherchaient à se montrer plus aimables, pour se les faire pardonner, et n'imposaient point de gêne parcequ'elles avaient besoin d'indulgence. Ne soyez donc pas, Lucile, fière de votre perfection; que votre charme consiste à l'oublier, à ne vous en point prévaloir. Il faut que vous soyez vous et moi tout à la fois; que vos vertus ne vous autorisent jamais à la plus légère négligence pour vos agréments, et que vous ne vous fassiez point un titre de ces vertus, pour vous permettre l'orgueil et la froideur. Si cet orgueil n'était pas fondé, il blesserait peut-être moins; car user de ses droits refroidit le cœur plus que les prétentions injustes : le sentiment se plaît surtout à donner ce qui n'est pas dû. »

Lucile remerciait sa sœur avec tendresse de la bonté qu'elle lui témoignait, et Corinne lui disait : « Si je devais vivre, je n'en serais pas capable; mais puisque je dois bientôt mourir, mon seul desir personnel est encore qu'Oswald retrouve dans vous et dans sa fille quelques traces de mon influence, et que jamais du moins il ne puisse avoir une jouissance de sentiment sans se rappeler Corinne. » Lucile revint tous les jours chez sa sœur, et s'étudiait, par une modestie bien aimable, et par une délicatesse de sentiment plus aimable encore, à ressembler à la personne qu'Oswald avait le plus aimée. La curiosité de lord Nelvil s'accroissait tous les jours, en remarquant les graces nouvelles de Lucile. Il devina bien vite qu'elle avait vu Corinne; mais il ne put obtenir aucun aveu sur ce sujet. Corinne, dès son premier entretien avec Lucile, avait exigé le secret de leurs rapports ensemble. Elle se proposait de voir une fois Oswald et Lucile réunis, mais seulement, à ce qu'il paraît, quand elle se croirait assurée de n'avoir plus que peu d'instants à vivre. Elle voulait tout dire et tout éprouver à la fois; et elle enveloppait ce projet d'un tel mystère, que Lucile elle-même ne savait pas de quelle manière elle avait résolu de l'accomplir.

CHAPITRE V.

Corinne, se croyant atteinte d'une maladie mortelle, souhaitait de laisser à l'Italie, et surtout à lord Nelvil, un dernier adieu qui rappelât le temps où son génie brillait dans tout son éclat. C'est une faiblesse qu'il faut lui pardonner. L'amour et la gloire s'étaient toujours confondus dans son esprit, et jusqu'au moment où son cœur fit le sacrifice de tous les attachements de la terre, elle desira que l'ingrat qui l'avait abandonnée sentît encore une fois que c'était à la femme de son temps qui savait le mieux aimer et penser, qu'il avait donné la mort. Corinne n'avait plus la force d'improviser; mais dans la solitude elle composait encore des vers, et depuis l'arrivée d'Oswald elle semblait avoir repris un intérêt plus vif à cette occupation. Peut-être desirait-elle de lui rappeler, avant de mourir, son talent et ses succès ; enfin, tout ce que le malheur et l'amour lui faisaient perdre. Elle choisit donc un jour pour réunir, dans une des salles de l'académie de Florence, tous ceux qui desiraient entendre ce qu'elle avait écrit. Elle confia son dessein à Lucile, et la pria d'amener son époux. « Je puis vous le demander, lui dit-elle, dans l'état où je suis. »

Un trouble affreux saisit Oswald en apprenant la résolution de Corinne. Lirait-elle ses vers elle-même? quel sujet voulait-elle traiter? Enfin il suffisait de la possibilité de la voir, pour bouleverser entièrement l'ame d'Oswald. Le matin du jour désigné, l'hiver, qui se fait si rarement sentir en Italie, s'y montra pour un moment comme dans les climats du Nord. On entendait un vent horrible siffler dans les maisons. La pluie battait avec violence sur les carreaux des fenêtres, et, par une singularité dont il y a cependant plus d'exemples en Italie que partout ailleurs, le tonnerre se faisait entendre au milieu du mois de janvier, et mêlait un sentiment de terreur à la tristesse du mauvais temps. Oswald ne prononçait pas un seul mot, mais toutes les sensations extérieures semblaient augmenter le frisson de son ame.

Il arriva dans la salle avec Lucile. Une foule immense y était rassemblée. A l'extrémité, dans un endroit fort obscur, un fauteuil était préparé, et lord Nelvil entendait dire autour de lui que Corinne devait s'y placer, parcequ'elle était si malade, qu'elle ne pourrait pas réciter elle-même ses vers. Craignant de se montrer, tant elle était changée, elle avait choisi ce moyen pour voir Oswald sans être vue. Dès qu'elle sut qu'il y était, elle alla voilée vers ce fauteuil. Il fallut la soutenir pour qu'elle pût avancer; sa démarche était chancelante. Elle s'arrêtait de temps en temps pour respirer, et l'on eût dit que ce court espace était un pénible voyage. Ainsi les derniers pas de la vie sont toujours lents et difficiles. Elle s'assit, chercha des yeux à découvrir Oswald, l'aperçut, et, par un mouvement tout-à-fait involontaire, elle se leva, tendit les bras vers lui, mais retomba l'instant d'après, en détournant son visage, comme Didon lorsqu'elle rencontre Énée dans un monde où les passions humaines ne doivent plus pénétrer. Le prince Castel-Forte retint lord Nelvil, qui, tout-à-fait hors de lui, voulait se précipiter à ses pieds; il le contint par le respect qu'il devait à Corinne, en présence de tant de monde.

Une jeune fille, vêtue de blanc et couronnée de fleurs, parut sur une espèce d'amphithéâtre qu'on avait préparé. C'était elle qui devait chanter les vers de Corinne. Il y avait un contraste touchant entre ce visage si paisible et si doux, ce visage où les peines de la vie n'avaient encore laissé aucune trace, et les paroles qu'elle allait prononcer. Mais ce contraste même avait plu à Corinne; il répandait quelque chose de serein sur les pensées trop sombres de son ame abattue. Une musique noble et sensible prépara les auditeurs à l'impression qu'ils allaient recevoir. Le malheureux Oswald ne pouvait détacher ses regards de Corinne, de cette ombre qui lui semblait une apparition cruelle dans une nuit de délire; et ce fut à travers ses sanglots qu'il entendit ce chant du cygne, que la femme envers laquelle il était si coupable lui adressait encore au fond du cœur.

DERNIER CHANT DE CORINNE.

« Recevez mon salut solennel, ô mes concitoyens! Déjà la nuit
« s'avance à mes regards, mais le ciel n'est-il pas plus beau pen-
« dant la nuit? Des milliers d'étoiles le décorent; il n'est, de jour,
« qu'un désert. Ainsi les ombres éternelles révèlent d'innombra-
« bles pensées que l'éclat de la prospérité faisait oublier. Mais la
« voix qui pourrait en instruire s'affaiblit par degrés; l'ame se re-
« tire en elle-même, et cherche à rassembler sa dernière cha-
« leur.

« Dès le premier jour de ma jeunesse, je promis d'honorer ce
« nom de Romaine qui fait encore tressaillir le cœur. Vous m'a-
« vez permis la gloire, ô vous, nation libérale, qui ne bannissez
« point les femmes de son temple, vous qui ne sacrifiez point des
« talents immortels aux jalousies passagères, vous qui toujours
« applaudissez à l'essor du génie, ce vainqueur sans vaincus, ce
« conquérant sans dépouilles, qui puise dans l'éternité pour en-
« richir le temps!

« Quelle confiance m'inspiraient jadis la nature et la vie! Je
« croyais que tous les malheurs venaient de ne pas assez penser,
« de ne pas assez sentir, et que déjà sur la terre on pouvait goûter
« d'avance la félicité céleste, qui n'est que la durée dans l'en-
« thousiasme, et la constance dans l'amour.

« Non, je ne me repens point de cette exaltation généreuse;

« non, ce n'est point elle qui m'a fait verser les pleurs dont la
« poussière qui m'attend est arrosée. J'aurais rempli ma desti-
« née, j'aurais été digne des bienfaits du ciel, si j'avais consacré
« ma lyre retentissante à célébrer la bonté divine, manifestée par
« l'univers.

« Vous ne rejetez point, ô mon Dieu, le tribut des talents.
« L'hommage de la poésie est religieux, et les ailes de la pensée
« servent à se rapprocher de vous.

« Il n'y a rien d'étroit, rien d'asservi, rien de limité dans la re-
« ligion. Elle est l'immense, l'infini, l'éternel; et loin que le gé-
« nie puisse détourner d'elle, l'imagination, de son premier élan,
« dépasse les bornes de la vie, et le sublime en tout genre est un
« reflet de la Divinité.

« Ah! si je n'avais aimé qu'elle, si j'avais placé ma tête dans le
« ciel, à l'abri des affections orageuses, je ne serais pas brisée
« avant le temps; des fantômes n'auraient pas pris la place de
« mes brillantes chimères. Malheureuse! mon génie, s'il subsiste
« encore, se fait sentir seulement par la force de ma douleur;
« c'est sous les traits d'une puissance ennemie qu'on peut encore
« le reconnaître.

« Adieu donc, mon pays, adieu donc, la contrée où je reçus le
« jour. Souvenirs de l'enfance, adieu. Qu'avez-vous à faire avec
« la mort? Vous qui dans mes écrits avez trouvé des sentiments
« qui répondaient à votre ame, ô mes amis, dans quelque lieu
« que vous soyez, adieu. Ce n'est point pour une indigne cause
« que Corinne a tant souffert; elle n'a pas du moins perdu ses
« droits à la pitié.

« Belle Italie! c'est en vain que vous me promettez tous vos
« charmes : que pourriez-vous pour un cœur délaissé? Ranime-
« riez-vous mes souhaits pour accroître mes peines? Me rappelle-
« riez-vous le bonheur pour me révolter contre mon sort?

« C'est avec douceur que je m'y soumets. O vous qui me survi-
« vrez! quand le printemps reviendra, souvenez-vous combien
« j'aimais sa beauté : que de fois j'ai vanté son air et ses parfums!
« Rappelez-vous quelquefois mes vers, mon ame y est empreinte;
« mais des muses fatales, l'amour et le malheur, ont inspiré mes
« derniers chants.

« Quand les desseins de la Providence sont accomplis sur nous,
« une musique intérieure nous prépare à l'arrivée de l'ange de la
« mort. Il n'a rien d'effrayant, rien de terrible; il porte des ailes

« blanches, bien qu'il marche entouré de la nuit; mais avant sa
« venue, mille présages l'annoncent.

« Si le vent murmure, on croit entendre sa voix. Quand le
« jour tombe, il y a de grandes ombres dans la campagne, qui
« semblent les replis de sa robe traînante. A midi, quand les pos-
« sesseurs de la vie ne voient qu'un ciel serein, ne sentent qu'un
« beau soleil, celui que l'ange de la mort réclame aperçoit dans
« le lointain un nuage qui va bientôt couvrir la nature entière à
« ses yeux.

« Espérance, jeunesse, émotions du cœur, c'en est donc fait.
« Loin de moi des regrets trompeurs! si j'obtiens encore quelques
« larmes, si je me crois encore aimée, c'est parceque je vais dis-
« paraître; mais si je ressaisissais la vie, elle retournerait bientôt
« contre moi tous ses poignards.

« Et vous, Rome, où mes cendres seront transportées, pardon-
« nez, vous qui avez tant vu mourir, si je rejoins d'un pas trem-
« blant vos ombres illustres; pardonnez-moi de me plaindre. Des
« sentiments, des pensées, peut-être nobles, peut-être fécondes,
« s'éteignent avec moi, et, de toutes les facultés de l'ame que je
« tiens de la nature, celle de souffrir est la seule que j'aie exercée
« tout entière.

« N'importe, obéissons. Le grand mystère de la mort, quel qu'il
« soit, doit donner du calme. Vous m'en répondez, tombeaux si-
« lencieux! vous m'en répondez, divinité bienfaisante! J'avais
« choisi sur la terre, et mon cœur n'a plus d'asile. Vous décidez
« pour moi; mon sort en vaudra mieux. »

Ainsi finit le dernier chant de Corinne; la salle retentit d'un triste et profond murmure d'applaudissements. Lord Nelvil, ne pouvant soutenir la violence de son émotion, perdit entièrement connaissance. Corinne, en le voyant dans cet état, voulut aller vers lui; mais ses forces lui manquèrent au moment où elle essayait de se lever: on la rapporta chez elle, et depuis ce moment il n'y eut plus d'espoir de la sauver.

Elle fit demander un prêtre respectable en qui elle avait une grande confiance, et s'entretint long-temps avec lui. Lucile se rendit auprès d'elle; la douleur d'Oswald l'avait tellement émue, qu'elle se jeta elle-même au pied de sa sœur, pour la conjurer de le recevoir. Corinne s'y refusa sans qu'aucun ressentiment en fût la cause. « Je lui pardonne, dit-elle, d'avoir déchiré mon cœur;

les hommes ne savent pas le mal qu'ils font, et la société leur persuade que c'est un jeu de remplir une ame de bonheur, et d'y faire ensuite succéder le désespoir. Mais, au moment de mourir, Dieu m'a fait la grace de retrouver du calme, et je sens que la vue d'Oswald remplirait mon ame de sentiments qui ne s'accordent point avec les angoisses de la mort. La religion seule a des secrets pour ce terrible passage. Je pardonne à celui que j'ai tant aimé, continua-t-elle d'une voix affaiblie : qu'il vive heureux avec vous! Mais quand le temps viendra qu'à son tour il sera près de quitter la vie, qu'il se souvienne alors de la pauvre Corinne. Elle veillera sur lui, si Dieu le permet ; car on ne cesse point d'aimer, quand ce sentiment est assez fort pour coûter la vie. »

Oswald était sur le seuil de la porte, quelquefois voulant entrer malgré la défense positive de Corinne, quelquefois anéanti par la douleur. Lucile allait de l'un à l'autre : ange de paix entre le désespoir et l'agonie.

Un soir, on crut que Corinne était mieux, et Lucile obtint d'Oswald qu'ils iraient ensemble passer quelques instants auprès de leur fille; ils ne l'avaient pas vue depuis trois jours. Corinne pendant ce temps se trouva plus mal, et remplit tous les devoirs de sa religion. On assure qu'elle dit au vieillard vénérable qui reçut ses aveux solennels : « Mon père, vous connaissez maintenant ma triste destinée, jugez-moi. Je ne me suis jamais vengée du mal qu'on m'a fait; jamais une douleur vraie ne m'a trouvée insensible ; mes fautes ont été celles des passions, qui n'auraient pas été condamnables en elles-mêmes, si l'orgueil et la faiblesse humaine n'y avaient pas mêlé l'erreur et l'excès. Croyez-vous, ô mon père, vous que la vie a plus long-temps éprouvé que moi, croyez-vous que Dieu me pardonnera? — Oui, ma fille, lui dit le vieillard, je l'espère; votre cœur est-il maintenant tout à lui? — Je le crois, mon père, répondit-elle ; écartez loin de moi ce portrait (c'était celui d'Oswald), et mettez sur mon cœur l'image de celui qui descendit sur la terre, non pour la puissance, non pour le génie, mais pour la souffrance et la mort; elles en avaient grand besoin. » Corinne aperçut alors le prince Castel-Forte qui pleurait auprès de son lit. « Mon ami, lui dit-elle en lui tendant la main, il n'y a que vous près de moi dans ce moment. J'ai vécu pour aimer, et sans vous je mourrais seule. » Et ses larmes coulèrent à ce mot; puis elle dit encore : « Au reste, ce moment se passe de secours ; nos amis ne peuvent nous suivre que jusqu'au seuil de la vie. Là commencent des pensées dont le trouble et la profondeur ne sauraient se confier. »

Elle se fit transporter sur un fauteuil, près de la fenêtre, pour voir encore le ciel. Lucile revint alors, et le malheureux Oswald, ne pouvant plus se contenir, la suivit, et tomba sur ses genoux en approchant de Corinne. Elle voulut lui parler, et n'en eut pas la force. Elle leva ses regards vers le ciel, et vit la lune qui se couvrait du même nuage qu'elle avait fait remarquer à lord Nelvil quand ils s'arrêtèrent sur le bord de la mer en allant à Naples. Alors elle le lui montra de sa main mourante, et son dernier soupir fit retomber cette main.

Que devint Oswald ! Il fut dans un tel égarement, qu'on craignit d'abord pour sa raison et sa vie. Il suivit à Rome la pompe funèbre de Corinne. Il s'enferma long-temps à Tivoli, sans vouloir que sa femme ni sa fille l'y accompagnassent. Enfin l'attachement et le devoir le ramenèrent auprès d'elles. Ils retournèrent ensemble en Angleterre. Lord Nelvil donna l'exemple de la vie domestique la plus régulière et la plus pure. Mais se pardonna-t-il sa conduite passée? le monde qui l'approuva le consola-t-il? se contenta-t-il d'un sort commun, après ce qu'il avait perdu? Je l'ignore; je ne veux, à cet égard, ni le blâmer, ni l'absoudre.

FIN DU SECOND VOLUME.

TABLE DES MATIÈRES

CONTENUES DANS CE VOLUME.

                                                    Pages.

DE L'INFLUENCE DES PASSIONS SUR LE BONHEUR DES INDIVIDUS ET DES NATIONS. 1
SECTION PREMIÈRE. Des passions. 17
CHAP. Ier. De l'amour de la gloire . . . . Ibid.
CHAP. II. De l'ambition. 30
CHAP. III. De la vanité. 40
NOTE qu'il faut lire avant le chapitre de l'amour. 51
CHAP. IV. De l'amour. 53
CHAP. V. Du jeu, de l'avarice, de l'ivresse, etc. 65
CHAP. VI. De l'envie et de la vengeance. 69
CHAP. VII. De l'esprit de parti. 73
CHAP. VIII. Du crime. 85
SECTION II. Des sentiments qui sont l'intermédiaire entre les passions et les ressources qu'on trouve en soi. 91
CHAP. Ier. Explication du titre de la seconde section . . . . . . Ibid.
CHAP. II. De l'amitié. 92
CHAP. III. De la tendresse filiale, paternelle, conjugale 98
CHAP. IV. De la religion. 105
SECTION III. Des ressources qu'on trouve en soi. 110
CHAP. Ier. Que personne à l'avance ne redoute assez le malheur . Ibid.
CHAP. II. De la philosophie. 115
CHAP. III. De l'étude. 118
CHAP. IV. De la bienfaisance. 124
Conclusion. 129
DE LA LITTÉRATURE, CONSIDÉRÉE DANS SES RAPPORTS AVEC LES INSTITUTIONS SOCIALES. 142
Préface de la seconde édition. . . . . Ibid.
Discours préliminaire. 148
De l'importance de la littérature dans ses rapports avec la vertu. 150
De la littérature dans ses rapports avec la gloire. 154
De la littérature dans ses rapports avec la liberté. 156
De la littérature dans ses rapports avec le bonheur. 160
Plan de l'ouvrage 163
PREMIÈRE PARTIE. De la littérature chez les anciens et chez les modernes. 165
CHAP. Ier. De la première époque de la littérature des Grecs. . Ibid.
CHAP. II. Des tragédies grecques. 177
CHAP. III. De la comédie grecque. 186

TABLE DES MATIÈRES.

	Pages.
Chap. IV. De la philosophie et de l'éloquence des Grecs.	189
Chap. V. De la littérature latine pendant que la république romaine durait encore	197
Chap. VI. De la littérature sous le règne d'Auguste.	210
Chap. VII. De la littérature latine, depuis la mort d'Auguste jusqu'au règne des Antonins.	216
Chap. VIII. De l'invasion des peuples du Nord, de l'établissement de la religion chrétienne, et de la renaissance des lettres.	222
Chap. IX. De l'esprit général de la littérature chez les modernes.	236
Chap. X. De la littérature italienne et espagnole	242
Chap. XI. De la littérature du Nord.	255
Chap. XII. Du principal défaut qu'on reproche, en France, à la littérature du Nord.	262
Chap. XIII. Des tragédies de Shakspeare	265
Chap. XIV. De la plaisanterie anglaise	275
Chap. XV. De l'imagination des Anglais dans leurs poésies et leurs romans	280
Chap. XVI. De l'éloquence et de la philosophie des Anglais.	289
Chap. XVII. De la littérature allemande	296
Chap. XVIII. Pourquoi la nation française était-elle la nation de l'Europe qui avait le plus de grace, de goût et de gaieté.	309
Chap. XIX. De la littérature pendant le siècle de Louis XIV.	315
Chap. XX. Du dix-huitième siècle jusqu'en 1789.	320
Seconde partie. De l'état actuel des lumières en France, et de leurs progrès futurs	329
Chap. Ier. Idée générale de la seconde partie	Ibid.
Chap. II. Du goût, de l'urbanité des mœurs, et de leur influence littéraire et politique.	332
Chap. III. De l'émulation.	347
Chap. IV. Des femmes qui cultivent les lettres.	357
Chap. V. Des ouvrages d'imagination.	365
Chap. VI. De la philosophie	381
Chap. VII. Du style des écrivains, et de celui des magistrats.	396
Chap. VIII. De l'éloquence.	405
Chap. IX et dernier, Conclusion.	417
CORINNE.	425
Livre premier. Oswald.	Ibid.
Livre II. Corinne au Capitole.	441
Livre III. Corinne.	458
Livre IV. Rome.	471
Livre V. Les tombeaux, les églises et les palais.	501
Livre VI. Les mœurs et le caractère des Italiens.	514
Livre VII. De la littérature italienne.	537
Livre VIII. Les statues et les tableaux.	559
Livre IX. La fête populaire et la musique.	588

TABLE DES MATIÈRES.

Pages.

Livre X. La semaine sainte. 600
Livre XI. Naples et l'ermitage de Saint-Salvador. 622
Livre XII. Histoire de lord Nelvil. 638
Livre XIII. Le Vésuve et la campagne de Naples. 665
Livre XIV. Histoire de Corinne. 681
Livre XV. Les adieux à Rome et le voyage à Venise. 704
Livre XVI. Le départ et l'absence. 755
Livre XVII. Corinne en Écosse. 764
Livre XVIII. Le séjour à Florence. 792
Livre XIX. Le retour d'Oswald en Italie. 810
Livre XX. Conclusion. 835

FIN DE LA TABLE.

www.ingramcontent.com/pod-product-compliance
Lightning Source LLC
Chambersburg PA
CBHW070856300426
44113CB00008B/862